劳动与劳动关系
法律规则编释

倪新枝 编著

图书在版编目（CIP）数据

劳动与劳动关系法律规则编释／倪新枝编著.
北京：法律出版社，2024. -- ISBN 978 - 7 - 5197 - 9505 - 4

Ⅰ.D922.504

中国国家版本馆 CIP 数据核字第 2024SZ8235 号

劳动与劳动关系法律规则编释 LAODONG YU LAODONG GUANXI FALÜ GUIZE BIANSHI	倪新枝　编著	策划编辑　周　洁　林　蕊 责任编辑　周　洁 装帧设计　李　瞻

出版发行	法律出版社	开本	880 毫米×1230 毫米　1/32
编辑统筹	司法实务出版分社	印张	33.5　字数　1078 千
责任校对	王晓萍	版本	2024 年 11 月第 1 版
责任印制	胡晓雅	印次	2024 年 11 月第 1 次印刷
经　　销	新华书店	印刷	永清县金鑫印刷有限公司

地址：北京市丰台区莲花池西里 7 号（100073）
网址：www.lawpress.com.cn　　　　　　　　销售电话：010 - 83938349
投稿邮箱：info@lawpress.com.cn　　　　　　客服电话：010 - 83938350
举报盗版邮箱：jbwq@lawpress.com.cn　　　　咨询电话：010 - 63939796
版权所有·侵权必究

书号：ISBN 978 - 7 - 5197 - 9505 - 4　　　　　定价：107.00 元
凡购买本社图书，如有印装错误，我社负责退换。电话：010 - 83938349

自 序

《劳动法》是为了保护劳动者的合法权益,调整劳动关系,建立和维护适应社会主义市场经济的劳动制度,促进经济发展和社会进步,根据宪法制定的。① 其中,"劳动制度",此处做广义上理解,不仅指用人制度,还包括就业、工资分配、社会保险、职业培训、劳动安全卫生等制度。②《劳动合同法》是建立劳动关系的一种方式。

在劳动关系中,劳动者享有平等就业和选择职业的权利、取得劳动报酬的权利、休息休假的权利、获得劳动安全卫生保护的权利、接受职业技能培训的权利、享受社会保险和福利的权利、提请劳动争议处理的权利以及法律规定的其他劳动权利。劳动者应当完成劳动任务,提高职业技能,执行劳动安全卫生规程,遵守劳动纪律和职业道德。③ 用人单位应当依法建立和完善规章制度,保障劳动者享有劳动权利和履行劳动义务。④ 国家采取各种措施,促进劳动就业,发展职业

---

① 《劳动法》第 1 条。
② 《关于〈劳动法〉若干条文的说明》第 1 条第 2 款。
③ 《劳动法》第 3 条。
《关于〈劳动法〉若干条文的说明》第 3 条第 4 款规定:"'法律规定的其它劳动权利'是指,劳动者依法享有参加和组织工会的权利,参加职工民主管理的权利,参加社会义务劳动的权利,参加劳动竞赛的权利,提出合理化建议的权利,从事科学研究、技术革新、发明创造的权利,依法解除劳动合同的权利,对用人单位管理人员违章指挥、强令冒险作业有拒绝执行的权利,对危害生命安全和身体健康的行为有权提出批评、检举和控告的权利,对违反劳动法的行为进行监督的权利等。"
《北京市高级人民法院、北京市劳动人事争议仲裁委员会关于审理劳动争议案件法律适用问题的解答》第 13 条规定:"'劳动者应当遵守劳动纪律和职业道德'是对劳动者的基本要求,即便在规章制度未作出明确规定、劳动合同亦未明确约定的情况下,如劳动者存在严重违反劳动纪律或职业道德的行为,用人单位可以依据《劳动法》第三条第二款的规定与劳动者解除劳动合同。"
④ 《劳动法》第 4 条。
《关于〈劳动法〉若干条文的说明》第 4 条第 2 款规定:"'依法'应当作广义理解,指所有的法律、法规和规章。包括:宪法、法律、行政法规、地方法规,民族自治,还要依据地方的自治条例和单行条例,以及关于劳动方面的行政规章。"

教育,制定劳动标准,调节社会收入,完善社会保险,协调劳动关系,逐步提高劳动者的生活水平。① 国家提倡劳动者参加社会义务劳动,开展劳动竞赛和合理化建议活动,鼓励和保护劳动者进行科学研究、技术革新和发明创造,表彰和奖励劳动模范和先进工作者。②

《劳动与劳动关系法律规则编释》试图从这几个方面,根据法律、法规、规章及地方性法规等,采取拆分、细化、组合等方式、方法,对劳动关系进行详细解读,以便对其进行整体上的把握。本书有别于其他关于劳动关系的书籍,概括起来,有如下几点:一是结构完整。作者力图以劳动关系为主线,从其认定、建立(劳动合同的订立、履行、解除、终止)到劳动关系工资、工作时间、工时制度、社会保险,再到劳动争议的解决,全方位、有重点地进行阐述,排序之精,涵盖之广并不多见。二是援引翔实。本书囊括了劳动关系的法律、最高法院的司法解释、国务院的法规、各部委的规章及各省的地方法规、规章,详细对所涉及内容进行解决、标注、比照、细化,不仅有国家层面的法律指引,而且有部门、地方在授权下的解读,有助于劳动关系教学、学习和司法实践的考读、研究和借鉴,实用之效并不多见。三是精心注释。在着笔过程中,有机地把分门别类的法律,采用"绣花"的方式,把法条按需分开,有机组合;对关键法语认真注释,精准有度;将不同规则统一引用,殊同可见,用心之深并不多见。

同时,必须明确几个问题:一是本书仅严格依据现有的法律、法规等进行系统编写,不能像其他专家按照劳动关系传统的体系去撰写"劳动关系中的原则""劳动关系法律的制度"等内容,待更有学问的有心人,以本书为参照,编写"论劳动关系"等个人专著。二是本书将许多法律、法规按自己的认知,自成体系,将部分章节的内容进行肢解,有机进行编排到各部分内容之中,可能从原法律、法规的目录上看,有些缺失。三是本书竭本人之所能,尽量涵盖所有的内容,一定有一些漏缺,以待之后的再版中,再进行添增,以达不断完善的

---

① 《劳动法》第5条。
《关于〈劳动法〉若干条文的说明》第5条规定:"'调节社会收入',是指国家通过宏观调控措施调节全社会收入的总量以及不同地区、不同部门、不同单位、不同人员之间的收入关系,其目的是使全社会个人收入总量在国民收入中保持合理的比重,保证社会公平,促进社会进步。"

② 《劳动法》第6条。

目的。

  本人深知对劳动关系研究时间不长，见术也颇有些肤浅，编释中一定会有一些不足，但本人能够勇于抛石引浪，敢于将自己全方面地展露出来，不怕批评，仅将此作为我前进中的一次洗礼，拼搏中的一次锤炼，以便能再进一层。

2024 年 9 月 26 日

目 录

第一章　劳动关系与其他关系 / 001
第一节　劳动关系 / 001
一、劳动关系的法律适用 / 001
二、劳动关系的建立 / 004
三、劳动关系的认定 / 019
四、劳动关系的终止 / 022
五、劳动关系的除外 / 028

第二节　特殊的"劳动关系" / 029
一、劳动者与挂靠单位的劳动责任 / 029
二、劳动者与发包单位的劳动责任 / 029
三、在校学生与用人单位的法律关系 / 030
四、事业单位人员的劳动关系 / 031

第三节　事实劳动关系 / 048
一、事实劳动关系的认定 / 048
二、事实劳动关系的报酬 / 049
三、事实劳动关系的终止或解除 / 050

第四节　双重劳动关系 / 050
一、双重劳动关系的"限定" / 050
二、双重劳动关系的保险 / 051

第五节　劳务关系 / 051
一、劳务关系认定 / 052
二、劳务关系的解除 / 053
三、劳务关系的诉讼 / 053
四、劳务关系的责任承担 / 054

第二章　劳动合同 / 055

第一节　劳动合同的一般规则 / 055

一、劳动合同的订立 / 055

二、劳动合同的形式 / 064

三、劳动合同的内容及条款 / 065

四、劳动合同的期限 / 084

五、劳动合同的效力 / 091

六、劳动合同的管理 / 094

七、集体合同 / 096

八、涉外劳动合同 / 110

九、事业单位人员的聘用合同 / 112

第二节　劳动合同的履行 / 116

一、劳动合同的履行 / 116

二、劳动合同履行中的"单位调岗" / 117

三、劳动合同履行中的"用人单位分立和合并" / 119

第三节　劳动合同的变更 / 121

一、劳动合同变更的方式 / 121

二、劳动合同变更的内容 / 123

三、劳动合同变更的其他规则 / 123

第四节　劳动合同的解除 / 124

一、用人单位解除合同 / 124

二、劳动者解除劳动合同 / 138

三、协商一致解除劳动合同 / 142

四、自行解除劳动合同 / 143

五、解除劳动合同的法定义务 / 143

第五节　劳动合同的终止 / 144

一、劳动合同终止的种类 / 144

二、劳动合同终止的法律责任 / 146

三、用人单位违法终止劳动合同劳动者的权利 / 147

第六节　劳动合同解除或终止后的事项 / 148
　　一、终止劳动合同的通知 / 148
　　二、用人单位出具证明书 / 149
　　三、劳动合同解除或终止的交接 / 149
　　四、劳动合同解除或终止的争议解决 / 150
　　五、劳动合同解除或终止后的《就业失业登记证》 / 151

第三章　劳动报酬、工时制度 / 153

第一节　工资、最低工资、生活费及加班费 / 153
　　一、工资的基本规则 / 153
　　二、工资协商 / 157
　　三、工资支付（清偿） / 160
　　四、"工资"的组成 / 172
　　五、福利 / 187

第二节　国有企业工资总额同经济效益挂钩 / 195
　　一、国有企业工资总额同经济效益挂钩的一般规则 / 195
　　二、经济效益指标及其基数 / 196
　　三、工资总额基数 / 197
　　四、浮动比例 / 198
　　五、工效挂钩的管理 / 199

第三节　技能人才薪酬分配 / 200
　　一、技能人才薪酬分配的一般规则 / 200
　　二、技能人才职业发展通道设计 / 200
　　三、技能人才薪酬分配制度设计 / 202
　　四、高技能领军人才薪酬待遇制度设计 / 208

第四节　农民工的工资 / 210
　　一、农民工工资的清偿 / 210
　　二、农民工工资的支付 / 212
　　三、农民工工资的拖欠 / 219

四、工程建设领域特别规定 / 225

第五节 工时制度 / 240

　　一、工时制度 / 240

　　二、工作时间的调整 / 246

第六节 休息制度 / 248

　　一、休息制度的一般规则 / 248

　　二、带薪年休假 / 250

　　三、探亲假 / 258

　　四、婚丧假 / 261

第四章　劳动保护 / 262

第一节 安全生产 / 262

　　一、安全生产的一般规则 / 262

　　二、生产经营单位的安全生产保障规范 / 265

　　三、从业人员的安全生产权利义务 / 272

　　四、安全生产的监督管理 / 273

　　五、生产安全事故的应急救援与调查处理 / 277

　　六、安全生产的法律责任 / 279

第二节 生产安全事故报告及调查处理 / 287

　　一、生产安全事故报告及调查处理概述 / 287

　　二、生产安全的事故报告 / 288

　　三、生产安全的事故调查 / 290

　　四、生产安全的事故处理 / 292

　　五、生产安全事故的法律责任 / 293

第三节 安全生产事故隐患的排查治理 / 295

　　一、安全生产事故隐患排查治理的一般规则 / 295

　　二、生产经营单位的职责 / 296

　　三、安全生产的监督管理 / 298

　　四、安全生产事故隐患排查治理的罚则 / 299

第四节　职业病的诊断、鉴定及防治 / 300

　　一、职业病诊断与鉴定 / 300

　　二、职业病防治 / 314

　　三、职业病病人的权利保障 / 328

第五节　用人单位的防护及监管 / 329

　　一、使用有毒物品作业场所的劳动保护 / 329

　　二、用人单位劳动防护用品管理 / 343

　　三、用人单位职业健康监护监督管理 / 350

　　四、防暑降温措施管理 / 355

　　五、未成年工特殊保护 / 359

第六节　劳动安全卫生 / 361

　　一、用人单位的法定义务 / 361

　　二、劳动者的法定义务 / 362

　　三、人民政府的法定义务 / 362

第五章　劳动管理 / 363

第一节　对外劳务合作管理 / 363

　　一、对外劳务合作管理的一般规则 / 363

　　二、从事对外劳务合作的企业与劳务人员 / 364

　　三、与对外劳务合作有关的合同 / 368

　　四、对外劳务合作的政府服务及管理 / 369

　　五、违反《对外劳务合作管理条例》规定行为的举报 / 371

　　六、对外劳务合作的法律责任 / 371

第二节　人力资源市场管理 / 373

　　一、人力资源市场流动及优化配置一般规则 / 373

　　二、人力资源市场培育 / 374

　　三、人力资源服务机构 / 375

　　四、人力资源市场活动规范 / 376

　　五、人力资源市场流动及优化配置的监督管理 / 378

六、人力资源市场流动及优化配置的法律责任 / 379

第三节　网络招聘服务管理 / 380

一、网络招聘服务管理的一般规则 / 380

二、网络招聘服务活动准入 / 381

三、网络招聘服务规范 / 382

四、网络招聘服务的监督管理 / 384

五、网络招聘服务管理的法律责任 / 385

第四节　外商投资人才中介机构管理 / 386

一、外商投资人才中介机构管理的一般规则 / 386

二、外商投资人才中介机构的设立与登记 / 387

三、外商投资人才中介机构管理的经营范围及管理 / 388

四、外商投资人才中介机构管理的罚则 / 389

第六章　社会保险 / 391

第一节　社会保险总论 / 391

一、社会保险的基本规则 / 391

二、社会保险基金 / 395

三、社会保险费征缴 / 406

四、社会保险的行政争议处理 / 412

五、社会保险的监管 / 418

六、社会保险适用的特殊情况 / 440

第二节　养老保险 / 455

一、基本养老保险的一般规则 / 455

二、城镇(乡)企业职工、城镇居民的基本养老保险 / 471

三、机关事业单位的基本养老保险 / 505

四、其他人员的基本养老保险 / 534

第三节　医疗保险 / 542

一、医疗保险的一般规则 / 542

二、城镇职工的基本医疗保险 / 559

三、城镇（乡）居民的基本医疗保险 / 578

四、其他人员的基本医疗保险（障） / 602

五、基本医疗保险关系的转移接续 / 619

第四节 工伤保险 / 626

一、工伤保险的一般规则 / 626

二、工伤保险基金 / 631

三、工伤职工劳动能力鉴定管理 / 632

四、工伤保险责任的行政确认 / 641

五、工伤保险待遇 / 653

六、工伤保险的诉讼 / 669

七、工伤保险及相关责任的承担 / 673

八、工伤保险的行政监督管理 / 683

第五节 失业保险 / 685

一、失业保险的一般规则 / 685

二、失业保险业务的经办流程 / 699

三、失业保险的其他规则 / 714

第六节 生育保险 / 722

一、生育保险及费用 / 722

二、生育保险待遇 / 725

三、生育保险基金 / 727

四、生育保险和职工基本医疗保险的合并 / 729

五、生育保险的法律责任 / 733

六、其他人员的生育保险 / 734

第七章 社会保障 / 736

第一节 最低生活保障 / 736

一、最低生活保障的一般规则 / 736

二、最低生活保障的审核确认 / 742

三、城市居民的最低生活保障 / 749

四、农村的最低生活保障 / 752

第二节　住房公积金 / 755
　　一、住房公积金的一般规则 / 756
　　二、住房公积金的主管机构及其职责 / 758
　　三、住房公积金的缴存 / 759
　　四、住房公积金的列支、提取和使用 / 762
　　五、住房公积金的统计 / 764
　　六、住房公积金的服务 / 768
　　七、住房公积金的监督 / 775
　　八、住房公积金的罚则 / 776

第三节　职工年金 / 778
　　一、企业的职工年金 / 778
　　二、企业年金基金 / 784
　　三、机关事业单位的职业年金 / 802
　　四、其他人员的职业年金及职业年金补助（待遇） / 824

第四节　社会救助 / 827
　　一、社会救助的规则 / 827
　　二、城市生活无着流浪乞讨人员的救助 / 836

第五节　军人及退役军人的权益保障 / 841
　　一、军人地位和权益的保障 / 841
　　二、退役军人的保障 / 851
　　三、退役士兵的安置 / 862

第六节　伤残抚恤 / 871
　　一、因战因公伤残人员的伤残抚恤 / 871
　　二、军人抚恤优待 / 879

第七节　农村的五保供养 / 888
　　一、农村五保供养 / 888
　　二、农村五保供养的服务机构管理 / 892

第八节　人力资源社会保障的行政复议 / 897
　　一、人力资源社会保障行政复议的一般规则 / 897

二、人力资源社会保障行政复议的适用范围 / 899

三、人力资源社会保障行政复议的申请 / 900

四、人力资源社会保障行政复议的受理 / 903

五、人力资源社会保障行政复议审理的相关措施 / 905

六、人力资源社会保障行政复议的决定及其他 / 907

第八章 劳动监察 / 910

第一节 劳动保障监察的一般规则 / 910

一、劳动保障监察的适用 / 910

二、劳动保障监察的职责分工及义务 / 911

三、劳动保障监察的事项 / 913

四、劳动保障监察的要求 / 913

五、劳动保障监察的原则 / 914

六、劳动保障监察的管辖 / 914

七、劳动保障监察的方式 / 915

八、劳动保障监察的实施 / 915

九、劳动保障监察的回避 / 915

十、劳动保障监察的举报、投诉及处理 / 915

第二节 劳动监察的人员及其管理 / 916

一、劳动(保障)监察员 / 916

二、劳动监察员的管理 / 917

第三节 劳动保障监察的案件 / 919

一、劳动保障监察案件的处理 / 919

二、跨地区劳动保障监察案件的协查 / 925

第四节 劳动保障监察的法律责任 / 927

一、用人单位的法律责任 / 927

二、职业介绍机构、职业技能培训机构或者职业技能考核鉴定机构的法律责任 / 929

三、实施违法行为主体的法律责任 / 929

四、劳动保障监察员的法律责任 / 929
五、劳动行政部门及其工作人员的法律责任 / 930
第五节　劳动保障监察的其他规则 / 930
一、企业劳动保障守法诚信等级评价 / 930
二、重大劳动保障违法行为社会公布办法 / 932

第九章　劳动争议的解决 / 935

第一节　劳动争议 / 935
一、劳动争议的范围 / 935
二、劳动争议的除外 / 936
三、劳动争议适用的法律 / 936
第二节　劳动争议解决的方式 / 936
一、劳动争议解决的一般规则 / 936
二、劳动争议的和解 / 937
三、劳动争议的调解 / 939
四、劳动争议的仲裁 / 948
五、劳动争议的诉讼 / 972
六、劳动争议的行政处罚 / 998
第三节　劳动争议解决中的费用 / 1002
一、经济补偿金 / 1002
二、赔偿金和赔偿责任 / 1012
三、"2倍工资" / 1022
四、其他费用 / 1027

第十章　劳动关系的其他制度 / 1031

第一节　非全日制用工 / 1031
一、非全日制用工的劳动合同 / 1031
二、非全日制用工与劳动保障部门 / 1032
三、非全日制用工合同的终止 / 1033

四、非全日制用工的工资 / 1033
　　　五、非全日制用工的社会保险 / 1034
　　　六、非全日制用工的争议 / 1035
　第二节　劳务派遣 / 1036
　　　一、劳务派遣的一般规则 / 1036
　　　二、劳务派遣行政许可实施 / 1046
　第三节　劳动用工备案制度 / 1052
　　　一、劳动用工备案制度的意义 / 1052
　　　二、规范劳动用工备案的内容和要求 / 1052
　　　三、大力推进劳动用工备案制度的实施 / 1053

后　记 / 1055

第一章 劳动关系与其他关系

劳动关系,是指用人单位招用劳动者为其成员,劳动者在用人单位管理下,提供由用人单位支付报酬的劳动而产生的权利义务关系。① 劳动关系包括订立书面劳动合同的劳动关系以及虽未签订书面劳动合同但形成的事实劳动关系。其中,订立书面劳动合同的劳动关系,是指劳动者与用人单位依法签订劳动合同而在劳动者与用人单位之间产生的法律关系。事实劳动关系,是指劳动者与用人单位之时未签订劳动合同,但双方实际履行了劳动关系中的权利义务而形成的劳动关系。②

第一节 劳动关系

一、劳动关系的法律适用

1. 劳动关系适用的法律。(1)适用《劳动法》。在中华人民共和国境内的企业、个体经济组织(以下统称用人单位)和与之形成劳动关系的劳动者,适用《劳动法》。国家机关、事业组织、社会团体和与之建立劳动合同关系的劳动者,依照

---

① 《深圳经济特区和谐劳动关系促进条例》第2条第3款。
《浙江省高级人民法院关于印发〈劳动争议案件疑难问题讨论纪要〉的通知》第5条规定,劳动关系是指,劳动者与用人单位之间存在的,以劳动给付为目的的劳动权利义务关系。
② 李晓倩主编:《劳动纠纷证据运用与裁判指导》,法律出版社2020年版,第21页。
《福建省高级人民法院关于审理劳动争议案件若干问题的意见》第6条规定:"事实劳动关系是指用人单位与劳动者没有订立书面劳动合同,但双方实际履行了劳动权利义务,而形成的劳动关系。其特征是劳动者为用人单位提供了劳动,接受用人单位的管理,遵守用人单位劳动纪律,获得了用人单位支付的劳动报酬,受到了用人单位的劳动保护等。符合上述特征的,应当认定双方当事人间存在事实劳动关系。对事实劳动关系的认定一般应从严掌握。"

《劳动法》执行。① 其中,"企业"是指从事产品生产、流通或服务性活动等实行独立经济核算的经济单位,包括各种所有制类型的企业,如工厂、农场、公司等。②"个体经济组织"是指一般雇工在7人以下的个体工商户。③ (2)邮电企业与职工之间劳动关系适用《邮电企业劳动合同管理暂行规定》。邮电企业(含企业所属事业单位)和与之建立劳动关系的邮电职工,适用《邮电企业劳动合同管理暂行规定》。(实行企业化管理的事业单位和与之建立劳动合同关系的邮电职工,机关、事业单位和与之建立劳动合同关系的工勤人员也适用《邮电企业劳动合同管理暂行规定》。)④ (3)《最高人民法院关于审理铁路运输人身损害赔偿纠纷案件适用法律若干问题的解释》。人民法院审理铁路行车事故及其他铁路运营事故造成的铁路运输人身损害赔偿纠纷案件,适用《最高人民法院关于审理铁路运输人身损害赔偿纠纷案件适用法律若干问题的解释》。与铁路运输企业建立劳动合同关系或者形成劳动关系的铁路职工在执行职务中发生的人身损害,依照有关调整劳动关系的法律规定及其他相关法律规定处理。⑤ (4)其他"法律、法规"。①事业单位与实行聘用制的工作人员订立、履行、变更、解除或者终止劳动合同,法律、行政法规或者国务院另有规定的,依照其规定;未作规定的,依照《劳动合同法》有关规定执行。⑥ ②残疾人、少数民族人员、退出现役的军人的就业,法律、法规有特别规定的,从其规定。⑦ 其中,"法律、法规"指:《中华人民共和国

---

① 《劳动法》第2条。
《关于贯彻执行〈中华人民共和国劳动法〉若干问题的意见》第2条规定:"中国境内的企业、个体经济组织与劳动者之间,只要形成劳动关系,即劳动者事实上已成为企业、个体经济组织的成员,并为其提供有偿劳动,适用劳动法。"
《深圳经济特区和谐劳动关系促进条例》第2条第1款、第2款规定:"特区内的企业、个体经济组织、民办非企业单位等组织(以下称用人单位)和与其建立劳动关系的劳动者,适用本条例。国家机关、事业单位、社会团体和与其建立劳动关系的劳动者,依照本条例执行。"
《北京市劳动合同规定》第2条规定:"本市行政区域内的企业、个体工商户及民办非企业单位(以下统称为用人单位)与劳动者建立劳动关系,应当依据本规定订立劳动合同。国家机关、事业单位、社会团体与劳动者建立劳动合同关系,依照本规定执行。"
《江苏省劳动合同条例》第2条第1款、第2款规定:"本省行政区域内的企业、个体经济组织、民办非企业单位等组织(以下称用人单位)与劳动者建立劳动关系,订立、履行、变更、解除或者终止劳动合同,适用本条例。依法成立的基金会和会计师事务所、律师事务所等组织,属于前款所称的用人单位。"
② 《关于〈劳动法〉若干条文的说明》第2条第3款。
③ 《关于贯彻执行〈中华人民共和国劳动法〉若干问题的意见》第1条。
④ 《邮电企业劳动合同管理暂行规定》第2条。
⑤ 《最高人民法院关于审理铁路运输人身损害赔偿纠纷案件适用法律若干问题的解释》第1条。
⑥ 《劳动合同法》第96条。
⑦ 《劳动法》第14条。

残疾人保障法》,《中国人民解放军志愿兵退出现役安置暂行办法》,《退伍义务兵安置条例》,以及《民族区域自治法》等。① ③《全国人民代表大会常务委员会关于修改〈中华人民共和国劳动合同法〉的决定》公布前已依法订立的劳动合同和劳务派遣协议继续履行至期限届满,但是劳动合同和劳务派遣协议的内容不符合《全国人民代表大会常务委员会关于修改〈中华人民共和国劳动合同法〉的决定》关于按照同工同酬原则实行相同的劳动报酬分配办法的规定的,应当依照本决定进行调整;《全国人民代表大会常务委员会关于修改〈中华人民共和国劳动合同法〉的决定》施行前经营劳务派遣业务的单位,应当在《全国人民代表大会常务委员会关于修改〈中华人民共和国劳动合同法〉的决定》施行之日起1年内依法取得行政许可并办理公司变更登记,方可经营新的劳务派遣业务。具体办法由国务院劳动行政部门会同国务院有关部门规定。②

2. 劳动关系法律适用的范围。(1)《劳动法》规定的劳动者。(2)"国家机关、事业组织、社会团体和与之建立劳动合同关系的劳动者"的适用范围,包括三个方面:①国家机关、事业组织、社会团体的工勤人员;②实行企业化管理的事业组织的非工勤人员;③其他通过劳动合同(包括聘用合同)与国家机关、事业单位、社会团体建立劳动关系的劳动者。③

3. 劳动关系法律适用的效力等级。适用法律、法规、规章及其他规范性文件遵循下列原则:(1)法律的效力高于行政法规与地方性法规;行政法规与地方性法规效力高于部门规章和地方政府规章;部门规章和地方政府规章效力高于其他规范性文件。(2)在适用同一效力层次的文件时,新法律优于旧法律;新法规优于旧法规;新规章优于旧规章;新规范性文件优于旧规范性文件。④

4. 劳动关系法律适用的协调、决定。(1)依据《法规规章备案规定》,"地方人民政府规章同国务院部门规章之间或者国务院部门规章相互之间有矛盾的,由国务院法制局进行协调;经协调不能取得一致意见的,由国务院法制局提出意见,报国务院决定。"地方劳动行政部门在发现劳动部规章与国务院其他部门规

---

① 《关于〈劳动法〉若干条文的说明》第14条第2款。
② 《全国人民代表大会常务委员会关于修改〈中华人民共和国劳动合同法〉的决定》。
③ 《关于〈劳动法〉若干条文的说明》第2条第4款。
《关于贯彻执行〈中华人民共和国劳动法〉若干问题的意见》第3条规定:"国家机关、事业组织、社会团体实行劳动合同制度的以及按规定应实行劳动合同制度的工勤人员;实行企业化管理的事业组织的人员;其他通过劳动合同与国家机关、事业组织、社会团体建立劳动关系的劳动者,适用劳动法。"
④ 《关于贯彻执行〈中华人民共和国劳动法〉若干问题的意见》第98条。

章或地方政府规章相矛盾时,可将情况报劳动部,由劳动部报国务院法制局进行协调或决定。①(2)地方或行业劳动部门发现劳动部的规章之间、其他规范性文件之间或规章与其他规范性文件之间相矛盾,一般适用"新文件优于旧文件"的原则,同时可向劳动部请示。②

二、劳动关系的建立

(一)劳动关系建立的一般规则

1. 劳动关系建立的主体。(1)用人单位。①用人单位的条件。用人单位应当依法成立,能够依法支付工资、缴纳社会保险费、提供劳动保护条件,并能够承担相应的民事责任。③ ②用人单位的法律责任。第一,用人单位有下列情形之一的,依法给予行政处罚;构成犯罪的,依法追究刑事责任;给劳动者造成损害的,应当承担赔偿责任:其一,以暴力、威胁或者非法限制人身自由的手段强迫劳动的;其二,违章指挥或者强令冒险作业危及劳动者人身安全的;其三,侮辱、体罚、殴打、非法搜查或者拘禁劳动者的;其四,劳动条件恶劣、环境污染严重,给劳动者身心健康造成严重损害的。④ 第二,用人单位违反《劳动合同法》规定,扣押劳动者居民身份证等证件的,由劳动行政部门责令限期退还劳动者本人,并依照有关法律规定给予处罚。用人单位违反《劳动合同法》规定,以担保或者其他名义向劳动者收取财物的,由劳动行政部门责令限期退还劳动者本人,并以每人500元以上2000元以下的标准处以罚款;给劳动者造成损害的,应当承担赔偿责任。劳动者依法解除或者终止劳动合同,用人单位扣押劳动者档案或者其他物品的,依照前款规定处罚。⑤ 第三,私营企业违反《私营企业劳动管理暂行规定》,由劳

---

① 《关于贯彻执行〈中华人民共和国劳动法〉若干问题的意见》第99条。
② 《关于贯彻执行〈中华人民共和国劳动法〉若干问题的意见》第100条。
③ 《北京市劳动合同规定》第9条第1款。
④ 《劳动合同法》第88条。
《劳动法》第96条规定:"用人单位有下列行为之一,由公安机关对责任人员处以十五日以下拘留、罚款或者警告;构成犯罪的,对责任人员依法追究刑事责任:(一)以暴力、威胁或者非法限制人身自由的手段强迫劳动的;(二)侮辱、体罚、殴打、非法搜查和拘禁劳动者的。"
《关于〈劳动法〉若干条文的说明》第96条第2款规定:"对劳动者实施了本条所禁止的行为,公安机关将根据本法和《治安管理条例》第22条等、人民法院将根据《刑法》第134条、第143条、第144条等追究当事人的法律责任。"
⑤ 《劳动合同法》第84条。

动行政管理部门视其情节轻重,给予处罚、罚款,提请国家市场监督管理①部门责令停业或吊销营业执照,直至追究刑事责任。②（2）劳动者。①劳动者应当达到法定就业年龄,具有与履行劳动合同义务相适应的能力。③②用人单位招用未成年人或者外地来京务工人员,应当符合国家和（北京）市有关规定。④

2. 劳动关系建立的时间。（1）建立时间。①用人单位自用工之日起即与劳动者建立劳动关系。用人单位应当建立职工名册备查。⑤其中,"职工名册"应当包括劳动者姓名、性别、公民身份号码、户籍地址及现住址、联系方式、用工形式、用工起始时间、劳动合同期限等内容。⑥其中,用人单位违反劳动合同法有关建立职工名册规定的,由劳动行政部门责令限期改正;逾期不改正的,由劳动行政部门处2000元以上2万元以下的罚款。⑦②用人单位自用工之日起即与劳动者建立劳动关系。用人单位安排劳动者接受上岗前培训、学习的,劳动关系自劳动者参加之日起建立。⑧③建立劳动关系,应当订立书面劳动合同。已建立劳动关系,未同时订立书面劳动合同的,应当自用工之日起一个月内订立书面劳动合同。用人单位与劳动者在用工前订立劳动合同的,劳动关系自用工之日起建立。⑨其中,"用工之日",是指劳动者根据用人单位的安排,到用人单位报到之日。⑩（2）工龄。①工龄的界定。工龄,是指职工自与单位建立劳动关系起,以工资收入为主要来源或全部来源的工作时间。对计算社会保险待遇有法律意义的只是连续工龄和缴费工龄。②工龄的折算。对按照有关规定招用的临时工,转为企业劳动合同制工人的,其最后一次在本企业从事临时工的工作时间与被招收为劳动合同制工人后的工作时间可合并计算为连续工龄。在当地实行养老保险社会统筹前的临时工期间的连续工龄,可视同缴费年限;在当地实行养老保险

---

① 原文为"工商行政管理"。
② 《私营企业劳动管理暂行规定》第36条。
③ 《北京市劳动合同规定》第9条第2款。
④ 《北京市劳动合同规定》第9条第3款。
⑤ 《劳动合同法》第7条。
⑥ 《劳动合同法实施条例》第8条。
⑦ 《劳动合同法实施条例》第33条。
⑧ 《山东省劳动合同条例》第12条第1款。
⑨ 《劳动合同法》第10条。
《劳动合同法》第97条第2款规定,《劳动合同法》施行前已建立劳动关系,尚未订立书面劳动合同的,应当自该法施行之日起1个月内订立。
⑩ 《山西省劳动合同条例》第8条第2款。

社会统筹后的临时工期间的连续工龄,要按规定缴纳养老保险费,计算缴费年限,没有缴纳养老保险费的,不能计算视同缴费年限或缴费年限。①

3. 劳动关系建立的告知义务。用人单位应当如实向劳动者说明岗位用人要求、工作内容、工作时间、劳动报酬、劳动条件、社会保险等情况;劳动者有权了解用人单位的有关情况,并应当如实向用人单位提供本人的身份证和学历、就业状况、工作经历、职业技能等证明。②

4. 外籍高校毕业生在我国劳动关系的建立。(1)适用范围。外籍高校毕业生包括在中国境内高校取得硕士及以上学位且毕业一年以内的外国留学生,以及在境外知名高校取得硕士及以上学位且毕业一年以内的外籍毕业生。③(2)审批条件。外籍高校毕业生在中国就业,应具备以下条件:①年满18周岁,身体健康;②无犯罪记录;③学习成绩优秀,平均成绩不低于80分(百分制,其他分制换算成百分制处理)或B+/B(等级制)以上,在校期间无不良行为记录;④取得相应的学历与学位;⑤有确定的聘用单位,从事工作岗位与所学专业对口。薪酬原则上不低于当地城镇单位在岗职工平均工资,具体标准由各省级人力资源社会保障部门根据就业市场实际和引进人才工作的需要合理确定;⑥持有有效护照或能代替护照的其他国际旅行证件。④(3)办理程序。用人单位聘用符合条件的外籍高校毕业生,应向当地人力资源社会保障部门或外国专家归口管理部门提出申请,并提供以下材料:①拟聘用者履历证明;②聘用意向书(包括意向薪酬);③聘用原因报告(包括当地公共就业和人才服务机构面向国内劳动者公开发布招聘信息满30天的证明);④拟聘用者健康状况证明;⑤拟聘用者无犯罪记录证明;⑥拟聘用者所取得的学历学位证明材料;⑦拟聘用者所就读学校出具的在校期间无不良行为记录(境外高校外籍毕业生可免除)和成绩证明材料;⑧拟聘用者6个月内正面免冠照片。人力资源社会保障部门或外国专家归口管理部门按规定进行审批。对符合条件的外国留学生发放外国人就业许可证书(或工作许可,下同)和外国人就业证(或工作证,下同)。对符合条件的境外高校外籍毕业

---

① 《劳动和社会保障部办公厅关于劳动合同制职工工龄计算问题的复函》。
② 《北京市劳动合同规定》第10条。
③ 《人力资源社会保障部、外交部、教育部〈关于允许优秀外籍高校毕业生在华就业有关事项〉的通知》第1条。
④ 《人力资源社会保障部、外交部、教育部〈关于允许优秀外籍高校毕业生在华就业有关事项〉的通知》第2条。

生发放外国人就业许可证书。取得外国人就业许可证书的海外高校外籍毕业生,应按规定办理Z字签证,入境后办理外国人就业证。①(4)其他事项。①外国人就业证有效期首次为1年。聘用外籍高校毕业生就业期满,用人单位拟继续聘用的,按规定履行审批手续后可以继续聘用,期限不超过5年。外籍高校毕业生所缴纳个人所得税低于意向薪酬应付税额、或用人单位拟给予其的薪酬低于规定标准的,就业证不予延期。② ②外籍高校毕业生在华就业实行配额管理。各省级人力资源社会保障部门要根据本省企业对外籍高校毕业生的需求数量、本地区高校毕业生就业形势等因素,提出本省配额需求数量,于每年12月1日前报送人力资源社会保障部。人力资源社会保障部将综合研究确定下一年度全国及各省(区、市)的配额数量,以适当方式公开公示,并抄送外交、教育、公安配合实施。2017年配额需求由各省级人力资源社会保障部门于2017年1月31日前提出申请。③

(二)就业服务与就业管理

1. 就业服务与就业管理的适用。(1)适用的法律。①为了加强就业服务和就业管理,培育和完善统一开放、竞争有序的人力资源市场,为劳动者就业和用人单位招用人员提供服务,根据就业促进法等法律、行政法规,制定《就业服务与就业管理规定》。④ 其中,"就业"是指具有劳动能力的公民在法定劳动年龄内,依法从事某种有报酬或劳动收入的社会活动。⑤ ②《就业服务与就业管理规定》自2008年1月1日起施行。劳动部1994年10月27日颁布的《职业指导办法》、劳动保障部2000年12月8日颁布的《劳动力市场管理规定》同时废止。⑥(2)适用的范围。劳动者求职与就业,用人单位招用人员,劳动保障行政部门举办的公共就业服务机构和经劳动保障行政部门审批的职业中介机构从事就业服务活

---

① 《人力资源社会保障部、外交部、教育部〈关于允许优秀外籍高校毕业生在华就业有关事项〉的通知》第3条。
② 《人力资源社会保障部、外交部、教育部〈关于允许优秀外籍高校毕业生在华就业有关事项〉的通知》第4条第1款。
③ 《人力资源社会保障部、外交部、教育部〈关于允许优秀外籍高校毕业生在华就业有关事项〉的通知》第4条第2款。
④ 《就业服务与就业管理规定》第1条。
⑤ 《关于〈劳动法〉若干条文的说明》第10条第4款。
⑥ 《就业服务与就业管理规定》第76条。

动,适用本规定。《就业服务与就业管理规定》所称用人单位,是指在中华人民共和国境内的企业、个体经济组织、民办非企业单位等组织,以及招用与之建立劳动关系的劳动者的国家机关、事业单位、社会团体。①

2. 就业服务与就业管理的主管机构。县级以上劳动保障行政部门依法开展本行政区域内的就业服务和就业管理工作。②

3. 就业服务与就业管理中的权利及义务。(1)求职及就业权利。①平等的就业权。第一,劳动者依法享有平等就业的权利。劳动者就业,不因民族、种族、性别、宗教信仰等不同而受歧视。③ 第二,农村劳动者进城就业享有与城镇劳动者平等的就业权利,不得对农村劳动者进城就业设置歧视性限制。④ ②自由择业权。劳动者依法享有自主择业的权利。劳动者年满16周岁,有劳动能力且有就业愿望的,可凭本人身份证件,通过公共就业服务机构、职业中介机构介绍或直接联系用人单位等渠道求职。⑤ (2)求职及就业义务。①劳动者求职时,应当如实向公共就业服务机构或职业中介机构、用人单位提供个人基本情况以及与应聘岗位直接相关的知识技能、工作经历、就业现状等情况,并出示相关证明。⑥ ②劳动者应当树立正确的择业观念,提高就业能力和创业能力。国家鼓励劳动者在就业前接受必要的职业教育或职业培训,鼓励城镇初高中毕业生在就业前参加劳动预备制培训。国家鼓励劳动者自主创业、自谋职业。各级劳动保障行政部门应当会同有关部门,简化程序,提高效率,为劳动者自主创业、自谋职业提供便利和相应服务。⑦

4. 用人单位的招用人员。(1)用人单位招用人员的方式。①用人单位的自主招用人员。第一,自主招用人员的主体及权利。用人单位依法享有自主用人的权利。用人单位招用人员,应当向劳动者提供平等的就业机会和公平的就业条件。⑧ 第二,自主招用人员的方式。用人单位可以通过下列途径自主招用人

---

① 《就业服务与就业管理规定》第2条。
② 《就业服务与就业管理规定》第3条。
③ 《就业服务与就业管理规定》第4条。
④ 《就业服务与就业管理规定》第5条。
⑤ 《就业服务与就业管理规定》第6条。
⑥ 《就业服务与就业管理规定》第7条。
⑦ 《就业服务与就业管理规定》第8条。
⑧ 《就业服务与就业管理规定》第9条。

员:其一,委托公共就业服务机构或职业中介机构;其二,参加职业招聘洽谈会;其三,委托报纸、广播、电视、互联网站等大众传播媒介发布招聘信息;其四,利用本企业场所、企业网站等自有途径发布招聘信息;其五,其他合法途径。① ②用人单位委托其他机构或参加招聘洽谈会招用人员。用人单位委托公共就业服务机构或职业中介机构招用人员,或者参加招聘洽谈会时,应当提供招用人员简章,并出示营业执照(副本)或者有关部门批准其设立的文件、经办人的身份证件和受用人单位委托的证明。招用人员简章应当包括用人单位基本情况、招用人数、工作内容、招录条件、劳动报酬、福利待遇、社会保险等内容,以及法律、法规规定的其他内容。② (2)用人单位招用人员的义务。①告知义务。用人单位招用人员时,应当依法如实告知劳动者有关工作内容、工作条件、工作地点、职业危害、安全生产状况、劳动报酬以及劳动者要求了解的其他情况。用人单位应当根据劳动者的要求,及时向其反馈是否录用的情况。③ ②保密义务。用人单位应当对劳动者的个人资料予以保密。公开劳动者的个人资料信息和使用劳动者的技术、智力成果,须经劳动者本人书面同意。④ ③适当照顾的义务。用人单位招用人员,应当依法对少数民族劳动者给予适当照顾。⑤ (3)用人单位招用人员的禁止行为。①用人单位招用人员不得有下列行为:第一,提供虚假招聘信息,发布虚假招聘广告;第二,扣押被录用人员的居民身份证和其他证件;第三,以担保或者其他名义向劳动者收取财物;第四,招用未满16周岁的未成年人以及国家法律、行政法规规定不得招用的其他人员;第五,招用无合法身份证件的人员;第六,以招用人员为名牟取不正当利益或进行其他违法活动。⑥ 其中,用人单位非法招用未满16周岁的未成年人的,由劳动行政部门责令改正,处以罚款;情节严重的,由市场监督管理部门吊销营业执照。⑦ ②用人单位不得以诋毁其他用人单位信誉、商业贿赂等不正当手段招聘人员。⑧ ③用人单位在招用人员时,除国家规定的不

---

① 《就业服务与就业管理规定》第10条。
② 《就业服务与就业管理规定》第11条。
③ 《就业服务与就业管理规定》第12条。
④ 《就业服务与就业管理规定》第13条。
⑤ 《就业服务与就业管理规定》第17条。
⑥ 《就业服务与就业管理规定》第14条。
⑦ 《劳动法》第94条。
⑧ 《就业服务与就业管理规定》第15条。

适合妇女从事的工种或者岗位外,不得以性别为由拒绝录用妇女或者提高对妇女的录用标准。用人单位录用女职工,不得在劳动合同中规定限制女职工结婚、生育的内容。① ④用人单位招用人员,不得歧视残疾人。② ⑤用人单位招用人员,不得以是传染病病原携带者为由拒绝录用。但是,经医学鉴定传染病病原携带者在治愈前或者排除传染嫌疑前,不得从事法律、行政法规和国务院卫生行政部门规定禁止从事的易使传染病扩散的工作。用人单位招用人员,除国家法律、行政法规和国务院卫生行政部门规定禁止乙肝病原携带者从事的工作外,不得强行将乙肝病毒血清学指标作为体检标准。③ ⑥用人单位发布的招用人员简章或招聘广告,不得包含歧视性内容。④ (4)用人单位特殊人员的招用。①特殊工种人员。用人单位招用从事涉及公共安全、人身健康、生命财产安全等特殊工种的劳动者,应当依法招用持相应工种职业资格证书的人员;招用未持相应工种职业资格证书人员的,须组织其在上岗前参加专门培训,使其取得职业资格证书后方可上岗。⑤ ②我国台港澳地区人员。用人单位招用我国台港澳地区人员后,应当按有关规定到当地劳动保障行政部门备案,并为其办理《台港澳人员就业证》。⑥ ③外国人。用人单位招用外国人,应当在外国人入境前,按有关规定到当地劳动保障行政部门为其申请就业许可,经批准并获得《中华人民共和国外国人就业许可证书》后方可招用。用人单位招用外国人的岗位必须是有特殊技能要求、国内暂无适当人选的岗位,并且不违反国家有关规定。⑦

5. 公共就业服务的职责分工。(1)县级以上劳动保障行政部门的职责。①县级以上劳动保障行政部门统筹管理本行政区域内的公共就业服务工作,根据政府制定的发展计划,建立健全覆盖城乡的公共就业服务体系。公共就业服务机构根据政府确定的就业工作目标任务,制订就业服务计划,推动落实就业扶持政策,组织实施就业服务项目,为劳动者和用人单位提供就业服务,开展人力

---

① 《就业服务与就业管理规定》第16条。
② 《就业服务与就业管理规定》第18条。
③ 《就业服务与就业管理规定》第19条。
④ 《就业服务与就业管理规定》第20条。
⑤ 《就业服务与就业管理规定》第21条。
⑥ 《就业服务与就业管理规定》第22条。
⑦ 《就业服务与就业管理规定》第23条。

资源市场调查分析,并受劳动保障行政部门委托经办促进就业的相关事务。①②县级以上劳动保障行政部门应当对公共就业服务机构加强管理,定期对其完成各项任务情况进行绩效考核。② ③县级以上劳动保障行政部门应当按照信息化建设统一要求,逐步实现全国人力资源市场信息联网。其中,城市应当按照劳动保障数据中心建设的要求,实现网络和数据资源的集中和共享;省、自治区应当建立人力资源市场信息网省级监测中心,对辖区内人力资源市场信息进行监测;劳动保障部设立人力资源市场信息网全国监测中心,对全国人力资源市场信息进行监测和分析。③ (2)公共就业服务机构的职责。①提供公共就业服务。第一,免费提供服务。公共就业服务机构应当免费为劳动者提供以下服务:其一,就业政策法规咨询;其二,职业供求信息、市场工资指导价位信息和职业培训信息发布;其三,职业指导和职业介绍;其四,对就业困难人员实施就业援助;其五,办理就业登记、失业登记等事务;其六,其他公共就业服务。④ 第二,根据用人单位需求提供服务。公共就业服务机构应当积极拓展服务功能,根据用人单位需求提供以下服务:其一,招聘用人指导服务;其二,代理招聘服务;其三,跨地区人员招聘服务;其四,企业人力资源管理咨询等专业性服务;其五,劳动保障事务代理服务;其六,为满足用人单位需求开发的其他就业服务项目。⑤ ②提供职业指导服务。第一,公共就业服务机构应当加强职业指导工作,配备专(兼)职职业指导工作人员,向劳动者和用人单位提供职业指导服务。公共就业服务机构应当为职业指导工作提供相应的设施和条件,推动职业指导工作的开展,加强对职业指导工作的宣传。⑥ 第二,职业指导工作包括以下内容:其一,向劳动者和用人单位提供国家有关劳动保障的法律法规和政策、人力资源市场状况咨询;其二,帮助劳动者了解职业状况,掌握求职方法,确定择业方向,增强择业能力;其三,向劳动者提出培训建议,为其提供职业培训相关信息;其四,开展对劳动者个人职业素质和特点的测试,并对其职业能力进行评价;其五,对妇女、残疾人、少数民族人员及退出现役的军人等就业群体提供专门的职业指导服务;其六,对大中专

---

① 《就业服务与就业管理规定》第 24 条。
② 《就业服务与就业管理规定》第 36 条。
③ 《就业服务与就业管理规定》第 35 条。
④ 《就业服务与就业管理规定》第 25 条。
⑤ 《就业服务与就业管理规定》第 26 条。
⑥ 《就业服务与就业管理规定》第 27 条。

学校、职业院校、技工学校学生的职业指导工作提供咨询和服务;其七,对准备从事个体劳动或开办私营企业的劳动者提供创业咨询服务;其八,为用人单位提供选择招聘方法、确定用人条件和标准等方面的招聘用人指导;其九,为职业培训机构确立培训方向和专业设置等提供咨询参考。① ③组织实施劳动力资源调查和就业、失业状况统计工作。公共就业服务机构在劳动保障行政部门的指导下,组织实施劳动力资源调查和就业、失业状况统计工作。② ④制订并组织实施专项计划。公共就业服务机构应当针对特定就业群体的不同需求,制订并组织实施专项计划。公共就业服务机构应当根据服务对象的特点,在一定时期内为不同类型的劳动者、就业困难对象或用人单位集中组织活动,开展专项服务。公共就业服务机构受劳动保障行政部门委托,可以组织开展促进就业的专项工作。③ ⑤提供"一站式"就业服务。第一,县级以上公共就业服务机构建立综合性服务场所,集中为劳动者和用人单位提供"一站式"就业服务,并承担劳动保障行政部门安排的其他工作。街道、乡镇、社区公共就业服务机构建立基层服务窗口,开展以就业援助为重点的公共就业服务,实施劳动力资源调查统计,并承担上级劳动保障行政部门安排的其他就业服务工作。公共就业服务机构使用全国统一标识。④第二,公共就业服务机构应当不断提高服务的质量和效率。公共就业服务机构应当加强内部管理,完善服务功能,统一服务流程,按照国家制定的服务规范和标准,为劳动者和用人单位提供优质高效的就业服务。公共就业服务机构应当加强工作人员的政策、业务和服务技能培训,组织职业指导人员、职业信息分析人员、劳动保障协理员等专业人员参加相应职业资格培训。公共就业服务机构应当公开服务制度,主动接受社会监督。⑤ ⑥建立完善人力资源市场信息网络及相关设施。第一,县级以上劳动保障行政部门和公共就业服务机构应当按照劳动保障信息化建设的统一规划、标准和规范,建立完善人力资源市场信息网络及相关设施。公共就业服务机构应当逐步实行信息化管理与服务,在城市内实现就业服务、失业保险、就业培训信息共享和公共就业服务全程信息化管理,并逐

---

① 《就业服务与就业管理规定》第28条。
② 《就业服务与就业管理规定》第29条。
③ 《就业服务与就业管理规定》第30条。
④ 《就业服务与就业管理规定》第31条。
⑤ 《就业服务与就业管理规定》第32条。

步实现与劳动工资信息、社会保险信息的互联互通和信息共享。① 第二，公共就业服务机构应当建立健全人力资源市场信息服务体系，完善职业供求信息、市场工资指导价位信息、职业培训信息、人力资源市场分析信息的发布制度，为劳动者求职择业、用人单位招用人员以及培训机构开展培训提供支持。② （3）残疾人就业服务机构的职责。各级残疾人联合会所属的残疾人就业服务机构是公共就业服务机构的组成部分，负责为残疾劳动者提供相关就业服务，并经劳动保障行政部门委托，承担残疾劳动者的就业登记、失业登记工作。③

6. 公共就业服务的经费。（1）公共就业服务经费纳入同级财政预算。各级劳动保障行政部门和公共就业服务机构应当根据财政预算编制的规定，依法编制公共就业服务年度预算，报经同级财政部门审批后执行。公共就业服务机构可以按照就业专项资金管理相关规定，依法申请公共就业服务专项扶持经费。公共就业服务机构接受社会各界提供的捐赠和资助，按照国家有关法律法规管理和使用。公共就业服务机构为用人单位提供的服务，应当规范管理，严格控制服务收费。确需收费的，具体项目由省级劳动保障行政部门会同相关部门规定。④ （2）公共就业服务机构不得从事经营性活动。公共就业服务机构举办的招聘会，不得向劳动者收取费用。⑤

7. 就业援助。（1）就业援助的服务机构。①服务机构的职权。第一，制订专门的就业援助计划。公共就业服务机构应当制订专门的就业援助计划，对就业援助对象实施优先扶持和重点帮助。本规定所称就业援助对象包括就业困难人员和零就业家庭。就业困难对象是指因身体状况、技能水平、家庭因素、失去土地等原因难以实现就业，以及连续失业一定时间仍未能实现就业的人员。零就业家庭是指法定劳动年龄内的家庭人员均处于失业状况的城市居民家庭。对援助对象的认定办法，由省级劳动保障行政部门依据当地人民政府规定的就业援助对象范围制定。⑥ 第二，建立就业援助制度。其一，就业困难人员帮扶制度。公共就业服务机构应当建立就业困难人员帮扶制度，通过落实各项就业扶持政

---

① 《就业服务与就业管理规定》第33条。
② 《就业服务与就业管理规定》第34条。
③ 《就业服务与就业管理规定》第39条。
④ 《就业服务与就业管理规定》第37条。
⑤ 《就业服务与就业管理规定》第38条。
⑥ 《就业服务与就业管理规定》第40条。

策、提供就业岗位信息、组织技能培训等有针对性的就业服务和公益性岗位援助,对就业困难人员实施优先扶持和重点帮助。在公益性岗位上安置的就业困难人员,按照国家规定给予岗位补贴。① 其二,即时岗位援助制度。公共就业服务机构应当建立零就业家庭即时岗位援助制度,通过拓宽公益性岗位范围,开发各类就业岗位等措施,及时向零就业家庭中的失业人员提供适当的就业岗位,确保零就业家庭至少有一人实现就业。② 其三,援助对象动态管理和援助责任制度。街道、社区公共就业服务机构应当对辖区内就业援助对象进行登记,建立专门台账,实行就业援助对象动态管理和援助责任制度,提供及时、有效的就业援助。③(2)就业援助的申请。就业困难人员和零就业家庭可以向所在地街道、社区公共就业服务机构申请就业援助。经街道、社区公共就业服务机构确认属实的,纳入就业援助范围。④

8. 职业中介服务。(1)职业中介服务的管理。县级以上劳动保障行政部门应当加强对职业中介机构的管理,鼓励其提高服务质量,发挥其在促进就业中的作用。《就业服务与就业管理规定》所称职业中介机构,是指由法人、其他组织和公民个人举办,为用人单位招用人员和劳动者求职提供中介服务以及其他相关服务的经营性组织。政府部门不得举办或者与他人联合举办经营性的职业中介机构。⑤ (2)职业中介服务的原则。从事职业中介活动,应当遵循合法、诚实信用、公平、公开的原则。禁止任何组织或者个人利用职业中介活动侵害劳动者和用人单位的合法权益。⑥ (3)职业中介服务的行政许可。职业中介实行行政许可制度。设立职业中介机构或其他机构开展职业中介活动,须经劳动保障行政部门批准,并获得职业中介许可证。未经依法许可和登记的机构,不得从事职业中介活动。职业中介许可证由劳动保障部统一印制并免费发放。⑦ (4)职业中介服务的机构及职权。①职业中介服务机构的设立。第一,设立的条件。其一,设立职业中介机构应当具备下列条件:首先,有明确的机构章程和管理制度;其次,有

---

① 《就业服务与就业管理规定》第42条。
② 《就业服务与就业管理规定》第43条。
③ 《就业服务与就业管理规定》第44条。
④ 《就业服务与就业管理规定》第41条。
⑤ 《就业服务与就业管理规定》第45条。
⑥ 《就业服务与就业管理规定》第46条。
⑦ 《就业服务与就业管理规定》第47条。

开展业务必备的固定场所、办公设施和一定数额的开办资金；再次，有一定数量具备相应职业资格的专职工作人员；最后，法律、法规规定的其他条件。① 其二，设立外商投资职业中介机构以及职业中介机构从事境外就业中介服务的，按照有关规定执行。② 第二，设立的申请。设立职业中介机构，应当向当地县级以上劳动保障行政部门提出申请，提交下列文件：其一，设立申请书；其二，机构章程和管理制度草案；其三，场所使用权证明；其四，拟任负责人的基本情况、身份证明；其五，具备相应职业资格的专职工作人员的相关证明；其六，工商营业执照（副本）；其七，法律、法规规定的其他文件。③ 第三，设立申请的受理及批准。劳动保障行政部门接到设立职业中介机构的申请后，应当自受理申请之日起20日内审理完毕。对符合条件的，应当予以批准；不予批准的，应当说明理由。劳动保障行政部门对经批准设立的职业中介机构实行年度审验。职业中介机构的具体设立条件、审批和年度审验程序，由省级劳动保障行政部门统一规定。④ ②职业中介机构从事的业务。职业中介机构可以从事下列业务：第一，为劳动者介绍用人单位；第二，为用人单位和居民家庭推荐劳动者；第三，开展职业指导、人力资源管理咨询服务；第四，收集和发布职业供求信息；第五，根据国家有关规定从事互联网职业信息服务；第六，组织职业招聘洽谈会；第七，经劳动保障行政部门核准的其他服务项目。⑤ ③职业中介机构的义务。第一，职业中介机构应当在服务场所明示营业执照、职业中介许可证、服务项目、收费标准、监督机关名称和监督电话等，并接受劳动保障行政部门及其他有关部门的监督检查。⑥ 第二，职业中介机构应当建立服务台账，记录服务对象、服务过程、服务结果和收费情况等，并接受劳动保障行政部门的监督检查。⑦ 第三，职业中介机构提供职业中介服务不成功的，应当退还向劳动者收取的中介服务费。⑧ 第四，职业中介机构租用场地举办大规模职业招聘洽谈会，应当制定相应的组织实施办法和安全保卫工作

---

① 《就业服务与就业管理规定》第48条。
② 《就业服务与就业管理规定》第60条。
③ 《就业服务与就业管理规定》第49条。
④ 《就业服务与就业管理规定》第50条。
⑤ 《就业服务与就业管理规定》第52条。
⑥ 《就业服务与就业管理规定》第53条。
⑦ 《就业服务与就业管理规定》第54条。
⑧ 《就业服务与就业管理规定》第55条。

方案,并向批准其设立的机关报告。职业中介机构应当对入场招聘用人单位的主体资格真实性和招用人员简章真实性进行核实。① ④职业中介机构的职权。第一,办理变更或者注销登记手续。职业中介机构变更名称、住所、法定代表人等或者终止的,应当按照设立许可程序办理变更或者注销登记手续。设立分支机构的,应当在征得原审批机关的书面同意后,由拟设立分支机构所在地县级以上劳动保障行政部门审批。② 第二,提供公益性就业服务。职业中介机构为特定对象提供公益性就业服务的,可以按照规定给予补贴。可以给予补贴的公益性就业服务的范围、对象、服务效果和补贴办法,由省级劳动保障行政部门会同有关部门制定。③ ⑤职业中介机构服务行为的禁止。职业中介机构有下列行为:第一,提供虚假就业信息;第二,发布的就业信息中包含歧视性内容;第三,伪造、涂改、转让职业中介许可证;第四,为无合法证照的用人单位提供职业中介服务;第五,介绍未满16周岁的未成年人就业;第六,为无合法身份证件的劳动者提供职业中介服务;第七,介绍劳动者从事法律、法规禁止从事的职业;第八,扣押劳动者的居民身份证和其他证件,或者向劳动者收取押金;第九,以暴力、胁迫、欺诈等方式进行职业中介活动;第十,超出核准的业务范围经营;第十一,"其他违反法律、法规规定的行为"。④ ⑥职业中介机构的监管。县级以上劳动保障行政部门应当依法对经审批设立的职业中介机构开展职业中介活动进行监督指导,定期组织对其服务信用和服务质量进行评估,并将评估结果向社会公布。县级以上劳动保障行政部门应当指导职业中介机构开展工作人员培训,提高服务质量。县级以上劳动保障行政部门对在诚信服务、优质服务和公益性服务等方面表现突出的职业中介机构和个人,报经同级人民政府批准后,给予表彰和奖励。⑤

9. 就业与失业的管理。(1)就业与失业管理的制度。劳动保障行政部门应当建立健全就业登记制度和失业登记制度,完善就业管理和失业管理。公共就业服务机构负责就业登记与失业登记工作,建立专门台账,及时、准确地记录劳动者就业与失业变动情况,并做好相应统计工作。就业登记和失业登记在各省、

---

① 《就业服务与就业管理规定》第56条。
② 《就业服务与就业管理规定》第51条。
③ 《就业服务与就业管理规定》第57条。
④ 《就业服务与就业管理规定》第58条。
⑤ 《就业服务与就业管理规定》第59条。

自治区、直辖市范围内实行统一的就业失业登记证（以下简称登记证），向劳动者免费发放，并注明可享受的相应扶持政策。就业登记、失业登记的具体程序和登记证的样式，由省级劳动保障行政部门规定。① (2)就业与失业管理的内容。①就业登记。劳动者被用人单位招用的，由用人单位为劳动者办理就业登记。用人单位招用劳动者和与劳动者终止或者解除劳动关系，应当到当地公共就业服务机构备案，为劳动者办理就业登记手续。用人单位招用人员后，应当于录用之日起30日内办理登记手续；用人单位与职工终止或者解除劳动关系后，应当于15日内办理登记手续。劳动者从事个体经营或灵活就业的，由本人在街道、乡镇公共就业服务机构办理就业登记。就业登记的内容主要包括劳动者个人信息、就业类型、就业时间、就业单位以及订立、终止或者解除劳动合同情况等。就业登记的具体内容和所需材料由省级劳动保障行政部门规定。公共就业服务机构应当对用人单位办理就业登记及相关手续设立专门服务窗口，简化程序，方便用人单位办理。② ②失业登记。第一，失业登记的人员。其一，在法定劳动年龄内，有劳动能力，有就业要求，处于无业状态的城镇常住人员，可以到常住地的公共就业服务机构进行失业登记。③ 其二，失业登记的范围包括下列失业人员：(a)年满16周岁，从各类学校毕业、肄业的；(b)从企业、机关、事业单位等各类用人单位失业的；(c)个体工商户业主或私营企业业主停业、破产停止经营的；(d)承包土地被征用，符合当地规定条件的；(e)军人退出现役且未纳入国家统一安置的；(f)刑满释放、假释、监外执行的；(g)各地确定的其他失业人员。④ 第二，失业登

---

① 《就业服务与就业管理规定》第61条。
② 《就业服务与就业管理规定》第62条。
③ 《就业服务与就业管理规定》第63条。
《人力资源社会保障部办公厅关于台湾香港澳门居民办理失业登记的通知》规定："《就业服务与就业管理规定》第六十三条规定……台湾、香港、澳门居民在常住地稳定就业满6个月，并依法参加社会保险的，失业后如本人自愿，可到公共就业服务机构办理失业登记。具体程序：一、办理台港澳人员就业证注销手续　台湾、香港、澳门居民终止就业后，应到台港澳人员就业证发证机关办理证件注销手续，发证机关为其出具失业证明文件。二、办理失业登记手续　台湾、香港、澳门居民凭失业证明文件及与原单位终止、解除劳动关系或解聘的证明，在常住地公共就业服务机构办理失业登记。台湾、香港、澳门居民凭公共就业服务机构出具的失业登记证明文件，享受就业服务和相应的失业保险待遇。享受就业扶持政策另行规定。各地应将已办理失业登记的台湾、香港、澳门居民人数统计在城镇登记失业人员情况中（表号：人社统EP2），列入表下栏'报告期内符合规定农村进城务工人员和其他非本地户籍人员登记失业人数'中并单独注明，作为表后补充数据，不计入表内统计数值。"
④ 《就业服务与就业管理规定》第65条。

记的办理。劳动者进行失业登记时,须持本人身份证件;有单位就业经历的,还须持与原单位终止、解除劳动关系或者解聘的证明。登记失业人员凭登记证享受公共就业服务和就业扶持政策;其中符合条件的,按规定申领失业保险金。登记失业人员应当定期向公共就业服务机构报告就业失业状况,积极求职,参加公共就业服务机构安排的就业培训。① 第三,失业登记的注销。登记失业人员出现下列情形之一的,由公共就业服务机构注销其失业登记:其一,被用人单位录用的;其二,从事个体经营或创办企业,并领取工商营业执照的;其三,已从事有稳定收入的劳动,并且月收入不低于当地最低工资标准的;其四,已享受基本养老保险待遇的;其五,完全丧失劳动能力的;其六,入学、服兵役、移居境外的;其七,被判刑收监执行的;其八,终止就业要求或拒绝接受公共就业服务的;其九,连续6个月未与公共就业服务机构联系的;其十,已进行就业登记的其他人员或各地规定的其他情形。②

10. 就业服务与就业管理的法律责任。(1)用人单位的法律责任。①用人单位违反《就业服务与就业管理规定》第14条第2、3项规定的,按照《劳动合同法》第84条的规定予以处罚;用人单位违反第14条第4项规定的,按照国家禁止使用童工和其他有关法律、法规的规定予以处罚。用人单位违反第14条第1、5、6项规定的,由劳动保障行政部门责令改正,并可处以1000元以下的罚款;对当事人造成损害的,应当承担赔偿责任。③ ②用人单位违反《就业服务与就业管理规定》第19条第2款规定,在国家法律、行政法规和国务院卫生行政部门规定禁止乙肝病原携带者从事的工作岗位以外招用人员时,将乙肝病毒血清学指标作为体检标准的,由劳动保障行政部门责令改正,并可处以1000元以下的罚款;对当事人造成损害的,应当承担赔偿责任。④ 用人单位违反《就业服务与就业管理规定》第62条规定,未及时为劳动者办理就业登记手续的,由劳动保障行政部门责令改正。⑤ (2)公共就业服务机构的法律责任。违反《就业服务与就业管理规定》第38条规定,公共就业服务机构从事经营性职业中介活动向劳动者收取费

---

① 《就业服务与就业管理规定》第64条。
② 《就业服务与就业管理规定》第66条。
③ 《就业服务与就业管理规定》第67条。
④ 《就业服务与就业管理规定》第68条。
⑤ 《就业服务与就业管理规定》第75条。

用的,由劳动保障行政部门责令限期改正,将违法收取的费用退还劳动者,并对直接负责的主管人员和其他直接责任人员依法给予处分。①(3)擅自从事职业中介活动的法律责任。违反《就业服务与就业管理规定》第47条的规定,未经许可和登记,擅自从事职业中介活动的,由劳动保障行政部门或者其他主管部门按照《就业促进法》第64条的规定予以处罚。②(4)职业中介机构的法律责任。①职业中介机构违反《就业服务与就业管理规定》第53条的规定,未明示职业中介许可证、监督电话的,由劳动保障行政部门责令改正,并可处以1000元以下的罚款;未明示收费标准的,提请价格主管部门依据国家有关规定处罚;未明示营业执照的,提请工商行政管理部门依据国家有关规定处罚。③②职业中介机构违反《就业服务与就业管理规定》第54条的规定,未建立服务台账,或虽建立服务台账但未记录服务对象、服务过程、服务结果和收费情况的,由劳动保障行政部门责令改正,并可处以1000元以下的罚款。④③职业中介机构违反《就业服务与就业管理规定》第55条的规定,在职业中介服务不成功后未向劳动者退还所收取的中介服务费的,由劳动保障行政部门责令改正,并可处以1000元以下的罚款。⑤④职业中介机构违反《就业服务与就业管理规定》第58条第1、3、4、8项规定的,按照《就业促进法》第65条、第66条规定予以处罚。违反本规定第58条第5项规定的,按照国家禁止使用童工的规定予以处罚。违反《就业服务与就业管理规定》第58条其他各项规定的,由劳动保障行政部门责令改正,没有违法所得的,可处以1万元以下的罚款;有违法所得的,可处以不超过违法所得3倍的罚款,但最高不得超过3万元;情节严重的,提请工商部门依法吊销营业执照;对当事人造成损害的,应当承担赔偿责任。⑥

三、劳动关系的认定

1. 劳动关系认定的基本要素。确定当事人之间是否成立劳动关系,可以综合考虑下列因素:(1)用人单位与劳动者订立劳动合同;(2)劳动者实际接受用

---

① 《就业服务与就业管理规定》第69条。
② 《就业服务与就业管理规定》第70条。
③ 《就业服务与就业管理规定》第71条。
④ 《就业服务与就业管理规定》第72条。
⑤ 《就业服务与就业管理规定》第73条。
⑥ 《就业服务与就业管理规定》第74条。

单位的管理、指挥与监督;(3)用人单位向劳动者支付工资性劳动报酬;(4)劳动者被纳入用人单位的组织体系中从事劳动,而不是从事独立的业务或者经营活动;(5)劳动者无权将工作分包给他人完成;(6)生产资料一般由用人单位提供;(7)劳动者提供的劳务是继续性的而不是一次性的;(8)用人单位为劳动者缴纳社会保险费。①

2. 劳动关系的认定与处理。(1)认定为劳动关系的情形。①用人单位知道或应当知道其工作人员或承包人以单位名义在外招用人员,不为反对意见;或受招用人员有充分理由相信该工作人员或承包人是代表用人单位的,如果劳动者确实是为该用人单位工作的,应当认定受招用人员与该用人单位之间形成劳动关系。② ②劳动者与用人单位以外的其他单位签订书面劳动合同或虽未签订劳动合同但具有《上海市高级人民法院民一庭关于审理劳动争议案件若干问题的解答》第8条③的情形的,应当认定劳动者与其他单位之间形成劳动关系,并适用《劳动法》,但社会保险关系依现行规定处理。④ ③持有《外国专家证》并取得《外国人来华工作许可证》的外国人,与中华人民共和国境内的用人单位建立用工关系的,可以认定为劳动关系。⑤ (2)"按劳动关系处理"的情形。①因用人单位原因致使已经达到法定退休年龄的劳动者尚未享受基本养老保险待遇或者尚未领取退休金,劳动者与原用人单位之间形成实际用工关系的,按照劳动关系处理。⑥ ②用人单位招用已达法定退休年龄或已办理退休手续的人员时,在法律、行政法规未有明确规定之前,宜将该类用工关系按劳动关系处理。但对于劳动关系解除或终止时的经济补偿问题,可参照劳动部办公厅《对〈关于实行劳动合同制度若干问题的请示〉的复函》的规定处理,即对于已享受养老保险待遇的退休人员,

---

① 《天津市高级人民法院关于印发〈天津法院劳动争议案件审理指南〉的通知》第6条。
② 《上海市高级人民法院民一庭关于审理劳动争议案件若干问题的解答》第10条。
③ 《上海市高级人民法院民一庭关于审理劳动争议案件若干问题的解答》第8条规定:"用人单位与劳动者(不论是否具有本市户籍)虽未签订书面劳动合同,但具有下列情形时,可认为双方之间形成劳动关系:①用人单位向劳动者支付劳动报酬;②劳动者付出劳动是用人单位业务的组成部分或劳动者实际接受用人单位的管理、约束;③用人单位向劳动者发放'工作证'或'服务证'等身份证件、或填写'登记表'、'报名表',允许劳动者以用人单位员工名义工作或不为反对意见的。不接受用人单位管理、约束、支配,以自己的技能、设施、知识承担经营风险,基本不用听从单位有关工作指令,与用人单位没有身份隶属关系的,不是用人单位的劳动者,人民法院可根据双方关系的实际状况来确定双方的法律关系。"
④ 《上海市高级人民法院民一庭关于审理劳动争议案件若干问题的解答》第11条。
⑤ 《最高人民法院关于审理劳动争议案件适用法律问题的解释(一)》第33条第2款。
⑥ 《天津市高级人民法院关于印发〈天津法院劳动争议案件审理指南〉的通知》第10条第2款。

除非其与用人单位已就劳动关系解除或终止时的经济补偿问题作出特别规定，否则双方在劳动关系解除或终止时不适用《劳动法》第28条①有关经济补偿的规定。②③企业停薪留职人员、未达到法定退休年龄的内退人员、下岗待岗人员以及企业经营性停产放长假人员，因与新的用人单位发生用工争议而提起诉讼的，人民法院应当按劳动关系处理。③

3. 劳动关系的时间认定。（1）"同一用人单位连续工作时间"的认定。①"同一用人单位连续工作时间"是指劳动者与同一用人单位保持劳动关系的时间。④②按照《劳动法》及有关配套规章的规定，劳动者患病或非因工负伤，依法享有医疗期，因此在计算"同一用人单位连续工作时间"时，不应扣除劳动者依法享有的医疗期时间。⑤（2）"本单位工作年限"的认定。①在计算医疗期、经济补偿时，"本单位工作年限"与"同一用人单位连续工作时间"为同一概念，也不应扣除劳动者此前依法享有的医疗期时间。⑥②企业与职工解除劳动关系计发法定的经

---

① 《劳动法》第28条规定："用人单位依据本法第二十四条、第二十六条、第二十七条的规定解除劳动合同的，应当依照国家有关规定给予经济补偿。"

② 《广东省高级人民法院关于已退休人员与用人单位之间的用工关系是否按劳动关系处理及相关问题的批复》第1条规定："《劳动法》及相关行政法规明确禁止用人单位非法招用未满十六周岁的未成年人，但未禁止用人单位在不损害劳动者健康的前提下招用已达法定退休年龄或已办理退休手续的人员。因此，为充分维护退休再聘人员的合法权益，在法律、行政法规未有明确规定之前，宜将该类用工关系按劳动关系处理。但对于劳动关系解除或终止时的经济补偿问题，可参照劳动部办公厅《对〈关于实行劳动合同制度若干问题的请示〉的复函》的规定处理，即对于已享受养老保险待遇的退休人员，除非其与用人单位已就劳动关系解除或终止时的经济补偿问题作出特别规定，否则双方在劳动关系解除或终止时不适用《劳动法》第二十八条有关经济补偿的规定。"

③ 《最高人民法院关于审理劳动争议案件适用法律问题的解释（一）》第32条第2款。《山东省高级人民法院关于印发全省民事审判工作会议纪要的通知》第8条第9款规定："依据最高人民法院《关于审理劳动争议案件适用法律若干问题的解释（三）》第8条的规定，企业停薪留职人员、未达到法定退休年龄的内退人员、下岗待岗人员以及企业经营性停产放长假人员，因与新的用人单位发生用工争议，依法向人民法院提起诉讼的，人民法院应按劳动关系处理。该规定肯定了双重劳动关系的合法性，但由于最高人民法院《关于审理劳动争议案件适用法律若干问题的解释（三）》没有规定适用的时间效力，对于司法解释实施之前存在的双重劳动关系是否可以依据司法解释的规定予以认定未明确。会议认为，按照法不溯及既往原则，在司法解释出台之前，对于最高人民法院《关于审理劳动争议案件适用法律若干问题的解释（三）》第8条所列情形均按照劳务关系处理；但该司法解释实施之后，尚未审结的一、二审劳动争议案件均应适用司法解释的规定认定双重劳动关系。"

④ 《劳动部办公厅对〈关于如何理解"同一用人单位连续工作时间"和"本单位工作年限"的请示〉的复函》第1条。

⑤ 《劳动部办公厅对〈关于如何理解"同一用人单位连续工作时间"和"本单位工作年限"的请示〉的复函》第2条。

⑥ 《劳动部办公厅对〈关于如何理解"同一用人单位连续工作时间"和"本单位工作年限"的请示〉的复函》第3条。

济补偿金时,退伍、转业军人的军龄应当计算为"本单位工作年限"。① (3)"连续工龄"的认定。关于破产企业领取一次性安置费的人员再就业后,其原在国有企业的工龄及再就业后的工龄可合并计算为连续工龄。但在重新就业的单位与职工解除劳动关系支付经济补偿金时,原单位的工作年限不计算为新单位的工作年限。②

4. 具体劳动关系的认定。(1)律师事务所中劳动关系的认定。律师事务所中专职从事行政事务或勤杂工作的劳动者、在律师事务所从事法律事务并领取固定工资或底薪的劳动者,与律师事务所之间就劳动报酬等事项产生的纠纷,属于劳动争议,按照劳动争议的有关规定处理。其他涉及律师事务所与律师之间因合伙利益的分配方式及具体利益分配等问题产生的纠纷,属于民事纠纷,适用相关民事法律处理。会计事务所、基金会等组织与职工之间产生的纠纷,与前款情况相似的,参照前款规定处理。③ (2)农民专业合作社与其聘用人员劳动关系的认定。对于农民专业合作社与其聘用参与日常生产经营活动的社员产生争议,结合农民合作社的生产经营性质和用工特点等因素,区分情况予以严格判定。对符合《劳动和社会保障部关于确认劳动关系有关事项的通知》④规定精神的,应依法确认参与农民合作社日常生产经营活动的社员与该合作社存在劳动关系。⑤

四、劳动关系的终止

1. 劳动关系终止的条件。对于达到或者超过法定退休年龄的劳动者(含农

---

① 《劳动和社会保障部办公厅关于复转军人军龄及有关人员工龄是否作为计算职工经济补偿金年限的答复意见》第1条同时规定,"关于退伍、复员、转业军人的军龄是否作为计发经济补偿年限问题。按照《中华人民共和国兵役法》和中共中央、国务院、中央军委《军队转业干部安置暂行办法》(中发[2001]3号)第三十七条以及国务院、中央军委《关于退伍义务兵安置工作随用人单位改革实行劳动合同制度的意见》(国发[1993]54号)第五条规定,军队退伍、复员、转业军人的军龄,计算为接收安置单位的连续工龄。原劳动部《违反和解除劳动合同的经济补偿办法》(劳部发[1994]481号)规定,经济补偿金按职工在本单位的工作年限计发"。

② 《劳动和社会保障部办公厅关于破产企业一次性安置人员再就业后工龄计算问题的复函》。

③ 《上海市高级人民法院关于适用〈劳动合同法〉若干问题的意见》第1条。

④ 《劳动和社会保障部关于确立劳动关系有关事项的通知》第1条规定:"用人单位招用劳动者未订立书面劳动合同,但同时具备下列情形的,劳动关系成立。(一)用人单位和劳动者符合法律、法规规定的主体资格;(二)用人单位依法制定的各项劳动规章制度适用于劳动者,劳动者受用人单位的劳动管理,从事用人单位安排的有报酬的劳动;(三)劳动者提供的劳动是用人单位业务的组成部分。"

⑤ 《北京市高级人民法院、北京市劳动人事争议仲裁委员会关于审理劳动争议案件法律适用问题的解答》第3条。

民工)与用人单位之间劳动合同关系的终止,应当以劳动者是否享受养老保险待遇或者领取退休金为标准。①

2. 劳动关系终止中的"退休"②。(1)退休适用的条件。①全民所有制企业、事业单位和党政机关、群众团体的工人,符合下列条件之一的,应该退休。第一,男年满60周岁,女年满50周岁,连续工龄满10年的。第二,从事井下、高空、高温、特别繁重体力劳动或者其他有害身体健康的工作,男年满55周岁、女年满45周岁,连续工龄满10年的。本项规定也适用于工作条件与工人相同的基层干部。第三,男年满50周岁,女年满45周岁,连续工龄满10年,由医院证明,并经劳动鉴定委员会确认,完全丧失劳动能力的。第四,因工致残,由医院证明,并经劳动鉴定委员会确定,完全丧失劳动能力的。③ ②患二、三期矽肺病离职休养的工人,如果本人自愿,也可以退休。④ ③企业职工非因工致残和经医生或医疗机构认定

---

① 《最高人民法院民一庭关于达到或者超过法定退休年龄的劳动者(含农民工)与用人单位之间劳动关系终止的确定标准问题的答复》。

劳动者达到退休年龄或享受养老保险待遇,用人单位可以依《劳动合同法及实施条例》与员工终止劳动合同。但如果用人单位选择不终止劳动合同,则对于农民工群体目前仍然需要承担劳动法上的用工责任而非民法或合同法上的雇佣责任。

《广东省高级人民法院、广东省劳动人事争议仲裁委员会关于印发〈广东省高级人民法院、广东省劳动人事争议仲裁委员会关于劳动人事争议与诉讼衔接若干意见〉的通知》第16条规定:"劳动者达到法定退休年龄或者已经享受基本养老保险待遇的,劳动关系终止。劳动者所受伤害如被社会保险行政部门认定为工伤,劳动者要求用工单位参照《广东省工伤保险条例》规定的工伤保险待遇支付有关费用的,应予支持,但不包括一次性就业补助金。"

② 所谓退休,是指根据国家有关规定,劳动者因年老或因工、因病致残完全丧失劳动能力而退出工作岗位。

③ 《国务院关于工人退休、退职的暂行办法》第1条。

《关于制止和纠正违反国家规定办理企业职工提前退休有关问题的通知》第1条第1款规定:"国家法定的企业职工退休年龄为:男年满60周岁,女工人年满50周岁,女干部年满55周岁。从事井下、高空、高温、特别繁重体力劳动或其他有害身体健康工作(以下称特殊工种)的,退休年龄为男年满55周岁、女年满45周岁;因病或非因工致残,由医院证明并经劳动鉴定委员会确认完全丧失劳动能力的,退休年龄为男年满50周岁、女年满45周岁。"

《关于制止和纠正违反国家规定办理企业职工提前退休有关问题的通知》第1条第3款规定:"对国家关于企业职工退休年龄和条件的规定,各地区、各部门和企业及职工必须认真执行,不得随意降低,严禁扩大适用范围,今后,凡是违反国家规定办理提前退休、退职的企业,要追究有关领导和当事人的责任,已办理提前退休、退职的职工要清退回企业。"

《国务院关于工人退休、退职的暂行办法》序言规定:"老年工人和因工、因病丧失劳动能力的工人,对社会主义革命和建设做出了应有的贡献。妥善安置他们的生活,使他们愉快地度过晚年,这是社会主义制度优越性的具体体现,同时也有利于工人队伍的精干,对实现我国的四个现代化,必将起促进作用。为了做好这项工作,特制定本办法。"

④ 《国务院关于工人退休、退职的暂行办法》第3条第1款。

患有难以治疗的疾病,在医疗期内医疗终结,不能从事原工作,也不能从事用人单位另行安排的工作的,应当由劳动鉴定委员会参照工伤与职业病致残程度鉴定标准进行劳动能力的鉴定。被鉴定为1至4级的,应当退出劳动岗位,终止劳动关系,办理退休、退职手续,享受退休、退职待遇;被鉴定为5至10级的,医疗期内不得解除劳动合同。① (2)退休的审批。①审批的要求。第一,加强企业职工退休审批工作的管理。各地区要严格按《关于制止和纠正违反国家规定办理企业职工提前退休有关问题的通知》规定的企业职工退休、退职审批权限,规范企业职工退休审批工作,要建立审批工作制度,规范审批程序,加强对审批工作的监督。第二,对职工出生时间的认定,实行居民身份证与职工档案相结合的办法。当本人身份证与档案记载的出生时不一致时,以本人档案最先记载的出生时间为准。要加强对居民身份证和职工档案的管理,严禁随意更改职工出生时间和编造档案。第三,职工因病或非因工致残完全丧失劳动能力统一由地市级劳动保障部门指定的县级以上医院负责医疗诊断,并出具证明。非指定医院出具的证明一律无效。地市级劳动鉴定委员会负责定期审核指定医院开具的诊断证明,作出鉴定结论。职工因病或非因工致残完成丧失劳动能力的鉴定标准,暂按《职工工伤与职业病致残程度鉴定标准(GB/T16180-1996)(1-4)级》执行,省级劳动保障部门可根据本地区实际情况,做出补充规定。第四,劳动保障部门要加强对特殊工种的管理和审批工作。设有特殊工种的企业,每年要向地市级劳动保障部门报送特殊工种名录、实际用工人数及在特殊工种岗位工作的人员名册及其从事特殊工种的时间。按特殊工种退休条件办理退休的职工,从事高空和特别繁重体力劳动的必须在该工种岗位上工作累计满10年,从事井下和高温工作的必须在该工种岗位上工作累计满9年,从事其他有害身体健康工作的必须在该工种岗位上工作累计满8年。原劳动部和有关行业主管部门批准的特殊工种,随着科技进步和劳动条件的改善,需要进行清理和调整。新的特殊工种名录由劳动保障部会同有关部门清理审定后予以公布,公布之前暂按原特殊工种名录执行。② 第五,各地区、各部门、各单位要切实加强对工人退休、退职工作的领导。对应该退休、退职的工人,要做好深入细致的思想政治工作,动员他们退休、退职。退休、退职工作要分期分批进行。要严格掌握退休、退职条件和招工

---

① 《劳动部关于实行劳动合同制度若干问题的通知》第10条。
② 《关于制止和纠正违反国家规定办理企业职工提前退休有关问题的通知》第2条。

条件,防止因招收退休、退职工人子女而任意扩大退休、退职范围和降低招工质量。① ②审批的管理。各地区、各部门要充分认识做好企业职工退休、退职审批管理工作的重要性和违反国家规定提前退休、退职的危害性,切实加强领导,将其作为深化企业改革、促进经济发展和维护社会稳定的一项重要工作来抓。劳动保障部门要加强劳动保障监察,定期公布退休、退职审批结果。企业对职工退休、退职的报批要严格把关,切实维护职工参加劳动和享受养老保险的合法权益。《关于制止和纠正违反国家规定办理企业职工提前退休有关问题的通知》下发后,各地即可恢复职工退休和退职的审批工作。职工从办理退休、退职手续之日起领取养老金。② (3)退休费。①退休费的标准。第一,工人退休以后,每月按下列标准发给退休费,直至去世为止。其一,符合第1条第1、2、3项③条件,抗日战争时期参加革命工作的,按本人标准工资的90%发给。解放战争时期参加革命工作的,按本人标准工资的80%发给。中华人民共和国成立后参加革命工作,连续工龄满20年的,按本人标准工资75%发给;连续工龄满15年不满20年的,按本人标准工资的70%发给;连续工龄满10年不满15年的,按本人标准工资的60%发给。退休费低于25元的,按25元发给。其二,符合第1条第4项条件,饮食起居需要人扶助的,按本人标准工资的90%发给,还可以根据实际情况发给一定数额的护理费,护理费标准,一般不得超过一个普通工人的工资;饮食起居不需要人扶助的,按本人标准工资的80%发给。同时具备两项以上的退休条件,应按最高的标准发给。退休费低于35元的,按35元发给。④ 第二,患二、

---

① 《国务院关于工人退休、退职的暂行办法》第12条。
《劳动和社会保障部办公厅关于兼并破产企业职工提前退休问题的函》规定:"关于执行兼并破产企业职工提前退休政策的范围,原则上应按国务院有关规定严格掌握,不能任意扩大。考虑到目前国家确定的兼并破产项目中,有色、煤炭、核工业资源枯竭矿山和军工企业大多地处偏远,接近法定退休年龄的职工安置难度比较大,根据国务院领导的指示精神,可将破产企业职工提前5年退休政策的适用范围,扩大到经国务院批准的兼并破产项目中非试点城市的有色、煤炭、核工业资源枯竭矿山和地处偏远的军工企业。"

② 《关于制止和纠正违反国家规定办理企业职工提前退休有关问题的通知》第5条。

③ 《国务院关于工人退休、退职的暂行办法》第1条第1、2、3项规定:"全民所有制企业、事业单位和党政机关、群众团体的工人,符合下列条件之一的,应该退休。(一)男年满六十周岁,女年满五十周岁,连续工龄满十年的。(二)从事井下、高空、高温、特别繁重体力劳动或者其他有害身体健康的工作,男年满五十五周岁,女年满四十五周岁,连续工龄满十年的。本项规定也适用于工作条件与工人相同的基层干部。(三)男年满五十周岁,女年满四十五周岁,连续工龄满十年,由医院证明,并经劳动鉴定委员会确认,完全丧失劳动能力的。"

④ 《国务院关于工人退休、退职的暂行办法》第2条。

三期矽肺病离职休养的工人,如果本人自愿,也可以退休。退休费按本人标准工资的90%发给,并享受原单位矽肺病人在离职休养期间的待遇。① 第三,患二、三期矽肺病离职休养的干部,也可以按照本条的办法执行。② 第四,获得全国劳动英雄、劳动模范称号,在退休时仍然保持其荣誉的工人;省、市、自治区革命委员会认为在革命和建设中有特殊贡献的工人;部队军以上单位授予战斗英雄称号的转业、复员军人,在退休时仍保持其荣誉的,其退休费可以酌情高于本办法所定标准的5%至15%,但提高标准后的退休费,不得超过本人原标准工资。③ ②退休费的支付。工人的退休费、退职生活费,企业单位,由企业行政支付;党政机关、群众团体和事业单位,由退休、退职工人居住地方的县级民政部门另列预算支付。④ (4)退休(退职)的相关费用。①生活费。第一,生活费的标准。不具备退休条件,由医院证明,并经劳动鉴定委员会确认,完全丧失劳动能力的工人,应当退职。退职后,按月发给相当于本人标准工资40%的生活费,低于20元的,按20元发给。⑤ 第二,生活费的支付。工人的退休费、退职生活费,企业单位,由企业行政支付;党政机关、群众团体和事业单位,由退休、退职工人居住地方的县级民政部门另列预算支付。⑥ ②安家补助费。退休工人易地安家的,一般由原工作单位一次发给150元的安家补助费,从大中城市到农村安家的,发给300元。退职工人易地安家的,可以发给相当于本人2个月标准工资的安家补助费。⑦ ③车船费、旅馆费、行李搬运费和伙食补助费。工人退休、退职的时候,本人及其供养的直系亲属前往居住地点途中所需的车船费、旅馆费、行李搬运费和伙食补助费,都按照现行的规定办理。⑧ (5)退休后的待遇。①医疗待遇。第一,在目前工伤保险和残疾人康复就业制度尚未建立和完善的情况下,对因工部分丧失劳动能力的职工,劳动合同期满也不能终止劳动合同,仍由原单位按照国家有关规定提供医疗等待遇。⑨ 第二,退休、退职工人本人,可以继续享受公费医

---

① 《国务院关于工人退休、退职的暂行办法》第3条第1款。
② 《国务院关于工人退休、退职的暂行办法》第3条第2款。
③ 《国务院关于工人退休、退职的暂行办法》第4条。
④ 《国务院关于工人退休、退职的暂行办法》第9条。
⑤ 《国务院关于工人退休、退职的暂行办法》第5条。
⑥ 《国务院关于工人退休、退职的暂行办法》第9条。
⑦ 《国务院关于工人退休、退职的暂行办法》第6条。
⑧ 《国务院关于工人退休、退职的暂行办法》第7条。
⑨ 《关于贯彻执行〈中华人民共和国劳动法〉若干问题的意见》第50条。

疗待遇。① ②招工待遇。工人退休、退职后，家庭生活确实困难的，或多子女上山下乡、子女就业少的，原则上可以招收其一名符合招工条件的子女参加工作。招收的子女，可以是按政策规定留城的知识青年，可以是上山下乡知识青年，也可以是城镇应届中学毕业生。我国农业生产水平还比较低，粮食还没有过关，对增加城镇和其他吃商品粮的人口，必须严加控制。因此，家居农村的退休、退职工人，应尽量回到农村安置，本人户口迁回农村的，也可以招收他们在农村的一名符合招工条件的子女参加工作；退休、退职工人回农村后，其口粮由所在生产队供应。招收退休、退职工人的子女，应当由当地劳动部门统一安排。招收子女的具体办法，由省、市、自治区根据上述原则结合本地区的实际情况自行规定。② ③其他待遇。工人退休、退职后，不要继续留在全民所有制单位。他们到城镇街道、农村社队后，街道组织和社队要加强对他们的管理教育，关心他们的生活，注意发挥他们的积极作用。街道、社队集体所有制单位如果需要退休、退职工人从事力所能及的工作，可以付给一定的报酬，但连同本人退休费或退职生活费在内，不能超过本人在职时的标准工资。对于单身在外地工作的工人，退休、退职后要求迁到家属所在地居住的，迁入地区应当准予落户。③ (6)《国务院关于工人退休、退职的暂行办法》的执行。①集体所有制企业、事业单位工人的退休、退职，由省、市、自治区革命委员会参照本办法，结合本地区集体所有制单位的实际情况，自行制定具体办法，其各项待遇，不得高于本办法所定的标准。④ ②过去有关工人退休、退职的规定与本办法不一致的，按本办法执行。已按有关规定办理了退休的工人，其退休费标准低于本办法所定标准的，自本办法下达之月起，改按本办法规定的标准发给，但解放战争时期参加革命工作，连续工龄不满20年的，只按本人标准工资的75%发给。改变退休费标准后的差额部分一律不予补发。已按有关规定办理了退职的工人，其待遇一律不再变动。⑤

3. 劳动关系终止（解除）的禁止。用人单位与劳动者存在劳动关系未订立劳动合同，劳动者要求签订劳动合同的，用人单位不得解除劳动关系，并应当与劳

---

① 《国务院关于工人退休、退职的暂行办法》第8条。
② 《国务院关于工人退休、退职的暂行办法》第10条。
③ 《国务院关于工人退休、退职的暂行办法》第11条。
④ 《国务院关于工人退休、退职的暂行办法》第13条。
⑤ 《国务院关于工人退休、退职的暂行办法》第14条。

动者签订劳动合同。双方当事人就劳动合同期限协商不一致的,劳动合同期限从签字之日起不得少于1年。①

4. 劳动关系终止后的一次性安置费。(1)企业破产职工的一次性安置费。根据《国务院关于若干城市试行国有企业破产有关问题的通知》(国发[1994]59号)和《国务院关于在若干城市试行国有企业兼并破产和职工再就业有关问题的补充通知》(国发[1997]10)精神,优化资本结构试点城市安置国有破产企业职工时,可以根据当地情况,对自谋职业的发放一次性安置费,以鼓励和帮助职工尽快实现重新就业。实行这项政策,应坚持职工自愿原则,规范操作。按照《失业保险条例》的规定,在业人员不享受失业保险待遇。② (2)军队后勤保障改革富余职工自谋职业的一次性安置费。军队后勤保障改革富余职工中的原固定职工,本人要求自谋职业的,应予鼓励和支持,与原工作单位解除劳动关系后,按所在城市职工上年平均工资收入的3倍,给予一次性安置费,档案关系转入户口所在地区县有关部门。③

五、劳动关系的除外

1. 不属于劳动关系的情形。(1)下列情形不属于劳动关系:①国家机关与公务员之间的关系;②比照实行公务员制度的事业组织和社会团体与其工作人员之间的关系;③农村集体经济组织与农民之间的关系,但农民作为乡镇企业职工的除外;④军队与现役军人之间的关系;⑤家庭保姆、临时帮工、家庭教师等与其雇主之间的关系。④ (2)有下列情形之一的,不应认定劳动者与用人单位之间存在劳动关系或事实劳动关系:①用工事实存在,且双方的权利和义务已实际履行,但用人单位不具备用工主体资格的;②在承揽合同关系中,承揽人按照定作

---

① 《北京市劳动合同规定》第23条。
② 《劳动和社会保障部办公厅关于破产企业职工自谋职业领取一次性安置费后能否享受失业保险待遇问题的复函》第1条。
③ 《人事部、劳动和社会保障部、中国人民解放军总后勤部关于军队后勤保障社会化改革中人事和劳动保障工作有关问题的通知》第1条第5款。
④ 《浙江省高级人民法院关于印发〈劳动争议案件疑难问题讨论纪要〉的通知》第4条。
《关于〈劳动法〉若干条文的说明》第2条(注释3)规定:"《劳动法》的适用范围排除了公务员和比照实行公务员制度的事业组织和社会的工作人员,以及农业劳动者、现役军人和家庭保姆等。"
《关于贯彻执行〈中华人民共和国劳动法〉若干问题的意见》第4条规定:"公务员和比照实行公务员制度的事业组织和社会团体的工作人员,以及农村劳动者(乡镇企业职工和进城务工、经商的农民除外)、现役军人和家庭保姆等不适用劳动法。"

人的要求完成工作并交付工作成果,由定作人支付劳动报酬的;③受雇人为雇佣人提供劳务,雇佣人支付劳动报酬的;④其他不应认定存在劳动关系或事实劳动关系的情形。①

2. 不应认定为劳动关系的情形。(1)劳动者长期不提供正常劳动,用人单位又未解除劳动关系的,可以认定双方劳动关系处于中止履行状态,中止履行期间用人单位和劳动者不存在劳动法上的权利义务关系。②(2)外国人、无国籍人未依法取得就业证件即与中国境内的用人单位签订劳动合同,以及香港特别行政区、澳门特别行政区和台湾地区居民未依法取得就业证件即与内地用人单位签订劳动合同,当事人请求确认与用人单位存在劳动关系的,人民法院不予支持。③但是,持有《外国专家证》并取得《外国专家来华工作许可证》的外国人,与中国境内的用人单位建立用工关系的,可以认定为劳动关系。④(3)建筑施工、矿山企业等将工程或者经营权发包给不具备用工主体资格的组织或者自然人,该组织或者自然人招用的劳动者主张确认与上述发包人有劳动关系的,不予支持。⑤

第二节 特殊的"劳动关系"

一、劳动者与挂靠单位的劳动责任

在客运汽车挂靠公司营运中,车主聘请的驾驶员或售票员与挂靠的汽车运输公司之间没有形成事实劳动关系,驾驶员或售票员在工作中受伤,挂靠的汽车运输公司不应承担工伤赔偿责任。⑥

二、劳动者与发包单位的劳动责任

1."包给无用人主体资格"的法律责任承担。建筑施工、矿山企业等用人单

---

① 《重庆市高级人民法院关于审理工伤行政诉讼案件若干问题的暂行规定》第7条。
② 《上海市高级人民法院民一庭关于审理劳动争议案件若干问题的解答》第12条。
③ 《最高人民法院关于审理劳动争议案件适用法律若干问题的解释(四)》第14条第1款(已废止,仅供参考)。
④ 《最高人民法院关于审理劳动争议案件适用法律若干问题的解释(四)》第13条第2款(已废止,仅供参考)。
⑤ 《天津市高级人民法院关于印发〈天津法院劳动争议案件审理指南〉的通知》第9条。
⑥ 《重庆市高级人民法院关于审理工伤行政诉讼案件若干问题的暂行规定》第12条。

位将工程(业务)或经营权发包给不具备用工主体资格的组织或自然人,对该组织或自然人招用的劳动者,由具备用工主体资格的发包方承担用工主体责任。①

2. "发包给有用人主体资格"的法律责任承担。发包单位将业务发包给有用人主体资格的用人单位(包括有用人主体资格的组织、个体经营者),从事该发包业务的劳动者与上述主体发生争议的,应当认定劳动者与承包的有用人主体资格的用人单位存在劳动关系,但发包单位与劳动者存在劳动关系的除外。②

三、在校学生与用人单位的法律关系

1. 勤工俭学的界定。勤工俭学,是指在校学生不以就业③为目的,利用学习之余的空闲时间打工补贴学费、生活费的情形。

2. 在校学生勤工俭学的认定。在校生利用业余时间勤工助学,不视为就业,未建立劳动关系,可以不签订劳动合同。④

3. 在校学生勤工俭学的用人单位规范及查处。(1)"接收实习学生"的要求。①用人单位可以接收本市经省、市教育行政部门或劳动保障行政部门审批的,具有合法资格的职业技术学校的在校学生实习。对外省市职业技术学校,除其当地未有专业的对口实习单位外,用人单位不得接收其学生来连实习。⑤ ②用人单位接收的实习学生,必须是符合国家招生规定正式录取注册学籍的在校学生,不得以实习名义接收培训单位的培训人员。⑥ ③接收学生实习的用人单位,应按照学生所学专业相符的岗位安排实习,无相符岗位的不得接收在校学生实习。实习期限不得超过一个学期,实习结束时间不得超过规定的毕业时间。⑦ ④用人单位接收学生实习应与学校签订实习协议,约定实习学生人数、实

---

① 《劳动和社会保障部关于确立劳动关系有关事项的通知》第4条。
② 《北京市高级人民法院、北京市劳动人事争议仲裁委员会关于审理劳动争议案件法律适用问题的解答》第2条。
③ 《关于〈劳动法〉若干条文的说明》第10条第4款规定:"本条中的'就业'是指具有劳动能力的公民在法定劳动年龄内,依法从事某种有报酬或劳动收入的社会活动。"
④ 《劳动部关于〈印发关于贯彻执行《中华人民共和国劳动法》若干问题的意见〉的通知》第12条。
⑤ 《大连市劳动和社会保障局关于规范用人单位接收职业技术学校学生实习有关问题的通知》第1条。
⑥ 《大连市劳动和社会保障局关于规范用人单位接收职业技术学校学生实习有关问题的通知》第2条。
⑦ 《大连市劳动和社会保障局关于规范用人单位接收职业技术学校学生实习有关问题的通知》第3条。

习时间、实习岗位、实习津贴标准等事项。同时要求学校提供教育管理部门的备案证明、学校资格证明、实习学生明细表、新生录取通知书等有效证明材料,并留存复印件备案。实习学生有变化的,应及时变更有关材料。①(2)进行安全生产教育和培训。用人单位要对实习学生进行安全生产教育和培训,提供劳动保护和安全防护用品,加强劳动安全管理,落实安全防护措施。学生在实习中发生伤亡事故,其有关待遇按学校与用人单位签订的实习协议处理,实习协议未明确的,由学校和用人单位协商解决。②(3)给予适当的津贴。用人单位应根据实习学生岗位、劳动强度、工作时间给予适当的实习津贴。实习津贴应直接发给实习学生本人,不得克扣和提取其它费用。③(4)实习时间的限定。学生每日实习时间不得超过8小时,平均每周实习时间不得超过40小时。④(5)违法查处。对违反《大连市劳动和社会保障局关于规范用人单位接收职业技术学校学生实习有关问题的通知》规定的用人单位,劳动保障监察部门予以限期改正,逾期不改的,新闻媒体予以曝光,并取消其接收在校学生实习的资格,同时对以实习名义用工的,追究其未签订劳动合同、缴纳社会保险等责任,依法予以查处。⑤

4. 招用在校学生的禁止。私营企业享有用工自主权,可根据行业特点和生产经营的需要,确定职工数量、招用条件和考核办法。私营企业用工,应当主要在城镇招收,并向当地劳动行政部门登记。不得招用在校学生,禁止使用未满16周岁的童工。⑥

四、事业单位人员的劳动关系

(一)事业单位人员的公开招聘

1. 事业单位公开招聘的一般规则。(1)公开招聘的适用。①适用的法律。

---

① 《大连市劳动和社会保障局关于规范用人单位接收职业技术学校学生实习有关问题的通知》第4条。
② 《大连市劳动和社会保障局关于规范用人单位接收职业技术学校学生实习有关问题的通知》第5条。
③ 《大连市劳动和社会保障局关于规范用人单位接收职业技术学校学生实习有关问题的通知》第6条。
④ 《大连市劳动和社会保障局关于规范用人单位接收职业技术学校学生实习有关问题的通知》第7条。
⑤ 《大连市劳动和社会保障局关于规范用人单位接收职业技术学校学生实习有关问题的通知》第8条。
⑥ 《私营企业劳动管理暂行规定》第6条。

第一,为实现事业单位人事管理的科学化、制度化和规范化,规范事业单位招聘行为,提高人员素质,制定《事业单位公开招聘人员暂行规定》。① 第二,《事业单位公开招聘人员暂行规定》自 2006 年 1 月 1 日起执行。② 第三,省、自治区、直辖市政府人事行政部门可以根据《事业单位公开招聘人员暂行规定》,制定本地区的公开招聘办法。③ ②适用的人员。第一,事业单位招聘专业技术人员、管理人员和工勤人员,适用《事业单位公开招聘人员暂行规定》。参照公务员制度进行管理和转为企业的事业单位除外。④ 第二,事业单位需要招聘外国国籍人员的,须报省级以上政府人事行政部门核准,并按照国家有关规定进行招聘。⑤ (2)事业单位公开招聘的原则及制度要求。①公开招聘要坚持德才兼备的用人标准,贯彻公开、平等、竞争、择优的原则。⑥ ②公开招聘要坚持政府宏观管理与落实单位用人自主权相结合,统一规范、分类指导、分级管理。⑦ ③事业单位招聘人员应当面向社会,凡符合条件的各类人员均可报名应聘。⑧ ④事业单位公开招聘必须在本地区发布招聘公告,采用公开方式对符合报名条件的应聘人员进行考试或考核,考试或考核结果及拟聘人员应进行公示。⑨ ⑤事业单位公开招聘人员,不得设置歧视性条件要求。⑩ ⑥招聘工作要做到信息公开、过程公开、结果公开,接受社会及有关部门的监督。⑪ ⑦事业单位公开招聘人员实行回避制度。凡与聘用单位负责人员有夫妻关系、直系血亲关系、三代以内旁系血亲或者近姻亲关系的应聘人员,不得应聘该单位负责人员的秘书或者人事、财务、纪律检查岗位,以及有直接上下级领导关系的岗位。聘用单位负责人员和招聘工作人员在办理人员聘用事项时,涉及与本人有上述亲属关系或者其他可能影响招聘公正的,也应当回避。⑫ (3)事业单位公开招聘的经费。经费来源主要由财政拨款的事业单

---

① 《事业单位公开招聘人员暂行规定》第 1 条。
② 《事业单位公开招聘人员暂行规定》第 35 条。
③ 《事业单位公开招聘人员暂行规定》第 34 条。
④ 《事业单位公开招聘人员暂行规定》第 2 条第 1 款。
⑤ 《事业单位公开招聘人员暂行规定》第 33 条。
⑥ 《事业单位公开招聘人员暂行规定》第 3 条。
⑦ 《事业单位公开招聘人员暂行规定》第 4 条。
⑧ 《事业单位公开招聘人员暂行规定》第 8 条。
⑨ 《事业单位试行人员聘用制度有关问题的解释》第 9 条。
⑩ 《事业单位公开招聘人员暂行规定》第 10 条。
⑪ 《事业单位公开招聘人员暂行规定》第 28 条。
⑫ 《事业单位公开招聘人员暂行规定》第 27 条。

位,以及经费来源部分由财政支持的事业单位,公开招聘工作人员应在编制内进行。① (4)事业单位公开招聘的职责分工。①政府人事行政部门是政府所属事业单位进行公开招聘工作的主管机关。政府人事行政部门与事业单位的上级主管部门负责对事业单位公开招聘工作进行指导、监督和管理。② ②政府人事行政部门和事业单位的上级主管部门要认真履行监管职责,对事业单位招聘过程中违反干部人事纪律及本规定的行为要予以制止和纠正,保证招聘工作的公开、公平、公正。③ ③事业单位可以成立由本单位人事部门、纪检监察部门、职工代表及有关专家组成的招聘工作组织,负责招聘工作的具体实施。④

2. 事业单位公开招聘的岗位设立。⑤ 岗位设立的职责分工。(1)国家的岗位设立职责。国家建立事业单位岗位管理制度,明确岗位类别和等级。⑥ (2)事业单位的岗位设立职责。第一,设立岗位。其一,事业单位根据职责任务和工作需要,按照国家有关规定设置岗位。岗位应当具有明确的名称、职责任务、工作标准和任职条件。⑦ 其二,用人单位要根据招聘岗位需求,科学合理地设置招聘岗位条件,不得设置指向性或与岗位无关的歧视性条件。⑧ 其三,专业设置须与招聘岗位相匹配。原则上应从宽确定专业要求,同一岗位可设置一个或多个相近的适合岗位要求的专业,也可按专业大类设置专业条件。对没有专业要求的招聘岗位,可设置为专业不限。⑨ 其四,专业名称要准确、规范,具体可参照当地省级组织、人力资源社会保障部门制定或确定的公开招聘事业单位工作人员或考录公务员专业参考目录,也可参照教育部门的专业目录,并在招聘公告中明确相应的专业参考目录。⑩ 第二,拟订岗位设置方案。事业单位拟订岗位设置方案,应当报人事综合管理部门备案。⑪

---

① 《事业单位试行人员聘用制度有关问题的解释》第8条。
② 《事业单位公开招聘人员暂行规定》第6条。
③ 《事业单位公开招聘人员暂行规定》第29条。
④ 《事业单位公开招聘人员暂行规定》第7条。
⑤ 参见《〈事业单位岗位设置管理试行办法〉实施意见》。
⑥ 《事业单位人事管理条例》第5条。
⑦ 《事业单位人事管理条例》第6条。
⑧ 《人力资源社会保障部关于事业单位公开招聘岗位条件设置有关问题的通知》第1条。
⑨ 《人力资源社会保障部关于事业单位公开招聘岗位条件设置有关问题的通知》第2条。
⑩ 《人力资源社会保障部关于事业单位公开招聘岗位条件设置有关问题的通知》第3条。
⑪ 《事业单位人事管理条例》第7条。

3. 事业单位公开招聘的人员。(1)招聘人员的方式。①事业单位新进人员,除国家政策性安置、按干部人事管理权限由上级任命及涉密岗位等确需使用其他方法选拔任用人员外,一律实行公开招聘。① ②事业单位新聘用工作人员,应当面向社会公开招聘。但是,国家政策性安置、按照人事管理权限由上级任命、涉密岗位等人员除外。② (2)招聘人员的条件。应聘人员必须具备下列条件:①具有中华人民共和国国籍;②遵守宪法和法律;③具有良好的品行;④岗位所需的专业或技能条件;⑤适应岗位要求的身体条件;⑥岗位所需要的其他条件。③

4. 事业单位公开招聘的程序。公开招聘应按下列程序进行:(1)制订招聘计划。④ 其中,招聘计划由用人单位负责编制,主要包括以下内容:招聘的岗位及条件、招聘的时间、招聘人员的数量、采用的招聘方式等。⑤ 国务院直属事业单位的年度招聘计划须报人事部备案;国务院各部委直属事业单位的招聘计划须报上级主管部门核准并报人事部备案。各省、自治区、直辖市人民政府直属事业单位的招聘计划须报省(区、市)政府人事行政部门备案;各省、自治区、直辖市政府部门直属事业单位的招聘计划须报上级主管部门核准并报同级政府人事行政部门备案。地(市)、县(市)人民政府所属事业单位的招聘计划须报地区或设区的市政府人事行政部门核准。⑥ (2)发布招聘信息。⑦ 其中,事业单位招聘人员应当公开发布招聘信息,招聘信息应当载明用人单位情况简介、招聘的岗位、招聘人员数量及待遇;应聘人员条件;招聘办法;考试、考核的时间(时限)、内容、范围;报名方法等需要说明的事项。⑧ (3)受理应聘人员的申请,对资格条件进行审查。⑨ 其中,用人单位或组织招聘的部门应对应聘人员的资格条件进行审查,确

---

① 《中共中央组织部、人力资源和社会保障部关于进一步规范事业单位公开招聘工作的通知》第1条(部分内容)。
《事业单位公开招聘人员暂行规定》第2条第2款规定:"事业单位新进人员除国家政策性安置、按干部人事管理权限由上级任命及涉密岗位等确需使用其他方法选拔任用人员外,都要实行公开招聘。"
② 《事业单位人事管理条例》第8条。
③ 《事业单位公开招聘人员暂行规定》第9条。
④ 《事业单位公开招聘人员暂行规定》第11条第1项。
⑤ 《事业单位公开招聘人员暂行规定》第12条。
⑥ 《事业单位公开招聘人员暂行规定》第13条。
⑦ 《事业单位公开招聘人员暂行规定》第11条第2项。
⑧ 《事业单位公开招聘人员暂行规定》第14条。
⑨ 《事业单位公开招聘人员暂行规定》第11条第3项。

定符合条件的人员。① (4)考试、考核。② 其中,公开招聘由用人单位根据招聘岗位的任职条件及要求,采取考试、考核的方法进行。③ 考试内容应为招聘岗位所必需的专业知识、业务能力和工作技能。④ 考试科目与方式根据行业、专业及岗位特点确定。⑤ 考试可采取笔试、面试等多种方式。对于应聘工勤岗位的人员,可根据需要重点进行实际操作能力测试。⑥ 考试由事业单位自行组织,也可以由政府人事行政部门、事业单位上级主管部门统一组织。政府人事行政部门所属考试服务机构和人才服务机构可受事业单位、政府人事行政部门或事业单位上级主管部门委托,为事业单位公开招聘人员提供服务。⑦ 急需引进的高层次、短缺专业人才,具有高级专业技术职务或博士学位的人员,可以采取直接考核的方式招聘。⑧ 对通过考试的应聘人员,用人单位应组织对其思想政治表现、道德品质、业务能力、工作实绩等情况进行考核,并对应聘人员资格条件进行复查。⑨ (5)身体检查。⑩ (6)根据考试、考核结果,确定拟聘人员。⑪ 其中,资格审查工作由用人单位或主管部门负责,事业单位人事综合管理部门负责监督,审查过程中要严格把关,确保相关材料真实、准确、有效。负责资格审查的单位和人员要认真履职,严格按照有关政策规定和招聘公告确定的招聘条件进行资格审查,准确把握审查标准,统一审查尺度,不得随意放宽招聘岗位条件。实施网上报名的,可在资格复审阶段查看原件。对没有通过资格审查的人员,用人单位或主管部门有义务接受其询问并告知其原因。⑫ 经用人单位负责人员集体研究,按照考试和考核结果择优确定拟聘人员。⑬ (7)公示招聘结果。⑭ 其中,对拟聘人员应在

---

① 《事业单位公开招聘人员暂行规定》第15条。
② 《事业单位公开招聘人员暂行规定》第11条第4项。
③ 《事业单位公开招聘人员暂行规定》第5条。
④ 《事业单位公开招聘人员暂行规定》第16条。
⑤ 《事业单位公开招聘人员暂行规定》第17条。
⑥ 《事业单位公开招聘人员暂行规定》第18条。
⑦ 《事业单位公开招聘人员暂行规定》第19条。
⑧ 《事业单位公开招聘人员暂行规定》第20条。
⑨ 《事业单位公开招聘人员暂行规定》第21条。
⑩ 《事业单位公开招聘人员暂行规定》第11条第5项。
⑪ 《事业单位公开招聘人员暂行规定》第11条第6项。
⑫ 《人力资源社会保障部关于事业单位公开招聘岗位条件设置有关问题的通知》第4条。
⑬ 《事业单位公开招聘人员暂行规定》第22条。
⑭ 《事业单位公开招聘人员暂行规定》第11条第7项。

适当范围进行公示,公示期一般为 7 至 15 日。① (8)签订聘用合同,办理聘用手续。② 其中,用人单位与拟聘人员签订聘用合同前,按照干部人事管理权限的规定报批或备案。③ 用人单位法定代表人或者其委托人与受聘人员签订聘用合同,确立人事关系。④

5. 事业单位公开招聘的法律责任。(1)严格公开招聘纪律。对有下列违反本规定情形的,必须严肃处理。构成犯罪的,依法追究刑事责任。①应聘人员伪造、涂改证件、证明,或以其他不正当手段获取应聘资格的;②应聘人员在考试考核过程中作弊的;③招聘工作人员指使、纵容他人作弊,或在考试考核过程中参与作弊的;④招聘工作人员故意泄露考试题目的;⑤事业单位负责人员违反规定私自聘用人员的;⑥政府人事行政部门、事业单位主管部门工作人员违反规定,影响招聘公平、公正进行的;⑦违反本规定的其他情形的。⑤ (2)对违反公开招聘纪律的应聘人员,视情节轻重取消考试或聘用资格;对违反本规定招聘的受聘人员,一经查实,应当解除聘用合同,予以清退。⑥ (3)对违反公开招聘纪律的工作人员,视情节轻重调离招聘工作岗位或给予处分;对违反公开招聘纪律的其他相关人员,按照有关规定追究责任。⑦

(二)事业单位公开招聘违纪违规行为的处理

1. 事业单位公开招聘违纪违规行为认定及处理的一般规则。(1)事业单位公开招聘违纪违规行为认定及处理的适用。①适用的法律。第一,为加强事业单位公开招聘工作管理,规范公开招聘违纪违规行为的认定与处理,保证招聘工作公开、公平、公正,根据《事业单位人事管理条例》等有关规定,制定《事业单位公开招聘违纪违规行为处理规定》。⑧ 第二,《事业单位公开招聘违纪违规行为处理规定》自 2018 年 1 月 1 日起施行。⑨ ②适用的事项。事业单位公开招聘中违

---

① 《事业单位公开招聘人员暂行规定》第 23 条。
② 《事业单位公开招聘人员暂行规定》第 11 条第 8 项。
③ 《事业单位公开招聘人员暂行规定》第 24 条。
④ 《事业单位公开招聘人员暂行规定》第 25 条。
⑤ 《事业单位公开招聘人员暂行规定》第 30 条。
⑥ 《事业单位公开招聘人员暂行规定》第 31 条。
⑦ 《事业单位公开招聘人员暂行规定》第 32 条。
⑧ 《事业单位公开招聘违纪违规行为处理规定》第 1 条。
⑨ 《事业单位公开招聘违纪违规行为处理规定》第 22 条。

纪违规行为的认定与处理,适用《事业单位公开招聘违纪违规行为处理规定》。①
(2)事业单位公开招聘违纪违规行为认定及处理的原则。认定与处理公开招聘违纪违规行为,应当事实清楚、证据确凿、程序规范、适用规定准确。②(3)事业单位公开招聘违纪违规行为认定及处理的职责分工。中央事业单位人事综合管理部门负责全国事业单位公开招聘工作的综合管理与监督。各级事业单位人事综合管理部门、事业单位主管部门、招聘单位按照事业单位公开招聘管理权限,依据本规定对公开招聘违纪违规行为进行认定与处理。③

2. 应聘人员违纪违规行为处理。(1)取消其本次应聘资格及其违纪行为。应聘人员在报名过程中有下列违纪违规行为之一的,取消其本次应聘资格:①伪造、涂改证件、证明等报名材料,或者以其他不正当手段获取应聘资格的;②提供的涉及报考资格的申请材料或者信息不实,且影响报名审核结果的;③其他应当取消其本次应聘资格的违纪违规行为。④(2)给予当次该科目考试成绩无效的处理及违纪行为。①应聘人员在考试过程中有下列违纪违规行为之一的,给予其当次该科目考试成绩无效的处理:第一,携带规定以外的物品进入考场且未按要求放在指定位置,经提醒仍不改正的;第二,未在规定座位参加考试,或者未经考试工作人员允许擅自离开座位或者考场,经提醒仍不改正的;第三,经提醒仍不按规定填写、填涂本人信息的;第四,在试卷、答题纸、答题卡规定以外位置标注本人信息或者其他特殊标记的;第五,在考试开始信号发出前答题,或者在考试结束信号发出后继续答题,经提醒仍不停止的;第六,将试卷、答题卡、答题纸带出考场,或者故意损坏试卷、答题卡、答题纸及考试相关设施设备的;第七,其他应当给予当次该科目考试成绩无效处理的违纪违规行为。⑤ ②在阅卷过程中发现应聘人员之间同一科目作答内容雷同,并经阅卷专家组确认的,给予其当次该科目考试成绩无效的处理。作答内容雷同的具体认定方法和标准,由中央事业单位人事综合管理部门确定。⑥(3)给予其当次全部科目考试成绩无效的处理及其违纪行为。①应聘人员在考试过程中有下列严重违纪违规行为之一的,给予

---

① 《事业单位公开招聘违纪违规行为处理规定》第2条。
② 《事业单位公开招聘违纪违规行为处理规定》第3条。
③ 《事业单位公开招聘违纪违规行为处理规定》第4条。
④ 《事业单位公开招聘违纪违规行为处理规定》第5条。
⑤ 《事业单位公开招聘违纪违规行为处理规定》第6条。
⑥ 《事业单位公开招聘违纪违规行为处理规定》第10条第1款。

其当次全部科目考试成绩无效的处理,并将其违纪违规行为记入事业单位公开招聘应聘人员诚信档案库,记录期限为5年:第一,抄袭、协助他人抄袭的;第二,互相传递试卷、答题纸、答题卡、草稿纸等的;第三,持伪造证件参加考试的;第四,使用禁止带入考场的通讯工具、规定以外的电子用品的;第五,本人离开考场后,在本场考试结束前,传播考试试题及答案的;第六,其他应当给予当次全部科目考试成绩无效处理并记入事业单位公开招聘应聘人员诚信档案库的严重违纪违规行为。① 其中,事业单位公开招聘应聘人员诚信档案库由中央事业单位人事综合管理部门统一建立,纳入全国信用信息共享平台,向招聘单位及社会提供查询,相关记录作为事业单位聘用人员的重要参考,管理办法另行制定。② ②应聘人员有下列特别严重违纪违规行为之一的,给予其当次全部科目考试成绩无效的处理,并将其违纪违规行为记入事业单位公开招聘应聘人员诚信档案库,长期记录:第一,串通作弊或者参与有组织作弊的;第二,代替他人或者让他人代替自己参加考试的;第三,其他应当给予当次全部科目考试成绩无效处理并记入事业单位公开招聘应聘人员诚信档案库的特别严重的违纪违规行为。③ (4)终止其继续参加考试并责令离开现场或"依规"处理。①应聘人员应当自觉维护招聘工作秩序,服从工作人员管理,有下列行为之一的,终止其继续参加考试,并责令离开现场;情节严重的,按照《事业单位公开招聘违纪违规行为处理规定》第7条、第8条的规定处理;违反《治安管理处罚法》的,交由公安机关依法处理;构成犯罪的,依法追究刑事责任:第一,故意扰乱考点、考场以及其他招聘工作场所秩序的;第二,拒绝、妨碍工作人员履行管理职责的;第三,威胁、侮辱、诽谤、诬陷工作人员或者其他应聘人员的;第四,其他扰乱招聘工作秩序的违纪违规行为。④ ②应聘人员之间同一科目作答内容雷同,并有其他相关证据证明其违纪违规行为成立的,视具体情形按照《事业单位公开招聘违纪违规行为处理规定》第7条、第8条处理。⑤ (5)给予其不予聘用的处理及其违纪行为。①应聘人员在体检过程中弄虚作假或者隐瞒影响聘用的疾病、病史的,给予其不予聘用的处理。有请他人顶

---

① 《事业单位公开招聘违纪违规行为处理规定》第7条。
② 《事业单位公开招聘违纪违规行为处理规定》第14条。
③ 《事业单位公开招聘违纪违规行为处理规定》第8条。
④ 《事业单位公开招聘违纪违规行为处理规定》第9条。
⑤ 《事业单位公开招聘违纪违规行为处理规定》第10条第2款。

替体检以及交换、替换化验样本等严重违纪违规行为的,给予其不予聘用的处理,并将其违纪违规行为记入事业单位公开招聘应聘人员诚信档案库,记录期限为5年。① ②应聘人员在考察过程中提供虚假材料、隐瞒事实真相或者有其他妨碍考察工作的行为,干扰、影响考察单位客观公正作出考察结论的,给予其不予聘用的处理;情节严重、影响恶劣的,将其违纪违规行为记入事业单位公开招聘应聘人员诚信档案库,记录期限为5年。② (6)解除聘用合同、予以清退及其违纪行为。应聘人员聘用后被查明有《事业单位公开招聘违纪违规行为处理规定》所列违纪违规行为的,由招聘单位与其解除聘用合同、予以清退,其中符合第7条、第8条、第11条、第12条违纪违规行为的,记入事业单位公开招聘应聘人员诚信档案库。③

3. 招聘单位和招聘工作人员违纪违规行为处理。(1)责令限期改正或依法处分及其违纪行为。招聘单位在公开招聘中有下列行为之一的,事业单位主管部门或者事业单位人事综合管理部门应当责令限期改正;逾期不改正的,对直接负责的主管人员和其他直接责任人员依法给予处分:①未按规定权限和程序核准(备案)招聘方案,擅自组织公开招聘的;②设置与岗位无关的指向性或者限制性条件的;③未按规定发布招聘公告的;④招聘公告发布后,擅自变更招聘程序、岗位条件、招聘人数、考试考察方式等的;⑤未按招聘条件进行资格审查的;⑥未按规定组织体检的;⑦未按规定公示拟聘用人员名单的;⑧其他应当责令改正的违纪违规行为。④ (2)给予处分并停止招聘及其违纪行为。招聘工作人员有下列行为之一的,由相关部门给予处分,并停止其继续参加当年及下一年度招聘工作:①擅自提前考试开始时间、推迟考试结束时间及缩短考试时间的;②擅自为应聘人员调换考场或者座位的;③未准确记录考场情况及违纪违规行为,并造成一定影响的;④未执行回避制度的;⑤其他一般违纪违规行为。⑤ (3)给予处分并调离招聘岗位或追究刑事责任及其违纪行为。招聘工作人员有下列行为之一的,由相关部门给予处分,并将其调离招聘工作岗位,不得再从事招聘工作;构成犯罪的,依法追究刑事责任:①指使、纵容他人作弊,或者在考试、考察、体检过程中

---

① 《事业单位公开招聘违纪违规行为处理规定》第11条。
② 《事业单位公开招聘违纪违规行为处理规定》第12条。
③ 《事业单位公开招聘违纪违规行为处理规定》第13条。
④ 《事业单位公开招聘违纪违规行为处理规定》第15条。
⑤ 《事业单位公开招聘违纪违规行为处理规定》第16条。

参与作弊的;②在保密期限内,泄露考试试题、面试评分要素等应当保密的信息的;③擅自更改考试评分标准或者不按评分标准进行评卷的;④监管不严,导致考场出现大面积作弊现象的;⑤玩忽职守,造成不良影响的;⑥其他严重违纪违规行为的。①

4. 事业单位公开招聘违纪行为的处理程序。(1)违纪违规行为的制止、证据收集及本人签字。应聘人员的违纪违规行为被当场发现的,招聘工作人员应当予以制止。对于被认定为违纪违规的,要收集、保存相应证据材料,如实记录违纪违规事实和现场处理情况,当场告知应聘人员记录内容,并要求本人签字;对于拒绝签字或者恶意损坏证据材料的,由2名招聘工作人员如实记录其拒签或者恶意损坏证据材料的情况。违纪违规记录经考点负责人签字认定后,报送组织实施公开招聘的部门。② (2)告知应聘人员的处理决定及其权利。对应聘人员违纪违规行为作出处理决定前,应当告知应聘人员拟作出的处理决定及相关事实、理由和依据,并告知应聘人员依法享有陈述和申辩的权利。作出处理决定的部门对应聘人员提出的事实、理由和证据,应当进行复核。③ (3)处理决定书的制作。对应聘人员违纪违规行为作出处理决定的,应当制作公开招聘违纪违规行为处理决定书,依法送达被处理的应聘人员。④ (4)对处理决定不服的救济。①应聘人员的救济。应聘人员对处理决定不服的,可以依法申请行政复议或者提起行政诉讼。⑤ ②公开招聘的工作人员的救济。参与公开招聘的工作人员对因违纪违规行为受到处分不服的,可以依法申请复核或者提出申诉。⑥

(三)事业单位人员的聘用及解聘

1. 事业单位人员的聘用。(1)事业单位的聘用制度实施的范围。①事业单位(含实行企业化管理的事业单位)除按照国家公务员制度进行人事管理的以及转制为企业的以外都要逐步试行人员聘用制度。⑦ ②对事业单位领导人员的任

---

① 《事业单位公开招聘违纪违规行为处理规定》第17条。
② 《事业单位公开招聘违纪违规行为处理规定》第18条。
③ 《事业单位公开招聘违纪违规行为处理规定》第19条第1款。
④ 《事业单位公开招聘违纪违规行为处理规定》第19条第2款。
⑤ 《事业单位公开招聘违纪违规行为处理规定》第20条。
⑥ 《事业单位公开招聘违纪违规行为处理规定》第21条。
⑦ 《事业单位试行人员聘用制度有关问题的解释》第1条。
《国务院办公厅转发人事部关于在事业单位试行人员聘用制度意见的通知》第1条第3款规定,事业单位除按照国家公务员制度进行人事管理的以及转制为企业的以外,都要逐步试行人员聘用制度。

用,根据干部人事管理权限和规定的程序,可以采用招聘或者任命等形式。使用事业单位编制的社会团体录用专职工作人员,除按照国家公务员制度进行人事管理的以外,也要参照本意见逐步试行人员聘用制度。① ③试行人员聘用制度的事业单位中,原固定用人制度职工、合同制职工、新进事业单位的职工,包括工勤人员都要实行聘用制度。② ④事业单位的党群组织专职工作人员,在已与单位明确了聘用关系的人员范围内,按照各自章程或法律规定产生、任用。③（2）事业单位人员聘用的工作组织及其职责。聘用工作组织是单位推行人员聘用工作的专门工作组织。《关于在事业单位试行人员聘用制度的意见》对聘用工作组织的人员构成和工作职责做了专门规定。单位应按规定组建聘用工作组织,并按照规定的程序进行人员聘用工作,以保证聘用工作的客观、公正、公平。④（3）事业单位人员聘用的程序。事业单位公开招聘工作人员按照下列程序进行:①制订公开招聘方案;②公布招聘岗位、资格条件等招聘信息;③审查应聘人员资格条件;④考试、考察;⑤体检;⑥公示拟聘人员名单;⑦订立聘用合同,办理聘用手续。⑤（4）事业单位人员聘用的回避。人员聘用实行回避制度。受聘人员凡与聘用单位负责人员有夫妻关系、直系血亲关系、三代以内旁系血亲或者近姻亲关系的,不得被聘用从事该单位负责人员的秘书或者人事、财务、纪律检查岗位的工作,也不得在有直接上下级领导关系的岗位工作。聘用工作组织成员在办理人员聘用事项时,遇有与自己有上述亲属关系的,也应当回避。⑥（5）事业单位人员聘用的考核。①聘用单位对受聘人员的工作情况实行年度考核;必要时,还可以增加聘期考核。考核必须坚持客观、公正的原则,实行领导考核与群众评议相结合、考核工作实绩与考核工作态度相统一的方法。考核的内容应当与岗位的实际需

---

① 《国务院办公厅转发人事部关于在事业单位试行人员聘用制度意见的通知》第1条第3款。
② 《事业单位试行人员聘用制度有关问题的解释》第2条。
③ 《事业单位试行人员聘用制度有关问题的解释》第3条。
④ 《事业单位试行人员聘用制度有关问题的解释》第24条。
⑤ 《事业单位人事管理条例》第9条。
《国务院办公厅转发人事部关于在事业单位试行人员聘用制度意见的通知》第3条第2款规定:"人员聘用的基本程序是:(一)公布空缺岗位及其职责、聘用条件、工资待遇等事项;(二)应聘人员申请应聘;(三)聘用工作组织对应聘人员的资格、条件进行初审;(四)聘用工作组织对通过初审的应聘人员进行考试或者考核,根据结果择优提出拟聘人员名单;(五)聘用单位负责人员集体讨论决定受聘人员;(六)聘用单位法定代表人或者其委托的人与受聘人员签订聘用合同。"
⑥ 《国务院办公厅转发人事部关于在事业单位试行人员聘用制度意见的通知》第3条第4款。

要相符合。考核结果分为优秀、合格、基本合格、不合格 4 个等次。聘用工作组织在群众评议意见和受聘人员领导意见的基础上提出考核等次意见,报聘用单位负责人员集体决定。① ②考核结果是续聘、解聘或者调整岗位的依据。受聘人员年度考核或者聘期考核不合格的,聘用单位可以调整该受聘人员的岗位或者安排其离岗接受必要的培训后调整岗位。岗位变化后,应当相应改变该受聘人员的岗位工资待遇,并对其聘用合同作相应变更。受聘人员无正当理由不同意变更的,聘用单位有权单方面解除聘用合同。② (6)事业单位人员聘用的其他规则。①事业单位人员的交流。事业单位工作人员可以按照国家有关规定进行交流。③ ②事业单位人员的安置。单位分立、合并、撤消的,上级主管部门应当制定人员安置方案,重点做好未聘人员的安置等有关工作。④ ③事业单位人员的仲裁。受聘人员与聘用单位在公开招聘、聘用程序、聘用合同期限、定期或者聘期考核、解聘辞聘、未聘安置等问题上发生争议的,当事人可以申请当地人事争议仲裁委员会仲裁。仲裁结果对争议双方具有约束力。⑤ ④事业单位人员医疗期的确定。《关于在事业单位试行人员聘用制度的意见》中事业单位职工医疗期的确定可暂时参照企业职工患病或非因工负伤医疗期的规定执行。⑥

2. 事业单位人员的竞聘上岗。事业单位内部产生岗位人选,需要竞聘上岗的,按照下列程序进行:①制订竞聘上岗方案;②在本单位公布竞聘岗位、资格条件、聘期等信息;③审查竞聘人员资格条件;④考评;⑤在本单位公示拟聘人员名单;⑥办理聘任手续。⑦

3. 事业单位人员的解聘辞聘。(1)协商一致的解聘。聘用单位、受聘人员双方经协商一致,可以解除聘用合同。⑧ (2)聘用单位的单方解聘。①聘用单位单方解聘的情形。第一,受聘人员有下列情形之一的,聘用单位可以随时单方面解

---

① 《国务院办公厅转发人事部关于在事业单位试行人员聘用制度意见的通知》第 5 条第 1 款。
② 《国务院办公厅转发人事部关于在事业单位试行人员聘用制度意见的通知》第 5 条第 2 款。
③ 《事业单位人事管理条例》第 11 条。
④ 《事业单位试行人员聘用制度有关问题的解释》第 22 条。
⑤ 《国务院办公厅转发人事部关于在事业单位试行人员聘用制度意见的通知》第 7 条第 2 款。
⑥ 《事业单位试行人员聘用制度有关问题的解释》第 16 条。
⑦ 《事业单位人事管理条例》第 10 条。
⑧ 《国务院办公厅转发人事部关于在事业单位试行人员聘用制度意见的通知》第 6 条第 1 款。

除聘用合同:其一,连续旷工超过10个工作日或者1年内累计旷工超过20个工作日的;其二,未经聘用单位同意,擅自出国或者出国逾期不归的;其三,违反工作规定或者操作规程,发生责任事故,或者失职、渎职,造成严重后果的;其四,严重扰乱工作秩序,致使聘用单位、其他单位工作不能正常进行的;其五,被判处有期徒刑以上刑罚收监执行的,或者被劳动教养的。① 第二,对在试用期内被证明不符合本岗位要求又不同意单位调整其工作岗位的,聘用单位也可以随时单方面解除聘用合同。② 第三,受聘人员有下列情形之一的,聘用单位可以单方面解除聘用合同,但是应当提前30日以书面形式通知拟被解聘的受聘人员:其一,受聘人员患病或者非因工负伤,医疗期满后,不能从事原工作也不能从事由聘用单位安排的其他工作的;其二,受聘人员年度考核或者聘期考核不合格,又不同意聘用单位调整其工作岗位的,或者虽同意调整工作岗位,但到新岗位后考核仍不合格的。③ ②聘用单位单方解聘的禁止。受聘人员有下列情形之一的,聘用单位不得解除聘用合同:第一,受聘人员患病或者负伤,在规定的医疗期内的;第二,女职工在孕期、产期和哺乳期内的;第三,因工负伤,治疗终结后经劳动能力鉴定机构鉴定为1至4级丧失劳动能力的;第四,患职业病以及现有医疗条件下难以治愈的严重疾病或者精神病的;第五,受聘人员正在接受纪律审查尚未作出结论的;第六,属于国家规定的不得解除聘用合同的其他情形的。④ (3)受聘人员的单方解聘。①有下列情形之一的,受聘人员可以随时单方面解除聘用合同:第一,在试用期内的;第二,考入普通高等院校的;第三,被录用或者选调到国家机关工作的;第四,依法服兵役的。⑤ ②受聘人员提出解除聘用合同未能与聘用单位协商一致的,受聘人员应当坚持正常工作,继续履行聘用合同;6个月后再次提出解除聘用合同,仍未能与聘用单位协商一致,受聘人员即可单方面解除聘用合同。但对在涉及国家秘密岗位上工作,承担国家和地方重点项目的主要技术负责人

---

① 《国务院办公厅转发人事部关于在事业单位试行人员聘用制度意见的通知》第6条第2款。
《事业单位试行人员聘用制度有关问题的解释》第14条规定:"被人民法院判处拘役、有期徒刑缓刑的,单位可以解除聘用合同。"
② 《国务院办公厅转发人事部关于在事业单位试行人员聘用制度意见的通知》第6条第3款。
③ 《国务院办公厅转发人事部关于在事业单位试行人员聘用制度意见的通知》第6条第4款。
④ 《国务院办公厅转发人事部关于在事业单位试行人员聘用制度意见的通知》第6条第5款。
⑤ 《国务院办公厅转发人事部关于在事业单位试行人员聘用制度意见的通知》第6条第6款。

和技术骨干不适用此项规定。① （4）解聘后的补偿。①约定补偿。第一，受聘人员经聘用单位出资培训后解除聘用合同，对培训费用的补偿在聘用合同中有约定的，按照合同的约定补偿。受聘人员解除聘用合同后违反规定使用或者允许他人使用原所在聘用单位的知识产权、技术秘密的，依法承担法律责任。涉密岗位受聘人员的解聘或者工作调动，应当遵守国家有关涉密人员管理的规定。② 第二，在聘用合同中对培训费用没有约定的，受聘人员提出解除聘用合同后，单位不得收取培训费用；有约定的，按约定收取培训费，但不得超过培训的实际支出，并按培训结束后每服务一年递减20%执行。③ ②经济补偿。第一，有下列解除聘用合同情形之一的，聘用单位应当根据被解聘人员在本单位的实际工作年限向其支付经济补偿：其一，聘用单位提出解除聘用合同，受聘人员同意解除的；其二，受聘人员患病或者非因工负伤，医疗期满后，不能从事原工作也不能从事由聘用单位安排的其他工作，聘用单位单方面解除聘用合同的；其三，受聘人员年度考核不合格或者聘期考核不合格，又不同意聘用单位调整其工作岗位的，或者虽同意调整工作岗位，但到新岗位后考核仍不合格，聘用单位单方面解除聘用合同的。④ 第二，经济补偿以被解聘人员在该聘用单位每工作1年，支付其本人1个月的上年月平均工资为标准；月平均工资高于当地月平均工资3倍以上的，按当地月平均工资的3倍计算。聘用单位分立、合并、撤销的，应当妥善安置人员；不能安置受聘人员到相应单位就业而解除聘用合同的，应当按照上述规定给予经济补偿。⑤ 第三，《关于在事业单位试行人员聘用制度的意见》中关于解除聘用合同的经济补偿是按职工在本单位工作的工龄核定补偿标准，不是对其在本单位工作的工龄补偿。⑥ （5）解聘后手续的办理。①受聘人员与所在聘用单位的聘用关系解除后，聘用单位要按照国家有关规定及时为职工办理社会保险关系调

---

① 《事业单位试行人员聘用制度有关问题的解释》第15条。
《国务院办公厅转发人事部关于在事业单位试行人员聘用制度意见的通知》第6条第7款规定："除上述情形外，受聘人员提出解除聘用合同未能与聘用单位协商一致的，受聘人员应当坚持正常工作，继续履行聘用合同；6个月后再次提出解除聘用合同仍未能与聘用单位协商一致的，即可单方面解除聘用合同。"
② 《国务院办公厅转发人事部关于在事业单位试行人员聘用制度意见的通知》第6条第8款。
③ 《事业单位试行人员聘用制度有关问题的解释》第17条。
④ 《国务院办公厅转发人事部关于在事业单位试行人员聘用制度意见的通知》第6条第9款。
⑤ 《国务院办公厅转发人事部关于在事业单位试行人员聘用制度意见的通知》第6条第10款。
⑥ 《事业单位试行人员聘用制度有关问题的解释》第20条。

转手续,做好各项社会保险的衔接工作。① ②聘用合同解除后,单位和个人应当在 3 个月内办理人事档案转移手续。单位不得以任何理由扣留无聘用关系职工的人事档案;个人不得无故不办理档案转移手续。② ③在已经试行事业单位养老等社会保险的地区,受聘人员与所在单位的聘用关系解除后,聘用单位要按照国家有关规定及时为职工办理社会保险关系调转手续。③

(四)事业单位的人事管理

1. 事业单位人事管理的一般规则。(1)事业单位人事管理的法律依据。①为了规范事业单位的人事管理,保障事业单位工作人员的合法权益,建设高素质的事业单位工作人员队伍,促进公共服务发展,制定《事业单位人事管理条例》。④ ②《事业单位人事管理条例》自 2014 年 7 月 1 日起施行。⑤ (2)事业单位人事管理的原则。事业单位人事管理,坚持党管干部、党管人才原则,全面准确贯彻民主、公开、竞争、择优方针。国家对事业单位工作人员实行分级分类管理。⑥ (3)事业单位人事管理的职责分工。中央事业单位人事综合管理部门负责全国事业单位人事综合管理工作。县级以上地方各级事业单位人事综合管理部门负责本辖区事业单位人事综合管理工作。事业单位主管部门具体负责所属事业单位人事管理工作。⑦ (4)事业单位人事管理的制度。事业单位应当建立健全人事管理制度。事业单位制定或者修改人事管理制度,应当通过职工代表大会或者其他形式听取工作人员意见。⑧

2. 事业单位人员的考核。(1)考核的依据。事业单位应当根据聘用合同规定的岗位职责任务,全面考核工作人员的表现,重点考核工作绩效。考核应当听取服务对象的意见和评价。⑨ (2)考核的分类。考核分为平时考核、年度考核和聘期考核。⑩ (3)考核的结果。①年度考核的结果可以分为优秀、合格、基本合格

---

① 《国务院办公厅转发人事部关于在事业单位试行人员聘用制度意见的通知》第 6 条第 11 款。
② 《事业单位试行人员聘用制度有关问题的解释》第 19 条。
③ 《事业单位试行人员聘用制度有关问题的解释》第 21 条。
④ 《事业单位人事管理条例》第 1 条。
⑤ 《事业单位人事管理条例》第 44 条。
⑥ 《事业单位人事管理条例》第 2 条。
⑦ 《事业单位人事管理条例》第 3 条。
⑧ 《事业单位人事管理条例》第 4 条。
⑨ 《事业单位人事管理条例》第 20 条。
⑩ 《事业单位人事管理条例》第 21 条第 1 款。

和不合格等档次,聘期考核的结果可以分为合格和不合格等档次。① ②考核结果作为调整事业单位工作人员岗位、工资以及续订聘用合同的依据。②

3. 事业单位人员的培训。(1)培训的分级分类。事业单位应当根据不同岗位的要求,编制工作人员培训计划,对工作人员进行分级分类培训。工作人员应当按照所在单位的要求,参加岗前培训、在岗培训、转岗培训和为完成特定任务的专项培训。③ (2)培训的费用。培训经费按照国家有关规定列支。④

4. 事业单位人员奖励及处分。(1)事业单位人员的奖励。①奖励的情形。事业单位工作人员或者集体有下列情形之一的,给予奖励:第一,长期服务基层、爱岗敬业,表现突出的;第二,在执行国家重要任务、应对重大突发事件中表现突出的;第三,在工作中有重大发明创造、技术革新的;第四,在培养人才、传播先进文化中作出突出贡献的;第五,有其他突出贡献的。⑤ ②奖励的原则。奖励坚持精神奖励与物质奖励相结合、以精神奖励为主的原则。⑥ ③奖励的分类。奖励分为嘉奖、记功、记大功、授予荣誉称号。⑦ (2)事业单位人员的处分。①处分的情形。事业单位工作人员有下列行为之一的,给予处分:第一,损害国家声誉和利益的;第二,失职渎职的;第三,利用工作之便谋取不正当利益的;第四,挥霍、浪费国家资财的;第五,严重违反职业道德、社会公德的;第六,其他严重违反纪律的。⑧ ②处分的分类及期限。处分分为警告、记过、降低岗位等级或者撤职、开除。受处分的期间为:警告,6个月;记过,12个月;降低岗位等级或者撤职,24个月。⑨ ③处分的要求。给予工作人员处分,应当事实清楚、证据确凿、定性准确、处理恰当、程序合法、手续完备。⑩ ④处分的解除及通知。工作人员受开除以外的处分,在受处分期间没有再发生违纪行为的,处分期满后,由处分决定单位解

---

① 《事业单位人事管理条例》第21条第2款。
② 《事业单位人事管理条例》第22条。
③ 《事业单位人事管理条例》第23条。
④ 《事业单位人事管理条例》第24条。
⑤ 《事业单位人事管理条例》第25条。
⑥ 《事业单位人事管理条例》第26条。
⑦ 《事业单位人事管理条例》第27条。
⑧ 《事业单位人事管理条例》第28条。
⑨ 《事业单位人事管理条例》第29条。
⑩ 《事业单位人事管理条例》第30条。

5. 事业单位工作人员的工资福利及待遇。(1)事业单位工作人员的工资。工资的制度、内容及分配。①国家建立激励与约束相结合的事业单位工资制度。事业单位工作人员工资包括基本工资、绩效工资和津贴补贴。事业单位工资分配应当结合不同行业事业单位特点,体现岗位职责、工作业绩、实际贡献等因素。② ②国家建立事业单位工作人员工资的正常增长机制。事业单位工作人员的工资水平应当与国民经济发展相协调、与社会进步相适应。③ (2)事业单位工作人员的福利待遇。事业单位工作人员享受国家规定的福利待遇。事业单位执行国家规定的工时制度和休假制度。④ (3)事业单位工作人员的社会保险待遇。事业单位及其工作人员依法参加社会保险,工作人员依法享受社会保险待遇。⑤ (4)事业单位工作人员的退休。事业单位工作人员符合国家规定退休条件的,应当退休。⑥

6. 事业单位人事的争议处理。(1)人事争议处理的法律依据。事业单位工作人员与所在单位发生人事争议的,依照《劳动争议调解仲裁法》等有关规定处理。⑦ (2)人事争议处理的复核及申诉。事业单位工作人员对涉及本人的考核结果、处分决定等不服的,可以按照国家有关规定申请复核、提出申诉。⑧ (3)人事争议处理的回避。负有事业单位聘用、考核、奖励、处分、人事争议处理等职责的人员履行职责,有下列情形之一的,应当回避:①与本人有利害关系的;②与本人近亲属有利害关系的;③其他可能影响公正履行职责的。⑨ (4)人事争议处理的投诉及举报。对事业单位人事管理工作中的违法违纪行为,任何单位或者个人可以向事业单位人事综合管理部门、主管部门或者监察机关投诉、举报,有关部门和机关应当及时调查处理。⑩

---

① 《事业单位人事管理条例》第 31 条。
② 《事业单位人事管理条例》第 32 条。
③ 《事业单位人事管理条例》第 33 条。
④ 《事业单位人事管理条例》第 34 条。
⑤ 《事业单位人事管理条例》第 35 条。
⑥ 《事业单位人事管理条例》第 36 条。
⑦ 《事业单位人事管理条例》第 37 条。
⑧ 《事业单位人事管理条例》第 38 条。
⑨ 《事业单位人事管理条例》第 39 条。
⑩ 《事业单位人事管理条例》第 40 条。

7. 事业单位人事管理的法律责任。(1)事业单位的法律责任。事业单位违反本条例规定的,由县级以上事业单位人事综合管理部门或者主管部门责令限期改正;逾期不改正的,对直接负责的主管人员和其他直接责任人员依法给予处分。① (2)事业单位人员的法律责任。对事业单位工作人员的人事处理违反本条例规定给当事人造成名誉损害的,应当赔礼道歉、恢复名誉、消除影响;造成经济损失的,依法给予赔偿。② (3)人事综合管理部门和主管部门工作人员的法律责任。事业单位人事综合管理部门和主管部门的工作人员在事业单位人事管理工作中滥用职权、玩忽职守、徇私舞弊的,依法给予处分;构成犯罪的,依法追究刑事责任。③

第三节 事实劳动关系

事实劳动关系,是指用工主体合法,用工单位未按国家规定办理有关手续和签订劳动合同;劳动合同期满后不续订劳动合同又不终止劳动合同,造成事实劳动关系。为了杜绝事实劳动关系的产生,劳动行政部门应督促用人单位及时签订、续订或终止劳动合同。④ 为有别于订立劳动合同的劳动关系,有必要对事实劳动关系特殊规则进行单独释明。

一、事实劳动关系的认定

1. 事实劳动关系认定的标准。用人单位招用劳动者未订立书面劳动合同,但同时具备下列情形的,劳动关系成立。(1)用人单位和劳动者符合法律、法规规定的主体资格;(2)用人单位依法制定的各项劳动规章制度适用于劳动者,劳动者受用人单位的劳动管理,从事用人单位安排的有报酬的劳动;(3)劳动者提供的劳动是用人单位业务的组成部分。⑤

2. 事实劳动关系认定的情形。(1)劳动合同期满后,劳动者仍在原用人单位

---

① 《事业单位人事管理条例》第41条。
② 《事业单位人事管理条例》第42条。
③ 《事业单位人事管理条例》第43条。
④ 《重庆市劳动局关于劳动争议受理问题的通知》第3条。
⑤ 《劳动和社会保障部关于确立劳动关系有关事项的通知》第1条。

工作，原用人单位未表示异议的，视为双方同意以原条件继续履行劳动合同。一方提出终止劳动关系的，人民法院应予支持。①"终止"，是指劳动合同期满后，劳动者仍在原用人单位工作，用人单位未表示异议的，劳动者和原用人单位之间存在的是一种事实上的劳动关系，而不等于双方按照原劳动合同约定的期限续签了一个新的劳动合同。一方提出终止劳动关系的，应认定为终止事实上的劳动关系。②（2）超过法定退休年龄的人员在工作期间突发疾病死亡，应当认定当事人与用人单位之间存在着事实上的劳动关系，适用《工伤保险条例》进行工伤认定。③（3）对在主办国有企业工作10年以上、已经与主办国有企业形成事实劳动关系的厂办大集体在职集体职工，主办国有企业要与其进行协商，依法与其签订劳动合同，或按照厂办大集体在职集体职工的安置政策予以安置。④（4）劳动者与用人单位虽签订了书面劳动合同，但劳动合同因必备条款欠缺导致合同无效，或以其他名义签订的合同涉及劳动权利与义务内容的，应认定劳动者与用人单位之间形成事实劳动关系。⑤（5）《劳动合同法》第97条第2款规定的"本法施行前已建立劳动关系，尚未订立书面劳动合同的"，指的就是事实劳动关系。

3. 事实劳动关系认定的凭证。用人单位未与劳动者签订劳动合同，认定双方存在劳动关系时可参照下列凭证：（1）工资支付凭证或记录（职工工资发放花名册）、缴纳各项社会保险费的记录；（2）用人单位向劳动者发放的"工作证""服务证"等能够证明身份的证件；（3）劳动者填写的用人单位招工招聘"登记表""报名表"等招用记录；（4）考勤记录；（5）其他劳动者的证言等。其中，第1、3、4项的有关凭证由用人单位负举证责任。⑥

二、事实劳动关系的报酬

用人单位未在用工的同时订立书面劳动合同，与劳动者约定的劳动报酬不明确的，新招用的劳动者的劳动报酬按照集体合同规定的标准执行；没有集体合

---

① 《最高人民法院关于审理劳动争议案件适用法律若干问题的解释（一）》第34条第1款。
② 《劳动和社会保障部办公厅关于对事实劳动关系解除是否应该支付经济补偿金问题的复函》。
③ 《最高人民法院关于超过法定退休年龄的进城务工农民在工作时间内因公伤亡的，能否认定工伤的答复》。
④ 《国务院办公厅关于在全国范围内开展厂办大集体改革工作的指导意见》第10条。
⑤ 《重庆市高级人民法院关于审理工伤行政诉讼案件若干问题的暂行规定》第6条第2款。
⑥ 《劳动和社会保障部关于确立劳动关系有关事项的通知》第2条。

同或者集体合同未规定的,实行同工同酬。①

三、事实劳动关系的终止或解除

1. 事实劳动关系的终止或解除的经济补偿金。详见第9章劳动争议的解决第3节中的"经济补偿金"。

2. 事实劳动关系的终止或解除的赔偿金。详见第9章劳动争议的解决第3节中的"赔偿金"。

第四节 双重劳动关系

双重劳动关系,是指一个劳动者同一时期内与两个不同的用人单位建立劳动关系,或者事实上存在两个劳动关系都符合劳动关系的构成要件。

一、双重劳动关系的"限定"

1. 双重劳动关系的限定。非全日制用工双方当事人可以订立口头协议。从事非全日制用工的劳动者可以与一个或者一个以上用人单位订立劳动合同;但是,后订立的劳动合同不得影响先订立的劳动合同的履行。②

2. 双重劳动关系的禁止。用人单位招用下岗职工,应当按照劳动法律法规与招用的下岗职工签订劳动合同。合同签订后,应经有管辖权的劳动仲裁部门鉴证。用人单位不得招用未与原单位解除劳动关系的下岗职工,不得形成双重劳动关系。③

3. 双重劳动关系的赔偿。用人单位招用与其他用人单位尚未解除或者终止劳动合同的劳动者,给其他用人单位造成损失的,应当承担连带赔偿责任。④

4. 双重劳动关系的解除。劳动者同时与其他用人单位建立劳动关系,对完

---

① 《劳动合同法》第11条。
② 《劳动合同法》第69条。
③ 《呼和浩特市人民政府办公厅转发市劳动局关于处理国有企业下岗职工劳动关系指导意见的通知》第13条。
④ 《劳动合同法》第91条。
《劳动法》第99条规定:"用人单位招用尚未解除劳动合同的劳动者,对原用人单位造成经济损失的,该用人单位应当依法承担连带赔偿责任。"

成本单位的工作任务造成严重影响,或者经用人单位提出,拒不改正的,用人单位可以解除劳动合同。①

二、双重劳动关系的保险

1. 双重劳动关系的养老保险。于具有双重劳动关系的人员和挂靠在律师事务所从事自由职业的律师,由律师事务所与员工本人(或挂靠的自由职业律师)协商确定在一个单位参保。个人不得重复缴费,建立多重养老保险关系。律师事务所在进行会计账目处理时,应将"本单位员工的工资"与"其他人员的收入"分别建立会计科目,单独核算。

2. 双重劳动关系的工伤保险。被保险人存在双重劳动关系的,应选择一个用人单位参加补充工伤保险,因工遭受事故或者职业病伤害,经市社会保险行政部门认定为工伤或者视同工伤,认定为工亡或者视同为工亡,保险人只赔付一份一次性补偿金。②

第五节 劳务关系

劳务关系,是指劳动者为被服务方提供特定的劳动服务,被服务方依照约定支付报酬所产生的法律关系。③

---

① 《劳动合同法》第39条第4项。
② 《抚顺市人力资源和社会保障局关于印发〈抚顺市补充工伤保险实施细则〉的通知》第8条。
③ 《浙江省高级人民法院关于印发〈劳动争议案件疑难问题讨论纪要〉的通知》第5条同时规定,劳动关系与劳务关系的区别在于:一是劳动关系除了当事人之间债的要素之外,还含有身份、社会的要素,而劳务关系则是一种单纯的债的关系。二是劳动关系的当事人之间的关系一般较为稳定,而劳务关系当事人之间的关系则往往具有"临时性、短期性、一次性"等特点。三是劳动关系中,当事人之间存在管理与被管理、支配与被支配的社会关系,劳务关系的当事人之间则不存在上述关系,而是平等主体之间的合同关系。
"劳务合同与承揽合同的区别:一是承揽合同的目的是承揽人完成并交付工作成果,劳务仅为一种实现其合同目的的手段或过程;二是承揽人请求支付报酬的前提是完成约定的工作成果,劳务合同则以劳动者提供的劳务过程为标的,至于此种劳务过程的实现是否一定导致相应工作成果完成,尚不一定,此项内容不属于合同的内容。三是承揽人提供劳务具有独立性以自己的设备、技术、劳力等完成工作内容,定作人缺乏对完成该成果的劳动活动的控制力;而在我国劳务合同关系中,劳务活动的完成通常处于用工者的具体指示和控制之下,其应担因此产生的相应风险。"(李晓倩主编:《劳动纠纷证据运用与裁判指导》,法律出版社2020年版,第13页。)

一、劳务关系认定

1. 退休人员劳务关系的认定。用人单位与其招用的已经依法享受养老保险待遇或者领取退休金的人员发生用工争议而提起诉讼的,人民法院应当按劳务关系处理。①

2. 停薪留职等人员劳务关系的认定。企业停薪留职人员、未达到法定退休年龄的内退人员、下岗待岗人员以及企业经营性停产放长假人员,因与新的用人单位发生用工争议,依法向人民法院提起诉讼的,在《最高人民法院关于审理劳动争议案件适用法律若干问题的解释(三)》出台之前,对于其第8条②所列情形均按照劳务关系处理;但该司法解释实施之后,尚未审结的一、二审劳动争议案件均应适用司法解释的规定认定双重劳动关系。③

3. 超过法定年龄务工农民劳务关系的认定。用人单位聘用的超过法定退休年龄的务工农民,在工作时间内、因工作原因伤亡的,应当适用《工伤保险条例》的有关规定进行工伤认定。④

4. 具体劳务关系的认定。(1)用人单位设立中的劳务关系认定。设立中的用人单位不具备用人主体资格,其与劳动者不构成劳动关系,可以认定双方构成劳务关系。用人单位依法设立后,劳动关系的存续期间自颁发营业执照之日起计算。劳动者在用人单位筹备期间的工作时间不计入本单位工作年限,但双方另有约定的除外,且该约定仅对劳动合同双方具有约束力。⑤(2)聘用中国执行律师的劳务关系认定。有下列情形之一的,应当认定为聘用中国执业律师:①与中国执业律师达成雇佣或劳务协议;②与中国执业律师形成事实上的雇佣或劳

---

① 《最高人民法院关于审理劳动争议案件适用法律问题的解释(一)》第32条第1款。
《天津市高级人民法院关于印发〈天津法院劳动争议案件审理指南〉的通知》第10条规定:"已经享受基本养老保险待遇或者退休金的人员与用人单位之间形成实际用工关系的,按照劳务关系处理。因用人单位原因致使已经达到法定退休年龄的劳动者尚未享受基本养老保险待遇或者尚未领取退休金,劳动者与原用人单位之间形成实际用工关系的,按照劳动关系处理。"

② 《最高人民法院关于审理劳动争议案件适用法律若干问题的解释(三)》第8条(已废止,仅供参考)规定:"企业停薪留职人员、未达到法定退休年龄的内退人员、下岗待岗人员以及企业经营性停产放长假人员,因与新的用人单位发生用工争议,依法向人民法院提起诉讼的,人民法院应按劳动关系处理。"

③ 《山东省高级人民法院关于印发全省民事审判工作会议纪要的通知》第8条第9款。

④ 《最高人民法院关于超过法定退休年龄的进城务工农民在工作时间内因公伤亡的,能否认定工伤的答复》。

⑤ 《天津市高级人民法院关于印发〈天津法院劳动争议案件审理指南〉的通知》第11条。

务关系。① (3)随军队后勤保障项目委托地方单位管理的劳务关系认定。随军队后勤保障项目委托地方单位管理的职工,原工作单位应与受托单位签订劳务协议,明确双方权利、义务及有关事项。②

二、劳务关系的解除

1. 劳务关系的法定解除。符合下列情况之一的,甲方可以与派遣人员解除劳务关系:(1)违反甲方依法制定并公示的劳动纪律及规章制度的;(2)严重失职,营私舞弊,对甲方利益造成损害的;(3)被依法追究刑事责任的或被限制人身自由15日以上的;(4)患病或非因工负伤,在规定的医疗期满后不能从事原工作,而甲方又无法安排派遣人员从事其他工作的;(5)派遣其他人员不能胜任工作,经过培训或者调整工作岗位仍不能胜任工作的;(6)合同订立时所依据的客观情况发生变化或不可抗力,致使本合同无法履行的;(7)有酗酒、吸毒、赌博、自残等行为的;(8)按《商务部关于印发〈家政服务合同〉范本的通知》第4、5、6项解除与派遣人员劳务关系的,甲方须提前30日以书面形式通知派遣人员与乙方。③

2. 劳务关系的通知解除。甲方有下列情形之一的,乙方通知甲方解除劳务关系:(1)甲方以暴力、威胁或者非法限制人身自由的手段强迫劳动的;(2)甲方采取搜身、体罚、侮辱等方式,严重侵犯派遣人员人格尊严的;(3)甲方未按照法律法规规定或者书面约定支付劳务报酬或提供劳动条件的。④

三、劳务关系的诉讼

人民法院要依法及时受理、审理各类拖欠劳动报酬纠纷,对按照劳动保障法律法规规定不属于劳动法调整的劳动关系,属劳务关系的自然人拖欠劳动者工资的行为,人民法院要按照劳务关系的受理规定直接依法受理,或由市住建局向人民法院提交属劳务关系拖欠的建议受理书,人民法院应予以受理。⑤

---

① 《司法部关于执行〈外国律师事务所驻华代表机构管理条例〉的规定》第40条(部分内容)。
② 《人事部、劳动和社会保障部、中国人民解放军总后勤部关于军队后勤保障社会化改革中人事和劳动保障工作有关问题的通知》第1条第3款。
③ 《商务部关于印发〈家政服务合同〉范本的通知》第10条。
④ 《商务部关于印发〈家政服务合同〉范本的通知》第11条。
⑤ 《松原市人民政府办公室关于松原市市直建筑行业拒不支付劳动报酬案件查处工作的通知》第3条第3款。

四、劳务关系的责任承担

1. 提供劳务一方因造成他人损害的责任承担。个人之间形成劳务关系,提供劳务一方因劳务造成他人损害的,由接受劳务一方承担侵权责任。①

2. 提供劳务一方因劳务自己受到损害的责任承担。提供劳务一方因劳务受到损害的,根据双方各自的过错承担相应的责任。②

3. 提供劳务一方因第三人行为遭受损害的责任承担。当提供劳务一方因第三人行为遭受损害,应当由第三人承担侵权责任;如接受劳务一方存在过错,应当承担相应责任;对于第三人逃逸或者无力赔偿的情况,可以根据《民法典》第5条③等的规定,由接受劳务一方对提供劳务一方给予适当补偿。④

---

① 《民法典》第1192条(前部分)。
② 《民法典》第1192条(后部分)。
③ 《民法典》第5条规定:"民事主体从事民事活动,应当遵循自愿原则,按照自己的意思设立、变更、终止民事法律关系。"
④ 《上海市高级人民法院民事审判第一庭民事法律适用问答2011年第1期》第5条(后部分)。(对在劳务过程中因第三人的行为导致提供劳务一方损害的情形法律未做规定。)

第二章 劳动合同

劳动合同是劳动者与用人单位确立劳动关系、明确双方权利和义务的协议。建立劳动关系应当订立劳动合同。①

第一节 劳动合同的一般规则

劳动合同的一般规则包括劳动合同的订立、劳动合同的条款、劳动合同的效力以及涉外劳动合同等内容。

一、劳动合同的订立

(一)劳动合同订立的规则

1. 劳动合同订立的原则。(1)订立劳动合同,应当遵循合法、公平、平等自愿、协商一致、诚实信用的原则。依法订立的劳动合同具有约束力,用人单位与劳动者应当履行劳动合同约定的义务。②(2)在签订劳动合同时,按照《劳动法》

---

① 《劳动法》第16条。
《关于〈劳动法〉若干条文的说明》第16条第3款规定:"建立劳动关系的所有劳动者,不论是管理人员,技术人员还是原来所称的固定工,都必须订立劳动合同。'应当'在这里是'必须'的含义。"
《北京市劳动合同规定》第3条规定:"劳动合同是劳动者与用人单位确立劳动关系,明确双方权利和义务的协议。"
《邮电企业劳动合同管理暂行规定》第3条第1款规定:"劳动合同是职工与邮电企业确立劳动关系,明确双方权利和义务的协议。"
《江苏省劳动合同条例》第3条规定:"劳动合同是劳动者与用人单位明确劳动关系双方权利和义务的协议。用人单位与劳动者建立劳动关系,应当订立书面劳动合同。"
② 《劳动合同法》第3条。
《关于〈劳动法〉若干条文的说明》第17条规定:"订立和变更劳动合同,应当遵循平等自愿、协商一致的原则,不得违反法律、行政法规的规定。……'法律、行政法规'既包括现行的法律、行政法规,也包括以后颁布实行的法律、行政法规,既包括劳动法律、法规,也包括民事、经济方面的法律、法规。"
《邮电企业劳动合同管理暂行规定》第4条规定:"劳动合同的订立和变更应当遵循平等自愿、协商一致的原则,不得违反法律、行政法规的规定。"

的规定,只要当事人双方协商一致,即可签订有固定期限、无固定期限或以完成一定工作为期限的劳动合同。①

2. 劳动合同订立适用的法律。中华人民共和国境内的企业、个体经济组织、民办非企业单位等组织(以下称用人单位)与劳动者建立劳动关系,订立、履行、变更、解除或者终止劳动合同,适用《劳动合同法》。国家机关、事业单位、社会团体和与其建立劳动关系的劳动者,订立、履行、变更、解除或者终止劳动合同,依照《劳动合同法》执行。②

3. 劳动合同订立的主体。(1)用人单位。①用人单位的界定。第一,中国境内的企业、个体经济组织在劳动法中被称为用人单位。国家机关、事业组织、社会团体和与之建立劳动合同关系的劳动者依照劳动法执行。根据劳动法的这一规定,国家机关、事业组织、社会团体应当视为用人单位。③ 第二,依法成立的会计师事务所、律师事务所等合伙组织和基金会,属于劳动合同法规定的用人单位。④ 第三,租赁经营(生产)、承包经营(生产)的企业,所有权并没有发生改变,法人名称未变,在与职工订立劳动合同时,该企业仍为用人单位一方。依照租赁合同或承包合同,租赁人、承包人如果作为该企业的法定代表人或者该法定代表人的授权委托时,可代表该企业(用人单位)与劳动者订立劳动合同。⑤ ②用人单位的条件及权利。第一,订立劳动合同的用人单位应当依法成立,具有独立承担民事责任的能力。文艺、体育单位招收未满16周岁的未成年人,应经县以上劳动保障行政部门审批,并保障所招收的未成年人接受义务教育的权利。⑥ 第二,用人单位应当依法成立,能够依法支付工资、缴纳社会保险费、提供劳动保护条件,并能够承担相应的民事责任。劳动者应当达到法定就业年龄,具有与履行劳动合同义务相适应的能力。用人单位招用未成年人或者外地来京务工人员,应当符合国家和本市有关规定。⑦ 第三,劳动合同法规定的用人单位设立的分支机

---

① 《劳动部关于实行劳动合同制度若干问题的通知》第1条。
② 《劳动合同法》第2条。
③ 《关于贯彻执行〈中华人民共和国劳动法〉若干问题的意见》第5条。
④ 《劳动合同法实施条例》第3条。
⑤ 《关于贯彻执行〈中华人民共和国劳动法〉若干问题的意见》第15条。
⑥ 《劳动法》第58条("国家对女职工和未成年工实行特殊劳动保护。未成年工是指年满十六周岁未满十八周岁的劳动者"),第64条("不得安排未成年工从事矿山井下、有毒有害、国家规定的第四级体力劳动强度的劳动和其他禁忌从事的劳动"),第65条("用人单位应当对未成年工定期进行健康检查")。
⑦ 《北京市劳动合同规定》第9条。

构,依法取得营业执照或者登记证书的,可以作为用人单位与劳动者订立劳动合同;未依法取得营业执照或者登记证书的,受用人单位委托可以与劳动者订立劳动合同。① 第四,用人单位与劳动者签订劳动合同时,劳动合同可以由用人单位拟定,也可以由双方当事人共同拟定,但劳动合同必须经双方当事人协商一致后才能签订,职工被迫签订的劳动合同或未经协商一致签订的劳动合同为无效劳动合同。② (2)劳动者的界定。关于在企业内录干、聘干问题,劳动法规定用人单位内的全体职工统称为劳动者,在同一用人单位内,各种不同的身分界限随之打破。应该按照劳动法的规定,通过签订劳动合同来明确劳动者的工作内容、岗位等。用人单位根据工作需要,调整劳动者的工作岗位时,可以与劳动者协商一致,变更劳动合同的相关内容。③ (3)工会。①企业职工一方与企业可以就劳动报酬、工作时间、休息休假、劳动安全卫生、保险福利等事项,签订集体合同。集体合同草案应当提交职工代表大会或者全体职工讨论通过。集体合同由工会代表职工与企业签订;没有建立工会的企业,由职工推举的代表与企业签订。④ ②劳动者依照法律规定,通过职工大会、职工代表大会或者其他形式,参与民主管理或者就保护劳动者合法权益与用人单位进行平等协商。⑤ 其中的"依照法律规定",法律指:《外资企业法》《中外合资企业法》《中外合作企业法》《全民所有制工业企业法》等,其中"通过职工大会、职工代表大会","参与民主管理",主要适用于国有企业;"其他形式"指通过工会或推举代表:"与用人单位进行平等协商",主要适用于非国有企业。⑥ ③工会协助用人单位办好职工集体福利事业,做好工资、劳动安全卫生和社会保险工作。⑦

4. 劳动合同订立的法定性。(1)法定期限。①建立劳动关系,应当订立书面劳动合同。已建立劳动关系,未同时订立书面劳动合同的,应当自用工之日起一个月内订立书面劳动合同。用人单位与劳动者在用工前订立劳动合同的,劳动

---

① 《劳动合同法实施条例》第4条。
② 《关于贯彻执行〈中华人民共和国劳动法〉若干问题的意见》第16条。
③ 《关于贯彻执行〈中华人民共和国劳动法〉若干问题的意见》第46条。
④ 《劳动法》第33条。
《劳动合同法》第6条规定:"工会应当帮助、指导劳动者与用人单位依法订立和履行劳动合同,并与用人单位建立集体协商机制,维护劳动者的合法权益。"
⑤ 《劳动法》第8条。
⑥ 《关于〈劳动法〉若干条文的说明》第8条。
⑦ 《工会法》第31条。

关系自用工之日起建立。① 其中,"用工之日"是指劳动者根据用人单位的安排,到用人单位报到之日。②《劳动合同法》施行前已建立劳动关系,尚未订立书面劳动合同的,应当自本法施行之日起1个月内订立。③ ③劳动合同期限届满,因用人单位的原因未办理终止劳动合同手续,劳动者与用人单位仍存在劳动关系的,视为续延劳动合同,用人单位应当与劳动者续订劳动合同。当事人就劳动合同期限协商不一致的,其续订的劳动合同期限从签字之日起不得少于1年;劳动者在用人单位连续工作满10年以上,劳动者要求续订无固定期限劳动合同的,用人单位应当与其续订无固定期限劳动合同。用人单位经与劳动者协商一致,可以解除劳动关系,并向劳动者支付经济补偿金;劳动者要求解除劳动关系的,劳动关系即行解除,用人单位可以不支付经济补偿金。④ (2)法定情形。①请长病假的职工,在病假期间与原单位保持着劳动关系,用人单位应与其签订劳动合同。⑤ ②原固定工中经批准的停薪留职人员,愿意回原单位继续工作的,原单位应与其签订劳动合同;不愿回原单位继续工作的,原单位可以与其解除劳动关系。⑥ ③根据劳动部《实施〈劳动法〉中有关劳动合同问题的解答》(劳部发〔1995〕202号)的规定,党委书记、工会主席等党群专职人员也是职工的一员,依照劳动法的规定,与用人单位签订劳动合同。对于有特殊规定的,可以按有关规定办理。⑦ ④根据劳动部《实施〈劳动法〉中有关劳动合同问题的解答》(劳部发〔1995〕202号)的规定,经理由其上级部门聘任(委任)的,应与聘任(委任)部门签订劳动合同。实行公司制的经理和有关经营管理人员,应依照《公司法》的规定与董事会签订劳动合同。⑧ ⑤企业工会主席作为劳动者,也应当与用人单位签订劳动合同。但考虑到劳动制度转轨时期的实际情况,在订立劳动合同的方式上,对尚未签订劳动合同的工会主席,可以和党委书记、厂长、经理一样,与企业的上级主管部门签订劳动合同。已经与企业签订了劳动合同的工会主席,双方

---

① 《劳动合同法》第10条。
② 《山西省劳动合同条例》第8条第2款。
③ 《劳动合同法》第97条第2款。
④ 《北京市劳动合同规定》第45条。
⑤ 《关于贯彻执行〈中华人民共和国劳动法〉若干问题的意见》第8条。
⑥ 《关于贯彻执行〈中华人民共和国劳动法〉若干问题的意见》第9条。
⑦ 《关于贯彻执行〈中华人民共和国劳动法〉若干问题的意见》第10条。
⑧ 《关于贯彻执行〈中华人民共和国劳动法〉若干问题的意见》第11条。

应继续履行劳动合同,不经本单位工会委员会和上级工会同意,企业不得解除劳动合同。① ⑥困难企业签订劳动合同,应区分不同情况,有些亏损企业属政策性亏损,生产仍在进行,还能发出工资,应该按照劳动法的规定签订劳动合同。已经停产半停产的企业,要根据具体情况签订劳动合同,保证这些企业职工的基本生活。②

5. 劳动合同订立的前置程序。(1)与原用人单位解除劳动合同。职工办理离岗退养手续后,与新的用人单位建立劳动关系的,应当与原用人单位解除劳动合同,到新用人单位签订劳动合同。③ (2)提供相应的证明。用人单位招用职工时应查验终止、解除劳动合同证明,以及其他能证明该职工与任何用人单位不存在劳动关系的凭证,方可与其签订劳动合同。④ 其中,用人单位违反《劳动合同法》规定未向劳动者出具解除或者终止劳动合同的书面证明,由劳动行政部门责令改正;给劳动者造成损害的,应当承担赔偿责任。⑤ (3)鉴证。①私营企业用工必须按照平等自愿、协商一致的原则,以书面形式签订劳动合同,确定双方的权利、义务。劳动合同签订后,须经当地劳动行政部门鉴证并备案。私营企业工会有权代表职工与企业签订集体合同。⑥ ②劳动合同订立和变更应到当地劳动行政部门办理鉴证手续。⑦ (4)书面告知。①用人单位应当遵守女职工禁忌从事的劳动范围的规定。用人单位应当将本单位属于女职工禁忌从事的劳动范围的岗位书面告知女职工。女职工禁忌从事的劳动范围由本规定附录列示。国务院安全生产监督管理部门会同国务院人力资源社会保障行政部门、国务院卫生行政部门根据经济社会发展情况,对女职工禁忌从事的劳动范围进行调整。⑧ ②劳动者在订立劳动合同前,有权了解用人单位相关的规章制度、劳动条件、劳动报酬

---

① 《劳动部关于企业工会主席签订劳动合同问题的通知》。
② 《关于贯彻执行〈中华人民共和国劳动法〉若干问题的意见》第44条。
③ 《劳动部办公厅对〈关于实行劳动合同制度若干问题的请示〉的复函》第2条。
④ 《劳动部关于实行劳动合同制度若干问题的通知》第17条。
《邮电企业劳动合同管理暂行规定》第13条规定:"邮电企业不得招用尚未与其他用人单位解除劳动合同的职工。企业在招用职工时,应当要求职工出示确与其他用人单位没有劳动关系的凭证,方可与其签订劳动合同。"
⑤ 《劳动合同法》第89条。
⑥ 《私营企业劳动管理暂行规定》第7条。
⑦ 《邮电企业劳动合同管理暂行规定》第12条。
⑧ 《女职工劳动保护特别规定》第5条。

等情况,用人单位应当如实说明。用人单位在招用劳动者时,有权了解劳动者健康状况、知识技能和工作经历等情况,劳动者应当如实说明。① ③用人单位招用劳动者时,应当如实告知劳动者工作内容、工作条件、工作地点、职业危害、安全生产状况、劳动报酬,以及劳动者要求了解的其他情况;用人单位有权了解劳动者与劳动合同直接相关的基本情况,劳动者应当如实说明。②

6. 劳动合同订立的禁止行为。根据《劳动合同法》第9条③的规定,用人单位不得在招工时扣押劳动者身份证件、要求劳动者提供担保或收取劳动者财务。在劳动合同履行过程中,对于劳动者占有单位价值较高的财物,单位为防止财物灭失或被轻易毁坏,与劳动者约定设置了相应的合理担保的,法律没有禁止,可以认定有效。但该约定为流押、流质担保,或者名义上为财务"担保"实际上却是要求劳动者购买该财务的,该约定无效。④

7. 劳动合同的续订。(1)有固定期限的劳动合同期满后,因用人单位方面的原因未办理终止或续订手续而形成事实劳动关系的,视为续订劳动合同。用人单位应及时与劳动者协商合同期限,办理续订手续。由此给劳动者造成损失的,该用人单位应当依法承担赔偿责任。⑤ (2)邮电企业招用的农民合同制职工(指经劳动部门批准招用的乡邮员、驻段线务员)劳动合同期限一般为5年,劳动合同期满应即行终止。如因生产工作需要,本人表现好,经上级主管部门同意,可

---

① 《上海市劳动合同条例》第8条。
② 《劳动合同法》第8条。
《北京市劳动合同规定》第10条规定:"用人单位应当如实向劳动者说明岗位用人要求、工作内容、工作时间、劳动报酬、劳动条件、社会保险等情况;劳动者有权了解用人单位的有关情况,并应当如实向用人单位提供本人的身份证和学历、就业状况、工作经历、职业技能等证明。"
③ 《劳动合同法》第9条规定:"用人单位招用劳动者,不得扣押劳动者的居民身份证和其他证件,不得要求劳动者提供担保或者以其他名义向劳动者收取财物。"
《北京市劳动合同规定》第24条规定:"订立劳动合同,用人单位不得以任何形式收取抵押金、抵押物、保证金、定金及其他费用,也不得扣押劳动者身份证及其他证明。"
④ 《上海市高级人民法院关于适用〈劳动合同法〉若干问题的意见》第12条。
⑤ 《劳动部关于实行劳动合同制度若干问题的通知》第14条。
《北京市劳动合同规定》第45条规定:"劳动合同期限届满,因用人单位的原因未办理终止劳动合同手续,劳动者与用人单位仍存在劳动关系的,视为续延劳动合同,用人单位应当与劳动者续订劳动合同。当事人就劳动合同期限协商不一致的,其续订的劳动合同期限从签字之日起不得少于1年;劳动者在用人单位连续工作满10年以上,劳动者要求续订无固定期限劳动合同的,用人单位应当与其续订无固定期限劳动合同。用人单位经与劳动者协商一致,可以解除劳动关系,并向劳动者支付经济补偿金;劳动者要求解除劳动关系的,劳动关系即行解除,用人单位可以不支付经济补偿金。"

以续订劳动合同。① (3)劳动者患职业病或者因工负伤并被确认达到伤残等级，要求续订劳动合同的，用人单位应当续订劳动合同。② (4)劳动合同期限届满前，用人单位应当提前30日将终止或者续订劳动合同意向以书面形式通知劳动者，经协商办理终止或者续订劳动合同手续。③ (5)续订劳动合同不得约定试用期。④

8. 劳动合同的重新签订。(1)随军队后勤保障项目转移到地方单位(含成立独立实体后与军队剥离的单位，下同)工作的职工，档案关系随同转移，与军队脱钩。已与原工作单位签订劳动合同的职工，接收单位应与其重新签订劳动合同，重新签订的劳动合同期限不得短于原劳动合同尚未履行的期限；转移工作单位前与原工作单位尚未签订劳动合同的职工，依据《劳动法》的有关规定，由接收单位与其签订劳动合同。军队职工转移到地方单位工作后，原工作单位不予支付经济补偿金，但在原单位的工作年限计算为新单位的连续工作年限。⑤ (2)企业法定代表人变更，原劳动合同仍然有效，不需重新签订劳动合同。⑥

9. 劳动合同订立的保护。(1)按照《劳动部办公厅对全面实行劳动合同制若干问题的请示的复函》(劳办发[1995]19号)的规定，各地企业在与原固定工签订劳动合同时，应注意保护老弱病残职工的合法权益。对工作时间较长，年龄较大的职工，各地可以根据《劳动法》第106条⑦制定一次性的过渡政策，具体办法由各省、自治区、直辖市确定。⑧ (2)公司应当保护职工的合法权益，依法与职工签订劳动合同，参加社会保险，加强劳动保护，实现安全生产。公司应当采用多种形式，加强公司职工的职业教育和岗位培训，提高职工素质。⑨

---

① 《邮电企业劳动合同管理暂行规定》第7条第5款。
② 《北京市劳动合同规定》第43条第2款。
③ 《北京市劳动合同规定》第40条。
④ 《北京市劳动合同规定》第42条第2款。
⑤ 《人事部、劳动和社会保障部、中国人民解放军总后勤部关于军队后勤保障社会化改革中人事和劳动保障工作有关问题的通知》第1条第1款。
《人事部、劳动和社会保障部、中国人民解放军总后勤部关于军队后勤保障社会化改革中人事和劳动保障工作有关问题的通知》第1条第2款规定："军队职工转移到地方单位工作后，凡在原工作单位按国家和军队有关规定确定的干部身份可予以保留，取得的专业技术职务任职资格与职业资格，予以承认。"
⑥ 《邮电企业劳动合同管理暂行规定》第36条。
⑦ 《劳动法》第106条规定："省、自治区、直辖市人民政府根据本法和本地区的实际情况，规定劳动合同制度的实施步骤，报国务院备案。"
⑧ 《关于贯彻执行〈中华人民共和国劳动法〉若干问题的意见》第48条。
⑨ 《公司法》第16条。

10. 专项协议的订立。(1)生产经营发生严重困难的企业应当与劳动者签订劳动合同,但劳动合同中有关工作岗位、劳动报酬等内容可在协商一致的基础上通过签订专项协议来规定。专项协议作为劳动合同的附件,具有与劳动合同同等的约束力。① (2)用人单位与本单位富余人员签订劳动合同,对待岗或放长假的应当变更劳动合同相关内容,并就有关内容协商签订专项协议。②

11. 农民工劳动合同的订立。用人单位使用农民工,应当依法与农民工签订书面劳动合同,并向劳动保障行政部门进行用工备案。签订劳动合同应当遵循平等自愿、协商一致的原则,用人单位不得采取欺骗、威胁等手段与农民工签订劳动合同,不得在签订劳动合同时收取抵押金、风险金。劳动合同必须由具备用工主体资格的用人单位与农民工本人直接签订,不得由他人代签。建筑领域工程项目部、项目经理、施工作业班组、包工头等不具备用工主体资格,不能作为用工主体与农民工签订劳动合同。③

(二)电子劳动合同订立

1. 电子劳动合同的界定。《电子劳动合同订立指引》所指电子劳动合同,是指用人单位与劳动者按照《劳动合同法》《民法典》《电子签名法》等法律法规规定,经协商一致,以可视为书面形式的数据电文为载体,使用可靠的电子签名订立的劳动合同。④ 其中,数据电文,是指以电子、光学、磁或者类似手段生成、发送、接收或者储存的信息。⑤ 可视为书面形式的数据电文,是指能够有形地表现所载内容,并可以随时调取查用的数据电文。⑥ 电子签名,是指数据电文中以电子形式所含、所附用于识别签名人身份并表明签名人认可其中内容的数据。⑦ 可靠的电子签名,是指同时符合下列条件的电子签名:(1)电子签名制作数据用于电子签名时,属于电子签名人专有;(2)签署时电子签名制作数据仅由电子签名人控制;(3)签署后对电子签名的任何改动能够被发现;(4)签署后对数据电文内

---

① 《劳动部关于实行劳动合同制度若干问题的通知》第6条。
② 《劳动部关于实行劳动合同制度若干问题的通知》第8条。
③ 《劳动和社会保障部、建设部、全国总工会关于加强建设等行业农民工劳动合同管理的通知》第2条。
④ 《电子劳动合同订立指引》第1条。
⑤ 《电子劳动合同订立指引》第20条第1款。
⑥ 《电子劳动合同订立指引》第20条第2款。
⑦ 《电子劳动合同订立指引》第20条第3款。

容和形式的任何改动能够被发现。[1]

2.电子劳动合同的订立。(1)订立电子劳动合同的订立平台。①用人单位与劳动者订立电子劳动合同的,要通过电子劳动合同订立平台订立。[2] ②电子劳动合同订立平台要通过有效的现代信息技术手段提供劳动合同订立、调取、储存、应用等服务,具备身份认证、电子签名、意愿确认、数据安全防护等能力,确保电子劳动合同信息的订立、生成、传递、储存等符合法律法规规定,满足真实、完整、准确、不可篡改和可追溯等要求。[3] (2)订立电子劳动合同的劳动合同示范文本。鼓励用人单位和劳动者使用政府发布的劳动合同示范文本订立电子劳动合同。劳动合同未载明《劳动合同法》规定的劳动合同必备条款或内容违反法律法规规定的,用人单位依法承担相应的法律责任。[4] (3)订立电子劳动合同的电子签名。①用人单位和劳动者要使用符合《电子签名法》要求、依法设立的电子认证服务机构颁发的数字证书和密钥,进行电子签名。[5] ②电子劳动合同经用人单位和劳动者签署可靠的电子签名后生效,并应附带可信时间戳。[6] 其中,可信时间戳,是指权威机构使用数字签名技术产生的能够证明所签名的原始文件在签名时间之前已经存在的数据。[7] (4)订立电子劳动合同的义务。①告知义务。双方同意订立电子劳动合同的,用人单位要在订立电子劳动合同前,明确告知劳动者订立电子劳动合同的流程、操作方法、注意事项和查看、下载完整的劳动合同文本的途径,并不得向劳动者收取费用。[8] ②保证义务。用人单位和劳动者要确保向电子劳动合同订立平台提交的身份信息真实、完整、准确。电子劳动合同订立平台要通过数字证书、联网信息核验、生物特征识别验证、手机短信息验证码等技术手段,真实反映订立人身份和签署意愿,并记录和保存验证确认过程。具备条件的,可使用电子社保卡开展实人实名认证。[9] ③通知义务。电子劳动合同订立后,用人单位要以手机短信、微信、电子邮件或者App信息提示等方式通知

---

[1] 《电子劳动合同订立指引》第20条第4款。
[2] 《电子劳动合同订立指引》第3条。
[3] 《电子劳动合同订立指引》第4条。
[4] 《电子劳动合同订立指引》第5条。
[5] 《电子劳动合同订立指引》第8条。
[6] 《电子劳动合同订立指引》第9条。
[7] 《电子劳动合同订立指引》第20条第5款。
[8] 《电子劳动合同订立指引》第6条。
[9] 《电子劳动合同订立指引》第7条。

劳动者电子劳动合同已订立完成。①

二、劳动合同的形式

1. 口头劳动合同。非全日制用工双方当事人可以订立口头协议。从事非全日制用工的劳动者可以与一个或者一个以上用人单位订立劳动合同;但是,后订立的劳动合同不得影响先订立的劳动合同的履行。② 其中,非全日制用工,是指以小时计酬为主,劳动者在同一用人单位一般平均每日工作时间不超过 4 小时,每周工作时间累计不超过 24 小时的用工形式。③

2. 书面劳动合同。(1)订立书劳动合同的法定性。①建立劳动关系应当订立书面劳动合同;已建立劳动关系,未同时订立书面劳动合同的,应当自用工之日起 1 个月内订立书面劳动合同。④ ②铁路用人单位招用农民工,必须依法以书面形式与农民工本人签订劳动合同。劳动合同中约定的试用期必须符合国家规定,试用期应包括在劳动合同期限内,对工作岗位没有发生变化的同一农民工只能试用一次。用人单位与新招用的农民工签订劳动合同,应规范使用劳动保障部门制定的劳动合同文本,并据此依法办理劳动合同续订、变更、终止和解除手续,切实维护农民工的合法权益。用人单位使用农民劳务工的,应与劳务工输出单位依法签订劳务协议,明确双方的权利和义务。⑤ (2)书面劳动合同文本。①劳动合同文本,可以由用人单位提供,也可以由用人单位和劳动者共同拟定。提倡使用劳动合同规范文本。劳动合同应当用中文书写,需要时也可以同时用外文书写。劳动合同的外文文本和中文文本不一致的,以中文文本为准。劳动合同由劳动者与用人单位法定代表人、负责人或者其代理人签字、盖章,注明日期。劳动合同由劳动者和用人单位各执一份。⑥ ②由于各用人单位千差万别,对工作内容、劳动报酬的规定也就差异很大,因此,国家不宜制定统一的劳动合同标准文本。目前,各地、各行业制定并向企业推荐的劳动合同文本,对于用人单

---

① 《电子劳动合同订立指引》第 10 条。
② 《劳动合同法》第 69 条。
③ 《劳动合同法》第 68 条。
④ 《山东省劳动合同条例》第 12 条第 2 款。
⑤ 《铁道部贯彻落实〈国务院关于解决农民工问题的若干意见〉的通知》第 5 条。
⑥ 《安徽省劳动合同条例》第 8 条。
《北京市劳动合同规定》第 21 条规定:"用人单位的法定代表人(负责人)或者其书面委托的代理人代表用人单位与劳动者签订劳动合同。劳动合同由双方分别签字或者盖章,并加盖用人单位印章。"

位和劳动者双方有一定的指导意义,但这些劳动合同文本只能供用人单位和劳动者参考。①

三、劳动合同的内容及条款

(一)劳动合同的内容

1. 劳动合同的内容。(1)劳动合同应包括下列内容:①对职工劳动的质量和数量要求;②合同期限;③劳动条件;④劳动报酬、保险和福利待遇;⑤工作时间、休假;⑥劳动纪律;⑦违反劳动合同应承担的责任;⑧双方议定的其他事项。② (2)外商投资企业与其职工(包括中方职工,外方以及我国港、澳、台地区员工)签订的劳动合同必须用中文书写,亦可同时用外文书写,但中外文本劳动合同的内容必须一致。③ (3)已办理厂内离岗休养或退养手续的原固定工,用人单位应当与其签订劳动合同,明确权利义务关系,其离岗休养或退养的有关文件作为劳动合同的附件。④ (4)除《劳动合同法》第22条(专项培训费用的违约金)和第23条(保密、竞业的违约金)规定的情形外,用人单位不得与劳动者约定由劳动者承担违约金。⑤ (5)用人单位应与其富余人员、放长假的职工,签订劳动合同,但其劳动合同与在岗职工的劳动合同在内容上可以有所区别。用人单位与劳动者经协商一致可以在劳动合同中就不在岗期间的有关事项作出规定。⑥ (6)派出到合资、参股单位的职工如果与原单位仍保持劳动关系,应当与原单位签订劳动合同,原单位可就劳动合同的有关内容在与合资、参股单位订立的劳务合同时,明确职工的工资、保险、福利、休假等有关待遇。⑦ (7)用人单位经批准招用农民工,

---

① 《关于贯彻执行〈中华人民共和国劳动法〉若干问题的意见》第47条。
② 《私营企业劳动管理暂行规定》第8条。
《劳动合同法》第1条规定:"为了完善劳动合同制度,明确劳动合同双方当事人的权利与义务,保护劳动者的合法权益,构建和发展和谐稳定的劳动关系,制定本法。"
③ 《劳动部综合计划与工资司对大连市劳动局〈关于同时用中外文书写的两种劳动合同文本法律效力问题的请示〉的复函》第1条。
④ 《劳动部关于实行劳动合同制度若干问题的通知》第12条。
《劳动部关于实行劳动合同制度若干问题的通知》第13条规定:"已享受养老保险待遇的离退休人员被再次聘用时,用人单位应与其签订书面协议,明确聘用期内的工作内容、报酬、医疗、劳动待遇等权利和义务。"
⑤ 《劳动合同法》第25条。
⑥ 《关于贯彻执行〈中华人民共和国劳动法〉若干问题的意见》第6条。
⑦ 《关于贯彻执行〈中华人民共和国劳动法〉若干问题的意见》第14条。

其劳动合同期限可以由用人单位和劳动者协商确定。从事矿山井下以及在其他有害身体健康的工种、岗位工作的农民工,实行定期轮换制度,合同期限最长不超过八年。①

2. 劳动合同内容的变更。(1)订立劳动合同时所依据的法律、法规、规章发生变化的,应当依法变更劳动合同的相关内容。②(2)订立劳动合同时所依据的客观情况发生重大变化,致使原劳动合同无法履行,当事人一方要求变更其相关内容的,应当将变更要求以书面形式送交另一方,另一方应当在15日内答复,逾期不答复的,视为不同意变更劳动合同。③(3)用人单位应与其长期被外单位借用的人员、带薪上学人员,以及其他非在岗但仍保持劳动关系的人员签订劳动合同,但在外借和上学期间,劳动合同中的某些相关条款经双方协商可以变更。④

3. 农民工劳动合同的内容。用人单位与农民工签订劳动合同,应当包括以下条款。(1)劳动合同期限。经双方协商一致,可以采取有固定期限、无固定期限或以完成一定的工作任务为期限三种形式。无固定期限劳动合同要明确劳动合同的终止条件。有固定期限的劳动合同,应当明确起始和终止时间。双方在劳动合同中可以约定试用期。劳动合同期限半年以内的,一般不约定试用期;劳动合同期限半年以上1年以内的,试用期不得超过30日;劳动合同期限1至2年的,试用期不得超过60日;劳动合同期限2年以上的,试用期最多不得超过6个月。(2)工作内容和工作时间。劳动合同中要明确农民工的工种、岗位和所从事工作的内容。工作时间要按照国家规定执行,法定节日应安排农民工休息。如需安排农民工加班或延长工作时间的,必须按规定支付加班工资。建筑业企业根据生产特点,按规定报劳动保障行政部门批准后,可对部分工种岗位实行综合计算工时工作制。(3)劳动保护和劳动条件。用人单位要按照安全生产有关规定,为农民工提供必要的劳动安全保护及劳动条件。在农民工上岗前要对其进行安全生产教育。施工现场必须按国家建筑施工安全生产的规定,采取必要的安全措施。用人单位为农民工提供的宿舍、食堂、饮用水、洗浴、公厕等基本生活条件应达到安全、卫生要求,其中建筑施工现场要符合《建筑施工现场环境与卫

---

① 《关于贯彻执行〈中华人民共和国劳动法〉若干问题的意见》第21条。
② 《北京市劳动合同规定》第26条。
③ 《北京市劳动合同规定》第28条。
④ 《关于贯彻执行〈中华人民共和国劳动法〉若干问题的意见》第7条。

生标准》(JGJ146—2004)。(4)劳动报酬。在劳动合同中要明确工资以货币形式按月支付,并约定支付的时间、标准和支付方式。用人单位根据行业特点,经过民主程序确定具体工资支付办法的,应在劳动合同中予以明确,但按月支付的工资不得低于当地政府规定的最低工资标准。已建立集体合同制度的单位,工资标准不得低于集体合同规定的工资标准。(5)劳动纪律。在劳动合同中明确要求农民工遵守的用人单位有关规章制度,应当依法制定。用人单位应当在签订劳动合同前告知农民工。(6)违反劳动合同的责任。劳动合同中应当约定违约责任,一方违反劳动合同给对方造成经济损失的,要按《劳动法》等有关法律规定承担赔偿责任。根据不同岗位的特点,用人单位与农民工协商一致,还可以在劳动合同中约定其他条款。①

(二)劳动合同的必备条款

1. 劳动合同应具备的条款。(1)劳动合同应具备条款的内容。劳动合同应当具备以下条款:①用人单位的名称、住所和法定代表人或者主要负责人;②劳动者的姓名、住址和居民身份证或者其他有效身份证件号码;③劳动合同期限;④工作内容和工作地点;⑤工作时间和休息休假;⑥劳动报酬;⑦社会保险;⑧劳动保护、劳动条件和职业危害防护;⑨法律、法规规定应当纳入劳动合同的其他事项。劳动合同除前款规定的必备条款外,用人单位与劳动者可以约定试用期、培训、保守秘密、补充保险和福利待遇等其他事项。② 其中,"协商约定其他内容"是指劳动合同中的约定条款,即劳动合同双方当事人除依据本法就劳动合同的必备条款达成一致外,如果认为某些方面与劳动合同有关的内容仍需协调,便可将协商一致的内容写进合同,这些内容是合同当事人自愿协商确定的,而不是法

---

① 《劳动和社会保障部、建设部、全国总工会关于加强建设等行业农民工劳动合同管理的通知》第3条。

② 《劳动合同法》第17条。
《劳动法》第19条规定:"劳动合同应当以书面形式订立,并具备以下条款:(一)劳动合同期限;(二)工作内容;(三)劳动保护和劳动条件;(四)劳动报酬;(五)劳动纪律;(六)劳动合同终止的条件;(七)违反劳动合同的责任。"
《邮电企业劳动合同管理暂行规定》第5条规定:"劳动合同应当以书面形式订立,并具备以下条款:(一)劳动合同期限;(二)工作内容;(三)劳动保护和劳动条件;(四)劳动报酬;(五)劳动纪律和通信纪律;(六)劳动合同变更、终止、解除的条件;(七)违反劳动合同的责任;(八)双方应约定的其他事项。"
《关于〈劳动法〉若干条文的说明》第19条第3款规定:"劳动合同的必备条款中没有规定社会保险一项,原因在于:社会保险在全社会范围内依法执行,并不是订立合同双方当事人所能协商解决的。"

定的。① （2）劳动合同缺乏必备条款的法律责任。用人单位提供的劳动合同文本未载明本法规定的劳动合同必备条款或者用人单位未将劳动合同文本交付劳动者的，由劳动行政部门责令改正；给劳动者造成损害的，应当承担赔偿责任。②

2. 劳动合同条款中的"工作地点"。（1）工作地点约定不明的认定。用人单位与劳动者在劳动合同中宽泛地约定工作地点是"全国""北京"等，如无对用人单位经营模式、劳动者工作岗位特性等特别提示，属于对工作地点约定不明。劳动者在签订劳动合同后，已经在实际履行地点工作的，视为双方确定具体的工作地点。用人单位不得仅以工作地点约定为"全国""北京"为由，无正当理由变更劳动者的工作地点。③ （2）工作地点变更的限定。用人单位与劳动者在劳动合同中明确约定用人单位可以单方变更工作地点的，仍应对工作地点的变更进行合理性审查。具体审查时，除考虑对劳动者的生活影响外，还应考虑用人单位是否采取了合理的弥补措施(如提供交通补助、班车)等。④

（三）劳动合同的非必备条款

1. 非必备条款的法定性。经当事人协商一致，还可以在劳动合同中约定下列内容：（1）试用期；（2）培训；（3）保守商业秘密；（4）补充保险和福利待遇；（5）其他事项。⑤

2. 试用期。（1）试用期的界定。试用期，是指用人单位对新招收职工的思想品德、劳动态度、实际工作能力、身体情况等进行进一步考察的时间期限。用人单位对工作岗位没有发生变化的同一劳动者只能试用一次。⑥ （2）试用期的约定。试用期约定的一般规则。第一，劳动合同可以约定试用期。试用期最长不得超过6个月。⑦ 其中，"试用期"适用于初次就业或再次就业时改变劳动岗位或

---

① 《关于〈劳动法〉若干条文的说明》第19条第4款。
② 《劳动合同法》第81条。
③ 《北京市高级人民法院、北京市劳动人事争议仲裁委员会关于印发〈审理劳动争议案件法律适用问题的解答〉的通知》第6条第1款。
④ 《北京市高级人民法院、北京市劳动人事争议仲裁委员会关于印发〈审理劳动争议案件法律适用问题的解答〉的通知》第6条第2款。
⑤ 《北京市劳动合同规定》第13条。
⑥ 《劳动部关于实行劳动合同制度若干问题的通知》第4条。
⑦ 《劳动法》第21条。
《关于贯彻执行〈中华人民共和国劳动法〉若干问题的意见》第18条规定："劳动者被用人单位录用后，双方可以在劳动合同中的约定试用期，试用期应包括在劳动合同期限内。"

工种劳动者。① 第二,劳动合同期限 3 个月以上不满 1 年的,试用期不得超过 1 个月;劳动合同期限 1 年以上不满 3 年的,试用期不得超过 2 个月。3 年以上固定期限和无固定期限的劳动合同,试用期不得超过 6 个月。② 第三,同一用人单位与同一劳动者只能约定 1 次试用期。③ 第四,试用期包含在劳动合同期限内。劳动合同仅约定试用期的,试用期不成立,该期限为劳动合同期限。④ 第五,劳动合同的试用期超过本规定"试用期"规定期限的,劳动者可以要求变更相应的劳动合同期限,或者要求用人单位对超过的期限,按照非试用期工资标准支付工资。用人单位应当及时变更劳动合同期限,或者按照非试用期的工资标准支付工资。劳动合同只约定试用期,未约定劳动合同期限,劳动者要求约定期限的,用人单位应当与劳动者协商确定劳动合同期限。双方当事人就劳动合同期限协商不一致的,按照《北京市劳动合同规定》第 16 条⑤的规定确定劳动合同期限。⑥

(3) 试用期约定的除外。①以完成一定工作任务为期限的劳动合同或者劳动合同期限不满 3 个月的,不得约定试用期。⑦ ②续订劳动合同不得约定试用期。⑧

(4) 试用期的工资。劳动者在试用期的工资不得低于本单位相同岗位最低档工资或者劳动合同约定工资的 80%,并不得低于用人单位所在地的最低工资标准。⑨

---

① 《关于〈劳动法〉若干条文的说明》第 21 条第 2 款。
② 《劳动合同法》第 19 条第 1 款。
《关于贯彻执行〈中华人民共和国劳动法〉若干问题的意见》第 19 条规定:"试用期是用人单位和劳动者为相互了解、选择而约定的不超过六个月的考察期。一般对初次就业或再次就业的职工可以约定。在原固定工进行劳动合同制度的转制过程中,用人单位与原固定工签订劳动合同时,可以不再约定试用期。"
《劳动部关于实行劳动合同制度若干问题的通知》第 3 条规定:"按照《劳动法》的规定,劳动合同可以约定不超过六个月的试用期。劳动合同期限在六个月以下的,试用期不得超过十五日;劳动合同期限在六个月以上一年以下的,试用期不得超过三十日;劳动合同期限在一年以上两年以下的,试用期不得超过六十日。试用期包括在劳动合同期限中。"
③ 《劳动合同法》第 19 条第 2 款。
④ 《劳动合同法》第 19 条第 4 款。
⑤ 《北京市劳动合同规定》第 16 条规定:"劳动合同可以约定试用期。劳动合同期限在 6 个月以内的,试用期不得超过 15 日;劳动合同期限 6 个月以上 1 年以内的,试用期不得超过 30 日;劳动合同期限在 1 年以上 2 年以内的,试用期不得超过 60 日;劳动合同期限在 2 年以上的,试用期不得超过 6 个月。试用期包括在劳动合同期限内。"
⑥ 《北京市劳动合同规定》第 17 条。
⑦ 《劳动合同法》第 19 条第 3 款。
⑧ 《北京市劳动合同规定》第 42 条第 2 款。
⑨ 《劳动合同法》第 20 条。
《劳动合同法实施条例》第 15 条规定:"劳动者在试用期的工资不得低于本单位相同岗位最低档工资的 80% 或者不得低于劳动合同约定工资的 80%,并不得低于用人单位所在地的最低工资标准。"

(5) 试用期内劳动合同的解除。①劳动合同解除的情形。第一,在试用期间被证明不符合录用条件的,用人单位可以解除劳动合同:其一,在试用期间被证明不符合录用条件的;其二,严重违反用人单位的规章制度的;其三,严重失职,营私舞弊,给用人单位造成重大损害的;其四,劳动者同时与其他用人单位建立劳动关系,对完成本单位的工作任务造成严重影响,或者经用人单位提出,拒不改正的;其五,因《劳动合同法》第26条第1款第1项①规定的情形致使劳动合同无效的;其六,被依法追究刑事责任的。② 第二,有下列情形之一的,用人单位提前30日以书面形式通知劳动者本人或者额外支付劳动者1个月工资后,可以解除劳动合同:其一,劳动者患病或者非因工负伤,在规定的医疗期满后不能从事原工作,也不能从事由用人单位另行安排的工作的;其二,劳动者不能胜任工作,经过培训或者调整工作岗位,仍不能胜任工作的。③ 第三,用人单位对新招用的职工,在试用期内发现并经有关机构确认有精神病的,可以解除劳动合同。④ 第四,在试用期中,除劳动者有《劳动合同法》第39条和第40条第1项、第2项规定的情形外,用人单位不得解除劳动合同。用人单位在试用期解除劳动合同的,应当向劳动者说明理由。⑤ ②试用期劳动合同解除期限。对试用期内不符合录用条件的劳动者,企业可以解除劳动合同;若超过试用期,则企业不能以试用期内不符合录用条件为由解除劳动合同。⑥ ③试用期劳动合同解除的具体适用。第一,劳务派遣中的试用期劳动合同解除。其一,劳务派遣单位与被派遣劳动者第一次签订劳动合同时,在约定的试用期内,劳务派遣单位可以委托用工单位对被派遣劳动者进行考察。被派遣劳动者在试用期内不符合录用条件被用工单位退回的,劳务派遣单位可以依据新修订的《劳动合同法》第39条规定解除劳动合同。⑦ 其二,被派遣劳动者提前30日以书面形式通知劳务派遣单位,可以解除劳动合同。被派遣劳动者在试用期内提前3日通知劳务派遣单位,可以解除劳动合同。劳务

---

① 《劳动合同法》第26条第1款规定:"下列劳动合同无效或者部分无效:(一)以欺诈、胁迫的手段或者乘人之危,使对方在违背真实意思的情况下订立或者变更劳动合同的……"
② 《劳动合同法》第39条。
③ 《劳动合同法》第40条第1、2项。
④ 《劳动部关于实行劳动合同制度若干问题的通知》第11条。
⑤ 《劳动合同法》第21条。
⑥ 《劳动部办公厅对〈关于如何确定试用期内不符合录用条件可以解除劳动合同的请示〉的复函》。
⑦ 《山东省人力资源和社会保障厅关于规范劳务派遣用工若干问题的通知》第4条。

派遣单位应当将被派遣劳动者通知解除劳动合同的情况及时告知用工单位。① 第二，邮电企业劳动合同的解除。在试用期内的，职工可以随时通知邮电企业解除劳动合同。② ④试用期不符合录用条件解除劳动合同的认定。第一，用人单位依据《劳动合同法》第39条第1项的规定解除劳动合同的，用人单位在录用劳动者时应当向劳动者明确告知录用条件，用人单位在解除劳动合同时应当向劳动者说明理由及法律依据。③ 第二，用人单位证明已向劳动者明确告知录用条件，并且提供证据证明劳动者在试用期间不符合录用条件的，可依照《劳动合同法》第39条第1项的规定解除劳动合同。④ 第三，就劳动者是否符合录用条件的认定，在试用期的认定标准可适当低于试用期届满后的认定标准。劳动者不符合录用条件的情况主要有以下情形：其一，劳动者违反诚实信用原则对影响劳动合同履行的自身基本情况有隐瞒或虚构事实的，包括提供虚假学历证书、假身份证、假护照等个人重要证件；对履历、知识、技能、业绩、健康等个人情况说明与事实有重大出入的。其二，在试用期间存在工作失误的，对工作失误的认定以劳动法相关规定、用人单位规章制度以及双方合同约定内容为判断标准。其三，双方约定属于用人单位考核劳动者试用期不符合录用条件的其他情况。⑤ （6）试用期的中止。试用期包含在劳动合同期限内。劳动者在试用期内患病或者非因工负伤须停工治疗的，在规定的医疗期内，试用期中止。⑥ （7）试用期后的考核。①录用人员的考核。企业、事业单位和国家机关从社会招收录用新工人，包括录用技工学校、职业学校、职业高中的毕业生，以及就业训练中心和其他各种就业训练班结业的学生，须经工人考核组织的录用考核，方能择优录用。⑦ ②转正定级考

---

① 《劳务派遣暂行规定》第14条。
② 《邮电企业劳动合同管理暂行规定》第23条。
③ 《北京市高级人民法院、北京市劳动人事争议仲裁委员会关于印发〈审理劳动争议案件法律适用问题的解答〉的通知》第11条第1款。
④ 《北京市高级人民法院、北京市劳动人事争议仲裁委员会关于印发〈审理劳动争议案件法律适用问题的解答〉的通知》第11条第2款。
《劳动合同法》第39条规定："劳动者有下列情形之一的，用人单位可以解除劳动合同：（一）在试用期间被证明不符合录用条件的……"
⑤ 《北京市高级人民法院、北京市劳动人事争议仲裁委员会关于印发〈审理劳动争议案件法律适用问题的解答〉的通知》第11条第3款。
⑥ 《江苏省劳动合同条例》第15条。
⑦ 《工人考核条例》第6条。
《工人考核条例》第5条规定："工人考核分为录用考核、转正定级考核、上岗转岗考核、本等级考核、升级考核，以及技师、高级技师（以下统称技师）任职资格的考评。"

核。学徒(培训生)学习期满和工人见习、试用期满时,须经转正定级考核。经考核合格发给相应的《技术等级证书》或者《岗位合格证书》或者《特种作业人员操作证》之后,方能上生产工作岗位独立操作,并根据其思想政治表现、生产工作成绩和实际技能按照国家有关规定确定工资等级。考核不合格者准予延期补考。补考仍不合格者应当解除劳动合同或者调换其他工作。学徒、见习、试用期各方面表现优秀的,可以提前进行转正定级考核。① (8)用人单位违法约定试用期的法律责任。用人单位违反《劳动合同法》规定与劳动者约定试用期的,由劳动行政部门责令改正;违法约定的试用期已经履行的,由用人单位以劳动者试用期满月工资为标准,按已经履行的超过法定试用期的期间向劳动者支付赔偿金。② (9)试用期的具体适用。①劳务派遣单位可以依法与被派遣劳动者约定试用期。劳务派遣单位与同一被派遣劳动者只能约定一次试用期。③ ②对新招收的职工可以约定试用期,试用期最长不超过6个月。试用期包括在劳动合同期限内。对于新招收实行学徒制的职工,试用期和学徒期可以同时约定,试用期和学徒期包含在劳动合同期限内。新分配到邮电企业工作的大中专、技校毕业生签订劳动合同时,应执行为期1年的见习期制度,见习期内可以约定不超过半年的试用期。见习期和试用期也包含在劳动合同期限内。④

3. 服务期。(1)服务期的约定。①用人单位为劳动者提供专项培训费用,对其进行专业技术培训的,可以与该劳动者订立协议,约定服务期。劳动者违反服务期约定的,应当按照约定向用人单位支付违约金。违约金的数额不得超过用人单位提供的培训费用。用人单位要求劳动者支付的违约金不得超过服务期尚未履行部分所应分摊的培训费用。用人单位与劳动者约定服务期的,不影响按照正常的工资调整机制提高劳动者在服务期期间的劳动报酬。⑤ ②依据《劳动合同法》第22条的规定,劳动者违反劳动合同中有关服务期约定的,应当按照约定支付违约金,但属于《劳动合同法》第38条、第41条规定情形的除外。⑥ ③约定违约金过高的,人民法院应当依据《劳动合同法》第22条第2款的规定予

---

① 《工人考核条例》第7条。
② 《劳动合同法》第83条。
③ 《劳务派遣暂行规定》第6条。
④ 《邮电企业劳动合同管理暂行规定》第8条。
⑤ 《劳动合同法》第22条。
⑥ 《浙江省高级人民法院民一庭关于审理劳动争议案件若干问题的意见》第39条第1款。

以调整。① ④"专业技术培训"是指为提高劳动者特定技能而提供的培训,不包括上岗前的培训和日常业务培训。② ⑤聘用单位出资培训受聘人员时,双方应当约定培训后的服务期及违约责任。没有约定服务期及违约责任的,受聘人员提出解除聘用合同,聘用单位可以适当收取培训费,收取标准按培训后回聘用单位工作的年限,以每年扣减培训费20%的比例计算。③ ⑥除《劳动合同法》第22条和第23条(保守商业秘密)规定的情形外,用人单位不得与劳动者约定由劳动者承担违约金。④ ⑦用人单位和劳动者在劳动合同期限之外又约定了服务期的,推定服务期为双方劳动合同的期限。⑤ (2)服务期的履行。服务期是用人单位以给付一定培训费用为代价,要求接受对价的劳动者为用人单位相应提供服务的约定。用人单位依约支付相应对价后,即已完全履行自己的合同义务,是否要求劳动者履行提供服务则成为用人单位的权利。基于民事权利都可以放弃的原则,在劳动合同期满后,用人单位放弃对剩余服务期要求的,应当准许。此时,劳动合同可以终止,但用人单位不得向劳动者追索服务期的赔偿责任;用人单位继续提供工作岗位并要求劳动者履行服务期约定的,双方当事人应当继续履行。继续履行合同期间,用人单位不提供工作岗位的,视为其放弃对剩余服务期的要求,劳动合同终止。⑥ (3)服务期的续延。劳动合同期满,但是用人单位与劳动者依照《劳动合同法》第22条的规定约定的服务期尚未到期的,劳动合同应当续延至服务期满;双方另有约定的,从其约定。⑦ (4)服务期的违约金。①用人单位与劳动者约定了服务期,劳动者依照《劳动合同法》第38条⑧的规定解除劳动合同的,不

---

① 《浙江省高级人民法院民一庭关于审理劳动争议案件若干问题的意见》第39条第2款。
② 《浙江省高级人民法院民一庭关于审理劳动争议案件若干问题的意见》第39条第3款(后部分)。
③ 《湖北省事业单位实施聘用合同制暂行办法》第34条。
④ 《劳动合同法》第25条。
⑤ 《上海市高级人民法院民一庭关于审理劳动争议案件若干问题的解答》第22条。
⑥ 《上海市高级人民法院关于适用〈劳动合同法〉若干问题的意见》第6条。
⑦ 《劳动合同法实施条例》第17条。
⑧ 《劳动合同法》第38条规定:"用人单位有下列情形之一的,劳动者可以解除劳动合同:(一)未按照劳动合同约定提供劳动保护或者劳动条件的;(二)未及时足额支付劳动报酬的;(三)未依法为劳动者缴纳社会保险费的;(四)用人单位的规章制度违反法律、法规的规定,损害劳动者权益的;(五)因本法第二十六条第一款规定的情形致使劳动合同无效的;(六)法律、行政法规规定劳动者可以解除劳动合同的其他情形。用人单位以暴力、威胁或者非法限制人身自由的手段强迫劳动者劳动的,或者用人单位违章指挥、强令冒险作业危及劳动者人身安全的,劳动者可以立即解除劳动合同,不需事先告知用人单位。"

属于违反服务期的约定,用人单位不得要求劳动者支付违约金。① ②有下列情形之一,用人单位与劳动者解除约定服务期的劳动合同的,劳动者应当按照劳动合同的约定向用人单位支付违约金:第一,劳动者严重违反用人单位的规章制度的;第二,劳动者严重失职,营私舞弊,给用人单位造成重大损害的;第三,劳动者同时与其他用人单位建立劳动关系,对完成本单位的工作任务造成严重影响,或者经用人单位提出,拒不改正的;第四,劳动者以欺诈、胁迫的手段或者乘人之危,使用人单位在违背真实意思的情况下订立或者变更劳动合同的;第五,劳动者被依法追究刑事责任的。② (5)师范专业毕业生的服务期。师范专业毕业生应当按照国家有关规定从事教育教学工作,实行任教服务期制度,服务期5年。师范专业定向生、委培生按照合同约定执行。③

4. 培训费④。(1)培训费的内容。①《劳动合同法》第22条第2款规定的培训费用,包括用人单位为了对劳动者进行专业技术培训而支付的有凭证的培训费用、培训期间的差旅费用以及因培训产生的用于该劳动者的其他直接费用。⑤ ②《劳动合同法》第22条中规定的"培训费用",不包括劳动者接受专项培训期间的基本工资。⑥ (2)培训费的约定。用人单位用于劳动者职业技能培训费用的支付和劳动者违约时培训费的赔偿可以在劳动合同中约定,但约定劳动者违约时负担的培训费和赔偿金的标准不得违反劳动部《违反〈劳动法〉有关劳动合同规定的赔偿办法》(劳部发〔1995〕223号)等有关规定。⑦ (3)培训费的交付。①出境定居的归侨、侨眷在职职工在办理离职手续前,由工作单位全额出资、全脱产专业培训、时间满1年以上的,应当按照双方签订的协议交付培训费。⑧ ②具有大学和大学以上学历的归侨、侨眷出境定居,免交培养费和免除服务期。⑨ (4)培训费的变更、认定。用人单位对劳动者作出的开除、除名、辞退等处理,或者因其

---

① 《劳动合同法实施条例》第26条第1款。
② 《劳动合同法实施条例》第26条第2款。
③ 《贵州省教师条例》第20条。
④ 《私营企业劳动管理暂行规定》第31条第4款规定:"从事有易燃、易爆和有毒有害作业的私营企业的厂(矿)长,必须经过安全培训,并经劳动行政部门考核发证,未经考核发证者,不得出任厂(矿)长。"
⑤ 《劳动合同法实施条例》第16条。
⑥ 《浙江省高级人民法院民一庭关于审理劳动争议案件若干问题的意见》第39条第3款(前部分)。
⑦ 《关于贯彻执行〈中华人民共和国劳动法〉若干问题的意见》第23条。
⑧ 《广东省归侨侨眷权益保护实施办法》第19条第6款。
⑨ 《广东省归侨侨眷权益保护实施办法》第19条第7款。

他原因解除劳动合同确有错误的,人民法院可以依法判决予以撤销。对于追索劳动报酬、养老金、医疗费以及工伤保险待遇、经济补偿金、培训费及其他相关费用等案件,给付数额不当的,人民法院可以予以变更。①

5. 保密。(1)保密的约定。①约定的保密条款。第一,用人单位与劳动者可以在劳动合同中约定保守用人单位的商业秘密和与知识产权相关的保密事项。② 第二,邮电企业与掌握通信秘密的职工在签订劳动合同时,应增加保守邮电通信秘密的条款。③ ②约定的提前通知期。用人单位在与按照岗位要求需要保守用人单位商业秘密的劳动者订立劳动合同时,可以协商约定解除劳动合同的提前通知期。提前通知期最长不得超过6个月,在此期间,用人单位可以采取相应的脱密措施。④ (2)保守商业秘密。①商业秘密的界定。《反不正当竞争法》所称的商业秘密,是指不为公众所知悉、具有商业价值并经权利人采取相应保密措施的技术信息、经营信息等商业信息。⑤ ②商业秘密的侵权。经营者不得实施下列侵犯商业秘密的行为:第一,以盗窃、贿赂、欺诈、胁迫、电子侵入或者其他不正当手段获取权利人的商业秘密;第二,披露、使用或者允许他人使用以前项手段获取的权利人的商业秘密;第三,违反保密义务或者违反权利人有关保守商业秘密的要求,披露、使用或者允许他人使用其所掌握的商业秘密;第四,教唆、引诱、帮助他人违反保密义务或者违反权利人有关保守商业秘密的要求,获取、披露、使用或者允许他人使用权利人的商业秘密。经营者以外的其他自然人、法人和非法人组织实施前款所列违法行为的,视为侵犯商业秘密。⑥ (3)知识产权的保密。①知识产权的界定。知识产权,是"基于创造成果和工商标记依法产生的权利的统称"。最主要的三种知识产权是著作权、专利权和商标权,其中专利权与商标

---

① 《最高人民法院关于审理劳动争议案件适用法律问题的解释(一)》第53条。
② 《劳动合同法》第23条第1款。
《劳动法》第22条规定:"劳动合同当事人可以在劳动合同中约定保守用人单位商业秘密的有关事项。"
③ 《邮电企业劳动合同管理暂行规定》第45条。
④ 《北京市劳动合同规定》第18条。
⑤ 《反不正当竞争法》第9条第4款。
《关于〈劳动法〉若干条文的说明》第22条第2款规定:"根据《反不正当竞争法》第十条规定,商业秘密指不为公众所知悉,能为用人单位带来经济利益,具有实用性并经用人单位采取保密措施的技术信息和经营信息。"
⑥ 《反不正当竞争法》第9条第1款、第2款。

权也被统称为工业产权。知识产权的英文为"intellectual property",也被翻译为智力成果权、智慧财产权或智力财产权。②技术成果、技术秘密。技术成果,是指利用科学技术知识、信息和经验作出的涉及产品、工艺、材料及其改进等的技术方案,包括专利、专利申请、技术秘密、计算机软件、集成电路布图设计、植物新品种等。技术秘密,是指不为公众所知悉、具有商业价值并经权利人采取相应保密措施的技术信息。① ③技术秘密的保密义务。第一,企业员工或者业务相关人应当保守其所知悉的企业技术秘密。企业有权要求员工或者业务相关人保守企业技术秘密。企业可以通过签订保密协议、公布保密制度、发放保密费等方式向员工提出保密要求。员工和业务相关人向企业作出保密承诺且企业接受的,视为保密协议成立。《深圳经济特区企业技术秘密保护条例》所称业务相关人包括与企业有业务往来关系需要知悉技术秘密的单位和个人。② 第二,在保密协议有效期限内,员工应当履行下列义务:其一,防止泄露企业技术秘密;其二,不得向他人泄露企业技术秘密;其三,未经合法拥有技术秘密的企业同意,不得使用该技术秘密进行生产与经营活动。③ 第三,保密期限为技术秘密的存续期。在保密期限内,员工和业务相关人负有保密义务,但是该技术秘密已经公开或者另有约定的除外。④ 第四,企业可以与因业务往来需要知悉技术秘密的业务相关人或者企业技术秘密合法受让人、使用人签订保密协议。承担保密义务的业务相关人或者合法受让人、使用人在保密协议的有效期限内应当按照本条例的相关规定,采取有效的保密措施,防止泄露该技术秘密;非经技术秘密合法拥有人的书面同意,不得披露、泄露或者公开企业技术秘密。承担保密义务的业务相关人不得利用该技术秘密进行生产经营活动。⑤ 第五,侵犯企业技术秘密造成损害的,应当承担赔偿损失和其他民事责任,并承担被侵害企业因调查该项侵害其合法权益行为所支付的合理费用。⑥ ④侵犯企业技术秘密,给被侵害的企业造成损失的,侵权人应当赔偿被侵害企业的经济损失。技术秘密权利人损失数额的计算,应当综合其研究开发成本、实施该技术秘密的收益、可得利益、可保持竞争优势的

---

① 《最高人民法院关于审理技术合同纠纷案件适用法律若干问题的解释》第1条。
② 《深圳经济特区企业技术秘密保护条例》第17条。
③ 《深圳经济特区企业技术秘密保护条例》第18条。
④ 《深圳经济特区企业技术秘密保护条例》第19条。
⑤ 《深圳经济特区企业技术秘密保护条例》第20条。
⑥ 《深圳经济特区企业技术秘密保护条例》第29条。

时间、技术秘密转让或者许可费用、市场份额减少等因素确定。技术秘密权利人损失数额无法计算的,以侵权人的违法经营额作为技术秘密权利人的损失数额。①

6. 竞业限制。(1)竞业限制的认定。①竞业限制,是指劳动者在劳动合同存续期间或解除后的一定期间内,不得进入与原任职单位有竞争关系的企业生产同类产品或提供同类服务,或自己生产、经营与原任职单位有竞争关系的同类产品或业务的限制性行为。②最高人民法院认为,职工在职期间筹划设立与所在单位具有竞争关系的新公司,为自己离职后的生涯作适当准备,并不当然具有不正当性;只有当职工的有关行为违反了法定或者约定的竞业限制义务的情况下,才能够认定该行为本身具有不正当性。② ③最高人民法院认为,职工在工作中掌握和积累的知识、经验和技能,除属于单位的商业秘密的情形外,构成其人格的组成部分,职工离职后有自主利用的自由;在既没有违反竞业限制义务,又没有侵犯商业秘密的情况下,劳动者运用自己在原用人单位学习的知识、经验与技能为其他与原单位存在竞争关系的单位服务的,不宜简单地依《反不正当竞争法》第2条的原则规定认定构成不正当竞争。③ (2)竞业限制的约定。①竞业限制约定的内容。竞业限制的人员限于用人单位的高级管理人员、高级技术人员和其他负有保密义务的人员。竞业限制的范围、地域、期限由用人单位与劳动者约定,竞业限制的约定不得违反法律、法规的规定。在解除或者终止劳动合同后,《劳动合同法》第24条第1款规定的人员到与本单位生产或者经营同类产品、从事同类业务的有竞争关系的其他用人单位,或者自己开业生产或者经营同类产品、从事同类业务的竞业限制期限,不得超过2年。④ ②竞业限制约定的效力。第一,劳动合同因劳动者退休而终止的,用人单位与负有保密义务的劳动者约定的竞业限制条款对双方仍具有法律约束力。第二,具有以下情形之一的,竞业限制条款对劳动者不再具有约束力:其一,劳动者依《劳动合同法》第38条第2款⑤

---

① 《深圳经济特区企业技术秘密保护条例》第30条。
② 《最高人民法院办公厅关于印发〈最高人民法院知识产权案件年度报告(2010)〉的通知》第26条。
③ 《最高人民法院办公厅关于印发〈最高人民法院知识产权案件年度报告(2010)〉的通知》第27条。
④ 《劳动合同法》第24条。
⑤ 《劳动合同法》第38条第2款规定:"用人单位以暴力、威胁或者非法限制人身自由的手段强迫劳动者劳动的,或者用人单位违章指挥、强令冒险作业危及劳动者人身安全的,劳动者可以立即解除劳动合同,不需事先告知用人单位。"

规定,被迫解除劳动合同的;其二,用人单位依《劳动合同法》第41条①规定,解除劳动合同的;其三,用人单位破产、关闭、停业、转行或解散的;其四,用人单位未按约定支付经济补偿的。② ③违反竞业限制约定的责任。第一,经济补偿。其一,当事人在劳动合同或者保密协议中约定了竞业限制和经济补偿,当事人解除劳动合同时,除另有约定外,用人单位要求劳动者履行竞业限制义务,或者劳动者履行了竞业限制义务后要求用人单位支付经济补偿的,人民法院应予支持。③其二,用人单位与劳动者在劳动合同或保密协议中约定了竞业限制条款,但未就补偿费的给付或具体给付标准进行约定,不应据此认定竞业限制条款无效,双方在劳动关系存续期间或在解除、终止劳动合同时,可以通过协商予以补救,经协商不能达成一致的,可按照双方劳动关系终止前最后一个年度劳动者工资的20%~60%确定补偿费数额。用人单位明确表示不支付补偿费的,竞业限制条款对劳动者不具有约束力。劳动者与用人单位未约定竞业限制期限的,应由双方协商确定,经协商不能达成一致的,限制期最长不得超过两年。④ 第二,经济赔偿。其一,劳动者违反本法规定解除劳动合同,或者违反劳动合同中约定的保密义务或者竞业限制,给用人单位造成损失的,应当承担赔偿责任。⑤ 其二,对负有保密义务的劳动者,用人单位可以在劳动合同或者保密协议中与劳动者约定竞业限制条款,并约定在解除或者终止劳动合同后,在竞业限制期限内按月给予劳动者经济补偿。劳动者违反竞业限制约定的,应当按照约定向用人单位支付违

---

① 《劳动合同法》第41条规定:"有下列情形之一,需要裁减人员二十人以上或者裁减不足二十人但占企业职工总数百分之十以上的,用人单位提前三十日向工会或者全体职工说明情况,听取工会或者职工的意见后,裁减人员方案经向劳动行政部门报告,可以裁减人员:(一)依照企业破产法规定进行重整的;(二)生产经营发生严重困难的;(三)企业转产、重大技术革新或者经营方式调整,经变更劳动合同后,仍需裁减人员的;(四)其他因劳动合同订立时所依据的客观经济情况发生重大变化,致使劳动合同无法履行的。裁减人员时,应当优先留用下列人员:(一)与本单位订立较长期限的固定期限劳动合同的;(二)与本单位订立无固定期限劳动合同的;(三)家庭无其他就业人员,有需要扶养的老人或者未成年人的。用人单位依照本条第一款规定裁减人员,在六个月内重新招用人员的,应当通知被裁减的人员,并在同等条件下优先招用被裁减的人员。"

② 《浙江省高级人民法院民一庭关于审理劳动争议案件若干问题的意见》第41条。

③ 《最高人民法院关于审理劳动争议案件适用法律若干问题的解释(四)》第7条(已废止,仅供参考)。

④ 《北京市高级人民法院北京市劳动争议仲裁委员会关于印发〈北京市高级人民法院、北京市劳动争议仲裁委员会关于劳动争议案件法律适用问题研讨会会议纪要〉的通知》第38条。

⑤ 《劳动合同法》第90条。

约金。① 第三,违约金。其一,用人单位和劳动者在竞业限制协议中约定的违约金过分高于或者低于实际损失,当事人请求调整违约金数额的,人民法院可以参照《最高人民法院关于适用〈中华人民共和国合同法〉若干问题的解释(二)》第29条②的规定予以处理。③ 其二,竞业限制违约责任与侵权损害赔偿责任发生竞合时,如果双方约定有违约金的,应首先适用违约金条款,如该违约金低于或高于实际损失30%的,可适当予以调整。双方未约定违约金的,按实际损失确定赔偿责任。④ ④违反竞业限制约定的诉讼。第一,竞业限制违约的受理。其一,劳动者违反竞业限制义务的同时,也侵犯了用人单位的商业秘密,用人单位追究劳动者违约责任的,应作为劳动争议案件处理;用人单位以劳动者侵犯商业秘密为由请求承担侵权责任的,不属于人民法院劳动争议案件受理范围。⑤ 其二,劳动者与用人单位之间没有签订竞业限制协议,解除或终止劳动合同关系后用人单位主张劳动者承担竞业限制义务的,人民法院不予支持。但劳动者侵犯用人单位商业秘密,用人单位依据《侵权责任法》等相关法律的规定追究劳动者的侵权责任的,人民法院应作为民事侵权案件受理。⑥ 第二,竞业限制约定的解除。其一,劳动合同终止或解除后的竞业限制是指承担保密义务的劳动者在离开用人单位一定期限内不得自营或者为他人经营与原用人单位有竞争的业务。这项制度的目的是保护企业的利益,但它同时限制了劳动者的择业自由。……没有约定经济补偿金的竞业限制条款对劳动者不具有约束力。同时,如果单纯限制劳动者的竞争活动,而不对劳动者提供公平、有效的对价补偿,必然会剥夺劳动者的择业自由权与生存发展权,因此,劳动者履行竞业限制条款规定的义务,就有权获得相应的合理的补偿金。⑦ 其二,在竞业限制期限内,用人单位请求解除竞

---

① 《劳动合同法》第23条第2款。
② 《最高人民法院关于适用〈中华人民共和国合同法〉若干问题的解释(二)》第29条规定:"当事人主张约定的违约金过高请求予以适当减少的,人民法院应当以实际损失为基础,兼顾合同的履行情况、当事人的过错程度以及预期利益等综合因素,根据公平原则和诚实信用原则予以衡量,并作出裁决。当事人约定的违约金超过造成损失的百分之三十的,一般可以认定为合同法第一百一十四条第二款规定的'过分高于造成的损失'。"(本条已失效,仅供参考)
③ 《第八次全国法院民事商事审判工作会议(民事部分)纪要》第28条。
④ 《四川省高级人民法院民事审判第一庭关于印发〈关于审理劳动争议案件若干疑难问题的解答〉的通知》第33条。
⑤ 《安徽省高级人民法院关于审理劳动争议案件若干问题的指导意见》第15条。
⑥ 《安徽省高级人民法院关于审理劳动争议案件若干问题的指导意见》第14条。
⑦ 《佛山市中级人民法院关于审理劳动争议案件的若干意见》第11条。

业限制协议时,人民法院应予支持。在解除竞业限制协议时,劳动者请求用人单位额外支付劳动者3个月的竞业限制经济补偿的,人民法院应予支持。① ⑤竞业限制约定的继续履行。劳动者违反竞业限制约定,向用人单位支付违约金后,用人单位要求劳动者按照约定继续履行竞业限制义务的,人民法院应予支持。②

7. 医疗期。(1)医疗期的确定。①职工在履行劳动合同期间,因患病或者非因工负伤,需要停工医疗的,邮电企业应根据有关规定给予医疗期。③ ②职工在执行"企业职工患病或非因工负伤医疗期规定"确定医疗期时,邮电职工在邮电系统内的工作年限可视为本单位工作年限。④ ③企业职工因患病或非因工负伤,需要停止工作医疗时,根据本人实际参加工作年限和在本单位工作年限,给予3个月到24个月的医疗期:第一,实际工作年限10年以下的,在本单位工作年限5年以下的为3个月;5年以上的为6个月。第二,实际工作年限10年以上的,在本单位工作年限5年以下的为6个月;5年以上10年以下的为9个月;10年以上15年以下的为12个月;15年以上20年以下的为18个月;20年以上的为24个月。⑤ ④医疗期3个月的按6个月内累计病休时间计算;6个月的按12个月内累计病休时间计算;9个月的按15个月内累计病休时间计算;12个月的按18个月内累计病休时间计算;18个月的按24个月内累计病休时间计算;24个月的按30个月内累计病休时间计算。⑥ (2)医疗期劳动合同的解除。①医疗期内解除劳动合同的禁止。被鉴定为1至4级的,应当退出劳动岗位,终止劳动关系,办理退休、退职手续,享受退休、退职待遇;被鉴定为5至10级的,医疗期内不得解除劳动合同。⑦ ②医疗期满的解除劳动合同。第一,企业职工非因工致残和经医生或医疗机构认定患有难以治疗的疾病,医疗期满,应当由劳动鉴定委员会参照工伤与职业病致残程度鉴定标准进行劳动能力的鉴定。被鉴定为一至四级的,应当

---

① 《最高人民法院关于审理劳动争议案件适用法律若干问题的解释(四)》第9条(已废止,仅供参考)。
② 《最高人民法院关于审理劳动争议案件适用法律若干问题的解释(四)》第10条(已废止,仅供参考)。
③ 《邮电企业劳动合同管理暂行规定》第30条。
④ 《邮电企业劳动合同管理暂行规定》第40条。
⑤ 《企业职工患病或非因工负伤医疗期规定》第3条。
⑥ 《企业职工患病或非因工负伤医疗期规定》第4条。
⑦ 《企业职工患病或非因工负伤医疗期规定》第6条。

退出劳动岗位,解除劳动关系,并办理退休、退职手续,享受退休、退职待遇。① 第二,医疗期满尚未痊愈者,被解除劳动合同的经济补偿问题按照有关规定执行。② 第三,职工患病或非因工负伤,医疗期满终止或解除劳动合同的,邮电企业应当按照国家有关规定支付医疗补助费。③ 其中,计算经济补偿金和医疗补助费的工资标准是指企业正常生产情况下,职工本人解除劳动合同前 12 个月的平均工资。④

  8. 妇女的特殊保护。(1)特殊保护的内容。①保胎休息。第一,女职工按计划生育怀孕,经过医师开据证明,需要保胎休息的,其保胎休息的时间,按照本单位实行的疾病待遇的规定办理。⑤ 第二,不按计划生育怀孕的女职工,其保胎、病假休息和生育时的待遇,仍按省、市现行的有关规定办理。⑥ ②怀孕期。女职工在孕期不能适应原劳动的,用人单位应当根据医疗机构的证明,予以减轻劳动量或者安排其他能够适应的劳动。对怀孕 7 个月以上的女职工,用人单位不得延长劳动时间或者安排夜班劳动,并应当在劳动时间内安排一定的休息时间。怀孕女职工在劳动时间内进行产前检查,所需时间计入劳动时间。⑦ ③产假。第一,女职工生育享受不少于 90 天的产假。⑧ 第二,女职工生育享受 98 天产假,其中产前可以休假 15 天;难产的,增加产假 15 天;生育多胞胎的,每多生育 1 个婴儿,增加产假 15 天。女职工怀孕未满 4 个月流产的,享受 15 天产假;怀孕满 4 个月流产的,享受 42 天产假。⑨ ④哺乳期。对哺乳未满 1 周岁婴儿的女职工,用人单位不得延长劳动时间或者安排夜班劳动。用人单位应当在每天的劳动时间内为哺乳期女职工安排 1 小时哺乳时间;女职工生育多胞胎的,每多哺乳 1 个婴儿每天增加 1 小时哺乳时间。⑩ ⑤其他的保护。第一,女职工比较多的用人单位应当

---

① 《企业职工患病或非因工负伤医疗期规定》第 7 条。
② 《企业职工患病或非因工负伤医疗期规定》第 8 条。
③ 《邮电企业劳动合同管理暂行规定》第 43 条。
④ 《邮电企业劳动合同管理暂行规定》第 44 条。
⑤ 《国家劳动总局保险福利司关于女职工保胎休息和病假超过六个月后生育时的待遇问题给上海市劳动局的复函》第 1 条。
⑥ 《国家劳动总局保险福利司关于女职工保胎休息和病假超过六个月后生育时的待遇问题给上海市劳动局的复函》第 4 条。
⑦ 《女职工劳动保护特别规定》第 6 条。
⑧ 《劳动法》第 62 条。
⑨ 《女职工劳动保护特别规定》第 7 条。
⑩ 《女职工劳动保护特别规定》第 9 条。

根据女职工的需要,建立女职工卫生室、孕妇休息室、哺乳室等设施,妥善解决女职工在生理卫生、哺乳方面的困难。① 第二,在劳动场所,用人单位应当预防和制止对女职工的性骚扰。② (2)违反特殊保护的法律责任。用人单位违反《女职工劳动保护特别规定》第6条第2款、第7条、第9条第1款规定的,由县级以上人民政府人力资源社会保障行政部门责令限期改正,按照受侵害女职工每人1000元以上5000元以下的标准计算,处以罚款。用人单位违反《女职工劳动保护特别规定》附录第1条③、第2条④规定的,由县级以上人民政府安全生产监督管理部门责令限期改正,按照受侵害女职工每人1000元以上5000元以下的标准计算,处以罚款。用人单位违反《女职工劳动保护特别规定》附录第3条⑤、第4条⑥规定的,由县级以上人民政府安全生产监督管理部门责令限期治理,处5万元以上30万元以下的罚款;情节严重的,责令停止有关作业,或者提请有关人民政府按照国务院规定的权限责令关闭。⑦

9. 其他非必要条款。(1)提前解除劳动合同的违约责任条款。订立劳动合同可以约定劳动者提前解除劳动合同的违约责任,劳动者向用人单位支付的违

---

① 《女职工劳动保护特别规定》第10条。
② 《女职工劳动保护特别规定》第11条。
③ 《女职工劳动保护特别规定》附录第1条规定:"女职工禁忌从事的劳动范围:(一)矿山井下作业;(二)体力劳动强度分级标准中规定的第四级体力劳动强度的作业;(三)每小时负重6次以上、每次负重超过20公斤的作业,或者间断负重、每次负重超过25公斤的作业。"
④ 《女职工劳动保护特别规定》附录第2条规定:"女职工在经期禁忌从事的劳动范围:(一)冷水作业分级标准中规定的第二级、第三级、第四级冷水作业;(二)低温作业分级标准中规定的第二级、第三级、第四级低温作业;(三)体力劳动强度分级标准中规定的第三级、第四级体力劳动强度的作业;(四)高处作业分级标准中规定的第三级、第四级高处作业。"
⑤ 《女职工劳动保护特别规定》附录第3条规定:"女职工在孕期禁忌从事的劳动范围:(一)作业场所空气中铅及其化合物、汞及其化合物、苯、镉、铍、砷、氰化物、氮氧化物、一氧化碳、二硫化碳、氯、己内酰胺、氯丁二烯、氯乙烯、环氧乙烷、苯胺、甲醛等有毒物质浓度超过国家职业卫生标准的作业;(二)从事抗癌药物、己烯雌酚生产,接触麻醉剂气体等的作业;(三)非密封源放射性物质的操作,核事故与放射事故的应急处置;(四)高处作业分级标准中规定的高处作业;(五)冷水作业分级标准中规定的冷水作业;(六)低温作业分级标准中规定的低温作业;(七)高温作业分级标准中规定的第三级、第四级的作业;(八)噪声作业分级标准中规定的第三级、第四级的作业;(九)体力劳动强度分级标准中规定的第三级、第四级体力劳动强度的作业;(十)在密闭空间、高压室作业或潜水作业,伴有强烈振动的作业,或者需要频繁弯腰、攀高、下蹲的作业。"
⑥ 《女职工劳动保护特别规定》附录第4条规定:"女职工在哺乳期禁忌从事的劳动范围:(一)孕期禁忌从事的劳动范围的第一项、第三项、第九项;(二)作业场所空气中锰、氟、溴、甲醇、有机磷化合物、有机氯化合物等有毒物质浓度超过国家职业卫生标准的作业。"
⑦ 《女职工劳动保护特别规定》第13条。

约金最多不得超过本人解除劳动合同前 12 个月的工资总额。但劳动者与用人单位协商一致解除劳动合同的除外。① (2)劳动合同的生效条款。订立劳动合同可以约定生效时间。没有约定的,以当事人签字或者盖章的时间为生效时间。当事人签字或者盖章时间不一致的,以最后一方签字或者盖章的时间为准。②

(四)劳动合同内容瑕疵的处理

1. 修改劳动合同。劳动合同的部分内容不符合法定劳动标准的,用人单位应当按照法定劳动标准承担义务,并依法对劳动合同中不符合法定劳动标准部分予以修改。③

2. 撤销劳动合同。(1)劳动合同撤销的情形。①基于重大误解实施的民事法律行为,行为人有权请求人民法院或者仲裁机构予以撤销。④ ②一方以欺诈手段,使对方在违背真实意思的情况下实施的民事法律行为,受欺诈方有权请求人民法院或者仲裁机构予以撤销。⑤ ③第三人实施欺诈行为,使一方在违背真实意思的情况下实施的民事法律行为,对方知道或者应当知道该欺诈行为的,受欺诈方有权请求人民法院或者仲裁机构予以撤销。⑥ ④一方或者第三人以胁迫手段,使对方在违背真实意思的情况下实施的民事法律行为,受胁迫方有权请求人民法院或者仲裁机构予以撤销。⑦ ⑤一方利用对方处于危困状态、缺乏判断能力等情形,致使民事法律行为成立时显失公平的,受损害方有权请求人民法院或者仲裁机构予以撤销。⑧ (2)劳动合同撤销权的消灭。有下列情形之一的,撤销权消灭:①当事人自知道或者应当知道撤销事由之日起 1 年内、重大误解的当事人自知道或者应当知道撤销事由之日起 90 日内没有行使撤销权;②当事人受胁迫,自胁迫行为终止之日起 1 年内没有行使撤销权;③当事人知道撤销事由后明确表示或者以自己的行为表明放弃撤销权。当事人自民事法律行为发生之日起五年内

---

① 《北京市劳动合同规定》第 19 条。
② 《北京市劳动合同规定》第 20 条。
③ 《上海市劳动合同条例》第 28 条。
④ 《民法典》第 147 条。
⑤ 《民法典》第 148 条。
⑥ 《民法典》第 149 条。
⑦ 《民法典》第 150 条。
⑧ 《民法典》第 151 条。

没有行使撤销权的,撤销权消灭。①

四、劳动合同的期限

(一)劳动合同期限的分类

劳动合同的期限分为有固定期限、无固定期限和以完成一定的工作为期限。② 其中,固定期限劳动合同,是指用人单位与劳动者约定合同终止时间的劳动合同。用人单位与劳动者协商一致,可以订立固定期限劳动合同。③ 无固定期限的劳动合同是指不约定终止日期的劳动合同。按照平等自愿、协商一致的原则,用人单位和劳动者只要达到一致,无论初次就业的,还是由固定工转制的,都可以签订无固定期限的劳动合同。无固定期限的劳动合同不得将法定解除条件约定为终止条件,以规避解除劳动合同时用人单位应承担支付劳动者经济补偿的义务。④ 以完成一定工作任务为期限的劳动合同,是指用人单位与劳动者约定以某项工作的完成为合同期限的劳动合同。用人单位与劳动者协商一致,可以订立以完成一定工作任务为期限的劳动合同。⑤

(二)无固定期限劳动合同的订立

1. 无固定期限劳动合同订立的情形。(1)协商一致订立的无固定期限劳动合同。用人单位与劳动者协商一致,可以订立无固定期限劳动合同。⑥ (2)劳动者要求订立的无固定期限劳动合同。①法定情形规定的应订立的无固定期限劳动合同。第一,有下列情形之一,劳动者提出或者同意续订、订立劳动合同的,除劳动者提出订立固定期限劳动合同外,应当订立无固定期限劳动合同:其一,劳

---

① 《民法典》第152条。
② 《劳动法》第20条第1款、《劳动合同法》第12条。
③ 《劳动合同法》第13条。
《邮电企业劳动合同管理暂行规定》第7条第2款(前部分)规定:"有固定期限的劳动合同是指签订的合同有明确具体的起止日期。无固定期限的劳动合同是指签订的劳动合同,有起始日期而无终止日期,只有当法定或双方约定的解除或终止条件出现时,合同才能解除或终止。"
④ 《关于贯彻执行〈中华人民共和国劳动法〉若干问题的意见》第20条。
《劳动合同法》第14条第1款规定:"无固定期限劳动合同,是指用人单位与劳动者约定无确定终止时间的劳动合同。"
⑤ 《劳动合同法》第15条。
《邮电企业劳动合同管理暂行规定》第7条第2款(后部分)规定:"以完成一定的工作为期限的劳动合同,是指以某项工作任务完成为合同期终止条件的合同。"
⑥ 《劳动合同法》第14条第2款(前部分)。

动者在该用人单位连续工作满10年的;①其二,用人单位初次实行劳动合同制度或者国有企业改制重新订立劳动合同时,劳动者在该用人单位连续工作满10年且距法定退休年龄不足10年的;②其三,连续订立2次固定期限劳动合同,且劳动者没有《劳动合同法》第39条③和第40条第1项、第2项④规定的情形,续订劳动合同的。⑤ 其中,"在同一用人单位连续工作满十年以上",是指劳动者与同一用人单位签订的劳动合同的期限不间断达到10年,劳动合同期满双方同意续订劳动合同时,只要劳动者提出签订无固定期限劳动合同的,用人单位应当与其签

---

① 《劳动法》第20条第2款、《湖北省高级人民法院关于审理劳动争议案件若干问题的意见(试行)》第14条第1款(后部分)、《青岛市劳动合同管理规定》第10条第3款。[注:(1)2002年《上海市高级人民法院民一庭关于审理劳动争议案件若干问题的解答》第14条规定,双方同意续签,应该理解为双方同意继续保持劳动关系,而不应理解为必须是双方一致同意签订无固定期限合同。(2)《关于〈劳动法〉若干条文的说明》第20条第2款规定:"本条中的'当事人双方同意延劳动合同的',是指已有劳动合同到期,双方同意续延的。并非指原固定工同意而一律订立无固定期限的劳动合同。"]

② 《天津市高级人民法院关于印发〈天津法院劳动争议案件审判指南〉的通知》第17条规定:"根据《中华人民共和国劳动合同法》第四十二条、四十五条的规定,劳动合同期满,有下列情形劳动合同应当延续至相应情形消失时终止而使劳动者连续工作满十年的,除劳动者提出订立固定期限劳动合同外,用人单位拒绝与劳动者订立无固定期限劳动合同的,不予支持。(1)从事接触职业病危害作业的劳动者未进行离岗前职业健康检查,或者疑似职业病病人在诊断或者医学观察期间的;(2)患病或者非因工负伤,在规定的医疗期内的;(3)女职工在孕期、产期、哺乳期的。

③ 《劳动合同法》第39条规定:"劳动者有下列情形之一的,用人单位可以解除劳动合同:(一)在试用期间被证明不符合录用条件的;(二)严重违反用人单位的规章制度的;(三)严重失职,营私舞弊,给用人单位造成重大损害的;(四)劳动者同时与其他用人单位建立劳动关系,对完成本单位的工作任务造成严重影响,或者经用人单位提出,拒不改正的;(五)因本法第二十六条第一款第一项规定的情形致使劳动合同无效的;(六)被依法追究刑事责任的。"

④ 《劳动合同法》第40条规定:"有下列情形之一的,用人单位提前三十日以书面形式通知劳动者本人或者额外支付劳动者一个月工资后,可以解除劳动合同:(一)劳动者患病或者非因工负伤,在规定的医疗期满后不能从事原工作,也不能从事由用人单位另行安排的工作的;(二)劳动者不能胜任工作,经过培训或者调整工作岗位,仍不能胜任工作的;(三)劳动合同订立时所依据的客观情况发生重大变化,致使劳动合同无法履行,经用人单位与劳动者协商,未能就变更劳动合同内容达成协议的。"

⑤ 《劳动合同法》第14条第2款。
《劳动合同法实施条例》第11条同时规定:除劳动者与用人单位协商一致的情形外,劳动者依照《劳动合同法》第14条第2款的规定,提出订立无固定期限劳动合同的,用人单位应当与其订立无固定期限劳动合同。
《天津市高级人民法院关于印发〈天津法院劳动争议案件审判指南〉的通知》第16条规定:"劳动者与用人单位连续订立二次以上固定期限劳动合同,且劳动者没有《中华人民共和国劳动合同法》第三十九条和第四十条第一项、第二项规定的情形,劳动者提出或者同意续订劳动合同,除劳动者提出订立固定期限劳动合同外,用人单位拒绝与劳动者订立无固定期限劳动合同的,不予支持。"
《邮电企业劳动合同管理暂行规定》第7条第3款规定:"劳动合同期限可根据企业生产经营实际需要,由职工和邮电企业双方协商确定。在邮电系统连续工作满十年以上,当事人双方同意续延劳动合同时,如果职工提出订立无固定期限的劳动合同,企业应当与其订立无固定期限的劳动合同。"

订无固定期限的劳动合同。在固定工转制中各地如有特殊规定的,从其规定。①《劳动合同法》第14条第2款规定的连续工作满10年的起始时间,应当自用人单位用工之日起计算,包括劳动合同法施行前的工作年限。②《劳动合同法》第14条第2款第3项的规定应当是指劳动者已经与用人单位连续订立二次固定期限劳动合同后,与劳动者第三次续订合同时,劳动者提出签订无固定期限劳动合同的情形。③《劳动合同法》第14条第2款第3项规定连续订立固定期限劳动合同的次数,自本法施行后续订固定期限劳动合同时开始计算。④ 第二,有下列情形之一,劳动者要求订立无固定期限劳动合同的,用人单位应当订立无固定期限劳动合同:其一,全国劳动模范、先进工作者或者"五一"劳动奖章获得者;其二,复员、转业退伍军人初次分配工作的;其三,建设征地农转工人员初次分配工作的;其四,尚未实行劳动合同制度的用人单位初次实行劳动合同制度时,劳动者连续工龄满10年,且距法定退休年龄10年以内的;其五,国家和本市规定的其他情形。⑤ 其中,对于"符合《中华人民共和国劳动合同法》第十四条第二款规定情形的""省(部)级以上劳动模范、先进工作者或者全国'五一'劳动奖章获得者",用人单位应当告知职工有订立无固定期限劳动合同的权利,职工要求订立无固定期限劳动合同的用人单位应当与其签订无固定期限劳动合同。⑥ ②补签劳动合同后应订立的无固定期限劳动合同。用人单位招用劳动者符合《劳动和社会保障部关于确立劳动关系有关事项的通知》第1条⑦规定的情形的,用人单位应当与劳动者补签劳动合同,劳动合同期限由双方协商确定。协商不一致的,任何一

---

① 《关于贯彻执行〈中华人民共和国劳动法〉若干问题的意见》第22条。
《上海市高级人民法院民一庭关于审理劳动争议案件若干问题的解答》第14条规定,劳动者在同一用人单位连续工作满10年后,双方原签有固定期限合同,劳动者提出变更为无固定期限劳动合同的,用人单位应当与劳动者签订无固定期限劳动合同,而(用人单位)仅签订有固定期限劳动合同的,劳动者在合同期限内提出变更为无固定期限劳动合同的,人民法院应当予以支持。
② 《劳动合同法实施条例》第9条。
③ 《上海市高级人民法院关于适用〈劳动合同法〉若干问题的意见》第4条第4款。
④ 《劳动合同法》第97条第1款(后部分)。
⑤ 《北京市劳动合同规定》第15条。
⑥ 《重庆市职工权益保障条例》第11条。
⑦ 《劳动和社会保障部关于确立劳动关系有关事项的通知》第1条规定:"用人单位招用劳动者未订立书面劳动合同,但同时具备下列情形的,劳动关系成立。(一)用人单位和劳动者符合法律、法规规定的主体资格;(二)用人单位依法制定的各项劳动规章制度适用于劳动者,劳动者受用人单位的劳动管理,从事用人单位安排的有报酬的劳动;(三)劳动者提供的劳动是用人单位业务的组成部分。"

方均可提出终止劳动关系,但对符合签订无固定期限劳动合同条件的劳动者,如果劳动者提出订立无固定期限劳动合同,用人单位应当订立。① ③延续劳动合同后应订立的无固定期限劳动合同。第一,劳动合同期满,合同自然终止。合同期限的续延只是为了照顾劳动者的特殊情况,对合同终止时间进行了相应的延长,而非不得终止。《劳动合同法》第 45 条也明确规定:"劳动合同期满,有本法第 42 条规定情形之一的,劳动合同应当延续至相应的情形消失时终止。"在法律没有对终止的情况做出特别规定的情况下,不能违反法律关于合同终止的有关规定随意扩大解释,将订立无固定期限合同的后果纳入其中。因此,法定的续延事由消失时,合同自然终止。② 第二,根据《劳动合同法》第 42 条、45 条的规定,劳动合同期满,有下列情形劳动合同应当延续至相应情形消失时终止而使劳动者连续工作满 10 年的,除劳动者提出订立固定期限劳动合同外,用人单位拒绝与劳动者订立无固定期限劳动合同的,不予支持。其一,从事接触职业病危害作业的劳动者未进行离岗前职业健康检查,或者疑似职业病病人在诊断或者医学观察期间的;其二,患病或者非因工负伤,在规定的医疗期内的;其三,女职工在孕期、产期、哺乳期的。③ ④其他应订立的无固定期限的劳动合同。第一,根据《劳动合同法》第 97 条第 1 款的规定,"本法实施前已依法订立且在本法施行之日存续的劳动合同继续履行"。因此,在《劳动合同法》施行之前签订劳动合同,《劳动合同法》施行之后发生原合同约定的终止事由,但劳动者在用人单位连续工作已满 10 年,按照《劳动合同法》的规定应当订立无固定期限合同,劳动者也提出要求订立无固定期限劳动合同的,应当订立无固定期限劳动合同。④ 第二,原系固定职工,男年满 45 周岁、女年满 40 周岁,或者工龄满 20 年的,劳动者提出订立无固定期限劳动合同的,由劳动者与所在用人单位协商签订。⑤ 第三,全面实行劳动合同制度以后,用人单位在临时性岗位上用工,应当与劳动者签订劳动合同并依法为其建立各种社会保险。对于在本企业连续工作已满 10 年的临时工,续订劳动合同时,也应当按照《劳动法》的规定,如果本人要求,应当订立无固定期限的劳动

---

① 《劳动和社会保障部关于确立劳动关系有关事项的通知》第 3 条第 1 款。
② 《上海市高级人民法院关于适用〈劳动合同法〉若干问题的意见》第 4 条第 3 款。
③ 《天津市高级人民法院关于印发〈天津法院劳动争议案件审理指南〉的通知》第 17 条。
④ 《上海市高级人民法院关于适用〈劳动合同法〉若干问题的意见》第 10 条第 2 款。
⑤ 《青岛市劳动合同管理规定》第 10 条第 2 款。

合同,并在劳动合同中明确其工资、保险福利待遇。用人单位及其本人应当按照国家规定缴纳社会保险费用,并享受有关保险福利待遇。①(3)视为已订立的无固定期限劳动合同。①用人单位自用工之日起满1年不与劳动者订立书面劳动合同的,视为用人单位与劳动者已订立无固定期限劳动合同。②②劳动合同期限届满,因用人单位的原因未办理终止劳动合同手续,劳动者与用人单位仍存在劳动关系的,视为续延劳动合同,用人单位应当与劳动者续订劳动合同。当事人就劳动合同期限协商不一致的,其续订的劳动合同期限从签字之日起不得少于1年;劳动者在用人单位连续工作满10年以上,劳动者要求续订无固定期限劳动合同的,用人单位应当与其续订无固定期限劳动合同。③③劳动者提出订立无固定期限劳动合同的请求符合法律规定,用人单位未依法与其订立的,根据《最高人民法院关于审理劳动争议案件适用法律若干问题的解释》第16条第2款的规定,可以"视为双方之间存在无固定期限劳动合同关系"。④

2. 无固定期限劳动合同订立除外的情形。(1)被安置在公益性岗位人员要求订立无固定期限劳动合同的。地方各级人民政府及县级以上地方人民政府有关部门为安置就业困难人员提供的给予岗位补贴和社会保险补贴的公益性岗位,其劳动合同不适用劳动合同法有关无固定期限劳动合同的规定以及支付经济补偿的规定。⑤(2)"签订固定期限劳动合同的"。①劳动者符合签订无固定期限劳动合同的条件,但与用人单位签订固定期限劳动合同的,根据《劳动合同法》第14条及《劳动合同法实施条例》第11条的规定,该固定期限劳动合同对双方当事人具有约束力。合同期满时,该合同自然终止。⑥②劳动者与用人单位签订了固定期限劳动合同后,劳动者要求变更为无固定期限劳动合同的,不予支

---

① 《劳动部办公厅对〈关于实行劳动合同制度若干问题的请示〉的复函》第1条。
② 《劳动合同法》第14条第3款。
《劳动合同法实施条例》第7条规定:"用人单位自用工之日起满一年未与劳动者订立书面劳动合同的,自用工之日起满一个月的次日至满一年的前一日应当依照劳动合同法第八十二条的规定向劳动者每月支付两倍的工资,并视为自用工之日起满一年的当日已经与劳动者订立无固定期限劳动合同,应当立即与劳动者补订书面劳动合同。"
③ 《北京市劳动合同规定》第45条第1款。
④ 《上海市高级人民法院关于适用〈劳动合同法〉若干问题的意见》第4条第1款。
⑤ 《劳动合同法实施条例》第12条。
⑥ 《上海市高级人民法院关于适用〈劳动合同法〉若干问题的意见》第4条第2款。

持,但有证据证明用人单位存在欺诈、胁迫、乘人之危等情形的除外。①

3. 无固定期限劳动合同订立的期限。(1)无固定期限劳动合同订立的法定期限。符合《劳动合同法》第14条规定的条件,劳动者提出订立无固定期限劳动合同的,原劳动合同期满后1个月内,用人单位即应当与劳动者订立无固定期限劳动合同。② (2)无固定期限劳动合同订立年限(期限)的连续计算。用人单位应当依法与劳动者订立无固定期限劳动合同。用人单位有下列行为之一,规避与劳动者订立无固定期限劳动合同的,劳动者的工作年限和订立固定期限劳动合同的次数应当连续计算:①强迫劳动者辞职后再与其订立劳动合同的;②通过设立关联企业,与劳动者订立劳动合同时交替变换用人单位名称的;③通过注销原单位、设立新单位的方式,将劳动者重新安排到新单位,工作地点、工作内容没有实质性变化的;④违法进行劳务派遣的;⑤违法进行业务外包;⑥违法进行非全日制用工的;⑦其他明显违反诚实信用和公平原则的规避行为。③

(三)无固定期限劳动合同的内容

1. 无固定期限劳动合同权利义务的确定。(1)除劳动者与用人单位协商一致的情形外,劳动者依照《劳动合同法》第14条第2款的规定,提出订立无固定期限劳动合同的,用人单位应当与其订立无固定期限劳动合同。对劳动合同的内容,双方应当按照合法、公平、平等自愿、协商一致、诚实信用的原则协商确定;对协商不一致的内容,依照《劳动合同法》第18条的规定执行。④ (2)劳动者提出订立无固定期限劳动合同的请求符合法律规定,用人单位未依法与其订立的,根据《最高人民法院关于审理劳动争议案件适用法律若干问题的解释》(法释(2001)14号)第16条第2款的规定,可以"视为双方之间存在无固定期限劳动合同关系,并以原劳动合同确定双方的权利义务关系"。其中,"原劳动合同确定的双方权利义务关系",包括书面合同方式确定的权利义务关系和以事实劳动关系

---

① 《北京市高级人民法院、北京市劳动人事争议仲裁委员会关于审理劳动争议案件法律适用问题的解答》第17条。
② 《四川省高级人民法院民事审判第一庭关于印发〈关于审理劳动争议案件若干疑难问题的解答〉的通知》第21条。
③ 《合肥市劳动用工条例》第21条。
④ 《劳动合同法实施条例》第11条。

方式确定的权利义务关系。①

2. 无固定期限劳动合同内容约定的禁止。无固定期限的劳动合同不得将法定解除条件约定为终止条件,以规避解除劳动合同时用人单位应承担支付劳动者经济补偿的义务。②

(四)无固定期限劳动合同的争议

1. 无固定期限劳动合同关系的认定(确认)。(1)根据《劳动合同法》的规定,符合无固定期限劳动合同签订条件,劳动者提出签订无固定期限劳动合同的要求,用人单位不同意与劳动者签订劳动合同的,人民法院应参照《劳动合同法》第82条、《劳动合同法实施条例》第11条以及《最高人民法院关于审理劳动争议案件适用法律若干问题的解释》第16条的规定,认定劳动者与用人单位之间存在无固定期限劳动合同。③ (2)符合《劳动合同法》第14条规定的条件,劳动者提出订立无固定期限劳动合同的,原劳动合同期满后1个月内,用人单位即应当与劳动者订立无固定期限劳动合同。用人单位不与劳动者订立无固定期限劳动合同的,劳动者依法请求用人单位与其订立无固定期限劳动合同的,应告知其将诉求变更为确认双方存在无固定期限劳动合同关系。劳动者拒不变更的,仲裁委或人民法院不得直接判令双方当事人签订无固定期限劳动合同,可以依法确认双方当事人存在事实上的无固定期限劳动关系,并参照原劳动合同确定双方的权利义务内容。④

2. 无固定期限劳动合同关系的赔偿。(1)用人单位违反《劳动合同法》规定不与劳动者订立无固定期限劳动合同的,自应当订立无固定期限劳动合同之日起向劳动者每月支付2倍的工资。⑤ (2)根据《劳动合同法》的规定,符合无固定期限劳动合同签订条件的,劳动者提出签订无固定期限劳动合同的要求,用人单位不同意与劳动者签订劳动合同的,人民法院应驳回劳动者关于签订无固定期限劳动合同的请求。但人民法院应告知劳动者,其可以请求用人单位承担违法

---

① 《上海市高级人民法院关于适用〈劳动合同法〉若干问题的意见》第4条第1款。
② 《关于贯彻执行〈中华人民共和国劳动法〉若干问题的意见》第20条第2款。
③ 《2015年全国民事审判工作会议纪要》第63条。
④ 《四川省高级人民法院民事审判第一庭关于印发〈关于审理劳动争议案件若干疑难问题的解答〉的通知》第21条。
⑤ 《劳动合同法》第82条第2款。

解除劳动关系的赔偿金。①

五、劳动合同的效力

（一）劳动合同的生效及效力

1. 劳动合同的生效。(1)劳动合同由用人单位与劳动者协商一致，并经用人单位与劳动者在劳动合同文本上签字或者盖章生效。劳动合同文本由用人单位和劳动者各执一份。②（2）劳动合同可以规定合同的生效时间。没有规定劳动合同生效时间的，当事人签字之日即视为该劳动合同生效时间。③

2. 劳动合同生效后的约束力。劳动合同依法订立即具有法律约束力，当事人必须履行劳动合同规定的义务。④ 其中，"依法"是指订立劳动合同时所依据的现行法律和法规。⑤

3. 电子劳动合同的效力。依法订立的电子劳动合同具有法律效力，用人单位与劳动者应当按照电子劳动合同的约定，全面履行各自的义务。⑥

（二）劳动合同的无效或部分无效

1. 劳动合同无效的界定。无效劳动合同，是指所订立的劳动合同不符合法定条件，不能发生当事人预期的法律后果的劳动合同。⑦

2. 劳动合同无效的情形。(1)下列劳动合同无效或者部分无效：①以欺诈、胁迫的手段或者乘人之危，使对方在违背真实意思的情况下订立或者变更劳动合同的；②用人单位免除自己的法定责任、排除劳动者权利的；③违反法律、行政法规强制性规定的。对劳动合同的无效或者部分无效有争议的，由劳动争议仲

---

① 《2015 全国民事审判工作会议纪要》第 63 条。
② 《劳动合同法》第 16 条。
③ 《劳动部关于实行劳动合同制度若干问题的通知》第 5 条第 1 款。
《北京市劳动合同规定》第 20 条规定："订立劳动合同可以约定生效时间。没有约定的，以当事人签字或者盖章的时间为生效时间。当事人签字或者盖章时间不一致的，以最后一方签字或者盖章的时间为准。"
④ 《劳动法》第 17 条第 2 款。
⑤ 《关于〈劳动法〉若干条文的说明》第 17 条第 4 款。
《邮电企业劳动合同管理暂行规定》第 29 条规定："劳动合同依法订立，即具法律约束力，邮电企业与职工必须履行劳动合同规定的义务。"
⑥ 《电子劳动合同订立指引》第 2 条。
⑦ 《关于贯彻执行〈中华人民共和国劳动法〉若干问题的意见》第 27 条。

裁机构或者人民法院确认。① 其中,"法律、行政法规"既包括现行的法律、行政法规,也包括以后颁布实施的法律、行政法规,既包括劳动法律、法规,也包括民事、经济方面的法律、法规。"欺诈"是指一方当事人故意告知对方当事人虚假的情况,或者故意隐瞒真实的情况,诱使对方当事人作出错误意思表示的行为。"威胁"是指以给公民及其亲友的生命健康、荣誉、名誉、财产等造成损害为要挟,迫使对方作出违背真实的意思表示的行为。(2)用人单位与劳动者签订劳动合同时,劳动合同可以由用人单位拟定,也可以由双方当事人共同拟定,但劳动合同必须经双方当事人协商一致后才能签订,职工被迫签订的劳动合同或未经协商一致签订的劳动合同为无效劳动合同。② 其中,"职工被迫签订的劳动合同",是指有证据表明职工在受到胁迫或被对方乘己之危的情况下违背自己的真实意思而签订的劳动合同。"未经协商一致签订的劳动合同",是指有证据表明用人单位和劳动者不是在双方充分表达自己意思的基础上、经平等协商、取得一致的情况下签订的劳动合同。③

3. 劳动合同无效的认定(确认)。(1)劳动合同的无效,由劳动争议仲裁委员会或者人民法院确认。④ (2)劳动合同的无效,经仲裁未引起诉讼的,由劳动争议仲裁委员会认定;经仲裁引起诉讼的,由人民法院认定。⑤ (3)当事人以劳动合同中的违约金条款违反《劳动合同法》的禁止性规定为由,主张该部分约定无效,

---

① 《劳动合同法》第 26 条。
《劳动法》第 18 条规定:"下列劳动合同无效:(一)违反法律、行政法规的劳动合同;(二)采取欺诈、威胁等手段订立的劳动合同。无效的劳动合同,从订立的时候起,就没有法律约束力。确认劳动合同部分无效的,如果不影响其余部分的效力,其余部分仍然有效。劳动合同的无效,由劳动争议仲裁委员会或者人民法院确认。"
《劳动法》第 59 条("禁止安排女职工从事矿山井下、国家规定的第四级体力劳动强度的劳动和其他禁忌从事的劳动"),第 64 条("不得安排未成年工从事矿山井下、有毒有害、国家规定的第四级体力劳动强度的劳动和其他禁忌从事的劳动")。
《邮电企业劳动合同管理暂行规定》第 10 条规定:"下列劳动合同无效:(一)违反法律、行政法规的劳动合同;(二)采取欺骗、威胁等手段订立的劳动合同。劳动合同的无效由劳动仲裁委员会或人民法院确认。"

② 《关于贯彻执行〈中华人民共和国劳动法〉若干问题的意见》第 16 条。
③ 《劳动部办公厅关于如何理解无效劳动合同有关问题的请示〉的复函》。
④ 《关于贯彻执行〈中华人民共和国劳动法〉若干问题的意见》第 27 条。
《关于〈劳动法〉若干条文的说明》第 18 条第 3 款。
⑤ 《关于〈劳动法〉若干条文的说明》第 18 条第 5 款。

如果违约行为发生在《劳动合同法》施行之前的,一般不予支持。①

4. 劳动合同效力的审查。(1)对劳动争议案件中劳动合同效力的确认,应着重审查合同的内容是否违反法律、行政法规的规定,合同是否系采取欺诈或胁迫手段签订。劳动合同有关条款违反《合同法》(已失效)第39条、第40条之规定,该条款无效。②(2)因订立和履行劳动合同产生争议,应当从订立劳动合同的主体、内容、程序和形式等四个方面对劳动合同的效力进行审查,对于以上条件均符合法律规定的应依法确认劳动合同有效并加以保护,对于以上条件不符合法律规定的,应确认劳动合同无效,按照过错责任原则,公正合理地予以处理。③

5. 劳动合同部分无效的效力。(1)无效的或者被撤销的民事法律行为自始没有法律约束力。④ 合同部分无效,不影响其他部分效力的,其他部分仍然有效。⑤(2)合同不生效、无效、被撤销或者终止的,不影响合同中有关解决争议方法的条款的效力。⑥

6. 无效劳动合同的法律责任。(1)劳动合同依照《劳动合同法》第26条⑦规定被确认无效,给对方造成损害的,有过错的一方应当承担赔偿责任。⑧(2)因无效合同造成的其它经济损失,一方有过错的,由过错方承担赔偿责任;双方过错的,各自承担相应的赔偿责任。对格式劳动合同的条款有争议的,应当作出有利

---

① 《湖南省高级人民法院关于审理劳动争议案件若干问题的指导意见》第20条。
② 《湖北省高级人民法院关于审理劳动争议案件若干问题的意见(试行)》第12条。
③ 《山东省高级人民法院关于审理劳动争议案件若干问题的意见》第39条。
《福建省高级人民法院关于审理劳动争议案件若干问题的意见》第29条第1款规定:"人民法院在审理劳动争议案件中应注意审查格式劳动合同的内容是否违反法律、行政法规的规定。对于违反法律、行政法规订立的劳动合同或采用欺诈、胁迫等手段订立的劳动合同,应当认定无效。"
④ 《民法典》第155条。
⑤ 《民法典》第156条。
《劳动合同法》第27条规定:"劳动合同部分无效,不影响其他部分效力的,其他部分仍然有效。"
《关于〈劳动法〉若干条文的说明》第18条第2款规定:"无效的劳动合同,从订立的时候起,就没有法律约束力。确认劳动合同部分无效的,如果不影响其余部分的效力,其余部分仍然有效。"
⑥ 《民法典》第507条。
⑦ 《劳动合同法》第26条规定:"下列劳动合同无效或者部分无效:(一)以欺诈、胁迫的手段或者乘人之危,使对方在违背真实意思的情况下订立或者变更劳动合同的;(二)用人单位免除自己的法定责任、排除劳动者权利的;(三)违反法律、行政法规强制性规定的。对劳动合同的无效或者部分无效有争议的,由劳动争议仲裁机构或者人民法院确认。"
⑧ 《劳动合同法》第86条。
《民法典》第157条规定:"民事法律行为无效、被撤销或者确定不发生效力后,行为人因该行为取得的财产,应当予以返还;不能返还或者没有必要返还的,应当折价补偿。有过错的一方应当赔偿对方由此所受到的损失;各方都有过错的,应当各自承担相应的责任。法律另有规定的,依照其规定。"

于劳动者的解释。① (3) 由于用人单位的原因订立的无效合同,对劳动者造成损害的,应当承担赔偿责任。②

7. 确认为无效劳动合同的劳动报酬。(1) 劳动合同被确认无效,劳动者已付出劳动的,用人单位应当向劳动者支付劳动报酬。劳动报酬的数额,参照本单位相同或者相近岗位劳动者的劳动报酬确定。③ (2) 劳动合同被认定无效后,用人单位对劳动者付出的劳动应当按照本单位同期同类工种标准支付报酬。④

六、劳动合同的管理

(一) 劳动合同管理的规则

1. 劳动合同管理的界定。劳动合同管理是指邮电企业及主管部门对劳动合同的订立、变更、终止、续订、解除及其他日常工作实施管理、指导和监督,保证劳动合同的履行。⑤

2. 劳动合同的管理部门。各级邮电企业劳动(人事)部门负责劳动合同的日常管理工作,其主要职责是:(1)认真贯彻执行国家和邮电部有关劳动合同管理的法律、法规、规章和规定;(2)及时办理劳动合同的签订、变更、终止、续订、解除手续,处理劳动合同履行中出现的问题;(3)制定劳动合同管理的各项制度,建立各类台账和劳动合同档案,并妥善保管;(4)负责劳动合同及岗位责任(聘任)书履行情况的检查、考核。⑥

3. 劳动合同的管理人。劳动合同应由专人负责管理,并保持相对稳定。⑦

4. 劳动合同的保管。劳动合同书一式两份,一份由职工个人保管,另一份由邮电企业劳动(人事)部门保管。⑧

5. 劳动合同管理的指导、监督和检查。邮电企业主管部门应对所属单位劳动合同管理和履行情况实施指导和监督检查,及时了解存在的问题。⑨

---

① 《福建省高级人民法院关于审理劳动争议案件若干问题的意见》第29条第2款、第3款。
② 《劳动法》第97条。
③ 《劳动合同法》第28条(其已形成事实的劳动关系)。
④ 《福建省高级人民法院关于审理劳动争议案件若干问题的意见》第29条第2款(前部分)。
⑤ 《邮电企业劳动合同管理暂行规定》第3条第2款。
⑥ 《邮电企业劳动合同管理暂行规定》第48条。
⑦ 《邮电企业劳动合同管理暂行规定》第49条。
⑧ 《邮电企业劳动合同管理暂行规定》第50条。
⑨ 《邮电企业劳动合同管理暂行规定》第51条。

6. 农民工劳动合同的管理。各级劳动保障部门要会同建设等行业行政主管部门和工会组织，积极指导用人单位依法建立健全内部劳动合同管理制度。用人单位要对劳动合同签订、续订、变更、终止和解除等各个环节制定具体管理规定，经职代会或职工大会讨论通过后执行。要指定专职或兼职人员负责劳动合同管理工作，建立劳动合同管理台帐，实行动态管理。对履行劳动合同情况，特别是工资支付、保险福利、加班加点等有关情况要有书面记录。对终止解除劳动合同的农民工，用人单位应当结清工资，并出具终止解除劳动合同证明。[1]

(二) 电子劳动合同的管理

1. 电子劳动合同的信息保护和安全。（1）电子劳动合同信息的规范。电子劳动合同信息的管理、调取和应用要符合《网络安全法》《互联网信息服务管理办法》等法律法规，不得侵害信息主体合法权益。[2]（2）电子劳动合同订立平台及其所依赖的服务环境的规范。①电子劳动合同订立平台及其所依赖的服务环境，要按照《信息安全等级保护管理办法》第三级的相关要求实施网络安全等级保护，确保平台稳定运行，提供连续服务，防止所收集或使用的身份信息、合同内容信息、日志信息泄露、篡改、丢失。[3] ②电子劳动合同订立平台要建立健全电子劳动合同信息保护制度，不得非法收集、使用、加工、传输、提供、公开电子劳动合同信息。未经信息主体同意或者法律法规授权，电子劳动合同订立平台不得向他人非法提供电子劳动合同查阅、调取等服务。[4]

2. 电子劳动合同的调取、储存、应用。（1）电子劳动合同调取的规范。①用人单位要提示劳动者及时下载和保存电子劳动合同文本，告知劳动者查看、下载电子劳动合同的方法，并提供必要的指导和帮助。[5] ②用人单位要确保劳动者可以使用常用设备随时查看、下载、打印电子劳动合同的完整内容，不得向劳动者收取费用。[6] ③劳动者需要电子劳动合同纸质文本的，用人单位要至少免费提供

---

[1] 《劳动和社会保障部、建设部、全国总工会关于加强建设等行业农民工劳动合同管理的通知》第4条。
[2] 《电子劳动合同订立指引》第17条。
[3] 《电子劳动合同订立指引》第18条。
[4] 《电子劳动合同订立指引》第19条。
[5] 《电子劳动合同订立指引》第11条。
[6] 《电子劳动合同订立指引》第12条。

一份,并通过盖章等方式证明与数据电文原件一致。① (2) 电子劳动合同储存的规范。电子劳动合同的储存期限要符合《劳动合同法》关于劳动合同保存期限的规定。② (3) 电子劳动合同订立平台应用的规范。①鼓励用人单位和劳动者优先选用人力资源社会保障部门等政府部门建设的电子劳动合同订立平台(以下简称政府平台)。用人单位和劳动者未通过政府平台订立电子劳动合同的,要按照当地人力资源社会保障部门公布的数据格式和标准,提交满足电子政务要求的电子劳动合同数据,便捷办理就业创业、劳动用工备案、社会保险、人事人才、职业培训等业务。非政府平台的电子劳动合同订立平台要支持用人单位和劳动者及时提交相关数据。③ ②电子劳动合同订立平台要留存订立和管理电子劳动合同全过程证据,包括身份认证、签署意愿、电子签名等,保证电子证据链的完整性,确保相关信息可查询、可调用,为用人单位、劳动者以及法律法规授权机构查询和提取电子数据提供便利。④

七、集体合同

(一) 集体合同一般规则

1. 集体合同的界定。《集体合同规定》所称集体合同,是指用人单位与本单位职工根据法律、法规、规章的规定,就劳动报酬、工作时间、休息休假、劳动安全卫生、职业培训、保险福利等事项,通过集体协商签订的书面协议;所称专项集体合同,是指用人单位与本单位职工根据法律、法规、规章的规定,就集体协商的某项内容签订的专项书面协议。⑤

2. 集体合同的种类。(1) 一般集体合同。企业职工一方与用人单位通过平等协商,可以就劳动报酬、工作时间、休息休假、劳动安全卫生、保险福利等事项订立集体合同。集体合同草案应当提交职工代表大会或者全体职工讨论通过。集体合同由工会代表企业职工一方与用人单位订立;尚未建立工会的用人单位,

---

① 《电子劳动合同订立指引》第13条。
② 《电子劳动合同订立指引》第14条。
③ 《电子劳动合同订立指引》第15条。
④ 《电子劳动合同订立指引》第16条。
⑤ 《集体合同规定》第3条。
《工会参加平等协商和签订集体合同试行办法》第4条规定:"集体合同是企业工会代表职工与企业就劳动报酬、工作时间、休息休假、劳动安全卫生、保险福利等事项通过平等协商订立的书面协议。"

由上级工会指导劳动者推举的代表与用人单位订立。① 其中,"企业职工一方"是指企业工会或者职工推举的代表(没有建立工会的企业)。"保险福利"主要是指国家基本社会保险之外的企业补充保险和职工福利。国家基本社会保险依照法律法规规定执行。② (2)专项集体合同。企业职工一方与用人单位可以订立劳动安全卫生、女职工权益保护、工资调整机制等专项集体合同。③ (3)区域性集体合同。在县级以下区域内,建筑业、采矿业、餐饮服务业等行业可以由工会与企业方面代表订立行业性集体合同,或者订立区域性集体合同。④

3. 集体合同的标准。(1)集体合同所规定的企业劳动标准包括:①劳动报酬:包括工资分配方式,工资支付办法,工资增减幅度,最低工资,计件工资标准,延长工作时间付酬标准,特殊情况下工资标准等;②工作时间:包括日工作时间,周工作时间,延长工作时间和夜班工作时间,劳动定额的确定,轮班岗位的轮班形式及时间等;③休息休假:包括日休息时间,周休息日安排,法定休假日,年休假标准,不能实行标准工时的职工休息休假等;④保险:包括职工工伤、医疗、养老、失业、生育等依法参加社会保险,企业补充保险的设立项目、资金来源及享受的条件和标准,职工死亡后遗属的待遇和企业补贴或救济等;⑤福利待遇:包括企业集体福利设施的修建,职工文化和体育活动的经费来源,职工生活条件和住房条件的改善,职工补贴和津贴标准,困难职工救济,职工疗养、休养等;⑥职业培训:包括职工上岗前和工作中的培训,转岗培训,培训的周期和时间及培训期间的工资及福利待遇等;⑦劳动安全卫生:包括劳动安全卫生的目标,劳动保护

---

① 《劳动合同法》第51条。
《劳动法》第33条规定:"企业职工一方与企业可以就劳动报酬、工作时间、休息休假、劳动安全卫生、保险福利等事项,签订集体合同。集体合同草案应当提交职工代表大会或者全体职工讨论通过。集体合同由工会代表职工与企业签订;没有建立工会的企业,由职工推举的代表与企业签订。"

② 《关于〈劳动法〉若干条文的说明》第33条第4款。
《集体合同规定》第32条第1款规定:"集体协商任何一方均可就签订集体合同或专项集体合同以及相关事宜,以书面形式向对方提出进行集体协商的要求。"
《工会法》第21条第2款规定:"工会代表职工与企业、实行企业化管理的事业单位、社会组织进行平等协商,依法签订集体合同。集体合同草案应当提交职工代表大会或者全体职工讨论通过。"

③ 《劳动合同法》第52条。
《工资集体协商试行办法》第3条规定:"本办法所称工资集体协商,是指职工代表与企业代表依法就企业内部工资分配制度、工资分配形式、工资收入水平等事项进行平等协商,在协商一致的基础上签订工资协议的行为。本办法所称工资协议,是指专门就工资事项签订的专项集体合同。已订立集体合同的,工资协议作为集体合同的附件,并与集体合同具有同等效力。"

④ 《劳动合同法》第53条。

的具体措施,劳动条件和作业环境改善的具体标准和实施项目,新建、改建、扩建工程的设计、施工中的劳动安全卫生设施与主体工程配套的内容,有职业危害作业劳动者的健康检查,劳动保护用品发放,特殊作业的抢险救护办法,以及劳动安全卫生监督检查等;⑧企业富余职工的安置办法;⑨女职工和未成年工特殊保护;⑩其他经双方商定的事项。①(2)集体合同中劳动报酬和劳动条件等标准不得低于当地人民政府规定的最低标准;用人单位与劳动者订立的劳动合同中劳动报酬和劳动条件等标准不得低于集体合同规定的标准。②

4. 集体合同的审查。(1)集体合同或专项集体合同签订或变更后,应当自双方首席代表签字之日起10日内,由用人单位一方将文本一式三份报送劳动保障行政部门审查。劳动保障行政部门对报送的集体合同或专项集体合同应当办理登记手续。③(2)集体合同或专项集体合同审查实行属地管辖,具体管辖范围由省级劳动保障行政部门规定。中央管辖的企业以及跨省、自治区、直辖市的用人单位的集体合同应当报送劳动保障部或劳动保障部指定的省级劳动保障行政部门。④(3)劳动保障行政部门应当对报送的集体合同或专项集体合同的下列事项进行合法性审查:①集体协商双方的主体资格是否符合法律、法规和规章规定;②集体协商程序是否违反法律、法规、规章规定;③集体合同或专项集体合同内容是否与国家规定相抵触。⑤(4)劳动保障行政部门对集体合同或专项集体合同有异议的,应当自收到文本之日起15日内将《审查意见书》送达双方协商代表。《审查意见书》应当载明以下内容:①集体合同或专项集体合同当事人双方的名称、地址;②劳动保障行政部门收到集体合同或专项集体合同的时间;③审查意见;④作出审查意见的时间。《审查意见书》应当加盖劳动保障行政部门印章。⑥(5)用人单位与本单位职工就劳动保障行政部门提出异议的事项经集体协商重新签订集体合同或专项集体合同的,用人单位一方应当根据本规定第四十二条

---

① 《工会参加平等协商和签订集体合同试行办法》第16条。
② 《劳动合同法》第55条。
《工会参加平等协商和签订集体合同试行办法》第17条规定:"集体合同规定的企业劳动标准,不得低于劳动法律、法规和当地政府规定的最低标准。"
③ 《集体合同规定》第42条。
④ 《集体合同规定》第43条。
⑤ 《集体合同规定》第44条。
⑥ 《集体合同规定》第45条。

的规定将文本报送劳动保障行政部门审查。① (6)劳动保障行政部门自收到文本之日起15日内未提出异议的,集体合同或专项集体合同即行生效。② (7)生效的集体合同或专项集体合同,应当自其生效之日起由协商代表及时以适当的形式向本方全体人员公布。③

5. 集体合同的效力。(1)依法订立的集体合同对用人单位和劳动者具有约束力。行业性、区域性集体合同对当地本行业、本区域的用人单位和劳动者具有约束力。④ (2)符合本规定的集体合同或专项集体合同,对用人单位和本单位的全体职工具有法律约束力。⑤

6. 集体合同的变更或解除。(1)集体劳动合同的变更。①集体合同变更的情形。第一,在集体合同有效期内,由于环境和条件发生变化,致使集体合同难以履行时,双方均有权要求就变更或解除集体合同进行协商。⑥ 第二,发生下列情况之一,集体合同的相应条款可以变更或解除:其一,订立集体合同所依据的法律、法规和政策被修改或废止;其二,订立集体合同所依据的国家宏观调控的政策措施被修改或取消;其三,因不可抗力的原因使集体合同全部不能履行或部分不能履行;其四,企业破产、停产、兼并、转产,使集体合同全部不能履行或部分不能履行;其五,双方约定的变更或解除集体合同的条件出现;其六,其他需要变更或解除集体合同的情况出现。⑦ ②集体合同变更的说明书。变更或解除集体合同,应当经双方协商一致,并制作《变更(解除)集体合同说明书》。⑧ (2)集体

---

① 《集体合同规定》第46条。
② 《集体合同规定》第47条。
《劳动合同法》第54条第1款规定:"集体合同订立后,应当报送劳动行政部门;劳动行政部门自收到集体合同文本之日起十五日内未提出异议的,集体合同即行生效。"
《劳动法》第34条规定:"集体合同签订后应当报送劳动行政部门;劳动行政部门自收到集体合同文本之日起十五日内未提出异议的,集体合同即行生效。"
③ 《集体合同规定》第48条。
④ 《劳动合同法》第54条第2款。
《劳动法》第35条规定:"依法签订的集体合同对企业和企业全体职工具有约束力。职工个人与企业订立的劳动合同中劳动条件和劳动报酬等标准不得低于集体合同的规定。"
《关于〈劳动法〉若干条文的说明》第35条第2款规定:"集体合同中劳动条件和劳动报酬的规定不得违背国家法律法规的规定;企业与职工签订的劳动合同在此方面不得低于集体合同的规定。即集体合同的法律效力高于劳动合同,劳动法律、法规的法律效力高于集体合同。"
⑤ 《集体合同规定》第6条第1款。
⑥ 《工会参加平等协商和签订集体合同试行办法》第25条第1款。
⑦ 《工会参加平等协商和签订集体合同试行办法》第27条。
⑧ 《工会参加平等协商和签订集体合同试行办法》第26条。

劳动合同的变更或解除。①变更或解除的情形。第一，双方协商代表协商一致，可以变更或解除集体合同或专项集体合同。① 第二，有下列情形之一的，可以变更或解除集体合同或专项集体合同：其一，用人单位因被兼并、解散、破产等原因，致使集体合同或专项集体合同无法履行的；其二，因不可抗力等原因致使集体合同或专项集体合同无法履行或部分无法履行的；其三，集体合同或专项集体合同约定的变更或解除条件出现的；其四，法律、法规、规章规定的其他情形。② ②变更或解除理由的说明。第一，一方提出建议，向对方说明需要变更或解除的集体合同的条款和理由。③ 第二，当一方就集体合同的变更或解除提出协商要求时，双方应当在 7 日内进行协商。④ ③变更或解除的程序。变更或解除集体合同或专项集体合同适用本规定的集体协商程序。⑤ ④变更或解除的协议书。变更或解除集体合同的协议书，在报送劳动行政部门的同时，企业工会报送上一级工会。⑥

7. 集体合同的终止。(1)集体合同期限届满或双方约定的终止条件出现，集体合同即行终止。集体合同期满前，企业工会应当会同企业商定续订下期集体合同事项。⑦ (2)集体合同或专项集体合同期限一般为 1 至 3 年，期满或双方约定的终止条件出现，即行终止。集体合同或专项集体合同期满前 3 个月内，任何一方均可向对方提出重新签订或续订的要求。⑧

8. 按集体合同标准确定的事项。(1)加班费。用人单位与劳动者在劳动合同中约定了加班费计算基数的，从其约定；劳动合同没有约定的，按照集体合同约定的加班工资基数确定；劳动合同、集体合同均未约定的，按照本意见第 29 条确定。依照前款确定的加班工资基数不得低于当地规定的最低工资标准。⑨ (2)劳动报酬和劳动条件等标准。劳动合同对劳动报酬和劳动条件等标准约定不明确，引发争议的，用人单位与劳动者可以重新协商；协商不成的，适用集体合

---

① 《集体合同规定》第 39 条。
② 《集体合同规定》第 40 条。
③ 《工会参加平等协商和签订集体合同试行办法》第 28 条第 1 项。
④ 《工会参加平等协商和签订集体合同试行办法》第 25 条第 2 款。
⑤ 《集体合同规定》第 41 条。
⑥ 《工会参加平等协商和签订集体合同试行办法》第 28 条第 4 项。
⑦ 《工会参加平等协商和签订集体合同试行办法》第 29 条。
⑧ 《集体合同规定》第 38 条。
⑨ 《四川省高级人民法院民事审判第一庭关于印发〈关于审理劳动争议案件若干疑难问题的解答〉的通知》第 35 条。

同规定;没有集体合同或者集体合同未规定劳动报酬的,实行同工同酬;没有集体合同或者集体合同未规定劳动条件等标准的,适用国家有关规定。①

(二)集体合同的订立

1. 集体合同订立的适用。(1)适用的法律。中华人民共和国境内的企业和实行企业化管理的事业单位(以下统称用人单位)与本单位职工之间进行集体协商,签订集体合同,适用《集体合同规定》。② (2)适用的原则。进行集体协商,签订集体合同或专项集体合同,应当遵循下列原则:①遵守法律、法规、规章及国家有关规定;②相互尊重,平等协商;③诚实守信,公平合作;④兼顾双方合法权益;⑤不得采取过激行为。③ (3)适用的监督。县级以上劳动保障行政部门对本行政区域内用人单位与本单位职工开展集体协商、签订、履行集体合同的情况进行监督,并负责审查集体合同或专项集体合同。④

2. 集体合同订立的法定性。用人单位与本单位职工签订集体合同或专项集体合同,以及确定相关事宜,应当采取集体协商的方式。集体协商主要采取协商会议的形式。⑤

3. 集体合同订立的内容。集体协商双方可以就下列多项或某项内容进行集体协商,签订集体合同或专项集体合同:(1)劳动报酬;(2)工作时间;(3)休息休假;(4)劳动安全与卫生;(5)补充保险和福利;(6)女职工和未成年工特殊保护;(7)职业技能培训;(8)劳动合同管理;(9)奖惩;(10)裁员;(11)集体合同期限;(12)变更、解除集体合同的程序;(13)履行集体合同发生争议时的协商处理办法;(14)违反集体合同的责任;(15)双方认为应当协商的其他内容。⑥ 其中,劳

---

① 《劳动合同法》第18条。
② 《集体合同规定》第2条。
《集体合同规定》第1条规定:"为规范集体协商和签订集体合同行为,依法维护劳动者和用人单位的合法权益,根据《中华人民共和国劳动法》和《中华人民共和国工会法》,制定本规定。"
《集体合同规定》第57条规定:"本规定于2004年5月1日起实施。原劳动部1994年12月5日颁布的《集体合同规定》同时废止。"
③ 《集体合同规定》第5条。
④ 《集体合同规定》第7条。
⑤ 《集体合同规定》第4条。
⑥ 《集体合同规定》第8条。
《工会参加平等协商和签订集体合同试行办法》第14条("集体合同主要规定当事人的义务和履行义务的措施"),第15条["集体合同包括以下内容:(一)企业劳动标准;(二)集体合同的期限,变更、解除与终止,监督、检查;(三)争议处理;(四)违约责任;(五)双方约定的其他事项"]。

动报酬主要包括:①用人单位工资水平、工资分配制度、工资标准和工资分配形式;②工资支付办法;③加班、加点工资及津贴、补贴标准和奖金分配办法;④工资调整办法;⑤试用期及病、事假等期间的工资待遇;⑥特殊情况下职工工资(生活费)支付办法;⑦其他劳动报酬分配办法。① 工作时间主要包括:①工时制度;②加班加点办法;③特殊工种的工作时间;④劳动定额标准。② 休息休假主要包括:①日休息时间、周休息日安排、年休假办法;②不能实行标准工时职工的休息休假;③其他假期。③ 劳动安全卫生主要包括:①劳动安全卫生责任制;②劳动条件和安全技术措施;③安全操作规程;④劳保用品发放标准;⑤定期健康检查和职业健康体检。④ 补充保险和福利主要包括:①补充保险的种类、范围;②基本福利制度和福利设施;③医疗期延长及其待遇;④职工亲属福利制度。⑤ 女职工和未成年工的特殊保护主要包括:①女职工和未成年工禁忌从事的劳动;②女职工的经期、孕期、产期和哺乳期的劳动保护;③女职工、未成年工定期健康检查;④未成年工的使用和登记制度。⑥ 职业技能培训主要包括:①职业技能培训项目规划及年度计划;②职业技能培训费用的提取和使用;③保障和改善职业技能培训的措施。⑦ 劳动合同管理主要包括:①劳动合同签订时间;②确定劳动合同期限的条件;③劳动合同变更、解除、续订的一般原则及无固定期限劳动合同的终止条件;④试用期的条件和期限。⑧ 奖惩主要包括:①劳动纪律;②考核奖惩制度;③奖惩程序。⑨ 裁员主要包括:①裁员的方案;②裁员的程序;③裁员的实施办法和补偿标准。⑩

4. 集体合同订立的代表。(1)协商代表的界定。本规定所称集体协商代表(以下统称协商代表),是指按照法定程序产生并有权代表本方利益进行集体协商的人员。集体协商双方的代表人数应当对等,每方至少3人,并各确定1名首

---

① 《集体合同规定》第9条。
② 《集体合同规定》第10条。
③ 《集体合同规定》第11条。
④ 《集体合同规定》第12条。
⑤ 《集体合同规定》第13条。
⑥ 《集体合同规定》第14条。
⑦ 《集体合同规定》第15条。
⑧ 《集体合同规定》第16条。
⑨ 《集体合同规定》第17条。
⑩ 《集体合同规定》第18条。

席代表。① (2)职工协商代表。①职工一方的协商代表由本单位工会选派。未建立工会的,由本单位职工民主推荐,并经本单位半数以上职工同意。职工一方的首席代表由本单位工会主席担任。工会主席可以书面委托其他协商代表代理首席代表。工会主席空缺的,首席代表由工会主要负责人担任。未建立工会的,职工一方的首席代表从协商代表中民主推举产生。② ②职工一方协商代表在其履行协商代表职责期间劳动合同期满的,劳动合同期限自动延长至完成履行协商代表职责之时,除出现下列情形之一的,用人单位不得与其解除劳动合同:第一,严重违反劳动纪律或用人单位依法制定的规章制度的;第二,严重失职、营私舞弊,对用人单位利益造成重大损害的;第三,被依法追究刑事责任的。职工一方协商代表履行协商代表职责期间,用人单位无正当理由不得调整其工作岗位。③ ③职工一方协商代表就《集体合同规定》第 27 条、第 28 条的规定与用人单位发生争议的,可以向当地劳动争议仲裁委员会申请仲裁。④ ④工会可以更换职工一方协商代表;未建立工会的,经本单位半数以上职工同意可以更换职工一方协商代表。用人单位法定代表人可以更换用人单位一方协商代表。⑤ (3)用人单位的协商代表。①用人单位一方的协商代表,由用人单位法定代表人指派,首席代表由单位法定代表人担任或由其书面委托的其他管理人员担任。⑥ ②用人单位协商代表与职工协商代表不得相互兼任。⑦ (4)双方协商代表的规则。①协商代表履行职责的期限由被代表方确定。⑧ ②集体协商双方首席代表可以书面委托本

---

① 《集体合同规定》第 19 条。
② 《集体合同规定》第 20 条。
《工会参加平等协商和签订集体合同试行办法》第 8 条规定:"参加平等协商的工会一方首席代表为工会主席;工会主席可以书面委托工会其他负责人为首席代表。工会一方的其他代表可以由工会各工作委员会主任、女职工组织的代表和职工代表大会议定的职工代表组成。工会可以聘请有关专业人员作为顾问参加平等协商。"
《工会参加平等协商和签订集体合同试行办法》第 9 条规定:"工会代表一经产生,无特殊情况必须履行其义务。因特殊情况造成空缺的,应当由工会重新指派代表。"
③ 《集体合同规定》第 28 条。
《工会参加平等协商和签订集体合同试行办法》第 10 条规定:"工会代表在劳动合同期内自担任代表之日起五年内除个人严重过失外,企业不得与其解除劳动合同。个人严重过失包括严重违反劳动纪律或用人单位规章制度和严重失职、营私舞弊,对用人单位造成重大损害以及被依法追究刑事责任等。"
④ 《集体合同规定》第 29 条。
⑤ 《集体合同规定》第 30 条。
⑥ 《集体合同规定》第 21 条。
⑦ 《集体合同规定》第 24 条。
⑧ 《集体合同规定》第 22 条。

单位以外的专业人员作为本方协商代表。委托人数不得超过本方代表的1/3。首席代表不得由非本单位人员代理。① ③协商代表应履行下列职责:第一,参加集体协商;第二,接受本方人员质询,及时向本方人员公布协商情况并征求意见;第三,提供与集体协商有关的情况和资料;第四,代表本方参加集体协商争议的处理;第五,监督集体合同或专项集体合同的履行;第六,法律、法规和规章规定的其他职责。② ④协商代表应当维护本单位正常的生产、工作秩序,不得采取威胁、收买、欺骗等行为。协商代表应当保守在集体协商过程中知悉的用人单位的商业秘密。③ ⑤企业内部的协商代表参加集体协商视为提供了正常劳动。④ ⑥协商代表因更换、辞任或遇有不可抗力等情形造成空缺的,应在空缺之日起15日内按照本规定产生新的代表。⑤

5. 集体合同订立的程序规范。(1)一方提出进行集体协商要求的,另一方应当在收到集体协商要求之日起20日内以书面形式给以回应,无正当理由不得拒绝进行集体协商。⑥ (2)协商代表在协商前应进行下列准备工作:①熟悉与集体协商内容有关的法律、法规、规章和制度;②了解与集体协商内容有关的情况和资料,收集用人单位和职工对协商意向所持的意见;③拟订集体协商议题,集体协商议题可由提出协商一方起草,也可由双方指派代表共同起草;④确定集体协商的时间、地点等事项;⑤共同确定一名非协商代表担任集体协商记录员。记录员应保持中立、公正,并为集体协商双方保密。⑦ (3)集体协商会议由双方首席代表轮流主持,并按下列程序进行:①宣布议程和会议纪律;②一方首席代表提出协商的具体内容和要求,另一方首席代表就对方的要求作出回应;③协商双方就商谈事项发表各自意见,开展充分讨论;④双方首席代表归纳意见。达成一致的,应当形成集体合同草案或专项集体合同草案,由双方首席代表签字。⑧ (4)经双方协商代表协商一致的集体合同草案或专项集体合同草案应当提交职工代表

---

① 《集体合同规定》第23条。
② 《集体合同规定》第25条。
③ 《集体合同规定》第26条。
④ 《集体合同规定》第27条。
⑤ 《集体合同规定》第31条。
⑥ 《集体合同规定》第32条第2款。
⑦ 《集体合同规定》第33条。
⑧ 《集体合同规定》第34条。

大会或者全体职工讨论。职工代表大会或者全体职工讨论集体合同草案或专项集体合同草案，应当有 2/3 以上职工代表或者职工出席，且须经全体职工代表半数以上或者全体职工半数以上同意，集体合同草案或专项集体合同草案方获通过。① (5) 集体合同草案或专项集体合同草案经职工代表大会或者职工大会通过后，由集体协商双方首席代表签字。② (6) 平等协商意见一致，应当订立单项协议或集体合同。③ (7) 集体协商未达成一致意见或出现事先未预料的问题时，经双方协商，可以中止协商。中止期限及下次协商时间、地点、内容由双方商定。④ (8) 工会签订集体合同，上级工会应当给予支持和帮助。⑤

6. **集体合同订立的其他规则。** 用人单位应当依法建立和完善劳动规章制度，保障劳动者享有劳动权利、履行劳动义务。用人单位在制定、修改或者决定有关劳动报酬、工作时间、休息休假、劳动安全卫生、保险福利、职工培训、劳动纪律以及劳动定额管理等直接涉及劳动者切身利益的规章制度或者重大事项时，应当经职工代表大会或者全体职工讨论，提出方案和意见，与工会或者职工代表平等协商确定。在规章制度和重大事项决定实施过程中，工会或者职工认为不适当的，有权向用人单位提出，通过协商予以修改完善。用人单位应当将直接涉及劳动者切身利益的规章制度和重大事项决定公示，或者告知劳动者。⑥ 其中，《劳动合同法》第 4 条第 2 款规定，用人单位制定、修改或决定直接涉及劳动者切

---

① 《集体合同规定》第 36 条。
《工会参加平等协商和签订集体合同试行办法》第 28 条第 2 项规定，"双方就变更或解除的集体合同条款经协商一致，达成书面协议"。
《工会参加平等协商和签订集体合同试行办法》第 28 条第 3 款规定，"协议书应当提交职工代表大会或全体职工审议通过，并报送集体合同管理机关登记备案，审议未获通过，由双方重新协商"。

② 《集体合同规定》第 37 条。
③ 《工会参加平等协商和签订集体合同试行办法》第 13 条。
④ 《集体合同规定》第 35 条。
⑤ 《工会法》第 21 条第 3 款。
⑥ 《劳动合同法》第 4 条。
《浙江省高级人民法院民一庭关于审理劳动争议案件若干问题的意见》第 34 条规定："用人单位在《劳动合同法》实施前制定的规章制度，虽未经过该法第四条第二款规定的民主程序，但内容未违反法律、行政法规、政策及集体合同规定，不存在明显不合理的情形，并已向劳动者公示或告知的，可以作为人民法院审理劳动争议案件的依据。《劳动合同法》实施后，用人单位制定、修改或者决定直接涉及劳动者切身利益的规章制度或者重大事项时，未经过该法第四条第二款规定的民主程序的，一般不能作为人民法院审理劳动争议案件的依据。规章制度或者重大事项决定的内容未违反法律、行政法规、政策及集体合同规定，不存在明显不合理的情形，并已向劳动者公示或告知，且劳动者没有异议的，可以作为人民法院审理劳动争议案件的依据。"

身利益的规章制度或者重大事项时,应当经职工代表大会或者全体职工讨论,提出方案和意见,与工会或者职工代表平等协商确定。因此,劳动者提出用人单位规章制度未经民主程序而用人单位无法证明的,该规章制度对劳动者不具有约束力。①

(三)工会与企业平等协调订立劳动合同

1. 工会与企业平等协调订立劳动合同的原则。工会与企业平等协商订立集体合同应当遵循下列原则:(1)合法;(2)平等合作;(3)协商一致;(4)兼顾国家、企业和职工利益;(5)维护正常的生产、工作秩序。② 其中,平等协商是指企业工会代表职工与企业就涉及职工合法权益等事项进行商谈的行为。企业工会应当与企业建立平等协商制度,定期或不定期就涉及职工合法权益等事项进行平等协商。③

2. 工会与企业平等协调订立劳动合同的事项。企业工会应当就下列涉及职工合法权益的事项与企业进行平等协商:(1)集体合同和劳动合同的订立、变更、续订、解除,已订立的集体合同和劳动合同的履行监督检查;(2)企业涉及职工利益的规章制度的制定和修改;(3)企业职工的劳动报酬、工作时间和休息休假、保险、福利、劳动安全卫生、女职工和未成年工的特殊保护、职业培训及职工文化体育生活;(4)劳动争议的预防和处理;(5)职工民主管理;(6)双方认为需要协商的其他事项。④

3. 工会与企业平等协调订立劳动合同的程序。工会应当按照以下程序与企业进行平等协商:(1)建立定期协商机制的企业,双方首席代表应当在协商前一周,将拟定协商的事项通知对方,属不定期协商的事项,提议方应当与对方共同

---

① 《厦门市中级人民法院关于审理劳动争议案件若干疑难问题的解答》第1条。
② 《工会参加平等协商和签订集体合同试行办法》第5条。
《工会法》第6条("维护职工合法权益、竭诚服务职工群众是工会的基本职责。工会在维护全国人民总体利益的同时,代表和维护职工的合法权益。工会通过平等协商和集体合同制度等,推动健全劳动关系协调机制,维护职工劳动权益,构建和谐劳动关系。工会依照法律规定通过职工代表大会或者其他形式,组织职工参与本单位的民主选举、民主协商、民主决策、民主管理和民主监督。工会建立联系广泛、服务职工的工会工作体系,密切联系职工,听取和反映职工的意见和要求,关心职工的生活,帮助职工解决困难,全心全意为职工服务"),第21条第2款("工会代表职工与企业、实行企业化管理的事业单位、社会组织进行平等协商,依法签订集体合同。集体合同草案应当提交职工代表大会或者全体职工讨论通过")。
③ 《工会参加平等协商和签订集体合同试行办法》第3条。
④ 《工会参加平等协商和签订集体合同试行办法》第7条。

商定平等协商的内容、时间和地点;(2)协商开始时,由提议方将协商事项按双方议定的程序,逐一提交协商会议讨论;(3)一般问题,经双方代表协商一致,协议即可成立,重大问题的协议草案,应当提交职工代表大会或全体职工审议通过;(4)协商中如有临时提议,应当在各项议程讨论完毕后始得提出,取得对方同意后方可列入协商程序;(5)经协商形成一致意见,由双方代表分别在有关人员及职工中传达或共同召集会议传达;(6)平等协商未达成一致或出现事先未预料的问题时,经双方同意,可以暂时中止协商,协商中止期限最长不超过60天,具体中止期限及下次协商的具体时间、地点、内容由双方共同商定。①

4. 工会与企业平等协调订立劳动合同的权利、义务。(1)工会的权利。①拟定集体合同草案权。第一,工会拟定集体合同草案,可以参照下列资料:其一,有关法律、法规和政策;其二,与本企业有关的国家宏观调控的政策措施;其三,同行业和具有可比性企业的劳动标准;其四,企业生产经营情况及有关的计划、指标;其五,政府部门公布的有关物价指数或数据资料;其六,本地区就业状况资料;其七,集体合同范本;其八,其他与签订集体合同有关的资料。② 第二,工会根据拟订的集体合同草案按照《工会参加平等协商和签订集体合同试行办法》第二章的有关规定与企业进行平等协商。③ 第三,经协商达成一致的集体合同草案文本应当提交职工代表大会或全体职工审议,工会代表应当就草案的产生过程、主要劳动标准条件的确定依据及各自承担的主要义务作出说明。④ 第四,集体合同草案经职工代表大会或全体职工审议通过后,由企业法定代表人与企业工会主席签字。集体合同草案经审议未获通过的,由双方重新协商,进行修改。⑤ ②监督检查权。第一,企业工会应当定期组织有关人员对集体合同的履行情况进行监督检查,发现问题后,及时与企业协商解决。⑥ 第二,企业工会可以与企业协商,建立集体合同履行的联合监督检查制度,定期或不定期对履行集体合同的情况进行监督检查。⑦ 第三,上级工会对企业工会与企业进行平等协商和签订集体

---

① 《工会参加平等协商和签订集体合同试行办法》第11条。
② 《工会参加平等协商和签订集体合同试行办法》第19条。
③ 《工会参加平等协商和签订集体合同试行办法》第20条。
④ 《工会参加平等协商和签订集体合同试行办法》第21条。
⑤ 《工会参加平等协商和签订集体合同试行办法》第22条。
⑥ 《工会参加平等协商和签订集体合同试行办法》第30条。
⑦ 《工会参加平等协商和签订集体合同试行办法》第31条。

合同负有帮助、指导和监督检查的责任。上级工会根据企业工会的要求,可以派工作人员作为顾问参与平等协商,帮助企业工会签订集体合同。[1] 第四,上级工会收到企业工会报送的集体合同文本,应当进行审查、登记、备案。[2] 第五,上级工会在审查集体合同时,如发现问题,应当及时通知企业工会,并协同同级劳动行政部门协调解决。[3] ③处理争议权。上级工会应当参与处理平等协商和签订集体合同中出现的争议。[4] ④帮助指导权。帮助、指导协商、签订集体合同权。对尚未建立工会的企业,上级工会在组织职工依法组建工会的同时,帮助、指导职工与企业进行平等协商、签订集体合同。[5] ⑤要求企业"提供"权。在不违反法律、法规规定的情况下,工会有权要求企业提供与平等协商有关的情况和资料。[6]（2）工会义务。①签订集体合同之前工会应当收集职工和企业有关部门的意见,单独或与企业共同拟订集体合同草案。[7] ②集体合同签字后,在报送劳动行政部门的同时,企业工会应当将集体合同文本、附件及说明报送上一级工会。[8] ③集体合同生效后,应依法向全体职工公布。[9] ④工会小组和车间工会应当及时向企业工会报告集体合同在本班组和车间的履行情况。[10] ⑤职工代表大会有权对集体合同的履行实行民主监督。企业工会应当定期向职工代表大会或全体职工通报集体合同的履行情况,组织职工代表对集体合同的履行进行监督检查。[11]

5. 工会与企业平等协调订立劳动合同的救济。（1）依据的法律。事业单位工会与行政进行平等协商签订集体合同以及因签订和履行集体合同发生争议,依照本办法执行。[12]（2）协调处理。①集体协商过程中发生争议,双方当事人不

---

[1] 《工会参加平等协商和签订集体合同试行办法》第34条。
[2] 《工会参加平等协商和签订集体合同试行办法》第35条。
[3] 《工会参加平等协商和签订集体合同试行办法》第36条。
[4] 《工会参加平等协商和签订集体合同试行办法》第37条。
[5] 《工会参加平等协商和签订集体合同试行办法》第38条。
《工会法》第21条第1款规定:"工会帮助、指导职工与企业、实行企业化管理的事业单位、社会组织签订劳动合同。"
《工会法》第21条第3款规定:"工会签订集体合同,上级工会应当给予支持和帮助。"
[6] 《工会参加平等协商和签订集体合同试行办法》第12条。
[7] 《工会参加平等协商和签订集体合同试行办法》第18条。
[8] 《工会参加平等协商和签订集体合同试行办法》第23条。
[9] 《工会参加平等协商和签订集体合同试行办法》第24条。
[10] 《工会参加平等协商和签订集体合同试行办法》第32条。
[11] 《工会参加平等协商和签订集体合同试行办法》第33条。
[12] 《工会参加平等协商和签订集体合同试行办法》第42条。

能协商解决的,当事人一方或双方可以书面向劳动保障行政部门提出协调处理申请;未提出申请的,劳动保障行政部门认为必要时也可以进行协调处理。①②劳动保障行政部门应当组织同级工会和企业组织等三方面的人员,共同协调处理集体协商争议。② ③集体协商争议处理实行属地管辖,具体管辖范围由省级劳动保障行政部门规定。中央管辖的企业以及跨省、自治区、直辖市用人单位因集体协商发生的争议,由劳动保障部指定的省级劳动保障行政部门组织同级工会和企业组织等三方面的人员协调处理,必要时,劳动保障部也可以组织有关方面协调处理。③ ④协调处理集体协商争议,应当自受理协调处理申请之日起30日内结束协调处理工作。期满未结束的,可以适当延长协调期限,但延长期限不得超过15日。④ ⑤协调处理集体协商争议应当按照以下程序进行:第一,受理协调处理申请;第二,调查了解争议的情况;第三,研究制定协调处理争议的方案;第四,对争议进行协调处理;第五,制作《协调处理协议书》。⑤ ⑥《协调处理协议书》应当载明协调处理申请、争议的事实和协调结果,双方当事人就某些协商事项不能达成一致的,应将继续协商的有关事项予以载明。《协调处理协议书》由集体协商争议协调处理人员和争议双方首席代表签字盖章后生效。争议双方均应遵守生效后的《协调处理协议书》。⑥ ⑦因履行集体合同发生的争议,当事人协商解决不成的,可以依法向劳动争议仲裁委员会申请仲裁。⑦ ⑧用人单位无正当理由拒绝工会或职工代表提出的集体协商要求的,按照《工会法》及有关法律、法规的规定处理。⑧ ⑨县级以上工会参加同级集体合同争议协调处理机构,及时、

---

① 《集体合同规定》第49条。
《工会参加平等协商和签订集体合同试行办法》第39条规定:"工会与企业因签订集体合同发生争议,应当协商解决。协商解决不成的,提请上级工会和当地政府劳动行政部门协调处理。"
《劳动法》第84条第1款规定:"因签订集体合同发生争议,当事人协商解决不成的,当地人民政府劳动行政部门可以组织有关各方协调处理。"
② 《集体合同规定》第50条。
③ 《集体合同规定》第51条。
④ 《集体合同规定》第52条。
⑤ 《集体合同规定》第53条。
⑥ 《集体合同规定》第54条。
⑦ 《集体合同规定》第55条。
《工会参加平等协商和签订集体合同试行办法》第41条规定:"因履行集体合同发生争议,工会代表应当与企业协商解决,协商解决不成的,可以向当地劳动争议仲裁委员会申请仲裁。对仲裁委员会的裁决不服的,可以自收到仲裁裁决书之日起15日内向人民法院提起诉讼。"
⑧ 《集体合同规定》第56条。

公正地解决争议,并监督《协调处理协议书》的执行。① (3)申请仲裁、提起诉讼。①劳动者合法权益受到侵害的,有权要求有关部门依法处理,或者依法申请仲裁、提起诉讼。② ②职工认为用人单位侵犯其劳动权益而申请劳动争议仲裁或者向人民法院提起诉讼的,工会应当给予支持和帮助。③ ③用人单位违反集体合同,侵犯职工劳动权益的,工会可以依法要求用人单位承担责任;因履行集体合同发生争议,经协商解决不成的,工会可以依法申请仲裁、提起诉讼。④ ④因履行集体合同发生争议,当事人协商解决不成的,可以向劳动争议仲裁委员会申请仲裁;对仲裁裁决不服的,可以自收到仲裁裁决书之日起15日内向人民法院提起诉讼。⑤ ⑤工会依法维护劳动者的合法权益,对用人单位履行劳动合同、集体合同的情况进行监督。用人单位违反劳动法律、法规和劳动合同、集体合同的,工会有权提出意见或者要求纠正;劳动者申请仲裁、提起诉讼的,工会依法给予支持和帮助。⑥

八、涉外劳动合同

(一)涉外劳动合同的一般规则

1. 涉外劳务合同的界定。涉外劳务合同也称为涉外劳动合同,是一个国家的劳务提供方,向另一国家的雇主提供劳务,雇主向劳务提供方支付报酬和有关费用的协议。

2. 涉外劳动合同关系的确认。(1)外国人、无国籍人未依法取得就业证件即与中国境内的用人单位签订劳动合同,当事人请求确认与用人单位存在劳动关系的,人民法院不予支持。持有《外国专家证》并取得《外国专家来华工作许可

---

① 《工会参加平等协商和签订集体合同试行办法》第40条。
② 《劳动合同法》第77条。
③ 《工会法》第22条第3款。
④ 《劳动合同法》第56条。
《工会法》第21条第4款规定:"企业、事业单位、社会组织违反集体合同,侵犯职工劳动权益的,工会可以依法要求企业、事业单位、社会组织予以改正并承担责任;因履行集体合同发生争议,经协商解决不成的,工会可以向劳动争议仲裁机构提请仲裁,仲裁机构不予受理或者对仲裁裁决不服的,可以向人民法院提起诉讼。"
⑤ 《劳动法》第84条第2款。
⑥ 《劳动合同法》第78条。

证》的外国人,与中国境内的用人单位建立用工关系的,可以认定为劳动关系。①(2)外国人、无国籍人或我国台港澳地区人员与用人单位形成的用工关系,按劳动关系处理。上述人员未依法办理《外国人就业证》或《台港澳人员就业证》的,应当认定有关劳动合同无效;但劳动者已经付出劳动的,应由用人单位参照合同约定支付劳动报酬。②

3. 涉外劳动合同的认定。(1)外商投资企业与其职工(包括中方职工、外方及我国港、澳、台地区员工)签订的劳动合同必须用中文书写。亦可同时用外文书写,但中外文本劳动合同的内容必须一致。③ (2)劳动合同鉴证机关只对中文本的劳动合同鉴证。④ (3)中外文本劳动合同内容发生矛盾时,以经劳动部门鉴证的中文本劳动合同为准。⑤

(二)外国人就业管理

1. 外国人就业的许可。(1)用人单位聘用外国人须为该外国人申请就业许可,经获准并取得《中华人民共和国外国人就业许可证书》(以下简称许可证书)后方可聘用。⑥ (2)凡符合下列条件之一的外国人可免办就业许可和就业证:①由我国政府直接出资聘请的外籍专业技术和管理人员,或由国家机关和事业单位出资聘请,具有本国或国际权威技术管理部门或行业协会确认的高级技术职称或特殊技能资格证书的外籍专业技术和管理人员,并持有外国专家局签发的《外国专家证》的外国人;②持有《外国人在中华人民共和国从事海上石油作业工作准证》从事海上石油作业、不需登陆、有特殊技能的外籍劳务人员;③经文化部批准持《临时营业演出许可证》进行营业性文艺演出的外国人。⑦ (3)凡符合下列条件之一的外国人可免办许可证书,入境后凭职业签证及有关证明直接

---

① 《最高人民法院关于审理劳动争议案件适用法律若干问题的解释(四)》第14条(已废止,仅供参考)。
② 《浙江省高级人民法院民一庭关于审理劳动争议案件若干问题的意见》第4条。
③ 《劳动部综合计划与工资司对大连市劳动局〈关于同时用中外文书写的两种劳动合同文本法律效力问题的请示〉的复函》第1条。
④ 《劳动部综合计划与工资司对大连市劳动局〈关于同时用中外文书写的两种劳动合同文本法律效力问题的请示〉的复函》第2条。
⑤ 《劳动部综合计划与工资司对大连市劳动局〈关于同时用中外文书写的两种劳动合同文本法律效力问题的请示〉的复函》第3条。
⑥ 《外国人在中国就业管理规定》第5条。
⑦ 《外国人在中国就业管理规定》第9条。

办理就业证：①按照我国与外国政府间、国际组织间协议、协定，执行中外合作交流项目受聘来中国工作的外国人；②外国企业常驻中国代表机构中的首席代表、代表。①

2. 外国人从事岗位的限制。用人单位聘用外国人从事的岗位应是有特殊需要，国内暂缺适当人选，且不违反国家有关规定的岗位。用人单位不得聘用外国人从事营业性文艺演出，但符合《外国人在中国就业管理规定》第9条第3项规定的人员除外。②

3. 聘用外国人的申请。用人单位聘用外国人，须填写《聘用外国人就业申请表》（以下简称申请表），向其与劳动行政主管部门同级的行业主管部门（以下简称行业主管部门）提出申请，并提供下列有效文件：（1）拟聘用外国人履历证明；（2）聘用意向书；（3）拟聘用外国人原因的报告；（4）拟聘用的外国人从事该项工作的资格证明；（5）拟聘用的外国人健康状况证明；（6）法律、法规规定的其他文件。③

4. 对外国人申请从业的审批。行业主管部门应按照《外国人在中国就业管理规定》第6条、第7条及有关法律、法规的规定进行审批。④

九、事业单位人员的聘用合同

聘用合同是劳动合同的一种，是确立聘用单位与应聘的劳动者之间权利义务关系的协议。

（一）聘用合同的签订及效力

1. 聘用合同签订的法定性。（1）事业单位首次实行人员聘用制度，可以按照竞争上岗，择优聘用的原则，优先从本单位现有人员中选聘符合岗位要求的人员签订聘用合同，也可以根据本单位的实际情况，在严格考核的前提下，采用单位与现有在职职工签订聘用合同的办法予以过渡。⑤（2）有下列情况之一的，单位应与职工签订聘用合同：①现役军人的配偶；②女职工在孕期、产期、哺乳期内的；③残疾人员；④患职业病或因工负伤，经劳动能力鉴定委员会鉴定为1~6级

---

① 《外国人在中国就业管理规定》第10条。
② 《外国人在中国就业管理规定》第6条。
③ 《外国人在中国就业管理规定》第11条第1款。
④ 《外国人在中国就业管理规定》第11条第2款。
⑤ 《事业单位试行人员聘用制度有关问题的解释》第4条。

伤残的;⑤国家政策有明确规定的。①

2. 聘用合同的暂缓签订。经指定的医疗单位确诊患有难以治愈的严重疾病、精神病的,暂缓签订聘用合同,缓签期延续至前述情况消失;或者只保留人事关系和工资关系,直至该人员办理退休(退职)手续。经劳动能力鉴定委员会鉴定完全丧失劳动能力的,按照国家有关规定办理退休(退职)手续。②

3. 聘用合同签订的择业期。在首次签订聘用合同中,职工拒绝与单位签订合同的,单位给予其不少于3个月的择业期,择业期满后未调出的,应当劝其办理辞职手续,未调出又不辞职的,予以辞退。③

4. 聘用合同的续签。聘用单位与受聘人员订立聘用合同时,不得收取任何形式的抵押金、抵押物或者其他财物。④ 聘用合同期满,岗位需要、本人愿意、考核合格的,可以续签聘用合同。⑤

5. 聘用合同的效力。下列聘用合同为无效合同:(1)违反国家法律、法规的聘用合同;(2)采取欺诈、威胁等不正当手段订立的聘用合同;(3)权利义务显失公正,严重损害一方当事人合法权益的聘用合同;(4)未经本人书面委托,由他人代签的聘用合同,本人提出异议。无效合同由有管辖权的人事争议仲裁委员会确认。⑥

(二)聘用合同的种类

聘用合同分为四种类型:3年(含)以下的合同为短期合同,对流动性强、技术含量低的岗位一般签订短期合同;3年(不含)以上的合同为中期合同;至职工退休的合同为长期合同;以完成一定工作为期限的合同为项目合同。⑦

---

① 《事业单位试行人员聘用制度有关问题的解释》第5条。
② 《事业单位试行人员聘用制度有关问题的解释》第6条。
③ 《事业单位试行人员聘用制度有关问题的解释》第7条。
④ 《国务院办公厅转发人事部关于在事业单位试行人员聘用制度意见的通知》第4条第6款。
⑤ 《国务院办公厅转发人事部关于在事业单位试行人员聘用制度意见的通知》第3条第3款。
⑥ 《事业单位试行人员聘用制度有关问题的解释》第23条。
⑦ 《事业单位试行人员聘用制度有关问题的解释》第10条。
《国务院办公厅转发人事部关于在事业单位试行人员聘用制度意见的通知》第4条第3款规定:"聘用合同分为短期、中长期和以完成一定工作为期限的合同。对流动性强、技术含量低的岗位一般签订3年以下的短期合同;岗位或者职业需要、期限相对较长的合同为中长期合同;以完成一定工作为期限的合同,根据工作任务确定合同期限。合同期限最长不得超过应聘人员达到国家规定的退休年龄的年限。聘用单位与受聘人员经协商一致,可以订立上述任何一种期限的合同。"

(三)聘用合同的内容

1. 聘用合同的基本内容。聘用合同由聘用单位的法定代表人或者其委托的人与受聘人员以书面形式订立。聘用合同必须具备下列条款:(1)聘用合同期限;(2)岗位及其职责要求;(3)岗位纪律;(4)岗位工作条件;(5)工资待遇;(6)聘用合同变更和终止的条件;(7)违反聘用合同的责任。①

2. 聘用合同的试用期。(1)聘用单位与受聘人员签订聘用合同,可以约定试用期。试用期一般不超过3个月;情况特殊的,可以延长,但最长不得超过6个月。被聘人员为大中专应届毕业生的,试用期可以延长至12个月。试用期包括在聘用合同期限内。② (2)初次就业的工作人员与事业单位订立的聘用合同期限3年以上的,试用期为12个月。③ (3)事业单位公开招聘的人员按规定实行试用期制度。试用期包括在聘用合同期限内。试用期满合格的,予以正式聘用;不合格的,取消聘用。④ (4)试用期的规定只适用于单位新进的人员,试用期只能约定一次。试用期包括在聘用合同期限内。原固定用人制度职工签订聘用合同,不再规定试用期。⑤ (5)军队转业干部、复员退伍军人等政策性安置人员可以签订中、长期合同,首次签订聘用合同不得约定试用期,聘用合同的期限不得低于3年。⑥

(四)聘用合同的期限

1. 聘用合同的一般期限。事业单位与工作人员订立的聘用合同,期限一般不低于3年。⑦

2. 聘用合同的特殊照顾期限。对在本单位工作已满25年或者在本单位连续工作已满10年且年龄距国家规定的退休年龄已不足10年的人员,提出订立聘

---

① 《国务院办公厅转发人事部关于在事业单位试行人员聘用制度意见的通知》第4条第1款。
② 《国务院办公厅转发人事部关于在事业单位试行人员聘用制度意见的通知》第4条第5款。
《国务院办公厅转发人事部关于在事业单位试行人员聘用制度意见的通知》第4条第2款规定:"经双方当事人协商一致,可以在聘用合同中约定试用期、培训和继续教育、知识产权保护、解聘提前通知期等条款。"
③ 《事业单位人事管理条例》第13条。
④ 《事业单位公开招聘人员暂行规定》第26条。
⑤ 《事业单位试行人员聘用制度有关问题的解释》第11条。
⑥ 《事业单位试行人员聘用制度有关问题的解释》第13条。
⑦ 《事业单位人事管理条例》第12条。

用至退休的合同的,聘用单位应当与其订立聘用至该人员退休的合同。① 其中,"对在本单位工作已满25年或者在本单位连续工作已满10年且年龄距国家规定的退休年龄已不足10年的人员,提出订立聘用至退休的合同的,聘用单位应当与其订立聘用至该人员退休的合同"中,"对在本单位工作已满25年"的规定,可按在本单位及国有单位工作的工龄合计已满25年掌握。符合上述条件,在竞争上岗中没有被聘用的人员,应当比照《关于在事业单位试行人员聘用制度的意见》中规定的未聘人员安置政策,予以妥善安置,不得解除与单位的人事关系。②

(五)聘用合同的解除

1. 事业单位解除聘用合同。(1)事业单位工作人员连续旷工超过15个工作日,或者1年内累计旷工超过30个工作日的,事业单位可以解除聘用合同。③(2)事业单位工作人员年度考核不合格且不同意调整工作岗位,或者连续2年年度考核不合格的,事业单位提前30日书面通知,可以解除聘用合同。④ (3)事业单位工作人员受到开除处分的,解除聘用合同。⑤

2. 事业单位工作人员解除聘用合同。事业单位工作人员提前30日书面通知事业单位,可以解除聘用合同。但是,双方对解除聘用合同另有约定的除外。⑥

3. 解除聘用合同的法律适用。事业单位与职工解除工作关系,适用辞职辞退的有关规定;实行聘用制度以后,事业单位与职工解除聘用合同,适用解聘辞聘的有关规定。⑦

4. 解除聘用合同的法律效力。自聘用合同依法解除、终止之日起,事业单位与被解除、终止聘用合同人员的人事关系终止。⑧

---

① 《国务院办公厅转发人事部关于在事业单位试行人员聘用制度意见的通知》第4条第4款。
《事业单位人事管理条例》第14条规定:"事业单位工作人员在本单位连续工作满10年且距法定退休年龄不足10年,提出订立聘用至退休的合同的,事业单位应当与其订立聘用至退休的合同。"
② 《事业单位试行人员聘用制度有关问题的解释》第12条。
③ 《事业单位人事管理条例》第15条。
④ 《事业单位人事管理条例》第16条。
⑤ 《事业单位人事管理条例》第18条。
⑥ 《事业单位人事管理条例》第17条。
⑦ 《事业单位试行人员聘用制度有关问题的解释》第18条。
⑧ 《事业单位人事管理条例》第19条。

第二节　劳动合同的履行

一、劳动合同的履行

劳动合同履行,是指当事人双方按照劳动合同规定的条件,履行自己所应承担义务的行为。

（一）劳动合同的依法履行

1. 全面履行。用人单位与劳动者应当按照劳动合同的约定,全面履行各自的义务。①

2. 按劳动合同履行地标准履行合同。劳动合同履行地与用人单位注册地不一致的,有关劳动者的最低工资标准、劳动保护、劳动条件、职业危害防护和本地区上年度职工月平均工资标准等事项,按照劳动合同履行地的有关规定执行;用人单位注册地的有关标准高于劳动合同履行地的有关标准,且用人单位与劳动者约定按照用人单位注册地的有关规定执行的,从其约定。②

（二）劳动合同的继续履行

1. 符合法定情形的继续履行。符合《劳动合同法》第33条、第34条规定情形的,劳动合同继续履行。用人单位名称变更的,应及时告知劳动者。③

2. 与《劳动合同法》施行有关的继续履行。《劳动合同法》施行前已依法订立且在本法施行之日存续的劳动合同,继续履行。④

3. 合同期满的继续履行。劳动合同期满,职工有《邮电企业劳动合同管理暂行规定》第21条情形之一,同时又不属于第17条第2~7项情形的,经职工本人提出要求,邮电企业应顺延劳动合同,直至上述情形消失。⑤

4. 用人单位合并或者分立的继续履行。用人单位发生合并或者分立等情

---

① 《劳动合同法》第29条。
② 《劳动合同法实施条例》第14条。
③ 《天津市人力资源和社会保障局关于劳动合同订立、履行、变更、解除和终止等有关问题的通知》第8条。
④ 《劳动合同法》第97条第1款（前部分）。
⑤ 《邮电企业劳动合同管理暂行规定》第24条。

况,原劳动合同继续有效,劳动合同由承继其权利和义务的用人单位继续履行。①

5. 职工应征入伍后的继续履行。职工应征入伍后,根据国家现行法律法规的规定,企业应当与其继续保持劳动关系,但双方可以变更原劳动合同中具体的权利与义务条款。②

（三）劳动合同的暂停履行

劳动者涉嫌违法犯罪被有关机关收容审查、拘留或逮捕的,用人单位在劳动者被限制人身自由期间,可与其暂时停止劳动合同的履行。暂时停止履行劳动合同期间,用人单位不承担劳动合同规定的相应义务。劳动者经证明被错误限制人身自由的,暂时停止履行劳动合同期间劳动者的损失,可由其依据《国家赔偿法》要求有关部门赔偿。③

（四）劳动合同履行的其他规则

1. 不视为违反劳动合同的情形。劳动者拒绝用人单位管理人员违章指挥、强令冒险作业的,不视为违反劳动合同。劳动者对危害生命安全和身体健康的劳动条件,有权对用人单位提出批评、检举和控告。④

2. 不影响劳动合同履行的情形。用人单位变更名称、法定代表人、主要负责人或者投资人等事项,不影响劳动合同的履行。⑤

二、劳动合同履行中的"单位调岗"

（一）单位调岗的方式

1. 依合同约定的调整岗位。用人单位与劳动者约定可根据生产经营情况调整劳动者工作岗位的,经审查用人单位证明生产经营情况已经发生变化,调岗属

---

① 《劳动合同法》第34条。
《北京市劳动合同规定》第27条规定:"用人单位发生合并或者分立等情况,原劳动合同继续有效,劳动合同由继承权利义务的用人单位继续履行。用人单位变更名称的,应当变更劳动合同的用人单位名称。"
② 《劳动部办公厅关于职工应征入伍后与企业劳动关系的复函》。
③ 《关于贯彻执行〈中华人民共和国劳动法〉若干问题的意见》第28条。
④ 《劳动合同法》第32条。
⑤ 《劳动合同法》第33条。
《劳动部关于实行劳动合同制度若干问题的通知》第9条规定:"企业法定代表人的变更,不影响劳动合同的履行,用人单位和劳动者不需因此重新签订劳动合同。"

于合理范畴，应支持用人单位调整劳动者工作岗位。①

2. 依生产经营需要的调整岗位。用人单位与劳动者在劳动合同中未约定工作岗位或约定不明的，用人单位有正当理由，根据生产经营需要，合理地调整劳动者工作岗位属于用人单位自主用工行为。②

(二) 单位调岗的纠纷

1. 调岗的经济损失纠纷。用人单位与劳动者签订的劳动合同中明确约定工作岗位但未约定如何调岗的，在不符合《劳动合同法》第40条所列情形时，用人单位自行调整劳动者工作岗位的属于违约行为，给劳动者造成损失的，用人单位应予以赔偿，参照原岗位工资标准补发差额。对于劳动者主张恢复原工作岗位的，根据实际情况进行处理。经审查难以恢复原工作岗位的，可释明劳动者另行主张权利，释明后劳动者仍坚持要求恢复原工作岗位，可驳回请求。

2. 调岗的工资纠纷。调整工资用人单位在调整岗位的同时调整工资，劳动者接受调整岗位但不接受同时调整工资的由用人单位说明整理由。应根据用人单位实际情况、劳动者调整后工作岗位性质、双方合同约定等内容综合判断是否侵犯劳动者合法权益。

3. 调岗的合同纠纷。用人单位和劳动者因劳动合同中约定，用人单位有权根据生产经营需要随时调整劳动者工作内容或岗位，双方为此发生争议的，应由用人单位举证证明其调职具有充分的合理性。用人单位不能举证证明其调职具有充分合理性的，双方仍应按原劳动合同履行。

(三) 单位调岗的其他规则

1. 单位调岗的考核。工人改变工种，调换新的岗位，或者操作新的先进设备时，应经过技术业务培训和上岗转岗考核合格后方能上岗。在精密稀有设备上工作和从事特种作业的工人，离开生产工作岗位1年以上，重新回到原岗位，应有一定的熟悉期，期满经技术业务考核合格后方能上岗，并按考核成绩，重新确定技术等级。③

---

① 《北京市高级人民法院、北京市劳动人事争议仲裁委员会关于审理劳动争议案件法律适用问题的解答》第5条第1款。
② 《北京市高级人民法院、北京市劳动人事争议仲裁委员会关于审理劳动争议案件法律适用问题的解答》第5条第2款。
③ 《工人考核条例》第8条。

2. 单位调岗劳动合同的变更。在劳动合同期内，职工在企业内流动，一般不变更劳动合同，但在新的生产工作岗位要重新签订岗位责任（聘任）书。①

3. 单位调岗的限制。农民合同制职工，在合同期内不能改变工种和工作岗位。②

三、劳动合同履行中的"用人单位分立和合并"

（一）用人单位分立和合并权的承继

1. 权利、义务的承继。用人单位发生合并或者分立等情况，原劳动合同继续有效，劳动合同由承继其权利和义务的用人单位继续履行。③

2. 工伤保险责任的承担。（1）用人单位分立、合并、转让的，承继单位应当承担原用人单位的工伤保险责任；原用人单位已经参加工伤保险的，承继单位应当到当地经办机构办理工伤保险变更登记。用人单位实行承包经营的，工伤保险责任由职工劳动关系所在单位承担。职工被借调期间受到工伤事故伤害的，由原用人单位承担工伤保险责任，但原用人单位与借调单位可以约定补偿办法。企业破产的，在破产清算时依法拨付应当由单位支付的工伤保险待遇费用。④（2）用人单位破产、解散的，管理人、清算组应当通知参保地社会保险费征收机构和社会保险经办机构，并依法清偿失业保险费及滞纳金。用人单位分立、合并

---

① 《邮电企业劳动合同管理暂行规定》第31条。
《邮电企业劳动合同管理暂行规定》第32条规定："职工在邮电系统内调动，要同调出企业解除劳动合同，与调入企业重新签订劳动合同。"

② 《邮电企业劳动合同管理暂行规定》第34条。

③ 《劳动合同法》第34条。
《上海市高级人民法院民一庭关于审理劳动争议案件若干问题的解答》第21条规定："用人单位被其他单位兼并或分立后，由兼并单位或分立后的单位继续履行原用人单位与劳动者的劳动合同，列兼并单位或分立后的单位为当事人；用人单位主体资格未变更或丧失，只是投资方发生变化的，用人单位仍应继续履行劳动合同。"

④ 《工伤保险条例》第43条。
《广东省工伤保险条例》第41条规定："用人单位分立、合并、转让的，承继单位应当承担原用人单位的工伤保险责任；原用人单位已经参加工伤保险的，承继单位应当到当地社会保险经办机构办理工伤保险变更登记。企业破产，因分立、合并之外的原因解散，或者终止的，在清算时依法拨付应当由用人单位支付的工伤保险待遇费用，清偿欠缴的工伤保险费及其利息和滞纳金。"
《宁夏回族自治区人民政府关于印发宁夏回族自治区实施〈工伤保险条例〉办法的通知》第36条规定："用人单位分立、合并、转让的，其工伤职工的工伤保险责任由承继单位承担。……工伤伤残辅助器具配置费和工亡职工供养亲属抚恤金等）核定缴费基数，用人单位一次性足额趸缴十年的费用后，其工伤职工纳入工伤保险统筹管理，由工伤保险基金按照《条例》和本办法规定支付工伤保险待遇"

的,承继单位享有原用人单位的失业保险权利并承担相应义务。[1](3)用人单位分立、合并的,由分立、合并后的单位继续缴纳基本养老保险费。[2](4)用人单位分立、合并、转让的,承继单位应当承担原用人单位的工伤保险责任;原用人单位已经参加工伤保险的,承继单位应当到当地经办机构办理工伤保险变更登记。用人单位实行承包经营的,工伤保险责任由职工劳动关系所在单位承担。职工被借调期间受到工伤事故伤害的,由原用人单位承担工伤保险责任,但原用人单位与借调单位可以约定补偿办法。[3]

3. 患职业病的劳动者补偿责任的承继。用人单位分立、合并的,承继单位应当承担由原用人单位对患职业病的劳动者承担的补偿责任。用人单位解散、破产的,应当依法从其清算财产中优先支付患职业病的劳动者的补偿费用。[4]

4. 劳动争议责任的承继。(1)用人单位合并的,合并前发生的劳动争议,由合并后的用人单位为一方当事人;用人单位分立的,其分立前发生的劳动争议,由分立后承受劳动合同权利与义务的用人单位为一方当事人。用人单位分立后,承受其权利义务不明确的,以分立后所有用人单位为一方当事人。[5](2)在诉讼过程中,原用人单位变更名称、已经分立或合并的,以承继原用人单位权利义务的单位为用人单位,承继单位可以申请参加诉讼,也可以由人民法院直接通知参加诉讼;正在进行分立或合并的,可以将相关各方均列为当事人,如权利义务继承人不明确的,可中止诉讼,待用人单位分立或合并完成以后,再确定当事人。[6]

5. 劳动工作年限的承继。劳动者非因本人原因从原用人单位被安排到新用人单位工作的,劳动者在原用人单位的工作年限合并计算为新用人单位的工作年限。原用人单位已经向劳动者支付经济补偿的,新用人单位在依法解除、终止劳动合同计算支付经济补偿的工作年限时,不再计算劳动者在原用人单位的工

---

[1] 《广东省失业保险条例》第11条。
[2] 《浙江省职工基本养老保险条例》第16条。
《徐州市人民政府办公室转发市人力资源和社会保障局市财政局徐州市老工伤人员纳入工伤保险统筹管理办法的通知》第14条规定:"用人单位分立、合并、转让或改制的,由承继单位承担办理老工伤人员纳入工伤保险统筹管理的责任。"
[3] 《南昌市人民政府关于印发南昌市工伤保险实施办法的通知》第48条。
[4] 《使用有毒物品作业场所劳动保护条例》第44条。
[5] 《福建省高级人民法院关于审理劳动争议案件若干问题的意见》第19条。
[6] 《山东省高级人民法院关于审理劳动争议案件若干问题的意见》第19条。

作年限。①

(二)用人单位分立、合并的变更

1. 变更工伤保险手续。用人单位分立、合并、转让的,承继单位应当自变更之日起30日内到当地社会保险经办机构办理工伤保险登记或者变更登记手续,继续承担原用人单位的工伤保险责任。②

2. 变更劳动合同。用人单位发生分立或合并后,分立或合并后的用人单位可以依照其实际情况与原用人单位的劳动者遵循平等自愿、协商一致的原则变更原劳动合同。③

第三节 劳动合同的变更

劳动合同的变更,是指在劳动合同开始履行但尚未完全履行之前,因订立劳动合同的主客观条件发生了变化,当事人依照法律规定的条件和程序,对原合同中的某些条款修改、补充的法律行为。

一、劳动合同变更的方式

1. 协商一致的劳动合同变更。(1)用人单位与劳动者协商一致,可以变更劳动合同约定的内容。变更劳动合同,应当采用书面形式。变更后的劳动合同文本由用人单位和劳动者各执一份。④ 其中,《劳动合同法》第35条规定,劳动合同变更的应当采取书面形式。这里的书面形式,包括发给劳动者的工资单、岗位变化通知等。因为随着劳动合同的持续履行,劳动合同双方的权利义务本身就必然会不断变化。如随着劳动者工作时间的增加,其休假、奖金标准发生的自然变化等,都属于劳动合同的变更。因此,对于依法变更劳动合同的,只要能够通过文字记载或者其他形式证明的,可以视为"书面变更"。⑤ (2)"停薪留职"的职工愿意回原单位工作的,用人单位应当与其签订劳动合同,明确权利义务关系。如

---

① 《劳动合同法实施条例》第10条。
② 《云南省人民政府关于印发云南省实施〈工伤保险条例〉办法的通知》第22条。
③ 《关于贯彻执行〈中华人民共和国劳动法〉若干问题的意见》第13条。
④ 《劳动合同法》第35条。
⑤ 《上海市高级人民法院关于适用〈劳动合同法〉若干问题的意见》第3条。

果用人单位不能安排工作岗位,而职工又愿意到其他单位工作并继续与原单位保留劳动关系的,应当按照《劳动部关于贯彻实施〈中华人民共和国劳动法〉若干问题的意见》第 7 条规定办理,即职工与原单位保持劳动关系但不在岗的,可以变更劳动合同相关内容。① (3)劳动合同在履行期间因条件发生变化,经邮电企业和职工协商一致,可就劳动合同的具体条款进行书面变更。对于变更部分劳动合同条款的,原劳动合同中未作变更的条款仍然有效。② (4)私营企业因转产、调整生产项目,或者由于情况变化,经双方协商同意,可以变更合同的相关内容。变更后的劳动合同,须报当地劳动行政部门鉴证并备案。③ (5)用人单位发生分立或合并后,分立或合并后的用人单位可以依照其实际情况与原用人单位的劳动者遵循平等自愿、协商一致的原则变更原劳动合同。④

2. 以"实际履行"的方式形成事实上的劳动合同变更。(1)变更劳动合同未采用书面形式,但已经实际履行了口头变更的劳动合同超过 1 个月,且变更后的劳动合同内容不违反法律、行政法规、国家政策以及公序良俗,当事人以未采用书面形式为由主张劳动合同变更无效的,人民法院不予支持。⑤ (2)劳动者按变更后的工作地点实际履行合同,又以未采用书面形式为由主张劳动合同变更无效的,劳动者已经按变更后的工作地点实际履行合同,又以未采用书面形式为由主张劳动合同变更无效的,适用《最高人民法院关于审理劳动争议案件适用法律若干问题的解释(四)》第 11 条的规定处理。⑥ 即"变更劳动合同未采用书面形式,但已经实际履行了口头变更的劳动合同超过 1 个月,且变更后的劳动合同内容不违反法律、行政法规、国家政策以及公序良俗,当事人以未采用书面形式为由主张劳动合同变更无效的,人民法院不予支持"。

3. 用人单位通知的劳动合同变更。劳动者有《劳动合同法》第 40 条第 1 项或第 2 项规定情形之一需调整工作岗位的,用人单位应采取书面形式通知劳动者

---

① 《劳动部关于实行劳动合同制度若干问题的通知》第 7 条。
② 《邮电企业劳动合同管理暂行规定》第 11 条。
③ 《私营企业劳动管理暂行规定》第 9 条。
④ 《关于贯彻执行〈中华人民共和国劳动法〉若干问题的意见》第 13 条。
⑤ 《最高人民法院关于审理劳动争议案件适用法律若干问题的解释(四)》第 11 条(已废止,仅供参考)。
⑥ 《北京市高级人民法院、北京市劳动人事争议仲裁委员会关于审理劳动争议案件法律适用问题的解答》第 7 条。

变更劳动合同。①

二、劳动合同变更的内容

用人单位或劳动者一方可以要求变更工作岗位、工作地点、劳动报酬等劳动合同约定内容,但应经双方协商一致才能变更。对符合《劳动合同法》第40条第3项规定情形的,双方未能就变更劳动合同内容达成协议的,用人单位可依法定程序解除劳动合同。②

三、劳动合同变更的其他规则

1. 劳动合同变更的继续履行。各级人力资源社会保障部门要根据转型升级的具体情形,指导企业与员工依法履行劳动合同。企业变更名称、法定代表人、主要负责人或者投资人(股东)等事项的,劳动合同继续履行;企业发生合并、分立或者"三来一补"企业转型登记为企业法人的,劳动合同继续履行;企业在本市行政区域内搬迁变更工作地点的,如职工上下班可乘坐本市公共交通工具,或企业提供交通补贴、免费交通工具接送等便利条件,对职工生活未造成明显影响的,劳动合同继续履行。劳动合同继续履行的,企业无须支付经济补偿,职工的本企业工作年限连续计算。③

2. 劳动合同变更的鉴证。劳动合同订立和变更应到当地劳动行政部门办理鉴证手续。④

3. 劳动合同变更的备案。用人单位与劳动者变更劳动合同后,应在30日内进行劳动合同网上备案。⑤

4. 劳动合同变更的禁止。劳动者依照《劳动合同法》规定符合与用人单位签订无固定期限劳动合同条件,劳动者与用人单位签订了固定期限劳动合同后,劳动者要求变更为无固定期限劳动合同的,不予支持,但有证据证明用人单位存在欺诈、胁迫、乘人之危等情形的除外。⑥

---

① 《天津市人力资源和社会保障局关于劳动合同订立、履行、变更、解除和终止等有关问题的通知》第7条。
② 《青岛市劳动和社会保障局关于印发〈劳动合同管理指引〉的通知》第2条第5款第1项。
③ 《广东省人力资源和社会保障厅、广东省经济和信息化委员会、广东省住房和城乡建设厅、广东省对外贸易经济合作厅、广东省地方税务局关于妥善解决当前劳资纠纷重点问题的通知》第3条。
④ 《邮电企业劳动合同管理暂行规定》第12条。
⑤ 《青岛市劳动和社会保障局关于印发〈劳动合同管理指引〉的通知》第2条第5款第3项。
⑥ 《北京市高级人民法院、北京市劳动人事争议仲裁委员会关于审理劳动争议案件法律适用问题的解答》第17条。

第四节　劳动合同的解除

劳动合同的解除,是指劳动合同订立后,尚未全部履行以前,由于某种原因导致劳动合同一方或双方当事人提前消灭劳动关系的法律行为。劳动合同的解除分为法定解除和约定解除两种。

根据《劳动法》的规定,劳动合同既可以由单方依法解除,也可以双方协商解除。劳动合同的解除,只对未履行的部分发生效力,不涉及已履行的部分。①

一、用人单位解除合同

（一）用人单位解除合同的种类

1. 用人单位单方"非过失性辞退"（解除）劳动合同的法定情形。（1）有下列情形之一的,用人单位提前 30 日以书面形式通知劳动者本人或者额外支付劳动者 1 个月工资后,可以解除劳动合同:①劳动者患病或者非因工负伤,在规定的医疗期满后不能从事原工作,也不能从事由用人单位另行安排的工作的;②劳动者不能胜任工作,经过培训或者调整工作岗位,仍不能胜任工作的;③劳动合同订立时所依据的客观情况发生重大变化,致使劳动合同无法履行,经用人单位与劳动者协商,未能就变更劳动合同内容达成协议的。② 其中,"劳动者患病或者非因

---

① 《关于贯彻执行〈中华人民共和国劳动法〉若干问题的意见》第 26 条。
② 《劳动合同法》第 40 条第 3 项。
《劳动法》第 26 条规定:"有下列情形之一的,用人单位可以解除劳动合同,但是应当提前三十日以书面形式通知劳动者本人:（一）劳动者患病或者非因工负伤,医疗期满后,不能从事原工作也不能从事由用人单位另行安排的工作的;（二）劳动者不能胜任工作,经过培训或者调整工作岗位,仍不能胜任工作的;（三）劳动合同订立时所依据的客观情况发生重大变化,致使原劳动合同无法履行,经当事人协商不能就变更劳动合同达成协议的。"
《劳动合同法实施条例》第 19 条规定:"有下列情形之一的,依照劳动合同法规定的条件、程序,用人单位可以与劳动者解除固定期限劳动合同、无固定期限劳动合同或者以完成一定工作任务为期限的劳动合同……（二）劳动者在试用期间被证明不符合录用条件的;（三）劳动者严重违反用人单位的规章制度的;（四）劳动者严重失职,营私舞弊,给用人单位造成重大损害的;（五）劳动者同时与其他用人单位建立劳动关系,对完成本单位的工作任务造成严重影响,或者经用人单位提出,拒不改正的;（六）劳动者以欺诈、胁迫的手段或者乘人之危,使用人单位在违背真实意思的情况下订立或者变更劳动合同的;（七）劳动者被依法追究刑事责任的……"
《邮电企业劳动合同管理暂行规定》第 19 条规定:"有下列情形之一的,邮电企业可以解除劳动合同,但应当提前三十日以书面形式通知职工本人:（一）职工患病或因工负伤,医疗期满后不能从事原工作,

工负伤,在规定的医疗期满后不能从事原工作,也不能从事由用人单位另行安排的工作的",指劳动者医疗期满后,不能从事原工作的,由原用人单位另行安排适当工作之后,仍不能从事另行安排的工作的,可以解除劳动合同。① "不能胜任工作",是指不能按要求完成劳动合同中约定的任务或者同工种、同岗位人员的工作量。用人单位不得故意提高定额标准,使劳动者无法完成。② "劳动合同订立时所依据的客观情况发生重大变化",是指劳动合同订立后发生了用人单位和劳动者订立合同时无法预见的变化,致使双方订立的劳动合同全部或者主要条款无法履行,或者若继续履行将出现成本过高等显失公平的状况,致使劳动合同目的难以实现。下列情形一般属于"劳动合同订立时所依据的客观情况发生重大变化":①地震、火灾、水灾等自然灾害形成的不可抗力;②受法律、法规、政策变化导致用人单位迁移、资产转移或者停产、转产、转(改)制等重大变化的;③特许经营性质的用人单位经营范围等发生变化的。③用人单位依照《劳动合同法》第40条的规定,选择额外支付劳动者1个月工资解除劳动合同的,其额外支付的工资应当按照该劳动者上1个月的工资标准确定。④用人单位解除劳动合同时需要向劳动者支付的"1个月的替代通知期工资"(简称"代通金"),用人单位是否需要支付,应当根据法律的规定来判断,法律没有规定的,不能要求用人单位支付。《劳动合同法实施条例》规定"代通金"的支付标准,应当以上个月的工资标准确定,但只以单月的工资为准,可能过高或过低,既有可能对用人单位不利,也有可能对劳动者不利,从整体上看不利于促进和形成和谐稳定的劳动关系。所以,结合劳动法和劳动合同法的立法精神,上个月的"工资标准",应当是指劳动者的正常工资标准。如其上月工资不能反映正常工资水平的,可按解除劳动合同之前

也不能从事邮电企业另行安排的工作的;(二)职工不能胜任工作,经过培训或者调整工作岗位,仍不能胜任工作的;(三)劳动合同订立时所依据的客观情况发生重大变化,致使原劳动合同无法履行,经邮电企业与职工协商不能变更劳动合同达成协议的。

① 《关于〈劳动法〉若干条文的说明》第26条第2款。
② 《关于〈劳动法〉若干条文的说明》第26条第3款。
③ 《北京市高级人民法院、北京市劳动人事争议仲裁委员会关于审理劳动争议案件法律适用问题的解答》第12条。
《关于〈劳动法〉若干条文的说明》第26条第4款规定:"'客观情况'指:发生不可抗力或出现致使劳动合同全部或部分条款无法履行的其他情况,如企业迁移、被兼并、企业资产转移等,并且排除本法第二十七条所列的客观情况。"
④ 《劳动合同法实施条例》第20条。

劳动者 12 个月的平均工资确认。① （2）非因劳动者原因致用人单位生产经营陷入严重困境，有丧失清偿能力的可能并致用人单位停产、限产，用人单位可以根据《劳动合同法》第 40 条第 3 项的规定解除劳动合同并支付经济补偿，也可以与劳动者协商约定停工限产期限。停工限产未超过 1 个工资支付周期，用人单位按照正常工作时间支付工资，超过 1 个工资支付周期，用人单位根据《广东省工资支付条例》第 39 条的规定向劳动者支付工资或生活费。② 如"用人单位依照企业破产法规定进行重整的"③"用人单位生产经营发生严重困难的"④"企业转产、重大技术革新或者经营方式调整，经变更劳动合同后，仍需裁减人员"。⑤ （3）劳动合同订立时所依据的客观情况发生重大变化，致使无法恢复履行的，经用人单位与劳动者协商，未能就变更劳动合同内容达成协议，用人单位可以解除劳动合同，并依照《劳动合同法》第 47 条规定向劳动者支付经济补偿。符合终止、解除劳动关系条件的，应当依法终止、解除劳动关系。⑥

2. 用人单位单方"过失性辞退"（解除）劳动合同的法定情形。（1）劳动者有下列情形之一的，用人单位可以解除劳动合同：①在试用期间被证明不符合录用条件的；②严重违反用人单位的规章制度的；③严重失职，营私舞弊，给用人单位造成重大损害的；④劳动者同时与其他用人单位建立劳动关系，对完成本单位的工作任务造成严重影响，或者经用人单位提出，拒不改正的；⑤因《劳动合同法》第 26 条第 1 款第 1 项规定的情形致使劳动合同无效的；⑥被依法追究刑事责任的。⑦ 其中，对"试用期内"不符合录用条件的劳动者，企业可以解除劳动合同；

---

① 《上海市高级人民法院关于适用〈劳动合同法〉若干问题的意见》第 5 条。
② 《广东省高级人民法院、广东省劳动人事争议仲裁委员会关于印发〈广东省高级人民法院、广东省劳动人事争议仲裁委员会关于劳动人事争议仲裁与诉讼衔接若干意见〉的通知》第 5 条。
③ 《劳动合同法实施条例》第 19 条第 11 项。
④ 《劳动合同法实施条例》第 19 条第 12 项。
⑤ 《劳动合同法实施条例》第 19 条第 13 项。
⑥ 《新疆维吾尔自治区人力资源和社会保障厅关于印发〈关于进一步规范劳动合同管理有关问题的指导意见〉的通知》第 10 条第 3 款。
⑦ 《劳动合同法》第 39 条。
《劳动法》第 25 条规定："劳动者有下列情形之一的，用人单位可以解除劳动合同：（一）在试用期间被证明不符合录用条件的；（二）严重违反劳动纪律或者用人单位规章制度的；（三）严重失职，营私舞弊，对用人单位利益造成重大损害的；（四）被依法追究刑事责任的。"
《劳动合同法实施条例》第 19 条规定："有下列情形之一的，依照劳动合同法规定的条件、程序，用人单位可以与劳动者解除固定期限劳动合同、无固定期限劳动合同或者以完成一定工作任务为期限的劳动合同：……（八）劳动者患病或者非因工负伤，在规定的医疗期满后不能从事原工作，也不能从事由用人单

若超过试用期,则企业不能以试用期内不符合录用条件为由解除劳动合同。①《劳动法》第 25 条第 1 款中的"录用条件",以法定最低就业年龄等基本录用条件以及用人单位招用时规定的文化、技术、身体、品质等条件为标准。②"严重违反劳动纪律"的行为,可根据《企业职工奖励条例》和《国营企业辞退违纪职工暂行规定》等有关法规认定。③《劳动法》第 25 条第 3 项中的"重大损害",应由企业内部规章来规定,不便于在全国对其作统一解释。若用人单位以此为由解除劳动合同,与劳动者发生劳动争议,当事人向劳动争议仲裁委员会申请仲裁的,由劳动争议仲裁委员会根据企业类型、规模和损害程度等情况,对企业规章中规定的"重大损害"进行认定。④"被依法追究刑事责任",具体指:①被人民法院判处刑罚(刑罚包括:主刑:管制、拘役、有期徒刑、无期徒刑、死刑;附加刑:罚金、剥夺政治权利、没收财产)的;②被人民法院《刑法》第 32 条免予刑事处分的。⑤"被依法

位另行安排的工作的;(九)劳动者不能胜任工作,经过培训或者调整工作岗位,仍不能胜任工作的;(十)劳动合同订立时所依据的客观情况发生重大变化,致使劳动合同无法履行,经用人单位与劳动者协商,未能就变更劳动合同内容达成协议的……(十四)其他因劳动合同订立时所依据的客观经济情况发生重大变化,致使劳动合同无法履行的。"

《私营企业劳动管理暂行规定》第 10 条规定:"在下列情况下,私营企业可解除劳动合同:(一)录用后职工不符合用工条件的;(二)职工患病或非因工负伤,医疗期满后不能从事原工作又无法安排其他工作的;(三)参照国务院《关于国营企业辞退违纪职工暂行规定》,属于应予辞退的;(四)企业歇业、宣告破产,或者濒临破产处于法定整顿期间的。"

《邮电企业劳动合同管理暂行规定》第 17 条规定:"职工有下列情况之一的,邮电企业可以解除劳动合同:(一)在试用期间被证明不符合录用条件的;(二)严重违反劳动纪律或邮电企业规章制度的;(三)严重失职,营私舞弊,对邮电企业利益造成重大损失的;(四)泄露邮电通信秘密、邮电科学技术秘密和商业秘密,给邮电企业造成重大损失的;(五)职工违反劳动合同,给邮电企业造成重大损失的;(六)被依法追究刑事责任的;(七)按照国家规定,可以辞退的。"

① 《劳动部办公厅对〈关于如何确定试用期内不符合录用条件可以解除劳动合同的请示〉的复函》。
② 《湖北省高级人民法院关于审理劳动争议案件若干问题的意见(试行)》第 15 条。
③ 《关于〈劳动法〉若干条文的说明》第 25 条第 2 款。
④ 《关于贯彻执行〈中华人民共和国劳动法〉若干问题的意见》第 87 条。
《关于〈劳动法〉若干条文的说明》第 25 条第 3 款规定,"'重大损害'由企业内部规章来规定。因为企业类型各有不同,对重大损害的界定也千差万别,故不便对重大损害作统一解释。若由此发生劳动争议,可以通过劳动争议仲裁委员会对其规章规定的重大损害进行认定。"
⑤ 《关于〈劳动法〉若干条文的说明》第 25 条第 4 款。
《关于贯彻执行〈中华人民共和国劳动法〉若干问题的意见》第 29 条第 1 款规定:"劳动者被依法追究刑事责任的,用人单位可依据劳动法第二十五条解除劳动合同。"
因《劳动和社会保障部办公厅关于职工被人民检察院作出不予起诉决定用人单位能否据此解除劳动合同问题的复函》,故删除《关于贯彻执行〈中华人民共和国劳动法〉若干问题的意见》第 29 条中的"被人民检察院免予起诉的"。

追究刑事责任",是指被人民法院判处处罚的、被人民法院依据《刑法》第 32 条免予刑事处分的。① (2)被派遣劳动者因《劳务派遣暂行规定》第 12 条规定被用工单位退回,劳务派遣单位重新派遣时维持或者提高劳动合同约定条件,被派遣劳动者不同意的,劳务派遣单位可以解除劳动合同。② (3)劳动合同暂时停止履行情形消失,用人单位应当依法并根据企业规章制度确定是否恢复履行劳动合同或终止解除劳动合同。③ (4)事业单位工作人员受到开除处分的,事业单位必须依法解除劳动合同。④ (5)职工于《国家赔偿法》实施以前被判犯罪,后经司法机关改判无罪的,如企业仅因其被判刑而解除劳动关系的,企业应恢复与该职工的劳动关系,并按照原劳动人事部《关于受处分人员的工资待遇问题给天津市劳动局的复文》(劳人薪局[1985]第 12 号)的规定,恢复其原工资待遇,并补发在押期间的工资。⑤

3. 用人单位在解除劳动合同时应注意的问题。(1)存在《劳动法》第 25 条规定情形之一的,用人单位可以解除劳动合同。同时,根据《工会法》第 21 条规定用人单位单方面解除职工劳动合同时,应当事先将理由通知工会,若工会认为用人单位违反法律、法规和有关合同,要求重新研究处理时,用人单位应当研究工会的意见,并将处理结果书面通知工会。⑥ (2)《劳动法》第 25 条用人单位可以解除劳动合同的条款,即使存在第 29 条规定的情况,只要劳动者同时存在第 25 条规定的四种情形之一,用人单位也可以根据第 25 条的规定解除劳动合同。⑦ (3)劳动者被劳动教养的,用人单位可以依据被劳教的事实解除与该劳动者的劳动合同。⑧ (4)人民检察院根据《刑事诉讼法》第 142 条第 2 款规定作出不起诉决

---

① 《关于贯彻执行〈中华人民共和国劳动法〉若干问题的意见》第 29 条第 2 款。
因《劳动和社会保障部办公厅关于职工被人民检察院作出不予起诉决定用人单位能否据此解除劳动合同问题的复函》,故删除《关于贯彻执行〈中华人民共和国劳动法〉若干问题的意见》第 29 条中的"被人民检察院免予起诉的"。
② 《劳务派遣暂行规定》第 15 条第 1 款。
③ 《新疆维吾尔自治区人力资源和社会保障厅关于印发〈关于进一步规范劳动合同管理有关问题的指导意见〉的通知》第 10 条第 1 款。
④ "事业单位科研人员离岗创业期间受开除处分原单位能否与其解除聘用合同"(判例)。
⑤ 《劳动部办公厅关于企业职工被错判宣告无罪释放后,是否应恢复与企业的劳动关系等有关问题的复函》。
⑥ 《劳动和社会保障部办公厅关于工会主席任职期间用人单位能否因违纪解除劳动合同问题的复函》。
⑦ 《关于贯彻执行〈中华人民共和国劳动法〉若干问题的意见》第 30 条。
⑧ 《关于贯彻执行〈中华人民共和国劳动法〉若干问题的意见》第 31 条。

定的,不属于《劳动法》第 25 条第 4 项规定的被依法追究刑事责任的情形,用人单位不能依据《劳动法》解除其劳动合同。① (5)用人单位应当依法建立和完善劳动规章制度,对严重违反规章制度的情形应加以明确(参照法规确定标准),未有明确规定的,用人单位不得依据《劳动合同法》第 39 条第 2 项规定与劳动者解除劳动合同。② (6)请长病假的职工在医疗期满后,能从事原工作的,可以继续履行劳动合同;医疗期满后仍不能从事原工作也不能从事由单位另行安排的工作的,由劳动鉴定委员会参照工伤与职业病致残程度鉴定标准进行劳动能力鉴定。被鉴定为 1 至 4 级的,应当退出劳动岗位,解除劳动关系,办理因病或非因工负伤退休退职手续,享受相应的退休退职待遇;被鉴定为 5 至 10 级的,用人单位可以解除劳动合同,并按规定支付经济补偿金和医疗补助费。③

4. 用人单位解除劳动合同中的工会。(1)用人单位单方面解除职工劳动合同时,应当事先将理由通知工会,工会认为用人单位违反法律、法规和有关合同,要求重新研究处理时,用人单位应当研究工会的意见,并将处理结果书面通知工会。④ (2)用人单位单方面解除劳动合同时,应当依工会法的规定,事先将解除理由通知工会或职工代表,未经上述程序,用人单位单方解除的行为无效。⑤ (3)用人单位解除劳动合同,工会认为不适当的,有权提出意见。如果用人单位违反法律、法规或者劳动合同,工会有权要求重新处理;劳动者申请仲裁或者提起诉讼的,工会应当依法给予支持和帮助。⑥ 其中,"法律、法规"是指与解除劳动合同有关的现行法律、法规。⑦ (4)未建立工会的用人单位根据《劳动合同法》第 39 条、第 40 条规定解除劳动合同,劳动者以用人单位未通知所在地工会或者行业工会为由主张违法解除劳动合同的,不予支持。⑧

---

① 《劳动和社会保障部办公厅关于职工被人民检察院作出不予起诉决定用人单位能否据此解除劳动合同问题的复函》。
② 《新疆维吾尔自治区人力资源和社会保障厅关于印发〈关于进一步规范劳动合同管理有关问题的指导意见〉的通知》第 13 条。
③ 《关于贯彻执行〈中华人民共和国劳动法〉若干问题的意见》第 35 条。
④ 《工会法》第 22 条第 2 款。
⑤ 《上海市高级人民法院民一庭关于审理劳动争议案件若干问题的解答》第 17 条。
⑥ 《劳动法》第 30 条。
⑦ 《关于〈劳动法〉若干条文的说明》第 30 条第 2 款。
⑧ 《天津市高级人民法院关于印发〈天津法院劳动争议案件审理指南〉的通知》第 21 条第 2 款。

(二) 用人单位解除劳动合同的禁止

1. 一般不得解除劳动合同的情形。劳动者有下列情形之一的,用人单位不得依照《劳动合同法》第40条、第41条的规定解除劳动合同:(1)从事接触职业病危害作业的劳动者未进行离岗前职业健康检查,或者疑似职业病病人在诊断或者医学观察期间的;(2)在本单位患职业病或者因工负伤并被确认丧失或者部分丧失劳动能力的;①(3)患病或者非因工负伤,在规定的医疗期内的;②(4)女职工在孕期、产期、哺乳期的;③(5)在本单位连续工作满15年,且距法定退休年龄不足5年的;(6)法律、行政法规规定的其他情形。④ 其中,"医疗期"是指企业职工因患病或非因工负伤停止工作治病休息不得解除劳动合同的时限(具体规定

---

① 另见《职业病防治法》第35条规定:"对从事接触职业病危害的作业的劳动者,用人单位应当按照国务院卫生行政部门的规定组织上岗前、在岗期间和离岗时的职业健康检查,并将检查结果书面告知劳动者。职业健康检查费用由用人单位承担。用人单位不得安排未经上岗前职业健康检查的劳动者从事接触职业病危害的作业;不得安排有职业禁忌的劳动者从事其所禁忌的作业;对在职业健康检查中发现有与所从事的职业相关的健康损害的劳动者,应当调离原工作岗位,并妥善安置;对未进行离岗前职业健康检查的劳动者不得解除或者终止与其订立的劳动合同。职业健康检查应当由取得《医疗机构执业许可证》的医疗卫生机构承担。卫生行政部门应当加强对职业健康检查工作的规范管理,具体管理办法由国务院卫生行政部门制定。"

② 另见《企业职工患病或非因工负伤医疗期规定》第6条规定:"企业职工非因工致残和经医生或医疗机构认定患有难以医治的疾病,在医疗期内医疗终结,不能从事原工作,也不能从事用人单位另行安排的工作的,应当由劳动鉴定委员会参照工伤与职业病致残程度鉴定标准进行劳动能力的鉴定。被鉴定为1~4级的,应当退出劳动岗位,终止劳动关系,办理退休、退职手续,享受退休、退职待遇;被鉴定为5~10级的,医疗期内不得解除劳动合同。"

《关于贯彻执行〈中华人民共和国劳动法〉若干问题的意见》第76条规定:"依据劳动部《企业职工患病或因工负伤医疗期的规定》(劳部发[1994]479号)和劳动部《关于贯彻〈企业职工患病或非因工负伤医疗期的规定〉的通知》(劳部发[1995]236号),职工患病或非因工负伤,根据本人实际参加工作的年限和本企业工作年限长短,享受3—24个月的医疗期。对于某些特殊疾病(如癌症、精神病、瘫痪等)的职工,在24个月内尚不能痊愈的,经企业和当地劳动部门批准,可以适当延长医疗期。"

③ 另见《妇女权益保障法》第27条规定:"任何单位不得因结婚、怀孕、产假、哺乳等情形,降低女职工的工资,辞退女职工,单方解除劳动(聘用)合同或者服务协议。但是,女职工要求终止劳动(聘用)合同或者服务协议的除外。各单位在执行国家退休制度时,不得以性别为由歧视妇女。"

《女职工劳动保护特别规定》第5条规定:"用人单位不得因女职工怀孕、生育、哺乳降低其工资、予以辞退、与其解除劳动或者聘用合同。"

④ 《劳动合同法》第42条。

《劳动法》第29条规定:"劳动者有下列情形之一的,用人单位不得依照本法第二十六条、第二十七条的规定解除劳动合同:(一)患职业病或者因工负伤并被确认丧失或者部分丧失劳动能力的;(二)患病或者负伤,在规定的医疗期内的;(三)女职工在孕期、产期、哺乳期内的;(四)法律、行政法规规定的其他情形。"

《私营企业劳动管理暂行规定》第11条规定:"私营企业在下列情况下,不得解除劳动合同:(一)劳动合同期限未满,又不符合第十条规定的;(二)职工患有职业病或因工负伤并经医务劳动鉴定委员会确认的;(三)职工患病或非因工负伤,在规定的医疗期内的;(四)女工在孕期、产假和哺乳期间的。"

详见本书第九章中的"医疗待遇")。① "患职业病或者因工负伤并被确认丧失或者部分丧失劳动能力的""患病或者负伤,在规定的医疗期内的""女工在孕期、产期、哺乳期内的"之所以以法律的形式规定不得解除劳动合同,是为了保证劳动者在特殊情况下的权益不受侵害。"患病或者负伤,在规定的医疗期内的""女工在孕期、产期、哺乳期内的"规定劳动合同到期的,应延续劳动合同到医疗期满或女职工'三期'届满为止。② "法律、法规规定的其他情形",是立法时经常采用的技术性手段,其立法用意是:①在该条款列举情况时,为避免遗漏现行法律、法规规定的其他情况,采用此种办法使该法与其他法相衔接。②便于以后颁布的法律相衔接,即与新法相衔接。《劳动部办公厅关于印发〈关于《劳动法》若干条文的说明〉的通知》第42条第3项③的解释与此相同。④

2. 试用期中不得解除劳动合同。在试用期中,除劳动者有《劳动合同法》第39条和第40条第1项、第2项规定的情形外,用人单位不得解除劳动合同。用人单位在试用期解除劳动合同的,应当向劳动者说明理由。⑤

3. 劳务派遣单位不得解除劳动合同。被派遣劳动者因《劳务派遣暂行规定》第12条⑥规定被用工单位退回,劳务派遣单位重新派遣时降低劳动合同约定条件,被派遣劳动者不同意的,劳务派遣单位不得解除劳动合同。但被派遣劳动者提出解除劳动合同的除外。⑦

---

① 《企业职工患病或非因工负伤医疗期规定》第2条。
② 《关于〈劳动法〉若干条文的说明》第29条第2款。
③ 《关于〈劳动法〉若干条文的说明》第42条第2款规定,"本条第3项中的'法律、行政法规',既包括现行的,也包括以后颁布实行的。当前主要指国务院《关于职工工作时间的规定的实施办法》规定的四种其他情形:(1)在法定节日和公休假日内工作不能间断,必须连续生产、运输或者营业的;(2)必须利用法定节日或公休假日的停产期间进行设备检修、保养的;(3)为完成国防紧急任务的;(4)为完成国家下达的其他紧急生产任务的"。
④ 《关于〈劳动法〉若干条文的说明》第29条第2款同时规定,"本条第(一)项、第(二)项、第(三)项之所以以法律的形式规定不得解除劳动合同,是为了保证劳动者在特殊情况下的权益不受侵害。在第(二)项、第(三)项规定的情形下劳动合同到期的,应延续劳动合同到医疗期满或女职工'三期'届满为止。"
⑤ 《劳动合同法》第21条。
⑥ 《劳务派遣暂行规定》第12条规定:"有下列情形之一的,用工单位可以将被派遣劳动者退回劳务派遣单位:(一)用工单位有劳动合同法第四十条第三项、第四十一条规定情形的;(二)用工单位被依法宣告破产、吊销营业执照、责令关闭、撤销、决定提前解散或者经营期限届满不再继续经营的;(三)劳务派遣协议期满终止的。被派遣劳动者被退回后在无工作期间,劳务派遣单位应按照不低于所在地人民政府规定的最低工资标准,向其按月支付报酬。"
⑦ 《劳务派遣暂行规定》第15条第2款。

4. 对退役士兵不得解除劳动合同。对已就业的退役士兵,要确保其合法权益得到有效保障。接收安置单位应按照《劳动法》和有关法规规定,及时与退役士兵签订劳动合同或聘用合同,在合同期内非本人原因或严重过失不得解除劳动合同。①

5. "未进行离岗健康检查"的农民工不得解除劳动合同。用人单位对从事接触职业病危害作业的农民工,应当组织上岗前、在岗期间和离岗时的职业健康检查,将检查结果如实告知农民工,并建立健康监护档案,依照规定期限妥善保管。农民工离岗时,有权索取本人职业健康监护档案复印材料,用人单位应当如实无偿提供加盖单位印章的复印件。未进行离岗职业健康检查的,用人单位不得解除劳动合同。职业健康检查费用由用人单位承担。②

6. 国企转制中不得解除劳动合同。在国有企业固定工转制过程中,劳动者无正当理由不得单方面与用人单位解除劳动关系;用人单位也不得以实行劳动合同制度为由,借机辞退部分职工。③

(三)用人单位解除劳动合同的其他规则

1. "用人单位违法解除劳动合同"后劳动者的权利。(1)要求继续履行劳动合同或支付赔偿金。用人单位违反《劳动合同法》规定解除或者终止劳动合同,劳动者要求继续履行劳动合同的,用人单位应当继续履行;劳动者不要求继续履行劳动合同或者劳动合同已经不能继续履行的,用人单位应当依照《劳动合同法》第87条规定支付赔偿金。④ 用人单位违反本法规定解除或者终止劳动合同的,应当依照《劳动合同法》第47条规定的经济补偿标准的2倍向劳动者支付赔

---

① 《无锡市人民政府印发〈关于进一步做好退役士兵安置工作实施意见〉的通知》第5条第1款。
② 《河北省农民工权益保障条例》第35条第1款。
③ 《关于贯彻执行〈中华人民共和国劳动法〉若干问题的意见》第45条。
④ 《劳动合同法》第48条。
用人单位违法解除劳动合同,劳动者要求继续履行合同并主张用人单位支付赔偿金及因违法解除劳动合同而导致的工资损失的,应当区分以下情况分别处理:(1)劳动合同具备继续履行条件的,应当判决双方继续履行劳动合同,同时还应当判决用人单位向劳动者支付自违法解除劳动合同之日起至判决生效之日止的工资损失;(2)劳动合同不能继续履行的,应当根据《劳动合同法》第87条的规定判决用人单位向劳动者支付赔偿金,但不宜再判决用人单位支付自违法解除劳动合同之日起至劳动合同到期终止之日止(劳动合同剩余期限)的工资损失;(3)劳动合同虽然具备继续履行条件,但已在劳动仲裁或者法院审理期间届满的,不应当再判决继续履行劳动合同而应当判决用人单位向劳动者支付自违法解除劳动合同之日起至劳动合同届满之日止的工资损失。同时,还应当判令用人单位向劳动者支付合同到期终止的经济补偿金,不宜再判决用人单位向劳动者支付赔偿金。

偿金。① 其中,本条规定的工资损失,是指用人单位违法解除劳动合同之日前劳动者 12 个月的月平均应得工资,劳动者在该用人单位工作不满 12 个月的,按照实际工作月数计算月平均工资。该工资数额高于本市公布的上年度职工月平均工资 3 倍的,应当按照职工月平均工资 3 倍的数额确定。上述工资数额无法查明的,以劳动者所在行业平均工资为准。② "12 个月的月平均应得工资"详见本书第三章"劳动报酬、劳动时间与休息休假"中的"解除劳动合同 12 个月平均应得工资"。(2)建立了工会组织的用人单位解除劳动合同符合《劳动合同法》第 39 条、第 40 条规定,但未按照《劳动合同法》第 43 条③规定事先通知工会,劳动者以用人单位违法解除劳动合同为由请求用人单位支付赔偿金的,人民法院应予支持,但起诉前用人单位已经补正有关程序的除外。④ (3)要求继续履行劳动合同。①继续履行劳动合同的支持。用人单位违法解除或终止劳动合同,劳动者要求继续履行劳动合同的,一般应予以支持。在仲裁中发现确实无法继续履行劳动合同的,应做好释明工作,告知劳动者将要求继续履行劳动合同的请求变更为要求用人单位支付违法解除劳动合同赔偿金等请求。如经充分释明,劳动者仍坚持要求继续履行劳动合同的,应尊重劳动者的诉权,驳回劳动者的请求,告知其可另行向用人单位主张违法解除劳动合同赔偿金等。如经释明后,劳动者的请求变更为要求用人单位支付违法解除劳动合同赔偿金等的,应当继续处理。在诉讼中发现确实无法继续履行劳动合同的,驳回劳动者的诉讼请求,告知其可另行向用人单位主张违法解除劳动合同赔偿金等。⑤ 其中,"劳动合同确实无法继续履行"主要有以下情形:第一,用人单位被依法宣告破产、吊销营业执照、责令关闭、撤销,或者用人单位决定提前解散的;第二,劳动者在仲裁或者诉讼过程中达到法定退休年龄的;第三,劳动合同在仲裁或者诉讼过程中到期终止且不存在《劳动合同法》第 14 条规定应当订立无固定期限劳动合同情形的;第四,劳动者

---

① 《劳动合同法》第 87 条。
② 《天津市高级人民法院关于印发〈天津法院劳动争议案件审理指南〉的通知》第 28 条第 2 款。
③ 《劳动合同法》第 43 条规定:"用人单位单方解除劳动合同,应当事先将理由通知工会。用人单位违反法律、行政法规规定或者劳动合同约定的,工会有权要求用人单位纠正。用人单位应当研究工会的意见,并将处理结果书面通知工会。"
④ 《最高人民法院关于审理劳动争议案件适用法律若干问题的解释(四)》第 12 条(已废止,仅供参考)。
⑤ 《北京市高级人民法院、北京市劳动人事争议仲裁委员会关于审理劳动争议案件法律适用问题的解答》第 8 条。

原岗位对用人单位的正常业务开展具有较强的不可替代性和唯一性(如总经理、财务负责人等),且劳动者原岗位已被他人替代,双方不能就新岗位达成一致意见的;第五,劳动者已入职新单位的;第六,仲裁或诉讼过程中,用人单位向劳动者送达复工通知,要求劳动者继续工作,但劳动者拒绝的;第七,其他明显不具备继续履行劳动合同条件的。劳动者原岗位已被他人替代的,用人单位仅以此为由进行抗辩,不宜认定为"劳动合同确实无法继续履行的"情形。[1] ②继续履行劳动合同的举证。劳动者与用人单位因劳动合同是否为违法解除发生争议,劳动者要求继续履行劳动合同的情况下,原单位提交了其他单位为劳动者缴纳社会保险的凭证,并以此主张劳动者与新单位之间已经形成劳动关系,不能仅以原单位提交社会保险缴纳记录作为认定劳动者与新单位形成劳动关系的依据。但此时举证责任转移,由劳动者证明其与新用人单位之间不是劳动关系。若劳动者不能提出反证,则依据其与新用人单位之间的社保缴费记录确认劳动者与原用人单位"劳动合同确实无法继续履行"。新用人单位不是案件当事人的,劳动者与新用人单位之间的社保缴费记录仅为"劳动合同确实无法继续履行"的裁判理由,不应径行裁判劳动者与新用人单位之间是否形成劳动关系。[2]

2. 用人单位合法解除劳动合同的审查。认定用人单位合法解除劳动合同,应当审查以下要件:(1)用人单位与劳动者协商一致解除劳动合同,且不存在欺诈、胁迫或者重大误解的情形;(2)用人单位向劳动者作出解除劳动合同的意思表示,该意思表示具体明确且已经到达劳动者,用人单位对其解除劳动合同的具体原因承担举证证明责任;(3)用人单位解除劳动合同符合劳动合同的约定或者规章制度的规定,且该约定或者规定不违反法律规定的;(4)用人单位解除劳动合同符合《劳动合同法》第39条、第40条、第41条的规定;(5)已经建立工会的用人单位根据《劳动合同法》第39条、第40条的规定解除劳动合同,事先已经通知工会;或者虽未通知工会,但是在起诉前已经补正有关程序。[3]

3. 解除劳动合同的经济补偿金。详见本书第九章劳动争议的解决的"解除

---

[1] 《北京市高级人民法院、北京市劳动人事争议仲裁委员会关于审理劳动争议案件法律适用问题的解答》第9条。

[2] 《北京市高级人民法院、北京市劳动人事争议仲裁委员会关于审理劳动争议案件法律适用问题的解答》第10条。

[3] 《天津市高级人民法院关于印发〈天津法院劳动争议案件审理指南〉的通知》第21条第1款。

劳动合同的经济补偿金"。

4. 用人单位解除劳动合同的工作年限（工龄）计算。(1)辞退职工工龄计算问题，原劳动人事部在"关于印发《〈国营企业辞退违纪职工暂行规定〉若干问题解答》的通知"（劳人资[1987]31号）中明确，即"职工被辞退前的工龄及重新就业后的工龄合并计算"。① (2)用人单位已按国家和地方有关转制、主辅分离、辅业改制、劣势企业关闭退出和富余人员安置等规定，办理了解除劳动合同手续并依法支付经济补偿金的，工作年限不连续计算。②

（四）用人单位对职工的开除处分

1. 开除处分的提出、决定和备案。对职工给予开除处分，须经厂长（经理）提出，由职工代表大会或职工大会讨论决定，并报告企业主管部门和企业所在地的劳动或者人事部门备案。③

2. 开除处分审批的时间。审批职工处分的时间，从证实职工犯错误之日起，开除处分不得超时限过5个月，其他处分不得超过3个月。④

3. 除名职工连续工龄计算时效的溯及力。应从各地实行职工个人缴纳养老保险费的时间，作为除名职工计算连续工龄的起始时间。⑤

4. 开除处分的申述、诉讼。企业、事业单位处分职工，工会认为不适当的，有权提出意见。企业单方面解除职工劳动合同时，应当事先将理由通知工会，工会认为企业违反法律、法规和有关合同，要求重新研究处理时，企业应当研究工会的意见，并将处理结果书面通知工会。职工认为企业侵犯其劳动权益而申请劳动争议仲裁或者向人民法院提起诉讼的，工会应当给予支持和帮助。⑥

（五）用人单位裁减人员

1. 用人单位裁判人员的条件。(1)用人单位濒临破产，被人民法院宣告进入法定整顿期间或生产经营发生严重困难，达到当地政府规定的严重困难企业标准，确需裁减人员的，可以裁员。⑦ (2)有下列情形之一，需要裁减人员20人以上

---

① 《劳动部办公厅对"关于除名职工重新参加工作后工龄计算有关问题的请示"的复函》第1条。
② 《上海市高级人民法院关于适用〈劳动合同法〉若干问题的意见》第19条。
③ 《企业职工奖惩条例》第13条(已废止，但可以参考)。
④ 《企业职工奖惩条例》第20条第1款(已废止，但可以参考)。
⑤ 《劳动部办公厅对"关于除名职工重新参加工作后工龄计算有关问题的请示"的复函》第3条。
⑥ 《工会法》第22条。
⑦ 《企业经济性裁减人员规定》第2条。

或者裁减不足20人但占企业职工总数10%以上的,用人单位提前30日向工会或者全体职工说明情况,听取工会或者职工的意见后,裁减人员方案经向劳动行政部门报告,可以裁减人员:①依照企业破产法规定进行重整的;②生产经营发生严重困难的;③企业转产、重大技术革新或者经营方式调整,经变更劳动合同后,仍需裁减人员的;④其他因劳动合同订立时所依据的客观经济情况发生重大变化,致使劳动合同无法履行的。① 其中,"法定整顿期间"是指依据《破产法》和《民事诉讼法》的破产程序进入的整顿期间。"生产经营状况发生严重困难"可以根据地方政府规定的困难企业标准来界定。"报告"仅指说明情况,无批准的含义。"优先录用"指同等条件下优先录用。②

2. 裁减人员的程序规范。用人单位确需裁减人员,应按下列程序进行:(1)提前30日向工会或者全体职工说明情况,并提供有关生产经营状况的资料;(2)提出裁减人员方案,内容包括:被裁减人员名单,裁减时间及实施步骤,符合法律、法规规定和集体合同约定的被裁减人员经济补偿办法;(3)将裁减人员方案征求工会或者全体职工的意见,并对方案进行修改和完善;(4)向当地劳动行政部门报告裁减人员方案以及工会或者全体职工的意见,并听取劳动行政部门的意见;(5)由用人单位正式公布裁减人员方案,与被裁减人员办理解除劳动合同手续,按照有关规定向被裁减人员本人支付经济补偿金,出具裁减人员证明书。③

3. 裁减人员的禁止。用人单位不得裁减下列人员:(1)患职业病或者因工负伤并被确认丧失或者部分丧失劳动能力的;(2)患病或者负伤,在规定的医疗期内的;(3)女职工在孕期、产期、哺乳期内的;(4)法律、行政法规规定的其他情形。④

---

① 《劳动合同法》第41条第1款第4项。
《劳动法》第27条第1款规定:"用人单位濒临破产进行法定整顿期间或者生产经营发生严重困难,确需裁减人员的,应当提前三十日向工会或者全体职工说明情况,听取工会或者职工的意见,经向劳动行政部门报告后,可以裁减人员。"
《邮电企业劳动合同管理暂行规定》第20条规定:"邮电企业濒临破产进行法定整顿期间或生产经营状况发生严重困难,需要裁减人员的,应当提前三十日向工会或全体职工说明情况,听取工会或职工的意见,经向当地劳动部门报告后可以裁减人员。邮电企业依据本条规定裁减人员,在六个月内录用人员的,应当优先录用被裁减的人员。"
② 《关于〈劳动法〉若干条文的说明》第27条第3款。
③ 《企业经济性裁减人员规定》第4条。
④ 《企业经济性裁减人员规定》第5条。

4. 裁减中的优先留用。(1)裁减人员时,应当优先留用下列人员:①与本单位订立较长期限的固定期限劳动合同的;②与本单位订立无固定期限劳动合同的;③家庭无其他就业人员,有需要扶养的老人或者未成年人的。①(2)国有、国有控股和国有资本占主导地位的企业在招收录用工作人员时,应当安排一定比例的名额用于定向招收录用军人随军家属;经济性裁减人员的,在同等条件下应当优先留用军人随军家属。②

5. 裁减人员后的法定义务。(1)提供培训或就业帮助。用人单位有条件的,应为被裁减的人员提供培训或就业帮助。③(2)优先招用。①用人单位依照《劳动合同法》第41条第1款规定裁减人员,在6个月内重新招用人员的,应当通知被裁减的人员,并在同等条件下优先招用被裁减的人员。④ ②用人单位招收人员,在同等条件下,应当优先招收退出现役的军人、烈士遗属、因公牺牲军人遗属、1级至4级残疾军人配偶和随军家属。⑤

6. 裁减人员后的经济补偿。用人单位依照《劳动合同法》第41条第1款规定解除劳动合同的;用人单位应当向劳动者支付经济补偿。⑥

7. 裁减人员后的救济。对于被裁减而失业的人员,参加失业保险的,可到当地劳动就业服务机构登记,申领失业救济金。⑦

8. 裁减人员后的恢复劳动关系。根据《劳动合同法》第41条的规定,企业进行经济性裁员必须满足一定的前提条件,用人单位在未满足该条件的情况下进行裁员,被裁的劳动者要求恢复劳动关系的,可以支持。⑧

---

① 《劳动合同法》第41条第2款。
② 《江西省军人军属权益保障条例》第18条第3款。
③ 《企业经济性裁减人员规定》第3条。
④ 《劳动合同法》第41条第3款。
《劳动法》第27条第2款规定:"用人单位依据本条规定裁减人员,在六个月内录用人员的,应当优先录用被裁减的人员。"
《关于〈劳动法〉若干条文的说明》第27条第2款规定:"用人单位依据本条规定裁减人员,在六个月内录用人员的,应当优先录用被裁减的人员。"
《企业经济性裁减人员规定》第7条规定:"用人单位从裁减人员之日起,六个月内需要新招人员的,必须优先从本单位裁减的人员中录用,并向当地劳动行政部门报告录用人员的数量、时间、条件以及优先录用人员的情况。"
⑤ 《安徽省拥军优属条例》第31条。
⑥ 《劳动合同法》第46条第4项。
⑦ 《企业经济性裁减人员规定》第6条。
⑧ 《上海市高级人民法院关于适用〈劳动合同法〉若干问题的意见》第20条。

9. 违法裁减人员的处理。(1)劳动行政部门对用人单位违反法律、法规和有关规定裁减人员的,应依法制止和纠正。① (2)工会或职工对裁员提出的合理意见,用人单位应认真听取。用人单位违反法律、法规规定和集体合同约定裁减人员的,工会有权要求重新处理。②

二、劳动者解除劳动合同

(一)劳动者有权解除劳动合同的方式

1. 劳动者可以解除的劳动合同。(1)劳动者可以单方解除劳动合同的情形。用人单位有下列情形之一的,劳动者可以解除劳动合同:①未按照劳动合同约定提供劳动保护或者劳动条件的;②未及时足额支付劳动报酬的;③未依法为劳动者缴纳社会保险费的;④用人单位的规章制度违反法律、法规的规定,损害劳动者权益的;⑤因《劳动合同法》第 26 条第 1 款③规定的情形致使劳动合同无效的;⑥法律、行政法规规定劳动者可以解除劳动合同的其他情形。④ 其中,"未及时足

---

① 《企业经济性裁减人员规定》第 8 条。
② 《企业经济性裁减人员规定》第 9 条。
③ 《劳动合同法》第 26 条第 1 款规定:"下列劳动合同无效或者部分无效:(一)以欺诈、胁迫的手段或者乘人之危,使对方在违背真实意思的情况下订立或者变更劳动合同的;(二)用人单位免除自己的法定责任、排除劳动者权利的;(三)违反法律、行政法规强制性规定的。对劳动合同的无效或者部分无效有争议的,由劳动争议仲裁机构或者人民法院确认。"
④ 《劳动合同法》第 38 条第 1 款。
《劳动合同法实施条例》第 18 条规定:"有下列情形之一的,依照劳动合同法规定的条件、程序,劳动者可以与用人单位解除固定期限劳动合同、无固定期限劳动合同或者以完成一定工作任务为期限的劳动合同……(四)用人单位未按照劳动合同约定提供劳动保护或者劳动条件的;(五)用人单位未及时足额支付劳动报酬的;(六)用人单位未依法为劳动者缴纳社会保险费的;(七)用人单位的规章制度违反法律、法规的规定,损害劳动者权益的;(八)用人单位以欺诈、胁迫的手段或者乘人之危,使劳动者在违背真实意思的情况下订立或者变更劳动合同的;(九)用人单位在劳动合同中免除自己的法定责任、排除劳动者权利的……"
《劳动法》第 52 条("用人单位必须建立、健全劳动安全卫生制度,严格执行国家劳动安全卫生规程和标准,对劳动者进行劳动安全卫生教育,防止劳动过程中的事故,减少职业危害"),第 53 条("劳动安全卫生设施必须符合国家规定的标准。新建、改建、扩建工程的劳动安全卫生设施必须与主体工程同时设计、同时施工、同时投入生产和使用"),第 54 条("用人单位必须为劳动者提供符合国家规定的劳动安全卫生条件和必要的劳动防护用品,对从事有职业危害作业的劳动者应当定期进行健康检查")。
《劳动法》第 59 条("禁止安排女职工从事矿山井下、国家规定的第四级体力劳动强度的劳动和其他禁忌从事的劳动"),第 60 条("不得安排女职工在经期从事高处、低温、冷水作业和国家规定的第三级体力劳动强度的劳动"),第 61 条("不得安排女职工在怀孕期间从事国家规定的第三级体力劳动强度的劳动和孕期禁忌从事的劳动。对怀孕七个月以上的女职工,不得安排其延长工作时间和夜班劳动"),第 63 条(不得安排女职工在哺乳未满一周岁的婴儿期间从事国家规定的第三级体力劳动强度的劳动和哺乳期禁忌从事的其他劳动,不得安排其延长工作时间和夜班劳动),第 64 条("不得安排未成年工从事矿山井

额支付劳动报酬的"应包括如下两种情形:第一,克扣工资。《工资支付暂行规定》第15条中所称"克扣"系指用人单位无正当理由扣减劳动者应得工资(在劳动者已提供正常劳动的前提下用人单位按劳动合同规定的标准应当支付给劳动者的全部劳动报酬)。不包括以下减发工资的情况:其一,国家的法律、法规中有明确规定的;其二,依法签订的劳动合同中有明确规定的;其三,用人单位依法制定并经职代会批准的厂规、厂纪中有明确规定的;其四,企业工资总额与经济效益相联系,经济效益下浮时,工资必须下浮的(但支付给劳动者工资不得低于当地最低工资标准);其五,因劳动者请事假等相应减发工资等。①第二,无故拖欠工资。《工资支付暂行规定》第18条所称"无故拖欠"系指用人单位无正当理由超过规定付薪时间未支付劳动者工资。不包括:其一,用人单位遇到非人力所能抗拒的自然灾害、战争等原因,无法按时支付工资;其二,用人单位确因生产经营困难、资金周转受到影响,在征得本单位工会同意后,可暂时延期支付劳动者工资,延期时间的最长限制可由各省、自治区、直辖市劳动行政部门根据各地情况确定。其他情况下拖欠工资均属无故拖欠。②(2)劳动者可以单方解除劳动合同情形的认定。非因劳动者原因致用人单位生产经营陷入严重困境,有丧失清偿能力的可能并致用人单位停产、限产……停工限产超过合理期限或约定期限,劳动者根据《劳动合同法》第38条第1款第1项的规定提出解除劳动合同并主张经

下、有毒有害、国家规定的第四级体力劳动强度的劳动和其他禁忌从事的劳动")。

《关于〈劳动法〉若干条文的说明》第59条("'劳动安全卫生制度',主要指:安全生产责任制、安全教育制度、安全检查制度、伤亡事故和职业病调查处理制度。本条中的'劳动安全卫生规程和标准',是指关于消除、限制或预防劳动过程中的危险和有害因素,保护职工安全与健康,保障设备、生产正常运行而制定的统一规定。劳动安全卫生标准分三级,即国家标准、行业标准和地方标准"),第60条("本条中的'高处作业'是指二级高处作业,即凡在坠落高度基准面5米以上(含5米)有可能坠落的高处进行的作业。'低温作业'是指在劳动生产过程中,其工作地点平均气温等于或低于5℃的作业,'冷水作业'是指在劳动生产过程中,操作人员接触冷水温度等于或小于12℃的作业"),第64条("'劳动法第64条中的'其他禁忌从事的劳动'是指:(1)森林业代木、归楞及流放作业;(2)凡在坠落高度基准面5米以上(含5米)有可能坠落的高处进行的作业。即二级高处作业;(3)作业场所放射性物质超过《放射防护规定》中规定剂量的作业;(4)其他对未成年工的发育成长有影响的作业。")

《私营企业劳动管理暂行规定》第12条规定:"在下列情况下,职工可以解除劳动合同:(一)企业违反国家规定,无安全防护设施,劳动安全、卫生条件恶劣,严重危害职工身体健康的;(二)企业无力或不按照劳动合同规定支付职工劳动报酬的;(三)企业不履行劳动合同或者违反国家政策、法规,侵害职工合法权益的;(四)职工本人有正当理由要求辞职的。"

① 《对〈工资支付暂行规定〉有关问题的补充规定》第3条。
② 《对〈工资支付暂行规定〉有关问题的补充规定》第4条。

济补偿的,应予支持。①

2. 劳动者可以通知解除的劳动合同。(1)劳动者通知解除劳动合同的情形。①有下列情形之一的,依照《劳动合同法》规定的条件、程序,劳动者可以与用人单位解除固定期限劳动合同、无固定期限劳动合同或者以完成一定工作任务为期限的劳动合同:第一,劳动者提前30日以书面形式通知用人单位的;②第二,劳动者在试用期内提前3日通知用人单位的。③ ②有下列情形之一的,劳动者可以随时通知用人单位解除劳动合同:第一,在试用期内的;第二,用人单位以暴力、威胁或者非法限制人身自由的手段强迫劳动的;第三,用人单位未按照劳动合同约定支付劳动报酬或者提供劳动条件的。④ 其中,"非法限制人身自由"是指采用拘留、禁闭或其他强制方法非法剥夺或限制他人按照自己的意志支配自己的身体活动的自由的行为。⑤ (2)劳动者通知解除劳动合同的"通知"。①劳动者解除劳动合同,应当提前30日以书面形式通知用人单位。⑥ ②超过30日,劳动者可以向用人单位提出办理解除劳动合同手续,用人单位予以办理。如果劳动者违法解除劳动合同给原用人单位造成经济损失,应当承担赔偿责任。⑦ ③被派遣劳动者提前30日以书面形式通知劳务派遣单位,可以解除劳动合同。被派遣劳动者在试用期内提前3日通知劳务派遣单位,可以解除劳动合同。劳务派遣单位应当将被派遣劳动者通知解除劳动合同的情况及时告知用工单位。⑧ ④职工提

---

① 《广东省高级人民法院、广东省劳动人事争议仲裁委员会关于印发〈广东省高级人民法院、广东省劳动人事争议仲裁委员会关于劳动人事争议与诉讼衔接若干意见〉的通知》第5条(后部分)。
② 《劳动合同法实施条例》第18条第2项。
《劳动合同法》第37条规定:"劳动者提前三十日以书面形式通知用人单位,可以解除劳动合同。劳动者在试用期内提前三日通知用人单位,可以解除劳动合同。"
③ 《劳动合同法实施条例》第18条第3项。
④ 《劳动法》第32条。
《邮电企业劳动合同管理暂行规定》第23条规定:"有下列情形之一的,职工可以随时通知邮电企业解除劳动合同:(一)在试用期内的;(二)邮电企业以暴力、威胁或者非法限制人身自由的手段强迫劳动的;(三)邮电企业未按劳动合同约定支付劳动报酬或者提供劳动条件的;(四)职工依法服兵役的。"
⑤ 《关于〈劳动法〉若干条文的说明》第32条第2款。
⑥ 《劳动法》第31条。
《关于〈劳动法〉若干条文的说明》第31条第2款规定:"本条规定了劳动者的辞职权,除此条规定的程序外,对劳动者行使辞职权不附加任何条件。但违反劳动合同约定者要依法承担责任。"
《邮电企业劳动合同管理暂行规定》第22条规定:"职工解除劳动合同,应当提前三十日以书面形式通知邮电企业。"
⑦ 《关于贯彻执行〈中华人民共和国劳动法〉若干问题的意见》第32条(后部分)。
⑧ 《劳务派遣暂行规定》第14条。

出解除劳动合同,应当提前 30 日以书面形式通知用人单位。① ⑤劳动者在试用期内提前 3 日通知用人单位的。② (3)劳动者通知解除劳动合同的赔偿。①劳动者违反提前 30 日以书面形式通知用人单位的规定,而要求解除劳动合同,用人单位可以不予办理。劳动者违法解除劳动合同而给原用人单位造成经济损失,应当依据有关法律、法规、规章的规定和劳动合同的约定承担赔偿责任。③ ②《违反〈劳动法〉有关劳动合同规定的赔偿办法》第 6 条④规定的"用人单位招用尚未解除劳动合同的劳动者,对原用人单位造成经济损失的,该用人单位应当承担连带赔偿责任",是对用人单位承担连带赔偿责任的规定,与劳动者提前 30 日提出解除劳动合同没有关系。⑤

  3. 自动离职。(1)自动离职的界定。自动离职,是职工根据企业和自身情况擅自离职,是强行解除与企业的劳动关系的一种行为。(2)自动离职的争议及工具计算。劳动部办公厅在《关于自动离职与旷工除名如何界定的复函》(劳办发[1994]48 号)中明确,"因自动离职处理发生的争议应按除名争议处理"。因此,自动离职的职工工龄计算可按《劳动部办公厅对"关于除名职工重新参加工作后工龄计算有关问题的请示"的复函》意见处理,即"职工被辞退前的工龄及重新就业后的工龄合并计算"。⑥

---

 ① 《国家铁路劳动用工管理办法》第 26 条。
 ② 《劳动合同法实施条例》第 18 条第 3 项。
 ③ 《劳动部办公厅关于劳动者解除劳动合同有关问题的复函》第 1 条第 2 款。
《关于〈劳动法〉若干条文的说明》第 31 条规定:"劳动者解除劳动合同,应当提前三十日以书面形式通知用人单位。本条规定了劳动者的辞职权,除此条规定的程序外,对劳动者行使辞职权不附加任何条件。但违反劳动合同约定者要依法承担责任。"
《劳动部办公厅关于劳动者解除劳动合同有关问题的复函》(前部分)规定:"按照《劳动法》第 31 条的规定劳动者提前 30 日书面形式通知用人单位,既是解除劳动合同的程序,也是解除劳动合同的条件。劳动者提前 30 日以书面形式通知用人单位,解除劳动合同,无需征得用人单位的同意。超过 30 日,劳动者向用人单位提出办理解除劳动合同的手续,用人单位应予以办理。但由于劳动者违反劳动合同有约定而给用人单位造成经济损失的,应依据有关法律、法规、规章的规定和劳动合同的约定,由劳动者承担赔偿责任。"
 ④ 《违反〈劳动法〉有关劳动合同规定的赔偿办法》第 6 条规定:"用人单位招用尚未解除劳动合同的劳动者,对原用人单位造成经济损失的,除该劳动者承担直接赔偿责任外,该用人单位应当承担连带赔偿责任。其连带赔偿的份额应不低于对原用人单位造成经济损失总额的百分之七十。向原用人单位赔偿下列损失:(一)对生产、经营和工作造成的直接经济损失;(二)因获取商业秘密给原用人单位造成的经济损失。赔偿本条(二)项规定的损失,按《反不正当竞争法》第二十条的规定执行。"
 ⑤ 《劳动部办公厅关于劳动者解除劳动合同有关问题的复函》(后部分)。
 ⑥ 《劳动部办公厅对"关于除名职工重新参加工作后工龄计算有关问题的请示"的复函》第 2 条。

(二)劳动者提前解除劳动合同的待遇

在不属于《劳动合同法》第 38 条①规定的情况下,劳动者违反劳动合同约定的期限提前解除合同,用人单位拒绝继续履行约定的正常劳动报酬、福利外的经济方面的特殊待遇,或者要求劳动者返还正常劳动报酬、福利外的经济方面的特殊待遇,用人单位除向劳动者支付正常劳动报酬外,还特别给予劳动者如汽车、房屋、住房补贴等经济方面特殊待遇,双方对特殊待遇与约定工作期限的关联性有明确约定的按约定;虽无明确约定,但能够认定用人单位系基于劳动者的工作期限给予劳动者特殊待遇的,由于劳动者未完全履行合同,用人单位可以就劳动者未履行合同对应部分拒绝给付特殊待遇,对已经预先给付的,可以按照相应比例要求返还。②

(三)劳动者解除劳动合同的经济补偿金

1. 应支付经济补偿金的情形。劳动者可以单方解除劳动合同的经济补偿金。劳动者依照《劳动合同法》第 38 条规定解除劳动合同的,用人单位应当向劳动者支付经济补偿。③

2. 不支付经济补偿金的情形。详见本书第九章第三节相关内容。

三、协商一致解除劳动合同

1. 用人单位提出的协商一致解除劳动合同。用人单位与劳动者协商一致,可以解除劳动合同。其中,由用人单位提出解除劳动合同的,应按规定支付经济补偿。④

---

① 《劳动合同法》第 38 条规定:"用人单位有下列情形之一的,劳动者可以解除劳动合同:(一)未按照劳动合同约定提供劳动保护或者劳动条件的;(二)未及时足额支付劳动报酬的;(三)未依法为劳动者缴纳社会保险费的;(四)用人单位的规章制度违反法律、法规的规定,损害劳动者权益的;(五)因本法第二十六条第一款规定的情形致使劳动合同无效的;(六)法律、行政法规规定劳动者可以解除劳动合同的其他情形。用人单位以暴力、威胁或者非法限制人身自由的手段强迫劳动者劳动的,或者用人单位违章指挥、强令冒险作业危及劳动者人身安全的,劳动者可以立即解除劳动合同,不需事先告知用人单位。"

② 《北京市高级人民法院、北京市劳动人事争议仲裁委员会关于审理劳动争议案件法律适用问题的解答》第 14 条。

③ 《劳动合同法》第 46 条。

④ 《山东省人力资源和社会保障厅关于印发〈山东省劳动合同管理操作指南〉的通知》第 4 条第 1 款。

《劳动合同法》第 36 条规定:"用人单位与劳动者协商一致,可以解除劳动合同。"

《邮电企业劳动合同管理暂行规定》第 16 条规定:"经邮电企业与职工协商一致,劳动合同可以解除。"

2. 劳动者提出的协商一致解除劳动合同。劳动者与用人单位协商一致的,依照劳动合同法规定的条件、程序,劳动者可以与用人单位解除固定期限劳动合同、无固定期限劳动合同或者以完成一定工作任务为期限的劳动合同。①

3. 续延劳动合同后提出的协商一致解除劳动合同。(续延劳动合同后)用人单位经与劳动者协商一致,可以解除劳动关系,并向劳动者支付经济补偿金;劳动者要求解除劳动关系的,劳动关系即行解除,用人单位可以不支付经济补偿金。②

四、自行解除劳动合同

1. 私营企业自行解除劳动合同的情形。劳动者有下列情形之一的,用人单位可以解除劳动合同:(1)在试用期间被证明不符合录用条件的;(2)严重违反用人单位的规章制度的;(3)严重失职,营私舞弊,给用人单位造成重大损害的;(4)劳动者同时与其他用人单位建立劳动关系,对完成本单位的工作任务造成严重影响,或者经用人单位提出,拒不改正的;(5)因《劳动合同法》第26条第1款第1项规定的情形致使劳动合同无效的;(6)被依法追究刑事责任的。③

2. 邮电企业自行解除劳动合同的情形。除合同双方当事人依法解除合同外,邮电企业中的职工被除名、开除的,劳动合同自行解除。④

五、解除劳动合同的法定义务

1. 劳动关系双方的法定义务。私营企业或职工任何一方解除劳动合同,须提前10天通知对方,并办理解除劳动合同的手续,未办理手续而中止合同关系的一方应负法律责任。企业或职工任何一方违反劳动合同,给对方造成经济损失的,应根据其后果和责任大小,予以赔偿。企业解除劳动合同,应征求本企业工会组织的意见。企业解除劳动合同,应报当地劳动行政管理部门备案。⑤

2. 用人单位的法定义务。(1)当事人依据本规定解除劳动合同的,用人单位应当向劳动者出具解除劳动合同的书面证明,并办理有关手续。⑥ (2)劳动者违反提前30日或者约定的提前通知期要求与用人单位解除劳动合同的,用人单位

---

① 《劳动合同法实施条例》第18条第1项。
② 《北京市劳动合同规定》第45条第2款。
③ 《劳动合同法》第39条。
④ 《邮电企业劳动合同管理暂行规定》第18条。
⑤ 《私营企业劳动管理暂行规定》第14条。
⑥ 《北京市劳动合同规定》第36条。

可以不予办理解除劳动合同手续。①

第五节　劳动合同的终止

劳动合同终止,是指劳动合同的法律效力依法归于消灭,即劳动关系由于法定情形的出现而终结,劳动者与用人单位之间原有的权利义务不再存在。

一、劳动合同终止的种类

1. 劳动合同终止的法定情形。(1)有下列情形之一的,劳动合同终止:①劳动合同期满的;②劳动者开始依法享受基本养老保险待遇的;③劳动者死亡,或者被人民法院宣告死亡或者宣告失踪的;④用人单位被依法宣告破产的;②⑤用人单位被吊销营业执照、责令关闭、撤销或者用人单位决定提前解散的;③⑥法律、行政法规规定的其他情形。④　其中,劳动合同期满的,劳动合同的终止时间,应当以劳动合同期限最后一日的 24 时为准。⑤《劳动合同法》第 44 条规定,劳

---

① 《北京市劳动合同规定》第 37 条。
② 另见《企业破产法》第 2 条规定:"企业法人不能清偿到期债务,并且资产不足以清偿全部债务或者明显缺乏清偿能力的,依照本法规定清理债务。企业法人有前款规定情形,或者有明显丧失清偿能力可能的,可以依照本法规定进行重整。"
《企业破产法》第 107 条规定:"人民法院依照本法规定宣告债务人破产的,应当自裁定作出之日起五日内送达债务人和管理人,自裁定作出之日起十日内通知已知债权人,并予以公告。债务人被宣告破产后,债务人称为破产人,债务人财产称为破产财产,人民法院受理破产申请时对债务人享有的债权称为破产债权。"
③ 另见《公司法》第 229 条规定:"公司因下列原因解散:(一)公司章程规定的营业期限届满或者公司章程规定的其他解散事由出现;(二)股东会会议决议解散;(三)因公司合并或者分立需要解散;(四)依法被吊销营业执照、责令关闭或者被撤销;(五)人民法院依照本法第二百三十一条的规定予以解散。公司出现前款规定的解散事由,应当在十日内将解散事由通过国家企业信用信息公示系统予以公示。"
④ 《劳动合同法》第 44 条。
《劳动法》第 23 条规定:"劳动合同期满或者当事人约定的劳动合同终止条件出现,劳动合同即行终止。"
《劳动合同法实施条例》第 21 条规定:"劳动者达到法定退休年龄的,劳动合同终止。"
《邮电企业劳动合同管理暂行规定》第 14 条规定:"有下列情形之一的,劳动合同终止:(1)劳动合同期满的;(2)决定劳动合同期限的工作任务完成的;(3)劳动合同中企业与职工约定的终止条件出现的;(4)在合同期内职工达到法定离退休年龄办理离退休手续的;(5)劳动合同一方当事人消失的。"
⑤ 《劳动部关于实行劳动合同制度若干问题的通知》第 5 条(后部分)。
《邮电企业劳动合同管理暂行规定》第 9 条第 2 款规定:"劳动合同期限的截止时间应以劳动合同期限最后一日的 24 时为准;如果有工作任务超过最后一日 24 小时的,应以完成工作任务的时间为准。

者开始依法享受基本养老保险待遇的劳动合同终止,而《劳动合同法实施条例》第 21 条①规定,劳动者达到退休年龄的劳动合同终止。用人单位依据前述规定,均可以终止劳动合同。②(2)用人单位与劳动者不得在《劳动合同法》第 44 条规定的劳动合同终止情形之外约定其他的劳动合同终止条件。③(3)劳动合同期满,有《劳动合同法》第 42 条④规定情形之一的,劳动合同应当续延至相应的情形消失时终止。但是,《劳动合同法》第 42 条第 2 项规定丧失或者部分丧失劳动能力劳动者的劳动合同的终止,按照国家有关工伤保险的规定执行。⑤(4)除《劳动法》第 25 条⑥规定的情形外,劳动者在医疗期、孕期、产期和哺乳期内,劳动合同期限届满时,用人单位不得终止劳动合同。劳动合同的期限应自动延续至医疗期、孕期、产期和哺乳期期满为止。⑦(5)(邮电)企业对于临时性、季节性用工,可订立以完成一定的工作为期限的劳动合同。工作任务完成,劳动合同即行终止。⑧

2. 劳动关系双方提出终止事实劳动关系。用人单位招用劳动者符合《关于确立劳动关系有关事项的通知》第 1 条⑨规定的情形的,用人单位应当与劳动者补签劳动合同,劳动合同期限由双方协商确定。协商不一致的,任何一方均可提

---

① 《劳动合同法实施条例》第 21 条规定:"劳动者达到法定退休年龄的,劳动合同终止。"
② 《上海市高级人民法院关于适用〈劳动合同法〉若干问题的意见》第 16 条。
③ 《劳动合同法实施条例》第 13 条。
④ 《劳动合同法》第 42 条规定:"劳动者有下列情形之一的,用人单位不得依照本法第四十条、第四十一条的规定解除劳动合同:(一)从事接触职业病危害作业的劳动者未进行离岗前职业健康检查,或者疑似职业病病人在诊断或者医学观察期间的;(二)在本单位患职业病或者因工负伤并被确认丧失或者部分丧失劳动能力的;(三)患病或者非因工负伤,在规定的医疗期内的;(四)女职工在孕期、产期、哺乳期的;(五)在本单位连续工作满十五年,且距法定退休年龄不足五年的;(六)法律、行政法规规定的其他情形。"
⑤ 《劳动合同法》第 45 条。
⑥ 《劳动法》第 25 条规定:"劳动者有下列情形之一的,用人单位可以解除劳动合同:(一)在试用期间被证明不符合录用条件的;(二)严重违反劳动纪律或者用人单位规章制度的;(三)严重失职,营私舞弊,对用人单位利益造成重大损害的;(四)被依法追究刑事责任的。"
⑦ 《关于贯彻执行〈中华人民共和国劳动法〉若干问题的意见》第 34 条。
《北京市劳动合同规定》第 44 条规定:"劳动者在规定的医疗期内或者女职工在孕期、产期、哺乳期内,劳动合同期限届满时,用人单位应当将劳动合同的期限顺延至医疗期、孕期、产期、哺乳期期满为止。"
⑧ 《邮电企业劳动合同管理暂行规定》第 7 条第 6 款。
⑨ 《关于确立劳动关系有关事项的通知》第 1 条规定:"用人单位招用劳动者未订立书面劳动合同,但同时具备下列情形的,劳动关系成立。(一)用人单位和劳动者符合法律、法规规定的主体资格;(二)用人单位依法制定的各项劳动规章制度适用于劳动者,劳动者受用人单位的劳动管理,从事用人单位安排的有报酬的劳动;(三)劳动者提供的劳动是用人单位业务的组成部分。"

出终止劳动关系,但对符合签订无固定期限劳动合同条件的劳动者,如果劳动者提出订立无固定期限劳动合同,用人单位应当订立。①

二、劳动合同终止的法律责任

1. 用人单位终止劳动合同的经济补偿金、一次性工伤医疗补助金和伤残就业补助金。(1)用人单位依法终止工伤职工的劳动合同的,除依照《劳动合同法》第 47 条的规定支付经济补偿外,还应当依照国家有关工伤保险的规定支付一次性工伤医疗补助金和伤残就业补助金。② 其中,用人单位终止劳动合同的经济补偿金参见本书"劳动争议解决中的费用的相关内容"。(2)用人单位依法终止工伤职工的劳动合同,除依法支付经济补偿外,还应当按工伤保险的规定支付一次性工伤医疗补助金和伤残就业补助金的,主要是指以下情形:①劳动合同期满的;②用人单位被依法宣告破产的;③用人单位被吊销营业执照、责令关闭、撤销或者用人单位决定提前解散的;④自用工之日起 1 年内,劳动者不愿意订立书面劳动合同的。③

2. 用人单位终止劳动合同的赔偿金。(1)用人单位违反《劳动合同法》的规定解除或者终止劳动合同,依照《劳动合同法》第 87 条的规定支付了赔偿金的,不再支付经济补偿。赔偿金的计算年限自用工之日起计算。④ (2)用人单位违反《劳动合同法》规定解除或者终止劳动合同的,应当依照《劳动合同法》第 47 条⑤规定的经济补偿标准的 2 倍向劳动者支付赔偿金。⑥ (3)在劳动者不符合《劳动合同法》第 39 条⑦

---

① 《关于确立劳动关系有关事项的通知》第 3 条第 1 款。
② 《劳动合同法实施条例》第 23 条。
③ 《上海市高级人民法院关于适用〈劳动合同法〉若干问题的意见》第 15 条。
④ 《劳动合同法实施条例》第 25 条。
⑤ 《劳动合同法》第 47 条规定:"经济补偿按劳动者在本单位工作的年限,每满一年支付一个月工资的标准向劳动者支付。六个月以上不满一年的,按一年计算;不满六个月的,向劳动者支付半个月工资的经济补偿。劳动者月工资高于用人单位所在直辖市、设区的市级人民政府公布的本地区上年度职工月平均工资三倍的,向其支付经济补偿的标准按职工月平均工资三倍的数额支付,向其支付经济补偿的年限最高不超过十二年。本条所称月工资是指劳动者在劳动合同解除或者终止前十二个月的平均工资。"
⑥ 《劳动合同法》第 87 条规定:"用人单位违反本法规定解除或者终止劳动合同的,应当依照本法第四十七条规定的经济补偿标准的二倍向劳动者支付赔偿金。"
⑦ 《劳动合同法》第 39 条规定:"劳动者有下列情形之一的,用人单位可以解除劳动合同:(一)在试用期间被证明不符合录用条件的;(二)严重违反用人单位的规章制度的;(三)严重失职,营私舞弊,给用人单位造成重大损害的;(四)劳动者同时与其他用人单位建立劳动关系,对完成本单位的工作任务造成严重影响,或者经用人单位提出,拒不改正的;(五)因本法第二十六条第一款第一项规定的情形致使劳动合同无效的;(六)被依法追究刑事责任的。"

和第 40 条第 1 项、第 2 项①规定情形时,用人单位在二次固定期限劳动合同到期后直接发出终止劳动合同(关系)通知,不符合《劳动合同法》第 14 条第 2 款第 3 项②之规定,应认定为违法终止劳动合同(关系)。劳动者主张用人单位支付违法终止劳动合同的赔偿金,应予支持。③

三、用人单位违法终止劳动合同劳动者的权利

1. 劳动者要求继续履行劳动合同。(1)劳动者有权要求继续履行劳动合同。用人单位违法解除或终止劳动合同,劳动者要求继续履行劳动合同的,一般应予以支持。④ (2)要求继续履行劳动合同中的释明、变更请求。①在仲裁中发现确实无法继续履行劳动合同的,应做好释明工作,告知劳动者将要求继续履行劳动合同的请求变更为要求用人单位支付违法解除劳动合同赔偿金等请求。如经充分释明,劳动者仍坚持要求继续履行劳动合同的,应尊重劳动者的诉权,驳回劳动者的请求,告知其可另行向用人单位主张违法解除劳动合同赔偿金等。如经释明后,劳动者的请求变更为要求用人单位支付违法解除劳动合同赔偿金等的,应当继续处理。⑤ 其中,劳动合同确实无法继续履行主要有以下情形:第一,用人单位被依法宣告破产、吊销营业执照、责令关闭、撤销,或者用人单位决定提前解散的;第二,劳动者在仲裁或者诉讼过程中达到法定退休年龄的;第三,劳动合同在仲裁或者诉讼过程中到期终止且不存在《劳动合同法》第 14 条规定应当订立无固定期限劳动合同情形的;第四,劳动者原岗位对用人单位的正常业务开展具有较强的不可替代性和唯一性(如总经理、财务负责人),且劳动者原岗位已被他人替代,双方不能就新岗位达成一致意见的;第五,劳动者已入职新单位的;第

---

① 《劳动合同法》第 40 条第 1 项、第 2 项规定,"有下列情形之一的,用人单位提前三十日以书面形式通知劳动者本人或者额外支付劳动者一个月工资后,可以解除劳动合同:(一)劳动者患病或者非因工负伤,在规定的医疗期满后不能从事原工作,也不能从事由用人单位另行安排的工作的;(二)劳动者不能胜任工作,经过培训或者调整工作岗位,仍不能胜任工作的"。
② 《劳动合同法》第 14 条第 2 款第 3 项规定,"连续订立二次固定期限劳动合同,且劳动者没有本法第三十九条和第四十条第一项、第二项规定的情形,续订劳动合同的"。
③ 《北京市高级人民法院、北京市劳动人事争议仲裁委员会关于审理劳动争议案件法律适用问题的解答》第 16 条。
④ 《北京市高级人民法院北京市劳动人事争议仲裁委员会关于审理劳动争议案件法律适用问题的解答》第 8 条第 1 款。
⑤ 《北京市高级人民法院北京市劳动人事争议仲裁委员会关于审理劳动争议案件法律适用问题的解答》第 8 条第 2 款。

六、仲裁或诉讼过程中,用人单位向劳动者送达复工通知,要求劳动者继续工作,但劳动者拒绝的;第七,其他明显不具备继续履行劳动合同条件的。劳动者原岗位已被他人替代的,用人单位仅以此为由进行抗辩,不宜认定为"劳动合同确实无法继续履行的"情形。① ②在诉讼中发现确实无法继续履行劳动合同的,驳回劳动者的诉讼请求,告知其可另行向用人单位主张违法解除劳动合同赔偿金等。②

2. 劳动者要求赔偿工资损失或解除劳动合同。用人单位违法解除或终止劳动合同,劳动者请求撤销用人单位的解除决定,继续履行劳动合同,并请求用人单位赔偿仲裁、诉讼期间工资损失的,应予支持。劳动者不要求继续履行劳动合同的,可以解除双方的劳动合同,由用人单位支付违法解除劳动合同的赔偿金,赔偿金的计算年限应包括《劳动合同法》实施前劳动者在用人单位的工作年限。

第六节　劳动合同解除或终止后的事项

一、终止劳动合同的通知

1. 无须通知。(1)劳动合同期满或者当事人约定的劳动合同终止条件出现,劳动合同即行终止。③ (2)劳动合同到期终止,劳动者以用人单位未履行通知义务为由主张违法终止合同的,不予支持。④

2. 需要通知。用人单位根据《最高人民法院关于审理劳动争议案件适用法律若干问题的解释》第16条第1款⑤的规定终止劳动关系的,应当通知劳动者。未通知的,不发生终止劳动关系的法律后果。通知的形式及效力比照本指南第22条的规定处理。⑥

---

① 《北京市高级人民法院北京市劳动人事争议仲裁委员会关于审理劳动争议案件法律适用问题的解答》第9条。
② 《北京市高级人民法院北京市劳动人事争议仲裁委员会关于审理劳动争议案件法律适用问题的解答》第8条第3款。
③ 《劳动法》第23条。
④ 《天津市高级人民法院关于印发〈天津法院劳动争议案件审理指南〉的通知》第29条第1款。
⑤ 《最高人民法院关于审理劳动争议案件适用法律若干问题的解释(一)》第16条第1款(已废止,仅供参考)规定:"劳动合同期满后,劳动者仍在原用人单位工作,原用人单位未表示异议的,视为双方同意以原条件继续履行劳动合同。一方提出终止劳动关系的,人民法院应当支持。"
⑥ 《天津市高级人民法院关于印发〈天津法院劳动争议案件审理指南〉的通知》第29条第2款。

3. 通知的期限。(1)劳动合同期限届满前,用人单位应当提前 30 日将终止或者续订劳动合同意向以书面形式通知劳动者,经协商办理终止或者续订劳动合同手续。① (2)劳动合同期满前 30 日内,邮电企业与职工应就是否续订劳动合同进行协商。要求不予续订、终止合同的一方,必须提前 30 日以书面形式通知对方,双方应在劳动合同期满后 15 日内办理终止手续;对于经双方协商一致需续订合同的,应在 30 日以内办理有关续订及鉴证手续。②

二、用人单位出具证明书

(1)用人单位应当在终止劳动合同时出具解除或者终止劳动合同的证明,并在 15 日内为劳动者办理档案和社会保险关系转移手续。劳动者应当按照双方约定,办理工作交接。用人单位依照本法有关规定应向劳动者支付经济补偿的,在办结工作交接时支付。用人单位对已经解除或者终止的劳动合同的文本,至少保存 2 年备查。③ (2)用人单位出具终止、解除劳动合同证明书,作为该劳动者按规定享受失业保险待遇和失业登记、求职登记的凭证。④ (3)证明书应写明劳动合同期限、终止或解除的日期、所担任的工作。如果劳动者要求,用人单位可在证明中客观地说明解除劳动合同的原因。⑤

三、劳动合同解除或终止的交接

1. 办理交接、付经济补偿金。劳动者应当按照双方约定,办理工作交接。用人单位依照《劳动合同法》有关规定应当向劳动者支付经济补偿的,在办结工作交接时支付。⑥

---

① 《北京市劳动合同规定》第 40 条。
② 《邮电企业劳动合同管理暂行规定》第 15 条。
③ 《劳动合同法》第 50 条(与劳动合同解除中当事人间办理交接内容重复)。
④ 《劳动部关于实行劳动合同制度若干问题的通知》第 15 条第 1 款。
《邮电企业劳动合同管理暂行规定》第 26 条第 1 款规定:"对于劳动合同终止、解除,邮电企业应出具终止、解除劳动合同证明书,作为职工享受失业保险待遇及进行失业登记、求职登记的凭据。"
⑤ 《劳动部关于实行劳动合同制度若干问题的通知》第 15 条第 2 款。
《劳动合同法实施条例》第 24 条规定:"用人单位出具的解除、终止劳动合同的证明,应当写明劳动合同期限、解除或者终止劳动合同的日期、工作岗位、在本单位的工作年限。"
《邮电企业劳动合同管理暂行规定》第 26 条第 2 款规定:"证明书应写明劳动合同期限、终止或解除的日期、所担任的工作。如果职工要求,邮电企业可在证明书中提供职工的工作成绩和终止、解除劳动合同的原因等。"
⑥ 《劳动合同法》第 50 条第 2 款。

2. 移转职工档案。劳动合同解除后，(邮电)企业应及时将职工档案转到职工新的接收单位或相关部门。同时还应及时按规定转移其社会保险关系。①

3. 领取养老保险金、失业救济金。职工劳动合同期限届满，终止劳动合同后符合退休条件的，可以办理退休手续，领取养老保险金；不符合退休条件的，应当到就业服务机构进行失业登记，按规定领取失业救济金。②

4. 对解除劳动合同的复核。邮电企业解除劳动合同，应征求工会意见，工会认为不适当的，邮电企业应在复核后再作决定。如果邮电企业违反法律、法规或者劳动合同，工会有权要求重新处理；职工申请仲裁或提起诉讼的，工会应当依法给予支持和帮助。③

四、劳动合同解除或终止的争议解决

1. 劳动合同争议的受理。劳动者与用人单位解除或者终止劳动关系后，请求用人单位返还其收取的劳动合同定金、保证金、抵押金、抵押物产生的争议，或者办理劳动者的人事档案、社会保险关系等移转手续产生的争议，经劳动争议仲裁委员会仲裁后，当事人依法起诉的，人民法院应予受理。④ 其中，对"订立劳动合同时违反规定收取定金、保证金(物)或抵押金(物)的"，应按照劳动部、公安部、全国总工会《关于加强外商投资企业和私营企业劳动管理切实保障职工合法权益的通知》(劳部发〔1994〕118号)和劳动部办公厅《对"关于国有企业和集体所有制企业能否参照执行劳部发〔1994〕118号文件中的有关规定的请示"的复函》(劳办发〔1994〕256号)的规定，由公安部门和劳动行政部门责令用人单位立即退还给劳动者本人。⑤

2. 解除或终止劳动合同时达成协议效力的认定。(1)劳动者与用人单位就解除或者终止劳动合同办理相关手续、支付工资报酬、加班费、经济补偿或者赔偿金等达成的协议，不违反法律、行政法规的强制性规定，且不存在欺诈、胁迫或者乘人之危情形的，应当认定有效。前款协议存在重大误解或者显失公平情形，

---

① 《邮电企业劳动合同管理暂行规定》第27条。
② 《劳动部关于实行劳动合同制度若干问题的通知》第16条。
③ 《邮电企业劳动合同管理暂行规定》第28条。
④ 《最高人民法院关于审理劳动争议案件适用法律若干问题的解释(二)》第5条(已废止，仅供参考)。
⑤ 《关于贯彻执行〈中华人民共和国劳动法〉若干问题的意见》第24条。

当事人请求撤销的,人民法院应予支持。① (2)用人单位与劳动者订立内部退养协议但未订立书面劳动合同的,劳动关系存续,双方的权利义务由内部退养协议约定。②

3.劳动者未依法解除劳动合同的赔偿。劳动者违反规定或劳动合同的约定解除劳动合同,对用人单位造成损失的,劳动者应赔偿用人单位下列损失:(1)用人单位招收录用其所支付的费用;(2)用人单位为其支付的培训费用,双方另有约定的按约定办理;(3)对生产、经营和工作造成的直接经济损失;(4)劳动合同约定的其他赔偿费用。③

五、劳动合同解除或终止后的《就业失业登记证》

1.《就业失业登记证》记载的内容。《就业失业登记证》是记载劳动者就业与失业状况、享受相关就业扶持政策、接受公共就业人才服务等情况的基本载体,是劳动者按规定享受相关就业扶持政策的重要凭证。《就业失业登记证》中的记载信息在全国范围内有效,劳动者可凭《就业失业登记证》跨地区享受国家统一规定的相关就业扶持政策。④

2.《就业失业登记证》的发放。(1)做好《就业失业登记证》发放管理工作,是贯彻落实就业扶持政策的重要举措,关系到广大劳动者的切身利益。各地要高度重视,按照本通知的要求,结合本地实际,及时出台实施细则,全面落实《就业失业登记证管理暂行办法》各项要求,为2011年1月1日实行全国统一样式的《就业失业登记证》奠定扎实基础。⑤ (2)各地要按照《就业失业登记证管理暂行办法》的有关要求,制定本地区《就业失业登记证》具体发放办法,对新发放和换发的对象范围、具体程序和责任单位作出明确规定,稳步推进《就业失业登记证》发放工作。从2011年1月1日起,停止发放《再就业优惠证》和各地原有各类就业失业登记证明。⑥ (3)从2011年1月1日起,公共就业人才服务机构在为劳动者办理就业登记、失业登记、就业援助对象认定以及享受相关就业扶持政策手续

---

① 《最高人民法院关于审理劳动争议案件适用法律若干问题的解释(三)》第10条(已废止,仅供参考)。
② 《山西省劳动合同条例》第12条。
③ 《劳动部关于发布〈违反《劳动法》有关劳动合同规定的赔偿办法〉的通知》第4条。
④ 《人力资源和社会保障部关于印发就业失业登记证管理暂行办法的通知》第1条。
⑤ 《人力资源和社会保障部关于印发就业失业登记证管理暂行办法的通知》第2条。
⑥ 《人力资源和社会保障部关于印发就业失业登记证管理暂行办法的通知》第3条。

时,应按《就业失业登记证管理暂行办法》的要求及时发放《就业失业登记证》。其中,对持有《再就业优惠证》和各地原有各类就业失业登记证明的人员,应将原有证件上的个人基本信息、就业与失业状况信息和享受政策情况信息转记在《就业失业登记证》上。对持《再就业优惠证》人员,还要将其所持《再就业优惠证》的证件编号标注在《就业失业登记证》"其他记载事项"中。① (4)对原持《再就业优惠证》或各地原有就业失业登记证明、目前正在享受就业扶持政策的劳动者,换发《就业失业登记证》不改变正在享受就业扶持政策的审批期限。② (5)在发放《就业失业登记证》过程中,劳动者可正常进行就业登记、失业登记、申请享受相关就业扶持政策和接受公共就业人才服务。发放《就业失业登记证》的公共就业人才服务机构负责为劳动者经办相关手续并提供证明材料。③

3.《就业失业登记证》的审验。《就业失业登记证》实行定期审验制度,重点对登记失业人员、正在享受相关就业扶持政策人员的《就业失业登记证》进行审验。定期审验的具体对象范围、内容、程序和要求等,由各省、自治区、直辖市人力资源社会保障部门规定。④

4.《就业失业登记证》的要求。(1)各地要根据本《就业失业登记证管理暂行办法》的有关规定,完善本地公共就业人才服务管理信息系统,准确记录劳动者就业登记、失业登记和享受就业扶持政策等相关信息,并支持在《就业失业登记证》上直接打印相关记录。⑤ (2)我部将建立全国就业信息监测平台,支持各级就业政策相关主管部门对劳动者享受相关就业扶持政策信息进行异地查验,同时,开发全国统一的就业信息监测系统软件,供各地与全国就业信息监测平台进行数据上传和交换。各地要按照我部颁布的统一标准,通过全国就业信息监测系统进行数据交换上报。尚未实现信息化的地方,要按照统一标准和格式,组织做好数据上报和更新工作。具体上报办法另行通知。⑥

---

① 《人力资源和社会保障部关于印发就业失业登记证管理暂行办法的通知》第4条。
② 《人力资源和社会保障部关于印发就业失业登记证管理暂行办法的通知》第6条。
③ 《人力资源和社会保障部关于印发就业失业登记证管理暂行办法的通知》第7条。
④ 《人力资源和社会保障部关于印发就业失业登记证管理暂行办法的通知》第5条。
⑤ 《人力资源和社会保障部关于印发就业失业登记证管理暂行办法的通知》第8条。
⑥ 《人力资源和社会保障部关于印发就业失业登记证管理暂行办法的通知》第9条。

第三章 劳动报酬、工时制度

劳动报酬,是指劳动者从用人单位得到的全部工资收入。[①] 劳动时间(又称工作时间),是指劳动者为履行工作义务,在法定限度内,在用人单位从事工作或者生产的时间。劳动者或用人单位不遵守工作时间的规定或约定,要承担相应的法律责任。休息休假(又称休息时间),是指劳动者在国家规定的法定工作时间外自行支配的时间,包括劳动者每天休息的时数、每周休息的天数、节假日、年休假、探亲假等。

第一节 工资、最低工资、生活费及加班费

一、工资的基本规则

1. 工资及工资总额的界定。(1)《工资支付暂行规定》所称工资是指用人单位依据劳动合同的规定,以各种形式支付给劳动者的工资报酬。[②] (2)标准工资(基本工资),是指按规定的工资标准计算的工资(包括实行结构工资制的基础工资、职务工资和工龄津贴)。非标准工资,是指标准工资以外的各种工资。[③] (3)工资总额是指各单位在一定时期内直接支付给本单位全部职工的劳动报酬总额。工资总额的计算应以直接支付给职工的全部劳动报酬为根据。[④] (4)工资

[①] 《关于〈劳动法〉若干条文的说明》第3条(注释1)。
[②] 《工资支付暂行规定》第3条。
《佛山市中级人民法院关于审理劳动争议案件的若干意见》第11条规定,工资等劳动报酬是劳动者在履行劳动合同义务期间的应得报酬,劳动报酬主要是劳动者参加劳动的分配所得,不是劳动力出卖的对价。
[③] 《〈关于工资总额组成的规定〉若干具体范围的解释》第5条。
[④] 《国家统计局关于工资总额组成的规定》第3条。

总额的计算原则应以直接支付给职工的全部劳动报酬为根据。各单位支付给职工的劳动报酬以及其他根据有关规定支付的工资,无论是计入成本的还是不计入成本的,不论是按国家规定列入计征奖金税项目的还是未列入计征奖金税项目的,不论是以货币形式支付的还是以实物形式支付的,均应列入工资总额的计算范围。①

2. 工资的适用范围。全民所有制和集体所有制企业、事业单位,各种合营单位,各级国家机关、政党机关和社会团体,在计划、统计、会计上有关工资总额范围的计算,均应遵守《国家统计局关于工资总额组成的规定》。②

3. 工资分配的原则及调控。(1)工资分配应当遵循按劳分配原则,实行同工同酬。工资水平在经济发展的基础上逐步提高。国家对工资总量实行宏观调控。③ 其中,本条中的"同工同酬",是指用人单位对于从事相同工作,付出等量劳动且取得相同劳绩的劳动者,应支付同等的劳动报酬。④ "工资水平"是指一定区域一定时期内平均工资的高低程度。⑤ "工资总量"是指一定时期内国民生产总值用于工资分配的总数量。⑥ "宏观调控"的具体办法,可执行《关于加强企业工资总额宏观调控的实施意见》。⑦ (2)私营企业应当根据企业的生产发展,逐步提高职工的工资水平。⑧

4. 工资(待遇)的确定。(1)工资确定的原则。用人单位根据本单位的生产经营特点和经济效益,依法自主确定本单位的工资分配方式和工资水平。⑨ 其中,"经济效益"包含了劳动生产率和就业状况两个重要的因素。"依法",指依照法律和法规。目前主要指《全民所有制工业企业转换经营机制条例》等。"工资

---

① 《〈关于工资总额组成的规定〉若干具体范围的解释》第1条。
② 《国家统计局关于工资总额组成的规定》第2条。
③ 《劳动法》第46条。
④ 《关于〈劳动法〉若干条文的说明》第46条(注释1)。
《上海市高级人民法院关于适用〈劳动合同法〉若干问题的意见》第14条规定:"同工同酬是劳动法确立的一项基本规则,用人单位必须严格遵守。但由于劳动者存在个体差异,因此,不能简单以不同劳动者是否在相同岗位工作作为'同工'的标准,而应综合考虑劳动者的个人工作经验、工作技能、工作积极性等特殊因素,允许用人单位依此对相同工作岗位的劳动者在劳动报酬方面有所差别。"
⑤ 《关于〈劳动法〉若干条文的说明》第46条(注释2)。
⑥ 《关于〈劳动法〉若干条文的说明》第46条(注释3)。
⑦ 《关于〈劳动法〉若干条文的说明》第46条(注释4)。
⑧ 《劳动部关于私营企业劳动管理暂行规定》第18条。
⑨ 《劳动法》第47条。

分配方式"是指单位内部的工资制度,包括工资构成、工资标准、工资形式、工资增长机制等。"工资水平"是指本单位在一定时期内的职工平均工资。① (2)工资确定的方式。①以实际发放(所得)工资的确定。第一,劳动合同没有明确约定工资数额,或者合同约定不明确时,应当以实际发放的工资作为计算基数。用人单位按月直接支付给职工的工资、奖金、津贴、补贴等都属于实际发放的工资,具体包括国家统计局《〈关于工资总额组成的规定〉若干具体范围的解释》中规定"工资总额"的几个组成部分。② 第二,劳动者所得实际工资扣除该月加班费后的数额低于本市规定的最低工资标准的,按照本市规定的最低工资标准执行。③ ②以应得工资的确定。第一,劳动者每月应得工资与实得工资的主要差别在于各类扣款和费用,应得工资包括个人应当承担的社会保险金、税费等。对于社会保险金、税费,用人单位承担的仅是代缴义务,劳动者的纳税由税务机关负责,社会保险金缴纳由社会保险机构负责,审理中一般按照劳动者应得工资确定工资标准。④ 第二,计算"2倍工资"的工资标准时,因基本工资、岗位工资、职务工资、工龄工资、级别工资等按月支付的工资组成项目具有连续性、稳定性特征,金额相对固定,属于劳动者正常劳动的应得工资,应作为未订立劳动合同2倍工资差额的计算基数,不固定发放的提成工资、奖金等一般不作为未订立劳动合同2倍工资差额的计算基数。⑤ ③以书面劳动合同的约定确定。用人单位与职工个人签订的劳动合同约定的劳动条件和劳动报酬等标准,不得低于集体合同或专项集体合同的规定。⑥ ④以集体合同的约定确定。用人单位与劳动者在劳动合同中约定了工资标准的,以该约定为准。劳动合同没有约定的,按照集体合同约

---

① 《关于〈劳动法〉若干条文的说明》第47条。
② 《北京市高级人民法院、北京市劳动人事争议仲裁委员会关于印发〈审理劳动争议案件法律适用问题的解答〉的通知》第22条第3款。
③ 《北京市高级人民法院、北京市劳动人事争议仲裁委员会关于印发〈审理劳动争议案件法律适用问题的解答〉的通知》第21条第5款。
④ 《北京市高级人民法院、北京市劳动人事争议仲裁委员会关于印发〈审理劳动争议案件法律适用问题的解答〉的通知》第21条第1款。
⑤ 《北京市高级人民法院、北京市劳动人事争议仲裁委员会关于印发〈审理劳动争议案件法律适用问题的解答〉的通知》第21条第3款。
⑥ 《集体合同规定》第6条第2款。
《工会参加平等协商和签订集体合同试行办法》第6条规定:"劳动合同规定的劳动标准不得低于集体合同的规定。"

定的工资标准确定。劳动合同、集体合同均未约定的,按照劳动者本人正常劳动实际发放的工资标准工资确定。依照本款确定的工资标准不得低于本市规定的最低工资标准。①(3)计件工资的确定。实行综合计算工时工作制的企业职工,工作日正好是周休息日的,属于正常工作;工作日正好是法定节假日时,要依照《劳动法》第44条第3项②的规定支付职工的工资报酬。③(4)解除劳动合同前"12个月平均工资"的确定。在计算劳动者解除劳动合同前12个月平均工资时,应当包括计时工资或者计件工资以及奖金、津贴和补贴等货币性收入。其中包括正常工作时间的工资,还包括劳动者延长工作时间的加班费。劳动者应得的年终奖或年终双薪,计入工资基数时应按每年12个月平均分摊。《劳动合同法》第47条④规定的计算经济补偿的月工资标准应依照《劳动合同法实施条例》第27条⑤规定予以确定;《劳动合同法实施条例》第27条中的"应得工资"包含由个人缴纳的社会保险和住房公积金以及所得税。⑥(5)日工资和小时工资的确定。①按照《劳动法》第51条⑦的规定,法定节假日用人单位应当依法支付工资,即折算日工资、小时工资时不剔除国家规定的11天法定节假日。据此,日工资、小时工资的折算为:日工资=月工资收入÷月计薪天数;小时工资=月工资收入÷

---

① 《北京市高级人民法院、北京市劳动人事争议仲裁委员会关于印发〈审理劳动争议案件法律适用问题的解答〉的通知》第21条第2款。

② 《劳动法》第44条规定:"有下列情形之一的,用人单位应当按照下列标准支付高于劳动者正常工作时间工资的工资报酬……(三)法定休假日安排劳动者工作的,支付不低于工资的百分之三百的工资报酬。"

③ 《关于贯彻执行〈中华人民共和国劳动法〉若干问题的意见》第62条。

④ 《劳动合同法》第47条规定:"经济补偿按劳动者在本单位工作的年限,每满一年支付一个月工资的标准向劳动者支付。六个月以上不满一年的,按一年计算;不满六个月的,向劳动者支付半个月工资的经济补偿。劳动者月工资高于用人单位所在直辖市、设区的市级人民政府公布的本地区上年度职工月平均工资三倍的,向其支付经济补偿的标准按职工月平均工资三倍的数额支付,向其支付经济补偿的年限最高不超过十二年。本条所称月工资是指劳动者在劳动合同解除或者终止前十二个月的平均工资。"

⑤ 《劳动合同法实施条例》第27条规定:"劳动合同法第四十七条规定的经济补偿的月工资按照劳动者应得工资计算,包括计时工资或者计件工资以及奖金、津贴和补贴等货币性收入。劳动者在劳动合同解除或者终止前12个月的平均工资低于当地最低工资标准的,按照当地最低工资标准计算。劳动者工作不满12个月的,按照实际工作的月数计算平均工资。"

⑥ 《北京市高级人民法院、北京市劳动人事争议仲裁委员会关于印发〈审理劳动争议案件法律适用问题的解答〉的通知》第21条第4款。

⑦ 《劳动法》第51条规定:"劳动者在法定休假日和婚丧假期间以及依法参加社会活动期间,用人单位应当依法支付工资。"

(月计薪天数×8小时);月计薪天数=(365天-104天)÷12月=21.75天。①
②实行计时工资制的劳动者的日工资,按其本人月工资标准除以平均每月法定工作天数(实行每周40小时工作制的为21.46天,实行每周44小时工作制的为23.33天)进行计算。② (6)工资待遇(福利)的确定。①随军队后勤保障项目转移到地方单位工作的军队职工,从调离军队的次月起,执行地方接收单位的工资福利制度,并按国家有关规定重新确定的工资待遇,在军队期间的工作时间与地方接收单位的工作时间合并计算为连续工龄。转移到企业的,原在军队期间的工作时间视作企业的工作时间,并作为确定有关待遇的依据。③ ②随军队后勤保障项目委托地方单位管理的军队职工,可执行原单位的工资福利制度,具体分配形式和办法,由受托单位确定。④

5. 工资的结算。非全日制用工的工资支付可以按小时、日、周或月为单位结算。⑤

6. 工资的纳税。私营企业除按国家规定交纳税金外,企业经营者和职工的收入超过国家规定限额的,必须照章缴纳个人收入调节税。⑥

二、工资协商

1. 工资协商的工资协议。(1)工资协议的签订。中华人民共和国境内的企业依法开展工资集体协商,签订工资协议,适用《工资集体协商试行办法》。⑦ 其中,《工资集体协商试行办法》所称工资集体协商,是指职工代表与企业代表依法

---

① 《劳动和社会保障部关于职工全年月平均工作时间和工资折算问题的通知》第2条。
《对〈工资支付暂行规定〉有关问题的补充规定》第2条第2款规定:"关于劳动者日工资的折算。由于劳动定额等劳动标准都与制度工时相联系,因此,劳动者日工资可统一按劳动者本人的月工资标准除以每月制度工作天数进行折算。根据国家关于职工每日工作8小时,每周工作时间40小时的规定,每月制度工时天数为21.5天。考虑到国家允许施行每周40小时工时制度有困难的企业最迟可以延期到1997年5月1日施行,因此,在过渡期内,实行每周44小时工时制度的企业,其日工资折算可仍按每月制度工作天数23.5天执行。"
② 《关于贯彻执行〈中华人民共和国劳动法〉若干问题的意见》第61条。
③ 《人事部、劳动和社会保障部、中国人民解放军总后勤部关于军队后勤保障社会化改革中人事和劳动保障工作有关问题的通知》第1条第7款。
④ 《人事部、劳动和社会保障部、中国人民解放军总后勤部关于军队后勤保障社会化改革中人事和劳动保障工作有关问题的通知》第1条第8款。
⑤ 《劳动和社会保障部关于非全日制用工若干问题的意见》第9条。
⑥ 《劳动部关于私营企业劳动管理暂行规定》第19条。
⑦ 《工资集体协商试行办法》第2条。

就企业内部工资分配制度、工资分配形式、工资收入水平等事项进行平等协商,在协商一致的基础上签订工资协议的行为。《工资集体协商试行办法》所称工资协议,是指专门就工资事项签订的专项集体合同。已订立集体合同的,工资协议作为集体合同的附件,并与集体合同具有同等效力。① (2)工资协议的法律效力。依法订立的工资协议对企业和职工双方具有同等约束力。双方必须全面履行工资协议规定的义务,任何一方不得擅自变更或解除工资协议。② (3)工资协议的作用。职工个人与企业订立的劳动合同中关于工资报酬的标准,不得低于工资协议规定的最低标准。③ (4)工资协议的履行。县级以上劳动保障行政部门依法对工资协议进行审查,对协议的履行情况进行监督检查。④

2. 工资集体协商内容。(1)工资集体协商一般包括以下内容:①工资协议的期限;②工资分配制度、工资标准和工资分配形式;③职工年度平均工资水平及其调整幅度;④奖金、津贴、补贴等分配办法;⑤工资支付办法;⑥变更、解除工资协议的程序;⑦工资协议的终止条件;⑧工资协议的违约责任;⑨双方认为应当协商约定的其他事项。⑤ (2)协商确定职工年度工资水平应符合国家有关工资分配的宏观调控政策,并综合参考下列因素:①地区、行业、企业的人工成本水平;②地区、行业的职工平均工资水平;③当地政府发布的工资指导线、劳动力市场工资指导价位;④本地区城镇居民消费价格指数;⑤企业劳动生产率和经济效益;⑥国有资产保值增值;⑦上年度企业职工工资总额和职工平均工资水平;⑧其他与工资集体协商有关的情况。⑥

3. 工资集体协商代表。(1)工资集体协商代表应依照法定程序产生。职工一方由工会代表。未建工会的企业由职工民主推举代表,并得到半数以上职工的同意。企业代表由法定代表人和法定代表人指定的其他人员担任。⑦ (2)协商双方各确定一名首席代表。职工首席代表应当由工会主席担任,工会主席可以书面委托其他人员作为自己的代理人;未成立工会的,由职工集体协商代表推

---

① 《工资集体协商试行办法》第3条。
② 《工资集体协商试行办法》第4条。
③ 《工资集体协商试行办法》第5条。
④ 《工资集体协商试行办法》第6条。
⑤ 《工资集体协商试行办法》第7条。
⑥ 《工资集体协商试行办法》第8条。
⑦ 《工资集体协商试行办法》第9条。

举。企业首席代表应当由法定代表人担任,法定代表人可以书面委托其他管理人员作为自己的代理人。① (3)协商双方的首席代表在工资集体协商期间轮流担任协商会议执行主席。协商会议执行主席的主要职责是负责工资集体协商有关组织协调工作,并对协商过程中发生的问题提出处理建议。② (4)协商双方可书面委托本企业以外的专业人士作为本方协商代表。委托人数不得超过本方代表的1/3。③ (5)协商双方享有平等的建议权、否决权和陈述权。④ (6)由企业内部产生的协商代表参加工资集体协商的活动应视为提供正常劳动,享受的工资、奖金、津贴、补贴、保险福利待遇不变。其中,职工协商代表的合法权益受法律保护。企业不得对职工协商代表采取歧视性行为,不得违法解除或变更其劳动合同。⑤ (7)协商代表应遵守双方确定的协商规则,履行代表职责,并负有保守企业商业秘密的责任。协商代表任何一方不得采取过激、威胁、收买、欺骗等行为。⑥ (8)协商代表应了解和掌握工资分配的有关情况,广泛征求各方面的意见,接受本方人员对工资集体协商有关问题的质询。⑦

  4. 工资集体协商程序。(1)职工和企业任何一方均可提出进行工资集体协商的要求。工资集体协商的提出方应向另一方提出书面的协商意向书,明确协商的时间、地点、内容等。另一方接到协商意向书后,应于20日内予以书面答复,并与提出方共同进行工资集体协商。⑧ (2)在不违反有关法律、法规的前提下,协商双方有义务按照对方要求,在协商开始前5日内,提供与工资集体协商有关的真实情况和资料。⑨ (3)工资协议草案应提交职工代表大会或职工大会讨论审议。⑩ (4)工资集体协商双方达成一致意见后,由企业行政方制作工资协议文本。工资协议经双方首席代表签字盖章后成立。⑪ (5)工资协议签订后,应于7日内

---

① 《工资集体协商试行办法》第10条。
② 《工资集体协商试行办法》第11条。
③ 《工资集体协商试行办法》第12条。
④ 《工资集体协商试行办法》第13条。
⑤ 《工资集体协商试行办法》第14条。
⑥ 《工资集体协商试行办法》第15条。
⑦ 《工资集体协商试行办法》第16条。
⑧ 《工资集体协商试行办法》第17条。
⑨ 《工资集体协商试行办法》第18条。
⑩ 《工资集体协商试行办法》第19条。
⑪ 《工资集体协商试行办法》第20条。

由企业将工资协议一式三份及说明,报送劳动保障行政部门审查。① (6)劳动保障行政部门应在收到工资协议15日内,对工资集体协商双方代表资格、工资协议的条款内容和签订程序等进行审查。(7)劳动保障行政部门经审查对工资协议无异议,应及时向协商双方送达《工资协议审查意见书》,工资协议即行生效。(8)劳动保障行政部门对工资协议有修改意见,应将修改意见在《工资协议审查意见书》中通知协商双方。双方应就修改意见及时协商,修改工资协议,并重新报送劳动保障行政部门。(9)工资协议向劳动保障行政部门报送经过15日后,协议双方未收到劳动保障行政部门的《工资协议审查意见书》,视为已经劳动保障行政部门同意,该工资协议即行生效。② (10)协商双方应于5日内将已经生效的工资协议以适当形式向本方全体人员公布。③ (11)工资集体协商一般情况下一年进行一次。职工和企业双方均可在原工资协议期满前60日内,向对方书面提出协商意向书,进行下一轮的工资集体协商,做好新旧工资协议的相互衔接。④

5. 工资集体协商和工资协议规定的补充。《工资集体协商试行办法》对工资集体协商和工资协议的有关内容未做规定的,按《集体合同规定》的有关规定执行。⑤

三、工资支付(清偿)

1. 工资支付的原则。⑥ 工资支付实行按时足额、优先支付原则。劳动者在法定工作时间或者劳动合同约定的工作时间内提供正常劳动的,用人单位确定其工资标准不得低于当地最低工资标准。⑦

2. 工资支付的制度。(1)用人单位应当依法建立健全工资支付制度。用人

---

① 《工资集体协商试行办法》第21条。
② 《工资集体协商试行办法》第22条。
③ 《工资集体协商试行办法》第23条。
④ 《工资集体协商试行办法》第24条。
⑤ 《工资集体协商试行办法》第25条。
⑥ 《工资支付暂行规定》第2条规定:"本规定适用于在中华人民共和国境内的企业、个体经济组织(以下统称用人单位)和与之形成劳动关系的劳动者。国家机关、事业组织、社会团体和与之建立劳动合同关系的劳动者,依照本规定执行。"
《工资支付暂行规定》第1条规定:"为维护劳动者通过劳动获得劳动报酬的权利,规范用人单位的工资支付行为,根据《中华人民共和国劳动法》有关规定,制定本规定。"
⑦ 《广东省工资支付条例》第4条。
《安徽省最低工资规定》第8条第1款规定:"在劳动者提供正常劳动的条件下,用人单位支付的工资不得低于当地最低工资标准。"

单位符合集体协商制度要求的,应当与本单位工会通过集体协商方式签订集体合同。用人单位应当与劳动者签订劳动合同,在劳动合同中约定工资支付的内容。劳动合同约定的工资支付标准不得低于本单位集体合同的约定。① (2) 用人单位支付工资应当实行实名登记制度,准确统计劳动者工资支付数据,并编制工资支付表。其内容应当包括支付单位、支付时间、支付对象、工作时间、加班工资、应发金额、扣除项目及金额、实发金额等记录,并按规定保存备查。用人单位应当向劳动者提供其个人工资清单,劳动者可以查询本人工资。② (3) 工程建设领域实行用工实名管理制度。施工单位应当建立劳动者身份信息、劳动考勤、工资结算等用工管理台账。用工管理台账的保存期限为自工程竣工且工资全部结清之日起 2 年。施工单位应当依托信息技术加强对劳动用工和工资发放的监督管理。③ (4) 工程建设领域劳动者工资支付实行专户管理制度。工资专用账户由施工单位在工程建设项目所在地银行开设,委托银行进行监管。工资专用资金只能用于支付工资,不得挪作他用。建设工程承包合同应当明确约定工程款中的人工费比例和支付期限,并将人工费足额拨付到工资支付专用账户。工资支付专用账户内资金少于应发劳动者工资总额的,开户单位应当按时补足。工程竣工且工资全部结清后,工资支付专用账户方可注销。④ (5) 工程建设领域实行工资保证金制度。建设单位应当按照规定缴存工资保证金。工资保证金可以采取履约信用保证保险、担保保函等方式缴纳,具体实施办法由市人力资源社会保障部门制定。⑤ (6) 用人单位应根据本规定,通过与职工大会、职工代表大会或者其他形式协商制定内部的工资支付制度,并告知本单位全体劳动者,同时抄报当地劳动行政部门备案。⑥

3. 工资支付的分类。(1) 足额支付。用人单位应当按照劳动合同约定和国家规定,向劳动者及时足额支付劳动报酬。⑦ (2) 对应支付。用人单位向劳动者支付报酬,劳动者付出相应的劳动,是劳动合同双方当事人的基本合同义务。用

---

① 《昆明市工资支付条例》第 6 条。
② 《昆明市工资支付条例》第 12 条。
③ 《昆明市工资支付条例》第 17 条。
④ 《昆明市工资支付条例》第 18 条。
⑤ 《昆明市工资支付条例》第 19 条。
⑥ 《工资支付暂行规定》第 17 条。
⑦ 《劳动合同法》第 30 条第 1 款。

人单位给予劳动者价值较高的财务,如汽车、房屋或住房补贴等特殊待遇的,属于预付性质。劳动者未按照约定期限付出劳动的,属于不完全履行合同。根据合同履行的对等原则,对劳动者未履行的部分,用人单位可以拒绝给付;已经给付的,也可以要求相应返还。因此,用人单位以劳动者未完全履行劳动合同为由,要求劳动者按照相应比例返还的,可以支持。①

4. 工资支付的内容。工资支付主要包括:工资支付项目、工资支付水平、工资支付形式、工资支付对象、工资支付时间以及特殊情况下的工资支付。②

5. 工资支付的形式。(1)直接支付。①工资应当以法定货币支付。不得以实物及有价证券替代货币支付。③ ②用人单位应将工资支付给劳动者本人。劳动者本人因故不能领取工资时,可由其亲属或委托他人代领。用人单位可委托银行代发工资。用人单位必须书面记录支付劳动者工资的数额、时间、领取者的姓名以及签字,并保存 2 年以上备查。用人单位在支付工资时应向劳动者提供一份其个人的工资清单。④ ③用人单位通过银行发放工资的,应当按时将工资划入劳动者本人账户。⑤ ④企业允许他人挂靠或者以本企业名义承揽工程发生工资拖欠的,由企业承担工资清偿责任。⑥ (2)先行执行。①建设单位或者施工单位未按照合同约定及时划拨工程款致使分包单位拖欠劳动者工资的,由建设单位或者施工单位以未结清的工程款为限,先行垫付劳动者工资,垫付部分可以抵扣工程款。⑦ ②建设单位或者施工单位将工程违法发包、转包或者违法分包发生工资拖欠的,由建设单位或者施工单位垫付劳动者工资。⑧ ③建设单位或者施工单位将工程或者经营权发包给不具备用工主体资格的组织或者自然人,出现拖欠或者克扣劳动者工资的,由建设单位或者施工单位承担工资清偿责任,先支付劳

---

① 《上海市高级人民法院关于适用〈劳动合同法〉若干问题的意见》第 7 条。
② 《工资支付暂行规定》第 4 条。
《昆明市工资支付条例》第 7 条规定:"集体合同和劳动合同中约定的工资支付内容应当包括:(一)支付项目;(二)支付标准;(三)支付形式;(四)支付周期和日期;(五)延长工作时间工资支付计算基数;(六)特殊情况下的工资支付标准;(七)其他工资支付内容。"
③ 《工资支付暂行规定》第 5 条。
④ 《工资支付暂行规定》第 6 条。
⑤ 《昆明市工资支付条例》第 11 条第 2 款。
⑥ 《昆明市工资支付条例》第 20 条第 4 款。
⑦ 《昆明市工资支付条例》第 20 条第 2 款。
⑧ 《昆明市工资支付条例》第 20 条第 3 款。

动者工资再依法向该组织或者自然人追偿。①

6. 工资支付的时间。(1)工资应当以货币形式按月支付给劳动者本人。不得克扣或者无故拖欠劳动者的工资。② 其中,"货币形式"排除发放实物、发放有价证券等形式,"按月支付"应理解为每月至少发放一次工资,实行月薪制的单位,工资必须每月发放,超过企业与职工约定或劳动合同规定的每月支付工资的时间发放工资即为不按月支付。实行小时工资制、日工资制、周工资制的单位工资也可以按日或按周发放,并且要足额发放。"克扣"是指用人单位对履行了劳动合同规定的义务和责任,保质保量完成生产工作任务的劳动者,不支付或未足额支付其工资。"无故拖欠"应理解为,用人单位无正当理由在规定时间内故意不支付劳动者工资。③ (2)工资必须在用人单位与劳动者约定的日期支付。如遇节假日或休息日,则应提前在最近的工作日支付。工资至少每月支付一次,实行周、日、小时工资制的可按周、日、小时支付工资。④ (3)私营企业有权依照国家法律和有关政策确定企业的工资制度和工资形式。企业应当每月按期发放工资。超过当月规定发薪日期的,从第六日起每天按拖欠职工本人工资额的1%赔偿职工损失。⑤ (4)对完成一次性临时劳动或某项具体工作的劳动者,用人单位应按有关协议或合同规定在其完成劳动任务后即支付工资。⑥ (5)劳动关系双方依法解除或终止劳动合同时,用人单位应在解除或终止劳动合同时一次付清劳动者工资。⑦ (6)用人单位确因生产经营困难,资金周转受到影响,暂时无法按时支付工资的,经与本单位工会或者劳动者代表协商一致,可以延期在30日内支付劳动

---

① 《昆明市工资支付条例》第21条。
② 《劳动法》第50条。
③ 《关于〈劳动法〉若干条文的说明》第50条。
④ 《工资支付暂行规定》第7条。
《昆明市工资支付条例》第10条规定:"用人单位应当每月至少支付一次工资。工资发放日如遇节假日或者休息日,应当提前支付。实行周、日、小时工资制的,工资支付周期可以按照周、日、小时支付。实行计件工资制或者以完成一定任务计发工资的,可以按照计件或者完成工作任务情况约定支付周期,但支付周期超过一个月的,应当按照约定每月支付工资。实行年薪制或者按照考核周期支付工资的,应当按照约定每月支付工资,年终或者考核周期届满时应当结算并付清工资。"
⑤ 《劳动部关于私营企业劳动管理暂行规定》第16条。
⑥ 《工资支付暂行规定》第8条。
⑦ 《工资支付暂行规定》第9条。
《昆明市工资支付条例》第13条规定:"用人单位与劳动者终止或者解除劳动关系的,应当自劳动关系终止或者解除之日起5个工作日内一次性付清劳动者工资。"

者工资,并报人力资源社会保障部门备案。①

7. 支付工资的种类。(1)劳动者具有正当理由的工资支付。①参加社会活动。劳动者在法定工作时间内依法参加社会活动期间,用人单位应视同其提供了正常劳动而支付工资。社会活动包括:依法行使选举权或被选举权;当选代表出席乡(镇)、区以上政府、党派、工会、青年团、妇女联合会等组织召开的会议;出任人民法庭证明人;出席劳动模范、先进工作者大会;《工会法》规定的不脱产工会基层委员会委员因工会活动占用的生产或工作时间;其他依法参加的社会活动。② ②法定休假日和婚丧假期间工资。劳动者在法定休假日和婚丧假期间以及依法参加社会活动期间,用人单位应当依法支付工资。③ 其中,"法定休假日",是指法律、法规规定的劳动者休假的时间,包括法定节日(元旦、春节、国际劳动节、国庆节及其他节假日)以及法定带薪休假。"婚丧假",是指劳动者本人结婚以及其直系亲属死亡时依法享受的假期。"依法参加社会活动"是指:行使选举权;当选代表,出席政府、党派、工会、青年团、妇女联合会等组织召开的会议;担任人民法庭的人民陪审员、证明人、辩护人;出席劳动模范、先进工作者大会;《工会法》规定的不脱产工会基层委员会委员因工会活动占用的生产时间等。④《工资支付暂行规定》第11~13条所称"按劳动合同规定的标准",系指劳动合同规定的劳动者本人所在的岗位(职位)相对应的工资标准。因劳动合同制度尚处于推进的过程中,按上述条款规定执行确有困难的,地方或行业劳动行政部门可在不违反《工资支付暂行规定》所确定的总的原则基础上,制定过渡措施。⑤ ③因工受伤患病。劳动者因工作遭受事故伤害或者患职业病需要暂停工作接受工伤医疗的,在停工留薪期内,原工资不变,由用人单位按月支付。停工留薪期一般不

---

① 《昆明市工资支付条例》第14条。

② 《工资支付暂行规定》第10条。

《昆明市工资支付条例》第23条规定:"劳动者在法定工作时间内依法参加如下社会活动期间,用人单位应当视同其提供了正常劳动而支付工资:(一)依法行使选举权或者被选举权;(二)人大代表、政协委员依法履行职责;(三)当选代表出席乡(镇)以上政府、党派以及工会、共青团、妇联等组织召开的会议;(四)人民陪审员参加审判活动;(五)不脱产工会基层委员会委员依法参加工会活动;(六)法律、法规规定的其他情形。"

③ 《劳动法》第51条。

《工资支付暂行规定》第11条规定:"劳动者依法享受年休假、探亲假、婚假、丧假期间,用人单位应按劳动合同规定的标准支付劳动者工资。"

④ 《关于〈劳动法〉若干条文的说明》第51条。

⑤ 《对〈工资支付暂行规定〉有关问题的补充规定》第1条。

超过 12 个月。伤情严重或者情况特殊的，经昆明市劳动能力鉴定委员会确认，可以适当延长，但延长期限不得超过 12 个月。劳动者评定伤残等级后，停发原工资，按照有关规定享受伤残待遇。① ④具有特殊身份。第一，劳动者受处分后的工资支付：其一，劳动者受行政处分后仍在原单位工作（如留用察看、降级等）或受刑事处分后重新就业的，应主要由用人单位根据具体情况自主确定其工资报酬；其二，劳动者受刑事处分期间，如收容审查、拘留（羁押）、缓刑、监外执行或劳动教养期间，其待遇按国家有关规定执行。第二，学徒工、熟练工、大中专毕业生在学徒期、熟练期、见习期、试用期及转正定级后的工资待遇由用人单位自主确定。第三，新就业复员军人的工资待遇由用人单位自主确定；分配到企业的军队转业干部的工资待遇，按国家有关规定执行。②（2）企业存在特殊事由的工资支付。①停工、停产。非因劳动者原因造成单位停工、停产在一个工资支付周期内的，用人单位应按劳动合同规定的标准支付劳动者工资。超过一个工资支付周期的，若劳动者提供了正常劳动，则支付给劳动者的劳动报酬不得低于当地的最低工资标准；若劳动者没有提供正常劳动，应按国家有关规定办理。③ ②破产。用人单位依法破产时，劳动者有权获得其工资。在破产清偿中用人单位应按《企业破产法》规定的清偿顺序，首先支付欠付本单位劳动者的工资。④ ③经济困难。经济困难的企业执行劳动部《工资支付暂行规定》（劳部发[1994]489 号）确有困难，应根据以下规定执行：第一，《关于做好国有企业职工和离退休人员基本生活保障工作的通知》（国发[1993]76 号）的规定，"企业发放工资确有困难时，应发给职工基本生活费，具体标准由各地区、各部门根据实际情况确定"；第二，《关于国有企业流动资金贷款的紧急通知》（银传[1994]34 号）的规定，"地方政府通过

---

① 《昆明市工资支付条例》第 26 条。
② 《对〈工资支付暂行规定〉有关问题的补充规定》第 5 条。
  《昆明市工资支付条例》第 30 条规定："劳动者受纪律处分，或者被人民法院判处管制、宣告缓刑，裁定假释、决定暂予监外执行等没有被完全限制人身自由，提供了正常劳动的，用人单位应当按照劳动合同约定的标准支付劳动者工资；工作岗位变动的，用人单位应当及时与其变更劳动合同的有关内容，并按变动后的岗位支付工资报酬。"
③ 《工资支付暂行规定》第 12 条。
  《昆明市工资支付条例》第 28 条规定："非因劳动者原因造成单位停工、停产，在一个工资支付周期内的，用人单位应当按照劳动合同约定的标准支付劳动者工资。超过一个工资支付周期的，用人单位应当与提供劳动的劳动者协商确定新的工资支付办法，相应调整工资支付标准。"
④ 《工资支付暂行规定》第 14 条。

财政补贴,企业主管部门有可能也要拿出一部分资金,银行要拿出一部分贷款,共同保证职工基本生活和社会的稳定";第三,《国有企业富余职工安置规定》(国务院令第111号,1993年发布)的规定:"企业可以对职工实行有限期的放假。职工放假期间,由企业发给生活费"。① ④裁决撤销"决定"后的工资支付。用人单位单方解除与劳动者的劳动关系,引起劳动争议,经劳动争议仲裁委员会或者人民法院裁决撤销单位原决定的,用人单位应当按照该劳动者原工资标准支付其在仲裁、诉讼期间的工资。② ⑤试用等期间的工资支付。劳动者与用人单位形成或建立劳动关系后,试用、熟练、见习期间,在法定工作时间内提供了正常劳动,其所在的用人单位应当支付其不低于最低工资标准的工资。③

8. 工资支付的扣除。(1)因劳动者本人原因给用人单位造成经济损失的,用人单位可按照劳动合同的约定要求其赔偿经济损失。经济损失的赔偿,可从劳动者本人的工资中扣除。但每月扣除的部分不得超过劳动者当月工资的20%。若扣除后的剩余工资部分低于当地月最低工资标准,则按最低工资标准支付。④ (2)用人单位不得克扣劳动者工资。有下列情况之一的,用人单位可以代扣劳动者工资:①用人单位代扣代缴的个人所得税;②用人单位代扣代缴的应由劳动者个人负担的各项社会保险费用;③法院判决、裁定中要求代扣的抚养费、赡养费;④法律、法规规定可以从劳动者工资中扣除的其他费用。⑤ 其中《工资支付暂行规定》第15条中所称"克扣"系指用人单位无正当理由扣减劳动者应得工资(在劳动者已提供正常劳动的前提下用人单位按劳动合同规定的标准应当支付给劳动者的全部劳动报酬)。不包括以下减发工资的情况:①国家的法律、法规中有

---

① 《关于贯彻执行〈中华人民共和国劳动法〉若干问题的意见》第64条。
② 《昆明市工资支付条例》第32条。
③ 《关于贯彻执行〈中华人民共和国劳动法〉若干问题的意见》第57条。
④ 《工资支付暂行规定》第16条。
《昆明市工资支付条例》第29条规定:"劳动者因本人原因造成用人单位经济损失应当赔偿的,用人单位可以按照集体合同或者劳动合同的约定要求劳动者赔偿经济损失。经济损失赔偿由双方协商确定,每次扣除后剩余的工资不得低于当地最低工资标准。用人单位应当以书面形式通知劳动者扣除工资的原因、金额、时间等事项。"
⑤ 《工资支付暂行规定》第15条。
《昆明市工资支付条例》第16条规定:"在劳动关系存续期间,有下列情形之一的,用人单位应当从劳动者工资中代扣或者代缴:(一)应当由劳动者个人缴纳的税款;(二)应当由劳动者个人缴纳的社会保险费;(三)协助人民法院执行判决、裁定由劳动者负担的抚养费、赡养费等费用;(四)法律、法规规定的其他费用。"

明确规定的;②依法签订的劳动合同中有明确规定的;③用人单位依法制定并经职代会批准的厂规、厂纪中有明确规定的;④企业工资总额与经济效益相联系,经济效益下浮时,工资必须下浮的(但支付给劳动者工资不得低于当地最低工资标准);⑤因劳动者请事假等相应减发工资等。①

9. 工资支付中的税收。(1)企事业单位按照国家或省(自治区、直辖市)人民政府规定的缴费比例或办法实际缴付的基本养老保险费、基本医疗保险费和失业保险费,免征个人所得税;个人按照国家或省(自治区、直辖市)人民政府规定的缴费比例或办法实际缴付的基本养老保险费、基本医疗保险费和失业保险费,允许在个人应纳税所得额中扣除。企事业单位和个人超过规定的比例和标准缴付的基本养老保险费、基本医疗保险费和失业保险费,应将超过部分并入个人当期的工资、薪金收入,计征个人所得税。②(2)根据《住房公积金管理条例》《建设部 财政部 中国人民银行关于住房公积金管理若干具体问题的指导意见》(建金管[2005]5号)等规定精神,单位和个人分别在不超过职工本人上一年度月平均工资12%的幅度内,其实际缴存的住房公积金,允许在个人应纳税所得额中扣除。单位和职工个人缴存住房公积金的月平均工资不得超过职工工作地所在设区城市上一年度职工月平均工资的3倍,具体标准按照各地有关规定执行。单位和个人超过上述规定比例和标准缴付的住房公积金,应将超过部分并入个人当期的工资、薪金收入,计征个人所得税。③(3)个人实际领(支)取原提存的基本养老保险金、基本医疗保险金、失业保险金和住房公积金时,免征个人所得税。④(4)上述职工工资口径按照国家统计局规定列入工资总额统计的项目计算。⑤

10. 工资支付的监管。(1)监管部门。①市、县(市、区)人民政府应当建立

---

① 《对〈工资支付暂行规定〉有关问题的补充规定》第3条。
 《昆明市工资支付条例》第25条规定:"劳动者请事假的,用人单位仅可扣减事假期间的工资。"
② 《财政部、国家税务总局关于基本养老保险费、基本医疗保险费、失业保险费、住房公积金有关个人所得税政策的通知》第1条。
③ 《财政部、国家税务总局关于基本养老保险费、基本医疗保险费、失业保险费、住房公积金有关个人所得税政策的通知》第2条。
④ 《财政部、国家税务总局关于基本养老保险费、基本医疗保险费、失业保险费、住房公积金有关个人所得税政策的通知》第3条。
⑤ 《财政部、国家税务总局关于基本养老保险费、基本医疗保险费、失业保险费、住房公积金有关个人所得税政策的通知》第4条。

完善工资支付监控机制、失信联合惩戒机制、欠薪预警系统和应急保障制度。市、县(市、区)人力资源社会保障部门应当加强对工资支付情况的日常监管,完善用人单位守法诚信管理制度和拖欠工资企业"黑名单"制度。① ②市、县(市、区)住房城乡建设、交通运输、水务等部门应当督促用人单位落实用工实名制管理等制度,依法查处挂靠承包、违法分包、转包以及拖欠工程款等行为。市、县(市、区)发展改革等部门应当加强对政府投资项目的审批管理,严格审查资金来源和筹措方式。市、县(市、区)财政部门应当加强对政府投资项目建设全过程的资金监管,按照规定及时拨付资金。② ③市、县(市、区)人力资源社会保障、住房城乡建设、交通运输、水务等部门可以依法对用人单位工资支付情况进行监督检查,用人单位应当如实提供情况,并按照要求提交相关的资料和证明。③ (2)监管的举报。劳动者发现用人单位有下列情形之一的,有权向人力资源社会保障部门举报:①未按照劳动合同约定支付工资的;②支付工资低于当地最低工资标准的;③克扣或者无故拖欠工资的;④拒不支付延长工作时间工资的;⑤用人单位因拖欠工资有意转移财产,法定代表人或者经营负责人有意回避、逃匿的;⑥影响工资支付的其他情形。④ (3)监管的查处。①人力资源社会保障部门在办理劳动报酬案件或者劳动争议案件过程中,发现涉案人员有暴力抗拒执法、逃匿或者转移、隐藏、销毁证据等行为,应当及时通报公安机关,公安机关应当介入调查。涉嫌犯罪的,人力资源社会保障部门应当依法移交公安机关。⑤ ②各级劳动行政部门有权监察用人单位工资支付的情况。用人单位有下列侵害劳动者合法权益行为的,由劳动行政部门责令其支付劳动者工资和经济补偿,并可责令其支付赔偿金:第一,克扣或者无故拖欠劳动者工资的;第二,拒不支付劳动者延长工作时间工资的;第三,低于当地最低工资标准支付劳动者工资的。经济补偿和赔偿金的标准,按国家有关规定执行。⑥ 其中,《工资支付暂行规定》第18条所称"无故拖欠"系指用人单位无正当理由超过规定付薪时间未支付劳动者工资。不包括:其一,用人单位遇到非人力所能抗拒的自然灾害、战争等原因,无法按时支付工

---

① 《昆明市工资支付条例》第32条。
② 《昆明市工资支付条例》第33条。
③ 《昆明市工资支付条例》第34条。
④ 《昆明市工资支付条例》第36条。
⑤ 《昆明市工资支付条例》第35条。
⑥ 《工资支付暂行规定》第18条。

资;其二,用人单位确因生产经营困难、资金周转受到影响,在征得本单位工会同意后,可暂时延期支付劳动者工资,延期时间的最长限制可由各省、自治区、直辖市劳动行政部门根据各地情况确定。其他情况下拖欠工资均属无故拖欠。①

11. 工资支付争议的解决。(1)劳动者与用人单位之间因工资支付发生劳动争议的,可以向本单位劳动争议调解委员会申请调解,调解不成的,可以向劳动人事争议仲裁委员会申请仲裁;也可以直接向劳动人事争议仲裁委员会申请仲裁。当事人不服劳动人事争议仲裁裁决的,可以向人民法院提起诉讼。②(2)用人单位未依法与劳动者签订劳动合同,双方对工资金额有异议的,由用人单位负举证责任。用人单位不能证明的,应当参照本单位同工种的平均工资支付劳动者工资。劳动者因自身原因给用人单位造成损失并需从工资中扣除赔偿费用的,由用人单位负举证责任。用人单位不能证明的,不得要求劳动者赔偿。③(3)对劳动者已被认定为工伤等特殊情况下的工资待遇争议,在劳动争议仲裁中,劳动者可以申请先行给付。④(4)因用人单位拖欠、克扣工资等引发严重影响公共秩序事件的,用人单位法定代表人或者主要负责人应当按照人力资源社会保障部门的要求及时到现场协助处理。⑤

12. 工资支付的举证责任分配。(1)因工资支付发生争议,用人单位负有举证责任。用人单位拒绝提供或者在规定时间内不能提供有关工资支付凭证等证据材料的,人力资源社会保障部门、劳动人事争议仲裁委员会或者人民法院可以按照劳动者提供的工资数额及其他有关证据作出认定。⑥(2)用人单位和劳动者都不能对工资数额举证的,由劳动争议仲裁委员会或者人民法院参照本单位同岗位的平均工资或者当地在岗职工平均工资水平,按照有利于劳动者的原则计算确定。⑦

13. 克扣或无故拖欠劳动者工资的法律责任。(1)行政责任。企业克扣或无

---

① 《对〈工资支付暂行规定〉有关问题的补充规定》第4条。
② 《昆明市工资支付条例》第37条。
《工资支付暂行规定》第19条规定:"劳动者与用人单位因工资支付发生劳动争议的,当事人可依法向劳动争议仲裁机关申请仲裁。对仲裁裁决不服的,可以向人民法院提起诉讼。"
③ 《昆明市工资支付条例》第38条。
④ 《昆明市工资支付条例》第39条。
⑤ 《昆明市工资支付条例》第40条。
⑥ 《广东省工资支付条例》第48条第1款。
⑦ 《广东省工资支付条例》第48条第2款。

故拖欠劳动者工资的,劳动监察部门应根据《劳动法》第 91 条、劳动部《违反和解除劳动合同的经济补偿办法》第 3 条、《违反〈中华人民共和国劳动法〉行政处罚办法》第 6 条予以处理。① (2)刑事责任。①拒不支付工资的刑事责任的行为。以逃避支付劳动者的劳动报酬为目的,具有下列情形之一的,应当认定为《刑法》第 276 条第 1 款规定的"以转移财产、逃匿等方法逃避支付劳动者的劳动报酬":第一,隐匿财产、恶意清偿、虚构债务、虚假破产、虚假倒闭或者以其他方法转移、处分财产的;第二,逃跑、藏匿的;第三,隐匿、销毁或者篡改账目、职工名册、工资支付记录、考勤记录等与劳动报酬相关的材料的;第四,以其他方法逃避支付劳动报酬的。② ②拒不支付工资的刑事责任的认定。第一,"劳动者的劳动报酬"的认定。劳动者依照《劳动法》和《劳动合同法》等法律的规定应得的劳动报酬,包括工资、奖金、津贴、补贴、延长工作时间的工资报酬及特殊情况下支付的工资等,应当认定为《刑法》第 276 条第 1 款规定的"劳动者的劳动报酬"。③ 第二,"数额较大"的认定。具有下列情形之一的,应当认定为《刑法》第 276 条第 1 款规定的"数额较大":其一,拒不支付 1 名劳动者 3 个月以上的劳动报酬且数额在 5000 元至 2 万元以上的;其二,拒不支付 10 名以上劳动者的劳动报酬且数额累计在 3 万元至 10 万元以上的。各省、自治区、直辖市高级人民法院可以根据本地区经济社会发展状况,在前款规定的数额幅度内,研究确定本地区执行的具体数额标准,报最高人民法院备案。④ 第三,"经政府有关部门责令支付仍不支付"的认定。经人力资源社会保障部门或者政府其他有关部门依法以限期整改指令书、行政处理决定书等文书责令支付劳动者的劳动报酬后,在指定的期限内仍不支付的,应当认定为《刑法》第 276 条第 1 款规定的"经政府有关部门责令支付仍不支付",但有证据证明行为人有正当理由未知悉责令支付或者未及时支付劳动报酬的除外。行为人逃匿,无法将责令支付文书送交其本人、同住成年家属或者所在单位负责收件的人的,如果有关部门已通过在行为人的住所地、生产经营场所等地张贴责令支付文书等方式责令支付,并采用拍照、录像等方式记录的,应

---

① 《关于贯彻执行〈中华人民共和国劳动法〉若干问题的意见》第 63 条。
② 《最高人民法院关于审理拒不支付劳动报酬刑事案件适用法律若干问题的解释》第 2 条。
③ 《最高人民法院关于审理拒不支付劳动报酬刑事案件适用法律若干问题的解释》第 1 条。
④ 《最高人民法院关于审理拒不支付劳动报酬刑事案件适用法律若干问题的解释》第 3 条。

当视为"经政府有关部门责令支付"。① 第四,"造成严重后果"的认定。拒不支付劳动者的劳动报酬,符合《最高人民法院关于审理拒不支付劳动报酬刑事案件适用法律若干问题的解释》第 3 条的规定,并具有下列情形之一的,应当认定为《刑法》第 276 条第 1 款规定的"造成严重后果":其一,造成劳动者或者其被赡养人、被扶养人、被抚养人的基本生活受到严重影响、重大疾病无法及时医治或者失学的;其二,对要求支付劳动报酬的劳动者使用暴力或者进行暴力威胁的;其三,造成其他严重后果的。② ③拒不支付工资的刑事责任的减轻、免除。拒不支付劳动者的劳动报酬,尚未造成严重后果,在刑事立案前支付劳动者的劳动报酬,并依法承担相应赔偿责任的,可以认定为情节显著轻微危害不大,不认为是犯罪;在提起公诉前支付劳动者的劳动报酬,并依法承担相应赔偿责任的,可以减轻或者免除刑事处罚;在一审宣判前支付劳动者的劳动报酬,并依法承担相应赔偿责任的,可以从轻处罚。对于免除刑事处罚的,可以根据案件的不同情况,予以训诫、责令具结悔过或者赔礼道歉。拒不支付劳动者的劳动报酬,造成严重后果,但在宣判前支付劳动者的劳动报酬,并依法承担相应赔偿责任的,可以酌情从宽处罚。③ ④拒不支付工资的刑事责任的追究。第一,不具备用工主体资格的单位或者个人,违法用工且拒不支付劳动者的劳动报酬,数额较大,经政府有关部门责令支付仍不支付的,应当依照《刑法》第 276 条的规定,以拒不支付劳动报酬罪追究刑事责任。④ 第二,用人单位的实际控制人实施拒不支付劳动报酬行为,构成犯罪的,应当依照《刑法》第 276 条的规定追究刑事责任。⑤ 第三,单位拒不支付劳动报酬,构成犯罪的,依照《最高人民法院关于审理拒不支付劳动报酬刑事案件适用法律若干问题的解释》规定的相应个人犯罪的定罪量刑标准,对直接负责的主管人员和其他直接责任人员定罪处罚,并对单位判处罚金。⑥

14. 工资的清偿。①债务人所欠非正式职工(含短期劳动工)的劳动报酬,参照《企业破产法》第 37 条第 2 款第 1 项规定的顺序清偿。⑦ ②债务人所欠企业职

---

① 《最高人民法院关于审理拒不支付劳动报酬刑事案件适用法律若干问题的解释》第 4 条。
② 《最高人民法院关于审理拒不支付劳动报酬刑事案件适用法律若干问题的解释》第 5 条。
③ 《最高人民法院关于审理拒不支付劳动报酬刑事案件适用法律若干问题的解释》第 6 条。
④ 《最高人民法院关于审理拒不支付劳动报酬刑事案件适用法律若干问题的解释》第 7 条。
⑤ 《最高人民法院关于审理拒不支付劳动报酬刑事案件适用法律若干问题的解释》第 8 条。
⑥ 《最高人民法院关于审理拒不支付劳动报酬刑事案件适用法律若干问题的解释》第 9 条。
⑦ 《最高人民法院关于审理企业破产案件若干问题的规定》第 57 条。

工集资款,参照《企业破产法》第37条第2款第1项规定的顺序清偿。但对违反法律规定的高额利息部分不予保护。①

四、"工资"的组成

（一）工资组成的一般规则

1. 工资组成的基本内容。工资总额由下列6个部分组成:(1)计时工资;(2)计件工资;(3)奖金;(4)津贴和补贴;(5)加班加点工资;(6)特殊情况下支付的工资。② 其中,"计时工资",是指按计时工资标准(包括地区生活费补贴)和工作时间支付给个人的劳动报酬。包括:①对已做工作按计时工资标准支付的工资;②实行结构工资制的单位支付给职工的基础工资和职务(岗位)工资;③新参加工作职工的见习工资(学徒的生活费);④运动员体育津贴。③ "计件工资",是指对已做工作按计件单价支付的劳动报酬。包括:①实行超额累进计件、直接无限计件、限额计件、超定额计件等工资制,按劳动部门或主管部门批准的定额和计件单价支付给个人的工资;②按工作任务包干方法支付给个人的工资;③按营业额提成或利润提成办法支付给个人的工资。④ "奖金",是指支付给职工的超额劳动报酬和增收节支的劳动报酬。包括:①生产奖;②节约奖;③劳动竞赛奖;④机关、事业单位的奖励工资;⑤其他奖金。⑤ "津贴和补贴",是指为了补偿职工特殊或额外的劳动消耗和因其他特殊原因支付给职工的津贴,以及为了保证职工工资水平不受物价影响支付给职工的物价补贴。①津贴。包括补偿职工特殊或额外劳动消耗的津贴,保健性津贴,技术性津贴,年功性津贴及其他津贴。②物价补贴。包括为保证职工工资水平不受物价上涨或变动影响而支付的各种

---

① 《最高人民法院关于审理企业破产案件若干问题的规定》第58条第1款。
② 《国家统计局关于工资总额组成的规定》第4条。
③ 《国家统计局关于工资总额组成的规定》第5条。
④ 《国家统计局关于工资总额组成的规定》第6条。
⑤ 《国家统计局关于工资总额组成的规定》第7条。
《关于工资总额组成的规定》若干具体范围的解释》第2条规定:"关于奖金的范围 （一）生产(业务)奖包括超产奖、质量奖、安全(无事故)奖、考核各项经济指标的综合奖、提前竣工奖、外轮速遣奖、年终奖(劳动分红)等。（二）节约奖包括各种动力、燃料、原材料等节约奖。（三）劳动竞赛奖包括发给劳动模范、先进个人的各种奖和实物奖励。（四）其他奖金包括从兼课酬金和业余医疗卫生服务收入提成中支付的奖金等。"
《关于工资总额组成的规定》若干具体范围的解释》第6条规定:"奖金范围内的节约奖、从兼课酬金和医疗卫生服务收入提成中支付的奖金及津贴和补贴范围内的各种价格补贴,在统计报表中单列统计。"

补贴。① "加班加点工资",是指按规定支付的加班工资和加点工资。② "特殊情况下支付的工资"包括:①根据国家法律、法规和政策规定,因病、工伤、产假、计划生育假、婚丧假、事假、探亲假、定期休假、停工学习、执行国家或社会义务等原因按计时工资标准或计时工资标准的一定比例支付的工资;②附加工资、保留工资。③

2. 不列入工资总额的项目。下列各项不列入工资总额的范围:"根据国务院发布的有关规定颁发的发明创造奖、自然科学奖、科学技术进步奖和支付的合理化建议和技术改进奖以及支付给运动员、教练员的奖金""有关劳动保险和职工福利方面的各项费用""有关离休、退休、退职人员待遇的各项支出""劳动保护的各项支出""稿费、讲课费及其他专门工作报酬""出差伙食补助费、误餐补助、调动工作的旅费和安家费""对自带工具、牲畜来企业工作职工所支付的工具、牲畜等的补偿费用""实行租赁经营单位的承租人的风险性补偿收入""对购买本企业股票和债券的职工所支付的股息(包括股金分红)和利息""劳动合同制职工解除劳动合同时由企业支付的医疗补助费、生活补助费等""因录用临时工而在工资以外向提供劳动力单位支付的手续费或管理费""支付给家庭工人的加工费和按加工订货办法支付给承包单位的发包费用""支付给参加企业劳动的在校学生的

---

① 《国家统计局关于工资总额组成的规定》第8条。
《〈关于工资总额组成的规定〉若干具体范围的解释》第3条第1款规定:"津贴。包括:1. 补偿职工特殊或额外劳动消耗的津贴。具体有:高空津贴、井下津贴、流动施工津贴、野外工作津贴、林区津贴、高温作业临时补贴、海岛津贴、艰苦气象台(站)津贴、微波站津贴、高原地区临时补贴、冷库低温津贴、基层审计人员外勤工作补贴、学校班主任津贴、三种艺术(舞蹈、武功、管乐)人员工种补贴、运动队班(队)干部驻队补贴、公安干警值勤岗位津贴、环卫人员岗位津贴、广播电视天线工岗位津贴、盐业岗位津贴、废品回收人员岗位津贴、殡葬特殊行业津贴、城市社会福利事业单位津贴、环境监测津贴、收容遣送岗位津贴等。2. 保健性津贴。具体有:卫生防疫津贴、医疗卫生津贴、科技保健津贴、各种社会福利院职工特殊保健津贴等。3. 技术性津贴。具体有:特级教师补贴、科研津贴、工人技师津贴、中药老药工技术津贴、特殊教育津贴等。4. 年功性津贴。具体有:直接支付给个人的伙食津贴(火车司机和乘务员的乘务津贴、航行和空勤人员伙食津贴、水产捕捞人员伙食津贴、专业车队汽车司机行车津贴、小伙食单位补贴等)、合同制职工的工资性补贴以及书报费等。"
《〈关于工资总额组成的规定〉若干具体范围的解释》第4条第2款规定:"劳动保护的各种支出。具体有:工作服、手套等劳保用品,解毒剂、清凉饮料,以及按照一九六三年七月十九日劳动部等七单位规定的范围对接触有毒物质、砂尘作业、放射线作业和潜水、沉箱作业、高温作业等五类工种所享受的由劳动保护费开支的保健食品待遇。"
② 《国家统计局关于工资总额组成的规定》第9条。
③ 《国家统计局关于工资总额组成的规定》第10条。

补贴""计划生育独生子女补贴。"①

3. 工资组成的其他规则。(1)《国家统计局关于工资总额组成的规定》第11条所列各项按照国家规定另行统计。② (2)中华人民共和国境内的私营单位、华侨及我国港、澳、台地区工商业者经营单位和外商经营单位有关工资总额范围的计算,参照《国家统计局关于工资总额组成的规定》执行。③ (3)《国家统计局关于工资总额组成的规定》由国家统计局负责解释。④ (4)各地区、各部门可依据《国家统计局关于工资总额组成的规定》制定有关工资总额组成的具体范围的规定。

(二)最低工资

1. 最低工资保障制度。(1)国家实行最低工资保障制度。最低工资的具体标准由省、自治区、直辖市人民政府规定,报国务院备案。用人单位支付劳动者的工资不得低于当地最低工资标准。⑤ 其中,"最低工资"是指劳动者在法定工作时间内履行了正常劳动义务的前提下,由其所在单位支付的最低劳动报酬。最低工资不包括延长工作时间的工资报酬,以货币形式支付的住房和用人单位支付的伙食补贴,中班、夜班、高温、低温、井下、有毒、有害等特殊工作环境和劳动条件下的津贴,国家法律、法规、规章规定的社会保险福

---

① 《国家统计局关于工资总额组成的规定》第11条。
《关于贯彻执行〈中华人民共和国劳动法〉若干问题的意见》第53条规定:"劳动法中的'工资'是指用人单位依据国家有关规定或劳动合同的约定,以货币形式直接支付给本单位劳动者的劳动报酬,一般包括计时工资、计件工资、奖金、津贴和补贴、延长工作时间的工资报酬以及特殊情况下支付的工资等。'工资'是劳动者劳动收入的主要组成部分。劳动者的以下劳动收入不属于工资范围:(1)单位支付给劳动者个人的社会保险福利费用,如丧葬抚恤救济费、生活困难补助费、计划生育补贴等;(2)劳动保护方面的费用,如用人单位支付给劳动者的工作服、解毒剂、清凉饮料费用等;(3)按规定未列入工资总额的各种劳动报酬及其他劳动收入,如根据国家规定发放的创造发明奖、国家星火奖、自然科学奖、科学技术进步奖、合理化建议和技术改进奖、中华技能大奖等,以及稿费、讲课费、翻译费等。"
《〈关于工资总额组成的规定〉若干具体范围的解释》第4条规定:"关于工资总额不包括的项目的范围 (一)有关劳动保险和职工福利方面的费用。具体有:职工死亡丧葬费及抚恤费、医疗卫生或公费医疗费用、职工生活困难补助费、集体福利事业补贴、工会文教费、集体福利费、探亲路费、冬季取暖补贴、上下班交通补贴以及洗理费等。(二)劳动保护的各种支出。具体有:工作服、手套等劳保用品,解毒剂、清凉饮料,以及按照一九六三年七月十九日劳动部等七单位规定的范围对接触有毒物质、砂尘作业、放射线作业和潜水、沉箱作业、高温作业等五类工种所享受的由劳动保护费开支的保健食品待遇。"
② 《国家统计局关于工资总额组成的规定》第12条。
③ 《国家统计局关于工资总额组成的规定》第13条。
④ 《国家统计局关于工资总额组成的规定》第14条。
⑤ 《劳动法》第48条。

利待遇。①《最低工资规定》②所称"正常劳动",是指劳动者按依法签订的劳动合同约定,在法定工作时间或劳动合同约定的工作时间内从事的劳动。劳动者依法享受带薪年休假、探亲假、婚丧假、生育(产)假、节育手术假等国家规定的假期间,以及法定工作时间内依法参加社会活动期间,视为提供了正常劳动。③(2)最低工资标准包括按国家统计局规定应列入工资总额统计的工资、奖金、补贴等各项收入。下列各项收入不计入最低工资标准:①劳动者在国家规定的高温、低温、井下、有毒有害等特殊环境条件下工作领取的津贴;②劳动者在节假日或者超过法定工作时间从事劳动所得的加班、加点工资;③劳动者依法享受的保险福利待遇;④根据国家和本市规定不计入最低工资标准的其它收入。④ 其中,不计

---

① 《关于贯彻执行〈中华人民共和国劳动法〉若干问题的意见》第54条。
《关于〈劳动法〉若干条文的说明》第48条(注释1)规定:"本条中的'最低工资'是指劳动者在法定工作时间内履行了正常劳动义务的前提下,由其所在单位支付的最低劳动报酬。最低工资包括基本工资和奖金、津贴、补贴,但不包括加班加点工资、特殊劳动条件下的津贴,国家规定的社会保险和福利待遇排除在外。最低工资的具体规定见《企业最低工资规定》(劳部发(1993)333号)。"
《最低工资规定》第3条第1款规定:"本规定所称最低工资标准,是指劳动者在法定工作时间或依法签订的劳动合同约定的工作时间内提供了正常劳动的前提下,用人单位依法应支付的最低劳动报酬。"

② 《最低工资规定》第1条规定:"为了维护劳动者取得劳动报酬的合法权益,保障劳动者个人及其家庭成员的基本生活,根据劳动法和国务院有关规定,制定本规定。"

③ 《最低工资规定》第3条第2款。

④ 《北京市最低工资规定》第6条。
《北京市劳动局关于印发贯彻执行〈北京市最低工资规定〉的有关问题解释的通知》第3条第2款规定:"最低工资标准包括按国家统计局规定应列入工资总额统计的项目:(一)工资:计时工资、计件工资、岗位技能工资等;(二)奖金:生产奖、节约奖、劳动竞赛奖及其他奖金;(三)补贴:包括自1979年以来历次实行的各种价格补贴及职工上、下班交通费补贴,洗理卫生费等。(四)私营企业、雇工个体工商户等支付给劳动者的工资性货币收入。"
《最低工资规定》第12条第1款规定:"在劳动者提供正常劳动的情况下,用人单位应支付给劳动者的工资在剔除下列各项以后,不得低于当地最低工资标准:(一)延长工作时间工资;(二)中班、夜班、高温、低温、井下、有毒有害等特殊工作环境、条件下的津贴;(三)法律、法规和国家规定的劳动者福利待遇等。"
《安徽省最低工资规定》第10条规定:"在确定用人单位支付劳动者的工资是否低于当地最低工资标准时,下列项目不计入用人单位支付给劳动者的工资:(一)延长工作时间工资;(二)中班、夜班、高温、低温、井下、有毒有害等特殊工作环境、条件下的津贴;(三)用人单位和劳动者个人依法缴纳的社会保险费和住房公积金;(四)用人单位支付给劳动者的伙食、交通、通讯、培训、住房补贴;(五)用人单位支付给劳动者的一次性奖励;(六)用人单位按照国家规定为劳动者提供的其他福利待遇。"
《辽宁省最低工资规定》第11条第1款规定:"除由于劳动者本人原因造成在法定工作时间或者依法签订的劳动合同约定的工作时间内未提供正常劳动的以外,用人单位支付给提供正常劳动的劳动者工资,在剔除下列各项后,不得低于当地最低工资标准:(一)延长工作时间工资;(二)中班、夜班、高温、低温、井下、有毒有害等特殊工作环境和条件下的津贴;(三)法律、法规和国家统一规定的劳动者福利待遇等。"

入最低工资标准的劳动者依法享受的保险福利待遇是指:①医疗卫生费;②丧葬抚恤救济费;③生活困难补助;④文体宣传费;⑤计划生育补贴;⑥其他如探亲路费、冬季取暖补贴等。① 根据国家和本市规定不计入最低工资标准的其他收入,是指劳动者个人应缴纳的养老、失业、医疗等社会保险费和住房公积金。② (3)《最低工资规定》适用于在中华人民共和国境内的企业、民办非企业单位、有雇工的个体工商户(以下统称用人单位)和与之形成劳动关系的劳动者。国家机关、事业单位、社会团体和与之建立劳动合同关系的劳动者,依照《最低工资规定》执行。③

2. 最低工资标准。(1)最低工资标准的公布。①省人民政府按照规定制定最低工资标准,地级以上市人民政府应当在省人民政府公布的最低工资标准中确定本市的最低工资标准。县级以上人民政府应当定期公布劳动力市场工资指导价位和工资指导线,并为用人单位和劳动者提供指导和服务。④ ②用人单位应在最低工资标准发布后10日内将该标准向本单位全体劳动者公示。⑤ (2)具体最低工资标准。①私营企业职工的最低工资标准。私营企业职工的最低工资不得低于当地同行业集体所有制企业同等条件工人的最低工资水平。男女应同工同酬。私营企业的工资标准由企业与职工代表或工会组织协商制定,并经当地劳动行政部门同意后施行。⑥ ②实行计件工资或者提成工资等的最低工资标准。实行计件工资或者提成工资等工资形式的用人单位,应当科学、合理地界定劳动定额,其支付给劳动者的工资不得低于相应的最低工资标准。⑦ ③以劳务派遣形式用工的最低工资标准。以劳务派遣形式用工的,劳动合同期内的被派遣劳动者无工作期间,劳务派遣单位支付不低于当地最低工资标准的工资。⑧ (3)确定

---

① 《北京市劳动局关于印发贯彻执行〈北京市最低工资规定〉的有关问题解释的通知》第4条。
② 《北京市劳动局关于印发贯彻执行〈北京市最低工资规定〉的有关问题解释的通知》第5条。
③ 《最低工资规定》第2条。
④ 《广东省工资支付条例》第3条。
⑤ 《最低工资规定》第11条。
⑥ 《劳动部关于私营企业劳动管理暂行规定》第17条。
⑦ 《辽宁省最低工资规定》第11条第2款。
《陕西省最低工资规定》第12条规定:"用人单位支付给劳动者的劳动报酬不得低于其所在地的最低工资标准。实行计件工资或者提成工资等工资形式的用人单位,必须进行合理的折算,其相应的折算额不得低于规定的最低工资标准。"
⑧ 《安徽省最低工资规定》第9条。

和调整最低工资标准参考的因素。①劳动者本人及平均赡养人口的最低生活费用;②社会平均工资水平;③劳动生产率;④就业状况;⑤地区之间经济发展水平的差异。① 其中,"最低生活费用",应为劳动者本人及其赡养人口为维持最低生活需要而必须支付的费用,包括吃、穿、住、行等方面。一般可采取参照国家统计部门统计调查中对调查户数的10%最低收入户的人均生活费用支出额乘以赡养人口系数来计算最低工资额,再根据其他因素作适当调整并确定。具体计算办法可参考《企业最低工资规定》附件。② (4)省、自治区、直辖市范围内的最低工资标准。①省、自治区、直辖市范围内最低工资标准的确定和调整。第一,省、自治区、直辖市范围内的不同行政区域可以有不同的最低工资标准。③ 第二,最低工资标准的确定和调整方案,由省、自治区、直辖市人民政府劳动保障行政部门会同同级工会、企业联合会/企业家协会研究拟订,并将拟订的方案报送劳动保障部。方案内容包括最低工资确定和调整的依据、适用范围、拟订标准和说明。劳动保障部在收到拟订方案后,应征求全国总工会、中国企业联合会/企业家协会的意见。劳动保障部对方案可以提出修订意见,若在方案收到后14日内未提出修订意见的,视为同意。④ ②省、自治区、直辖市范围内最低工资标准的批准。省、自治区、直辖市劳动保障行政部门应将本地区最低工资标准方案报省、自治区、直辖市人民政府批准,并在批准后7日内在当地政府公报上和至少一种全地区性报纸上发布。省、自治区、直辖市劳动保障行政部门应在发布后10日内将最低工资标准报劳动保障部。⑤ ③省、自治区、直辖市范围内最低工资标准实施后的调整。最低工资标准发布实施后,如《最低工资规定》第6条所规定的相关因素发生变化,应当适时调整。最低工资标准每2年至少调整1次。⑥

3. 最低工资标准的适用。月最低工资标准适用于全日制就业劳动者,小时最低工资标准适用于非全日制就业劳动者。⑦

4. 最低工资标准的确定。(1)最低工资标准确定的通用方法。最低工资标

---

① 《劳动法》第49条。
② 《关于〈劳动法〉若干条文的说明》第49条(注释1)。
③ 《最低工资规定》第7条。
④ 《最低工资规定》第8条。
⑤ 《最低工资规定》第9条。
⑥ 《最低工资规定》第10条。
⑦ 《最低工资规定》第5条。

准确定的通用方法:①比重法即根据城镇居民家计调查资料,确定一定比例的最低人均收入户为贫困户,统计出贫困户的人均生活费用支出水平,乘以每一就业者的赡养系数,再加上一个调整数。②恩格尔系数法即根据国家营养学会提供的年度标准食物谱及标准食物摄取量,结合标准食物的市场价格,计算出最低食物支出标准,除以恩格尔系数,得出最低生活费用标准,再乘以每一就业者的赡养系数,再加上一个调整数。(2)具体最低工资标准的确定。①月最低工资标准的确定。确定和调整月最低工资标准,应参考当地就业者及其赡养人口的最低生活费用、城镇居民消费价格指数、职工个人缴纳的社会保险费和住房公积金、职工平均工资、经济发展水平、就业状况等因素。①② ②小时最低工资标准的确定。第一,用人单位应当按时足额支付非全日制劳动者的工资。用人单位支付非全日制劳动者的小时工资不得低于当地政府颁布的小时最低工资标准。③ 第二,确定和调整小时最低工资标准,应在颁布的月最低工资标准的基础上,考虑单位应缴纳的基本养老保险费和基本医疗保险费因素,同时还应适当考虑非全日制劳动者在工作稳定性、劳动条件和劳动强度、福利等方面与全日制就业人员之间的差异。④ 第三,非全日制用工的小时最低工资标准由省、自治区、直辖市规定,并报劳动保障部备案。确定和调整小时最低工资标准应当综合参考以下因素;当地政府颁布的月最低工资标准;单位应缴纳的基本养老保险费和基本医疗保险费(当地政府颁布的月最低工资标准未包含个人缴纳社会保险费因素的,还应考虑个人应缴纳的社会保险费);非全日制劳动者在工作稳定性、劳动条件和劳动强度、福利等方面与全日制就业人员之间的差异。小时最低工资标准的测算方法为:小时最低工资标准=[(月最低工资标准÷20.92÷8)×(1+单位应当缴纳的基本养老保险费和基本医疗保险费比例之和)]×(1+浮动系数)。⑤ ③实行计件工资或提成工资等最低工资标准的确定。实行计件工资或提成工资等工资形式的用人单位,在科学合理的劳动定额基础上,其支付劳动者的工资不得低于相应的最低工资标准。⑥

---

① 《最低工资规定》第6条第1款。
② 《最低工资规定》第6条第3款。
③ 《劳动和社会保障部关于非全日制用工若干问题的意见》第7条。
④ 《最低工资规定》第6条第2款。
⑤ 《劳动和社会保障部关于非全日制用工若干问题的意见》第8条。
⑥ 《最低工资规定》第12条第2款。

5. 最低工资标准的争议。(1)"未提供正常劳动"最低工资标准的认定。①劳动者由于本人原因造成在法定工作时间内或依法签订的劳动合同约定的工作时间内未提供正常劳动的,不适用于《最低工资规定》。① ②在劳动合同中,双方当事人约定的劳动者在未完成劳动定额或承包任务的情况下,用人单位可低于最低工资标准支付劳动者工资的条款不具有法律效力。② (2)最低工资标准争议的处理。劳动者与用人单位之间就执行最低工资标准发生争议,按劳动争议处理有关规定处理。③ (3)最低工资标准争议的救济。①劳动者对用人单位违反《安徽省最低工资规定》的行为,有权向县级以上人民政府人力资源社会保障部门举报或者投诉。劳动者与用人单位因执行最低工资标准发生劳动争议的,可以与用人单位协商,或者向调解组织申请调解,或者向劳动争议仲裁委员会申请仲裁。④ ②争议金额不超过当地月最低工资标准12个月的适用终局裁决。(4)低于最低工资超期支付的赔偿金。用人单位支付劳动者的工资低于当地最低工资标准的,由县级以上人民政府人力资源社会保障部门责令限期支付低于最低工资标准的差额部分。超过限期支付的,责令用人单位按下列标准向劳动者加付赔偿金:①超过限期10日以内的,赔偿金数额为应付金额的50%;②超过限期10日以上不满20日的,赔偿金数额为应付金额的70%;③超过限期20日的,赔偿金数额为应付金额的100%。用人单位拒不依照前款规定支付最低工资标准的差额、加付赔偿金的,由作出责令支付决定的人力资源社会保障部门,按每拒付1名职工罚款2000元的标准给予行政处罚。⑤

6. 最低工资的监督。县级以上地方人民政府劳动保障行政部门负责对本行政区域内用人单位执行《最低工资规定》情况进行监督检查。各级工会组织依法对本规定执行情况进行监督,发现用人单位支付劳动者工资违反本规定的,有权要求当地劳动保障行政部门处理。⑥

---

① 《最低工资规定》第12条第3款。
② 《关于贯彻执行〈中华人民共和国劳动法〉若干问题的意见》第56条。
③ 《最低工资规定》第14条。
④ 《安徽省最低工资规定》第13条。
⑤ 《安徽省最低工资规定》第14条。
⑥ 《最低工资规定》第4条。

(三) 加班费

1. 加班费支付的法定性。用人单位根据实际需要依法安排劳动者在法定标准工作时间以外工作的,应当按照国家有关规定支付工资报酬。①

2. 加班费计算基数的确定。(1)劳动者加班费计算基数,应当按照法定工作时间内劳动者提供正常劳动应得工资确定,劳动者每月加班费不计到下月加班费计算基数中。具体情况如下:①用人单位与劳动者在劳动合同中约定了加班费计算基数的,以该约定为准;双方同时又约定以本市规定的最低工资标准或低于劳动合同约定的工资标准作为加班费计算基数,劳动者主张以劳动合同约定的工资标准作为加班费计算基数的,应予支持。②劳动者正常提供劳动的情况下,双方实际发放的工资标准高于原约定工资标准的,可以视为双方变更了合同约定的工资标准,以实际发放的工资标准作为计算加班费计算基数。实际发放的工资标准低于合同约定的工资标准,能够认定为双方变更了合同约定的工资标准的,以实际发放的工资标准作为计算加班费的计算基数。③劳动合同没有明确约定工资数额,或者合同约定不明确时,应当以实际发放的工资作为计算基数。用人单位按月直接支付给职工的工资、奖金、津贴、补贴等都属于实际发放的工资,具体包括国家统计局《关于〈工资总额组成的规定〉若干具体范围的解释》中规定"工资总额"的几个组成部分。加班费计算基数应包括"基本工资""岗位津贴"等所有工资项目。不能以"基本工资"、"岗位工资"或"职务工资"单独一项作为计算基数。在以实际发放的工资作为加班费计算基数时,加班费(前月)、伙食补助等应当扣除,不能列入计算基数范围。国家相关部门对工资组成规定有调整的,按调整的规定执行。④劳动者的当月奖金具有"劳动者正常工作时间工资报酬"性质的,属于工资组成部分。劳动者的当月工资与当月奖金发放日期不一致的,应将这两部分合计作为加班费计算基数。用人单位不按月、按季发放的奖金,根据实际情况判断可以不作为加班费计算基数。⑤在确定职工日平均工资和小时平均工资时,应当按照原劳动和社会保障部《关于职工全年月平均工作时间和工资折算问题的通知》规定,以每月工作时间为21.75天和174小时进行折算。⑥实行综合计算工时工作制的用人单位,当综

---

① 《昆明市工资支付条例》第15条。

合计算周期为季度或年度时,应将综合周期内的月平均工资作为加班费计算基数。① (2)私营企业应实行每日不超过8小时工作制,因生产需要确需延长工作时间时,须经职工本人同意,并发给职工加班工资。日加班时间不得超过3小时,连续加班不得超过3天。连续加班,工时过长,影响职工身体健康的,工会可以提出意见,当地劳动部门有权予以制止,禁止安排未成年工、孕期、哺乳期女职工加班加点。②

3. 加班费的支付。(1)按规定支付加班费。①实行每天不超过8小时,每周不超过44小时或40小时标准工作时间制度的企业,以及经批准实行综合计算工时工作制的企业,应当按照劳动法的规定支付劳动者延长工作时间的工资报酬。全体职工已实行劳动合同制度的企业,一般管理人员(实行不定时工作制人员除外)经批准延长工作时间的,可以支付延长工作时间的工资报酬。③ ②用人单位应当严格执行劳动定额标准,不得强迫或者变相强迫劳动者加班。用人单位安排加班的,应当按照国家有关规定向劳动者支付加班费。④ ③用人单位在劳动者完成劳动定额或规定的工作任务后,根据实际需要安排劳动者在法定标准工作时间以外工作的,应以下标准支付工资:第一,用人单位依法安排劳动者在日法定标准工作时间以外延长工作时间的,按照不低于劳动合同规定的劳动者本人小时工资标准的150%支付劳动者工资;第二,用人单位依法安排劳动者在休息日工作,而又不能安排补休的,按照不低于劳动合同规定的劳动者本人日或小时工资标准的200%支付劳动者工资;第三,用人单位依法安排劳动者在法定休

---

① 《北京市高级人民法院、北京市劳动人事争议仲裁委员会关于印发〈审理劳动争议案件法律适用问题的解答〉的通知》第22条。

《北京市高级人民法院、北京市劳动争议仲裁委员会关于印发〈北京市高级人民法院、北京市劳动争议仲裁委员会关于劳动争议案件法律适用问题研讨会会议纪要〉的通知》第19条规定:"对于加班工资的日或小时工资基数的确定,应参照《北京市工资支付规定》第四十四条的规定执行。用人单位与劳动者在劳动合同中约定了工资标准,但同时又约定以本市最低工资标准或低于劳动合同约定的工资标准作为加班工资基数,劳动者主张以劳动合同约定的工资标准作为加班工资基数的,应予支持。"

《上海市高级人民法院关于审理劳动争议案件若干问题的解答》第2条规定:"我们认为,鉴于双倍工资的上述性质,双倍工资中属于双方约定的劳动报酬的部分,劳动者申请仲裁的时效应适用《劳动争议调解仲裁法》第27条第2~4款的规定,而对双方约定的劳动报酬以外属于法定责任的部分,劳动者申请仲裁的时效应适应《劳动争议调解仲裁法》第27条第1款至第3款的规定,即从未签订书面劳动合同的第二个月起按月分别计算仲裁时效。"

② 《劳动部关于私营企业劳动管理暂行规定》第33条。
③ 《关于贯彻执行〈中华人民共和国劳动法〉若干问题的意见》第60条。
④ 《劳动合同法》第31条。

假节日工作的,按照不低于劳动合同规定的劳动者本人日或小时工资标准的300%支付劳动者工资。① 其中,"劳动者正常工作时间工资"是指劳动合同规定的劳动者本人所在工作岗位(职位)相对应的工资。鉴定当前劳动合同制度尚处于推进过程中,按上述规定执行确有困难的用人单位,地方或行业劳动部门可在不违反劳动部《对工资〈支付暂行规定〉有关问题的补充规定》(劳部发〔1995〕226号)文件所确定的总的原则的基础上,制定过渡办法。② 依据《劳动法》第44条规定,休息日安排劳动者加班工作的,应首先安排补休,不能补休时,则应支付不低于工资的200%的工资报酬。补休时间应等同于加班时间。法定休假日安排劳动者加班工作的,应另外支付不低于工资的300%的工资报酬,一般不安排补休。③ ④实行计件工资的劳动者,在完成计件定额任务后,由用人单位安排延长工作时间的,应根据上述规定的原则,分别按照不低于其本人法定工作时间计件单价的150%、200%、300%支付其工资。④ 其中,《工资支付暂行规定》第13条第1、2、3款规定的符合法定标准工作时间的制度工时以外延长工作时间及安排休息日和法定休假节日工作应支付的工资,是根据加班加点的多少,以劳动合同确定的正常工作时间工资标准的一定倍数所支付的劳动报酬,即凡是安排劳动者在法定工作日延长工作时间或安排在休息日工作而又不能补休的,均应支付

---

① 《工资支付暂行规定》第13条第1款。
《对〈工资支付暂行规定〉有关问题的补充规定》第2条第1款规定:"《规定》第十三条第(一)、(二)、(三)款规定的在符合法定标准工作时间的制度工时以外延长工作时间及安排休息日和法定休假节日工作应支付的工资,是根据加班加点的多少,以劳动合同确定的正常工作时间工资标准的一定倍数所支付的劳动报酬,即凡是安排劳动者在法定工作日延长工作时间或安排在休息日工作而又不能补休的,均应支付给劳动者不低于劳动合同规定的劳动者本人小时或日工资标准150%、200%的工资;安排在法定休假节日工作的,应另外支付给劳动者不低于劳动合同规定的劳动者本人小时或日工资标准300%的工资。"
《劳动法》第44条规定:"有下列情形之一的,用人单位应当按照下列标准支付高于劳动者正常工作时间工资的工资报酬:(一)安排劳动者延长工作时间的,支付不低于工资的百分之一百五十的工资报酬;(二)休息日安排劳动者工作又不能安排补休的,支付不低于工资的百分之二百的工资报酬;(三)法定休假日安排劳动者工作的,支付不低于工资的百分之三百的工资报酬。"
《关于贯彻执行〈中华人民共和国劳动法〉若干问题的意见》第70条规定:"休息日安排劳动者工作的,应先按同等时间安排其补休,不能安排补休的应按劳动法第四十四条第(二)项的规定支付劳动者延长工作时间的工资报酬。法定节假日(元旦、春节、劳动节、国庆节)安排劳动者工作的,应按劳动法第四十四条第(三)项支付劳动者延长工作时间的工资报酬。"
② 《关于贯彻执行〈中华人民共和国劳动法〉若干问题的意见》第55条。
③ 《劳动部关于职工工作时间有关问题的复函》第4条。
④ 《工资支付暂行规定》第13条第2款。

给劳动者不低于劳动合同规定的劳动者本人小时或日工资标准150%、200%的工资;安排在法定休假节日工作的,应另外支付给劳动者不低于劳动合同规定的劳动者本人小时或日工资标准300%的工资。① ⑤经劳动行政部门批准实行综合计算工时工作制的,其综合计算工作时间超过法定标准工作时间的部分,应视为延长工作时间,并应按《工资支付暂行规定》支付劳动者延长工作时间的工资。②
(2)加班费支付的除外。①实行不定时工时制度的劳动者,不执行"加班费"的规定。③ ②下列情形中,劳动者要求用人单位支付加班工资的,一般不予支持:第一,用人单位因安全、消防、节假日等需要,安排劳动者从事与本职工作无关的值班任务;第二,用人单位安排劳动者从事与其本职工作有关的值班任务,但值班期间可以休息的。在上述情况下,劳动者可以要求用人单位按照劳动合同、规章制度、集体合同等支付相应待遇。④

4. 加班事实的证明。(1)劳动者主张加班费的,应当就加班事实的存在承担举证责任。但劳动者有证据证明用人单位掌握加班事实存在的证据,用人单位不提供的,由用人单位承担不利后果。⑤ (2)经用人单位和劳动者予以确认的考勤记录可以作为认定是否存在加班事实的依据。劳动者仅凭电子打卡记录要求认定存在加班事实的,一般不予支持。⑥

5. 加班费的认定。(1)不定时工作制加班费的认定。①用人单位对保安、传达室门卫、仓库保管员等岗位向劳动行政部门申请办理过不定时工作制的审批手续,一般不支持劳动者除法定节假日之外的加班工资。⑦ ②用人单位主张由于劳动者工作性质、工作岗位的特点无法对其实行标准工时制度而实行不定时工作制或综合计算工时工作制,但未依法履行审批手续的,在计算加班费时,应当

---

① 《对〈工资支付暂行规定〉有关问题的补充规定》第2条第1款。
② 《工资支付暂行规定》第13条第3款。
③ 《工资支付暂行规定》第13条第4款。
④ 《北京市高级人民法院、北京市劳动争议仲裁委员会关于印发〈北京市高级人民法院、北京市劳动争议仲裁委员会关于劳动争议案件法律适用问题研讨会会议纪要〉的通知》第22条。
⑤ 《最高人民法院关于审理劳动争议案件适用法律若干问题的解释(三)》第9条(已废止,仅供参考)。
⑥ 《北京市高级人民法院、北京市劳动争议仲裁委员会关于印发〈北京市高级人民法院、北京市劳动争议仲裁委员会关于劳动争议案件法律适用问题研讨会会议纪要〉的通知》第20条。
⑦ 《厦门市中级人民法院、厦门市劳动人事争议仲裁委员会关于印发〈关于审理劳动争议案件若干疑难问题的解答〉的通知》第10条第1款。

结合劳动合同约定、劳动者的岗位性质以及工作要求等因素综合认定。① ③未办理特殊工时制审批手续或超出审批时间的,应当依法支持加班工资。但因其岗位工作性质具有特殊性,加班事实应综合考虑。如确因工作所需和单位要求,不能睡眠休息的,应认定为工作时间;如工作场所中同时提供了住宿或休息设施的,应合理扣除可以睡眠休息的时间,即劳动者正常上班以外的时间不应计算为工作时间,对超出标准工作时间上班的,用人单位应支付加班工资。裁判实践中,可以综合考虑以下因素:用人单位是否在工作场所内为劳动者配备必要的休息设施;用人单位的工作制度或规章制度中对劳动者具体工作内容、工作强度的要求(以判断劳动者按照该制度工作是否将导致事实上无法休息);用人单位安排值班的人数(考虑同一时段劳动者是否有轮换休息的可能性)。② (2)用人单位实行计件工资制,劳动者主张加班工资的,认定加班事实应主要审查计件工资劳动定额是否合理。劳动合同对计件工资劳动定额有约定的按照约定的定额审查,无约定的按行业规定审查。对劳动定额明显不合理或无行业规定的,可以按标准工时折算计算加班工资。③ (3)实行计件工资制加班工资(费)的认定。未约定实际支付工资含加班工资(费)的认定。用人单位与劳动者虽然未书面约定实际支付的工资是否包含加班工资,但用人单位有证据证明已支付的工资包含正常工作时间工资和加班工资的,可以认定用人单位已支付的工资包含加班工资。但折算后的正常工作时间工资低于当地最低工资标准的除外。④

6. 加班费的连带责任。根据《劳动合同法》第 62 条⑤的规定,加班费、绩效

---

① 《四川省高级人民法院民事审判第一庭关于印发〈关于审理劳动争议案件若干疑难问题的解答〉的通知》第 23 条第 2 款。
② 《厦门市中级人民法院关于审理劳动争议案件若干疑难问题的解答》第 10 条第 2 款。
③ 《厦门市中级人民法院关于审理劳动争议案件若干疑难问题的解答》第 11 条。
④ 《广东省高级人民法院、广东省劳动争议仲裁委员会关于适用〈劳动争议调解仲裁法〉〈劳动合同法〉若干问题的指导意见》第 27 条。
《北京市高级人民法院、北京市劳动争议仲裁委员会关于印发〈北京市高级人民法院、北京市劳动争议仲裁委员会关于劳动争议案件法律适用问题研讨会会议纪要〉的通知》第 23 条规定:"用人单位与劳动者虽然未书面约定实际支付的工资是否包含加班工资,但用人单位有证据证明已支付的工资包含正常工作时间工资和加班工资的,可以认定用人单位已支付的工资包含加班工资。但折算后的正常工作时间工资不得低于当地最低工资标准。"
⑤ 《劳动合同法》第 62 条规定:"用人单位应当履行下列义务……(三)支付加班费、绩效奖金,提供与工作岗位相关的福利待遇……"

奖金应由用工单位负责支付。但实践中并不容易将劳动者的正常上班时间、工资与劳动者的加班时间、加班费进行明确区分，为维护劳动者的合法权益，在劳务派遣争议纠纷案件中，涉及追索劳动报酬的，如不能明确区分基本工资与加班费，劳动者请求由用工单位与劳务派遣单位连带支付劳动报酬的，予以支持。①

（四）特殊情况下支付的工资

1. 产假工资。（1）女职工按照规定休产假或者计划生育手术假的，享受国家和省规定的生育保险待遇。用人单位未参加生育保险或者欠缴生育保险费，造成女职工不能享受生育保险待遇的，由用人单位按照本省及所在统筹地区规定的生育保险待遇标准向女职工支付费用；其中生育津贴低于女职工原工资标准的，用人单位还应补足差额部分。女职工原工资标准，是指女职工依法享受产假或者计划生育手术假前12个月的月平均工资。前12个月的月平均工资按照女职工应得的全部劳动报酬计算，包括计时工资或者计件工资以及奖金、津贴、补贴等货币性收入。前12个月的月平均工资低于女职工正常工作时间工资的，按照正常工作时间工资标准计算。女职工享受假期前在用人单位工作未满12个月的，按照其实际参加工作的月份数计算。②（2）女职工按照《女职工劳动保护特别规定》第7条③的规定休产假的，原工资标准按照《广东省实施〈女职工劳动保护特别规定〉办法》第13条第2款的规定确定。根据《广东省人口与计划生育条例》第30条④的规定，符合法律、法规规定生育子女的，女方享受80日的奖励假，男方享受15日的陪产假，在规定假期内照发工资，不影响福利待遇和全勤评奖。奖励假和陪产假期间的工资应按职工正常出勤情况下的应得工资计算，但加班工资、高温津贴、支付周期超过1个月或未确定支付周期的劳动报

---

① 《广东省高级人民法院印发〈广东省高级人民法院关于审理劳动争议案件疑难问题的解答〉的通知》第6条（已失效）。

② 《广东省实施〈女职工劳动保护特别规定〉办法》第13条。

③ 《女职工劳动保护特别规定》第7条规定："女职工生育享受98天产假，其中产前可以休假15天；难产的，增加产假15天；生育多胞胎的，每多生育1个婴儿，增加产假15天。女职工怀孕未满4个月流产的，享受15天产假；怀孕满4个月流产的，享受42天产假。"

④ 《广东省人口与计划生育条例》第30条规定："符合法律、法规规定生育子女的夫妻，女方享受八十日的奖励假，男方享受十五日的陪产假。在规定假期内照发工资，不影响福利待遇和全勤评奖。符合法律、法规规定生育子女的，在子女三周岁以内，父母每年各享受十日的育儿假。假期用工成本分担，按照国家和省的有关规定执行。"

酬除外。①

2. 病假工资或疾病救济费。职工患病或非因工负伤治疗期间,在规定的医疗期间内由企业按有关规定支付其病假工资或疾病救济费,病假工资或疾病救济费可以低于当地最低工资标准支付,但不能低于最低工资标准的80%。②

3. 继续教育期间的工资。(1)专业技术人员经用人单位同意,脱产或者半脱产参加继续教育活动的,用人单位应当按照国家有关规定或者与劳动者的约定,支付工资、福利等待遇。用人单位安排专业技术人员在工作时间之外参加继续教育活动的,双方应当约定费用分担方式和相关待遇。③(2)用人单位违反《专业技术人员继续教育规定》第5条、第11条、第12条、第15条第2款、第16条、第17条规定的,由人力资源社会保障行政部门或者有关行业主管部门责令改正;给专业技术人员造成损害的,依法承担赔偿责任。④

(五)生活费

1. 退役士兵不能按时上岗的生活费。接收退役士兵单位在合同期内非具法定情形不得解除劳动合同。由于接收单位原因导致退役士兵不能按时上岗的,从当地安置部门开出介绍信的当月起,由接收单位按照不低于本单位同工龄职工平均工资的80%逐月发放生活费。严禁以劳务派遣等形式代替接收安置。退役士兵报到上岗后企业破产、倒闭或停产、半停产的,要优先安排退役士兵再就业。对于当年按计划全部接收安置退役士兵确有困难的单位,经申请并得到市政府批准后,可以按一定比例实施安置任务有偿转移。⑤

2. 企业下岗待工人员的生活费。企业下岗待工人员,由企业依据当地政府的有关规定支付其生活费,生活费可以低于最低工资标准,下岗待工人员中重新就业的,企业应停发其生活费。女职工因生育、哺乳请长假而下岗的,在其享受

---

① 《广东省高级人民法院、广东省劳动人事争议仲裁委员会关于印发〈广东省高级人民法院、广东省劳动人事争议仲裁委员会关于劳动人事争议仲裁与诉讼衔接若干意见〉的通知》第6条。
② 《关于贯彻执行〈中华人民共和国劳动法〉若干问题的意见》第59条。
《昆明市工资支付条例》第27条规定,劳动者患病或者非因工负伤停止工作的,在规定的医疗期内,用人单位应当按照有关规定支付劳动者病假工资。
③ 《专业技术人员继续教育规定》第12条。
④ 《专业技术人员继续教育规定》第27条。
⑤ 《南京市人民政府关于做好2013年冬季退役士兵接收安置工作的通知》第6条。

法定产假期间,依法领取生育津贴;没有参加生育保险的企业,由企业照发原工资。①

（六）停工留薪期间的工资

劳动者因第三人侵权造成人身损害并构成工伤的,在停工留薪期间内,原工资福利待遇不变,由所在单位按月支付。用人单位以侵权人已向劳动者赔偿误工费为由,主张无须支付停工留薪期间工资的,人民法院不予支持。②

五、福利

（一）福利费

1. 福利费及其内容。企业职工福利费是指企业为职工提供的除职工工资、奖金、津贴、纳入工资总额管理的补贴、职工教育经费、社会保险费和补充养老保险费（年金）、补充医疗保险费及住房公积金以外的福利待遇支出,包括发放给职工或为职工支付的以下各项现金补贴和非货币性集体福利:（1）为职工卫生保健、生活等发放或支付的各项现金补贴和非货币性福利,包括职工因公外地就医费用、暂未实行医疗统筹企业职工医疗费用、职工供养直系亲属医疗补贴、职工疗养费用、自办职工食堂经费补贴或未办职工食堂统一供应午餐支出、符合国家有关财务规定的供暖费补贴、防暑降温费等。（2）企业尚未分离的内设集体福利部门所发生的设备、设施和人员费用,包括职工食堂、职工浴室、理发室、医务所、托儿所、疗养院、集体宿舍等集体福利部门设备、设施的折旧、维修保养费用以及集体福利部门工作人员的工资薪金、社会保险费、住房公积金、劳务费等人工费用。（3）职工困难补助,或者企业统筹建立和管理的专门用于帮助、救济困难职工的基金支出。（4）离退休人员统筹外费用,包括离休人员的医疗费及离退休人员其他统筹外费用。企业重组涉及的离退休人员统筹外费用,按照《财政部关于企业重组有关职工安置费用财务管理问题的通知》（财企〔2009〕117号）执行。国家另有规定的,从其规定。（5）按规定发生的其他职工福利费,包括丧葬补助费、抚恤费、职工异地安家费、独生子女费、探亲假路费,以及符合企业职工福利费定义但没有包括在《财政部关于企业加强职工福利费财务管理的通知》各条款

---

① 《关于贯彻执行〈中华人民共和国劳动法〉若干问题的意见》第58条。
② 《最高人民法院公报》2021年第6期。

项目中的其他支出。①

2. 福利费的管理与支付。(1)企业职工福利费财务管理应当遵循以下原则和要求:①制度健全。企业应当依法制订职工福利费的管理制度,并经股东会或董事会批准,明确职工福利费开支的项目、标准、审批程序、审计监督。②标准合理。国家对企业职工福利费支出有明确规定的,企业应当严格执行。国家没有明确规定的,企业应当参照当地物价水平、职工收入情况、企业财务状况等要求,按照职工福利项目制订合理标准。③管理科学。企业应当统筹规划职工福利开支,实行预算控制和管理。职工福利费预算应当经过职工代表大会审议后,纳入企业财务预算,按规定批准执行,并在企业内部向职工公开相关信息。④核算规范。企业发生的职工福利费,应当按规定进行明细核算,准确反映开支项目和金额。② (2)企业为职工提供的交通、住房、通讯待遇,已经实行货币化改革的,按月按标准发放或支付的住房补贴、交通补贴或者车改补贴、通讯补贴,应当纳入职工工资总额,不再纳入职工福利费管理;尚未实行货币化改革的,企业发生的相关支出作为职工福利费管理,但根据国家有关企业住房制度改革政策的统一规定,不得再为职工购建住房。企业给职工发放的节日补助、未统一供餐而按月发放的午餐费补贴,应当纳入工资总额管理。③ (3)企业应当逐步推进内设集体福利部门的分离改革,通过市场化方式解决职工福利待遇问题。同时,结合企业薪酬制度改革,逐步建立完整的人工成本管理制度,将职工福利纳入职工工资总额管理。对实行年薪制等薪酬制度改革的企业负责人,企业应当将符合国家规定的各项福利性货币补贴纳入薪酬体系筹管理,发放或支付的福利性货币补贴从其个人应发薪酬中列支。④ (4)职工福利是企业对职工劳动补偿的辅助形式,企业应当参照历史一般水平合理控制职工福利费在职工总收入的比重。按照《企业财务通则》第46条规定,应当由个人承担的有关支出,企业不得作为职工福利费开支。⑤ (5)企业职工福利一般应以货币形式为主。对以本企业产品和服务作为职工福利的,企业要严格控制。国家出资的电信、电力、交通、热力、供

---

① 《财政部关于企业加强职工福利费财务管理的通知》第1条。
② 《财政部关于企业加强职工福利费财务管理的通知》第6条。
③ 《财政部关于企业加强职工福利费财务管理的通知》第2条。
④ 《财政部关于企业加强职工福利费财务管理的通知》第4条。
⑤ 《财政部关于企业加强职工福利费财务管理的通知》第3条。

水、燃气等企业,将本企业产品和服务作为职工福利的,应当按商业化原则实行公平交易,不得直接供职工及其亲属免费或者低价使用。① (6)企业按照企业内部管理制度,履行内部审批程序后,发生的职工福利费,按照《企业会计准则》等有关规定进行核算,并在年度财务会计报告中按规定予以披露。在计算应纳税所得额时,企业职工福利费财务管理同税收法律、行政法规的规定不一致的,应当依照税收法律、行政法规的规定计算纳税。②

3. 生活补贴。(1)基本界定。生活补贴,是指为保障职工及其家庭实际生活水平不降低而给予职工生活费的补偿。(2)军人配偶随军未就业期间的生活补贴(详见本书第六章社会保险中的"军人配偶随军未就业期间的社会保险"内容)。(3)关于新中国成立前参加工作的老工人退休的生活补贴。①增发生活补贴的建国前参加工作的老工人,限于符合原劳动人事部《关于建国前参加工作的老工人退休待遇的通知》规定条件的老工人。③ ②1937年7月6日前参加工作的老工人,生活补贴由原每人每年增发2个月的基本退休费(基本养老金),提高到每人每年增发3个月的基本退休费(基本养老金)。④ ③1937年7月7日至1942年12月31日参加工作的老工人,生活补贴由原每人每年增发1个半月的基本退休费(基本养老金),提高到每人每年增发2个半月的基本退休费(基本养老金)。⑤ ④1943年1月1日至1945年9月2日参加工作的老工人,生活补贴由原每人每年增发1个月的基本退休费(基本养老金),提高到每人每年增发2个月的基本退休费(基本养老金)。⑥ ⑤对1945年9月3日至1949年9月30日参加工作的老工人,每人每年增发1个月的基本退休费(基本养老金),作为生活补贴。⑦

---

① 《财政部关于企业加强职工福利费财务管理的通知》第5条。
② 《财政部关于企业加强职工福利费财务管理的通知》第7条。
③ 《人力资源和社会保障部、财政部关于提高建国前参加工作的老工人生活补贴标准和扩大发放范围的通知》第1条。
④ 《人力资源和社会保障部、财政部关于提高建国前参加工作的老工人生活补贴标准和扩大发放范围的通知》第2条。
⑤ 《人力资源和社会保障部、财政部关于提高建国前参加工作的老工人生活补贴标准和扩大发放范围的通知》第3条。
⑥ 《人力资源和社会保障部、财政部关于提高建国前参加工作的老工人生活补贴标准和扩大发放范围的通知》第4条。
⑦ 《人力资源和社会保障部、财政部关于提高建国前参加工作的老工人生活补贴标准和扩大发放范围的通知》第5条。

⑥所需费用按现行开支渠道解决。① ⑦《人力资源和社会保障部、财政部关于提高建国前参加工作的老工人生活补贴标准和扩大发放范围的通知》自2011年起执行。2011年增发的生活补贴,请于7月1日前发放到位。②

(二)停工留薪

1. 停工留薪的福利待遇。(1)职工因工作遭受事故伤害或者患职业病需要暂停工作接受工伤医疗的,在停工留薪期内,原工资福利待遇不变,由所在单位按月支付。③ (2)伤残职工在停工留薪期内因工伤导致死亡的,其近亲属享受《工伤保险条例》第39条第1款④规定的待遇。⑤ (3)1级至4级伤残职工在停工留薪期满后死亡的,其近亲属可以享受《工伤保险条例》第39条第1款第1项、第2项⑥规定的待遇。⑦

2. 停工留薪的期限。停工留薪一般不超过12个月。伤情严重或者情况特殊,经设区的市级劳动能力鉴定委员会确认,可以适当延长,但延长不得超过12个月。工伤职工评定的残等级后,停发原待遇,按照本章的有关规定享受伤残待遇。工伤职工在停工留新期满后仍需治疗的,继续享受工伤医疗待遇。⑧

3. 停工留薪的生活护理。生活不能自理的工伤职工在停工留薪期需要护理

---

① 《人力资源和社会保障部、财政部关于提高建国前参加工作的老工人生活补贴标准和扩大发放范围的通知》第6条。

② 《人力资源和社会保障部、财政部关于提高建国前参加工作的老工人生活补贴标准和扩大发放范围的通知》第7条。

③ 《工伤保险条例》第33条第1款。

④ 《工伤保险条例》第39条第1款规定:"职工因工死亡,其近亲属按照下列规定从工伤保险基金领取丧葬补助金、供养亲属抚恤金和一次性工亡补助金:(一)丧葬补助金为6个月的统筹地区上年度职工月平均工资;(二)供养亲属抚恤金按照职工本人工资的一定比例发给因工死亡职工生前提供主要生活来源、无劳动能力的亲属。标准为:配偶每月40%,其他亲属每人每月30%,孤寡老人或者孤儿每人每月在上述标准的基础上增加10%。核定的各供养亲属的抚恤金之和不应高于因工死亡职工生前的工资。供养亲属的具体范围由国务院社会保险行政部门规定;(三)一次性工亡补助金标准为上一年度全国城镇居民人均可支配收入的20倍。"

⑤ 《工伤保险条例》第39条第2款。

⑥ 《工伤保险条例》第39条第1款规定:"职工因工死亡,其近亲属按照下列规定从工伤保险基金领取丧葬补助金、供养亲属抚恤金和一次性工亡补助金:(一)丧葬补助金为6个月的统筹地区上年度职工月平均工资;(二)供养亲属抚恤金按照职工本人工资的一定比例发给因工死亡职工生前提供主要生活来源、无劳动能力的亲属。标准为:配偶每月40%,其他亲属每人每月30%,孤寡老人或者孤儿每人每月在上述标准的基础上增加10%。核定的各供养亲属的抚恤金之和不应高于因工死亡职工生前的工资。供养亲属的具体范围由国务院社会保险行政部门规定……"

⑦ 《工伤保险条例》第39条第3款。

⑧ 《工伤保险条例》第33条第2款。

的,由所在单位负责。①

(三)工资福利的申诉

1. 工资福利申诉的申请与受理。(1)工资福利申诉的申请。①申请的内容。事业单位工作人员对涉及本人的下列人事处理不服,可以申请复核或者提出申诉、再申诉……撤销奖励……未按国家规定确定或者扣减工资福利待遇……法律、法规、规章规定可以提出申诉的其他人事处理。② ②申请的时效。申请复核或者提出申诉、再申诉的时效期间为 30 日。复核的时效期间自申请人知道或者应当知道人事处理之日起计算;申诉、再申诉的时效期间自申请人收到复核决定、申诉处理决定之日起计算。因不可抗力或者有其他正当理由,当事人不能在《事业单位工作人员申诉规定》第 12 条规定的时效期间内申请复核或者提出申诉、再申诉的,经受理机关批准可以延长期限。③ ③申请书。第一,申请人申请复核和提出申诉、再申诉,应当提交申请书,同时提交原人事处理决定、复核决定或者申诉处理决定等材料的复印件。申请书可以通过当面提交、邮寄或者传真等方式提出。申请人当面递交申请书的,受理单位应当场出具收件回执。④ 第二,申请书应当载明下列内容:其一,申请人的姓名、出生年月、单位、岗位、政治面貌、联系方式、住址及其他基本情况;其二,原处理单位的名称、地址、联系方式;其三,复核、申诉、再申诉的事项、理由和要求;其四,申请日期。⑤ (2)工资福利申诉的审查。受理单位应当对申请人提交的申请书是否符合受理条件进行审查,在接到申请书之日起 15 日内,作出受理或者不予受理的决定,并以书面形式通知申请人。不予受理的,应当说明理由。⑥ (3)工资福利申诉的受理。符合以下条件的复核、申诉、再申诉,应予受理:①申请人符合《事业单位工作人员申诉规定》第 6 条的规定;②复核、申诉、再申诉事项属于《事业单位工作人员申诉规定》第 11 条规定的受理范围;③在规定的期限内提出;④属于受理单位管辖范围;⑤材料齐备。凡不符合上述条件之一的,不予受理。申请材料不齐备的,应当一次

---

① 《工伤保险条例》第 33 条第 3 款。
② 《事业单位工作人员申诉规定》第 11 条。
③ 《事业单位工作人员申诉规定》第 12 条。
④ 《事业单位工作人员申诉规定》第 13 条。
⑤ 《事业单位工作人员申诉规定》第 14 条。
⑥ 《事业单位工作人员申诉规定》第 15 条。

性告知申请人所需补正的全部材料,申请人按照要求补正全部材料的,应予受理。① (4)工资福利申诉的撤回。在处理决定作出前,申请人可以以书面形式提出撤回复核、申诉、再申诉的申请。受理单位在接到申请人关于撤回复核、申诉、再申诉的书面申请后,可以决定终结处理工作。终结复核决定应当以书面形式告知申请人;终结申诉处理决定应以书面形式告知申请人和原处理单位;终结再申诉处理决定应当以书面形式告知申请人、申诉受理单位和原处理单位。②

2. 工资福利申诉的审理与决定。工资福利申诉的审理。(1)组成申诉公正委员会。受理申诉、再申诉的单位应当组成申诉公正委员会审理案件。申诉公正委员会由受理申诉、再申诉的单位相关工作人员组成,必要时可以吸收其他相关人员参加。申诉公正委员会组成人数应当是单数,不得少于3人。申诉公正委员会负责人一般由主管申诉、再申诉工作的单位负责人或者负责申诉、再申诉的工作机构负责人担任。③ (2)要求提交答辩材料。受理申诉、再申诉的单位有权要求有关单位提交答辩材料,有权对申诉、再申诉事项进行相关调查。调查应当由2名以上工作人员进行,接受调查的单位或者个人有配合调查的义务,应当如实提供情况和证据。④ (3)申诉公正委员会的审理事项。申诉公正委员会应当根据调查情况对下列事项进行审议:第一,原人事处理认定的事实是否存在、清楚,证据是否确实充分;第二,原人事处理适用的法律、法规、规章和有关规定是否正确;第三,原人事处理的程序是否符合规定;第四,原人事处理是否显失公正;第五,被申诉单位有无超越或者滥用职权的情形;第六,其他需要审议的事项。在审理对复核决定、申诉处理决定不服的申诉、再申诉时,申诉公正委员会还应当对复核决定、申诉处理决定进行审议。审理期间,申诉公正委员会应当允许申请人进行必要的陈述或者申辩。⑤ (4)申诉公正委员会的审理原则。申诉公正委员会应当按照客观公正和少数服从多数的原则,提出审理意见。⑥ (5)审理的决定。第一,具体的处理决定。受理单位应当根据申诉公正委员会的审理意见,区别不同情况,作出下列申诉处理决定:其一,原人事处理认定事实清楚,适用法律、法

---

① 《事业单位工作人员申诉规定》第16条。
② 《事业单位工作人员申诉规定》第17条。
③ 《事业单位工作人员申诉规定》第19条。
④ 《事业单位工作人员申诉规定》第20条。
⑤ 《事业单位工作人员申诉规定》第21条。
⑥ 《事业单位工作人员申诉规定》第22条。

规、规章和有关规定正确,处理恰当、程序合法的,维持原人事处理;其二,原人事处理认定事实不存在的,或者超越职权、滥用职权作出处理的,按照管理权限责令原处理单位撤销或者直接撤销原人事处理;其三,原人事处理认定事实清楚,但认定情节有误,或者适用法律、法规、规章和有关规定有错误,或者处理明显不当的,按照管理权限责令原处理单位变更或者直接变更原人事处理;其四,原人事处理认定事实不清,证据不足,或者违反规定程序和权限的,责令原处理单位重新处理。再申诉处理决定应当参照上述规定作出。事业单位工作人员对重新处理后作出的处理决定不服,可以提出申诉或者再申诉。① 第二,处理决定的时限。受理复核申请的单位应当自接到申请书之日起30日内作出维持、撤销或者变更原人事处理的复核决定,并以书面形式通知申请人。受理申诉、再申诉申请的单位应当自决定受理之日起60日内作出处理决定。案情复杂的,可以适当延长,但是延长期限不得超过30日。② 第三,决定书。其一,决定书的制作。作出申诉处理决定后,应当制作申诉处理决定书。申诉处理决定书应当载明下列内容:(a)申诉人的姓名、出生年月、单位、岗位及其他基本情况;(b)原处理单位的名称、地址、联系方式、人事处理和复核决定所认定的事实、理由及适用的法律、法规、规章和有关规定;(c)申诉的事项、理由及要求;(d)申诉公正委员会认定的事实、理由及适用的法律、法规、规章和有关规定;(e)申诉处理决定;(f)作出决定的日期;(g)其他需要载明的内容。再申诉处理决定作出后,应当制作再申诉处理决定书。再申诉处理决定书除上述规定内容外,还应当载明申诉处理决定的内容和作出申诉处理决定的日期。申诉、再申诉处理决定书应当加盖受理申诉、再申诉单位或者申诉公正委员会的印章。③ 其二,决定书的送达。(a)复核决定应当及时送达申请人。申诉处理决定书应当及时送达申请人和原处理单位。再申诉处理决定书应当及时送达申请人、申诉受理单位和原处理单位。④ (b)复核决定、申诉处理决定书、再申诉处理决定书按照下列规定送达:直接送达申请人本人,受送达人在送达回证上签名或者盖章,签收日期为送达日期。申请人本人不在的,可以由其同住的具有完全民事行为能力的近亲属在送达回证上签名

---

① 《事业单位工作人员申诉规定》第23条。
② 《事业单位工作人员申诉规定》第18条。
③ 《事业单位工作人员申诉规定》第24条。
④ 《事业单位工作人员申诉规定》第25条。

或者盖章,视为送达,签收日期为送达日期。申请人或者其同住的具有完全民事行为能力的近亲属拒绝接收或者拒绝签名、盖章的,送达人应当邀请有关基层组织的代表或者其他有关人员到场,见证现场情况,由送达人在送达回证上记明拒收事由和日期,由送达人、见证人签名或者盖章,将处理决定留在申请人的住所或者所在单位,视为送达。送达人、见证人签名或者盖章日期为送达日期。直接送达确有困难的,可以通过邮寄送达。以回执上注明的收件日期为送达日期。上述规定的方式无法送达的,可以在相关媒体上公告送达,并在案卷中记明原因和经过。自公告发布之日起,经过60日,即视为送达。① 其三,决定书档案的存入。原处理单位应当将复核决定、申诉处理决定书、再申诉处理决定书存入申请人的个人档案。②

3. 工资福利申诉的执行与监督。(1)执行的时限及最终决定。处理决定应当在发生效力后30日内执行。下列处理决定是发生效力的最终决定:①已过规定期限没有提出申诉的复核决定;②已过规定期限没有提出再申诉的申诉处理决定;③中央和省级事业单位人事综合管理部门作出的申诉处理决定;④再申诉处理决定。③ (2)执行的备案。除维持原人事处理外,原处理单位应当在申诉、再申诉决定执行期满后30日内将执行情况报申诉、再申诉受理单位备案。原处理单位逾期不执行的,申请人可以向作出发生效力的决定的单位提出执行申请。接到执行申请的单位应当责令原处理单位执行。④

4. 工资福利申诉的其他规则。(1)工资福利申诉的纠正、赔偿。对事业单位工作人员处理错误的,应当及时予以纠正;造成名誉损害的,应当赔礼道歉、恢复名誉、消除影响;造成经济损失的,应当根据有关规定给予赔偿。⑤ (2)工资福利申诉的回避。参与复核、申诉、再申诉审理的工作人员有下列情形之一的,应当提出回避申请:①与申请人或者原处理单位主要负责人、承办人员有夫妻关系、直系血亲、三代以内旁系血亲关系或者近姻亲关系;②与原人事处理及案件有利害关系的;③与申请人或者原处理单位主要负责人、承办人员有其他关系,可

---

① 《事业单位工作人员申诉规定》第26条。
② 《事业单位工作人员申诉规定》第27条。
③ 《事业单位工作人员申诉规定》第28条。
④ 《事业单位工作人员申诉规定》第29条。
⑤ 《事业单位工作人员申诉规定》第30条。

能影响案件公正处理的。有上述规定的情形的,申请人、与原人事处理及案件有利害关系的公民、法人或者其他组织有权要求其回避。复核案件审理工作人员的回避,由受理复核单位负责人决定。申诉或再申诉案件审理工作组织负责人的回避由受理单位负责人员集体决定;其他工作人员的回避,由申诉或再申诉案件审理工作组织负责人决定。回避决定作出前,相关人员应当暂停参与案件的调查和审理。① (3)工资福利申诉的法律责任。①因下列情形之一侵害事业单位工作人员合法权益的,对相关责任人员和直接责任人员,应当根据有关规定,视情节轻重,给予批评教育、调离岗位或者处分;涉嫌犯罪的,移送司法机关处理;第一,对申请复核或者提出申诉、再申诉的事业单位工作人员打击报复的;第二,超越或者滥用职权的;第三,适用法律、法规、规章错误或者违反规定程序的;第四,在复核、申诉、再申诉工作中应当作为而不作为的;第五,拒不执行发生效力的申诉、再申诉处理决定的;第六,违反本规定的其他情形。② ②申请复核、提出申诉的事业单位工作人员弄虚作假、捏造事实、诬陷他人的,根据情节轻重,给予批评教育或者处分;涉嫌犯罪的,移送司法机关处理。③

第二节 国有企业工资总额同经济效益挂钩

一、国有企业工资总额同经济效益挂钩的一般规则

国有企业工资总额同经济效益挂钩的适用。(1)适用的法律。①为了深化国有企业(以下简称企业)工资制度改革,建立健全工资总量调控机制,促进企业经营机制的转变和经济效益的提高,根据《全民所有制工业企业转换经营机制条例》制定《国有企业工资总额同经济效益挂钩规定》。④ 其中,《国有企业工资总额同经济效益挂钩规定》所称国有企业包括工业、交通运输、邮电、地质勘探、建筑安装、商业、外贸、物资、农林、水利、文教、科技等企业、公司以及企业集团。⑤

---

① 《事业单位工作人员申诉规定》第31条。
② 《事业单位工作人员申诉规定》第32条。
③ 《事业单位工作人员申诉规定》第33条。
④ 《国有企业工资总额同经济效益挂钩规定》第1条。
⑤ 《国有企业工资总额同经济效益挂钩规定》第24条。

②《国有企业工资总额同经济效益挂钩规定》自发布之日起实行。过去办法与《国有企业工资总额同经济效益挂钩规定》不符合的，按《国有企业工资总额同经济效益挂钩规定》执行。① ③《国有企业工资总额同经济效益挂钩规定》由劳动部、财政部、国家计委负责解释。② ④各省、自治区、直辖市及计划单列市可根据《国有企业工资总额同经济效益挂钩规定》制定具体规定。③（2）适用的原则。①工资总额同经济效益挂钩（以下简称工效挂钩）目前是向社会主义市场经济体制转换过程中，确定和调控企业工资总量的主要形式。企业实行工效挂钩办法，必须坚持工资总额增长幅度低于本企业经济效益（依据实现利税计算）增长幅度、职工实际平均工资增长幅度低于本企业劳动生产率（依据净产值计算）增长幅度的原则。④ ②实行企业工效挂钩，要贯彻效益与公平的原则，根据企业的生产经营特点，从实际情况出发，确定具体的挂钩形式。企业的工资总额基数，应在地区工资总额弹性计划范围内核定。⑤

二、经济效益指标及其基数

1. 经济效益指标。（1）经济效益指标的界定。《国有企业工资总额同经济效益挂钩规定》所称的经济效益指标，是指由企业选择并报经财政、劳动部门审核确定的企业工效挂钩的经济指标。⑥（2）经济效益指标的运用。实行工效挂钩，应以能够综合反映企业经济效益和社会效益的指标作为挂钩指标，一般以实现利税、实现利润、上缴税利为主要挂钩指标；因企业生产经营特点不同，也可将实物（工作）量、业务量、销售收入、创汇额、收汇额以及劳动生产率、工资利税率、资本金利税率等综合经济效益指标做为复合挂钩指标。经财政部门认定的亏损企业可实行工资总额与减亏指标挂钩，或采用新增工资按减亏额的一定比例提取的办法。工资总额与税利总额严重倒挂的企业，可采取税利新增长部分按核定定额提取效益工资的办法。⑦（3）考核指标及其体系。要建立能够全面反映企业综合经济效益和社会效益的考核指标体系。考核指标一般包括企业承包合同

---

① 《国有企业工资总额同经济效益挂钩规定》第25条。
② 《国有企业工资总额同经济效益挂钩规定》第27条。
③ 《国有企业工资总额同经济效益挂钩规定》第26条。
④ 《国有企业工资总额同经济效益挂钩规定》第2条。
⑤ 《国有企业工资总额同经济效益挂钩规定》第3条。
⑥ 《国有企业工资总额同经济效益挂钩规定》第4条。
⑦ 《国有企业工资总额同经济效益挂钩规定》第5条。

完成情况、国有资产保值增值状况以及质量、消耗、安全等。要把国有资产保值增值作为否定指标,达不到考核要求的不能提取新增效益工资。其他考核指标达不到要求的,要扣减一定比例的新增效益工资。①

2. 经济效益指标的基数。(1)经济效益指标基数的界定。《国有企业工资总额同经济效益挂钩规定》所称经济效益指标基数,是指用以计算上述指标增长幅度的基额。②(2)经济效益指标基数的核定。经济效益指标基数要按照鼓励先进、鞭策后进的原则核定,即对企业自身经济效益高低、潜力大小进行纵向比较,又进行企业间的横向比较。经济效益指标基数,一般以企业上年实际完成数为基础,剔除不可比因素或不合理部分,并参照本地区同行业平均水平进行核定。③(3)调整经济效益指标基数的因素。对已实行工效挂钩的企业,调整经济效益指标基数还应考虑以下因素:①暂未实行基建和生产单位统一核算管理的企业,新建扩建项目由基建正式移交生产后,在按该项目计划增加的人数相应核增工资总额基数的同时,参照同行业或该企业人均效益水平合理核增挂钩的经济效益指标基数;②企业之间成建制划入划出职工,按上年决算数调整经济效益指标基数;③国家批准的重大经济政策改革对企业经济效益影响较大时,由财政、劳动部门批准,可适当调整企业效益指标基数。④

三、工资总额基数

1. 工资总额基数的界定。《国有企业工资总额同经济效益挂钩规定》所称工资总额基数,是指经劳动、财政部门审核确定的,工效挂钩企业用以计算年度工资总额提取量的基额。⑤

2. 企业挂钩的工资总额。(1)企业挂钩的工资总额,应为国家规定的全部职工的工资总额。要将职工全部工资收入逐步纳入挂钩工资总额基数,取消挂钩工资总额外提取和列支的各种工资项目。⑥(2)挂钩工资总额基数外单列的原材料、燃料、动力节约奖、各种单项奖及其他工资性支出等,应纳入挂钩工资总额基

---

① 《国有企业工资总额同经济效益挂钩规定》第6条。
② 《国有企业工资总额同经济效益挂钩规定》第4条。
③ 《国有企业工资总额同经济效益挂钩规定》第7条。
④ 《国有企业工资总额同经济效益挂钩规定》第8条。
⑤ 《国有企业工资总额同经济效益挂钩规定》第9条。
⑥ 《国有企业工资总额同经济效益挂钩规定》第10条。

数,具体办法另行制定。①

3. 企业的挂钩工资总额基数的核定。企业的挂钩工资总额基数,原则上以企业上年劳动工资统计年报中的工资总额为基础核定,实行增人不增工资总额、减人不减工资总额的办法。②

4. 已实行工资挂钩办法的企业的工资总额基数。已实行工资挂钩办法的企业,其工资总额基数以上年工资清算应提取的工资总额为基础,核增暂未实行基建和生产单位统一核算管理企业新建扩建项目的增人增资、按国家政策接收复转军人和大中专毕业生的增人增资,以及增减成建制划入划出职工的工资等其他增减工资的因素后确定。③

5. 新实行工资挂钩办法的企业的工资总额基数。新实行工资挂钩办法的企业,其工资总额基数以上年劳动工资统计年报中的工资总额为基础,核减一次性补发上年工资、成建制划出职工工资以及各种不合理的工资性支出;核增上年增人、成建制划入职工的翘尾工资以及国家规定的增减工资后确定。④

四、浮动比例

1. 浮动比例的界定。《国有企业工资总额同经济效益挂钩规定》所称浮动比例,是指工效挂钩企业工资总额随挂钩经济指标变化而浮动的比例系数或工资含量系数。⑤

2. 浮动比例的确定。企业工效挂钩的浮动比例,根据企业劳动生产率、工资利税率、资本金利税率等经济效益指标高低和潜力大小,按企业纵向比较与企业之间横向比较相结合的方法确定。挂钩的浮动比例一般按 1∶0.3~0.7 核定。少数特殊的企业,其浮动比例经过批准可适当提高,但最高按低于 1∶1 核定。⑥

3. 含量工资的提取。实行工资含量办法的企业,经济效益指标完成核定基数和超过基数一定幅度以内,按核定的工资系数(含量)提取含量工资,超过基数一定幅度后一般按不超过工资系数(含量)的 70% 提取含量工资。⑦

---

① 《国有企业工资总额同经济效益挂钩规定》第 14 条。
② 《国有企业工资总额同经济效益挂钩规定》第 11 条。
③ 《国有企业工资总额同经济效益挂钩规定》第 12 条。
④ 《国有企业工资总额同经济效益挂钩规定》第 13 条。
⑤ 《国有企业工资总额同经济效益挂钩规定》第 15 条。
⑥ 《国有企业工资总额同经济效益挂钩规定》第 16 条。
⑦ 《国有企业工资总额同经济效益挂钩规定》第 17 条。

4. 浮动比例(挂钩基数)的核定。挂钩基数、浮动比例的核定,可以实行"环比"办法,办法每年核定 1 次;也可以采取"定比"、"工资系数"或"工资含量"法,一定 3 年至 5 年不变。①

5. 企业挂钩工资总额的计提方法。企业挂钩工资总额应根据企业挂钩效益指标当年实际完成情况,严格按核定的挂钩浮动比例计算提取。经济效益增长时按核定比例增提工资总额,下降时按核定比例减提工资总额。②

五、工效挂钩的管理

1. 管理部门的职责。(1)劳动、财政部门会同计划等部门对企业工效挂钩实施综合管理,主要职责是:①制定工效挂钩的政策法规和实施办法;②根据国民经济和社会发展对企业的要求及企业的生产经营特点,审核确定企业的挂钩方案;③核定企业挂钩的工资总额基数、经济效益指标基数和挂钩浮动比例,并进行年终工资清算;④监督检查企业工效挂钩的执行情况。③(2)企业工效挂钩的办法,由劳动、财政部门会同有关部门,依据《国有企业工资总额同经济效益挂钩规定》并结合企业的生产经营特点确定。挂钩办法要科学合理、简便易行。劳动、财政部门要积极支持企业探索新的挂钩形式,凡能促进企业改善经营管理、走向市场、提高经济效益和社会效益的挂钩办法,经批准后即可实行。④

2. 工效挂钩管理的企业义务。(1)企业的全部工资性收入应逐步纳入成本管理,实行工效挂钩办法的企业,其工资总额基数和新增工资按有关财务规定在企业成本中列支;⑤(2)企业要认真编报工资总额同经济效益挂钩方案,按管理体制经劳动、财政部门会同计划部门审核批准后执行。企业挂钩执行情况,应按劳动部、财政部、国家计行统一制定的工资总额同经济效益挂钩年度清算表,依工资管理体制进行清算。企业超过核定比例多提多发工资总额的,劳动、财政、计划部门应予以纠正并扣回。⑥

---

① 《国有企业工资总额同经济效益挂钩规定》第 18 条。
② 《国有企业工资总额同经济效益挂钩规定》第 19 条。
③ 《国有企业工资总额同经济效益挂钩规定》第 20 条。
④ 《国有企业工资总额同经济效益挂钩规定》第 21 条。
⑤ 《国有企业工资总额同经济效益挂钩规定》第 22 条。
⑥ 《国有企业工资总额同经济效益挂钩规定》第 23 条。

第三节　技能人才薪酬分配

一、技能人才薪酬分配的一般规则

1. 技能人才薪酬分配的法律依据。(1)为健全技能人才培养、使用、评价、激励制度,推动企业建立多职级的技能人才职业发展通道,建立以体现技能价值为导向的技能人才薪酬分配制度,大力提高技能人才职业荣誉感和经济待遇,不断发展壮大技能人才队伍,为中国制造和中国创造提供重要人才支撑,结合企业薪酬分配理论实践和技能人才特点,特制定《技能人才薪酬分配指引》。① (2)《技能人才薪酬分配指引》所称技能人才,是指在生产或服务一线从事技能操作的人员。②

2. 技能人才薪酬分配的目的。《技能人才薪酬分配指引》旨在为企业提供技能人才薪酬分配可供参考的方式方法。企业可结合实际,借鉴《技能人才薪酬分配指引》,不断建立健全适应本企业发展需要的技能人才薪酬分配体系。③

3. 技能人才薪酬分配应遵循的原则。技能人才薪酬分配应遵循以下原则:(1)坚持按劳分配和按要素贡献参与分配。体现多劳者多得、技高者多得的价值分配导向,合理评价技能要素贡献。(2)坚持职业发展设计与薪酬分配相配套。充分考虑企业的组织架构、职位体系、定岗定编、岗位评价、薪酬分配、绩效管理等相互联系、相互制约的实际,使技能人才薪酬分配与职业发展通道相衔接。(3)坚持统筹处理好工资分配关系。参考岗位测评结果、市场标杆岗位的薪酬价位,综合考虑企业内部操作技能、专业技术和经营管理等类别实际,统筹确定技能操作岗位和企业内部其他类别岗位之间薪酬分配关系。④

二、技能人才职业发展通道设计

1. 技能人才职业发展通道的界定。《技能人才薪酬分配指引》所称技能人才

---

① 《技能人才薪酬分配指引》第1条。
② 《技能人才薪酬分配指引》第3条。
③ 《技能人才薪酬分配指引》第2条。
④ 《技能人才薪酬分配指引》第4条。

职业发展通道,是在企业岗位体系的基础上,形成横向按工作性质、内容等划分不同技能序列,纵向按技能人才专业知识、技术技能、资历经验、工作业绩等因素划分层级的有机系统,既体现技能人才个人能力,又反映岗位差别。①

2. 技能人才职业发展通道的并行设置。技能人才职业发展通道一般应与企业的经营管理类、专业技术类职业发展通道并行设置,层级互相对照。企业可根据发展需要,贯通工程技术领域操作技能与工程技术序列融合发展的路径,并逐步拓宽贯通领域,扩大贯通规模。对制造业的技能人才,可以设置基本生产技能操作、辅助生产技能操作等细分类别,纵向设置多个职级。其他行业企业可结合实际参照设置。纵向成长通道一般应基于不同类别岗位的重要程度、复杂程度等因素,并考虑不同类别岗位人员的职业发展规律作出差别化安排。纵向成长通道具体层级设置数量可根据企业发展战略、主体业务、员工队伍状况等实际进行调整。企业内部不同类别之间对应关系,技能操作类的正常成长通道最高可与部门正职/分厂厂长/分支机构正职等中层正职相当,高精尖的高技能领军人才可与企业高层管理岗相当。对企业技能操作中的基本生产技能操作工种、辅助生产技能操作工种和熟练服务工种等,一般应设置差别化成长通道。同时,在满足任职资格条件基础上,不同职业发展通道可以相互贯通。②

3. 实现职业发展通道有效运转的措施。(1)定责权。为实现职业发展通道有效运转,需定责权,即对具体职位在工作职责、管理权限等方面作出统一规范和界定。定责权,主要是解决好职业发展通道和企业内部管理岗位之间的关系问题,总的原则是以事定责、按责配权,实现权责利的统一。职责权限的划分根据相关业务流程,通过编制岗位说明书等方式进行明确,并结合实际动态调整。处于高职级的技能人才对本领域业务工作负有组织制定(修订)标准、指导落实、监控、审查、结果判定等职责和权限;同时,须承担本业务领域难度较大、创新性的工作任务,并负有编制培训教材、培训授课、平时指导等培训指导职责。③(2)定数量。职业发展通道有效运转需定数量,即根据企业战略和相应的人力资源规划,参考企业所在业务领域专业细分结果,结合企业对各职位的需求以及人员结构情况,制定各职级的职数标准和比例结构。设置职位数量的规则,一般采

---

① 《技能人才薪酬分配指引》第5条。
② 《技能人才薪酬分配指引》第6条。
③ 《技能人才薪酬分配指引》第7条。

取两头放开、中间择优的方式安排。高层职级一般按资格条件管理,不设具体职位数量,成熟一个聘任一个,宁缺毋滥;基层职级一般不设职数,符合条件即可正常晋升;中间层级可按照细分专业数量设置职数,也可以按照一定比例进行安排。① (3)定资格。职业发展通道有效运转需定资格,即根据履行职位职责的要求,对职位任职人员所应具备的学历、资历、能力、经验、业绩等多维度任职条件作出统一规范和界定。职位任职资格标准可将经人社部门公布的技能人才评价机构评价的职业技能等级作为重要参考,并明确相互间对应关系。结合人才成长规律,职业发展通道一般可按3个阶段设置,形成全职业周期的成长发展通道。新进技能人才在第1个10年中,每2~3年晋升一个职级,在基层岗位职位上正常成长;第2个10年中,在中间层级岗位职位上择优晋升发展;第3个10年中,在高层级岗位职位上逐步成长为专家权威。同时,对具有特殊技能和突出贡献的高技能人才应有破格晋升的制度安排。随着新生代劳动者成长预期的变化,以及不同类型企业的技能操作难度有差异,对技能人才的成长年限安排以及相应的任职资格标准可有所不同。② (4)定考评。职业发展通道有效运转需定考评,即明确各类人员进入所在职级通道的考评办法,根据考评结果组织聘任,实现能上能下。③ (5)定待遇。职业发展通道有效运转需定待遇,即对进入职业发展通道的技能人才,可对新职级职位按照岗位进行管理,职位职级变化时执行岗变薪变规则。各职级人员聘任到位后,按相应岗位工资标准执行,根据绩效考核结果发放绩效工资。④ (6)动态管理。职业发展通道有效运转需动态管理,即对职位职数标准、任职人员配置以及职位体系框架的动态管理。其中,职位职级聘任应有任期规定,高职级职位的任期可比低职级长。任期期满重新进行评聘。在职位职数规定范围内,对任期评聘成绩优秀并达到上一职级任职资格的可予以晋升,考评合格的可保留原职级,考评不合格的可降低职级。⑤

三、技能人才薪酬分配制度设计

1. 技能人才的工资结构设计。(1)按照为岗位付酬、为能力付酬、为绩效付

---

① 《技能人才薪酬分配指引》第8条。
② 《技能人才薪酬分配指引》第9条。
③ 《技能人才薪酬分配指引》第10条。
④ 《技能人才薪酬分配指引》第11条。
⑤ 《技能人才薪酬分配指引》第12条。

酬的付酬因素,技能人才工资结构可由体现岗位价值的岗位工资单元、体现能力差别的能力工资单元和体现绩效贡献的绩效工资单元等组成。①(2)为稳定职工队伍,保障职工基本生活,企业可结合实际增加设置体现保障基本生活的基础工资单元和体现员工历史贡献积累的年功工资单元。②(3)在各工资单元功能不重复体现的原则下,为补偿技能人才在特定环境或承担特定任务的额外付出,可设置相应的津贴单元,包括体现夜班工作条件下额外劳动付出的夜班津贴、体现高温噪声污染等艰苦环境条件下额外劳动付出的作业环境津贴、体现技能人才技能水平的技能津贴、体现技能人才班组长额外劳动付出的班组长津贴、体现技能人才师傅带徒弟额外劳动付出的带徒津贴等。根据需要,还可设置鼓励多学技能、向复合型人才发展的多能津贴或通岗津贴等。③(4)企业根据需要可以合并、减少或增加相关工资单元。例如,能力工资单元可以采用设置技能人才特殊岗位津贴的形式体现,也可以采用将职级通道直接纳入岗位工资单元进行体现;年功工资单元可在岗位工资单元中设置一岗多薪、一岗多档,岗级体现不同岗位的价值度,档次用于体现同一岗位上不同员工的岗位任职时间、业绩贡献、年度正常增长等因素。④

2. 岗位工资单元设计。(1)岗位工资等级的基础。岗位工资等级应以岗位评价结果为基础。⑤(2)岗位评价。①岗位评价的方法。岗位评价是实现不同岗位之间价值可比,体现企业薪酬分配内部公平的重要基础工作。岗位评价一般有四种方法:一是排序法,将企业全部岗位视为一个系列,根据各个岗位对组织的贡献度和作用度不同,对岗位次序进行排列的一种方法,一般适用于工作性质单一、岗位较少的企业。二是分类套级法,将企业全部岗位分为若干系列、每个系列分为若干级别,分类别对岗位次序进行排列的一种方法。三是因素比较法,事先确定测评要素和若干主要岗位(或称标杆岗位),将每一个主要岗位的每个影响因素分别加以排序或评价。其他岗位按影响因素与已测评标杆岗位各因素测评结果分别进行比较,进而确定岗位的价值等级。四是要素计分法,根据预先

---

① 《技能人才薪酬分配指引》第13条。
② 《技能人才薪酬分配指引》第14条。
③ 《技能人才薪酬分配指引》第15条。
④ 《技能人才薪酬分配指引》第16条。
⑤ 《技能人才薪酬分配指引》第17条第1款。

规定的衡量标准,对岗位的主要影响因素逐一进行评比、估量,由此得出各个岗位的量值。① 其中,企业采用要素计分法对技能操作类岗位进行岗位评价,通常考虑岗位对上岗人员技能水平要求的高低、岗位工作量及质量责任的轻重、体力或脑力劳动强度的大小和岗位工作条件的好差等进行评价。在此基础上,要遵循战略导向原则,从突出企业关键重要岗位的角度选择评价要素、确定评价要素权重。② ②岗位评价的原则。企业在评价要素的选择、评价权重的设置、评价过程的组织等方面应贯彻公正、公开原则,得到员工认可。第一步是初评,企业内各二级单位评价确定本单位内部技能操作岗位纵向岗位关系;第二步进行复测,在各单位初评结果中筛选出标杆岗位,选取熟悉技能操作类岗位职责情况、公信力高的岗位评价代表进行复测,确定不同单位之间技能操作类岗位的等级关系。③ (3)岗位工资。①岗位工资的形式。岗位工资可采取一岗一薪、岗变薪变,也可采取一岗多薪、宽带薪酬形式。一岗多薪、宽带薪酬指的是在每个岗位等级内设多个工资档次,以体现同岗级人员不同能力、资历和不同业绩贡献的差别。一岗多薪、宽带薪酬既能体现员工的岗位价值,又能体现员工的能力素质,还可以兼顾到员工薪资的正常晋升,这一做法在实践中被较多企业选择。实行一岗多薪、宽带薪酬的企业,技能人才可通过晋档实现工资正常增长。其中,档次晋升调整可与技能人才年度绩效考核结果挂钩,合格及以上的技能人才每年可在本岗级上晋升1档,少部分优秀的可晋升2档,个别贡献突出的还可以奖励更多晋档,极少数表现不合格的可不晋升或降档。④ 其中,岗位工资采用一岗多薪、宽带薪酬,具体晋档条件有三种表现形式。一是条件规定形式,即明确晋档应当达到的规定条件。晋档条件有一个以上的,各条件要素需有互补性规定。针对技能操作类岗位,可设置学历与工作年限的互补条件,较长工作年限可在一定程度上弥补学历的不足。二是综合系数表现形式,即按各个晋档要素之间相对关系,将晋档条件转换为系数分数。综合系数表现形式直接实现了各个晋档要素的综合互补。晋档综合系数的确定首先依据不同职级岗位任职资格的要求来确定起步档次的条件。其次需要将各个条件之间的相对价值进行比较,确定系数标准

---

① 《技能人才薪酬分配指引》第17条第2款。
② 《技能人才薪酬分配指引》第18条。
③ 《技能人才薪酬分配指引》第19条。
④ 《技能人才薪酬分配指引》第20条。

值,实现各个条件之间的平衡互补。三是特殊贡献表现形式。可将技能人才参加一定层级技能大赛获奖情况、技术攻关和创新等贡献情况,作为晋档或跨档条件。① ②岗位工资标准的设计。第一,设计的因素。岗位工资标准的设计,一般参考以下三个因素:一是岗位价值度评估分数。企业可参考技能操作类岗位价值度评估分数之间的倍数关系,确定不同技能操作岗位工资标准之间差别。二是人力资源市场价位情况。企业可参考人力资源市场类似岗位工资价位的绝对水平,确定技能操作类岗位工资标准;或参考市场上相应典型岗位的薪酬比例关系,优化调整相应技能操作类岗位工资标准。三是企业内部标杆技能操作类岗位之间的历史分配关系。企业可结合市场工资价位,重新评估内部技能操作岗位间的分配关系,如果体现岗位价值度的工资标准与市场比差距过小,可以调整优化,适当拉开差距。② 第二,设计的步骤。岗位工资标准的设计,一般按以下步骤进行:一是首先确定内部关键点岗位(最高岗位、最低岗位、主体标杆岗位等)工资标准之间的比例关系。二是按照一定规律确定每个关键点之间不同层级的岗位工资标准关系,一般可以用等差数列关系确定(差别相对较小),也可以用等比数列确定(差别相对较大)。三是结合技能操作类内部层级因素适当调整。跨职级的差距可适当拉大,同一职级内部差距可适当缩小。经过验证,模拟测算调整,通过比较工资标准高低是否与预先设定的目标一致,最终确定岗位工资标准。③ ③岗位工资标准的表现形式。岗位工资标准的表现形式,一般有两种:一是以工资水平绝对值的形式表现;二是以岗位工资系数值(或薪点数)的形式表现。对不同的工资单元可以采用不同的工资标准表现形式。对于效益波动比较大的企业,岗位工资、绩效工资可采取具体的系数或薪点标准。基数值或薪点值可结合企业效益情况、工资总额承受能力、市场价位变动情况等相应确定。④

3. 绩效工资单元设计。(1)绩效工资单元的作用。绩效工资单元是体现员工实际业绩差别的工资单元,根据绩效考核结果浮动发放,对发挥工资的激励功能具有重要作用。(2)企业工资的管理原则及分配机制。企业可按照绩效工资总量考核发放、授权二次分配、加强监控指导的管理原则,建立绩效工资与企业

---

① 《技能人才薪酬分配指引》第21条。
② 《技能人才薪酬分配指引》第22条。
③ 《技能人才薪酬分配指引》第23条。
④ 《技能人才薪酬分配指引》第24条。

效益情况(影响工资总额变动)、本部门绩效考核结果(影响本部门绩效工资额度变动)、本人绩效考核结果(影响本人实际绩效所得)联动的分配机制。(3)绩效考核。①年度绩效考核。年度绩效考核除影响绩效工资外,还可与岗位调整、培训、职级升降挂钩。① ②绩效考核周期的确定因素。绩效考核周期的确定需综合考虑行业特点、岗位特征、考评可操作性等因素。技能人才绩效显现时间相对于管理人员、专业技术人员一般较短,可按月为主计发绩效工资。② ③绩效考核的办法。绩效考核可根据技能人才的工作性质和岗位特征,采取分类考核办法。例如,主要以个人计件计酬的岗位,可以按月设立基础任务量,超过基础任务量部分可分档设立不同计件单价,根据任务完成情况核定绩效工资。对于以班组、车间为单元集体作业的基本生产技能岗位人员,可参照上述办法将团队绩效工资总额分配到班组、车间,再由班组长、车间主任根据规定程序,按照个人工作量和个人绩效进行合理分配。对于辅助生产技能岗位人员,可依据其支持服务的基本生产技能岗位人员月绩效工资平均值的一定比例(比如70%~95%),作为人均绩效工资分配额度,以此为基础计算辅助生产技能岗位人员绩效工资总量,再按照绩效工资系数、组织和个人绩效考核的结果进行分配。③

4. 专项津贴单元设计。(1)专项津贴及其内容。专项津贴是对特殊条件下的额外劳动付出的补偿。针对技能人才的劳动特点,制造型企业可结合实际需求,可设置夜班津贴、作业环境津贴、技能津贴、班组长津贴、师带徒津贴等。④ 其具体规则如下:①夜班津贴。夜班津贴是对劳动者在夜晚工作额外付出的补偿,主要适用于基本生产技能岗位人员。夜班劳动对于劳动者的体力、精力、心理压力等带来较大影响。实践中,部分"四班三运转"岗位人员的月度夜班津贴水平一般占月度应发工资收入的15%~20%。企业可结合职工薪酬收入水平、当地经济社会发展实际,合理确定夜班津贴的标准水平。⑤ ②作业环境津贴。作业环境津贴是对劳动者在井下、高空、高温、低温、物理粉尘辐射、化工有毒有害等环境下作业额外付出的补偿,主要适用于技能操作类人员。企业可结合实际,根据

---

① 《技能人才薪酬分配指引》第25条。
② 《技能人才薪酬分配指引》第26条。
③ 《技能人才薪酬分配指引》第27条。
④ 《技能人才薪酬分配指引》第28条。
⑤ 《技能人才薪酬分配指引》第29条。

作业环境的艰苦程度划分出不同档次,设置差别化的作业环境津贴。① ③技能津贴。技能等级除作为职业发展通道的晋升条件外,考虑到高技能人才整体仍然短缺的实际,企业可以设置技能津贴,对于取得高级工、技师、高级技师,并在相关技能操作类岗位工作的技能人才,发放一定额度的技能津贴,鼓励技能人才学技术、长本领。取得相应技能等级资质的技能人才,聘任到较高技能操作职级上,除适用技能津贴外,还可同时执行相应发展通道职级的工资标准。技能津贴可同样适用于"双师"(工程师、技师)型技能人才。② ④班组长津贴。班组一般是企业管理的最基层单元,班组长在基础管理、分配任务、考勤考绩等方面均有较多的付出。对于非专职脱产人员担任班组长的,可设置班组长津贴。班组长津贴标准可采取两种方式进行安排:一是按照班组管理幅度,按照具体人数确定适用津贴标准。可在基本标准基础上,每增加1名技能人才,相应增加津贴标准。二是按照班组类别和难度大小,设置不同的档次标准。但对于班组长工资待遇已在岗位工资等级或者档次体现的,可不再重复设置班组长津贴。③ ⑤师带徒津贴。师带徒津贴是对师傅培养训练徒弟额外劳动付出的补偿。对于签订带徒协议、明确师傅徒弟权利义务的,可向师傅支付一定额度带徒津贴。协议期满根据考核结果可另行给予奖励。徒弟在技能大赛等获奖的,也可额外对师傅进行奖励,建立徒弟成才、师傅受益的联动机制。企业通过推行"传帮带""师带徒""老带新"等多种措施,不仅可以促进整体生产效率的提升,而且能够帮助企业在长期内形成较为稳定的技能人才梯队,积蓄技能人才资源。师带徒,通过企业实践培训提高,针对性强,效果好,应大力推行。④ (2)津贴设置的原则。津贴设置应坚持不重复体现原则。夜班津贴、作业环境津贴、技能津贴、班组长津贴、师带徒津贴等各类津贴,如在岗位评价要素或者职级成长通道任职资格条件中已有充分体现的,应本着不重复的原则不再单独设置。⑤

5. 技能人才与其他人才工资分配关系设计。(1)岗位之间薪酬分配关系的确定。①企业可参考岗位测评结果确定技能人才岗位和其他类别岗位之间薪酬

---

① 《技能人才薪酬分配指引》第30条。
② 《技能人才薪酬分配指引》第31条。
③ 《技能人才薪酬分配指引》第32条。
④ 《技能人才薪酬分配指引》第33条。
⑤ 《技能人才薪酬分配指引》第34条。

分配关系。如果不同类别岗位测评采用的要素和参评专家不同,则测评分数之间的相互关系不宜简单对应,应选择不同系列的典型岗位进行跨类别岗位测评以确定对应关系。① ②企业可参考市场标杆岗位之间的薪酬分配关系确定对应关系。如将市场上某技能操作岗位与某管理岗位等薪酬水平的对应关系,作为确定不同类别岗位分配关系的参考。同时,标杆岗位中市场招聘的薪酬价位,可以作为确定技能操作岗位和其他类别岗位起点薪酬分配关系的参考。② (2)技能人才及其岗位薪酬水平。技能人才特别是高技能人才,其人力资本是个人努力和长期操作经验的累积结果,在薪酬标准上应体现其人力资本及技能要素贡献。对掌握关键操作技能、代表专业技能较高水平、能够组织技改攻关项目的,其薪酬水平可达到工程技术类人员的较高薪酬水平,或者相当于中层管理岗位薪酬水平,行业佼佼者薪酬待遇可与工程技术类高层级专家级别和企业高层管理岗的薪酬水平相当。③

四、高技能领军人才薪酬待遇制度设计

1. 高技能领军人才及其待遇的法定性。高技能领军人才包括获得全国劳动模范、全国五一劳动奖章、中华技能大奖、全国技术能手等荣誉以及享受省级以上政府特殊津贴的人员,或各省(自治区、直辖市)政府认定的"高精尖缺"高技能人才。高技能领军人才是技能人才队伍中的关键少数,应提高其薪酬待遇,鼓励参照高级管理人员标准落实经济待遇。④

2. 高技能领军人才待遇的具体内容设计。(1)年薪制及高技能领军人才的年薪制。年薪制是以年度为单位,依据生产经营规模和经营业绩,确定并支付薪酬的分配方式。年薪制一般适用于公司经营班子成员以及承担财务损益责任的分子公司负责人。高技能领军人才可探索实行年薪制,应把握以下三个方面:一是合理界定适用范围。年薪制适用范围较小,一般适用于承担经营风险、业绩显现周期较长且需建立有效激励约束机制的人员。高技能领军人才具有稀缺性,贡献价值度高,可将其纳入年薪制适用范围。二是明确薪酬结构。一般由基本年薪和绩效年薪为主的薪酬构成,基本年薪占比相对较小、按月发放,绩效年薪

---

① 《技能人才薪酬分配指引》第35条。
② 《技能人才薪酬分配指引》第36条。
③ 《技能人才薪酬分配指引》第37条。
④ 《技能人才薪酬分配指引》第38条。

占比相对较大,按年发放,体现业绩导向。三是建立相应的激励和约束机制。高技能领军人才应建立体现高技能领军人才特点、体现短期和长期贡献的业绩考核办法,如将关键任务攻关、技能人才队伍培养等作为年度或任期绩效考核目标,业绩考核结果与薪酬挂钩,实现业绩升、薪酬升,业绩降、薪酬降,体现责任、风险和利益的统一。①(2)协议薪酬制及高技能领军人才的协议薪酬制。协议薪酬制是企业和劳动者双方协商谈判确定薪酬的分配方式,主要适用于人力资源市场稀缺的核心关键岗位人才或企业重点吸引和留用的紧缺急需人才。企业要处理好薪酬内部公平性和外部竞争性的平衡。在此基础上,对高技能领军人才实行协议薪酬,应把握以下三个方面:一是合理确定适用范围。一般而言,协议薪酬主要适用于面向社会公开招聘实行市场化管理的高技能领军人才。二是实行任期聘任制。实行协议薪酬制的高技能领军人才,可按任期聘任,按合同规定条件予以续聘或解聘。三是事先约定绩效考核要求。对实行协议薪酬制的高技能领军人才,既协商薪酬也应协商绩效要求,应签订《绩效目标责任书》,确定考评周期内的绩效目标和激励约束规则。同时,实行协议薪酬制人员,薪酬待遇按协议约定执行,一般不再适用企业主体薪酬制度中的岗位工资、绩效奖金、津补贴等分配方式。②(3)专项特殊奖励及其实行。专项特殊奖励是对作出重大贡献的部门和个人的专项奖励。实行专项特殊奖励,应把握以下三个方面:一是专项特殊奖励不仅适用于高技能领军人才,也适用于包括技能人才在内的所有员工。二是对在正常绩效激励中未体现的特殊贡献,均可适用特殊奖励。其中,包括为企业生产效率提高、工作任务完成、新品试制、技改攻关等作出的巨大贡献,或为社会作出突出贡献,或为企业取得重大社会荣誉等(比如技能大赛获得名次)。三是专项特殊奖励属于非常规激励。为避免滥发或不发,应制定较为规范的企业内部专项特殊奖励管理办法。③(4)高技能领军人才的中长期激励。结合实际探索对技能人才特别是高技能领军人才实行股权激励(包括业绩股票、股票期权、虚拟股票、股票增值权、限制性股票、员工持股等形式)、超额利润分享、项目跟投、项目分红或岗位分红等中长期激励方式。中长期激励应符合国家相关规

---

① 《技能人才薪酬分配指引》第39条。
② 《技能人才薪酬分配指引》第40条。
③ 《技能人才薪酬分配指引》第41条。

定。① (5)超额利润分享及其施行。超额利润分享以超过企业目标利润的部分作为基数,科学合理地设计提取规则,主要适用于企业中的关键核心人才。应把握以下三个方面:一是将技能人才特别是高技能领军人才纳入实施范围,引导企业构建"目标一致、责任共担、成果共享"的发展共同体。二是明确激励总量的确定规则。激励总量可以本年度超目标净利润增量(或减亏额)为基数,按一定比例计提,并与企业综合绩效系数挂钩调节。其中,净利润目标一般可分为基本目标、激励目标和挑战目标,计提比例可根据净利润实际达成情况按不同比例分段提取。三是明确激励额度分配办法。员工个人激励额度一般可依据激励对象的岗位系数和个人绩效考核结果系数综合确定。其中,个人岗位系数应体现所在岗位职位的正常激励水平,个人绩效考核结果系数应根据实际绩效设置,既关注岗位职位,也关注实际贡献。② (6)高技能领军人才的岗位分红。岗位分红以企业经营收益为标的,主要适用于对企业重要岗位人员实施激励。对高技能领军人才实施岗位分红的,企业应建立规范的内部财务管理制度和员工绩效考核评价制度,评估高技能领军人才在企业的重要性和贡献,明确实施岗位分红的企业业绩和个人业绩条件。同时,处理好岗位分红所得与薪酬所得的关系,合理确定分红标准。③

3. 技能人才薪酬分配体系等的细化。各地人力资源社会保障部门应结合本地实际,加强宣传培训,可分行业或分职业类别进一步细化相关内容,发布典型案例,强化示范引领。创新企业工资宏观调控指导方式,推动企业建立健全技能人才薪酬分配体系,不断提高对本地区企业技能人才薪酬分配的指导实效。④

第四节 农民工的工资

一、农民工工资的清偿

1. 农民工工资清偿的法定性。用人单位拖欠农民工工资的,应当依法予以

---

① 《技能人才薪酬分配指引》第42条。
② 《技能人才薪酬分配指引》第43条。
③ 《技能人才薪酬分配指引》第44条。
④ 《技能人才薪酬分配指引》第45条。

清偿。①

2. 农民工工资清偿的主体。(1)用工单位。①用工单位使用个人、不具备合法经营资格的单位或者未依法取得劳务派遣许可证的单位派遣的农民工,拖欠农民工工资的,由用工单位清偿,并可以依法进行追偿。② ②用人单位允许个人、不具备合法经营资格或者未取得相应资质的单位以用人单位的名义对外经营,导致拖欠所招用农民工工资的,由用人单位清偿,并可以依法进行追偿。③ (2)用人单位及"其他人"。①合伙企业、个人独资企业、个体经济组织等用人单位拖欠农民工工资的,应当依法予以清偿;不清偿的,由出资人依法清偿。④ ②用人单位合并或者分立时,应当在实施合并或者分立前依法清偿拖欠的农民工工资;经与农民工书面协商一致的,可以由合并或者分立后承继其权利和义务的用人单位清偿。⑤ ③用人单位被依法吊销营业执照或者登记证书、被责令关闭、被撤销或者依法解散的,应当在申请注销登记前依法清偿拖欠的农民工工资。未依据前款规定清偿农民工工资的用人单位主要出资人,应当在注册新用人单位前清偿拖欠的农民工工资。⑥ (3)建设单位。①建设单位或者施工总承包单位将建设工程发包或者分包给个人或者不具备合法经营资格的单位,导致拖欠农民工工资的,由建设单位或者施工总承包单位清偿。⑦ ②工程建设项目违反国土空间规划、工程建设等法律法规,导致拖欠农民工工资的,由建设单位清偿。⑧ (4)施工单位。施工单位允许其他单位和个人以施工单位的名义对外承揽建设工程,导致拖欠农民工工资的,由施工单位清偿。⑨ (5)"依照有关法律规定"确定的主体。①不具备合法经营资格的单位招用农民工,农民工已经付出劳动而未获得工资的,依照有关法律规定执行。⑩ ②用人单位将工作任务发包给个人或者不具

---

① 《保障农民工工资支付条例》第16条。
② 《保障农民工工资支付条例》第18条。
③ 《保障农民工工资支付条例》第19条第2款。
④ 《保障农民工工资支付条例》第20条。
⑤ 《保障农民工工资支付条例》第21条。
⑥ 《保障农民工工资支付条例》第22条。
⑦ 《保障农民工工资支付条例》第36条第1款。
⑧ 《保障农民工工资支付条例》第37条。
⑨ 《保障农民工工资支付条例》第36条第2款。
⑩ 《保障农民工工资支付条例》第17条。

备合法经营资格的单位,导致拖欠所招用农民工工资的,依照有关法律规定执行。①

二、农民工工资的支付

(一)农民工工资支付的一般规则

1. 农民工工资支付的适用。(1)适用的法律。①为了规范农民工工资支付行为,保障农民工按时足额获得工资,根据《劳动法》及有关法律规定,制定《保障农民工工资支付条例》。② ②《保障农民工工资支付条例》自2020年5月1日起施行。③ (2)适用的事项。保障农民工工资支付,适用《保障农民工工资支付条例》。《保障农民工工资支付条例》所称农民工,是指为用人单位提供劳动的农村居民。《保障农民工工资支付条例》所称工资,是指农民工为用人单位提供劳动后应当获得的劳动报酬。④

2. 农民工工资支付的职责分工。(1)县级以上地方人民政府对本行政区域内保障农民工工资支付工作负责,建立保障农民工工资支付工作协调机制,加强监管能力建设,健全保障农民工工资支付工作目标责任制,并纳入对本级人民政府有关部门和下级人民政府进行考核和监督的内容。乡镇人民政府、街道办事处应当加强对拖欠农民工工资矛盾的排查和调处工作,防范和化解矛盾,及时调解纠纷。⑤ (2)人力资源社会保障行政部门负责保障农民工工资支付工作的组织协调、管理指导和农民工工资支付情况的监督检查,查处有关拖欠农民工工资案件。住房城乡建设、交通运输、水利等相关行业工程建设主管部门按照职责履行行业监管责任,督办因违法发包、转包、违法分包、挂靠、拖欠工程款等导致的拖欠农民工工资案件。发展改革等部门按照职责负责政府投资项目的审批管理,依法审查政府投资项目的资金来源和筹措方式,按规定及时安排政府投资,加强社会信用体系建设,组织对拖欠农民工工资失信联合惩戒对象依法依规予以限制和惩戒。财政部门负责政府投资资金的预算管理,根据经批准的预算按规定及时足额拨付政府投资资金。公安机关负责及时受理、侦办涉嫌拒不支付劳动

---

① 《保障农民工工资支付条例》第19条第1款。
② 《保障农民工工资支付条例》第1条。
③ 《保障农民工工资支付条例》第64条。
④ 《保障农民工工资支付条例》第2条。
⑤ 《保障农民工工资支付条例》第4条。

报酬刑事案件,依法处置因农民工工资拖欠引发的社会治安案件。司法行政、自然资源、人民银行、审计、国有资产管理、税务、市场监管、金融监管等部门,按照职责做好与保障农民工工资支付相关的工作。① (3)人力资源社会保障行政部门和其他有关部门应当公开举报投诉电话、网站等渠道,依法接受对拖欠农民工工资行为的举报、投诉。对于举报、投诉的处理实行首问负责制,属于本部门受理的,应当依法及时处理;不属于本部门受理的,应当及时转送相关部门,相关部门应当依法及时处理,并将处理结果告知举报、投诉人。② (4)工会、共产主义青年团、妇女联合会、残疾人联合会等组织按照职责依法维护农民工获得工资的权利。③

3. 农民工工资支付的措施。(1)保障农民工工资支付,应当坚持市场主体负责、政府依法监管、社会协同监督,按照源头治理、预防为主、防治结合、标本兼治的要求,依法根治拖欠农民工工资问题。④ (2)用人单位实行农民工劳动用工实名制管理,与招用的农民工书面约定或者通过依法制定的规章制度规定工资支付标准、支付时间、支付方式等内容。⑤ (3)新闻媒体应当开展保障农民工工资支付法律法规政策的公益宣传和先进典型的报道,依法加强对拖欠农民工工资违法行为的舆论监督,引导用人单位增强依法用工、按时足额支付工资的法律意识,引导农民工依法维权。⑥

4. 农民工的权利、义务及其权利的保障。(1)农民工有按时足额获得工资的权利。任何单位和个人不得拖欠农民工工资。农民工应当遵守劳动纪律和职业道德,执行劳动安全卫生规程,完成劳动任务。⑦ (2)被拖欠工资的农民工有权依法投诉,或者申请劳动争议调解仲裁和提起诉讼。⑧ (3)任何单位和个人对拖欠农民工工资的行为,有权向人力资源社会保障行政部门或者其他有关部门举报。⑨

---

① 《保障农民工工资支付条例》第7条。
② 《保障农民工工资支付条例》第10条第3款。
③ 《保障农民工工资支付条例》第8条。
④ 《保障农民工工资支付条例》第5条。
⑤ 《保障农民工工资支付条例》第6条。
⑥ 《保障农民工工资支付条例》第9条。
⑦ 《保障农民工工资支付条例》第3条。
⑧ 《保障农民工工资支付条例》第10条第1款。
⑨ 《保障农民工工资支付条例》第10条第2款。

(二)农民工工资支付形式与周期

1. 农民工工资支付的形式。(1)直接以货币形式支付。农民工工资应当以货币形式,通过银行转账或者现金支付给农民工本人,不得以实物或者有价证券等其他形式替代。① (2)委托施工总承包单位代发。①工程建设领域推行分包单位农民工工资委托施工总承包单位代发制度。分包单位应当按月考核农民工工作量并编制工资支付表,经农民工本人签字确认后,与当月工程进度等情况一并交施工总承包单位。施工总承包单位根据分包单位编制的工资支付表,通过农民工工资专用账户直接将工资支付到农民工本人的银行账户,并向分包单位提供代发工资凭证。用于支付农民工工资的银行账户所绑定的农民工本人社会保障卡或者银行卡,用人单位或者其他人员不得以任何理由扣押或者变相扣押。② ②建设单位与施工总承包单位或者承包单位与分包单位因工程数量、质量、造价等产生争议的,建设单位不得因争议不按照《保障农民工工资支付条例》第24条的规定拨付工程款中的人工费用,施工总承包单位也不得因争议不按照规定代发工资。③

2. 农民工工资支付的日期。用人单位与农民工书面约定或者依法制定的规章制度规定的具体支付日期,可以在农民工提供劳动的当期或者次期。具体支付日期遇法定节假日或者休息日的,应当在法定节假日或者休息日前支付。用人单位因不可抗力未能在支付日期支付工资的,应当在不可抗力消除后及时支付。④

3. 农民工工资支付的周期。(1)用人单位应当按照与农民工书面约定或者依法制定的规章制度规定的工资支付周期和具体支付日期足额支付工资。⑤ (2)实行月、周、日、小时工资制的,按照月、周、日、小时为周期支付工资;实行计件工资制的,工资支付周期由双方依法约定。⑥

4. 农民工工资支付的书面工资台账及工资清单。用人单位应当按照工资支

---

① 《保障农民工工资支付条例》第11条。
② 《保障农民工工资支付条例》第31条。
③ 《保障农民工工资支付条例》第35条。
④ 《保障农民工工资支付条例》第14条。
⑤ 《保障农民工工资支付条例》第12条。
⑥ 《保障农民工工资支付条例》第13条。

付周期编制书面工资支付台账,并至少保存3年。书面工资支付台账应当包括用人单位名称、支付周期、支付日期、支付对象姓名、身份证号码、联系方式、工作时间,应发工资项目及数额、代扣、代缴、扣除项目和数额、实发工资数额、银行代发工资凭证或者农民工签字等内容。用人单位向农民工支付工资时,应当提供农民工本人的工资清单。①

5. 工程建设农民工工资支付的禁止。除法律另有规定外,农民工工资专用账户资金和工资保证金不得因支付为本项目提供劳动的农民工工资之外的原因被查封、冻结或者划拨。②

(三)保障农民工工资支付的监督检查

1. 县级以上地方人民政府的监督检查。(1)工资支付预警。县级以上地方人民政府应当建立农民工工资支付监控预警平台,实现人力资源社会保障、发展改革、司法行政、财政、住房城乡建设、交通运输、水利等部门的工程项目审批、资金落实、施工许可、劳动用工、工资支付等信息及时共享。人力资源社会保障行政部门根据水电燃气供应、物业管理、信贷、税收等反映企业生产经营相关指标的变化情况,及时监控和预警工资支付隐患并做好防范工作,市场监管、金融监管、税务等部门应当予以配合。③ (2)限制其新建项目并记入信用记录。建设单位未依法提供工程款支付担保或者政府投资项目拖欠工程款,导致拖欠农民工工资的,县级以上地方人民政府应当限制其新建项目,并记入信用记录,纳入国家信用信息系统进行公示。④ (3)先行垫付。用人单位一时难以支付拖欠的农民工工资或者拖欠农民工工资逃匿的,县级以上地方人民政府可以动用应急周转金,先行垫付用人单位拖欠的农民工部分工资或者基本生活费。对已经垫付的应急周转金,应当依法向拖欠农民工工资的用人单位进行追偿。⑤

2. 人力资源社会保障行政部门、相关行业工程建设主管部门和其他有关部门的监督检查。(1)监督检查的整体要求。①加强重点内容的监督检查。人力资源社会保障行政部门、相关行业工程建设主管部门和其他有关部门应当按照

---

① 《保障农民工工资支付条例》第15条。
② 《保障农民工工资支付条例》第33条。
③ 《保障农民工工资支付条例》第38条。
④ 《保障农民工工资支付条例》第49条。
⑤ 《保障农民工工资支付条例》第63条。

职责,加强对用人单位与农民工签订劳动合同、工资支付以及工程建设项目实行农民工实名制管理、农民工工资专用账户管理、施工总承包单位代发工资、工资保证金存储、维权信息公示等情况的监督检查,预防和减少拖欠农民工工资行为的发生。① ②加强法律法规的普及宣传。人力资源社会保障行政部门、相关行业工程建设主管部门和其他有关部门应当按照"谁执法,谁普法"普法责任制的要求,通过以案释法等多种形式,加大对保障农民工工资支付相关法律法规的普及宣传。② (2)人力资源社会保障行政部门的监督检查。①守法诚信等级评价及"违法行为"的曝光。人力资源社会保障行政部门应当建立用人单位及相关责任人劳动保障守法诚信档案,对用人单位开展守法诚信等级评价。用人单位有严重拖欠农民工工资违法行为的,由人力资源社会保障行政部门向社会公布,必要时可以通过召开新闻发布会等形式向媒体公开曝光。③ ②申请人民法院强制执行。人力资源社会保障行政部门作出责令支付被拖欠的农民工工资的决定,相关单位不支付的,可以依法申请人民法院强制执行。④ ③请求相关机构部门的配合。第一,人力资源社会保障行政部门在查处拖欠农民工工资案件时,需要依法查询相关单位金融账户和相关当事人拥有房产、车辆等情况的,应当经设区的市级以上地方人民政府人力资源社会保障行政部门负责人批准,有关金融机构和登记部门应当予以配合。⑤ 第二,人力资源社会保障行政部门在查处拖欠农民工工资案件时,发生用人单位拒不配合调查、清偿责任主体及相关当事人无法联系等情形的,可以请求公安机关和其他有关部门协助处理。人力资源社会保障行政部门发现拖欠农民工工资的违法行为涉嫌构成拒不支付劳动报酬罪的,应当按照有关规定及时移送公安机关审查并作出决定。⑥ (3)相关行业工程建设主管部门的监督检查。①依法查处。相关行业工程建设主管部门应当依法规范本领域建设市场秩序,对违法发包、转包、违法分包、挂靠等行为进行查处,并对导致拖欠农民工工资的违法行为及时予以制止、纠正。⑦ ②监督专用账户拨付的资

---

① 《保障农民工工资支付条例》第39条。
② 《保障农民工工资支付条例》第46条。
③ 《保障农民工工资支付条例》第47条。
④ 《保障农民工工资支付条例》第42条。
⑤ 《保障农民工工资支付条例》第40条。
⑥ 《保障农民工工资支付条例》第41条。
⑦ 《保障农民工工资支付条例》第43条。

金。财政部门、审计机关和相关行业工程建设主管部门按照职责,依法对政府投资项目建设单位按照工程施工合同约定向农民工工资专用账户拨付资金情况进行监督。① (4) 司法行政部门和法律援助机构及公共法律服务相关机构的监督检查。司法行政部门和法律援助机构应当将农民工列为法律援助的重点对象,并依法为请求支付工资的农民工提供便捷的法律援助。公共法律服务相关机构应当积极参与相关诉讼、咨询、调解等活动,帮助解决拖欠农民工工资问题。② (5) 有关部门的监督检查。用人单位拖欠农民工工资,情节严重或者造成严重不良社会影响的,有关部门应当将该用人单位及其法定代表人或者主要负责人、直接负责的主管人员和其他直接责任人员列入拖欠农民工工资失信联合惩戒对象名单,在政府资金支持、政府采购、招投标、融资贷款、市场准入、税收优惠、评优评先、交通出行等方面依法依规予以限制。拖欠农民工工资需要列入失信联合惩戒名单的具体情形,由国务院人力资源社会保障行政部门规定。③

3. 工会对用人单位工资支付情况进行监督。工会依法维护农民工工资权益,对用人单位工资支付情况进行监督;发现拖欠农民工工资的,可以要求用人单位改正,拒不改正的,可以请求人力资源社会保障行政部门和其他有关部门依法处理。④

4. 农民工工资监督检查中用人单位的义务及惩处。(1) 农民工与用人单位就拖欠工资存在争议,用人单位应当提供依法由其保存的劳动合同、职工名册、工资支付台账和清单等材料;不提供的,依法承担不利后果。⑤ (2) 单位或者个人编造虚假事实或者采取非法手段讨要农民工工资,或者以拖欠农民工工资为名讨要工程款的,依法予以处理。⑥

(四) 农民工工资支付的法律责任

1. 人员的法律责任。(1) 法定代表人或者主要负责人等的法律责任。有下列情形之一的,由人力资源社会保障行政部门责令限期改正;逾期不改正的,对

---

① 《保障农民工工资支付条例》第44条。
② 《保障农民工工资支付条例》第45条。
③ 《保障农民工工资支付条例》第48条。
④ 《保障农民工工资支付条例》第51条。
⑤ 《保障农民工工资支付条例》第50条。
⑥ 《保障农民工工资支付条例》第52条。

单位处 2 万元以上 5 万元以下的罚款,对法定代表人或者主要负责人、直接负责的主管人员和其他直接责任人员处 1 万元以上 3 万元以下的罚款:①以实物、有价证券等形式代替货币支付农民工工资;②未编制工资支付台账并依法保存,或者未向农民工提供工资清单;③扣押或者变相扣押用于支付农民工工资的银行账户所绑定的农民工本人社会保障卡或者银行卡。① (2)主管及相关部门工作人员的法律责任。县级以上地方人民政府人力资源社会保障、发展改革、财政、公安等部门和相关行业工程建设主管部门工作人员,在履行农民工工资支付监督管理职责过程中滥用职权、玩忽职守、徇私舞弊的,依法依规给予处分;构成犯罪的,依法追究刑事责任。②

2. 单位的法律责任。(1)施工总承包单位、分包单位的法律责任。有下列情形之一的,由人力资源社会保障行政部门、相关行业工程建设主管部门按照职责责令限期改正;逾期不改正的,责令项目停工,并处 5 万元以上 10 万元以下的罚款;情节严重的,给予施工单位限制承接新工程、降低资质等级、吊销资质证书等处罚:①施工总承包单位未按规定开设或者使用农民工工资专用账户;②施工总承包单位未按规定存储工资保证金或者未提供金融机构保函;③施工总承包单位、分包单位未实行劳动用工实名制管理。③ (2)施工总承包单位及分包单位的法律责任。有下列情形之一的,由人力资源社会保障行政部门、相关行业工程建设主管部门按照职责责令限期改正;逾期不改正的,处 5 万元以上 10 万元以下的罚款:①分包单位未按月考核农民工工作量、编制工资支付表并经农民工本人签字确认;②施工总承包单位未对分包单位劳动用工实施监督管理;③分包单位未配合施工总承包单位对其劳动用工进行监督管理;④施工总承包单位未实行施工现场维权信息公示制度。④ (3)建设单位及施工总承包单位的法律责任。有下列情形之一的,由人力资源社会保障行政部门、相关行业工程建设主管部门按照职责责令限期改正;逾期不改正的,责令项目停工,并处 5 万元以上 10 万元以下的罚款:①建设单位未依法提供工程款支付担保;②建设单位未按约定及时足额向农民工工资专用账户拨付工程款中的人工费用;③建设单位或者施工总承包

---

① 《保障农民工工资支付条例》第 54 条。
② 《保障农民工工资支付条例》第 62 条。
③ 《保障农民工工资支付条例》第 55 条。
④ 《保障农民工工资支付条例》第 56 条。

单位拒不提供或者无法提供工程施工合同、农民工工资专用账户有关资料。①
(4)单位违法行为的法律责任。违反《保障农民工工资支付条例》规定拖欠农民工工资的,依照有关法律规定执行。②

  3. 地方人民政府及其有关部门负责人等的法律责任。(1)政府投资项目政府投资资金不到位拖欠农民工工资的,由人力资源社会保障行政部门报本级人民政府批准,责令限期足额拨付所拖欠的资金;逾期不拨付的,由上一级人民政府人力资源社会保障行政部门约谈直接责任部门和相关监管部门负责人,必要时进行通报,约谈地方人民政府负责人。情节严重的,对地方人民政府及其有关部门负责人、直接负责的主管人员和其他直接责任人员依法依规给予处分。③(2)政府投资项目建设单位未经批准立项建设、擅自扩大建设规模、擅自增加投资概算、未及时拨付工程款等导致拖欠农民工工资的,除依法承担责任外,由人力资源社会保障行政部门、其他有关部门按照职责约谈建设单位负责人,并作为其业绩考核、薪酬分配、评优评先、职务晋升等的重要依据。④ (3)对于建设资金不到位、违法违规开工建设的社会投资工程建设项目拖欠农民工工资的,由人力资源社会保障行政部门、其他有关部门按照职责依法对建设单位进行处罚;对建设单位负责人依法依规给予处分。相关部门工作人员未依法履行职责的,由有关机关依法依规给予处分。⑤

  4. 金融单位的法律责任。不依法配合人力资源社会保障行政部门查询相关单位金融账户的,由金融监管部门责令改正;拒不改正的,处2万元以上5万元以下的罚款。⑥

三、农民工工资的拖欠

(一)拖欠农民工工资的"黑名单"管理

  1. 拖欠农民工工资"黑名单"的管理。(1)管理的依据。为规范拖欠农民工工资"黑名单"管理工作,加强对拖欠工资违法失信用人单位的惩戒,维护劳动者

---

① 《保障农民工工资支付条例》第57条。
② 《保障农民工工资支付条例》第53条。
③ 《保障农民工工资支付条例》第59条。
④ 《保障农民工工资支付条例》第60条。
⑤ 《保障农民工工资支付条例》第61条。
⑥ 《保障农民工工资支付条例》第58条。

合法权益,根据《企业信息公示暂行条例》、《国务院关于建立完善守信联合激励和失信联合惩戒制度加快推进社会诚信建设的指导意见》(国发〔2016〕33号)、《国务院办公厅关于全面治理拖欠农民工工资问题的意见》(国办发〔2016〕1号),制定《拖欠农民工工资"黑名单"管理暂行办法》。① 其中,《拖欠农民工工资"黑名单"管理暂行办法》所称拖欠农民工工资"黑名单"(以下简称拖欠工资"黑名单"),是指违反国家工资支付法律法规规章规定,存在《拖欠农民工工资"黑名单"管理暂行办法》第5条所列拖欠工资情形的用人单位及其法定代表人、其他责任人。② (2)管理的主体。人力资源社会保障部负责指导监督全国拖欠工资"黑名单"管理工作。省、自治区、直辖市人力资源社会保障行政部门负责指导监督本行政区域拖欠工资"黑名单"管理工作,每半年向人力资源社会保障部报送本行政区域的拖欠工资"黑名单"。地方人力资源社会保障行政部门依据行政执法管辖权限,负责拖欠工资"黑名单"管理的具体实施工作。③ (3)管理的原则。拖欠工资"黑名单"管理实行"谁执法,谁认定,谁负责",遵循依法依规、公平公正、客观真实的原则。④ (4)管理的惩戒。人力资源社会保障等行政部门工作人员在实施拖欠工资"黑名单"管理过程中,滥用职权、玩忽职守、徇私舞弊的,依法予以处理。⑤ (5)管理的细则。各省级人力资源社会保障行政部门可根据本办法制定实施细则。⑥

2. 拖欠农民工工资"黑名单"的列入。(1)列入的情形。用人单位存在下列情形之一的,人力资源社会保障行政部门应当自查处违法行为并作出行政处理或处罚决定之日起20个工作日内,按照管辖权限将其列入拖欠工资"黑名单"。①克扣、无故拖欠农民工工资报酬,数额达到认定拒不支付劳动报酬罪数额标准的;②因拖欠农民工工资违法行为引发群体性事件、极端事件造成严重不良社会影响的。将劳务违法分包、转包给不具备用工主体资格的组织和个人造成拖欠农民工工资且符合前款规定情形的,应将违法分包、转包单位及不具备用工主体资格的组织和个人一并列入拖欠工资"黑名单"。⑦ (2)列入的告知、决定。人力

---

① 《拖欠农民工工资"黑名单"管理暂行办法》第1条。
② 《拖欠农民工工资"黑名单"管理暂行办法》第2条。
③ 《拖欠农民工工资"黑名单"管理暂行办法》第3条。
④ 《拖欠农民工工资"黑名单"管理暂行办法》第4条。
⑤ 《拖欠农民工工资"黑名单"管理暂行办法》第13条。
⑥ 《拖欠农民工工资"黑名单"管理暂行办法》第14条。
⑦ 《拖欠农民工工资"黑名单"管理暂行办法》第5条。

资源社会保障行政部门将用人单位列入拖欠工资"黑名单"的,应当提前书面告知,听取其陈述和申辩意见。核准无误的,应当作出列入决定。列入决定应当列明用人单位名称及其法定代表人、其他责任人姓名、统一社会信用代码、列入日期、列入事由、权利救济期限和途径、作出决定机关等。① (3)列入的公示。人力资源社会保障行政部门应当按照有关规定,将拖欠工资"黑名单"信息通过部门门户网站、"信用中国"网站、国家企业信用信息公示系统等予以公示。② (4)列入的惩戒。人力资源社会保障行政部门应当按照有关规定,将拖欠工资"黑名单"信息纳入当地和全国信用信息共享平台,由相关部门在各自职责范围内依法依规实施联合惩戒,在政府资金支持、政府采购、招投标、生产许可、资质审核、融资贷款、市场准入、税收优惠、评优评先等方面予以限制。③ (5)列入的期限。拖欠工资"黑名单"实行动态管理。用人单位首次被列入拖欠工资"黑名单"的期限为1年,自作出列入决定之日起计算。列入拖欠工资"黑名单"的用人单位改正违法行为且自列入之日起1年内未再发生《拖欠农民工工资"黑名单"管理暂行办法》第5条规定情形的,由作出列入决定的人力资源社会保障行政部门于期满后20个工作日内决定将其移出拖欠工资"黑名单";用人单位未改正违法行为或者列入期间再次发生《拖欠农民工工资"黑名单"管理暂行办法》第5条规定情形的,期满不予移出并自动续期2年。已移出拖欠工资"黑名单"的用人单位再次发生《拖欠农民工工资"黑名单"管理暂行办法》第5条规定情形,再次列入拖欠工资"黑名单",期限为2年。④

3. 拖欠农民工工资"黑名单"的移出。(1)人力资源社会保障行政部门决定将用人单位移出拖欠工资"黑名单"的,应当通过部门门户网站、"信用中国"网站、国家企业信用信息公示系统等予以公示。⑤ (2)用人单位被移出拖欠工资"黑名单"管理的,相关部门联合惩戒措施即行终止。⑥

4. 拖欠农民工工资"黑名单"的更正。用人单位被列入拖欠工资"黑名单"所依据的行政处理或处罚决定被依法变更或者撤销的,作出列入决定的人力资

---

① 《拖欠农民工工资"黑名单"管理暂行办法》第6条。
② 《拖欠农民工工资"黑名单"管理暂行办法》第7条。
③ 《拖欠农民工工资"黑名单"管理暂行办法》第8条。
④ 《拖欠农民工工资"黑名单"管理暂行办法》第9条。
⑤ 《拖欠农民工工资"黑名单"管理暂行办法》第10条。
⑥ 《拖欠农民工工资"黑名单"管理暂行办法》第12条。

源社会保障行政部门应当及时更正拖欠工资"黑名单"。①

(二)拖欠农民工工资失信联合惩戒

1. 拖欠农民工工资失信联合惩戒的依据。(1)为了维护劳动者合法权益,完善失信约束机制,加强信用监管,规范拖欠农民工工资失信联合惩戒对象名单(以下简称失信联合惩戒名单)管理工作,根据《保障农民工工资支付条例》等有关规定,制定《拖欠农民工工资失信联合惩戒对象名单管理暂行办法》。②(2)人力资源社会保障行政部门实施列入失信联合惩戒名单、公开信息、信用修复等管理活动,适用《拖欠农民工工资失信联合惩戒对象名单管理暂行办法》。③

2. 拖欠农民工工资失信联合惩戒的主体。(1)实施的主体。人力资源社会保障部负责组织、指导全国失信联合惩戒名单管理工作。县级以上地方人力资源社会保障行政部门依据行政执法管辖权限,负责失信联合惩戒名单管理的具体实施工作。④(2)主体的责任。人力资源社会保障行政部门工作人员在实施失信联合惩戒名单管理过程中,滥用职权、玩忽职守、徇私舞弊的,依法依规给予处分;构成犯罪的,依法追究刑事责任。⑤

3. 拖欠农民工工资失信联合惩戒的管理原则。失信联合惩戒名单管理实行"谁执法,谁认定,谁负责",遵循依法依规、客观公正、公开透明、动态管理的原则。实施失信联合惩戒名单管理,应当依法依规加强信用信息安全和个人信息保护。人力资源社会保障行政部门及其工作人员对实施失信联合惩戒名单管理过程中知悉的国家秘密、商业秘密、个人隐私,应当依法依规予以保密。⑥

4. 拖欠农民工工资失信联合惩戒的情形。用人单位拖欠农民工工资,具有下列情形之一,经人力资源社会保障行政部门依法责令限期支付工资,逾期未支付的,人力资源社会保障行政部门应当作出列入决定,将该用人单位及其法定代表人或者主要负责人、直接负责的主管人员和其他直接责任人员(以下简称当事人)列入失信联合惩戒名单:(1)克扣、无故拖欠农民工工资达到认定拒不支付劳

---

① 《拖欠农民工工资"黑名单"管理暂行办法》第11条。
② 《拖欠农民工工资失信联合惩戒对象名单管理暂行办法》第1条。
③ 《拖欠农民工工资失信联合惩戒对象名单管理暂行办法》第2条。
④ 《拖欠农民工工资失信联合惩戒对象名单管理暂行办法》第3条。
⑤ 《拖欠农民工工资失信联合惩戒对象名单管理暂行办法》第19条。
⑥ 《拖欠农民工工资失信联合惩戒对象名单管理暂行办法》第4条。

动报酬罪数额标准的;(2)因拖欠农民工工资违法行为引发群体性事件、极端事件造成严重不良社会影响的。①

5. 拖欠农民工工资失信联合惩戒名单的列入。(1)列入前的告知。人力资源社会保障行政部门在作出列入决定前,应当告知当事人拟列入失信联合惩戒名单的事由、依据、提出异议等依法享有的权利和《拖欠农民工工资失信联合惩戒对象名单管理暂行办法》第7条可以不予列入失信联合惩戒名单的规定。当事人自收到告知之日起5个工作日内,可以向人力资源社会保障行政部门提出异议。对异议期内提出的异议,人力资源社会保障行政部门应当自收到异议之日起5个工作日内予以核实,并将结果告知当事人。②(2)不予列入的情形。用人单位在人力资源社会保障行政部门作出列入决定前,已经改正拖欠农民工工资违法行为,且作出不再拖欠农民工工资书面信用承诺的,可以不予列入失信联合惩戒名单。③(3)列入的期限、决定书。人力资源社会保障行政部门应当自责令限期支付工资文书指定期限届满之日起20个工作日内作出列入决定。情况复杂的,经人力资源社会保障行政部门负责人批准,可以延长20个工作日。人力资源社会保障行政部门作出列入决定,应当制作列入决定书。列入决定书应当载明列入事由、列入依据、联合惩戒措施提示、提前移出条件和程序、救济措施等,并按照有关规定交付或者送达当事人。④(4)列入决定的公示。作出列入决定的人力资源社会保障行政部门应当按照政府信息公开等有关规定,通过本部门门户网站和其他指定的网站公开失信联合惩戒名单。⑤(5)列入决定的共享。作出列入决定的人力资源社会保障行政部门应当按照有关规定,将失信联合惩戒名单信息共享至同级信用信息共享平台,供相关部门作为在各自职责范围内按照《保障农民工工资支付条例》等有关规定,对被列入失信联合惩戒名单的当事人实施联合惩戒的依据。对被列入失信联合惩戒名单的当事人,由相关部门在政府资金支持、政府采购、招投标、融资贷款、市场准入、税收优惠、评优评先、交通出行等方面依法依规予以限制。⑥

---

① 《拖欠农民工工资失信联合惩戒对象名单管理暂行办法》第5条。
② 《拖欠农民工工资失信联合惩戒对象名单管理暂行办法》第6条。
③ 《拖欠农民工工资失信联合惩戒对象名单管理暂行办法》第7条。
④ 《拖欠农民工工资失信联合惩戒对象名单管理暂行办法》第8条。
⑤ 《拖欠农民工工资失信联合惩戒对象名单管理暂行办法》第9条。
⑥ 《拖欠农民工工资失信联合惩戒对象名单管理暂行办法》第10条。

6. 拖欠农民工工资失信联合惩戒的期限。当事人被列入失信联合惩戒名单的期限为3年,自人力资源社会保障行政部门作出列入决定之日起计算。①

7. 拖欠农民工工资失信联合惩戒名单的移出。(1)移出的申请。①申请的情形。用人单位同时符合下列条件的,可以向作出列入决定的人力资源社会保障行政部门申请提前移出失信联合惩戒名单:第一,已经改正拖欠农民工工资违法行为的;第二,自改正之日起被列入失信联合惩戒名单满6个月的;第三,作出不再拖欠农民工工资书面信用承诺的。② ②申请书。用人单位申请提前移出失信联合惩戒名单,应当提交书面申请、已经改正拖欠农民工工资违法行为的证据和不再拖欠农民工工资书面信用承诺。③ ③申请的核实、决定书。人力资源社会保障行政部门应当自收到用人单位提前移出失信联合惩戒名单申请之日起15个工作日内予以核实,决定是否准予提前移出,制作决定书并按照有关规定交付或者送达用人单位。不予提前移出的,应当说明理由。④ (2)移出的禁止。用人单位符合《拖欠农民工工资失信联合惩戒对象名单管理暂行办法》第12条规定条件,但是具有下列情形之一的,不得提前移出失信联合惩戒名单:①列入失信联合惩戒名单期限内再次发生拖欠农民工工资违法行为的;②因涉嫌拒不支付劳动报酬犯罪正在刑事诉讼期间或者已经被追究刑事责任的;③法律、法规和党中央、国务院政策文件规定的其他情形。⑤ (3)决定后的移出。①有下列情形之一的,作出列入决定的人力资源社会保障行政部门应当于10个工作日内将当事人移出失信联合惩戒名单,在本部门门户网站停止公开相关信息,并告知《拖欠农民工工资失信联合惩戒对象名单管理暂行办法》第9条规定的有关网站:第一,当事人被列入失信联合惩戒名单期限届满的;第二,人力资源社会保障行政部门决定提前移出失信联合惩戒名单的;第三,列入决定被依法撤销的。当事人被移出失信联合惩戒名单的,人力资源社会保障行政部门应当及时将移出信息共享至同级信用信息共享平台,相关部门联合惩戒措施按照规定终止。⑥ ②人力资源社会保障行政部门准予用人单位提前移出失信联合惩戒名单的,应当将该用

---

① 《拖欠农民工工资失信联合惩戒对象名单管理暂行办法》第11条。
② 《拖欠农民工工资失信联合惩戒对象名单管理暂行办法》第12条。
③ 《拖欠农民工工资失信联合惩戒对象名单管理暂行办法》第14条第1款。
④ 《拖欠农民工工资失信联合惩戒对象名单管理暂行办法》第14条第2款。
⑤ 《拖欠农民工工资失信联合惩戒对象名单管理暂行办法》第13条。
⑥ 《拖欠农民工工资失信联合惩戒对象名单管理暂行办法》第17条。

人单位的其他当事人一并提前移出失信联合惩戒名单。①（4）移出决定的撤销。①申请提前移出的用人单位故意隐瞒真实情况、提供虚假资料，情节严重的，由作出提前移出决定的人力资源社会保障行政部门撤销提前移出决定，恢复列入状态。列入的起止时间重新计算。②②列入决定所依据的责令限期支付工资文书被依法撤销的，作出列入决定的人力资源社会保障行政部门应当撤销列入决定。③

8. 拖欠农民工工资失信联合惩戒的救济。当事人对列入失信联合惩戒名单决定或者不予提前移出失信联合惩戒名单决定不服，可以依法申请行政复议或者提起行政诉讼。④

四、工程建设领域特别规定

1. 工程建设领域相关主体的法定义务。（1）建设单位的法定义务。①具有施工所需要的资金。建设单位应当有满足施工所需要的资金安排。没有满足施工所需要的资金安排的，工程建设项目不得开工建设；依法需要办理施工许可证的，相关行业工程建设主管部门不予颁发施工许可证。政府投资项目所需资金，应当按照国家有关规定落实到位，不得由施工单位垫资建设。⑤②向施工单位提供工程款支付担保及施工合同。第一，建设单位应当向施工单位提供工程款支付担保。建设单位与施工总承包单位依法订立书面工程施工合同，应当约定工程款计量周期、工程款进度结算办法以及人工费用拨付周期，并按照保障农民工工资按时足额支付的要求约定人工费用。人工费用拨付周期不得超过 1 个月。建设单位与施工总承包单位应当将工程施工合同保存备查。⑥ 第二，建设单位与总包单位订立书面工程施工合同时，应当约定以下事项：其一，工程款计量周期和工程款进度结算办法；其二，建设单位拨付人工费用的周期和拨付日期；其三，人工费用的数额或者占工程款的比例等。上述人工费用应当满足农民工工资按时足额支付的要求。⑦（2）施工总承包单位的法定义务。①与分包单位依法订立

---

① 《拖欠农民工工资失信联合惩戒对象名单管理暂行办法》第 14 条第 3 款。
② 《拖欠农民工工资失信联合惩戒对象名单管理暂行办法》第 15 条。
③ 《拖欠农民工工资失信联合惩戒对象名单管理暂行办法》第 16 条。
④ 《拖欠农民工工资失信联合惩戒对象名单管理暂行办法》第 18 条。
⑤ 《保障农民工工资支付条例》第 23 条。
⑥ 《保障农民工工资支付条例》第 24 条。
⑦ 《工程建设领域农民工工资专用账户管理暂行办法》第 5 条。

书面分包合同。施工总承包单位与分包单位依法订立书面分包合同,应当约定工程款计量周期、工程款进度结算办法。① ②开设农民工工资专用账户。第一,施工总承包单位应当按照有关规定开设农民工工资专用账户,专项用于支付该工程建设项目农民工工资。开设、使用农民工工资专用账户有关资料应当由施工总承包单位妥善保存备查。② 第二,金融机构应当优化农民工工资专用账户开设服务流程,做好农民工工资专用账户的日常管理工作;发现资金未按约定拨付等情况的,及时通知施工总承包单位,由施工总承包单位报告人力资源社会保障行政部门和相关行业工程建设主管部门,并纳入欠薪预警系统。工程完工且未拖欠农民工工资的,施工总承包单位公示30日后,可以申请注销农民工工资专用账户,账户内余额归施工总承包单位所有。③ ③存储工资保证金。施工总承包单位应当按照有关规定存储工资保证金,专项用于支付为所承包工程提供劳动的农民工被拖欠的工资。工资保证金实行差异化存储办法,对一定时期内未发生工资拖欠的单位实行减免措施,对发生工资拖欠的单位适当提高存储比例。工资保证金可以用金融机构保函替代。工资保证金的存储比例、存储形式、减免措施等具体办法,由国务院人力资源社会保障行政部门会同有关部门制定。④ ④设立维权信息告示牌。施工总承包单位应当在施工现场醒目位置设立维权信息告示牌,明示下列事项:第一,建设单位、施工总承包单位及所在项目部、分包单位、相关行业工程建设主管部门、劳资专管员等基本信息;第二,当地最低工资标准、工资支付日期等基本信息;第三,相关行业工程建设主管部门和劳动保障监察投诉举报电话、劳动争议调解仲裁申请渠道、法律援助申请渠道、公共法律服务热线等信息。⑤ (3)分包单位的法定义务。分包单位对所招用农民工的实名制管理和工资支付负直接责任。施工总承包单位对分包单位劳动用工和工资发放等情况进行监督。分包单位拖欠农民工工资的,由施工总承包单位先行清偿,再依法进行追偿。工程建设项目转包,拖欠农民工工资的,由施工总承包单位先行清偿,再依法进行追偿。⑥ (4)施工总承包单位或者分包单位的法定义务。施工总

---

① 《保障农民工工资支付条例》第25条。
② 《保障农民工工资支付条例》第26条。
③ 《保障农民工工资支付条例》第27条。
④ 《保障农民工工资支付条例》第32条。
⑤ 《保障农民工工资支付条例》第34条。
⑥ 《保障农民工工资支付条例》第30条。

承包单位或者分包单位应当依法与所招用的农民工订立劳动合同并进行用工实名登记,具备条件的行业应当通过相应的管理服务信息平台进行用工实名登记、管理。未与施工总承包单位或者分包单位订立劳动合同并进行用工实名登记的人员,不得进入项目现场施工。施工总承包单位应当在工程项目部配备劳资专管员,对分包单位劳动用工实施监督管理,掌握施工现场用工、考勤、工资支付等情况,审核分包单位编制的农民工工资支付表,分包单位应当予以配合。施工总承包单位、分包单位应当建立用工管理台账,并保存至工程完工且工资全部结清后至少3年。①(5)建设单位的法定义务。建设单位应当按照合同约定及时拨付工程款,并将人工费用及时足额拨付至农民工工资专用账户,加强对施工总承包单位按时足额支付农民工工资的监督。因建设单位未按照合同约定及时拨付工程款导致农民工工资拖欠的,建设单位应当以未结清的工程款为限先行垫付被拖欠的农民工工资。建设单位应当以项目为单位建立保障农民工工资支付协调机制和工资拖欠预防机制,督促施工总承包单位加强劳动用工管理,妥善处理与农民工工资支付相关的矛盾纠纷。发生农民工集体讨薪事件的,建设单位应当会同施工总承包单位及时处理,并向项目所在地人力资源社会保障行政部门和相关行业工程建设主管部门报告有关情况。②

2. 建设领域农民工工资支付。(1)建设领域农民工工资支付的适用。①适用的法律。第一,为规范建设领域农民工工资支付行为,预防和解决建筑业企业拖欠或克扣农民工工资问题,根据《劳动法》《工资支付暂行规定》等有关规定,制定《建设领域农民工工资支付管理暂行办法》。③ 第二,《建设领域农民工工资支付管理暂行办法》自发布之日起施行。④ ②适用的对象。《建设领域农民工工资支付管理暂行办法》适用于在中华人民共和国境内的建筑业企业(以下简称企业)和与之形成劳动关系的农民工。《建设领域农民工工资支付管理暂行办法》所指建筑业企业,是指从事土木工程、建筑工程、线路管道设备安装工程、装修工程的新建、扩建、改建活动的企业。⑤(2)对农民工工资支付的监管主体。①劳动

---

① 《保障农民工工资支付条例》第28条。
② 《保障农民工工资支付条例》第29条。
③ 《建设领域农民工工资支付管理暂行办法》序言。
④ 《建设领域农民工工资支付管理暂行办法》第19条。
⑤ 《建设领域农民工工资支付管理暂行办法》第1条。

和社会保障行政部门。第一,县级以上劳动和社会保障行政部门负责企业工资支付的监督管理,建设行政主管部门协助劳动和社会保障行政部门对企业执行本办法的情况进行监督检查。① 第二,各级劳动和社会保障行政部门依法对企业支付农民工工资情况进行监察,对违法行为进行处理。企业在接受监察时应当如实报告情况,提供必要的资料和证明。② ②工程总承包企业。工程总承包企业应对劳务分包企业工资支付进行监督,督促其依法支付农民工工资。③ (3)农民工工资支付中企业的义务。①按标准支付工资的义务。第一,企业必须严格按照《劳动法》、《工资支付暂行规定》和《最低工资规定》等有关规定支付农民工工资,不得拖欠或克扣。④ 第二,企业应依法通过集体协商或其他民主协商形式制定内部工资支付办法,并告知本企业全体农民工,同时抄报当地劳动和社会保障行政部门与建设行政主管部门。⑤ 其中,企业"内部工资支付办法"应包括以下内容:支付项目、支付标准、支付方式、支付周期和日期、加班工资计算基数、特殊情况下的工资支付以及其他工资支付内容。⑥ 第三,企业应当根据劳动合同约定的农民工工资标准等内容,按照依法签订的集体合同或劳动合同约定的日期按月支付工资,并不得低于当地最低工资标准。具体支付方式可由企业结合建筑行业特点在内部工资支付办法中规定。⑦ ②直接支付的义务。企业应将工资直接发放给农民工本人,严禁发放给"包工头"或其他不具备用工主体资格的组织和个人。企业可委托银行发放农民工工资。⑧ ③编制工资支付表。企业支付农民工工资应编制工资支付表,如实记录支付单位、支付时间、支付对象、支付数额等工资支付情况,并保存两年以上备查。⑨ ④优先支付工资。企业因被拖欠工程款导致拖欠农民工工资的,企业追回的被拖欠工程款,应优先用于支付拖欠的农民工工资。⑩ ⑤缴纳工资保障金。企业应按有关规定缴纳工资保障金,存入当地政

---

① 《建设领域农民工工资支付管理暂行办法》第2条。
② 《建设领域农民工工资支付管理暂行办法》第17条。
③ 《建设领域农民工工资支付管理暂行办法》第9条。
④ 《建设领域农民工工资支付管理暂行办法》第3条。
⑤ 《建设领域农民工工资支付管理暂行办法》第4条。
⑥ 《建设领域农民工工资支付管理暂行办法》第5条。
⑦ 《建设领域农民工工资支付管理暂行办法》第6条。
⑧ 《建设领域农民工工资支付管理暂行办法》第7条。
⑨ 《建设领域农民工工资支付管理暂行办法》第8条。
⑩ 《建设领域农民工工资支付管理暂行办法》第11条。

府指定的专户,用于垫付拖欠的农民工工资。① ⑥报送本单位工资支付情况。企业应定期如实向当地劳动和社会保障行政部门及建设行政主管部门报送本单位工资支付情况。② (4)农民工工资支付的法律责任。①工程承包企业等的法律责任。第一,先行垫付农民工被拖欠的工资。业主或工程总承包企业未按合同约定与建设工程承包企业结清工程款,致使建设工程承包企业拖欠农民工工资的,由业主或工程总承包企业先行垫付农民工被拖欠的工资,先行垫付的工资数额以未结清的工程款为限。③ 第二,承担清偿拖欠工资连带责任。工程总承包企业不得将工程违反规定发包、分包给不具备用工主体资格的组织或个人,否则应承担清偿拖欠工资连带责任。④ ②记入信用档案并处罚。企业违反国家工资支付规定拖欠或克扣农民工工资的,记入信用档案,并通报有关部门。建设行政主管部门可依法对其市场准入、招投标资格和新开工项目施工许可等进行限制,并予以相应处罚。⑤ (5)农民工工资争议的救济。①举报。农民工发现企业有下列情形之一的,有权向劳动和社会保障行政部门举报:第一,未按照约定支付工资的;第二,支付工资低于当地最低工资标准的;第三,拖欠或克扣工资的;第四,不支付加班工资的;第五,侵害工资报酬权益的其他行为。⑥ ②仲裁及诉讼。农民工与企业因工资支付发生争议的,按照国家劳动争议处理有关规定处理。对事实清楚、不及时裁决会导致农民工生活困难的工资争议案件,以及涉及农民工工伤、患病期间工资待遇的争议案件,劳动争议仲裁委员会可部分裁决;企业不执行部分裁决的,当事人可依法向人民法院申请强制执行。⑦

3. 工程建设领域农民工工资的保证金。(1)工程建设领域农民工工资的保证金。①工资保证金的适用。第一,适用的法律。其一,为依法保护农民工工资权益,发挥工资保证金在解决拖欠农民工工资问题中的重要作用,根据《保障农民工工资支付条例》,制定《工程建设领域农民工工资保证金规定》。⑧ 其中,《工

---

① 《建设领域农民工工资支付管理暂行办法》第15条。
② 《建设领域农民工工资支付管理暂行办法》第13条。
③ 《建设领域农民工工资支付管理暂行办法》第10条。
④ 《建设领域农民工工资支付管理暂行办法》第12条。
⑤ 《建设领域农民工工资支付管理暂行办法》第14条。
⑥ 《建设领域农民工工资支付管理暂行办法》第16条。
⑦ 《建设领域农民工工资支付管理暂行办法》第18条。
⑧ 《工程建设领域农民工工资保证金规定》第1条。

程建设领域农民工工资保证金规定》所指工资保证金,是指工程建设领域施工总承包单位(包括直接承包建设单位发包工程的专业承包企业)在银行设立账户并按照工程施工合同额的一定比例存储,专项用于支付为所承包工程提供劳动的农民工被拖欠工资的专项资金。工资保证金可以用银行类金融机构出具的银行保函替代,有条件的地区还可探索引入工程担保公司保函或工程保证保险。① 其二,《工程建设领域农民工工资保证金规定》自 2021 年 11 月 1 日起施行。《工程建设领域农民工工资保证金规定》施行前已按属地原有工资保证金政策存储的工资保证金或保函继续有效,其日常管理、动用和返还等按照原有规定执行;《工程建设领域农民工工资保证金规定》施行后新开工工程和尚未存储工资保证金的在建工程工资保证金按照《工程建设领域农民工工资保证金规定》及各地区具体实施办法执行。② 其三,《工程建设领域农民工工资保证金规定》由人力资源社会保障部会同住房和城乡建设部、交通运输部、水利部、银保监会、铁路局、民航局负责解释。各地区可根据《工程建设领域农民工工资保证金规定》并结合工作实际,制定具体实施办法,并向人力资源社会保障部、住房和城乡建设部、交通运输部、水利部、银保监会、铁路局、民航局备案。在贯彻实施中遇到的重大问题,请及时向人力资源社会保障部报告。③ 第二,适用的事项。其一,工程建设领域工资保证金的存储比例、存储形式、减免措施以及使用返还等事项适用《工程建设领域农民工工资保证金规定》。④ 其二,房屋市政、铁路、公路、水路、民航、水利领域之外的其他工程,参照《工程建设领域农民工工资保证金规定》执行。采用工程担保公司保函或工程保证保险方式代替工资保证金的,参照银行保函的相关规定执行。⑤ ②工资保证金管理的职责分工。第一,各省级人力资源社会保障行政部门负责组织实施本行政区工资保证金制度。地方人力资源社会保障行政部门应建立健全与本地区行业工程建设主管部门和金融监管部门的会商机制,加强信息通报和执法协作,确保工资保证金制度规范平稳运行。⑥ 第二,工资保证金制度原则上由地市级人力资源社会保障行政部门具体管理,有条件的地区

---

① 《工程建设领域农民工工资保证金规定》第 2 条。
② 《工程建设领域农民工工资保证金规定》第 29 条。
③ 《工程建设领域农民工工资保证金规定》第 28 条。
④ 《工程建设领域农民工工资保证金规定》第 3 条。
⑤ 《工程建设领域农民工工资保证金规定》第 27 条。
⑥ 《工程建设领域农民工工资保证金规定》第 4 条。

可逐步将管理层级上升为省级人力资源社会保障行政部门。实施具体管理的地市级或省级人力资源社会保障行政部门,以下简称属地人力资源社会保障行政部门;对应的行政区,以下统称工资保证金管理地区。同一工程地理位置涉及两个或两个以上工资保证金管理地区,发生管辖争议的,由共同的上一级人力资源社会保障行政部门商同级行业工程建设主管部门指定管辖。① (2)工程建设领域农民工工资保证金的存储。①工资保证金存储或申请开立银行保函的法定性。施工总承包单位应当在工程所在地的银行存储工资保证金或申请开立银行保函。② ②工资保证金。第一,办理工资保证金账户业务的条件。经办工资保证金的银行(以下简称经办银行)依法办理工资保证金账户开户、存储、查询、支取、销户及开立保函等业务,应具备以下条件:其一,在工程所在的工资保证金管理地区设有分支机构;其二,信用等级良好、服务水平优良,并承诺按照监管要求提供工资保证金业务服务。③ 第二,工资保证金的存储及比例。其一,施工总承包单位应当自工程取得施工许可证(开工报告批复)之日起20个工作日内(依法不需要办理施工许可证或批准开工报告的工程自签订施工合同之日起20个工作日之内),持营业执照副本、与建设单位签订的施工合同在经办银行开立工资保证金专门账户存储工资保证金。行业工程建设主管部门应当在颁发施工许可证或批准开工报告时告知相关单位及时存储工资保证金。④ 其二,工资保证金按工程施工合同额(或年度合同额)的一定比例存储,原则上不低于1%,不超过3%,单个工程合同额较高的,可设定存储上限。施工总承包单位在同一工资保证金管理地区有多个在建工程,存储比例可适当下浮但不得低于施工合同额(或年度合同额)的0.5%。施工合同额低于300万元的工程,且该工程的施工总承包单位在签订施工合同前一年内承建的工程未发生工资拖欠的,各地区可结合行业保障农民工工资支付实际,免除该工程存储工资保证金。上述施工合同额可适当调整,调整范围由省级人力资源社会保障行政部门会同行业工程建设主管部门确定,并报人力资源社会保障部、住房和城乡建设部、交通运输部、水利部、铁路局、

---

① 《工程建设领域农民工工资保证金规定》第5条。
《工程建设领域农民工工资专用账户管理暂行办法》第34条规定:"同一工程建设项目发生管辖争议的,由共同的上一级人力资源社会保障部门会同相关行业工程建设主管部门指定管辖。"
② 《工程建设领域农民工工资保证金规定》第6条。
③ 《工程建设领域农民工工资保证金规定》第7条。
④ 《工程建设领域农民工工资保证金规定》第8条。

民航局备案。① 其三,施工总承包单位存储工资保证金或提交银行保函后,在工资保证金管理地区承建工程连续 2 年未发生工资拖欠的,其新增工程应降低存储比例,降幅不低于 50%;连续 3 年未发生工资拖欠且按要求落实用工实名制管理和农民工工资专用账户制度的,其新增工程可免于存储工资保证金。施工总承包单位存储工资保证金或提交银行保函前 2 年内在工资保证金管理地区承建工程发生工资拖欠的,工资保证金存储比例应适当提高,增幅不低于 50%;因拖欠农民工工资被纳入"严重失信主体名单"的,增幅不低于 100%。② 其四,工资保证金具体存储比例及浮动办法由省级人力资源社会保障行政部门商同级行业工程建设主管部门研究确定,报人力资源社会保障部备案。工资保证金存储比例应根据本行政区保障农民工工资支付实际情况实行定期动态调整,主动向社会公布。③ 第三,保证金存款协议书及备案。存储工资保证金的施工总承包单位应与经办银行签订《农民工工资保证金存款协议书》,并将协议书副本送属地人力资源社会保障行政部门备案。④ 第四,工资保证金账户经办银行的义务。经办银行应当规范工资保证金账户开户工作,为存储工资保证金提供必要的便利,与开户单位核实账户性质,在业务系统中对工资保证金账户进行特殊标识,并在相关网络查控平台、电子化专线信息传输系统等作出整体限制查封、冻结或划拨设置,防止被不当查封、冻结或划拨,保障资金安全。⑤ 第五,工资保证金账户内本金和利息的归属及使用。工资保证金账户内本金和利息归开立账户的施工总承包单位所有。在工资保证金账户被监管期间,企业可自由提取和使用工资保证金的利息及其他合法收益。除符合《工程建设领域农民工工资保证金规定》第 19 条规定的情形,其他任何单位和个人不得动用工资保证金账户内本金。⑥ ③银行保函。第一,银行保函的替代性及担保金额。施工总承包单位可选择以银行保函替代现金存储工资保证金,保函担保金额不得低于按规定比例计算应存储的工资保证金数额。保函正本由属地人力资源社会保障行政部门保存。⑦ 第二,银

---

① 《工程建设领域农民工工资保证金规定》第 11 条。
② 《工程建设领域农民工工资保证金规定》第 12 条。
③ 《工程建设领域农民工工资保证金规定》第 13 条。
④ 《工程建设领域农民工工资保证金规定》第 9 条。
⑤ 《工程建设领域农民工工资保证金规定》第 10 条。
⑥ 《工程建设领域农民工工资保证金规定》第 14 条。
⑦ 《工程建设领域农民工工资保证金规定》第 15 条。

行保函的受益人及其担保责任。银行保函应以属地人力资源社会保障行政部门为受益人,保函性质为不可撤销见索即付保函。施工总承包单位所承包工程发生拖欠农民工工资,经人力资源社会保障行政部门依法作出责令限期清偿或先行清偿的行政处理决定,到期拒不清偿时,由经办银行依照保函承担担保责任。①第三,银行保函的有效期。施工总承包单位应在其工程施工期内提供有效的保函,保函有效期至少为1年并不得短于合同期。工程未完工保函到期的,属地人力资源社会保障行政部门应在保函到期前1个月提醒施工总承包单位更换新的保函或延长保函有效期。② ④工资保证金或开立银行保函信息的公开。属地人力资源社会保障行政部门应当将存储工资保证金或开立银行保函的施工总承包单位名单及对应的工程名称向社会公布,施工总承包单位应当将本工程落实工资保证金制度情况纳入维权信息告示牌内容。③ (3)工资保证金的使用。①工资保证金使用的方式。工资保证金实行专款专用,除用于清偿或先行清偿施工总承包单位所承包工程拖欠农民工工资外,不得用于其他用途。除法律另有规定外,工资保证金不得因支付为本工程提供劳动的农民工工资之外的原因被查封、冻结或者划拨。④ ②工资保证金的转账方式支付或银行保函约定支付。施工总承包单位所承包工程发生拖欠农民工工资的,经人力资源社会保障行政部门依法作出责令限期清偿或先行清偿的行政处理决定,施工总承包单位到期拒不履行的,属地人力资源社会保障行政部门可以向经办银行出具《农民工工资保证金支付通知书》(以下简称《支付通知书》),书面通知有关施工总承包单位和经办银行。经办银行应在收到《支付通知书》5个工作日内,从工资保证金账户中将相应数额的款项以银行转账方式支付给属地人力资源社会保障行政部门指定的被拖欠工资农民工本人。施工总承包单位采用银行保函替代工资保证金,发生上述情形的,提供银行保函的经办银行应在收到《支付通知书》5个工作日内,依照银行保函约定支付农民工工资。⑤ ③工资保证金补足或提供新保函。工资保证金使用后,施工总承包单位应当自使用之日起10个工作日内将工资保证金补足。

---

① 《工程建设领域农民工工资保证金规定》第16条。
② 《工程建设领域农民工工资保证金规定》第17条。
③ 《工程建设领域农民工工资保证金规定》第18条。
④ 《工程建设领域农民工工资保证金规定》第24条。
⑤ 《工程建设领域农民工工资保证金规定》第19条。

采用银行保函替代工资保证金发生上述情形的,施工总承包单位应在10个工作日内提供与原保函相同担保范围和担保金额的新保函。施工总承包单位开立新保函后,原保函即行失效。① ④工资保证金存款的对账。经办银行应每季度分别向施工总承包单位和属地人力资源社会保障行政部门提供工资保证金存款对账单。② ⑤工资保证金及银行保函正本的返还。第一,工资保证金对应的工程完工,施工总承包单位作出书面承诺该工程不存在未解决的拖欠农民工工资问题,并在施工现场维权信息告示牌及属地人力资源社会保障行政部门门户网站公示30日后,可以申请返还工资保证金或银行保函正本。③ 第二,属地人力资源社会保障行政部门自施工总承包单位提交书面申请5个工作日内审核完毕,并在审核完毕3个工作日内向经办银行和施工总承包单位出具工资保证金返还(销户)确认书。经办银行收到确认书后,工资保证金账户解除监管,相应款项不再属于工资保证金,施工总承包单位可自由支配账户资金或办理账户销户。选择使用银行保函替代现金存储工资保证金并符合上述规定的,属地人力资源社会保障行政部门自施工总承包单位提交书面申请5个工作日内审核完毕,并在审核完毕3个工作日内返还银行保函正本。④ 属地人力资源社会保障行政部门在审核过程中发现工资保证金对应工程存在未解决的拖欠农民工工资问题,应在审核完毕3个工作日内书面告知施工总承包单位,施工总承包单位依法履行清偿(先行清偿)责任后,可再次提交返还工资保证金或退还银行保函正本的书面申请。⑤ (4)工资保证金的监管。①工资保证金的监管措施。第一,建立工资保证金管理台账。属地人力资源社会保障行政部门要建立工资保证金管理台账,严格规范财务、审计制度,加强账户监管,确保专款专用。⑥ 第二,定期清查工资保证金。属地人力资源社会保障行政部门应建立工资保证金定期(至少每半年1次)清查机制,对经核实工程完工且不存在拖欠农民工工资问题,施工总承包单位在一定期限内未提交返还申请的,应主动启动返还程序。⑦ ②追究责任。第一,追究其

---

① 《工程建设领域农民工工资保证金规定》第20条。
② 《工程建设领域农民工工资保证金规定》第21条。
③ 《工程建设领域农民工工资保证金规定》第22条第1款。
④ 《工程建设领域农民工工资保证金规定》第22条第2款、第3款。
⑤ 《工程建设领域农民工工资保证金规定》第22条第4款。
⑥ 《工程建设领域农民工工资保证金规定》第26条第1款。
⑦ 《工程建设领域农民工工资保证金规定》第22条第5款。

法律责任。人力资源社会保障行政部门应加强监管，对施工总承包单位未依据《保障农民工工资支付条例》和本规定存储、补足工资保证金（或提供、更新保函）的，应按照《保障农民工工资支付条例》第55条规定追究其法律责任。① 第二，行政处罚及惩戒。行业工程建设主管部门对在日常监督检查中发现的未按规定存储工资保证金问题，应及时通报同级人力资源社会保障行政部门。对未按规定执行工资保证金制度的施工单位，除依法给予行政处罚（处理）外，应按照有关规定计入其信用记录，依法实施信用惩戒。② 第三，追究刑事责任。对行政部门擅自减免、超限额收缴、违规挪用、无故拖延返还工资保证金的，要严肃追究责任，依法依规对有关责任人员实行问责；涉嫌犯罪的，移送司法机关处理。③ （5）工资保证金等权益的救济。施工总承包单位认为行政部门的行政行为损害其合法权益的，可以依法申请行政复议或者向人民法院提起行政诉讼。④

4. 工程建设领域农民工工资专用账户管理。（1）工程建设领域农民工工资专用账户管理的适用。①适用的法律。第一，为根治工程建设领域拖欠农民工工资问题，规范农民工工资专用账户管理，切实维护农民工劳动报酬权益，根据《保障农民工工资支付条例》《人民币银行结算账户管理办法》等有关法规规定，制定《工程建设领域农民工工资专用账户管理暂行办法》。⑤ 其中，《工程建设领域农民工工资专用账户管理暂行办法》所称农民工工资专用账户（以下简称专用账户）是指施工总承包单位（以下简称总包单位）在工程建设项目所在地银行业金融机构（以下简称银行）开立的，专项用于支付农民工工资的专用存款账户。人工费用是指建设单位向总包单位专用账户拨付的专项用于支付农民工工资的工程款。⑥《工程建设领域农民工工资专用账户管理暂行办法》所称建设单位是指工程建设项目的项目法人或负有建设管理责任的相关单位；总包单位是指从建设单位承包施工任务，具有施工承包资质的企业，包括工程总承包单位、施工总承包企业、直接承包建设单位发包工程的专业承包企业；分包单位是指承包总包单位发包的专业工程或者劳务作业，具有相应资质的企业；监理单位是指受建

---

① 《工程建设领域农民工工资保证金规定》第25条。
② 《工程建设领域农民工工资保证金规定》第26条第2款。
③ 《工程建设领域农民工工资保证金规定》第26条第3款。
④ 《工程建设领域农民工工资保证金规定》第23条。
⑤ 《工程建设领域农民工工资专用账户管理暂行办法》第1条。
⑥ 《工程建设领域农民工工资专用账户管理暂行办法》第2条。

设单位委托依法执行工程监理任务,取得监理资质证书,具有法人资格的监理公司等单位。《工程建设领域农民工工资专用账户管理暂行办法》所称相关行业工程建设主管部门是指各级住房和城乡建设、交通运输、水利、铁路、民航等工程建设项目的行政主管部门。① 第二,各省级人力资源社会保障行政部门可根据《工程建设领域农民工工资专用账户管理暂行办法》,会同相关部门结合本地区实际情况制定实施细则。② 第三,《工程建设领域农民工工资专用账户管理暂行办法》自印发之日起施行。办法施行前已开立的专用账户,可继续保留使用。③ ②适用的事项。《工程建设领域农民工工资专用账户管理暂行办法》适用于房屋建筑、市政、交通运输、水利及基础设施建设的建筑工程、线路管道、设备安装、工程装饰装修、城市园林绿化等各种新建、扩建、改建工程建设项目。④ (2)专用账户的开立、撤销。①专用账户的开立。专用账户按工程建设项目开立。总包单位应当在工程施工合同签订之日起 30 日内开立专用账户,并与建设单位、开户银行签订资金管理三方协议。专用账户名称为总包单位名称加工程建设项目名称后加"农民工工资专用账户"。总包单位应当在专用账户开立后的 30 日内报项目所在地专用账户监管部门备案。监管部门由各省、自治区、直辖市根据《保障农民工工资支付条例》确定。总包单位有 2 个及以上工程建设项目的,可开立新的专用账户,也可在符合项目所在地监管要求的情况下,在已有专用账户下按项目分别管理。⑤ ②专用账户的服务。开户银行应当规范优化农民工工资专用账户开立服务流程,配合总包单位及时做好专用账户开立和管理工作,在业务系统中对账户进行特殊标识。开户银行不得将专用账户资金转入除本项目农民工本人银行账户以外的账户,不得为专用账户提供现金支取和其他转账结算服务。⑥ ③专用账户资金的使用。除法律另有规定外,专用账户资金不得因支付为本项目提供劳动的农民工工资之外的原因被查封、冻结或者划拨。⑦ ④专用账户的撤销及开立新专用账户。第一,工程完工、总包单位或者开户银行发生变更需要撤销专

---

① 《工程建设领域农民工工资专用账户管理暂行办法》第 3 条。
② 《工程建设领域农民工工资专用账户管理暂行办法》第 33 条。
③ 《工程建设领域农民工工资专用账户管理暂行办法》第 35 条。
④ 《工程建设领域农民工工资专用账户管理暂行办法》第 4 条。
⑤ 《工程建设领域农民工工资专用账户管理暂行办法》第 6 条。
⑥ 《工程建设领域农民工工资专用账户管理暂行办法》第 7 条。
⑦ 《工程建设领域农民工工资专用账户管理暂行办法》第 8 条。

用账户的,总包单位将本工程建设项目无拖欠农民工工资情况公示30日,并向项目所在地人力资源社会保障行政部门、相关行业工程建设主管部门出具无拖欠农民工工资承诺书。开户银行依据专用账户监管部门通知取消账户特殊标识,按程序办理专用账户撤销手续,专用账户余额归总包单位所有。总包单位或者开户银行发生变更,撤销账户后可按照《工程建设领域农民工工资专用账户管理暂行办法》第6条规定开立新的专用账户。① 第二,工程建设项目存在以下情况,总包单位不得向开户银行申请撤销专用账户:其一,尚有拖欠农民工工资案件正在处理的;其二,农民工因工资支付问题正在申请劳动争议仲裁或者向人民法院提起诉讼的;其三,其他拖欠农民工工资的情形。② ⑤专用账户有关资料等的保存。总包单位应当将专用账户有关资料、用工管理台账等妥善保存,至少保存至工程完工且工资全部结清后3年。③ ⑥专用账户的监督。建设单位应当加强对总包单位开立、撤销专用账户情况的监督。④ ⑦专用账户开立、撤销的备案。已建立农民工工资支付监控预警平台并实现工资支付动态监管的地区,专用账户开立、撤销不再要求进行书面备案。⑤ (3)人工费用的拨付。①人工费用的拨付。建设单位应当按工程施工合同约定的数额或者比例等,按时将人工费用拨付到总包单位专用账户。人工费用拨付周期不得超过1个月。开户银行应当做好专用账户日常管理工作。出现未按约定拨付人工费用等情况的,开户银行应当通知总包单位,由总包单位报告项目所在地人力资源社会保障行政部门和相关行业工程建设主管部门,相关部门应当纳入欠薪预警并及时进行处置。建设单位已经按约定足额向专用账户拨付资金,但总包单位依然拖欠农民工工资的,建设单位应及时报告有关部门。⑥ ②人工费用的追加拨付。因用工量增加等原因导致专用账户余额不足以按时足额支付农民工工资时,总包单位提出需增加的人工费用数额,由建设单位核准后及时追加拨付。⑦ ③人工费用的修改。工程建设项目开工后,工程施工合同约定的人工费用的数额、占工程款的比例等需要修改

---

① 《工程建设领域农民工工资专用账户管理暂行办法》第9条。
② 《工程建设领域农民工工资专用账户管理暂行办法》第10条。
③ 《工程建设领域农民工工资专用账户管理暂行办法》第21条。
④ 《工程建设领域农民工工资专用账户管理暂行办法》第11条。
⑤ 《工程建设领域农民工工资专用账户管理暂行办法》第28条。
⑥ 《工程建设领域农民工工资专用账户管理暂行办法》第12条。
⑦ 《工程建设领域农民工工资专用账户管理暂行办法》第13条。

的,总包单位可与建设单位签订补充协议并将相关修改情况通知开户银行。①
(4)农民工工资的支付。①用工实名登记。总包单位或者分包单位应当按照相关行业工程建设主管部门的要求开展农民工实名制管理工作,依法与所招用的农民工订立劳动合同并进行用工实名登记。总包单位和分包单位对农民工实名制基本信息进行采集、核对、更新,建立实名制管理台账。工程建设项目应结合行业特点配备农民工实名制管理所必需的软硬件设施设备。未与总包单位或者分包单位订立劳动合同并进行用工实名登记的人员,不得进入项目现场施工。②②工资发放资料报送。总包单位应当按时将审核后的工资支付表等工资发放资料报送开户银行,开户银行应当及时将工资通过专用账户直接支付到农民工本人的银行账户,并由总包单位向分包单位提供代发工资凭证。③ ③农民工工资的代发。第一,工程建设领域总包单位对农民工工资支付负总责,推行分包单位农民工工资委托总包单位代发制度(以下简称总包代发制度)。工程建设项目施行总包代发制度的,总包单位与分包单位签订委托工资支付协议。④ 第二,施行总包代发制度的,分包单位以实名制管理信息为基础,按月考核农民工工作量并编制工资支付表,经农民工本人签字确认后,与农民工考勤表、当月工程进度等情况一并交总包单位,并协助总包单位做好农民工工资支付工作。总包单位应当在工程建设项目部配备劳资专管员,对分包单位劳动用工实施监督管理,审核分包单位编制的农民工考勤表、工资支付表等工资发放资料。⑤ ④农民工工资卡的规范。第一,工资卡制度。农民工工资卡实行一人一卡、本人持卡,用人单位或者其他人员不得以任何理由扣押或者变相扣押。开户银行应采取有效措施,积极防范本机构农民工工资卡被用于出租、出售、洗钱、赌博、诈骗和其他非法活动。⑥ 第二,工资卡的使用。开户银行支持农民工使用本人的具有金融功能的社会保障卡或者现有银行卡领取工资,不得拒绝其使用他行社会保障卡银行账户或他行银行卡。任何单位和个人不得强制要求农民工重新办理工资卡。农民工使用他行社会保障卡银行账户或他行银行卡的,鼓励执行优惠的跨行代发工资

---

① 《工程建设领域农民工工资专用账户管理暂行办法》第14条。
② 《工程建设领域农民工工资专用账户管理暂行办法》第16条。
③ 《工程建设领域农民工工资专用账户管理暂行办法》第18条。
④ 《工程建设领域农民工工资专用账户管理暂行办法》第15条。
⑤ 《工程建设领域农民工工资专用账户管理暂行办法》第17条。
⑥ 《工程建设领域农民工工资专用账户管理暂行办法》第19条。

手续费率。农民工本人确需办理新工资卡的,优先办理具有金融功能的社会保障卡,鼓励开户银行提供便利化服务,上门办理。① ⑤农民工工资支付的审核及监督。建设单位在签订工程监理合同时,可通过协商委托监理单位实施农民工工资支付审核及监督。② (5)工资支付监控预警平台建设。①工资支付监控预警平台建设的职责分工。人力资源社会保障部会同相关部门统筹做好全国农民工工资支付监控预警平台的规划和建设指导工作。省级应当建立全省集中的农民工工资支付监控预警平台,支持辖区内省、市、县各级开展农民工工资支付监控预警。同时,按照网络安全和信息化有关要求,做好平台安全保障工作。国家、省、市、县逐步实现农民工工资支付监控预警数据信息互联互通,与建筑工人管理服务、投资项目在线审批监管、全国信用信息共享、全国水利建设市场监管、铁路工程监督管理等信息平台对接,实现信息比对、分析预警等功能。③ ②相关单位"相关情况、信息"的上传。相关单位应当依法将工程施工合同中有关专用账户和工资支付的内容及修改情况、专用账户开立和撤销情况、劳动合同签订情况、实名制管理信息、考勤表信息、工资支付表信息、工资支付信息等实时上传农民工工资支付监控预警平台。④ ③农民工工资支付监控预警平台多部门的协同监管。第一,各地人力资源社会保障、发展改革、财政、住房和城乡建设、交通运输、水利等部门应当加强工程建设项目审批、资金落实、施工许可、劳动用工、工资支付等信息的及时共享,依托农民工工资支付监控预警平台开展多部门协同监管。各地要统筹做好农民工工资支付监控预警平台与工程建设领域其他信息化平台的数据信息共享,避免企业重复采集、重复上传相关信息。⑤ 第二,加强劳动保障监察相关系统与农民工工资支付监控预警平台的协同共享和有效衔接,开通工资支付通知、查询功能和拖欠工资的举报投诉功能,方便农民工及时掌握本人工资支付情况,依法维护劳动报酬权益。⑥ ④农民工工资支付监控预警平台的归集。农民工工资支付监控预警平台依法归集专用账户管理、实名制管理和工资支付等方面信息,对违反专用账户管理、人工费用拨付、工资支付规定的情

---

① 《工程建设领域农民工工资专用账户管理暂行办法》第20条。
② 《工程建设领域农民工工资专用账户管理暂行办法》第22条。
③ 《工程建设领域农民工工资专用账户管理暂行办法》第23条。
④ 《工程建设领域农民工工资专用账户管理暂行办法》第24条。
⑤ 《工程建设领域农民工工资专用账户管理暂行办法》第25条。
⑥ 《工程建设领域农民工工资专用账户管理暂行办法》第27条。

况及时进行预警,逐步实现工程建设项目农民工工资支付全过程动态监管。[1]

(6)农民工工资支付的监督管理。①农民工工资支付监督检查的主管部门及职责。第一,各地人力资源社会保障行政部门和相关行业工程建设主管部门应当按职责对工程建设项目专用账户管理、人工费用拨付、农民工工资支付等情况进行监督检查,并及时处理有关投诉、举报、报告。[2] 第二,各级人力资源社会保障行政部门和相关行业工程建设主管部门不得借推行专用账户制度的名义,指定开户银行和农民工工资卡办卡银行;不得巧立名目收取费用,增加企业负担。[3] 第三,各地应当依据《工程建设领域农民工工资专用账户管理暂行办法》完善工程建设领域农民工工资支付保障制度体系,坚持市场主体负责、政府依法监管、社会协同监督,按照源头治理、预防为主、防治结合、标本兼治的要求,依法根治工程建设领域拖欠农民工工资问题。[4] ②农民工工资支付监督检查的便利化服务。人民银行及其分支机构、银保监会及其派出机构应当采取必要措施支持银行为专用账户管理提供便利化服务。[5]

第五节 工时制度

一、工时制度

1. 工时制度的界定。工时制度,是指国家以法律、法规等形式,对职工在一定时间(如1天、1周、1月)内的劳动时间或工作时间所作的有关规定的总称。

2. 工时制度适用的法律。(1)《国务院关于职工工作时间的规定》适用于在中华人民共和国境内的国家机关、社会团体、企业事业单位以及其他组织的职工。[6] (2)《国务院关于职工工作时间的规定》自1995年5月1日起施行。1995年5月1日施行有困难的企业、事业单位,可以适当延期;但是,事业单位最迟应

---

[1] 《工程建设领域农民工工资专用账户管理暂行办法》第26条。
[2] 《工程建设领域农民工工资专用账户管理暂行办法》第30条。
[3] 《工程建设领域农民工工资专用账户管理暂行办法》第32条。
[4] 《工程建设领域农民工工资专用账户管理暂行办法》第29条。
[5] 《工程建设领域农民工工资专用账户管理暂行办法》第31条。
[6] 《国务院关于职工工作时间的规定》第2条。

当自 1996 年 1 月 1 日起施行,企业最迟应当自 1997 年 5 月 1 日起施行。①

3. 工时制度的种类。(1)标准工时制。①国家实行劳动者每日工作时间不超过 8 小时、平均每周工作时间不超过 44 小时的工时制度。② ②实行标准工时制度的企业,延长工作时间应严格按《劳动法》第 41 条③的规定执行,不能按季、年综合计算延长工作时间。④ (2)计件工作制。对实行计件工作的劳动者,用人单位应当根据《劳动法》第 36 条⑤规定的工时制度合理确定其劳动定额和计件报酬标准。⑥ (3)特殊工时制。①不定时工作制。第一,企业对符合下列条件之一

---

① 《国务院关于职工工作时间的规定》第 9 条。
《〈国务院关于职工工作时间的规定〉问题解答》第 3 条规定:"贯彻执行《规定》有一个很重要的原则,这就是既要维护职工的休息权利,也要保证生产和工作任务的完成,确保全国生产工作秩序的正常,以促进社会主义现代化建设事业的发展。《规定》所提到的有困难的企业主要是指:需要连续生产作业,而劳动组织、班制一时难以调整到位的关系国计民生的行业、企业;确有较多业务技术骨干需经较长时间培训合格上岗才能进一步缩短工时的企业;如立即实行新工时制,可能要严重影响企业完成生产任务、企业信誉和企业职工收入,确需一段准备过渡时间的企业。这里特别需要指出的是,对于上述暂时存在困难的企业,各地区、各部门务必加强领导,精心指导,帮助他们制定切实可行的实施步骤;上述企业也应立足自身,控掘潜力,积极创造条件,力争早日实行新工时制度,而不要非拖到 1997 年 5 月 1 日再实行。"

② 《劳动法》第 36 条。
《劳动部贯彻〈国务院关于职工工作时间的规定〉的实施办法》第 3 条规定:"职工每日工作 8 小时、每周工作 40 小时。实行这一工时制度,应保证完成生产和工作任务,不减少职工的收入。"
《国务院关于职工工作时间的规定》第 3 条规定:"职工每日工作 8 小时、每周工作 40 小时。"
《关于〈劳动法〉若干条文的说明》第 36 条规定:"国家实行劳动者每日工作时间不超过八小时、平均每周工作时间不超过四十四小时的工时制度。根据《国务院关于职工工作时间的规定》,目前,职工的标准工作时间为每日工作八小时,平均每周工作四十四小时。但企业可以根据实际情况,在标准工作时间范围内合理安排生产和劳动时间。但每日不能超过八小时,平均每周不能超过四十四小时。"
《〈国务院关于职工工作时间的规定〉问题解答》第 1 条规定:"有条件的企业应尽可能实行职工每日工作 8 小时、每周工作 40 小时这一标准工时制度。有些企业因工作性质和生产特点不能实行标准工时制度的,应将贯彻《规定》和贯彻《劳动法》结合起来,保证职工每周工作时间不超过 40 小时,每周至少休息 1 天;有些企业还可以实行不定时工作制、综合计算工时工作制等其他工作和休息办法。"

③ 《劳动法》第 41 条规定:"用人单位由于生产经营需要,经与工会和劳动者协商后可以延长工作时间,一般每日不得超过一小时;因特殊原因需要延长工作时间的,在保障劳动者身体健康的条件下延长工作时间每日不得超过三小时,但是每月不得超过三十六小时。"

④ 《关于贯彻执行〈中华人民共和国劳动法〉若干问题的意见》第 68 条。

⑤ 《劳动法》第 36 条规定:"国家实行劳动者每日工作时间不超过八小时、平均每周工作时间不超过四十四小时的工时制度。"

⑥ 《劳动法》第 37 条。
《关于〈劳动法〉若干条文的说明》第 5 条规定:"本条应理解为:(一)对于实行计件工资的用人单位,在实行新的工时制度下应既能保证劳动者享受缩短工时的待遇,又尽量保证劳动者的计件工资收入不减少。(二)如果适当调整劳动定额,在保证劳动者计件工资收入不降低的前提下,计件单价可以不作调整;如果调整劳动定额有困难,就应该考虑适当调整劳动者计件单价,以保证收入不减少。"

的职工,可以实行不定时工作制。其一,企业中的高级管理人员、外勤人员、推销人员、部分值班人员和其他因工作无法按标准工作时间衡量的职工;其二,企业中的长途运输人员、出租汽车司机和铁路、港口、仓库的部分装卸人员以及因工作性质特殊,需机动作业的职工;其三,其他因生产特点、工作特殊需要或职责范围的关系,适合实行不定时工作制的职工。① 第二,劳动部、人事部颁发的《国务院关于职工工作时间的规定实施办法》中规定:"由于工作性质和职责的限制,不宜实行定时工作制的职工,由国务院行业系统主管部门提出意见,报国务院劳动、人事行政主管部门批准,可以实行不定时工作制。"如出租车驾驶员、森林巡视员等。② 第三,经批准实行不定时工作制的职工,不受《劳动法》第 41 条规定的日延长工作时间标准和月延长工作时间标准的限制,但用人单位应采用弹性工作时间等适当的工作和休息方式,确保职工的休息休假权利和生产、工作任务的完成。③ 第四,对于实行不定时工作制的劳动者,企业应当根据标准工时制度合理确定劳动者的劳动定额或其他考核标准,以便安排劳动者休息。其工资由企业按照本单位的工资制度和工资分配办法,根据劳动者的实际工作时间和完成劳动定额情况计发。对符合带薪年休假条件的劳动者,企业可安排其享受带薪年休假。④ ②综合计算工时工作制。第一,企业对符合下列条件之一的职工,可实行综合计算工时工作制,即分别以周、月、季、年等为周期,综合计算工作时间,但其平均日工作时间和平均周工作时间应与法定标准工作时间基本相同。其一,交通、铁路、邮电、水运、航空、渔业等行业中因工作性质特殊,需连续作业的职工;其二,地质及资源勘探、建筑、制盐、制糖、旅游等受季节和自然条件限制的行业的部分职工;其三,其他适合实行综合计算工时工作

---

① 《劳动部关于企业实行不定时工作制和综合计算工时工作制的审批办法》第 4 条。
《〈国务院关于职工工作时间的规定〉问题解答》第 5 条规定:"不定时工作制是针对因生产特点、工作特殊需要或职责范围的关系,无法按标准工作时间衡量或需要机动作业的职工所采用的一种工时制度。例如:企业中从事高级管理、推销、货运、装卸、长途运输驾驶、押运、非生产性值班和特殊工作形式的个体工作岗位的职工,出租车驾驶员等,可实行不定时工作制。鉴于每个企业的情况不同,企业可依据上述原则结合企业的实际情况进行研究,并按有关规定报批。"
② 《关于〈劳动法〉若干条文的说明》第 39 条。
③ 《关于贯彻执行〈中华人民共和国劳动法〉若干问题的意见》第 67 条。
④ 《劳动部关于职工工作时间有关问题的复函》第 8 条。

制的职工。① 第二,经批准实行综合计算工作时间的用人单位,分别以周、月、季、年等为周期综合计算工作时间,但其平均日工作时间和平均周工作时间应与法定标准工作时间基本相同。② 第三,对于那些在市场竞争中,由于外界因素的影响,生产任务不均衡的企业的部分职工,经劳动行政部门严格审批后,可以参照综合计算工时工作制的办法实施,但用人单位应采取适当方式确保职工的休息休假权利和生产、工作任务的完成。③ 第四,在综合计算周期内,某一具体日(或周)的实际工作时间可以超过 8 小时(或 40 小时),但综合计算周期内的总实际工作时间不应超过总法定标准工作时间,超过部分应视为延长工作时间并按《劳动法》第 44 条第 1 款的规定支付工资报酬,其中法定休假日安排劳动者工作的,按《劳动法》第 44 条第 3 款的规定支付工资报酬。而且,延长工作时间的小时数平均每月不得超过 36 小时。④ 第五,实行综合计算工时工作制的企业,在综合计算周期内,如果劳动者的实际工作时间总数超过该周期的法定标准工作时间总数,超过部分应视为延长工作时间。如果在整个综合计算周期内的实际工作时间总数不超过该周期的法定标准工作时间总数,只是该综合计算周期内的某一具体日(或周、或月、或季)超过法定标准工作时间,其超过部分不应视为延长工作时间。⑤ 第六,实行综合计算工时工作制是从部分企业生产实际出发,允许实行相对集中工作、集中休息的工作制度,以保证生产的正常进行和劳动者的合法

---

① 《劳动部关于企业实行不定时工作制和综合计算工时工作制的审批办法》第 5 条。
《〈国务院关于职工工作时间的规定〉问题解答》第 6 条规定:"综合计算工时工作制是针对因工作性质特殊,需连续作业或受季节及自然条件限制的企业的部分职工,采用的以周、月、季、年等为周期综合计算工作时间的一种工时制度,但其平均日工作时间和平均周工作时间应与法定标准工作时间基本相同。主要是指:交通、铁路、邮电、水运、航空、渔业等行业中因工作性质特殊,需要连续作业的职工;地质、石油及资源勘探、建筑、盐业、制糖、旅游等受季节和自然条件限制的行业的部分职工;亦工亦农或由于受能源、原材料供应等条件限制难以均衡生产的乡镇企业的职工等。另外,对于那些在市场竞争中,由于外界因素影响,生产任务不均衡的企业的部分职工也可以参照综合计算工时工作制的办法实施。对于因工作性质或生产特点的限制,实行不定时工作制或综合计算工时工作制等其他工作和休息办法的职工,企业都应根据《中华人民共和国劳动法》和《规定》的有关条款,在保障职工身体健康并充分听取职工意见的基础上,采取集中工作、集中休息、轮休调休、弹性工作时间等适当的工作和休息方式,确保职工的休息休假权利和生产、工作任务的完成。同时,各企业主管部门也应积极创造条件,尽可能使企业的生产任务均衡合理,帮助企业解决贯彻《规定》中的实际问题。"
② 《关于贯彻执行〈中华人民共和国劳动法〉若干问题的意见》第 65 条。
③ 《关于贯彻执行〈中华人民共和国劳动法〉若干问题的意见》第 66 条。
④ 《劳动部关于职工工作时间有关问题的复函》第 5 条。
⑤ 《劳动部关于职工工作时间有关问题的复函》第 7 条。

权益。因此,在审批综合计算工时工作制过程中不宜再要求企业实行符合标准工时工作制的规定。但是,在审批综合计算工时工作制过程中应要求企业做到以下两点:其一,企业实行综合计算工时工作制以及在实行综合计算工时工作中采取何种工作方式,一定要与工会和劳动者协商。其二,对于第三级以上(含第三级)体力劳动强度的工作岗位,劳动者每日连续工作时间不得超过11小时,而且每周至少休息1天。① ③外包的特殊工作制。第一,在国务院批转的北京、天津、重庆、大连、深圳、广州、武汉、哈尔滨、成都、南京、西安、济南、杭州、合肥、南昌、长沙、大庆、苏州、无锡等20个服务外包示范城市,对符合条件且劳动用工管理规范的技术先进型服务外包企业,确因生产特点无法实行标准工时工作制的部分岗位,经所在地省级人力资源社会保障(劳动保障)部门批准,可以实施特殊工时工作制。其中,对软件设计人员、科技研发人员、中高级管理人员和其他工作无法按照标准工作时间衡量或需机动作业的职工,经批准可以实行不定时工作制;对因工作性质特殊需连续工作的职工和其他适合实行综合计算工时工作制的职工,经批准可以实行综合计算工时工作制。② 第二,实行特殊工时制度的服务外包企业,应当依法制定具体实施方案,科学安排职工的工作和休息时间,采取集中工作、集中休息、轮休调休、弹性工作时间等适当方式,确保职工的休息休假权利。③ 第三,服务外包企业所在地省级人力资源社会保障(劳动保障)部门要改进对企业实行特殊工时制度的审批办法和程序,提高审批效率。要会同示范城市人力资源社会保障(劳动保障)部门、省市上级主管部门加强对服务外包企业的指导和服务,主动帮助解决实行特殊工时制度中遇到的问题。有关商务主管部门要积极配合人力资源社会保障(劳动保障)部门做好对服务外包企业实施特殊工时制度的管理和服务工作。④ 第四,服务外包企业所在地省级人力资源社会保障(劳动保障)部门要注意了解掌握有关服务外包企业实行特殊工时制度的情况,搞好对实行特殊工时制度的企业、实行不定时工作制和综合计算工时工作时的岗位和职工人数的统计,于每年1月和7月报人力资源社会保障部备案,同时抄送商务部合同及商务主管部门。工作中遇到问题,及时向人力资源社会

---

① 《劳动部关于职工工作时间有关问题的复函》第9条。
② 《人力资源和社会保障部、商务部关于服务外包企业实行特殊工时制度有关问题的通知》第1条。
③ 《人力资源和社会保障部、商务部关于服务外包企业实行特殊工时制度有关问题的通知》第2条。
④ 《人力资源和社会保障部、商务部关于服务外包企业实行特殊工时制度有关问题的通知》第3条。

保障部报告。①

4. 工时的计算。(1)年工作日：365 天－104 天(休息日)－11 天(法定节假日)＝250 天。(2)季工作日：250 天÷4 季＝62.5 天/季。(3)月工作日：250 天÷12 月＝20.83 天/月。(4)工作小时数的计算：以月、季、年的工作日乘以每日的 8 小时。② (5)1997 年 5 月 1 日以前，以企业所执行的工时制度为基础。即实行每周 40 小时工时制度的企业，以每周 40 小时为基础计算加班加点时间；实行每周 44 小时工时制度的企业，以每周 44 小时为基础计算加班加点时间。上述加班加点，仍然按《劳动法》的有关规定执行。1997 年 5 月 1 日以后，一律应以每周 40 小时为基础计算。③

5. 工时制的认定。(1)如果劳动者的工作岗位具有不定时工作制或综合计算工时工作制的特点、工作时间无法根据标准工时进行计算，并且其上级单位、行业主管部门已办理了相应岗位、工种的不定时工作制或综合计算工时工作制审批手续的，可以认定审批手续的效力及于该工作岗位。④ (2)劳动者与用人单位因加班工资发生争议，用人单位主张由于劳动者工作性质、工作岗位的特点无法对其实行标准工时制度而实行不定时工作制或综合计算工时工作制，但用人单位未依法履行审批手续的，仍然应当认定其实行标准工时工作制。但劳动者的工作岗位具有不定时工作制或综合计算工时工作制的特点、依据标准工时计算加班工资明显不合理，或者工作时间无法根据标准工时进行计算，或者其上级单位、行业主管部门已办理了相应岗位、工种的不定时工作制或综合计算工时工作制审批手续的，可以根据实际情况酌情计算劳动者加班工资。⑤ (3)对于劳动者工作时间长，但劳动强度与工作时间明显不一致的；或者长期处于等待状态且

---

① 《人力资源和社会保障部、商务部关于服务外包企业实行特殊工时制度有关问题的通知》第 4 条。
② 《劳动和社会保障部关于职工全年月平均工作时间和工资折算问题的通知》第 1 条。《劳动部关于职工工作时间有关问题的复函》第 6 条第 3 款规定："工时计算方法应为：(1)工作日的计算：年工作日：356 天/年－104 天/年(休息日)－7 天/年(法定休假日)＝254 天/年。季工作日：254 天/年÷4 季＝63.5 天。月工作日：254 天/年÷12 月＝21.16 天。(2)工作小时数的计算：以每周、月、季、年的工作日乘以每日的 8 小时。"
③ 《〈国务院关于职工工作时间的规定〉问题解答》第 9 条。
④ 《四川省高级人民法院民事审判第一庭关于印发〈关于审理劳动争议案件若干疑难问题的解答〉的通知》第 23 条第 1 款。
⑤ 《江苏省高级人民法院、江苏省劳动人事争议仲裁委员会关于印发〈关于审理劳动人事争议案件的指导意见〉的通知》第 24 条第 1 款。

等待期间有休息场所可以休息、完全认定为工作时间明显不合理的,在认定时可以根据用人单位规章制度或者劳动合同的约定,对工作时间进行合理的折算。①

二、工作时间的调整

1. 工作时间调整的依据。在特殊条件下从事劳动和有特殊情况,需要适当缩短工作时间的,按照国家有关规定执行。②

2. 工作时间延长。(1)工作时间延长的限制。①用人单位由于生产经营需要,经与工会和劳动者协商后可以延长工作时间,一般每日不得超过 1 小时;因特殊原因需要延长工作时间的,在保障劳动者身体健康的条件下延长工作时间每日不得超过 3 小时,但是每月不得超过 36 小时。③ 其中,"延长工作时间"是指在企业执行的工作时间制度的基础上的加班加点,"生产经营需要"是指来料加工、商业企业在旺季完成收购、运输、加工农副产品紧急任务等情况。④《劳动法》第 41 条有关延长工作时间的限制包括正常工作日的加点、休息日和法定休假日的加班。即每月工作日的加点、休息日和法定休假日的加班的总时数不得超过 36 小时。在国家立法部门没有作出立法解释前,应按此精神执行。⑤ ②任何单位和个人不得擅自延长职工工作时间。企业由于生产经营需要而延长职工工作时间的,应按《劳动法》第 41 条的规定执行。⑥ ③国家机关、事业单位实行统一的工作时间,星期六和星期日为周休息日。企业和不能实行上述规定的统一工作时间的事业单位,可以根据实际情况灵活安排周休息日。⑦ ④有下列情形之一的,延长工作时间不受《劳动法》第 41 条规定的限制:第一,发生自然灾害、事故或者因其他原因,威胁劳动者生命健康和财产安全,需要紧急处理的;第二,生产设备、交通运输线路、公共设施发生故障,影响生产和公众利益,必须及时抢修的;第

---

① 《江苏省高级人民法院、江苏省劳动人事争议仲裁委员会关于印发〈关于审理劳动人事争议案件的指导意见〉的通知》第 24 条第 2 款。
② 《国务院关于职工工作时间的规定》第 5 条。
③ 《劳动法》第 41 条。
④ 《关于〈劳动法〉若干条文的说明》第 41 条。
⑤ 《劳动部关于职工工作时间有关问题的复函》第 3 条。
⑥ 《劳动部贯彻〈国务院关于职工工作时间的规定〉的实施办法》第 6 条。
《劳动法》第 43 条规定:"用人单位不得违反本法规定延长劳动者的工作时间。"
《国务院关于职工工作时间的规定》第 6 条规定:"任何单位和个人不得擅自延长职工工作时间。因特殊情况和紧急任务确需延长工作时间的,按照国家有关规定执行。"
⑦ 《国务院关于职工工作时间的规定》第 7 条。

三,法律、行政法规规定的其他情形。① (2)工作时间延长的协商。协商是企业决定延长工作时间的程序(《劳动法》第42条和《劳动部贯彻〈国务院关于职工工作时间的规定〉的实施办法》第7条规定除外),企业确因生产经营需要,必须延长工作时间时,应与工会和劳动者协商。协商后,企业可以在《劳动法》限定的延长工作时数内决定延长工作时间,对企业违反法律、法规强迫劳动者延长工作时间的,劳动者有权拒绝。若由此发生劳动争议,可以提请劳动争议处理机构予以处理。② (3)工作时间延长的的报酬。有下列情形之一的,用人单位应当按照下列标准支付高于劳动者正常工作时间工资的工资报酬:①安排劳动者延长工作时间的,支付不低于工资的150%的工资报酬;②休息日安排劳动者工作又不能安排补休的,支付不低于工资的200%的工资报酬;③法定休假日安排劳动者工作的,支付不低于工资的300%的工资报酬。③ (4)延长工作时间的补休。休息日安排劳动者工作的,应先按同等时间安排其补休,不能安排补休的应按《劳动法》第44条第2项④的规定支付劳动者延长工作时间的工资报酬。法定节假日(元旦、春节、劳动节、国庆节)安排劳动者工作的,应按《劳动法》第44条第3项⑤支付劳动者延长工作时间的工资报酬。⑥

---

① 《劳动法》第42条。
《劳动部贯彻〈国务院关于职工工作时间的规定〉的实施办法》第7条规定:"有下列特殊情形和紧急任务之一的,延长工作时间不受本办法第六条规定的限制:(一)发生自然灾害、事故或者因其他原因,使人民的安全健康和国家资财遭到严重威胁,需要紧急处理的;(二)生产设备、交通运输线路、公共设施发生故障,影响生产和公众利益,必须及时抢修的;(三)必须利用法定节日或公休假日的停产期间进行设备检修、保养的;(四)为完成国防紧急任务,或者完成上级在国家计划外安排的其他紧急生产任务,以及商业、供销企业在旺季完成收购、运输、加工农副产品紧急任务的。"
② 《关于贯彻执行〈中华人民共和国劳动法〉若干问题的意见》第71条。
③ 《劳动法》第44条。
④ 《劳动法》第44条第2项规定:"有下列情形之一的,用人单位应当按照下列标准支付高于劳动者正常工作时间工资的工资报酬……(二)休息日安排劳动者工作又不能安排补休的,支付不低于工资的百分之二百的工资报酬……"
⑤ 《劳动法》第44条第3项规定:"有下列情形之一的,用人单位应当按照下列标准支付高于劳动者正常工作时间工资的工资报酬……(三)法定休假日安排劳动者工作的,支付不低于工资的百分之三百的工资报酬。"
⑥ 《关于贯彻执行〈中华人民共和国劳动法〉若干问题的意见》第70条(与延长工作时间的报酬内容重复)。
《劳动部贯彻〈国务院关于职工工作时间的规定〉的实施办法》第8条规定:"根据本办法第六条、第七条延长工作时间的,企业应当按照《中华人民共和国劳动法》第四十四条的规定,给职工支付工资报酬或安排补休。"

3. 工作时间的缩短。在特殊条件下从事劳动和有特殊情况,需要在每周工作 44 小时(原文为"40 小时")的基础上再适当缩短工作时间的,应在保证完成生产和工作任务的前提下,根据《劳动法》第 36 条的规定,由企业根据实际情况决定。①

第六节 休息制度

一、休息制度的一般规则

1. 休息日。用人单位应当保证劳动者每周至少休息 1 日。② 即用人单位必须保证劳动者每周至少有 1 次 24 小时不间断的休息。③

2. 周休息日。(1)协商后的周休息日安排。企业根据所在地的供电、供水和交通等实际情况,经与工会和职工协商后,可以灵活安排周休息日。④ (2)延长工作时间后的周休息日安排。国家机关、事业单位实行统一的工作时间,星期六和星期日为周休息日。企业和不能实行上述规定的统一工作时间的事业单位,可以根据实际情况灵活安排周休息日。⑤

3. 节假日。(1)节假日的分类。①法定节假日(全体公民放假的节日)。用人单位在下列节日期间应当依法安排劳动者休假:第一,元旦;第二,春节;第三,国际劳动节;第四,国庆节;第五,法律、法规规定的其他休假节日。⑥ 其中,新年放假 1 天(1 月 1 日),春节放假 3 天(农历正月初一、初二、初三),清明节放假 1 天(农历清明当日),劳动节放假 1 天(5 月 1 日),端午节放假 1 天(农历端午当日),中秋节放假 1 天(农历中秋当日),国庆节放假 3 天(10 月 1 日、2 日、3 日)。⑦ ②部分

---

① 《劳动部贯彻〈国务院关于职工工作时间的规定〉的实施办法》第 4 条。
《国务院关于职工工作时间的规定》第 4 条规定:"在特殊条件下从事劳动和有特殊情况,需要适当缩短工作时间的,按照国家有关规定执行。"
② 《劳动法》第 38 条。
③ 《关于〈劳动法〉若干条文的说明》第 38 条(注释 1)。
④ 《劳动部贯彻〈国务院关于职工工作时间的规定〉的实施办法》第 9 条。
⑤ 《国务院关于职工工作时间的规定》第 7 条。
⑥ 《劳动法》第 40 条。
⑦ 《全国年节及纪念日放假办法》第 2 条。
《关于〈劳动法〉若干条文的说明》第 40 条(注释 1)规定:"根据 1949 年政务院发布的《全国年节及纪念日放假办法》之规定,元旦放假一天,一月一日;春节,放假三天,农历正月初一、初二、初三日;国际劳动节,放假一日,五月一日;国庆节,放假二日,十月一日、十月二日。"

公民放假的节假日。第一,部分公民放假的节日及纪念日:其一,妇女节(3月8日),妇女放假半天;其二,青年节(5月4日),14周岁以上的青年放假半天;其三,儿童节(6月1日),不满14周岁的少年儿童放假1天;其四,中国人民解放军建军纪念日(8月1日),现役军人放假半天。① 第二,按照国务院《全国年节及纪念日放假办法》(国务院令第270号)中关于妇女节、青年节等部分公民放假的规定,在部分公民放假的节日期间,对参加社会或单位组织庆祝活动和照常工作的职工,单位应支付工资报酬,但不支付加班工资。如果该节日恰逢星期六、星期日,单位安排职工加班工作,则应当依法支付休息日的加班工资。② ③少数民族的节假日。少数民族习惯的节日,由各少数民族聚居地区的地方人民政府,按照各该民族习惯,规定放假日期。③ ④其他的节日。二七纪念日、五卅纪念日、七七抗战纪念日、九三抗战胜利纪念日、九一八纪念日、教师节、护士节、记者节、植树节等其他节日、纪念日,均不放假。④ (2)补假。全体公民放假的假日,如果适逢星期六、星期日,应当在工作日补假。部分公民放假的假日,如果适逢星期六、星期日,则不补假。⑤

4. 休息办法。(1)不定时工作制或综合计算工时工作制休息办法的适用。①企业因生产特点不能实行《劳动法》第36条⑥、第38条⑦规定的,可以实行不定时工作制或综合计算工时工作制等其他工作和休息办法。⑧ ②对于实行不定时工作制和综合计算工时工作制等其他工作和休息办法的职工,企业应根据《劳动法》第1章、第4章有关规定,在保障职工身体健康并充分听取职工意见的基础上,采用集中工作、集中休息、轮休调休、弹性工作时间等适当方式,确保职工的休息休假权利和生产、工作任务的完成。⑨ (2)休息办法的审批。①中央直属企

---

① 《全国年节及纪念日放假办法》第3条。
② 《劳动和社会保障部办公厅关于部分公民放假有关工资问题的函》。
③ 《全国年节及纪念日放假办法》第4条。
④ 《全国年节及纪念日放假办法》第5条。
⑤ 《全国年节及纪念日放假办法》第6条。
⑥ 《劳动法》第36条规定:"国家实行劳动者每日工作时间不超过八小时、平均每周工作时间不超过四十四小时的工时制度。"
⑦ 《劳动法》第38条规定:"用人单位应当保证劳动者每周至少休息一日。"
⑧ 《劳动法》第39条。
《劳动部关于企业实行不定时工作制和综合计算工时工作制的审批办法》第1条规定:"根据《中华人民共和国劳动法》第三十九条的规定,制定本办法。"
⑨ 《劳动部关于企业实行不定时工作制和综合计算工时工作制的审批办法》第6条。

业实行不定时工作制和综合计算工时工作制等其他工作和休息办法的,经国务院行业主管部门审核,报国务院劳动行政部门批准。②地方企业实行不定时工作制和综合计算工时工作制等其他工作和休息办法的审批办法,由各省、自治区、直辖市人民政府劳动行政部门制定,报国务院劳动行政部门备案。①

二、带薪年休假

（一）带薪年休假的一般规则

1. 带薪年休假的适用。(1)适用的法律。①国务院人事部门、国务院劳动保障部门依据职权,分别制定《职工带薪年休假条例》的实施办法。② ②《劳动法》第45条规定,"国家实行带薪年休假制度。劳动者连续工作1年以上的,享受带薪年休假。具体办法由国务院规定",在国务院没有发布企业职工年休假规定以前,1991年6月15日中共中央、国务院共同发出的《关于职工休假问题的通知》应继续贯彻执行。③ (2)适用的范围。①中华人民共和国境内的企业、民办非企业单位、有雇工的个体工商户等单位(以下简称用人单位)和与其建立劳动关系的职工,适用《企业职工带薪年休假实施办法》。④ ②除法律、行政法规或者国务院另有规定外,机关、事业单位、社会团体和与其建立劳动关系的职工,依照《企业职工带薪年休假实施办法》执行。船员的年休假按《船员条例》执行。⑤

2. 享受带薪年休假的人员及条件。(1)国家实行带薪年休假制度。劳动者连续工作1年以上的,享受带薪年休假。具体办法由国务院规定。⑥ 其中,《企业职工带薪年休假实施办法》第3条中的"职工连续工作满12个月以上",既包括职工在同一用人单位连续工作满12个月以上的情形,也包括职工在不同用人单位连续工作满12个月以上的情形。⑦ (2)机关、团体、企业、事业单位、民办非企业单位、有雇工的个体工商户等单位的职工连续工作1年以上的,享受带薪年休

---

① 《劳动部关于企业实行不定时工作制和综合计算工时工作制的审批办法》第7条。
② 《职工带薪年休假条例》第9条。
③ 《〈国务院关于职工工作时间的规定〉问题解答》第2条。
④ 《企业职工带薪年休假实施办法》第2条。
⑤ 《企业职工带薪年休假实施办法》第17条。
⑥ 《劳动法》第45条。
《企业职工带薪年休假实施办法》第3条规定:"职工连续工作满12个月以上的,享受带薪年休假(以下简称年休假)。"
⑦ 《人力资源和社会保障部办公厅关于〈企业职工带薪年休假实施办法〉有关问题的复函》第1条。

假(以下简称年休假)。单位应当保证职工享受年休假。职工在年休假期间享受与正常工作期间相同的工资收入。① (3)劳务派遣单位的职工符合《企业职工带薪年休假实施办法》第3条规定条件的,享受年休假。②

3. 带薪年休假的时间。(1)带薪年休假的时间规定。①职工累计工作已满1年不满10年的,年休假5天;已满10年不满20年的,年休假10天;已满20年的,年休假15天。国家法定休假日、休息日不计入年休假的假期。③ 其中,"累计"应指工作时间的相加,其中中断工作时间予以扣除。对于参加工作第1年的时间的"累计",应按《企业职工带薪年休假实施办法》"连续工作满12个月"的规定执行。"连续工作满12个月",指劳动者在参加工作后曾经在同一或两个以上用人单位连续不中断工作满12个月。④ ②劳动者在符合参加工作后曾经"连续工作满12个月"条件后,此后年休假时间以当年度在用人单位已工作时间计算。⑤ 其中,《企业职工带薪年休假实施办法》中的"年度"是指公历年度。⑥ ③年休假天数根据职工累计工作时间确定。职工在同一或者不同用人单位工作期间,以及依照法律、行政法规或者国务院规定视同工作期间,应当计为累计工作时间。⑦ 其中,《企业职工带薪年休假实施办法》第4条中的"累计工作时间",包括职工在机关、团体、企业、事业单位、民办非企业单位、有雇工的个体工商户等单位从事全日制工作期间,以及依法服兵役和其他按照国家法律、行政法规和国务院规定可以计算为工龄的期间(视同工作期间)。职工的累计工作时间可以根据档案记载、单位缴纳社保费记录、劳动合同或者其他具有法律效力的证明材料确定。⑧ ④(企业)职工依法享受的探亲假、婚丧假、产假等国家规定的假期以及

---

① 《职工带薪年休假条例》第2条。
② 《企业职工带薪年休假实施办法》第14条第1款。
③ 《职工带薪年休假条例》第3条。
④ 《北京市高级人民法院、北京市劳动人事争议仲裁委员会关于印发〈审理劳动争议案件法律适用问题的解答〉的通知》第18条第1款。
《机关事业单位工作人员带薪年休假实施办法》第2条规定:"《条例》第二条中所称'连续工作'的时间和第三条、第四条中所称'累计工作'的时间,机关、事业单位工作人员(以下简称工作人员)均按工作年限计算。工作人员工作年限满1年、满10年、满20年后,从下月起享受相应的年休假天数。"
⑤ 《北京市高级人民法院、北京市劳动人事争议仲裁委员会关于印发〈审理劳动争议案件法律适用问题的解答〉的通知》第18条第2款。
⑥ 《企业职工带薪年休假实施办法》第18条。
⑦ 《企业职工带薪年休假实施办法》第4条。
⑧ 《人力资源和社会保障部办公厅关于〈企业职工带薪年休假实施办法〉有关问题的复函》第2条。

因工伤停工留薪期间不计入年休假假期。① （2）带薪年休假的时间折算。①未休年休假时间的折算。用人单位未安排职工休满应休年休假的,应当按照职工当年已工作时间折算应休未休年休假天数并支付未休年休假工资报酬,但折算后不足1整天的部分不支付未休年休假工资报酬。未休年休假折算方法为:当年度在本单位已过日历天数÷365天×职工本人全年应当享受的年休假天数－当年度已安排年休假天数。② ②应休年休假时间的折算。职工新进用人单位且符合《企业职工带薪年休假实施办法》第3条规定的,当年度年休假天数,按照在本单位剩余日历天数折算确定,折算后不足1整天的部分不享受年休假。具体折算方法为:（当年度在本单位剩余日历天数÷365天）×职工本人全年应当享受的年休假天数。③

4. 不享受带薪年休假的情形。（1）不享受当年年休假的情形。职工有下列情形之一的,不享受当年的年休假:①职工依法享受寒暑假,其休假天数多于年休假天数的;②职工请事假累计20天以上且单位按照规定不扣工资的;③累计工作满1年不满10年的职工,请病假累计2个月以上的;④累计工作满10年不满20年的职工,请病假累计3个月以上的;⑤累计工作满20年以上的职工,请病假累计4个月以上的。④ （2）不享受下一年的年休假的情形。（机关事业单位）工作人员、（企业）职工已享受当年的年休假,年内又出现《职工带薪年休假条例》第4条第2~5项规定的情形之一的,不享受下一年的年休假。⑤

5. 带薪年休假的年休假天数补足。（1）依法应享受寒暑假的工作人员,因工作需要未休寒暑假的,所在单位应当安排其休年休假;因工作需要休寒暑假天数少于年休假天数的,所在单位应当安排补足其年休假天数。⑥ （2）职工享受寒暑假天数多于其年休假天数的,不享受当年的年休假。确因工作需要,职工享受的

---

① 《企业职工带薪年休假实施办法》第6条。
《机关事业单位工作人员带薪年休假实施办法》第3条规定:"（机关事业单位工作人员）国家规定的探亲假、婚丧假、产假的假期,不计入年休假的假期。"
② 《北京市高级人民法院、北京市劳动人事争议仲裁委员会关于印发〈审理劳动争议案件法律适用问题的解答〉的通知》第18条第3款。
③ 《企业职工带薪年休假实施办法》第5条。
④ 《职工带薪年休假条例》第4条。
⑤ 《机关事业单位工作人员带薪年休假实施办法》第4条、《企业职工带薪年休假实施办法》第8条。
⑥ 《机关事业单位工作人员带薪年休假实施办法》第5条。

寒暑假天数少于其年休假天数的,用人单位应当安排补足年休假天数。①(3)被派遣职工在劳动合同期限内无工作期间由劳务派遣单位依法支付劳动报酬的天数多于其全年应当享受的年休假天数的,不享受当年的年休假;少于其全年应当享受的年休假天数的,劳务派遣单位、用工单位应当协商安排补足被派遣职工年休假天数。②

6. 用人单位对带薪年休假的安排。(1)安排年休假的具体规则。①单位根据生产、工作的具体情况,并考虑职工本人意愿,统筹安排职工年休假。③ ②年休假在1个年度内可以集中安排,也可以分段安排,一般不跨年度安排。单位因生产、工作特点确有必要跨年度安排职工年休假的,可以跨1个年度安排。④ ③工作人员因承担野外地质勘查、野外测绘、远洋科学考察、极地科学考察以及其他特殊工作任务,所在单位不能在本年度安排其休年休假的,可以跨1个年度安排。⑤ (2)不安排休年假的前提。①机关、事业单位的工作人员。机关、事业单位因工作需要不安排工作人员休年休假,应当征求工作人员本人的意见。⑥ ②企业的职工。用人单位根据生产、工作的具体情况,并考虑职工本人意愿,统筹安排年休假。用人单位确因工作需要不能安排职工年休假或者跨1个年度安排年休假的,应征得职工本人同意。⑦

7. 带薪年休假的工资报酬。(1)工资报酬的支付。①支付休假工资报酬。第一,职工同意不安排年休假的休假工资报酬。用人单位经职工同意不安排年休假或者安排职工年休假天数少于应休年休假天数,应当在本年度内对职工应休未休年休假天数,按照其日工资收入的300%支付未休年休假工资报酬,其中包含用人单位支付职工正常工作期间的工资收入。⑧ 其中,其一,计算未休年休

---

① 《企业职工带薪年休假实施办法》第7条。
② 《企业职工带薪年休假实施办法》第14条第2款。
③ 《职工带薪年休假条例》第5条第1款。
④ 《职工带薪年休假条例》第5条第2款。
⑤ 《机关事业单位工作人员带薪年休假实施办法》第6条。
⑥ 《机关事业单位工作人员带薪年休假实施办法》第7条第1款。
⑦ 《企业职工带薪年休假实施办法》第9条。
⑧ 《企业职工带薪年休假实施办法》第10条第1款。

《职工带薪年休假条例》第5条第3款规定:"单位确因工作需要不能安排职工休年休假的,经职工本人同意,可以不安排职工休年休假。对职工应休未休的年休假天数,单位应当按照该职工日工资收入的300%支付年休假工资报酬。"

假工资报酬的日工资收入按照职工本人的月工资除以月计薪天数(21.75 天)进行折算。① 其二,"月工资"是指职工在用人单位支付其未休年休假工资报酬前12 个月剔除加班工资后的月平均工资。在本用人单位工作时间不满 12 个月的,按实际月份计算月平均工资。② 其三,工作人员应休年休假当年日工资收入的计算办法是:本人全年工资收入除以全年计薪天数(261 天)。③ 第二,解除或者终止劳动合同时的休假工资报酬。用人单位与职工解除或者终止劳动合同时,当年度未安排职工休满应休年休假的,应当按照职工当年已工作时间折算应休未休年休假天数并支付未休年休假工资报酬,但折算后不足 1 整天的部分不支付未休年休假工资报酬。其折算方法为:(当年度在本单位已过日历天数÷365 天)×职工本人全年应当享受的年休假天数 - 当年度已安排年休假天数。用人单位当年已安排职工年休假的,多于折算应休假的天数不再扣回。④ ②支付"正常工作期间的工资报酬"。第一,用人单位安排职工休年休假,但是职工因本人原因且书面提出不休年休假的,用人单位可以只支付其正常工作期间的工资收入。⑤ 第二,机关、事业单位已安排年休假,工作人员未休且有下列情形之一的,只享受正常工作期间的工资收入:其一,因个人原因不休年休假的;其二,请事假累计已超过本人应休年休假天数,但不足 20 天的。⑥ 第三,职工在年休假期间享受与正常工作期间相同的工资收入。实行计件工资、提成工资或者其他绩效工资制的职工,日工资收入的计发办法按照《企业职工带薪年休假实施办法》第 11 条第 1 款、第 2 款⑦的规定执行。⑧ (2)年休假工资报酬的发放。工作人员年休假工资报酬中,除正常工作期间工资收入外,其余部分应当由所在单位在下一年第一季度一次性支付,所需经费按现行经费渠道解决。实行工资统发的单位,应当

---

① 《企业职工带薪年休假实施办法》第 11 条第 1 款。
② 《企业职工带薪年休假实施办法》第 11 条第 2 款。
③ 《机关事业单位工作人员带薪年休假实施办法》第 8 条第 1 款。
④ 《企业职工带薪年休假实施办法》第 12 条。
⑤ 《企业职工带薪年休假实施办法》第 10 条第 2 款。
⑥ 《机关事业单位工作人员带薪年休假实施办法》第 9 条。
⑦ 《企业职工带薪年休假实施办法》第 11 条第 1 款、第 2 款规定:"计算未休年休假工资报酬的日工资收入按照职工本人的月工资除以月计薪天数(21.75 天)进行折算。前款所称月工资是指职工在用人单位支付其未休年休假工资报酬前 12 个月剔除加班工资后的月平均工资。在本用人单位工作时间不满 12 个月的,按实际月份计算月平均工资。"
⑧ 《企业职工带薪年休假实施办法》第 11 条第 3 款。

纳入工资统发。① (3) 年休假工资报酬的诉讼时效及计算。对劳动者应休未休的年休假天数，单位应当按照该职工日工资收入的300%支付年休假工资报酬。劳动者要求用人单位支付其未休带薪年休假工资中法定补偿(200%福利部分)诉请的仲裁时效期间应适用《劳动争议调解仲裁法》第27条第1款规定，即劳动争议申请仲裁的时效期间为1年。仲裁时效期间从当事人知道或者应当知道其权利被侵害之日起计算。考虑年休假可以集中、分段和跨年度安排的特点，故劳动者每年未休带薪年休假应获得年休假工资报酬的时间从第2年的12月31日起算。②

8. 带薪年休假的监管。县级以上地方人民政府人事部门、劳动保障部门应当依据职权对单位执行《职工带薪年休假条例》的情况主动进行监督检查。工会组织依法维护职工的年休假权利。③

9. 带薪年休假争议的处理。(1)(企业)职工与用人单位因年休假发生劳动争议的，依照劳动争议处理的规定处理。④ (2)劳动合同、集体合同约定的或者用人单位规章制度规定的年休假天数、未休年休假工资报酬高于法定标准的，用人单位应当按照有关约定或者规定执行。⑤

10. 带薪年休假的法律责任。(1)单位不安排职工休年休假又不依照《职工带薪年休假条例》规定给予年休假工资报酬的，由县级以上地方人民政府人事部门或者劳动保障部门依据职权责令限期改正；对逾期不改正的，除责令该单位支付年休假工资报酬外，单位还应当按照年休假工资报酬的数额向职工加付赔偿金；对拒不支付年休假工资报酬、赔偿金的，属于公务员和参照公务员法管理的人员所在单位的，对直接负责的主管人员以及其他直接责任人员依法给予处分；属于其他单位的，由劳动保障部门、人事部门或者职工申请人民法院强制执行。⑥ (2)机关、事业单位不安排工作人员休年休假又不按《机关事业单位工作人员带薪年休假实施办法》规定支付年休假工资报酬的，由县级以上地方人民政府人事

---

① 《机关事业单位工作人员带薪年休假实施办法》第7条第3款。
② 《北京市高级人民法院、北京市劳动人事争议仲裁委员会关于印发〈审理劳动争议案件法律适用问题的解答〉的通知》第19条。
③ 《职工带薪年休假条例》第6条。
④ 《企业职工带薪年休假实施办法》第16条。
⑤ 《企业职工带薪年休假实施办法》第13条。
⑥ 《职工带薪年休假条例》第7条。

行政部门责令限期改正。对逾期不改正的,除责令该单位支付年休假工资报酬外,单位还应当按照年休假工资报酬的数额向工作人员加付赔偿金。①(3)对拒不支付年休假工资报酬、赔偿金的,属于机关和参照公务员法管理的事业单位的,应当按照干部管理权限,对直接负责的主管人员以及其他直接责任人员依法给予处分,并责令支付;属于其他事业单位的,应当按照干部管理权限,对直接负责的主管人员以及其他直接责任人员依法给予处分,并由同级人事行政部门或工作人员本人申请人民法院强制执行。②

(二)机关事业单位工作人员的带薪年休假

1. 机关事业单位工作人员带薪年休假的适用。(1)适用的法律。为了规范机关、事业单位实施带薪年休假(以下简称年休假)制度,根据《职工带薪年休假条例》及国家有关规定,制定《机关事业单位工作人员带薪年休假实施办法》。③(2)适用的解释。《职工带薪年休假条例》第2条④中所称"连续工作"的时间和第3条⑤、第4条⑥中所称"累计工作"的时间,机关、事业单位工作人员(以下简称工作人员)均按工作年限计算。工作人员工作年限满1年、满10年、满20年后,从下月起享受相应的年休假天数。⑦(3)适用的人员。驻外使领馆工作人员、驻港澳地区内派人员以及机关、事业单位驻外非外交人员的年休假,按照《职工

---

① 《机关事业单位工作人员带薪年休假实施办法》第11条第1款。
《企业职工带薪年休假实施办法》第15条规定:"县级以上地方人民政府劳动行政部门应当依法监督检查用人单位执行条例及本办法的情况。用人单位不安排职工休年休假又不依照条例及本办法规定支付未休年休假工资报酬的,由县级以上地方人民政府劳动行政部门依据职权责令限期改正;对逾期不改正的,责令该单位支付未休年休假工资报酬外,用人单位还应当按照未休年休假工资报酬的数额向职工加付赔偿金;对拒不执行支付未休年休假工资报酬、赔偿金行政处理决定的,由劳动行政部门申请人民法院强制执行。"

② 《机关事业单位工作人员带薪年休假实施办法》第11条。
③ 《机关事业单位工作人员带薪年休假实施办法》第1条。
④ 《职工带薪年休假条例》第2条规定:"机关、团体、企业、事业单位、民办非企业单位、有雇工的个体工商户等单位的职工连续工作1年以上的,享受带薪年休假(以下简称年休假)。单位应当保证职工享受年休假。职工在年休假期间享受与正常工作期间相同的工资收入。"
⑤ 《职工带薪年休假条例》第3条规定:"职工累计工作已满1年不满10年的,年休假5天;已满10年不满20年的,年休假10天;已满20年的,年休假15天。国家法定休假日、休息日不计入年休假的假期。"
⑥ 《职工带薪年休假条例》第4条规定:"职工有下列情形之一的,不享受当年的年休假:(一)职工依法享受寒暑假,其休假天数多于年休假天数的;(二)职工请事假累计20天以上且单位按照规定不扣工资的;(三)累计工作满1年不满10年的职工,请病假累计2个月以上的;(四)累计工作满10年不满20年的职工,请病假累计3个月以上的;(五)累计工作满20年以上的职工,请病假累计4个月以上的。"
⑦ 《机关事业单位工作人员带薪年休假实施办法》第2条。

带薪年休假条例》和《机关事业单位工作人员带薪年休假实施办法》的规定执行。按照国家规定经批准执行机关、事业单位工资收入分配制度的其他单位工作人员的年休假,参照《职工带薪年休假条例》和《机关事业单位工作人员带薪年休假实施办法》的规定执行。①(4)适用的除外。①国家规定的探亲假、婚丧假、产假的假期,不计入年休假的假期。②②工作人员已享受当年的年休假,年内又出现《职工带薪年休假条例》第4条第2～5项③规定的情形之一的,不享受下一年的年休假。④

2. 机关事业单位工作人员带薪年休假的补休。依法应享受寒暑假的工作人员,因工作需要未休寒暑假的,所在单位应当安排其休年休假;因工作需要休寒暑假天数少于年休假天数的,所在单位应当安排补足其年休假天数。⑤

3. 机关事业单位工作人员带薪年休假的跨年度休假。工作人员因承担野外地质勘查、野外测绘、远洋科学考察、极地科学考察以及其他特殊工作任务,所在单位不能在本年度安排其休年休假的,可以跨1个年度安排。⑥

4. 机关事业单位工作人员带薪年休假的工资。(1)享受工资的情形。机关、事业单位已安排年休假,工作人员未休且有下列情形之一的,只享受正常工作期间的工资收入:①因个人原因不休年休假的;②请事假累计已超过本人应休年休假天数,但不足20天的。⑦(2)工资的支付。机关、事业单位因工作需要不安排工作人员休年休假,应当征求工作人员本人的意见。机关、事业单位应当根据工作人员应休未休的年休假天数,对其支付年休假工资报酬。年休假工资报酬的支付标准是:每应休未休1天,按照本人应休年休假当年日工资收入的300%支付,其中包含工作人员正常工作期间的工资收入。工作人员年休假工资报酬中,除正常工作期间工资收入外,其余部分应当由所在单位在下一年第一季度一次

---

① 《机关事业单位工作人员带薪年休假实施办法》第13条。
② 《机关事业单位工作人员带薪年休假实施办法》第3条。
③ 《职工带薪年休假条例》第4条规定:"职工有下列情形之一的,不享受当年的年休假……(二)职工请假累计20天以上且单位按照规定不扣工资的;(三)累计工作满1年不满10年的职工,请病假累计2个月以上的;(四)累计工作满10年不满20年的职工,请病假累计3个月以上的;(五)累计工作满20年以上的职工,请病假累计4个月以上的。"
④ 《机关事业单位工作人员带薪年休假实施办法》第4条。
⑤ 《机关事业单位工作人员带薪年休假实施办法》第5条。
⑥ 《机关事业单位工作人员带薪年休假实施办法》第6条。
⑦ 《机关事业单位工作人员带薪年休假实施办法》第9条。

性支付,所需经费按现行经费渠道解决。实行工资统发的单位,应当纳入工资统发。① (3)工资的计算。工作人员应休年休假当年日工资收入的计算办法是:本人全年工资收入除以全年计薪天数(261天)。机关工作人员的全年工资收入,为本人全年应发的基本工资、国家规定的津贴补贴、年终一次性奖金之和;事业单位工作人员的全年工资收入,为本人全年应发的基本工资、国家规定的津贴补贴、绩效工资之和。其中,国家规定的津贴补贴不含根据住房、用车等制度改革向工作人员直接发放的货币补贴。②

5.机关事业单位工作人员带薪年休假的其他规则。(1)对带薪年休假的监管。机关、事业单位根据工作的具体情况,并考虑工作人员本人意愿,统筹安排,保证工作人员享受年休假。机关、事业单位应当加强年休假管理,严格考勤制度。县级以上地方人民政府人事行政部门应当依据职权,主动对机关、事业单位执行年休假的情况进行监督检查。③ (2)对带薪年休假的"处罚"。机关、事业单位不安排工作人员休年休假又不按《机关事业单位工作人员带薪年休假实施办法》规定支付年休假工资报酬的,由县级以上地方人民政府人事行政部门责令限期改正。对逾期不改正的,除责令该单位支付年休假工资报酬外,单位还应当按照年休假工资报酬的数额向工作人员加付赔偿金。对拒不支付年休假工资报酬、赔偿金,属于机关和参照《公务员法》管理的事业单位的,应当按照干部管理权限,对直接负责的主管人员以及其他直接责任人员依法给予处分,并责令支付;属于其他事业单位的,应当按照干部管理权限,对直接负责的主管人员以及其他直接责任人员依法给予处分,并由同级人事行政部门或工作人员本人申请人民法院强制执行。④ (3)对带薪年休假的处理。工作人员与所在单位因年休假发生的争议,依照国家有关公务员申诉控告和人事争议处理的规定处理。⑤

三、探亲假

1.探亲假的适用。(1)适用的法律。①为了适当地解决职工同亲属长期远

---

① 《机关事业单位工作人员带薪年休假实施办法》第7条。
② 《机关事业单位工作人员带薪年休假实施办法》第8条。
③ 《机关事业单位工作人员带薪年休假实施办法》第10条。
④ 《机关事业单位工作人员带薪年休假实施办法》第11条。
⑤ 《机关事业单位工作人员带薪年休假实施办法》第12条。

居两地的探亲问题,特制定《国务院关于职工探亲待遇的规定》。① ②各省、直辖市人民政府可以根据《国务院关于职工探亲待遇的规定》制定实施细则,并抄送国家劳动总局备案。自治区可以根据《国务院关于职工探亲待遇的规定》的精神制定探亲规定;报国务院批准执行。集体所有制企业、事业单位职工的探亲待遇,由各省、自治区、直辖市人民政府根据本地区的实际情况自行规定。② (2)适用的范围。①凡在国家机关、人民团体和全民所有制企业、事业单位工作满一年的固定职工,与配偶不住在一起,又不能在公休假日团聚的,可以享受《国务院关于职工探亲待遇的规定》探望配偶的待遇;与父亲、母亲都不住在一起,又不能在公休假日团聚的,可以享受《国务院关于职工探亲待遇的规定》探望父母的待遇。但是,职工与父亲或与母亲一方能够在公休假日团聚的,不能享受《国务院关于职工探亲待遇的规定》探望父母的待遇。③ 其中,《国务院关于职工探亲待遇的规定》所称的"不能在公休假日团聚"是指不能利用公休假日在家居住一夜和休息半个白天。④《国务院关于职工探亲待遇的规定》所称的"父母",包括自幼抚养职工长大,现在由职工供养的亲属。不包括岳父母、公婆。⑤ ②符合探望配偶条件的职工,因工作需要当年不能探望配偶时,其不实行探亲制度的配偶,可以到职工工作地点探亲,职工所在单位应按规定报销其往返路费。职工本人当年则不应再享受探亲待遇。⑥ (3)适用的除外。①学徒、见习生、实习生在学习、见习、实习期间不能享受《国务院关于职工探亲待遇的规定》的待遇。⑦ ②女职工到配偶工作地点生育,在生育休假期间,超过 56 天(难产、双生 70 天)产假以后,与配偶团聚 30 天以上的,不再享受当年探亲待遇。⑧

---

① 《国务院关于职工探亲待遇的规定》第 1 条。
② 《国务院关于职工探亲待遇的规定》第 8 条。
③ 《国务院关于职工探亲待遇的规定》第 2 条。
④ 《国家劳动总局关于制定〈国务院关于职工探亲待遇的规定〉实施细则的若干问题的意见》第 3 条。
⑤ 《国家劳动总局关于制定〈国务院关于职工探亲待遇的规定〉实施细则的若干问题的意见》第 1 条。
⑥ 《国家劳动总局关于制定〈国务院关于职工探亲待遇的规定〉实施细则的若干问题的意见》第 4 条。
⑦ 《国家劳动总局关于制定〈国务院关于职工探亲待遇的规定〉实施细则的若干问题的意见》第 2 条。
⑧ 《国家劳动总局关于制定〈国务院关于职工探亲待遇的规定〉实施细则的若干问题的意见》第 5 条。

2. 探亲假的待遇。(1)假期。①职工探亲假期:第一,职工探望配偶的,每年给予一方探亲假1次,假期为30天。第二,未婚职工探望父母,原则上每年给假1次,假期为20天。如果因为工作需要,本单位当年不能给予假期,或者职工自愿2年探亲1次的,可以2年给假1次,假期为45天。第三,已婚职工探望父母的,每4年给假1次,假期为20天。探亲假期是指职工与配偶、父、母团聚的时间,另外,根据实际需要给予路程假。上述假期均包括公休假日和法定节日在内。① ②凡实行休假制度的职工(例如学校的教职工),应该在休假期间探亲;如果休假期较短,可由本单位适当安排,补足其探亲假的天数。② ③职工的父亲或母亲和职工的配偶同居一地的,职工在探望配偶时,即可同时探望其父亲或者母亲,因此,不能再享受探望父母的待遇。③ ④具备探望父母条件的已婚职工,每4年给假1次,在这4年中的任何1年,经过单位领导批准即可探亲。④ ⑤职工配偶是军队干部的,其探亲待遇仍按1964年7月27日《劳动部关于配偶是军官的工人、职员是否享受探亲假待遇问题的通知》办理。⑤ ⑥职工在探亲往返旅途中,遇到意外交通事故,例如坍方、洪水冲毁道路等,造成交通停顿,以致职工不能按期返回工作岗位的,在持有当地交通机关证明,向所在单位行政提出申请后,其超假日期可以算作探亲路程假期。⑥ (2)工资。职工在规定的探亲假期和路程假期内,按照本人的标准工资发给工资。⑦ (3)探亲路费。①职工探望配偶和未婚职工探望父母的往返路费,由所在单位负担。已婚职工探望父母的往返路费,在本人月标准工资30%以内的,由本人自理,超过部分由所在单位负担。⑧ ②有关探亲路费的具体开支办法按财政部的规定办理。⑨

---

① 《国务院关于职工探亲待遇的规定》第3条。
② 《国务院关于职工探亲待遇的规定》第4条。
③ 《国家劳动总局关于制定〈国务院关于职工探亲待遇的规定〉实施细则的若干问题的意见》第6条。
④ 《国家劳动总局关于制定〈国务院关于职工探亲待遇的规定〉实施细则的若干问题的意见》第7条。
⑤ 《国家劳动总局关于制定〈国务院关于职工探亲待遇的规定〉实施细则的若干问题的意见》第8条。
⑥ 《国家劳动总局关于制定〈国务院关于职工探亲待遇的规定〉实施细则的若干问题的意见》第9条。
⑦ 《国务院关于职工探亲待遇的规定》第5条。
⑧ 《国务院关于职工探亲待遇的规定》第6条。
⑨ 《国家劳动总局关于制定〈国务院关于职工探亲待遇的规定〉实施细则的若干问题的意见》第12条。

3. 探亲假的审批。各单位对职工探亲要建立严格的审批、登记、请假、销假制度。对无故超假的,要按旷工处理。①

四、婚丧假

1. 婚丧假的适用。(1)职工本人结婚或职工的直系亲属(父母、配偶和子女)死亡时,可以根据具体情况,由本单位行政领导批准,酌情给予1至3天的婚丧假。②(2)职工结婚时双方不在一地工作的;职工在外地的直系亲属死亡时需要职工本人去外地料理丧事的,都可以根据路程远近,另给予路程假。③

2. 婚丧假的工资、路费。在批准的婚丧假和路程假期间,职工的工资照发,途中的车船费等,全部由职工自理。④

---

① 《国家劳动总局关于制定〈国务院关于职工探亲待遇的规定〉实施细则的若干问题的意见》第11条。
② 《国家劳动总局、财政部关于国营企业职工请婚丧假和路程假问题的通知》第1条。
③ 《国家劳动总局、财政部关于国营企业职工请婚丧假和路程假问题的通知》第2条。
④ 《国家劳动总局、财政部关于国营企业职工请婚丧假和路程假问题的通知》第3条。

第四章　劳动保护

劳动保护是国家和单位为保护劳动者在劳动生产过程中的安全和健康所采取的立法、组织和技术措施的总称。

第一节　安全生产

一、安全生产的一般规则

1. 安全生产的适用。(1)适用的法律。①为了加强安全生产工作,防止和减少生产安全事故,保障人民群众生命和财产安全,促进经济社会持续健康发展,制定《安全生产法》。① 《安全生产法》规定的生产安全一般事故、较大事故、重大事故、特别重大事故的划分标准由国务院规定。国务院应急管理部门和其他负有安全生产监督管理职责的部门应当根据各自的职责分工,制定相关行业、领域重大危险源的辨识标准和重大事故隐患的判定标准。② 其中,重大危险源,是指长期地或者临时地生产、搬运、使用或者储存危险物品,且危险物品的数量等于或者超过临界量的单元(包括场所和设施)。③ ②《安全生产法》自 2002 年 11 月 1 日起施行。④ (2)适用的对象。在中华人民共和国领域内从事生产经营活动的单位(以下统称生产经营单位)的安全生产,适用《安全生产法》;有关法律、行政法规对消防安全和道路交通安全、铁路交通安全、水上交通安全、民用航空安全以及核与辐射安全、特种设备安全另有规定的,适用其规定。⑤

---

① 《安全生产法》第 1 条。
② 《安全生产法》第 118 条。
③ 《安全生产法》第 117 条第 3 款。
④ 《安全生产法》第 119 条。
⑤ 《安全生产法》第 2 条。

2. 安全生产的政策及总体要求。(1)安全生产工作坚持中国共产党的领导。安全生产工作应当以人为本,坚持人民至上、生命至上,把保护人民生命安全摆在首位,树牢安全发展理念,坚持安全第一、预防为主、综合治理的方针,从源头上防范化解重大安全风险。安全生产工作实行管行业必须管安全、管业务必须管安全、管生产经营必须管安全,强化和落实生产经营单位主体责任与政府监管责任,建立生产经营单位负责、职工参与、政府监管、行业自律和社会监督的机制。①(2)生产经营单位必须遵守《安全生产法》和其他有关安全生产的法律、法规,加强安全生产管理,建立健全全员安全生产责任制和安全生产规章制度,加大对安全生产资金、物资、技术、人员的投入保障力度,改善安全生产条件,加强安全生产标准化、信息化建设,构建安全风险分级管控和隐患排查治理双重预防机制,健全风险防范化解机制,提高安全生产水平,确保安全生产。平台经济等新兴行业、领域的生产经营单位应当根据本行业、领域的特点,建立健全并落实全员安全生产责任制,加强从业人员安全生产教育和培训,履行本法和其他法律、法规规定的有关安全生产义务。②(3)国家鼓励和支持安全生产科学技术研究和安全生产先进技术的推广应用,提高安全生产水平。③(4)国家对在改善安全生产条件、防止生产安全事故、参加抢险救护等方面取得显著成绩的单位和个人,给予奖励。④(5)国家实行生产安全事故责任追究制度,依照《安全生产法》和有关法律、法规的规定,追究生产安全事故责任单位和责任人员的法律责任。⑤(6)各级人民政府及其有关部门应当采取多种形式,加强对有关安全生产的法律、法规和安全生产知识的宣传,增强全社会的安全生产意识。⑥

3. 安全生产工作的职责分工。(1)国务院和县级以上地方各级人民政府的职责。①国务院和县级以上地方各级人民政府应当根据国民经济和社会发展规划制定安全生产规划,并组织实施。安全生产规划应当与国土空间规划等相关规划相衔接。各级人民政府应当加强安全生产基础设施建设和安全生产监管能力建设,所需经费列入本级预算。县级以上地方各级人民政府应当组织有关部

---

① 《安全生产法》第3条。
② 《安全生产法》第4条。
③ 《安全生产法》第18条。
④ 《安全生产法》第19条。
⑤ 《安全生产法》第16条。
⑥ 《安全生产法》第13条。

门建立完善安全风险评估与论证机制,按照安全风险管控要求,进行产业规划和空间布局,并对位置相邻、行业相近、业态相似的生产经营单位实施重大安全风险联防联控。① ②国务院和县级以上地方各级人民政府应当加强对安全生产工作的领导,建立健全安全生产工作协调机制,支持、督促各有关部门依法履行安全生产监督管理职责,及时协调、解决安全生产监督管理中存在的重大问题。乡镇人民政府和街道办事处,以及开发区、工业园区、港区、风景区等应当明确负责安全生产监督管理的有关工作机构及其职责,加强安全生产监管力量建设,按照职责对本行政区域或者管理区域内生产经营单位安全生产状况进行监督检查,协助人民政府有关部门或者按照授权依法履行安全生产监督管理职责。② ③县级以上各级人民政府应当组织负有安全生产监督管理职责的部门依法编制安全生产权力和责任清单,公开并接受社会监督。③ (2) 国务院各部门的职责。①国务院应急管理部门依照《安全生产法》,对全国安全生产工作实施综合监督管理;县级以上地方各级人民政府应急管理部门依照《安全生产法》,对本行政区域内安全生产工作实施综合监督管理。国务院交通运输、住房和城乡建设、水利、民航等有关部门依照《安全生产法》和其他有关法律、行政法规的规定,在各自的职责范围内对有关行业、领域的安全生产工作实施监督管理;县级以上地方各级人民政府有关部门依照《安全生产法》和其他有关法律、法规的规定,在各自的职责范围内对有关行业、领域的安全生产工作实施监督管理。对新兴行业、领域的安全生产监督管理职责不明确的,由县级以上地方各级人民政府按照业务相近的原则确定监督管理部门。应急管理部门和对有关行业、领域的安全生产工作实施监督管理的部门,统称负有安全生产监督管理职责的部门。负有安全生产监督管理职责的部门应当相互配合、齐抓共管、信息共享、资源共用,依法加强安全生产监督管理工作。④ ②国务院有关部门应当按照保障安全生产的要求,依法及时制定有关的国家标准或者行业标准,并根据科技进步和经济发展适时修订。生产经营单位必须执行依法制定的保障安全生产的国家标准或者行业标准。⑤

---

① 《安全生产法》第8条。
② 《安全生产法》第9条。
③ 《安全生产法》第17条。
④ 《安全生产法》第10条。
⑤ 《安全生产法》第11条。

③国务院有关部门按照职责分工负责安全生产强制性国家标准的项目提出、组织起草、征求意见、技术审查。国务院应急管理部门统筹提出安全生产强制性国家标准的立项计划。国务院标准化行政主管部门负责安全生产强制性国家标准的立项、编号、对外通报和授权批准发布工作。国务院标准化行政主管部门、有关部门依据法定职责对安全生产强制性国家标准的实施进行监督检查。①（3）有关人员的职责。①安全生产的负责人。生产经营单位的主要负责人是本单位安全生产第一责任人，对本单位的安全生产工作全面负责。其他负责人对职责范围内的安全生产工作负责。② ②从业人员。生产经营单位的从业人员有依法获得安全生产保障的权利，并应当依法履行安全生产方面的义务。③（4）工会的职责。①工会依法对安全生产工作进行监督。生产经营单位的工会依法组织职工参加本单位安全生产工作的民主管理和民主监督，维护职工在安全生产方面的合法权益。生产经营单位制定或者修改有关安全生产的规章制度，应当听取工会的意见。④ ②工会有权对建设项目的安全设施与主体工程同时设计、同时施工、同时投入生产和使用进行监督，提出意见。⑤（5）有关协会的职责。有关协会组织依照法律、行政法规和章程，为生产经营单位提供安全生产方面的信息、培训等服务，发挥自律作用，促进生产经营单位加强安全生产管理。⑥（6）提供技术、管理服务的机构的职责。依法设立的为安全生产提供技术、管理服务的机构，依照法律、行政法规和执业准则，接受生产经营单位的委托为其安全生产工作提供技术、管理服务。生产经营单位委托机构提供安全生产技术、管理服务的，保证安全生产的责任仍由本单位负责。⑦

二、生产经营单位的安全生产保障规范

1. 建设项目及安全设施的设计人、设计单位的安全保障规范。（1）生产经营单位新建、改建、扩建工程项目（以下统称建设项目）的安全设施，必须与主体工程同时设计、同时施工、同时投入生产和使用。安全设施投资应当纳入建设项目

---

① 《安全生产法》第12条。
② 《安全生产法》第5条。
③ 《安全生产法》第6条。
④ 《安全生产法》第7条。
⑤ 《安全生产法》第60条第1款。
⑥ 《安全生产法》第14条。
⑦ 《安全生产法》第15条。

概算。① （2）矿山、金属冶炼建设项目和用于生产、储存、装卸危险物品的建设项目,应当按照国家有关规定进行安全评价。② 其中,危险物品,是指易燃易爆物品、危险化学品、放射性物品等能够危及人身安全和财产安全的物品。③ （3）建设项目安全设施的设计人、设计单位应当对安全设施设计负责。矿山、金属冶炼建设项目和用于生产、储存、装卸危险物品的建设项目的安全设施设计应当按照国家有关规定报经有关部门审查,审查部门及其负责审查的人员对审查结果负责。④

2. 施工单位的安全保障规范。矿山、金属冶炼建设项目和用于生产、储存、装卸危险物品的建设项目的施工单位必须按照批准的安全设施设计施工,并对安全设施的工程质量负责。矿山、金属冶炼建设项目和用于生产、储存、装卸危险物品的建设项目竣工投入生产或者使用前,应当由建设单位负责组织对安全设施进行验收;验收合格后,方可投入生产和使用。负有安全生产监督管理职责的部门应当加强对建设单位验收活动和验收结果的监督核查。⑤

3. 各级人民政府及职能部门的安全保障规范。（1）国家等职能部门的安全保障。国家对严重危及生产安全的工艺、设备实行淘汰制度,具体目录由国务院应急管理部门会同国务院有关部门制定并公布。法律、行政法规对目录的制定另有规定的,适用其规定。⑥ （2）省、自治区、直辖市人民政府可以根据本地区实际情况制定并公布具体目录,对前款规定以外的危及生产安全的工艺、设备予以淘汰。⑦ （3）县级以上地方各级人民政府负有安全生产监督管理职责的部门应当将重大事故隐患纳入相关信息系统,建立健全重大事故隐患治理督办制度,督促生产经营单位消除重大事故隐患。⑧

4. 生产经营单位的安全保障规范。（1）基本的安全规范。①生产经营单位的安全生产条件。生产经营单位应当具备本法和有关法律、行政法规和国家标

---

① 《安全生产法》第 31 条。
② 《安全生产法》第 32 条。
③ 《安全生产法》第 117 条第 2 款。
④ 《安全生产法》第 33 条。
⑤ 《安全生产法》第 34 条。
⑥ 《安全生产法》第 38 条第 1 款。
⑦ 《安全生产法》第 38 条第 2 款。
⑧ 《安全生产法》第 41 条第 3 款。

准或者行业标准规定的安全生产条件;不具备安全生产条件的,不得从事生产经营活动。① ②生产经营单位的全员的安全生产责任制。生产经营单位的全员安全生产责任制应当明确各岗位的责任人员、责任范围和考核标准等内容。生产经营单位应当建立相应的机制,加强对全员安全生产责任制落实情况的监督考核,保证全员安全生产责任制的落实。② ③具备的安全生产条件所必需的资金投入。生产经营单位应当具备的安全生产条件所必需的资金投入,由生产经营单位的决策机构、主要负责人或者个人经营的投资人予以保证,并对由于安全生产所必需的资金投入不足导致的后果承担责任。有关生产经营单位应当按照规定提取和使用安全生产费用,专门用于改善安全生产条件。安全生产费用在成本中据实列支。安全生产费用提取、使用和监督管理的具体办法由国务院财政部门会同国务院应急管理部门征求国务院有关部门意见后制定。③ ④生产经营场所的规范。生产、经营、储存、使用危险物品的车间、商店、仓库不得与员工宿舍在同一座建筑物内,并应当与员工宿舍保持安全距离。生产经营场所和员工宿舍应当设有符合紧急疏散要求、标志明显、保持畅通的出口、疏散通道。禁止占用、锁闭、封堵生产经营场所或者员工宿舍的出口、疏散通道。④ ⑤设备的规范。第一,工艺设备。生产经营单位不得使用应当淘汰的危及生产安全的工艺、设备。⑤ 第二,安全设备。安全设备的设计、制造、安装、使用、检测、维修、改造和报废,应当符合国家标准或者行业标准。生产经营单位必须对安全设备进行经常性维护、保养,并定期检测,保证正常运转。维护、保养、检测应当做好记录,并由有关人员签字。生产经营单位不得关闭、破坏直接关系生产安全的监控、报警、防护、救生设备、设施,或者篡改、隐瞒、销毁其相关数据、信息。餐饮等行业的生产经营单位使用燃气的,应当安装可燃气体报警装置,并保障其正常使用。⑥ 第三,特种设备。生产经营单位使用的危险物品的容器、运输工具,以及涉及人身安全、危险性较大的海洋石油开采特种设备和矿山井下特种设备,必须按照国家有关规定,由专业生产单位生产,并经具有专业资质的检测、检验机构检测、检

---

① 《安全生产法》第20条。
② 《安全生产法》第22条。
③ 《安全生产法》第23条。
④ 《安全生产法》第42条。
⑤ 《安全生产法》第38条第3款。
⑥ 《安全生产法》第36条。

合格,取得安全使用证或者安全标志,方可投入使用。检测、检验机构对检测、检验结果负责。① ⑥登记建档及信息共享。生产经营单位对重大危险源应当登记建档,进行定期检测、评估、监控,并制定应急预案,告知从业人员和相关人员在紧急情况下应当采取的应急措施。生产经营单位应当按照国家有关规定将本单位重大危险源及有关安全措施、应急措施报有关地方人民政府应急管理部门和有关部门备案。有关地方人民政府应急管理部门和有关部门应当通过相关信息系统实现信息共享。② ⑦发包或者出租的限定。生产经营单位不得将生产经营项目、场所、设备发包或者出租给不具备安全生产条件或者相应资质的单位或者个人。生产经营项目、场所发包或者出租给其他单位的,生产经营单位应当与承包单位、承租单位签订专门的安全生产管理协议,或者在承包合同、租赁合同中约定各自的安全生产管理职责;生产经营单位对承包单位、承租单位的安全生产工作统一协调、管理,定期进行安全检查,发现安全问题的,应当及时督促整改。矿山、金属冶炼建设项目和用于生产、储存、装卸危险物品的建设项目的施工单位应当加强对施工项目的安全管理,不得倒卖、出租、出借、挂靠或者以其他形式非法转让施工资质,不得将其承包的全部建设工程转包给第三人或者将其承包的全部建设工程支解以后以分包的名义分别转包给第三人,不得将工程分包给不具备相应资质条件的单位。③ ⑧所属人员的安全保障。第一,提供劳动防护用品。生产经营单位必须为从业人员提供符合国家标准或者行业标准的劳动防护用品,并监督、教育从业人员按照使用规则佩戴、使用。④ 第二,安全生产的教育和督促。生产经营单位应当教育和督促从业人员严格执行本单位的安全生产规章制度和安全操作规程;并向从业人员如实告知作业场所和工作岗位存在的危险因素、防范措施以及事故应急措施。生产经营单位应当关注从业人员的身体、心理状况和行为习惯,加强对从业人员的心理疏导、精神慰藉,严格落实岗位安全生产责任,防范从业人员行为异常导致事故发生。⑤ 第三,安排经费。生产经营单位应当安排用于配备劳动防护用品、进行安全生产培训的经费。⑥ 第四,参

---

① 《安全生产法》第 37 条。
② 《安全生产法》第 40 条。
③ 《安全生产法》第 49 条。
④ 《安全生产法》第 45 条。
⑤ 《安全生产法》第 44 条。
⑥ 《安全生产法》第 47 条。

加工伤保险。生产经营单位必须依法参加工伤保险,为从业人员缴纳保险费。国家鼓励生产经营单位投保安全生产责任保险;属于国家规定的高危行业、领域的生产经营单位,应当投保安全生产责任保险。具体范围和实施办法由国务院应急管理部门会同国务院财政部门、国务院保险监督管理机构和相关行业主管部门制定。①（2）安全管理的规范。①建立安全风险分级管控等制度。生产经营单位应当建立安全风险分级管控制度,按照安全风险分级采取相应的管控措施。生产经营单位应当建立健全并落实生产安全事故隐患排查治理制度,采取技术、管理措施,及时发现并消除事故隐患。事故隐患排查治理情况应当如实记录,并通过职工大会或者职工代表大会、信息公示栏等方式向从业人员通报。其中,重大事故隐患排查治理情况应当及时向负有安全生产监督管理职责的部门和职工大会或者职工代表大会报告。② ②设置明显的安全警示标志。生产经营单位应当在有较大危险因素的生产经营场所和有关设施、设备上,设置明显的安全警示标志。③ ③使用危险物品或者处置废弃危险物品等的规范。生产、经营、运输、储存、使用危险物品或者处置废弃危险物品的,由有关主管部门依照有关法律、法规的规定和国家标准或者行业标准审批并实施监督管理。生产经营单位生产、经营、运输、储存、使用危险物品或者处置废弃危险物品,必须执行有关法律、法规和国家标准或者行业标准,建立专门的安全管理制度,采取可靠的安全措施,接受有关主管部门依法实施的监督管理。④ ④进行现场安全管理。生产经营单位进行爆破、吊装、动火、临时用电以及国务院应急管理部门会同国务院有关部门规定的其他危险作业,应当安排专门人员进行现场安全管理,确保操作规程的遵守和安全措施的落实。⑤ ⑤签订安全生产管理协议。两个以上生产经营单位在同一作业区域内进行生产经营活动,可能危及对方生产安全的,应当签订安全生产管理协议,明确各自的安全生产管理职责和应当采取的安全措施,并指定专职安全生产管理人员进行安全检查与协调。⑥ ⑥设置安全生产管理机构或者配备专职安全生产管理人员。矿山、金属冶炼、建筑施工、运输单位和危险物品的

---

① 《安全生产法》第51条。
② 《安全生产法》第41条第1款、2款。
③ 《安全生产法》第35条。
④ 《安全生产法》第39条。
⑤ 《安全生产法》第43条。
⑥ 《安全生产法》第48条。

生产、经营、储存、装卸单位,应当设置安全生产管理机构或者配备专职安全生产管理人员。上述规定以外的其他生产经营单位,从业人员超过100人的,应当设置安全生产管理机构或者配备专职安全生产管理人员;从业人员在100人以下的,应当配备专职或者兼职的安全生产管理人员。①

5. 相关人员的安全保障规范。(1)生产经营单位的主要负责人及安全生产管理机构以及安全生产管理人员的规范。①生产经营单位主要负责人的职责。生产经营单位的主要负责人对本单位安全生产工作负有下列职责:第一,建立健全并落实本单位全员安全生产责任制,加强安全生产标准化建设;第二,组织制定并实施本单位安全生产规章制度和操作规程;第三,组织制定并实施本单位安全生产教育和培训计划;第四,保证本单位安全生产投入的有效实施;第五,组织建立并落实安全风险分级管控和隐患排查治理双重预防工作机制,督促、检查本单位的安全生产工作,及时消除生产安全事故隐患;第六,组织制定并实施本单位的生产安全事故应急救援预案;第七,及时、如实报告生产安全事故。② ②安全生产管理机构以及安全生产管理人员的职责。生产经营单位的安全生产管理机构以及安全生产管理人员履行下列职责:第一,组织或者参与拟订本单位安全生产规章制度、操作规程和生产安全事故应急救援预案;第二,组织或者参与本单位安全生产教育和培训,如实记录安全生产教育和培训情况;第三,组织开展危险源辨识和评估,督促落实本单位重大危险源的安全管理措施;第四,组织或者参与本单位应急救援演练;第五,检查本单位的安全生产状况,及时排查生产安全事故隐患,提出改进安全生产管理的建议;第六,制止和纠正违章指挥、强令冒险作业、违反操作规程的行为;第七,督促落实本单位安全生产整改措施。生产经营单位可以设置专职安全生产分管负责人,协助本单位主要负责人履行安全生产管理职责。③ ③"上述人员"的要求。第一,生产经营单位发生生产安全事故时,单位的主要负责人应当立即组织抢救,并不得在事故调查处理期间擅离职守。④ 第二,生产经营单位的安全生产管理人员应当根据本单位的生产经营特点,对安全生产状况进行经常性检查;对检查中发现的安全问题,应当立即处理;

---

① 《安全生产法》第24条。
② 《安全生产法》第21条。
③ 《安全生产法》第25条。
④ 《安全生产法》第50条。

不能处理的,应当及时报告本单位有关负责人,有关负责人应当及时处理。检查及处理情况应当如实记录在案。生产经营单位的安全生产管理人员在检查中发现重大事故隐患,依照上述规定向本单位有关负责人报告,有关负责人不及时处理的,安全生产管理人员可以向主管的负有安全生产监督管理职责的部门报告,接到报告的部门应当依法及时处理。① 第三,生产经营单位的主要负责人和安全生产管理人员必须具备与本单位所从事的生产经营活动相应的安全生产知识和管理能力。危险物品的生产、经营、储存、装卸单位以及矿山、金属冶炼、建筑施工、运输单位的主要负责人和安全生产管理人员,应当由主管的负有安全生产监督管理职责的部门对其安全生产知识和管理能力考核合格。考核不得收费。危险物品的生产、储存、装卸单位以及矿山、金属冶炼单位应当有注册安全工程师从事安全生产管理工作。鼓励其他生产经营单位聘用注册安全工程师从事安全生产管理工作。注册安全工程师按专业分类管理,具体办法由国务院人力资源和社会保障部门、国务院应急管理部门会同国务院有关部门制定。② 第四,生产经营单位的安全生产管理机构以及安全生产管理人员应当恪尽职守,依法履行职责。生产经营单位作出涉及安全生产的经营决策,应当听取安全生产管理机构以及安全生产管理人员的意见。生产经营单位不得因安全生产管理人员依法履行职责而降低其工资、福利等待遇或者解除与其订立的劳动合同。危险物品的生产、储存单位以及矿山、金属冶炼单位的安全生产管理人员的任免,应当告知主管的负有安全生产监督管理职责的部门。③ (2)从业人员的规范。①生产经营单位应当对从业人员进行安全生产教育和培训,保证从业人员具备必要的安全生产知识,熟悉有关的安全生产规章制度和安全操作规程,掌握本岗位的安全操作技能,了解事故应急处理措施,知悉自身在安全生产方面的权利和义务。未经安全生产教育和培训合格的从业人员,不得上岗作业。生产经营单位使用被派遣劳动者的,应当将被派遣劳动者纳入本单位从业人员统一管理,对被派遣劳动者进行岗位安全操作规程和安全操作技能的教育和培训。劳务派遣单位应当对被派遣劳动者进行必要的安全生产教育和培训。生产经营单位接收中等职业学校、高等学校学生实习的,应当对实习学生进行相应的安全生产教育和培训,

---

① 《安全生产法》第46条。
② 《安全生产法》第27条。
③ 《安全生产法》第26条。

提供必要的劳动防护用品。学校应当协助生产经营单位对实习学生进行安全生产教育和培训。生产经营单位应当建立安全生产教育和培训档案,如实记录安全生产教育和培训的时间、内容、参加人员以及考核结果等情况。①②生产经营单位采用新工艺、新技术、新材料或者使用新设备,必须了解、掌握其安全技术特性,采取有效的安全防护措施,并对从业人员进行专门的安全生产教育和培训。②③生产经营单位的特种作业人员必须按照国家有关规定经专门的安全作业培训,取得相应资格,方可上岗作业。特种作业人员的范围由国务院应急管理部门会同国务院有关部门确定。③

三、从业人员的安全生产权利义务

1. 从业人员安全生产的权利。(1)劳动合同中的劳动权益保障。生产经营单位与从业人员订立的劳动合同,应当载明有关保障从业人员劳动安全、防止职业危害的事项,以及依法为从业人员办理工伤保险的事项。生产经营单位不得以任何形式与从业人员订立协议,免除或者减轻其对从业人员因生产安全事故伤亡依法应承担的责任。④(2)有权了解其作业场所和工作岗位等情况。生产经营单位的从业人员有权了解其作业场所和工作岗位存在的危险因素、防范措施及事故应急措施,有权对本单位的安全生产工作提出建议。⑤(3)有权提出批评、检举、控告。从业人员有权对本单位安全生产工作中存在的问题提出批评、检举、控告;有权拒绝违章指挥和强令冒险作业。生产经营单位不得因从业人员对本单位安全生产工作提出批评、检举、控告或者拒绝违章指挥、强令冒险作业而降低其工资、福利等待遇或者解除与其订立的劳动合同。⑥(4)有权停止作业或者撤离作业场所。从业人员发现直接危及人身安全的紧急情况时,有权停止作业或者在采取可能的应急措施后撤离作业场所。生产经营单位不得因从业人员在前款紧急情况下停止作业或者采取紧急撤离措施而降低其工资、福利等待遇或者解除与其订立的劳动合同。⑦(5)有权提出并获得赔偿。生产经营单位发生

---

① 《安全生产法》第 28 条。
② 《安全生产法》第 29 条。
③ 《安全生产法》第 30 条。
④ 《安全生产法》第 52 条。
⑤ 《安全生产法》第 53 条。
⑥ 《安全生产法》第 54 条。
⑦ 《安全生产法》第 55 条。

生产安全事故后,应当及时采取措施救治有关人员。因生产安全事故受到损害的从业人员,除依法享有工伤保险外,依照有关民事法律尚有获得赔偿的权利的,有权提出赔偿要求。①

2. 从业人员安全生产的义务。(1)遵守安全生产规章制度和操作规程。从业人员在作业过程中,应当严格落实岗位安全责任,遵守本单位的安全生产规章制度和操作规程,服从管理,正确佩戴和使用劳动防护用品。②(2)接受安全生产教育和培训。从业人员应当接受安全生产教育和培训,掌握本职工作所需的安全生产知识,提高安全生产技能,增强事故预防和应急处理能力。③(3)报告事故隐患或者其他不安全因素。从业人员发现事故隐患或者其他不安全因素,应当立即向现场安全生产管理人员或者本单位负责人报告;接到报告的人员应当及时予以处理。④

3. 被派遣劳动者生产安全的权利义务。生产经营单位使用被派遣劳动者的,被派遣劳动者享有《安全生产法》规定的从业人员的权利,并应当履行《安全生产法》规定的从业人员的义务。⑤

4. 工会对从业人员安全生产权益的保护。工会对生产经营单位违反安全生产法律、法规,侵犯从业人员合法权益的行为,有权要求纠正;发现生产经营单位违章指挥、强令冒险作业或者发现事故隐患时,有权提出解决的建议,生产经营单位应当及时研究答复;发现危及从业人员生命安全的情况时,有权向生产经营单位建议组织从业人员撤离危险场所,生产经营单位必须立即作出处理。工会有权依法参加事故调查,向有关部门提出处理意见,并要求追究有关人员的责任。⑥

四、安全生产的监督管理

1. 安全生产监督管理的职责分工。(1)县级以上地方各级人民政府的职责。①县级以上地方各级人民政府应当根据本行政区域内的安全生产状况,组织有

---

① 《安全生产法》第56条。
② 《安全生产法》第57条。
③ 《安全生产法》第58条。
④ 《安全生产法》第59条。
⑤ 《安全生产法》第61条。
⑥ 《安全生产法》第60条第2款、3款。

关部门按照职责分工,对本行政区域内容易发生重大生产安全事故的生产经营单位进行严格检查。应急管理部门应当按照分类分级监督管理的要求,制定安全生产年度监督检查计划,并按照年度监督检查计划进行监督检查,发现事故隐患,应当及时处理。① ②县级以上各级人民政府及其有关部门对报告重大事故隐患或者举报安全生产违法行为的有功人员,给予奖励。具体奖励办法由国务院应急管理部门会同国务院财政部门制定。② (2)负有安全生产监督管理职责部门的职责。①负有安全生产监督管理职责的部门依照有关法律、法规的规定,对涉及安全生产的事项需要审查批准(包括批准、核准、许可、注册、认证、颁发证照等,下同)或者验收的,必须严格依照有关法律、法规和国家标准或者行业标准规定的安全生产条件和程序进行审查;不符合有关法律、法规和国家标准或者行业标准规定的安全生产条件的,不得批准或者验收通过。对未依法取得批准或者验收合格的单位擅自从事有关活动的,负责行政审批的部门发现或者接到举报后应当立即予以取缔,并依法予以处理。对已经依法取得批准的单位,负责行政审批的部门发现其不再具备安全生产条件的,应当撤销原批准。③ ②负有安全生产监督管理职责的部门对涉及安全生产的事项进行审查、验收,不得收取费用;不得要求接受审查、验收的单位购买其指定品牌或者指定生产、销售单位的安全设备、器材或者其他产品。④ (3)应急管理部门和其他负有安全生产监督管理职责的部门的职责。应急管理部门和其他负有安全生产监督管理职责的部门依法开展安全生产行政执法工作,对生产经营单位执行有关安全生产的法律、法规和国家标准或者行业标准的情况进行监督检查,行使以下职权:①进入生产经营单位进行检查,调阅有关资料,向有关单位和人员了解情况;②对检查中发现的安全生产违法行为,当场予以纠正或者要求限期改正;对依法应当给予行政处罚的行为,依照《安全生产法》和其他有关法律、行政法规的规定作出行政处罚决定;③对检查中发现的事故隐患,应当责令立即排除;重大事故隐患排除前或者排除过程中无法保证安全的,应当责令从危险区域内撤出作业人员,责令暂时停产停业或者停止使用相关设施、设备;重大事故隐患排除后,经审查同意,方可恢复生

---

① 《安全生产法》第62条。
② 《安全生产法》第76条。
③ 《安全生产法》第63条。
④ 《安全生产法》第64条。

产经营和使用;④对有根据认为不符合保障安全生产的国家标准或者行业标准的设施、设备、器材以及违法生产、储存、使用、经营、运输的危险物品予以查封或者扣押,对违法生产、储存、使用、经营危险物品的作业场所予以查封,并依法作出处理决定。监督检查不得影响被检查单位的正常生产经营活动。① (4) 其他的单位及部门。①监察机关。监察机关依照《监察法》的规定,对负有安全生产监督管理职责的部门及其工作人员履行安全生产监督管理职责实施监察。② ②人民检察院。因安全生产违法行为造成重大事故隐患或者导致重大事故,致使国家利益或者社会公共利益受到侵害的,人民检察院可以根据《民事诉讼法》《行政诉讼法》的相关规定提起公益诉讼。③ ③居民委员会、村民委员会。居民委员会、村民委员会发现其所在区域内的生产经营单位存在事故隐患或者安全生产违法行为时,应当向当地人民政府或者有关部门报告。④ ④新闻等宣传单位。新闻、出版、广播、电影、电视等单位有进行安全生产公益宣传教育的义务,有对违反安全生产法律、法规的行为进行舆论监督的权利。⑤

2. 安全生产监督管理的规范。(1)生产经营单位的规范。生产经营单位对负有安全生产监督管理职责的部门的监督检查人员(以下统称安全生产监督检查人员)依法履行监督检查职责,应当予以配合,不得拒绝、阻挠。⑥ (2)安全生产监督检查人员的规范。①安全生产监督检查人员应当忠于职守,坚持原则,秉公执法。安全生产监督检查人员执行监督检查任务时,必须出示有效的行政执法证件;对涉及被检查单位的技术秘密和业务秘密,应当为其保密。⑦ ②安全生产监督检查人员应当将检查的时间、地点、内容、发现的问题及其处理情况,作出书面记录,并由检查人员和被检查单位的负责人签字;被检查单位的负责人拒绝签字的,检查人员应当将情况记录在案,并向负有安全生产监督管理职责的部门报告。⑧ (3)监督管理职责的部门的规范。①负有安全生产监督管理职责的部门

---

① 《安全生产法》第65条。
② 《安全生产法》第71条。
③ 《安全生产法》第74条第2款。
④ 《安全生产法》第75条。
⑤ 《安全生产法》第77条。
⑥ 《安全生产法》第66条。
⑦ 《安全生产法》第67条。
⑧ 《安全生产法》第68条。

在监督检查中,应当互相配合,实行联合检查;确需分别进行检查的,应当互通情况,发现存在的安全问题应当由其他有关部门进行处理的,应当及时移送其他有关部门并形成记录备查,接受移送的部门应当及时进行处理。[①] ②负有安全生产监督管理职责的部门依法对存在重大事故隐患的生产经营单位作出停产停业、停止施工、停止使用相关设施或者设备的决定,生产经营单位应当依法执行,及时消除事故隐患。生产经营单位拒不执行,有发生生产安全事故的现实危险的,在保证安全的前提下,经本部门主要负责人批准,负有安全生产监督管理职责的部门可以采取通知有关单位停止供电、停止供应民用爆炸物品等措施,强制生产经营单位履行决定。通知应当采用书面形式,有关单位应当予以配合。负有安全生产监督管理职责的部门依照前款规定采取停止供电措施,除有危及生产安全的紧急情形外,应当提前24小时通知生产经营单位。生产经营单位依法履行行政决定、采取相应措施消除事故隐患的,负有安全生产监督管理职责的部门应当及时解除前款规定的措施。[②] ③负有安全生产监督管理职责的部门应当建立举报制度,公开举报电话、信箱或者电子邮件地址等网络举报平台,受理有关安全生产的举报;受理的举报事项经调查核实后,应当形成书面材料;需要落实整改措施的,报经有关负责人签字并督促落实。对不属于本部门职责,需要由其他有关部门进行调查处理的,转交其他有关部门处理。涉及人员死亡的举报事项,应当由县级以上人民政府组织核查处理。[③] ④负有安全生产监督管理职责的部门应当建立安全生产违法行为信息库,如实记录生产经营单位及其有关从业人员的安全生产违法行为信息;对违法行为情节严重的生产经营单位及其有关从业人员,应当及时向社会公告,并通报行业主管部门、投资主管部门、自然资源主管部门、生态环境主管部门、证券监督管理机构以及有关金融机构。有关部门和机构应当对存在失信行为的生产经营单位及其有关从业人员采取加大执法检查频次、暂停项目审批、上调有关保险费率、行业或者职业禁入等联合惩戒措施,并向社会公示。负有安全生产监督管理职责的部门应当加强对生产经营单位行政处罚信息的及时归集、共享、应用和公开,对生产经营单位作出处罚决定后7个工作日内在监督管理部门公示系统予以公开曝光,强化对违法失信生产经营单位

[①] 《安全生产法》第69条。
[②] 《安全生产法》第70条。
[③] 《安全生产法》第73条。

及其有关从业人员的社会监督,提高全社会安全生产诚信水平。①(4)安全评价、认证、检测、检验职责的机构的规范。承担安全评价、认证、检测、检验职责的机构应当具备国家规定的资质条件,并对其作出的安全评价、认证、检测、检验结果的合法性、真实性负责。资质条件由国务院应急管理部门会同国务院有关部门制定。承担安全评价、认证、检测、检验职责的机构应当建立并实施服务公开和报告公开制度,不得租借资质、挂靠、出具虚假报告。②(5)社会的监督规范。任何单位或者个人对事故隐患或者安全生产违法行为,均有权向负有安全生产监督管理职责的部门报告或者举报。③

五、生产安全事故的应急救援与调查处理

1. 生产安全事故应急救援的职责分工。(1)国家、政府及职能部门的职责。①国家加强生产安全事故应急能力建设,在重点行业、领域建立应急救援基地和应急救援队伍,并由国家安全生产应急救援机构统一协调指挥;鼓励生产经营单位和其他社会力量建立应急救援队伍,配备相应的应急救援装备和物资,提高应急救援的专业化水平。国务院应急管理部门牵头建立全国统一的生产安全事故应急救援信息系统,国务院交通运输、住房和城乡建设、水利、民航等有关部门和县级以上地方人民政府建立健全相关行业、领域、地区的生产安全事故应急救援信息系统,实现互联互通、信息共享,通过推行网上安全信息采集、安全监管和监测预警,提升监管的精准化、智能化水平。④ ②县级以上地方各级人民政府应当组织有关部门制定本行政区域内生产安全事故应急救援预案,建立应急救援体系。乡镇人民政府和街道办事处,以及开发区、工业园区、港区、风景区等应当制定相应的生产安全事故应急救援预案,协助人民政府有关部门或者按照授权依法履行生产安全事故应急救援工作职责。⑤ ③负有安全生产监督管理职责的部门接到事故报告后,应当立即按照国家有关规定上报事故情况。负有安全生产监督管理职责的部门和有关地方人民政府对事故情况不得隐瞒不报、谎报或者

---

① 《安全生产法》第78条。
② 《安全生产法》第72条。
③ 《安全生产法》第74条第1款。
④ 《安全生产法》第79条。
⑤ 《安全生产法》第80条。

迟报。① ④有关地方人民政府和负有安全生产监督管理职责的部门的负责人接到生产安全事故报告后,应当按照生产安全事故应急救援预案的要求立即赶到事故现场,组织事故抢救。参与事故抢救的部门和单位应当服从统一指挥,加强协同联动,采取有效的应急救援措施,并根据事故救援的需要采取警戒、疏散等措施,防止事故扩大和次生灾害的发生,减少人员伤亡和财产损失。事故抢救过程中应当采取必要措施,避免或者减少对环境造成的危害。任何单位和个人都应当支持、配合事故抢救,并提供一切便利条件。② (2)生产经营单位及有关人员的职责。①生产经营单位应当制定本单位生产安全事故应急救援预案,与所在地县级以上地方人民政府组织制定的生产安全事故应急救援预案相衔接,并定期组织演练。③ ②危险物品的生产、经营、储存单位以及矿山、金属冶炼、城市轨道交通运营、建筑施工单位应当建立应急救援组织;生产经营规模较小的,可以不建立应急救援组织,但应当指定兼职的应急救援人员。危险物品的生产、经营、储存、运输单位以及矿山、金属冶炼、城市轨道交通运营、建筑施工单位应当配备必要的应急救援器材、设备和物资,并进行经常性维护、保养,保证正常运转。④ ③生产经营单位发生生产安全事故后,事故现场有关人员应当立即报告本单位负责人。单位负责人接到事故报告后,应当迅速采取有效措施,组织抢救,防止事故扩大,减少人员伤亡和财产损失,并按照国家有关规定立即如实报告当地负有安全生产监督管理职责的部门,不得隐瞒不报、谎报或者迟报,不得故意破坏事故现场、毁灭有关证据。⑤

2. 事故调查处理的原则及职责分工。(1)事故调查处理应当按照科学严谨、依法依规、实事求是、注重实效的原则,及时、准确地查清事故原因,查明事故性质和责任,评估应急处置工作,总结事故教训,提出整改措施,并对事故责任单位和人员提出处理建议。事故调查报告应当依法及时向社会公布。事故调查和处理的具体办法由国务院制定。事故发生单位应当及时全面落实整改措施,负有安全生产监督管理职责的部门应当加强监督检查。负责事故调查处理的国务院

---

① 《安全生产法》第84条。
② 《安全生产法》第85条。
③ 《安全生产法》第81条。
④ 《安全生产法》第82条。
⑤ 《安全生产法》第83条。

有关部门和地方人民政府应当在批复事故调查报告后1年内,组织有关部门对事故整改和防范措施落实情况进行评估,并及时向社会公开评估结果;对不履行职责导致事故整改和防范措施没有落实的有关单位和人员,应当按照有关规定追究责任。① (2) 县级以上地方各级人民政府应急管理部门应当定期统计分析本行政区域内发生生产安全事故的情况,并定期向社会公布。② (3) 任何单位和个人不得阻挠和干涉对事故的依法调查处理。③

六、安全生产的法律责任

1. 行政部门及其人员的法律责任。(1) 负有审查批准和监督职责的行政部门的法律责任。生产经营单位发生生产安全事故,经调查确定为责任事故的,除了应当查明事故单位的责任并依法予以追究外,还应当查明对安全生产的有关事项负有审查批准和监督职责的行政部门的责任,对有失职、渎职行为的,依照《安全生产法》第90条的规定追究法律责任。④ (2) 负有安全生产监督管理职责的部门的工作人员的法律责任。①负有安全生产监督管理职责的部门的工作人员,有下列行为之一的,给予降级或者撤职的处分;构成犯罪的,依照《刑法》有关规定追究刑事责任:第一,对不符合法定安全生产条件的涉及安全生产的事项予以批准或者验收通过的;第二,发现未依法取得批准、验收的单位擅自从事有关活动或者接到举报后不予取缔或者不依法予以处理的;第三,对已经依法取得批准的单位不履行监督管理职责,发现其不再具备安全生产条件而不撤销原批准或者发现安全生产违法行为不予查处的;第四,在监督检查中发现重大事故隐患,不依法及时处理的。负有安全生产监督管理职责的部门的工作人员有上述规定以外的滥用职权、玩忽职守、徇私舞弊行为的,依法给予处分;构成犯罪的,依照《刑法》有关规定追究刑事责任。⑤ ②有关地方人民政府、负有安全生产监督管理职责的部门,对生产安全事故隐瞒不报、谎报或者迟报的,对直接负责的主管人员和其他直接责任人员依法给予处分;构成犯罪的,依照《刑法》有关规定追

---

① 《安全生产法》第86条。
② 《安全生产法》第89条。
③ 《安全生产法》第88条。
④ 《安全生产法》第87条。
⑤ 《安全生产法》第90条。

究刑事责任。① （3）负有安全生产监督管理职责的部门的法律责任。负有安全生产监督管理职责的部门，要求被审查、验收的单位购买其指定的安全设备、器材或者其他产品的，在对安全生产事项的审查、验收中收取费用的，由其上级机关或者监察机关责令改正，责令退还收取的费用；情节严重的，对直接负责的主管人员和其他直接责任人员依法给予处分。②

2. 承担安全评价、认证、检测、检验职责的机构的法律责任。承担安全评价、认证、检测、检验职责的机构出具失实报告的，责令停业整顿，并处3万元以上10万元以下的罚款；给他人造成损害的，依法承担赔偿责任。承担安全评价、认证、检测、检验职责的机构租借资质、挂靠、出具虚假报告的，没收违法所得；违法所得在10万元以上的，并处违法所得2倍以上5倍以下的罚款，没有违法所得或者违法所得不足10万元的，单处或者并处10万元以上20万元以下的罚款；对其直接负责的主管人员和其他直接责任人员处5万元以上10万元以下的罚款；给他人造成损害的，与生产经营单位承担连带赔偿责任；构成犯罪的，依照《刑法》有关规定追究刑事责任。对有上述违法行为的机构及其直接责任人员，吊销其相应资质和资格，5年内不得从事安全评价、认证、检测、检验等工作；情节严重的，实行终身行业和职业禁入。③

3. 生产经营单位人员的法律责任。（1）决策机构及其人员的法律责任。生产经营单位的决策机构、主要负责人或者个人经营的投资人不依照本法规定保证安全生产所必需的资金投入，致使生产经营单位不具备安全生产条件的，责令限期改正，提供必需的资金；逾期未改正的，责令生产经营单位停产停业整顿。有前款违法行为，导致发生生产安全事故的，对生产经营单位的主要负责人给予撤职处分，对个人经营的投资人处2万元以上20万元以下的罚款；构成犯罪的，依照《刑法》有关规定追究刑事责任。④ （2）主要负责人的法律责任。①生产经营单位的主要负责人未履行本法规定的安全生产管理职责的，责令限期改正，处2万元以上5万元以下的罚款；逾期未改正的，处5万元以上10万元以下的罚款，责令生产经营单位停产停业整顿。生产经营单位的主要负责人有前款违法

---

① 《安全生产法》第111条。
② 《安全生产法》第91条。
③ 《安全生产法》第92条。
④ 《安全生产法》第93条。

行为,导致发生生产安全事故的,给予撤职处分;构成犯罪的,依照《刑法》有关规定追究刑事责任。生产经营单位的主要负责人依照上述规定受刑事处罚或者撤职处分的,自刑罚执行完毕或者受处分之日起,5年内不得担任任何生产经营单位的主要负责人;对重大、特别重大生产安全事故负有责任的,终身不得担任本行业生产经营单位的主要负责人。① ②生产经营单位的主要负责人未履行《安全生产法》规定的安全生产管理职责,导致发生生产安全事故的,由应急管理部门依照下列规定处以罚款:第一,发生一般事故的,处上1年年收入40%的罚款;第二,发生较大事故的,处上1年年收入60%的罚款;第三,发生重大事故的,处上1年年收入80%的罚款;第四,发生特别重大事故的,处上1年年收入100%的罚款。② ③生产经营单位的主要负责人在本单位发生生产安全事故时,不立即组织抢救或者在事故调查处理期间擅离职守或者逃匿的,给予降级、撤职的处分,并由应急管理部门处上1年年收入60%~100%的罚款;对逃匿的处15日以下拘留;构成犯罪的,依照《刑法》有关规定追究刑事责任。生产经营单位的主要负责人对生产安全事故隐瞒不报、谎报或者迟报的,依照前款规定处罚。③ (3)从业人员的法律责任。①生产经营单位与从业人员订立协议,免除或者减轻其对从业人员因生产安全事故伤亡依法应承担的责任的,该协议无效;对生产经营单位的主要负责人、个人经营的投资人处2万元以上10万元以下的罚款。④ ②生产经营单位的从业人员不落实岗位安全责任,不服从管理,违反安全生产规章制度或者操作规程的,由生产经营单位给予批评教育,依照有关规章制度给予处分;构成犯罪的,依照《刑法》有关规定追究刑事责任。⑤ (4)其他负责人和安全生产管理人员的法律责任。生产经营单位的其他负责人和安全生产管理人员未履行《安全生产法》规定的安全生产管理职责的,责令限期改正,处1万元以上3万元以下的罚款;导致发生生产安全事故的,暂停或者吊销其与安全生产有关的资格,并处上1年年收入20%以上50%以下的罚款;构成犯罪的,依照《刑法》有关规定追究刑事责任。⑥

---

① 《安全生产法》第94条。
② 《安全生产法》第95条。
③ 《安全生产法》第110条。
④ 《安全生产法》第106条。
⑤ 《安全生产法》第107条。
⑥ 《安全生产法》第96条。

4. 生产经营单位的法律责任。(1)行政处罚(行政责任)。①行政处罚的界定。《安全生产法》规定的行政处罚,由应急管理部门和其他负有安全生产监督管理职责的部门按照职责分工决定;其中,根据《安全生产法》第 95 条、第 110 条、第 114 条的规定应当给予民航、铁路、电力行业的生产经营单位及其主要负责人行政处罚的,也可以由主管的负有安全生产监督管理职责的部门进行处罚。予以关闭的行政处罚,由负有安全生产监督管理职责的部门报请县级以上人民政府按照国务院规定的权限决定;给予拘留的行政处罚,由公安机关依照治安管理处罚的规定决定。① ②行政处罚的内容。第一,行政处罚。未经依法批准,擅自生产、经营、运输、储存、使用危险物品或者处置废弃危险物品的,依照有关危险物品安全管理的法律、行政法规的规定予以处罚;构成犯罪的,依照《刑法》有关规定追究刑事责任。② 第二,罚款。发生生产安全事故,对负有责任的生产经营单位除要求其依法承担相应的赔偿等责任外,由应急管理部门依照下列规定处以罚款:其一,发生一般事故的,处 30 万元以上 100 万元以下的罚款;其二,发生较大事故的,处 100 万元以上 200 万元以下的罚款;其三,发生重大事故的,处 200 万元以上 1000 万元以下的罚款;其四,发生特别重大事故的,处 1000 万元以上 2000 万元以下的罚款。发生生产安全事故,情节特别严重、影响特别恶劣的,应急管理部门可以按照上述罚款数额的 2 倍以上 5 倍以下对负有责任的生产经营单位处以罚款。③ 第三,责令(限期)改正并处罚款。其一,生产经营单位有下列行为之一的,责令限期改正,处 5 万元以下的罚款;逾期未改正的,处 5 万元以上 20 万元以下的罚款,对其直接负责的主管人员和其他直接责任人员处 1 万元以上 2 万元以下的罚款;情节严重的,责令停产停业整顿;构成犯罪的,依照《刑法》有关规定追究刑事责任:(a)未在有较大危险因素的生产经营场所和有关设施、设备上设置明显的安全警示标志的;(b)安全设备的安装、使用、检测、改造和报废不符合国家标准或者行业标准的;(c)未对安全设备进行经常性维护、保养和定期检测的;(d)关闭、破坏直接关系生产安全的监控、报警、防护、救生设备、

---

① 《安全生产法》第 115 条。
② 《安全生产法》第 100 条。
《行政处罚法》第 2 条规定:"行政处罚是指行政机关依法对违反行政管理秩序的公民、法人或者其他组织,以减损权益或者增加义务的方式予以惩戒的行为。"
③ 《安全生产法》第 114 条。

设施,或者篡改、隐瞒、销毁其相关数据、信息的;(e)未为从业人员提供符合国家标准或者行业标准的劳动防护用品的;(f)危险物品的容器、运输工具,以及涉及人身安全、危险性较大的海洋石油开采特种设备和矿山井下特种设备未经具有专业资质的机构检测、检验合格,取得安全使用证或者安全标志,投入使用的;(g)使用应当淘汰的危及生产安全的工艺、设备的;(h)餐饮等行业的生产经营单位使用燃气未安装可燃气体报警装置的。① 其二,生产经营单位有下列行为之一的,责令限期改正,处10万元以下的罚款;逾期未改正的,责令停产停业整顿,并处10万元以上20万元以下的罚款,对其直接负责的主管人员和其他直接责任人员处2万元以上5万元以下的罚款;构成犯罪的,依照《刑法》有关规定追究刑事责任:(a)生产、经营、运输、储存、使用危险物品或者处置废弃危险物品,未建立专门安全管理制度、未采取可靠的安全措施的;(b)对重大危险源未登记建档,未进行定期检测、评估、监控,未制定应急预案,或者未告知应急措施的;(c)进行爆破、吊装、动火、临时用电以及国务院应急管理部门会同国务院有关部门规定的其他危险作业,未安排专门人员进行现场安全管理的;(d)未建立安全风险分级管控制度或者未按照安全风险分级采取相应管控措施的;(e)未建立事故隐患排查治理制度,或者重大事故隐患排查治理情况未按照规定报告的。② 其三,违反本法规定,生产经营单位拒绝、阻碍负有安全生产监督管理职责的部门依法实施监督检查的,责令改正;拒不改正的,处2万元以上20万元以下的罚款;对其直接负责的主管人员和其他直接责任人员处1万元以上2万元以下的罚款;构成犯罪的,依照《刑法》有关规定追究刑事责任。③ 其四,高危行业、领域的生产经营单位未按照国家规定投保安全生产责任保险的,责令限期改正,处5万元以上10万元以下的罚款;逾期未改正的,处10万元以上20万元以下的罚款。④ 其五,生产经营单位违反本法规定,被责令改正且受到罚款处罚,拒不改正的,负有安全生产监督管理职责的部门可以自作出责令改正之日的次日起,按照原处罚数额按日连续处罚。⑤ 第四,责令限期改正或责令停产停业整顿并处罚款。生产经营单位

---

① 《安全生产法》第99条。
② 《安全生产法》第101条。
③ 《安全生产法》第108条。
④ 《安全生产法》第109条。
⑤ 《安全生产法》第112条。

有下列行为之一的,责令限期改正,处10万元以下的罚款;逾期未改正的,责令停产停业整顿,并处10万元以上20万元以下的罚款,对其直接负责的主管人员和其他直接责任人员处2万元以上5万元以下的罚款:其一,未按照规定设置安全生产管理机构或者配备安全生产管理人员、注册安全工程师的;其二,危险物品的生产、经营、储存、装卸单位以及矿山、金属冶炼、建筑施工、运输单位的主要负责人和安全生产管理人员未按照规定经考核合格的;其三,未按照规定对从业人员、被派遣劳动者、实习学生进行安全生产教育和培训,或者未按照规定如实告知有关的安全生产事项的;其四,未如实记录安全生产教育和培训情况的;其五,未将事故隐患排查治理情况如实记录或者未向从业人员通报的;其六,未按照规定制定生产安全事故应急救援预案或者未定期组织演练的;其七,特种作业人员未按照规定经专门的安全作业培训并取得相应资格,上岗作业的。① 第五,责令停止建设或者停产停业整顿、限期改正并处罚款。生产经营单位有下列行为之一的,责令停止建设或者停产停业整顿,限期改正,并处10万元以上50万元以下的罚款,对其直接负责的主管人员和其他直接责任人员处2万元以上5万元以下的罚款;逾期未改正的,处50万元以上100万元以下的罚款,对其直接负责的主管人员和其他直接责任人员处5万元以上10万元以下的罚款;构成犯罪的,依照《刑法》有关规定追究刑事责任:其一,未按照规定对矿山、金属冶炼建设项目或者用于生产、储存、装卸危险物品的建设项目进行安全评价的;其二,矿山、金属冶炼建设项目或者用于生产、储存、装卸危险物品的建设项目没有安全设施设计或者安全设施设计未按照规定报经有关部门审查同意的;其三,矿山、金属冶炼建设项目或者用于生产、储存、装卸危险物品的建设项目的施工单位未按照批准的安全设施设计施工的;其四,矿山、金属冶炼建设项目或者用于生产、储存、装卸危险物品的建设项目竣工投入生产或者使用前,安全设施未经验收合格的。② 第六,责令立即消除或者限期消除或责令停产停业整顿并处罚款。生产经营单位未采取措施消除事故隐患的,责令立即消除或者限期消除,处5万元以下的罚款;生产经营单位拒不执行的,责令停产停业整顿,对其直接负责的主管人员和其他直接责任人员处5万元以上10万元以下的罚款;构成犯罪的,依照《刑法》

---

① 《安全生产法》第97条。
② 《安全生产法》第98条。

有关规定追究刑事责任。① 第七,责令限期改正、没收违法所得或责令停产停业整顿、吊销资质证书,没收违法所得并处罚款。生产经营单位将生产经营项目、场所、设备发包或者出租给不具备安全生产条件或者相应资质的单位或者个人的,责令限期改正,没收违法所得;违法所得10万元以上的,并处违法所得2倍以上5倍以下的罚款;没有违法所得或者违法所得不足10万元的,单处或者并处10万元以上20万元以下的罚款;对其直接负责的主管人员和其他直接责任人员处1万元以上2万元以下的罚款;导致发生生产安全事故给他人造成损害的,与承包方、承租方承担连带赔偿责任。生产经营单位未与承包单位、承租单位签订专门的安全生产管理协议或者未在承包合同、租赁合同中明确各自的安全生产管理职责,或者未对承包单位、承租单位的安全生产统一协调、管理的,责令限期改正,处5万元以下的罚款,对其直接负责的主管人员和其他直接责任人员处1万元以下的罚款;逾期未改正的,责令停产停业整顿。矿山、金属冶炼建设项目和用于生产、储存、装卸危险物品的建设项目的施工单位未按照规定对施工项目进行安全管理的,责令限期改正,处10万元以下的罚款,对其直接负责的主管人员和其他直接责任人员处2万元以下的罚款;逾期未改正的,责令停产停业整顿。以上施工单位倒卖、出租、出借、挂靠或者以其他形式非法转让施工资质的,责令停产停业整顿,吊销资质证书,没收违法所得;违法所得10万元以上的,并处违法所得2倍以上5倍以下的罚款,没有违法所得或者违法所得不足10万元的,单处或者并处10万元以上20万元以下的罚款;对其直接负责的主管人员和其他直接责任人员处5万元以上10万元以下的罚款;构成犯罪的,依照《刑法》有关规定追究刑事责任。② 第八,责令限期改正或责令停产停业整顿并处罚款。其一,两个以上生产经营单位在同一作业区域内进行可能危及对方安全生产的生产经营活动,未签订安全生产管理协议或者未指定专职安全生产管理人员进行安全检查与协调的,责令限期改正,处5万元以下的罚款,对其直接负责的主管人员和其他直接责任人员处1万元以下的罚款;逾期未改正的,责令停产停业。③ 其二,生产经营单位有下列行为之一的,责令限期改正,处5万元以下的罚款,对其直接负责的主管人员和其他直接责任人员处1万元以下的罚款;逾期未改正的,责令停

---

① 《安全生产法》第102条。
② 《安全生产法》第103条。
③ 《安全生产法》第104条。

产停业整顿;构成犯罪的,依照《刑法》有关规定追究刑事责任:(a)生产、经营、储存、使用危险物品的车间、商店、仓库与员工宿舍在同一座建筑内,或者与员工宿舍的距离不符合安全要求的;(b)生产经营场所和员工宿舍未设有符合紧急疏散需要、标志明显、保持畅通的出口、疏散通道,或者占用、锁闭、封堵生产经营场所或者员工宿舍出口、疏散通道的。① 第九,吊销其有关证照。生产经营单位存在下列情形之一的,负有安全生产监督管理职责的部门应当提请地方人民政府予以关闭,有关部门应当依法吊销其有关证照。生产经营单位主要负责人5年内不得担任任何生产经营单位的主要负责人;情节严重的,终身不得担任本行业生产经营单位的主要负责人:其一,存在重大事故隐患,180日内3次或者1年内4次受到本法规定的行政处罚的;其二,经停产停业整顿,仍不具备法律、行政法规和国家标准或者行业标准规定的安全生产条件的;其三,不具备法律、行政法规和国家标准或者行业标准规定的安全生产条件,导致发生重大、特别重大生产安全事故的;其四,拒不执行负有安全生产监督管理职责的部门作出的停产停业整顿决定的。② 第十,责令改正、罚款、责令停产整顿及追究刑事责任。用人单位的劳动安全设施和劳动卫生条件不符合国家规定或者未向劳动者提供必要的劳动防护用品和劳动保护设施的,由劳动行政部门或者有关部门责令改正,可以处以罚款;情节严重的,提请县级以上人民政府决定责令停产整顿;对事故隐患不采取措施,致使发生重大事故,造成劳动者生命和财产损失的,对责任人员依照刑法有关规定追究刑事责任。③ (2)赔偿(民事责任)。生产经营单位发生生产安全事故造成人员伤亡、他人财产损失的,应当依法承担赔偿责任;拒不承担或者其负责人逃匿的,由人民法院依法强制执行。生产安全事故的责任人未依法承担赔偿责任,经人民法院依法采取执行措施后,仍不能对受害人给予足额赔偿的,应当继续履行赔偿义务;受害人发现责任人有其他财产的,可以随时请求人民法院执行。④

---

① 《安全生产法》第 105 条。
② 《安全生产法》第 113 条。
③ 《劳动法》第 92 条。
《最高人民检察院关于认真执行〈劳动法〉〈城市房地产管理法〉和〈预算法〉的通知》第 2 条(部分内容)规定:根据《劳动法》第 92 条的规定,用人单位对事故隐患不采取措施,致使发生重大事故,造成劳动者生命和重大财产损失的,对责任人员要比照《刑法》的规定,以玩忽职守罪立案侦查。
④ 《安全生产法》第 116 条。

第二节　生产安全事故报告及调查处理

一、生产安全事故报告及调查处理概述

1. 生产安全事故报告及调查处理的适用。(1)适用的法律。①为了规范生产安全事故的报告和调查处理,落实生产安全事故责任追究制度,防止和减少生产安全事故,根据《安全生产法》和有关法律,制定《生产安全事故报告和调查处理条例》。① ②《生产安全事故报告和调查处理条例》自2007年6月1日起施行。国务院1989年3月29日公布的《特别重大事故调查程序暂行规定》和1991年2月22日公布的《企业职工伤亡事故报告和处理规定》同时废止。② (2)适用的事项。①生产经营活动中发生的造成人身伤亡或者直接经济损失的生产安全事故的报告和调查处理,适用《生产安全事故报告和调查处理条例》;环境污染事故、核设施事故、国防科研生产事故的报告和调查处理不适用《生产安全事故报告和调查处理条例》。③ ②没有造成人员伤亡,但是社会影响恶劣的事故,国务院或者有关地方人民政府认为需要调查处理的,依照《生产安全事故报告和调查处理条例》的有关规定执行。国家机关、事业单位、人民团体发生的事故的报告和调查处理,参照《生产安全事故报告和调查处理条例》的规定执行。④ ③特别重大事故以下等级事故的报告和调查处理,有关法律、行政法规或者国务院另有规定的,依照其规定。⑤

2. 生产安全事故的等级。根据生产安全事故(以下简称事故)造成的人员伤亡或者直接经济损失,事故一般分为以下等级:(1)特别重大事故,是指造成30人以上死亡,或者100人以上重伤(包括急性工业中毒,下同),或者1亿元以上直接经济损失的事故;(2)重大事故,是指造成10人以上30人以下死亡,或者50人以上100人以下重伤,或者5000万元以上1亿元以下直接经济损失的事故;

---

① 《生产安全事故报告和调查处理条例》第1条。
② 《生产安全事故报告和调查处理条例》第46条。
③ 《生产安全事故报告和调查处理条例》第2条。
④ 《生产安全事故报告和调查处理条例》第44条。
⑤ 《生产安全事故报告和调查处理条例》第45条。

(3)较大事故,是指造成3人以上10人以下死亡,或者10人以上50人以下重伤,或者1000万元以上5000万元以下直接经济损失的事故;(4)一般事故,是指造成3人以下死亡,或者10人以下重伤,或者1000万元以下直接经济损失的事故。国务院安全生产监督管理部门可以会同国务院有关部门,制定事故等级划分的补充性规定。"以上"包括本数,所称的"以下"不包括本数。①

3. 生产安全事故的报告。事故报告应当及时、准确、完整,任何单位和个人对事故不得迟报、漏报、谎报或者瞒报。事故调查处理应当坚持实事求是、尊重科学的原则,及时、准确地查清事故经过、事故原因和事故损失,查明事故性质,认定事故责任,总结事故教训,提出整改措施,并对事故责任者依法追究责任。②

4. 生产安全事故调查处理的职责分工。(1)政府及部门的职责。县级以上人民政府应当依照《生产安全事故报告和调查处理条例》的规定,严格履行职责,及时、准确地完成事故调查处理工作。事故发生地有关地方人民政府应当支持、配合上级人民政府或者有关部门的事故调查处理工作,并提供必要的便利条件。参加事故调查处理的部门和单位应当互相配合,提高事故调查处理工作的效率。③(2)工会的职责。工会依法参加事故调查处理,有权向有关部门提出处理意见。④(3)社会的职责。①任何单位和个人不得阻挠和干涉对事故的报告和依法调查处理。⑤②对事故报告和调查处理中的违法行为,任何单位和个人有权向安全生产监督管理部门、监察机关或者其他有关部门举报,接到举报的部门应当依法及时处理。⑥

二、生产安全的事故报告

1. 事故发生后的生产安全事故报告的。(1)事故现场有关人员等的报告。①报告的对象。事故发生后,事故现场有关人员应当立即向本单位负责人报告;单位负责人接到报告后,应当于1小时内向事故发生地县级以上人民政府安全生产监督管理部门和负有安全生产监督管理职责的有关部门报告。情况紧急时,

---

① 《生产安全事故报告和调查处理条例》第3条。
② 《生产安全事故报告和调查处理条例》第4条。
③ 《生产安全事故报告和调查处理条例》第5条。
④ 《生产安全事故报告和调查处理条例》第6条。
⑤ 《生产安全事故报告和调查处理条例》第7条。
⑥ 《生产安全事故报告和调查处理条例》第8条。

事故现场有关人员可以直接向事故发生地县级以上人民政府安全生产监督管理部门和负有安全生产监督管理职责的有关部门报告。① ②报告的内容。报告事故应当包括下列内容：第一，事故发生单位概况；第二，事故发生的时间、地点以及事故现场情况；第三，事故的简要经过；第四，事故已经造成或者可能造成的伤亡人数（包括下落不明的人数）和初步估计的直接经济损失；第五，已经采取的措施；第六，其他应当报告的情况。② （2）企业的报告。私营企业发生职工因工伤亡事故、急性中毒、职业病以及锅炉压力容器设备损坏、矿山重大非伤亡事故时，应及时报告当地劳动行政部门和工会组织，并接受他们对事故的调查处理。③ （3）安全生产监督管理部门和负有安全生产监督管理职责的有关部门的上报。①上报的对象。安全生产监督管理部门和负有安全生产监督管理职责的有关部门接到事故报告后，应当依照下列规定上报事故情况，并通知公安机关、劳动保障行政部门、工会和人民检察院：第一，特别重大事故、重大事故逐级上报至国务院安全生产监督管理部门和负有安全生产监督管理职责的有关部门；第二，较大事故逐级上报至省、自治区、直辖市人民政府安全生产监督管理部门和负有安全生产监督管理职责的有关部门；第三，一般事故上报至设区的市级人民政府安全生产监督管理部门和负有安全生产监督管理职责的有关部门。安全生产监督管理部门和负有安全生产监督管理职责的有关部门依照上述规定上报事故情况，应当同时报告本级人民政府。国务院安全生产监督管理部门和负有安全生产监督管理职责的有关部门以及省级人民政府接到发生特别重大事故、重大事故的报告后，应当立即报告国务院。必要时，安全生产监督管理部门和负有安全生产监督管理职责的有关部门可以越级上报事故情况。④ ②上报的时限。安全生产监督管理部门和负有安全生产监督管理职责的有关部门逐级上报事故情况，每级上报的时间不得超过2小时。⑤

2. 事故报告后出现新情况的补报。事故报告后出现新情况的，应当及时补

---

① 《生产安全事故报告和调查处理条例》第9条。
② 《生产安全事故报告和调查处理条例》第12条。
③ 《劳动部关于私营企业劳动管理暂行规定》第32条。
④ 《生产安全事故报告和调查处理条例》第10条。
《生产安全事故报告和调查处理条例》第18条规定："安全生产监督管理部门和负有安全生产监督管理职责的有关部门应当建立值班制度，并向社会公布值班电话，受理事故报告和举报。"
⑤ 《生产安全事故报告和调查处理条例》第11条。

报。自事故发生之日起30日内,事故造成的伤亡人数发生变化的,应当及时补报。道路交通事故、火灾事故自发生之日起7日内,事故造成的伤亡人数发生变化的,应当及时补报。①

3. 事故发生后应采取的措施。(1)单位负责人应采取的措施。①事故发生单位负责人接到事故报告后,应当立即启动事故相应应急预案,或者采取有效措施,组织抢救,防止事故扩大,减少人员伤亡和财产损失。② ②赶赴事故现场,组织事故救援。事故发生地有关地方人民政府、安全生产监督管理部门和负有安全生产监督管理职责的有关部门接到事故报告后,其负责人应当立即赶赴事故现场,组织事故救援。③ (2)有关单位及人员应采取的措施。事故发生后,有关单位和人员应当妥善保护事故现场以及相关证据,任何单位和个人不得破坏事故现场、毁灭相关证据。因抢救人员、防止事故扩大以及疏通交通等原因,需要移动事故现场物件的,应当做出标志,绘制现场简图并作出书面记录,妥善保存现场重要痕迹、物证。④ (3)公安机关应采取的措施。事故发生地公安机关根据事故的情况,对涉嫌犯罪的,应当依法立案侦查,采取强制措施和侦查措施。犯罪嫌疑人逃匿的,公安机关应当迅速追捕归案。⑤

三、生产安全的事故调查

1. 事故调查的职责分工。(1)特别重大事故由国务院或者国务院授权有关部门组织事故调查组进行调查。重大事故、较大事故、一般事故分别由事故发生地省级人民政府、设区的市级人民政府、县级人民政府负责调查。省级人民政府、设区的市级人民政府、县级人民政府可以直接组织事故调查组进行调查,也可以授权或者委托有关部门组织事故调查组进行调查。未造成人员伤亡的一般事故,县级人民政府也可以委托事故发生单位组织事故调查组进行调查。⑥ (2)上级人民政府认为必要时,可以调查由下级人民政府负责调查的事故。自事故发生之日起30日内(道路交通事故、火灾事故自发生之日起7日内),因事故

---

① 《生产安全事故报告和调查处理条例》第13条。
② 《生产安全事故报告和调查处理条例》第14条。
③ 《生产安全事故报告和调查处理条例》第15条。
④ 《生产安全事故报告和调查处理条例》第16条。
⑤ 《生产安全事故报告和调查处理条例》第17条。
⑥ 《生产安全事故报告和调查处理条例》第19条。

伤亡人数变化导致事故等级发生变化，依照《生产安全事故报告和调查处理条例》规定应当由上级人民政府负责调查的，上级人民政府可以另行组织事故调查组进行调查。①

2. 事故调查的管辖。特别重大事故以下等级事故，事故发生地与事故发生单位不在同一个县级以上行政区域的，由事故发生地人民政府负责调查，事故发生单位所在地人民政府应当派人参加。②

3. 事故调查的原则。事故调查组的组成应当遵循精简、效能的原则。③

4. 事故调查的事故调查组。(1)事故调查组的组成。根据事故的具体情况，事故调查组由有关人民政府、安全生产监督管理部门、负有安全生产监督管理职责的有关部门、监察机关、公安机关以及工会派人组成，并应当邀请人民检察院派人参加。事故调查组可以聘请有关专家参与调查。④ (2)事故调查组的职责。事故调查组履行下列职责：①查明事故发生的经过、原因、人员伤亡情况及直接经济损失；②认定事故的性质和事故责任；③提出对事故责任者的处理建议；④总结事故教训，提出防范和整改措施；⑤提交事故调查报告。⑤ (3)事故调查组的权利及义务。①了解有关情况。事故调查组有权向有关单位和个人了解与事故有关的情况，并要求其提供相关文件、资料，有关单位和个人不得拒绝。⑥ ②提交调查报告。第一，提交事故报告的时限。事故调查组应当自事故发生之日起60日内提交事故调查报告；特殊情况下，经负责事故调查的人民政府批准，提交事故调查报告的期限可以适当延长，但延长的期限最长不超过60日。⑦ 第二，提交调查报告的内容。事故调查报告应当包括下列内容：其一，事故发生单位概况；其二，事故发生经过和事故救援情况；其三，事故造成的人员伤亡和直接经济损失；其四，事故发生的原因和事故性质；其五，事故责任的认定以及对事故责任者的处理建议；其六，事故防范和整改措施。事故调查报告应当附具有关证据材料。事故调查组成员应当在事故调查报告上签名。⑧ 第三，调查报告的报

---

① 《生产安全事故报告和调查处理条例》第20条。
② 《生产安全事故报告和调查处理条例》第21条。
③ 《生产安全事故报告和调查处理条例》第22条第1款。
④ 《生产安全事故报告和调查处理条例》第22条第2款、3款。
⑤ 《生产安全事故报告和调查处理条例》第25条。
⑥ 《生产安全事故报告和调查处理条例》第26条第1款。
⑦ 《生产安全事故报告和调查处理条例》第29条。
⑧ 《生产安全事故报告和调查处理条例》第30条。

送。事故调查报告报送负责事故调查的人民政府后,事故调查工作即告结束。事故调查的有关资料应当归档保存。① ③涉嫌犯罪的移交。事故调查中发现涉嫌犯罪的,事故调查组应当及时将有关材料或者其复印件移交司法机关处理。② (4)事故调查组的人员。①事故调查组组长由负责事故调查的人民政府指定。事故调查组组长主持事故调查组的工作。③ ②事故调查组成员应当具有事故调查所需要的知识和专长,并与所调查的事故没有直接利害关系。④ ③事故发生单位的负责人和有关人员在事故调查期间不得擅离职守,并应当随时接受事故调查组的询问,如实提供有关情况。⑤ ④事故调查组成员在事故调查工作中应当诚信公正、恪尽职守,遵守事故调查组的纪律,保守事故调查的秘密。未经事故调查组组长允许,事故调查组成员不得擅自发布有关事故的信息。⑥

5. 事故调查中的鉴定。事故调查中需要进行技术鉴定的,事故调查组应当委托具有国家规定资质的单位进行技术鉴定。必要时,事故调查组可以直接组织专家进行技术鉴定。技术鉴定所需时间不计入事故调查期限。⑦

四、生产安全的事故处理

1. 生产安全事故调查的批复。(1)批复的时限。重大事故、较大事故、一般事故,负责事故调查的人民政府应当自收到事故调查报告之日起 15 日内作出批复;特别重大事故,30 日内作出批复,特殊情况下,批复时间可以适当延长,但延长的时间最长不超过 30 日。⑧ (2)依据批复的处理。有关机关应当按照人民政府的批复,依照法律、行政法规规定的权限和程序,对事故发生单位和有关人员进行行政处罚,对负有事故责任的国家工作人员进行处分。⑨ (3)事故发生单位应当按照负责事故调查的人民政府的批复,对本单位负有事故责任的人员进行处理。⑩ (4)负有事故责任的人员涉嫌犯罪的,依法追究刑事责任。⑪

---

① 《生产安全事故报告和调查处理条例》第 31 条。
② 《生产安全事故报告和调查处理条例》第 26 条第 3 款。
③ 《生产安全事故报告和调查处理条例》第 24 条。
④ 《生产安全事故报告和调查处理条例》第 23 条。
⑤ 《生产安全事故报告和调查处理条例》第 26 条第 2 款。
⑥ 《生产安全事故报告和调查处理条例》第 28 条。
⑦ 《生产安全事故报告和调查处理条例》第 27 条。
⑧ 《生产安全事故报告和调查处理条例》第 32 条第 1 款。
⑨ 《生产安全事故报告和调查处理条例》第 32 条第 2 款。
⑩ 《生产安全事故报告和调查处理条例》第 32 条第 3 款。
⑪ 《生产安全事故报告和调查处理条例》第 32 条第 4 款。

2. 生产安全事故处理后事故发生单位的义务。事故发生单位应当认真吸取事故教训,落实防范和整改措施,防止事故再次发生。防范和整改措施的落实情况应当接受工会和职工的监督。安全生产监督管理部门和负有安全生产监督管理职责的有关部门应当对事故发生单位落实防范和整改措施的情况进行监督检查。①

3. 生产安全事故处理情况的公布。事故处理的情况由负责事故调查的人民政府或者其授权的有关部门、机构向社会公布,依法应当保密的除外。②

五、生产安全事故的法律责任

1. 事故发生单位及其有关人员的法律责任。(1)行政处及刑事责任。①事故发生单位对事故发生负有责任的,由有关部门依法暂扣或者吊销其有关证照;对事故发生单位负有事故责任的有关人员,依法暂停或者撤销其与安全生产有关的执业资格、岗位证书;事故发生单位主要负责人受到刑事处罚或者撤职处分的,自刑罚执行完毕或者受处分之日起,5年内不得担任任何生产经营单位的主要负责人。为发生事故的单位提供虚假证明的中介机构,由有关部门依法暂扣或者吊销其有关证照及其相关人员的执业资格;构成犯罪的,依法追究刑事责任。③ ②事故发生单位及其有关人员有下列行为之一的,对事故发生单位处100万元以上500万元以下的罚款;对主要负责人、直接负责的主管人员和其他直接责任人员处上一年年收入60%至100%的罚款;属于国家工作人员的,并依法给予处分;构成违反治安管理行为的,由公安机关依法给予治安管理处罚;构成犯罪的,依法追究刑事责任:第一,谎报或者瞒报事故的;第二,伪造或者故意破坏事故现场的;第三,转移、隐匿资金、财产,或者销毁有关证据、资料的;第四,拒绝接受调查或者拒绝提供有关情况和资料的;第五,在事故调查中作伪证或者指使他人作伪证的;第六,事故发生后逃匿的。④ ③事故发生单位对事故发生负有责任的,依照下列规定处以罚款:第一,发生一般事故的,处10万元以上20万元以下的罚款;第二,发生较大事故的,处20万元以上50万元以下的罚款;第三,发生重大事故的,处50万元以上200万元以下的罚款;第四,发生特别重大事故的,处

---

① 《生产安全事故报告和调查处理条例》第33条。
② 《生产安全事故报告和调查处理条例》第34条。
③ 《生产安全事故报告和调查处理条例》第40条。
④ 《生产安全事故报告和调查处理条例》第36条。

200万元以上500万元以下的罚款。① ④事故发生单位主要负责人有下列行为之一的,处上一年年收入40%至80%的罚款;属于国家工作人员的,并依法给予处分;构成犯罪的,依法追究刑事责任:第一,不立即组织事故抢救的;第二,迟报或者漏报事故的;第三,在事故调查处理期间擅离职守的。② ⑤事故发生单位主要负责人未依法履行安全生产管理职责,导致事故发生的,依照下列规定处以罚款;属于国家工作人员的,并依法给予处分;构成犯罪的,依法追究刑事责任:第一,发生一般事故的,处上一年年收入30%的罚款;第二,发生较大事故的,处上一年年收入40%的罚款;第三,发生重大事故的,处上一年年收入60%的罚款;第四,发生特别重大事故的,处上一年年收入80%的罚款。③ （2）行政处罚的决定及规定。《生产安全事故报告和调查处理条例》规定的罚款的行政处罚,由安全生产监督管理部门决定。法律、行政法规对行政处罚的种类、幅度和决定机关另有规定的,依照其规定。④

2. 主管部门人员及其他直接责任人员的法律责任。（1）有关地方人民政府、安全生产监督管理部门和负有安全生产监督管理职责的有关部门有下列行为之一的,对直接负责的主管人员和其他直接责任人员依法给予处分;构成犯罪的,依法追究刑事责任:①不立即组织事故抢救的;②迟报、漏报、谎报或者瞒报事故的;③阻碍、干涉事故调查工作的;④在事故调查中作伪证或者指使他人作伪证的。⑤ （2）参与事故调查的人员在事故调查中有下列行为之一的,依法给予处分;构成犯罪的,依法追究刑事责任:①对事故调查工作不负责任,致使事故调查工作有重大疏漏的;②包庇、袒护负有事故责任的人员或者借机打击报复的。⑥

3. 故意拖延或者拒绝落实经批复的法律责任。违反《生产安全事故报告和调查处理条例》规定,有关地方人民政府或者有关部门故意拖延或者拒绝落实经批复的对事故责任人的处理意见的,由监察机关对有关责任人员依法给予处分。⑦

---

① 《生产安全事故报告和调查处理条例》第37条。
② 《生产安全事故报告和调查处理条例》第35条。
③ 《生产安全事故报告和调查处理条例》第38条。
④ 《生产安全事故报告和调查处理条例》第43条。
⑤ 《生产安全事故报告和调查处理条例》第39条。
⑥ 《生产安全事故报告和调查处理条例》第41条。
⑦ 《生产安全事故报告和调查处理条例》第42条。

第三节　安全生产事故隐患的排查治理

一、安全生产事故隐患排查治理的一般规则

1. 安全生产事故隐患排查治理的适用。(1)适用的法律。①为了建立安全生产事故隐患排查治理长效机制,强化安全生产主体责任,加强事故隐患监督管理,防止和减少事故,保障人民群众生命财产安全,根据安全生产法等法律、行政法规,制定《安全生产事故隐患排查治理暂行规定》。① 其中,《安全生产事故隐患排查治理暂行规定》所称安全生产事故隐患(以下简称事故隐患),是指生产经营单位违反安全生产法律、法规、规章、标准、规程和安全生产管理制度的规定,或者因其他因素在生产经营活动中存在可能导致事故发生的物的危险状态、人的不安全行为和管理上的缺陷。事故隐患分为一般事故隐患和重大事故隐患。一般事故隐患,是指危害和整改难度较小,发现后能够立即整改排除的隐患。重大事故隐患,是指危害和整改难度较大,应当全部或者局部停产停业,并经过一定时间整改治理方能排除的隐患,或者因外部因素影响致使生产经营单位自身难以排除的隐患。② ②《安全生产事故隐患排查治理暂行规定》自2008年2月1日起施行。③ ③省级安全监管监察部门可以根据《安全生产事故隐患排查治理暂行规定》,制定事故隐患排查治理和监督管理实施细则。④ (2)适用的事项。①生产经营单位安全生产事故隐患排查治理和安全生产监督管理部门、煤矿安全监察机构(以下统称安全监管监察部门)实施监管监察,适用《安全生产事故隐患排查治理暂行规定》。有关法律、行政法规对安全生产事故隐患排查治理另有规定,依照其规定。⑤ ②事业单位、人民团体以及其他经济组织的事故隐患排查治理,参照《安全生产事故隐患排查治理暂行规定》执行。⑥

---

① 《安全生产事故隐患排查治理暂行规定》第1条。
② 《安全生产事故隐患排查治理暂行规定》第3条。
③ 《安全生产事故隐患排查治理暂行规定》第32条。
④ 《安全生产事故隐患排查治理暂行规定》第30条。
⑤ 《安全生产事故隐患排查治理暂行规定》第2条。
⑥ 《安全生产事故隐患排查治理暂行规定》第31条。

2. 安全生产事故隐患排查治理的职责分工。(1)生产经营单位的职责。生产经营单位应当建立健全事故隐患排查治理制度。生产经营单位主要负责人对本单位事故隐患排查治理工作全面负责。[1] (2)各级安全监管监察部门的职责。各级安全监管监察部门按照职责对所辖区域内生产经营单位排查治理事故隐患工作依法实施综合监督管理;各级人民政府有关部门在各自职责范围内对生产经营单位排查治理事故隐患工作依法实施监督管理。[2]

3. 安全生产事故隐患的报告及查处。任何单位和个人发现事故隐患,均有权向安全监管监察部门和有关部门报告。安全监管监察部门接到事故隐患报告后,应当按照职责分工立即组织核实并予以查处;发现所报告事故隐患应当由其他有关部门处理的,应当立即移送有关部门并记录备查。[3]

二、生产经营单位的职责

1. 依法从事生产经营活动。生产经营单位应当依照法律、法规、规章、标准和规程的要求从事生产经营活动。严禁非法从事生产经营活动。[4]

2. 预防事故隐患的职责。(1)建立相关的制度。①建立排查治理及监控制度。生产经营单位是事故隐患排查、治理和防控的责任主体。生产经营单位应当建立健全事故隐患排查和建档监控等制度,逐级建立并落实从主要负责人到每个从业人员的隐患排查治理和监控责任制。[5] ②建立资金使用专项制度。生产经营单位应当保证事故隐患排查治理所需的资金,建立资金使用专项制度。[6] ③建立报告和举报奖励制度。生产经营单位应当建立事故隐患报告和举报奖励制度,鼓励、发动职工发现和排除事故隐患,鼓励社会公众举报。对发现、排除和举报事故隐患的有功人员,应当给予物质奖励和表彰。[7] (2)定期组织急患排查。生产经营单位应当定期组织安全生产管理人员、工程技术人员和其他相关人员排查本单位的事故隐患。对排查出的事故隐患,应当按照事故隐患的等级进行登记,建立事故隐患信息档案,并按照职责分工实施监控治理。[8] (3)签

---

[1] 《安全生产事故隐患排查治理暂行规定》第4条。
[2] 《安全生产事故隐患排查治理暂行规定》第5条。
[3] 《安全生产事故隐患排查治理暂行规定》第6条。
[4] 《安全生产事故隐患排查治理暂行规定》第7条。
[5] 《安全生产事故隐患排查治理暂行规定》第8条。
[6] 《安全生产事故隐患排查治理暂行规定》第9条。
[7] 《安全生产事故隐患排查治理暂行规定》第11条。
[8] 《安全生产事故隐患排查治理暂行规定》第10条。

订安全生产管理协议。生产经营单位将生产经营项目、场所、设备发包、出租的,应当与承包、承租单位签订安全生产管理协议,并在协议中明确各方对事故隐患排查、治理和防控的管理职责。生产经营单位对承包、承租单位的事故隐患排查治理负有统一协调和监督管理的职责。①(4)积极配合监管监察。安全监管监察部门和有关部门的监督检查人员依法履行事故隐患监督检查职责时,生产经营单位应当积极配合,不得拒绝和阻挠。②(5)统计及报告事故隐患排查治理情况。生产经营单位应当每季、每年对本单位事故隐患排查治理情况进行统计分析,并分别于下一季度15日前和下一年1月31日前向安全监管监察部门和有关部门报送书面统计分析表。统计分析表应当由生产经营单位主要负责人签字。对于重大事故隐患,生产经营单位除依照前述规定报送外,应当及时向安全监管监察部门和有关部门报告。重大事故隐患报告内容应当包括:①隐患的现状及其产生原因;②隐患的危害程度和整改难易程度分析;③隐患的治理方案。③(6)对自然灾害的预防。生产经营单位应当加强对自然灾害的预防。对于因自然灾害可能导致事故灾难的隐患,应当按照有关法律、法规、标准和本规定的要求排查治理,采取可靠的预防措施,制定应急预案。在接到有关自然灾害预报时,应当及时向下属单位发出预警通知;发生自然灾害可能危及生产经营单位和人员安全的情况时,应当采取撤离人员、停止作业、加强监测等安全措施,并及时向当地人民政府及其有关部门报告。④

3. 治理事故隐患的职责。(1)对事故隐患的治理。生产经营单位在事故隐患治理过程中,应当采取相应的安全防范措施,防止事故发生。事故隐患排除前或者排除过程中无法保证安全的,应当从危险区域内撤出作业人员,并疏散可能危及的其他人员,设置警戒标志,暂时停产停业或者停止使用;对暂时难以停产或者停止使用的相关生产储存装置、设施、设备,应当加强维护和保养,防止事故发生。⑤(2)组织整改。对于一般事故隐患,由生产经营单位(车间、分厂、区队等)负责人或者有关人员立即组织整改。对于重大事故隐患,由生产经营单位主

---

① 《安全生产事故隐患排查治理暂行规定》第12条。
② 《安全生产事故隐患排查治理暂行规定》第13条。
③ 《安全生产事故隐患排查治理暂行规定》第14条。
④ 《安全生产事故隐患排查治理暂行规定》第17条。
⑤ 《安全生产事故隐患排查治理暂行规定》第16条。

要负责人组织制定并实施事故隐患治理方案。重大事故隐患治理方案应当包括以下内容:①治理的目标和任务;②采取的方法和措施;③经费和物资的落实;④负责治理的机构和人员;⑤治理的时限和要求;⑥安全措施和应急预案。[1]
(3)评估治理情况及申请恢复生产。地方人民政府或者安全监管监察部门及有关部门挂牌督办或责令全部或者局部停产停业治理的重大事故隐患,治理工作结束后,有条件的生产经营单位应当组织本单位的技术人员和专家对重大事故隐患的治理情况进行评估;其他生产经营单位应当委托具备相应资质的安全评价机构对重大事故隐患的治理情况进行评估。经治理后符合安全生产条件的,生产经营单位应当向安全监管监察部门和有关部门提出恢复生产的书面申请,经安全监管监察部门和有关部门审查同意后,方可恢复生产经营。申请报告应当包括治理方案的内容、项目和安全评价机构出具的评价报告等。[2]

三、安全生产的监督管理

1. 对生产经营单位的监管。(1)指导、监督生产经营单位建立各项制度。安全监管监察部门应当指导、监督生产经营单位按照有关法律、法规、规章、标准和规程的要求,建立健全事故隐患排查治理等各项制度。[3] (2)对生产经营单位的监督检查、查处及资料移送。安全监管监察部门应当建立事故隐患排查治理监督检查制度,定期组织对生产经营单位事故隐患排查治理情况开展监督检查;应当加强对重点单位的事故隐患排查治理情况的监督检查。对检查过程中发现的重大事故隐患,应当下达整改指令书,并建立信息管理台账。必要时,报告同级人民政府并对重大事故隐患实行挂牌督办。安全监管监察部门应当配合有关部门做好对生产经营单位事故隐患排查治理情况开展的监督检查,依法查处事故隐患排查治理的非法和违法行为及其责任者。安全监管监察部门发现属于其他有关部门职责范围内的重大事故隐患的,应该及时将有关资料移送有管辖权的有关部门,并记录备查。[4] (3)专项整治。安全监管监察部门应当会同有关部门把重大事故隐患整改纳入重点行业领域的安全专项整治中加以治理,落实相应

---

[1] 《安全生产事故隐患排查治理暂行规定》第15条。
[2] 《安全生产事故隐患排查治理暂行规定》第18条。
[3] 《安全生产事故隐患排查治理暂行规定》第19条。
[4] 《安全生产事故隐患排查治理暂行规定》第20条。

责任。① (4)报送及备案排查治理情况及统计分析表。安全监管监察部门应当每季将本行政区域重大事故隐患的排查治理情况和统计分析表逐级报至省级安全监管监察部门备案。省级安全监管监察部门应当每半年将本行政区域重大事故隐患的排查治理情况和统计分析表报国家安全生产监督管理总局备案。②

2. 对被挂牌督办的重大事故隐患的监管。(1)加强监督检查。已经取得安全生产许可证的生产经营单位,在其被挂牌督办的重大事故隐患治理结束前,安全监管监察部门应当加强监督检查。必要时,可以提请原许可证颁发机关依法暂扣其安全生产许可证。③ (2)现场审查。对挂牌督办并采取全部或者局部停产停业治理的重大事故隐患,安全监管监察部门收到生产经营单位恢复生产的申请报告后,应当在10日内进行现场审查。审查合格的,对事故隐患进行核销,同意恢复生产经营;审查不合格的,依法责令改正或者下达停产整改指令。对整改无望或者生产经营单位拒不执行整改指令的,依法实施行政处罚;不具备安全生产条件的,依法提请县级以上人民政府按照国务院规定的权限予以关闭。④

四、安全生产事故隐患排查治理的罚则

1. 生产经营单位及其主要负责人的罚责。生产经营单位及其主要负责人未履行事故隐患排查治理职责,导致发生生产安全事故的,依法给予行政处罚。⑤

2. 生产经营单位的罚责。(1)生产经营单位违反《安全生产事故隐患排查治理暂行规定》,有下列行为之一的,由安全监管监察部门给予警告,并处3万元以下的罚款:①未建立安全生产事故隐患排查治理等各项制度的;②未按规定上报事故隐患排查治理统计分析表的;③未制订事故隐患治理方案的;④重大事故隐患不报或者未及时报告的;⑤未对事故隐患进行排查治理擅自生产经营的;⑥整改不合格或者未经安全监管监察部门审查同意擅自恢复生产经营的。⑥ (2)生产经营单位事故隐患排查治理过程中违反有关安全生产法律、法规、规章、标准和规程规定的,依法给予行政处罚。⑦

---

① 《安全生产事故隐患排查治理暂行规定》第22条。
② 《安全生产事故隐患排查治理暂行规定》第24条。
③ 《安全生产事故隐患排查治理暂行规定》第21条。
④ 《安全生产事故隐患排查治理暂行规定》第23条。
⑤ 《安全生产事故隐患排查治理暂行规定》第25条。
⑥ 《安全生产事故隐患排查治理暂行规定》第26条。
⑦ 《安全生产事故隐患排查治理暂行规定》第28条。

3. 承担检测检验、安全评价的中介机构的罚责。承担检测检验、安全评价的中介机构,出具虚假评价证明,尚不够刑事处罚的,没收违法所得,违法所得在5000元以上的,并处违法所得2倍以上5倍以下的罚款,没有违法所得或者违法所得不足5000元的,单处或者并处5000元以上20,000元以下的罚款,同时可对其直接负责的主管人员和其他直接责任人员处5000元以上50,000元以下的罚款;给他人造成损害的,与生产经营单位承担连带赔偿责任。对有上述违法行为的机构,撤销其相应的资质。①

4. 安全监管监察部门的工作人员的罚责。安全监管监察部门的工作人员未依法履行职责的,按照有关规定处理。②

第四节 职业病的诊断、鉴定及防治

一、职业病诊断与鉴定

(一)职业病诊断与鉴定的一般规则

1. 职业病诊断及鉴定的适用。(1)适用的法律。①为了规范职业病诊断与鉴定工作,加强职业病诊断与鉴定管理,根据《职业病防治法》,制定《职业病诊断与鉴定管理办法》。③ ②《职业病诊断与鉴定管理办法》自公布之日起施行。原卫生部2013年2月19日公布的《职业病诊断与鉴定管理办法》同时废止。④ (2)适用的事项。职业病诊断与鉴定工作应当按照《职业病防治法》、《职业病诊断与鉴定管理办法》的有关规定及《职业病分类和目录》、国家职业病诊断标准进行,遵循科学、公正、及时、便捷的原则。⑤

2. 职业病诊断及鉴定的职责分工。国家卫生健康委负责全国范围内职业病诊断与鉴定的监督管理工作,县级以上地方卫生健康主管部门依据职责负责本行政区域内职业病诊断与鉴定的监督管理工作。省、自治区、直辖市卫生健康主

---

① 《安全生产事故隐患排查治理暂行规定》第27条。
② 《安全生产事故隐患排查治理暂行规定》第29条。
③ 《职业病诊断与鉴定管理办法》第1条。
④ 《职业病诊断与鉴定管理办法》第63条。
⑤ 《职业病诊断与鉴定管理办法》第2条。

管部门(以下简称省级卫生健康主管部门)应当结合本行政区域职业病防治工作实际和医疗卫生服务体系规划,充分利用现有医疗卫生资源,实现职业病诊断机构区域覆盖。①

3. 职业病诊断机构的规范。(1)各地要加强职业病诊断机构能力建设,提供必要的保障条件,配备相关的人员、设备和工作经费,以满足职业病诊断工作的需要。②(2)各地要加强职业病诊断与鉴定信息化建设,建立健全劳动者接触职业病危害、开展职业健康检查、进行职业病诊断与鉴定等全过程的信息化系统,不断提高职业病诊断与鉴定信息报告的准确性、及时性和有效性。③

4. 职业病诊断、鉴定中用人单位的义务。用人单位应当依法履行职业病诊断、鉴定的相关义务:(1)及时安排职业病病人、疑似职业病病人进行诊治;(2)如实提供职业病诊断、鉴定所需的资料;(3)承担职业病诊断、鉴定的费用和疑似职业病病人在诊断、医学观察期间的费用;(4)报告职业病和疑似职业病;(5)《职业病防治法》规定的其他相关义务。④

5. 职业病诊断、鉴定的法规。职业病诊断标准和职业病诊断、鉴定办法由国务院卫生行政部门制定。职业病伤残等级的鉴定办法由国务院劳动保障行政部门会同国务院卫生行政部门制定。⑤

6. 职业病诊断、鉴定的资料。(1)用人单位应当如实提供职业病诊断、鉴定所需的劳动者职业史和职业病危害接触史、工作场所职业病危害因素检测结果等资料;卫生行政部门应当监督检查和督促用人单位提供上述资料;劳动者和有关机构也应当提供与职业病诊断、鉴定有关的资料。⑥(2)劳动者对用人单位提供的工作场所职业病危害因素检测结果等资料有异议,或者因劳动者的用人单位解散、破产,无用人单位提供上述资料的,诊断、鉴定机构应当提请卫生行政部门进行调查,卫生行政部门应当自接到申请之日起30日内对存在异议的资料或者工作场所职业病危害因素情况作出判定;有关部门应当配合。⑦

---

① 《职业病诊断与鉴定管理办法》第3条。
② 《职业病诊断与鉴定管理办法》第4条。
③ 《职业病诊断与鉴定管理办法》第5条。
④ 《职业病诊断与鉴定管理办法》第6条。
⑤ 《职业病防治法》第45条。
⑥ 《职业病防治法》第47条第1款。
⑦ 《职业病防治法》第48条第2款。

7. 职业病情况的报告及通知。(1)职业病情况的报告。①用人单位的报告。用人单位和医疗卫生机构发现职业病病人或者疑似职业病病人时,应当及时向所在地卫生行政部门报告。确诊为职业病的,用人单位还应当向所在地劳动保障行政部门报告。接到报告的部门应当依法作出处理。① ②卫生行政部门的报告。县级以上地方人民政府卫生行政部门负责本行政区域内的职业病统计报告的管理工作,并按照规定上报。② ③职业病诊断机构的报告。职业病诊断机构发现职业病病人或者疑似职业病病人时,应当及时向所在地县级卫生健康主管部门报告。职业病诊断机构应当在作出职业病诊断之日起15日内通过职业病及健康危害因素监测信息系统进行信息报告,并确保报告信息的完整、真实和准确。确诊为职业病的,职业病诊断机构可以根据需要,向卫生健康主管部门、用人单位提出专业建议;告知职业病病人依法享有的职业健康权益。③(2)职业病情况的通知。医疗卫生机构发现疑似职业病病人时,应当告知劳动者本人并及时通知用人单位。用人单位应当及时安排对疑似职业病病人进行诊断;在疑似职业病病人诊断或者医学观察期间,不得解除或者终止与其订立的劳动合同。疑似职业病病人在诊断、医学观察期间的费用,由用人单位承担。④

8. 职业病诊断、鉴定中的其他规则。(1)现场调查。职业病诊断、鉴定机构需要了解工作场所职业病危害因素情况时,可以对工作场所进行现场调查,也可以向卫生行政部门提出,卫生行政部门应当在10日内组织现场调查。用人单位不得拒绝、阻挠。⑤(2)结论的作出。职业病诊断、鉴定过程中,用人单位不提供工作场所职业病危害因素检测结果等资料的,诊断、鉴定机构应当结合劳动者的临床表现、辅助检查结果和劳动者的职业史、职业病危害接触史,并参考劳动者的自述、卫生行政部门提供的日常监督检查信息等,作出职业病诊断、鉴定结论。⑥(3)仲裁。职业病诊断、鉴定过程中,在确认劳动者职业史、职业病危害接触史时,当事人对劳动关系、工种、工作岗位或者在岗时间有争议的,可以向当地的劳动人事争议仲裁委员会申请仲裁;接到申请的劳动人事争议仲裁委员会应

---

① 《职业病防治法》第50条。
② 《职业病防治法》第51条。
③ 《职业病诊断与鉴定管理办法》第32条。
④ 《职业病防治法》第55条。
⑤ 《职业病防治法》第47条第2款。
⑥ 《职业病防治法》第48条第1款。

当受理,并在30日内作出裁决。当事人在仲裁过程中对自己提出的主张,有责任提供证据。劳动者无法提供由用人单位掌握管理的与仲裁主张有关的证据的,仲裁庭应当要求用人单位在指定期限内提供;用人单位在指定期限内不提供的,应当承担不利后果。劳动者对仲裁裁决不服的,可以依法向人民法院提起诉讼。用人单位对仲裁裁决不服的,可以在职业病诊断、鉴定程序结束之日起15日内依法向人民法院提起诉讼;诉讼期间,劳动者的治疗费用按照职业病待遇规定的途径支付。①

(二)医疗卫生机构及诊断机构

1. 医疗卫生机构的条件。职业病诊断应当由取得《医疗机构执业许可证》的医疗卫生机构承担。卫生行政部门应当加强对职业病诊断工作的规范管理,具体管理办法由国务院卫生行政部门制定。承担职业病诊断的医疗卫生机构还应当具备下列条件:①具有与开展职业病诊断相适应的医疗卫生技术人员;②具有与开展职业病诊断相适应的仪器、设备;③具有健全的职业病诊断质量管理制度。承担职业病诊断的医疗卫生机构不得拒绝劳动者进行职业病诊断的要求。②

2. 医疗卫生机构具有职业病诊断资格的方式。(1)医疗卫生机构的备案。①备案提供的资料。医疗卫生机构进行职业病诊断备案时,应当提交以下证明其符合《职业病诊断与鉴定管理办法》第8条规定条件的有关资料:第一,《医疗机构执业许可证》原件、副本及复印件;第二,职业病诊断医师资格等相关资料;第三,相关的仪器设备清单;第四,负责职业病信息报告人员名单;第五,职业病诊断质量管理制度等相关资料。③ ②备案及信息公布。医疗卫生机构开展职业病诊断工作,应当在开展之日起15个工作日内向省级卫生健康主管部门备案。省级卫生健康主管部门应当自收到完整备案材料之日起15个工作日内向社会公布备案的医疗卫生机构名单、地址、诊断项目(《职业病分类和目录》中的职业病

---

① 《职业病防治法》第49条。
② 《职业病防治法》第43条。
《职业病诊断与鉴定管理办法》第8条规定:"医疗卫生机构开展职业病诊断工作应当具备下列条件:(一)持有《医疗机构执业许可证》;(二)具有相应的诊疗科目及与备案开展的诊断项目相适应的职业病诊断医师及相关医疗卫生技术人员;(三)具有与备案开展的诊断项目相适应的场所和仪器、设备;(四)具有健全的职业病诊断质量管理制度。"
③ 《职业病诊断与鉴定管理办法》第9条。

类别和病种)等相关信息。①③备案信息保证及变更。职业病诊断机构对备案信息的真实性、准确性、合法性负责。当备案信息发生变化时,应当自信息发生变化之日起10个工作日内向省级卫生健康主管部门提交变更信息。②(2)医疗卫生机构的指定。设区的市没有医疗卫生机构备案开展职业病诊断的,省级卫生健康主管部门应当根据职业病诊断工作的需要,指定符合《职业病诊断与鉴定管理办法》第8条规定条件的医疗卫生机构承担职业病诊断工作。③

3. 职业病诊断机构。(1)职责。职业病诊断机构的职责是:①在备案的诊断项目范围内开展职业病诊断;②及时向所在地卫生健康主管部门报告职业病;③按照卫生健康主管部门要求报告职业病诊断工作情况;④承担《职业病防治法》中规定的其他职责。④(2)权力。职业病诊断机构依法独立行使诊断权,并对其作出的职业病诊断结论负责。⑤(3)规范。①职业病诊断机构应当建立和健全职业病诊断管理制度,加强职业病诊断医师等有关医疗卫生人员技术培训和政策、法律培训,并采取措施改善职业病诊断工作条件,提高职业病诊断服务质量和水平。⑥②职业病诊断机构应当公开职业病诊断程序和诊断项目范围,方便劳动者进行职业病诊断。职业病诊断机构及其相关工作人员应当尊重、关心、爱护劳动者,保护劳动者的隐私。⑦

4. 诊断医疗卫生机构的确定。劳动者可以在用人单位所在地、本人户籍所在地或者经常居住地依法承担职业病诊断的医疗卫生机构进行职业病诊断。⑧

5. 从事职业病诊断的医师。(1)医师的条件。从事职业病诊断的医师应当具备下列条件,并取得省级卫生健康主管部门颁发的职业病诊断资格证书:①具有医师执业证书;②具有中级以上卫生专业技术职务任职资格;③熟悉职业病防治法律法规和职业病诊断标准;④从事职业病诊断、鉴定相关工作3年以上;⑤按规定参加职业病诊断医师相应专业的培训,并考核合格。省级卫生健康主管部

---

① 《职业病诊断与鉴定管理办法》第7条。
② 《职业病诊断与鉴定管理办法》第10条。
③ 《职业病诊断与鉴定管理办法》第11条。
④ 《职业病诊断与鉴定管理办法》第12条。
⑤ 《职业病诊断与鉴定管理办法》第13条。
⑥ 《职业病诊断与鉴定管理办法》第14条。
⑦ 《职业病诊断与鉴定管理办法》第15条。
⑧ 《职业病防治法》第44条。

门应当依据本办法的规定和国家卫生健康委制定的职业病诊断医师培训大纲,制定本行政区域职业病诊断医师培训考核办法并组织实施。① (2)医师的规范。职业病诊断医师应当依法在职业病诊断机构备案的诊断项目范围内从事职业病诊断工作,不得从事超出其职业病诊断资格范围的职业病诊断工作;职业病诊断医师应当按照有关规定参加职业卫生、放射卫生、职业医学等领域的继续医学教育。②

6. 职业病诊断的因素。职业病诊断,应当综合分析下列因素:(1)病人的职业史;(2)职业病危害接触史和工作场所职业病危害因素情况;(3)临床表现以及辅助检查结果等。没有证据否定职业病危害因素与病人临床表现之间的必然联系的,应当诊断为职业病。职业病诊断证明书应当由参与诊断的取得职业病诊断资格的执业医师签署,并经承担职业病诊断的医疗卫生机构审核盖章。③

7. 职业病诊断的质量控制。省级卫生健康主管部门应当加强本行政区域内职业病诊断机构的质量控制管理工作,组织开展职业病诊断机构质量控制评估。职业病诊断质量控制规范和医疗卫生机构职业病报告规范另行制定。④

(三)职业病的诊断

1. 职业病诊断的地点。劳动者可以在用人单位所在地、本人户籍所在地或者经常居住地的职业病诊断机构进行职业病诊断。⑤

2. 职业病诊断的"申请"。劳动者依法要求进行职业病诊断的,职业病诊断机构不得拒绝劳动者进行职业病诊断的要求,并告知劳动者职业病诊断的程序和所需材料。劳动者应当填写《职业病诊断就诊登记表》,并提供本人掌握的职业病诊断有关资料。⑥

3. 职业病诊断的告知。(1)提供职业病诊断资料的告知。职业病诊断机构进行职业病诊断时,应当书面通知劳动者所在的用人单位提供《职业病诊断与鉴定管理办法》第21条规定的职业病诊断资料,用人单位应当在接到通知后的10日内如实提供。⑦ (2)申请仲裁的告知。在确认劳动者职业史、职业病危害接触

---

① 《职业病诊断与鉴定管理办法》第16条。
② 《职业病诊断与鉴定管理办法》第17条。
③ 《职业病防治法》第46条。
④ 《职业病诊断与鉴定管理办法》第18条。
⑤ 《职业病诊断与鉴定管理办法》第19条。
⑥ 《职业病诊断与鉴定管理办法》第22条。
⑦ 《职业病诊断与鉴定管理办法》第23条。

史时,当事人对劳动关系、工种、工作岗位或者在岗时间有争议的,职业病诊断机构应当告知当事人依法向用人单位所在地的劳动人事争议仲裁委员会申请仲裁。① (3) 发现事项的告知。未承担职业病诊断工作的医疗卫生机构,在诊疗活动中发现劳动者的健康损害可能与其所从事的职业有关时,应及时告知劳动者到职业病诊断机构进行职业病诊断。②

4. 职业病诊断的资料。职业病诊断需要以下资料:(1)劳动者职业史和职业病危害接触史(包括在岗时间、工种、岗位、接触的职业病危害因素名称等);(2)劳动者职业健康检查结果;(3)工作场所职业病危害因素检测结果;(4)职业性放射性疾病诊断还需要个人剂量监测档案等资料。③

5. 职业病诊断资料的督促。(1)用人单位未在规定时间内提供职业病诊断所需要资料的,职业病诊断机构可以依法提请卫生健康主管部门督促用人单位提供。④ (2)经卫生健康主管部门督促,用人单位仍不提供工作场所职业病危害因素检测结果、职业健康监护档案等资料或者提供资料不全的,职业病诊断机构应当结合劳动者的临床表现、辅助检查结果和劳动者的职业史、职业病危害接触史,并参考劳动者自述或工友旁证资料、卫生健康等有关部门提供的日常监督检查信息等,作出职业病诊断结论。对于作出无职业病诊断结论的病人,可依据病人的临床表现以及辅助检查结果,作出疾病的诊断,提出相关医学意见或者建议。⑤

6. 职业病诊断的调查。(1)职业病诊断异议的调查。劳动者对用人单位提供的工作场所职业病危害因素检测结果等资料有异议,或者因劳动者的用人单位解散、破产,无用人单位提供上述资料的,职业病诊断机构应当依法提请用人单位所在地卫生健康主管部门进行调查。卫生健康主管部门应当自接到申请之日起30日内对存在异议的资料或者工作场所职业病危害因素情况作出判定。职业病诊断机构在卫生健康主管部门作出调查结论或者判定前应当中止职业病诊断。⑥ (2)职业病危害因素情况的现场调查。职业病诊断机构需要了解工作场所职业病危害因素情况时,可以对工作场所进行现场调查,也可以依法提请卫生健

---

① 《职业病诊断与鉴定管理办法》第27条。
② 《职业病诊断与鉴定管理办法》第33条。
③ 《职业病诊断与鉴定管理办法》第21条。
④ 《职业病诊断与鉴定管理办法》第24条。
⑤ 《职业病诊断与鉴定管理办法》第28条。
⑥ 《职业病诊断与鉴定管理办法》第25条。

康主管部门组织现场调查。卫生健康主管部门应当在接到申请之日起30日内完成现场调查。①

7. 职业病诊断的医师参加及咨询意见。职业病诊断机构可以根据诊断需要,聘请其他单位职业病诊断医师参加诊断。必要时,可以邀请相关专业专家提供咨询意见。②

8. 职业病诊断的分析及结论。职业病诊断应当按照《职业病防治法》、《职业病诊断与鉴定管理办法》的有关规定及《职业病分类和目录》、国家职业病诊断标准,依据劳动者的职业史、职业病危害接触史和工作场所职业病危害因素情况、临床表现以及辅助检查结果等,进行综合分析。材料齐全的情况下,职业病诊断机构应当在收齐材料之日起30日内作出诊断结论。没有证据否定职业病危害因素与病人临床表现之间的必然联系的,应当诊断为职业病。③ 其中,《职业病诊断与鉴定管理办法》所称"证据",包括疾病的证据、接触职业病危害因素的证据,以及用于判定疾病与接触职业病危害因素之间因果关系的证据。④

9. 职业病诊断的证明书。职业病诊断机构作出职业病诊断结论后,应当出具职业病诊断证明书。职业病诊断证明书应当由参与诊断的取得职业病诊断资格的执业医师签署。职业病诊断机构应当对职业病诊断医师签署的职业病诊断证明书进行审核,确认诊断的依据与结论符合有关法律法规、标准的要求,并在职业病诊断证明书上盖章。职业病诊断证明书的书写应当符合相关标准的要求。职业病诊断证明书1式5份,劳动者1份,用人单位所在地县级卫生健康主管部门1份,用人单位2份,诊断机构存档1份。职业病诊断证明书应当于出具之日起15日内由职业病诊断机构送达劳动者、用人单位及用人单位所在地县级卫生健康主管部门。⑤

10. 职业病诊断档案。职业病诊断机构应当建立职业病诊断档案并永久保存,档案应当包括:(1)职业病诊断证明书;(2)职业病诊断记录;(3)用人单位、劳动者和相关部门、机构提交的有关资料;(4)临床检查与实验室检验等资料。

---

① 《职业病诊断与鉴定管理办法》第26条。
② 《职业病诊断与鉴定管理办法》第29条。
③ 《职业病诊断与鉴定管理办法》第20条。
④ 《职业病诊断与鉴定管理办法》第62条。
⑤ 《职业病诊断与鉴定管理办法》第30条。

职业病诊断机构拟不再开展职业病诊断工作的,应当在拟停止开展职业病诊断工作的15个工作日之前告知省级卫生健康主管部门和所在地县级卫生健康主管部门,妥善处理职业病诊断档案。①

(四)职业病的鉴定

1. 鉴定的制度及原则。(1)鉴定制度。职业病鉴定实行两级鉴定制,设区的市级职业病诊断鉴定委员会负责职业病诊断争议的首次鉴定。当事人对设区的市级职业病鉴定结论不服的,可以在接到诊断鉴定书之日起15日内,向原鉴定组织所在地省级卫生健康主管部门申请再鉴定,省级鉴定为最终鉴定。②(2)鉴定的原则。职业病诊断鉴定应当遵循客观、公正的原则,鉴定委员会进行职业病诊断鉴定时,可以邀请有关单位人员旁听职业病诊断鉴定会议。所有参与职业病诊断鉴定的人员应当依法保护当事人的个人隐私、商业秘密。③

2. 鉴定的职责分工。(1)设区的市级以上地方卫生健康主管部门的职责。①设区的市级以上地方卫生健康主管部门可以指定办事机构,具体承担职业病诊断鉴定的组织和日常性工作。职业病鉴定办事机构的职责是:第一,接受当事人申请;第二,组织当事人或者接受当事人委托抽取职业病诊断鉴定专家;第三,组织职业病诊断鉴定会议,负责会议记录、职业病诊断鉴定相关文书的收发及其他事务性工作;第四,建立并管理职业病诊断鉴定档案;第五,报告职业病诊断鉴定相关信息;第六,承担卫生健康主管部门委托的有关职业病诊断鉴定的工作。职业病诊断机构不能作为职业病鉴定办事机构。④②设区的市级以上地方卫生健康主管部门应当向社会公布本行政区域内依法承担职业病诊断鉴定工作的办事机构的名称、工作时间、地点、联系人、联系电话和鉴定工作程序。⑤(2)职业病鉴定办事机构的职责。①职业病鉴定结论与职业病诊断结论或者首次职业病鉴定结论不一致的,职业病鉴定办事机构应当在出具职业病诊断鉴定书后10日内向相关卫生健康主管部门报告。⑥②职业病鉴定办事机构应当如实记录职业病

---

① 《职业病诊断与鉴定管理办法》第31条。
② 《职业病诊断与鉴定管理办法》第35条。
③ 《职业病诊断与鉴定管理办法》第45条第5款。
④ 《职业病诊断与鉴定管理办法》第36条。
⑤ 《职业病诊断与鉴定管理办法》第37条。
⑥ 《职业病诊断与鉴定管理办法》第49条。

诊断鉴定过程,内容应当包括:第一,鉴定委员会的专家组成;第二,鉴定时间;第三,鉴定所用资料;第四,鉴定专家的发言及其鉴定意见;第五,表决情况;第六,经鉴定专家签字的鉴定结论。有当事人陈述和申辩的,应当如实记录。鉴定结束后,鉴定记录应当随同职业病诊断鉴定书一并由职业病鉴定办事机构存档,永久保存。①

3. 鉴定组织及其人员。(1)鉴定委员会。①职业病诊断鉴定委员会由相关专业的专家组成。② ②鉴定委员会人数为5人以上单数,其中相关专业职业病诊断医师应当为本次鉴定专家人数的半数以上。疑难病例应当增加鉴定委员会人数,充分听取意见。鉴定委员会设主任委员1名,由鉴定委员会成员推举产生。职业病诊断鉴定会议由鉴定委员会主任委员主持。③ ③职业病诊断鉴定委员会组成人员应当遵守职业道德,客观、公正地进行诊断鉴定,并承担相应的责任。职业病诊断鉴定委员会组成人员不得私下接触当事人,不得收受当事人的财物或者其他好处,与当事人有利害关系的,应当回避。④ (2)鉴定专家。①鉴定专家的确定。第一,省、自治区、直辖市人民政府卫生行政部门应当设立相关的专家库,需要对职业病争议作出诊断鉴定时,由当事人或者当事人委托有关卫生行政部门从专家库中以随机抽取的方式确定参加诊断鉴定委员会的专家。职业病诊断鉴定委员会应当按照国务院卫生行政部门颁布的职业病诊断标准和职业病诊断、鉴定办法进行职业病诊断鉴定,向当事人出具职业病诊断鉴定书。职业病诊断、鉴定费用由用人单位承担。⑤ 第二,人民法院受理有关案件需要进行职业病鉴定时,应当从省、自治区、直辖市人民政府卫生行政部门依法设立的相关的专家库中选取参加鉴定的专家。⑥ ②鉴定专家的条件。专家库应当以取得职业病诊断资格的不同专业类别的医师为主要成员,吸收临床相关学科、职业卫生、放射卫生、法律等相关专业的专家组成。专家应当具备下列条件:第一,具有良好

---

① 《职业病诊断与鉴定管理办法》第50条。
② 《职业病防治法》第53条第1款。
③ 《职业病诊断与鉴定管理办法》第41条。
④ 《职业病防治法》第54条第1款。
⑤ 《职业病防治法》第53条第2款、第3款。
《职业病诊断与鉴定管理办法》第38条规定:"省级卫生健康主管部门应当设立职业病诊断鉴定专家库(以下简称专家库),并根据实际工作需要及时调整其成员。专家库可以按照专业类别进行分组。"
⑥ 《职业病防治法》第54条第2款。

的业务素质和职业道德;第二,具有相关专业的高级专业技术职务任职资格;第三,熟悉职业病防治法律法规和职业病诊断标准;第四,身体健康,能够胜任职业病诊断鉴定工作。① ③鉴定专家的确定方式。参加职业病诊断鉴定的专家,应当由当事人或者由其委托的职业病鉴定办事机构从专家库中按照专业类别以随机抽取的方式确定。抽取的专家组成职业病诊断鉴定委员会(以下简称鉴定委员会)。经当事人同意,职业病鉴定办事机构可以根据鉴定需要聘请本省、自治区、直辖市以外的相关专业专家作为鉴定委员会成员,并有表决权。② ④鉴定专家的回避。参加职业病诊断鉴定的专家有下列情形之一的,应当回避:第一,是职业病诊断鉴定当事人或者当事人近亲属的;第二,已参加当事人职业病诊断或者首次鉴定的;第三,与职业病诊断鉴定当事人有利害关系的;第四,与职业病诊断鉴定当事人有其他关系,可能影响鉴定公正的。③

  4 鉴定的程序。(1)鉴定的申请。①鉴定申请的方式。当事人对职业病诊断有异议的,可以向作出诊断的医疗卫生机构所在地方人民政府卫生行政部门申请鉴定。职业病诊断争议由设区的市级以上地方人民政府卫生行政部门根据当事人的申请,组织职业病诊断鉴定委员会进行鉴定。当事人对设区的市级职业病诊断鉴定委员会的鉴定结论不服的,可以向省、自治区、直辖市人民政府卫生行政部门申请再鉴定。④ ②鉴定申请的期限。当事人对职业病诊断机构作出的职业病诊断有异议的,可以在接到职业病诊断证明书之日起30日内,向作出诊断的职业病诊断机构所在地设区的市级卫生健康主管部门申请鉴定。职业病诊断争议由设区的市级以上地方卫生健康主管部门根据当事人的申请组织职业病诊断鉴定委员会进行鉴定。⑤ ③鉴定申请提供资料。当事人申请职业病诊断鉴定时,应当提供以下资料:第一,职业病诊断鉴定申请书;第二,职业病诊断证明书;第三,申请省级鉴定的还应当提交市级职业病诊断鉴定书。⑥ (2)鉴定的审核。①资料审核。职业病鉴定办事机构应当自收到申请资料之日起5个工作日内完成资料审核,对资料齐全的发给受理通知书;资料不全的,应当当场或者在5

---

① 《职业病诊断与鉴定管理办法》第39条。
② 《职业病诊断与鉴定管理办法》第40条。
③ 《职业病诊断与鉴定管理办法》第42条。
④ 《职业病防治法》第52条。
⑤ 《职业病诊断与鉴定管理办法》第34条。
⑥ 《职业病诊断与鉴定管理办法》第43条。

个工作日内一次性告知当事人补充。资料补充齐全的,应当受理申请并组织鉴定。① ②有关资料的调取。第一,职业病鉴定办事机构收到当事人鉴定申请之后,根据需要可以向原职业病诊断机构或者组织首次鉴定的办事机构调阅有关的诊断、鉴定资料。原职业病诊断机构或者组织首次鉴定的办事机构应当在接到通知之日起 10 日内提交。② 第二,根据职业病诊断鉴定工作需要,职业病鉴定办事机构可以向有关单位调取与职业病诊断、鉴定有关的资料,有关单位应当如实、及时提供。③ ③医学检查。鉴定委员会应当听取当事人的陈述和申辩,必要时可以组织进行医学检查,医学检查应当在 30 日内完成。④ ④现场调查。需要了解被鉴定人的工作场所职业病危害因素情况时,职业病鉴定办事机构根据鉴定委员会的意见可以组织对工作场所进行现场调查,或者依法提请卫生健康主管部门组织现场调查。现场调查应当在 30 日内完成。⑤ 其中,医学检查和现场调查时间不计算在职业病鉴定规定的期限内。⑥ (3)鉴定结论。①鉴定书的制作。鉴定委员会应当认真审阅鉴定资料,依照有关规定和职业病诊断标准,经充分合议后,根据专业知识独立进行鉴定。在事实清楚的基础上,进行综合分析,作出鉴定结论,并制作职业病诊断鉴定书。鉴定结论应当经鉴定委员会半数以上成员通过。⑦ ②鉴定书制作的时限。职业病鉴定办事机构应当在受理鉴定申请之日起 40 日内组织鉴定、形成鉴定结论,并出具职业病诊断鉴定书。⑧ ③鉴定书的内容。职业病诊断鉴定书应当包括以下内容:第一,劳动者、用人单位的基本信息及鉴定事由;第二,鉴定结论及其依据,鉴定为职业病的,应当注明职业病名称、程度(期别);第三,鉴定时间。诊断鉴定书加盖职业病鉴定委员会印章。⑨ ④鉴定书的存档。首次鉴定的职业病诊断鉴定书 1 式 5 份,劳动者、用人单位、用人单位所在地市级卫生健康主管部门、原诊断机构各 1 份,职业病鉴定办事机构

---

① 《职业病诊断与鉴定管理办法》第 44 条第 1 款。
② 《职业病诊断与鉴定管理办法》第 44 条第 2 款。
③ 《职业病诊断与鉴定管理办法》第 45 条第 1 款。
④ 《职业病诊断与鉴定管理办法》第 45 条第 2 款。
⑤ 《职业病诊断与鉴定管理办法》第 45 条第 3 款。
⑥ 《职业病诊断与鉴定管理办法》第 45 条第 4 款。
⑦ 《职业病诊断与鉴定管理办法》第 46 条。
⑧ 《职业病诊断与鉴定管理办法》第 44 条第 3 款。
⑨ 《职业病诊断与鉴定管理办法》第 47 条第 1 款、2 款。

存档 1 份;省级鉴定的职业病诊断鉴定书 1 式 6 份,劳动者、用人单位、用人单位所在地省级卫生健康主管部门、原诊断机构、首次职业病鉴定办事机构各 1 份,省级职业病鉴定办事机构存档 1 份。① ⑤鉴定书的格式。职业病诊断鉴定书的格式由国家卫生健康委员会统一规定。② ⑥鉴定书的送达。职业病鉴定办事机构出具职业病诊断鉴定书后,应当于出具之日起 10 日内送达当事人,并在出具职业病诊断鉴定书后的 10 日内将职业病诊断鉴定书等有关信息告知原职业病诊断机构或者首次职业病鉴定办事机构,并通过职业病及健康危害因素监测信息系统报告职业病鉴定相关信息。③

(五)卫生健康主管部门的监督管理

1. 监督检查的内容。县级以上地方卫生健康主管部门应当定期对职业病诊断机构进行监督检查,检查内容包括:(1)法律法规、标准的执行情况;(2)规章制度建立情况;(3)备案的职业病诊断信息真实性情况;(4)按照备案的诊断项目开展职业病诊断工作情况;(5)开展职业病诊断质量控制、参加质量控制评估及整改情况;(6)人员、岗位职责落实和培训情况;(7)职业病报告情况。④

2. 监督管理(检查)的事项。设区的市级以上地方卫生健康主管部门应当加强对职业病鉴定办事机构的监督管理,对职业病鉴定工作程序、制度落实情况及职业病报告等相关工作情况进行监督检查。⑤

3. 监督检查时的权力。县级以上地方卫生健康主管部门监督检查时,有权查阅或者复制有关资料,职业病诊断机构应当予以配合。⑥

(六)职业病诊断及鉴定的法律责任

1. 医疗卫生机构的法律责任。医疗卫生机构未按照规定备案开展职业病诊断的,由县级以上地方卫生健康主管部门责令改正,给予警告,可以并处 3 万元以下罚款。⑦

2. 职业病诊断机构的法律责任。(1)职业病诊断机构有下列行为之一的,其

---

① 《职业病诊断与鉴定管理办法》第 47 条第 3 款。
② 《职业病诊断与鉴定管理办法》第 47 条第 4 款。
③ 《职业病诊断与鉴定管理办法》第 48 条。
④ 《职业病诊断与鉴定管理办法》第 51 条。
⑤ 《职业病诊断与鉴定管理办法》第 52 条。
⑥ 《职业病诊断与鉴定管理办法》第 53 条。
⑦ 《职业病诊断与鉴定管理办法》第 54 条。

作出的职业病诊断无效,由县级以上地方卫生健康主管部门按照《职业病防治法》第80条的规定进行处理:①超出诊疗项目登记范围从事职业病诊断的;②不按照《职业病防治法》规定履行法定职责的;③出具虚假证明文件的。① (2)职业病诊断机构未按照规定报告职业病、疑似职业病的,由县级以上地方卫生健康主管部门按照《职业病防治法》第74条的规定进行处理。② (3)职业病诊断机构违反本办法规定,有下列情形之一的,由县级以上地方卫生健康主管部门责令限期改正;逾期不改的,给予警告,并可以根据情节轻重处以30,000元以下罚款:①未建立职业病诊断管理制度的;②未按照规定向劳动者公开职业病诊断程序的;③泄露劳动者涉及个人隐私的有关信息、资料的;④未按照规定参加质量控制评估,或者质量控制评估不合格且未按要求整改的;⑤拒不配合卫生健康主管部门监督检查的。③

3. 职业病诊断鉴定委员会组成人员的法律责任。职业病诊断鉴定委员会组成人员收受职业病诊断争议当事人的财物或者其他好处的,由省级卫生健康主管部门按照《职业病防治法》第81条的规定进行处理。④

4. 县级以上地方卫生健康主管部门及其工作人员的法律责任。县级以上地方卫生健康主管部门及其工作人员未依法履行职责,按照《职业病防治法》第83条第2款的规定进行处理。⑤

5. 用人单位的法律责任。(1)用人单位有下列行为之一的,由县级以上地方卫生健康主管部门按照《职业病防治法》第72条的规定进行处理:①未按照规定安排职业病病人、疑似职业病病人进行诊治的;②拒不提供职业病诊断、鉴定所需资料的;③未按照规定承担职业病诊断、鉴定费用。⑥ (2)用人单位未按照规定报告职业病、疑似职业病的,由县级以上地方卫生健康主管部门按照《职业病防治法》第74条的规定进行处理。⑦

---

① 《职业病诊断与鉴定管理办法》第55条。
② 《职业病诊断与鉴定管理办法》第56条。
③ 《职业病诊断与鉴定管理办法》第57条。
④ 《职业病诊断与鉴定管理办法》第58条。
⑤ 《职业病诊断与鉴定管理办法》第59条。
⑥ 《职业病诊断与鉴定管理办法》第60条。
⑦ 《职业病诊断与鉴定管理办法》第61条。

二、职业病防治

(一)职业病防治的一般规则

1. 职业病防治的适用。(1)适用的法律。①为了预防、控制和消除职业病危害,防治职业病,保护劳动者健康及其相关权益,促进经济社会发展,根据《宪法》,制定《职业病防治法》。① 其中,职业病危害,是指对从事职业活动的劳动者可能导致职业病的各种危害。职业病危害因素包括:职业活动中存在的各种有害的化学、物理、生物因素以及在作业过程中产生的其他职业有害因素。② ②《职业病防治法》自 2002 年 5 月 1 日起施行。③ ③后经 2011 年 12 月 31 日、2016 年 7 月 2 日、2017 年 11 月 4 日、2018 年 12 月 29 日 4 次修正。④ (2)适用的事项。①《职业病防治法》适用于中华人民共和国领域内的职业病防治活动。《职业病防治法》所称职业病,是指企业、事业单位和个体经济组织等用人单位的劳动者在职业活动中,因接触粉尘、放射性物质和其他有毒、有害因素而引起的疾病。职业病的分类和目录由国务院卫生行政部门会同国务院劳动保障行政部门制定、调整并公布。⑤ ②《职业病防治法》第 2 条规定的用人单位以外的单位,产生职业病危害的,其职业病防治活动可以参照《职业病防治法》执行。劳务派遣用工单位应当履行《职业病防治法》规定的用人单位的义务。中国人民解放军参照执行《职业病防治法》的办法,由国务院、中央军事委员会制定。⑥ ③对医疗机构放射性职业病危害控制的监督管理,由卫生行政部门依照《职业病防治法》的规定实施。⑦ (3)适用的机制。职业病防治工作坚持预防为主、防治结合的方针,建立用人单位负责、行政机关监管、行业自律、职工参与和社会监督的机制,实行分类管理、综合治理。⑧

2. 职业病防治的职责分工。(1)国家的职责。①国家鼓励和支持研制、开发、推广、应用有利于职业病防治和保护劳动者健康的新技术、新工艺、新设备、

---

① 《职业病防治法》第 1 条。
② 《职业病防治法》第 85 条第 1 款。
③ 《职业病防治法》第 88 条。
④ 《职业病防治法》序言。
⑤ 《职业病防治法》第 2 条。
⑥ 《职业病防治法》第 86 条。
⑦ 《职业病防治法》第 87 条。
⑧ 《职业病防治法》第 3 条。

新材料,加强对职业病的机理和发生规律的基础研究,提高职业病防治科学技术水平;积极采用有效的职业病防治技术、工艺、设备、材料;限制使用或者淘汰职业病危害严重的技术、工艺、设备、材料。国家鼓励和支持职业病医疗康复机构的建设。①②国家实行职业卫生监督制度。②(2)国务院卫生行政部门、劳动保障行政部门的职责。①国务院卫生行政部门、劳动保障行政部门依照《职业病防治法》和国务院确定的职责,负责全国职业病防治的监督管理工作。国务院有关部门在各自的职责范围内负责职业病防治的有关监督管理工作。③②国务院卫生行政部门应当组织开展重点职业病监测和专项调查,对职业健康风险进行评估,为制定职业卫生标准和职业病防治政策提供科学依据。④③有关防治职业病的国家职业卫生标准,由国务院卫生行政部门组织制定并公布。⑤(3)国务院和县级以上地方人民政府的职责。国务院和县级以上地方人民政府应当制定职业病防治规划,将其纳入国民经济和社会发展计划,并组织实施。⑥(4)国务院和县级以上地方人民政府劳动保障行政部门的职责。国务院和县级以上地方人民政府劳动保障行政部门应当加强对工伤保险的监督管理,确保劳动者依法享受工伤保险待遇。⑦(5)县级以上地方人民政府卫生行政部门、劳动保障行政部门的职责。①县级以上地方人民政府卫生行政部门、劳动保障行政部门依据各自职责,负责本行政区域内职业病防治的监督管理工作。县级以上地方人民政府有关部门在各自的职责范围内负责职业病防治的有关监督管理工作。⑧②县级以上人民政府卫生行政部门、劳动保障行政部门(以下统称职业卫生监督管理部门)应当加强沟通,密切配合,按照各自职责分工,依法行使职权,承担责任。⑨③县级以上地方人民政府统一负责、领导、组织、协调本行政区域的职业病防治工作,建立健全职业病防治工作体制、机制,统一领导、指挥职业卫生突发事件应对工作;加强职业病防治能力建设和服务体系建设,完善、落实职业病防治工

---

① 《职业病防治法》第8条。
② 《职业病防治法》第9条第1款。
③ 《职业病防治法》第9条第2款。
④ 《职业病防治法》第12条第2款。
⑤ 《职业病防治法》第12条第1款。
⑥ 《职业病防治法》第10条第1款。
⑦ 《职业病防治法》第7条第2款。
⑧ 《职业病防治法》第9条第3款。
⑨ 《职业病防治法》第9条第4款。

责任制。① ④县级以上人民政府职业卫生监督管理部门应当加强对职业病防治的宣传教育,普及职业病防治的知识,增强用人单位的职业病防治观念,提高劳动者的职业健康意识、自我保护意识和行使职业卫生保护权利的能力。② ⑤县级以上地方人民政府卫生行政部门应当定期对本行政区域的职业病防治情况进行统计和调查分析。③ (6)乡、民族乡、镇的人民政府的职责。乡、民族乡、镇的人民政府应当认真执行本法,支持职业卫生监督管理部门依法履行职责。④ (7)职业卫生监督管理部门的职责。职业卫生监督管理部门应当按照职责分工,加强对用人单位落实职业病防护管理措施情况的监督检查,依法行使职权,承担责任。⑤ (8)社会的职责。任何单位和个人有权对违反本法的行为进行检举和控告。有关部门收到相关的检举和控告后,应当及时处理。对防治职业病成绩显著的单位和个人,给予奖励。⑥ (9)工会的职责。工会组织依法对职业病防治工作进行监督,维护劳动者的合法权益。用人单位制定或者修改有关职业病防治的规章制度,应当听取工会组织的意见。⑦

3. 职业病防治中劳动者及用人单位的权利义务。(1)劳动者的权利。劳动者依法享有职业卫生保护的权利。⑧ (2)用人单位及其负责人的义务。①用人单位应当为劳动者创造符合国家职业卫生标准和卫生要求的工作环境和条件,并采取措施保障劳动者获得职业卫生保护。⑨ ②用人单位应当建立、健全职业病防治责任制,加强对职业病防治的管理,提高职业病防治水平,对本单位产生的职业病危害承担责任。⑩ ③用人单位的主要负责人对本单位的职业病防治工作全面负责。⑪ ④用人单位必须依法参加工伤保险。⑫

---

① 《职业病防治法》第10条第2款。
② 《职业病防治法》第11条。
③ 《职业病防治法》第12条第3款。
④ 《职业病防治法》第10条第3款。
⑤ 《职业病防治法》第42条。
⑥ 《职业病防治法》第13条。
⑦ 《职业病防治法》第4条第3款。
⑧ 《职业病防治法》第4条第1款。
⑨ 《职业病防治法》第4条第2款。
⑩ 《职业病防治法》第5条。
⑪ 《职业病防治法》第6条。
⑫ 《职业病防治法》第7条第1款。

(二)职业病防治的前期预防

1. 前期预防中用人单位的规范。(1)用人单位应当依照法律、法规要求,严格遵守国家职业卫生标准,落实职业病预防措施,从源头上控制和消除职业病危害。① (2)产生职业病危害的用人单位的设立除应符合法律、行政法规规定的设立条件外,其工作场所还应当符合下列职业卫生要求:①职业病危害因素的强度或者浓度符合国家职业卫生标准;②有与职业病危害防护相适应的设施;③生产布局合理,符合有害与无害作业分开的原则;④有配套的更衣间、洗浴间、孕妇休息间等卫生设施;⑤设备、工具、用具等设施符合保护劳动者生理、心理健康的要求;⑥法律、行政法规和国务院卫生行政部门关于保护劳动者健康的其他要求。② (3)国家建立职业病危害项目申报制度。用人单位工作场所存在职业病目录所列职业病的危害因素的,应当及时、如实向所在地卫生行政部门申报危害项目,接受监督。③ 职业病危害因素分类目录由国务院卫生行政部门制定、调整并公布。职业病危害项目申报的具体办法由国务院卫生行政部门制定。④

2. 建设单位的义务。(1)新建、扩建、改建建设项目和技术改造、技术引进项目(以下统称建设项目)可能产生职业病危害的,建设单位在可行性论证阶段应当进行职业病危害预评价。医疗机构建设项目可能产生放射性职业病危害的,建设单位应当向卫生行政部门提交放射性职业病危害预评价报告。卫生行政部门应当自收到预评价报告之日起30日内,作出审核决定并书面通知建设单位。未提交预评价报告或者预评价报告未经卫生行政部门审核同意的,不得开工建设。职业病危害预评价报告应当对建设项目可能产生的职业病危害因素及其对工作场所和劳动者健康的影响作出评价,确定危害类别和职业病防护措施。建设项目职业病危害分类管理办法由国务院卫生行政部门制定。⑤ (2)建设项目的职业病防护设施所需费用应当纳入建设项目工程预算,并与主体工程同时设计、同时施工,同时投入生产和使用。建设项目的职业病防护设施设计应当符合国家职业卫生标准和卫生要求;其中,医疗机构放射性职业病危害严重的建设项目

---

① 《职业病防治法》第14条。
② 《职业病防治法》第15条。
③ 《职业病防治法》第16条第1款、2款。
④ 《职业病防治法》第16条第3款。
⑤ 《职业病防治法》第17条。

的防护设施设计,应当经卫生行政部门审查同意后,方可施工。建设项目在竣工验收前,建设单位应当进行职业病危害控制效果评价。医疗机构可能产生放射性职业病危害的建设项目竣工验收时,其放射性职业病防护设施经卫生行政部门验收合格后,方可投入使用;其他建设项目的职业病防护设施应当由建设单位负责依法组织验收,验收合格后,方可投入生产和使用。卫生行政部门应当加强对建设单位组织的验收活动和验收结果的监督核查。① (3)国家对从事放射性、高毒、高危粉尘等作业实行特殊管理。具体管理办法由国务院制定。②

(三)劳动过程中的防护与管理

1. 用人单位职业病防治管理措施的总体规范。(1)用人单位对采用的技术、工艺、设备、材料,应当知悉其产生的职业病危害,对有职业病危害的技术、工艺、设备、材料隐瞒其危害而采用的,对所造成的职业病危害后果承担责任。③ (2)用人单位应当采取下列职业病防治管理措施:①设置或者指定职业卫生管理机构或者组织,配备专职或者兼职的职业卫生管理人员,负责本单位的职业病防治工作;②制订职业病防治计划和实施方案;③建立、健全职业卫生管理制度和操作规程;④建立、健全职业卫生档案和劳动者健康监护档案;⑤建立、健全工作场所职业病危害因素监测及评价制度;⑥建立、健全职业病危害事故应急救援预案。④

2. 用人单位职业病防治管理措施的具体规范。(1)用人单位对用工场所、岗位应采取的措施。①产生职业病危害的用人单位,应当在醒目位置设置公告栏,公布有关职业病防治的规章制度、操作规程、职业病危害事故应急救援措施和工作场所职业病危害因素检测结果。对产生严重职业病危害的作业岗位,应当在其醒目位置,设置警示标识和中文警示说明。警示说明应当载明产生职业病危害的种类、后果、预防以及应急救治措施等内容。⑤ ②对可能发生急性职业损伤的有毒、有害工作场所,用人单位应当设置报警装置,配置现场急救用品、冲洗设备、应急撤离通道和必要的泄险区。⑥ (2)用人单位对职业病危害因素应采取的

---

① 《职业病防治法》第18条。
② 《职业病防治法》第19条。
③ 《职业病防治法》第32条。
④ 《职业病防治法》第20条。
⑤ 《职业病防治法》第24条。
⑥ 《职业病防治法》第25条第1款。

措施。①日常监测及措施。用人单位应当实施由专人负责的职业病危害因素日常监测,并确保监测系统处于正常运行状态。用人单位应当按照国务院卫生行政部门的规定,定期对工作场所进行职业病危害因素检测、评价。检测、评价结果存入用人单位职业卫生档案,定期向所在地卫生行政部门报告并向劳动者公布。职业病危害因素检测、评价由依法设立的取得国务院卫生行政部门或者设区的市级以上地方人民政府卫生行政部门按照职责分工给予资质认可的职业卫生技术服务机构进行。职业卫生技术服务机构所作检测、评价应当客观、真实。发现工作场所职业病危害因素不符合国家职业卫生标准和卫生要求时,用人单位应当立即采取相应治理措施,仍然达不到国家职业卫生标准和卫生要求的,必须停止存在职业病危害因素的作业;职业病危害因素经治理后,符合国家职业卫生标准和卫生要求的,方可重新作业。① ②检测、评价及监督检查。职业卫生技术服务机构依法从事职业病危害因素检测、评价工作,接受卫生行政部门的监督检查。卫生行政部门应当依法履行监督职责。② ③提供必要的说明。第一,提供的设备。向用人单位提供可能产生职业病危害的设备的,应当提供中文说明书,并在设备的醒目位置设置警示标识和中文警示说明。警示说明应当载明设备性能、可能产生的职业病危害、安全操作和维护注意事项、职业病防护以及应急救治措施等内容。③ 第二,提供的化学品及材料。向用人单位提供可能产生职业病危害的化学品、放射性同位素和含有放射性物质的材料的,应当提供中文说明书。说明书应当载明产品特性、主要成分、存在的有害因素、可能产生的危害后果、安全使用注意事项、职业病防护以及应急救治措施等内容。产品包装应当有醒目的警示标识和中文警示说明。贮存上述材料的场所应当在规定的部位设置危险物品标识或者放射性警示标识。国内首次使用或者首次进口与职业病危害有关的化学材料,使用单位或者进口单位按照国家规定经国务院有关部门批准后,应当向国务院卫生行政部门报送该化学材料的毒性鉴定以及经有关部门登记注册或者批准进口的文件等资料。进口放射性同位素、射线装置和含有放射性物质的物品的,按照国家有关规定办理。④ (3)用人单位对其所属人员职业病

---

① 《职业病防治法》第26条。
② 《职业病防治法》第27条。
③ 《职业病防治法》第28条。
④ 《职业病防治法》第29条。

防护应采取的措施。①采用有效的防护设施。第一,用人单位必须采用有效的职业病防护设施,并为劳动者提供个人使用的职业病防护用品。用人单位为劳动者个人提供的职业病防护用品必须符合防治职业病的要求;不符合要求的,不得使用。① 第二,用人单位应当优先采用有利于防治职业病和保护劳动者健康的新技术、新工艺、新设备、新材料,逐步替代职业病危害严重的技术、工艺、设备、材料。② ②劳动合同的告知。用人单位与劳动者订立劳动合同(含聘用合同,下同)时,应当将工作过程中可能产生的职业病危害及其后果、职业病防护措施和待遇等如实告知劳动者,并在劳动合同中写明,不得隐瞒或者欺骗。劳动者在已订立劳动合同期间因工作岗位或者工作内容变更,从事与所订立劳动合同中未告知的存在职业病危害的作业时,用人单位应当依照前款规定,向劳动者履行如实告知的义务,并协商变更原劳动合同相关条款。用人单位违反前述规定的,劳动者有权拒绝从事存在职业病危害的作业,用人单位不得因此解除与劳动者所订立的劳动合同。③ ③职业卫生培训。第一,用人单位的主要负责人和职业卫生管理人员应当接受职业卫生培训,遵守职业病防治法律、法规,依法组织本单位的职业病防治工作。用人单位应当对劳动者进行上岗前的职业卫生培训和在岗期间的定期职业卫生培训,普及职业卫生知识,督促劳动者遵守职业病防治法律、法规、规章和操作规程,指导劳动者正确使用职业病防护设备和个人使用的职业病防护用品。劳动者应当学习和掌握相关的职业卫生知识,增强职业病防范意识,遵守职业病防治法律、法规、规章和操作规程,正确使用、维护职业病防护设备和个人使用的职业病防护用品,发现职业病危害事故隐患应当及时报告。劳动者不履行前款规定义务的,用人单位应当对其进行教育。④ 第二,用人单位按照职业病防治要求,用于预防和治理职业病危害、工作场所卫生检测、健康监护和职业卫生培训等费用,按照国家有关规定,在生产成本中据实列支。⑤ ④职业健康检查。对从事接触职业病危害的作业的劳动者,用人单位应当按照国务院卫生行政部门的规定组织上岗前、在岗期间和离岗时的职业健康检查,并将检

---

① 《职业病防治法》第 22 条。
② 《职业病防治法》第 23 条。
③ 《职业病防治法》第 33 条。
④ 《职业病防治法》第 34 条。
⑤ 《职业病防治法》第 41 条。

查结果书面告知劳动者。职业健康检查费用由用人单位承担。用人单位不得安排未经上岗前职业健康检查的劳动者从事接触职业病危害的作业;不得安排有职业禁忌的劳动者从事其所禁忌的作业;对在职业健康检查中发现有与所从事的职业相关的健康损害的劳动者,应当调离原工作岗位,并妥善安置;对未进行离岗前职业健康检查的劳动者不得解除或者终止与其订立的劳动合同。职业健康检查应当由取得《医疗机构执业许可证》的医疗卫生机构承担。卫生行政部门应当加强对职业健康检查工作的规范管理,具体管理办法由国务院卫生行政部门制定。① 其中,职业禁忌,是指劳动者从事特定职业或者接触特定职业病危害因素时,比一般职业人群更易于遭受职业病危害和罹患职业病或者可能导致原有自身疾病病情加重,或者在从事作业过程中诱发可能导致对他人生命健康构成危险的疾病的个人特殊生理或者病理状态。② ⑤建立职业健康监护档案。用人单位应当为劳动者建立职业健康监护档案,并按照规定的期限妥善保存。职业健康监护档案应当包括劳动者的职业史、职业病危害接触史、职业健康检查结果和职业病诊疗等有关个人健康资料。劳动者离开用人单位时,有权索取本人职业健康监护档案复印件,用人单位应当如实、无偿提供,并在所提供的复印件上签章。③ (4)用人单位对急性职业病危害事故应采用的措施。发生或者可能发生急性职业病危害事故时,用人单位应当立即采取应急救援和控制措施,并及时报告所在地卫生行政部门和有关部门。卫生行政部门接到报告后,应当及时会同有关部门组织调查处理;必要时,可以采取临时控制措施。卫生行政部门应当组织做好医疗救治工作。对遭受或者可能遭受急性职业病危害的劳动者,用人单位应当及时组织救治、进行健康检查和医学观察,所需费用由用人单位承担。④

3. 用人单位职业病防治管理措施的其他规范。(1)保障职业病防治的资金。用人单位应当保障职业病防治所需的资金投入,不得挤占、挪用,并对因资金投入不足导致的后果承担责任。⑤ (2)职业病防护及管理中行为规范及禁止。①对

---

① 《职业病防治法》第35条。
② 《职业病防治法》第85条第2款。
③ 《职业病防治法》第36条。
④ 《职业病防治法》第37条。
⑤ 《职业病防治法》第21条。

放射工作场所和放射性同位素的运输、贮存,用人单位必须配置防护设备和报警装置,保证接触放射线的工作人员佩戴个人剂量计。① ②对职业病防护设备、应急救援设施和个人使用的职业病防护用品,用人单位应当进行经常性的维护、检修,定期检测其性能和效果,确保其处于正常状态,不得擅自拆除或者停止使用。② ③任何单位和个人不得生产、经营、进口和使用国家明令禁止使用的可能产生职业病危害的设备或者材料。③ ④任何单位和个人不得将产生职业病危害的作业转移给不具备职业病防护条件的单位和个人。不具备职业病防护条件的单位和个人不得接受产生职业病危害的作业。④ ⑤用人单位不得安排未成年工从事接触职业病危害的作业;不得安排孕期、哺乳期的女职工从事对本人和胎儿、婴儿有危害的作业。⑤ (3)劳动者的职业卫生保护权利。劳动者享有下列职业卫生保护权利:①获得职业卫生教育、培训;②获得职业健康检查、职业病诊疗、康复等职业病防治服务;③了解工作场所产生或者可能产生的职业病危害因素、危害后果和应当采取的职业病防护措施;④要求用人单位提供符合防治职业病要求的职业病防护设施和个人使用的职业病防护用品,改善工作条件;⑤对违反职业病防治法律、法规以及危及生命健康的行为提出批评、检举和控告;⑥拒绝违章指挥和强令进行没有职业病防护措施的作业;⑦参与用人单位职业卫生工作的民主管理,对职业病防治工作提出意见和建议。用人单位应当保障劳动者行使前述所列权利。因劳动者依法行使正当权利而降低其工资、福利等待遇或者解除、终止与其订立的劳动合同的,其行为无效。⑥ (4)工会在职业病防治管理中的作用。工会组织应当督促并协助用人单位开展职业卫生宣传教育和培训,有权对用人单位的职业病防治工作提出意见和建议,依法代表劳动者与用人单位签订劳动安全卫生专项集体合同,与用人单位就劳动者反映的有关职业病防治的问题进行协调并督促解决。工会组织对用人单位违反职业病防治法律、法规,侵犯劳动者合法权益的行为,有权要求纠正;产生严重职业病危害时,有权要求采取防护措施,或者向政府有关部门建议采取强制性措施;发生职业病危害

---

① 《职业病防治法》第25条第2款。
② 《职业病防治法》第25条第3款。
③ 《职业病防治法》第30条。
④ 《职业病防治法》第31条。
⑤ 《职业病防治法》第38条。
⑥ 《职业病防治法》第39条。

事故时,有权参与事故调查处理;发现危及劳动者生命健康的情形时,有权向用人单位建议组织劳动者撤离危险现场,用人单位应当立即作出处理。①

(四)职业病防治的监督检查

1. 职业病防治监督检查的主体。县级以上人民政府职业卫生监督管理部门依照职业病防治法律、法规、国家职业卫生标准和卫生要求,依据职责划分,对职业病防治工作进行监督检查。②

2. 职业病防治监督检查部门有权采取的措施。(1)通常措施。卫生行政部门履行监督检查职责时,有权采取下列措施:①进入被检查单位和职业病危害现场,了解情况,调查取证;②查阅或者复制与违反职业病防治法律、法规的行为有关的资料和采集样品;③责令违反职业病防治法律、法规的单位和个人停止违法行为。③(2)临时控制措施。发生职业病危害事故或者有证据证明危害状态可能导致职业病危害事故发生时,卫生行政部门可以采取下列临时控制措施:①责令暂停导致职业病危害事故的作业;②封存造成职业病危害事故或者可能导致职业病危害事故发生的材料和设备;③组织控制职业病危害事故现场。在职业病危害事故或者危害状态得到有效控制后,卫生行政部门应当及时解除控制措施。④

3. 职业卫生监督执法人员的规范。(1)执法人员的认定及要求。职业卫生监督执法人员应当依法经过资格认定。⑤(2)执法人员的一般规范。职业卫生监督管理部门应当加强队伍建设,提高职业卫生监督执法人员的政治、业务素质,依照《职业病防治法》和其他有关法律、法规的规定,建立、健全内部监督制度,对其工作人员执行法律、法规和遵守纪律的情况,进行监督检查。⑥(3)执法人员的执行规范。职业卫生监督执法人员依法执行职务时,应当出示监督执法证件。职业卫生监督执法人员应当忠于职守,秉公执法,严格遵守执法规范;涉及用人单位的秘密的,应当为其保密。⑦职业卫生监督执法人员依法执行职务时,被检

---

① 《职业病防治法》第40条。
② 《职业病防治法》第62条。
③ 《职业病防治法》第63条。
④ 《职业病防治法》第64条。
⑤ 《职业病防治法》第68条第1款。
⑥ 《职业病防治法》第68条第2款。
⑦ 《职业病防治法》第65条。

查单位应当接受检查并予以支持配合,不得拒绝和阻碍。①(4)执法人员行为的禁止。卫生行政部门及其职业卫生监督执法人员履行职责时,不得有下列行为:①对不符合法定条件的,发给建设项目有关证明文件、资质证明文件或者予以批准;②对已经取得有关证明文件的,不履行监督检查职责;③发现用人单位存在职业病危害的,可能造成职业病危害事故,不及时依法采取控制措施;④其他违反《职业病防治法》的行为。②

(五)职业病防治的法律责任

1. 建设单位的法律责任。建设单位违反《职业病防治法》规定,有下列行为之一的,由卫生行政部门给予警告,责令限期改正;逾期不改正的,处10万元以上50万元以下的罚款;情节严重的,责令停止产生职业病危害的作业,或者提请有关人民政府按照国务院规定的权限责令停建、关闭:(1)未按照规定进行职业病危害预评价的;(2)医疗机构可能产生放射性职业病危害的建设项目未按照规定提交放射性职业病危害预评价报告,或者放射性职业病危害预评价报告未经卫生行政部门审核同意,开工建设的;(3)建设项目的职业病防护设施未按照规定与主体工程同时设计、同时施工、同时投入生产和使用的;(4)建设项目的职业病防护设施设计不符合国家职业卫生标准和卫生要求,或者医疗机构放射性职业病危害严重的建设项目的防护设施设计未经卫生行政部门审查同意擅自施工的;(5)未按照规定对职业病防护设施进行职业病危害控制效果评价的;(6)建设项目竣工投入生产和使用前,职业病防护设施未按照规定验收合格的。③

2. 违反《职业病防治法》规定的法律责任。(1)违反《职业病防治法》规定,有下列行为之一的,由卫生行政部门给予警告,责令限期改正;逾期不改正的,处10万元以下的罚款:①工作场所职业病危害因素检测、评价结果没有存档、上报、公布的;②未采取《职业病防治法》第20条规定的职业病防治管理措施的;③未按照规定公布有关职业病防治的规章制度、操作规程、职业病危害事故应急救援措施的;④未按照规定组织劳动者进行职业卫生培训,或者未对劳动者个人职业病防护采取指导、督促措施的;⑤国内首次使用或者首次进口与职业病危害有关

---

① 《职业病防治法》第66条。
② 《职业病防治法》第67条。
③ 《职业病防治法》第69条。

的化学材料，未按照规定报送毒性鉴定资料以及经有关部门登记注册或者批准进口的文件的。① (2)违反本法规定，有下列情形之一的，由卫生行政部门责令限期治理，并处5万元以上30万元以下的罚款；情节严重的，责令停止产生职业病危害的作业，或者提请有关人民政府按照国务院规定的权限责令关闭：①隐瞒技术、工艺、设备、材料所产生的职业病危害而采用的；②隐瞒本单位职业卫生真实情况的；③可能发生急性职业损伤的有毒、有害工作场所、放射工作场所或者放射性同位素的运输、贮存不符合《职业病防治法》第25条规定的；④使用国家明令禁止使用的可能产生职业病危害的设备或者材料的；⑤将产生职业病危害的作业转移给没有职业病防护条件的单位和个人，或者没有职业病防护条件的单位和个人接受产生职业病危害的作业的；⑥擅自拆除、停止使用职业病防护设备或者应急救援设施的；⑦安排未经职业健康检查的劳动者、有职业禁忌的劳动者、未成年工或者孕期、哺乳期女职工从事接触职业病危害的作业或者禁忌作业的；⑧违章指挥和强令劳动者进行没有职业病防护措施的作业的。② (3)生产、经营或者进口国家明令禁止使用的可能产生职业病危害的设备或者材料的，依照有关法律、行政法规的规定给予处罚。③ (4)未取得职业卫生技术服务资质认可擅自从事职业卫生技术服务的，由卫生行政部门责令立即停止违法行为，没收违法所得；违法所得5000元以上的，并处违法所得2倍以上10倍以下的罚款；没有违法所得或者违法所得不足5000元的，并处5000元以上50,000元以下的罚款；情节严重的，对直接负责的主管人员和其他直接责任人员，依法给予降级、撤职或者开除的处分。④

3. 用人单位的法律责任。(1)用人单位违反本法规定，有下列行为之一的，由卫生行政部门责令限期改正，给予警告，可以并处5万元以上10万元以下的罚款：①未按照规定及时、如实向卫生行政部门申报产生职业病危害的项目的；②未实施由专人负责的职业病危害因素日常监测，或者监测系统不能正常监测的；③订立或者变更劳动合同时，未告知劳动者职业病危害真实情况的；④未按照规定组织职业健康检查、建立职业健康监护档案或者未将检查结果书面告

---

① 《职业病防治法》第70条。
② 《职业病防治法》第75条。
③ 《职业病防治法》第76条。
④ 《职业病防治法》第79条。

知劳动者的;⑤未依照《职业病防治法》规定在劳动者离开用人单位时提供职业健康监护档案复印件的。① (2)用人单位违反本法规定,有下列行为之一的,由卫生行政部门给予警告,责令限期改正,逾期不改正的,处5元以上20万元以下的罚款;情节严重的,责令停止产生职业病危害的作业,或者提请有关人民政府按照国务院规定的权限责令关闭:①工作场所职业病危害因素的强度或者浓度超过国家职业卫生标准的;②未提供职业病防护设施和个人使用的职业病防护用品,或者提供的职业病防护设施和个人使用的职业病防护用品不符合国家职业卫生标准和卫生要求的;③对职业病防护设备、应急救援设施和个人使用的职业病防护用品未按照规定进行维护、检修、检测,或者不能保持正常运行、使用状态的;④未按照规定对工作场所职业病危害因素进行检测、评价的;⑤工作场所职业病危害因素经治理仍然达不到国家职业卫生标准和卫生要求时,未停止存在职业病危害因素的作业的;⑥未按照规定安排职业病病人、疑似职业病病人进行诊治的;⑦发生或者可能发生急性职业病危害事故时,未立即采取应急救援和控制措施或者未按照规定及时报告的;⑧未按照规定在产生严重职业病危害的作业岗位醒目位置设置警示标识和中文警示说明的;⑨拒绝职业卫生监督管理部门监督检查的;⑩隐瞒、伪造、篡改、毁损职业健康监护档案、工作场所职业病危害因素检测评价结果等相关资料,或者拒不提供职业病诊断、鉴定所需资料的;⑪未按照规定承担职业病诊断、鉴定费用和职业病病人的医疗、生活保障费用的。② (3)向用人单位提供可能产生职业病危害的设备、材料,未按照规定提供中文说明书或者设置警示标识和中文警示说明的,由卫生行政部门责令限期改正,给予警告,并处5万元以上20万元以下的罚款。③ (4)用人单位和医疗卫生机构未按照规定报告职业病、疑似职业病的,由有关主管部门依据职责分工责令限期改正,给予警告,可以并处1万元以下的罚款;弄虚作假的,并处2万元以上5万元以下的罚款;对直接负责的主管人员和其他直接责任人员,可以依法给予降级或者撤职的处分。④ (5)用人单位违反《职业病防治法》规定,已经对劳动者生命健康造成严重损害的,由卫生行政部门责令停止产生职业病危害的作业,或者提

---

① 《职业病防治法》第71条。
② 《职业病防治法》第72条。
③ 《职业病防治法》第73条。
④ 《职业病防治法》第74条。

请有关人民政府按照国务院规定的权限责令关闭,并处10万元以上50万元以下的罚款。① (6)用人单位违反《职业病防治法》规定,造成重大职业病危害事故或者其他严重后果,构成犯罪的,对直接负责的主管人员和其他直接责任人员,依法追究刑事责任。②

4. 卫生技术服务、医疗卫生机构的法律责任。从事职业卫生技术服务的机构和承担职业病诊断的医疗卫生机构违反《职业病防治法》规定,有下列行为之一的,由卫生行政部门责令立即停止违法行为,给予警告,没收违法所得;违法所得5000元以上的,并处违法所得2倍以上5倍以下的罚款;没有违法所得或者违法所得不足5000元的,并处5000元以上2万元以下的罚款;情节严重的,由原认可或者登记机关取消其相应的资格;对直接负责的主管人员和其他直接责任人员,依法给予降级、撤职或者开除的处分;构成犯罪的,依法追究刑事责任:(1)超出资质认可或者诊疗项目登记范围从事职业卫生技术服务或者职业病诊断的;(2)不按照《职业病防治法》规定履行法定职责的;(3)出具虚假证明文件的。③

5. 职业病诊断鉴定委员会的法律责任。职业病诊断鉴定委员会组成人员收受职业病诊断争议当事人的财物或者其他好处的,给予警告,没收收受的财物,可以并处3000元以上5万元以下的罚款,取消其担任职业病诊断鉴定委员会组成人员的资格,并从省、自治区、直辖市人民政府卫生行政部门设立的专家库中予以除名。④

6. 卫生行政部门的法律责任。卫生行政部门不按照规定报告职业病和职业病危害事故的,由上一级行政部门责令改正,通报批评,给予警告;虚报、瞒报的,对单位负责人、直接负责的主管人员和其他直接责任人员依法给予降级、撤职或者开除的处分。⑤

7. 县级以上地方人民政府的法律责任。县级以上地方人民政府在职业病防治工作中未依照《职业病防治法》履行职责,本行政区域出现重大职业病危害事

---

① 《职业病防治法》第77条。
② 《职业病防治法》第78条。
③ 《职业病防治法》第80条。
④ 《职业病防治法》第81条。
⑤ 《职业病防治法》第82条。

故、造成严重社会影响的,依法对直接负责的主管人员和其他直接责任人员给予记大过直至开除的处分。县级以上人民政府职业卫生监督管理部门不履行《职业病防治法》规定的职责,滥用职权、玩忽职守、徇私舞弊,依法对直接负责的主管人员和其他直接责任人员给予记大过或者降级的处分;造成职业病危害事故或者其他严重后果的,依法给予撤职或者开除的处分。①

8. 刑事法律责任。违反《职业病防治法》规定,构成犯罪的,依法追究刑事责任。②

三、职业病病人的权利保障

1. 权利保障的主体。用人单位应当保障职业病病人依法享受国家规定的职业病待遇。用人单位应当按照国家有关规定,安排职业病病人进行治疗、康复和定期检查。用人单位对不适宜继续从事原工作的职业病病人,应当调离原岗位,并妥善安置。用人单位对从事接触职业病危害的作业的劳动者,应当给予适当岗位津贴。③

2. 权利保障的费用。职业病病人的诊疗、康复费用,伤残以及丧失劳动能力的职业病病人的社会保障,按照国家有关工伤保险的规定执行。④

3. 权利保障的方法。(1)向用人单位提出民事赔偿。职业病病人除依法享有工伤保险外,依照有关民事法律,尚有获得赔偿的权利的,有权向用人单位提出赔偿要求。⑤ (2)要求用人单位承担责任。劳动者被诊断患有职业病,但用人单位没有依法参加工伤保险的,其医疗和生活保障由该用人单位承担。⑥ (3)向地方政府申请医疗救助和生活等方面的救助。用人单位已经不存在或者无法确认劳动关系的职业病病人,可以向地方人民政府医疗保障、民政部门申请医疗救助和生活等方面的救助。地方各级人民政府应当根据本地区的实际情况,采取其他措施,使前述规定的职业病病人获得医疗救治。⑦

---

① 《职业病防治法》第 83 条。
② 《职业病防治法》第 84 条。
③ 《职业病防治法》第 56 条。
④ 《职业病防治法》第 57 条。
⑤ 《职业病防治法》第 58 条。
⑥ 《职业病防治法》第 59 条。
⑦ 《职业病防治法》第 61 条。

第五节　用人单位的防护及监管

一、使用有毒物品作业场所的劳动保护

(一)使用有毒物品作业场所劳动保护的一般规则

1. 使用有毒物品作业场所劳动保护的适用。(1)适用的法律。①为了保证作业场所安全使用有毒物品,预防、控制和消除职业中毒危害,保护劳动者的生命安全、身体健康及其相关权益,根据职业病防治法和其他有关法律、行政法规的规定,制定《使用有毒物品作业场所劳动保护条例》。① ②《使用有毒物品作业场所劳动保护条例》自公布之日起施行。② ③涉及作业场所使用有毒物品可能产生职业中毒危害的劳动保护的有关事项,《使用有毒物品作业场所劳动保护条例》未作规定的,依照《职业病防治法》和其他有关法律、行政法规的规定执行。有毒物品的生产、经营、储存、运输、使用和废弃处置的安全管理,依照《危险化学品安全管理条例》执行。③ (2)适用的事项。作业场所使用有毒物品可能产生职业中毒危害的劳动保护,适用《使用有毒物品作业场所劳动保护条例》。④

2. 毒物品的规范。(1)毒物品的分类。按照有毒物品产生的职业中毒危害程度,有毒物品分为一般有毒物品和高毒物品。国家对作业场所使用高毒物品实行特殊管理。一般有毒物品目录、高毒物品目录由国务院卫生行政部门会同有关部门依据国家标准制定、调整并公布。⑤ (2)毒物品的使用。①从事使用有毒物品作业的用人单位(以下简称用人单位)应当使用符合国家标准的有毒物品,不得在作业场所使用国家明令禁止使用的有毒物品或者使用不符合国家标准的有毒物品。用人单位应当尽可能使用无毒物品;需要使用有毒物品的,应当优先选择使用低毒物品。⑥ ②用人单位应当依照《使用有毒物品作业场所劳动保

---

① 《使用有毒物品作业场所劳动保护条例》第1条。
② 《使用有毒物品作业场所劳动保护条例》第71条。
③ 《使用有毒物品作业场所劳动保护条例》第70条。
④ 《使用有毒物品作业场所劳动保护条例》第2条。
⑤ 《使用有毒物品作业场所劳动保护条例》第3条。
⑥ 《使用有毒物品作业场所劳动保护条例》第4条。

护条例》和其他有关法律、行政法规的规定,采取有效的防护措施,预防职业中毒事故的发生,依法参加工伤保险,保障劳动者的生命安全和身体健康。① ③国家鼓励研制、开发、推广、应用有利于预防、控制、消除职业中毒危害和保护劳动者健康的新技术、新工艺、新材料;限制使用或者淘汰有关职业中毒危害严重的技术、工艺、材料;加强对有关职业病的机理和发生规律的基础研究,提高有关职业病防治科学技术水平。② ④禁止使用童工。用人单位不得安排未成年人和孕期、哺乳期的女职工从事使用有毒物品的作业。③

3. 毒物品劳动保护的职责分工。(1)县级以上人民政府卫生行政部门等的职责。县级以上人民政府卫生行政部门及其他有关行政部门应当依据各自的职责,监督用人单位严格遵守本条例和其他有关法律、法规的规定,加强作业场所使用有毒物品的劳动保护,防止职业中毒事故发生,确保劳动者依法享有的权利。④ (2)各级人民政府的职责。各级人民政府应当加强对使用有毒物品作业场所职业卫生安全及相关劳动保护工作的领导,督促、支持卫生行政部门及其他有关行政部门依法履行监督检查职责,及时协调、解决有关重大问题;在发生职业中毒事故时,应当采取有效措施,控制事故危害的蔓延并消除事故危害,并妥善处理有关善后工作。⑤ (3)工会的职责。工会组织应当督促并协助用人单位开展职业卫生宣传教育和培训,对用人单位的职业卫生工作提出意见和建议,与用人单位就劳动者反映的职业病防治问题进行协调并督促解决。工会组织对用人单位违反法律、法规,侵犯劳动者合法权益的行为,有权要求纠正;产生严重职业中毒危害时,有权要求用人单位采取防护措施,或者向政府有关部门建议采取强制性措施;发生职业中毒事故时,有权参与事故调查处理;发现危及劳动者生命、健康的情形时,有权建议用人单位组织劳动者撤离危险现场,用人单位应当立即做出处理。⑥

(二)作业场所的预防措施

1. 用人单位的预防措施。(1)设立。用人单位的设立,应当符合有关法

---

① 《使用有毒物品作业场所劳动保护条例》第5条。
② 《使用有毒物品作业场所劳动保护条例》第6条。
③ 《使用有毒物品作业场所劳动保护条例》第7条。
④ 《使用有毒物品作业场所劳动保护条例》第9条。
⑤ 《使用有毒物品作业场所劳动保护条例》第10条。
⑥ 《使用有毒物品作业场所劳动保护条例》第8条。

律、行政法规规定的设立条件,并依法办理有关手续,取得营业执照。① (2) 申报。①申报存在职业中毒的危害项目。用人单位应当按照国务院卫生行政部门的规定,向卫生行政部门及时、如实申报存在职业中毒危害项目。从事使用高毒物品作业的用人单位,在申报使用高毒物品作业项目时,应当向卫生行政部门提交下列有关资料:第一,职业中毒危害控制效果评价报告;第二,职业卫生管理制度和操作规程等材料;第三,职业中毒事故应急救援预案。从事使用高毒物品作业的用人单位变更所使用的高毒物品品种的,应当依照前述规定向原受理申报的卫生行政部门重新申报。② ②申报卫生行政部门备案。用人单位变更名称、法定代表人或者负责人的,应当向原受理申报的卫生行政部门备案。③ (3) 应急救援措施。从事使用高毒物品作业的用人单位,应当配备应急救援人员和必要的应急救援器材、设备,制定事故应急救援预案,并根据实际情况变化对应急救援预案适时进行修订,定期组织演练。事故应急救援预案和演练记录应当报当地卫生行政部门、安全生产监督管理部门和公安部门备案。④

2. 有毒物品作业场的预防措施。(1) 有毒物品作业场所的要求。用人单位的使用有毒物品作业场所,除应当符合《职业病防治法》规定的职业卫生要求外,还必须符合下列要求:①作业场所与生活场所分开,作业场所不得住人;②有害作业与无害作业分开,高毒作业场所与其他作业场所隔离;③设置有效的通风装置;可能突然泄漏大量有毒物品或者易造成急性中毒的作业场所,设置自动报警装置和事故通风设施;④高毒作业场所设置应急撤离通道和必要的泄险区。用人单位及其作业场所符合前述规定的,由卫生行政部门发给职业卫生安全许可证,方可从事使用有毒物品的作业。⑤ (2) 有毒物品作业场所的警示。使用有毒物品作业场所应当设置黄色区域警示线、警示标识和中文警示说明。警示说明应当载明产生职业中毒危害的种类、后果、预防以及应急救治措施等内容。高毒作业场所应当设置红色区域警示线、警示标识和中文警示说明,并设置通讯报警设备。⑥

---

① 《使用有毒物品作业场所劳动保护条例》第11条第1款。
② 《使用有毒物品作业场所劳动保护条例》第14条。
③ 《使用有毒物品作业场所劳动保护条例》第15条。
④ 《使用有毒物品作业场所劳动保护条例》第16条。
⑤ 《使用有毒物品作业场所劳动保护条例》第11条第2款、3款。
⑥ 《使用有毒物品作业场所劳动保护条例》第12条。

3. 建设项目的预防措施。新建、扩建、改建的建设项目和技术改造、技术引进项目(以下统称建设项目),可能产生职业中毒危害的,应当依照《职业病防治法》的规定进行职业中毒危害预评价,并经卫生行政部门审核同意;可能产生职业中毒危害的建设项目的职业中毒危害防护设施应当与主体工程同时设计,同时施工,同时投入生产和使用;建设项目竣工,应当进行职业中毒危害控制效果评价,并经卫生行政部门验收合格。存在高毒作业的建设项目的职业中毒危害防护设施设计,应当经卫生行政部门进行卫生审查;经审查,符合国家职业卫生标准和卫生要求的,方可施工。①

(三)用人单位在劳动过程中的防护

1. 采取有效防护管理措施。用人单位应当依照《职业病防治法》的有关规定,采取有效的职业卫生防护管理措施,加强劳动过程中的防护与管理。从事使用高毒物品作业的用人单位,应当配备专职的或者兼职的职业卫生医师和护士;不具备配备专职的或者兼职的职业卫生医师和护士条件的,应当与依法取得资质认证的职业卫生技术服务机构签订合同,由其提供职业卫生服务。②

2. 对劳动者的防护措施。(1)订立劳动合同的必要告知。用人单位应当与劳动者订立劳动合同,将工作过程中可能产生的职业中毒危害及其后果、职业中毒危害防护措施和待遇等如实告知劳动者,并在劳动合同中写明,不得隐瞒或者欺骗。劳动者在已订立劳动合同期间因工作岗位或者工作内容变更,从事劳动合同中未告知的存在职业中毒危害的作业时,用人单位应当依照前款规定,如实告知劳动者,并协商变更原劳动合同有关条款。用人单位违反前两款规定的,劳动者有权拒绝从事存在职业中毒危害的作业,用人单位不得因此单方面解除或者终止与劳动者所订立的劳动合同。③ (2)教育及培训。用人单位有关管理人员应当熟悉有关职业病防治的法律、法规以及确保劳动者安全使用有毒物品作业的知识。用人单位应当对劳动者进行上岗前的职业卫生培训和在岗期间的定期职业卫生培训,普及有关职业卫生知识,督促劳动者遵守有关法律、法规和操作规程,指导劳动者正确使用职业中毒危害防护设备和个人使用的职业中毒危害

---

① 《使用有毒物品作业场所劳动保护条例》第13条。
② 《使用有毒物品作业场所劳动保护条例》第17条。
③ 《使用有毒物品作业场所劳动保护条例》第18条。

防护用品。劳动者经培训考核合格,方可上岗作业。① (3) 为劳动者提供防护场所及用品。①用人单位应当为从事使用有毒物品作业的劳动者提供符合国家职业卫生标准的防护用品,并确保劳动者正确使用。② ②从事使用高毒物品作业的用人单位应当设置淋浴间和更衣室,并设置清洗、存放或者处理从事使用高毒物品作业劳动者的工作服、工作鞋帽等物品的专用间。劳动者结束作业时,其使用的工作服、工作鞋帽等物品必须存放在高毒作业区域内,不得穿戴到非高毒作业区域。③ (4) 进入存在高毒物品的设备等的措施。需要进入存在高毒物品的设备、容器或者狭窄封闭场所作业时,用人单位应当事先采取下列措施:①保持作业场所良好的通风状态,确保作业场所职业中毒危害因素浓度符合国家职业卫生标准;②为劳动者配备符合国家职业卫生标准的防护用品;③设置现场监护人员和现场救援设备。未采取前述规定措施或者采取的措施不符合要求的,用人单位不得安排劳动者进入存在高毒物品的设备、容器或者狭窄封闭场所作业。④ (5) 岗位轮换及岗位津贴。用人单位应当按照规定对从事使用高毒物品作业的劳动者进行岗位轮换。用人单位应当为从事使用高毒物品作业的劳动者提供岗位津贴。⑤

3. 危害防护设备、设施及装置的防护措施。(1) 用人单位应当确保职业中毒危害防护设备、应急救援设施、通讯报警装置处于正常适用状态,不得擅自拆除或者停止运行。用人单位应当对前述所列设施进行经常性的维护、检修,定期检测其性能和效果,确保其处于良好运行状态。职业中毒危害防护设备、应急救援设施和通讯报警装置处于不正常状态时,用人单位应当立即停止使用有毒物品作业;恢复正常状态后,方可重新作业。⑥ (2) 用人单位维护、检修存在高毒物品的生产装置,必须事先制订维护、检修方案,明确职业中毒危害防护措施,确保维护、检修人员的生命安全和身体健康。维护、检修存在高毒物品的生产装置,必须严格按照维护、检修方案和操作规程进行。维护、检修现场应当有专人监护,

---

① 《使用有毒物品作业场所劳动保护条例》第 19 条。
② 《使用有毒物品作业场所劳动保护条例》第 21 条。
③ 《使用有毒物品作业场所劳动保护条例》第 27 条。
④ 《使用有毒物品作业场所劳动保护条例》第 25 条。
⑤ 《使用有毒物品作业场所劳动保护条例》第 28 条。
⑥ 《使用有毒物品作业场所劳动保护条例》第 20 条。

并设置警示标志。① 用人单位转产、停产、停业或者解散、破产的，应当采取有效措施，妥善处理留存或者残留有毒物品的设备、包装物和容器。②

4. 有毒物品的管理及防护措施。(1)有毒物品的说明。有毒物品必须附具说明书，如实载明产品特性、主要成分、存在的职业中毒危害因素、可能产生的危害后果、安全使用注意事项、职业中毒危害防护以及应急救治措施等内容；没有说明书或者说明书不符合要求的，不得向用人单位销售。用人单位有权向生产、经营有毒物品的单位索取说明书。③ (2)有毒物品的包装。有毒物品的包装应当符合国家标准，并以易于劳动者理解的方式加贴或者拴挂有毒物品安全标签。有毒物品的包装必须有醒目的警示标识和中文警示说明。经营、使用有毒物品的单位，不得经营、使用没有安全标签、警示标识和中文警示说明的有毒物品。④

5. 其他防护措施。(1)定期对中毒危害因素的检测及评价。用人单位应当按照国务院卫生行政部门的规定，定期对使用有毒物品作业场所职业中毒危害因素进行检测、评价。检测、评价结果存入用人单位职业卫生档案，定期向所在地卫生行政部门报告并向劳动者公布。从事使用高毒物品作业的用人单位应当至少每一个月对高毒作业场所进行一次职业中毒危害因素检测；至少每半年进行一次职业中毒危害控制效果评价。高毒作业场所职业中毒危害因素不符合国家职业卫生标准和卫生要求时，用人单位必须立即停止高毒作业，并采取相应的治理措施；经治理，职业中毒危害因素符合国家职业卫生标准和卫生要求的，方可重新作业。⑤ (2)进行经常性的监督检查。用人单位应当对本单位执行《使用有毒物品作业场所劳动保护条例》规定的情况进行经常性的监督检查；发现问题，应当及时依照《使用有毒物品作业场所劳动保护条例》规定的要求进行处理。⑥

(四)职业健康监护

1. 组织职业健康检查。(1)上岗前职业健康检查。用人单位应当组织从事使用有毒物品作业的劳动者进行上岗前职业健康检查。用人单位不得安排未经

---

① 《使用有毒物品作业场所劳动保护条例》第24条。
② 《使用有毒物品作业场所劳动保护条例》第29条。
③ 《使用有毒物品作业场所劳动保护条例》第22条。
④ 《使用有毒物品作业场所劳动保护条例》第23条。
⑤ 《使用有毒物品作业场所劳动保护条例》第26条。
⑥ 《使用有毒物品作业场所劳动保护条例》第30条。

上岗前职业健康检查的劳动者从事使用有毒物品的作业,不得安排有职业禁忌的劳动者从事其所禁忌的作业。①(2)定期职业健康检查。用人单位应当对从事使用有毒物品作业的劳动者进行定期职业健康检查。用人单位发现有职业禁忌或者有与所从事职业相关的健康损害的劳动者,应当将其及时调离原工作岗位,并妥善安置。用人单位对需要复查和医学观察的劳动者,应当按照体检机构的要求安排其复查和医学观察。②(3)离岗时的职业健康检查。用人单位应当对从事使用有毒物品作业的劳动者进行离岗时的职业健康检查;对离岗时未进行职业健康检查的劳动者,不得解除或者终止与其订立的劳动合同。用人单位发生分立、合并、解散、破产等情形的,应当对从事使用有毒物品作业的劳动者进行健康检查,并按照国家有关规定妥善安置职业病病人。③

2. 组织进行健康检查和医学观察。(1)用人单位对受到或者可能受到急性职业中毒危害的劳动者,应当及时组织进行健康检查和医学观察。④(2)劳动者职业健康检查和医学观察的费用,由用人单位承担。⑤

3. 建立职业健康监护档案及其内容。用人单位应当建立职业健康监护档案。职业健康监护档案应当包括下列内容:(1)劳动者的职业史和职业中毒危害接触史;(2)相应作业场所职业中毒危害因素监测结果;(3)职业健康检查结果及处理情况;(4)职业病诊疗等劳动者健康资料。⑥

(五)劳动者的权利与义务

1. 劳动者的权利。(1)通知权。从事使用有毒物品作业的劳动者在存在威胁生命安全或者身体健康危险的情况下,有权通知用人单位并从使用有毒物品造成的危险现场撤离。用人单位不得因劳动者依据前述规定行使权利,而取消或者减少劳动者在正常工作时享有的工资、福利待遇。⑦(2)职业卫生保护权利。劳动者享有下列职业卫生保护权利:①获得职业卫生教育、培训;②获得职业健康检查、职业病诊疗、康复等职业病防治服务;③了解工作场所产生或者可能产

---

① 《使用有毒物品作业场所劳动保护条例》第31条。
② 《使用有毒物品作业场所劳动保护条例》第32条。
③ 《使用有毒物品作业场所劳动保护条例》第33条。
④ 《使用有毒物品作业场所劳动保护条例》第34条。
⑤ 《使用有毒物品作业场所劳动保护条例》第35条。
⑥ 《使用有毒物品作业场所劳动保护条例》第36条。
⑦ 《使用有毒物品作业场所劳动保护条例》第37条。

生的职业中毒危害因素、危害后果和应当采取的职业中毒危害防护措施;④要求用人单位提供符合防治职业病要求的职业中毒危害防护设施和个人使用的职业中毒危害防护用品,改善工作条件;⑤对违反职业病防治法律、法规,危及生命、健康的行为提出批评、检举和控告;⑥拒绝违章指挥和强令进行没有职业中毒危害防护措施的作业;⑦参与用人单位职业卫生工作的民主管理,对职业病防治工作提出意见和建议。用人单位应当保障劳动者行使前款所列权利。禁止因劳动者依法行使正当权利而降低其工资、福利等待遇或者解除、终止与其订立的劳动合同。① (3) 有权获得相关资料。劳动者有权在正式上岗前从用人单位获得下列资料:①作业场所使用的有毒物品的特性、有害成分、预防措施、教育和培训资料;②有毒物品的标签、标识及有关资料;③有毒物品安全使用说明书;④可能影响安全使用有毒物品的其他有关资料。② (4) 有权查阅、复印职业健康监护档案。劳动者有权查阅、复印其本人职业健康监护档案。劳动者离开用人单位时,有权索取本人健康监护档案复印件;用人单位应当如实、无偿提供,并在所提供的复印件上签章。③ (5) 有权享受工伤保险待遇。用人单位按照国家规定参加工伤保险的,患职业病的劳动者有权按照国家有关工伤保险的规定,享受下列工伤保险待遇:①医疗费:因患职业病进行诊疗所需费用,由工伤保险基金按照规定标准支付;②住院伙食补助费:由用人单位按照当地因公出差伙食标准的一定比例支付;③康复费:由工伤保险基金按照规定标准支付;④残疾用具费:因残疾需要配置辅助器具的,所需费用由工伤保险基金按照普及型辅助器具标准支付;⑤停工留薪期待遇:原工资、福利待遇不变,由用人单位支付;⑥生活护理补助费:经评残并确认需要生活护理的,生活护理补助费由工伤保险基金按照规定标准支付;⑦一次性伤残补助金:经鉴定为10级至1级伤残的,按照伤残等级享受相当于6个月至24个月的本人工资的1次性伤残补助金,由工伤保险基金支付;⑧伤残津贴:经鉴定为4级至1级伤残的,按照规定享受相当于本人工资75%至90%的伤残津贴,由工伤保险基金支付;⑨死亡补助金:因职业中毒死亡的,由工伤保险基金按照不低于48个月的统筹地区上年度职工月平均工资的标准1次支付;⑩丧葬补助金:因职业中毒死亡的,由工伤保险基金按照6个月的统筹地区上年度职

---

① 《使用有毒物品作业场所劳动保护条例》第38条。
② 《使用有毒物品作业场所劳动保护条例》第39条。
③ 《使用有毒物品作业场所劳动保护条例》第40条。

工月平均工资的标准1次支付;⑪供养亲属抚恤金:因职业中毒死亡的,对由死者生前提供主要生活来源的亲属由工伤保险基金支付抚恤金;对其配偶每月按照统筹地区上年度职工月平均工资的40%发给,对其生前供养的直系亲属每人每月按照统筹地区上年度职工月平均工资的30%发给;⑫国家规定的其他工伤保险待遇。《使用有毒物品作业场所劳动保护条例》施行后,国家对工伤保险待遇的项目和标准作出调整时,从其规定。① (6)有权享受工伤待遇。用人单位未参加工伤保险的,其劳动者从事有毒物品作业患职业病的,用人单位应当按照国家有关工伤保险规定的项目和标准,保证劳动者享受工伤待遇。② (7)有权获得一次性赔偿。用人单位无营业执照以及被依法吊销营业执照,其劳动者从事使用有毒物品作业患职业病的,应当按照国家有关工伤保险规定的项目和标准,给予劳动者一次性赔偿。③ (8)有权获得补偿费用。用人单位分立、合并的,承继单位应当承担由原用人单位对患职业病的劳动者承担的补偿责任。用人单位解散、破产的,应当依法从其清算财产中优先支付患职业病的劳动者的补偿费用。④ (9)有权获得赔偿。劳动者除依法享有工伤保险外,依照有关民事法律的规定,尚有获得赔偿的权利的,有权向用人单位提出赔偿要求。⑤

2. 劳动者的义务。劳动者应当学习和掌握相关职业卫生知识,遵守有关劳动保护的法律、法规和操作规程,正确使用和维护职业中毒危害防护设施及其用品;发现职业中毒事故隐患时,应当及时报告。作业场所出现使用有毒物品产生的危险时,劳动者应当采取必要措施,按照规定正确使用防护设施,将危险加以消除或者减少到最低限度。⑥

(六)监督管理的部门及措施

1. 监督管理的部门及其职责。(1)监督管理的部门。县级以上人民政府卫生行政部门应当依照《使用有毒物品作业场所劳动保护条例》的规定和国家有关职业卫生要求,依据职责划分,对作业场所使用有毒物品作业及职业中毒危害检

---

① 《使用有毒物品作业场所劳动保护条例》第41条。
② 《使用有毒物品作业场所劳动保护条例》第42条。
③ 《使用有毒物品作业场所劳动保护条例》第43条。
④ 《使用有毒物品作业场所劳动保护条例》第44条。
⑤ 《使用有毒物品作业场所劳动保护条例》第45条。
⑥ 《使用有毒物品作业场所劳动保护条例》第46条。

测、评价活动进行监督检查。① (2)监管部门的职责。①卫生行政部门应当建立、健全监督制度,核查反映用人单位有关劳动保护的材料,履行监督责任。② ②卫生行政部门应当监督用人单位严格执行有关职业卫生规范。卫生行政部门应当依照《使用有毒物品作业场所劳动保护条例》的规定对使用有毒物品作业场所的职业卫生防护设备、设施的防护性能进行定期检验和不定期的抽查;发现职业卫生防护设备、设施存在隐患时,应当责令用人单位立即消除隐患;消除隐患期间,应当责令其停止作业。③ ③卫生行政部门应当采取措施,鼓励对用人单位的违法行为进行举报、投诉、检举和控告。卫生行政部门对举报、投诉、检举和控告应当及时核实,依法作出处理,并将处理结果予以公布。卫生行政部门对举报人、投诉人、检举人和控告人负有保密的义务。④ ④卫生行政部门依法实施罚款的行政处罚,应当依照有关法律、行政法规的规定,实施罚款决定与罚款收缴分离;收缴的罚款以及依法没收的经营所得,必须全部上缴国库。⑤ ⑤卫生行政部门实施监督检查,不得收取费用,不得接受用人单位的财物或者其他利益。⑥

2. 监督检查的措施。(1)通常措施。卫生行政部门履行监督检查职责时,有权采取下列措施:①进入用人单位和使用有毒物品作业场所现场,了解情况,调查取证,进行抽样检查、检测、检验,进行实地检查;②查阅或者复制与违反《使用有毒物品作业场所劳动保护条例》行为有关的资料,采集样品;③责令违反《使用有毒物品作业场所劳动保护条例》规定的单位和个人停止违法行为。⑦ (2)临时控制措施。发生职业中毒事故或者有证据证明职业中毒危害状态可能导致事故发生时,卫生行政部门有权采取下列临时控制措施:①责令暂停导致职业中毒事故的作业;②封存造成职业中毒事故或者可能导致事故发生的物品;③组织控制职业中毒事故现场。在职业中毒事故或者危害状态得到有效控制后,卫生行政部门应当及时解除控制措施。⑧

---

① 《使用有毒物品作业场所劳动保护条例》第47条第1款。
② 《使用有毒物品作业场所劳动保护条例》第48条第1款。
③ 《使用有毒物品作业场所劳动保护条例》第49条。
④ 《使用有毒物品作业场所劳动保护条例》第50条。
⑤ 《使用有毒物品作业场所劳动保护条例》第52条。
⑥ 《使用有毒物品作业场所劳动保护条例》第47条第2款。
⑦ 《使用有毒物品作业场所劳动保护条例》第53条。
⑧ 《使用有毒物品作业场所劳动保护条例》第54条。

3. 监督检查的其他规则。(1)被检查单位应当接受检查。卫生行政部门执法人员依法执行职务时,被检查单位应当接受检查并予以支持、配合,不得拒绝和阻碍。① (2)用人单位如实反映相关材料。用人单位应当向卫生行政部门如实、具体提供反映有关劳动保护的材料;必要时,卫生行政部门可以查阅或者要求用人单位报送有关材料。② (3)执法人员的行为规范。①卫生行政部门执法人员依法执行职务时,应当出示执法证件。卫生行政部门执法人员应当忠于职守,秉公执法;涉及用人单位秘密的,应当为其保密。③ ②卫生行政部门应当加强队伍建设,提高执法人员的政治、业务素质,依照本条例的规定,建立、健全内部监督制度,对执法人员执行法律、法规和遵守纪律的情况进行监督检查。④

(七)监督管理的罚则(法律责任)

1. 卫生行政部门工作人员的法律责任。卫生行政部门的工作人员有下列行为之一,导致职业中毒事故发生的,依照《刑法》关于滥用职权罪、玩忽职守罪或者其他罪的规定,依法追究刑事责任;造成职业中毒危害但尚未导致职业中毒事故发生,不够刑事处罚的,根据不同情节,依法给予降级、撤职或者开除的行政处分:(1)对不符合《使用有毒物品作业场所劳动保护条例》规定条件的涉及使用有毒物品作业事项,予以批准的;(2)发现用人单位擅自从事使用有毒物品作业,不予取缔的;(3)对依法取得批准的用人单位不履行监督检查职责,发现其不再具备《使用有毒物品作业场所劳动保护条例》规定的条件而不撤销原批准或者发现违反《使用有毒物品作业场所劳动保护条例》的其他行为不予查处的;(4)发现用人单位存在职业中毒危害,可能造成职业中毒事故,不及时依法采取控制措施的。⑤

2. 用人单位的法律责任。(1)用人单位违反《使用有毒物品作业场所劳动保护条例》的规定,有下列情形之一的,由卫生行政部门给予警告,责令限期改正,处10万元以上50万元以下的罚款;逾期不改正的,提请有关人民政府按照国务院规定的权限责令停建、予以关闭;造成严重职业中毒危害或者导致职业中毒

---

① 《使用有毒物品作业场所劳动保护条例》第55条。
② 《使用有毒物品作业场所劳动保护条例》第48条第2款。
③ 《使用有毒物品作业场所劳动保护条例》第51条。
④ 《使用有毒物品作业场所劳动保护条例》第56条。
⑤ 《使用有毒物品作业场所劳动保护条例》第57条。

事故发生的,对负有责任的主管人员和其他直接责任人员依照《刑法》关于重大劳动安全事故罪或者其他罪的规定,依法追究刑事责任:①可能产生职业中毒危害的建设项目,未依照《职业病防治法》的规定进行职业中毒危害预评价,或者预评价未经卫生行政部门审核同意,擅自开工的;②职业卫生防护设施未与主体工程同时设计,同时施工,同时投入生产和使用的;③建设项目竣工,未进行职业中毒危害控制效果评价,或者未经卫生行政部门验收或者验收不合格,擅自投入使用的;④存在高毒作业的建设项目的防护设施设计未经卫生行政部门审查同意,擅自施工的。① (2)用人单位违反《使用有毒物品作业场所劳动保护条例》的规定,有下列情形之一的,由卫生行政部门给予警告,责令限期改正,处5万元以上20万元以下的罚款;逾期不改正的,提请有关人民政府按照国务院规定的权限予以关闭;造成严重职业中毒危害或者导致职业中毒事故发生的,对负有责任的主管人员和其他直接责任人员依照《刑法》关于重大劳动安全事故罪或者其他罪的规定,依法追究刑事责任:①使用有毒物品作业场所未按照规定设置警示标识和中文警示说明的;②未对职业卫生防护设备、应急救援设施、通讯报警装置进行维护、检修和定期检测,导致上述设施处于不正常状态的;③未依照本条例的规定进行职业中毒危害因素检测和职业中毒危害控制效果评价的;④高毒作业场所未按照规定设置撤离通道和泄险区的;⑤高毒作业场所未按照规定设置警示线的;⑥未向从事使用有毒物品作业的劳动者提供符合国家职业卫生标准的防护用品,或者未保证劳动者正确使用的。② (3)用人单位违反《使用有毒物品作业场所劳动保护条例》的规定,有下列情形之一的,由卫生行政部门给予警告,责令限期改正,处5万元以上30万元以下的罚款;逾期不改正的,提请有关人民政府按照国务院规定的权限予以关闭;造成严重职业中毒危害或者导致职业中毒事故发生的,对负有责任的主管人员和其他直接责任人员依照《刑法》关于重大责任事故罪、重大劳动安全事故罪或者其他罪的规定,依法追究刑事责任:①使用有毒物品作业场所未设置有效通风装置的,或者可能突然泄漏大量有毒物品或者易造成急性中毒的作业场所未设置自动报警装置或者事故通风设施的;②职业卫生防护设备、应急救援设施、通讯报警装置处于不正常状态而不停

---

① 《使用有毒物品作业场所劳动保护条例》第58条。
② 《使用有毒物品作业场所劳动保护条例》第59条。

止作业,或者擅自拆除或者停止运行职业卫生防护设备、应急救援设施、通讯报警装置的。① (4)从事使用高毒物品作业的用人单位违反《使用有毒物品作业场所劳动保护条例》的规定,有下列行为之一的,由卫生行政部门给予警告,责令限期改正,处5万元以上20万元以下的罚款;逾期不改正的,提请有关人民政府按照国务院规定的权限予以关闭;造成严重职业中毒危害或者导致职业中毒事故发生的,对负有责任的主管人员和其他直接责任人员依照《刑法》关于重大责任事故罪或者其他罪的规定,依法追究刑事责任:①作业场所职业中毒危害因素不符合国家职业卫生标准和卫生要求而不立即停止高毒作业并采取相应的治理措施的,或者职业中毒危害因素治理不符合国家职业卫生标准和卫生要求重新作业的;②未依照《使用有毒物品作业场所劳动保护条例》的规定维护、检修存在高毒物品的生产装置的;③未采取《使用有毒物品作业场所劳动保护条例》规定的措施,安排劳动者进入存在高毒物品的设备、容器或者狭窄封闭场所作业的。② (5)用人单位违反《使用有毒物品作业场所劳动保护条例》的规定,有下列行为之一的,由卫生行政部门给予警告,责令限期改正;逾期不改正的,处5万元以上30万元以下的罚款;造成严重职业中毒危害或者导致职业中毒事故发生的,对负有责任的主管人员和其他直接责任人员依照《刑法》关于重大责任事故罪或者其他罪的规定,依法追究刑事责任:①使用未经培训考核合格的劳动者从事高毒作业的;②安排有职业禁忌的劳动者从事所禁忌的作业的;③发现有职业禁忌或者有与所从事职业相关的健康损害的劳动者,未及时调离原工作岗位,并妥善安置的;④安排未成年人或者孕期、哺乳期的女职工从事使用有毒物品作业的;⑤使用童工的。③ (6)从事使用有毒物品作业的用人单位违反《使用有毒物品作业场所劳动保护条例》的规定,在转产、停产、停业或者解散、破产时未采取有效措施,妥善处理留存或者残留高毒物品的设备、包装物和容器的,由卫生行政部门责令改正,处2万元以上10万元以下的罚款;触犯刑律的,对负有责任的主管人员和其他直接责任人员依照《刑法》关于重大环境污染事故罪、危险物品肇事罪或者其他罪的规定,依法追究刑事责任。④ (7)用人单位违反《使用有毒物品作业场

---

① 《使用有毒物品作业场所劳动保护条例》第60条。
② 《使用有毒物品作业场所劳动保护条例》第61条。
③ 《使用有毒物品作业场所劳动保护条例》第63条。
④ 《使用有毒物品作业场所劳动保护条例》第65条。

所劳动保护条例》的规定,有下列情形之一的,由卫生行政部门给予警告,责令限期改正,处5000元以上20,000元以下的罚款;逾期不改正的,责令停止使用有毒物品作业,或者提请有关人民政府按照国务院规定的权限予以关闭;造成严重职业中毒危害或者导致职业中毒事故发生的,对负有责任的主管人员和其他直接责任人员依照《刑法》关于重大劳动安全事故罪、危险物品肇事罪或者其他罪的规定,依法追究刑事责任:①使用有毒物品作业场所未与生活场所分开或者在作业场所住人的;②未将有害作业与无害作业分开的;③高毒作业场所未与其他作业场所有效隔离的;④从事高毒作业未按照规定配备应急救援设施或者制定事故应急救援预案的。① (8)用人单位违反《使用有毒物品作业场所劳动保护条例》的规定,有下列情形之一的,由卫生行政部门给予警告,责令限期改正,处2万元以上5万元以下的罚款;逾期不改正的,提请有关人民政府按照国务院规定的权限予以关闭:①未按照规定向卫生行政部门申报高毒作业项目的;②变更使用高毒物品品种,未按照规定向原受理申报的卫生行政部门重新申报,或者申报不及时、有虚假的。② (9)用人单位违反《使用有毒物品作业场所劳动保护条例》的规定,有下列行为之一的,由卫生行政部门给予警告,责令限期改正,处2万元以上5万元以下的罚款;逾期不改正的,责令停止使用有毒物品作业,或者提请有关人民政府按照国务院规定的权限予以关闭:①未组织从事使用有毒物品作业的劳动者进行上岗前职业健康检查,安排未经上岗前职业健康检查的劳动者从事使用有毒物品作业的;②未组织从事使用有毒物品作业的劳动者进行定期职业健康检查的;③未组织从事使用有毒物品作业的劳动者进行离岗职业健康检查的;④对未进行离岗职业健康检查的劳动者,解除或者终止与其订立的劳动合同的;⑤发生分立、合并、解散、破产情形,未对从事使用有毒物品作业的劳动者进行健康检查,并按照国家有关规定妥善安置职业病病人的;⑥对受到或者可能受到急性职业中毒危害的劳动者,未及时组织进行健康检查和医学观察的;⑦未建立职业健康监护档案的;⑧劳动者离开用人单位时,用人单位未如实、无偿提供职业健康监护档案的;⑨未依照《职业病防治法》和《使用有毒物品作业场所劳动保护条例》的规定将工作过程中可能产生的职业中毒危害及其后果、有关职业

---

① 《使用有毒物品作业场所劳动保护条例》第66条。
② 《使用有毒物品作业场所劳动保护条例》第67条。

卫生防护措施和待遇等如实告知劳动者并在劳动合同中写明的;⑩劳动者在存在威胁生命、健康危险的情况下,从危险现场中撤离,而被取消或者减少应当享有的待遇的。① (10)用人单位违反《使用有毒物品作业场所劳动保护条例》的规定,有下列行为之一的,由卫生行政部门给予警告,责令限期改正,处5000元以上2万元以下的罚款;逾期不改正的,责令停止使用有毒物品作业,或者提请有关人民政府按照国务院规定的权限予以关闭:①未按照规定配备或者聘请职业卫生医师和护士的;②未为从事使用高毒物品作业的劳动者设置淋浴间、更衣室或者未设置清洗、存放和处理工作服、工作鞋帽等物品的专用间,或者不能正常使用的;③未安排从事使用高毒物品作业一定年限的劳动者进行岗位轮换的。②

3. 非法使用的有毒物品的法律责任。使用国家明令禁止使用有毒物品等的法律责任。在作业场所使用国家明令禁止使用的有毒物品或者使用不符合国家标准的有毒物品的,由卫生行政部门责令立即停止使用,处5万元以上30万元以下的罚款;情节严重的,责令停止使用有毒物品作业,或者提请有关人民政府按照国务院规定的权限予以关闭;造成严重职业中毒危害或者导致职业中毒事故发生的,对负有责任的主管人员和其他直接责任人员依照《刑法》关于危险物品肇事罪、重大责任事故罪或者其他罪的规定,依法追究刑事责任。③

4. 擅自从事使用有毒物品的法律责任。违反《使用有毒物品作业场所劳动保护条例》的规定,未经许可,擅自从事使用有毒物品作业的,由国家市场监督管理④部门、卫生行政部门依据各自职权予以取缔;造成职业中毒事故的,依照《刑法》关于危险物品肇事罪或者其他罪的规定,依法追究刑事责任;尚不够刑事处罚的,由卫生行政部门没收经营所得,并处经营所得3倍以上5倍以下的罚款;对劳动者造成人身伤害的,依法承担赔偿责任。⑤

二、用人单位劳动防护用品管理

(一)用人单位劳动防护用品管理的一般规则

1. 用人单位劳动防护用品管理的适用。(1)适用的法律。①为规范用人单

---

① 《使用有毒物品作业场所劳动保护条例》第68条。
② 《使用有毒物品作业场所劳动保护条例》第69条。
③ 《使用有毒物品作业场所劳动保护条例》第62条。
④ 原文为"工商行政管理"。
⑤ 《使用有毒物品作业场所劳动保护条例》第64条。

位劳动防护用品的使用和管理,保障劳动者安全健康及相关权益,根据《安全生产法》《职业病防治法》等法律、行政法规和规章,制定《用人单位劳动防护用品管理规范》。① ②煤矿劳动防护用品的管理,按照《煤矿职业安全卫生个体防护用品配备标准》(AQ1051)规定执行。② (2)适用的对象及事项。《用人单位劳动防护用品管理规范》适用于中华人民共和国境内企业、事业单位和个体经济组织等用人单位的劳动防护用品管理工作。③ 其中,本规范所称的劳动防护用品,是指由用人单位为劳动者配备的,使其在劳动过程中免遭或者减轻事故伤害及职业病危害的个体防护装备。④

2. 用人单位劳动防护用品的提供。(1)提供劳动防护用品的义务。劳动防护用品是由用人单位提供的,保障劳动者安全与健康的辅助性、预防性措施,不得以劳动防护用品替代工程防护设施和其他技术、管理措施。⑤ (2)提供劳动防护用品的管理制度。用人单位应当健全管理制度,加强劳动防护用品配备、发放、使用等管理工作。⑥ (3)提供劳动防护用品的经费保障。用人单位应当安排专项经费用于配备劳动防护用品,不得以货币或者其他物品替代。该项经费计入生产成本,据实列支。⑦ (4)提供劳动防护用品的要求。用人单位应当为劳动者提供符合国家标准或者行业标准的劳动防护用品。使用进口的劳动防护用品,其防护性能不得低于我国相关标准。⑧ 用人单位使用的劳务派遣工、接纳的实习学生应当纳入本单位人员统一管理,并配备相应的劳动防护用品。对处于作业地点的其他外来人员,必须按照与进行作业的劳动者相同的标准,正确佩戴和使用劳动防护用品。⑨

3. 劳动者使用劳动防护用品的规范。劳动者在作业过程中,应当按照规章制度和劳动防护用品使用规则,正确佩戴和使用劳动防护用品。⑩

---

① 《用人单位劳动防护用品管理规范》第1条。
② 《用人单位劳动防护用品管理规范》第27条。
③ 《用人单位劳动防护用品管理规范》第2条。
④ 《用人单位劳动防护用品管理规范》第3条。
⑤ 《用人单位劳动防护用品管理规范》第4条。
⑥ 《用人单位劳动防护用品管理规范》第5条。
⑦ 《用人单位劳动防护用品管理规范》第6条。
⑧ 《用人单位劳动防护用品管理规范》第7条。
⑨ 《用人单位劳动防护用品管理规范》第9条。
⑩ 《用人单位劳动防护用品管理规范》第8条。

(二)劳动防护用品选择

1. 劳动防护用品的分类。劳动防护用品分为以下十大类:(1)防御物理、化学和生物危险、有害因素对头部伤害的头部防护用品。(2)防御缺氧空气和空气污染物进入呼吸道的呼吸防护用品。(3)防御物理和化学危险、有害因素对眼面部伤害的眼面部防护用品。(4)防噪声危害及防水、防寒等的耳部防护用品。(5)防御物理、化学和生物危险、有害因素对手部伤害的手部防护用品。(6)防御物理和化学危险、有害因素对足部伤害的足部防护用品。(7)防御物理、化学和生物危险、有害因素对躯干伤害的躯干防护用品。(8)防御物理、化学和生物危险、有害因素损伤皮肤或引起皮肤疾病的护肤用品。(9)防止高处作业劳动者坠落或者高处落物伤害的坠落防护用品。(10)其他防御危险、有害因素的劳动防护用品。①

2. 用人单位对劳动防护用品的选择。(1)用人单位应按照识别、评价、选择的程序(见《劳动防护用品选择程序》),结合劳动者作业方式和工作条件,并考虑其个人特点及劳动强度,选择防护功能和效果适用的劳动防护用品。①接触粉尘、有毒、有害物质的劳动者应当根据不同粉尘种类、粉尘浓度及游离二氧化硅含量和毒物的种类及浓度配备相应的呼吸器(见《呼吸器和护听器的选用》)、防护服、防护手套和防护鞋等。具体可参照《呼吸防护用品自吸过滤式防颗粒物呼吸器》(GB 2626)、《呼吸防护用品的选择、使用及维护》(GB/T 18664)、《防护服装化学防护服的选择、使用和维护》(GB/T 24536)、《手部防护防护手套的选择、使用和维护指南》(GB/T 29512)和《个体防护装备足部防护鞋(靴)的选择、使用和维护指南》(GB/T 28409)等标准。②接触噪声的劳动者,当暴露于 $80dB \leqslant LEX,8h < 85dB$ 的工作场所时,用人单位应当根据劳动者需求为其配备适用的护听器;当暴露于 $LEX,8h \geqslant 85dB$ 的工作场所时,用人单位必须为劳动者配备适用的护听器,并指导劳动者正确佩戴和使用(见《呼吸器和护听器的选用》)。具体可参照《护听器的选择指南》(GB/T 23466)。③工作场所中存在电离辐射危害的,经危害评价确认劳动者需佩戴劳动防护用品的,用人单位可参照电离辐射的相关标准及《个体防护装备配备基本要求》(GB/T 29510)为劳动者配备劳动防护用品,并指导劳动者正确佩戴和使用。④从事存在物体坠落、碎屑飞溅、转动机

---

① 《用人单位劳动防护用品管理规范》第10条。

械和锋利器具等作业的劳动者,用人单位还可参照《个体防护装备选用规范》(GB/T 11651)、《头部防护安全帽选用规范》(GB/T 30041)和《坠落防护装备安全使用规范》(GB/T 23468)等标准,为劳动者配备适用的劳动防护用品。①(2)同一工作地点存在不同种类的危险、有害因素的,应当为劳动者同时提供防御各类危害的劳动防护用品。需要同时配备的劳动防护用品,还应考虑其可兼容性。劳动者在不同地点工作,并接触不同的危险、有害因素,或接触不同的危害程度的有害因素的,为其选配的劳动防护用品应满足不同工作地点的防护需求。②《用人单位劳动防护用品管理规范》所称的工作地点,是指劳动者从事职业活动或进行生产管理而经常或定时停留的岗位和作业地点。③ (3)劳动防护用品的选择还应当考虑其佩戴的合适性和基本舒适性,根据个人特点和需求选择适合号型、式样。④

3. 劳动防护用品的放置及配备。用人单位应当在可能发生急性职业损伤的有毒、有害工作场所配备应急劳动防护用品,放置于现场临近位置并有醒目标识。用人单位应当为巡检等流动性作业的劳动者配备随身携带的个人应急防护用品。⑤

(三)劳动防护用品的管理措施

1. 制定劳动防护用品配备标准。用人单位应当根据劳动者工作场所中存在的危险、有害因素种类及危害程度、劳动环境条件、劳动防护用品有效使用时间制定适合本单位的劳动防护用品配备标准(见《用人单位劳动防护用品配备标准》)。⑥

2. 购买合格的劳动防护用品。用人单位应当根据劳动防护用品配备标准制定采购计划,购买符合标准的合格产品。⑦

3. 查验并保存劳动防护用品质量证明文件。用人单位应当查验并保存劳动防护用品检验报告等质量证明文件的原件或复印件。⑧

---

① 《用人单位劳动防护用品管理规范》第11条。
② 《用人单位劳动防护用品管理规范》第12条。
③ 《用人单位劳动防护用品管理规范》第26条。
④ 《用人单位劳动防护用品管理规范》第13条。
⑤ 《用人单位劳动防护用品管理规范》第14条。
⑥ 《用人单位劳动防护用品管理规范》第15条。
⑦ 《用人单位劳动防护用品管理规范》第16条。
⑧ 《用人单位劳动防护用品管理规范》第17条。

4. 依规发放劳动防护用品。用人单位应当按照本单位制定的配备标准发放劳动防护用品,并作好登记(见《劳动防护用品发放登记表》)。①

5. 组织劳动防护用品的使用等的培训。用人单位应当对劳动者进行劳动防护用品的使用、维护等专业知识的培训。②

6. 组织劳动防护用品的检查。(1)使用前检查。用人单位应当督促劳动者在使用劳动防护用品前,对劳动防护用品进行检查,确保外观完好、部件齐全、功能正常。③ (2)定期检查。用人单位应当定期对劳动防护用品的使用情况进行检查,确保劳动者正确使用。④

7. 进行经常性的维护、检修。用人单位应当对应急劳动防护用品进行经常性的维护、检修,定期检测劳动防护用品的性能和效果,保证其完好有效。⑤

8. 妥善保存并及时更换。(1)劳动防护用品应当按照要求妥善保存,及时更换,保证其有效期内。公用的劳动防护用品应当由车间或班组统一保管,定期维护。⑥ (2)用人单位应当按照劳动防护用品发放周期定期发放,对工作过程中损坏的,用人单位应及时更换。⑦

9. 强制报废。安全帽、呼吸器、绝缘手套等安全性能要求高、易损耗的劳动防护用品,应当按照有效防护功能最低指标和有效使用期,到期强制报废。⑧

(四)建筑施工人员个人劳动保护用品使用及管理

1. 建筑施工人员个人劳动保护用品使用管理的适用。(1)适用的法律。①为加强对建筑施工人员个人劳动保护用品的使用管理,保障施工作业人员安全与健康,根据《建筑法》《建设工程安全生产管理条例》《安全生产许可证条例》等法律法规,制定《建筑施工人员个人劳动保护用品使用管理暂行规定》。⑨ 其中,《建筑施工人员个人劳动保护用品使用管理暂行规定》所称个人劳动保护用

---

① 《用人单位劳动防护用品管理规范》第18条。
② 《用人单位劳动防护用品管理规范》第19条。
③ 《用人单位劳动防护用品管理规范》第20条。
④ 《用人单位劳动防护用品管理规范》第21条。
⑤ 《用人单位劳动防护用品管理规范》第23条。
⑥ 《用人单位劳动防护用品管理规范》第22条。
⑦ 《用人单位劳动防护用品管理规范》第24条。
⑧ 《用人单位劳动防护用品管理规范》第25条。
⑨ 《建筑施工人员个人劳动保护用品使用管理暂行规定》第1条。

品,是指在建筑施工现场,从事建筑施工活动的人员使用的安全帽、安全带以及安全(绝缘)鞋、防护眼镜、防护手套、防尘(毒)口罩等个人劳动保护用品(以下简称劳动保护用品)。① ②《建筑施工人员个人劳动保护用品使用管理暂行规定》自发布之日起施行。② ③各地可根据《建筑施工人员个人劳动保护用品使用管理暂行规定》,制定具体的实施办法。③ ④施工现场内,为保证施工作业人员安全与健康所需的其他劳动保护用品可参照《建筑施工人员个人劳动保护用品使用管理暂行规定》执行。④ (2)适用的对象及事项。凡从事建筑施工活动的企业和个人,劳动保护用品的采购、发放、使用、管理等必须遵守《建筑施工人员个人劳动保护用品使用管理暂行规定》。⑤

2. 劳动保护用品的发放及管理的原则及要求。劳动保护用品的发放和管理,坚持"谁用工,谁负责"的原则。施工作业人员所在企业(包括总承包企业、专业承包企业、劳务企业等,下同)必须按国家规定免费发放劳动保护用品,更换已损坏或已到使用期限的劳动保护用品,不得收取或变相收取任何费用。劳动保护用品必须以实物形式发放,不得以货币或其他物品替代。⑥

3. 建筑施工人员个人劳动保护用品使用管理的企业义务。(1)企业应建立完善劳动保护用品的采购、验收、保管、发放、使用、更换、报废等规章制度。同时应建立相应的管理台账,管理台帐保存期限不得少于2年,以保证劳动保护用品的质量具有可追溯性。⑦ (2)企业采购、个人使用的安全帽、安全带及其他劳动防护用品等,必须符合《安全帽》(GB 2811)、《安全带》(GB 6095)及其他劳动保护用品相关国家标准的要求。企业、施工作业人员,不得采购和使用无安全标记或不符合国家相关标准要求的劳动保护用品。⑧ (3)企业应当按照劳动保护用品采购管理制度的要求,明确企业内部有关部门、人员的采购管理职责。企业在一个地区组织施工的,可以集中统一采购;对企业工程项目分布在多个地区,集中统

---

① 《建筑施工人员个人劳动保护用品使用管理暂行规定》第2条。
② 《建筑施工人员个人劳动保护用品使用管理暂行规定》第19条。
③ 《建筑施工人员个人劳动保护用品使用管理暂行规定》第18条。
④ 《建筑施工人员个人劳动保护用品使用管理暂行规定》第17条。
⑤ 《建筑施工人员个人劳动保护用品使用管理暂行规定》第3条。
⑥ 《建筑施工人员个人劳动保护用品使用管理暂行规定》第4条。
⑦ 《建筑施工人员个人劳动保护用品使用管理暂行规定》第5条。
⑧ 《建筑施工人员个人劳动保护用品使用管理暂行规定》第6条。

一采购有困难的,可由各地区或项目部集中采购。①(4)企业采购劳动保护用品时,应查验劳动保护用品生产厂家或供货商的生产、经营资格,验明商品合格证明和商品标识,以确保采购劳动保护用品的质量符合安全使用要求。企业应当向劳动保护用品生产厂家或供货商索要法定检验机构出具的检验报告或由供货商签字盖章的检验报告复印件,不能提供检验报告或检验报告复印件的劳动保护用品不得采购。②(5)企业应加强对施工作业人员的教育培训,保证施工作业人员能正确使用劳动保护用品。工程项目部应有教育培训的记录,有培训人员和被培训人员的签名和时间。③(6)企业应加强对施工作业人员劳动保护用品使用情况的检查,并对施工作业人员劳动保护用品的质量和正确使用负责。实行施工总承包的工程项目,施工总承包企业应加强对施工现场内所有施工作业人员劳动保护用品的监督检查。督促相关分包企业和人员正确使用劳动保护用品。④

4. 建筑施工人员个人劳动保护用品使用管理的权利及义务。施工作业人员有接受安全教育培训的权利,有按照工作岗位规定使用合格的劳动保护用品的权利;有拒绝违章指挥、拒绝使用不合格劳动保护用品的权利。同时,也负有正确使用劳动保护用品的义务。⑤

5. 建筑施工人员个人劳动保护用品的经费保障。建设单位应当及时、足额向施工企业支付安全措施专项经费,并督促施工企业落实安全防护措施,使用符合相关国家产品质量要求的劳动保护用品。⑥

6. 建筑施工人员个人劳动保护用品监管的职责分工。(1)各级建设行政主管部门应当加强对施工现场劳动保护用品使用情况的监督管理。发现有不使用、或使用不符合要求的劳动保护用品的违法违规行为的,应当责令改正;对因不使用或使用不符合要求的劳动保护用品造成事故或伤害的,应当依据《建设工程安全生产管理条例》和《安全生产许可证条例》等法律法规,对有关责任方给予行政处罚。⑦(2)各级建设行政主管部门应将企业劳动保护用品的发放、管理情

---

① 《建筑施工人员个人劳动保护用品使用管理暂行规定》第7条。
② 《建筑施工人员个人劳动保护用品使用管理暂行规定》第8条。
③ 《建筑施工人员个人劳动保护用品使用管理暂行规定》第9条。
④ 《建筑施工人员个人劳动保护用品使用管理暂行规定》第10条。
⑤ 《建筑施工人员个人劳动保护用品使用管理暂行规定》第11条。
⑥ 《建筑施工人员个人劳动保护用品使用管理暂行规定》第13条。
⑦ 《建筑施工人员个人劳动保护用品使用管理暂行规定》第14条。

况列入建筑施工企业《安全生产许可证》条件的审查内容之一;施工现场劳动保护用品的质量情况作为认定企业是否降低安全生产条件的内容之一;施工作业人员是否正确使用劳动保护用品情况作为考核企业安全生产教育培训是否到位的依据之一。① (3)各地建设行政主管部门可建立合格劳动保护用品的信息公告制度,为企业购买合格的劳动保护用品提供信息服务。同时依法加大对采购、使用不合格劳动保护用品的处罚力度。② (4)监理单位要加强对施工现场劳动保护用品的监督检查。发现有不使用、或使用不符合要求的劳动保护用品,应责令相关企业立即改正。对拒不改正的,应当向建设行政主管部门报告。③

三、用人单位职业健康监护监督管理

(一)用人单位职业健康监护监督管理的一般规则

1. 用人单位职业健康监护监督管理的适用。(1)适用的法律。①为了规范用人单位职业健康监护工作,加强职业健康监护的监督管理,保护劳动者健康及其相关权益,根据《职业病防治法》,制定《用人单位职业健康监护监督管理办法》。④ 其中,《用人单位职业健康监护监督管理办法》所称职业健康监护,是指劳动者上岗前、在岗期间、离岗时、应急的职业健康检查和职业健康监护档案管理。⑤ ②《用人单位职业健康监护监督管理办法》自 2012 年 6 月 1 日起施行。⑥ (2)适用的事项。用人单位从事接触职业病危害作业的劳动者(以下简称劳动者)的职业健康监护和安全生产监督管理部门对其实施监督管理,适用《用人单位职业健康监护监督管理办法》。⑦ 煤矿安全监察机构依照本办法负责煤矿劳动者职业健康监护的监察工作。⑧

2. 职业健康监护监督管理的用人单位义务。(1)用人单位应当建立、健全劳动者职业健康监护制度,依法落实职业健康监护工作。⑨ (2)用人单位应当接受

---

① 《建筑施工人员个人劳动保护用品使用管理暂行规定》第 15 条。
② 《建筑施工人员个人劳动保护用品使用管理暂行规定》第 16 条。
③ 《建筑施工人员个人劳动保护用品使用管理暂行规定》第 12 条。
④ 《用人单位职业健康监护监督管理办法》第 1 条。
⑤ 《用人单位职业健康监护监督管理办法》第 3 条。
⑥ 《用人单位职业健康监护监督管理办法》第 32 条。
⑦ 《用人单位职业健康监护监督管理办法》第 2 条。
⑧ 《用人单位职业健康监护监督管理办法》第 31 条。
⑨ 《用人单位职业健康监护监督管理办法》第 4 条。

安全生产监督管理部门依法对其职业健康监护工作的监督检查,并提供有关文件和资料。① (3)对用人单位违反《用人单位职业健康监护监督管理办法》的行为,任何单位和个人均有权向安全生产监督管理部门举报或者报告。②

(二)职业健康监护监督的用人单位职责

1. 职业健康监护的责任主体。用人单位是职业健康监护工作的责任主体,其主要负责人对本单位职业健康监护工作全面负责。用人单位应当依照《用人单位职业健康监护监督管理办法》以及《职业健康监护技术规范》(GBZ 188)、《放射工作人员职业健康监护技术规范》(GBZ 235)等国家职业卫生标准的要求,制定、落实本单位职业健康检查年度计划,并保证所需要的专项经费。③

2. 用人单位的具体职责。(1)职业健康检查。①职业健康检查的方式。第一,自行组织职业健康检查。其一,用人单位应当组织劳动者进行职业健康检查,并承担职业健康检查费用。劳动者接受职业健康检查应当视同正常出勤。④ 其二,用人单位应当选择由省级以上人民政府卫生行政部门批准的医疗卫生机构承担职业健康检查工作,并确保参加职业健康检查的劳动者身份的真实性。⑤ 第二,委托职业健康检查机构进行职业健康检查。用人单位在委托职业健康检查机构对从事接触职业病危害作业的劳动者进行职业健康检查时,应当如实提供下列文件、资料:其一,用人单位的基本情况;其二,工作场所职业病危害因素种类及其接触人员名册;其三,职业病危害因素定期检测、评价结果。⑥ ②职业健康检查的分类。第一,上岗前的职业健康检查。其一,用人单位应当对下列劳动者进行上岗前的职业健康检查:(a)拟从事接触职业病危害作业的新录用劳动者,包括转岗到该作业岗位的劳动者;(b)拟从事有特殊健康要求作业的劳动者。⑦ 其二,用人单位不得安排未经上岗前职业健康检查的劳动者从事接触职业病危害的作业,不得安排有职业禁忌的劳动者从事其所禁忌的作业。用人单位不得安排未成年工从事接触职业病危害的作业,不得安排孕期、哺乳期的女职工

---

① 《用人单位职业健康监护监督管理办法》第5条。
② 《用人单位职业健康监护监督管理办法》第6条。
③ 《用人单位职业健康监护监督管理办法》第7条。
④ 《用人单位职业健康监护监督管理办法》第8条。
⑤ 《用人单位职业健康监护监督管理办法》第9条。
⑥ 《用人单位职业健康监护监督管理办法》第10条。
⑦ 《用人单位职业健康监护监督管理办法》第11条。

从事对本人和胎儿、婴儿有危害的作业。① 第二,在岗期间的职业健康检查。用人单位应当根据劳动者所接触的职业病危害因素,定期安排劳动者进行在岗期间的职业健康检查。对在岗期间的职业健康检查,用人单位应当按照《职业健康监护技术规范》(GBZ 188)等国家职业卫生标准的规定和要求,确定接触职业病危害的劳动者的检查项目和检查周期。需要复查的,应当根据复查要求增加相应的检查项目。② 第三,应急职业健康检查。出现下列情况之一的,用人单位应当立即组织有关劳动者进行应急职业健康检查:其一,接触职业病危害因素的劳动者在作业过程中出现与所接触职业病危害因素相关的不适症状的;其二,劳动者受到急性职业中毒危害或者出现职业中毒症状的。③ 第四,离岗时的职业健康检查。对准备脱离所从事的职业病危害作业或者岗位的劳动者,用人单位应当在劳动者离岗前30日内组织劳动者进行离岗时的职业健康检查。劳动者离岗前90日内的在岗期间的职业健康检查可以视为离岗时的职业健康检查。用人单位对未进行离岗时职业健康检查的劳动者,不得解除或者终止与其订立的劳动合同。④ ③职业健康检查结果等的告知。用人单位应当及时将职业健康检查结果及职业健康检查机构的建议以书面形式如实告知劳动者。⑤ ④根据职业健康检查报告采取的措施。用人单位应当根据职业健康检查报告,采取下列措施:第一,对有职业禁忌的劳动者,调离或者暂时脱离原工作岗位;第二,对健康损害可能与所从事的职业相关的劳动者,进行妥善安置;第三,对需要复查的劳动者,按照职业健康检查机构要求的时间安排复查和医学观察;第四,对疑似职业病病人,按照职业健康检查机构的建议安排其进行医学观察或者职业病诊断;第五,对存在职业病危害的岗位,立即改善劳动条件,完善职业病防护设施,为劳动者配备符合国家标准的职业病危害防护用品。⑥ (2)职业健康监护的报告。职业健康监护中出现新发生职业病(职业中毒)或者两例以上疑似职业病(职业中毒)的,用人单位应当及时向所在地安全生产监督管理部门报告。⑦ (3)职业健康监

---

① 《用人单位职业健康监护监督管理办法》第12条。
② 《用人单位职业健康监护监督管理办法》第13条。
③ 《用人单位职业健康监护监督管理办法》第14条。
④ 《用人单位职业健康监护监督管理办法》第15条。
⑤ 《用人单位职业健康监护监督管理办法》第16条。
⑥ 《用人单位职业健康监护监督管理办法》第17条。
⑦ 《用人单位职业健康监护监督管理办法》第18条。

护档案的管理。①职业健康监护档案的建立。用人单位应当为劳动者个人建立职业健康监护档案,并按照有关规定妥善保存。职业健康监护档案包括下列内容:第一,劳动者姓名、性别、年龄、籍贯、婚姻、文化程度、嗜好等情况;第二,劳动者职业史、既往病史和职业病危害接触史;第三,历次职业健康检查结果及处理情况;第四,职业病诊疗资料;第五,需要存入职业健康监护档案的其他有关资料。① ②职业健康监护档案的提供。安全生产行政执法人员、劳动者或者其近亲属、劳动者委托的代理人有权查阅、复印劳动者的职业健康监护档案。劳动者离开用人单位时,有权索取本人职业健康监护档案复印件,用人单位应当如实、无偿提供,并在所提供的复印件上签章。② ③职业健康监护档案的移交。用人单位发生分立、合并、解散、破产等情形时,应当对劳动者进行职业健康检查,并依照国家有关规定妥善安置职业病病人;其职业健康监护档案应当依照国家有关规定实施移交保管。③

(三)用人单位职业健康监护的监督管理

1. 监督管理的主体及内容。安全生产监督管理部门应当依法对用人单位落实有关职业健康监护的法律、法规、规章和标准的情况进行监督检查,重点监督检查下列内容:(1)职业健康监护制度建立情况;(2)职业健康监护计划制定和专项经费落实情况;(3)如实提供职业健康检查所需资料情况;(4)劳动者上岗前、在岗期间、离岗时、应急职业健康检查情况;(5)对职业健康检查结果及建议,向劳动者履行告知义务情况;(6)针对职业健康检查报告采取措施情况;(7)报告职业病、疑似职业病情况;(8)劳动者职业健康监护档案建立及管理情况;(9)为离开用人单位的劳动者如实、无偿提供本人职业健康监护档案复印件情况;(10)依法应当监督检查的其他情况。④

2. 安全生产监督管理部门的职责。(1)安全生产监督管理部门应当加强行政执法人员职业健康知识培训,提高行政执法人员的业务素质。⑤ (2)安全生产监督管理部门履行监督检查职责时,有权进入被检查单位,查阅、复制被检查单

---

① 《用人单位职业健康监护监督管理办法》第19条。
② 《用人单位职业健康监护监督管理办法》第20条。
③ 《用人单位职业健康监护监督管理办法》第21条。
④ 《用人单位职业健康监护监督管理办法》第22条。
⑤ 《用人单位职业健康监护监督管理办法》第23条。

位有关职业健康监护的文件、资料。①

3. 安全生产行政执法人员的行为规范。安全生产行政执法人员依法履行监督检查职责时,应当出示有效的执法证件。安全生产行政执法人员应当忠于职守,秉公执法,严格遵守执法规范;涉及被检查单位技术秘密、业务秘密以及个人隐私的,应当为其保密。②

(四)用人单位职业健康监护监督管理的法律责任

1. 警告并处罚款。用人单位违反《用人单位职业健康监护监督管理办法》规定,未报告职业病、疑似职业病的,由安全生产监督管理部门责令限期改正,给予警告,可以并处1万元以下的罚款;弄虚作假的,并处2万元以上5万元以下的罚款。③

2. 警告、责令限期改正并处罚款。用人单位有下列行为之一的,给予警告,责令限期改正,可以并处3万元以下的罚款:(1)未建立或者落实职业健康监护制度的;(2)未按照规定制订职业健康监护计划和落实专项经费的;(3)弄虚作假,指使他人冒名顶替参加职业健康检查的;(4)未如实提供职业健康检查所需要的文件、资料的;(5)未根据职业健康检查情况采取相应措施的;(6)不承担职业健康检查费用的。④

3. 责令限期改正并处罚款。用人单位有下列行为之一的,责令限期改正,给予警告,可以并处5万元以上10万元以下的罚款:(1)未按照规定组织职业健康检查、建立职业健康监护档案或者未将检查结果如实告知劳动者的;(2)未按照规定在劳动者离开用人单位时提供职业健康监护档案复印件的。⑤

4. 警告、责令限期改正及罚款或责令停止、责令关闭。(1)用人单位有下列情形之一的,给予警告,责令限期改正,逾期不改正的,处5万元以上20万元以下的罚款;情节严重的,责令停止产生职业病危害的作业,或者提请有关人民政府按照国务院规定的权限责令关闭:①未按照规定安排职业病病人、疑似职业病病人进行诊治的;②隐瞒、伪造、篡改、损毁职业健康监护档案等相关资料,或者拒

---

① 《用人单位职业健康监护监督管理办法》第25条。
② 《用人单位职业健康监护监督管理办法》第24条。
③ 《用人单位职业健康监护监督管理办法》第30条。
④ 《用人单位职业健康监护监督管理办法》第26条。
⑤ 《用人单位职业健康监护监督管理办法》第27条。

不提供职业病诊断、鉴定所需资料的。①（2）用人单位有下列情形之一的，责令限期治理，并处 5 万元以上 30 万元以下的罚款；情节严重的，责令停止产生职业病危害的作业，或者提请有关人民政府按照国务院规定的权限责令关闭：①安排未经职业健康检查的劳动者从事接触职业病危害的作业的；②安排未成年工从事接触职业病危害的作业的；③安排孕期、哺乳期女职工从事对本人和胎儿、婴儿有危害的作业的；④安排有职业禁忌的劳动者从事所禁忌的作业的。②

四、防暑降温措施管理

1. 防暑降温措施的适用。（1）适用的法律。①为了加强高温作业、高温天气作业劳动保护工作，维护劳动者健康及其相关权益，根据《职业病防治法》《安全生产法》《劳动法》《工会法》等有关法律、行政法规的规定，制定《防暑降温措施管理办法》。③ ②《防暑降温措施管理办法》自发布之日起施行。1960 年 7 月 1 日卫生部、劳动部、全国总工会联合公布的《防暑降温措施暂行办法》同时废止。④ 各省级人民政府安全生产监督管理部门、卫生行政部门、人力资源社会保障行政部门和工会组织可以根据《防暑降温措施管理办法》，制定实施细则。⑤ ③《防暑降温措施管理办法》由国家安全生产监督管理总局会同卫生部、人力资源和社会保障部、全国总工会负责解释。⑥（2）适用的对象。《防暑降温措施管理办法》适用于存在高温作业及在高温天气期间安排劳动者作业的企业、事业单位和个体经济组织等用人单位。⑦ 其中，高温作业是指有高气温、或有强烈的热辐射或伴有高气湿（相对湿度≥80% RH）相结合的异常作业条件、湿球黑球温度指数（WBGT 指数）超过规定限值的作业。高温天气是指地市级以上气象主管部门所属气象台站向公众发布的日最高气温 35℃以上的天气。高温天气作业是指用人单位在高温天气期间安排劳动者在高温自然气象环境下进行的作业。工作场所高温作业 WBGT 指数测量依照《工作场所物理因素测量第 7 部分：高温》（GBZ/T 189.7）执行；高温作业职业接触限值依照《工作场所有害因素职业接触限值第 2

---

① 《用人单位职业健康监护监督管理办法》第 28 条。
② 《用人单位职业健康监护监督管理办法》第 29 条。
③ 《防暑降温措施管理办法》第 1 条。
④ 《防暑降温措施管理办法》第 25 条。
⑤ 《防暑降温措施管理办法》第 22 条。
⑥ 《防暑降温措施管理办法》第 23 条。
⑦ 《防暑降温措施管理办法》第 2 条。

部分:物理因素》(GBZ 2.2)执行;高温作业分级依照《工作场所职业病危害作业分级第3部分:高温》(GBZ/T 229.3)执行。① 其中,《防暑降温措施管理办法》所称"以上"摄氏度(℃)含本数,"以下"摄氏度(℃)不含本数。②

2. 防暑降温措施管理的职责分工。(1)安全生产监督管理等职能部门的职责。国务院安全生产监督管理部门、卫生行政部门、人力资源社会保障行政部门依照相关法律、行政法规和国务院确定的职责,负责全国高温作业、高温天气作业劳动保护的监督管理工作。县级以上地方人民政府安全生产监督管理部门、卫生行政部门、人力资源社会保障行政部门依据法律、行政法规和各自职责,负责本行政区域内高温作业、高温天气作业劳动保护的监督管理工作。③ (2)工会的职责。①工会组织代表劳动者就高温作业和高温天气劳动保护事项与用人单位进行平等协商,签订集体合同或者高温作业和高温天气劳动保护专项集体合同。④ ②工会组织依法对用人单位的高温作业、高温天气劳动保护措施实行监督。发现违法行为,工会组织有权向用人单位提出,用人单位应当及时改正。用人单位拒不改正的,工会组织应当提请有关部门依法处理,并对处理结果进行监督。⑤

3. 用人单位防暑降温的预防措施。(1)建立、健全防暑降温工作制度。用人单位应当建立、健全防暑降温工作制度,采取有效措施,加强高温作业、高温天气作业劳动保护工作,确保劳动者身体健康和生命安全。用人单位的主要负责人对本单位的防暑降温工作全面负责。⑥ (2)制定高温中暑应急预案。用人单位应当制定高温中暑应急预案,定期进行应急救援的演习,并根据从事高温作业和高温天气作业的劳动者数量及作业条件等情况,配备应急救援人员和足量的急救药品。⑦ (3)依法设置工作场所。用人单位应当根据国家有关规定,合理布局生产现场,改进生产工艺和操作流程,采用良好的隔热、通风、降温措施,保证工作场所符合国家职业卫生标准要求。⑧ (4)设立休息场所。用人单位应当在高温工

---

① 《防暑降温措施管理办法》第3条。
② 《防暑降温措施管理办法》第24条。
③ 《防暑降温措施管理办法》第4条。
④ 《防暑降温措施管理办法》第16条。
⑤ 《防暑降温措施管理办法》第20条。
⑥ 《防暑降温措施管理办法》第5条。
⑦ 《防暑降温措施管理办法》第13条。
⑧ 《防暑降温措施管理办法》第6条。

作环境设立休息场所。休息场所应当设有座椅,保持通风良好或者配有空调等防暑降温设施。① (5)组织定期职业卫生培训。用人单位应当对劳动者进行上岗前职业卫生培训和在岗期间的定期职业卫生培训,普及高温防护、中暑急救等职业卫生知识。② (6)提供个人防护用品。用人单位应当向劳动者提供符合要求的个人防护用品,并督促和指导劳动者正确使用。③ (7)提供防暑降温饮料及必需的药品。用人单位应当为高温作业、高温天气作业的劳动者供给足够的、符合卫生标准的防暑降温饮料及必需的药品。不得以发放钱物替代提供防暑降温饮料。防暑降温饮料不得充抵高温津贴。④

4. 用人单位防暑降温的应对保护措施。(1)职业性中暑诊断。①承担职业性中暑诊断的医疗卫生机构,应当经省级人民政府卫生行政部门批准。⑤ ②劳动者因高温作业或者高温天气作业引起中暑,经诊断为职业病的,享受工伤保险待遇。⑥ (2)救助措施。劳动者出现中暑症状时,用人单位应当立即采取救助措施,使其迅速脱离高温环境,到通风阴凉处休息,供给防暑降温饮料,并采取必要的对症处理措施;病情严重者,用人单位应当及时送医疗卫生机构治疗。⑦ (3)保护措施。用人单位应当落实以下高温作业劳动保护措施:①优先采用有利于控制高温的新技术、新工艺、新材料、新设备,从源头上降低或者消除高温危害。对于生产过程中不能完全消除的高温危害,应当采取综合控制措施,使其符合国家职业卫生标准要求。②存在高温职业病危害的建设项目,应当保证其设计符合国家职业卫生相关标准和卫生要求,高温防护设施应当与主体工程同时设计,同时施工,同时投入生产和使用。③存在高温职业病危害的用人单位,应当实施由专人负责的高温日常监测,并按照有关规定进行职业病危害因素检测、评价。④用人单位应当依照有关规定对从事接触高温危害作业劳动者组织上岗前、在岗期间和离岗时的职业健康检查,将检查结果存入职业健康监护档案并书面告知劳动者。职业健康检查费用由用人单位承担。⑤用人单位不得安排怀孕女职工和

---

① 《防暑降温措施管理办法》第12条。
② 《防暑降温措施管理办法》第10条。
③ 《防暑降温措施管理办法》第9条。
④ 《防暑降温措施管理办法》第11条。
⑤ 《防暑降温措施管理办法》第18条。
⑥ 《防暑降温措施管理办法》第19条。
⑦ 《防暑降温措施管理办法》第14条。

未成年工从事《工作场所职业病危害作业分级第3部分：高温》(GBZ/T 229.3)中第三级以上的高温工作场所作业。① (4) 其他措施。在高温天气期间，用人单位应当按照下列规定，根据生产特点和具体条件，采取合理安排工作时间、轮换作业、适当增加高温工作环境下劳动者的休息时间和减轻劳动强度、减少高温时段室外作业等措施：①用人单位应当根据地市级以上气象主管部门所属气象台当日发布的预报气温，调整作业时间，但因人身财产安全和公众利益需要紧急处理的除外：第一，日最高气温达到40℃以上，应当停止当日室外露天作业；第二，日最高气温达到37℃以上、40℃以下时，用人单位全天安排劳动者室外露天作业时间累计不得超过6小时，连续作业时间不得超过国家规定，且在气温最高时段3小时内不得安排室外露天作业；第三，日最高气温达到35℃以上、37℃以下时，用人单位应当采取换班轮休等方式，缩短劳动者连续作业时间，并且不得安排室外露天作业劳动者加班。②在高温天气来临之前，用人单位应当对高温天气作业的劳动者进行健康检查，对患有心、肺、脑血管性疾病、肺结核、中枢神经系统疾病及其他身体状况不适合高温作业环境的劳动者，应当调整作业岗位。职业健康检查费用由用人单位承担。③用人单位不得安排怀孕女职工和未成年工在35℃以上的高温天气期间从事室外露天作业及温度在33℃以上的工作场所作业。④因高温天气停止工作、缩短工作时间的，用人单位不得扣除或降低劳动者工资。②（劳动者应当服从用人单位合理调整高温天气作息时间或者对有关工作地点、工作岗位的调整安排。③）

5. 劳动者的高温天气岗位津贴。劳动者从事高温作业的，依法享受岗位津贴。用人单位安排劳动者在35℃以上高温天气从事室外露天作业以及不能采取有效措施将工作场所温度降低到33℃以下的，应当向劳动者发放高温津贴，并纳入工资总额。高温津贴标准由省级人力资源社会保障行政部门会同有关部门制定，并根据社会经济发展状况适时调整。④

6. 用人单位防暑降温的法律责任。用人单位违反职业病防治与安全生产法律、行政法规，危害劳动者身体健康的，由县级以上人民政府相关部门依据各自

---

① 《防暑降温措施管理办法》第7条。
② 《防暑降温措施管理办法》第8条。
③ 《防暑降温措施管理办法》第15条。
④ 《防暑降温措施管理办法》第17条。

职责责令用人单位整改或者停止作业;情节严重的,按照国家有关法律法规追究用人单位及其负责人的相应责任;构成犯罪的,依法追究刑事责任。用人单位违反国家劳动保障法律、行政法规有关工作时间、工资津贴规定,侵害劳动者劳动保障权益的,由县级以上人力资源社会保障行政部门依法责令改正。①

五、未成年工特殊保护

1. 未成年工特殊保护的法律依据。(1)为维护未成年工的合法权益,保护其在生产劳动中的健康,根据《劳动法》的有关规定,制定《未成年工特殊保护规定》。② 其中,未成年工是指年满16周岁,未满18周岁的劳动者。未成年工的特殊保护是针对未成年工处于生长发育期的特点,以及接受义务教育的需要,采取的特殊劳动保护措施。③ (2)《未成年工特殊保护规定》自1995年1月1日起施行。④ (3)省、自治区、直辖市劳动行政部门可以根据《未成年工特殊保护规定》制定实施办法。⑤

2. 未成年工不得从事劳动的范围。(1)用人单位不得安排未成年工从事以下范围的劳动:①《生产性粉尘作业危害程度分级》国家标准中第1级以上的接尘作业;②《有毒作业分级》国家标准中第1级以上的有毒作业;③《高处作业分级》国家标准中第2级以上的高处作业;④《冷水作业分级》国家标准中第2级以上的冷水作业;⑤《高温作业分级》国家标准中第3级以上的高温作业;⑥《低温作业分级》国家标准中第3级以上的低温作业;⑦《体力劳动强度分级》国家标准中第4级体力劳动强度的作业;⑧矿山井下及矿山地面采石作业;⑨森林业中的伐木、流放及守林作业;⑩工作场所接触放射性物质的作业;⑪有易燃易爆、化学性烧伤和热烧伤等危险性大的作业;⑫地质勘探和资源勘探的野外作业;⑬潜水、涵洞、涵道作业和海拔3000米以上的高原作业(不包括世居高原者);⑭连续负重每小时在6次以上并每次超过20千克,间断负重每次超过25千克的作业;⑮使用凿岩机、捣固机、气镐、气铲、铆钉机、电锤的作业;⑯工作中需要长时间保持低头、弯腰、上举、下蹲等强迫体位和动作频率每分钟在于50次的流水线作业;

---

① 《防暑降温措施管理办法》第21条。
② 《未成年工特殊保护规定》第1条。
③ 《未成年工特殊保护规定》第2条。
④ 《未成年工特殊保护规定》第13条。
⑤ 《未成年工特殊保护规定》第12条。

⑰锅炉司炉。①（2）未成年工患有某种疾病或具有某些生理缺陷（非残疾型）时，用人单位不得安排其从事以下范围的劳动：①《高处作业分级》国家标准中第 1 级以上的高处作业；②《低温作业分级》国家标准中第 2 级以上的低温作业；③《高温作业分级》国家标准中第 2 级以上的高温作业；④《体力劳动强度分级》国家标准中第 3 级以上体力劳动强度的作业；⑤接触铅、苯、汞、甲醛、二硫化碳等易引起过敏反应的作业。② 其中，患有某种疾病或具有某些生理缺陷（非残疾型）的未成年工，是指有以下一种或一种以上情况者：①心血管系统。第一，先天性心脏病；第二，克山病；第三，收缩期或舒张期二级以上心脏杂音。②呼吸系统。第一，中度以上气管炎或支气管哮喘；第二，呼吸音明显减弱；第三，各类结核病；第四，体弱儿，呼吸道反复感染者。③消化系统。第一，各类肝炎；第二，肝、脾肿大；第三，胃、十二指肠溃疡；第四，各种消化道疝。④泌尿系统。第一，急、慢性肾炎；第二，泌尿系感染。⑤内分泌系统。第一，甲状腺机能亢进；第二，中度以上糖尿病。⑥精神神经系统。第一，智力明显低下；第二，精神忧郁或狂暴。⑦肌肉、骨骼运动系统。第一，身高和体重低于同龄人标准；第二，一个及一个以上肢体存在明显功能障碍；第三，躯干 1/4 以上部位活动受限，包括强直或不能旋转。⑧其他。第一，结核性胸膜炎；第二，各类重度关节炎；第三，血吸虫病；第四，严重贫血，其血色素每升低于 95 克（＜9.5g/dL）。③

3. 未成年工的劳动安排。（1）健康检查。①用人单位应按下列要求对未成年工定期进行健康检查：第一，安排工作岗位之前；第二，工作满 1 年；第三，年满 18 周岁，距前 1 次的体检时间已超过半年。④ ②未成年工的健康检查，应按本规定所附《未成年工健康检查表》列出的项目进行。⑤（2）根据健康检查结果安排劳动。用人单位应根据未成年工的健康检查结果安排其从事适合的劳动，对不能胜任原劳动岗位的，应根据医务部门的证明，予以减轻劳动量或安排其他劳动。⑥（3）用工及特殊保护的登记。对未成年工的使用和特殊保护实行登记制度。①用人单位招收使用未成年工，除符合一般用工要求外，还须向所在地的县

---

① 《未成年工特殊保护规定》第 3 条。
② 《未成年工特殊保护规定》第 4 条。
③ 《未成年工特殊保护规定》第 5 条。
④ 《未成年工特殊保护规定》第 6 条。
⑤ 《未成年工特殊保护规定》第 7 条。
⑥ 《未成年工特殊保护规定》第 8 条。

级以上劳动行政部门办理登记。劳动行政部门根据《未成年工健康检查表》《未成年工登记表》,核发《未成年工登记证》。②各级劳动行政部门须按《未成年工特殊保护规定》第3、4、5、7条的有关规定,审核体检情况和拟安排的劳动范围。③未成年工须持《未成年工登记证》上岗。④《未成年工登记证》由国务院劳动行政部门统一印制。① (4)职业安全卫生教育、培训。未成年工上岗前用人单位应对其进行有关的职业安全卫生教育、培训;未成年工体检和登记,由用人单位统一办理和承担费用。②

4. 未成年工劳动的监管。县级以上劳动行政部门对用人单位执行《未成年工特殊保护规定》的情况进行监督检查,对违反《未成年工特殊保护规定》的行为依照有关法规进行处罚。各级工会组织对《未成年工特殊保护规定》的执行情况进行监督。③

第六节　劳动安全卫生

一、用人单位的法定义务

1. 劳动安全卫生制度的法定性。用人单位必须建立、健全劳动安全卫生制度,严格执行国家劳动安全卫生规程和标准,对劳动者进行劳动安全卫生教育,防止劳动过程中的事故,减少职业危害。④

2. 劳动安全卫生设施的法定性。劳动安全卫生设施必须符合国家规定的标准。新建、改建、扩建工程的劳动安全卫生设施必须与主体工程同时设计、同时施工、同时投入生产和使用。⑤

3. 劳动安全卫生条件的法定性。用人单位必须为劳动者提供符合国家规定的劳动安全卫生条件和必要的劳动防护用品,对从事有职业危害作业的劳动者应当定期进行健康检查。⑥

---

① 《未成年工特殊保护规定》第9条。
② 《未成年工特殊保护规定》第10条。
③ 《未成年工特殊保护规定》第11条。
④ 《劳动法》第52条。
⑤ 《劳动法》第53条。
⑥ 《劳动法》第54条。

4. 劳动安全卫生责任的法定性。根据《劳动法》的规定,用人单位必须对劳动者进行必要的岗位培训和劳动安全卫生教育,如果用人单位没有履行上述义务,导致劳动者违章操作造成工伤事故的,应由用人单位承担过错责任,而不应追究劳动者的责任。①

二、劳动者的法定义务

1. 专门培训的法定性。从事特种作业的劳动者必须经过专门培训并取得特种作业资格。②

2. 遵守规程的法定性。劳动者在劳动过程中必须严格遵守安全操作规程。劳动者对用人单位管理人员违章指挥、强令冒险作业,有权拒绝执行;对危害生命安全和身体健康的行为,有权提出批评、检举和控告。③

3. 参加继续教育的法定性。(1)专业技术人员参加继续教育的时间,每年累计应不少于90学时,其中,专业科目一般不少于总学时的2/3。专业技术人员通过下列方式参加继续教育的,计入本人当年继续教育学时:①参加培训班、研修班或者进修班学习;②参加相关的继续教育实践活动;③参加远程教育;④参加学术会议、学术讲座、学术访问等活动;⑤符合规定的其他方式。继续教育方式和学时的具体认定办法,由省、自治区、直辖市人力资源社会保障行政部门制定。④ (2)专业技术人员违反《专业技术人员继续教育规定》第8条第1款、第15条第1款规定,无正当理由不参加继续教育或者在学习期间违反学习纪律和管理制度的,用人单位可视情节给予批评教育、不予报销或者要求退还学习费用。⑤

三、人民政府的法定义务

国家建立伤亡事故和职业病统计报告和处理制度。县级以上各级人民政府劳动行政部门、有关部门和用人单位应当依法对劳动者在劳动过程中发生的伤亡事故和劳动者的职业病状况,进行统计、报告和处理。⑥

---

① 《广州市中级人民法院关于印发〈广州市中级人民法院关于审理劳动争议案件若干问题的意见综述〉的通知》第13条第2款。
② 《劳动法》第55条。
③ 《劳动法》第56条。
④ 《专业技术人员继续教育规定》第8条。
⑤ 《专业技术人员继续教育规定》第28条。
⑥ 《劳动法》第57条。

第五章 劳动管理

劳动力管理是对劳动者进行的组织、计划、指挥、监督和调节等项工作的总称。

第一节 对外劳务合作管理

一、对外劳务合作管理的一般规则

1. 对外劳务合作管理的法律依据。(1)为了规范对外劳务合作,保障劳务人员的合法权益,促进对外劳务合作健康发展,制定《对外劳务合作管理条例》。① 其中,《对外劳务合作管理条例》所称对外劳务合作,是指组织劳务人员赴其他国家或者地区为国外的企业或者机构(以下统称国外雇主)工作的经营性活动。② (2)《对外劳务合作管理条例》自2012年8月1日起施行。③ (3)有关对外劳务合作的商会按照依法制定的章程开展活动,为成员提供服务,发挥自律作用。④ (4)对外承包工程项下外派人员赴国外工作的管理,依照《对外承包工程管理条例》以及国务院商务主管部门、国务院住房城乡建设主管部门的规定执行。外派海员类(不含渔业船员)对外劳务合作的管理办法,由国务院交通运输主管部门根据《船员条例》以及《对外劳务合作管理条例》的有关规定另行制定。⑤ (5)组织劳务人员赴我国香港特别行政区、澳门特别行政区、台湾地区工作的,参照《对

---

① 《对外劳务合作管理条例》第1条。
② 《对外劳务合作管理条例》第2条第1款。
③ 《对外劳务合作管理条例》第53条。
④ 《对外劳务合作管理条例》第48条。
⑤ 《对外劳务合作管理条例》第49条。

外劳务合作管理条例》的规定执行。① (6) 对外劳务合作企业组织劳务人员赴国务院商务主管部门会同国务院外交等有关部门确定的特定国家或者地区工作的,应当经国务院商务主管部门会同国务院有关部门批准。②

2. 对外劳务合作管理的政策及部门职责分工。(1) 国家鼓励和支持依法开展对外劳务合作,提高对外劳务合作水平,维护劳务人员的合法权益。国务院有关部门制定和完善促进对外劳务合作发展的政策措施,建立健全对外劳务合作服务体系以及风险防范和处置机制。③ (2) 国务院商务主管部门负责全国的对外劳务合作监督管理工作。国务院外交、公安、人力资源社会保障、交通运输、住房城乡建设、渔业、国家市场监督管理④等有关部门在各自职责范围内,负责对外劳务合作监督管理的相关工作。县级以上地方人民政府统一领导、组织、协调本行政区域的对外劳务合作监督管理工作。县级以上地方人民政府商务主管部门负责本行政区域的对外劳务合作监督管理工作,其他有关部门在各自职责范围内负责对外劳务合作监督管理的相关工作。⑤

二、从事对外劳务合作的企业与劳务人员

1. 从事对外劳务合作的企业。(1) 从事对外劳务合作企业的资格取得。①具备对外劳务合作经营资格的申请条件。第一,申请对外劳务合作经营资格,应当具备下列条件:其一,符合企业法人条件;其二,实缴注册资本不低于 600 万元人民币;其三,有 3 名以上熟悉对外劳务合作业务的管理人员;其四,有健全的内部管理制度和突发事件应急处置制度;其五,法定代表人没有故意犯罪记录。⑥ 第二,《对外劳务合作管理条例》施行前按照国家有关规定经批准从事对外劳务合作的企业,不具备本条例规定条件的,应当在国务院商务主管部门规定的期限内达到《对外劳务合作管理条例》规定的条件;逾期达不到《对外劳务合作管理条例》规定条件的,不得继续从事对外劳务合作。⑦ ②经过外劳务合作经营资格的批准。第一,申请对外劳务合作经营资格的企业,应当向所在地省级或者设区的

---

① 《对外劳务合作管理条例》第 50 条。
② 《对外劳务合作管理条例》第 51 条。
③ 《对外劳务合作管理条例》第 3 条。
④ 原文为"工商行政管理"。
⑤ 《对外劳务合作管理条例》第 4 条。
⑥ 《对外劳务合作管理条例》第 6 条。
⑦ 《对外劳务合作管理条例》第 52 条。

市级人民政府商务主管部门(以下简称负责审批的商务主管部门)提交其符合《对外劳务合作管理条例》第6条规定条件的证明材料。负责审批的商务主管部门应当自收到证明材料之日起20个工作日内进行审查,作出批准或者不予批准的决定。予以批准的,颁发对外劳务合作经营资格证书;不予批准的,书面通知申请人并说明理由。① 第二,从事对外劳务合作,应当按照省、自治区、直辖市人民政府的规定,经省级或者设区的市级人民政府商务主管部门批准,取得对外劳务合作经营资格。② ③对外劳务合作经营资格的登记及报送。第一,申请人持对外劳务合作经营资格证书,依法向国家市场监督管理③部门办理登记。④ 第二,负责审批的商务主管部门应当将依法取得对外劳务合作经营资格证书并办理登记的企业(以下称对外劳务合作企业)名单报至国务院商务主管部门,国务院商务主管部门应当及时通报中国驻外使馆、领馆。⑤ (2)对外劳务合作企业的专门账户及备用金。①对外劳务合作企业应当自国家市场监督管理⑥部门登记之日起5个工作日内,在负责审批的商务主管部门指定的银行开设专门账户,缴存不低于300万元人民币的对外劳务合作风险处置备用金(以下简称备用金)。备用金也可以通过向负责审批的商务主管部门提交等额银行保函的方式缴存。负责审批的商务主管部门应当将缴存备用金的对外劳务合作企业名单向社会公布。⑦ ②备用金用于支付对外劳务合作企业拒绝承担或者无力承担的下列费用:第一,对外劳务合作企业违反国家规定收取,应当退还给劳务人员的服务费;第二,依法或者按照约定应当由对外劳务合作企业向劳务人员支付的劳动报酬;第三,依法赔偿劳务人员的损失所需费用;第四,因发生突发事件,劳务人员回国或者接受紧急救助所需费用。备用金使用后,对外劳务合作企业应当自使用之日起20个工作日内将备用金补足到原有数额。备用金缴存、使用和监督管理的具体办法由国务院商务主管部门会同国务院财政部门制定。⑧ (3)对外劳务合作企业法

---

① 《对外劳务合作管理条例》第7条第1款。
② 《对外劳务合作管理条例》第5条。
③ 原文为"工商行政管理"。
④ 《对外劳务合作管理条例》第7条第2款。
⑤ 《对外劳务合作管理条例》第7条第3款。
⑥ 原文为"工商行政管理"。
⑦ 《对外劳务合作管理条例》第9条。
⑧ 《对外劳务合作管理条例》第10条。

定的工作。①安排知识的培训。对外劳务合作企业应当安排劳务人员接受赴国外工作所需的职业技能、安全防范知识、外语以及用工项目所在国家或者地区相关法律、宗教信仰、风俗习惯等知识的培训;未安排劳务人员接受培训的,不得组织劳务人员赴国外工作。劳务人员应当接受培训,掌握赴国外工作所需的相关技能和知识,提高适应国外工作岗位要求以及安全防范的能力。① ②购买人身意外伤害保险。对外劳务合作企业应当为劳务人员购买在国外工作期间的人身意外伤害保险。但是,对外劳务合作企业与国外雇主约定由国外雇主为劳务人员购买的除外。② ③办理出境等手续。对外劳务合作企业应当为劳务人员办理出境手续,并协助办理劳务人员在国外的居留、工作许可等手续。对外劳务合作企业组织劳务人员出境后,应当及时将有关情况向中国驻用工项目所在国使馆、领馆报告。③ ④其他工作。第一,对外劳务合作企业、劳务人员应当遵守用工项目所在国家或者地区的法律,尊重当地的宗教信仰、风俗习惯和文化传统。对外劳务合作企业、劳务人员不得从事损害国家安全和国家利益的活动。④ 第二,对外劳务合作企业应当跟踪了解劳务人员在国外的工作、生活情况,协助解决劳务人员工作、生活中的困难和问题,及时向国外雇主反映劳务人员的合理要求。对外劳务合作企业向同一国家或者地区派出的劳务人员数量超过100人的,应当安排随行管理人员,并将随行管理人员名单报中国驻用工项目所在国使馆、领馆备案。⑤ 第三,对外劳务合作企业应当制定突发事件应急预案。国外发生突发事件的,对外劳务合作企业应当及时、妥善处理,并立即向中国驻用工项目所在国使馆、领馆和国内有关部门报告。⑥ 第四,对外劳务合作企业停止开展对外劳务合作的,应当对其派出的尚在国外工作的劳务人员作出妥善安排,并将安排方案报负责审批的商务主管部门备案。负责审批的商务主管部门应当将安排方案报至国务院商务主管部门,国务院商务主管部门应当及时通报中国驻用工项目所在国使馆、领馆。⑦ (4)对外劳务合作企业工作的禁止。①对外劳务合作企业不得

---

① 《对外劳务合作管理条例》第12条。
② 《对外劳务合作管理条例》第13条。
③ 《对外劳务合作管理条例》第14条。
④ 《对外劳务合作管理条例》第15条。
⑤ 《对外劳务合作管理条例》第16条。
⑥ 《对外劳务合作管理条例》第17条。
⑦ 《对外劳务合作管理条例》第19条。

允许其他单位或者个人以本企业的名义组织劳务人员赴国外工作。任何单位和个人不得以商务、旅游、留学等名义组织劳务人员赴国外工作。① ②对外劳务合作企业不得组织劳务人员赴国外从事与赌博、色情活动相关的工作。② (5)对外劳务合作企业的义务。①协助及赔偿义务。第一，对外劳务合作企业应当负责协助劳务人员与国外雇主订立确定劳动关系的合同，并保证合同中有关劳务人员权益保障的条款与劳务合作合同相应条款的内容一致。③ 第二，劳务人员在国外实际享有的权益不符合合同约定的，对外劳务合作企业应当协助劳务人员维护合法权益，要求国外雇主履行约定义务、赔偿损失；劳务人员未得到应有赔偿的，有权要求对外劳务合作企业承担相应的赔偿责任。对外劳务合作企业不协助劳务人员向国外雇主要求赔偿的，劳务人员可以直接向对外劳务合作企业要求赔偿。劳务人员在国外实际享有的权益不符合用工项目所在国家或者地区法律规定的，对外劳务合作企业应当协助劳务人员维护合法权益，要求国外雇主履行法律规定的义务、赔偿损失。因对外劳务合作企业隐瞒有关信息或者提供虚假信息等原因，导致劳务人员在国外实际享有的权益不符合合同约定的，对外劳务合作企业应当承担赔偿责任。④ ②履约义务。对外劳务合作企业、劳务人员应当信守合同，全面履行合同约定的各自的义务。⑤

2. 劳务人员。(1)劳务人员的权利。①劳务人员有权向商务主管部门和其他有关部门投诉对外劳务合作企业违反合同约定或者其他侵害劳务人员合法权益的行为。接受投诉的部门应当按照职责依法及时处理，并将处理情况向投诉人反馈。⑥ ②劳务人员可以合法、有序地向中国驻外使馆、领馆反映相关诉求，不得干扰使馆、领馆正常工作秩序。⑦ (2)劳务人员的义务。用工项目所在国家或者地区发生战争、暴乱、重大自然灾害等突发事件，中国政府作出相应避险安排的，对外劳务合作企业和劳务人员应当服从安排，予以配合。⑧

---

① 《对外劳务合作管理条例》第8条。
② 《对外劳务合作管理条例》第11条。
③ 《对外劳务合作管理条例》第27条。
④ 《对外劳务合作管理条例》第29条。
⑤ 《对外劳务合作管理条例》第28条。
⑥ 《对外劳务合作管理条例》第20条。
⑦ 《对外劳务合作管理条例》第35条第2款。
⑧ 《对外劳务合作管理条例》第18条。

三、与对外劳务合作有关的合同

1. 劳务合作合同。(1) 合同的订立及内容。对外劳务合作企业应当与国外雇主订立书面劳务合作合同;未与国外雇主订立书面劳务合作合同的,不得组织劳务人员赴国外工作。劳务合作合同应当载明与劳务人员权益保障相关的下列事项:①劳务人员的工作内容、工作地点、工作时间和休息休假;②合同期限;③劳务人员的劳动报酬及其支付方式;④劳务人员社会保险费的缴纳;⑤劳务人员的劳动条件、劳动保护、职业培训和职业危害防护;⑥劳务人员的福利待遇和生活条件;⑦劳务人员在国外居留、工作许可等手续的办理;⑧劳务人员人身意外伤害保险的购买;⑨因国外雇主原因解除与劳务人员的合同对劳务人员的经济补偿;⑩发生突发事件对劳务人员的协助、救助;⑪违约责任。① (2) 订立合同的要求。对外劳务合作企业与国外雇主订立劳务合作合同,应当事先了解国外雇主和用工项目的情况以及用工项目所在国家或者地区的相关法律。用工项目所在国家或者地区法律规定企业或者机构使用外籍劳务人员需经批准的,对外劳务合作企业只能与经批准的企业或者机构订立劳务合作合同。对外劳务合作企业不得与国外的个人订立劳务合作合同。②

2. 书面服务合同(合同的订立及内容)。除《对外劳务合作管理条例》第23条第2款规定的情形外,对外劳务合作企业应当与劳务人员订立书面服务合同;未与劳务人员订立书面服务合同的,不得组织劳务人员赴国外工作。服务合同应当载明劳务合作合同中与劳务人员权益保障相关的事项,以及服务项目、服务费及其收取方式、违约责任。对外劳务合作企业组织与其建立劳动关系的劳务人员赴国外工作的,与劳务人员订立的劳动合同应当载明劳务合作合同中与劳务人员权益保障相关的事项;未与劳务人员订立劳动合同的,不得组织劳务人员赴国外工作。③

3. 合同的其他规则。(1) 合同内容及相关情况的告知、说明。对外劳务合作企业与劳务人员订立服务合同或者劳动合同时,应当将劳务合作合同中与劳务人员权益保障相关的事项以及劳务人员要求了解的其他情况如实告知劳务人

---

① 《对外劳务合作管理条例》第21条。
② 《对外劳务合作管理条例》第22条。
③ 《对外劳务合作管理条例》第23条。

员,并向劳务人员明确提示包括人身安全风险在内的赴国外工作的风险,不得向劳务人员隐瞒有关信息或者提供虚假信息。对外劳务合作企业有权了解劳务人员与订立服务合同、劳动合同直接相关的个人基本情况,劳务人员应当如实说明。① (2)合同的收费。对外劳务合作企业向与其订立服务合同的劳务人员收取服务费,应当符合国务院价格主管部门会同国务院商务主管部门制定的有关规定。对外劳务合作企业不得向与其订立劳动合同的劳务人员收取服务费。对外劳务合作企业不得以任何名目向劳务人员收取押金或者要求劳务人员提供财产担保。② (3)合同的报备及补正。对外劳务合作企业应当自与劳务人员订立服务合同或者劳动合同之日起10个工作日内,将服务合同或者劳动合同、劳务合作合同副本以及劳务人员名单报负责审批的商务主管部门备案。负责审批的商务主管部门应当将用工项目、国外雇主的有关信息以及劳务人员名单报至国务院商务主管部门。商务主管部门发现服务合同或者劳动合同、劳务合作合同未依照《对外劳务合作管理条例》规定载明必备事项的,应当要求对外劳务合作企业补正。③

四、对外劳务合作的政府服务及管理

1. 政府的服务。(1)无偿提供服务。①信息服务。国务院商务主管部门会同国务院有关部门建立对外劳务合作信息收集、通报制度,为对外劳务合作企业和劳务人员无偿提供信息服务。④ ②相关服务。县级以上地方人民政府根据本地区开展对外劳务合作的实际情况,按照国务院商务主管部门会同国务院有关部门的规定,组织建立对外劳务合作服务平台(以下简称服务平台),为对外劳务合作企业和劳务人员无偿提供相关服务,鼓励、引导对外劳务合作企业通过服务平台招收劳务人员。⑤ (2)给予必要的支持。国家财政对劳务人员培训给予必要的支持。⑥ (3)提供必要的协助。中国驻外使馆、领馆为对外劳务合作企业了解国外雇主和用工项目的情况以及用工项目所在国家或者地区的法律提供必要的协助,依据职责维护对外劳务合作企业和劳务人员在国外的正当权益,发现违反

---

① 《对外劳务合作管理条例》第24条。
② 《对外劳务合作管理条例》第25条。
③ 《对外劳务合作管理条例》第26条。
④ 《对外劳务合作管理条例》第30条。
⑤ 《对外劳务合作管理条例》第34条第1款。
⑥ 《对外劳务合作管理条例》第33条第1款。

《对外劳务合作管理条例》规定的行为及时通报国务院商务主管部门和有关省、自治区、直辖市人民政府。①

2. 政府的管理。(1)对合作风险的管理。提供预警信息。国务院商务主管部门会同国务院有关部门建立对外劳务合作风险监测和评估机制,及时发布有关国家或者地区安全状况的评估结果,提供预警信息,指导对外劳务合作企业做好安全风险防范;有关国家或者地区安全状况难以保障劳务人员人身安全的,对外劳务合作企业不得组织劳务人员赴上述国家或者地区工作。② (2)对外劳务合作发展情况的管理。国务院商务主管部门会同国务院统计部门建立对外劳务合作统计制度,及时掌握并汇总、分析对外劳务合作发展情况。③ (3)对突发事件的管理。国务院有关部门、有关县级以上地方人民政府应当建立健全对外劳务合作突发事件预警、防范和应急处置机制,制定对外劳务合作突发事件应急预案。对外劳务合作突发事件应急处置由组织劳务人员赴国外工作的单位或者个人所在地的省、自治区、直辖市人民政府负责,劳务人员户籍所在地的省、自治区、直辖市人民政府予以配合。中国驻外使馆、领馆协助处置对外劳务合作突发事件。④ (4)对外雇主违法行为等的管理。国务院商务主管部门会同国务院有关部门建立对外劳务合作不良信用记录和公告制度,公布对外劳务合作企业和国外雇主不履行合同约定、侵害劳务人员合法权益的行为,以及对对外劳务合作企业违法行为的处罚决定。⑤ (5)对非法组织劳务人员赴国外工作的管理。国务院商务主管部门会同国务院公安、国家市场监督管理⑥等有关部门,建立健全相关管理制度,防范和制止非法组织劳务人员赴国外工作的行为。⑦

3. 政府的指导及监督。(1)国务院商务主管部门会同国务院人力资源社会保障部门应当加强对劳务人员培训的指导和监督。⑧ (2)国务院商务主管部门会同国务院有关部门应当加强对服务平台运行的指导和监督。⑨

---

① 《对外劳务合作管理条例》第35条第1款。
② 《对外劳务合作管理条例》第31条。
③ 《对外劳务合作管理条例》第32条。
④ 《对外劳务合作管理条例》第36条。
⑤ 《对外劳务合作管理条例》第37条。
⑥ 原文为"工商行政管理"。
⑦ 《对外劳务合作管理条例》第38条第2款。
⑧ 《对外劳务合作管理条例》第33条第2款。
⑨ 《对外劳务合作管理条例》第34条第2款。

五、违反《对外劳务合作管理条例》规定行为的举报

对违反《对外劳务合作管理条例》规定组织劳务人员赴国外工作,以及其他违反《对外劳务合作管理条例》规定的行为,任何单位和个人有权向商务、公安、国家市场监督管理①等有关部门举报。接到举报的部门应当在职责范围内及时处理。②

六、对外劳务合作的法律责任

1. 未依法取得经营资格而从事对外劳务合作的法律责任。未依法取得对外劳务合作经营资格,从事对外劳务合作的,由商务主管部门提请国家市场监督管理③部门依照《无照经营查处取缔办法》的规定查处取缔;构成犯罪的,依法追究刑事责任。④

2. 对外劳务合作企业的法律责任。(1)对外劳务合作企业有下列情形之一的,由商务主管部门吊销其对外劳务合作经营资格证书,有违法所得的予以没收:①以商务、旅游、留学等名义组织劳务人员赴国外工作;②允许其他单位或者个人以本企业的名义组织劳务人员赴国外工作;③组织劳务人员赴国外从事与赌博、色情活动相关的工作。⑤(2)对外劳务合作企业未依照《对外劳务合作管理条例》规定缴存或者补足备用金的,由商务主管部门责令改正;拒不改正的,吊销其对外劳务合作经营资格证书。⑥(3)对外劳务合作企业有下列情形之一的,由商务主管部门责令改正;拒不改正的,处5万元以上10万元以下的罚款,并对其主要负责人处1万元以上3万元以下的罚款:①未安排劳务人员接受培训,组织劳务人员赴国外工作;②未依照《对外劳务合作管理条例》规定为劳务人员购买在国外工作期间的人身意外伤害保险;③未依照《对外劳务合作管理条例》规定安排随团管理人员。⑦(4)对外劳务合作企业有下列情形之一的,由商务主管部门责令改正,处10万元以上20万元以下的罚款,并对其主要负责人处2万元

---

① 原文为"工商行政管理"。
② 《对外劳务合作管理条例》第38条第1款。
③ 原文为"工商行政管理"。
④ 《对外劳务合作管理条例》第39条。
⑤ 《对外劳务合作管理条例》第40条。
⑥ 《对外劳务合作管理条例》第41条。
⑦ 《对外劳务合作管理条例》第42条。

以上5万元以下的罚款;在国外引起重大劳务纠纷、突发事件或者造成其他严重后果的,吊销其对外劳务合作经营资格证书:①未与国外雇主订立劳务合作合同,组织劳务人员赴国外工作;②未依照《对外劳务合作管理条例》规定与劳务人员订立服务合同或者劳动合同,组织劳务人员赴国外工作;③违反《对外劳务合作管理条例》规定,与未经批准的国外雇主或者与国外的个人订立劳务合作合同,组织劳务人员赴国外工作;④与劳务人员订立服务合同或者劳动合同,隐瞒有关信息或者提供虚假信息;⑤在国外发生突发事件时不及时处理;⑥停止开展对外劳务合作,未对其派出的尚在国外工作的劳务人员作出安排。有前述情形,构成犯罪的,依法追究刑事责任。① (5) 对外劳务合作企业向与其订立服务合同的劳务人员收取服务费不符合国家有关规定,或者向劳务人员收取押金、要求劳务人员提供财产担保的,由价格主管部门依照有关价格的法律、行政法规的规定处罚。对外劳务合作企业向与其订立劳动合同的劳务人员收取费用的,依照《劳动合同法》的规定处罚。② (6) 对外劳务合作企业有下列情形之一的,由商务主管部门责令改正;拒不改正的,处1万元以上2万元以下的罚款,并对其主要负责人处2000元以上5000元以下的罚款:①未将服务合同或者劳动合同、劳务合作合同副本以及劳务人员名单报商务主管部门备案;②组织劳务人员出境后,未将有关情况向中国驻用工项目所在国使馆、领馆报告,或者未依照《对外劳务合作管理条例》规定将随行管理人员名单报负责审批的商务主管部门备案;③未制定突发事件应急预案;④停止开展对外劳务合作,未将其对劳务人员的安排方案报商务主管部门备案。对外劳务合作企业拒不将服务合同或者劳动合同、劳务合作合同副本报商务主管部门备案,且合同未载明本条例规定的必备事项,或者在合同备案后拒不按照商务主管部门的要求补正合同必备事项的,依照《对外劳务合作管理条例》第43条的规定处罚。③

3. 商务主管部门、其他有关部门及其人员的法律责任。(1) 商务主管部门、其他有关部门在查处违反《对外劳务合作管理条例》行为的过程中,发现违法行为涉嫌构成犯罪的,应当依法及时移送司法机关处理。④ (2) 商务主管部门和其

---

① 《对外劳务合作管理条例》第43条。
② 《对外劳务合作管理条例》第44条。
③ 《对外劳务合作管理条例》第45条。
④ 《对外劳务合作管理条例》第46条。

他有关部门的工作人员,在对外劳务合作监督管理工作中有下列行为之一的,依法给予处分;构成犯罪的,依法追究刑事责任:①对不符合《对外劳务合作管理条例》规定条件的对外劳务合作经营资格申请予以批准;②对外劳务合作企业不再具备《对外劳务合作管理条例》规定的条件而不撤销原批准;③对违反《对外劳务合作管理条例》规定组织劳务人员赴国外工作以及其他违反《对外劳务合作管理条例》规定的行为不依法查处;④其他滥用职权、玩忽职守、徇私舞弊,不依法履行监督管理职责的行为。①

第二节 人力资源市场管理

一、人力资源市场流动及优化配置一般规则

1. 人力资源市场流动和优化配置的适用。(1)适用的法律。①为了规范人力资源市场活动,促进人力资源合理流动和优化配置,促进就业创业,根据《就业促进法》和有关法律,制定《人力资源市场暂行条例》。② ②《人力资源市场暂行条例》自 2018 年 10 月 1 日起施行。③ (2)适用的事项。在中华人民共和国境内通过人力资源市场求职、招聘和开展人力资源服务,适用《人力资源市场暂行条例》。法律、行政法规和国务院规定对求职、招聘和开展人力资源服务另有规定的,从其规定。④ (3)适用的原则。通过人力资源市场求职、招聘和开展人力资源服务,应当遵循合法、公平、诚实信用的原则。⑤

2. 人力资源市场流动及优化配置的职责分工。(1)国家加强人力资源服务标准化建设,发挥人力资源服务标准在行业引导、服务规范、市场监管等方面的作用。⑥ (2)国务院人力资源社会保障行政部门负责全国人力资源市场的统筹规划和综合管理工作。县级以上地方人民政府人力资源社会保障行政部门负责本

---

① 《对外劳务合作管理条例》第 47 条。
② 《人力资源市场暂行条例》第 1 条。
③ 《人力资源市场暂行条例》第 48 条。
④ 《人力资源市场暂行条例》第 2 条。
⑤ 《人力资源市场暂行条例》第 3 条。
⑥ 《人力资源市场暂行条例》第 5 条。

行政区域人力资源市场的管理工作。县级以上人民政府发展改革、教育、公安、财政、商务、税务、市场监督管理等有关部门在各自职责范围内做好人力资源市场的管理工作。[1]（3）人力资源服务行业协会应当依照法律、法规、规章及其章程的规定，制定行业自律规范，推进行业诚信建设，提高服务质量，对会员的人力资源服务活动进行指导、监督，依法维护会员合法权益，反映会员诉求，促进行业公平竞争。[2]

二、人力资源市场培育

1. 国家采用的措施。（1）国家建立统一开放、竞争有序的人力资源市场体系，发挥市场在人力资源配置中的决定性作用，健全人力资源开发机制，激发人力资源创新创造创业活力，促进人力资源市场繁荣发展。[3]（2）国家建立政府宏观调控、市场公平竞争、单位自主用人、个人自主择业、人力资源服务机构诚信服务的人力资源流动配置机制，促进人力资源自由有序流动。[4]（3）国家引导和促进人力资源在机关、企业、事业单位、社会组织之间以及不同地区之间合理流动。任何地方和单位不得违反国家规定在户籍、地域、身份等方面设置限制人力资源流动的条件。[5]（4）国家鼓励开展平等、互利的人力资源国际合作与交流，充分开发利用国际国内人力资源。[6]（5）国家鼓励社会力量参与人力资源市场建设。[7]

2. 县级以上人民政府的法定职责。（1）县级以上人民政府应当将人力资源市场建设纳入国民经济和社会发展规划，运用区域、产业、土地等政策，推进人力资源市场建设，发展专业性、行业性人力资源市场，鼓励并规范高端人力资源服务等业态发展，提高人力资源服务业发展水平。[8]（2）县级以上人民政府建立覆盖城乡和各行业的人力资源市场供求信息系统，完善市场信息发布制度，为求职、招聘提供服务。[9]

---

[1]《人力资源市场暂行条例》第4条。
[2]《人力资源市场暂行条例》第6条。
[3]《人力资源市场暂行条例》第7条。
[4]《人力资源市场暂行条例》第8条。
[5]《人力资源市场暂行条例》第11条。
[6]《人力资源市场暂行条例》第13条。
[7]《人力资源市场暂行条例》第9条第2款。
[8]《人力资源市场暂行条例》第9条第1款。
[9]《人力资源市场暂行条例》第10条。

3. 人力资源社会保障行政部门的法定职责。人力资源社会保障行政部门应当加强人力资源市场监管,维护市场秩序,保障公平竞争。①

三、人力资源服务机构

1. 人力资源服务机构的界定。《人力资源市场暂行条例》所称人力资源服务机构,包括公共人力资源服务机构和经营性人力资源服务机构。公共人力资源服务机构,是指县级以上人民政府设立的公共就业和人才服务机构。经营性人力资源服务机构,是指依法设立的从事人力资源服务经营活动的机构。②

2. 公共人力资源服务机构提供的服务及收费。(1)公共人力资源服务机构提供下列服务,不得收费:①人力资源供求、市场工资指导价位、职业培训等信息发布;②职业介绍、职业指导和创业开业指导;③就业创业和人才政策法规咨询;④对就业困难人员实施就业援助;⑤办理就业登记、失业登记等事务;⑥办理高等学校、中等职业学校、技工学校毕业生接收手续;⑦流动人员人事档案管理;⑧县级以上人民政府确定的其他服务。③(2)公共人力资源服务机构应当加强信息化建设,不断提高服务质量和效率。公共人力资源服务经费纳入政府预算。人力资源社会保障行政部门应当依法加强公共人力资源服务经费管理。④

3. 国家对公益性人力资源服务的支付。国家通过政府购买服务等方式支持经营性人力资源服务机构提供公益性人力资源服务。⑤

4. 经营性人力资源服务机构的义务。(1)服务机构从事中介活动的行政许可。①经营性人力资源服务机构从事职业中介活动的,应当依法向人力资源社会保障行政部门申请行政许可,取得人力资源服务许可证。⑥②人力资源社会保障行政部门应当自收到经营性人力资源服务机构从事职业中介活动的申请之日起20日内依法作出行政许可决定。符合条件的,颁发人力资源服务许可证;不符合条件的,作出不予批准的书面决定并说明理由。⑦(2)服务机构从事特殊服务

---

① 《人力资源市场暂行条例》第12条。
② 《人力资源市场暂行条例》第14条。
③ 《人力资源市场暂行条例》第15条。
④ 《人力资源市场暂行条例》第16条。
⑤ 《人力资源市场暂行条例》第17条。
⑥ 《人力资源市场暂行条例》第18条第1款。
⑦ 《人力资源市场暂行条例》第19条。

业务的备案。经营性人力资源服务机构开展人力资源供求信息的收集和发布、就业和创业指导、人力资源管理咨询、人力资源测评、人力资源培训、承接人力资源服务外包等人力资源服务业务的,应当自开展业务之日起15日内向人力资源社会保障行政部门备案。① (3)服务机构从事劳务派遣业务的规定。经营性人力资源服务机构从事劳务派遣业务的,执行国家有关劳务派遣的规定。② (4)服务机构的报告。①设立分支机构的报告。经营性人力资源服务机构设立分支机构的,应当自工商登记办理完毕之日起15日内,书面报告分支机构所在地人力资源社会保障行政部门。③ ②机构变更的报告。经营性人力资源服务机构变更名称、住所、法定代表人或者终止经营活动的,应当自工商变更登记或者注销登记办理完毕之日起15日内,书面报告人力资源社会保障行政部门。④ (5)向社会公布相关情况。人力资源社会保障行政部门应当及时向社会公布取得行政许可或者经过备案的经营性人力资源服务机构名单及其变更、延续等情况。⑤

四、人力资源市场活动规范

1. 人力资源流动的规范。人力资源流动,应当遵守法律、法规对服务期、从业限制、保密等方面的规定。⑥

2. 个人求职的规范。个人求职,应当如实提供本人基本信息以及与应聘岗位相关的知识、技能、工作经历等情况。⑦

3. 用人单位的规范。用人单位发布或者向人力资源服务机构提供的单位基本情况、招聘人数、招聘条件、工作内容、工作地点、基本劳动报酬等招聘信息,应当真实、合法,不得含有民族、种族、性别、宗教信仰等方面的歧视性内容。用人单位自主招用人员,需要建立劳动关系的,应当依法与劳动者订立劳动合同,并按照国家有关规定办理社会保险等相关手续。⑧

4. 人力资源服务机构的规范。(1)人力资源服务机构接受用人单位委托招

---

① 《人力资源市场暂行条例》第18条第2款。
② 《人力资源市场暂行条例》第18条第3款。
③ 《人力资源市场暂行条例》第20条。
④ 《人力资源市场暂行条例》第21条。
⑤ 《人力资源市场暂行条例》第22条。
⑥ 《人力资源市场暂行条例》第25条。
⑦ 《人力资源市场暂行条例》第23条。
⑧ 《人力资源市场暂行条例》第24条。

聘人员,应当要求用人单位提供招聘简章、营业执照或者有关部门批准设立的文件、经办人的身份证件、用人单位的委托证明,并对所提供材料的真实性、合法性进行审查。① (2)人力资源服务机构接受用人单位委托招聘人员或者开展其他人力资源服务,不得采取欺诈、暴力、胁迫或者其他不正当手段,不得以招聘为名牟取不正当利益,不得介绍单位或者个人从事违法活动。② (3)人力资源服务机构举办现场招聘会,应当制定组织实施办法、应急预案和安全保卫工作方案,核实参加招聘会的招聘单位及其招聘简章的真实性、合法性,提前将招聘会信息向社会公布,并对招聘中的各项活动进行管理。举办大型现场招聘会,应当符合《大型群众性活动安全管理条例》等法律法规的规定。③ (4)人力资源服务机构发布人力资源供求信息,应当建立健全信息发布审查和投诉处理机制,确保发布的信息真实、合法、有效。人力资源服务机构在业务活动中收集用人单位和个人信息的,不得泄露或者违法使用所知悉的商业秘密和个人信息。④ (5)人力资源服务机构通过互联网提供人力资源服务的,应当遵守《人力资源市场暂行条例》和国家有关网络安全、互联网信息服务管理的规定。⑤ (6)人力资源服务机构应当加强内部制度建设,健全财务管理制度,建立服务台账,如实记录服务对象、服务过程、服务结果等信息。服务台账应当保存2年以上。⑥

5. 经营性人力资源服务机构的规范。(1)经营性人力资源服务机构接受用人单位委托提供人力资源服务外包的,不得改变用人单位与个人的劳动关系,不得与用人单位串通侵害个人的合法权益。⑦ (2)经营性人力资源服务机构应当在服务场所明示下列事项,并接受人力资源社会保障行政部门和市场监督管理、价格等主管部门的监督检查:①营业执照;②服务项目;③收费标准;④监督机关和监督电话。从事职业中介活动的,还应当在服务场所明示人力资源服务许可证。⑧

---

① 《人力资源市场暂行条例》第26条。
② 《人力资源市场暂行条例》第27条。
③ 《人力资源市场暂行条例》第28条。
④ 《人力资源市场暂行条例》第29条。
⑤ 《人力资源市场暂行条例》第31条。
⑥ 《人力资源市场暂行条例》第33条。
⑦ 《人力资源市场暂行条例》第30条。
⑧ 《人力资源市场暂行条例》第32条。

五、人力资源市场流动及优化配置的监督管理

1. 监督管理的监督检查。(1)监督检查的具体措施。人力资源社会保障行政部门对经营性人力资源服务机构实施监督检查,可以采取下列措施:①进入被检查单位进行检查;②询问有关人员,查阅服务台账等服务信息档案;③要求被检查单位提供与检查事项相关的文件资料,并作出解释和说明;④采取记录、录音、录像、照相或者复制等方式收集有关情况和资料;⑤法律、法规规定的其他措施。① (2)监督检查的人员。人力资源社会保障行政部门实施监督检查时,监督检查人员不得少于2人,应当出示执法证件,并对被检查单位的商业秘密予以保密。② (3)监督检查的要求。对人力资源社会保障行政部门依法进行的监督检查,被检查单位应当配合,如实提供相关资料和信息,不得隐瞒、拒绝、阻碍。③ (4)监督检查的方式及公布。人力资源社会保障行政部门采取随机抽取检查对象、随机选派执法人员的方式实施监督检查。监督检查的情况应当及时向社会公布。其中,行政处罚、监督检查结果可以通过国家企业信用信息公示系统或者其他系统向社会公示。④

2. 对经营性人力资源服务机构的监督管理。(1)经营性人力资源服务机构应当在规定期限内,向人力资源社会保障行政部门提交经营情况年度报告。人力资源社会保障行政部门可以依法公示或者引导经营性人力资源服务机构依法公示年度报告的有关内容。人力资源社会保障行政部门应当加强与市场监督管理等部门的信息共享。通过信息共享可以获取的信息,不得要求经营性人力资源服务机构重复提供。⑤ (2)人力资源社会保障行政部门应当加强人力资源市场诚信建设,把用人单位、个人和经营性人力资源服务机构的信用数据和失信情况等纳入市场诚信建设体系,建立守信激励和失信惩戒机制,实施信用分类监管。⑥

3. 对公共人力资源服务机构的监督管理。人力资源社会保障行政部门应当按照国家有关规定,对公共人力资源服务机构进行监督管理。⑦

---

① 《人力资源市场暂行条例》第34条第1款。
② 《人力资源市场暂行条例》第34条第2款。
③ 《人力资源市场暂行条例》第34条第3款。
④ 《人力资源市场暂行条例》第35条。
⑤ 《人力资源市场暂行条例》第36条。
⑥ 《人力资源市场暂行条例》第37条。
⑦ 《人力资源市场暂行条例》第38条。

4. 对机构内党员的教育监督及管理服务。在人力资源服务机构中,根据中国共产党章程及有关规定,建立党的组织并开展活动,加强对流动党员的教育监督和管理服务。人力资源服务机构应当为中国共产党组织的活动提供必要条件。①

5. 举报投诉渠道的畅通及处理。人力资源社会保障行政部门应当畅通对用人单位和人力资源服务机构的举报投诉渠道,依法及时处理有关举报投诉。②

6. 做好违法犯罪行为查处的配合工作。公安机关应当依法查处人力资源市场的违法犯罪行为,人力资源社会保障行政部门予以配合。③

六、人力资源市场流动及优化配置的法律责任

1. 人力资源市场"管理"对象的法律责任。(1)违反《人力资源市场暂行条例》第18条第1款规定,未经许可擅自从事职业中介活动的,由人力资源社会保障行政部门予以关闭或者责令停止从事职业中介活动;有违法所得的,没收违法所得,并处1万元以上5万元以下的罚款。违反《人力资源市场暂行条例》第18条第2款规定,开展人力资源服务业务未备案,违反《人力资源市场暂行条例》第20条、第21条规定,设立分支机构、办理变更或者注销登记未书面报告的,由人力资源社会保障行政部门责令改正;拒不改正的,处5000元以上1万元以下的罚款。④ (2)违反《人力资源市场暂行条例》第24条、第27~31条规定,发布的招聘信息不真实、不合法,未依法开展人力资源服务业务的,由人力资源社会保障行政部门责令改正;有违法所得的,没收违法所得;拒不改正的,处1万元以上5万元以下的罚款;情节严重的,吊销人力资源服务许可证;给个人造成损害的,依法承担民事责任。违反其他法律、行政法规的,由有关主管部门依法给予处罚。⑤ (3)未按照《人力资源市场暂行条例》第32条规定明示有关事项,未按照《人力资源市场暂行条例》第33条规定建立健全内部制度或者保存服务台账,未按照《人力资源市场暂行条例》第36条规定提交经营情况年度报告的,由人力资源社会保障行政部门责令改正;拒不改正的,处5000元以上1万元以下的罚款。违反其

---

① 《人力资源市场暂行条例》第39条。
② 《人力资源市场暂行条例》第40条。
③ 《人力资源市场暂行条例》第41条。
④ 《人力资源市场暂行条例》第42条。
⑤ 《人力资源市场暂行条例》第43条。

他法律、行政法规的,由有关主管部门依法给予处罚。① (4)公共人力资源服务机构违反《人力资源市场暂行条例》规定的,由上级主管机关责令改正;拒不改正的,对直接负责的主管人员和其他直接责任人员依法给予处分。②

2. 人力资源社会保障行政部门和有关主管部门及其工作人员的法律责任。人力资源社会保障行政部门和有关主管部门及其工作人员有下列情形之一的,对直接负责的领导人员和其他直接责任人员依法给予处分:(1)不依法作出行政许可决定;(2)在办理行政许可或者备案、实施监督检查中,索取或者收受他人财物,或者谋取其他利益;(3)不依法履行监督职责或者监督不力,造成严重后果;(4)其他滥用职权、玩忽职守、徇私舞弊的情形。③

3. 刑事法律责任。违反《人力资源市场暂行条例》规定,构成违反治安管理行为的,依法给予治安管理处罚;构成犯罪的,依法追究刑事责任。④

第三节 网络招聘服务管理

一、网络招聘服务管理的一般规则

1. 网络招聘服务管理的法律依据。(1)为了规范网络招聘服务,促进网络招聘服务业态健康有序发展,促进就业和人力资源流动配置,根据《就业促进法》《网络安全法》《电子商务法》《人力资源市场暂行条例》《互联网信息服务管理办法》等法律、行政法规,制定《网络招聘服务管理规定》。⑤ 其中,《网络招聘服务管理规定》所称网络招聘服务,是指人力资源服务机构在中华人民共和国境内通过互联网等信息网络,以网络招聘服务平台、平台内经营、自建网站或者其他网络服务方式,为劳动者求职和用人单位招用人员提供的求职、招聘服务。人力资源服务机构包括公共人力资源服务机构和经营性人力资源服务机构。⑥ (2)《网

---

① 《人力资源市场暂行条例》第44条。
② 《人力资源市场暂行条例》第45条。
③ 《人力资源市场暂行条例》第46条。
④ 《人力资源市场暂行条例》第47条。
⑤ 《网络招聘服务管理规定》第1条。
⑥ 《网络招聘服务管理规定》第2条。

络招聘服务管理规定》自 2021 年 3 月 1 日起施行。①

2. 网络招聘服务管理的职责分工。(1)国务院人力资源社会保障行政部门负责全国网络招聘服务的综合管理。县级以上地方人民政府人力资源社会保障行政部门负责本行政区域网络招聘服务的管理工作。县级以上人民政府有关部门在各自职责范围内依法对网络招聘服务实施管理。②(2)人力资源社会保障行政部门加强网络招聘服务标准化建设,支持企业、研究机构、高等学校、行业协会参与网络招聘服务国家标准、行业标准的制定。③(3)人力资源服务行业协会应当依照法律、行政法规、规章及其章程的规定,加强网络招聘服务行业自律,推进行业诚信建设,促进行业公平竞争。④

3. 网络招聘服务的其他规则。(1)从事网络招聘服务的法定义务。从事网络招聘服务,应当遵循合法、公平、诚实信用的原则,履行网络安全和信息保护等义务,承担服务质量责任,接受政府和社会的监督。⑤(2)对提供公益性人力资源服务的支持。对从事网络招聘服务的经营性人力资源服务机构提供公益性人力资源服务的,按照规定给予补贴或者通过政府购买服务等方式给予支持。⑥

二、网络招聘服务活动准入

1. 从事网络招聘服务的条件及业务。(1)从事网络招聘服务的条件。从事网络招聘服务,应当符合就业促进、人力资源市场管理、电信和互联网管理等法律、行政法规规定的条件。⑦(2)网络招聘服务的具体业务。网络招聘服务包括下列业务:①为劳动者介绍用人单位;②为用人单位推荐劳动者;③举办网络招聘会;④开展高级人才寻访服务;⑤其他网络求职、招聘服务。⑧

2. 经营性人力资源服务机构从事网络招聘服务的条件及义务。(1)取得经营许可。经营性人力资源服务机构从事网络招聘服务,应当依法取得人力资源

---

① 《网络招聘服务管理规定》第 41 条。
② 《网络招聘服务管理规定》第 3 条。
③ 《网络招聘服务管理规定》第 6 条。
④ 《网络招聘服务管理规定》第 7 条。
⑤ 《网络招聘服务管理规定》第 4 条。
⑥ 《网络招聘服务管理规定》第 5 条。
⑦ 《网络招聘服务管理规定》第 8 条。
⑧ 《网络招聘服务管理规定》第 11 条。

服务许可证。涉及经营电信业务的,还应当依法取得电信业务经营许可证。①(2)报告机构变更及终止的情况。从事网络招聘服务的经营性人力资源服务机构变更名称、住所、法定代表人或者终止网络招聘服务的,应当自市场主体变更登记或者注销登记办理完毕之日起15日内,书面报告人力资源社会保障行政部门,办理人力资源服务许可变更、注销。②(3)公示相关信息。从事网络招聘服务的经营性人力资源服务机构应当依法在其网站、移动互联网应用程序等首页显著位置,持续公示营业执照、人力资源服务许可证等信息,或者上述信息的链接标识。前述信息发生变更的,从事网络招聘服务的经营性人力资源服务机构应当及时更新公示信息。从事网络招聘服务的经营性人力资源服务机构自行终止从事网络招聘服务的,应当提前30日在首页显著位置持续公示有关信息。③

3. 人力资源社会保障行政部门的义务。(1)注明"开展网络招聘服务"。对从事网络招聘服务的经营性人力资源服务机构,人力资源社会保障行政部门应当在其服务范围中注明"开展网络招聘服务"。④(2)公布相关事项。人力资源社会保障行政部门应当及时向社会公布从事网络招聘服务的经营性人力资源服务机构名单及其变更、注销等情况。⑤

三、网络招聘服务规范

1. 用人单位的规范。用人单位向人力资源服务机构提供的单位基本情况、招聘人数、招聘条件、用工类型、工作内容、工作条件、工作地点、基本劳动报酬等网络招聘信息,应当合法、真实,不得含有民族、种族、性别、宗教信仰等方面的歧视性内容。前述网络招聘信息不得违反国家规定在户籍、地域、身份等方面设置限制人力资源流动的条件。⑥

2. 劳动者的规范。劳动者通过人力资源服务机构进行网络求职,应当如实提供本人基本信息以及与应聘岗位相关的知识、技能、工作经历等情况。⑦

---

① 《网络招聘服务管理规定》第9条。
② 《网络招聘服务管理规定》第12条。
③ 《网络招聘服务管理规定》第13条。
④ 《网络招聘服务管理规定》第10条。
⑤ 《网络招聘服务管理规定》第14条。
⑥ 《网络招聘服务管理规定》第15条。
⑦ 《网络招聘服务管理规定》第16条。

3. 人力资源服务机构的规范。(1)人力资源服务机构对其发布的网络求职招聘信息、用人单位对所提供的网络招聘信息应当及时更新。① (2)人力资源服务机构从事网络招聘服务时收集、使用其用户个人信息,应当遵守法律、行政法规有关个人信息保护的规定。人力资源服务机构应当建立健全网络招聘服务用户信息保护制度,不得泄露、篡改、毁损或者非法出售、非法向他人提供其收集的个人公民身份号码、年龄、性别、住址、联系方式和用人单位经营状况等信息。人力资源服务机构应当对网络招聘服务用户信息保护情况每年至少进行一次自查,记录自查情况,及时消除自查中发现的安全隐患。②

4. 从事网络招聘服务的人力资源服务机构的规范。(1)从事网络招聘服务的人力资源服务机构应当建立完备的网络招聘信息管理制度,依法对用人单位所提供材料的真实性、合法性进行审查。审查内容应当包括以下方面:①用人单位招聘简章;②用人单位营业执照或者有关部门批准设立的文件;③招聘信息发布经办人员的身份证明、用人单位的委托证明。用人单位拟招聘外国人的,应当符合《外国人在中国就业管理规定》的有关要求。③ (2)从事网络招聘服务的人力资源服务机构,不得以欺诈、暴力、胁迫或者其他不正当手段,牟取不正当利益。从事网络招聘服务的经营性人力资源服务机构,不得向劳动者收取押金,应当明示其服务项目、收费标准等事项。④ (3)从事网络招聘服务的人力资源服务机构应当按照国家网络安全法律、行政法规和网络安全等级保护制度要求,加强网络安全管理,履行网络安全保护义务,采取技术措施或者其他必要措施,确保招聘服务网络、信息系统和用户信息安全。⑤ (4)从事网络招聘服务的人力资源服务机构因业务需要,确需向境外提供在中华人民共和国境内运营中收集和产生的个人信息和重要数据的,应当遵守国家有关法律、行政法规规定。⑥ (5)从事网络招聘服务的人力资源服务机构应当建立网络招聘服务有关投诉、举报制度,健全便捷有效的投诉、举报机制,公开有效的联系方式,及时受理并处理有关投诉、举报。⑦

---

① 《网络招聘服务管理规定》第18条。
② 《网络招聘服务管理规定》第21条。
③ 《网络招聘服务管理规定》第17条。
④ 《网络招聘服务管理规定》第19条。
⑤ 《网络招聘服务管理规定》第20条。
⑥ 《网络招聘服务管理规定》第22条。
⑦ 《网络招聘服务管理规定》第23条。

5. 以网络招聘服务平台方式从事网络招聘服务的人力资源服务机构的规范。(1)以网络招聘服务平台方式从事网络招聘服务的人力资源服务机构应当遵循公开、公平、公正的原则,制定平台服务协议和服务规则,明确进入和退出平台、服务质量保障、求职者权益保护、个人信息保护等方面的权利和义务。鼓励从事网络招聘服务的人力资源服务机构运用大数据、区块链等技术措施,保证其网络招聘服务平台的网络安全、稳定运行,防范网络违法犯罪活动,保障网络招聘服务安全,促进人力资源合理流动和优化配置。① (2)以网络招聘服务平台方式从事网络招聘服务的人力资源服务机构应当要求申请进入平台的人力资源服务机构提交其营业执照、地址、联系方式、人力资源服务许可证等真实信息,进行核验、登记,建立登记档案,并定期核验更新。② (3)以网络招聘服务平台方式从事网络招聘服务的人力资源服务机构应当记录、保存平台上发布的招聘信息、服务信息,并确保信息的完整性、保密性、可用性。招聘信息、服务信息保存时间自服务完成之日起不少于3年。③

四、网络招聘服务的监督管理

1. 监督检查的方式及其情况公布。人力资源社会保障行政部门采取随机抽取检查对象、随机选派执法人员的方式,对经营性人力资源服务机构从事网络招聘服务情况进行监督检查,并及时向社会公布监督检查的情况。人力资源社会保障行政部门运用大数据等技术,推行远程监管、移动监管、预警防控等非现场监管,提升网络招聘服务监管精准化、智能化水平。④

2. 人力资源社会保障行政部门的监督管理。(1)人力资源社会保障行政部门应当加强网络招聘服务诚信体系建设,健全信用分级分类管理制度,完善守信激励和失信惩戒机制。对性质恶劣、情节严重、社会危害较大的网络招聘服务违法失信行为,按照国家有关规定实施联合惩戒。⑤ (2)从事网络招聘服务的经营性人力资源服务机构应当在规定期限内,向人力资源社会保障行政部门提交经营情况年度报告。人力资源社会保障行政部门可以依法公示或者引导从事网络

---

① 《网络招聘服务管理规定》第24条。
② 《网络招聘服务管理规定》第25条。
③ 《网络招聘服务管理规定》第26条。
④ 《网络招聘服务管理规定》第27条。
⑤ 《网络招聘服务管理规定》第28条。

招聘服务的经营性人力资源服务机构依法通过互联网等方式公示年度报告的有关内容。①

3. 人力资源社会保障行政部门的相关职责。(1)加强信息共享。人力资源社会保障行政部门应当加强与其他部门的信息共享,提高对网络招聘服务的监管时效和能力。②(2)畅通举报投诉渠道及及时处理。人力资源社会保障行政部门应当畅通对从事网络招聘服务的人力资源服务机构的举报投诉渠道,依法及时处理有关举报投诉。③

五、网络招聘服务管理的法律责任

1. 网络招聘服务"管理"对象的法律责任。(1)违反《网络招聘服务管理规定》第9条规定,未取得人力资源服务许可证擅自从事网络招聘服务的,由人力资源社会保障行政部门依照《人力资源市场暂行条例》第42条第1款的规定予以处罚。违反《网络招聘服务管理规定》第12条规定,办理变更或者注销登记未书面报告的,由人力资源社会保障行政部门依照《人力资源市场暂行条例》第42条第2款的规定予以处罚。④(2)未按照《网络招聘服务管理规定》第13条规定公示人力资源服务许可证等信息,未按照《网络招聘服务管理规定》第19条第2款规定明示有关事项,未按照《网络招聘服务管理规定》第29条规定提交经营情况年度报告的,由人力资源社会保障行政部门依照《人力资源市场暂行条例》第44条的规定予以处罚。⑤(3)违反《网络招聘服务管理规定》第15条第1款规定,发布的招聘信息不真实、不合法的,由人力资源社会保障行政部门依照《人力资源市场暂行条例》第43条的规定予以处罚。违反《网络招聘服务管理规定》第15条第2款规定,违法设置限制人力资源流动的条件,违反《网络招聘服务管理规定》第17条规定,未依法履行信息审查义务的,由人力资源社会保障行政部门责令改正;拒不改正,无违法所得的,处1万元以下的罚款;有违法所得的,没收违法所得,并处1万元以上3万元以下的罚款。⑥(4)违反《网络招聘服务管理规

---

① 《网络招聘服务管理规定》第29条。
② 《网络招聘服务管理规定》第30条。
③ 《网络招聘服务管理规定》第31条。
④ 《网络招聘服务管理规定》第32条。
⑤ 《网络招聘服务管理规定》第33条。
⑥ 《网络招聘服务管理规定》第34条。

定》第19条第1款规定,牟取不正当利益的,由人力资源社会保障行政部门依照《人力资源市场暂行条例》第43条的规定予以处罚。违反《网络招聘服务管理规定》第19条第2款规定,向劳动者收取押金的,由人力资源社会保障行政部门依照《就业促进法》第66条的规定予以处罚。① (5)违反《网络招聘服务管理规定》第21条、第22条规定,未依法进行信息收集、使用、存储、发布的,由有关主管部门依照《网络安全法》等法律、行政法规的规定予以处罚。② (6)违反《网络招聘服务管理规定》第25条规定,不履行核验、登记义务,违反《网络招聘服务管理规定》第26条规定,不履行招聘信息、服务信息保存义务的,由人力资源社会保障行政部门依照《电子商务法》第80条的规定予以处罚。法律、行政法规对违法行为的处罚另有规定的,依照其规定执行。③ (7)公共人力资源服务机构违反《网络招聘服务管理规定》从事网络招聘服务的,由上级主管机关责令改正;拒不改正的,对直接负责的主管人员和其他直接责任人员依法给予处分。④

2. 人力资源社会保障行政部门及其工作人员的法律责任。人力资源社会保障行政部门及其工作人员玩忽职守、滥用职权、徇私舞弊的,对直接负责的领导人员和其他直接责任人员依法给予处分。⑤

3. 行政及刑事法律责任。违反《网络招聘服务管理规定》,给他人造成损害的,依法承担民事责任。违反其他法律、行政法规的,由有关主管部门依法给予处罚。违反《网络招聘服务管理规定》,构成违反治安管理行为的,依法给予治安管理处罚;构成犯罪的,依法追究刑事责任。⑥

第四节 外商投资人才中介机构管理

一、外商投资人才中介机构管理的一般规则

1. 外商投资人才中介机构管理的法律依据。(1)为了加强对外商投资人才

---

① 《网络招聘服务管理规定》第35条。
② 《网络招聘服务管理规定》第36条。
③ 《网络招聘服务管理规定》第37条。
④ 《网络招聘服务管理规定》第38条。
⑤ 《网络招聘服务管理规定》第39条。
⑥ 《网络招聘服务管理规定》第40条。

中介机构的管理,维护人才市场秩序,促进人才市场发展,根据有关法律、法规,制定《外商投资人才中介机构管理暂行规定》。① 其中,《外商投资人才中介机构管理暂行规定》所称外商投资人才中介机构,是指全部或者部分由外国投资者投资,依照中国法律在中国境内经登记、许可设立的人才中介机构。② (2)《外商投资人才中介机构管理暂行规定》自 2003 年 11 月 1 日起施行。③ (3)后经 2005 年 5 月 24 日、2015 年 4 月 30 日、2019 年 12 月 31 日 3 次修订。④ (4)《外商投资人才中介机构管理暂行规定》由人事部、商务部、国家国家市场监督管理⑤总局负责解释。⑥ (5)我国香港特别行政区、澳门特别行政区、台湾地区投资者投资设立人才中介机构,参照《外商投资人才中介机构管理暂行规定》执行。法律法规另有规定的,依照其规定执行。⑦ (6)外商投资人才中介机构在中国境内从事涉及外籍人员业务活动的,按照有关规定执行。⑧

2. 外商投资人才中介机构管理的职责分工。县级以上人民政府人事行政部门、商务部门和国家市场监督管理⑨部门依法按照职责分工负责本行政区域内外商投资人才中介机构的审批、登记、管理和监督工作。⑩

二、外商投资人才中介机构的设立与登记

1. 申请设立外商投资人才中介机构的条件。申请设立外商投资人才中介机构,必须符合下列条件:(1)有健全的组织机构;有熟悉人力资源管理业务的人员,其中必须有 5 名以上具有大专以上学历并取得人才中介服务资格证书的专职人员;(2)有与其申请的业务相适应的固定场所、资金和办公设施;(3)有健全可行的机构章程、管理制度、工作规则,有明确的业务范围;(4)能够独立享有民事权利,承担民事责任;(5)法律、法规规定的其他条件。⑪

---

① 《外商投资人才中介机构管理暂行规定》第 1 条。
② 《外商投资人才中介机构管理暂行规定》第 2 条。
③ 《外商投资人才中介机构管理暂行规定》第 21 条。
④ 《外商投资人才中介机构管理暂行规定》序言。
⑤ 原文为"工商行政管理"。
⑥ 《外商投资人才中介机构管理暂行规定》第 20 条。
⑦ 《外商投资人才中介机构管理暂行规定》第 18 条。
⑧ 《外商投资人才中介机构管理暂行规定》第 19 条。
⑨ 原文为"工商行政管理"。
⑩ 《外商投资人才中介机构管理暂行规定》第 5 条。
⑪ 《外商投资人才中介机构管理暂行规定》第 6 条。

2. 申请设立外商投资人才中介机构的材料。申请设立外商投资人才中介机构,可以通过信函、电报、电传、传真、电子数据交换和电子邮件等方式向县级以上人民政府人事行政部门提出申请。申请材料应包括以下内容:(1)书面申请及可行性报告;(2)管理制度草案与章程;(3)工商营业执照(副本);(4)法律、法规和县级以上人民政府人事行政部门要求提供的其他材料。上述所列的申请材料凡是用外文书写的,应当附有中文译本。①

3. 申请设立外商投资人才中介机构的审批。(1)申请设立外商投资人才中介机构,应当由拟设立机构所在地的县级以上人民政府人事行政部门审批。②(2)县级以上人民政府人事行政部门在接到设立外商投资人才中介机构的申请报告之日起20日内审核完毕,20日内不能作出决定的,经本行政机关负责人批准,可以延长10日,并应当将延长期限的理由告知申请人。批准同意的,发给《人才中介服务许可证》(以下简称许可证),并应当在作出决定之日起10日内向申请人颁发、送达许可证;不同意的应当书面通知申请人,并说明理由。审批机关应在行政机关网站上公布审批程序、期限和需要提交的全部材料的目录,以及批准设立的外商投资人才中介机构的名录等信息。③ (3)外国企业常驻中国代表机构和在中国成立的商会等组织不得在中国境内从事人才中介服务。④

三、外商投资人才中介机构管理的经营范围及管理

1. 外商投资人才中介机构的规范。(1)经营业务范围的核准。①县级以上人民政府人事行政部门根据外商投资人才中介机构的资金、人员和管理水平情况,在下列业务范围内,核准其开展一项或多项业务:第一,人才供求信息的收集、整理、储存、发布和咨询服务;第二,人才推荐;第三,人才招聘;第四,人才测评;第五,人才培训;第六,人才信息网络服务;第七,法规、规章规定的其他有关业务。⑤ ②外商投资人才中介机构必须遵循自愿、公平、诚信的原则,遵守行业道德,在核准的业务范围内开展活动,不得采用不正当竞争手段。⑥ (2)遵守我国法

---

① 《外商投资人才中介机构管理暂行规定》第8条。
② 《外商投资人才中介机构管理暂行规定》第7条。
③ 《外商投资人才中介机构管理暂行规定》第9条。
④ 《外商投资人才中介机构管理暂行规定》第3条。
⑤ 《外商投资人才中介机构管理暂行规定》第10条。
⑥ 《外商投资人才中介机构管理暂行规定》第11条。

律。外商投资人才中介机构必须遵守中华人民共和国法律、法规,不得损害中华人民共和国的社会公共利益和国家安全。外商投资人才中介机构的正当经营活动和合法权益,受中华人民共和国法律保护。① (3)招聘人才的合法出境。外商投资人才中介机构招聘人才出境,应当按照中国政府有关规定办理手续。其中,不得招聘下列人才出境:①正在承担国家、省级重点工程、科研项目的技术和管理人员,未经单位或主管部门同意的;②在职国家公务员;③由国家统一派出而又未满轮换年限的支援西部开发的人员;④在岗的涉密人员和离岗脱密期未满的涉密人员;⑤有违法嫌疑正在依法接受审查尚未结案的人员;⑥法律、法规规定暂时不能流动的其他特殊岗位的人员或者需经批准方可出境的人员。② (4)必要的书面报告。外商投资人才中介机构设立分支机构、变更机构名称、法定代表人和经营场所,应当自工商登记或者变更登记办理完毕之日起15日内,书面报告人事行政部门。③

2. 县级以上人民政府人事行政部门的监管。县级以上人民政府人事行政部门依法指导、检查和监督外商投资人才中介机构的日常管理和业务开展情况。县级以上人民政府人事行政部门对其批准成立的外商投资人才中介机构依法进行检查或抽查,并可以查阅或者要求其报送有关材料。外商投资人才中介机构应接受检查,并如实提供有关情况和材料。县级以上人民政府人事行政部门应将检查结果进行公布。④

四、外商投资人才中介机构管理的罚则

1. 外商投资人才中介机构的罚则。外商投资人才中介机构不依法接受检查,不按规定办理许可证变更等手续,提供虚假信息或者采取其他手段欺骗用人单位和应聘人员的,县级以上人民政府人事行政部门予以警告,并可处以10,000元人民币以下罚款;情节严重的,有违法所得的,处以不超过违法所得3倍的罚款,但最高不得超过30,000元人民币。⑤

2. 未经批准擅自设立外商投资人才中介机构的罚责。违反《外商投资人才

---

① 《外商投资人才中介机构管理暂行规定》第4条。
② 《外商投资人才中介机构管理暂行规定》第12条。
③ 《外商投资人才中介机构管理暂行规定》第13条。
④ 《外商投资人才中介机构管理暂行规定》第14条。
⑤ 《外商投资人才中介机构管理暂行规定》第15条。

中介机构管理暂行规定》,未经批准擅自设立外商投资人才中介机构的,超出核准登记的经营范围从事经营活动的,按照《公司登记管理条例》《无照经营查处取缔办法》和有关规定进行处罚。采用不正当竞争行为的,按照《反不正当竞争法》有关规定进行处罚。①

3. 政府部门工作人员的罚责。政府部门工作人员在审批和管理外商投资人才中介机构工作中,玩忽职守、徇私舞弊,侵犯单位、个人和合资各方合法权益的,按照管理权限,由有关部门给予行政处分;构成犯罪的,依法追究刑事责任。②

---

① 《外商投资人才中介机构管理暂行规定》第16条。
② 《外商投资人才中介机构管理暂行规定》第17条。

第六章 社会保险

社会保险，是指国家为了预防和强制社会多数成员参加的，具有所得重分配功能的非营利性的社会安全制度，也是一种为丧失劳动能力、暂时失去劳动岗位或因健康原因造成损失的人口提供收入或补偿的一种社会和经济制度。

在本章节中，编入了军人保险的部分规则。

第一节 社会保险总论

一、社会保险的基本规则

（一）社会保险的待遇

1. 社会保险水平。社会保险水平应当与社会经济发展水平和社会承受能力相适应。[1] 其中，"社会保险水平"是指社会保险待遇的给付标准及费率水平。[2]

2. 社会保险的具体待遇。劳动者在下列情形下，依法享受社会保险待遇：(1)退休；(2)患病、负伤；(3)因工伤残或者患职业病；(4)失业；(5)生育。劳动者死亡后，其遗属依法享受遗属津贴。劳动者享受社会保险待遇的条件和标准由法律、法规规定。劳动者享受的社会保险金必须按时足额支付。[3] 其中，"依法"是指法律、法规。目前主要依照《劳动保险条例》、国务院《关于企业职工养老保险制度的决定》和地方性法规等。在没有法律规定的情况下，可继续依照有效的劳动规章及一些规范性文件执行。"社会保险待遇"是指养老、疾病、医疗、工伤、失业、生育和死亡等保险待遇。"法律、法规"主要指正制定中的《社会保险

---

[1] 《劳动法》第71条。
[2] 《关于〈劳动法〉若干条文的说明》第71条第2款。
[3] 《劳动法》第73条。

法》和 5 个保险条例。①

(二) 社会保险关系

1. 社会保险关系的转移。(1) 社会保险关系跨地区转移接续。国家采取措施,建立健全劳动者社会保险关系跨地区转移接续制度。②(2) 劳动合同解除或者终止后社会保障关系的转移。用人单位应当在解除或者终止劳动合同时出具解除或者终止劳动合同的证明,并在 15 日内为劳动者办理档案和社会保险关系转移手续。③

2. 社会保险关系的处理。(1) 养老保险关系处理。职工由机关事业单位进入企业工作之月起,参加企业职工的基本养老保险,单位和个人按规定缴纳基本养老保险费,建立基本养老保险个人账户,原有的工作年限视同缴费年限,退休时按企业的办法计发基本养老金。其中,公务员及参照和依照公务员制度管理的单位工作人员,在进入企业并按规定参加企业职工基本养老保险后,根据本人在机关(或单位)工作的年限给予一次性补贴,在其原所在单位通过当地社会保险经办机构转入本人的基本养老保险个人账户,所需资金由同级财政安排。补贴的标准为:本人离开机关上年度月平均基本工资 × 在机关工作年限 × 0.3% × 120 个月。职工由企业进入机关事业单位工作之月起,执行机关事业单位的退休养老制度,其原有的连续工龄与进入机关事业单位后的工作年限合并计算,退休时按机关事业单位的办法计发养老金。已建立的个人账户继续由社会保险经办机构管理,退休时,其个人账户储存额每月按 1/120 计发,并相应抵减按机关事业单位办法计发的养老金。公务员进入企业工作后再次转入机关事业单位工作的,原给予的一次性补贴的本金和利息要上缴同级财政。其个人账户管理、退休后养老金计发等,比照由企业进入机关事业单位工作职工的相关政策办理。④(2) 失业保险关系处理。职工由机关进入企业、事业单位工作之月起,按规定参加失业保险,其原有的工作年限视同缴费年限。职工由企业、事业单位进入机关工作,原单位及个人缴纳的失业保险费不转移,其失业保障按《人事部关于印发

---

① 《关于〈劳动法〉若干条文的说明》第 73 条第 4~6 款。
② 《劳动合同法》第 49 条。
③ 《劳动合同法》第 50 条第 1 款。
④ 《劳动和社会保障部、财政部、人事部、中央机构编制委员会办公室关于职工在机关事业单位与企业之间流动时社会保险关系处理意见的通知》第 1 条。

〈国家公务员被辞退后有关问题的暂行办法〉的通知》(人发〔1996〕64号)规定执行。① (3)医疗保险关系处理。职工在机关事业单位和企业之间流动,在同一统筹地区内的基本医疗保险关系不转移,跨统筹地区的基本医疗保险关系及个人账户随同转移。职工流动后,除基本医疗保险之外,其他医疗保障待遇按当地有关政策进行调整。《劳动和社会保障部、财政部、人事部、中央机构编制委员会办公室关于职工在机关事业单位与企业之间流动时社会保险关系处理意见的通知》从下发之日起执行。各地区、各部门要切实加强组织领导,有关部门要密切配合,抓紧制定具体办法,认真组织实施。②

3. 保险关系的中止。职工被派遣出境工作,依据前往国家或者地区的法律应当参加当地工伤保险的,参加当地工伤保险,其国内工伤保险关系中止;不能参加当地工伤保险的,其国内工伤保险关系不中止。③

4. 保险关系的终止。(1)职工在被本单位派到境外工作期间,合法取得当地永久性居民身份证后,职工所在单位应停止为其缴纳社会保险费,及时为其办理终止社会保险关系的手续。社会保险经办机构应当终止其社会保险关系,并根据职工的申请,对参加基本养老保险,且不符合领取基本养老金条件的,将其基本养老保险个人账户储存额中的个人缴费部分一次性退给本人;参加基本医疗保险的,将其个人账户结余部分一次性退给本人;参加失业保险的,单位和个人此前缴纳的失业保险费不予退还。职工在被派到香港特别行政区、澳门特别行政区和台湾地区工作期间合法取得当地永久性居民身份证的,其社会保险关系参照上述办法处理。④ (2)对于取得国外永久性居民身份证的人员回国工作,凡同国内企业建立劳动关系的,应按规定参加企业所在地的社会保险,缴纳社会保险费,并享受相应待遇。这些人员同国内企业解除劳动关系并离境时,社会保险经办机构应当终止其社会保险关系,并根据职工申请,对参加基本养老保险,且不符合领取基本养老金条件的,将其基本养老保险个人账户的储存额一次性支付给本人;参加基本医疗保险的,将其个人账户结余部分一次性退给本人;参加

---

① 《劳动和社会保障部、财政部、人事部、中央机构编制委员会办公室关于职工在机关事业单位与企业之间流动时社会保险关系处理意见的通知》第2条。

② 《劳动和社会保障部、财政部、人事部、中央机构编制委员会办公室关于职工在机关事业单位与企业之间流动时社会保险关系处理意见的通知》第3条。

③ 《工伤保险条例》第44条。

④ 《劳动和社会保障部办公厅关于单位外派职工在境外工作期间取得当地居民身份证后社会保险关系处理问题的复函》。

失业保险的,单位和个人此前缴纳的失业保险费不予退还。①

(三)社会保险的罚则

1. 不缴纳社会保险费的罚则。(1)用人单位无故不缴纳社会保险费的,由劳动行政部门责令其限期缴纳;逾期不缴的,可以加收滞纳金。②(2)依法缴纳社会保险是《劳动法》规定的用人单位与劳动者的法定义务,即便是因劳动者要求用人单位不为其缴纳社会保险,劳动者按照《劳动合同法》第38条的规定主张经济补偿的,仍应予支持。③

2. 未足额缴纳社保费用的罚则。(1)用人单位未按时足额缴纳社会保险费的,由社会保险费征收机构责令限期缴纳或者补足,并自欠缴之日起,按日加收5‰的滞纳金;逾期仍不缴纳的,由有关行政部门处欠缴数额1倍以上3倍以下的罚款。④(2)职工认为用人单位有未按时足额为其缴纳社会保险费等侵害其社会保险权益行为的,也可以要求社会保险行政部门或者社会保险费征收机构依法处理。社会保险行政部门或者社会保险费征收机构应当按照社会保险法和《劳动保障监察条例》等相关规定处理。在处理过程中,用人单位对双方的劳动关系提出异议的,社会保险行政部门应当依法查明相关事实后继续处理。⑤(3)用人

---

① 《劳动和社会保障部办公厅关于取得国外永久性居民身份证回国工作人员在国内工作期间有关社会保险问题的复函》。

② 《劳动法》第100条。

③ 《北京市高级人民法院、北京市劳动人事争议仲裁委员会关于审理劳动争议案件法律适用问题的解答》第25条。

④ 《社会保险法》第86条。

⑤ 《实施〈中华人民共和国社会保险法〉若干规定》第27条第2款。

《天津市高级人民法院关于印发〈天津法院劳动争议案件审理指南〉的通知》第27条规定:"劳动者以用人单位未建立社会保险关系、无正当理由停缴社会保险费,或者社会保险费缴费基数不符合法律规定为由解除劳动合同,并请求用人单位支付经济补偿金,用人单位对此有过错的,属于《中华人民共和国劳动合同法》第三十八条第一款第三项规定的情形,应予支持。劳动者主张社会保险费缴费基数计算不符合法律规定,应当提供社会保险征缴部门或者劳动监察部门出具的限期补缴通知书或者限期整改指令书等证据予以证明。劳动者未举证证明的,对其主张不予支持;劳动者已举证证明且用人单位未在限期内改正的,应当支持劳动者的主张。上述两款规定的情形中,推定用人单位有过错,但用人单位举证证明无过错的除外。"

《劳动合同法》第38条第1款第3项规定,用人单位未依法为劳动者缴纳社会保险费的,劳动者可以解除劳动合同。

《北京市高级人民法院、北京市劳动人事争议仲裁委员会关于审理劳动争议案件法律适用问题的解答》第24条第1款规定:"劳动者提出解除劳动合同前一年内,存在因用人单位过错未为劳动者建立社保账户或虽建立了社保账户但缴纳险种不全情形的,劳动者依据《劳动合同法》第三十八条的规定以用人单位未依法为其缴纳社会保险为由提出解除劳动合同并主张经济补偿的,一般应予支持。"

单位已为劳动者建立社保账户且险种齐全,但存在缴纳年限不足、缴费基数低等问题的,劳动者的社保权益可通过用人单位补缴或社保管理部门强制征缴的方式实现,在此情形下,劳动者以此为由主张解除劳动合同经济补偿的,一般不予支持。①

3. 未办理社保登记的罚则。用人单位不办理社会保险登记的,由社会保险行政部门责令限期改正;逾期不改正的,对用人单位处应缴社会保险费数额 1 倍以上 3 倍以下的罚款,对其直接负责的主管人员和其他直接责任人员处 500 元以上 3000 元以下的罚款。②

（四）社保争议的解决

1. 社保争议的解决的方式。职工与所在用人单位发生社会保险争议的,可以依照《劳动争议调解仲裁法》《劳动人事争议仲裁办案规则》的规定,申请调解、仲裁,提起诉讼。

2. 社会保险的赔偿。(1)社会保险赔偿的受理。劳动者以用人单位未为其办理社会保险手续,且社会保险经办机构不能补办导致其无法享受社会保险待遇为由,要求用人单位赔偿损失而发生争议的,人民法院应予受理。③ (2)无法享受社会保险待遇的赔偿。用人单位在终止或者解除劳动合同时拒不向职工出具终止或者解除劳动关系证明,导致职工无法享受社会保险待遇的,用人单位应当依法承担赔偿责任。④

3. 社会保险的经济补偿金。

二、社会保险基金

（一）社会保险基金的一般规则

1. 设立社会保险基金的宗旨。国家发展社会保险事业,建立社会保险制度,设立社会保险基金,使劳动者在年老、患病、工伤、失业、生育等情况下获得帮助

---

① 《北京市高级人民法院、北京市劳动人事争议仲裁委员会关于审理劳动争议案件法律适用问题的解答》第 24 条第 2 款。
② 《社会保险法》第 84 条。
③ 《最高人民法院关于审理劳动争议案件适用法律若干问题的解释（三）》第 1 条（已废止,仅供参考）。
④ 《实施〈中华人民共和国社会保险法〉若干规定》第 19 条。

和补偿。①

2. 社会保险基金的监管。社会保险基金经办机构依照法律规定收支、管理和运营社会保险基金,并负有使社会保险基金保值增值的责任。社会保险基金监督机构依照法律规定,对社会保险基金的收支、管理和运营实施监督。社会保险基金经办机构和社会保险基金监督机构的设立和职能由法律规定。任何组织和个人不得挪用社会保险基金。②

3. 社会保险基金的禁止行为。各地人民法院在审理和执行民事、经济纠纷案件时,不得查封、冻结或扣划社会保险基金;不得用社会保险基金偿还社会保险机构及其原下属企业的债务。③

(二)社会保险基金的先行支付

1. 社会保险基金先行支付的法律依据。(1)为了维护公民的社会保险合法权益,规范社会保险基金先行支付管理,根据《社会保险法》和《工伤保险条例》,制定《社会保险基金先行支付暂行办法》。④(2)《社会保险基金先行支付暂行办法》自2011年7月1日起施行。⑤(3)《社会保险基金先行支付暂行办法》于2018年12月14日进行修订。⑥

2. 社会保险基金先行支付的医疗费用。(1)法定先行支付的医疗费用。参加基本医疗保险的职工或者居民(以下简称个人)由于第三人的侵权行为造成伤病的,其医疗费用应当由第三人按照确定的责任大小依法承担。超过第三人责任部分的医疗费用,由基本医疗保险基金按照国家规定支付。⑦(2)先行支付的医疗费用的申请及支付。①个人的申请及支付。第一,《社会保险基金先行支付暂行办法》第2条第1款规定中应当由第三人支付的医疗费用,第三人不支付或

---

① 《劳动法》第70条。
② 《劳动法》第74条。
《关于〈劳动法〉若干条文的说明》第74条第4、5款规定:"对此条的理解:《劳动法》已对社会保险基金经办机构及其职责作了规定,即该机构及其职责都是有法律依据的。该机构的设立和具体职能将在《社会保险法》中加以规定。在该法未出台之前,依现行劳动规章和其他规范性文件执行,本条中的'依照法律规定'是指正在制定中的《社会保险法》。"
③ 《最高人民法院关于在审理和执行民事、经济纠纷案件时不得查封、冻结和扣划社会保险基金的通知》。
④ 《社会保险基金先行支付暂行办法》第1条。
⑤ 《社会保险基金先行支付暂行办法》第18条。
⑥ 《社会保险基金先行支付暂行办法》序言。
⑦ 《社会保险基金先行支付暂行办法》第2条第1款。

者无法确定第三人的，在医疗费用结算时，个人可以向参保地社会保险经办机构书面申请基本医疗保险基金先行支付，并告知造成其伤病的原因和第三人不支付医疗费用或者无法确定第三人的情况。① 第二，社会保险经办机构接到个人根据第 2 条规定提出的申请后，经审核确定其参加基本医疗保险的，应当按照统筹地区基本医疗保险基金支付的规定先行支付相应部分的医疗费用。② ②个人或者其近亲属的申请、支付及处理。第一，个人由于第三人的侵权行为造成伤病被认定为工伤，第三人不支付工伤医疗费用或者无法确定第三人的，个人或者其近亲属可以向社会保险经办机构书面申请工伤保险基金先行支付，并告知第三人不支付或者无法确定第三人的情况。③ 第二，社会保险经办机构接到个人根据《社会保险基金先行支付暂行办法》第 4 条规定提出的申请后，应当审查个人获得基本医疗保险基金先行支付和其所在单位缴纳工伤保险费等情况，并按照下列情形分别处理：其一，对于个人所在用人单位已经依法缴纳工伤保险费，且在认定工伤之前基本医疗保险基金有先行支付的，社会保险经办机构应当按照工伤保险有关规定，用工伤保险基金先行支付超出基本医疗保险基金先行支付部分的医疗费用，并向基本医疗保险基金退还先行支付的费用。其二，对于个人所在用人单位已经依法缴纳工伤保险费，在认定工伤之前基本医疗保险基金无先行支付的，社会保险经办机构应当用工伤保险基金先行支付工伤医疗费用。其三，对于个人所在用人单位未依法缴纳工伤保险费，且在认定工伤之前基本医疗保险基金有先行支付的，社会保险经办机构应当在 3 个工作日内向用人单位发出书面催告通知，要求用人单位在 5 个工作日内依法支付超出基本医疗保险基金先行支付部分的医疗费用，并向基本医疗保险基金偿还先行支付的医疗费用。用人单位在规定时间内不支付其余部分医疗费用的，社会保险经办机构应当用工伤保险基金先行支付。其四，对于个人所在用人单位未依法缴纳工伤保险费，在认定工伤之前基本医疗保险基金无先行支付的，社会保险经办机构应当在 3 个工作日向用人单位发出书面催告通知，要求用人单位在 5 个工作日内依法支付全部工伤医疗费用；用人单位在规定时间内不支付的，社会保险经办机构应当用工伤

---

① 《社会保险基金先行支付暂行办法》第 2 条第 2 款。
② 《社会保险基金先行支付暂行办法》第 3 条。
③ 《社会保险基金先行支付暂行办法》第 4 条。

保险基金先行支付。①

3. 先行支付的工伤保险待遇。(1)先行支付工伤保险待遇的申请。①申请的情形及用人单位应采用的措施。职工所在用人单位未依法缴纳工伤保险费，发生工伤事故的，用人单位应当采取措施及时救治，并按照规定的工伤保险待遇项目和标准支付费用。职工被认定为工伤后，有下列情形之一的，职工或者其近亲属可以持工伤认定决定书和有关材料向社会保险经办机构书面申请先行支付工伤保险待遇：第一，用人单位被依法吊销营业执照或者撤销登记、备案的；第二，用人单位拒绝支付全部或者部分费用的；第三，依法经仲裁、诉讼后仍不能获得工伤保险待遇，法院出具中止执行文书的；第四，职工认为用人单位不支付的其他情形。② ②申请的经办机构职责。社会保险经办机构收到职工或者其近亲属根据第 6 条规定提出的申请后，应当在 3 个工作日内向用人单位发出书面催告通知，要求其在 5 个工作日内予以核实并依法支付工伤保险待遇，告知其如在规定期限内不按时足额支付的，工伤保险基金在按照规定先行支付后，取得要求其偿还的权利。③（2）工伤保险待遇的先行支付。用人单位未按照第 7 条规定按时足额支付的，社会保险经办机构应当按照《社会保险法》和《工伤保险条例》的规定，先行支付工伤保险待遇项目中应当由工伤保险基金支付的项目。④

4. 社会保险基金的不予先行支付决定。个人或者其近亲属提出先行支付医疗费用、工伤医疗费用或者工伤保险待遇申请，社会保险经办机构经审核不符合先行支付条件的，应当在收到申请后 5 个工作日内作出不予先行支付的决定，并书面通知申请人。⑤

5. 社会保险基金先行支付申请应提供的证据。个人申请先行支付医疗费用、工伤医疗费用或者工伤保险待遇的，应当提交所有医疗诊断、鉴定等费用的原始票据等证据。社会保险经办机构应当保留所有原始票据等证据，要求申请人在先行支付凭据上签字确认，凭原始票据等证据先行支付医疗费用、工伤医疗费用或者工伤保险待遇。个人因向第三人或者用人单位请求赔偿需要医疗费

---

① 《社会保险基金先行支付暂行办法》第 5 条。
② 《社会保险基金先行支付暂行办法》第 6 条。
③ 《社会保险基金先行支付暂行办法》第 7 条。
④ 《社会保险基金先行支付暂行办法》第 8 条。
⑤ 《社会保险基金先行支付暂行办法》第 9 条。

用、工伤医疗费用或者工伤保险待遇的原始票据等证据的,可以向社会保险经办机构索取复印件,并将第三人或者用人单位赔偿情况及时告知社会保险经办机构。①

6. 基本医疗保险基金或者工伤保险基金的退还。个人已经从第三人或者用人单位处获得医疗费用、工伤医疗费用或者工伤保险待遇的,应当主动将先行支付金额中应当由第三人承担的部分或者工伤保险基金先行支付的工伤保险待遇退还给基本医疗保险基金或者工伤保险基金,社会保险经办机构不再向第三人或者用人单位追偿。个人拒不退还的,社会保险经办机构可以从以后支付的相关待遇中扣减其应当退还的数额,或者向人民法院提起诉讼。②

7. 基本医疗保险基金或者工伤保险基金的偿还。(1)社会保险经办机构按照《社会保险基金先行支付暂行办法》第 3 条规定先行支付医疗费用或者按照第 5 条第 1 项、第 2 项规定先行支付工伤医疗费用后,有关部门确定了第三人责任的,应当要求第三人按照确定的责任大小依法偿还先行支付数额中的相应部分。第三人逾期不偿还的,社会保险经办机构应当依法向人民法院提起诉讼。③(2)社会保险经办机构按照《社会保险基金先行支付暂行办法》第 5 条第 3 项、第 4 项和第 6~8 条的规定先行支付工伤保险待遇后,应当责令用人单位在 10 日内偿还。用人单位逾期不偿还的,社会保险经办机构可以按照《社会保险法》第 63 条的规定,向银行和其他金融机构查询其存款账户,申请县级以上社会保险行政部门作出划拨应偿还款项的决定,并书面通知用人单位开户银行或者其他金融机构划拨其应当偿还的数额。用人单位账户余额少于应当偿还数额的,社会保险经办机构可以要求其提供担保,签订延期还款协议。用人单位未按时足额偿还且未提供担保的,社会保险经办机构可以申请人民法院扣押、查封、拍卖其价值相当于应当偿还数额的财产,以拍卖所得偿还所欠数额。④

8. 社会保险基金先行支付的费用承担。社会保险经办机构向用人单位追偿工伤保险待遇发生的合理费用以及用人单位逾期偿还部分的利息损失等,应当

---

① 《社会保险基金先行支付暂行办法》第 10 条。
② 《社会保险基金先行支付暂行办法》第 11 条。
③ 《社会保险基金先行支付暂行办法》第 12 条。
④ 《社会保险基金先行支付暂行办法》第 13 条。

由用人单位承担。①

9. 社会保险基金先行支付的个人的法律责任。个人隐瞒已经从第三人或者用人单位处获得医疗费用、工伤医疗费用或者工伤保险待遇,向社会保险经办机构申请并获得社会保险基金先行支付的,按照《社会保险法》第 88 条的规定处理。②

10. 社会保险基金先行支付的争议解决。(1)仲裁及提起诉讼。用人单位不支付依法应当由其支付的工伤保险待遇项目的,职工可以依法申请仲裁、提起诉讼。③(2)提起行政复议或者行政诉讼。用人单位对社会保险经办机构作出先行支付的追偿决定不服或者对社会保险行政部门作出的划拨决定不服的,可以依法申请行政复议或者提起行政诉讼。个人或者其近亲属对社会保险经办机构作出不予先行支付的决定不服或者对先行支付的数额不服的,可以依法申请行政复议或者提起行政诉讼。④

(三)社会保险基金的行政监督

1. 社会保险基金行政监督的主体。人力资源社会保障部主管全国社会保险基金行政监督工作。县级以上地方各级人力资源社会保障行政部门负责本行政区域内的社会保险基金行政监督工作。人力资源社会保障行政部门对下级人力资源社会保障行政部门管辖范围内的重大监督事项,可以直接进行监督。⑤《社会保险基金行政监督办法》所称社会保险基金行政监督,是指人力资源社会保障行政部门对基本养老保险基金、工伤保险基金、失业保险基金等人力资源社会保障部门管理的社会保险基金收支、管理情况进行的监督。⑥

2. 社会保险基金行政监督的法律依据。(1)为了保障社会保险基金安全,规范和加强社会保险基金行政监督,根据《社会保险法》和有关法律法规,制定《社会保险基金行政监督办法》。⑦(2)基本养老保险基金委托投资运营监管另行规定。⑧(3)《社会保险基金行政监督办法》自 2022 年 3 月 18 日起施行。原劳动和

---

① 《社会保险基金先行支付暂行办法》第 14 条。
② 《社会保险基金先行支付暂行办法》第 16 条。
③ 《社会保险基金先行支付暂行办法》第 15 条。
④ 《社会保险基金先行支付暂行办法》第 17 条。
⑤ 《社会保险基金行政监督办法》第 4 条。
⑥ 《社会保险基金行政监督办法》第 2 条。
⑦ 《社会保险基金行政监督办法》第 1 条。
⑧ 《社会保险基金行政监督办法》第 41 条。

社会保障部《社会保险基金行政监督办法》(劳动和社会保障部令第12号)同时废止。①

3. 社会保险基金行政监督的原则。社会保险基金行政监督应当遵循合法、客观、公正、效率的原则。②

4. 社会保险基金行政监督的内容。(1)人力资源社会保障行政部门应当加强社会保险基金行政监督队伍建设,保证工作所需经费,保障监督工作独立性。③(2)人力资源社会保障行政部门负责社会保险基金监督的机构具体实施社会保险基金行政监督工作。人力资源社会保障部门负责社会保险政策、经办、信息化综合管理等机构,依据职责协同做好社会保险基金行政监督工作。④(3)人力资源社会保障行政部门应当加强与公安、民政、司法行政、财政、卫生健康、人民银行、审计、税务、医疗保障等部门的协同配合,加强信息共享、分析,加大协同查处力度,共同维护社会保险基金安全。⑤(4)人力资源社会保障行政部门应当畅通社会监督渠道,鼓励和支持社会各方参与社会保险基金监督。任何组织或者个人有权对涉及社会保险基金的违法违规行为进行举报。⑥

5. 社会保险基金行政监督的工作人员。社会保险基金行政监督工作人员应当忠于职守、清正廉洁、秉公执法、保守秘密。社会保险基金行政监督工作人员依法履行监督职责受法律保护,失职追责、尽职免责。社会保险基金行政监督工作人员应当具备与履行职责相适应的专业能力,依规取得行政执法证件,并定期参加培训。⑦

6. 社会保险基金行政监督的监督职责。(1)人力资源社会保障行政部门依法履行下列社会保险基金行政监督职责:①检查社会保险基金收支、管理情况;②受理有关社会保险基金违法违规行为的举报;③依法查处社会保险基金违法违规问题;④宣传社会保险基金监督法律、法规、规章和政策;⑤法律、法规规定

---

① 《社会保险基金行政监督办法》第42条。
② 《社会保险基金行政监督办法》第3条。
③ 《社会保险基金行政监督办法》第5条。
④ 《社会保险基金行政监督办法》第7条。
⑤ 《社会保险基金行政监督办法》第8条。
⑥ 《社会保险基金行政监督办法》第9条。
⑦ 《社会保险基金行政监督办法》第6条。

的其他事项。① (2)人力资源社会保障行政部门对社会保险经办机构的下列事项实施监督:①执行社会保险基金收支、管理的有关法律、法规、规章和政策的情况;②社会保险基金预算执行及决算情况;③社会保险基金收入户、支出户等银行账户开立、使用和管理情况;④社会保险待遇审核和基金支付情况;⑤社会保险服务协议订立、变更、履行、解除或者终止情况;⑥社会保险基金收支、管理内部控制情况;⑦法律、法规规定的其他事项。② (3)人力资源社会保障行政部门对社会保险服务机构的下列事项实施监督:①遵守社会保险相关法律、法规、规章和政策的情况;②社会保险基金管理使用情况;③社会保险基金管理使用内部控制情况;④社会保险服务协议履行情况;⑤法律、法规规定的其他事项。③ (4)人力资源社会保障行政部门对与社会保险基金收支、管理直接相关单位的下列事项实施监督:①提前退休审批情况;②工伤认定(职业伤害确认)情况;③劳动能力鉴定情况;④法律、法规规定的其他事项。④

7. 社会保险基金行政监督的监督权限。(1)人力资源社会保障行政部门有权要求被监督单位提供与监督事项有关的资料,包括但不限于与社会保险基金收支、管理相关的文件、财务资料、业务资料、审计报告、会议纪要等。被监督单位应当全面、完整提供实施监督所需资料,说明情况,并对所提供资料真实性、完整性作出书面承诺。⑤ (2)人力资源社会保障行政部门有权查阅、记录、复制被监督单位与社会保险基金有关的会计凭证、会计账簿、财务会计报告、业务档案,以及其他与社会保险基金收支、管理有关的数据、资料,有权查询被监督单位社会保险信息系统的用户管理、权限控制、数据管理等情况。⑥ 异地就医业务档案由参保地经办机构和就医地经办机构按其办理的业务分别保管。⑦ (3)人力资源社会保障行政部门有权询问与监督事项有关的单位和个人,要求其对与监督事项有关的问题作出说明、提供有关佐证。⑧ (4)人力资源社会保障行政部门应当充

---

① 《社会保险基金行政监督办法》第10条。
② 《社会保险基金行政监督办法》第11条。
③ 《社会保险基金行政监督办法》第12条。
④ 《社会保险基金行政监督办法》第13条。
⑤ 《社会保险基金行政监督办法》第14条。
⑥ 《社会保险基金行政监督办法》第15条。
⑦ 《基本医疗保险跨省异地就医直接结算经办规程》第63条。
⑧ 《社会保险基金行政监督办法》第16条。

分利用信息化技术手段查找问题,加强社会保险基金监管信息系统应用。①
(5)信息化综合管理机构应当根据监督工作需要,向社会保险基金行政监督工作人员开放社会保险经办系统等信息系统的查询权限,提供有关信息数据。②
(6)人力资源社会保障行政部门有权对隐匿、伪造、变造或者故意销毁会计凭证、会计账簿、财务会计报告以及其他与社会保险基金收支、管理有关资料的行为予以制止并责令改正;有权对可能被转移、隐匿或者灭失的资料予以封存。③ (7)人力资源社会保障行政部门有权对隐匿、转移、侵占、挪用社会保险基金的行为予以制止并责令改正。④

8. 社会保险基金行政监督的监督实施。(1)社会保险基金行政监督的检查方式包括现场检查和非现场检查。人力资源社会保障行政部门应当制订年度检查计划,明确检查范围和重点。被监督单位应当配合人力资源社会保障行政部门的工作,并提供必要的工作条件。⑤ (2)人力资源社会保障行政部门实施现场检查,依照下列程序进行:①根据年度检查计划和工作需要确定检查项目及检查内容,制订检查方案,并在实施检查3个工作日前通知被监督单位;提前通知可能影响检查结果的,可以现场下达检查通知。②检查被监督单位社会保险基金相关凭证账簿,查阅与监督事项有关的文件、资料、档案、数据,向被监督单位和有关个人调查取证,听取被监督单位有关社会保险基金收支、管理使用情况的汇报。③根据检查结果,形成检查报告,并送被监督单位征求意见。被监督单位如有异议,应当在接到检查报告10个工作日内提出书面意见。逾期未提出书面意见的,视同无异议。⑥ (3)人力资源社会保障行政部门实施非现场检查,依照下列程序进行:①根据检查计划及工作需要,确定非现场检查目的及检查内容,通知被监督单位按照规定的范围、格式及时限报送数据、资料;或者从信息系统提取社会保险基金管理使用相关数据。②审核被监督单位报送和提取的数据、资料,数据、资料不符合要求的,被监督单位应当补报或者重新报送。③比对分析数据、资料,对发现的疑点问题要求被监督单位核查说明;对存在的重大问题,实施

---

① 《社会保险基金行政监督办法》第17条。
② 《社会保险基金行政监督办法》第18条。
③ 《社会保险基金行政监督办法》第19条。
④ 《社会保险基金行政监督办法》第20条。
⑤ 《社会保险基金行政监督办法》第21条。
⑥ 《社会保险基金行政监督办法》第22条。

现场核实;评估社会保险基金收支、管理状况及存在的问题,形成检查报告。对报送和提取的数据、资料,人力资源社会保障行政部门应当做好存储和使用管理,保证数据安全。①(4)人力资源社会保障行政部门对监督发现的问题,采取以下处理措施:①对社会保险基金收支、管理存在问题的,依法提出整改意见,采取约谈、函询、通报等手段督促整改;②对依法应当由有关主管机关处理的,向有关主管机关提出处理建议。人力资源社会保障行政部门有权对被监督单位的整改情况进行检查。②(5)人力资源社会保障行政部门对通过社会保险基金行政监督检查发现、上级部门交办、举报、媒体曝光、社会保险经办机构移送等渠道获取的违法违规线索,应当查处,进行调查并依法作出行政处理、处罚决定。人力资源社会保障行政部门作出行政处理、处罚决定前,应当听取当事人陈述、申辩;作出行政处理、处罚决定,应当告知当事人依法享有申请行政复议或者提起行政诉讼的权利。③(6)社会保险基金行政监督的检查和查处应当由两名及以上工作人员共同进行,出示行政执法证件。社会保险基金行政监督工作人员不得利用职务便利牟取不正当利益,不得从事影响客观履行基金监督职责的工作。社会保险基金行政监督工作人员与被监督单位、个人或者事项存在利害关系的,应当回避。④(7)人力资源社会保障行政部门可以聘请会计师事务所等第三方机构对社会保险基金的收支、管理情况进行审计,聘请专业人员协助开展检查。被聘请机构和人员不得复制涉及参保个人的明细数据,不得未经授权复制统计数据和财务数据,不得将工作中获取、知悉的被监督单位资料或者相关信息用于社会保险基金监督管理以外的其他用途,不得泄露相关个人信息和商业秘密。⑤(8)人力资源社会保障行政部门应当建立社会保险基金要情报告制度。地方人力资源社会保障行政部门应当依规、按时、完整、准确向上级人力资源社会保障行政部门报告社会保险基金要情。社会保险经办机构应当及时向本级人力资源社会保障行政部门报告社会保险基金要情。《社会保险基金行政监督办法》所称社会保险基金要情是指贪污挪用、欺诈骗取等侵害社会保险基金的情况。⑥

---

① 《社会保险基金行政监督办法》第23条。
② 《社会保险基金行政监督办法》第24条。
③ 《社会保险基金行政监督办法》第25条。
④ 《社会保险基金行政监督办法》第26条。
⑤ 《社会保险基金行政监督办法》第27条。
⑥ 《社会保险基金行政监督办法》第28条。

9. 社会保险基金行政监督的法律责任。(1)社会保险经办机构及其工作人员的法律责任。①社会保险经办机构及其工作人员有下列行为之一的,由人力资源社会保障行政部门责令改正;对直接负责的主管人员和其他直接责任人员依法给予处分;法律法规另有规定的,从其规定:第一,未履行社会保险法定职责的;第二,未将社会保险基金存入财政专户的;第三,克扣或者拒不按时支付社会保险待遇的;第四,丢失或者篡改缴费记录、享受社会保险待遇记录等社会保险数据、个人权益记录的;第五,违反社会保险经办内部控制制度的;第六,其他违反社会保险法律、法规的行为。① ②社会保险经办机构及其工作人员隐匿、转移、侵占、挪用社会保险基金的,按照《社会保险法》第91条的规定处理。② (2)社会保险服务机构的法律责任。社会保险服务机构有下列行为之一,以欺诈、伪造证明材料或者其他手段骗取社会保险基金支出的,按照《社会保险法》第87条的规定处理:①工伤保险协议医疗机构、工伤康复协议机构、工伤保险辅助器具配置协议机构、工伤预防项目实施单位等通过提供虚假证明材料及相关报销票据等手段,骗取工伤保险基金支出的;②培训机构通过提供虚假培训材料等手段,骗取失业保险培训补贴的;③其他以欺诈、伪造证明材料等手段骗取社会保险基金支出的行为。③ (3)用人单位、个人的法律责任。用人单位、个人有下列行为之一,以欺诈、伪造证明材料或者其他手段骗取社会保险待遇的,按照《社会保险法》第88条的规定处理:①通过虚构个人信息、劳动关系,使用伪造、变造或者盗用他人可用于证明身份的证件,提供虚假证明材料等手段虚构社会保险参保条件、违规补缴,骗取社会保险待遇的;②通过虚假待遇资格认证等方式,骗取社会保险待遇的;③通过伪造或者变造个人档案、劳动能力鉴定结论等手段违规办理退休,违规增加视同缴费年限,骗取基本养老保险待遇的;④通过谎报工伤事故、伪造或者变造证明材料等进行工伤认定或者劳动能力鉴定,或者提供虚假工伤认定结论、劳动能力鉴定结论,骗取工伤保险待遇的;⑤通过伪造或者变造就医资料、票据等,或者冒用工伤人员身份就医、配置辅助器具,骗取工伤保险待遇的;⑥其他以欺诈、伪造证明材料等手段骗取社会保险待遇的。④ (4)人力资源社

---

① 《社会保险基金行政监督办法》第29条。
② 《社会保险基金行政监督办法》第30条。
③ 《社会保险基金行政监督办法》第31条。
④ 《社会保险基金行政监督办法》第32条。

会保障行政部门及工作人员的法律责任。①人力资源社会保障行政部门工作人员弄虚作假将不符合条件的人员认定为工伤职工或者批准提前退休,给社会保险基金造成损失的,依法给予处分。从事劳动能力鉴定的组织或者个人提供虚假鉴定意见、诊断证明,给社会保险基金造成损失的,按照《工伤保险条例》第61条的规定处理。① ②人力资源社会保障行政部门负责人、社会保险基金行政监督工作人员违反《社会保险基金行政监督办法》规定或者有其他滥用职权、徇私舞弊、玩忽职守行为的,依法给予处分。② (5)被监督单位的法律责任。被监督单位有下列行为之一的,由人力资源社会保障行政部门责令改正;拒不改正的,可以通报批评,给予警告;依法对直接负责的主管人员和其他责任人员给予处分:①拒绝、阻挠社会保险基金行政监督工作人员进行监督的;②拒绝、拖延提供与监督事项有关资料的;③隐匿、伪造、变造或者故意销毁会计凭证、会计账簿、财务会计报告以及其他与社会保险基金收支、管理有关资料的。③ (6)违反《社会保险基金行政监督办法》第28条的法律责任。人力资源社会保障行政部门、社会保险经办机构违反《社会保险基金行政监督办法》第28条的规定,对发现的社会保险基金要情隐瞒不报、谎报或者拖延不报的,按照有关规定追究相关人员责任。④ (7)报复陷害的法律责任。报复陷害社会保险基金行政监督工作人员的,依法给予处分。⑤ (8)第三方机构及人员的法律责任。人力资源社会保障行政部门、社会保险经办机构、会计师事务所等被聘请的第三方机构及其工作人员泄露、篡改、毁损、非法向他人提供个人信息、商业秘密的,对直接负责的主管人员和其他直接责任人员依法给予处分;违反其他法律、行政法规的,由有关主管部门依法处理。⑥ (9)刑事法律责任。违反《社会保险基金行政监督办法》规定,构成违反治安管理行为的,依法给予治安管理处罚;构成犯罪的,依法追究刑事责任。⑦

三、社会保险费征缴

1. 社会保险费征缴的适用。(1)适用的法律。①为了加强和规范社会保险

---

① 《社会保险基金行政监督办法》第33条。
② 《社会保险基金行政监督办法》第37条。
③ 《社会保险基金行政监督办法》第34条。
④ 《社会保险基金行政监督办法》第36条。
⑤ 《社会保险基金行政监督办法》第35条。
⑥ 《社会保险基金行政监督办法》第38条。
⑦ 《社会保险基金行政监督办法》第39条。

费征缴工作,保障社会保险金的发放,制定《社会保险费征缴暂行条例》。① ②基本养老保险费、基本医疗保险费、失业保险费(以下统称社会保险费)的征收、缴纳,适用本条例。《社会保险费征缴暂行条例》所称缴费单位、缴费个人,是指依照有关法律、行政法规和国务院的规定,应当缴纳社会保险费的单位和个人。②(2)适用的范围。①基本养老保险费的征缴范围:国有企业、城镇集体企业、外商投资企业、城镇私营企业和其他城镇企业及其职工,实行企业化管理的事业单位及其职工。基本医疗保险费的征缴范围:国有企业、城镇集体企业、外商投资企业、城镇私营企业和其他城镇企业及其职工,国家机关及其工作人员,事业单位及其职工,民办非企业单位及其职工,社会团体及其专职人员。失业保险费的征缴范围:国有企业、城镇集体企业、外商投资企业、城镇私营企业和其他城镇企业及其职工,事业单位及其职工。省、自治区、直辖市人民政府根据当地实际情况,可以规定将城镇个体工商户纳入基本养老保险、基本医疗保险的范围,并可以规定将社会团体及其专职人员、民办非企业单位及其职工以及有雇工的城镇个体工商户及其雇工纳入失业保险的范围。社会保险费的费基、费率依照有关法律、行政法规和国务院的规定执行。③ ②省、自治区、直辖市人民政府根据本地实际情况,可以决定将《社会保险费征缴暂行条例》适用于本行政区域内工伤保险费和生育保险费的征收、缴纳。④

2. 社会保险费的缴纳。(1)社会保险费的依法缴纳。社会保险基金按照保险类型确定资金来源,逐步实行社会统筹。用人单位和劳动者必须依法参加社会保险,缴纳社会保险费。⑤ 其中,"社会保险类型"是指需建立基金的养老、医疗、工伤、失业、生育五种社会保险。⑥ (2)社会保险费的缴纳主体。①一般主体的缴纳。缴费单位、缴费个人应当按时足额缴纳社会保险费。征缴的社会保险费纳入社会保险基金,专款专用,任何单位和个人不得挪用。⑦ ②劳务派遣的缴

---

① 《社会保险费征缴暂行条例》第1条。
② 《社会保险费征缴暂行条例》第2条。
③ 《社会保险费征缴暂行条例》第3条。
④ 《社会保险费征缴暂行条例》第29条。
⑤ 《劳动法》第72条。
《公司法》第16条规定:"公司应当保护职工的合法权益,依法与职工签订劳动合同,参加社会保险,加强劳动保护,实现安全生产。公司应当采用多种形式,加强公司职工的职业教育和岗位培训,提高职工素质。"
⑥ 《关于〈劳动法〉若干条文的说明》第72条。
⑦ 《社会保险费征缴暂行条例》第4条。

纳。第一,劳务派遣单位跨地区派遣劳动者的,应当在用工单位所在地为被派遣劳动者参加社会保险,按照用工单位所在地的规定缴纳社会保险费,被派遣劳动者按照国家规定享受社会保险待遇。① 第二,劳务派遣单位在用工单位所在地设立分支机构的,由分支机构为被派遣劳动者办理参保手续,缴纳社会保险费。劳务派遣单位未在用工单位所在地设立分支机构的,由用工单位代劳务派遣单位为被派遣劳动者办理参保手续,缴纳社会保险费。② ③破产企业的缴纳。第一,参加社会保险的企业破产的,欠缴的社会保险统筹费用应当缴纳至人民法院裁定宣告破产之日。③ 第二,被申请破产的企业在整顿或重整期间,应当为职工缴纳社会保险费,已被人民法院裁定宣告破产的企业,从人民法院裁定宣告破产之日起,不再缴纳社会保险费。④ 第三,企业实施破产时,按照国家有关企业破产的规定,从其财产清产和土地转让所得中按实际需要划拨出社会保险费用和职工再就业的安置费。其划拨的养老保险费和失业保险费由当地社会保险基金经办机构和劳动部门就业服务机构接收,并负责支付离退休人员的养老保险费用和支付失业人员应享受的失业保险待遇。⑤ ④其他人员社会保险的缴纳。企业富余职工、请长假人员、请长病假人员、外借人员和带薪上学人员,其社会保险费用仍按规定由原单位和个人继续缴纳,缴纳保险费期间计算为缴费年限。⑥ 其中,"按规定"是指在《社会保险费征缴暂行条例》规定的范围内扩大社会保险覆盖范围。将事业单位纳入社会保险覆盖范围的表述有两层含义:一是全部事业单位要纳入基本医疗保险和失业保险;二是企业化管理的事业单位要纳入基本养老保险。⑦ (3)社会保险费缴纳的管理监督机关。国务院劳动保障行政部门负责全国的社会保险费征缴管理和监督检查工作。县级以上地方各级人民政府劳动保

---

① 《劳务派遣暂行规定》第18条。
② 《劳务派遣暂行规定》第19条。
③ 《最高人民法院关于实行社会保险的企业破产后各种社会保险统筹费用应缴纳至何时问题的批复》。
④ 《劳动和社会保障部办公厅关于对破产企业生产自救期间应否缴纳社会保险费问题的复函》。
⑤ 《关于贯彻执行〈中华人民共和国劳动法〉若干问题的意见》第73条。
⑥ 《关于贯彻执行〈中华人民共和国劳动法〉若干问题的意见》第74条。
⑦ 《劳动和社会保障部办公厅关于执行劳社部发[2000]13号文件有关规定的复函》。该复函同时规定"无论是国发[2000]8号文件,还是劳社部发[2000]13号文件,都没有扩大《社会保险费征缴暂行条例》所确定的基本养老保险的征缴范围"。

障行政部门负责本行政区域内的社会保险费征缴管理和监督检查工作。① (4) 鼓励缴纳储蓄性保险。国家鼓励用人单位根据本单位实际情况为劳动者建立补充保险。国家提倡劳动者个人进行储蓄性保险。②

3. 社会保险费的征收。社会保险费实行三项社会保险费集中、统一征收。社会保险费的征收机构由省、自治区、直辖市人民政府规定,可以由税务机关征收,也可以由劳动保障行政部门按照国务院规定设立的社会保险经办机构(以下简称社会保险经办机构)征收。③

4. 社会保险费征缴的管理。(1) 保险登记。①缴费单位必须向当地社会保险经办机构办理社会保险登记,参加社会保险。登记事项包括:单位名称、住所、经营地点、单位类型、法定代表人或者负责人、开户银行账号以及国务院劳动保障行政部门规定的其他事项。④ ②企业在办理登记注册时,同步办理社会保险登记。前款规定以外的缴费单位应当自成立之日起30日内,向当地社会保险经办机构申请办理社会保险登记。⑤ ③缴费单位的社会保险登记事项发生变更或者缴费单位依法终止的,应当自变更或者终止之日起30日内,到社会保险经办机构办理变更或者注销社会保险登记手续。⑥ (2) 申报应缴纳的社会保险费数额。①缴费单位必须按月向社会保险经办机构申报应缴纳的社会保险费数额,经社会保险经办机构核定后,在规定的期限内缴纳社会保险费。缴费单位不按规定申报应缴纳的社会保险费数额的,由社会保险经办机构暂按该单位上月缴费数额的110%确定应缴数额;没有上月缴费数额的,由社会保险经办机构暂按该单位的经营状况、职工人数等有关情况确定应缴数额。缴费单位补办申报手续并按核定数额缴纳社会保险费后,由社会保险经办机构按照规定结算。⑦ ②在执行《社会保险费征缴暂行条例》第10条规定时,对不按规定申报应缴纳社会保险费数额的缴费单位,社会保险经办机构先暂按该单位上月缴费数额的110%确定应缴数额,由社会保险费征收机构暂按社会保险经办机构确定的应缴数额及时征

---

① 《社会保险费征缴暂行条例》第5条。
② 《劳动法》第75条。
③ 《社会保险费征缴暂行条例》第6条。
④ 《社会保险费征缴暂行条例》第7条。
⑤ 《社会保险费征缴暂行条例》第8条。
⑥ 《社会保险费征缴暂行条例》第9条。
⑦ 《社会保险费征缴暂行条例》第10条。

收,在缴费单位补办申报手续并按核定数额缴纳社会保险费后,由社会保险经办机构按照规定结算。① (3)全额缴纳社会保险费。①缴费单位和缴费个人应当以货币形式全额缴纳社会保险费。缴费个人应当缴纳的社会保险费,由所在单位从其本人工资中代扣代缴。社会保险费不得减免。② ②缴费单位未按规定缴纳和代扣代缴社会保险费的,由劳动保障行政部门或者税务机关责令限期缴纳;逾期仍不缴纳的,除补缴欠缴数额外,从欠缴之日起,按日加收2‰的滞纳金。滞纳金并入社会保险基金。③ (4)存入社会保障基金财政专户。征收的社会保险费存入财政部门在国有商业银行开设的社会保障基金财政专户。社会保险基金按照不同险种的统筹范围,分别建立基本养老保险基金、基本医疗保险基金、失业保险基金。各项社会保险基金分别单独核算。社会保险基金不计征税、费。④ (5)缴费情况的提供、报送。①省、自治区、直辖市人民政府规定由税务机关征收社会保险费的,社会保险经办机构应当及时向税务机关提供缴费单位社会保险登记、变更登记、注销登记以及缴费申报的情况。⑤ ②省、自治区、直辖市人民政府规定由税务机关征收社会保险费的,税务机关应当及时向社会保险经办机构提供缴费单位和缴费个人的缴费情况;社会保险经办机构应当将有关情况汇总,报劳动保障行政部门。⑥ (6)建立缴费记录。社会保险经办机构应当建立缴费记录,其中基本养老保险、基本医疗保险并应当按照规定记录个人账户。社会保险经办机构负责保存缴费记录,并保证其完整、安全。社会保险经办机构应当至少每年向缴费个人发送一次基本养老保险、基本医疗保险个人账户通知单。缴费单位、缴费个人有权按照规定查询缴费记录。⑦

5. 社会保险费征缴的监督检查。(1)缴费情况的公布。缴费单位应当每年向本单位职工公布本单位全年社会保险费缴纳情况,接受职工监督。社会保险经办机构应当定期向社会公告社会保险费征收情况,接受社会监督。⑧ (2)缴费

---

① 《劳动和社会保障部办公厅关于如何执行和解释社会保险费征缴有关规定的复函》。
② 《社会保险费征缴暂行条例》第12条。
③ 《社会保险费征缴暂行条例》第13条。
④ 《社会保险费征缴暂行条例》第14条。
⑤ 《社会保险费征缴暂行条例》第11条。
⑥ 《社会保险费征缴暂行条例》第15条。
⑦ 《社会保险费征缴暂行条例》第16条。
⑧ 《社会保险费征缴暂行条例》第17条。

情况的检查。①按照省、自治区、直辖市人民政府关于社会保险费征缴机构的规定,劳动保障行政部门或者税务机关依法对单位缴费情况进行检查时,被检查的单位应当提供与缴纳社会保险费有关的用人情况、工资单、财务报表等资料,如实反映情况,不得拒绝检查,不得谎报、瞒报。劳动保障行政部门或者税务机关可以记录、录音、录像、照相和复制有关资料;但是,应当为缴费单位保密。劳动保障行政部门、税务机关的工作人员在行使前款所列职权时,应当出示执行公务证件。① ②劳动保障行政部门或者税务机关调查社会保险费征缴违法案件时,有关部门、单位应当给予支持、协助。② ③社会保险经办机构受劳动保障行政部门的委托,可以进行与社会保险费征缴有关的检查、调查工作。③ (3)违法行为的处理。任何组织和个人对有关社会保险费征缴的违法行为,有权举报。劳动保障行政部门或者税务机关对举报应当及时调查,按照规定处理,并为举报人保密。④ (4)保险基金收支的监督。社会保险基金实行收支两条线管理,由财政部门依法进行监督。审计部门依法对社会保险基金的收支情况进行监督。⑤

6. 社会保险费征缴的法律责任。(1)缴费单位的法律责任。①缴费单位未按照规定办理社会保险登记、变更登记或者注销登记,或者未按照规定申报应缴纳的社会保险费数额的,由劳动保障行政部门责令限期改正;情节严重的,对直接负责的主管人员和其他直接责任人员可以处1000元以上5000元以下的罚款;情节特别严重的,对直接负责的主管人员和其他直接责任人员可以处5000元以上10,000元以下的罚款。⑥ ②缴费单位违反有关财务、会计、统计的法律、行政法规和国家有关规定,伪造、变造、故意毁灭有关账册、材料,或者不设账册,致使社会保险费缴费基数无法确定的,除依照有关法律、行政法规的规定给予行政处罚、纪律处分、刑事处罚外,依照《社会保险费征缴暂行条例》第10条的规定征缴;迟延缴纳的,由劳动保障行政部门或者税务机关依照第13条的规定决定加收滞纳金,并对直接负责的主管人员和其他直接责任人员处5000元以上20,000元以下的罚款。⑦

---

① 《社会保险费征缴暂行条例》第18条。
② 《社会保险费征缴暂行条例》第19条。
③ 《社会保险费征缴暂行条例》第20条。
④ 《社会保险费征缴暂行条例》第21条。
⑤ 《社会保险费征缴暂行条例》第22条。
⑥ 《社会保险费征缴暂行条例》第23条。
⑦ 《社会保险费征缴暂行条例》第24条。

③缴费单位逾期拒不缴纳社会保险费、滞纳金的,由劳动保障行政部门或者税务机关申请人民法院依法强制征缴。① (2)侵害保险费、保险基金的行为及法律责任。①税务机关、社会保险经办机构征收社会保险费,不得从社会保险基金中提取任何费用,所需经费列入预算,由财政拨付。② ②劳动保障行政部门、社会保险经办机构或者税务机关的工作人员滥用职权、徇私舞弊、玩忽职守,致使社会保险费流失的,由劳动保障行政部门或者税务机关追回流失的社会保险费;构成犯罪的,依法追究刑事责任;尚不构成犯罪的,依法给予行政处分。③ ③任何单位、个人挪用社会保险基金的,追回被挪用的社会保险基金;有违法所得的,没收违法所得,并入社会保险基金;构成犯罪的,依法追究刑事责任;尚不构成犯罪的,对直接负责的主管人员和其他直接责任人员依法给予行政处分。④ (3)对处罚决定不服的救济。①缴费单位和缴费个人对劳动保障行政部门或者税务机关的处罚决定不服的,可以依法申请复议;对复议决定不服的,可以依法提起诉讼。⑤ ②根据《劳动法》《社会保险费征缴暂行条例》的有关规定,征缴社会保险费属于社会保险费征缴部门的法定职责,不属于人民法院受理民事案件的范围。⑥

四、社会保险的行政争议处理

(一)社会保险行政争议处理的一般规则

1. 社会保险行政争议处理的法律依据。(1)为妥善处理社会保险行政争议,维护公民、法人和其他组织的合法权益,保障和监督社会保险经办机构(以下简称经办机构)依法行使职权,根据《劳动法》、《行政复议法》及有关法律、行政法规,制定《社会保险行政争议处理办法》。⑦《社会保险行政争议处理办法》所称的社会保险行政争议,是指经办机构在依照法律、法规及有关规定经办社会保险事务过程中,与公民、法人或者其他组织之间发生的争议。《社会保险行政争议处理办法》所称的经办机构,是指法律、法规授权的劳动保障行政部门所属的专

---

① 《社会保险费征缴暂行条例》第 26 条。
② 《社会保险费征缴暂行条例》第 30 条。
③ 《社会保险费征缴暂行条例》第 27 条。
④ 《社会保险费征缴暂行条例》第 28 条。
⑤ 《社会保险费征缴暂行条例》第 25 条。
⑥ 《最高人民法院研究室关于王某与某公司劳动争议纠纷申请再审一案适用法律问题的答复》。
⑦ 《社会保险行政争议处理办法》第 1 条。

门办理养老保险、医疗保险、失业保险、工伤保险、生育保险等社会保险事务的工作机构。①（2）公民、法人或者其他组织认为经办机构的具体行政行为侵犯其合法权益，向经办机构或者劳动保障行政部门申请社会保险行政争议处理，经办机构或者劳动保障行政部门处理社会保险行政争议适用《社会保险行政争议处理办法》。②（3）劳动保障行政部门处理社会保险行政争议案件，以法律、法规、规章和依法制定的其他规范性文件为依据。③

2. 社会保险行政争议的处理机构。经办机构和劳动保障行政部门的法制工作机构或者负责法制工作的机构为本单位的社会保险行政争议处理机构（以下简称保险争议处理机构），具体负责社会保险行政争议的处理工作。④

3. 社会保险行政争议的处理方式。经办机构和劳动保障行政部门分别采用复查和行政复议的方式处理社会保险行政争议。⑤

（二）社会保险行政争议的申请

1. 申请行政复议。（1）申请行政复议的情形。①有下列情形之一的，公民、法人或者其他组织可以申请行政复议：第一，认为经办机构未依法为其办理社会保险登记、变更或者注销手续的；第二，认为经办机构未按规定审核社会保险缴费基数的；第三，认为经办机构未按规定记录社会保险费缴费情况或者拒绝其查询缴费记录的；第四，认为经办机构违法收取费用或者违法要求履行义务的；第五，对经办机构核定其社会保险待遇标准有异议的；第六，认为经办机构不依法支付其社会保险待遇或者对经办机构停止其享受社会保险待遇有异议的；第七，认为经办机构未依法为其调整社会保险待遇的；第八，认为经办机构未依法为其办理社会保险关系转移或者接续手续的；第九，认为经办机构的其他具体行政行为侵犯其合法权益的。属于上述第二、五、六、七项情形之一的，公民、法人或者其他组织可以直接向劳动保障行政部门申请行政复议，也可以先向作出该具体行政行为的经办机构申请复查，对复查决定不服，再向劳动保障行政部门申请行政复议。⑥ ②公民、法人或者其他组织对经办机构作出的具体行政行为不服，可

---

① 《社会保险行政争议处理办法》第2条。
② 《社会保险行政争议处理办法》第3条。
③ 《社会保险行政争议处理办法》第22条。
④ 《社会保险行政争议处理办法》第4条。
⑤ 《社会保险行政争议处理办法》第5条。
⑥ 《社会保险行政争议处理办法》第6条。

以向直接管理该经办机构的劳动保障行政部门申请行政复议。①（2）行政复议时效。经办机构作出具体行政行为时，未告知申请人有权申请行政复议或者行政复议申请期限的；行政复议申请期限从申请人知道行政复议权或者行政复议申请期限之日起计算，但最长不得超过2年。因不可抗力或者其他正当理由耽误法定申请期限的，申请期限自障碍消除之日起继续计算。②

2. 申请行政复议并提出对规范性文件的审查。公民、法人或者其他组织认为经办机构的具体行政行为所依据的除法律、法规、规章和国务院文件以外的其他规范性文件不合法，在对具体行政行为申请行政复议时，可以向劳动保障行政部门一并提出对该规范性文件的审查申请。③

3. 申请复查或行政复议。申请人认为经办机构的具体行政行为侵犯其合法权益的，可以自知道该具体行政行为之日起60日内向经办机构申请复查或者向劳动保障行政部门申请行政复议。④

4. 申请的提出。申请人向经办机构申请复查或者向劳动保障行政部门申请行政复议，一般应当以书面形式提出，也可以口头提出。口头提出的，接到申请的保险争议处理机构应当当场记录申请人的基本情况、请求事项、主要事实和理由、申请时间等事项，并由申请人签字或者盖章。劳动保障行政部门的其他工作机构接到以书面形式提出的行政复议申请的，应当立即转送本部门的保险争议处理机构。⑤

（三）社会保险行政争议的受理

1. 行政复议的受理。（1）对具体行政行为的受理。经办机构作出具体行政行为时，没有制作或者没有送达行政文书，申请人不服提起行政复议的，只要能证明具体行政行为存在，劳动保障行政部门应当依法受理。⑥（2）对"变更或者重新作出的具体行政行为"不服的受理。劳动保障行政部门行政复议期间，被申请人变更或者撤销原具体行政行为的，应当书面告知劳动保障行政部门和申请

---

① 《社会保险行政争议处理办法》第8条。
② 《社会保险行政争议处理办法》第10条。
③ 《社会保险行政争议处理办法》第7条。
④ 《社会保险行政争议处理办法》第9条第1款。
⑤ 《社会保险行政争议处理办法》第11条。
⑥ 《社会保险行政争议处理办法》第16条。

人。劳动保障行政部门可以终止对原具体行政行为的审查,并书面告知申请人和被申请人。申请人对被申请人变更或者重新作出的具体行政行为不服,向劳动保障行政部门提出行政复议申请的,劳动保障行政部门应当受理。①

2. 对不受理的申诉。申请人认为劳动保障行政部门无正当理由不受理其行政复议申请的,可以向上级劳动保障行政部门申诉,上级劳动保障行政部门在审查后,作出以下处理决定:(1)申请人提出的行政复议申请符合法定受理条件的,应当责令下级劳动保障行政部门予以受理;其中,申请人不服的具体行政行为是依据劳动保障法律、法规、部门规章、本级以上人民政府制定的规章或者本行政机关制定的规范性文件作出的,或者上级劳动保障行政部门认为有必要直接受理的,可以直接受理;(2)上级劳动保障行政部门认为下级劳动保障行政部门不予受理行为确属有正当理由,应当将审查结论告知申请人。②

3. 受理后文书的送达。劳动保障行政部门的保险争议处理机构对已受理的社会保险行政争议案件,应当自收到申请之日起7个工作日内,将申请书副本或者申请笔录复印件和行政复议受理通知书送达被申请人。③

4. 被申请人的答辩。被申请人应当自接到行政复议申请书副本或者申请笔录复印件之日起10日内,提交答辩书,并提交作出该具体行政行为的证据、所依据的法律规范及其他有关材料。被申请人不提供或者无正当理由逾期提供的,视为该具体行政行为没有证据、依据。④

5. 申请人的查阅。申请人可以依法查阅被申请人提出的书面答辩、作出具体行政行为的证据、依据和其他有关材料。⑤

(四)社会保险行政争议的审查、处理

1. 审查方式。劳动保障行政部门处理社会保险行政争议案件,原则上采用书面审查方式。必要时,可以向有关单位和个人调查了解情况,听取申请人、被申请人和有关人员的意见,并制作笔录。⑥

---

① 《社会保险行政争议处理办法》第27条。
② 《社会保险行政争议处理办法》第17条。
③ 《社会保险行政争议处理办法》第18条。
④ 《社会保险行政争议处理办法》第19条。
⑤ 《社会保险行政争议处理办法》第20条。
⑥ 《社会保险行政争议处理办法》第21条。

2. 行政复议的审查处理。劳动保障行政部门在审查申请人一并提出的作出具体行政行为所依据的有关规定的合法性时,应当根据具体情况,分别作出以下处理:(1)该规定是由本行政机关制定的,应当在30日内对该规定依法作出处理结论;(2)该规定是由本行政机关以外的劳动保障行政部门制定的,应当在7个工作日内将有关材料直接移送制定该规定的劳动保障行政部门,请其在60日内依法作出处理结论,并将处理结论告知移送的劳动保障行政部门;(3)该规定是由政府及其他工作部门制定的,应当在7个工作日内按照法定程序转送有权处理的国家机关依法处理。[1]

3. 行政复议中止。(1)经办机构复查期间,行政复议的申请期限中止,复查期限不计入行政复议申请期限。[2] (2)劳动保障行政部门在依法向有关部门请示行政复议过程中所遇到的问题应当如何处理期间,行政复议中止。[3] (3)审查《社会保险行政争议处理办法》第25条第1款规定内容期间,行政复议中止,劳动保障行政部门应将有关中止情况通知申请人和被申请人。[4] (4)行政复议中止的情形结束后,劳动保障行政部门应当继续对该具体行政行为进行审查,并将恢复行政复议审查的时间通知申请人和被申请人。[5]

4. 行政复议的撤回。申请人向劳动保障行政部门提出行政复议申请后,在劳动保障行政部门作出处理决定之前,撤回行政复议申请的,经说明理由,劳动保障行政部门可以终止审理,并将有关情况记录在案。[6]

5. 行政复议的费用。经办机构或者劳动保障行政部门审查社会保险行政争议案件,不得向申请人收取任何费用。行政复议活动所需经费,由本单位的行政经费予以保障。[7]

(五)社会保险行政争议的决定

1. 行政复议的决定。(1)决定的主体。劳动保障行政部门的保险争议处理机构应当对其组织审理的社会保险行政争议案件提出处理建议,经本行政机关

---

[1] 《社会保险行政争议处理办法》第24条第1款。
[2] 《社会保险行政争议处理办法》第14条。
[3] 《社会保险行政争议处理办法》第23条。
[4] 《社会保险行政争议处理办法》第24条第2款。
[5] 《社会保险行政争议处理办法》第25条。
[6] 《社会保险行政争议处理办法》第26条。
[7] 《社会保险行政争议处理办法》第33条。

负责人审查同意或者重大案件经本行政机关集体讨论决定后,由本行政机关依法作出行政复议决定。① (2)决定的内容。劳动保障行政部门的保险争议处理机构接到行政复议申请后,应当注明收到日期,并在5个工作日内进行审查,由劳动保障行政部门按照下列情况分别作出决定:①对符合法定受理条件,但不属于本行政机关受理范围的,应当告知申请人向有关机关提出;②对不符合法定受理条件的,应当作出不予受理决定,并制作行政复议不予受理决定书,送达申请人。该决定书中应当说明不予受理的理由。除上述规定外,行政复议申请自劳动保障行政部门的保险争议处理机构收到之日起即为受理,并制作行政复议受理通知书,送达申请人和被申请人。该通知中应当告知受理日期。《社会保险行政争议处理办法》第15条规定的期限,从劳动保障行政部门的保险争议处理机构收到行政复议申请之日起计算;因行政复议申请书的主要内容欠缺致使劳动保障行政部门难以作出决定而要求申请人补正有关材料的,从保险争议处理机构收到补正材料之日起计算。② (3)决定书。劳动保障行政部门作出行政复议决定,应当制作行政复议决定书。行政复议决定书应当载明下列事项:①申请人的姓名、性别、年龄、工作单位、住址(法人或者其他组织的名称、地址、法定代表人的姓名、职务);②被申请人的名称、地址、法定代表人的姓名、职务;③申请人的复议请求和理由;④被申请人的答辩意见;⑤劳动保障行政部门认定的事实、理由,适用的法律、法规、规章和依法制定的其他规范性文件;⑥复议结论;⑦申请人不服复议决定向人民法院起诉的期限;⑧作出复议决定的年、月、日。行政复议决定书应当加盖本行政机关的印章。③ (4)决定书的执行。经办机构必须执行生效的行政复议决定书。拒不执行或者故意拖延不执行的,由直接主管该经办机构的劳动保障行政部门责令其限期履行,并按照人事管理权限对直接负责的主管人员给予行政处分,或者建议经办机构对有关人员给予行政处分。④

2. 复查的决定。申请人向作出该具体行政行为的经办机构申请复查的,该经办机构应指定其内部专门机构负责处理,并应当自接到复查申请之日起20日内作出维持或者改变该具体行政行为的复查决定。决定改变的,应当重新作出

---

① 《社会保险行政争议处理办法》第28条。
② 《社会保险行政争议处理办法》第15条。
③ 《社会保险行政争议处理办法》第29条。
④ 《社会保险行政争议处理办法》第32条。

新的具体行政行为。经办机构作出的复查决定应当采用书面形式。①

3. 决定书的送达。经办机构和劳动保障行政部门应当依照《民事诉讼法》有关送达的规定,将复查决定和行政复议文书送达申请人和被申请人。②

(六)社会保险行政争议处理的其他规则

1. 社会保险行政争议的复查规则。申请人对经办机构的复查决定不服,或者经办机构逾期未作出复查决定的,申请人可以向直接管理该经办机构的劳动保障行政部门申请行政复议。申请人在经办机构复查该具体行政行为期间,向劳动保障行政部门申请行政复议的,经办机构的复查程序终止。③

2. 社会保险行政争议的行政诉讼规则。(1)申请人对劳动保障行政部门作出的行政复议决定不服的,可以依法向人民法院提起行政诉讼。④ (2)申请人与经办机构之间发生的属于人民法院受案范围的行政案件,申请人也可以依法直接向人民法院提起行政诉讼。⑤

五、社会保险的监管

(一)社会保险的档案管理

1. 社会保险档案管理适用的法律。(1)依法经办养老、医疗、失业、工伤、生育等社会保险业务的机构(以下简称社会保险经办机构),管理社会保险业务档案,适用《社会保险业务档案管理规定(试行)》。⑥《社会保险业务档案管理规定(试行)》所称社会保险业务档案,是指社会保险经办机构在办理社会保险业务过程中,直接形成的具有保存和利用价值的专业性文字材料、电子文档、图表、声像等不同载体的历史记录。⑦ (2)各类社会保险业务档案中涉及会计、电子文档等档案材料,国家有特别规定的,从其规定。⑧

---

① 《社会保险行政争议处理办法》第12条。
② 《社会保险行政争议处理办法》第30条。
③ 《社会保险行政争议处理办法》第13条。
④ 《社会保险行政争议处理办法》第31条。
⑤ 《社会保险行政争议处理办法》第9条第2款。
⑥ 《社会保险业务档案管理规定(试行)》第2条。
《社会保险业务档案管理规定(试行)》第1条规定:"为规范社会保险业务档案管理,维护社会保险业务档案真实、完整和安全,发挥档案的服务作用,根据《中华人民共和国档案法》和社会保险相关法规,制定本规定。"
⑦ 《社会保险业务档案管理规定(试行)》第3条。
⑧ 《社会保险业务档案管理规定(试行)》第15条。

2. 社会保险档案管理的主管机关。（1）主管机关的权力。①人力资源社会保障行政部门负责社会保险业务档案管理工作的组织领导。社会保险经办机构负责社会保险业务档案的管理工作，并接受档案行政管理部门的业务指导。社会保险业务档案由县级以上社会保险经办机构集中保存。① ②社会保险经办机构应当对已到期的社会保险业务档案进行鉴定。鉴定工作应当由社会保险经办机构相关负责人、业务人员和档案管理人员，以及人力资源社会保障行政部门有关人员组成鉴定小组负责鉴定并提出处理意见。鉴定中如发现业务档案保管期限划分过短，有必要继续保存的，应当重新确定保管期限。② ③社会保险经办机构对经过鉴定可以销毁的档案，编制销毁清册，报同级人力资源社会保障行政部门备案，经社会保险经办机构主要负责人批准后销毁。未经鉴定和批准，不得销毁任何档案。社会保险经办机构应当派两人以上监督销毁档案。监督人员要在销毁清册上签名，并注明销毁的方式和时间。销毁清册永久保存。③ （2）主管机关的义务。①社会保险经办机构配备专门的管理人员和必要的设施、场所，确保档案的安全，并根据需要配备适应档案现代化管理要求的技术设备。④ ②社会保险经办机构应当认真落实档案保管、保密、利用、移交、鉴定、销毁等管理要求，保证社会保险业务档案妥善保管、有序存放，严防毁损、遗失和泄密。⑤ ③社会保险经办机构办理社会保险业务过程中形成的记录、证据、依据，按照《社会保险业务材料归档范围与保管期限》进行收集、整理、立卷、归档，确保归档材料的完整、安全，不得伪造、篡改。⑥ ④社会保险经办机构依法为参保单位和参保个人提供档案信息查询服务。⑦ ⑤社会保险经办机构按照有关规定，将永久保存的社会保险业务档案向同级国家综合档案馆移交。⑧ （3）主管机关的责任。社会保险经办机构有下列行为之一的，限期改正，并对直接负责的工作人员、主管人员和其他直接责任人员依法给予处分；给参保单位或者个人造成损失的，依法承担赔偿责

---

① 《社会保险业务档案管理规定（试行）》第4条。
② 《社会保险业务档案管理规定（试行）》第11条。
③ 《社会保险业务档案管理规定（试行）》第12条。
④ 《社会保险业务档案管理规定（试行）》第5条。
⑤ 《社会保险业务档案管理规定（试行）》第6条。
⑥ 《社会保险业务档案管理规定（试行）》第7条。
⑦ 《社会保险业务档案管理规定（试行）》第10条。
⑧ 《社会保险业务档案管理规定（试行）》第13条。

任:①不按规定归档或者不按规定移交档案的;②伪造、篡改、隐匿档案或者擅自销毁档案的;③玩忽职守,造成档案遗失、毁损的;④违规提供、抄录档案,泄露用人单位或者个人信息的;⑤违反社会保险业务档案和国家档案法律、法规的其他行为。①

3. 社会保险档案管理的原则。社会保险业务档案分类应当按照社会保险业务经办的规律和特点,以方便归档整理和检索利用为原则,采用"年度－业务环节"或"年度－险种－业务环节"的方法对社会保险业务材料进行分类、整理,并及时编制归档文件目录、卷内目录、案卷目录、备考表等。负责档案管理的机构应当对接收的档案材料及时进行检查、分类、整理、编号、入库保管,并及时编制索引目录。②

4. 社会保险档案管理的期限。社会保险业务档案的保管期限分为永久和定期两类。定期保管期限分为 10 年、30 年、50 年、100 年,各种社会保险业务档案的具体保管期限按照《社会保险业务材料归档范围与保管期限》执行。社会保险业务档案定期保管期限为最低保管期限。社会保险业务档案的保管期限,自形成之日的次年 1 月 1 日开始计算。③ 具体如下:(1)社会保险管理类:①"参保单位登记材料。包括参保单位办理参保登记、变更登记、注销登记时填报的登记表单及相关审核材料"为永久。②"参保人员登记材料。包括缴费单位职工和退休人员,以家庭为单位或个人身份参加社会保险的城镇无业居民、农村居民、个体工商户、城镇灵活就业人员办理参保、社会保险关系变动、基本信息变更等登记手续时,填报的登记表单及相关审核材料"为 100 年。③"社会保险个人账户管理材料。包括养老、医疗保险个人账户对账、个人账户修改等相关材料"为 100 年。④"社会保险登记证管理材料。包括社会保险经办机构向参保单位核发社会保险登记证、对已核发的社会保险登记证验证换证、对遗失社会保险登记证的单位补证时的登记表单及相关审验材料"为 10 年。⑤"社会保险卡(证、手册)管理材料。为参保人员办理社会保险卡(证、手册)首发、补发、收回等管理的登记表单及相关材料"为 50 年。⑥"社会保险待遇领取资格验证材料。包括对享受社会保险待遇人员进行领取资格检查验证的相关审核材料"为 50 年。⑦"退休

---

① 《社会保险业务档案管理规定(试行)》第 14 条。
② 《社会保险业务档案管理规定(试行)》第 8 条。
③ 《社会保险业务档案管理规定(试行)》第 9 条。

人员社会化管理服务材料。包括对实行社会化管理服务的退休人员进行信息采集、移交、日常管理服务的登记表单及相关材料"为50年。⑧"异地安置登记材料。包括异地安置应享受社会保险待遇人员和长期派驻异地工作的参保人员,办理安置地或派驻地享受各项社会保险待遇所填报的核定表、备案表及相关材料"为50年。⑨"服务协议管理材料。包括与基金收付款协议银行、定点医疗机构、定点零售药店、工伤协议医疗康复机构、工伤协议辅助器具配置机构、网络通信运营商、附加保险承保单位等签订的协议书、考核材料、终止协议材料"为10年。① (2)社会保险费征缴类:①"社会保险费征缴核定材料。包括缴费基数核定以及工伤费率确定、中断缴费、恢复缴费、补缴费、预(补)缴费、退费、加收滞纳金、加收利息等申报核定业务表单及相关审核材料"为100年。②收款凭证、会计账簿、会计报表等,按《会计档案管理办法》确定保管期限。③"社会保险基金征缴明细表和汇总表"为50年。④"社会保险基金征缴年度汇总表"为永久。⑤"催缴材料。包括社会保险费补缴通知书、补缴协议"为10年。⑥"缴费证明材料。包括为缴费单位、缴费个人出具的缴费证明及相关材料"为10年。② (3)养老保险待遇类:①"养老保险待遇核定材料。参保人员基本养老金、养老金领取人员死亡后供养直系亲属及其抚恤金待遇、养老金领取人员丧葬费、养老保险其他一次性待遇核定、养老保险待遇调整、养老保险待遇更正、养老保险待遇补支付、养老保险待遇减支付等申报核定业务表单及相关审核材料"为50年。②"养老保险个人账户一次性支付申报核定业务表单及相关审核材料"为50年。③"劳动能力鉴定材料。包括参保人员劳动能力鉴定结论通知书及相关文书和审核材料"为50年。④养老保险付款凭证、会计账簿、会计报表等,按《会计档案管理办法》确定保管期限。⑤"养老保险支付明细表和汇总表"为30年。⑥"养老保险基金支付年度汇总表"为永久。③ (4)医疗保险待遇类:①"门诊特殊病登记材料。包括门诊特殊病参保人员登记表单及相关审核材料"为10年。②"就医登记材料。包括参保人员办理住院、家庭病床、转诊转院登记表单及相关审核材料"为10年。③"医疗保险住院待遇核定材料。包括住院医疗费用申报核定业务表单及相关审核材料"为10年。④"医疗保险门诊待遇核定材料。包括门诊医疗费用

---

① 《社会保险业务材料归档范围与保管期限》第1条。
② 《社会保险业务材料归档范围与保管期限》第2条。
③ 《社会保险业务材料归档范围与保管期限》第3条。

申报核定业务表单及相关审核材料"为10年。⑤医疗保险付款凭证、会计账簿、会计报表等,按《会计档案管理办法》确定保管期限。⑥"医疗保险支付明细表和汇总表"为30年。⑦"医疗保险基金支付年度汇总表"为永久。[①] (5) 失业保险待遇类:①"失业备案材料。包括失业保险待遇享受资格审查登记业务表单、失业人员名单及相关失业证明材料"为10年。②失业人员失业保险关系转移材料。包括领取期限、待遇标准等相关材料为10年。③"失业保险待遇核定材料。包括失业保险待遇申报核定业务表单及相关审核材料"为10年。④"促进就业补贴核定材料。包括失业人员职业培训、职业介绍补贴申报核定业务表单及相关材料"为10年。⑤失业保险付款凭证、会计账簿、会计报表等,按《会计档案管理办法》确定保管期限。⑥"失业保险支付明细表和汇总表"为30年。⑦"失业保险基金支付年度汇总表"为永久。[②] (6) 工伤保险待遇类:①"工伤备案材料。包括工伤事故备案登记表单及相关材料"为10年。②"工伤认定材料。包括工伤认定决定书及相关文书和审核材料"为50年。③"工伤人员登记变动材料。包括工伤职工登记、工伤保险信息变动登记表单及相关材料"为50年。④"工伤保险伤残工亡待遇核定材料。包括一次性伤残补助金、伤残津贴、生活护理费、一次性工亡补助金、工亡人员丧葬补助金、工亡人员供养直系亲属及其抚恤金等工伤保险待遇申报核定表单及相关材料"为50年。⑤"工伤保险医疗待遇核定材料。包括工伤人员因工伤发生的医疗、康复、配置辅助器具、劳动能力鉴定等费用申报核定业务表单及相关材料"为10年。⑥"工伤预防费用核定材料。包括参保单位工伤预防费用申报核定业务表单及相关材料"为10年。⑦工伤保险付款凭证、会计账簿、会计报表等,按《会计档案管理办法》确定保管期限。⑧"工伤保险支付明细表和汇总表"为30年。⑨"工伤保险基金支付年度汇总表"为永久。[③] (7) 生育保险待遇类:①"妊娠登记材料。包括女职工办理妊娠登记申报核定业务表单及相关材料"为10年。②"并发症登记材料。包括计划生育手术并发症等申报核定业务表单及相关材料"为10年。③"生育保险待遇核定材料。包括参保人员因生育、计划生育、治疗并发症发生的医疗费用及生育津贴等申报核定业务表单等相关审核材料"为10年。④生育保险付款凭证、会计账簿、会计

---

① 《社会保险业务材料归档范围与保管期限》第4条。
② 《社会保险业务材料归档范围与保管期限》第5条。
③ 《社会保险业务材料归档范围与保管期限》第6条。

报表等,按《会计档案管理办法》确定保管期限。⑤"生育保险支付明细表和汇总表"为30年。⑥"生育保险基金支付年度汇总表"为永久。① (8) 社会保险业务统计报表类:①"各项社会保险年度统计报表"为永久。②"社会保险数据和分析报告等资料"为30年。③"社会保险业务月/季统计报表"为10年。④各项社会保险基金年度预决算表按《会计档案管理办法》确定保管期限。② (9) 社会保险稽核监管类:①"社会保险稽核材料。包括稽核方案、稽核通知书、工作记录、相关证据、稽核告知书或整改意见书、处罚建议书、稽核报告等专业文书及相关材料"为30年。②"社会保险监察材料。社会保险行政部门依照有关规定向社会保险经办机构通报的社会保险违法案件的查处情况及相关行政执法文书和其他材料"为30年。③"社会保险经办机构内部控制材料。包括内部控制监督工作方案、内部控制检查通知、工作记录、相关证据、告知书或整改意见书、内部控制报告等专业文书及相关材料"为30年。④"社会保险大案、要案、特殊案件的稽核材料"为永久。③

(二)社会保险个人权益记录管理

1. 社会保险个人权益记录管理的法律依据。(1) 为了维护参保人员的合法权益,规范社会保险个人权益记录管理,根据《社会保险法》等相关法律法规的规定,制定《社会保险个人权益记录管理办法》。④ 社会保险个人权益记录,是指以纸质材料和电子数据等载体记录的反映参保人员及其用人单位履行社会保险义务、享受社会保险权益状况的信息,包括下列内容:①参保人员及其用人单位社会保险登记信息;②参保人员及其用人单位缴纳社会保险费、获得相关补贴的信息;③参保人员享受社会保险待遇资格及领取待遇的信息;④参保人员缴费年限和个人账户信息;⑤其他反映社会保险个人权益的信息。⑤ (2) 社会保险个人权益记录管理涉及会计等材料,国家对其有特别规定的,从其规定。法律、行政法规规定有关业务接受其他监管部门监督管理的,依照其规定执行。⑥

---

① 《社会保险业务材料归档范围与保管期限》第7条。
② 《社会保险业务材料归档范围与保管期限》第8条。
③ 《社会保险业务材料归档范围与保管期限》第9条。
④ 《社会保险个人权益记录管理办法》第1条。
⑤ 《社会保险个人权益记录管理办法》第2条。
⑥ 《社会保险个人权益记录管理办法》第31条。

2. 社会保险个人权益记录管理、监督的主体。社会保险经办机构负责社会保险个人权益记录管理,提供与社会保险个人权益记录相关的服务。人力资源社会保障信息化综合管理机构(以下简称信息机构)对社会保险个人权益记录提供技术支持和安全保障服务。人力资源社会保障行政部门对社会保险个人权益记录管理实施监督。①

3. 社会保险个人权益记录管理的原则。社会保险个人权益记录遵循及时、完整、准确、安全、保密原则,任何单位和个人不得用于商业交易或者营利活动,也不得违法向他人泄露。②

4. 社会保险个人权益记录管理的采集和审核。(1)社会保险经办机构通过业务经办、统计、调查等方式获取参保人员相关社会保险个人权益信息,同时,应当与社会保险费征收机构、民政、公安、机构编制等部门通报的情况进行核对。与社会保险经办机构签订服务协议的医疗机构、药品经营单位、工伤康复机构、辅助器具安装配置机构、相关金融机构等(以下简称社会保险服务机构)和参保人员及其用人单位应当及时、准确提供社会保险个人权益信息,社会保险经办机构应当按照规定程序进行核查。③(2)社会保险经办机构应当依据业务经办原始资料及时采集社会保险个人权益信息。通过互联网经办社会保险业务采集社会保险个人权益信息的,应当采取相应的安全措施。社会保险经办机构应当在经办前台完成社会保险个人权益信息采集工作,不得在后台数据库直接录入、修改数据。社会保险个人权益记录中缴费数额、待遇标准、个人账户储存额、缴费年限等待遇计发的数据,应当根据事先设定的业务规则,通过社会保险信息系统对原始采集数据进行计算处理后生成。④(3)社会保险经办机构应当建立社会保险个人权益信息采集的初审、审核、复核、审批制度,明确岗位职责,并在社会保险信息系统中进行岗位权限设置。⑤

5. 社会保险个人权益记录管理的保管和维护。(1)社会保险经办机构和信息机构应当配备社会保险个人权益记录保管的场所和设施设备,建立并完善人

---

① 《社会保险个人权益记录管理办法》第3条。
② 《社会保险个人权益记录管理办法》第4条。
③ 《社会保险个人权益记录管理办法》第5条。
④ 《社会保险个人权益记录管理办法》第6条。
⑤ 《社会保险个人权益记录管理办法》第7条。

力资源社会保障业务专网。① (2)社会保险个人权益数据保管应当符合以下要求:①建立完善的社会保险个人权益数据存储管理办法;②定期对社会保险个人权益数据的保管、可读取、备份记录状况等进行测试,发现问题及时处理;③社会保险个人权益数据应当定期备份,备份介质异地存放;④保管的软硬件环境、存储载体等发生变化时,应当及时对社会保险个人权益数据进行迁移、转换,并保留原有数据备查。② (3)参保人员流动就业办理社会保险关系转移时,新参保地社会保险经办机构应当及时做好社会保险个人权益记录的接收和管理工作;原参保地社会保险经办机构在将社会保险个人权益记录转出后,应当按照规定保留原有记录备查。③ (4)社会保险经办机构应当安排专门工作人员对社会保险个人权益数据进行管理和日常维护,检查记录的完整性、合规性,并按照规定程序修正和补充。社会保险经办机构不得委托其他单位或者个人单独负责社会保险个人权益数据维护工作。其他单位或者个人协助维护的,社会保险经办机构应当与其签订保密协议。④ (5)社会保险经办机构应当建立社会保险个人权益记录维护日志,对社会保险个人权益数据维护的时间、内容、维护原因、处理方法和责任人等进行登记。⑤ (6)社会保险个人权益信息的采集、保管和维护等环节涉及的书面材料应当存档备查。⑥

6. 社会保险个人权益记录管理的查询和使用。(1)社会保险经办机构应当向参保人员及其用人单位开放社会保险个人权益记录查询程序,界定可供查询的内容,通过社会保险经办机构网点、自助终端或者电话、网站等方式提供查询服务。⑦ (2)社会保险经办机构网点应当设立专门窗口向参保人员及其用人单位提供免费查询服务。参保人员向社会保险经办机构查询本人社会保险个人权益记录的,需持本人有效身份证件;参保人员委托他人向社会保险经办机构查询本人社会保险个人权益记录的,被委托人需持书面委托材料和本人有效身份证件。需要书面查询结果或者出具本人参保缴费、待遇享受等书面证明的,社会保险经

---

① 《社会保险个人权益记录管理办法》第8条。
② 《社会保险个人权益记录管理办法》第9条。
③ 《社会保险个人权益记录管理办法》第10条。
④ 《社会保险个人权益记录管理办法》第11条。
⑤ 《社会保险个人权益记录管理办法》第12条。
⑥ 《社会保险个人权益记录管理办法》第13条。
⑦ 《社会保险个人权益记录管理办法》第14条。

办机构应当按照规定提供。参保用人单位凭有效证明文件可以向社会保险经办机构免费查询本单位缴费情况,以及职工在本单位工作期间涉及《社会保险个人权益记录管理办法》第 2 条第 1 项、第 2 项相关内容。①(3)参保人员或者用人单位对社会保险个人权益记录存在异议时,可以向社会保险经办机构提出书面核查申请,并提供相关证明材料。社会保险经办机构应当进行复核,确实存在错误的,应当改正。②(4)人力资源社会保障行政部门、信息机构基于宏观管理、决策以及信息系统开发等目的,需要使用社会保险个人权益记录的,社会保险经办机构应当依据业务需求规定范围提供。非因依法履行工作职责需要的,所提供的内容不得包含可以直接识别个人身份的信息。③(5)有关行政部门、司法机关等因履行工作职责,依法需要查询社会保险个人权益记录的,社会保险经办机构依法按照规定的查询对象和记录项目提供查询。④(6)其他申请查询社会保险个人权益记录的单位,应当向社会保险经办机构提出书面申请。申请应当包括下列内容:①申请单位的有效证明文件、单位名称、联系方式;②查询目的和法律依据;③查询的内容。⑤(7)社会保险经办机构收到依前条规定提出的查询申请后,应当进行审核,并按照下列情形分别作出处理:①对依法应当予以提供的,按照规定程序提供;②对无法律依据的,应当向申请人作出说明。⑥(8)社会保险经办机构应当对除参保人员本人及其用人单位以外的其他单位查询社会保险个人权益记录的情况进行登记。⑦(9)社会保险经办机构不得向任何单位和个人提供数据库全库交换或者提供超出规定查询范围的信息。⑧

7. 社会保险个人权益记录管理的保密和安全管理。(1)建立社会保险个人权益记录保密制度。人力资源社会保障行政部门、社会保险经办机构、信息机构、社会保险服务机构、信息技术服务商及其工作人员对在工作中获知的社会保险个人权益记录承担保密责任,不得违法向他人泄露。⑨(2)依据《社会保险个

---

① 《社会保险个人权益记录管理办法》第 15 条。
② 《社会保险个人权益记录管理办法》第 16 条。
③ 《社会保险个人权益记录管理办法》第 17 条。
④ 《社会保险个人权益记录管理办法》第 18 条。
⑤ 《社会保险个人权益记录管理办法》第 19 条。
⑥ 《社会保险个人权益记录管理办法》第 20 条。
⑦ 《社会保险个人权益记录管理办法》第 21 条。
⑧ 《社会保险个人权益记录管理办法》第 22 条。
⑨ 《社会保险个人权益记录管理办法》第 23 条。

人权益记录管理办法》第 18 条规定查询社会保险个人权益记录的有关行政部门和司法机关,不得将获取的社会保险个人权益记录用作约定之外的其他用途,也不得违法向他人泄露。①(3)信息机构和社会保险经办机构应当建立健全社会保险信息系统安全防护体系和安全管理制度,加强应急预案管理和灾难恢复演练,确保社会保险个人权益数据安全。②(4)信息机构应当按照社会保险经办机构的要求,建立社会保险个人权益数据库用户管理制度,明确系统管理员、数据库管理员、业务经办用户和信息查询用户的职责,实行用户身份认证和权限控制。系统管理员、数据库管理员不得兼职业务经办用户或者信息查询用户。③

8. 社会保险个人权益记录管理的法律责任。(1)人力资源社会保障行政部门及其他有关行政部门、司法机关违反保密义务的,应当依法承担法律责任。④(2)社会保险经办机构、信息机构及其工作人员有下列行为之一的,由人力资源社会保障行政部门责令改正;对直接负责的主管人员和其他直接责任人员依法给予处分;给社会保险基金、用人单位或者个人造成损失的,依法承担赔偿责任;构成违反治安管理行为的,由公安机关依法予以处罚;构成犯罪的,依法追究刑事责任:①未及时、完整、准确记载社会保险个人权益信息的;②系统管理员、数据库管理员兼职业务经办用户或者信息查询用户的;③与用人单位或者个人恶意串通,伪造、篡改社会保险个人权益记录或者提供虚假社会保险个人权益信息的;④丢失、破坏、违反规定销毁社会保险个人权益记录的;⑤擅自提供、复制、公布、出售或者变相交易社会保险个人权益记录的;⑥违反安全管理规定,将社会保险个人权益数据委托其他单位或个人单独管理和维护的。⑤(3)社会保险服务机构、信息技术服务商以及按照《社会保险个人权益记录管理办法》第 19 条规定获取个人权益记录的单位及其工作人员,将社会保险个人权益记录用于与社会保险经办机构约定以外用途,或者造成社会保险个人权益信息泄露的,依法对直接负责的主管人员和其他直接责任人员给予处分;给社会保险基金、用人单位或者个人造成损失的,依法承担赔偿责任;构成违反治安管理行为的,由公安机关

---

① 《社会保险个人权益记录管理办法》第 24 条。
② 《社会保险个人权益记录管理办法》第 25 条。
③ 《社会保险个人权益记录管理办法》第 26 条。
④ 《社会保险个人权益记录管理办法》第 27 条。
⑤ 《社会保险个人权益记录管理办法》第 28 条。

依法予以处罚;构成犯罪的,依法追究刑事责任。① (4)任何组织和个人非法提供、复制、公布、出售或者变相交易社会保险个人权益记录,有违法所得的,由人力资源社会保障行政部门没收违法所得;属于社会保险服务机构、信息技术服务商的,可由社会保险经办机构与其解除服务协议;依法对直接负责的主管人员和其他直接责任人员给予处分;给社会保险基金、用人单位或者个人造成损失的,依法承担赔偿责任;构成违反治安管理行为的,由公安机关依法予以处罚;构成犯罪的,依法追究刑事责任。②

(三)社会保险欺诈案件管理

1. 社会保险欺诈案件管理的适用。(1)适用的法律。①为加强社会保险欺诈案件管理,规范执法办案行为,提高案件查办质量和效率,促进公正廉洁执法,根据《社会保险法》、《行政处罚法》和《行政执法机关移送涉嫌犯罪案件的规定》等法律法规以及《人力资源社会保障部、公安部关于加强社会保险欺诈案件查处和移送工作的通知》,结合工作实际,制定《社会保险欺诈案件管理办法》。③ ②《社会保险欺诈案件管理办法》自发布之日起施行。④ ③《社会保险欺诈案件管理办法》由人力资源社会保障部负责解释。⑤ (2)适用的范围。社会保险行政部门对社会保险欺诈案件的管理活动适用《社会保险欺诈案件管理办法》。⑥

2. 社会保险欺诈案件管理的主管部门及其职责分工。(1)社会保险行政部门应当建立规范、有效的社会保险欺诈案件管理制度,加强案件科学化、规范化、全程化、信息化管理。⑦ (2)社会保险行政部门应当制定统一、规范的社会保险欺诈案件执法办案流程和法律文书格式,实现执法办案活动程序化、标准化管理。⑧ (3)社会保险行政部门应当建立健全社会保险欺诈案件管理信息系统,实现执法办案活动信息化管理。⑨ (4)社会保险行政部门根据社会保险欺诈案件查办和管

---

① 《社会保险个人权益记录管理办法》第29条。
② 《社会保险个人权益记录管理办法》第30条。
③ 《社会保险欺诈案件管理办法》第1条。
④ 《社会保险欺诈案件管理办法》第68条。
⑤ 《社会保险欺诈案件管理办法》第69条。
⑥ 《社会保险欺诈案件管理办法》第3条。
⑦ 《社会保险欺诈案件管理办法》第2条。
⑧ 《社会保险欺诈案件管理办法》第5条。
⑨ 《社会保险欺诈案件管理办法》第6条。

理工作需要,可以聘请专业人员和机构参与案件查办或者案件管理工作,提供专业咨询和技术支持。①(5)社会保险行政部门的基金监督机构具体负责社会保险欺诈案件归口管理工作。上级社会保险行政部门应当加强对下级社会保险行政部门社会保险欺诈案件查办和案件管理工作的指导和监督。②

3. 社会保险行政部门的记录管理及流程监控。(1)记录管理。①建立社会保险欺诈案件管理台账。社会保险行政部门应当建立社会保险欺诈案件管理台账,对社会保险欺诈案件进行统一登记、集中管理,对案件立案、调查、决定、执行、移送、结案、归档等执法办案全过程进行跟踪记录、监控和管理。③②应当及时、准确地登记和记录信息。社会保险行政部门应当及时、准确地登记和记录案件全要素信息。案件登记和记录内容包括:案件名称、编号、来源、立案时间、涉案对象和险种等案件基本信息情况,案件调查和检查、决定、执行、移送、结案和立卷归档情况,案件办理各环节法律文书签发和送达情况,办案人员情况以及其他需要登记和记录的案件信息。④(2)流程监控。①建立案件流程监控制度。社会保险行政部门应当建立案件流程监控制度,对案件查办时限、程序和文书办理进行跟踪监控和督促。⑤②设定执法办案控制时限。社会保险行政部门应当根据案件查办期限要求,合理设定执法办案各环节的控制时限,加强案件查办时限监控。⑥③设定执法办案程序流转的顺序控制。社会保险行政部门应当根据案件查办程序规定,设定执法办案程序流转的顺序控制,上一环节未完成不得进行下一环节。⑦④设定文书办理程序和格式控制。社会保险行政部门应当根据案件查办文书使用管理规定,设定文书办理程序和格式控制,规范文书办理和使用行为。⑧

4. 社会保险欺诈案件的立案及查处管理。(1)社会保险欺诈案件的立案查处原则。社会保险行政部门立案查处社会保险欺诈案件,应当遵循依法行政、严

---

① 《社会保险欺诈案件管理办法》第7条。
② 《社会保险欺诈案件管理办法》第4条。
③ 《社会保险欺诈案件管理办法》第8条。
④ 《社会保险欺诈案件管理办法》第9条。
⑤ 《社会保险欺诈案件管理办法》第10条。
⑥ 《社会保险欺诈案件管理办法》第11条。
⑦ 《社会保险欺诈案件管理办法》第12条。
⑧ 《社会保险欺诈案件管理办法》第13条。

格执法的原则,坚持有案必查、违法必究,做到事实清楚、证据确凿、程序合法、法律法规规章适用准确适当、法律文书使用规范。[1] (2)社会保险欺诈案件的管辖。社会保险欺诈案件由违法行为发生地社会保险行政部门管辖。社会保险行政部门对社会保险欺诈案件管辖发生争议的,应当按照主要违法行为发生地或者社会保险基金主要受损地管辖原则协商解决。协商不成的,报请共同的上一级社会保险行政部门指定管辖。[2] (3)社会保险欺诈案件的立案。①及时立案。社会保险行政部门应当健全立案管理制度,对发现的社会保险欺诈违法违规行为,符合立案条件,属于本部门管辖的,应当按照规定及时立案查处。[3] ②立案报告。社会保险行政部门对于查处的重大社会保险欺诈案件,应当在立案后10个工作日内向上一级社会保险行政部门报告。立案报告内容应当包括案件名称、编号、来源、立案时间、涉案对象、险种等案件基本信息情况以及基本案情等。[4] (4)案件承办人。①案件承办人的指定。社会保险行政部门立案查处社会保险欺诈案件,应当指定案件承办人。指定的案件承办人应当具备执法办案资格条件,并符合回避规定。[5] ②案件承办人的要求。案件承办人应当严格按照规定的程序、方法、措施和时限,开展案件调查或者检查,收集、调取、封存和保存证据,制作和使用文书,提交案件调查或者检查报告。[6] (5)对案件调查及检查结果的审查。社会保险行政部门应当对案件调查或者检查结果进行审查,并根据违法行为的事实、性质、情节以及社会危害程度等不同情况,作出给予或者不予行政处理、处罚的决定。社会保险行政部门在作出行政处罚决定前,应当按照规定履行事先告知程序,保障当事人依法行使陈述、申辩权以及要求听证的权利。[7] (6)决定书的作出及其查询、执行。①社会保险行政部门作出行政处理、处罚决定的,应当制作行政处理、处罚决定书,并按照规定期限和程序送达当事人。社会保险行政部门应当定期查询行政处理、处罚决定执行情况,对于当事人逾期并经催告后仍不

---

[1]《社会保险欺诈案件管理办法》第14条。
[2]《社会保险欺诈案件管理办法》第15条。
[3]《社会保险欺诈案件管理办法》第16条。
[4]《社会保险欺诈案件管理办法》第17条。
[5]《社会保险欺诈案件管理办法》第18条。
[6]《社会保险欺诈案件管理办法》第19条。
[7]《社会保险欺诈案件管理办法》第20条。

执行的,应当依法强制执行或者申请人民法院强制执行。① ②社会保险行政部门及其执法办案人员应当严格执行罚款决定和收缴分离制度,除依法可以当场收缴的罚款外,不得自行收缴罚款。②(7)及时结案。对于符合案件办结情形的社会保险欺诈案件,社会保险行政部门应当及时结案。符合下列情形的,可以认定为案件办结:①作出行政处理处罚决定并执行完毕的;②作出不予行政处理、处罚决定的;③涉嫌构成犯罪,依法移送司法机关并被立案的;④法律法规规定的其他案件办结情形的。③(8)配合、协作。①社会保险行政部门跨区域调查案件的,相关地区社会保险行政部门应当积极配合、协助调查。④ ②社会保险行政部门应当健全部门行政执法协作机制,加强与审计、财政、价格、卫生计生、工商、税务、药品监管和金融监管等行政部门的协调配合,形成监督合力。⑤

5. 社会保险欺诈案件的移送管理。(1)涉嫌社会保险欺诈犯罪案件及线索的移送。①社会保险行政部门应当健全社会保险欺诈案件移送制度,按照规定及时向公安机关移送涉嫌社会保险欺诈犯罪案件,不得以行政处罚代替案件移送。社会保险行政部门在查处社会保险欺诈案件过程中,发现国家工作人员涉嫌违纪、犯罪线索的,应当根据案件的性质,向纪检监察机关或者人民检察院移送。⑥ ②社会保险行政部门移送涉嫌社会保险欺诈犯罪案件,应当组成专案组,核实案情提出移送书面报告,报本部门负责人审批,作出批准或者不批准移送的决定。作出批准移送决定的,应当制作涉嫌犯罪案件移送书,并附涉嫌社会保险欺诈犯罪案件调查报告、涉案的有关书证、物证及其他有关涉嫌犯罪的材料,在规定时间内向公安机关移送,并抄送同级人民检察院。在移送案件时已经作出行政处罚决定的,应当将行政处罚决定书一并抄送。作出不批准移送决定的,应当将不批准的理由记录在案。⑦ ③社会保险行政部门对于案情重大、复杂疑难,性质难以确定的案件,可以就刑事案件立案追诉标准、证据固定和保全等问题,

---

① 《社会保险欺诈案件管理办法》第21条。
② 《社会保险欺诈案件管理办法》第22条。
③ 《社会保险欺诈案件管理办法》第23条。
④ 《社会保险欺诈案件管理办法》第24条。
⑤ 《社会保险欺诈案件管理办法》第25条。
⑥ 《社会保险欺诈案件管理办法》第26条。
⑦ 《社会保险欺诈案件管理办法》第27条。

咨询公安机关、人民检察院。① （2）公安机关决定立案的社会保险欺诈案件移送。①物品及相关材料的移交。对于公安机关决定立案的社会保险欺诈案件，社会保险行政部门应当在接到立案通知书后及时将涉案物品以及与案件有关的其他材料移交公安机关，并办理交接手续。② ②查询案件办理进展情况。对于已移送公安机关的社会保险欺诈案件，社会保险行政部门应当定期向公安机关查询案件办理进展情况。③ ③协助配合。公安机关在查处社会保险欺诈案件过程中，需要社会保险行政部门协助查证、提供有关社会保险信息数据和证据材料或者就政策性、专业性问题进行咨询的，社会保险行政部门应当予以协助配合。④ ④对于公安机关决定不予立案或者立案后撤销案件的处理。对于公安机关决定不予立案或者立案后撤销的案件，社会保险行政部门应当按照规定接收公安机关退回或者移送的案卷材料，并依法作出处理。社会保险行政部门对于公安机关作出的不予立案决定有异议的，可以向作出决定的公安机关申请复议，也可以建议人民检察院进行立案监督。⑤ ⑤建立工作机制。社会保险行政部门应当与公安机关建立联席会议、案情通报、案件会商等工作机制，确保基金监督行政执法与刑事司法工作衔接顺畅，坚决克服有案不移、有案难移、以罚代刑现象。⑥ ⑥召开联席会议。社会保险行政部门应当与公安机关定期或者不定期召开联席会议，互通社会保险欺诈案件查处以及行政执法与刑事司法衔接工作情况，分析社会保险欺诈形势和任务，协调解决工作中存在的问题，研究提出加强预防和查处的措施。⑦ ⑦信息的共享。社会保险行政部门应当按照规定与公安、检察机关实现基金监督行政执法与刑事司法信息的共享，实现社会保险欺诈案件移送等执法、司法信息互联互通。⑧

6. 社会保险欺诈案件中重大案件的督办。（1）社会保险行政部门的职责。社会保险行政部门应当建立重大社会保险欺诈案件督办制度，加强辖区内重大

---

① 《社会保险欺诈案件管理办法》第28条。
② 《社会保险欺诈案件管理办法》第29条。
③ 《社会保险欺诈案件管理办法》第30条。
④ 《社会保险欺诈案件管理办法》第31条。
⑤ 《社会保险欺诈案件管理办法》第32条。
⑥ 《社会保险欺诈案件管理办法》第33条。
⑦ 《社会保险欺诈案件管理办法》第34条。
⑧ 《社会保险欺诈案件管理办法》第35条。

社会保险欺诈案件查处工作的协调、指导和监督。重大案件督办是指上级社会保险行政部门对下级社会保险行政部门查办重大案件的调查、违法行为的认定、法律法规的适用、办案程序、处罚及移送等环节实施协调、指导和监督。①（2）重大案件督办的对象。上级社会保险行政部门可以根据案件性质、涉案金额、复杂程度、查处难度以及社会影响等情况，对辖区内发生的重大社会保险欺诈案件进行督办。对跨越多个地区，案情特别复杂，本级社会保险行政部门查处确有困难的，可以报请上级社会保险行政部门进行督办。②（3）重大案件的联合督办。案件涉及其他行政部门的，社会保险行政部门可以协调相关行政部门实施联合督办。③（4）重大案件督办的流程。①发出重大案件督办函并抄报。社会保险行政部门(以下简称督办单位)确定需要督办的案件后，应当向承办案件的下级社会保险行政部门(以下简称承办单位)发出重大案件督办函，同时抄报上级社会保险行政部门。④②及时立案查处及报告。第一，承办单位收到督办单位重大案件督办函后，应当及时立案查处，并在立案后10个工作日内将立案情况报告督办单位。⑤第二，承办单位应当每30个工作日向督办单位报告一次案件查处进展情况；重大案件督办函有确定报告时限的，按照确定报告时限报告。案件查处有重大进展的，应当及时报告。⑥（5）重大案件的指导及催办。①督办单位应当对承办单位督办案件查处工作进行指导、协调和督促。对于承办单位未按要求立案查处督办案件和报告案件查处进展情况的，督办单位应当及时询问情况，进行催办。⑦②督办单位催办可以采取电话催办、发函催办、约谈催办的方式，必要时也可以采取现场督导催办方式。⑧③对因督办案件情况发生变化，不需要继续督办的，督办单位可以撤销督办，并向承办单位发出重大案件撤销督办函。⑨（6）重大案件的办结报告。承办单位应当在督办案件办结后，及时向督办单位报告结果。办结报告内容应当包括案件名称、编号、来源、涉案对象和险种等基本信息情况、

---

① 《社会保险欺诈案件管理办法》第36条。
② 《社会保险欺诈案件管理办法》第37条。
③ 《社会保险欺诈案件管理办法》第38条。
④ 《社会保险欺诈案件管理办法》第39条。
⑤ 《社会保险欺诈案件管理办法》第40条。
⑥ 《社会保险欺诈案件管理办法》第41条。
⑦ 《社会保险欺诈案件管理办法》第42条。
⑧ 《社会保险欺诈案件管理办法》第43条。
⑨ 《社会保险欺诈案件管理办法》第44条。

主要违法事实情况、案件调查或检查情况、行政处理处罚决定和执行情况以及案件移送情况等。①

7. 社会保险欺诈案件立卷归档。(1)立卷归档管理制度的建立。社会保险行政部门应当健全社会保险欺诈案件立卷归档管理制度,规范案卷管理行为。②(2)纸质档案的归档。①立卷归档。第一,社会保险欺诈案件办结后,社会保险行政部门应当及时收集、整理案件相关材料,进行立卷归档。③ 第二,社会保险欺诈案件应当分别立卷,统一编号,一案一卷,做到目录清晰、资料齐全、分类规范、装订整齐、归档及时。案卷可以立为正卷和副卷。正卷主要列入各类证据材料、法律文书等可以对外公开的材料;副卷主要列入案件讨论记录、法定秘密材料等不宜对外公开的材料。④ ②案卷的装订成册。第一,装订成册的案卷应当由案卷封面、卷内文件材料目录、卷内文件材料、卷内文件材料备考表和封底组成。⑤ 第二,卷内文件材料应当按照以下规则组合排列:其一,行政决定文书及其送达回证排列在最前面,其他文书材料按照工作流程顺序排列;其二,证据材料按照所反映的问题特征分类,每类证据主证材料排列在前,旁证材料排列在后;其三,其他文件材料按照取得或者形成的时间顺序,并结合重要程度进行排列。⑥ ③案卷的保管。社会保险行政部门应当按照国家规定确定案卷保管期限和保管案卷。⑦(3)电子档案的归档。社会保险行政部门建立案件电子档案的,电子档案应当与纸质档案内容一致。⑧

8. 社会保险欺诈案件的质量评查。(1)社会保险行政部门的职责。社会保险行政部门应当健全社会保险欺诈案件质量评查制度,组织、实施、指导和监督本区域内社会保险欺诈案件质量评查工作,加强案件质量管理。⑨ (2)案件质量评查方法及内容。案件质量评查应当从证据采信、事实认定、法律适用、程序规范、文书使用和制作等方面进行,通过审阅案卷、实地调研等方式,对执法办案形

---

① 《社会保险欺诈案件管理办法》第45条。
② 《社会保险欺诈案件管理办法》第46条。
③ 《社会保险欺诈案件管理办法》第47条。
④ 《社会保险欺诈案件管理办法》第48条。
⑤ 《社会保险欺诈案件管理办法》第49条。
⑥ 《社会保险欺诈案件管理办法》第50条。
⑦ 《社会保险欺诈案件管理办法》第51条。
⑧ 《社会保险欺诈案件管理办法》第52条。
⑨ 《社会保险欺诈案件管理办法》第53条。

成的案卷进行检查、评议,发现、解决案件质量问题,提高执法办案质量。评查内容主要包括:①执法办案主体是否合法,执法办案人员是否具有资格;②当事人认定是否准确;③认定事实是否清楚,证据是否充分、确凿;④适用法律、法规和规章是否准确、适当;⑤程序是否合法、规范;⑥文书使用是否符合法定要求,记录内容是否清楚,格式是否规范;⑦文书送达是否符合法定形式与要求;⑧行政处理、处罚决定和执行是否符合法定形式与要求;⑨文书和材料的立卷归档是否规范。① (3)案件质量评查的方式及其抽查。社会保险行政部门应当定期或者不定期开展案件质量评查。案件质量评查可以采取集中评查、交叉评查、网上评查方式,采用重点抽查或者随机抽查方法。② (4)案件质量评查的标准及档次。社会保险行政部门应当合理确定案件质量评查标准,划分评查档次。③ (5)评查小组及其职责。社会保险行政部门开展案件质量评查,应当成立评查小组。评查小组开展评查工作,应当实行一案一查一评,根据评查标准进行检查评议,形成评查结果。④ (6)评查结果的通报。评查工作结束后,社会保险行政部门应当将评查结果通报下级社会保险行政部门。⑤

9. 社会保险欺诈案件的分析及报告制度。(1)案件分析制度。社会保险行政部门应当建立社会保险欺诈案件分析制度,定期对案件总体情况进行分析,对典型案例进行剖析,开展业务交流研讨,提高执法办案质量和能力。⑥ (2)专项报告制度。社会保险行政部门应当建立社会保险欺诈案件专项报告制度,定期对案件查处和移送情况进行汇总,报送上一级社会保险行政部门。省级社会保险行政部门应当于半年和年度结束后20日内上报社会保险欺诈案件查处和移送情况报告,并附社会保险欺诈案件查处和移送情况表,与社会保险基金要情统计表同时报送(一式三份)。专项报告内容主要包括:社会保险欺诈案件查处和移送情况及分析、重大案件和上级督办案件查处情况、案件查处和移送制度机制建设和执行情况以及案件管理工作情况。⑦ (3)情况通报制度。社会保险行政部门应

---

① 《社会保险欺诈案件管理办法》第54条。
② 《社会保险欺诈案件管理办法》第55条。
③ 《社会保险欺诈案件管理办法》第56条。
④ 《社会保险欺诈案件管理办法》第57条。
⑤ 《社会保险欺诈案件管理办法》第58条。
⑥ 《社会保险欺诈案件管理办法》第59条。
⑦ 《社会保险欺诈案件管理办法》第60条。

当建立社会保险欺诈案件情况通报制度,定期或者不定期通报本辖区内社会保险欺诈案件发生和查处情况。通报社会保险欺诈案件情况,可以在本系统通报,也可以根据工作需要向社会公开通报。对于重大社会保险欺诈案件可以进行专题通报。① (4)案例指导制度。社会保险行政部门应当健全社会保险欺诈案例指导制度,定期或者不定期收集、整理、印发社会保险欺诈典型案例,指导辖区内案件查处工作。② (5)信息公开制度。①社会保险行政部门应当健全社会保险欺诈案件信息公开制度,依法公开已办结案件相关信息,接受社会监督。③ ②社会保险行政部门查处社会保险欺诈案件,作出行政处罚决定的,应当在作出决定后7个工作日内,在社会保险行政部门门户网站进行公示。④ (6)违法信息记录和使用机制。社会保险行政部门应当完善单位和个人社会保险欺诈违法信息记录和使用机制,将欺诈违法信息纳入单位和个人诚信记录,加强失信惩戒,促进社会保险诚信建设。⑤

10. 社会保险欺诈案件的监督检查。(1)上级社会保险行政部门的监督检查。上级社会保险行政部门应当定期或者不定期对下级社会保险行政部门社会保险欺诈案件查处和移送情况以及案件管理情况进行监督检查,加强行政层级执法监督。⑥ (2)社会保险行政部门的监督检查。社会保险行政部门应当健全执法办案责任制,明确执法办案职责,加强对执法办案活动的监督和问责。⑦

(四)社会保险费征缴的监督检查

1. 社会保险费征缴监督检查的适用。(1)适用的法律。①为加强社会保险费征缴监督检查工作,规范社会保险费征缴监督检查行为,根据《社会保险费征缴暂行条例》和有关法律、法规规定,制定《社会保险费征缴监督检查办法》。⑧ ②《社会保险费征缴监督检查办法》自发布之日起施行。⑨ ③县级以上地方各级劳动保障行政部门对缴费单位监督检查的管辖范围,由省、自治区、直辖市劳动

---

① 《社会保险欺诈案件管理办法》第61条。
② 《社会保险欺诈案件管理办法》第62条。
③ 《社会保险欺诈案件管理办法》第63条。
④ 《社会保险欺诈案件管理办法》第64条。
⑤ 《社会保险欺诈案件管理办法》第65条。
⑥ 《社会保险欺诈案件管理办法》第66条。
⑦ 《社会保险欺诈案件管理办法》第67条。
⑧ 《社会保险费征缴监督检查办法》第1条。
⑨ 《社会保险费征缴监督检查办法》第21条。

保障行政部门依照社会保险登记、缴费申报和缴费工作管理权限,制定具体规定。① (2)适用的范围。对中华人民共和国境内的企业、事业单位、国家机关、社会团体、民办非企业单位、城镇个体工商户(以下简称缴费单位)实施社会保险费征缴监督检查适用《社会保险费征缴监督检查办法》。上述所称企业是指国有企业、城镇集体企业、外商投资企业、城镇私营企业和其他城镇企业。②

2. 社会保险费征缴监督检查的主管部门及其职责分工。(1)劳动保障行政部门的职权。劳动保障行政部门负责社会保险费征缴的监督检查工作,对违反《社会保险费征缴暂行条例》和《社会保险费征缴监督检查办法》规定的缴费单位及其责任人员,依法作出行政处罚决定,并可以按照条例规定委托社会保险经办机构进行与社会保险费征缴有关的检查、调查工作。劳动保障行政部门的劳动保障监察机构具体负责社会保险费征缴监督检查和行政处罚,包括对缴费单位进行检查、调查取证、拟定行政处罚决定书、送达行政处罚决定书、拟定向人民法院申请强制执行行政处罚决定的申请书、受理群众举报等工作。社会保险经办机构受劳动保障行政部门的委托,可以对缴费单位履行社会保险登记、缴费申报、缴费义务的情况进行调查和检查,发现缴费单位有瞒报、漏报和拖欠社会保险费等行为时,应当责令其改正。③ (2)劳动保障行政部门的职责。①劳动保障行政部门应当向社会公布举报电话,设立举报信箱,指定专人负责接待群众投诉;对符合受理条件的举报,应当于7日内立案受理,并进行调查处理,且一般应当于30日内处理结案。④ ②劳动保障行政部门应当建立劳动保障年检制度,进行劳动保障年度检查,掌握缴费单位参加社会保险的情况;对违反条例规定的,应当责令其限期改正,并依照条例规定给予行政处罚。⑤ ③劳动保障监察机构与社会保险经办机构应建立按月相互通报制度。劳动保障监察机构与社会保险经办机构应当建立按月相互通报制度。社会保险经办机构应当及时需要给予行政处罚的缴费单位情况向劳动保障监察机构通报,劳动保障监察机构应当及时将查处违反规定的情况通报给社会保险经办机构。⑥

---

① 《社会保险费征缴监督检查办法》第5条。
② 《社会保险费征缴监督检查办法》第2条。
③ 《社会保险费征缴监督检查办法》第3条。
④ 《社会保险费征缴监督检查办法》第7条。
⑤ 《社会保险费征缴监督检查办法》第8条。
⑥ 《社会保险费征缴监督检查办法》第4条。

3. 社会保险费征缴监督检查的内容。社会保险费征缴监督检查应当包括以下内容：(1)缴费单位向当地社会保险经办机构办理社会保险登记、变更登记或注销登记的情况；(2)缴费单位向社会保险经办机构申报缴费的情况；(3)缴费单位缴纳社会保险费的情况；(4)缴费单位代扣代缴个人缴费的情况；(5)缴费单位向职工公布本单位缴费的情况；(6)法律、法规规定的其他内容。①

4. 劳动保障监察人员及社会保险经办机构工作人员的职权及义务。(1)法定的职权。劳动保障监察人员执行监察公务和社会保险经办机构工作人员进行调查、检查时，行使下列职权：①可以到缴费单位了解遵守社会保险法律、法规的情况；②可以要求缴费单位提供与缴纳社会保险费有关的用人情况、工资表、财务报表等资料，询问有关人员，对缴费单位不能立即提供有关参加社会保险情况和资料的，可以下达劳动保障行政部门监督检查询问书；③可以记录、录音、录像、照相和复制有关资料。②(2)法定的义务。①劳动保障监察人员在执行监察公务和社会保险经办机构工作人员对缴费单位进行调查、检查时，至少应当由两人共同进行，并应当主动出示执法证件。③②劳动保障监察人员执行监察公务和社会保险经办机构工作人员进行调查、检查时，承担下列义务：第一，依法履行职责，秉公执法，不得利用职务之便谋取私利；第二，保守在监督检查工作中知悉的缴费单位的商业秘密；第三，为举报人员保密。④

5. 社会保险费征缴监督检查的行政处罚。(1)对缴费单位直接负责的主管人员和其他直接责任人员的处罚。缴费单位有下列行为之一，情节严重的，对直接负责的主管人员和其他直接责任人员处以1000元以上5000元以下的罚款；情节特别严重的，对直接负责的主管人员和其他直接责任人员处以5000元以上10,000元以下的罚款：①未按规定办理社会保险登记的；②在社会保险登记事项发生变更或者缴费单位依法终止后，未按规定到社会保险经办机构办理社会保险变更登记或者社会保险注销登记的；③未按规定申报应当缴纳社会保险费数额的。⑤(2)对缴费单位的处罚。①罚款。对缴费单位有下列行为之一的，依照

---

① 《社会保险费征缴监督检查办法》第6条。
② 《社会保险费征缴监督检查办法》第10条。
③ 《社会保险费征缴监督检查办法》第9条。
④ 《社会保险费征缴监督检查办法》第11条。
⑤ 《社会保险费征缴监督检查办法》第12条。

《社会保险费征缴暂行条例》第 13 条的规定,从欠缴之日起,按日加收 2‰ 的滞纳金,并对直接负责的主管人员和其他直接责任人员处以 5000 元以上 20,000 元以下罚款:第一,因伪造、变造、故意毁灭有关账册、材料造成社会保险费迟延缴纳的;第二,因不设账册造成社会保险费迟延缴纳的;第三,因其他违法行为造成社会保险费迟延缴纳的。① ②警告并处罚款。第一,对缴费单位有下列行为之一的,应当给予警告,并可以处以 5000 元以下的罚款:其一,伪造、变造社会保险登记证的;其二,未按规定从缴费个人工资中代扣代缴社会保险费的;其三,未按规定向职工公布本单位社会保险费缴纳情况的。对上述违法行为的行政处罚,法律、法规另有规定的,从其规定。② 第二,对缴费单位有下列行为之一的,应当给予警告,并可以处以 10,000 元以下的罚款:其一,阻挠劳动保障监察人员依法行使监察职权,拒绝检查的;其二,隐瞒事实真相,谎报、瞒报,出具伪证,或者隐匿、毁灭证据的;其三,拒绝提供与缴纳社会保险费有关的用人情况、工资表、财务报表等资料的;其四,拒绝执行劳动保障行政部门下达的监督检查询问书的;其五,拒绝执行劳动保障行政部门下达的限期改正指令书的;其六,打击报复举报人员的;其七,法律、法规及规章规定的其他情况。对上述违法行为的行政处罚,法律、法规另有规定的,从其规定。③ (3)罚款的缴费。《社会保险费征缴监督检查办法》第 12 条、第 13 条的罚款均由缴费单位直接负责的主管人员和其他直接责任人员个人支付,不得从单位报销。④ 对缴费单位或者缴费单位直接负责的主管人员和其他直接责任人员的罚款,必须全部上缴国库。⑤ (4)处罚的救济。缴费单位或者缴费单位直接负责的主管人员和其他直接责任人员,对劳动保障行政部门作出的行政处罚决定不服的,可以于 15 日内,向上一级劳动保障行政部门或者同级人民政府申请行政复议。对行政复议决定不服的,可以自收到行政复议决定书之日起 15 日内向人民法院提起行政诉讼。行政复议和行政诉讼期间,不影响该行政处罚决定的执行。⑥

6. 社会保险费征缴监督检查的强制执行。缴费单位或者缴费单位直接负责

---

① 《社会保险费征缴监督检查办法》第 13 条。
② 《社会保险费征缴监督检查办法》第 14 条。
③ 《社会保险费征缴监督检查办法》第 15 条。
④ 《社会保险费征缴监督检查办法》第 16 条。
⑤ 《社会保险费征缴监督检查办法》第 17 条。
⑥ 《社会保险费征缴监督检查办法》第 18 条。

的主管人员和其他直接责任人员,在 15 日内拒不执行劳动保障行政部门对其作出的行政处罚决定,又不向上一级劳动保障行政部门或者同级人民政府申请行政复议,或者对行政复议决定不服,又不向人民法院提起行政诉讼的,可以申请人民法院强制执行。①

7. 社会保险费征缴监督检查的法律责任。劳动保障行政部门和社会保险经办机构的工作人员滥用职权、徇私舞弊、玩忽职守,构成犯罪的,依法追究刑事责任;尚不构成犯罪的,给予责任人员行政处分。②

六、社会保险适用的特殊情况

(一)军人的社会保险

1. 军人保险的适用。(1)适用法律。①为了规范军人保险关系,维护军人合法权益,促进国防和军队建设,制定《军人保险法》。③ ②《军人保险法》自 2012 年 7 月 1 日起施行。④ ③军人伤亡保险、退役养老保险、退役医疗保险和随军未就业的军人配偶保险的建立、缴费和转移接续等适用《军人保险法》。⑤ (2)适用人员。《军人保险法》关于军人保险权益和义务的规定,适用于人民武装警察;中国人民武装警察部队保险基金管理,按照中国人民武装警察部队资金管理体制执行。⑥

2. 军人保险的制度及政策。(1)国家建立军人保险制度。⑦ (2)军人保险制度应当体现军人职业特点,与社会保险制度相衔接,与经济社会发展水平相适应。国家根据社会保险制度的发展,适时补充完善军人保险制度。⑧ (3)国家促进军人保险事业的发展,为军人保险提供财政拨款和政策支持。⑨

3. 军人保险的部门职责分工。(1)中国人民解放军军人保险主管部门的职责。中国人民解放军军人保险主管部门负责全军的军人保险工作。⑩ (2)总后勤

---

① 《社会保险费征缴监督检查办法》第 19 条。
② 《社会保险费征缴监督检查办法》第 20 条。
③ 《军人保险法》第 1 条。
④ 《军人保险法》第 51 条。
⑤ 《军人保险法》第 2 条第 2 款。
⑥ 《军人保险法》第 50 条。
⑦ 《军人保险法》第 2 条第 1 款。
⑧ 《军人保险法》第 3 条。
⑨ 《军人保险法》第 4 条。
⑩ 《军人保险法》第 5 条第 1 款第 1 句。

部的职责。军人保险信息系统由中国人民解放军总后勤部负责统一建设。①（3）保险行政部门等的职责。国务院社会保险行政部门、财政部门和军队其他有关部门在各自职责范围内负责有关的军人保险工作。②（4）军队后勤（联勤）机关财务部门的职责。①军队后勤（联勤）机关财务部门负责承办军人保险登记、个人权益记录、军人保险待遇支付等工作。③②军队后勤（联勤）机关财务部门应当为军人及随军未就业的军人配偶建立保险档案，及时、完整、准确地记录其个人缴费和国家补助，以及享受军人保险待遇等个人权益记录，并定期将个人权益记录单送达本人。④③中国人民解放军总后勤部财务部门和中国人民解放军审计机关按照各自职责，对军人保险基金的收支和管理情况实施监督。⑤（5）军队后勤（联勤）机关财务部门和地方社会保险经办机构的职责。①军队后勤（联勤）机关财务部门和地方社会保险经办机构应当建立健全军人保险经办管理制度。⑥②军队后勤（联勤）机关财务部门和地方社会保险经办机构应当及时办理军人保险和社会保险关系转移接续手续。⑦③军队后勤（联勤）机关财务部门和地方社会保险经办机构应当为军人及随军未就业的军人配偶提供军人保险和社会保险咨询等相关服务。⑧④军队后勤（联勤）机关、地方社会保险行政部门，应当对单位和个人遵守《军人保险法》的情况进行监督检查。军队后勤（联勤）机关、地方社会保险行政部门实施监督检查时，被检查单位和个人应当如实提供与军人保险有关的资料，不得拒绝检查或者谎报、瞒报。⑨⑤军队后勤（联勤）机关财务部门和地方社会保险经办机构及其工作人员，应当依法为军队单位和军人的信息保密，不得以任何形式泄露。⑩

---

① 《军人保险法》第40条。
② 《军人保险法》第5条第1款第2句。
③ 《军人保险法》第5条第2款。
《军人保险法》第38条第2款规定："军队后勤（联勤）机关财务部门应当按时足额支付军人保险金。"
④ 《军人保险法》第39条第1款。
⑤ 《军人保险法》第41条。
⑥ 《军人保险法》第38条第1款。
⑦ 《军人保险法》第38条第3款。
《军人保险法》第5条第3款规定："军队后勤（联勤）机关财务部门和地方社会保险经办机构，按照各自职责办理军人保险与社会保险关系转移接续手续。"
⑧ 《军人保险法》第39条第2款。
⑨ 《军人保险法》第42条。
⑩ 《军人保险法》第43条。

4. 军人保险的待遇。军人依法参加军人保险并享受相应的保险待遇。军人有权查询、核对个人缴费记录和个人权益记录,要求军队后勤(联勤)机关财务部门和地方社会保险经办机构依法办理养老、医疗等保险关系转移接续手续,提供军人保险和社会保险咨询等相关服务。[①]

5. 军人保险基金。(1)军人保险基金的内容。军人保险基金包括军人伤亡保险基金、军人退役养老保险基金、军人退役医疗保险基金和随军未就业的军人配偶保险基金。各项军人保险基金按照军人保险险种分别建账,分账核算,执行军队的会计制度。[②] (2)军人保险基金的构成。军人保险基金由个人缴费、中央财政负担的军人保险资金以及利息收入等资金构成。[③] 军人应当缴纳的保险费,由其所在单位代扣代缴。[④] 中央财政负担的军人保险资金,由国务院财政部门纳入年度国防费预算。[⑤] (3)军人保险基金的管理。①军人保险基金按照国家和军队的预算管理制度,实行预算、决算管理。[⑥] ②军人保险基金由中国人民解放军总后勤部军人保险基金管理机构集中管理。军人保险基金管理机构应当严格管理军人保险基金,保证基金安全。[⑦] ③军人保险基金实行专户存储,具体管理办法按照国家和军队有关规定执行。[⑧] ④军人保险基金应当专款专用,按照规定的项目、范围和标准支出,任何单位和个人不得贪污、侵占、挪用,不得变更支出项目、扩大支出范围或者改变支出标准。[⑨]

6. 军人社会保险的举报、投诉。任何单位或者个人有权对违反《军人保险法》规定的行为进行举报、投诉。军队和地方有关部门、机构对属于职责范围内的举报、投诉,应当依法处理;对不属于本部门、本机构职责范围的,应当书面通知并移交有权处理的部门、机构处理。有权处理的部门、机构应当及时处理,不得推诿。[⑩]

7. 军人保险的法律责任。(1)军队后勤(联勤)机关财务部门、社会保险经

---

① 《军人保险法》第6条。
② 《军人保险法》第30条。
③ 《军人保险法》第31条。
④ 《军人保险法》第32条第1款。
⑤ 《军人保险法》第33条。
⑥ 《军人保险法》第34条。
⑦ 《军人保险法》第36条。
⑧ 《军人保险法》第35条。
⑨ 《军人保险法》第37条。
⑩ 《军人保险法》第44条。

办机构的法律责任。军队后勤(联勤)机关财务部门、社会保险经办机构,有下列情形之一的,由军队后勤(联勤)机关或者社会保险行政部门责令改正;对直接负责的主管人员和其他直接责任人员依法给予处分;造成损失的,依法承担赔偿责任:①不按照规定建立、转移接续军人保险关系的;②不按照规定收缴、上缴个人缴纳的保险费的;③不按照规定给付军人保险金的;④篡改或者丢失个人缴费记录等军人保险档案资料的;⑤泄露军队单位和军人的信息的;⑥违反规定划拨、存储军人保险基金的;⑦有违反法律、法规损害军人保险权益的其他行为的。① (2)侵害军人保险基金的的法律责任。贪污、侵占、挪用军人保险基金的,由军队后勤(联勤)机关责令限期退回,对直接负责的主管人员和其他直接责任人员依法给予处分。② (3)骗取军人保险待遇的的法律责任。以欺诈、伪造证明材料等手段骗取军人保险待遇的,由军队后勤(联勤)机关和社会保险行政部门责令限期退回,并依法给予处分。③ (4)刑事的法律责任。违反《军人保险法》规定,构成犯罪的,依法追究刑事责任。④

(二)军人配偶随军未就业期间的社会保险

1. 军人配偶随军未就业期间的社会保险费的缴纳。随军未就业的军人配偶应当缴纳的保险费,由军人所在单位代扣代缴。⑤

2. 军人配偶随军未就业期间的个人账户。(1)个人账户的建立。国家建立军人配偶随军未就业期间基本生活补贴制度和养老、医疗保险个人账户,并给予个人账户补贴。⑥ (2)个人账户资金的拨付。中央财政安排的资金,由总后勤部列入年度军费预算,中央财政每年予以拨付。养老、医疗保险个人账户资金中个人缴费部分,由军人所在单位后勤机关在发放基本生活补贴时代扣代缴。⑦ (3)个人账户资金的存入。军人配偶随军未就业期间养老、医疗保险个人账户资

---

① 《军人保险法》第45条。
② 《军人保险法》第46条。
③ 《军人保险法》第47条。
④ 《军人保险法》第48条。
⑤ 《军人保险法》第32条第2款。
⑥ 《中国人民解放军军人配偶随军未就业期间社会保险暂行办法》第2条。
《中国人民解放军军人配偶随军未就业期间社会保险暂行办法》第1条规定:"为了解决军人配偶随军未就业期间的基本生活保障和社会保险补贴待遇及关系衔接问题,解除军人后顾之忧,激励军人安心服役,根据有关政策规定,结合军队实际,制定本办法。"
⑦ 《中国人民解放军军人配偶随军未就业期间社会保险暂行办法》第18条。

金必须存入国有商业银行,专户存储,所得利息直接记入个人账户。①

3. 军人配偶随军未就业期间的待遇。(1)待遇的内容。随军配偶符合下列条件之一的(以下称未就业随军配偶),依照《中国人民解放军军人配偶随军未就业期间社会保险暂行办法》规定享受基本生活补贴和养老、医疗保险个人账户补贴待遇:①随军前未就业、经批准随军随队后未就业且无收入的;②随军前已就业但未参加基本养老保险、经批准随军随队后未就业且无收入的;③经批准随军随队后未就业且无收入,已参加基本养老保险,并将基本养老保险关系和个人账户资金转入军队的。②(2)待遇的主管机关。军队政治机关和后勤机关按照职责分工负责军人配偶随军未就业期间基本生活补贴的审批与支付、建立养老和医疗保险个人账户的资格认定,以及基本生活补贴资金和个人账户资金的管理,并会同地方人民政府劳动保障部门及其社会保险经办机构,办理未就业随军配偶社会保险关系和个人账户资金的转移、接续工作。③(3)待遇的申请及补审。未就业随军配偶享受《中国人民解放军军人配偶随军未就业期间社会保险暂行办法》规定的基本生活补贴和养老、医疗保险个人账户补贴待遇,应当向军人所在单位政治机关提出书面申请。由军人所在单位政治机关会同后勤机关在10个工作日内完成初审。对符合条件的,经军人所在单位军政主官审查同意后,按隶属关系逐级上报正师级(含)以上单位政治机关。④(4)待遇的审核及备案。正师级以上单位政治机关应当会同后勤机关在10个工作日内完成审核;对符合条件的,办理批准手续,并逐级报军区级单位政治机关和后勤机关备案。⑤(5)待遇的公布。军人所在单位政治机关应当将经批准享受军人配偶随军未就业期间基本生活补贴和养老、医疗保险个人账户补贴待遇的人员名单,采取适当形式,每年公布一次,接受群众监督。对群众反映不符合条件的,经核实后要予以纠正。⑥(6)待遇的管理。军队政治机关和后勤机关按照规定的职责,对军人配偶随军未就业期间的待遇审批,以及基本生活补贴资金和个人账户资金收支、管理情况,

---

① 《中国人民解放军军人配偶随军未就业期间社会保险暂行办法》第19条。
② 《中国人民解放军军人配偶随军未就业期间社会保险暂行办法》第3条。
③ 《中国人民解放军军人配偶随军未就业期间社会保险暂行办法》第4条。
④ 《中国人民解放军军人配偶随军未就业期间社会保险暂行办法》第14条。
⑤ 《中国人民解放军军人配偶随军未就业期间社会保险暂行办法》第15条。
⑥ 《中国人民解放军军人配偶随军未就业期间社会保险暂行办法》第16条。

进行监督和检查。①(7)待遇的停止。有下列情形之一的,停止享受军人配偶随军未就业期间基本生活补贴和养老、医疗保险个人账户补贴待遇:①未就业随军配偶已就业且有收入的;②未就业随军配偶无正当理由,拒不接受当地人民政府有关部门或者机构安排工作的;③未就业随军配偶出国定居或者移居我国港、澳、台地区的;④未就业随军配偶与军人解除婚姻关系的;⑤未就业随军配偶被判刑收监执行或者被劳动教养的;⑥军人被取消军籍的;⑦军人退出现役的;⑧军人死亡的。②(8)待遇的适用。《中国人民解放军军人配偶随军未就业期间社会保险暂行办法》同时适用于中国人民武装警察部队。③

4. 军人配偶随军未就业期间的基本生活补贴。(1)基本生活补贴的标准。军人配偶随军未就业期间基本生活补贴按照下列标准,由军人所在单位后勤机关按月发放:①驻国家确定的一、二类艰苦边远地区和军队确定的三类岛屿,以及一般地区部队的军人,其配偶随军未就业期间基本生活补贴标准,为每人每月320元。②驻国家确定的三、四类艰苦边远地区和军队确定的特、一、二类岛屿部队的军人,其配偶随军未就业期间基本生活补贴标准,为每人每月410元。国家确定的艰苦边远地区具体范围和类别按《国务院办公厅转发人事部、财政部关于调整机关事业单位工作人员工资和增加离退休人员离退休费四个实施方案的通知》(国办发〔2001〕14号)执行。军队确定的岛屿类别按《总后勤部关于印发〈军队地区津贴规定〉的通知》(〔1998〕后财字第331号)执行。④(2)基本生活补贴的期限。驻国家确定的一、二类艰苦边远地区和军队确定的三类岛屿部队的军人,其配偶随军未就业期间领取基本生活补贴标准全额的期限最长为60个月;驻一般地区部队的军人,其配偶随军未就业期间领取基本生活补贴标准全额的期限最长为36个月。未就业随军配偶领取基本生活补贴标准全额期满后,按本人基本生活补贴标准8%的比例逐年递减。递减后的基本生活补贴最低标准,由总后勤部参照省会城市失业保险金标准确定。驻国家确定的三、四类艰苦边远地区和军队确定的特、一、二类岛屿部队的军人,其配偶随军未就业期间

---

① 《中国人民解放军军人配偶随军未就业期间社会保险暂行办法》第20条。
② 《中国人民解放军军人配偶随军未就业期间社会保险暂行办法》第17条。
③ 《中国人民解放军军人配偶随军未就业期间社会保险暂行办法》第23条。
④ 《中国人民解放军军人配偶随军未就业期间社会保险暂行办法》第5条。

基本生活补贴标准不实行递减。① (3) 基本生活补贴标准的调整。军人配偶随军未就业期间基本生活补贴标准的调整,由总政治部、总后勤部商国务院有关部门确定。②

5. 随军未就业的军人配偶保险的补助。(1) 国家为随军未就业的军人配偶建立养老保险、医疗保险等。随军未就业的军人配偶参加保险,应当缴纳养老保险费和医疗保险费,国家给予相应的补助。随军未就业的军人配偶保险个人缴费标准和国家补助标准,按照国家有关规定执行。③ (2) 地方人民政府和有关部门应当为随军未就业的军人配偶提供就业指导、培训等方面的服务。随军未就业的军人配偶无正当理由拒不接受当地人民政府就业安置,或者无正当理由拒不接受当地人民政府指定部门、机构介绍的适当工作、提供的就业培训的,停止给予保险缴费补助。④

6. 随军未就业的军人配偶保险的转接。(1) 随军未就业的军人配偶随军前已经参加社会保险的,由地方社会保险经办机构和军队后勤(联勤)机关财务部门办理保险关系转移接续手续。⑤ (2) 随军未就业的军人配偶实现就业或者军人退出现役时,由军队后勤(联勤)机关财务部门将其养老保险、医疗保险关系和相应资金转入地方社会保险经办机构,地方社会保险经办机构办理相应的转移接续手续。军人配偶在随军未就业期间的养老保险、医疗保险缴费年限与其在地方参加职工基本养老保险、职工基本医疗保险的缴费年限合并计算。⑥ (3) 随军未就业的军人配偶达到国家规定的退休年龄时,按照国家有关规定确定退休地,由军队后勤(联勤)机关财务部门将其养老保险关系和相应资金转入退休地社会保险经办机构,享受相应的基本养老保险待遇。⑦

(三) 我国香港特别行政区、澳门特别行政区、台湾地区居民在内地(大陆)的社会保险

1. 我国香港特别行政区、澳门特别行政区、台湾地区居民在内地(大陆)参加

---

① 《中国人民解放军军人配偶随军未就业期间社会保险暂行办法》第6条。
② 《中国人民解放军军人配偶随军未就业期间社会保险暂行办法》第7条。
③ 《军人保险法》第25条。
④ 《军人保险法》第29条。
⑤ 《军人保险法》第26条。
⑥ 《军人保险法》第27条。
⑦ 《军人保险法》第28条。

社会保险的适用。(1)适用的法律依据。①为了维护在内地(大陆)就业、居住和就读的香港特别行政区、澳门特别行政区居民中的中国公民和台湾地区居民(以下简称港澳台居民)依法参加社会保险和享受社会保险待遇的合法权益,加强社会保险管理,根据《社会保险法》等规定,制定《香港澳门台湾居民在内地(大陆)参加社会保险暂行办法》。①②"内地(大陆)与香港、澳门、台湾有关机构就社会保险事宜作出具体安排的,按照相关规定办理。"②(2)适用范围。"在内地(大陆)依法注册或者登记的企业、事业单位、社会组织、有雇工的个体经济组织等用人单位(以下统称用人单位)依法聘用、招用的港澳台居民,应当依法参加职工基本养老保险、职工基本医疗保险、工伤保险、失业保险和生育保险,由用人单位和本人按照规定缴纳社会保险费。在内地(大陆)依法从事个体工商经营的港澳台居民,可以按照注册地有关规定参加职工基本养老保险和职工基本医疗保险;在内地(大陆)灵活就业且办理港澳台居民居住证的港澳台居民,可以按照居住地有关规定参加职工基本养老保险和职工基本医疗保险。在内地(大陆)居住且办理港澳台居民居住证的未就业港澳台居民,可以在居住地按照规定参加城乡居民基本养老保险和城乡居民基本医疗保险。在内地(大陆)就读的港澳台大学生,与内地(大陆)大学生执行同等医疗保障政策,按规定参加高等教育机构所在地城乡居民基本医疗保险。"③(3)"适用的除外。已在香港、澳门、台湾参加当地社会保险,并继续保留社会保险关系的港澳台居民,可以持相关授权机构出具的证明,不在内地(大陆)参加基本养老保险和失业保险。"④

2. 社会保险的保障登记。(1)"用人单位依法聘用、招用港澳台居民的,应当持港澳台居民有效证件,以及劳动合同、聘用合同等证明材料,为其办理社会保险登记。在内地(大陆)依法从事个体工商经营和灵活就业的港澳台居民,按照注册地(居住地)有关规定办理社会保险登记。"《香港澳门台湾居民在内地(大陆)参加社会保险暂行办法》所称"港澳台居民有效证件",指"港澳居民来往内地通行证、港澳台居民居住证"。⑤(2)已经办理港澳台居民居住证且符合在内

---

① 《香港澳门台湾居民在内地(大陆)参加社会保险暂行办法》第1条。
② 《香港澳门台湾居民在内地(大陆)参加社会保险暂行办法》第12条。
③ 《香港澳门台湾居民在内地(大陆)参加社会保险暂行办法》第2条。
④ 《香港澳门台湾居民在内地(大陆)参加社会保险暂行办法》第11条。
⑤ 《香港澳门台湾居民在内地(大陆)参加社会保险暂行办法》第14条。

地(大陆)参加城乡居民基本养老保险和城乡居民基本医疗保险条件的港澳台居民,持港澳台居民居住证在居住地办理社会保险登记。①

3. 社会保险的社会保障号码。"港澳台居民办理社会保险的各项业务流程与内地(大陆)居民一致。社会保险经办机构或者社会保障卡管理机构应当为港澳台居民建立社会保障号码,并发放社会保障卡。港澳台居民在办理居住证时取得的公民身份号码作为其社会保障号码;没有公民身份号码的港澳居民的社会保障号码,由社会保险经办机构或者社会保障卡管理机构按照国家统一规定编制。"②

4. "参加社会保险的港澳台居民,依法享受社会保险待遇。"③

5. 社会保险的缴费。(1)缴费年限。"参加职工基本养老保险的港澳台居民达到法定退休年龄时,累计缴费不足15年的,可以延长缴费至满15年。社会保险法实施前参保、延长缴费5年后仍不足15年的,可以一次性缴费至满15年。参加城乡居民基本养老保险的港澳台居民,符合领取待遇条件的,在居住地按照有关规定领取城乡居民基本养老保险待遇。达到待遇领取年龄时,累计缴费不足15年的,可以按照有关规定延长缴费或者补缴。参加职工基本医疗保险的港澳台居民,达到法定退休年龄时累计缴费达到国家规定年限的,退休后不再缴纳基本医疗保险费,按照国家规定享受基本医疗保险待遇;未达到国家规定年限的,可以缴费至国家规定年限。退休人员享受基本医疗保险待遇的缴费年限按照各地规定执行。参加城乡居民基本医疗保险的港澳台居民按照与所在统筹地区城乡居民同等标准缴费,并享受同等的基本医疗保险待遇。参加基本医疗保险的港澳台居民,在境外就医所发生的医疗费用不纳入基本医疗保险基金支付范围。"④(2)缴费的累加。"港澳台居民在达到规定的领取养老金条件前离开内地(大陆)的,其社会保险个人账户予以保留,再次来内地(大陆)就业、居住并继续缴费的,缴费年限累计计算;经本人书面申请终止社会保险关系的,可以将其社会保险个人账户储存额一次性支付给本人。已获得香港、澳门、台湾居民身份的原内地(大陆)居民,离开内地(大陆)时选择保留社会保险关系的,返回内地

---

① 《香港澳门台湾居民在内地(大陆)参加社会保险暂行办法》第3条第2款。
② 《香港澳门台湾居民在内地(大陆)参加社会保险暂行办法》第4条。
③ 《香港澳门台湾居民在内地(大陆)参加社会保险暂行办法》第5条。
④ 《香港澳门台湾居民在内地(大陆)参加社会保险暂行办法》第6条。

(大陆)就业、居住并继续参保时,原缴费年限合并计算;离开内地(大陆)时已经选择终止社会保险关系的,原缴费年限不再合并计算,可以将其社会保险个人账户储存额一次性支付给本人。"①

6. 社会保险关系的转移及缴费年限。"参加社会保险的港澳台居民在内地(大陆)跨统筹地区流动办理社会保险关系转移时,按照国家有关规定执行。港澳台居民参加企业职工基本养老保险的,不适用建立临时基本养老保险缴费账户的相关规定。已经领取养老保险待遇的,不再办理基本养老保险关系转移接续手续。已经享受退休人员医疗保险待遇的,不再办理基本医疗保险关系转移接续手续。参加职工基本养老保险的港澳台居民跨省流动就业的,应当转移基本养老保险关系。达到待遇领取条件时,在其基本养老保险关系所在地累计缴费年限满10年的,在该地办理待遇领取手续;在其基本养老保险关系所在地累计缴费年限不满10年的,将其基本养老保险关系转回上一个缴费年限满10年的参保地办理待遇领取手续;在各参保地累计缴费年限均不满10年的,由其缴费年限最长的参保地负责归集基本养老保险关系及相应资金,办理待遇领取手续,并支付基本养老保险待遇;如有多个缴费年限相同的最长参保地,则由其最后一个缴费年限最长的参保地负责归集基本养老保险关系及相应资金,办理待遇领取手续,并支付基本养老保险待遇。"参加职工基本养老保险的港澳台居民跨省流动就业,达到法定退休年龄时累计缴费不足15年的,按照《香港澳门台湾居民在内地(大陆)参加社会保险暂行办法》第8条第2款有关待遇领取地的规定确定继续缴费地后,按照《香港澳门台湾居民在内地(大陆)参加社会保险暂行办法》第6条第1款办理。②

7. 社会保险的认证及报告。"按月领取基本养老保险、工伤保险待遇的港澳台居民,应当按照社会保险经办机构的规定,办理领取待遇资格认证。按月领取基本养老保险、工伤保险、失业保险待遇的港澳台居民丧失领取资格条件后,本人或者其亲属应当于1个月内向社会保险经办机构如实报告情况。因未主动报告而多领取的待遇应当及时退还社会保险经办机构。"③

8. 社会保险的补助。"各级财政对在内地(大陆)参加城乡居民基本养老保

---

① 《香港澳门台湾居民在内地(大陆)参加社会保险暂行办法》第7条。
② 《香港澳门台湾居民在内地(大陆)参加社会保险暂行办法》第8条。
③ 《香港澳门台湾居民在内地(大陆)参加社会保险暂行办法》第9条。

险和城乡居民基本医疗保险(港澳台大学生除外)的港澳台居民,按照与所在统筹地区城乡居民相同的标准给予补助。各级财政对港澳台大学生参加城乡居民基本医疗保险补助政策按照有关规定执行。"①

9. 社会保险的监管。"社会保险行政部门或者社会保险费征收机构应当按照社会保险法的规定,对港澳台居民参加社会保险的情况进行监督检查。用人单位未依法为聘用、招用的港澳台居民办理社会保险登记或者未依法为其缴纳社会保险费的,按照社会保险法等法律、行政法规和有关规章的规定处理。"②

(四)外国人在中国境内就业的社会保险

1. 外国人在中国境内就业参加社会保险的法律依据。(1)为了维护在中国境内就业的外国人依法参加社会保险和享受社会保险待遇的合法权益,加强社会保险管理,根据《社会保险法》,制定《在中国境内就业的外国人参加社会保险暂行办法》。③ 在中国境内就业的外国人,是指依法获得《外国人就业证》《外国专家证》《外国常驻记者证》等就业证件和外国人居留证件,以及持有《外国人永久居留证》,在中国境内合法就业的非中国国籍的人员。④ (2)具有与中国签订社会保险双边或者多边协议国家国籍的人员在中国境内就业的,其参加社会保险的办法按照协议规定办理。⑤

2. 外国人在中国境内就业参加社会保险的法定性。(1)在中国境内依法注册或者登记的企业、事业单位、社会团体、民办非企业单位、基金会、律师事务所、会计师事务所等组织(以下称用人单位)依法招用的外国人,应当依法参加职工基本养老保险、职工基本医疗保险、工伤保险、失业保险和生育保险,由用人单位和本人按照规定缴纳社会保险费。与境外雇主订立雇用合同后,被派遣到在中国境内注册或者登记的分支机构、代表机构(以下称境内工作单位)工作的外国人,应当依法参加职工基本养老保险、职工基本医疗保险、工伤保险、失业保险和

---

① 《香港澳门台湾居民在内地(大陆)参加社会保险暂行办法》第10条。
② 《香港澳门台湾居民在内地(大陆)参加社会保险暂行办法》第13条。
③ 《在中国境内就业的外国人参加社会保险暂行办法》第1条。
④ 《在中国境内就业的外国人参加社会保险暂行办法》第2条。
⑤ 《在中国境内就业的外国人参加社会保险暂行办法》第9条。

生育保险,由境内工作单位和本人按照规定缴纳社会保险费。① (2)用人单位招用外国人的,应当自办理就业证件之日起30日内为其办理社会保险登记。受境外雇主派遣到境内工作单位工作的外国人,应当由境内工作单位按照前述规定为其办理社会保险登记。依法办理外国人就业证件的机构,应当及时将外国人来华就业的相关信息通报当地社会保险经办机构。社会保险经办机构应当定期向相关机构查询外国人办理就业证件的情况。②

3. 外国人在中国境内就业参加社会保险的纳入范围。各地要严格执行《社会保险法》和《暂行办法》,于2011年12月31日前将符合条件的外国人纳入社会保险覆盖范围,督促用人单位和外国人按照现行法律法规参保并按时足额缴纳社会保险费。2011年10月15日之前已经在中国境内就业,且符合参保条件的外国人,统一从2011年10月15日起参保缴费。2011年10月15日至12月31日办理参保缴费手续的,免收其滞纳金。2012年1月1日之后办理参保缴费手续的,从2011年10月15日起收取滞纳金。2011年10月15日以后在中国境内就业的,从在中国境内就业开始之月起参保缴费。用人单位申报外国人的缴费基数,统一按人民币形式申报。各地要按照有关政策规定,做好社会保险费收缴以及个人权益记录等工作。③

4. 外国人在中国境内就业参加社会保险的登记办理程序。(1)各地要完善社会保险登记办理程序,方便用人单位为聘雇的外国人办理参保登记手续。驻华代表机构、外国常驻新闻机构、外国企业常驻代表机构等单位办理社会保险登记手续时,应要求其提供由中国主管部门颁发的批准设立文件及由中国质量技术监督部门颁发的组织机构代码证书等证明文件。(2)对于首次参保的外国人,应要求用人单位提供其本人有效护照、《外国人就业证》或《外国专家证》《外国常驻记者证》等就业证件(取得在中国永久居留资格的人员,应提供本人《外国人永久居留证》),以及劳动合同或派遣合同等证明材料,到用人单位参保所在地社保机构办理社会保险登记手续。经审核通过的,社保机构根据《外国人社会保障号码编制规则》,为其建立社会保障号码,发放社会保障卡。(3)具有与我国签订

---

① 《在中国境内就业的外国人参加社会保险暂行办法》第3条。
② 《在中国境内就业的外国人参加社会保险暂行办法》第4条。
③ 《人力资源和社会保障部关于做好我国境内就业的外国人参加社会保险工作有关问题的通知》第1条。

社会保险缴费双边或多边协议(或协定,以下简称协议)国家国籍的就业人员,在其依法获得在我国境内就业证件3个月内提供协议国出具参保证明的,应按协议规定免除其规定险种在规定期限内的缴费义务。对于依法获得在我国境内就业证件3个月后不能提供协议国出具的参保证明的,应按规定征收社会保险费并收取相应的滞纳金。对于协议之外的险种以及协议规定险种超过规定期限的,应要求其按规定缴纳社会保险费。①

5. 外国人在中国境内就业参加社会保险的个人账户。(1)个人账户的保留及存额支付。参加社会保险的外国人,符合条件的,依法享受社会保险待遇。在达到规定的领取养老金年龄前离境的,其社会保险个人账户予以保留,再次来中国就业的,缴费年限累计计算;经本人书面申请终止社会保险关系的,也可以将其社会保险个人账户储存额一次性支付给本人。② (2)个人账户余额的继承。外国人死亡的,其社会保险个人账户余额可以依法继承。③

6. 外国人在中国境内就业参加社会保险的证明、公证及认证。在中国境外享受按月领取社会保险待遇的外国人,应当至少每年向负责支付其待遇的社会保险经办机构提供一次由中国驻外使、领馆出具的生存证明,或者由居住国有关机构公证、认证并经中国驻外使、领馆认证的生存证明。外国人合法入境的,可以到社会保险经办机构自行证明其生存状况,不再提供前款规定的生存证明。④

7. 外国人在中国境内就业参加社会保险的保障卡。社会保险经办机构应当根据《外国人社会保障号码编制规则》,为外国人建立社会保障号码,并发放中华人民共和国社会保障卡。⑤

8. 外国人在中国境内就业参加社会保险的救济。依法参加社会保险的外国人与用人单位或者境内工作单位因社会保险发生争议的,可以依法申请调解、仲裁、提起诉讼。用人单位或者境内工作单位侵害其社会保险权益的,外国人也可以要求社会保险行政部门或者社会保险费征收机构依法处理。⑥

---

① 《人力资源和社会保障部关于做好在我国境内就业的外国人参加社会保险工作有关问题的通知》第2条。
② 《在中国境内就业的外国人参加社会保险暂行办法》第5条。
③ 《在中国境内就业的外国人参加社会保险暂行办法》第6条。
④ 《在中国境内就业的外国人参加社会保险暂行办法》第7条。
⑤ 《在中国境内就业的外国人参加社会保险暂行办法》第10条。
⑥ 《在中国境内就业的外国人参加社会保险暂行办法》第8条。

9. 外国人在中国境内就业参加社会保险的相关政策。(1)在我国就业的外国人领取养老保险待遇的年龄,原则上按照现行退休年龄政策的相关规定执行。(2)外国人在我国境内发生的生育保险费用,由生育保险基金支付,具体办法由各省、自治区、直辖市确定。①

10. 外国人在中国境内就业参加社会保险的管理服务工作。(1)各地要针对外国人参保的特点和具体情况,调整和优化业务经办规程和管理办法,改进管理服务方式。外国人就业较多的地区可印制外文版本的政策规定、办事指南等材料,方便用人单位和外国人办理参保和待遇核定等手续,并提供有中英文对照的社会保险权益记录;有条件的地区,可为外国人参保提供外语咨询服务。要统一调整相关用表,及时完善社会保险数据库,尽快在社会保险业务管理系统中实现外国人参保的业务办理。加强基础信息数据的采集与维护,保障参保人员信息的准确和安全。加快社会保障卡发放进度,方便外国人参保缴费和信息查询。建立外国人参保数据定期上报机制,支持查询和分析服务。(2)社保机构要加强与当地就业部门的业务联系,建立就业与社保信息交换共享机制,通过信息网络第一时间获取外国人就业信息,为督促聘雇外国人的用人单位和外国人办理参保手续提供基础信息。同时,要建立与外国专家局以及公安、文化、民政等部门的协作机制,实现部门间信息共享机制,及时掌握外国人入境、离境和在国内就业等情况。(3)建立部级外国人参保信息查询系统,各地社保机构可通过人力资源社会保障业务专网查询外国人办理《外国人就业证》、《外国专家证》和其他国家提供的为该国在中国就业人员出具的参保证明以及外国人在中国参保及社会保障号码等信息。(4)外国人参保数据上报、信息查询的具体内容和系统方案另行制定。②

11. 外国人在中国境内就业参加社会保险的工作调度和监督检查。(1)各地要建立外国人参保工作的调度制度,按照规定的时间统一上报外国人参保工作进展情况,我部将定期进行通报。要加大对聘雇外国人的用人单位参保缴费情况的监督检查力度,建立经常性检查工作机制,对外国人就业相对集中的企业要进行重点检查,对拒不参保的,依法处理,确保《社会保险法》的真正落实。做好

---

① 《人力资源和社会保障部关于做好在我国境内就业的外国人参加社会保险工作有关问题的通知》第 3 条。

② 《人力资源和社会保障部关于做好在我国境内就业的外国人参加社会保险工作有关问题的通知》第 4 条。

在我国境内就业的外国人参加社会保险工作,事关我国法律实施的权威性和严肃性。各级人力资源社会保障部门要从政治和全局的角度予以高度重视,认真组织贯彻落实。要及时收集并重视网络和媒体舆情,坚持正确的舆论导向,通过电视、网络等媒体,运用多种形式,加强对外国人参保政策要点的宣传,公开参保缴费、待遇核定等经办程序,有条件的地区要到外国人就业相对较多的企业进行政策讲解,送政策上门,使参保单位和外国人能够及时准确了解相关政策内容,依法履行参保缴费义务。已经开展外国人参保的地区,要按照《社会保险法》和《在中国境内就业的外国人参加社会保险暂行办法》的规定,调整相关政策,做好政策和经办管理的衔接工作。对工作中发现的问题要及时向人力资源社会保障部报告。① (2)社会保险行政部门应当按照社会保险法的规定,对外国人参加社会保险的情况进行监督检查。用人单位或者境内工作单位未依法为招用的外国人办理社会保险登记或者未依法为其缴纳社会保险费的,按照社会保险法、《劳动保障监察条例》等法律、行政法规和有关规章的规定处理。用人单位招用未依法办理就业证件或者持有《外国人永久居留证》的外国人的,按照《外国人在中国就业管理规定》处理。②

(五)在国内就业华侨的社会保险

1. 建立社会保险关系。聘雇华侨人员的用人单位,可持华侨本人的有效护照等证明材料及时到当地社会保险经办机构为其办理参保登记手续,建立社会保险关系。在国内灵活就业的华侨人员,可持本人有效护照等,按照个体身份人员参保办法到所在地社会保险经办机构办理参保缴费手续。华侨参加社会保险的各项业务办理程序与国内其他参保人员一致。③

2. 建立社会保障号码。首次参保或已办理终止国内的社会保险关系手续后再次回国就业并参保的华侨人员,社会保险经办机构根据《参保华侨社会保障号码编制规则》(见附件)为其建立社会保障号码,并在信息系统中做专门的参保标识。④

---

① 《人力资源和社会保障部关于做好在我国境内就业的外国人参加社会保险工作有关问题的通知》第5条。
② 《在中国境内就业的外国人参加社会保险暂行办法》第11条。
③ 《人力资源和社会保障部关于进一步做好在国内就业的华侨参加社会保险有关工作的通知》第1条。
④ 《人力资源和社会保障部关于进一步做好在国内就业的华侨参加社会保险有关工作的通知》第2条。

3. 领取社会保险待遇的手续。按规定符合享受社会保险待遇申领条件的华侨参保人员，可持本人有效护照等办理领取社会保险待遇手续。在境外居住的，经向社会保险经办机构申请，其社会保险待遇可委托亲属或他人代领；或应本人要求，由社会保险经办机构将应领取的人民币兑换成本人选择的国内可兑换的外汇币种，汇至华侨实际居住国，相关费用由个人负担。境外居住的华侨应每年向负责支付其养老保险待遇的社会保险经办机构提供一次由我国驻外使领馆或居住国主管部门、公证机关出具的健在证明的公证、认证等证明。①

4. 对政府职能部门的要求。各级人力资源和社会保障部门要认真落实华侨参保的有关政策，按照规定将符合条件的华侨纳入社会保险覆盖范围，切实维护他们的合法权益。要针对华侨参保的实际，改进管理服务方式，调整和优化经办规程，及时提供业务查询服务，方便华侨办理参保等手续。工作中发现的问题，请及时向人力资源和社会保障部报告。②

第二节　养老保险

社会养老保险，全称社会养老保险金，即由社会统筹基金支付的基础养老金和个人账户养老金组成，是社会保障制度的重要组成部分，是社会保险五大险种中最重要的险种，是国家和社会根据一定的法律和法规，为解决劳动者在达到国家规定的解除劳动义务的劳动年龄界限，或因年老丧失劳动能力退出劳动岗位后的基本生活而建立的一种社会保险制度。③

一、基本养老保险的一般规则

（一）职工的基本养老保险

1. 职工基本养老保险实行的原则。基本养老保险实行社会统筹与个人账户

---

① 《人力资源和社会保障部关于进一步做好在国内就业的华侨参加社会保险有关工作的通知》第3条。
② 《人力资源和社会保障部关于进一步做好在国内就业的华侨参加社会保险有关工作的通知》第4条。
③ 源自百度百科。

相结合。基本养老保险基金由用人单位和个人缴费以及政府补贴等组成。①

2. 职工基本养老保险的参加、缴纳。(1)一般规则。①职工应当参加基本养老保险,由用人单位和职工共同缴纳基本养老保险费。②②用人单位应当按照国家规定的本单位职工工资总额的比例缴纳基本养老保险费,记入基本养老保险统筹基金。③③职工应当按照国家规定的本人工资的比例缴纳基本养老保险费,记入个人账户。④④按照《国务院关于实行企业职工基本养老保险省级统筹和行业统筹移交地方管理有关问题的通知》(国发[1998]28号)和《国务院关于建立统一的企业职工基本养老保险制度的决定》(国发[1997]26号)的规定,自2003年1月1日起,各地原行业统筹企业缴纳基本养老保险费的比例,统一调整为按附表所列缴费比例执行。⑤ (2)具体适用。①转制前已经按照当地政府规定参加机关事业单位劳动合同制工人养老保险社会统筹的,参保前的连续工龄视同缴费年限。转制前当地已实施机关事业单位劳动合同制工人养老保险社会统筹而尚未参保,在当地实施机关事业单位劳动合同制工人养老保险社会统筹前参加工作的,自当地实施机关事业单位劳动合同制工人养老保险社会统筹之日起补缴养老保险费,当地实施机关事业单位劳动合同制工人养老保险社会统筹之前的连续工龄视同缴费年限;在当地实施机关事业单位劳动合同制工人养老保险社会统筹后参加工作的,自本人参加工作之日起补缴养老保险费。⑥ ②将社会力量所办学校等民办非企业单位纳入当地企业职工基本养老保险,执行企业职工基本养老保险制度。⑦ ③调整规范农民工参加养老保险政策。各地要结合《城镇企业职工基本养老保险关系转移接续暂行办法》的贯彻落实,采取可行措施,将在城镇企业就业并建立劳动关系的农民工,按照国家统一规定纳入城镇企业职工基本养老保险制度。在《城镇企业职工基本养老保险关系转移接续暂行办法》实施前已自行出台农民工参加养老保险办法的地区,要抓紧调整相关政策,实现

---

① 《社会保险法》第11条。
② 《社会保险法》第10条第1款。
③ 《社会保险法》第12条第1款。
④ 《社会保险法》第12条第2款。
⑤ 《劳动和社会保障部、财政部关于调整原行业统筹企业基本养老保险缴费比例的通知》。
⑥ 《劳动和社会保障部关于转制科研单位劳动合同制工人参加养老保险有关问题的函》。
⑦ 《劳动和社会保障部办公厅关于对社会力量所办学校等民办非企业单位参加城镇企业职工养老保险的复函》。

与城镇企业职工基本养老保险政策的统一规范,切实做好农民工参加城镇企业职工养老保险工作。①

3. 职工调动的基本养老保险办理。职工在邮电系统内调动和跨行业调动,其养老保险按国家和邮电部的有关规定办理。②

4. 基本养老保险金。(1)基本养老保险的缴费。①单位缴费。关于降低养老保险单位缴费比例。各地企业职工基本养老保险单位缴费比例高于16%的,可降至16%;低于16%的,要研究提出过渡办法。省内单位缴费比例不统一的,高于16%的地市可降至16%;低于16%的,要研究提出过渡办法。目前暂不调整单位缴费比例的地区,要按照公平统一的原则,研究提出过渡方案。各地机关事业单位基本养老保险单位缴费比例可降至16%。③ ②个人缴费。改革基本养老金计发办法。为与做实个人账户相衔接,从2006年1月1日起,个人账户的规模统一由本人缴费工资的11%调整为8%,全部由个人缴费形成,单位缴费不再划入个人账户。同时,进一步完善鼓励职工参保缴费的激励约束机制,相应调整基本养老金计发办法。④ (2)基本养老保险金的支付。①《国务院关于建立统一

---

① 《人力资源和社会保障部关于印发城镇企业职工基本养老保险关系转移接续若干具体问题意见的通知》第2条。
② 《邮电企业劳动合同管理暂行规定》第35条。
③ 《人力资源社会保障部、财政部、税务总局、国家医保局关于贯彻落实〈降低社会保险费率综合方案〉的通知》第3条第1款。
《人力资源社会保障部、财政部关于继续阶段性降低社会保险费率的通知》第1条规定:"自2018年5月1日起,企业职工基本养老保险单位缴费比例超过19%的省(区、市),以及按照《人力资源社会保障部 财政部关于阶段性降低社会保险费率的通知》(人社部发〔2016〕36号)单位缴费比例降至19%的省(区、市),基金累计结余可支付月数(截至2017年底,下同)高于9个月的,可阶段性执行19%的单位缴费比例至2019年4月30日。具体方案由各省(区、市)研究确定。"
《人力资源社会保障部、财政部关于阶段性降低失业保险费率有关问题的通知》第1条规定:"从2017年1月1日起,失业保险总费率为1.5%的省(区、市),可以将总费率降至1%,降低费率的期限执行至2018年4月30日。在省(区、市)行政区域内,单位及个人的费率应当统一,个人费率不得超过单位费率。具体方案由各省(区、市)研究确定。"
《人力资源社会保障部、财政部关于阶段性降低社会保险费率的通知》第1条规定:"从2016年5月1日起,企业职工基本养老保险单位缴费比例超过20%的省(区、市),将单位缴费比例降至20%;单位缴费比例为20%且2015年底企业职工基本养老保险基金累计结余可支付月数高于9个月的省(区、市),可以阶段性将单位缴费比例降低至19%,降低费率的期限暂按两年执行。具体方案由各省(区、市)确定。"
《劳动部关于私营企业劳动管理暂行规定》第20条规定:"国家对私营企业职工退休养老,实行社会保险制度。企业按职工工资总额的15%左右,职工按不超过本人工资的3%,按月向当地劳动行政部门所属的社会保险事业管理局缴纳退休养老金。企业缴纳的退休养老基金在缴纳所得税前列支。职工退休后,由社会保险机构依据其缴纳退休养老金数额多少和年限长短确定退休金标准,并按月支付。"
④ 《国务院关于完善企业职工基本养老保险制度的决定》第6条第1款。

的企业职工基本养老保险制度的决定》(国发[1997]26号)实施后参加工作、缴费年限(含视同缴费年限,下同)累计满15年的人员,退休后按月发给基本养老金。基本养老金由基础养老金和个人账户养老金组成。退休时的基础养老金月标准以当地上年度在岗职工月平均工资和本人指数化月平均缴费工资的平均值为基数,缴费每满1年发给1%。个人账户养老金月标准为个人账户储存额除以计发月数,计发月数根据职工退休时城镇人口平均预期寿命、本人退休年龄、利息等因素确定。国发[1997]26号文件实施前参加工作,本决定实施后退休且缴费年限累计满15年的人员,在发给基础养老金和个人账户养老金的基础上,再发给过渡性养老金。各省、自治区、直辖市人民政府要按照待遇水平合理衔接、新老政策平稳过渡的原则,在认真测算的基础上,制订具体过渡办法,并报劳动保障部、财政部备案。本决定实施后到达退休年龄但缴费年限累计不满15年的人员,不发给基础养老金;个人账户储存额一次性支付给本人,终止基本养老保险关系。本决定实施前已经离退休的人员,仍按国家原来的规定发给基本养老金,同时执行基本养老金调整办法。① ②退休人员被判处拘役、有期徒刑及以上刑罚或被劳动教养的,服刑或劳动教养期间停发基本养老金,服刑或劳动教养期满后可以按服刑或劳动教养前的标准继续发给基本养老金,并参加以后的基本养老金调整。退休人员在服刑或劳动教养期间死亡的,其个人账户储存额中的个人缴费部分本息可以继承,但遗属不享受相应待遇。退休人员被判处管制、有期徒刑宣告缓刑和监外执行的,可以继续发给基本养老金,但不参与基本养老金

---

① 《国务院关于完善企业职工基本养老保险制度的决定》第6条第2、3、4、5款。
《劳动和社会保障部办公厅关于机关事业单位劳动合同制工人退休待遇问题的复函》规定:"在国家统一的机关事业单位养老保险制度改革方案出台前,对于已经参加企业基本养老保险社会统筹的机关事业单位劳动合同制工人,退休时原则上按照企业的办法计发基本养老金,所需资金由统筹基金支付。为做好与未参加统筹的机关事业单位工人养老保险制度衔接和待遇水平平衡工作,请你们根据本省的实际情况,研究提出具体办法,待国家统一的机关事业单位养老保险制度改革办法出台后再予以完善和规范。"
《劳动和社会保障部办公厅关于机关事业单位劳动合同制工人退休后基本养老金调整有关问题的复函》规定:"2001年2月,我部办公厅下发了《关于机关事业单位劳动合同制工人退休待遇问题的复函》(劳社厅函[2001]13号),文中明确规定:在国家统一的机关事业单位养老保险制度改革方案出台前,对于已经参加企业基本养老保险社会统筹的机关事业单位劳动合同制工人,退休时原则上按照企业的办法计发基本养老金,所属资金由统筹基金支付。同时还明确,为做好与未参加统筹的机关事业单位工人养老保险制度衔接和待遇水平平衡工作,由各省区市研究提出具体办法,待国家统一的机关事业单位养老保险制度改革办法出台后再予以完善和规范。"

调整。退休人员因涉嫌犯罪被通缉或在押未定罪期间,其基本养老金暂停发放。如果法院判其无罪,被通缉或羁押期间的基本养老金予以补发。① ③基本养老金在发放给离退休人员之前,仍属于养老保险基金,任何单位不得查封、冻结和划扣。最高人民法院《关于在审理和执行民事、经济纠纷案件时不得查封、冻结和扣划社会保险基金的通知》(法[2000]19号)对此也做出了相应规定。社会保险经办机构作为法定授权的社会保险基金收支、管理和运营机构,承担着将基本养老金按时足额发放给离退休人员的职能,社会保险经办机构不能直接扣发离退休人员基本养老金抵偿法院判决的债务。② ④根据1997年国务院《关于建立统一的企业职工基本养老保险制度的决定》(国发[1997]26号)和1999年国务院颁布的《社会保险费征缴暂行条例》(国务院第259号令)的有关规定,实行企业化管理的事业单位,原则上按照企业的养老保险制度执行。已参加企业职工基本养老保险统筹的企业化管理的事业单位,其退休人员应按照企业职工基本养老保险办法计发基本养老金,并执行企业退休人员基本养老金调整政策,不再执行事业单位退休人员退休费调整政策。③ ⑤基本养老金是离退休人员基本生活的保障。离退休人员因失踪等原因被暂停发放基本养老金的,之后被人民法院宣告死亡,期间被暂停发放的基本养老金不再予以补发;离退休人员被人民法院宣告死亡后,其家属应按规定领取丧葬补助费和一次性抚恤金。当离退休人员再次出现或家属能够提供其仍具有领取养老金资格证明的,经社会保险经办机构核准后,应补发其被暂停发放的基本养老金,在被暂停发放基本养老金期间国家统一部署调整基本养老金的,也应予以补调。④ (3)归难侨离退休人员基本养老金的定额补助。①从2001年1月1日起,中央财政根据华侨农(林)场和农垦、林业企业归难侨离退休人员人数和核定的补助标准,对部分地区华侨农(林)场和集中安置在农垦、林业企业的归难侨离退休人员基本养老金实行定额补助。⑤ ②各地应根据当地实际情况和保障基本生活的原则,核定归难侨离退休人员基

---

① 《劳动和社会保障部办公厅关于退休人员被判刑后有关养老保险待遇问题的复函》。
② 《劳动和社会保障部办公厅关于对扣发离退休人员基本养老金抵偿债务问题的复函》。
③ 《人事部、劳动和社会保障部关于实行企业化管理的事业单位参加企业基本养老保险统筹后职工退休待遇问题的复函》。
④ 《人力资源和社会保障部关于因失踪被人民法院宣告死亡的离退休人员养老待遇问题的函》。
⑤ 《财政部、劳动保障部、国务院侨办关于对归难侨离退休人员基本养老金实行定额补助有关问题的通知》第1条。

本养老金发放标准。归难侨离退休人员基本养老金实际开支水平高于补助定额标准的部分,已经参加企业职工基本养老保险统筹的从统筹基金中调剂解决,尚未参加企业职工基本养老保险统筹的,由华侨农(林)场和农垦、林业企业自筹资金解决;基本养老金实际开支水平低于补助定额标准形成的资金结余可结转使用。① ③归难侨离退休人员基本养老金定额补助资金,凡已参加企业职工基本养老保险统筹的,由当地财政部门通过社会保障基金财政专户拨付给社会保险经办机构,实行社会化发放;尚未参加企业职工基本养老保险统筹的,由华侨农(林)场和农垦、林业企业向当地财政部门提供有关人员资料并在企业开户银行建立离退休人员个人账户,财政部门将补助资金拨入企业在银行开设的账户,参照社会化发放的方式发放。② ④中央财政安排的对归难侨离退休人员基本养老金定额补助资金,纳入对地方的基本养老保险专项转移支付,列政府预算收支科目"社会保障补助支出"类中的"财政对社会保险基金的补贴支出"款中的"对养老保险基金的补贴支出"项级科目。③ ⑤中央财政原用于解决部分困难地区华侨农(林)场归难侨基本养老保险基金缺口的补助资金,与此次中央财政对归难侨离退休人员基本养老金实行定额补助的资金合并使用,并统一按新的定额补助办法管理。④ ⑥各地劳动保障、财政部门要会同政府侨务部门认真审核享受补助人员的资格和基本养老金标准,确保专款专用,不得挪作他用。妥善解决归难侨离退休人员基本生活保障问题,对于贯彻落实党和国家的侨务政策,维护我国的国际形象具有十分重要的意义。各地要提高认识,切实加强领导,管好用好中央财政定额补助资金,并采取切实措施,确保华侨农(林)场和农垦、林业企业归难侨离退休人员基本养老金的按时足额发放。⑤ (4)单位转制离退休人员的基本养老金。①有正常事业费的转制单位,转制前离退休人员不再执行企业离退休人

---

① 《财政部、劳动保障部、国务院侨办关于对归难侨离退休人员基本养老金实行定额补助有关问题的通知》第2条。
② 《财政部、劳动保障部、国务院侨办关于对归难侨离退休人员基本养老金实行定额补助有关问题的通知》第3条。
③ 《财政部、劳动保障部、国务院侨办关于对归难侨离退休人员基本养老金实行定额补助有关问题的通知》第4条。
④ 《财政部、劳动保障部、国务院侨办关于对归难侨离退休人员基本养老金实行定额补助有关问题的通知》第5条。
⑤ 《财政部、劳动保障部、国务院侨办关于对归难侨离退休人员基本养老金实行定额补助有关问题的通知》第6条。

员基本养老金调整办法,社会保险经办机构只负责发放接收时按规定标准核定的基本养老金,以后不再增加。从2001年开始,其离退休待遇调整纳入国家统一的事业单位离退休费调整范围,由财政部门按统一的补助标准和现有经费渠道安排所需资金,并由离退休人员原单位负责发放。2001年地方已经按企业办法为转制前离退休人员增加的基本养老金,由社会保险经办机构扣回。① ②没有正常事业费的转制单位,转制前离退休人员按规定标准核定的基本养老金继续由社会保险经办机构发放。基本养老金调整按企业的办法执行,所需费用从基本养老保险统筹基金中支付。国家统一出台事业单位离退休费调整政策时,转制前离退休人员按企业办法增加的基本养老金与按事业单位办法增加的离退休费的差额部分,由原单位视经济情况自筹资金解决,并做好在职职工和离退休人员的稳定工作。② ③中央所属的178家工程勘察设计单位以及建设部等11个部门(单位)所属的134个科研机构在职职工,可参照《国务院办公厅转发人事部、财政部关于调整机关事业单位工作人员工资和增加离退休人员离退休费四个实施方案的通知》(国办发〔2001〕14号)的规定,调整在职职工工资,并纳入社会保险的缴费基数。调整工资所需资金,有正常事业费的转制单位由财政部门按同类事业单位的调资政策和现行资金渠道予以补助,没有正常事业费的转制单位自筹资金解决。此后,这些单位在职职工调整工资按企业工资政策执行。③ ④本通知下发后,《国务院办公厅转发建设部等部门关于中央所属工程勘察设计单位体制改革实施方案的通知》(国办发〔2000〕71号)、《关于国家经贸委管理的10个国家局所属科研机构转制后有关养老保险问题的通知》(劳社部发〔2000〕2号)、《关于印发建设部等11个部门(单位)所属134个科研机构转制方案的通知》(国科发政字〔2000〕300号)中的有关规定与本通知不一致的,按本通知规定调整,其他政策规定继续执行。④ (5)基本养老保险金待遇水平的调整。①企业基本养

---

① 《劳动和社会保障部、人事部、财政部、科学技术部、建设部关于转制科研机构和工程勘察设计单位转制前离退休人员待遇调整等问题的通知》第1条。
② 《劳动和社会保障部、人事部、财政部、科学技术部、建设部关于转制科研机构和工程勘察设计单位转制前离退休人员待遇调整等问题的通知》第2条。
③ 《劳动和社会保障部、人事部、财政部、科学技术部、建设部关于转制科研机构和工程勘察设计单位转制前离退休人员待遇调整等问题的通知》第3条。
④ 《劳动和社会保障部、人事部、财政部、科学技术部、建设部关于转制科研机构和工程勘察设计单位转制前离退休人员待遇调整等问题的通知》第4条。

老金待遇水平的调整,由劳动保障部和财政部根据实际情况,参照城市居民生活费用价格指数和在职职工工资增长情况提出调整总体方案,报国务院批准后统一组织实施;各地区制订的具体实施方案,报劳动保障部、财政部审批后执行。①②各地区要按照国务院及有关部门的要求,认真清理和规范基本养老保险统筹项目,不得擅自将统筹外项目转为统筹内项目,也不得自行调整企业缴费比例。确需调整统筹项目和企业缴费比例的,要报劳动保障部、财政部批准。②

5. 对"影响养老金水平"诉讼的处理。由于劳动者符合办理退休的条件,只是因其中的一家或几家用人单位未为其缴纳养老保险影响了其养老金水平,不属于无法享受养老保险待遇的情形,不符合《民事诉讼法》第119条第4项③的规定,应裁定驳回劳动者的起诉。④

6. "出境职工"基本养老保险的终结。出境定居的归侨、侨眷在职职工,应当准予一次性提取社会养老保险个人账户全部储存额,同时终结养老保险关系。⑤

7. 职工从事特殊工种的工作年限折算工龄。在进行社会统筹与个人账户相结合的基本养老保险制度改革、建立个人账户之前,职工从事国家确定的特殊工种的工作年限是否折算工龄和视同缴费年限,可根据本省养老保险制度改革的实际情况自行确定。如果折算工龄,其折算后增加的视同缴费年限,最长不得超过5年。实行基本养老保险制度改革并建立个人账户之后,职工从事特殊工种的工作年限在计发养老保险待遇时不应再折算工龄。⑥

(二) 职工基本养老保险个人账户管理

1. 职工基本养老保险的个人账户。(1) 个人账户的用途。个人账户用于记录参加基本养老保险社会统筹的职工缴纳的养老保险费和从企业缴费中划转记入的基本养老保险费,以及上述两部分的利息金额。个人账户是职工在符合国

---

① 《国务院办公厅关于各地不得自行提高企业基本养老金待遇水平的通知》第2条。
② 《国务院办公厅关于各地不得自行提高企业基本养老金待遇水平的通知》第3条。
③ 已修改为《民事诉讼法》第124条规定:"人民法院对下列起诉,分别情形,予以处理……(4)对不属于本院管辖的案件,告知原告向有管辖权的人民法院起诉……"
④ 《北京市高级人民法院、市劳动人事争议仲裁委员会关于审理劳动争议案件法律适用问题的解答》第23条。
⑤ 《广东省归侨侨眷权益保护实施办法》第19条第2款。
⑥ 《劳动和社会保障部办公厅关于职工从事特殊工种的工作年限折算工龄问题的函》。

家规定的退休条件并办理了退休手续后,领取基本养老金的主要依据。① (2)个人账户的号码。各社会保险经办机构按照国家技术监督局发布的社会保障号码(国家标准GB11643—89),为已参加基本养老保险的职工每人建立一个终身不变的个人账户。目前国家技术监督局尚未公布社会保障号码校验码,在公布之前可暂用职工身份证号码。职工身份证号码因故变更时,个人账户号码不作变动。② (3)个人账户的内容。个人账户主要内容包括:姓名、性别、社会保障号码、参加工作时间、视同缴费年限、个人首次缴费时间、当地上年职工平均工资、个人当年缴费工资基数、当年缴费月数、当年记账利息及个人账户储存额情况等。③ (4)个人账户的储蓄利率。个人账户的储蓄额按"养老保险基金记账利率"(以下简称"记账利率")计算利息。记账利率暂由各省、自治区、直辖市人民政府参考银行同期存款利率等因素确定并每年公布一次。④ (5)个人账户的记账利率。①2016年城镇职工基本养老保险(含机关事业单位和企业职工基本养老保险)个人账户记账利率为8.31%。⑤ ②2014年10月1日至2015年12月31日机关事业单位基本养老保险个人账户记账利率为5%。⑥ ③老办法待遇计发标准中的工资增长率G2015为6%。⑦

2. 职工基本养老保险个人账户的建立。(1)个人账户建立的主体。个人账户的建立由职工劳动关系所在单位到当地社会保险经办机构办理,由工资发放单位向该社会保险经办机构提供个人的工资收入等基础数据。⑧ (2)个人账户建立的原则。个人账户建立时间从各地按社会统筹与个人账户相结合的原则,建立个人账户时开始;之后新参加工作的人员,从参加工作当月起建立个人账户。⑨ (3)个人账户建立的开始时间。1998年1月1日后才建立个人账户的单位,个人

---

① 《职工基本养老保险个人帐户管理暂行办法》第1条。
② 《职工基本养老保险个人帐户管理暂行办法》第3条。
③ 《职工基本养老保险个人帐户管理暂行办法》第6条。
④ 《职工基本养老保险个人帐户管理暂行办法》第10条。
⑤ 《人力资源社会保障部办公厅、财政部办公厅关于公布2016年职工基本养老保险个人账户记账利率等参数的通知》第1条。
⑥ 《人力资源社会保障部办公厅、财政部办公厅关于公布2016年职工基本养老保险个人账户记账利率等参数的通知》第2条。
⑦ 《人力资源社会保障部办公厅、财政部办公厅关于公布2016年职工基本养老保险个人账户记账利率等参数的通知》第3条。
⑧ 《职工基本养老保险个人帐户管理暂行办法》第2条。
⑨ 《职工基本养老保险个人帐户管理暂行办法》第4条。

账户储存额除从1998年1月1日起开始按个人缴费工资的11%记账外,对1996年前参加工作的职工还应至少包括1996年、1997年两年个人缴费部分累计本息;对1996年、1997年参加工作的职工,个人账户储存额应包括自参加工作之月到1997年年底的个人缴费部分累计本息。① (4)特殊人员个人账户的建立。新安置的军队复员军人、退伍军人、转业干部及从国家机关、事业单位调入企业人员,其个人账户的建立,待国家明确规定后,再按国家规定执行。② (5)建立、补建个人账户。及时建立和补建个人账户。社会保险经办机构要以公民身份证号码为标识,为所有参加社会保险的职工建立或补建个人账户。个人账户数据库的项目应参照《社会保险管理信息系统指标体系——业务部分(LB101—2000)》(劳社信息函[2000]19号)和《养老保险个人帐户指标》(附后)进行规范。③

3. 职工基本养老保险个人账户的缴费。(1)缴费基数。①职工本人一般以上一年度本人月平均工资为个人缴费工资基数(有条件的地区也可以本人上月工资收入为个人缴费工资基数,下同)。月平均工资按国家统计局规定列入工资总额统计的项目计算,包括工资、奖金、津贴、补贴等收入。本人月平均工资低于当地职工平均工资60%的,按当地职工月平均工资的60%缴费;超过当地职工平均工资300%的,按当地职工月平均工资的300%缴费,超过部分不计入缴费工资基数,也不记入计发养老金的基数。④ ②新招职工(包括研究生、大学生、大中专毕业生等)以起薪当月工资收入作为缴费工资基数;从第二年起,按上一年实发工资的月平均工资作为缴费工资基数。单位派出的长期脱产学习人员、经批准请长假的职工,保留工资关系的,以脱产或请长假的上年月平均工资作为缴费工资基数。单位派到境外、国外工作的职工,按本人出境(国)上年在本单位领取的月平均工资作为缴费工资基数;次年的缴费工资基数按上年本单位平均工资增长率进行调整。失业后再就业的职工,以再就业起薪当月的工资收入作为缴费工资基数;从第二年起,按上一年实发工资的月平均工资作为缴费工资基数。以上人员的月平均缴费工资的上限和下限按照第7条规定执行。⑤ (2)缴费比例。

---

① 《职工基本养老保险个人帐户管理暂行办法》第5条。
② 《职工基本养老保险个人帐户管理暂行办法》第30条。
③ 《劳动和社会保障部办公厅关于规范企业职工基本养老保险个人帐户管理有关问题的通知》第1条第1款。
④ 《职工基本养老保险个人帐户管理暂行办法》第7条。
⑤ 《职工基本养老保险个人帐户管理暂行办法》第8条。

改革基本养老金计发办法。为与做实个人账户相衔接，从 2006 年 1 月 1 日起，个人账户的规模统一由本人缴费工资的 11% 调整为 8%，全部由个人缴费形成，单位缴费不再划入个人账户。同时，进一步完善鼓励职工参保缴费的激励约束机制，相应调整基本养老金计发办法。①

4. 职工基本养老保险个人账户的管理。(1)个人账户的统一管理。社会保险经办机构对个人账户实行统一管理。个人账户仍在企业或行业管理的，最迟要在 2002 年 6 月底前移交社会保险经办机构管理。②(2)参保单位应办理参保手续。参加基本养老保险的单位按照各级社会保险经办机构的要求建立、健全职工基础资料，到当地社会保险经办机构办理基本养老保险参保手续，并按要求填报《参加基本养老保险单位登记表》、《参加基本养老保险人员缴费情况表》和《参加基本养老保险人员变化情况表》。③(3)建立参保数据库。社会保险经办机构根据单位申报情况将数据输入微机管理，同时相应建立参保单位缴费台账、职工养老保险个人账户，并根据《参加基本养老保险人员变化情况表》，相应核定调整单位和职工个人缴费工资基数。④(4)对欠缴的处理。对于因某种原因单位或个人不按时足额缴纳基本养老保险费的，视为欠缴。欠缴月份无论全额欠缴还是部分欠缴均暂不记入个人账户，待单位或个人按规定补齐欠缴金额后方可补记入个人账户。职工所在企业欠缴养老保险费用期间，职工个人可以继续缴纳养老保险费用，所足额缴纳的费用记入个人账户，并计算为职工实际缴费年限。出现欠缴情况后，以后缴费采用滚动分配法记账：即缴费先补缴以前欠缴费用及利息后，剩余部分作为当月缴费。⑤(5)年度结算。社会保险经办机构在缴费年度结束后，应对职工个人账户进行结算，包括当年缴费额、实际缴费月数、当年利息额、历年缴费累计结转本息储存额等。利息按每年公布的记账利率计算。⑥(6)累计储存额的计算方法。至本年底止个人账户累计储存额有两种计算方法。方法一：年度计算法。即至本年底止个人账户累计储存额在每个缴费年度

---

① 《国务院关于完善企业职工基本养老保险制度的决定》第 6 条第 1 款。
② 《劳动和社会保障部办公厅关于规范企业职工基本养老保险个人帐户管理有关问题的通知》第 1 条第 3 款。
③ 《职工基本养老保险个人帐户管理暂行办法》第 11 条。
④ 《职工基本养老保险个人帐户管理暂行办法》第 12 条。
⑤ 《职工基本养老保险个人帐户管理暂行办法》第 13 条。
⑥ 《职工基本养老保险个人帐户管理暂行办法》第 14 条。

结束以后按年度计算(以上年月平均工资为缴费工资基数记账时适用此方法)。计算公式:至本年底止个人账户累计储存额 = 上年底止个人账户累计储存额 × (1 + 本年记账利率) + 个人账户本年记账金额 × (1 + 本年记账利率 × 1.083 × 1/2)。

方法二:月积数法。至本年底止个人账户累计储存额在一个缴费年度内按月计算(以上月职工工资收入为缴费工资基数记账时适用此方法)。计算公式:至本年底止个人账户累计储存额 = 上年底止个人账户累计储存额 × (1 + 本年记账利率) + 本年记账额本金 + 本年记账额利息。其中:本年记账额利息 = 本年记账月积数 × 本年记账利率 × 1/12。本年记账月积数 = ∑ [n 月份记账额 × (12 − n + 1)](n 为本年各记账月份,且 1 ≤ n ≤ 12)。补缴欠缴的利息或本息和的计算办法见《至本年度止个人账户累计储存额计算办法》。① (7)统一和规范职工养老保险个人账户记账利率。①统一和规范记账利率的基本原则。一是坚持制度公平性,统一确定机关事业单位和企业职工基本养老保险个人账户记账利率。二是增强制度激励作用,引导参保人员积极参保和足额缴费。三是保证合理待遇水平,保证职工基本养老保险个人账户养老金和职业年金合理的替代率水平,保障参保人员退休后的基本生活。四是坚持制度可持续发展,体现精算平衡,科学确定职工基本养老保险和职业年金个人账户记账利率的规则和水平。② ②统一职工基本养老保险个人账户记账利率。统一机关事业单位和企业职工基本养老保险个人账户记账利率,每年由国家统一公布。记账利率应主要考虑职工工资增长和基金平衡状况等因素研究确定,并通过合理的系数进行调整。记账利率不得低于银行定期存款利率。③ ③确定职业年金个人账户记账利率办法。职业年金个人账户记账利率根据实账积累部分的投资收益率确定,建立一个或多个职业年金计划的省(区、市),职业年金的月记账利率为实际投资收益率或根据多个职业年金计划实际投资收益率经加权平均后的收益率。④ ④规范职工个人账户记账利率公布时间。职工基本养老保险个人账户记账利率每年 6 月由人力资源社会保障部和财政部公布。职业年金个人账户记账利率由人力资源社会保障部

---

① 《职工基本养老保险个人帐户管理暂行办法》第 15 条。
② 《统一和规范职工养老保险个人账户记账利率办法》第 1 条。
③ 《统一和规范职工养老保险个人账户记账利率办法》第 2 条。
④ 《统一和规范职工养老保险个人账户记账利率办法》第 3 条。

和财政部根据各省(区、市)职业年金实账积累部分投资收益情况,每年公布一次。① (8)其他。①社会保险经办机构在缴费年度结束后,应根据《职工基本养老保险个人帐户》的记录,为每个参保职工打印《职工基本养老保险个人帐户对帐单》,发给职工本人,由职工审核签字后,依年粘贴在《职工养老保险手册》中妥善保存。② ②统一制度之前各地已为职工建立的个人账户储存额,与统一制度后职工个人账户储存额合并计算。③ ③职工由于各种原因而中断工作的,不缴纳基本养老保险费用,也不计算缴费年限,其个人账户由原经办机构予以保留,个人账户继续计息。职工调动或中断工作前后个人账户的储存额累计计算,不间断计息。④ ④个人账户储存额不能挪作他用,也不得提前支取(另有规定者除外)。⑤

5. 职工基本养老保险个人账户的转移。(1)转移的项目。职工在同一统筹范围内流动时,只转移养老保险关系和个人账户档案,不转移基金。⑥ (2)转移的办法。职工跨统筹范围流动时,转移办法按如下规定:①转移基本养老保险关系和个人账户档案。②对职工转移时已建立个人账户的地区,转移基金额为个人账户中1998年1月1日之前的个人缴费部分累计本息加上从1998年1月1日起记入的个人账户全部储存额。③对职工转移时仍未建立个人账户的地区,1998年1月1日之前转移的,1996年之前参加工作的职工,转移基金额为1996年1月1日起至调转月止的职工个人缴费部分累计本息;1996年、1997年参加工作的职工,基金转移额为参加工作之月起至1997年年底的个人缴费部分累计本息。1998年1月1日之后转移的,转移基金额为1998年前按前述规定计算的职工个人缴费部分累计本息,加上从1998年1月1日起按职工个人缴费工资基数11%计算的缴费额累计本息。未建个人账户期间,计算个人缴费部分的利息按中国人民银行一年期定期城乡居民储蓄存款利率计算。④对年中调转职工调转当年的记账额,调出地区只转本金不转当年应计利息;职工调转后,由调入地区对职工调转当年记账额一并计息。计算方法按第15条规定执行。⑤基金转移时,不得从转移额中扣除管理费。⑥职工转出时,调出地社会保险经办机构应填写《参

---

① 《统一和规范职工养老保险个人账户记账利率办法》第4条。
② 《职工基本养老保险个人帐户管理暂行办法》第16条。
③ 《职工基本养老保险个人帐户管理暂行办法》第17条。
④ 《职工基本养老保险个人帐户管理暂行办法》第18条。
⑤ 《职工基本养老保险个人帐户管理暂行办法》第19条。
⑥ 《职工基本养老保险个人帐户管理暂行办法》第20条。

加基本养老保险人员基本情况表》(转移单)。⑦职工调入时,调入地社会保险经办机构应依据转出地区提供的《参加基本养老保险人员基本情况表》和《职工基本养老保险个人帐户》等资料,并结合本地基本养老保险办法,为职工续建个人账户,做好个人账户关系的前后衔接工作。① (3)转移的法律依据。参保人员跨统筹范围工作调动,社会保险经办机构要严格按照劳动保障部办公厅《关于严格执行基本养老保险个人帐户转移政策的通知》(劳社厅发〔1999〕22号)的规定,办理基本养老保险关系、个人账户和基金的转移手续。转移前后的个人账户储存额合并计算。② (4)转移中的转入。已参加基本养老保险的企业职工,在调入已开展基本养老保险制度改革的机关事业单位时,要转移养老保险关系。个人账户储存额是否转移,由各省区市根据实际情况确定。调入未开展基本养老保险制度改革的机关事业单位,暂不转移个人账户,继续由调出地社会保险经办机构管理。机关事业单位职工调入企业时,从调入之日起建立个人账户,在调入企业前已经建立个人账户的,其个人账户随同转移,储存额合并计算。③

6. 职工基本养老保险个人账户的支付。(1)人员变动调整。当单位离退休人员发生变动时,单位应填写《离退休人员增减变化情况表》,报社会保险经办机构审核,社会保险经办机构对待遇给付情况应及时进行相应调整。④ (2)支付的来源。①按统一的基本养老保险办法办理退休的职工,其基本养老金中的基础养老金、过渡性养老金等由社会统筹基金支付;个人账户养老金由个人账户中支付。⑤ ②职工退休以后年度调整增加的养老金,按职工退休时个人账户养老金和基础养老金各占基本养老金的比例,分别从个人账户储存余额和社会统筹基金中支付。⑥ (3)支付余额的计息。职工退休后,其个人账户缴费情况停止记录,个人账户在按月支付离退休金(含以后年度调整增加的部分)后的余额部分继续计息。利息计算有两种方法:方法一:年度计算法。即离退休人员个人账户余额生

---

① 《职工基本养老保险个人帐户管理暂行办法》第21条。
② 《劳动和社会保障部办公厅关于规范企业职工基本养老保险个人帐户管理有关问题的通知》第4条第1款。
③ 《劳动和社会保障部办公厅关于规范企业职工基本养老保险个人帐户管理有关问题的通知》第4条第2款。
④ 《职工基本养老保险个人帐户管理暂行办法》第22条。
⑤ 《职工基本养老保险个人帐户管理暂行办法》第23条。
⑥ 《职工基本养老保险个人帐户管理暂行办法》第24条。

成的利息在每个支付年度结束后按年度计算(支付年度内各月支付的养老金数额相同时适用此方法)。年利息计算公式如下:年利息=(个人账户年初余额-当年支付养老金总额)×本年记账利率+当年支付养老金总额×本年记账利率×1.083×1/2。个人账户年中余额=个人账户年初余额-当年支付养老金总额+年利息。方法二:月积数法。即离退休人员个人账户余额生成的利息在每个支付年度内按月计算(支付年度内各月支付的养老金数额不同时适用此方法)。年利息计算公式如下:年利息=个人账户年初余额×本年记账利率-本年度支付月积数×本年记账利率×1/2。本年度支付月积数=$\sum [n$月份支付额×$(12-n+1)](n$为本年度各支付月份,且$1 \leqslant n \leqslant 12)$。① (4)支付个人账户中的储存额。当职工个人缴费年限(含视同缴费年限)不满15年而达到法定退休年龄时,退休后不享受基础养老金待遇,其个人账户全部储存额一次性支付给本人,同时终止养老保险关系。出现上述情况时,职工所在单位应及时向社会保险经办机构填报《个人账户一次性支付审批表》。社会保险经办机构核定后封存个人账户档案。②

7. 职工基本养老保险个人账户的继承额。(1)继承额的内容。职工在职期间死亡时,其继承额为其死亡时个人账户全部储存额中的个人缴费部分本息。③ (2)继承额的计算。离退休人员死亡时,继承额按如下公式计算:继承额=离退休人员死亡时个人账户余额×离退休时个人账户中个人缴费本息占个人账户全部储存额的比例。④ (3)继承额的支付。继承额一次性支付给亡者生前指定的受益人或法定继承人。个人账户的其余部分,并入社会统筹基金。个人账户处理完后,应停止缴费或支付记录,予以封存。⑤

8. 职工基本养老保险个人账户的记录和对账。(1)企业和职工按规定缴费后,社会保险经办机构要及时记录个人账户。职工工资或劳动关系发生变化,要及时变更。不得采取"先记账、后缴费"的做法,企业或参保人员欠缴养老保险费期间,欠缴月份不记个人账户。参保人员本人按时足额缴纳养老保险费的,应

---

① 《职工基本养老保险个人帐户管理暂行办法》第25条。
② 《职工基本养老保险个人帐户管理暂行办法》第26条。
③ 《职工基本养老保险个人帐户管理暂行办法》第27条。
④ 《职工基本养老保险个人帐户管理暂行办法》第28条。
⑤ 《职工基本养老保险个人帐户管理暂行办法》第29条。

按《劳动部办公厅关于印发〈职工基本养老保险个人帐户管理暂行办法〉的通知》（劳办发〔1997〕116号）规定记入个人账户。①（2）实行税务征缴的地区，社会保险经办机构要主动做好与税务部门的衔接，制定严格的业务规范程序，明确各自职责。收到养老保险费征缴总额与明细票据后，要认真核对，及时记账，发现问题要及时沟通和更正。②（3）个人账户要按月记账。计息使用"年度计算法"的地区应逐步统一使用"月积数计算法"计息。对账时间为每年的4至6月。③（4）社会保险经办机构要妥善保存养老保险缴费和个人账户记录，每年至少公示、打印一次个人账户对账单，并采取多种形式，建立个人账户查询制度，记录个人查询和对账情况，方便参保人员了解企业缴费和个人账户结存情况。④（5）用人单位和个人对社会保险经办机构公布的个人账户对账单有异议时，可到社会保险经办机构查询，提出更正的要求。对用人单位和职工的异议，社保机构要及时核实和更正。⑤

9. 职工基本养老保险个人账户的接续和清理。（1）企业因改制、关闭破产等原因与职工解除劳动关系，以及下岗职工出中心时，社会保险经办机构要及时与企业或职工本人核对个人账户记录。确认无误的，由社会保险经办机构、企业和本人三方签字（盖章）。同时，社会保险经办机构要填制《基本养老保险关系接续卡》，并发放到每位职工手中，为他们重新就业后接续养老保险关系服务。⑥（2）对因自动离职、失业、参军、调入机关事业单位，以及被判刑、劳教等中断缴费人员的个人账户进行全面清理，做出分类，建立专门的中断缴费数据库，封存个人账户。⑦

---

① 《劳动和社会保障部办公厅关于规范企业职工基本养老保险个人帐户管理有关问题的通知》第2条第1款。
② 《劳动和社会保障部办公厅关于规范企业职工基本养老保险个人帐户管理有关问题的通知》第2条第2款。
③ 《劳动和社会保障部办公厅关于规范企业职工基本养老保险个人帐户管理有关问题的通知》第2条第3款。
④ 《劳动和社会保障部办公厅关于规范企业职工基本养老保险个人帐户管理有关问题的通知》第2条第4款。
⑤ 《劳动和社会保障部办公厅关于规范企业职工基本养老保险个人帐户管理有关问题的通知》第2条第5款。
⑥ 《劳动和社会保障部办公厅关于规范企业职工基本养老保险个人帐户管理有关问题的通知》第3条第1款。
⑦ 《劳动和社会保障部办公厅关于规范企业职工基本养老保险个人帐户管理有关问题的通知》第3条第2款。

(3)对参保人员死亡、跨统筹地区调出、出国定居、缴费不满15年一次性领取个人账户储存额等情况,账户处理完毕后予以封存,与参保职工个人账户分开管理。①

(三)非职工的基本养老保险

1. 非职工基本养老保险的缴纳。(1)无雇工的个体工商户、未在用人单位参加基本养老保险的非全日制从业人员以及其他灵活就业人员可以参加基本养老保险,由个人缴纳基本养老保险费。②(2)城镇个体工商户和灵活就业人员参加基本养老保险的缴费基数为当地上年度在岗职工平均工资,缴费比例为20%,其中8%记入个人账户,退休后按企业职工基本养老金计发办法计发基本养老金。③

2. 非职工基本养老保险费的记入。无雇工的个体工商户、未在用人单位参加基本养老保险的非全日制从业人员以及其他灵活就业人员参加基本养老保险的,应当按照国家规定缴纳基本养老保险费,分别记入基本养老保险统筹基金和个人账户。④

二、城镇(乡)企业职工、城镇居民的基本养老保险

(一)城镇职工的基本养老保险

1. 参加城镇职工基本养老保险的人员。参加城镇企业职工养老保险的人员,不论因何种原因变动工作单位,包括通过公司制改造、股份制改造、出售、拍卖、租赁等方式转制以后的企业和职工,以及跨统筹地区流动的人员,都应按规定继续参加养老保险并按时足额缴费。社会保险经办机构应为其妥善管理、接续养老保险关系,做好各项服务工作。⑤

2. 城镇职工基本养老保险的管理及执行。职工与企业解除或终止劳动关系后,职工养老保险关系应按规定保留,由社会保险经办机构负责管理。国有企业下岗职工协议期满出中心时,实行劳动合同制以前参加工作、年龄偏大且接近企业内部退养条件、再就业确有困难的,经与企业协商一致,可由企业和职工双方

---

① 《劳动和社会保障部办公厅关于规范企业职工基本养老保险个人帐户管理有关问题的通知》第3条第3款。
② 《社会保险法》第10条第2款。
③ 《国务院关于完善企业职工基本养老保险制度的决定》第3条第5句。
④ 《社会保险法》第12条第3款。
⑤ 《劳动和社会保障部关于完善城镇职工基本养老保险政策有关问题的通知》第1条。

协议缴纳养老保险费,缴费方式、缴费期限、资金来源、担保条件及具体人员范围等按当地政府规定执行。失业人员实现再就业,新的用人单位必须与其签订劳动合同,并按规定参加养老保险。自谋职业者及采取灵活方式再就业人员应继续参加养老保险,有关办法执行省级政府的规定。①

3. 城镇职工基本养老保险的缴费及领取养老金年限。(1)自谋职业者以及其他就业的人员。城镇个体工商户等自谋职业者以及采取各种灵活方式就业的人员,在其参加养老保险后,按照省级政府规定的缴费基数和比例,一般应按月缴纳养老保险费,也可按季、半年、年度合并缴纳养老保险费;缴费时间可累计折算。上述人员在男年满60周岁、女年满55周岁时,累计缴费年限满15年的,可按规定领取基本养老金。累计缴费年限不满15年的,其个人账户储存额一次性支付给本人,同时终止养老保险关系,不得以事后追补缴费的方式增加缴费年限。②(2)参加养老保险的农民合同制职工。参加养老保险的农民合同制职工,在与企业终止或解除劳动关系后,由社会保险经办机构保留其养老保险关系,保管其个人账户并计息,凡重新就业的,应接续或转移养老保险关系;也可按照省级政府的规定,根据农民合同制职工本人申请,将其个人账户个人缴费部分一次性支付给本人,同时终止养老保险关系,凡重新就业的,应重新参加养老保险。农民合同制职工在男年满60周岁、女年满55周岁时,累计缴费年限满15年以上的,可按规定领取基本养老金;累计缴费年限不满15年的,其个人账户全部储存额一次性支付给本人。③(3)破产企业人员。破产企业欠缴的养老保险费,按有关规定在资产变现收入中予以清偿;清偿欠费确有困难的企业,其欠缴的养老保险费包括长期挂账的欠费,除企业缴费中应划入职工个人账户部分外,经社会保险经办机构同意,劳动保障部门审核,财政部门复核,报省级人民政府批准后可以核销。职工按规定的个人缴费比例补足个人账户资金后,社会保险经办机构要按规定及时记录,职工的缴费年限予以承认。④

4. 城镇职工的退职生活费。对于因病、非因工致残,经当地劳动能力鉴定机构认定完全丧失劳动能力,并与用人单位终止劳动关系的职工,由本人申请,社

---

① 《劳动和社会保障部关于完善城镇职工基本养老保险政策有关问题的通知》第2条。
② 《劳动和社会保障部关于完善城镇职工基本养老保险政策有关问题的通知》第3条。
③ 《劳动和社会保障部关于完善城镇职工基本养老保险政策有关问题的通知》第4条。
④ 《劳动和社会保障部关于完善城镇职工基本养老保险政策有关问题的通知》第5条。

会保险经办机构审核,经地级劳动保障部门批准,可以办理退职领取退职生活费。退职生活费标准根据职工缴费年限和缴费工资水平确定,具体办法和标准按省级政府规定执行。①

5. 城镇职工基本养老保险手续的转移。城镇企业成建制跨省搬迁,应按规定办理企业和职工养老保险关系转移手续。在职职工个人账户记账额度全部转移,资金只转移个人缴费部分,转入地社保机构应按个人账户记账额度全额记账。企业转出地和转入地社会保险机构,要认真做好搬迁企业养老保险关系及个人账户的转移、接续工作,按时足额发放离退休人员基本养老金。如搬迁企业在转出地欠缴养老保险费,应在养老保险关系转出之前还清全部欠费。②

6. 城镇职工基本养老保险的管理。(1)提前退休审批工作的管理。加强对特殊工种提前退休审批工作的管理。设有特殊工种的企业,要将特殊工种岗位、人员及其变动情况,定期向地市级劳动保障部门报告登记,并建立特殊工种提前退休公示制度,实行群众监督。地市以上劳动保障行政部门,要规范特殊工种提前退休审批程序,健全审批制度。社会保险经办机构要建立特殊工种人员档案和数据库,防止发生弄虚作假骗取特殊工种身份和冒领基本养老金问题,一经发现,要立即纠正并收回冒领的养老金。③(2)养老保险试点工作的管理。做好机关事业单位养老保险试点工作。已经进行机关事业单位养老保险改革试点的地区,要进一步巩固改革试点成果,不能退保,要完善费用征缴机制,探索个人缴费与待遇计发适当挂钩的办法,积极创造条件实行养老金社会化发放,加强基金管理,确保基金安全。按照劳动保障部、财政部、人事部、中编办《关于职工在机关事业单位与企业之间流动时社会保险关系处理意见的通知》(劳社部发〔2001〕13号)规定,认真研究做好职工在机关事业单位与企业之间流动时养老保险关系转移衔接工作。④

(二)城镇企业职工基本养老保险关系转移接续

1. 城镇企业职工基本养老保险关系转移接续的适用。(1)适用法律。①为切实保障参加城镇企业职工基本养老保险人员(以下简称参保人员)的合法权益,促进人力资源合理配置和有序流动,保证参保人员跨省、自治区、直辖市(以

---

① 《劳动和社会保障部关于完善城镇职工基本养老保险政策有关问题的通知》第6条。
② 《劳动和社会保障部关于完善城镇职工基本养老保险政策有关问题的通知》第7条。
③ 《劳动和社会保障部关于完善城镇职工基本养老保险政策有关问题的通知》第8条。
④ 《劳动和社会保障部关于完善城镇职工基本养老保险政策有关问题的通知》第9条。

下简称跨省)流动并在城镇就业时基本养老保险关系的顺畅转移接续,制定《城镇企业职工基本养老保险关系转移接续暂行办法》。① ②各地已制定的跨省基本养老保险关系转移接续相关政策与本办法规定不符的,以《城镇企业职工基本养老保险关系转移接续暂行办法》规定为准。在省、自治区、直辖市内的基本养老保险关系转移接续办法,由各省级人民政府参照《城镇企业职工基本养老保险关系转移接续暂行办法》制定,并报人力资源社会保障部备案。② ③《人力资源社会保障部关于城镇企业职工基本养老保险关系转移接续若干问题的通知》从印发之日起执行。人力资源社会保障部《关于贯彻落实国务院办公厅转发城镇企业职工基本养老保险关系转移接续暂行办法的通知》(人社部发〔2009〕187号)、《关于印发城镇企业职工基本养老保险关系转移接续若干具体问题意见的通知》(人社部发〔2010〕70号)、《人力资源社会保障部办公厅关于职工基本养老保险关系转移接续有关问题的函》(人社厅函〔2013〕250号)与本通知不一致的,以本通知为准。参保人员已经按照原有规定办理退休手续的,不再予以调整。③ (2)适用范围。《城镇企业职工基本养老保险关系转移接续暂行办法》适用于参加城镇企业职工基本养老保险的所有人员,包括农民工。已经按国家规定领取基本养老保险待遇的人员,不再转移基本养老保险关系。④

2.城镇企业职工基本养老保险关系转移接续的办理。(1)办理主体。参保人员跨省流动就业的,由原参保所在地社会保险经办机构(以下简称社保经办机构)开具参保缴费凭证,其基本养老保险关系应随同转移到新参保地。⑤ (2)办理办法。①参保人员跨省流动就业,其基本养老保险关系转移接续按下列规定办理:第一,参保人员返回户籍所在地(指省、自治区、直辖市,下同)就业参保的,户籍所在地的相关社保经办机构应为其及时办理转移接续手续。第二,参保人员未返回户籍所在地就业参保的,由新参保地的社保经办机构为其及时办理转移接续手续。但对男性年满50周岁和女性年满40周岁的,应在原参保地继续保留基本养老保险关系,同时在新参保地建立临时基本养老保险缴费账户,记录单

---

① 《城镇企业职工基本养老保险关系转移接续暂行办法》第1条。
② 《城镇企业职工基本养老保险关系转移接续暂行办法》第11条。
③ 《人力资源社会保障部关于城镇企业职工基本养老保险关系转移接续若干问题的通知》第9条。
④ 《城镇企业职工基本养老保险关系转移接续暂行办法》第2条。
⑤ 《城镇企业职工基本养老保险关系转移接续暂行办法》第3条第1句。

位和个人全部缴费。参保人员再次跨省流动就业或在新参保地达到待遇领取条件时,将临时基本养老保险缴费账户中的全部缴费本息,转移归集到原参保地或待遇领取地。第三,参保人员经县级以上党委组织部门、人力资源社会保障行政部门批准调动,且与调入单位建立劳动关系并缴纳基本养老保险费的,不受以上年龄规定限制,应在调入地及时办理基本养老保险关系转移接续手续。① ②关于临时基本养老保险缴费账户的管理。参保人员在建立临时基本养老保险缴费账户地按照《社会保险法》规定,缴纳建立临时基本养老保险缴费账户前应缴未缴的养老保险费的,其临时基本养老保险缴费账户性质不予改变,转移接续养老保险关系时按照临时基本养老保险缴费账户的规定全额转移。参保人员在建立临时基本养老保险缴费账户期间再次跨省流动就业的,封存原临时基本养老保险缴费账户,待达到待遇领取条件时,由待遇领取地社会保险经办机构统一归集原临时养老保险关系。② (3)办理应提供的法律文书。①参保人员跨省转移接续基本养老保险关系时,对在《人力资源社会保障部关于城镇企业职工基本养老保险关系转移接续若干问题的通知》(人社部规〔2016〕5号,简称部规5号)实施之前发生的超过3年(含3年)的一次性缴纳养老保险费,转出地社会保险经办机构(以下简称转出地)应当向转入地社会保险经办机构(以下简称转入地)提供书面承诺书(见《一次性缴纳养老保险费书面承诺书(格式)》)。③ ②参保人员跨省转移接续基本养老保险关系时,对在部规5号实施之后发生的超过3年(含3年)的一次性缴纳养老保险费,由转出地按照部规5号有关规定向转入地提供相关法律文书。相关法律文书是由人民法院、审计部门、实施劳动监察的行政部门或劳动人事争议仲裁委员会等部门在履行各自法定职责过程中形成且产生于一次性缴纳养老保险费之前,不得通过事后补办的方式开具。转出地和转入地应当根据各自职责审核相关材料的规范性和完整性,核对参保人员缴费及转移信息。④ ③因地方自行出台一次性缴纳养老保险费政策或因无法提供有关材料造成无法转移的缴费年限和资金,转出地应自收到转入地联系函10个工作日内书面告知

---

① 《城镇企业职工基本养老保险关系转移接续暂行办法》第5条。
② 《人力资源社会保障部关于城镇企业职工基本养老保险关系转移接续若干问题的通知》第3条。
③ 《人力资源社会保障部办公厅关于职工基本养老保险关系转移接续有关问题的补充通知》第1条。
④ 《人力资源社会保障部办公厅关于职工基本养老保险关系转移接续有关问题的补充通知》第2条。

参保人员,并配合一次性缴纳养老保险费发生地(以下简称补缴发生地)妥善解决后续问题。对其余符合国家转移接续规定的养老保险缴费年限和资金,应做到应转尽转。① ④参保人员与用人单位劳动关系存续期间,因用人单位经批准暂缓缴纳社会保险费,导致出现一次性缴纳养老保险费的,在参保人员跨省转移接续养老保险关系时,转出地应向转入地提供缓缴协议、补缴欠费凭证等相关材料。转入地核实确认后应予办理。② ⑤社会保险费征收机构依据《社会保险法》等有关规定,受理参保人员投诉、举报,依法查处用人单位未按时足额缴纳养老保险费并责令补缴导致一次性缴纳养老保险费超过3年(含3年)的,在参保人员跨省转移接续基本养老保险关系时,由转出地负责提供社会保险费征收机构责令补缴时出具的相关文书,转入地核实确认后应予办理。③ ⑥各级社会保险经办机构要统一使用全国社会保险关系转移系统办理养老保险关系转移接续业务、传递相关表单和文书,减少无谓证明材料。要提高线上经办业务能力,充分利用互联网、12333电话、手机App等为参保人员提供快速便捷服务,努力实现"最多跑一次"。各级人力资源社会保障部门养老保险跨层级、跨业务涉及的相关数据和材料要努力实现互联互通,对可实现信息共享的,不得要求参保单位或参保人员重复提供。跨省转移接续基本养老保险关系时一次性缴纳养老保险费需向转入地提供的书面承诺书、相关法律文书等,不得要求参保人员个人提供,原则上由转出地负责。其中,转出地与补缴发生地不一致的,由补缴发生地社会保险经办机构经由转出地提供。④ (4)办理程序。①参保人员跨省流动就业的,按下列程序办理基本养老保险关系转移接续手续:第一,参保人员在新就业地按规定建立基本养老保险关系和缴费后,由用人单位或参保人员向新参保地社保经办机构提出基本养老保险关系转移接续的书面申请。第二,新参保地社保经办机构在15个工作日内,审核转移接续申请,对符合本办法规定条件的,向参保

---

① 《人力资源社会保障部办公厅关于职工基本养老保险关系转移接续有关问题的补充通知》第3条。
② 《人力资源社会保障部办公厅关于职工基本养老保险关系转移接续有关问题的补充通知》第4条。
③ 《人力资源社会保障部办公厅关于职工基本养老保险关系转移接续有关问题的补充通知》第5条。
④ 《人力资源社会保障部办公厅关于职工基本养老保险关系转移接续有关问题的补充通知》第8条。

人员原基本养老保险关系所在地的社保经办机构发出同意接收函,并提供相关信息;对不符合转移接续条件的,向申请单位或参保人员作出书面说明。第三,原基本养老保险关系所在地社保经办机构在接到同意接收函的15个工作日内,办理好转移接续的各项手续。第四,新参保地社保经办机构在收到参保人员原基本养老保险关系所在地社保经办机构转移的基本养老保险关系和资金后,应在15个工作日内办结有关手续,并将确认情况及时通知用人单位或参保人员。①②各级社会保险经办机构要完善经办规定,规范经办流程,严格内部控制,确保依法依规转移接续参保人员养老保险关系。各省级社会保险经办机构应当认真核查转移接续业务中存在的一次性缴纳养老保险费情况,按季度利用大数据进行比对。发现疑似异常数据和业务的,应当进行核实和处理,并形成核实情况报告报部社保中心;未发现异常数据和业务的,作零报告。发现疑似转移接续造假案例的,应当在10个工作日内上报部社保中心进行核实。部社保中心按季度对养老保险关系转移接续业务进行抽查。②

3. 城镇企业职工基本养老保险关系转移接续的资金。(1)参保缴费等的计算。参保人员达到基本养老保险待遇领取条件的,其在各地的参保缴费年限合并计算,个人账户储存额(含本息,下同)累计计算;未达到待遇领取年龄前,不得终止基本养老保险关系并办理退保手续;其中出国定居和到我国香港、澳门、台湾地区定居的,按国家有关规定执行。③《城镇企业职工基本养老保险关系转移接续暂行办法》所称缴费年限,除另有特殊规定外,均包括视同缴费年限。④(2)转移资金的计算。参保人员跨省流动就业转移基本养老保险关系时,按下列方法计算转移资金:①个人账户储存额:1998年1月1日之前按个人缴费累计本息计算转移,1998年1月1日后按计入个人账户的全部储存额计算转移。②统筹基金(单位缴费):以本人1998年1月1日后各年度实际缴费工资为基数,按12%的总和转移,参保缴费不足1年的,按实际缴费月数计算转移。⑤(3)基本养老金的计算。参保人员转移接续基本养老保险关系后,符合待遇领取条件

---

① 《城镇企业职工基本养老保险关系转移接续暂行办法》第8条。
② 《人力资源社会保障部办公厅关于职工基本养老保险关系转移接续有关问题的补充通知》第9条。
③ 《城镇企业职工基本养老保险关系转移接续暂行办法》第3条第2句。
④ 《城镇企业职工基本养老保险关系转移接续暂行办法》第12条。
⑤ 《城镇企业职工基本养老保险关系转移接续暂行办法》第4条。

的,按照《国务院关于完善企业职工基本养老保险制度的决定》(国发〔2005〕38号)的规定,以本人各年度缴费工资、缴费年限和待遇领取地对应的各年度在岗职工平均工资计算其基本养老金。①

4. 城镇企业职工基本养老保险关系转移接续待遇领取地的确定。(1)跨省流动就业的参保人员达到待遇领取条件时,按下列规定确定其待遇领取地:①基本养老保险关系在户籍所在地的,由户籍所在地负责办理待遇领取手续,享受基本养老保险待遇。②基本养老保险关系不在户籍所在地,而在其基本养老保险关系所在地累计缴费年限满10年的,在该地办理待遇领取手续,享受当地基本养老保险待遇。③基本养老保险关系不在户籍所在地,且在其基本养老保险关系所在地累计缴费年限不满10年的,将其基本养老保险关系转回上一个缴费年限满10年的原参保地办理待遇领取手续,享受基本养老保险待遇。④基本养老保险关系不在户籍所在地,且在每个参保地的累计缴费年限均不满10年的,将其基本养老保险关系及相应资金归集到户籍所在地,由户籍所在地按规定办理待遇领取手续,享受基本养老保险待遇。② (2)关于视同缴费年限计算地问题。参保人员待遇领取地按照《城镇企业职工基本养老保险关系转移接续暂行办法》第6条和第12条执行,基本养老保险关系在户籍所在地的,由户籍所在地负责办理待遇领取手续;基本养老保险关系不在户籍所在地,而在其基本养老保险关系所在地累计缴费年限满10年的,在该地办理待遇领取手续;基本养老保险关系不在户籍所在地,且在其基本养老保险关系所在地累计缴费年限不满10年的,将其基本养老保险关系转回上一个缴费年限满10年的原参保地办理待遇领取手续;基本养老保险关系不在户籍所在地,且在每个参保地的累计缴费年限均不满10年的,将其基本养老保险关系及相应资金归集到户籍所在地,由户籍所在地按规定办理待遇领取手续。缴费年限,除另有特殊规定外,均包括视同缴费年限。一地(以省、自治区、直辖市为单位)的累计缴费年限包括在本地的实际缴费年限和计算在本地的视同缴费年限。其中,曾经在机关事业单位和企业工作的视同缴费年限,计算为当时工作地的视同缴费年限;在多地有视同缴费年限的,分别计算为各地的视同缴费年限。③ 按此规定,参保人员曾经在机关事业单位和企业工作

---

① 《城镇企业职工基本养老保险关系转移接续暂行办法》第7条。
② 《城镇企业职工基本养老保险关系转移接续暂行办法》第6条。
③ 《人力资源社会保障部关于城镇企业职工基本养老保险关系转移接续若干问题的通知》第1条。

的视同缴费年限,在确定计算地时与当时工作地有关,并不以工作地和参保地或户籍地一致为前提。① (3)关于户籍所在地社会保险经办机构归集责任。跨省流动就业人员未在户籍地参保,但按国家规定达到待遇领取条件时待遇领取地为户籍地的,户籍地社会保险经办机构应为参保人员办理登记手续并办理养老保险关系转移接续手续,将各地的养老保险关系归集至户籍地,并核发相应的养老保险待遇。②

5. 城镇企业职工基本养老保险关系转移接续的转出。关于缴费信息历史遗留问题的处理。由于各地政策或建立个人账户时间不一致等客观原因,参保人员在跨省转移接续养老保险关系时,转出地无法按月提供1998年1月1日之前缴费信息或者提供的1998年1月1日之前缴费信息无法在转入地计发待遇的,转入地应根据转出地提供的缴费时间记录,结合档案记载将相应年度计为视同缴费年限。③

6. 城镇企业职工基本养老保险关系转移接续的服务。(1)信息公布。建立全国县级以上社保经办机构联系方式信息库,并向社会公布,方便参保人员查询参保缴费情况,办理基本养老保险关系转移接续手续。加快建立全国统一的基本养老保险参保缴费信息查询服务系统,发行全国通用的社会保障卡,为参保人员查询参保缴费信息提供便捷有效的技术服务。④ (2)一次性缴费期间的证明。关于一次性缴纳养老保险费的转移。跨省流动就业人员转移接续养老保险关系时,对于符合国家规定一次性缴纳养老保险费超过3年(含)的,转出地应向转入地提供人民法院、审计部门、实施劳动保障监察的行政部门或劳动争议仲裁委员会出具的具有法律效力证明一次性缴费期间存在劳动关系的相应文书。⑤

7. 特殊人员基本养老保险关系的转移接续。(1)退役军人基本养老保险关系的转移接续。关于退役军人养老保险关系转移接续。军人退役基本养老保险关系转移至安置地后,安置地应为其办理登记手续并接续养老保险关系,退役养老保险补助年限计算为安置地的实际参保缴费年限。退役军人跨省流动就业

---

① 《人力资源社会保障部办公厅关于养老保险关系跨省转移视同缴费年限计算地有关问题的复函》。
② 《人力资源社会保障部关于城镇企业职工基本养老保险关系转移接续若干问题的通知》第8条。
③ 《人力资源社会保障部关于城镇企业职工基本养老保险关系转移接续若干问题的通知》第2条。
④ 《城镇企业职工基本养老保险关系转移接续暂行办法》第10条。
⑤ 《人力资源社会保障部关于城镇企业职工基本养老保险关系转移接续若干问题的通知》第4条。

的,其在1998年1月1日至2005年12月31日间的退役养老保险补助,转出地应按11%计算转移资金,并相应调整个人账户记录,所需资金从统筹基金中列支。①(2)农民工基本养老保险关系的转移接续。农民工中断就业或返乡没有继续缴费的,由原参保地社保经办机构保留其基本养老保险关系,保存其全部参保缴费记录及个人账户,个人账户储存额继续按规定计息。农民工返回城镇就业并继续参保缴费的,无论其回到原参保地就业还是到其他城镇就业,均按前述规定累计计算其缴费年限,合并计算其个人账户储存额,符合待遇领取条件的,与城镇职工同样享受基本养老保险待遇;农民工不再返回城镇就业的,其在城镇参保缴费记录及个人账户全部有效,并根据农民工的实际情况,或在其达到规定领取条件时享受城镇职工基本养老保险待遇,或转入新型农村社会养老保险。农民工在城镇参加企业职工基本养老保险与在农村参加新型农村社会养老保险的衔接政策,另行研究制定。②

8. 基本养老保险关系转移接续的其他问题。(1)重复领取基本养老金的处理。①关于重复领取基本养老金的处理。《城镇企业职工基本养老保险关系转移接续暂行办法》实施之后重复领取基本养老金的参保人员,由本人与社会保险经办机构协商确定保留其中一个养老保险关系并继续领取待遇,其他的养老保险关系应予以清理,个人账户剩余部分一次性退还本人。③ ②参保人员重复领取职工基本养老保险待遇(包括企业职工基本养老保险待遇和机关事业单位工作人员基本养老保险待遇,下同)的,由社会保险经办机构与本人协商确定保留其中一个基本养老保险关系并继续领取待遇,其他的养老保险关系应予以清理,个人账户剩余部分一次性退还给本人,重复领取的基本养老保险待遇应予退还。本人不予退还的,从其被清理的养老保险个人账户余额中抵扣。养老保险个人账户余额不足以抵扣重复领取的基本养老保险待遇的,从继续发放的基本养老金中按照一定比例逐月进行抵扣,直至重复领取的基本养老保险待遇全部退还。《国务院办公厅关于转发人力资源社会保障部财政部城镇企业职工基本养老保险关系转移接续暂行办法的通知》(国办发〔2009〕66号)实施之前已经重复领取待遇的,仍按照《人力资源社会保障部关于贯彻落实国务院办公厅转发城镇企业

---

① 《人力资源社会保障部关于城镇企业职工基本养老保险关系转移接续若干问题的通知》第6条。
② 《城镇企业职工基本养老保险关系转移接续暂行办法》第9条。
③ 《人力资源社会保障部关于城镇企业职工基本养老保险关系转移接续若干问题的通知》第5条。

职工基本养老保险关系转移接续暂行办法的通知》(人社部发〔2009〕187号)有关规定执行。参保人员重复领取职工基本养老保险待遇和城乡居民基本养老保险待遇的,社会保险经办机构应终止并解除其城乡居民基本养老保险关系,除政府补贴外的个人账户余额退还本人。重复领取的城乡居民基本养老保险基础养老金应予退还;本人不予退还的,由社会保险经办机构从其城乡居民基本养老保险个人账户余额或者其继续领取的职工基本养老保险待遇中抵扣。① (2)城镇企业成建制跨省转移养老保险关系的处理。关于城镇企业成建制跨省转移养老保险关系的处理。城镇企业成建制跨省转移,按照《暂行办法》的规定转移接续养老保险关系。在省级政府主导下的规模以上企业成建制转移,可根据两省协商,妥善转移接续养老保险关系。② 对于参保人员离开成建制转移企业的,不应使用成建制转移企业协商的相关规定,而应该执行国家统一规定。③ (3)对跨省转移养老保险关系违纪违法行为的处理。要加强对跨省转移接续基本养老保险关系业务的监管,严肃查处欺诈骗保、失职渎职等行为,防控基金风险。对地方违规出台一次性缴纳养老保险费政策的,按照国家有关规定严肃处理。对社会保险经办机构工作人员违规操作、提供不实书面承诺书、参与伪造相关法律文书等材料的,由人力资源社会保障行政部门责令改正,对直接负责的主管人员和其他责任人员依法依规给予处分。发现参保单位或参保人员通过伪造相关文书材料等方式办理养老保险参保缴费、转移接续基本养老保险关系的,由人力资源社会保障行政部门责令清退相应时间段养老保险关系,构成骗取养老保险待遇的,按照《社会保险法》等有关规定处理。④

(三)城乡居民基本养老保险

1. 城乡居民基本养老保险的指导思想。高举中国特色社会主义伟大旗帜,以邓小平理论、"三个代表"重要思想、科学发展观为指导,贯彻落实党中央和国务院的各项决策部署,按照全覆盖、保基本、有弹性、可持续的方针,以增强公平

---

① 《人力资源社会保障部办公厅关于职工基本养老保险关系转移接续有关问题的补充通知》第7条。
② 《人力资源社会保障部关于城镇企业职工基本养老保险关系转移接续若干问题的通知》第7条。
③ 《人力资源社会保障部办公厅关于养老保险关系跨省转移视同缴费年限计算地有关问题的复函》。
④ 《人力资源社会保障部办公厅关于职工基本养老保险关系转移接续有关问题的补充通知》第10条。

性、适应流动性、保证可持续性为重点,全面推进和不断完善覆盖全体城乡居民的基本养老保险制度,充分发挥社会保险对保障人民基本生活、调节社会收入分配、促进城乡经济社会协调发展的重要作用。①

2. 城乡居民基本养老保险的任务目标。坚持和完善社会统筹与个人账户相结合的制度模式,巩固和拓宽个人缴费、集体补助、政府补贴相结合的资金筹集渠道,完善基础养老金和个人账户养老金相结合的待遇支付政策,强化长缴多得、多缴多得等制度的激励机制,建立基础养老金正常调整机制,健全服务网络,提高管理水平,为参保居民提供方便快捷的服务。"十二五"末,在全国基本实现新农保和城居保制度合并实施,并与职工基本养老保险制度相衔接。2020年前,全面建成公平、统一、规范的城乡居民养老保险制度,与社会救助、社会福利等其他社会保障政策相配套,充分发挥家庭养老等传统保障方式的积极作用,更好保障参保城乡居民的老年基本生活。②

3. 城乡居民基本养老保险的参保范围。年满16周岁(不含在校学生),非国家机关和事业单位工作人员及不属于职工基本养老保险制度覆盖范围的城乡居民,可以在户籍地参加城乡居民养老保险。③

4. 城乡居民基本养老保险的基金筹集。城乡居民养老保险基金由个人缴费、集体补助、政府补贴构成。(1)个人缴费。参加城乡居民养老保险的人员应当按规定缴纳养老保险费。缴费标准目前设为每年100元、200元、300元、400元、500元、600元、700元、800元、900元、1000元、1500元、2000元12个档次,省(区、市)人民政府可以根据实际情况增设缴费档次,最高缴费档次标准原则上不超过当地灵活就业人员参加职工基本养老保险的年缴费额,并报人力资源社会保障部备案。人力资源社会保障部会同财政部依据城乡居民收入增长等情况适时调整缴费档次标准。参保人自主选择档次缴费,多缴多得。(2)集体补助。有条件的村集体经济组织应当对参保人缴费给予补助,补助标准由村民委员会召开村民会议民主确定,鼓励有条件的社区将集体补助纳入社区公益事业资金筹集范围。鼓励其他社会经济组织、公益慈善组织、个人为参保人缴费提供资助。补助、资助金额不超过当地设定的最高缴费档次标准。(3)政府补贴。政府对符

---

① 《国务院关于建立统一的城乡居民基本养老保险制度的意见》第1条。
② 《国务院关于建立统一的城乡居民基本养老保险制度的意见》第2条。
③ 《国务院关于建立统一的城乡居民基本养老保险制度的意见》第3条。

合领取城乡居民养老保险待遇条件的参保人全额支付基础养老金,其中,中央财政对中西部地区按中央确定的基础养老金标准给予全额补助,对东部地区给予50%的补助。地方人民政府应当对参保人缴费给予补贴,对选择最低档次标准缴费的,补贴标准不低于每人每年30元;对选择较高档次标准缴费的,适当增加补贴金额;对选择500元及以上档次标准缴费的,补贴标准不低于每人每年60元,具体标准和办法由省(区、市)人民政府确定。对重度残疾人等缴费困难群体,地方人民政府为其代缴部分或全部最低标准的养老保险费。①

5. 城乡居民基本养老保险的建立个人账户。国家为每个参保人员建立终身记录的养老保险个人账户,个人缴费、地方人民政府对参保人的缴费补贴、集体补助及其他社会经济组织、公益慈善组织、个人对参保人的缴费资助,全部记入个人账户。个人账户储存额按国家规定计息。②

6. 城乡居民基本养老保险的养老保险待遇及调整。城乡居民养老保险待遇由基础养老金和个人账户养老金构成,支付终身。(1)基础养老金。中央确定基础养老金最低标准,建立基础养老金最低标准正常调整机制,根据经济发展和物价变动等情况,适时调整全国基础养老金最低标准。地方人民政府可以根据实际情况适当提高基础养老金标准;对长期缴费的,可适当加发基础养老金,提高和加发部分的资金由地方人民政府支出,具体办法由省(区、市)人民政府规定,并报人力资源社会保障部备案。(2)个人账户养老金。个人账户养老金的月计发标准,目前为个人账户全部储存额除以139(与现行职工基本养老保险个人账户养老金计发系数相同)。参保人死亡,个人账户资金余额可以依法继承。③

7. 城乡居民基本养老保险的养老保险待遇领取条件。(1)参加城乡居民养老保险的个人,年满60周岁、累计缴费满15年,且未领取国家规定的基本养老保障待遇的,可以按月领取城乡居民养老保险待遇。新农保或城居保制度实施时已年满60周岁、在本意见印发之日前未领取国家规定的基本养老保障待遇的,不用缴费,自本意见实施之月起,可以按月领取城乡居民养老保险基础养老金;距规定领取年龄不足15年的,应逐年缴费,也允许补缴,累计缴费不超过15年;距规定领取年龄超过15年的,应按年缴费,累计缴费不少于15年。城乡居民养老

---

① 《国务院关于建立统一的城乡居民基本养老保险制度的意见》第4条。
② 《国务院关于建立统一的城乡居民基本养老保险制度的意见》第5条。
③ 《国务院关于建立统一的城乡居民基本养老保险制度的意见》第6条。

保险待遇领取人员死亡的,从次月起停止支付其养老金。有条件的地方人民政府可以结合本地实际探索建立丧葬补助金制度。社会保险经办机构应每年对城乡居民养老保险待遇领取人员进行核对;村(居)民委员会要协助社会保险经办机构开展工作,在行政村(社区)范围内对参保人待遇领取资格进行公示,并与职工基本养老保险待遇等领取记录进行比对,确保不重、不漏、不错。① (2)《国务院关于建立统一的城乡居民基本养老保险制度的意见》(国发〔2014〕8号)对城乡居民参保、缴费、转移及享受待遇的条件有明确规定,原户籍地新农保或城居保制度实施后才年满60周岁的城乡居民,均符合在原户籍地参保缴费的条件。在迁移户籍前已满60周岁的城乡居民,应由原户籍地负责其城乡居民养老保险参保缴费和待遇发放。②

8. 城乡居民基本养老保险的转移接续与制度衔接。参加城乡居民养老保险的人员,在缴费期间户籍迁移、需要跨地区转移城乡居民养老保险关系的,可在迁入地申请转移养老保险关系,一次性转移个人账户全部储存额,并按迁入地规定继续参保缴费,缴费年限累计计算;已经按规定领取城乡居民养老保险待遇的,无论户籍是否迁移,其养老保险关系不转移。城乡居民养老保险制度与职工基本养老保险、优抚安置、城乡居民最低生活保障、农村五保供养等社会保障制度以及农村部分计划生育家庭奖励扶助制度的衔接,按有关规定执行。③

9. 城乡居民基本养老保险的基金管理和运营。将新农保基金和城居保基金合并为城乡居民养老保险基金,完善城乡居民养老保险基金财务会计制度和各项业务管理规章制度。城乡居民养老保险基金纳入社会保障基金财政专户,实行收支两条线管理,单独记账、独立核算,任何地区、部门、单位和个人均不得挤占挪用、虚报冒领。各地要在整合城乡居民养老保险制度的基础上,逐步推进城乡居民养老保险基金省级管理。城乡居民养老保险基金按照国家统一规定投资运营,实现保值增值。④

10. 城乡居民基本养老保险的基金监督。各级人力资源社会保障部门要会同有关部门认真履行监管职责,建立健全内控制度和基金稽核监督制度,对基金

---

① 《国务院关于建立统一的城乡居民基本养老保险制度的意见》第7条。
② 《人力资源社会保障部办公厅关于城乡居民养老保险关系转移接续有关问题处理意见的复函》。
③ 《国务院关于建立统一的城乡居民基本养老保险制度的意见》第8条。
④ 《国务院关于建立统一的城乡居民基本养老保险制度的意见》第9条。

的筹集、上解、划拨、发放、存储、管理等进行监控和检查,并按规定披露信息,接受社会监督。财政部门、审计部门按各自职责,对基金的收支、管理和投资运营情况实施监督。对虚报冒领、挤占挪用、贪污浪费等违纪违法行为,有关部门按国家有关法律法规严肃处理。要积极探索有村(居)民代表参加的社会监督的有效方式,做到基金公开透明,制度在阳光下运行。①

11. 城乡居民基本养老保险的经办管理服务与信息化建设。省(区、市)人民政府要切实加强城乡居民养老保险经办能力建设,结合本地实际,科学整合现有公共服务资源和社会保险经办管理资源,充实加强基层经办力量,做到精确管理、便捷服务。要注重运用现代管理方式和政府购买服务方式,降低行政成本,提高工作效率。要加强城乡居民养老保险工作人员专业培训,不断提高公共服务水平。社会保险经办机构要认真记录参保人缴费和领取待遇情况,建立参保档案,按规定妥善保存。地方人民政府要为经办机构提供必要的工作场地、设施设备、经费保障。城乡居民养老保险工作经费纳入同级财政预算,不得从城乡居民养老保险基金中开支。基层财政确有困难的地区,省市级财政可给予适当补助。各地要在现有新农保和城居保业务管理系统基础上,整合形成省级集中的城乡居民养老保险信息管理系统,纳入"金保工程"建设,并与其他公民信息管理系统实现信息资源共享;要将信息网络向基层延伸,实现省、市、县、乡镇(街道)、社区实时联网,有条件的地区可延伸到行政村;要大力推行全国统一的社会保障卡,方便参保人持卡缴费、领取待遇和查询本人参保信息。②

12. 城乡居民基本养老保险的组织领导和政策宣传。地方各级人民政府要充分认识建立城乡居民养老保险制度的重要性,将其列入当地经济社会发展规划和年度目标管理考核体系,切实加强组织领导;要优化财政支出结构,加大财政投入,为城乡居民养老保险制度建设提供必要的财力保障。各级人力资源社会保障部门要切实履行主管部门职责,会同有关部门做好城乡居民养老保险工作的统筹规划和政策制定、统一管理、综合协调、监督检查等工作。各地区和有关部门要认真做好城乡居民养老保险政策宣传工作,全面准确地宣传解读政策,正确把握舆论导向,注重运用通俗易懂的语言和群众易于接受的方式,深入基层开

---

① 《国务院关于建立统一的城乡居民基本养老保险制度的意见》第10条。
② 《国务院关于建立统一的城乡居民基本养老保险制度的意见》第11条。

展宣传活动,引导城乡居民踊跃参保、持续缴费、增加积累,保障参保人的合法权益。各省(区、市)人民政府要根据本意见,结合本地区实际情况,制定具体实施办法,并报人力资源社会保障部备案。《国务院关于建立统一的城乡居民基本养老保险制度的意见》自印发之日起实施,已有规定与本意见不一致的,按本意见执行。①

13. 城乡居民基本养老保险待遇确定和基础养老金正常调整机制。(1)总体要求。全面贯彻党的十九大精神,以习近平新时代中国特色社会主义思想为指导,紧紧围绕统筹推进"五位一体"总体布局和协调推进"四个全面"战略布局,牢固树立和贯彻落实新发展理念,坚持以人民为中心的发展思想,按照兜底线、织密网、建机制的要求,建立激励约束有效、筹资权责清晰、保障水平适度的城乡居民基本养老保险待遇确定和基础养老金正常调整机制,推动城乡居民基本养老保险待遇水平随经济发展而逐步提高,确保参保居民共享经济社会发展成果,促进城乡居民基本养老保险制度健康发展,不断增强参保居民的获得感、幸福感、安全感。② (2)主要任务。①完善待遇确定机制。城乡居民基本养老保险待遇由基础养老金和个人账户养老金构成。基础养老金由中央和地方确定标准并全额支付给符合领取条件的参保人;个人账户养老金由个人账户全部储存额除以计发系数确定。明确各级人民政府、集体经济组织和参保居民等各方面的责任。中央根据全国城乡居民人均可支配收入和财力状况等因素,合理确定全国基础养老金最低标准。地方应当根据当地实际提高基础养老金标准,对65岁及以上参保城乡老年居民予以适当倾斜;对长期缴费、超过最低缴费年限的,应适当加发年限基础养老金。各地提高基础养老金和加发年限基础养老金标准所需资金由地方负担。引导激励符合条件的城乡居民早参保、多缴费,增加个人账户资金积累,优化养老保险待遇结构,提高待遇水平。②建立基础养老金正常调整机制。人力资源社会保障部会同财政部,统筹考虑城乡居民收入增长、物价变动和职工基本养老保险等其他社会保障标准调整情况,适时提出城乡居民全国基础养老金最低标准调整方案,报请党中央和国务院确定。地方基础养老金的调整,应由当地人力资源社会保障部门会同财政部门提出方案,报请同级党委和政府确定。③建立个人缴费档次标准调整机制。各地要根据城乡居民收入增长情

---

① 《国务院关于建立统一的城乡居民基本养老保险制度的意见》第12条。
② 《人力资源社会保障部、财政部关于建立城乡居民基本养老保险待遇确定和基础养老金正常调整机制的指导意见》第1条。

况,合理确定和调整城乡居民基本养老保险缴费档次标准,供城乡居民选择。最高缴费档次标准原则上不超过当地灵活就业人员参加职工基本养老保险的年缴费额。对重度残疾人等缴费困难群体,可保留现行最低缴费档次标准。④建立缴费补贴调整机制。各地要建立城乡居民基本养老保险缴费补贴动态调整机制,根据经济发展、个人缴费标准提高和财力状况,合理调整缴费补贴水平,对选择较高档次缴费的人员可适当增加缴费补贴,引导城乡居民选择高档次标准缴费。鼓励集体经济组织提高缴费补助,鼓励其他社会组织、公益慈善组织、个人为参保人缴费加大资助。⑤实现个人账户基金保值增值。各地要按照《国务院关于印发基本养老保险基金投资管理办法的通知》(国发〔2015〕48号)要求和规定,开展城乡居民基本养老保险基金委托投资,实现基金保值增值,提高个人账户养老金水平和基金支付能力。① (3)工作要求。①加强组织领导。建立城乡居民基本养老保险待遇确定和基础养老金正常调整机制是党中央、国务院部署的重要任务,是基本养老保险制度改革的重要内容,关系到广大城乡居民的切身利益,各级人力资源社会保障部门、财政部门要高度重视,加强组织领导,明确部门责任,切实把政策落实到位。②完善机制建设。各地要根据本指导意见的精神,逐项落实各项政策,尽力而为,量力而行,建立和完善适合本地区情况的城乡居民基本养老保险待遇确定和基础养老金调整机制。③强化部门协同。各地人力资源社会保障部门、财政部门要切实履行职责,加强协调配合,精心制订工作方案,共同做好基础养老金、个人缴费档次标准、政府补贴标准等测算和调整工作,相关标准和政策报上级人力资源社会保障部门和财政部门备案。④做好政策宣传。要采取多种方式全面准确解读政策,正确引导社会舆论,让参保居民形成合理的预期。②

(四)城乡居民基本养老保险经办规程

1. 城乡居民基本养老保险经办的一般规则。(1)适用。①适用的法律。第一,按照党中央、国务院深入推进"放管服"改革精神,根据《国务院关于建立统一的城乡居民基本养老保险制度的意见》,为确保城乡居民基本养老保险(以下简

---

① 《人力资源社会保障部、财政部关于建立城乡居民基本养老保险待遇确定和基础养老金正常调整机制的指导意见》第2条。
② 《人力资源社会保障部、财政部关于建立城乡居民基本养老保险待遇确定和基础养老金正常调整机制的指导意见》第3条。

称城乡居民养老保险)经办管理服务工作顺利实施,实现业务操作规范、方便、快捷,制定《城乡居民基本养老保险经办规程》。① 第二,《城乡居民基本养老保险经办规程》由人力资源社会保障部负责解释。② 第三,《城乡居民基本养老保险经办规程》从印发之日起实施。《人力资源社会保障部关于印发城乡居民基本养老保险经办规程的通知》(人社部发〔2014〕23号)同时废止。③ 第四,城乡居民养老保险与其他基本养老保险制度衔接的业务经办工作,参照《城乡养老保险制度衔接经办规程(试行)》(人社厅发〔2014〕25号)执行。④ ②适用的范围。社会保险经办机构(以下简称社保机构)、乡镇(街道)事务所(中心、站)(以下简称乡镇(街道)事务所)、行政村(社区)村(居)民委员会协办人员[以下简称村(居)协办员]办理城乡居民养老保险事务适用《城乡居民基本养老保险经办规程》。⑤ (2)经办的内容。城乡居民养老保险经办包括参保登记、保险费收缴衔接、基金申请和划拨、个人账户管理、待遇支付、保险关系注销、保险关系转移接续、基金管理、档案管理、统计管理、待遇领取资格确认、内控稽核、宣传咨询、举报受理等。⑥ (3)经办机构。城乡居民养老保险实行属地化管理,社保机构、乡镇(街道)事务所具体经办,村(居)协办员协助办理。⑦ (4)经办机构系统内的分工。省、自治区、直辖市及新疆生产建设兵团(以下简称省)和地市社保机构负责组织指导和监督考核本地区城乡居民养老保险经办管理服务工作,配合财政部门做好财政补助资金的结算和划拨工作;依据本规程制定本地区城乡居民养老保险业务经办管理办法;依据工作需要和制度规定参与制定本地区城乡居民养老保险基金财务管理办法和基金会计核算办法实施细则;制定本地区城乡居民养老保险内部控制和稽核制度,组织开展内部控制和稽核工作;规范、督导城乡居民养老保险待遇发放和社会化管理服务工作;编制、汇总、上报本级城乡居民养老保险基金预算和决算、财务和统计报表;推进建设统一的城乡居民养老保险经办管理信息系统(以下简称信息系统),负责城乡居民养老保险个人权益记录管理

---

① 《城乡居民基本养老保险经办规程》第1条。
② 《城乡居民基本养老保险经办规程》第69条。
③ 《城乡居民基本养老保险经办规程》第70条。
④ 《城乡居民基本养老保险经办规程》第68条。
⑤ 《城乡居民基本养老保险经办规程》第2条第2款。
⑥ 《城乡居民基本养老保险经办规程》第2条第1款。
⑦ 《城乡居民基本养老保险经办规程》第3条。

和数据应用分析工作;组织开展人员培训;负责个人账户结余基金归集和上解等工作。县(市、区、旗,以下简称县)社保机构负责城乡居民养老保险的参保登记、保险费收缴衔接、基金申请与划拨、基金管理、个人账户建立与管理、待遇核定与支付、保险关系注销、保险关系转移接续、待遇领取资格确认、内控管理、档案管理、个人权益记录管理、数据应用分析以及咨询、查询和举报受理,编制、上报本级城乡居民养老保险基金预算和决算、财务和统计报表,并对乡镇(街道)事务所的业务经办工作进行指导和监督考核,组织开展人员培训等工作(地市社保机构直接经办城乡居民养老保险业务的参照执行,下同)。乡镇(街道)事务所负责参保资源的调查和管理,对参保人员的参保资格、基本信息、待遇领取资格及关系转移资格等进行初审,将有关信息录入信息系统,并负责受理咨询、查询和举报、政策宣传、情况公示等工作。村(居)协办员具体负责城乡居民养老保险参保登记、待遇领取、保险关系注销、保险关系转移接续等业务环节所需材料的收集与上报,负责向参保人员发放有关材料,通知参保人员办理补缴和待遇领取手续,并协助做好政策宣传与解释、待遇领取资格确认、摸底调查、居民基本信息采集和情况公示等工作。① (5)经办及相关机构的服务。社保机构、乡镇(街道)事务所与村(居)协办员应提供方便快捷的城乡居民养老保险经办服务,包括互联网网上经办服务、自助服务和人工经办服务。互联网网上服务应进行实名验证。对行动不便的参保人员,社保机构、乡镇(街道)事务所与村(居)协办员应为其提供上门服务。社保机构应当主动与公安、民政、卫生健康、残联、税务等部门共享数据,定期与以上部门的数据系统以及全民参保库等信息库进行数据比对(以下简称数据比对)。凡是能通过数据比对掌握的信息以及法律法规未规定由城乡居民提供的材料,社保机构不得要求城乡居民提供。② (6)城乡居民养老保险基金。城乡居民养老保险基金单独记账,独立核算,存入社会保障基金财政专户,专款专用,任何单位和个人不得挤占、挪用基金,基金结余按国家有关规定实现保值增值。③

2. 城乡居民基本养老保险经办的参保登记。(1)参保申请。社保机构、乡镇(街道)事务所与村(居)协办员应提供以下两种方式供城乡居民任意选择其一申

---

① 《城乡居民基本养老保险经办规程》第4条。
② 《城乡居民基本养老保险经办规程》第6条。
③ 《城乡居民基本养老保险经办规程》第5条。

请参加城乡居民养老保险:①通过登录网站、自助终端、移动应用等互联网服务渠道(以下简称互联网服务渠道),上传有效身份证件、户口簿首页和本人页,填写《城乡居民基本养老保险参保登记表》(以下简称《登记表》)。②携带有效身份证件和户口簿,通过户籍所在地的村(居)协办员或乡镇(街道)事务所或县社保机构等线下服务渠道(以下简称线下服务渠道)现场办理,乡镇(街道)事务所工作人员或村(居)协办员拍照上传相关信息或按规定时限将相关材料逐级上报。① 本规程所称有效身份证件,包括居民身份证、社会保障卡、港澳台居民居住证、外国人居留证、外国人护照等有效身份证件。② (2)参保审核。县社保机构应通过数据比对等方式,对参保申请进行审核,并自收到参保申请之日起 3 个工作日内告知申请人审核结果。审核通过的,县社保机构应同时在信息系统中进行确认,留存《登记表》、有效身份证件、户口簿信息资料。③ (3)参加的变更。①参保人员的性别、民族、居住地址、联系电话等参保登记信息发生变更时,县社保机构应允许参保人员本人通过互联网服务渠道或线下服务渠道直接填报最新信息进行变更,无须审核。参保人员的姓名、出生日期、有效身份证件号码变更时,县社保机构应允许参保人员本人通过互联网服务渠道提出申请,填写新的《登记表》,上传变更后的有效身份证件办理变更或携带变更后的有效身份证件通过线下服务渠道现场办理变更。④ ②县社保机构应通过数据比对等方式,对变更申请进行审核,并自收到变更申请之日起 3 个工作日内告知参保人员审核结果。审核通过的,应同时在信息系统中进行确认,留存新的《登记表》、有效身份证件信息资料。⑤

3. 城乡居民基本养老保险经办的保险费收缴衔接。(1)城乡居民养老保险费按年度缴费。城乡居民养老保险费按年度缴纳,参保人员可自主选择缴费档次,确定缴费金额。⑥ (2)社保机构对缴费的管理。社保机构应依据《国家税务总局办公厅、人力资源社会保障部办公厅关于印发〈社会保险费信息共享平台建设方案〉的通知》(税总办发〔2018〕123 号)制定适应满足城乡居民养老保险费征收业务和数据交互需求的数据标准、业务和技术规范,开展人社部门信息共享平

---

① 《城乡居民基本养老保险经办规程》第 7 条。
② 《城乡居民基本养老保险经办规程》第 67 条。
③ 《城乡居民基本养老保险经办规程》第 8 条。
④ 《城乡居民基本养老保险经办规程》第 9 条。
⑤ 《城乡居民基本养老保险经办规程》第 10 条。
⑥ 《城乡居民基本养老保险经办规程》第 11 条。

台的开发、部署及联调、运维等工作,并对共享平台的城乡居民养老保险数据质量管理、交换过程监控,保障参保登记信息的唯一性和有效性,保障数据交换的及时性、准确性、完整性。① (3)社保机构与税务部门的协作。①社保机构应在规定时限内向税务部门传递城乡居民养老保险参保登记数据、退费核验信息、退费信息、特殊缴费业务核定等信息,实现城乡居民养老保险费征收相关数据的省级集中交换。② ②社保机构应在规定时限内接收税务部门传递的城乡居民养老保险费缴费明细数据、对账数据、特殊缴费业务入库反馈、退费申请等信息。③ ③社保机构应在涉及城乡居民养老保险费征收的业务稽核、统计分析、公共服务等方面,开展信息共享和业务协同。④

4. 城乡居民基本养老保险经办的个人账户管理。(1)个人账户的建立。县社保机构应为每位参保人员建立个人账户。个人账户用于记录个人缴费、补助、资助、补贴及利息。⑤ (2)个人账户的补贴。县社保机构应依据税务部门传递的缴费详细数据,及时将个人缴费额和政府对个人缴费的补贴计入个人账户。个人缴费、补助、资助按缴入国库时间记账,从次月开始计息。⑥ (3)个人账户的年度结息日。城乡居民养老保险个人账户的结息年度为每年的1月1日至12月31日。社保机构应于1个结息年度结束后对上年度的个人账户储存额进行结息。⑦ (4)个人账户的对账单。社保机构应当每年至少1次将参保人员的《城乡居民基本养老保险个人账户对账单》(以下简称《对账单》)通过政府网站或手机短信等多种方式告知本人,同时应提供互联网服务渠道或线下服务渠道供参保人员查询打印《对账单》。⑧ (5)个人账户的异议。参保人员对个人账户记录有异议的,社保机构应允许参保人员通过线下服务渠道提供证据,提出核查申请。接到申请后,县社保机构应立即根据参保人员提供的证据开展核查,并及时告知参保人员处理结果。⑨ (6)个人账户的使用。个人账户储存额只能用于个人账户养老金

---

① 《城乡居民基本养老保险经办规程》第12条。
② 《城乡居民基本养老保险经办规程》第13条。
③ 《城乡居民基本养老保险经办规程》第14条。
④ 《城乡居民基本养老保险经办规程》第15条。
⑤ 《城乡居民基本养老保险经办规程》第16条。
⑥ 《城乡居民基本养老保险经办规程》第17条。
⑦ 《城乡居民基本养老保险经办规程》第18条。
⑧ 《城乡居民基本养老保险经办规程》第19条。
⑨ 《城乡居民基本养老保险经办规程》第20条。

支付,除出现《城乡居民基本养老保险经办规程》第 37 条有关情况外,不得提前支取或挪作他用。①

5. 城乡居民基本养老保险经办的待遇支付。(1)县社保机构通知参保人员。县社保机构应定期查询即将达到待遇领取年龄的参保人员,通过数据比对生存状态、参保状态和缴费状态,调取权益记录,生成《城乡居民基本养老保险待遇领取告知书》(以下简称《告知书》),通过互联网服务渠道或线下服务渠道通知参保人员。《告知书》应包括参保人员参保缴费情况、预估权益及待遇申领手续等信息。②(2)参保人申请待遇领取或现场办理。县社保机构应允许达到待遇领取年龄的参保人员通过互联网服务渠道上传有效身份证件,提出待遇领取申请,或参保人员本人携带有效身份证件,通过线下服务渠道现场办理。③(3)县社保机构对申请的核实、核定。县社保机构应及时受理参保人员待遇领取申请,通过数据比对等方式,核实其领取城乡居民养老保险待遇资格。对符合待遇领取条件的,县社保机构应自收到待遇领取申请之日起 5 个工作日内核定城乡居民养老保险待遇,生成《城乡居民基本养老保险待遇核定表》,供参保人员确认待遇计发标准。对不符合待遇领取条件的,应自收到待遇领取申请之日起 5 个工作日内告知原因。④(4)参保人员待遇计发标准的异议。参保人员对待遇计发标准有异议的,社保机构应允许参保人员通过线下服务渠道提供证据,提出核查申请。接到申请后,县社保机构应立即根据参保人员提供的证据开展核查。待遇计发标准有误的,县社保机构应及时重新核定待遇计发标准,并将核定结果反馈给参保人员,经参保人员确认后按新待遇标准发放待遇,并补(扣)发相应的历史待遇;待遇计发标准无误的,县社保机构应及时向参保人员说明核查结果。⑤(5)城乡居民养老保险待遇的发放。①城乡居民养老保险待遇资格的确认。社保机构应严格按照《人力资源社会保障部办公厅关于印发〈领取社会保险待遇资格确认经办规程(暂行)〉的通知》(人社厅发〔2018〕107 号)的要求,及时开展参保人员领取城乡居民养老保险待遇资格确认工作。⑥②城乡居民养老保险待遇中死亡人员

---

① 《城乡居民基本养老保险经办规程》第 21 条。
② 《城乡居民基本养老保险经办规程》第 22 条。
③ 《城乡居民基本养老保险经办规程》第 23 条。
④ 《城乡居民基本养老保险经办规程》第 24 条。
⑤ 《城乡居民基本养老保险经办规程》第 25 条。
⑥ 《城乡居民基本养老保险经办规程》第 31 条。

的上报。村(居)协办员应于每月初将本村(居)上月死亡人员名单(含姓名、有效身份证件号码、死亡日期等基本信息)上报乡镇(街道)事务所,乡镇(街道)事务所汇总后上报县社保机构。① ③城乡居民养老保险待遇的发放。第一,社保机构应从参保人员符合待遇领取条件的次月开始发放城乡居民养老保险待遇。② 第二,县社保机构应根据待遇领取人员的待遇标准核定应发放的城乡居民养老保险待遇,按月通过信息系统生成《城乡居民基本养老保险待遇支付审批表》,送财政部门申请资金。③ 第三,城乡居民养老保险待遇实行社会化发放。县社保机构应在待遇发放前2个工作日内将发放资金从支出户划拨至城乡居民养老保险待遇社会化发放协议服务金融机构(以下简称金融机构),并将待遇支付明细通过社银联网接口传输给金融机构。金融机构应在规定时间内将支付金额划入待遇领取人员社会保障卡银行账户,并通过社银联网接口实时传输资金支付明细给县社保机构。④ 第四,县社保机构应对金融机构反馈的资金支付明细和支付回执凭证进行核对,核对无误后,在信息系统中进行支付确认处理,打印《城乡居民基本养老保险基金支付汇总表》(两联),并与金融机构当月出具的所有支付回执凭证进行核对,确保准确无误。对发放不成功的,社保机构应会同金融机构及时解决,并进行再次发放。⑤ ④对特殊人员养老保险待遇发放的处理。第一,领取待遇期间服刑人员。待遇领取人员在领取待遇期间服刑的,县社保机构应参照《劳动和社会保障部办公厅关于退休人员被判刑后有关养老保险待遇问题的复函》(劳社厅函〔2001〕44号)和《关于对劳社厅函〔2001〕44号补充说明的函》(劳社厅函〔2003〕315号)相关规定进行处理。⑥ 第二,疑似丧失城乡居民养老保险待遇领取资格人员。其一,对通过第31条和第32条发现的疑似丧失城乡居民养老保险待遇领取资格人员,社保机构应当暂停待遇发放,并调查核实。对调查核实后确定仍具备待遇领取资格的人员,社保机构应当立即恢复发放,并补发停发期间的城乡居民养老保险待遇。⑦ 其二,对待遇领取人员死亡后被冒领的城乡

---

① 《城乡居民基本养老保险经办规程》第32条。
② 《城乡居民基本养老保险经办规程》第26条。
③ 《城乡居民基本养老保险经办规程》第27条。
④ 《城乡居民基本养老保险经办规程》第28条。
⑤ 《城乡居民基本养老保险经办规程》第29条。
⑥ 《城乡居民基本养老保险经办规程》第30条。
⑦ 《城乡居民基本养老保险经办规程》第33条。

居民养老保险待遇,县社保机构应按照规定责令有关人员退还。拒不退还的,县社保机构应将详细信息移交给有关部门依法处理。① 第三,符合《城乡居民基本养老保险经办规程》第 37 条情况的人员。待遇领取人员出现《城乡居民基本养老保险经办规程》第 37 条有关情况的,社保机构应从其出现情况的次月起停止发放城乡居民养老保险待遇。② 第四,多领取的城乡居民养老保险待遇人员。对因未及时办理注销登记而多领取的城乡居民养老保险待遇,县社保机构直接从被注销人员的个人账户余额和丧葬补助金中抵扣;不足抵扣的,应责令有关人员予以退还;拒不退还的,县社保机构应将详细信息移交给有关部门依法处理。③

6. 城乡居民基本养老保险经办的注销登记。(1)注销登记的法定情形。出现以下情形之一的应当进行注销登记,终止其城乡居民养老保险关系:参保人员死亡、丧失国籍或已享受其他基本养老保障待遇。④ (2)注销登记的办理。社保机构办理注销登记时,应遵循告知承诺制,不得要求参保人员、指定受益人或法定继承人提供死亡证明或关系证明等材料。参保人员死亡的,社保机构应允许其指定受益人或法定继承人通过互联网服务渠道,上传指定受益人或法定继承人的有效身份证件,填写《城乡居民基本养老保险注销登记表》(以下简称《注销表》)作出承诺,办理注销登记,或携带其指定受益人或法定继承人本人有效身份证件,通过线下服务渠道,填写《注销表》作出承诺,现场办理。丧失国籍或已享受其他基本养老保障待遇的,社保机构应允许参保人员通过互联网服务渠道,上传本人的有效身份证件,填写《注销表》作出承诺,办理注销登记,或参保人员携带本人有效身份证件,通过线下服务渠道,填写《注销表》作出承诺,现场办理。⑤ (3)注销登记的审核。县社保机构应通过数据比对等方式,对注销登记信息进行审核,并自收到注销登记申请的 5 个工作日内告知审核结果。审核通过的,应同时在信息系统中进行确认,留存《注销表》、有效身份证件信息资料和申请材料,结算被注销人员的个人账户余额和丧葬补助金额。⑥

7. 城乡居民基本养老保险经办的关系转续。(1)不转移城乡居民养老保

---

① 《城乡居民基本养老保险经办规程》第 35 条。
② 《城乡居民基本养老保险经办规程》第 34 条。
③ 《城乡居民基本养老保险经办规程》第 36 条。
④ 《城乡居民基本养老保险经办规程》第 37 条。
⑤ 《城乡居民基本养老保险经办规程》第 38 条。
⑥ 《城乡居民基本养老保险经办规程》第 39 条。

关系的情形。参保人员已经按规定领取城乡居民养老保险待遇的,无论户籍是否迁移,其养老保险关系不转移,继续在原参保地领取待遇,待遇领取资格确认工作按照有关规定执行。在本县范围内迁移户籍的参保人员,不转移城乡居民养老保险关系,直接办理户籍地址变更登记手续。① (2)转移城乡居民养老保险关系的情形及申请。在缴费期间,参保人员跨省、市、县转移的,转入地社保机构应允许参保人员通过互联网服务渠道,上传本人居民身份证,填写《城乡居民基本养老保险关系转入申请表》(以下简称《转入申请表》),向转入地提出关系转入申请,或参保人员携带居民身份证和变更后的户口簿通过转入地线下服务渠道,填写《转入申请表》现场办理。② (3)转移城乡居民养老保险关系的审核。转入地县社保机构受理转入申请后,应通过数据比对核实相关信息,并自收到转入申请的5个工作日内告知审核结果。③ (4)转移城乡居民养老保险关系的交接。转入申请审核通过后,转入地县社保机构应在规定时限内通过社会保险关系转移系统(以下简称转移系统)向转出地县社保机构发出《城乡居民基本养老保险关系转入接收函》(以下简称《接收函》)。转出地县社保机构通过转移系统下载《接收函》后,应及时对申请转移的参保人员相关信息进行核实,在业务系统为参保人员进行结息处理,生成《城乡居民基本养老保险关系转出审批表》(以下简称《审批表》),通过转移系统传送给转入地县社保机构,并按照第27~29条有关规定,于次月通过金融机构将参保人员个人账户储存额一次性划拨到转入地县社保机构指定的银行账户,终止申请转移人员的城乡居民养老保险关系,并按照规定保留原有记录备查。转入地县社保机构通过转移系统下载《审批表》,确认转入的个人账户储存额足额到账后,应及时进行实收处理,通过转移系统做办结反馈处理,将参保、转移信息录入业务系统,为转入人员建立及记录个人账户,并告知转入人员个人账户记录信息。④ (5)转移城乡居民养老保险关系的异议。参保人员对转入的个人账户记录有异议的,社保机构应允许参保人员通过线下服务渠道提供证据材料,提出核查申请。接到申请后,转入地县社保机构应及时联系转出地县社保机构进行处理,并告知参保人员处理结果。⑤ (6)转移城乡居民养

---

① 《城乡居民基本养老保险经办规程》第40条。
② 《城乡居民基本养老保险经办规程》第41条。
③ 《城乡居民基本养老保险经办规程》第42条。
④ 《城乡居民基本养老保险经办规程》第43条。
⑤ 《城乡居民基本养老保险经办规程》第44条。

老保险关系的查询。转移过程中,参保人员可通过转入地的互联网服务渠道查询业务办理进度。①

8. 城乡居民基本养老保险经办的基金管理。(1)城乡居民养老保险基金的管理机构。①社保机构应按照《财政部 人力资源社会保障部 国家卫生计生委关于印发〈社会保险基金财务制度〉的通知》(财社〔2017〕144号)《财政部关于印发〈社会保险基金会计制度〉的通知》(财会〔2017〕28号)和《财政部关于印发〈新旧社会保障基金会计制度有关衔接问题的处理规定〉的通知》(财会〔2017〕29号)的规定,与税务、财政部门共同加强城乡居民养老保险基金管理。②②社保机构应内设财务管理部门或相应专业工作岗位,分别配备专职会计和出纳。③ (2)城乡居民养老保险基金管理的收入户、支出户、财政专户。城乡居民养老保险基金收入户、支出户、财政专户应在县人力资源社会保障部门、财政部门共同认定的金融机构开设。收入户用于归集城乡居民养老保险基金,暂存该账户的利息收入、转移收入及其他收入,除向财政专户划转基金、向上级经办机构缴拨基金、原渠道退回保险费收入外,不得发生其他支付业务,原则上月末无余额。支出户用于支付和转出城乡居民养老保险基金,除接收财政专户拨入的基金、上级经办机构拨付基金、暂存该账户利息收入、原渠道退回支付资金外,不得发生其他收入业务。支出户应预留1到2个月的周转资金,确保城乡居民养老保险待遇按时足额发放。④ (3)城乡居民养老保险基金管理的预算草案。年度终了前,统筹地区社保机构应会同税务部门,按照规定表式、时间和编制要求,综合考虑本年预算执行情况、下一年度经济社会发展水平以及社会保险工作计划等因素,编制下一年度城乡居民养老保险基金预算草案,报同级社会保险行政部门审核汇总。各级社保机构应严格按照批复预算执行,定期向同级财政部门和社会保险行政部门报告预算执行情况,并主动接受监督检查。⑤ (4)城乡居民养老保险基金的结算和申请财政补助资金。社保机构应按照《财政部关于印发中央对地方专项转移支付管理办法的通知》(财预〔2015〕230号)的有关规定结算和申

---

① 《城乡居民基本养老保险经办规程》第45条。
② 《城乡居民基本养老保险经办规程》第46条。
③ 《城乡居民基本养老保险经办规程》第47条。
④ 《城乡居民基本养老保险经办规程》第48条。
⑤ 《城乡居民基本养老保险经办规程》第49条。

请财政补助资金。① (5)城乡居民养老保险基金的决算草案。年度终了,统筹地区社保机构应按照规定编制年度社会保险基金决算草案,报同级社会保险行政部门审核汇总。②

9. 城乡居民基本养老保险经办的统计管理。(1)上报统计信息、提供信息服务。社保机构应设置统计工作岗位,明确工作人员职责,开展常规统计和专项统计调查等工作,按规定上报统计信息,及时准确地提供统计信息服务。③ (2)完成统计报表。社保机构应按照统计报表制度,完成统计数据的采集和报表的编制、审核、汇总、上报等工作。统计报表应内容完整、数据准确、上报及时。④ (3)定期整理业务数据、建立统计台账。社保机构应定期整理各类业务数据,建立统计台账,实现数据来源的可追溯查询。⑤ (4)统计数据的分析。统计工作人员应做好城乡居民养老保险统计数据定期和专项分析工作,用于经办管理服务的评估与决策。⑥

10. 城乡居民基本养老保险经办的档案管理。(1)档案管理的规定。城乡居民养老保险业务档案管理应按照《社会保险业务档案管理规定(试行)》进行收集、整理、归档,确保业务档案有效保管、安全完整。⑦ (2)档案管理的场所、设施。县社保机构负责保管业务档案,应配备专门的管理人员和必要的设施、场所,确保业务档案的安全,并根据需要配备适应档案现代化管理要求的技术设备。⑧ (3)档案的清理、移交。县社保机构应按《社会保险业务档案管理规定(试行)》,对城乡居民养老保险业务档案进行档案利用、鉴定和销毁,对永久和长期保管的业务档案,应定期向同级档案管理部门移交。⑨ (4)电子档案的归档、移交。经办过程中产生的电子档案,社保机构应按照《国务院关于在线政务服务的若干规定》进行规范管理,按照档案管理要求及时以电子形式归档。电子档案可不再以纸质形式归档和移交。⑩

---

① 《城乡居民基本养老保险经办规程》第50条。
② 《城乡居民基本养老保险经办规程》第51条。
③ 《城乡居民基本养老保险经办规程》第52条。
④ 《城乡居民基本养老保险经办规程》第53条。
⑤ 《城乡居民基本养老保险经办规程》第54条。
⑥ 《城乡居民基本养老保险经办规程》第55条。
⑦ 《城乡居民基本养老保险经办规程》第56条。
⑧ 《城乡居民基本养老保险经办规程》第57条。
⑨ 《城乡居民基本养老保险经办规程》第58条。
⑩ 《城乡居民基本养老保险经办规程》第59条。

11. 城乡居民基本养老保险经办的稽核内控。(1)城乡居民养老保险的稽核。①社保机构应按照《社会保险稽核办法》，建立健全城乡居民养老保险稽核制度。稽核部门应对各项业务的办理和基金管理、使用情况进行日常检查，督促各个岗位人员严格履行经办程序，准确、完整记录各类信息，并按照档案管理的要求进行归档。①②社保机构应重点稽核城乡居民养老保险的参保资格、待遇领取资格、财政补助资金到位、重复享受待遇等情况，认真核查虚报、冒领养老金情况和欺诈行为。②(2)城乡居民养老保险的内控。①社保机构应根据《社会保险经办机构内部控制暂行办法》，健全内部控制制度，防范各类经办风险。社保机构应合理设置工作岗位，明确岗位职责，岗位之间、业务环节之间应相互监督、相互制衡，做到业务、财务分离，经办、复核等不相容岗位相互分离。社保机构还应建立责任追究制度。③②上级社保机构要对下级社保机构的各项业务经办活动、基金收支行为等内部管理制度的执行情况进行有效监督，并对其执行制度的情况进行考评。④

12. 城乡居民基本养老保险办理的宣传、咨询及举报受理。(1)城乡居民基本养老保险办理的宣传。社保机构应通过新闻媒体及印发宣传手册等手段，采取各种通俗易懂、灵活多样的方式，有针对性地向城乡居民宣传城乡居民养老保险政策及业务办理流程。⑤(2)城乡居民基本养老保险办理的咨询。社保机构和乡镇(街道)事务所应积极开展城乡居民养老保险政策咨询服务活动。实行首问负责制，及时受理咨询。⑥(3)城乡居民基本养老保险办理的举报。各级社保机构应公布举报电话和监督电话，及时受理举报，并对举报情况及时进行处理。社保机构应建立举报奖励制度，所需资金列入同级财政预算。⑦

(五)城乡养老保险制度衔接

1. 城乡养老保险制度衔接的适用。(1)适用法律。①为了解决城乡养老保险制度衔接问题，维护参保人员的养老保险权益，依据《社会保险法》和《实施〈中

---

① 《城乡居民基本养老保险经办规程》第60条。
② 《城乡居民基本养老保险经办规程》第61条。
③ 《城乡居民基本养老保险经办规程》第62条。
④ 《城乡居民基本养老保险经办规程》第63条。
⑤ 《城乡居民基本养老保险经办规程》第64条。
⑥ 《城乡居民基本养老保险经办规程》第65条。
⑦ 《城乡居民基本养老保险经办规程》第66条。

华人民共和国社会保险法〉若干规定》(人力资源和社会保障部令第 13 号)的规定,制定《城乡养老保险制度衔接暂行办法》。① ②《城乡养老保险制度衔接暂行办法》从 2014 年 7 月 1 日起施行。各地已出台政策与本办法不符的,以本办法规定为准。② (2)适用范围。《城乡养老保险制度衔接暂行办法》适用于参加城镇职工基本养老保险(以下简称城镇职工养老保险)、城乡居民基本养老保险(以下简称城乡居民养老保险)两种制度需要办理衔接手续的人员。已经按照国家规定领取养老保险待遇的人员,不再办理城乡养老保险制度衔接手续。③

2. 城乡养老保险制度衔接的转入。(1)申请转入。参加城镇职工养老保险和城乡居民养老保险人员,达到城镇职工养老保险法定退休年龄后,城镇职工养老保险缴费年限满 15 年(含延长缴费至 15 年)的,可以申请从城乡居民养老保险转入城镇职工养老保险,按照城镇职工养老保险办法计发相应待遇;城镇职工养老保险缴费年限不足 15 年的,可以申请从城镇职工养老保险转入城乡居民养老保险,待达到城乡居民养老保险规定的领取条件时,按照城乡居民养老保险办法计发相应待遇。④ (2)申请转入的手续。参保人员需办理城镇职工养老保险和城乡居民养老保险制度衔接手续的,先按城镇职工养老保险有关规定确定待遇领取地,并将城镇职工养老保险的养老保险关系归集至待遇领取地,再办理制度衔接手续。参保人员申请办理制度衔接手续时,从城乡居民养老保险转入城镇职工养老保险的,在城镇职工养老保险待遇领取地提出申请办理;从城镇职工养老保险转入城乡居民养老保险的,在转入城乡居民养老保险待遇领取地提出申请办理。⑤ (3)转入的个人账户储存额、缴费年限。①参保人员从城乡居民养老保险转入城镇职工养老保险的,城乡居民养老保险个人账户全部储存额并入城镇职工养老保险个人账户,城乡居民养老保险缴费年限不合并计算或折算为城镇职工养老保险缴费年限。⑥ ②参保人员从城镇职工养老保险转入城乡居民养老保险的,城镇职工养老保险个人账户全部储存额并入城乡居民养老保险个人

---

① 《城乡养老保险制度衔接暂行办法》第 1 条。
② 《城乡养老保险制度衔接暂行办法》第 11 条。
③ 《城乡养老保险制度衔接暂行办法》第 2 条。
④ 《城乡养老保险制度衔接暂行办法》第 3 条。
⑤ 《城乡养老保险制度衔接暂行办法》第 4 条。
⑥ 《城乡养老保险制度衔接暂行办法》第 5 条。

账户,参加城镇职工养老保险的缴费年限合并计算为城乡居民养老保险的缴费年限。①

3. 城乡养老保险制度衔接的办理程序。参保人员办理城乡养老保险制度衔接手续时,按下列程序办理:(1)由参保人员本人向待遇领取地社会保险经办机构提出养老保险制度衔接的书面申请。(2)待遇领取地社会保险经办机构受理并审核参保人员书面申请,对符合本办法规定条件的,在15个工作日内,向参保人员原城镇职工养老保险、城乡居民养老保险关系所在地社会保险经办机构发出联系函,并提供相关信息;对不符合本办法规定条件的,向申请人作出说明。(3)参保人员原城镇职工养老保险、城乡居民养老保险关系所在地社会保险经办机构在接到联系函的15个工作日内,完成制度衔接的参保缴费信息传递和基金划转手续。(4)待遇领取地社会保险经办机构收到参保人员原城镇职工养老保险、城乡居民养老保险关系所在地社会保险经办机构转移的资金后,应在15个工作日内办结有关手续,并将情况及时通知申请人。②

4. 城乡养老保险制度衔接的其他规则。(1)对重复缴费的处理。参保人员若在同一年度内同时参加城镇职工养老保险和城乡居民养老保险的,其重复缴费时段(按月计算,下同)只计算城镇职工养老保险缴费年限,并将城乡居民养老保险重复缴费时段相应个人缴费和集体补助退还本人。③(2)对同时领取养老保险待遇的处理。参保人员不得同时领取城镇职工养老保险和城乡居民养老保险待遇。对于同时领取城镇职工养老保险和城乡居民养老保险待遇的,终止并解除城乡居民养老保险关系,除政府补贴外的个人账户余额退还本人,已领取的城乡居民养老保险基础养老金应予以退还;本人不予退还的,由社会保险经办机构负责从城乡居民养老保险个人账户余额或者城镇职工养老保险基本养老金中抵扣。④ (3)对养老保险经办机构的要求。健全完善全国县级以上社会保险经办机构联系方式信息库,并向社会公布,方便参保人员办理城乡养老保险制度衔接手续。建立全国统一的基本养老保险参保缴费信息查询服务系统,进一步完善全国社会保险关系转移系统,加快普及全国通用的社会保障卡,为参保人员查询参

---

① 《城乡养老保险制度衔接暂行办法》第6条。
② 《城乡养老保险制度衔接暂行办法》第9条。
③ 《城乡养老保险制度衔接暂行办法》第7条。
④ 《城乡养老保险制度衔接暂行办法》第8条。

保缴费信息、办理城乡养老保险制度衔接提供便捷有效的技术服务。①

(六)城乡养老保险制度的衔接经办规程

1. 城乡养老保险制度衔接经办程序的适用。(1)适用法律。①为统一和规范城乡养老保险制度衔接业务经办程序,根据《城乡养老保险制度衔接暂行办法》,制定《城乡养老保险制度衔接经办规程(试行)》。② ②《城乡养老保险制度衔接经办规程(试行)》从2014年7月1日起施行。③ ③《城乡养老保险制度衔接经办规程(试行)》由人力资源社会保障部负责解释。④ (2)适用范围。《城乡养老保险制度衔接经办规程(试行)》适用于参加城镇职工基本养老保险(以下简称城镇职工养老保险)、城乡居民基本养老保险(以下简称城乡居民养老保险)两种制度的人员办理跨制度衔接养老保险关系。⑤

2. 城乡养老保险制度衔接经办程序的经办机构。(1)县级以上社会保险经办机构(以下简称社保机构)负责城乡养老保险制度衔接业务经办。⑥ (2)人力资源和社会保障部建立健全完善全国县级以上社保机构联系方式信息库,并向社会公布相关信息。同时,进一步完善全国社会保险关系转移信息系统,各地社保机构应积极应用该系统开展城乡养老保险制度衔接业务。建立全国统一的基本养老保险参保缴费查询服务系统,加快普及全国通用的社会保障卡,为参保人员查询参保缴费信息、办理制度衔接提供便捷、高效的服务。⑦

3. 城乡养老保险制度衔接经办程序的具体内容。(1)申请办理衔接手续。

---

① 《城乡养老保险制度衔接暂行办法》第10条。
② 《城乡养老保险制度衔接经办规程(试行)》第1条。
《城乡养老保险制度衔接暂行办法宣传提纲》第3条第1款规定:"《暂行办法》适用于在城镇职工养老保险与城乡居民养老保险这两种制度之间办理衔接手续的人员;在某一种制度中跨地区转移的参保人员,应按照各制度自身的规定转移接续养老保险关系;已经按照国家规定按月领取养老保险待遇的人员,不再办理城乡养老保险制度衔接手续。"
③ 《城乡养老保险制度衔接经办规程(试行)》第12条。
④ 《城乡养老保险制度衔接经办规程(试行)》第13条。
⑤ 《城乡养老保险制度衔接经办规程(试行)》第2条。
⑥ 《城乡养老保险制度衔接经办规程(试行)》第3条。
⑦ 《城乡养老保险制度衔接经办规程(试行)》第11条。
《城乡养老保险制度衔接暂行办法宣传提纲》第3条第10款规定:"信息查询。建立全国县级以上社保经办机构联系方式信息库,向社会公布相关信息,方便参保人员咨询和办理城乡养老保险制度衔接手续,并便利各地社保经办机构协调办理相应手续。进一步完善部级社会保险关系转移系统,支持电子化转移业务模式,提升为民服务水平。建立全国统一的基本养老保险参保缴费信息查询服务系统,发行全国通用的社会保障卡,为参保人员查询本人参保缴费信息提供更方便快捷的服务。"

①参保人员达到城镇职工养老保险法定退休年龄,如有分别参加城镇职工养老保险、城乡居民养老保险情形,在申请领取养老保险待遇前,向待遇领取地社保机构申请办理城乡养老保险制度衔接手续。第一,城镇职工养老保险缴费年限满15年(含延长缴费至15年)的,应向城镇职工养老保险待遇领取地社保机构申请办理从城乡居民养老保险转入城镇职工养老保险。第二,城镇职工养老保险缴费年限不足15年或按规定延长缴费仍不足15年的,应向城乡居民养老保险待遇领取地社保机构申请办理从城镇职工养老保险转入城乡居民养老保险。①
②参加城镇职工养老保险和城乡居民养老保险人员在达到城镇职工养老保险规定的法定退休年龄后,可以申请办理城乡养老保险衔接手续;参保人员达到城镇职工养老保险法定退休年龄前,不办理城乡养老保险制度衔接手续;参保人员达到城镇职工养老保险法定退休年龄后,不符合按月享受城镇职工养老保险待遇条件,又不愿申请办理城乡养老保险制度衔接手续的,也可以按照城镇职工养老保险规定延长缴费后再申请办理城乡养老保险制度衔接手续。②(2)确定养老保险待遇领取地。办理参保人员城镇职工养老保险和城乡居民养老保险制度衔接手续的,社保机构应首先按照《国务院办公厅关于转发人力资源社会保障部财政

---

① 《城乡养老保险制度衔接经办规程(试行)》第4条。
《城乡养老保险制度衔接暂行办法宣传提纲》第3条第3款规定:"考虑到城乡养老保险制度都规定缴费年限满15年为按月享受基本养老金的条件,为引导参保人员长期参保、持续缴费,并享受城镇职工养老保险待遇,《暂行办法》规定参加城镇职工养老保险缴费年限满15年(含延长缴费至15年)的,可以申请从城乡居民养老保险转入城镇职工养老保险;城镇职工养老保险缴费年限不足15年的,可以申请从城镇职工养老保险转入城乡居民养老保险。"第3条第5款规定:"……《暂行办法》对城镇职工养老保险向城乡居民养老保险转移的,没有规定转移城镇职工养老保险统筹基金。主要考虑:一是统筹基金是国家对城镇职工养老保险制度的专门安排,既是为了解决已退休人员的养老保障,也是为了均衡单位的养老负担,体现的是社会保险的互济功能,与个人账户功能和权益归属不同,不属于个人所有。二是现行城镇职工养老保险跨地区转移接续办法规定划转12%的统筹基金,主要是为了适当平衡转出与转入地区的基金支出负担,不影响参保人员个人养老保险权益,因而在参保人员转入城乡居民养老保险制度时,不转这部分资金,不影响其应有的养老金水平……"第3条第6款规定:"……主要考虑:城镇职工养老保险与城乡居民养老保险制度间的缴费标准差异很大,如果采取一年折算一年的方法,会导致低缴费换取高额待遇的不合理情况;如果采取按缴费额度折算的办法,会出现城乡居民养老保险缴费一年仅能折算为城镇职工养老保险十分之一甚至几十分之一年,而按照对等原则,城镇职工养老保险转入城乡居民养老保险将会出现缴费一年折算为十年甚至几十年的情况,这也是不恰当的。"第3条第9款规定:"……《暂行办法》规定了统一的经办流程。参保人员只需向待遇领取地社会保险经办机构提出养老保险制度衔接的书面申请,其他的审核、确认、转移衔接等程序,主要由社保经办机构之间沟通协调办理,并确定了办理时限。相关参保人员应积极提供必要的证明和信息,以使相关手续办理更加及时、顺畅。"
② 《城乡养老保险制度衔接暂行办法宣传提纲》第3条第2款。

部城镇企业职工基本养老保险关系跨省转移接续暂行办法的通知》(国办发[2009]66号)等有关规定,确定城镇职工养老保险待遇领取地,由城镇职工养老保险待遇领取地(即城镇职工养老保险关系归集地)负责归集参保人员城镇职工养老保险关系,告知参保人员办理相关手续,并为其开具包含各参保地缴费年限的《城镇职工基本养老保险参保缴费凭证》(以下简称《参保缴费凭证》)。①

(3)办理相关手续。①参保人员办理城乡居民养老保险转入城镇职工养老保险应办理的手续。参保人员办理城乡居民养老保险转入城镇职工养老保险,按以下程序办理相关手续:第一,参保人员向城镇职工养老保险待遇领取地社保机构提出转入申请,填写《城乡养老保险制度衔接申请表》(以下简称《申请表》),出示社会保障卡或居民身份证并提交复印件。参保人员户籍地与城镇职工养老保险待遇领取地为不同统筹地区的,可就近向户籍地负责城乡居民养老保险的社保机构提出申请,填写《申请表》,出示社会保障卡或居民身份证,并提交复印件。户籍地负责城乡居民养老保险的社保机构应及时将相关材料传送给其城镇职工养老保险待遇领取地社保机构。第二,城镇职工养老保险待遇领取地社保机构受理并审核《申请表》及相关资料,对符合制度衔接办法规定条件的,应在15个工作日内,向参保人员城乡居民养老保险关系所在地社保机构发出《城乡养老保险制度衔接联系函》(以下简称《联系函》)。不符合制度衔接办法规定条件的,应向参保人员作出说明。第三,城乡居民养老保险关系所在地社保机构在收到《联系函》之日起的15个工作日内办结以下手续:其一,核对参保人员有关信息并生成《城乡居民基本养老保险信息表》,传送给城镇职工养老保险待遇领取地社保机构;其二,办理基金划转手续;其三,终止参保人员在本地的城乡居民养老保险关系。第四,城镇职工养老保险待遇领取地社保机构在收到《城乡居民基本养老保险信息表》和转移基金后的15个工作日内办结以下手续:其一,核对《城乡居民基本养老保险信息表》及转移基金额;其二,录入参保人员城乡居民养老保险相关信息;其三,确定重复缴费时段及金额,按规定将城乡居民养老保险重复缴费时段相应个人缴费和集体补助(含社会资助,下同)予以清退;其四,合并

---

① 《城乡养老保险制度衔接经办规程(试行)》第5条。
《城乡养老保险制度衔接暂行办法宣传提纲》第3条第4款规定:"……《暂行办法》规定,参保人员在办理城乡养老保险制度衔接之前,要先按城镇职工养老保险关系转移接续的有关规定确定待遇领取地,并将养老保险关系归集至待遇领取地,再按照有关规定办理制度衔接手续。"

记录参保人员个人账户;其五,将办结情况告知参保人员。① ②参保人员办理城镇职工养老保险转入城乡居民养老保险应办理的手续。参保人员办理城镇职工养老保险转入城乡居民养老保险,按以下程序办理相关手续:第一,参保人员向城乡居民养老保险待遇领取地社保机构提出申请,填写《申请表》,出示社会保障卡或居民身份证并提交复印件,提供城镇职工养老保险关系归集地开具的《参保缴费凭证》。第二,城乡居民养老保险待遇领取地社保机构受理并审核《申请表》及相关资料,对符合制度衔接办法规定条件的,应在15个工作日内,向城镇职工养老保险关系归集地社保机构发出《联系函》。对不符合制度衔接办法规定条件的,应向参保人员作出说明。第三,城镇职工养老保险关系归集地社保机构收到《联系函》之日起的15个工作日内,办结以下手续:其一,生成《城镇职工基本养老保险信息表》,传送给城乡居民养老保险待遇领取地社保机构;其二,办理基金划转手续;其三,终止参保人员在本地的城镇职工养老保险关系。第四,城乡居民养老保险关系所在地社保机构在收到《城镇职工基本养老保险信息表》和转移基金后的15个工作日内办结以下手续:其一,核对《城镇职工基本养老保险信息表》及转移基金额;其二,录入参保人员城镇职工养老保险相关信息;其三,确定重复缴费时段及金额,按规定予以清退;其四,合并记录参保人员个人账户;其五,将办结情况告知参保人员。② (4)对相关问题的处理。①对城乡居民养老保险重复缴费的处理。参保人员存在同一年度内同时参加城镇职工养老保险和城乡居民养老保险情况的,由转入地社保机构清退城乡居民养老保险重复缴费时段相应的个人缴费和集体补助,按以下程序办理:第一,进行信息比对,确定重复缴费时段。重复时段为城乡居民养老保险各年度与城镇职工养老保险重复缴费的月数。第二,确定重复缴费清退金额,生成并打印《城乡养老保险重复缴费清退表》。重复缴费清退金额计算方法:年度重复缴费清退金额=(年度个人缴费本金+年度集体补助本金)÷12×重复缴费月数;清退总额=各年度重复缴费清退金额之和。第三,将重复缴费清退金额退还参保人员,并将有关情况通知本人。③

---

① 《城乡养老保险制度衔接经办规程(试行)》第6条。
② 《城乡养老保险制度衔接经办规程(试行)》第7条。
③ 《城乡养老保险制度衔接经办规程(试行)》第8条。
《城乡养老保险制度衔接暂行办法宣传提纲》第3条第7款规定:"参保人员办理城镇职工养老保险与城乡居民养老保险制度衔接手续时,若在同一年度内出现重复参加城镇职工养老保险与城乡居民养老保险的,按月退还城乡居民养老保险重复时段缴费,将重复时段相应个人缴费和集体补助金额退还本人。"

②对同时领取城镇职工养老保险和城乡居民养老保险待遇的处理。参保人员同时领取城镇职工养老保险和城乡居民养老保险待遇的,由城乡居民养老保险待遇领取地社保机构负责终止其城乡居民养老保险关系,核定重复领取的城乡居民养老保险基础养老金金额,通知参保人员退还。参保人员退还后,将其城乡居民养老保险个人账户余额(扣除政府补贴,下同)退还本人。参保人员不退还重复领取的城乡居民养老保险基础养老金的,城乡居民养老保险待遇领取地社保机构从其城乡居民养老保险个人账户余额中抵扣,抵扣后的个人账户余额退还本人。参保人员个人账户余额不足抵扣的,城乡居民养老保险待遇领取地社保机构向其领取城镇职工养老保险待遇的社保机构发送《重复领取养老保险待遇协助抵扣通知单》,通知其协助抵扣。参保人员城镇职工养老保险待遇领取地社保机构完成抵扣后,应将协助抵扣款项全额划转至城乡居民养老保险待遇地社保机构指定银行账户,同时传送《重复领取养老保险待遇协助抵扣回执》。① (5)保留和备份有关信息。负责城镇职工养老保险、城乡居民养老保险的社保机构办理参保人员城乡养老保险制度衔接手续后,应将参保人员有关信息予以保留和备份。②

三、机关事业单位的基本养老保险

(一)机关事业单位基本养老保险关系和职业年金转移接续经办规程

1.基本养老保险关系和职业年金转移接续的适用。(1)适用的法律。①为统一规范机关事业单位工作人员基本养老保险关系和职业年金转移接续业务经办程序,根据《国务院关于机关事业单位工作人员养老保险制度改革的决定》(国发〔2015〕2号)、《国务院办公厅关于印发机关事业单位职业年金办法的通知》(国办发〔2015〕18号)、《关于机关事业单位基本养老保险关系和职业年金转移接续有关问题的通知》(人社部规〔2017〕1号)和《关于印发职业年金基金管理暂行办法的通知》(人社部发〔2016〕92号),制定《机关事业单位基本养老保险关系

---

① 《城乡养老保险制度衔接经办规程(试行)》第9条。
《城乡养老保险制度衔接暂行办法宣传纲要》第3条第8款规定:"根据养老保险关系唯一性的原则,参保人员应只有一个基本养老保险待遇。对于参保人员重复领取待遇的,优先保留待遇水平较高的城镇职工养老保险关系,终止并解除城乡居民养老保险关系,对于重复领取的城乡居民基础养老金要予以退还或抵扣。"

② 《城乡养老保险制度衔接经办规程(试行)》第10条。

和职业年金转移接续经办规程(暂行)》。① ②《机关事业单位基本养老保险关系和职业年金转移接续经办规程(暂行)》由人力资源社会保障部负责解释。② (2)适用的范围。《机关事业单位基本养老保险关系和职业年金转移接续经办规程(暂行)》适用于参加基本养老保险在职人员(以下简称参保人员)在机关事业单位之间、机关事业单位与企业之间流动就业时,其基本养老保险关系和职业年金、企业年金转移接续的业务经办。③ (3)适用的人员。①参保人员符合以下条件的,应办理基本养老保险关系和职业年金的转移接续:第一,在机关事业单位之间流动的;第二,在机关事业单位和企业(含个体工商户和灵活就业人员)之间流动的;第三,因辞职辞退等原因离开机关事业单位的。④ ②参保人员在同一统筹范围内机关事业单位之间流动的,只转移基本养老保险关系,不转移基本养老保险基金。省(自治区、直辖市)内机关事业单位基本养老保险关系转移接续经办规程由各省(自治区、直辖市)制定。省内建立一个职业年金计划或建立多个职业年金计划且实行统一收益率的,参保人员在本省(自治区、直辖市)机关事业单位之间流动时,只转移职业年金关系,不转移职业年金基金;需要记实职业年金的,按规定记实后再办理转移接续。省内建立多个职业年金计划且各年金计划分别计算收益率的,参保人员在省内各年金计划之间的转移接续,由各省(自治区、直辖市)自行制定实施细则。⑤

2. 基本养老保险关系和职业年金转移接续的经办机构。(1)县级以上社会保险经办机构负责机关事业单位基本养老保险关系和职业年金的转移接续业务经办。⑥ (2)转出地和转入地社会保险经办机构通过全国基本养老保险关系跨省转移接续系统,进行基本养老保险关系和职业年金转移接续信息交换。⑦

3. 基本养老保险关系转移接续。(1)"跨省流动的""从机关事业单位流动到企业"的转移接续流程。参保人员在机关事业单位之间跨省流动的、从机关事业单位流动到企业的,按以下流程办理:①出具参保缴费凭证。参保人员转移接

---

① 《机关事业单位基本养老保险关系和职业年金转移接续经办规程(暂行)》第1条。
② 《机关事业单位基本养老保险关系和职业年金转移接续经办规程(暂行)》第28条。
③ 《机关事业单位基本养老保险关系和职业年金转移接续经办规程(暂行)》第2条。
④ 《机关事业单位基本养老保险关系和职业年金转移接续经办规程(暂行)》第4条。
⑤ 《机关事业单位基本养老保险关系和职业年金转移接续经办规程(暂行)》第5条。
⑥ 《机关事业单位基本养老保险关系和职业年金转移接续经办规程(暂行)》第3条。
⑦ 《机关事业单位基本养老保险关系和职业年金转移接续经办规程(暂行)》第6条。

续前，参保单位或参保人员到基本养老保险关系所在地（以下简称转出地）社会保险经办机构申请开具《养老保险参保缴费凭证》（以下简称《参保缴费凭证》）。转出地社会保险经办机构核对相关信息后，出具《参保缴费凭证》，并告知转移接续条件。②转移接续申请。参保人员新就业单位或本人向新参保地（以下简称转入地）社会保险经办机构提出转移接续申请并出示《参保缴费凭证》，填写《养老保险关系转移接续申请表》（以下简称《申请表》）。如参保人员在离开转出地时未开具《参保缴费凭证》，由转入地社会保险经办机构与转出地社会保险经办机构联系补办。③发联系函。转入地社会保险经办机构对符合转移接续条件的，应在受理之日起15个工作日内生成《基本养老保险关系转移接续联系函》（以下简称《基本养老保险联系函》），并向参保人员转出地社会保险经办机构发出。④转出基本养老保险信息表和基金。转出地社会保险经办机构在收到《基本养老保险联系函》之日起15个工作日内完成以下手续：第一，核对有关信息并生成《基本养老保险关系转移接续信息表》（以下简称《基本养老保险信息表》）；机关事业单位之间转移接续的，转出地社会保险经办机构应将缴费工资基数、相应年度在岗职工平均工资等记录在《基本养老保险信息表附表》。第二，办理基本养老保险基金划转手续。其中：个人缴费部分按记入本人个人账户的全部储存额计算转移。单位缴费部分以本人改革后各年度实际缴费工资为基数，按12%的总和转移；参保缴费不足1年的，按实际缴费月数计算转移。当发生两次及以上转移的，原从企业职工基本养老保险转入的单位缴费部分和个人账户储存额随同转移。第三，将《基本养老保险信息表》和《基本养老保险信息表附表》传送给转入地社会保险经办机构。第四，终止参保人员在本地的基本养老保险关系。⑤基本养老保险关系转入。转入地社会保险经办机构收到《基本养老保险信息表》和转移基金，在信息、资金匹配一致后15个工作日内办结以下接续手续：第一，核对《基本养老保险信息表》及转移基金额。第二，将转移基金额按规定分别记入统筹基金和参保人员个人账户。第三，根据《基本养老保险信息表》及参保单位或参保人员提供的材料，补充完善相关信息；机关事业单位之间转移接续的，根据《基本养老保险信息表附表》按照就高不就低的原则核实参保人员的实际缴费指数。第四，将办结情况告知新参保单位或参保人员。① （2）从

---

① 《机关事业单位基本养老保险关系和职业年金转移接续经办规程（暂行）》第7条。

企业流动到机关事业单位的转移接续流程。参保人员从企业流动到机关事业单位的,其流程按本规程第 7 条规定办理。转移基金按以下办法计算:①个人账户储存额:1998 年 1 月 1 日之前个人缴费累计本息和 1998 年 1 月 1 日之后个人账户的全部储存额。个人账户储存额与按规定计算的资金转移额不一致的,1998 年 1 月 1 日之前的,转入地和转出地均保留原个人账户记录;1998 年 1 月 1 日至 2005 年 12 月 31 日,个人账户记账比例高于 11% 的部分不计算为转移基金,个人账户记录不予调整,低于 11% 的,转出地按 11% 计算转移资金并相应调整个人账户记录;2006 年 1 月 1 日之后的个人账户记账比例高于 8% 的部分不转移,个人账户不予调整,低于 8% 的,转出地按 8% 计算转移资金,并相应调整个人账户记录。②统筹基金(单位缴费):以本人 1998 年 1 月 1 日后各年度实际缴费工资为基数,按 12% 的总和转移;参保缴费不足 1 年的,按实际缴费月数计算转移。①
(3)将基本养老保险关系转移至户籍所在地企业职工社会保险经办机构的转移接续流程。参保人员因辞职、辞退、未按规定程序离职、开除、判刑等原因离开机关事业单位的,应将基本养老保险关系转移至户籍所在地企业职工社会保险经办机构,按以下流程办理转移接续手续:①原参保单位提交《机关事业单位辞职辞退等人员基本养老保险关系转移申请表》,并提供相关资料。②转出地社会保险经办机构在收到《机关事业单位辞职辞退等人员基本养老保险关系转移申请表》之日起 15 个工作日内完成以下手续:第一,核对有关信息并生成《基本养老保险信息表》;第二,办理基本养老保险基金划转手续,转移基金额按《机关事业单位基本养老保险关系和职业年金转移接续经办规程(暂行)》第 7 条第 4 款第 2 项规定计算;第三,将《基本养老保险信息表》传送给转入地社会保险经办机构;第四,终止参保人员在本地的基本养老保险关系并将办结情况告知原参保单位。③基本养老保险关系转入。转入地社会保险经办机构收到《基本养老保险信息表》和转移基金,在信息、资金匹配一致后 15 个工作日内办结以下接续手续:第一,核对《基本养老保险信息表》及转移基金额;第二,将转移基金额按规定分别记入统筹基金和参保人员个人账户;第三,根据《基本养老保险信息表》及相关资料,补充完善相关信息;第四,将办结情况告知参保人员或原参保单位。②

---

① 《机关事业单位基本养老保险关系和职业年金转移接续经办规程(暂行)》第 8 条。
② 《机关事业单位基本养老保险关系和职业年金转移接续经办规程(暂行)》第 9 条。

4. 职业年金转移接续。（1）职业年金（企业年金）转移接续的申报。参保人员出现以下情形之一的，参保单位或参保人员在申报基本养老保险关系转移接续时，应当一并申报职业年金（企业年金）转移接续：①从机关事业单位流动到本省（自治区、直辖市）内的机关事业单位。②从机关事业单位流动到本省（自治区、直辖市）外的机关事业单位。③从机关事业单位流动到已建立企业年金的新参保单位。④从已建立企业年金的参保单位流动到机关事业单位。[①]（2）职业年金转移接续的基金项目。社会保险经办机构在办理职业年金转移接续时，需转移以下基金项目：①缴费形成的职业年金；②参加本地机关事业单位养老保险试点的个人缴费本息划转的资金；③补记的职业年金；④原转入的企业年金。以上项目应在职业年金个人账户管理中予以区分，分别管理并计算收益。[②]（3）职业年金转移接续的个人账户记（划）入。①补记后记入。参加机关事业单位养老保险人员在2014年10月1日后办理了正式调动或辞职、辞退手续离开机关事业单位的，应由原参保单位填报《职业年金补记申请表》，并提供其改革前本人在机关事业单位工作年限相关证明材料。转出地社会保险经办机构依据单位申请资料，协助计算所需补记的职业年金个人账户金额，生成《职业年金个人账户记实/补记通知》（以下简称《记实/补记通知》）；原参保单位根据《记实/补记通知》向原资金保障渠道申请资金，及时划转至社会保险经办机构职业年金归集账户。社会保险经办机构确认账实相符后，记入其职业年金个人账户。②记实后记入。参保人员在相应的同级财政全额供款的单位之间流动的，职业年金个人账户中记账金额无须记实，继续由转入单位采取记账方式管理。除此之外，职业年金个人账户中记账部分需在转移接续前记实。参保人员需要记实本人职业年金记账部分时，转出地社会保险经办机构应根据参保单位申请资料，向其出具《记实/补记通知》，记实资金到账并核对一致后，记入参保人员的职业年金个人账户。[④]③缴费本息的划入。改革前参加地方原有试点、改革后纳入机关事业单位基本养老保险的人员，改革前的个人缴费本息划入本人职业年金个人账户管理。[⑤]（4）流动到外省的职业年金转移接续。参保人员从机关事业单位流动到本省（自

[①]《机关事业单位基本养老保险关系和职业年金转移接续经办规程（暂行）》第10条。
[②]《机关事业单位基本养老保险关系和职业年金转移接续经办规程（暂行）》第11条。
[③]《机关事业单位基本养老保险关系和职业年金转移接续经办规程（暂行）》第12条。
[④]《机关事业单位基本养老保险关系和职业年金转移接续经办规程（暂行）》第13条。
[⑤]《机关事业单位基本养老保险关系和职业年金转移接续经办规程（暂行）》第22条。

治区、直辖市)以外机关事业单位的,按以下流程办理职业年金转移接续:①出具参保缴费凭证,按《机关事业单位基本养老保险关系和职业年金转移接续经办规程(暂行)》第7条第1款规定办理。②发年金联系函。新参保单位向转入地社会保险经办机构申请职业年金转入,转入地社会保险经办机构受理并审核相关资料,符合转移接续条件的,在受理之日起15个工作日内向转出地社会保险经办机构发出《职业年金(企业年金)关系转移接续联系函》(以下简称《年金联系函》);对不符合转移接续条件的,应一次性告知需补充的相关材料。③转出年金信息表、基金。转出地社会保险经办机构在收到《年金联系函》后,在确认补记年金、记实资金足额到账之日起45个工作日内完成以下手续:第一,办理职业年金个人账户的记实、补记和个人账户资产的赎回等业务;第二,核对有关信息并生成《职业年金(企业年金)关系转移接续信息表》(以下简称《年金信息表》);第三,向转入地社会保险经办机构发送《年金信息表》,同时将转移资金划转至转入地社会保险经办机构职业年金归集账户;第四,终止参保人员在本地的职业年金关系。④职业年金关系转入。转入地社会保险经办机构在收到《年金信息表》和确认转移基金账实相符后,15个工作日内办结以下接续手续:第一,核对《年金信息表》及转移基金,进行资金到账处理;第二,将转移金额按项目分别记入参保人员的职业年金个人账户;第三,根据《年金信息表》及参保单位或参保人员提供的材料,补充完善相关信息;第四,将办结情况通知新参保单位或参保人员。①
(5)流动到已建立企业年金制度的企业的职业年金转移接续。参保人员从机关事业单位流动到已建立企业年金制度的企业,原参保单位或参保人员申请办理职业年金转移接续。参保人员存在职业年金补记、职业年金个人账户记实等情形的,转出地社会保险经办机构完成上述业务后,45个工作日内办结以下转出手续:①受理并审核企业年金管理机构出具的《年金联系函》;②转出地社会保险经办机构核对相关信息后生成《年金信息表》,将赎回的职业年金个人账户资金划转至新参保单位的企业年金受托财产托管账户;③将《年金信息表》通过新参保单位或参保人员反馈至企业年金管理机构;④终止参保人员的职业年金关系。②
(6)从已建立企业年金制度的企业流动到机关事业单位的职业年金转移接续。参保人员从已建立企业年金制度的企业流动到机关事业单位的,转入地社会保

---

① 《机关事业单位基本养老保险关系和职业年金转移接续经办规程(暂行)》第14条。
② 《机关事业单位基本养老保险关系和职业年金转移接续经办规程(暂行)》第15条。

险经办机构按以下流程办理转入手续：①受理参保单位或参保人员提出的转移接续申请，15个工作日内向其出具《年金联系函》；②审核企业年金管理机构提供的参保人员参加企业年金的证明材料；③接收转入资金，账实匹配后按规定记入职业年金个人账户。① (7)从企业再次流动到机关事业单位的职业年金转移接续。参保人员从企业再次流动到机关事业单位的，转入地社会保险经办机构按以下方式办理：①未参加企业年金制度的企业转出，转入的机关事业单位和原机关事业单位在同一省（自治区、直辖市）内的，转入地机关事业单位社会保险经办机构将参保人员保留账户恢复为正常缴费账户，按规定继续管理运营。②未参加企业年金制度的企业转出，转入的机关事业单位和原机关事业单位不在同一省（自治区、直辖市）内的，参保人员的职业年金保留账户按照制度内跨省转移接续流程（《机关事业单位基本养老保险关系和职业年金转移接续经办规程（暂行）》第14条）办理。③建立企业年金制度的企业转出，按照从企业流动到机关事业单位的企业年金转移接续流程（《机关事业单位基本养老保险关系和职业年金转移接续经办规程（暂行）》第16条）办理。② (8)再次从机关事业单位流动到企业的职业年金转移接续。参保人员再次从机关事业单位流动到企业的，不再重复补记职业年金。参保人员再次从企业流动到机关事业单位的，在机关事业单位养老保险制度内退休时，待遇领取地社会保险经办机构将补记职业年金本金及投资收益划转到机关事业单位基本养老保险统筹基金。③ (9)职业年金的领取。①存在多个职业年金关系的职业年金领取。参保人员达到待遇领取条件时，存在建立多个职业年金关系的，应由待遇领取地社会保险经办机构通知其他建立职业年金关系的社会保险经办机构，按照《机关事业单位基本养老保险关系和职业年金转移接续经办规程（暂行）》第14条规定将职业年金关系归集至待遇领取地社会保险经办机构。④ ②从企业流动到机关事业单位退休后的职业年金领取。参保人员从企业流动到机关事业单位的，原在企业建立的企业年金按规定转移接续并继续管理运营。参保人员在机关事业单位养老保险制度内退休时，过渡期内，企业年金累计储存额不计入新老办法标准对比范围，企业年金累

---

① 《机关事业单位基本养老保险关系和职业年金转移接续经办规程（暂行）》第16条。
② 《机关事业单位基本养老保险关系和职业年金转移接续经办规程（暂行）》第18条。
③ 《机关事业单位基本养老保险关系和职业年金转移接续经办规程（暂行）》第19条。
④ 《机关事业单位基本养老保险关系和职业年金转移接续经办规程（暂行）》第20条。

计储存额除以计发月数,按月领取;过渡期之后,将职业年金、企业年金累计储存额合并计算,按照国办发〔2015〕18号文件计发职业年金待遇。① (10)职业年金基金不转移的情形。存在下列情形之一的,参保人员的职业年金基金不转移,原参保地社会保险经办机构在业务系统中标识保留账户,继续管理运营其职业年金个人账户:①参保人员升学、参军、失业期间的;②参保人员的新就业单位没有实行职业年金或企业年金制度的。社会保险经办机构在参保单位办理上述人员相关业务时,应告知参保单位按规定申请资金补记职业年金或记实职业年金记账部分,在记实或补记资金账实相符后,将记实或补记金额记入参保人员的职业年金个人账户。参保人员退休时,负责管理运营职业年金保留账户的社会保险经办机构依本人申请按照国办发〔2015〕18号文件规定计发职业年金待遇。同时,将原参加本地试点的个人缴费本息划转资金的累计储存额一次性支付给本人。②

5. 转移接续的其他情形处理。(1)欠缴基本养老保险费的处理。参保人员转移接续基本养老保险关系前本人欠缴基本养老保险费的,由本人向原基本养老保险关系所在地补缴个人欠费后再办理基本养老保险关系转移接续手续,同时原参保所在地社会保险经办机构负责转出包括参保人员原欠缴年份的单位缴费部分;本人不补缴个人欠费的,社会保险经办机构也应及时办理基本养老保险关系和基金转出的各项手续,其欠缴基本养老保险费的时间不计算缴费年限,个人欠费的时间不转移基金,之后不再办理补缴欠费。③ (2)同时存续基本养老保险关系或重复缴纳基本养老保险费的处理。参保人员同时存续基本养老保险关系或重复缴纳基本养老保险费的,转入地社会保险经办机构应按"先转后清"的原则,在参保人员确认保留相应时段缴费并提供退款账号后,办理基本养老保险关系清理和个人账户储存额退还手续。④ (3)信息有误的处理。转入地社会保险经办机构发现《养老保险信息表》转移金额等信息有误的,应通过全国基本养老保险关系转移接续系统或书面材料告知转出地社会保险经办机构。由转出地社会保险经办机构补充完善相关资料后,转入地社会保险经办机构办理相关转移接续手续。⑤ (4)资料不全或不符合规定的处理。社会保险经办机构在办理养老

---

① 《机关事业单位基本养老保险关系和职业年金转移接续经办规程(暂行)》第21条。
② 《机关事业单位基本养老保险关系和职业年金转移接续经办规程(暂行)》第17条。
③ 《机关事业单位基本养老保险关系和职业年金转移接续经办规程(暂行)》第23条。
④ 《机关事业单位基本养老保险关系和职业年金转移接续经办规程(暂行)》第24条。
⑤ 《机关事业单位基本养老保险关系和职业年金转移接续经办规程(暂行)》第25条。

保险关系转移接续时,对资料不全或不符合规定的,应一次性告知需要补充和更正的资料或不予受理的理由。① (5)转移接续有关信息的保留备份。转出地社会保险经办机构对参保人员转移接续的有关信息应保留备份。②

(二)机关事业单位工作人员基本养老保险的经办规程

1. 机关事业单位工作人员基本养老保险经办规程的一般规则。(1)《机关事业单位工作人员基本养老保险经办规程》及其适用。①为做好机关事业单位基本养老保险经办管理服务工作,根据《国务院关于机关事业单位工作人员养老保险制度改革的决定》(国发〔2015〕2号)和《人力资源社会保障部财政部关于贯彻落实〈国务院关于机关事业单位工作人员养老保险制度改革的决定〉的通知》(人社部发〔2015〕28号),制定《机关事业单位工作人员基本养老保险经办规程》。③ ②《机关事业单位工作人员基本养老保险经办规程》由人力资源社会保障部负责解释。④ ③《机关事业单位工作人员基本养老保险经办规程》适用于经办机关事业单位基本养老保险的各级社会保险经办机构(以下简称社保经办机构)。⑤ (2)办理机构。①机关事业单位基本养老保险业务实行属地化管理,由县级及以上社保经办机构负责办理。在京中央国家机关事业单位基本养老保险业务由人力资源社会保障部社会保险事业管理中心负责经办,京外的中央国家机关事业单位基本养老保险业务由属地社保经办机构负责经办。⑥ ②各省(自治区、直辖市)、新疆生产建设兵团(以下简称省级)社保经办机构应依据《机关事业单位工作人员基本养老保险经办规程》制定本地区机关事业单位基本养老保险业务经办管理办法、内控和稽核制度;会同财政部门制定本地区机关事业单位基本养老保险基金财务管理办法和会计核算办法实施细则;负责组织实施机关事业单位基本养老保险省级统筹工作;实行省级基金调剂制度的,编制机关事业单位基本养老保险基金调剂计划;参与机关事业单位基本养老保险信息系统建设和管理。省级和地(市、州,以下简称地级)社保经办机构负责组织指导和监督考

---

① 《机关事业单位基本养老保险关系和职业年金转移接续经办规程(暂行)》第26条。
② 《机关事业单位基本养老保险关系和职业年金转移接续经办规程(暂行)》第27条。
③ 《机关事业单位工作人员基本养老保险经办规程》第1条。
④ 《机关事业单位工作人员基本养老保险经办规程》第99条。
⑤ 《机关事业单位工作人员基本养老保险经办规程》第2条。
⑥ 《机关事业单位工作人员基本养老保险经办规程》第3条。

核本地区各级社保经办机构开展机关事业单位基本养老保险经办管理服务工作;做好基金管理、财政补助资金的结算和划拨;编制、汇总、上报本地区机关事业单位基本养老保险基金预决算、财务和统计报表;负责机关事业单位基本养老保险个人权益记录管理和数据应用分析;组织开展宣传和人员培训等工作。县(市、区、旗,以下简称县级)社保经办机构负责机关事业单位基本养老保险参保登记、申报核定、保险费征收、个人账户管理、关系转移、待遇核定与支付、基金管理;编制上报本级基金预、决算,财务和统计报表;数据应用分析;领取待遇资格认证;个人权益记录管理;审计稽核与内控管理;档案管理;咨询、查询和举报受理等工作。(地级及以上社保经办机构直接经办机关事业单位基本养老保险业务的参照执行。下同)①(3)基本养老保险基金。机关事业单位基本养老保险基金实行省级统筹,暂不具备条件的可先实行省级基金调剂制度。每年的1月1日至12月31日为一个业务核算年度,按年核定缴费基数,按月缴费。核算以人民币为记账本位币,"元"为金额单位,元以下记至角分。核算期间的起讫日期采用公历日期。②(4)基本养老保险管理信息系统。机关事业单位基本养老保险管理信息系统(以下简称信息系统)纳入金保工程,由人力资源社会保障部组织开发,全国统一使用。数据信息实行省级集中管理。③(5)基本养老保险关系转移接续。机关事业单位基本养老保险关系转移接续经办规程另行制定。④

2. 机关事业单位工作人员基本养老保险经办规程的参保登记。(1)参保登记的申请。①申请参保登记。用人单位应当自成立之日起30日内向社保经办机构申请办理参保登记,填报《社会保险登记表》,并提供以下证件和资料:第一,有关职能部门批准单位成立的文件;第二,《组织机构代码证》(副本);第三,事业单位还需提供《事业单位法人登记证书》(副本);参照《公务员法》管理的单位还需提供参照《公务员法》管理相关文件;第四,单位法定代表人(负责人)的任职文件和身份证;第五,省级社保经办机构规定的其他证件、资料。社保经办机构审核用人单位报送的参保登记资料,对符合条件的,在15日内为用人单位办理参保登记手续,确定社会保险登记编号,建立社会保险登记档案资料,登记用人单位基

---

① 《机关事业单位工作人员基本养老保险经办规程》第4条。
② 《机关事业单位工作人员基本养老保险经办规程》第5条。
③ 《机关事业单位工作人员基本养老保险经办规程》第6条。
④ 《机关事业单位工作人员基本养老保险经办规程》第7条。

本信息,向用人单位核发《社会保险登记证》(具体样式详见《社会保险登记管理暂行办法》);对资料不全或不符合规定的,应一次性告知用人单位需要补充和更正的资料或不予受理的理由。① ②申请变更登记。参保单位名称、地址、法定代表人(负责人)、机构类型、组织机构代码、主管部门、隶属关系、开户银行账号、参加险种以及法律法规规定的社会保险其他登记事项发生变更时,应当在登记事项变更之日起30日内,向社保经办机构申请办理变更登记,填报《机关事业单位基本养老保险参保单位信息变更申报表》,并提供以下证件和资料:第一,与变更登记事项对应的相关资料;第二,《社会保险登记证》;第三,省级社保经办机构规定的其他证件、资料。社保经办机构审核参保单位报送的变更登记申请资料,对符合条件的,在15日内为参保单位办理变更登记手续。变更内容涉及《社会保险登记证》登记事项的,收回参保单位原《社会保险登记证》,按变更后的内容重新核发《社会保险登记证》;对资料不全或不符合规定的,应一次性告知参保单位需要补充和更正的资料或不予受理的理由。② ③申请注销登记。参保单位因发生撤销、解散、合并、改制、成建制转出等情形,依法终止社会保险缴费义务的,应自有关部门批准之日起30日内,向社保经办机构申请办理注销社会保险登记,填报《机关事业单位基本养老保险参保单位信息变更申报表》,并提供以下证件和资料:第一,注销社会保险登记申请;第二,《社会保险登记证》;第三,批准撤销、解散、合并、改制的法律文书或文件或有关职能部门批准成建制转出的文件;第四,省级社保经办机构规定的其他证件、资料。社保经办机构审核参保单位报送的注销登记申请资料,参保单位有欠缴社会保险费的,社保经办机构应告知参保单位缴清应缴纳的社会保险费、利息、滞纳金等后,对符合条件的,在15日内为参保单位办理注销登记手续,收回《社会保险登记证》;对资料不全或不符合规定的,应一次性告知参保单位需要补充和更正的资料或不予受理的理由。③ ④申请补办《社会保险登记证》。参保单位遗失《社会保险登记证》的,应及时向社保经办机构申请补办,填报《机关事业单位基本养老保险参保单位信息变更申报表》,并提供以下证件和资料:第一,《组织机构代码证》(副本);第二,事业单位还需提供《事业单位法人登记证书》(副本);第三,省级社保经办机构规定的其他证件、

---

① 《机关事业单位工作人员基本养老保险经办规程》第8条。
② 《机关事业单位工作人员基本养老保险经办规程》第9条。
③ 《机关事业单位工作人员基本养老保险经办规程》第10条。

资料。社保经办机构审核参保单位报送的补证登记申请资料,对符合条件的,应在15日内为参保单位办理补证手续,重新核发《社会保险登记证》;对资料不全或不符合规定的,应一次性告知参保单位需要补充和更正的资料或不予受理的理由。① ⑤申请信息变更登记。参保人员登记信息发生变化时,参保单位应当在30日内,向社保经办机构申请办理参保人员信息变更登记业务,填报《机关事业单位基本养老保险参保人员信息变更表》,并提供以下证件和资料:第一,参保人员有效身份证件或社会保障卡;第二,变更姓名、公民身份号码等关键基础信息的,需提供公安部门证明;变更出生日期、参加工作时间、视同缴费年限等特殊信息的,需提供本人档案及相关部门审批认定手续;第三,省级社保经办机构规定的其他证件、资料。社保经办机构审核参保单位报送的参保人员信息变更申请资料,对符合条件的,进行参保人员信息变更;对资料不全或不符合规定的,应一次性告知参保单位需要补充和更正的资料或不予受理的理由。② ⑥申请养老保险关系终止。对参保人员死亡、达到法定退休年龄前丧失中华人民共和国国籍等原因终止养老保险关系的,参保单位向社保经办机构申请办理参保人员养老保险关系终止业务,填报《机关事业单位基本养老保险参保人员业务申报表》,并提供以下证件和资料:第一,参保人员死亡的,需提供社会保障卡、居民死亡医学证明书或其他死亡证明材料;第二,丧失中华人民共和国国籍的,需提供定居国护照等相关资料;第三,省级社保经办机构规定的其他证件、资料。社保经办机构审核参保单位报送的参保人员终止登记申请资料,对符合条件的,录入参保人员终止登记信息,进行人员参保终止处理。③ (2)参保登记提供的证件资料。①《社会保险登记证》验证、换证提供的证件、资料。社保经办机构对已核发的《社会保险登记证》实行定期验证和换证制度。参保单位应按年填报《社会保险登记证验证表》,并提供以下证件和资料:第一,《社会保险登记证》;第二,《组织机构代码证》(副本);第三,事业单位还需提供《事业单位法人登记证书》(副本);第四,省级社保经办机构规定的其他证件、资料。社保经办机构审核参保单位报送的验证登记申请资料,核查社会保险登记事项、社会保险费缴纳情况等内容。对符合条件的,及时为参保单位办理验证手续,在《社会保险登记证》和《社

---

① 《机关事业单位工作人员基本养老保险经办规程》第12条。
② 《机关事业单位工作人员基本养老保险经办规程》第14条。
③ 《机关事业单位工作人员基本养老保险经办规程》第15条。

会保险登记证验证表》上加盖"社会保险登记证审核专用章";对资料不全的,应一次性告知参保单位需要补充的资料。《社会保险登记证》有效期4年。有效期满,社保经办机构应为参保单位更换。① ②办理参保登记手续提供的证件和资料。社保经办机构为参保单位核发《社会保险登记证》后,参保单位向社保经办机构申报办理人员参保登记手续,填报《机关事业单位工作人员基本信息表》,并提供以下证件和资料:第一,工作人员有效身份证件(复印件);第二,县级及以上党委组织部门、人力资源和社会保障行政部门正式录用通知书、调令、任职文件或事业单位聘用合同等;第三,省级社保经办机构规定的其他证件、资料。社保经办机构审核参保单位报送的人员参保登记资料,对符合条件的,录入人员参保登记信息,建立全国统一的个人社会保障号码(公民身份号码),进行人员参保登记处理并为其建立个人账户,对资料不全或不符合规定的,应一次性告知参保单位需要补充和更正的资料或不予受理的理由。属于涉及国家安全、保密等特殊人群的,可采用专门方式采集相关信息,并作特殊标记。②

3. 机关事业单位工作人员基本养老保险经办规程的申报核定。(1)工资的申报核定。①参保单位应每年统计上年度本单位及参保人员的工资总额,向社保经办机构申报《机关事业单位基本养老保险工资总额申报表》。新设立的单位及新进工作人员的单位,应在办理社会保险登记或申报人员变更的同时,一并申报工作人员起薪当月的工资。③ ②参保单位按规定申报工资总额后,社保经办机构应及时进行审核,对审核合格的,建立参保单位及参保人员缴费申报档案资料及数据信息,生成参保单位及参保人员缴费基数核定数据;对资料不全或不符合规定的,应一次性告知参保单位需要补充和更正的资料或重新申报。社保经办机构审核时,参保人员月缴费基数按照本人上年度月平均工资核定;新设立单位和参保单位新增的工作人员按照本人起薪当月的月工资核定。本人上年度月平均工资或起薪当月的月工资低于上年度全省在岗职工月平均工资60%的,按60%核定;超过300%的,按300%核定。单位月缴费基数为参保人员月缴费基数之和。在上年度全省在岗职工月平均工资公布前,参保人员缴费基数暂按上年度月缴费基数执行。待上年度全省在岗职工月平均工资公布后,据实重新核定

---

① 《机关事业单位工作人员基本养老保险经办规程》第11条。
② 《机关事业单位工作人员基本养老保险经办规程》第13条。
③ 《机关事业单位工作人员基本养老保险经办规程》第16条。

月缴费基数,并结算差额。参保单位未按规定申报的,社保经办机构暂按上年度核定缴费基数的110%核定,参保单位补办申报手续后,重新核定并结算差额。在一个缴费年度内,参保单位初次申报后,其余月份应申报人员增减、缴费基数变更等规定事项的变动情况;无变动的,可以不申报。① (2)参保人员的申报核定。参保单位因新招录、调入、单位合并等原因增加人员或因工作调动、辞职、死亡等原因减少人员,应从起薪或停薪之月办理人员增加或减少。参保单位应及时填报《机关事业单位基本养老保险参保人员业务申报表》,并提供以下证件和资料:①有关部门出具的相关手续;②省级社保机构规定的其他证件、资料。社保经办机构审核参保单位报送的人员增减资料,对符合条件的,办理人员增减手续,调整缴费基数并记录社会保险档案资料和数据信息;对资料不全或不符合规定的,应一次性告知参保单位需要补充更正的资料或不予受理的理由。② (3)变更缴费基数或缴费月数申报核定。因参保单位申报或根据人民法院、人事仲裁、社保稽核等部门的相关文书和意见,需变更缴费基数或缴费月数的,参保单位向社保经办机构申报办理,填报《机关事业单位基本养老保险参保人员业务申报表》,并提供以下资料:①变更人员对应的工资记录;②相关部门出具的文书和意见;③省级社保经办机构规定的其他证件、资料。社保经办机构审核参保单位报送的申请资料,对符合条件的,为其办理基本养老保险费补收手续,并记录相关信息,打印补缴通知;对资料不全或不符合规定的,应一次告知参保单位需要补充和更正的资料或不予受理的理由。③ (4)基本养老保险费需退还的申报核定。因参保单位多缴、误缴基本养老保险费需退还的,参保单位向社保经办机构申报办理,填报《机关事业单位基本养老保险参保人员业务申报表》,并提供以下证件和资料:①缴费凭证等相关资料;②省级社保机构规定的其他证件、资料。社保经办机构审核参保单位报送的申请资料,对符合条件的,为其办理基本养老保险费退还手续,并记录相关信息,打印退费凭证;对资料不全或不符合规定的,应一次告知参保单位需要补充和更正的资料或不予受理的理由。④

4. 机关事业单位工作人员基本养老保险经办规程的基金征缴。(1)基金征

---

① 《机关事业单位工作人员基本养老保险经办规程》第17条。
② 《机关事业单位工作人员基本养老保险经办规程》第18条。
③ 《机关事业单位工作人员基本养老保险经办规程》第19条。
④ 《机关事业单位工作人员基本养老保险经办规程》第20条。

缴的经办机关及其职能。①社保经办机构负责征收基本养老保险费。社保经办机构应与参保单位和银行签订委托扣款协议,采取银行代扣方式进行征收;参保单位也可按照政策规定的其他方式缴纳。① ②社保经办机构根据参保单位申报的人员增减变化情况,及时办理基本养老保险关系建立、中断、恢复、转移、终止、缴费基数调整等业务,按月生成《机关事业单位基本养老保险费征缴通知单》,交参保单位;同时生成基本养老保险费征缴明细。实行银行代扣方式征收的,征缴明细按照社保经办机构与银行协商一致的格式传递给银行办理养老保险费征收业务。② ③社保经办机构对银行反馈的基本养老保险费当月到账明细进行核对,无误后进行财务到账处理;及时据实登记应缴、实缴、当期欠费等,生成征收台账。③ (2)基金征缴的对象。①参保单位和参保人员应按时足额缴纳基本养老保险费,参保人员个人应缴纳的基本养老保险费,由所在单位代扣代缴。④ ②参保单位因不可抗力无力缴纳养老保险费的,应提出书面申请,经省级社会保险行政部门批准后,可以暂缓缴纳一定期限的养老保险费,期限不超过1年,暂缓缴费期间免收滞纳金。到期后,参保单位必须全额补缴欠缴的养老保险费。⑤ ③参保单位欠缴养老保险费的,应按照《社会保险法》和《社会保险费申报缴纳管理规定》(人社部第20号令)有关规定缴清欠费。⑥

5. 机关事业单位工作人员基本养老保险经办规程的个人账户管理。(1)个人账户的建立。社保经办机构应为参保人员建立个人账户,用于记录个人缴费及利息等社会保险权益。个人账户包括个人基本信息、缴费信息和支付信息、转移接续信息、终止注销信息等内容。《国务院关于机关事业单位工作人员养老保险制度改革的决定》实施时在机关事业单位工作的人员,个人账户建立时间从《国务院关于机关事业单位工作人员养老保险制度改革的决定》实施之月开始,之后参加工作的人员,从其参加工作之月起建立个人账户。⑦ (2)个人账户的缴费。参保单位和参保人员按时足额缴费的,社保经办机构按月记入个人账户。

---

① 《机关事业单位工作人员基本养老保险经办规程》第21条。
② 《机关事业单位工作人员基本养老保险经办规程》第22条。
③ 《机关事业单位工作人员基本养老保险经办规程》第24条。
④ 《机关事业单位工作人员基本养老保险经办规程》第23条。
⑤ 《机关事业单位工作人员基本养老保险经办规程》第25条。
⑥ 《机关事业单位工作人员基本养老保险经办规程》第26条。
⑦ 《机关事业单位工作人员基本养老保险经办规程》第27条。

参保单位或参保人员未按时足额缴费,视为欠缴,暂不记入个人账户,待参保单位补齐欠缴本息后,按补缴时段补记入个人账户。① (3)个人账户的储存额。①储存额的合并计算。第一,参保人员存在两个及以上个人账户的,其原个人账户储存额部分,应与现个人账户合并计算。存在重复缴费的,由现参保地社保经办机构与本人协商确定保留其中一个基本养老保险关系和个人账户,同时其他关系予以清ს,个人账户储存额退还本人,相应的个人缴费年限不重复计算。② 第二,社保经办机构对中断缴费的个人账户应进行封存,中断缴费期间按规定计息。社保经办机构对恢复缴费的参保人员个人账户记录进行恢复,中断缴费前后个人账户储存额合并计算。③ ②储存额的冲减。对按月领取基本养老金的退休人员,根据本人退休时个人账户养老金,按月冲减个人账户储存额。待遇调整增加的基本养老金,按本人退休时月个人账户养老金占基本养老金的比例计算个人账户应支付金额,按月冲减个人账户储存额。④ ③储存额的记入。第一,每年的1月1日至12月31日为一个结息年度,社保经办机构应于一个结息年度结束后根据上年度个人账户记账额及个人账户储存额,计算个人账户利息,并记入个人账户。记账利率由国家确定并公布。参保人员办理退休或一次性领取个人账户储存额时,社保经办机构应对其个人账户储存额进行即时计息结转,以后每年按规定对退休人员个人账户支付养老金后的余额部分进行计息结转。办理跨统筹区、跨制度转移手续的参保人员,转出地社保经办机构在关系转出当年不计息结转;转入地社保经办机构从关系转入当年起计息。当年个人记账利率公布前,发生待遇支付的,个人账户储存额按照公布的上一年度记账利率计算利息,当年个人账户记账利率公布后,不再重新核定。⑤ 第二,参保人员养老保险关系发生跨统筹、跨制度范围转移时,转出地社保经办机构在基金转出后,终止参保人员个人账户;转入地社保经办机构在转入基金到账后,为转入人员记录个人账户。⑥ ④储存额的领取。办理参保人员终止登记手续后,参保单位可代参保人员或继承人向社保经办机构申领个人账户储存额(退休人员为个人账户余额)。社保经

---

① 《机关事业单位工作人员基本养老保险经办规程》第29条。
② 《机关事业单位工作人员基本养老保险经办规程》第28条。
③ 《机关事业单位工作人员基本养老保险经办规程》第32条。
④ 《机关事业单位工作人员基本养老保险经办规程》第30条。
⑤ 《机关事业单位工作人员基本养老保险经办规程》第31条。
⑥ 《机关事业单位工作人员基本养老保险经办规程》第34条。

办机构完成支付手续后,终止参保人员基本养老保险关系。① ⑤个人账户信息的核查。参保人员对个人账户记录的信息有异议时,参保单位可凭相关资料向社保经办机构申请核查。社保经办机构核实后,对确需调整的,按规定程序审批后予以修改,保留调整前的记录,记录调查信息,将调整结果通知参保单位。②

6. 机关事业单位工作人员基本养老保险经办规程的待遇管理。(1)待遇核定。①待遇核定主要包括参保人员退休待遇申报核定、待遇调整核定、遗属待遇支付核定、病残津贴支付核定、个人账户一次性支付核定等内容。③ ②参保人员符合退休条件的,参保单位向社保经办机构申报办理退休人员待遇核定,填报《机关事业单位基本养老保险参保人员养老保险待遇申领表》,并提供以下证件和资料:第一,参保人员有效身份证件或社会保障卡;第二,按现行人事管理权限审批的退休相关材料;第三,省级社保经办机构规定的其他证件、资料。社保经办机构应及时对申报资料进行审核,对符合条件的,根据退休审批认定的参保人员出生时间、参加工作时间、视同缴费年限、退休类别以及实际缴费情况等计算退休人员的基本养老金,在过渡期内,应按《人力资源社会保障部财政部关于贯彻落实〈国务院关于机关事业单位工作人员养老保险制度改革的决定〉的通知》的规定进行新老待遇计发办法对比,确定养老保险待遇水平,及时记录退休人员信息,打印《机关事业单位基本养老保险参保人员基本养老金计发表》,交参保单位。对资料不全或不符合规定的,应一次告性知参保单位需要补充和更正的资料或不予受理的理由。参保单位应当将核定结果告知参保人员。④ (2)待遇的调整。社保经办机构应依据国家政策规定和统一部署,按照本地区机关事业单位退休人员基本养老金调整的规定,对机关事业单位退休人员养老保险待遇进行调整。具体操作规程由省级社保经办机构制定。⑤ (3)待遇的办理。①病残津贴领取的办理。参保单位应在参保人员符合国家政策规定的病残津贴领取条件时向社保经办机构申报办理病残津贴领取手续,填报《机关事业单位基本养老保险参保人员养老保险待遇申领表》,并提供以下证件和资料:第一,参保人员有效身

---

① 《机关事业单位工作人员基本养老保险经办规程》第33条。
② 《机关事业单位工作人员基本养老保险经办规程》第35条。
③ 《机关事业单位工作人员基本养老保险经办规程》第36条。
④ 《机关事业单位工作人员基本养老保险经办规程》第37条。
⑤ 《机关事业单位工作人员基本养老保险经办规程》第38条。

份证件或社会保障卡;第二,按现行人事管理权限审批的相关材料;第三,省级社保经办机构规定的其他证件、资料。社保经办机构应及时对申报资料进行审核,对符合领取病残津贴条件的,计算申报人员的病残津贴,核定金额,并及时记录数据信息,打印机关事业单位工作人员病残津贴计发表单,交参保单位。对资料不全或不符合规定的,应一次性告知参保单位需要补充和更正的资料或不予受理的理由。参保单位应当将核定结果告知参保人员。① ②领取丧葬补助金、抚恤金的办理。参保人员因病或非因工死亡后,参保单位向社保经办机构申请办理领取丧葬补助金、抚恤金手续,填报《机关事业单位基本养老保险参保人员一次性支付申报表》,并提供以下证件和资料:第一,参保人员社会保障卡、居民死亡医学证明书或其他死亡证明材料;第二,指定受益人或法定继承人有效身份证件、与参保人员关系证明;第三,省级社保经办机构规定的其他证件、资料。社保经办机构应及时对申报资料进行审核,对符合条件的,计算丧葬补助金、抚恤金,核定金额,打印《机关事业单位基本养老保险参保人员丧抚费核定表》,交参保单位。对资料不全或不符合规定的,应一次性告知参保单位需要补充和更正的资料或不予受理的理由。② ③个人账户一次性支付的办理。办理参保人员终止登记手续后,参保单位向社保经办机构申请办理个人账户一次性支付手续,填报《机关事业单位基本养老保险参保人员一次性支付申报表》,并提供以下证件和资料:第一,参保人员死亡的,需提供社会保障卡和居民死亡医学证明书或其他死亡证明材料;指定受益人或法定继承人有效身份证件;与参保人员关系证明;第二,参保人员丧失中华人民共和国国籍的,需提供定居国护照等相关资料;第三,省级社保机构规定的其他证件、资料。社保经办机构应及时对申报资料进行审核。对符合条件的,计算并核定个人账户一次性支付金额,打印《机关事业单位基本养老保险个人账户一次性支付核定表》,交参保单位,并及时记录支付信息,终止基本养老保险关系。对资料不全或不符合规定的,应一次告知参保单位或参保人员本人(指定受益人或法定继承人)需要补充和更正的资料或不予受理的理由。参保单位应当将核定结果告知领取人。③ (4)待遇的支付。①支付的内容。第一,社保经办机构每月根据上月待遇支付记录、当月退休人员增减变化及

---

① 《机关事业单位工作人员基本养老保险经办规程》第39条。
② 《机关事业单位工作人员基本养老保险经办规程》第40条。
③ 《机关事业单位工作人员基本养老保险经办规程》第41条。

待遇数据维护等信息,进行支付月结算。① 第二,基本养老金、病残津贴等按月支付的待遇由社保经办机构委托银行实行社会化发放;个人账户一次性支付和丧葬补助金、抚恤金等一次性支付待遇可委托参保单位发放,或委托银行实行社会化发放。② ②支付的确认。社保经办机构对银行每月反馈的发放明细核对无误后及时进行账务处理,编制支付台账,进行支付确认处理。对发放不成功的,及时会同银行查找原因,及时解决,并再次发放。③ ③支付标准异议的复核。参保单位或参保人员本人(或指定受益人、法定继承人)对社保经办机构核定的待遇支付标准有异议,可在60个工作日内向社保经办机构提出重新核定申请。社保经办机构应予以受理复核,并在15日内告知其复核结果;对复核后确需调整的,应重新核定并保留复核及修改记录。④

7. 机关事业单位工作人员基本养老保险经办规程的领取待遇资格认证。(1)领取待遇资格认证的经办机构。①社保经办机构每年对退休人员开展基本养老金领取资格认证工作。社保经办机构在核发待遇时,主动告知退休人员应每年参加资格认证。⑤ ②社保经办机构要与公安、卫计、民政部门及殡葬管理机构、街道(乡镇)、社区(村)、退休人员原工作单位等建立工作联系机制,全面掌握退休人员待遇领取资格的变化情况。⑥ (2)领取待遇资格认证的办理。退休人员领取养老金资格认证可通过社保经办机构直接组织,依托街道、社区劳动就业和社会保障平台以及原工作单位协助等方式进行。退休人员因年老体弱或患病,本人不能办理资格认证的,由本人或委托他人提出申请,社保经办机构可派人上门办理。异地居住的退休人员由参保地社保经办机构委托居住地社保经办机构进行异地协助认证。出境定居的退休人员,通过我国驻该居住国的使领馆申办健在证明或领事认证,居住地尚未与我国建交的,由我国驻该国有关机构或有关代管使领馆办理健在证明或领事认证。⑦ (3)根据领取待遇资格认证结果的处理。社保经办机构应通过资格认证工作,不断完善退休人员信息管理,对发生变

---

① 《机关事业单位工作人员基本养老保险经办规程》第43条。
② 《机关事业单位工作人员基本养老保险经办规程》第44条。
③ 《机关事业单位工作人员基本养老保险经办规程》第45条。
④ 《机关事业单位工作人员基本养老保险经办规程》第42条。
⑤ 《机关事业单位工作人员基本养老保险经办规程》第46条。
⑥ 《机关事业单位工作人员基本养老保险经办规程》第47条。
⑦ 《机关事业单位工作人员基本养老保险经办规程》第48条。

更的及时予以调整并根据资格认证结果进行如下处理：①退休人员在规定期限内通过资格认证且符合养老保险待遇领取资格的，继续发放养老保险待遇。②退休人员在规定期限内未认证的，社保经办机构应暂停发放基本养老金。退休人员重新通过资格认证后，从次月恢复发放并补发暂停发放月份的基本养老金。③退休人员失踪、被判刑、死亡等不符合领取资格的，社保经办机构应暂停或终止发放基本养老金，对多发的养老金应予以追回。①

8. 机关事业单位工作人员基本养老保险经办规程的基金管理。（1）基金的账户。①机关事业单位基本养老保险基金按照管理层级，单独建账、独立核算，纳入社会保障基金财政专户，实行收支两条线管理，专款专用，任何部门、单位和个人均不得挤占挪用。② ②机关事业单位基本养老保险基金按照社会保险财务、会计制度相关规定及管理层级设立收入户、支出户、财政专户。③ 社保经办机构定期将收入户资金缴存财政专户。实行省级基金调剂制度的，上解的省级调剂金由下级社保经办机构支出户上解至省级社保经办机构收入户。④ （2）基金的对账。社保经办机构应定期与开户银行对账，保证账账、账款、账实相符。暂收、暂付款项应定期清理，及时予以偿付或收回。⑤ （3）基金的核算、记账。机关事业单位基本养老保险基金的会计核算采用收付实现制，会计记账使用借贷记账法。⑥ ①基金的核算。第一，基金收入的核算。基金收入包括养老保险费收入、利息收入、财政补贴收入、转移收入、上级补助收入、下级上解收入、其他收入等。社保经办机构根据银行回单、社会保险基金专用收据、财政专户缴拨凭证等原始凭证，按照《社会保险基金会计制度》的规定，及时填制记账凭证，进行会计核算。⑦ 第二，基金支出的核算。基金支出包括养老保险待遇支出、转移支出、补助下级支出、上解上级支出、其他支出等。社保经办机构根据银行回单、支出汇总表、财政专户缴拨凭证等原始凭证，按照《社会保险基金会计制度》的规定，及时填制记账凭证，进行会计核算。⑧ ②基金的记账。第一，社保经办机构根据记账凭证登

---

① 《机关事业单位工作人员基本养老保险经办规程》第49条。
② 《机关事业单位工作人员基本养老保险经办规程》第50条。
③ 《机关事业单位工作人员基本养老保险经办规程》第51条。
④ 《机关事业单位工作人员基本养老保险经办规程》第52条。
⑤ 《机关事业单位工作人员基本养老保险经办规程》第54条。
⑥ 《机关事业单位工作人员基本养老保险经办规程》第55条。
⑦ 《机关事业单位工作人员基本养老保险经办规程》第57条。
⑧ 《机关事业单位工作人员基本养老保险经办规程》第58条。

记银行存款日记账和明细分类账。按照科目汇总记账凭证,编制科目汇总表,登记总分类账。① 第二,社保经办机构根据总分类账、明细分类账等,编制月、季、年会计报表。② 第三,会计处理方法前后各期一致,会计科目口径一致。确需变更的,应将变更情况、原因和对会计报表的影响在财务情况说明中予以说明。③ (4)基金的预算。社保经办机构编制下一年度基金预算草案。预算草案经省级人力资源社会保障部门审核汇总,财政部门审核后,列入省级人民政府预算,报省级人民代表大会审议。实行省级调剂金制度的,基金预算编制程序由各省自行制定。由于客观因素造成执行与预算偏差较大的,社保经办机构要及时编制基金预算调整方案,并按预算编报的程序上报。④ (5)基金的用款。社保经办机构根据批准的基金年度预算及执行进度,按月向财政部门提出用款申请。经核准后,由财政部门及时将资金拨付至支出户。实行省级基金调剂制度的,下拨的调剂金由省级社保经办机构支出户拨付到下级社保经办机构收入户。⑤ (6)基金的决算。省级社保经办机构每年年终进行基金决算。核对各项收支情况,清理往来款项,同开户银行、财政专户对账,并进行年终结账。年度终了后,根据规定的表式、时间和要求,编制年度基金财务报告,包括资产负债表、收支表、有关附表以及财务情况说明。决算报告经省级人力资源社会保障部门审核汇总,财政部门审核后,列入省级人民政府决算报告,报省级人民代表大会审议。实行省级基金调剂制度的,基金决算报告编制程序由各省自行制定。社保经办机构进行基金年度报告。年度终了后,根据规定的表式、时间和要求,编制机关事业单位基本养老保险基金年度报告。年度报告包括资产负债表、收支表和暂收、暂付款明细表,以及年度基金运行分析等。⑥

9. 机关事业单位工作人员基本养老保险经办规程的统计分析。(1)基本养老保险统计分析的总体要求。①社保经办机构建立统计工作制度,完善统计指标体系,遵照全面、真实、科学、审慎和及时的原则开展统计工作。应用社会保险数据、社会经济数据,利用信息化手段和统计方法进行分析,结合联网数据,按

---

① 《机关事业单位工作人员基本养老保险经办规程》第59条。
② 《机关事业单位工作人员基本养老保险经办规程》第60条。
③ 《机关事业单位工作人员基本养老保险经办规程》第56条。
④ 《机关事业单位工作人员基本养老保险经办规程》第61条。
⑤ 《机关事业单位工作人员基本养老保险经办规程》第53条。
⑥ 《机关事业单位工作人员基本养老保险经办规程》第62条。

季、年分主题开展精细化分析。根据制度改革和实际工作需要,开展必要的统计调查。① ②社保经办机构应根据统计指标、统计分组和精算基础数据采集要求,定期整理、加工各类业务数据,并汇总相关信息,建立台账,以此作为编制统计报表和撰写分析报告的主要依据,实现数据来源的可追溯查询。统计指标和精算基础数据采集指标应根据政策变化及时调整完善。② (2)基本养老保险统计分析的经办机构。社保经办机构应按照《人力资源社会保障统计报表制度》和上级有关要求,做好定期统计和专项统计工作,认真收集统计数据,编制统计报表,做到内容完整,数据准确;严格审核,按程序汇总,及时上报。③ (3)基本养老保险统计分析的数据分析。①加强数据比对分析,提高统计数据与基金数据、联网数据等同口径、同指标数据的一致性。④ ②社保经办机构应定期或不定期进行统计、精算分析,根据实际工作需要进行专项分析和日常测算分析,形成分析报告,为政策决策、基金预算管理、收支计划管理、基金运行风险监测、政策和管理效率评估提供支撑。⑤ ③省级社保经办机构制定精算分析工作方案,采集并更新精算基础数据库,建立精算模型,确定参数假设,分析精算预测结果,撰写精算报告并及时报送。⑥

10. 机关事业单位工作人员基本养老保险经办规程的稽核和内控。(1)社保经办机构的稽核和内控制度。社保经办机构按照有关规定建立健全机关事业单位基本养老保险稽核制度和内控制度。县级及以上社保经办机构负责稽核、内控工作,依法对参保单位及其工作人员缴纳养老保险费情况、退休人员领取养老保险待遇情况进行核查;对社保经办机构内部职能部门、工作人员从事养老保险经办工作进行规范、监控和评价。⑦ (2)社保经办机构的稽核。社保经办机构应按照社会保险稽核办法及有关规定,开展养老保险费缴纳和待遇享受情况稽核。⑧ (3)社保经办机构的核查。社保经办机构核查发现未按时足额缴纳养老保险费或冒领养老保险待遇的,应责令补缴或退还被冒领待遇,不按规定补缴退还

---

① 《机关事业单位工作人员基本养老保险经办规程》第63条。
② 《机关事业单位工作人员基本养老保险经办规程》第64条。
③ 《机关事业单位工作人员基本养老保险经办规程》第65条。
④ 《机关事业单位工作人员基本养老保险经办规程》第66条。
⑤ 《机关事业单位工作人员基本养老保险经办规程》第67条。
⑥ 《机关事业单位工作人员基本养老保险经办规程》第68条。
⑦ 《机关事业单位工作人员基本养老保险经办规程》第69条。
⑧ 《机关事业单位工作人员基本养老保险经办规程》第70条。

的,按照社会保险法等法律法规处理。①(4)社保经办机构的内控。社保经办机构建立业务操作监控和内部监督机制。确定扫描时点或周期、监控范围、异常阈值、预警形式,对业务操作的合规性进行实时监控和内部监督。制订业务监控计划,对异常业务进行风险提示。制订内部监督计划,定期抽取或筛选业务复核检查,建立内部监督记录和台账。②(5)社保经办机构的审查和处理。社保经办机构应建立异常业务审查和处理机制。对疑似违规办理的业务,发出异常业务预警,进行核查处理。根据内部监督记录和有关证据提出整改意见,按程序报批后送相关环节执行,并跟踪监督。③(6)社保经办机构的纠错。社保经办机构应建立业务纠错机制。当发生业务经办错误,需要回退纠错时,对出错原因、错误类型、责任人等进行记录。相关经办人员填写回退纠错审批表,经负责人批准后,按照纠错时限要求,进行回退纠错业务处理。④(7)社保经办机构的分级管理。社保经办机构根据业务风险程度实行分级管理,明确各项业务的经办权限和审批层级。⑤

11.机关事业单位工作人员基本养老保险经办规程的档案管理。(1)业务档案的管理。①管理的主体。社保经办机构应按照《社会保险业务档案管理规定(试行)》(人社部令3号)的要求,对业务材料做好收集、整理、立卷、归档、保管、统计、利用、鉴定销毁、移交和数字化处理等工作,保证业务档案真实、完整、安全和有效。⑥业务档案是指社保经办机构在办理业务过程中,直接形成的具有保存和利用价值的专业性文字材料、电子文档、图表、声像等不同载体的历史记录。⑦②业务档案的集中保管。业务档案立卷后应定期归集到档案管理部门集中保管。档案管理部门对归集的业务档案,通过业务经办明细核对归档业务材料数目并进行案卷质量审核。检验合格后,与业务部门办理归档交接手续,做到账物相符。⑧③业务档案的数字化处理。社保经办机构应按照相关规定对业务档案进行数字化处理。新生成业务材料应遵循"业务经办与档案数字化同步办结、同

---

① 《机关事业单位工作人员基本养老保险经办规程》第71条。
② 《机关事业单位工作人员基本养老保险经办规程》第72条。
③ 《机关事业单位工作人员基本养老保险经办规程》第73条。
④ 《机关事业单位工作人员基本养老保险经办规程》第74条。
⑤ 《机关事业单位工作人员基本养老保险经办规程》第75条。
⑥ 《机关事业单位工作人员基本养老保险经办规程》第77条。
⑦ 《机关事业单位工作人员基本养老保险经办规程》第76条。
⑧ 《机关事业单位工作人员基本养老保险经办规程》第81条。

步收集、同步整理、同步归档"的原则,生成业务档案。①（2）业务材料的收集、排列、整理、组卷。①业务材料收集遵循"谁经办,谁收集"的原则。社保经办机构按照业务档案分类方案结合办结时间,按件收集办结的业务材料。一笔业务形成的业务表单和相关审核凭证为一件,每件业务材料按照"业务表单在前、审核凭证在后,重要凭证在前、次要凭证在后"的原则顺序排列;凭证排列顺序应与业务表单名册中人员顺序保持一致。电子业务材料的收集应与纸质业务材料同步。② ②社保经办机构应按照业务档案分类方案和档案整理要求,定期对应归档的业务材料进行收集、整理。整理后的业务材料应与业务经办系统中的经办明细进行核对,并打印业务经办明细目录。③ ③社保经办机构应对收集整理后的业务材料及时组卷,并通过信息系统进行编号和编目。组卷时视经办业务量大小可按月、季或年度组卷,但不能跨年组卷。案卷内材料应按照案卷封面、卷内文件目录（业务经办明细目录）、业务材料、卷内备考表的顺序依次排列。④（3）电子信息和系统元数据的归档备份。社保经办机构应定期对业务经办中初次采集、其他系统转入、业务系统转换产生的重要电子信息和系统元数据进行归档备份,并按照相关规定管理。⑤（4）基金会计档案的管理。基金会计档案包括会计凭证、会计账簿和会计报表等资料。社保经办机构应按照《会计档案管理办法》的相关规定管理。⑥（5）档案管理的人员及部门。①社保经办机构应设置专门的档案库房,指定专职档案管理人员进行管理。应按照档案管理"九防"要求,完善防护设备和管理措施,维护档案的完整安全。⑦ ②档案管理部门应定期统计分析业务档案收集整理、归档移交、保管利用等情况。⑧ ③社保经办机构应积极主动地依法依规就可开放的业务档案面向参保对象、行政管理等相关部门提供档案信息查询服务,并做好档案信息利用登记。在确保档案和信息安全的前提下,拓展业务档案利用渠道,提升利用效能。⑨ ④应由相关负责人、档案管理人员和经

---

① 《机关事业单位工作人员基本养老保险经办规程》第82条。
② 《机关事业单位工作人员基本养老保险经办规程》第78条。
③ 《机关事业单位工作人员基本养老保险经办规程》第79条。
④ 《机关事业单位工作人员基本养老保险经办规程》第80条。
⑤ 《机关事业单位工作人员基本养老保险经办规程》第83条。
⑥ 《机关事业单位工作人员基本养老保险经办规程》第84条。
⑦ 《机关事业单位工作人员基本养老保险经办规程》第85条。
⑧ 《机关事业单位工作人员基本养老保险经办规程》第86条。
⑨ 《机关事业单位工作人员基本养老保险经办规程》第87条。

办人员组成业务档案鉴定小组,负责业务档案鉴定。对达到或超过保管期限的业务档案定期组织销毁鉴定,提出销毁或延长保管期限的意见。对经过鉴定可以销毁的业务档案,应编制销毁清册,按规定销毁。①

12. 机关事业单位工作人员基本养老保险经办规程的个人权益记录管理。(1)社会保险个人权益信息的获取。社保经办机构通过业务经办、统计、调查等方式获取参保人员相关社会保险个人权益信息,同时,应当与工商、民政、公安、机构编制等部门通报的情况进行核对。②(2)社会保险个人权益信息的保管、维护。社保经办机构应当配备社会保险个人权益记录保管的场所和设施设备,安排专门工作人员对社会保险个人权益数据进行管理和日常维护,不得委托其他单位或者个人单独负责社会保险个人权益数据维护工作。社会保险个人权益信息的采集、保管和维护等环节涉及的书面材料应当存档备查。③(3)社会保险个人权益信息的服务。①社保经办机构每年应至少一次向参保人员寄送个人权益记录情况。④ ②社保经办机构应向参保单位及参保人员开放社会保险个人权益记录查询程序,界定可供查询的内容,通过社保经办机构大厅、网点、自助终端、电话、网站、移动终端等方式提供公共服务。⑤ ③参保人员持社会保障卡可以向社保经办机构查询个人权益信息、核对其缴费和享受社会保险待遇记录;领取养老保险待遇等。⑥

13. 机关事业单位工作人员基本养老保险经办规程的信息管理。(1)信息管理的机构。①社保经办机构和信息机构应做好数据采集、审核、保管、维护、查询、使用、保密、安全、备份等管理工作。⑦ ②社保经办机构可向参保单位提供网上申报、缴费、查询、下载等经办服务。网上经办业务包括:单位网上申报、单位网上查询;个人网上查询;网上支付;业务办理预约服务;投诉、建议及解答;个人权益记录打印等。通过互联网经办业务的,应当采取安全措施,确保数据安全。⑧

---

① 《机关事业单位工作人员基本养老保险经办规程》第88条。
② 《机关事业单位工作人员基本养老保险经办规程》第89条。
③ 《机关事业单位工作人员基本养老保险经办规程》第90条。
④ 《机关事业单位工作人员基本养老保险经办规程》第91条。
⑤ 《机关事业单位工作人员基本养老保险经办规程》第92条。
⑥ 《机关事业单位工作人员基本养老保险经办规程》第93条。
⑦ 《机关事业单位工作人员基本养老保险经办规程》第94条。
⑧ 《机关事业单位工作人员基本养老保险经办规程》第98条。

(2) 信息管理的模式。信息系统采用省级集中部署模式,按照省级集中的要求,由省级人社部门负责建设实施,通过业务专网支持省内各级社保经办机构开展机关事业单位基本养老保险业务。① (3) 信息管理的原则。应做好信息系统分级授权管理,按照"最小授权、权限分离"的原则进行划分,各岗位间的权限保持相互独立、相互制约、相互监督。数据库管理按照数据库安全有关规定执行。② (4) 信息管理的制度、措施。建立健全信息系统安全防护体系和安全管理制度,加强应急预案管理和灾难恢复演练。针对信息系统数据集中、应用分散的特点,采取访问控制、病毒防范、入侵检测等基础安全防护措施。③

(三) 机关事业单位工作人员的养老保险制度改革

1. 机关事业单位工作人员养老保险制度改革的目标和基本原则。改革的目标和基本原则。以邓小平理论、"三个代表"重要思想、科学发展观为指导,深入贯彻党的十八大、十八届三中、四中全会精神和党中央、国务院决策部署,坚持全覆盖、保基本、多层次、可持续方针,以增强公平性、适应流动性、保证可持续性为重点,改革现行机关事业单位工作人员退休保障制度,逐步建立独立于机关事业单位之外、资金来源多渠道、保障方式多层次、管理服务社会化的养老保险体系。改革应遵循以下基本原则:(1) 公平与效率相结合。既体现国民收入再分配更加注重公平的要求,又体现工作人员之间贡献大小差别,建立待遇与缴费挂钩机制,多缴多得、长缴多得,提高单位和职工参保缴费的积极性。(2) 权利与义务相对应。机关事业单位工作人员要按照国家规定切实履行缴费义务,享受相应的养老保险待遇,形成责任共担、统筹互济的养老保险筹资和分配机制。(3) 保障水平与经济发展水平相适应。立足社会主义初级阶段基本国情,合理确定基本养老保险筹资和待遇水平,切实保障退休人员基本生活,促进基本养老保险制度可持续发展。(4) 改革前与改革后待遇水平相衔接。立足增量改革,实现平稳过渡。对改革前已退休人员,保持现有待遇并参加今后的待遇调整;对改革后参加工作的人员,通过建立新机制,实现待遇的合理衔接;对改革前参加工作、改革后退休的人员,通过实行过渡性措施,保持待遇水平不降低。(5) 解决突出矛盾与

---

① 《机关事业单位工作人员基本养老保险经办规程》第95条。
② 《机关事业单位工作人员基本养老保险经办规程》第96条。
③ 《机关事业单位工作人员基本养老保险经办规程》第97条。

保证可持续发展相促进。统筹规划、合理安排、量力而行,准确把握改革的节奏和力度,先行解决目前城镇职工基本养老保险制度不统一的突出矛盾,再结合养老保险顶层设计,坚持精算平衡,逐步完善相关制度和政策。①

2. 机关事业单位工作人员养老保险制度改革的范围。改革的范围。《国务院关于机关事业单位工作人员养老保险制度改革的决定》适用于按照《公务员法》管理的单位、参照《公务员法》管理的机关(单位)、事业单位及其编制内的工作人员。②

3. 机关事业单位工作人员养老保险制度改革的法律依据。《国务院关于机关事业单位工作人员养老保险制度改革的决定》自2014年10月1日起实施,已有规定与本决定不一致的,按照《国务院关于机关事业单位工作人员养老保险制度改革的决定》执行。③

4. 机关事业单位工作人员养老保险制度改革的制度。实行社会统筹与个人账户相结合的基本养老保险制度。基本养老保险费由单位和个人共同负担。单位缴纳基本养老保险费(以下简称单位缴费)的比例为本单位工资总额的20%,个人缴纳基本养老保险费(以下简称个人缴费)的比例为本人缴费工资的8%,由单位代扣。按本人缴费工资8%的数额建立基本养老保险个人账户,全部由个人缴费形成。个人工资超过当地上年度在岗职工平均工资300%以上的部分,不计入个人缴费工资基数;低于当地上年度在岗职工平均工资60%的,按当地在岗职工平均工资的60%计算个人缴费工资基数。个人账户储存额只用于工作人员养老,不得提前支取,每年按照国家统一公布的记账利率计算利息,免征利息税。参保人员死亡的,个人账户余额可以依法继承。④

5. 机关事业单位工作人员养老保险制度的改革基本养老金计发办法。改革基本养老金计发办法。《国务院关于机关事业单位工作人员养老保险制度改革的决定》实施后参加工作、个人缴费年限累计满15年的人员,退休后按月发给基本养老金。基本养老金由基础养老金和个人账户养老金组成。退休时的基础养老金月标准以当地上年度在岗职工月平均工资和本人指数化月平均缴费工资的

---

① 《国务院关于机关事业单位工作人员养老保险制度改革的决定》第1条。
② 《国务院关于机关事业单位工作人员养老保险制度改革的决定》第2条。
③ 《国务院关于机关事业单位工作人员养老保险制度改革的决定》第12条第2款。
④ 《国务院关于机关事业单位工作人员养老保险制度改革的决定》第3条。

平均值为基数,缴费每满1年发给1%。个人账户养老金月标准为个人账户储存额除以计发月数,计发月数根据本人退休时城镇人口平均预期寿命、本人退休年龄、利息等因素确定(详见《个人账户养老金计发月数表》)。《国务院关于机关事业单位工作人员养老保险制度改革的决定》实施前参加工作、实施后退休且缴费年限(含视同缴费年限,下同)累计满15年的人员,按照合理衔接、平稳过渡的原则,在发给基础养老金和个人账户养老金的基础上,再依据视同缴费年限长短发给过渡性养老金。具体办法由人力资源社会保障部会同有关部门制定并指导实施。《国务院关于机关事业单位工作人员养老保险制度改革的决定》实施后达到退休年龄但个人缴费年限累计不满15年的人员,其基本养老保险关系处理和基本养老金计发比照《实施〈中华人民共和国社会保险法〉若干规定》(人力资源社会保障部令第13号)执行。《国务院关于机关事业单位工作人员养老保险制度改革的决定》实施前已经退休的人员,继续按照国家规定的原待遇标准发放基本养老金,同时执行基本养老金调整办法。机关事业单位离休人员仍按照国家统一规定发给离休费,并调整相关待遇。①

6. 机关事业单位工作人员养老保险制度改革的措施。(1)建立基本养老金正常调整机制。根据职工工资增长和物价变动等情况,统筹安排机关事业单位和企业退休人员的基本养老金调整,逐步建立兼顾各类人员的养老保险待遇正常调整机制,分享经济社会发展成果,保障退休人员基本生活。②(2)加强基金管理和监督。建立健全基本养老保险基金省级统筹;暂不具备条件的,可先实行省级基金调剂制度,明确各级人民政府征收、管理和支付的责任。机关事业单位基本养老保险基金单独建账,与企业职工基本养老保险基金分别管理使用。基金实行严格的预算管理,纳入社会保障基金财政专户,实行收支两条线管理,专款专用。依法加强基金监管,确保基金安全。③(3)做好养老保险关系转移接续工作。参保人员在同一统筹范围内的机关事业单位之间流动,只转移养老保险关系,不转移基金。参保人员跨统筹范围流动或在机关事业单位与企业之间流动,在转移养老保险关系的同时,基本养老保险个人账户储存额随同转移,并以本人改革后各年度实际缴费工资为基数,按12%的总和转移基金,参保缴费不足1年

---

① 《国务院关于机关事业单位工作人员养老保险制度改革的决定》第4条。
② 《国务院关于机关事业单位工作人员养老保险制度改革的决定》第5条。
③ 《国务院关于机关事业单位工作人员养老保险制度改革的决定》第6条。

的，按实际缴费月数计算转移基金。转移后基本养老保险缴费年限（含视同缴费年限）、个人账户储存额累计计算。① （4）建立职业年金制度。机关事业单位在参加基本养老保险的基础上，应当为其工作人员建立职业年金。单位按本单位工资总额的8%缴费，个人按本人缴费工资的4%缴费。工作人员退休后，按月领取职业年金待遇。职业年金的具体办法由人力资源社会保障部、财政部制定。②（5）建立健全确保养老金发放的筹资机制。机关事业单位及其工作人员应按规定及时足额缴纳养老保险费。各级社会保险征缴机构应切实加强基金征缴，做到应收尽收。各级政府应积极调整和优化财政支出结构，加大社会保障资金投入，确保基本养老金按时足额发放，同时为建立职业年金制度提供相应的经费保障，确保机关事业单位养老保险制度改革平稳推进。③ （6）逐步实行社会化管理服务。提高机关事业单位社会保险社会化管理服务水平，普遍发放全国统一的社会保障卡，实行基本养老金社会化发放。加强街道、社区人力资源社会保障工作平台建设，加快老年服务设施和服务网络建设，为退休人员提供方便快捷的服务。④ （7）提高社会保险经办管理水平。各地要根据机关事业单位工作人员养老保险制度改革的实际需要，加强社会保险经办机构能力建设，适当充实工作人员，提供必要的经费和服务设施。人力资源社会保障部负责在京中央国家机关及所属事业单位基本养老保险的管理工作，同时集中受托管理其职业年金基金。中央国家机关所属京外单位的基本养老保险实行属地化管理。社会保险经办机构应做好机关事业单位养老保险参保登记、缴费申报、关系转移、待遇核定和支付等工作。要按照国家统一制定的业务经办流程和信息管理系统建设要求，建立健全管理制度，由省级统一集中管理数据资源，实现规范化、信息化和专业化管理，不断提高工作效率和服务质量。⑤ （8）加强组织领导。改革机关事业单位工作人员养老保险制度，直接关系广大机关事业单位工作人员的切身利益，是一项涉及面广、政策性强的工作。各地区、各部门要充分认识改革工作的重大意义，切实加强领导，精心组织实施，向机关事业单位工作人员和社会各界准确解

---

① 《国务院关于机关事业单位工作人员养老保险制度改革的决定》第7条。
② 《国务院关于机关事业单位工作人员养老保险制度改革的决定》第8条。
③ 《国务院关于机关事业单位工作人员养老保险制度改革的决定》第9条。
④ 《国务院关于机关事业单位工作人员养老保险制度改革的决定》第10条。
⑤ 《国务院关于机关事业单位工作人员养老保险制度改革的决定》第11条。

读改革的目标和政策,正确引导舆论,确保此项改革顺利进行。各地区、各部门要按照本决定制定具体的实施意见和办法,报人力资源社会保障部、财政部备案后实施。人力资源社会保障部要会同有关部门制定贯彻《国务院关于机关事业单位工作人员养老保险制度改革的决定》的实施意见,加强对改革工作的协调和指导,及时研究解决改革中遇到的问题,确保本决定的贯彻实施。①

四、其他人员的基本养老保险

(一)军人退役的基本养老保险

1. 军人退役养老保险补助。军人退出现役参加基本养老保险的,国家给予退役养老保险补助。②

2. 军人退役养老保险费的补缴。退役士兵根据《中共中央办公厅国务院办公厅印发〈关于解决部分退役士兵社会保险问题的意见〉的通知》的规定补缴养老保险费的,在跨省转移接续基本养老保险关系时,由转出地负责提供办理补缴养老保险费时退役军人事务部门出具的补缴认定等材料,转入地核实确认后应予办理,同时做好退役士兵人员标识。③

3. 军人退役养老保险的标准。军人退役养老保险补助标准,由中国人民解放军总后勤部会同国务院有关部门,按照国家规定的基本养老保险缴费标准、军人工资水平等因素拟订,报国务院、中央军事委员会批准。④

4. 军人退役养老保险关系的转移接续。(1)养老保险关系转接的办理。①军人入伍前已经参加基本养老保险的,由地方社会保险经办机构和军队后勤(联勤)机关财务部门办理基本养老保险关系转移接续手续。⑤ ②军人退出现役后参加职工基本养老保险的,由军队后勤(联勤)机关财务部门将军人退役养老保险关系和相应资金转入地方社会保险经办机构,地方社会保险经办机构办理相应的转移接续手续。军人服现役年限与入伍前和退出现役后参加职工基本养

---

① 《国务院关于机关事业单位工作人员养老保险制度改革的决定》第 12 条第 1 款。
② 《军人保险法》第 13 条规定:"军人退出现役参加基本养老保险的,国家给予退役养老保险补助。"
③ 《人力资源社会保障部办公厅关于职工基本养老保险关系转移接续有关问题的补充通知》第 6 条。
④ 《军人保险法》第 14 条。
⑤ 《军人保险法》第 15 条。

老保险的缴费年限合并计算。①③军人退出现役后参加新型农村社会养老保险或者城镇居民社会养老保险的,按照国家有关规定办理转移接续手续。②(2)军人退役参加机关事业单位的养老保险转接。①2014年10月1日以后下达退役命令,2014年10月1日至2015年10月31日已经离队的退役军人,由原军队所在单位财务部门填制《军人退役基本养老保险参保缴费凭证》《军人退役基本养老保险关系转移接续信息表》和《军人职业年金缴费凭证》(以下简称转移凭证)一式三份,一份存档,两份邮寄给本人,并将按规定标准计算的军人退役基本养老保险补助和军人职业年金补助汇给本人。退役军人收到转移凭证和补助资金后,将其中一份转移凭证交给安置单位,待所在地机关事业单位养老保险经办启动后,由安置单位按规定申请办理军人退役基本养老保险和军人职业年金转移接续手续。③②2014年10月1日以后下达退役命令,2015年11月1日至2016年12月31日期间离队的退役军人,由军队所在单位财务部门填制军人退役养老保险转移凭证一式三份,一份存档,两份交给本人,并将按规定标准计算的军人退役基本养老保险补助和军人职业年金补助发给本人。退役军人到安置单位报到后,将其中一份转移凭证交给安置单位,待所在地机关事业单位养老保险经办启动后,由安置单位按规定申请办理军人退役基本养老保险和军人职业年金转移接续手续。④③2014年10月1日以后下达退役命令,2017年1月1日以后离队的退役军人,按照后财〔2015〕1726号和后财〔2015〕1727号通知要求,办理军人退役基本养老保险和军人职业年金转移接续手续。⑤

5. 军人退役养老保险的执行。(1)军人退出现役到公务员岗位或者参照公务员法管理的工作人员岗位的,以及现役军官、文职干部退出现役自主择业的,其养老保险办法按照国家有关规定执行。⑥(2)军人退出现役采取退休方式安置的,其养老办法按照国务院和中央军事委员会的有关规定执行。⑦

---

① 《军人保险法》第16条。
② 《军人保险法》第17条。
③ 《人力资源社会保障部办公厅、总后勤部财务部关于军人退役参加机关事业单位养老保险有关问题的通知》第1条。
④ 《人力资源社会保障部办公厅、总后勤部财务部关于军人退役参加机关事业单位养老保险有关问题的通知》第2条。
⑤ 《人力资源社会保障部办公厅、总后勤部财务部关于军人退役参加机关事业单位养老保险有关问题的通知》第3条。
⑥ 《军人保险法》第18条。
⑦ 《军人保险法》第19条。

(二)军队机关事业单位职工的基本养老保险

1. 军队机关事业单位职工基本养老保险的制度及办法。在国家机关事业单位养老保险制度改革方案出台前,军队职工养老保障仍维持现行制度和办法不变,退体人员由军队移交地方民政部门安置管理,待国家有关政策明确后再作调整。①

2. 军队机关事业单位基本养老保险的执行。随军队后勤保障项目成建制移交地方的军队事业单位,从离开军队之日起,按国家规定参加当地养老保险统筹。移交到地方后仍为事业单位的,执行事业单位职工的养老保险制度;移交地方后改制为企业的,执行企业职工基本养老保险制度。职工原来的连续工龄视同缴费年限,单位和个人不再补缴养老保险费。移交前已退休的职工不随原单位移交,由原单位上级主管机关负责移交地方民政部门安置。军队事业单位移交地方成建制改为企业的职工,在改制前参加工作、改制后至2005年6月30日前退休的,按企业基本养老金计发办法计发,养老金低于按国家规定的原事业单位退休金的差额部分,采用发补贴的办法解决,所需经费从当地基本养老保险统筹基金中支付。②

3. 军队机关事业单位职工基本养老保险的执行。(1)军队职工随后勤保障项目非成建制移交到地方的,或正常调动到地方单位以及自谋职业的,从离开军队之日起,按国家规定参加当地养老保险统筹。其中,调入事业单位的,执行事业单位养老保障制度;调入企业单位的执行企业基本养老保险制度;自谋职业从事个体经营的,按个体劳动者的养老保险政策办理。职工原来的连续工龄视同缴费年限,不再补缴养老保险费。③ (2)对部分地区已经参加当地养老保险统筹的军队机关事业单位职工,可暂按军队各大单位与当地政府有关部门协商的意见办理。④

(三)军人配偶随军未就业期间的养老保险

1. 军人配偶随军未就业期间养老保险个人账户的建立。军人所在单位后勤机关按照缴费基数11%的规模,为未就业随军配偶建立养老保险个人账户,所需

---

① 《人事部、劳动和社会保障部、中国人民解放军总后勤部关于军队后勤保障社会化改革中人事和劳动保障工作有关问题的通知》第2条第1款第1项。

② 《人事部、劳动和社会保障部、中国人民解放军总后勤部关于军队后勤保障社会化改革中人事和劳动保障工作有关问题的通知》第2条第1款第2项。

③ 《人事部、劳动和社会保障部、中国人民解放军总后勤部关于军队后勤保障社会化改革中人事和劳动保障工作有关问题的通知》第2条第1款第3项。

④ 《人事部、劳动和社会保障部、中国人民解放军总后勤部关于军队后勤保障社会化改革中人事和劳动保障工作有关问题的通知》第2条第1款第4项。

资金由个人和国家共同负担,其中,个人按6%的比例缴费,国家按5%的比例给予个人账户补贴。缴费基数参照上年度全国城镇职工月平均工资60%的比例确定。个人缴费和国家给予个人账户补贴的比例,根据企业职工个人缴费比例的变动情况,由总后勤部商国务院有关部门适时调整。①

2. 军人配偶随军未就业期间养老保险的接续。《中国人民解放军军人配偶随军未就业期间社会保险暂行办法》实施以前随军随队的未就业随军配偶,1998年1月1日至《中国人民解放军军人配偶随军未就业期间社会保险暂行办法》实施前未参加养老保险的随军随队年限,可根据自愿原则,在《中国人民解放军军人配偶随军未就业期间社会保险暂行办法》实施当年,个人按缴费基数11%的比例一次性补缴养老保险费,并全部记入本人的养老保险个人账户。其补缴年限与本办法实施后的缴费年限合并计算。②

3. 军人配偶随军未就业期间养老保险的转入。未就业随军配偶随军随队前已经参加地方养老保险的,养老保险关系和个人账户资金转入手续,按以下规定办理:(1)未就业随军配偶随军随队前,已经参加地方企业职工基本养老保险或机关事业单位养老保险并建立个人账户的,按照国家关于职工跨统筹地区调动的有关规定,由地方社会保险经办机构,将其基本养老保险关系和个人账户资金转入军人所在单位后勤机关。(2)未就业随军配偶随军随队前,已经参加地方机关事业单位养老保险但未建立个人账户的,以及在未实行养老保险的机关事业单位工作的,按《中国人民解放军军人配偶随军未就业期间社会保险暂行办法》建立养老保险个人账户。其中,已参加养老保险的,由地方社会保险经办机构将其养老保险关系转入军人所在单位后勤机关。(3)军人所在单位后勤机关应当及时为未就业随军配偶接续基本养老保险关系,并建立养老保险个人账户。③

4. 军人配偶随军未就业期间养老保险的转出。未就业随军配偶实现就业并参加养老保险的,养老保险关系和个人账户资金转出手续,按以下规定办理:(1)未就业随军配偶就业后,参加基本养老保险的,按照国家关于职工跨统筹地区调动的有关规定,由军人所在单位后勤机关办理养老保险关系和个人账户资金转出手续。(2)未就业随军配偶在机关事业单位就业,执行机关事业单位的

---

① 《中国人民解放军军人配偶随军未就业期间社会保险暂行办法》第8条。
② 《中国人民解放军军人配偶随军未就业期间社会保险暂行办法》第9条。
③ 《中国人民解放军军人配偶随军未就业期间社会保险暂行办法》第10条。

退休养老制度。(3)未就业随军配偶在军队期间建立养老保险个人账户后的缴费年限,与到地方后参加养老保险的缴费年限合并计算。(4)地方劳动保障部门及其社会保险经办机构,应当及时按规定办理未就业随军配偶养老保险关系和个人账户接续工作。①

(四)社会组织专职工作人员的基本养老保险

1. 社会组织专职工作人员参加基本养老保险的法定性。凡依法在各级民政部门登记的社会团体(包括社会团体分支机构和代表机构)、基金会(包括基金会分支行机构和代表机构)、民办非企业单位、境外非政府组织驻华代表机构及其签订聘用合同或劳动合同的专职工作人员(不包括兼职人员、劳务派遣人员、返聘的离退休人员和纳入行政事业编制的人员),应当参加当地企业职工基本养老保险。②

2. 社会组织专职工作人员基本养老保险的办理。尚未参加企业职工基本养老保险的社会组织,应在当地规定的时间内,持民政部门颁发的《社会团体法人登记证书》、《社会团体分支机构、代表机构登记证书》、《基金会法人登记证书》、《基金会分支机构、代表机构登记证书》、《境外基金会代表机构登记证书》或《民办非企业单位登记证书》及参保所需的文件材料,到住所所在地社会保险经办机构办理社会保险登记手续,按属地管理原则,参加企业职工基本养老保险。本通知下发之后成立的社会组织,应当自登记注册起30日内办理社会保险登记手续,参加企业职工基本养老保险。③

3. 社会组织专职工作人员基本养老保险的缴费。(1)社会组织及其专职工作人员应按规定缴纳基本养老保险费,其中社会组织的缴费基数为全部参保专职工作人员个人缴费工资之和。④ (2)社会组织及其专职工作人员在本通知下发前签订聘用合同或劳动合同的,可按当地有关规定补缴基本养老保险费。⑤

4. 社会组织专职工作人员基本养老保险的续接。社会组织专职工作人员曾在机关事业单位工作的,其符合国家规定的工作年限视同为基本养老保险缴费年限;曾在企业或以个人身份参保的,要按有关规定做好养老保险关系的接续工作。⑥

---

① 《中国人民解放军军人配偶随军未就业期间社会保险暂行办法》第11条。
② 《劳动和社会保障部、民政部关于社会组织专职工作人员参加养老保险有关问题的通知》第1条。
③ 《劳动和社会保障部、民政部关于社会组织专职工作人员参加养老保险有关问题的通知》第2条。
④ 《劳动和社会保障部、民政部关于社会组织专职工作人员参加养老保险有关问题的通知》第3条。
⑤ 《劳动和社会保障部、民政部关于社会组织专职工作人员参加养老保险有关问题的通知》第4条。
⑥ 《劳动和社会保障部、民政部关于社会组织专职工作人员参加养老保险有关问题的通知》第5条。

5. 社会组织专职工作人员的年金制度及基本养老保险要求。鼓励有条件的社会组织可按照有关规定为专职工作人员建立年金制度,以提高工作人员退休后的保障水平。切实做好社会组织专职工作人员参加养老保险的工作,对保障他们的合法权益、构建和谐社会具有重要意义。各级劳动和社会保障、民政部门要密切配合,认真贯彻落实国家有关政策规定,做好组织实施工作。①

(五)破产企业离退休人员的基本养老保险

1. 破产企业离退休人员基本养老保险的适用范围。《国务院关于在若干城市试行国有企业破产有关问题的通知》(国发〔1994〕59号)和《国务院关于在若干城市试行国有企业兼并破产和职工再就业有关问题的补充通知》(国发〔1997〕10号)的有关规定,仅限于在国务院确定的111个企业优化资本结构改革试点城市执行。②

2. 已参加养老保险破产企业离退休人员的基本养老金。已经参加养老保险社会统筹的企业破产时,需补交欠缴的养老保险费(含差额缴拨时企业欠发离退休人员的养老金)及其利息,社会保险经办机构负责支付离退休人员的基本养老金。……对于养老保险基金确实不足,支付困难的地区,为弥补资金不足,可以从破产企业资产中划拨一定费用给社会保险经办机构,以保证离退休人员基本养老金的发放。具体办法由你省根据实际情况确定。③

3. 未参加养老保险破产企业离退休人员的基本养老金。未参加养老保险社会统筹的企业,破产时,应按照支付离退休人员养老金的实际需要,一次性向社会保险经办机构划拨养老费用,社会保险经办机构负责支付该破产企业离退休人员的基本养老金。具体办法请你省研究确定。④

(六)农村的社会养老保险

1. 农村社会养老保险的审计。积极配合审计部门做好农保基金全面审计工作。(1)高度重视农保基金审计工作。各级劳动保障和尚未完成职能划转和工传移交的民政部门要充分认识做好农保基金审计工作对确保基金安全、推进农

---

① 《劳动和社会保障部、民政部关于社会组织专职工作人员参加养老保险有关问题的通知》第6条。
② 《劳动和社会保障部办公厅关于对破产企业离退休人员养老保险有关问题的复函》第1条。
③ 《劳动和社会保障部办公厅关于对破产企业离退休人员养老保险有关问题的复函》第2条。
④ 《劳动和社会保障部办公厅关于对破产企业离退休人员养老保险有关问题的复函》第3条(此复函针对吉林省,但对其他各省有参照作用)。

保工作的重要性,积极配合审计部门开展工作,确保审计工作顺利完成。(2)认真做好自查自纠工作。各级农保主管部门要立即组织农保经办机构对农保基金管理使用情况进行全面检查,认真纠正违规问题。要把自查自纠工作作为配合审计工作的一项重要内容,抓实抓细,做好接受全面审计检查的工作准备。(3)做好基金审计后的整改工作。各地要认真落实审计部门的审计意见和审计决定,对审计中发现的问题,进行认真梳理,采取经济、行政和法律的手段,按要求坚决回收违规基金。劳动和社会保障部将对重点地区整改工作进行督察。①

2. 农村社会养老保险的农保管理体制。尽快理顺农保管理体制。(1)及时完成职能化转和工作移交。没有完成职能化转和工作移交的地方,要按照《关于省级政府劳动和社会保障以及药品监督管理工作机构有关问题的通知》(中编办发[1998]8号)和《关于构建市县劳动和社会保障机构有关问题的通知》(中编办发[2000]18号)要求,在全面审计。摸清底数的基础上,于2007年12月底之前完成各级农保职能、机构、人员、档案、基金由民政部门向劳动保障部门的整体移交工作。劳动保障部门。民政部门要加强协调,共同指导、督谈各地做好农保移交工作,切实加强农保机构建设,提高经办能力。(2)妥善解决农保机构设置和乡镇农保的管理问题。在整体移交工作中,要按照统筹城乡社会保险事业发展的要求,妥善解决农保机构、编制和职能设置问题。各级劳动保障部门要商同级财政部门,将农保机构的工作和人员经费纳入财政预算。同时取消从收取的农保基金中提取管理费的做法,杜绝挤占挪用基金工资等现象。(3)建立和健全农保基金管理和监督制度。各地要进一步加强农保基金的财务管理,规范会计核算。各级农保经办机构要按照《社会保险经办机构内部控制暂行办法》(劳社部发[2007]2号)的要求,加强内控制度建设,建立健全内部规章制度和基金内审稽核制度,规范经办行为,控制经办风险,提高管理水平,保证基金安全。各级社会保险基金监督机构要落实《关于进一步防范农村社会养老保险基金风险的紧急通知》(劳社部函[2004]240号)的要求,将农保基金纳入日常监督管业务范围,切实履行监督职责,对农保基金的管理使用情况进行定期检查。②

---

① 《劳动和社会保障部、民政部、审计署关于做好农村社会养老保险和被征地农民社会保障工作有关问题的通知》第1条。
② 《劳动和社会保障部、民政部、审计署关于做好农村社会养老保险和被征地农民社会保障工作有关问题的通知》第2条。

3. 农村社会养老保险的新型农保试点工作。积极推进新型农保试点工作。(1)试点原则。要按照保基本、广覆盖、能转移、可持续的原则,以多种方式推进新型农保制度建设。要根据党的十六届六中全会关于"建立覆盖城乡居民的社会保障体系"和"加大公共财政对农村社会保障制度建设的投入"的要求,以缴费补贴、老人直补、基金贴息、待遇调整等多种方式,建立农民参保补贴制度,不断扩大覆盖范围,逐步提高待遇水平。(2)试点办法。要在深入调研、认真总结已有工作经验的基础上,坚持从当地实际出发,研究制定新型农保试点办法。以农村有缴费能力的各类从业人员为主要对象,完善个人缴费、集体(或用人单位)补助、政府补贴的多元化筹资机制,建立以个人账户为主、保障水平适度、缴费方式灵活、账户可随人转移的新型农保制度和参保补贴机制。有条件的地区也可建立个人账户为主、统筹调剂为辅的养老保险制度。要引导部分乡镇、村组已建立的各种养老补助制度逐步向社会养老保险制度过渡,实现可持续发展。(3)试点选择。要选择城镇化进程较快、地方财政状况较好、政府和集体经济有能力对农民参保给予一定财政支持的地方开展农保试点,为其他具备条件地方建立农保制度积累经验。东部经济较发达的地级市可选择1~2个县级单位开展试点工作,中西部各省(自治区、直辖市)可选择3~5个县级单位开展试点。各试点县市名单和试点方案报劳动和社会保障部备案。①

(七)出国(境)定居人员的新型农村和城镇居民社会养老保险

1. 参加新型农村和城镇居民社会养老保险的主体。出国(境)定居人员,仍然保留中华人民共和国国籍期间,可以依据新型农村和城镇居民社会养老保险(以下简称城乡居民养老保险)政策规定参保,其中,参保缴费人员达到养老金领取条件时,可以按照国家规定办理相关申领手续,享受相应养老保险待遇;符合直接领取基础养老金条件的人员,可以按照国家规定办理相关申领手续,享受相应养老保险待遇;已经按照规定领取城乡居民养老保险待遇人员,可以继续领取养老保险待遇。②

2. 新型农村和城镇居民社会养老保险资格的丧失、终止。出国(境)定居人

---

① 《劳动和社会保障部、民政部、审计署关于做好农村社会养老保险和被征地农民社会保障工作有关问题的通知》第3条。

② 《人力资源和社会保障部关于出国(境)定居人员参加新型农村和城镇居民社会养老保险有关问题处理意见的函》第1条。

员,丧失中华人民共和国国籍的,不能参加城乡居民养老保险,不能领取相应养老保险待遇;已经按照规定参保或者领取待遇的,应当终止城乡居民养老保险关系,本人可以提出书面申请,一次性领取除政府补贴外的个人账户余额。①

3. 领取新型农村和城镇居民社会养老保险待遇的证明。已经按照规定取得城乡居民养老保险待遇领取资格的出国(境)定居人员,在领取城乡居民养老保险待遇期间,须按照外交部、财政部、原人事部和原劳动保障部四部门在 2007 年联合下发的《关于出境定居离退休、退职人员办理健在证明有关问题的通知》(外领函[2007]35 号)要求办理健在证明。②

第三节 医疗保险

医疗保险,一般指基本的医疗保险,是为了补偿劳动者因为疾病风险造成的经济损失,用人单位和劳动者按照一定的费率依法缴纳医疗保险费,从缴费的次月开始,依法享受医疗保险待遇。③

一、医疗保险的一般规则

(一)医疗保险的参加

1. 医疗保险的纳入。(1)混合所有制企业和非公有制经济组织从业人员的纳入。对混合所有制企业和非公有制经济组织从业人员,要坚持权利和义务相对应、缴费水平与待遇水平相挂钩的原则,通过建立统筹基金和参加大额医疗费用补助办法将他们纳入医疗保险范围,重点解决大额医疗费用风险。对门诊等未纳入医疗保险支付范围的医疗费用,用人单位应给予适当补助。④ (2)农村进城务工人员的纳入。逐步将与用人单位形成劳动关系的农村进城务工人员纳入

---

① 《人力资源和社会保障部关于出国(境)定居人员参加新型农村和城镇居民社会养老保险有关问题处理意见的函》第 2 条。
② 《人力资源和社会保障部关于出国(境)定居人员参加新型农村和城镇居民社会养老保险有关问题处理意见的函》第 3 条。
③ 参见李晓倩主编:《劳动纠纷:证据运用与裁判指引》,法律出版社 2020 年版,第 422 页。
④ 《劳动和社会保障部办公厅关于推进混合所有制企业和非公有制经济组织从业人员参加医疗保险的意见》第 3 条。

医疗保险范围。根据农村进城务工人员的特点和医疗需求,合理确定缴费率和保障方式,解决他们在务工期间的大病医疗保障问题,用人单位要按规定为其缴纳医疗保险费。对在城镇从事个体经营等灵活就业的农村进城务工人员,可以按照灵活就业人员参保的有关规定参加医疗保险。①

2. 医疗保险的参保办法。切实保障参保人员的医疗保险权益。统一执行基本医疗保险定点管理、医疗服务项目支付范围和标准等医疗服务管理政策和办法,及时结算医疗费用,保证待遇落实。在坚持医疗保险待遇支付基本政策的同时,可以根据不同的保障方式,采取待遇支付标准与连续缴费年限挂钩、建立最低缴费年限制度等办法,鼓励用人单位和各类从业人员连续参保。②

3. 医疗保险的费用缴纳。(1)一般职工的医疗保险费用缴纳。①用人单位应当按月足额缴纳职工基本医疗保险费,并代扣代缴职工个人应当缴纳的职工基本医疗保险费。③ ②参加职工基本医疗保险的个人……未达到国家规定年限的,可以缴费至国家规定年限。④ ③用人单位参保人不得重复参加基本医疗保险。重复参加的,不得重复享受基本医疗保险待遇。有多个个人账户的,只保留一个账户,其余账户予以撤销。被撤销个人账户余额应当合并到保留的账户。⑤ (2)"灵活就业"等人员的医疗保险费用缴纳。加强参保登记、缴费基数核定和基金征缴。对灵活就业人员、个体经济组织业主及其从业人员、外来务工人员以及规模较小的企业等难以准确核定缴费基数的,可以参照当地上年度职工平均工资确定。⑥ (3)领取失业保险金人员的医疗保险费用缴纳。①领取失业保险金人员参加职工医保应缴纳的基本医疗保险费从失业保险基金中支付,个人不缴费。⑦ ②领取失业保险金人员参加职工医保的缴费率原则上按照统筹地区的缴

---

① 《劳动和社会保障部办公厅关于推进混合所有制企业和非公有制经济组织从业人员参加医疗保险的意见》第4条。
② 《劳动和社会保障部办公厅关于推进混合所有制企业和非公有制经济组织从业人员参加医疗保险的意见》第5条。
③ 《广州市社会医疗保险规定》第11条第1款。
④ 《社会保险法》第27条。
⑤ 《海南省城镇从业人员基本医疗保险条例》第10条。
⑥ 《劳动和社会保障部办公厅关于推进混合所有制企业和非公有制经济组织从业人员参加医疗保险的意见》第6条。
⑦ 《人力资源和社会保障部关于领取失业保险金人员参加职工基本医疗保险有关问题的通知》第2条。

费率确定。缴费基数可参照统筹地区上年度职工平均工资的一定比例确定,最低比例不低于60%。失业保险经办机构为领取失业保险金人员缴纳基本医疗保险费的期限与领取失业保险金期限相一致。① ③领取失业保险金人员出现法律规定的情形或领取期满而停止领取失业保险金的,失业保险经办机构为其办理停止缴纳基本医疗保险费的相关手续。失业保险经办机构应将缴费金额、缴费时间等有关信息及时告知医疗保险经办机构和领取失业保险金人员本人。停止领取失业保险金人员按规定相应参加职工医保、城镇居民基本医疗保险或新型农村合作医疗。② ④领取失业保险金人员参加职工医保的缴费年限与其失业前参加职工医保的缴费年限累计计算。③ ⑤领取失业保险金人员失业保险关系跨省、自治区、直辖市转入户籍所在地的,其职工医保关系随同转移,执行转入地职工医保政策。应缴纳的基本医疗保险费按转出地标准一次性划入转入地失业保险基金。转入地失业保险经办机构按照当地有关规定为领取失业保险金人员办理职工医保参保缴费手续。转出地失业保险基金划转的资金缴纳转入地职工医保费的不足部分,由转入地失业保险基金予以补足,超出部分并入转入地失业保险基金。④

(二) 医疗保险的待遇

1. 医疗保险待遇的标准。职工基本医疗保险、新型农村合作医疗和城镇居民基本医疗保险的待遇标准按照国家规定执行。⑤

2. 享受医疗保险待遇的主体。(1) 足额缴纳职工。从职工基本医疗保险缴费月开始享受相应的职工基本医疗保险待遇。⑥ (2) 领取失业保险金参加职工医保人员。领取失业保险金人员参加职工医保当月起按规定享受相应的住院和门诊医疗保险待遇,享受待遇期限与领取失业保险金期限相一致,不再享受原由

---

① 《人力资源和社会保障部关于领取失业保险金人员参加职工基本医疗保险有关问题的通知》第3条。
② 《人力资源和社会保障部关于领取失业保险金人员参加职工基本医疗保险有关问题的通知》第4条。
③ 《人力资源和社会保障部关于领取失业保险金人员参加职工基本医疗保险有关问题的通知》第5条。
④ 《人力资源和社会保障部关于领取失业保险金人员参加职工基本医疗保险有关问题的通知》第7条。
⑤ 《社会保险法》第26条。
⑥ 《广州市社会医疗保险规定》第22条第1款。

失业保险基金支付的医疗补助金待遇。① (3)达到法定退休年龄人员。①参加职工基本医疗保险的个人,达到法定退休年龄时累计缴费达到国家规定年限的,退休后不再缴纳基本医疗保险费,按照国家规定享受基本医疗保险待遇;未达到国家规定年限的,可以缴费至国家规定年限。② ②《社会保险法》第 27 条规定的退休人员享受基本医疗保险待遇的缴费年限按照各地规定执行。③

3. 医疗保险支付的范围。(1)医疗保险支付的具体范围。符合基本医疗保险药品目录、诊疗项目、医疗服务设施标准以及急诊、抢救的医疗费用,按照国家规定从基本医疗保险基金中支付。④ 参保人员在协议医疗机构发生的医疗费用,符合基本医疗保险药品目录、诊疗项目、医疗服务设施标准的,按照国家规定从基本医疗保险基金中支付。参保人员确需急诊、抢救的,可以在非协议医疗机构就医;因抢救必须使用的药品可以适当放宽范围。参保人员急诊、抢救的医疗服务具体管理办法由统筹地区根据当地实际情况制定。⑤ (2)医疗保险支付范围的除外。①下列医疗费用不纳入基本医疗保险基金支付范围:第一,应当从工伤保险基金中支付的;第二,应当由第三人负担的;第三,应当由公共卫生负担的;第四,在境外就医的。⑥ ②医疗费用依法应当由第三人负担,第三人不支付或者无法确定第三人的,由基本医疗保险基金先行支付。基本医疗保险基金先行支付后,有权向第三人追偿。⑦

4. 医疗保险关系转移的缴费年限累计计算。(1)个人跨统筹地区就业的,其基本医疗保险关系随本人转移,缴费年限累计计算。⑧ (2)参加职工基本医疗保险的个人,基本医疗保险关系转移接续时,基本医疗保险缴费年限累计计算。⑨

5. 医疗保险的结算。参保人员医疗费用中应当由基本医疗保险基金支付的部分,由社会保险经办机构与医疗机构、药品经营单位直接结算。社会保险行政

---

① 《人力资源和社会保障部关于领取失业保险金人员参加职工基本医疗保险有关问题的通知》第 6 条。
② 《社会保险法》第 27 条。
③ 《实施〈中华人民共和国社会保险法〉若干规定》第 7 条第 1 款。
④ 《社会保险法》第 28 条。
⑤ 《实施〈中华人民共和国社会保险法〉若干规定》第 8 条。
⑥ 《社会保险法》第 30 条第 1 款。
⑦ 《社会保险法》第 30 条第 2 款。
⑧ 《社会保险法》第 32 条。
⑨ 《实施〈中华人民共和国社会保险法〉若干规定》第 7 条第 2 款。

部门和卫生行政部门应当建立异地就医医疗费用结算制度,方便参保人员享受基本医疗保险待遇。①

(三)基本医疗保险的付费

1. 基本医疗保险付费的总额控制。②(1)加强和完善基金预算管理。完善基本医疗保险基金收支预算管理制度,在认真编制基本医疗保险收入预算的基础上进一步强化支出预算,并将基金预算管理和费用结算管理相结合,加强预算的执行力度。各统筹地区要根据近年本地区医疗保险基金实际支付情况,结合参保人数、年龄结构和疾病谱变化以及政策调整和待遇水平等因素,科学编制年度基金支出预算。实现市级统筹的地区还要在建立市级基金预算管理制度基础上,根据市、区(县)两级医疗保险经办机构分级管理权限,对基金预算进行细化和分解。③(2)合理确定统筹地区总额控制目标。统筹地区要按照以收定支、收支平衡、略有结余的原则,以基本医疗保险年度基金预算为基础,在扣除参保单位和个人一次性预缴保费、统筹区域外就医、离休人员就医和定点零售药店支出等费用,并综合考虑各类支出风险的情况下,统筹考虑物价水平、参保人员医疗消费水平等因素,确定医疗保险基金向统筹区域内定点医疗机构支付的年度总额控制目标。在开展总额控制的同时,要保障参保人员基本权益,控制参保人员个人负担。④(3)细化分解总额控制指标。以近3年各定点医疗机构服务提供情况和实际医疗费用发生情况为基础,将统筹地区年度总额控制目标按照定点医疗机构不同级别、类别、定点服务范围、有效服务量以及承担的首诊、转诊任务等因素,并区分门诊、住院等费用进一步细化落实到各定点医疗机构。要按照基本医疗保险对不同类别与级别定点医疗机构的差别支付政策,注重向基层倾斜,使定点基层医疗卫生机构的指标占有合理比重,以适应分级医疗服务体系建设和基层医疗卫生机构与医院双向转诊制度的建立,支持合理有序就医格局

---

① 《社会保险法》第29条。
② 在本部分只引注《人力资源和社会保障部、财政部、卫生部关于开展基本医疗保险付费总额控制的意见》第3条的内容。
③ 《人力资源和社会保障部、财政部、卫生部关于开展基本医疗保险付费总额控制的意见》第3条第1款。
④ 《人力资源和社会保障部、财政部、卫生部关于开展基本医疗保险付费总额控制的意见》第3条第2款。

的形成。① (4)注重沟通与协商。统筹地区要遵循公开透明的原则,制定实施总额控制的程序和方法,并向社会公开。要建立医疗保险经办机构和定点医疗机构之间有效协商的机制,在分解地区总额控制目标时,应广泛征求定点医疗机构、相关行业协会和参保人员代表的意见。有条件的地区可按级别、类别将定点医疗机构分为若干组,通过定点医疗机构推举代表或发挥行业学(协)会作用等方式,进行组间和组内协商,确定各定点医疗机构具体总额控制指标,促进定点医疗机构之间公平竞争。② (5)建立激励约束机制。按照"结余留用、超支分担"的原则,合理确定基本医疗保险基金和定点医疗机构对结余资金与超支费用的分担办法,充分调动定点医疗机构控制医疗费用的积极性。在保证医疗数量、质量和安全并加强考核的基础上,逐步形成费用超支由定点医疗机构合理分担,结余资金由定点医疗机构合理留用的机制。超过总额指标的医疗机构,应分析原因,改进管理,有针对性地提出整改意见。医疗保险经办机构可根据基金预算执行情况,对定点医疗机构因参保人员就医数量大幅增加等形成的合理超支给予补偿。医疗保险经办机构应与定点医疗机构协商相关具体情况,并在定点服务协议中明确。③ (6)纳入定点服务协议。要将总额控制管理内容纳入定点服务协议,并根据总额控制管理要求调整完善协议内容。要针对总额控制后可能出现的情况,逐步将次均费用、复诊率、住院率、人次人头比、参保人员负担水平、转诊转院率、手术率、择期手术率、重症病人比例等,纳入定点服务协议考核指标体系,并加强管理。④ (7)完善费用结算管理。统筹地区医疗保险经办机构要将总额控制指标与具体付费方式和标准相结合,合理预留一定比例的质量保证金和年终清算资金后,将总额控制指标分解到各结算周期(原则上以月为周期),按照定点服务协议的约定按时足额结算,确保定点医疗机构医疗服务正常运行。对于定点医疗机构结算周期内未超过总额控制指标的医疗费用,医疗保险经办机

---

① 《人力资源和社会保障部、财政部、卫生部关于开展基本医疗保险付费总额控制的意见》第3条第3款。
② 《人力资源和社会保障部、财政部、卫生部关于开展基本医疗保险付费总额控制的意见》第3条第4款。
③ 《人力资源和社会保障部、财政部、卫生部关于开展基本医疗保险付费总额控制的意见》第3条第5款。
④ 《人力资源和社会保障部、财政部、卫生部关于开展基本医疗保险付费总额控制的意见》第3条第6款。

构应根据协议按时足额拨付；超过总额控制指标部分的医疗费用，可暂缓拨付，到年终清算时再予审核。对于医疗保险经办机构未按照协议按时足额结算医疗费用的，统筹地区政府行政部门要加强监督、责令整改，对违法、违纪的要依法处理。医疗保险经办机构可以按总额控制指标一定比例设立周转金，按协议约定向定点医疗机构拨付，以缓解其资金运行压力。医疗保险经办机构与定点医疗机构之间应建立定期信息沟通机制，并向社会公布医疗费用动态情况。对在改革过程中医疗机构有效工作量或费用构成等发生较大变动的，统筹地区医疗保险经办机构可根据实际，在年度中期对定点医疗机构总额控制指标进行调整。①（8）强化医疗服务监管。统筹地区卫生、人力资源社会保障等部门要针对实行总额控制后可能出现的推诿拒收病人、降低服务标准、虚报服务量等行为，加强对定点医疗机构医疗行为的监管。对于医疗服务数量或质量不符合要求的定点医疗机构，应按照协议约定适当扣减质量保证金。要完善医疗保险信息系统，畅通举报投诉渠道，明确监测指标，加强重点风险防范。要建立部门联动工作机制，加强对违约、违规医疗行为的查处力度。②（9）推进付费方式改革。要在开展总额控制的同时，积极推进按人头、按病种等付费方式改革。要因地制宜选择与当地医疗保险和卫生管理现状相匹配的付费方式，不断提高医疗保险付费方式的科学性，提高基金绩效和管理效率。③

2. 医疗保险付费的推荐目录。（1）医疗保险付费推荐目录的目的及法律依据。为贯彻落实《国务院办公厅关于进一步深化基本医疗保险支付方式改革的指导意见》（国办发〔2017〕55号，以下简称55号文）要求，重点推行按病种付费，人力资源和社会保障部在各地已开展按病种付费工作和医保大数据聚类分析的基础上，经专家论证制定了《医疗保险按病种付费病种推荐目录》（以下简称《医保付费病种目录》），现发布《关于发布医疗保险按病种付费病种推荐目录的通知》。④（2）医疗保险付费推荐目录的按病种付费工作。重点推行按病种付费是

---

① 《人力资源和社会保障部、财政部、卫生部关于开展基本医疗保险付费总额控制的意见》第3条第7款。
② 《人力资源和社会保障部、财政部、卫生部关于开展基本医疗保险付费总额控制的意见》第3条第8款。
③ 《人力资源和社会保障部、财政部、卫生部关于开展基本医疗保险付费总额控制的意见》第3条第9款。
④ 《人力资源社会保障部办公厅关于发布医疗保险按病种付费病种推荐目录的通知》序言。

55号文提出的改革任务,对于健全医保支付机制和利益调控机制、调节医疗服务行为、引导医疗资源合理配置、控制医疗费用不合理增长具有重要意义。各级人力资源社会保障部门要高度重视,在加强医保基金预算管理基础上,全面推行以按病种付费为主的多元复合式医保支付方式,逐步扩大定点医疗机构实施范围,提高按病种付费的覆盖面。① (3)医疗保险付费推荐目录的医保付费病种确定。各地应选择诊疗方案和出入院标准比较明确、诊疗技术比较成熟、临床路径稳定、综合服务成本差异不大的疾病开展按病种付费。根据国际疾病分类(ICD-10)、手术与操作编码系统(ICD-9-CM-3),确定具体病种,以住院手术病种及部分单纯性治疗项目为主,逐步将日间手术及符合条件的中西医病种门诊治疗纳入医保基金病种付费范围。各地应确定不少于100个病种开展按病种付费。在确定付费病种时,坚持专家论证机制,组织专家对病种名称、主要治疗方式开展论证,确保临床使用规范有效,标准制定科学合理。《医保付费病种目录》为各地开展按病种付费的推荐性目录,主要为各地提供病种选择。各地可在此基础上,根据医保管理水平和医疗技术发展等实际情况合理确定医保付费病种范围。② (4)医疗保险付费推荐目录的支付标准制定。各地确定按病种付费支付标准时,应充分考虑医疗服务成本、既往实际发生费用、医保基金承受能力和参保人员负担水平等因素,结合病种主要操作和治疗方式,通过与医疗机构协商谈判合理确定。要加强按病种付费的医疗费用管理,监测分析参保人个人负担,避免费用转嫁,增加个人负担。各地要建立医保付费病种支付标准动态调整机制,根据医药价格变化和适宜技术服务应用情况,以及医保基金运行评估结果,适时调整医保支付标准,积极防范基金运行风险。③ (5)医疗保险付费推荐目录的费用结算工作。各地应将按病种付费纳入基金总额预算控制范围内,根据绩效考核情况结果按病种支付标准向定点医疗机构结算费用,引导医疗机构主动控制成本,规范医疗行为,控制医疗费用不合理增长。建立按病种付费进入和退出机制,完善参保人员申诉处理办法。④ (6)医疗保险付费推荐目录的组织实施。各地要加强领导,积极推进按病种付费工作。根据经济发展、医保基金运行、医疗

---

① 《人力资源社会保障部办公厅关于发布医疗保险按病种付费病种推荐目录的通知》第1条。
② 《人力资源社会保障部办公厅关于发布医疗保险按病种付费病种推荐目录的通知》第2条。
③ 《人力资源社会保障部办公厅关于发布医疗保险按病种付费病种推荐目录的通知》第3条。
④ 《人力资源社会保障部办公厅关于发布医疗保险按病种付费病种推荐目录的通知》第4条。

服务技术应用等因素,进行综合分析和研究,周密制订按病种付费实施方案。加强业务培训,做好政策宣传,主动回应社会关切,营造良好改革氛围。做好信息系统改造工作,适应按病种付费经办管理需求。充分利用信息系统对开展按病种付费的医疗机构、患者人群、病种范围、病种费用等进行监测和分析。将定点医疗机构开展按病种付费情况纳入定点服务协议管理和考核范围,加强对医疗服务行为的监管,保证医疗服务质量,避免出现推诿患者、分解住院或治疗不足等问题。加强与价格、卫生计生等部门沟通协调,做好按病种收费和付费改革的衔接,充分发挥协同作用,控制不合理医疗费用增长,确保群众个人费用负担不增加。各统筹地区确定的《医保付费病种目录》外付费病种,需由省级医疗保险管理部门汇总后,于每年12月底前报我部备案。《医保付费病种目录》执行过程中如遇重大问题,请及时报告我部。①

(四)基本医疗保险医疗服务的监管

1. 基本医疗保险的医疗服务监管。②(1)纳入医疗机构服务协议。进一步完善定点医疗机构服务协议。基本医疗保险经办机构(以下简称经办机构)要将医疗服务监管的内容纳入定点服务协议,依据协议审核向定点医疗机构支付的医疗费用,通过监管与考核相结合、考核结果与医疗费用结算支付相挂钩等方式,不断完善协议管理。重点监管参保人员就诊人数,医疗总费用和增长率,药品、医用耗材和检查总费用、增长率及占医疗费用比例等指标。在进一步做好住院医疗服务监管工作的同时,加强对门诊医疗服务的监管。③(2)监管医务人员医疗服务行为。积极探索将监管延伸到医务人员医疗服务行为的有效方式。对定点医疗机构医务人员建立诚信档案。在经办机构与医疗机构定点服务协议中约定医务人员的责任和义务,探索通过医疗机构将协议管理要求细化落实到医务人员的有效途径。采取将医务人员考评结果与定点医疗机构考核及医疗费用支付结算挂钩等方式,鼓励医疗机构强化医务人员管理的激励和约束机制。加强多层次、多形式培训,帮助医务人员及时、全面、准确掌握医疗保险政策,依规提供医疗服务。④(3)强化参保人员持卡就医的责任。进一步加大宣传力度,通

---

① 《人力资源社会保障部办公厅关于发布医疗保险按病种付费病种推荐目录的通知》第5条。
② 同时参见《人力资源社会保障部办公厅关于全面推进基本医疗保险医疗服务智能监控的通知》。
③ 《人力资源和社会保障部关于进一步加强基本医疗保险医疗服务监管的意见》第1条。
④ 《人力资源和社会保障部关于进一步加强基本医疗保险医疗服务监管的意见》第2条。

过各种方式,在告知参保人员持卡就医权利的同时,明确告知其责任和义务,包括不得出借、转让或恶意使用社会保障卡,丢失社会保障卡应及时挂失,骗取或协助他人骗取医疗保险基金要承担法律责任等,规范参保人员的就医行为,逐步建立完善参保人员诚信记录制度。①

2. 基本医疗保险的信息监管。(1)建立、建全医疗保险信息及共享。完善医疗保险信息库,促进医疗服务信息及时准确传递。建立健全医疗保险信息库特别是药品库、门诊大病疾病库、医务人员数据库等,使用符合全国统一标准的信息代码,做好信息标准化工作。加强医疗保险管理信息系统与定点医疗机构的联网,进一步明确和细化接口信息规范,力争使定点医疗机构诊疗和用药原始数据实时上传,消除人为操作因素,保证上传数据的真实性和完整性。② (2)建全医疗保险监控系统及标准。建立医疗保险监控系统,规范医疗服务信息监控标准。在做好社会保障卡发放和基本医疗保险即时结算服务的基础上,进一步完善各统筹地区医疗保险管理信息系统建设,扩展建设医疗保险医疗服务监控子系统,及时向定点医疗机构提供监控提示信息,实现事前提示、事中监控预警和事后责任追溯。经办机构要将定点医疗机构、医务人员的医疗服务信息和参保人员的就医购药信息纳入监控范围,根据协议管理要求和多发案件特点,建立和完善监控规则,设置监控指标,规范监控标准,通过设置不同的警戒线实现分级监控。③ (3)强化重点信息监控。加强数据分析研判,强化重点信息监控。经办机构要指定专人负责医疗保险费用数据分析工作,重点加强对异常数据的分析。对医务人员,要重点分析服务人数、人次和增长情况,药品处方情况,以及次均费用和总费用增长情况,对有违规记录,出现次均费用畸高、某种药品使用数量畸高等异常情况的医务人员进行重点检查。对参保人员,要重点对就医频次、购药数量和金额等信息进行分析,有针对性地进行监控。④

3. 基本医疗保险的医疗保险基金监管。(1)进一步加强经办审核稽核工作。经办机构要加强对医疗机构申报医疗费用的审核,逐步将对疑点的筛查从结算之后提前到结算过程之中。加大对医疗机构执行定点协议、医疗保险费用支付

---

① 《人力资源和社会保障部关于进一步加强基本医疗保险医疗服务监管的意见》第3条。
② 《人力资源和社会保障部关于进一步加强基本医疗保险医疗服务监管的意见》第4条。
③ 《人力资源和社会保障部关于进一步加强基本医疗保险医疗服务监管的意见》第5条。
④ 《人力资源和社会保障部关于进一步加强基本医疗保险医疗服务监管的意见》第6条。

等情况的稽核力度。对网上监控发现的疑点和举报投诉的问题等,要及时组织核实情况。对重大案情,要查阅相关资料,询问相关人员,逐步形成程序化、规范化的稽核机制。①(2)严格医疗保险基金行政监督。社会保险行政部门要研究分析医疗保险基金管理和运行情况,逐步完善工作手段。加强对医疗保险基金预算和医疗保险医疗服务协议执行、各项监管制度落实等情况的监督,加大对违规支付和套取、骗取医疗保险基金等问题的查处力度。②(3)加强社会监督力度。探索社会监督的有效途径。拓宽社会监督途径,创新社会监督方式,通过组织专家评议、聘请社会监督员等方式,动员社会各方面力量参与医疗保险监督工作,不断提高监督实效。进一步畅通举报投诉渠道,及时处理各类问题。③(4)强化医疗机构的管理。促进医疗机构规范提供医疗服务。结合付费方式改革,建立和完善经办机构与医疗机构的风险分担机制,对定点医疗机构形成有效的激励约束。继续推进和完善定点医疗机构分级管理制度,促进医疗机构加强内部管理,提高自我管理的积极性,鼓励医务人员为参保患者提供合理必要的服务,控制医疗费用的不合理增长,减轻参保人员负担。④

4. 基本医疗保险的监管问题处理方法。(1)及时纠正不合理行为。对疑似不合理的诊疗、住院、用药、收费等行为,经办机构要查明实际情况,必要时可组织专家进行论证;确实存在问题的,可约谈相关定点医疗机构,提出改进管理的意见。⑤(2)依规处置违约问题。对违反协议规定的定点医疗机构,经办机构要按照协议规定,根据违约情节的轻重,相应采取拒付费用、暂停结算限期整改、终止协议等措施。对违反协议规定的医务人员,情节较轻的,经办机构可建议其所属医疗机构进行诫勉谈话;情节较重或多次违约的,经办机构可直接约谈,责令改正;情节严重、主观故意性强且造成医疗保险基金损失的,经办机构可按照协议规定暂停其医疗保险实时结算资格或对其提供的医疗服务拒付费用等。对暂停结算限期整改的定点医疗机构和暂停实时结算及拒付费用的医务人员,经办机构要督促及时整改,跟进了解整改情况,在确认问题已经解决、漏洞已经弥补、

---

① 《人力资源和社会保障部关于进一步加强基本医疗保险医疗服务监管的意见》第7条。
② 《人力资源和社会保障部关于进一步加强基本医疗保险医疗服务监管的意见》第8条。
③ 《人力资源和社会保障部关于进一步加强基本医疗保险医疗服务监管的意见》第9条。
④ 《人力资源和社会保障部关于进一步加强基本医疗保险医疗服务监管的意见》第10条。
⑤ 《人力资源和社会保障部关于进一步加强基本医疗保险医疗服务监管的意见》第11条。

风险已经排除后,可恢复其医疗保险实时结算资格。经办机构在改变与定点医疗机构或医务人员的结算方式和终止协议时,要采取必要措施保护参保人员的合法权益。①(3)坚决查处违规违法案件。对违反医疗保险法律法规,侵害医疗保险基金的问题,在经办机构追究违约责任的同时,违规行为发生地的社会保险行政部门要按照社会保险基金监管和基本医疗保险的有关规定,作出行政处罚等处理决定;涉及卫生计生、药监、物价等部门职责范围的,应及时书面通知并移交相关部门处置;对涉嫌构成犯罪的,由社会保险行政部门移送公安机关。社会保险行政部门、经办机构及其工作人员发现违法犯罪线索时,均可按规定向公安机关报案。②(4)规范移交处理办法。社会保险行政部门发现涉嫌违约的问题,要责成经办机构按照协议规定处理。经办机构作出停止医务人员医疗保险实时结算资格、拒付费用,终止医疗机构定点协议等处理时,要及时报告同级社会保险行政部门。经办机构发现涉嫌违规的问题,要及时向同级社会保险行政部门报告,并将调查资料形成正式材料一并移交。社会保险行政部门认为事实不清的,可组织补充调查或要求经办机构补充材料。对移交处理的各类问题,社会保险行政部门和经办机构应及时沟通处理结果,并按规定向上级部门报告。③(5)明确争议处理程序。定点医疗机构或医务人员对经办机构作出的处置有争议的,由同级社会保险行政部门协调处理;对同级社会保险行政部门协调处理结果不服的,由上级社会保险行政部门协调处理。省级社会保险行政部门是争议协调处理的最终单位。对社会保险行政部门作出的行政处理决定有争议的,可以依法申请行政复议或者提起行政诉讼。行政处理决定生效以后,处理对象应当执行;逾期不执行的,由社会保险行政部门督促执行或依法申请人民法院强制执行。④

5. 基本医疗保险监管的组织及协同。(1)加强组织领导。基本医疗保险医疗服务监管工作,是遏制不合理医疗费用增长、提高医疗保险基金使用效率、维护广大参保人员权益的重要措施。各级人力资源社会保障部门要高度重视,统一思想认识,认真落实。省级人力资源社会保障部门要结合实际制定具体办法,

---

① 《人力资源和社会保障部关于进一步加强基本医疗保险医疗服务监管的意见》第12条。
② 《人力资源和社会保障部关于进一步加强基本医疗保险医疗服务监管的意见》第13条。
③ 《人力资源和社会保障部关于进一步加强基本医疗保险医疗服务监管的意见》第14条。
④ 《人力资源和社会保障部关于进一步加强基本医疗保险医疗服务监管的意见》第15条。

加强组织协调，明确相关部门责任，督促、指导省内各统筹地区开展工作，并加强对落实情况的检查评估。各统筹地区要积极创造条件，加大信息系统建设投入，建立并逐步完善医疗保险医疗服务网上监控。①（2）加强协调配合。各级人力资源社会保障部门要建立健全内部协调机制，明确分工，加强配合，整合信息资源，分享通过群众举报、日常检查、专项检查、网上监控等途径发现的医疗服务异常情况，协同做好查处工作。要加强与公安、卫生计生等部门的外部协作，建立医疗保险联合反欺诈工作机制，积极协调相关部门开展联动联查联处，加大对违法违规行为的打击力度。②（3）加强宣传教育。各地要及时总结经验，加大宣传力度，做好舆论引导工作，及时向社会传递打击医疗保险欺诈骗保的信息，支持新闻媒体开展舆论监督，加大对犯罪分子的威慑力度，减少医疗保险欺诈骗保行为的发生。要加强教育工作，形成正确的社会导向，提高全社会公民遵纪守法的自觉性，营造全社会诚信自律、合理就医、依规提供服务、维护医疗保险基金安全、自觉抵制违约违规违法行为的社会氛围。部社会保险基金监督司、医疗保险司、社会保险事业管理中心、信息中心按各自职责，负责相关工作的指导和检查。③

6. 工伤保险医疗服务协议的管理。（1）工伤保险医疗服务协议管理的意义及法律依据。职工因工作遭受事故伤害或患职业病时，由工伤保险为其提供医疗服务保障，是工伤保险制度的一项重要内容。做好工伤保险医疗服务协议管理工作，有利于保障工伤职工依法享有医疗服务的权益，有利于加强工伤保险基金管理，有利于规范医疗行为、促进我国卫生事业发展。各地要从以人为本、构建社会主义和谐社会的高度，充分认识加强工伤保险医疗服务协议管理工作的重要意义。根据《工伤保险条例》及国家有关法律法规，现下发《劳动和社会保障部、卫生部、国家中医药管理局关于加强工伤保险医疗服务协议管理工作的通知》。④（2）工伤保险医疗服务协议管理的方式及条件。明确工伤保险医疗服务协议管理的方式，严格掌握工伤保险协议医疗机构的条件。工伤保险实行协议

---

① 《人力资源和社会保障部关于进一步加强基本医疗保险医疗服务监管的意见》第16条。
② 《人力资源和社会保障部关于进一步加强基本医疗保险医疗服务监管的意见》第17条。
③ 《人力资源和社会保障部关于进一步加强基本医疗保险医疗服务监管的意见》第18条。
④ 《劳动和社会保障部、卫生部、国家中医药管理局关于加强工伤保险医疗服务协议管理工作的通知》序言。

医疗服务方式。在公开、公正、平等协商的基础上,社会保险经办机构(以下简称经办机构)与符合条件的医疗机构签订医疗服务协议。工伤保险协议医疗机构的名单要以适当方式向社会公布。工伤保险协议医疗机构必须具备以下基本条件:①经卫生及中医药行政部门批准并取得《医疗机构执业许可证》的医疗机构,以及经地方卫生行政部门同意对社会提供服务的军队医疗机构;②具备为工伤职工提供良好医疗服务的条件,在工伤救治、康复和职业病防治方面有专业技术优势;③遵守国家有关医疗服务和职业病防治管理的法规和标准,有健全和完善的医疗服务管理制度;④遵守国家和省、自治区、直辖市物价管理部门规定的医疗服务和药品的价格政策;⑤遵守工伤保险的法律法规。① (3)工伤保险医疗服务协议管理的就医管理。切实加强工伤职工的就医管理。职工发生工伤后,应当在统筹地区的协议医疗机构进行治疗,病情危急时可送往就近医疗机构进行抢救;在统筹区域以外发生工伤的职工,可在事故发生地优先选择协议医疗机构治疗。凡未在统筹地协议医疗机构救治的工伤职工,用人单位要及时向经办机构报告工伤职工的伤情及救治医疗机构的情况,并待病情稳定后转回统筹地区的协议医疗机构治疗。工伤职工因旧伤复发需要治疗的,用人单位凭协议医疗机构的诊断证明,向经办机构申请并经核准后列入工伤保险医疗服务管理范围。用人单位、工伤职工、经办机构因治疗旧伤复发需要治疗发生争议的,须凭协议医疗机构的诊断证明,经劳动能力鉴定委员会鉴定后确认。② (4)工伤保险医疗服务协议管理主体的职责。明确工伤保险协议医疗服务主体的职责。经办机构要依据协议加强对工伤保险医疗服务费用的管理和监督检查,按工伤保险有关规定和协议约定,及时支付工伤职工发生的医疗费用;建立、健全工伤保险医疗费用管理制度和各类台账,做好费用的统计分析;定期听取协议医疗机构对改进工作的意见;协调协议医疗机构与用人单位以及工伤职工有关工伤保险医疗服务的事宜。工伤保险协议医疗机构要明确专门机构并配备专(兼)职人员,建立健全内部管理制度,做好医务人员工伤保险政策法规的宣传和培训;严格执行工伤保险诊疗项目目录、药品目录和住院服务标准,切实做到合理检查、合理治疗、

---

① 《劳动和社会保障部、卫生部、国家中医药管理局关于加强工伤保险医疗服务协议管理工作的通知》第1条。

② 《劳动和社会保障部、卫生部、国家中医药管理局关于加强工伤保险医疗服务协议管理工作的通知》第2条。

合理用药、合理收费;按照协议约定搞好工伤医疗费用管理,并按时提交工伤职工费用结算清单;配合劳动保障行政部门或经办机构,及时调取、据实出具医疗诊断证明书等有关医学材料。经办机构和协议医疗机构有下列情形之一的,双方可终止协议:①协议期满,其中一方提出终止协议的;②协议执行期间,一方违反协议,经协商双方不能达成一致意见的;③因协议医疗机构合并、解散等原因无法履行协议的。协议医疗机构认为经办机构未履行有关协议或规定的,可以依法申请行政复议,对行政复议不服的,可以依法提出诉讼。[①] (5)工伤保险医疗服务协议管理的费用管理。规范工伤保险协议医疗服务费用管理。工伤保险医疗服务水平要与我国现阶段经济和社会发展水平相适应,既要保证工伤职工救治的合理需要,又要保证工伤保险基金的合理使用。对工伤职工发生的符合工伤保险药品目录、诊疗项目目录和住院服务标准等管理规定的医疗费用和康复费用,包括职工工伤认定前已由医疗保险基金、用人单位或职工个人垫付的工伤医疗费用,由经办机构从工伤保险基金中按规定予以支付。对于工伤职工治疗非工伤疾病所发生的费用、符合出院条件拒不出院继续发生的费用,未经经办机构批准自行转入其他医疗机构治疗所发生的费用和其他违反工伤保险有关规定的费用,工伤保险基金不予支付。工伤职工在协议医疗机构就医发生医疗事故的,按照《医疗事故处理条例》处理。[②] (6)工伤保险医疗服务协议管理的领导工作。加强对工伤医疗服务协议管理工作的领导。各级劳动保障、卫生、中医药行政部门要按照各自的职能,积极发挥组织、协调、监督作用,密切配合,共同做好工伤保险医疗服务协议管理的相关工作。要认真开展工伤保险政策的宣传和培训,充分发挥用人单位在工伤保险医疗服务中的积极性和主动性,动员和引导用人单位协助经办机构和协议医疗机构做好工伤职工的相关管理和服务工作。执行中的重大问题,请及时向劳动保障、卫生、中医药管理部门报告。[③]

---

① 《劳动和社会保障部、卫生部、国家中医药管理局关于加强工伤保险医疗服务协议管理工作的通知》第3条。
② 《劳动和社会保障部、卫生部、国家中医药管理局关于加强工伤保险医疗服务协议管理工作的通知》第4条。
③ 《劳动和社会保障部、卫生部、国家中医药管理局关于加强工伤保险医疗服务协议管理工作的通知》第5条。

(五)医疗保险的法律责任

1. 欠缴医疗保险费用的法律责任。(1)停止享受社会医疗保险待遇。① (2)应补缴社会医疗保险。①用人单位补缴。第一,用人单位未按照规定为职工参加职工社会医疗保险的,补缴应缴费用、利息和滞纳金后,职工社会医疗保险累计参保人员缴费年限,不补付职工社会医疗保险待遇,期间参保人员应当享受的职工社会医疗保险待遇由负有缴费义务的用人单位承担。② 第二,用人单位未按时缴纳职工社会医疗保险费的,从欠缴次月起,参保人员暂不享受职工社会医疗保险待遇;在欠缴之日起3个月内(从开始欠缴之月起连续计算至补缴上月止,下同)补缴欠缴费用、利息和滞纳金的,延期缴费期间应当由统筹基金支付的医疗费用可以补付,参保人员缴费年限可以累计,相应金额补划至个人账户;在欠缴之日起3个月后补缴欠缴费用、利息和滞纳金的,参保人员缴费年限可以累计,职工社会医疗保险待遇不予补付,期间参保人员应当享受的职工社会医疗保险待遇由负有缴费义务的用人单位承担。③ ②参保人员补缴。参保人员个人未按时缴纳职工社会医疗保险费的,不予补缴,期间参保人员应当享受的职工社会医疗保险待遇由负有缴费义务的个人承担。利息按照补缴时中国人民银行公布的居民活期存款基准利率计算。④

2. 未办理社保登记的法律责任。用人单位不办理社会保险登记的,由社会保险行政部门责令限期改正;逾期不改正的,对用人单位处应缴社会保险费数额1倍以上3倍以下的罚款,对其直接负责的主管人员和其他直接责任人员处500元以上3000元以下的罚款。⑤

3. 未足额缴纳社保费用的法律责任。用人单位未按时足额缴纳社会保险费的,由社会保险费征收机构责令限期缴纳或者补足,并自欠缴之日起,按日加收万分之五的滞纳金;逾期仍不缴纳的,由有关行政部门处欠缴数额1倍以上3倍以下的罚款。⑥

---

① 《广州市社会医疗保险规定》第12条第1款。
② 《广州市社会医疗保险规定》第36条第2款。
③ 《广州市社会医疗保险规定》第36条第3款。
④ 《广州市社会医疗保险规定》第36条第4、5款。
⑤ 《社会保险法》第84条。
⑥ 《社会保险法》第86条。

4. 医疗保险的经济补偿。未缴纳社保解除劳动合同的经济补偿(见劳动争议解决中的经济补偿金)。

5. 医疗保险的赔偿。(1)用人单位未缴纳社保费用的赔偿。①劳动者以用人单位未为其办理社会保险手续,且社会保险经办机构不能补办导致其无法享受社会保险待遇为由,要求用人单位赔偿损失而发生争议的,人民法院应予受理。① ②因用人单位未按规定为劳动者缴纳医疗保险费,劳动者要求用人单位赔偿相关医疗保险待遇损失,劳动仲裁部门受理后,应要求劳动者提交相关医疗单据,并委托所在区县的医疗保险经办机构协助核算应由用人单位承担的医疗费数额。劳动仲裁部门和法院在处理相应案件时,均可参照。② (2)拒不出具解除劳动关系证明的赔偿。用人单位在终止或者解除劳动合同时拒不向职工出具终止或者解除劳动关系证明,导致职工无法享受社会保险待遇的,用人单位应当依法承担赔偿责任。③

(六)医疗保险争议的解决方式

1. 当事人申请调解、仲裁、诉讼。(1)职工与所在用人单位发生社会保险争议的,可以依照《劳动争议调解仲裁法》《劳动人事争议仲裁办案规则》的规定,申请调解、仲裁,提起诉讼。④ (2)用人单位应参加而未参加基本医疗保险或者参加后又中断缴纳基本医疗保险费的,从业人员可以向劳动争议仲裁机构申请仲裁;对劳动争议仲裁机构裁决不服的,可以向人民法院提起诉讼。⑤ (3)未经过仲裁前置程序直接起诉到法院的医保待遇损失争议案件,法院在受理后,应要求劳动者提交相关医疗单据,并可直接或通过所在区县劳动仲裁部门委托相应医疗保险经办机构协助核算应由用人单位承担的医疗费数额。⑥

2. 当事人要求行政部门等依法处理。职工认为用人单位有未按时足额为其

---

① 《最高人民法院关于审理劳动争议案件适用法律若干问题的解释(三)》第1条(已废止,仅供参考)。
② 《北京市高级人民法院关于印发〈劳动争议案件审理中涉及的社会保险问题研讨会会议纪要〉的通知》第2条第1款。
③ 《实施〈中华人民共和国社会保险法〉若干规定》第19条。
④ 《实施〈中华人民共和国社会保险法〉若干规定》第27条第1款。
⑤ 《海南省城镇从业人员基本医疗保险条例》第30条第2款。
⑥ 《北京市高级人民法院关于印发〈劳动争议案件审理中涉及的社会保险问题研讨会会议纪要〉的通知》第2条第2款。

缴纳社会保险费等侵害其社会保险权益行为的,也可以要求社会保险行政部门或者社会保险费征收机构依法处理。社会保险行政部门或者社会保险费征收机构应当按照社会保险法和《劳动保障监察条例》等相关规定处理。在处理过程中,用人单位对双方的劳动关系提出异议的,社会保险行政部门应当依法查明相关事实后继续处理。①

二、城镇职工的基本医疗保险

(一)城镇职工的基本医疗保险制度②

1. 城镇职工基本医疗保险的改革任务和原则。医疗保险制度改革的主要任务是建立城镇职工基本医疗保险制度,即适应社会主义市场经济体制,根据财政、企业和个人的承受能力,建立保障职工基本医疗需求的社会医疗保险制度。建立城镇职工基本医疗保险制度的原则是:基本医疗保险的水平要与社会主义初级阶段生产力发展水平相适应;城镇所有用人单位及其职工都要参加基本医疗保险,实行属地管理;基本医疗保险费由用人单位和职工双方共同负担;基本医疗保险基金实行社会统筹和个人账户相结合。③

2. 城镇职工基本医疗保险的覆盖范围和缴费办法。城镇所有用人单位,包括企业(国有企业、集体企业、外商投资企业、私营企业等)、机关、事业单位、社会团体、民办非企业单位及其职工,都要参加基本医疗保险。乡镇企业及其职工、城镇个体经济组织业主及其从业人员是否参加基本医疗保险,由各省、自治区、直辖市人民政府决定。基本医疗保险原则上以地级以上行政区(包括地、市、州、盟)为统筹单位,也可以县(市)为统筹单位,北京、天津、上海3个直辖市原则上在全市范围内实行统筹(以下简称统筹地区)。所有用人单位及其职工都要按照属地管理原则参加所在统筹地区的基本医疗保险,执行统一政策,实行基本医疗保险基金的统一筹集、使用和管理。铁路、电力、远洋运输等跨地区、生产流动性较大的企业及其职工,可以相对集中的方式异地参加统筹地区的基本医疗保险。基本医疗保险费由用人单位和职工共同缴纳。用人单位缴费率应控制在职工工资总额的6%左右,职工缴费率一般为本人工资收入的2%。随着经济发展,用人

---

① 《实施〈中华人民共和国社会保险法〉若干规定》第27条第2款。
② 另见《劳动和社会保障部办公厅关于加强城镇职工基本医疗保险个人帐户管理的通知》。
③ 《国务院关于建立城镇职工基本医疗保险制度的决定》第1条。

单位和职工缴费率可作相应调整。①

3. 城镇职工基本医疗保险的基本医疗保险统筹基金和个人账户。要建立基本医疗保险统筹基金和个人账户。基本医疗保险基金由统筹基金和个人账户构成。职工个人缴纳的基本医疗保险费,全部计入个人账户。用人单位缴纳的基本医疗保险费分为两部分,一部分用于建立统筹基金,一部分划入个人账户。划入个人账户的比例一般为用人单位缴费的30%左右,具体比例由统筹地区根据个人账户的支付范围和职工年龄等因素确定。统筹基金和个人账户要划定各自的支付范围,分别核算,不得互相挤占。要确定统筹基金的起付标准和最高支付限额,起付标准原则上控制在当地职工年平均工资的10%左右,最高支付限额原则上控制在当地职工年平均工资的4倍左右。起付标准以下的医疗费用,从个人账户中支付或由个人自付。起付标准以上、最高支付限额以下的医疗费用,主要从统筹基金中支付,个人也要负担一定比例。超过最高支付限额的医疗费用,可以通过商业医疗保险等途径解决。统筹基金的具体起付标准、最高支付限额以及在起付标准以上和最高支付限额以下医疗费用的个人负担比例,由统筹地区根据以收定支、收支平衡的原则确定。②

4. 城镇职工基本医疗保险的基本医疗保险基金管理和监督机制。基本医疗保险基金纳入财政专户管理,专款专用,不得挤占挪用。社会保障经办机构负责基本医疗保险基金的筹集、管理和支付,并要建立健全预决算制度、财务会计制度和内部审计制度。社会保险经办机构的事业经费不得从基金中提取,由各级财政预算解决。基本医疗保险基金的银行计息办法:当年筹集的部分,按活期存款利率计息;上年结转的基金本息,按3个月期整存整取银行存款利率计息;存入社会保障财政专户的沉淀资金,比照3年期零存整取储蓄存款利率计息,并不低于该档次利率水平。个人账户的本金和利息归个人所有,可以结转使用和继承。各级劳动保障和财政部门,要加强对基本医疗保险基金的监督管理。审计部门要定期对社会保险经办机构的基金收支情况和管理情况进行审计。统筹地区应设立由政府有关部门代表、用人单位代表、医疗机构代表、工会代表和有关专家参加的医疗保险基金监督组织,加强对基本医疗保险基金的社会监督。③ 社会保

---

① 《国务院关于建立城镇职工基本医疗保险制度的决定》第2条。
② 《国务院关于建立城镇职工基本医疗保险制度的决定》第3条。
③ 《国务院关于建立城镇职工基本医疗保险制度的决定》第4条。

险经办机构工作人员违反规定向失业人员开具领取失业保险金或者享受其他失业保险待遇单证,致使失业保险基金损失的,由劳动保障行政部门责令追回;情节严重的,依法给予行政处分。① 劳动保障行政部门和社会保险经办机构的工作人员滥用职权、徇私舞弊、玩忽职守,造成失业保险基金损失的,由劳动保障行政部门追回损失的失业保险基金;构成犯罪的,依法追究刑事责任;尚不构成犯罪的,依法给予行政处分。②

5. 城镇职工基本医疗保险的医疗服务管理。要确定基本医疗保险的服务范围和标准。劳动保障部会同卫生部、财政部等有关部门制定基本医疗服务的范围、标准和医药费用结算办法,制定国家基本医疗保险药品目录、诊疗项目、医疗服务设施标准及相应的管理办法。各省、自治区、直辖市劳动保障行政管理部门根据国家规定,会同有关部门制定本地区相应的实施标准和办法。基本医疗保险实行定点医疗机构(包括中医医院)和定点药店管理。劳动保障会同卫生部、财政部等有关部门制定定点医疗机构和定点药店的资格审定办法。社会保险经办机构要根据中西医并举,基层、专科和综合医疗机构兼顾,方便职工就医的原则,负责确定定点医疗机构和定点药店,并同定点医疗机构和定点药店签订合同,明确各自的责任、权利和义务。在确定定点医疗机构和定点药店时,要引进竞争机制,职工可选择若干定点医疗机构就医、购药,也可持处方在若干定点药店购药。国家药品监督管理局会同有关部门制定定点药店购药药事事故处理办法。各地要认真贯彻《中共中央、国务院关于卫生改革与发展的决定》(中发〔1997〕3号)精神,积极推进医药卫生体制改革,以较少的经费投入,使人民群众得到良好的医疗服务,促进医药卫生事业的健康发展。要建立医药分开核算、分别管理的制度,形成医疗服务和药品流通的竞争机制,合理控制医药费用水平;要加强医疗机构和药店的内部管理,规范医药服务行为,减员增效,降低医药成本;要理顺医疗服务价格,在实行医药分开核算、分别管理,降低药品收入占医疗总收入比重的基础上,合理提高医疗技术劳务价格;要加强业务技术培训和职业道德教育,提高医药服务人员的素质和服务质量;要合理调整医疗机构布局,优化医疗卫生资源配置,积极发展社会卫生服务,将社区卫生服务中的基本医疗服

---

① 《失业保险条例》第29条。
② 《失业保险条例》第30条。

务项目纳入基本医疗保险范围。卫生部会同有关部门制定医疗机构改革方案和发展社区卫生服务的有关政策。国家经贸委等部门要认真配合做好药品流通体制改革工作。①

6. 城镇职工基本医疗保险有关人员医疗待遇。离休人员、老红军的医疗待遇不变,医疗费用按原资金渠道解决,支付确有困难的,由同级人民政府帮助解决。离休人员、老红军的医疗管理办法由省、自治区、直辖市人民政府制定。二等乙方以上革命伤残军人的医疗待遇不变,医疗费用按原资金渠道解决,由社会保险经办机构单独列账管理。医疗费支付不足部分,由当地人民政府帮助解决。退休人员参加基本医疗保险,个人不缴纳基本医疗保险费。对退休人员个人账户的计入金额和个人负担医疗费的比例给予适当照顾。国家公务员在参加基本医疗保险的基础上,享受医疗补助政策。具体办法另行制定。为了不降低一些特定行业职工现有的医疗消费水平,在参加基本医疗保险的基础上,作为过渡措施,允许建立企业补充医疗保险。企业补充医疗保险费在工资总额 4% 以内的部分,从职工福利费中列支,福利费不足列支的部分,经同级财政部门核准后列入成本。国有企业下岗职工的基本医疗保险费,包括单位缴费和个人缴费,均由再就业服务中心按照当地上年度职工平均工资的 60% 为基数缴纳。②

7. 城镇职工基本医疗保险的组织领导。医疗保险制度改革政策性强,涉及广大职工的切身利益,关系到国民经济发展和社会稳定。各级人民政府要切实加强领导,统一思想,提高认识,做好宣传工作和政治思想工作,使广大职工和社会各方面都积极支持和参与这项改革。各地要按照建立城镇职工基本医疗保险制度的任务、原则和要求,结合本地实际,精心组织实施,保证新旧制度的平稳过渡。建立城镇职工基本医疗保险的制度工作从 1999 年年初开始启动,1999 年底基本完成。各省、自治区、直辖市人民政府要按照本决定的要求,制定医疗保险制度改革的总体规划,报劳动保障部备案。统筹地区要根据规划要求,制定基本医疗保险实施方案,报省、自治区、直辖市人民政府审批后执行。劳动保障部要加强对建立城镇职工基本医疗保险制度工作的指导和检查,及时研究解决工作中出现的问题。财政、卫生、药品监督管理等有关部门要积极参与,密切配合,共

---

① 《国务院关于建立城镇职工基本医疗保险制度的决定》第 5 条。
② 《国务院关于建立城镇职工基本医疗保险制度的决定》第 6 条。

同努力,确保城镇职工基本医疗保险制度改革工作的顺利进行。①

8. 企业的补充医疗保险。(1)按规定参加各项社会保险并按时足额缴纳社会保险费的企业,可自主决定是否建立补充医疗保险。企业可在按规定参加当地基本医疗保险基础上,建立补充医疗保险,用于对城镇职工基本医疗保险制度支付以外由职工个人负担的医药费用进行的适当补助,减轻参保职工的医药费负担。②(2)企业补充医疗保险费在工资总额 4% 以内的部分,企业可直接从成本中列支,不再经同级财政部门审批。③(3)企业补充医疗保险办法应与当地基本医疗保险制度相衔接。企业补充医疗保险资金由企业或行业集中使用和管理,单独建账,单独管理,用于本企业个人负担较重职工和退休人员的医药费补助,不得划入基本医疗保险个人账户,也不得另行建立个人账户或变相用于职工其他方面的开支。④(4)财政部门和劳动保障部门要加强对企业补充医疗保险资金管理的监督和财务监管,防止挪用资金等违规行为。⑤

(二)城镇职工基本医疗保险业务的管理

1. 城镇职工基本医疗保险业务管理的法律依据。为规范全国基本医疗保险业务管理工作,根据《国务院关于建立城镇职工基本医疗保险制度的决定》(国发〔1998〕44 号)和其他有关规定,制定《城镇职工基本医疗保险业务管理规定》(在本章节中简称为本规定)。⑥

2. 城镇职工基本医疗保险的登记与缴费核定。(1)受理缴费单位(或个人)填写的社会保险登记表及其所提供的证件和资料,并在自受理之日起 10 个工作日内审核完毕。对符合规定者予登记,并发给社会保险登记证,负责办理社会保险登记的变更、注销事宜。(2)建立和调整统筹地区内缴费单位和个人参加城镇职工基本医疗保险的基础档案资料(缴费单位与缴费个人的基础档案资料主要项目见《缴费单位基础档案资料主要项目》《缴费个人基础档案资料主要项目》)。(3)根据上年度基本医疗保险缴费情况,以及统筹基金和个人账户的支出

---

① 《国务院关于建立城镇职工基本医疗保险制度的决定》第 7 条。
② 《财政部、劳动保障部关于企业补充医疗保险有关问题的通知》第 1 条。
③ 《财政部、劳动保障部关于企业补充医疗保险有关问题的通知》第 2 条。
④ 《财政部、劳动保障部关于企业补充医疗保险有关问题的通知》第 3 条。
⑤ 《财政部、劳动保障部关于企业补充医疗保险有关问题的通知》第 4 条。
⑥ 《城镇职工基本医疗保险业务管理规定》序言。

情况,本着收支平衡的原则,制订本年度的基本医疗保险费征集计划。(4)对缴费单位送达的申报表、代扣代缴明细表及其他有关资料进行审核,认真核定参保人数和缴费单位与个人的缴费工资基数、缴费金额等项目。向用人单位发放缴费核定通知单。(5)对于按规定应参加而未参加基本医疗保险的单位(或个人),要及时发放《办理社会保险手续通知单》,督促其尽快补办参保手续。(6)按规定为在统筹地区内流动的参保人员核转基本医疗保险关系。对跨统筹地区流动的,除按规定核转基本医疗保险关系外,还应通知费用记录处理和待遇支付环节,对个人账户进行结算,为其转移个人账户余额,并出具转移情况表。(7)定期稽核基本医疗保险缴费单位的职工人数、工资基数和财务状况,以确认其是否依法足额缴纳基本医疗保险费。(8)由税务机关征收基本医疗保险的地区,社会保险经办机构要逐月向税务机关提供缴费单位(或个人)的基本医疗保险登记情况及缴费核定情况。①

3. 城镇职工基本医疗保险的费用征集。(1)根据基本医疗保险缴费单位和个人的基础档案资料,确认缴费单位(或个人)的开户银行、户名、账户、基本医疗保险主管负责人及专管员的姓名、联系电话等情况,并与缴费单位建立固定业务联系。(2)依据核定的基本医疗保险费数额,开具委托收款及其他结算凭证,通过基本医疗保险基金收入户征集基本医疗保险费,或者由社会保险经办机构直接征集。(3)以支票或现金形式征集基本医疗保险费时,必须开具"社会保险费收款收据"。(4)及时整理汇总基本医疗保险费收缴情况,对已办理申报手续但未及时、足额缴纳基本医疗保险费的单位(或个人),经办机构要及时向其发出《社会保险费催缴通知书》;对拒不执行者,将有关情况及时上报劳动保障行政部门,由其下达《劳动保障限期改正指令书》;逾期不缴纳者,除责其补缴欠缴数额外,从欠缴之日起,按日加收2‰滞纳金。(5)保费征集情况要及时通知待遇审核和费用记录处理环节。对欠缴基本医疗保险费的单位(或个人),从次月起暂停其享受社会统筹基金支付的待遇;欠缴期内暂停记载个人账户资金,不计算参保人员缴费年限,等补齐欠费和滞纳金后,方可恢复其待遇享受资格,补记个人账户。(6)定期汇总、分析、上报基本医疗保险费征缴情况,提出加强基本医疗保

---

① 《城镇职工基本医疗保险业务管理规定》第1条。

费征集工作的意见和建议。①

4. 城镇职工基本医疗保险的费用结算管理。(1) 费用结算管理的目的。加强城镇职工基本医疗保险费用结算管理，是为了有效地控制医疗费用，保证统筹基金收支平衡，规范医疗服务行为，保障参保人员的基本医疗，提高基本医疗保险的社会化管理服务水平。② (2) 费用结算办法、方式。①各统筹地区要根据当地实际和基本医疗保险基金支出管理的需要，制定基本医疗保险费用结算办法。结算办法应包括结算方式和标准、结算范围和程序、审核办法和管理措施等有关内容。统筹地区社会保险经办机构要按照以收定支、收支平衡的原则，合理确定基本医疗保险基金的支出总量，并根据定点医疗机构的不同级别和类别以及所承担的基本医疗保险服务量，预定各定点医疗机构的定额控制指标。社会保险经办机构在结算时，可根据具体采用的结算方式和实际发生的合理费用等情况对定额控制指标进行相应调整。③ 基本医疗保险费用的具体结算方式，应根据社会保险经办机构的管理能力以及定点医疗机构的不同类别确定，可采取总额预付结算、服务项目结算、服务单元结算等方式，也可以多种方式结合使用。各地要根据不同的结算方式，合理制定基本医疗保险费用的结算标准，并在社会保险经办机构和定点医疗机构签订的协议中明确双方的责任、权利和义务。采取总额预付结算方式的，要根据基本医疗保险的给付范围和参保人员的年龄结构，合理确定对定点医疗机构的预付总额。同时，要通过加强监督检查，防止为降低医疗成本而减少必需的医疗服务，确保参保人员获得基本医疗保险规定的、诊疗疾病所必需的、合理的医疗服务。采取服务项目结算方式的，要根据医疗服务的收费标准和基本医疗保险医疗服务管理的有关规定以及服务数量等进行结算。同时，要加强对医疗服务项目的监督和审查工作，防止发生大额处方、重复检查、延长住院、分解诊疗服务收费等过度利用医疗服务的行为。采取服务单元结算方式的，可以诊断病种、门诊诊疗人次和住院床日等作为结算的服务单元。具体结算标准可按同等级医疗机构的服务单元的平均费用剔除不合理因素后确定，并根据物价指数进行适时调整。同时，要加强基本医疗保险管理和费用审核，防止

---

① 《城镇职工基本医疗保险业务管理规定》第2条。
② 《关于加强城镇职工基本医疗保险费用结算管理的意见》第1条。
③ 《关于加强城镇职工基本医疗保险费用结算管理的意见》第2条。

出现推诿病人、分解服务次数等现象。① ②各统筹地区的基本医疗保险费用结算办法,由统筹地区劳动保障行政部门会同卫生、财政等有关部门制定。各地要及时总结经验,建立健全监督制约机制,不断完善基本医疗保险费用结算办法,加强基本医疗保险基金支出管理,保证基本医疗保险制度的健康运行。② (3)费用结算范围、程序。属于基本医疗保险基金支付的医疗费用,应全部纳入结算范围,一般由社会保险经办机构与定点医疗机构和定点零售药店直接结算。暂不具备条件的,可先由参保人员或用人单位垫付,然后由社会保险经办机构与参保人员或用人单位结算。社会保险经办机构要规范结算程序,明确结算期限,简化结算手续,逐步提高社会化管理服务水平,减轻定点医疗机构、定点零售药店和用人单位的负担。社会保险经办机构要按与定点医疗机构和定点零售药店签订的协议的有关规定及时结算并拨付基本医疗保险费用。定点医疗机构和定点零售药店要配备相应的人员,负责核算参保人员的医疗费用,按协议规定提供费用结算所需的有关材料。③ (4)费用结算的审核。加强定点医疗机构门诊处方、入出院标准、住院病历和特殊检查治疗等基本医疗保险管理和费用支出审核。社会保险经办机构可按核定的各定点医疗机构定额控制指标暂扣不超过10%的费用,根据结算期末的审核情况,再相应拨付给定点医疗机构。社会保险经办机构对不符合基本医疗保险规定的医疗费用不予支付;对符合规定的费用要按时足额拨付,未按时足额拨付的按协议的有关规定处理。④ (5)异地转诊的费用结算。要加强对转诊转院就医的医疗费用结算管理。在同一统筹地区内转诊转院的,发生的医疗费用按当地的统一规定结算。异地转诊转院的,应经定点医疗机构同意,并经当地社会保险经办机构批准。异地转诊转院发生的医疗费用可先由参保人员或用人单位垫付,经社会保险经办机构复核后,按参保人员所在地有关规定结算。⑤

5. 城镇职工基本医疗保险的费用记录处理。(1)根据缴费单位和个人的基础档案资料,及时建立基础档案库及个人账户。(2)根据费用征集环节提供的数

---

① 《关于加强城镇职工基本医疗保险费用结算管理的意见》第3条。
② 《关于加强城镇职工基本医疗保险费用结算管理的意见》第7条。
③ 《关于加强城镇职工基本医疗保险费用结算管理的意见》第4条。
④ 《关于加强城镇职工基本医疗保险费用结算管理的意见》第5条。
⑤ 《关于加强城镇职工基本医疗保险费用结算管理的意见》第6条。

据,对单位和个人的缴费情况进行记录,及时建立并记录个人账户。个人缴纳的保险费计入个人账户;单位缴纳的保险费按规定分别计入个人账户和统筹基金。根据待遇支付环节提供的数据,对个人账户及统筹基金的支出情况进行记录,以反映个人账户和统筹基金的动态变更情况。(3)由税务机关征收基本医疗保险费的地区,社会保险经办机构要根据税务机关提供的缴费单位(或个人)的缴费情况对个人账户进行记录,同时将有关情况汇总,报劳动保障行政部门。(4)按有关规定计算并登记缴费个人的个人账户本息和缴费年限。(5)负责向缴费单位和个人提供缴费情况及个人账户记录情况的查询服务。对缴费记录中出现的差错,要及时向相关业务管理环节核实后予以纠正。(6)根据登记与缴费核定环节提供的缴费单位和个人的变动情况,随时向登记与缴费核定环节及待遇支付环节提供变动单位和个人的基础资料及个人账户的相关情况。(7)对缴费单位、定点医疗机构、定点零售药店等报送的基本医疗保险统计报表,定期进行统计汇总与分析,按规定及时向上级社会保险经办机构报送。(8)缴费年度初应向社会公布上一年度参保单位的缴费情况;每年至少向缴费单位或个人发送一次个人账户通知单,内容包括个人账户的划入、支出及结存等情况;每半年应向社会公布一次保险费征收情况和统筹基金支出情况,以接受社会监督。①

6. 城镇职工基本医疗保险的待遇审核。(1)按照有关规定确定定点医疗机构和定点零售药店,并与之签订服务协议,发放定点标牌。(2)向缴费单位和个人发放定点医疗机构选择登记表,并组织、指导其填报。根据参保人员的选择意向、定点医疗机构的服务能力及区域分布,进行统筹规划,为参保人员确定定点医疗机构。(3)指导缴费单位的基本医疗保险专管员(或缴费个人)填写基本医疗保险待遇审批表,按规定进行审核,并向参保人员发放基本医疗保险证(卡),同时将相关信息及时提供给定点医疗机构和定点零售药店。(4)及时掌握参保人员的缴费情况及医疗保险费用支出的相关信息。对欠缴基本医疗保险费的单位(或个人),从次月起暂停由社会统筹基金向参保人员支付待遇。(5)接受定点医疗机构、定点零售药店的费用申报以及参保人员因急诊、经批准的转诊转院等特殊情况而发生的费用申报,按有关规定进行审核。核准后向待遇支付环节传送核准通知,对未被核准者发送拒付通知。(6)负责建立参保人员的基本医疗保

---

① 《城镇职工基本医疗保险业务管理规定》第3条。

险档案,主要包括就医记录、个人账户及统筹基金的使用情况等。(7)按照有关政策规定,负责定期审核、调整参保人员所应享受的保险待遇。(8)按照有关法规和协议,对定点医疗机构和定点零售药店进行监督检查,对查出的问题及时处理。[①]

7. 城镇职工基本医疗保险的服务协议。[②] (1)认定服务协议主体资格。各统筹地区劳动保障部门负责认定基本医疗保险定点医疗机构和定点零售药店的资格。社会保险经办机构按规定在具备资格的医疗机构和零售药店范围内选择定点,并参照本通知印发的协议文本,依据本地区医疗机构、药店的实际情况,与定点医疗机构、定点零售药店签订服务协议。[③] (2)确定服务协议主体应考虑的因素。在确定定点医疗机构和定点零售药店时,既要考虑医疗保险行政管理和事务经办的需要,更要考虑参保人员就医、购药的方便,并做好有关方面的协调工作,争取社会各界的理解和支持。[④] (3)服务协议的就医管理与信息系统建设。①社会保险经办机构(以下简称甲方)和定点医疗机构(以下简称乙方)要共同致力于优化医疗保险服务,简化参保人员就医手续,不断提高医疗保险管理服务水平,努力为广大参保人员提供优质高效的医疗保险服务。②乙方要通过设置医疗保险宣传栏、公布医疗保险咨询与联系电话、设置导医服务台等方式,为参保人员就医提供咨询服务。要公布门诊和住院流程,方便参保人员就医购药。要公布主要医疗服务项目和药品的名称和价格,提供医疗费用结算清单和住院日费用清单,保证参保人员的消费知情权。各种清单要及时、清晰、准确、真实。③对明确列入统筹基金支付范围的门诊特殊病种,乙方要根据甲方管理要求,如实向甲方提供参保人员检查诊断和治疗等有关资料,协助甲方做好参保人员门诊特殊病种审核支付工作。④乙方应根据医疗保险信息系统建设的有关要求,配备相关设备,做好网络衔接。要按医疗保险管理规定按时、准确录入并传输有关信息,保证信息的准确与完整,协助甲方建立和完善各种基础数据库,及时完

[①] 《城镇职工基本医疗保险业务管理规定》第4条。
[②] 另见《劳动和社会保障部办公厅关于完善城镇职工基本医疗保险定点医疗机构协议管理的通知》。
[③] 《劳动和社会保障部关于印发城镇职工基本医疗保险定点医疗机构和定点零售药店服务协议文本的通知》第1条。
[④] 《劳动和社会保障部关于印发城镇职工基本医疗保险定点医疗机构和定点零售药店服务协议文本的通知》第2条。

成信息的变更和维护等工作。乙方医疗保险计算机管理系统的运转和维护以及信息传输情况,要列入定点医疗机构考核内容。①(4)服务协议的医疗服务项目管理。①甲方要及时通报基本医疗保险用药管理政策,乙方要保证基本医疗保险药品目录内药品的供应,并提供基本医疗保险药品备药清单,包括药品商品名、通用名和剂型等详细资料。甲方要根据乙方提供的资料,及时对医疗保险药品信息库进行变更和维护。②甲方要根据乙方级别与专科特点,具体明确乙方目录内药品备药率、使用率及自费药品费用占参保人员用药总费用的比例。③乙方要控制参保人员药品费用支出占医疗总费用的比例,其中:三级医疗机构要控制在××%以下,二级医疗机构××%以下,一级医疗机构××%以下。④甲方按当地劳动保障行政部门的规定和乙方业务开展情况,明确乙方业务范围内的基本医疗保险诊疗项目。乙方要向甲方提供其业务开展范围内的诊疗项目清单及收费标准。遇有新增价格项目或提高收费标准时,乙方要依据物价部门的批复文件及时向甲方提供资料。⑤乙方要严格按照医疗服务价格项目规范及相应的收费标准记账、收费、申报。超项目规范及费用标准的,甲方有权不予支付。⑥甲乙双方要加强对一次性医用材料的使用管理,共同议定费用控制措施。⑦乙方已开展并经甲方同意纳入基本医疗保险基金支付范围内的诊疗项目目录,乙方已列入基本医疗保险用药范围的内部制剂清单,可作为定点协议附件。②(5)服务协议的参保人员个人负担控制。①乙方提供需参保人员自付的超基本医疗保险支付范围的医疗服务时,必须按知情同意原则,事先征得参保人员或其家属同意并签字。否则,参保人员有权拒付相关自负费用。②乙方要将所有住院参保人员超基本医疗保险基金支付范围的医疗费用控制在其医疗总费用的××%以内;将所有住院参保人员的医疗费用个人总负担控制在其医疗总费用的××%以内。③(6)服务协议费用结算。①甲方要在协议中明确对乙方的结算方式、标准、时间以及审核检查和费用控制的主要指标。参保人员就医发生的各项医疗费用,乙方要按要求统一申报,不得遗漏。对按规定应由基本医疗保险基金支付的医疗费用,甲方要按约定的结算办法及时足额给付,不得无故拖欠和拒付。②要加强出入院管理,保证需要住院的参保人员能够得到及时治疗,同时

---

① 《完善城镇职工基本医疗保险定点医疗机构医疗服务协议的若干要点》第1条。
② 《完善城镇职工基本医疗保险定点医疗机构医疗服务协议的若干要点》第2条。
③ 《完善城镇职工基本医疗保险定点医疗机构医疗服务协议的若干要点》第3条。

及时为符合临床治愈标准的参保人员办理出院手续。不能诱导参保人员住院,也不得强行让未治愈的参保人员出院。乙方出入院管理情况列入考核内容。③甲方要在协议中明确乙方基本医疗保险基金支付的总额控制指标。甲方要根据对乙方的结算方式,确定审核检查重点。实行按项目付费的,要重点从防止大处方、重复检查、延长住院、分解收费等提供不必要的医疗服务方面来确定控制指标。采取按服务单元付费的,要重点防止出现推诿病人、分解服务次数等现象,强化对住院率、转院率和二次返院率等指标的考核和控制。④对于因乙方原因而发生的不符合基本医疗保险管理规定的医疗费用(如因乙方管理不严出现诈骗保险费等情况),甲方有权不予支付,乙方也不得另行向参保人员收取。已经支付或收取的,经审核查实,甲方有权追回或在下月结算时扣除,并按协议规定进行处理。①(7)服务协议的执行。在协议执行中,社会保险经办机构应严格履行协议规定的职责,并监督定点单位遵守协议的有关条款。定点医疗机构或定点零售药店如果严重违反协议且影响到公共利益时,社会保险经办机构可以单方面解除协议,并做好有关善后工作。②(8)服务协议主体的考评、监督。各地要结合实际,研究制定对定点医疗机构和定点零售药店的综合考评方法,加强对医疗服务的监督,不断提高服务质量。③

  8. 城镇职工基本医疗保险的待遇支付。(1)确认缴费单位或个人享受基本医疗保险待遇资料,编制人员名册与台账或数据库。(2)根据有关规定,研究确定基本医疗保险待遇的支付方式以及与定点医疗机构、定点零售药店的结算方式和结算时间。(3)根据待遇审核环节提供的核准通知及申报资料,按协议规定的时间与定点医疗机构和定点零售药店进行结算,及时拨付结算款。根据有关规定,核退个人垫付的应由基本医疗保险统筹基金支付的款项;为跨统筹地区流动的参保人员转移个人账户余额;向参保人员继承人支付个人账户结余款。(4)对个人账户和统筹基金的支出情况及时进行登记,并将有关支出数据提供给费用记录处理环节。(5)与银行、缴费单位、定点医疗机构和定点零售药店等建

---

① 《完善城镇职工基本医疗保险定点医疗机构医疗服务协议的若干要点》第4条。
② 《劳动和社会保障部关于印发城镇职工基本医疗保险定点医疗机构和定点零售药店服务协议文本的通知》第3条。
③ 《劳动和社会保障部关于印发城镇职工基本医疗保险定点医疗机构和定点零售药店服务协议文本的通知》第4条。

立经常性的业务联系,以便于相互协调配合。①

9. 城镇职工基本医疗保险的基金会计核算与财务管理。(1)根据国家有关规定,在国有商业银行设立基金收入户和支出户,收入户只能向财政专户划转基金,不得发生其他支付业务;支出户只接受财政专户拨付的基金及该账户的利息收入,不得发生其他收入业务。(2)根据审核后的原始凭证及时编制基本医疗保险费收入和支出记账凭证,同时按规定对基本医疗保险费的实际收支进行审核。(3)根据原始凭证、汇总凭证或记账凭证,登记基本医疗保险明细分类账或现金日记账、收入户存款日记账、支出户专款日记账、财政专户存款日记账。定期汇总记账凭证,填制记账凭证科目汇总表,试算平衡后登记总账,并将明细账金额分别与总账进行核对,无误后进行结账。(4)每月与开户银行对账,确保账账、账款相符;编制银行存款余额调节表,及时调整未达账项;对因银行退票原因造成的保险费欠收,要及时通知费用征集环节,查明原因、采取措施,确保保险费收缴到位。按照有关规定,与财政部门(税务部门)定期对账。(5)按期计算、提取保险费用,并编制凭证,保险基金当年入不敷出时,按《社会保险基金财务制度》有关条款的规定执行。(6)根据保险基金的实际结存情况,在满足周转需要的前提下,按照有关规定,及时办理基金存储或购买国债的手续;建立银行定期存款和各种有价证券备查账,掌握银行存款及有价证券的存储时间与金额,按时办理银行存款及有价证券的转存、兑付及保管工作。(7)指导和监督费用征集、费用记录和处理和待遇支付等工作,建立应缴未缴、应付未付保险基金备查簿,以及各种业务台账,定期进行核对、清理,加强对各种暂付款、借入款、暂收款等的管理。(8)按要求定期编报会计报表,正确反映基金的收支结存情况,并提供基金筹集、使用、管理等情况的分析报告。(9)年度终了前,根据本年度基金预算执行情况和下年度基金收支预测,编制次年的基金预算草案。基金预算草案由劳动保障部门审核后报财政部门审核,经同级人民政府批准后执行。在预算执行中,遇有特殊情况需调整预算时,应编制预算调整方案,并按上述报批程序执行。定期向同级劳动保障行政部门和财政部门报告预算执行情况。(10)年度终了后,编制年度基金财务报告。年度基金财务报告经劳动保障部门核准后的同级财政部门审核,经同级人民政府批准后形成基金决算,并逐级上报。(11)制定、完善内部的

---

① 《城镇职工基本医疗保险业务管理规定》第5条。

财务管理制度,充分发挥会计的反映、监督职能。(12)建立和完善保险基金预警制度,定期组织有关人员对基金收支情况进行分析、预测。计算机管理系统要具备较为完善的基金监控、分析、评价、预测功能。[1]

(三)镇职工基本医疗保险管理信息系统建设

1. 镇职工基本医疗保险管理信息系统建设的目标。医疗保险管理信息系统是用于城镇职工基本医疗保险业务管理和服务的计算机管理信息系统。系统包括宏观决策和业务管理两部分,服务对象包括参保单位和参保个人,同时为社会保险经办机构及各级政府机构决策提供支持,为参保人员和社会公众提供查询服务。系统建设的目标是:通过建立计算机管理信息系统,实现业务处理计算机化;通过与定点医疗机构、定点零售药店以及银行、税务等相关部门建立网络联结,改善医疗保险费用支出的监控手段,为合理控制基本医疗费用增长、减少医疗资源浪费提供支持;在地级以上城市建立资源数据库,通过资源数据库对基本医疗保险基金的收入和支出进行动态监控和分析预测,对政策执行情况进行评估,加快决策科学化进程,支持医疗保险基金长期安全运行。[2]

2. 镇职工基本医疗保险管理信息系统建设的原则。根据"统一规划、统一标准、城市建网、网络互联、分级使用、分步实施"的指导方针,以医疗保险业务为基础,按照社会保险一体化管理的要求和系统工程的理论、方法进行系统建设。(1)一体化的原则。一是各险种的信息系统建设要统一规划,分步实施;二是参保人员和参保单位的基本信息必须一致,并采用相同的信息标准;三是统一信息交换平台。对于各险种已经建在一起的信息系统,不提倡再按险种分开;对于已建养老保险信息系统的地方,在建设医疗保险信息系统时,要最大限度地利用现有人员、数据、设备资源,以避免系统重复建设带来的浪费;先建设医疗保险管理信息系统的地区,要充分考虑到社会保险业务发展的方向,为扩展其他险种留有余地,要防止各险种单独建系统所增加的成本。要注意做好医疗保险管理信息系统同银行管理信息系统、医院管理信息系统等系统的接口处理,并保持自身的独立性。(2)分级管理。劳动和社会保障部作为全国医疗保险管理信息系统建设管理机构,负责国家级信息系统建设的组织实施、运行管理和网络管理。负责

---

[1] 《城镇职工基本医疗保险业务管理规定》第6条。
[2] 《城镇职工基本医疗保险管理信息系统建设指导意见》第1条。

全国系统建设技术规划和指导;负责制定医疗保险管理信息系统指标体系和相关指导性文件;负责全国统一应用软件的组织推广和专业技术服务公司市场准入的资格认证工作。省级劳动和社会保障部门在劳动和社会保障部指导下,负责本省信息系统技术规划和组织实施,负责审批地市级系统建设实施方案,并监督检查。地市级劳动和社会保障部门在省级劳动保障部门指导下,具体负责本地区系统建设的组织实施、运行管理和网络管理。地市级医疗保险管理信息系统建设方案需报省级劳动和社会保障部门审批,并报劳动和社会保障部备案。地市级以下地区不再进行系统的规划工作。(3)统筹规划、分步实施。医疗保险工作起步相对较晚,业务管理尚不规范,政策、组织机构、业务流程的调整不可避免,计算机技术也在不断发展,要求一步到位是不现实的。各地要根据本地的具体情况,确定合理的技术方案、投资规模和阶段性目标,并充分考虑未来业务发展对信息系统的影响,切忌追求"高大全"。(4)多渠道筹集资金。医疗保险管理信息系统建设经费包括初期一次性投入和长期运行维护费用。实行城镇职工基本医疗保险制度是政府行为,信息系统建设经费应以政府投资为主,也可以多渠道筹集系统建设经费:一是由当地政府提供专项资金予以解决;二是由当地政府批准的其他渠道解决;三是本着谁投资谁受益和财政补贴相结合的原则,争取多方面的投资。系统的运行维护经费应纳入各级财政预算,由各级政府解决。(5)确保系统建设技术的先进、可靠。一是坚持实用性和可靠性。系统建设要以满足医疗保险工作的业务需求为首要目标,采用稳定可靠的成熟技术,保证系统长期安全运行。系统中的软硬件及信息资源要满足可靠性设计要求,建设方案以实际可接受能力为尺度,避免盲目追求新技术。二是坚持先进性和开放性。在实用可靠的前提下,尽可能跟踪国内外先进的计算机软硬件技术、信息技术及网络通信技术,使系统具有较高的性能价格比。技术上立足于长远发展,坚持选用开放性系统。采用先进的体系结构和技术发展主流产品,保证整个系统高效运行。三是坚持安全性。遵循有关信息安全标准,具有切实可行的安全保护和保密措施,以及对计算机犯罪和病毒的防范能力,确保数据永久安全。四是要实现可扩充、易维护及易操作。应充分考虑到联网用户增加和业务扩展,有扩充能力及接口。应用软件的模块化程序要高,对不同业务流程和管理方式的适应能力要强,软件维护方便。贯彻面向最终用户的原则,建立友好的用户界面,使操作简单、直观、灵活,易于学习掌握。①

3. 镇职工基本医疗保险管理信息的系统结构。医疗保险管理信息系统包括信息结构、功能结构和网络结构。(1)信息结构。主要内容包括:①政策参数信息。②基本信息,包括社会保险经办机构、定点医疗机构、定点零售药店和参保单位、在职员、离休人员、退休人员等基本情况。③业务信息,包括参保单位登记和申报、缴费核定、费用征集、个人账户管理、费用审核、费用支付,以及与审核相关的必要医疗服务信息。④基金管理信息,包括基金收入、支出、结余等信息。在系统中所管理的全部信息中,参保人员的医疗费用信息、必要的医疗服务信息来源于医院管理信息系统。信息结构的设计应体现"以个人信息为核心"和以资金流动为主数据流的设计思想。(2)功能结构。根据医疗保险管理信息系统的业务内容和使用对象的不同,可划分为宏观决策系统和业务管理系统两个部分。①宏观决策系统。包括:对统计性数据进行采集、整理、分析和发布的统计信息管理系统;对基金管理状况进行监控的基金监测系统;利用已有的统计性数据、监测数据和政策参数,对政策进行敏感性分析、对基金支撑能力进行中长期预测的决策支持系统。②业务管理系统。可分为征缴事务处理层、内部事务处理层和医疗费用处理层。征缴事务处理层以基金征缴为主线,包括社会保险业务的登记、申报、缴费核定、费用征集等基本环节。内部事务处理层主要包括医疗保险的个人账户管理、基金会计核算与财务管理等基本环节。医疗费用处理层以医疗保险费用支付为主要内容,包括与定点医疗机构、定点零售药店之间的信息交换、费用审核和费用结算等基本业务环节。宏观决策系统与业务管理系统之间通过资源数据库进行信息交换。资源数据库同时还是系统提供社会化查询服务的基础。(3)网络结构。详见附件《城镇职工基本医疗保险管理信息系统网络技术参考方案》。②

4. 镇职工基本医疗保险管理信息的技术实施。(1)统一标准。医疗保险管理信息系统采用的信息分类编码、网络通信协议和数据接口等技术标准,须严格执行国家有关标准或行业标准。对尚未制定国家标准和行业标准的医疗保险业务部分,由劳动和社会保障部制定统一标准。主要包括医疗保险管理信息数据

---

① 《城镇职工基本医疗保险管理信息系统建设指导意见》第2条。
② 《城镇职工基本医疗保险管理信息系统建设指导意见》第3条。

项、信息分类编码标准和有关技术标准。实行标准修改、反馈制度。各地的医疗管理信息系统必须采用部里制定的统一数据项标准和信息分类编码标准。省和地市可根据部里规定的编码规则进行适当扩充。医疗保险管理信息系统与定点医疗机构、定点零售药店、银行、税务等信息系统进行数据交换时，必须执行部里制定的数据接口标准，包括数据项标准、数据格式、代码标准等。医疗保险管理信息系统与其他社会保险管理信息系统共用相同的单位和个人基本信息。各系统的专用信息必须遵循部里规定的编码规则。(2)利用核心平台构建各地的应用系统。为减少各地重复开发造成的各种资源浪费和系统的不稳定性，同时适应各地的不同情况和业务、技术的不断发展变化，劳动和社会保障部正在组织开发社会保险管理信息系统核心平台。核心平台是构建各地社会保险应用软件系统的模块化系统生成工具，可供各地在系统建立和升级时选用。核心平台以社会保险各险种的基本业务流程为主线，提供了社会保险信息管理中的共性部分；对于各地在管理上的差异，则通过核心平台提供的模式选择、参数配置、指标扩充等功能完成大部分工作，然后根据当地的特别需求，补充编制少量程序，实现完整的本地化的工作。劳动和社会保障部将认证多家专业技术服务公司在核心平台的基础上实施本地化技术支持和服务。(3)在地级以上城市建立资源数据库。地级以上城市可以是一个统筹地区，也可以包含多个统筹地区(如以县为统筹区域的市)。只有一个统筹地区的城市应考虑建立集中式数据库，含有多个统筹地区的城市可在各统筹地区分别建立数据库，但要统一规划、统一实施，数据库的结构必须统一，并定期将分散的数据备份到市级的资源数据库中。(4)IC卡的使用。在医疗保险管理信息系统中使用IC卡，必须进行可行性论证，并遵循劳动和社会保障部下发的《社会保障卡建设总体规划》(劳社部函〔1999〕213号)的要求。①

(四)城镇职工基本医疗保险医疗服务设施范围和支付标准

1. 城镇职工基本医疗保险医疗服务设施的界定。基本医疗保险医疗服务设施是指由定点医疗机构提供的，参保人员在接受诊断、治疗和护理过程中必需的生活服务设施。②

---

① 《城镇职工基本医疗保险管理信息系统建设指导意见》第4条。
② 《劳动和社会保障部、国家计委、财政部、卫生部、国家中医药管理局关于确定城镇职工基本医疗保险医疗服务设施范围和支付标准的意见》第1条。

2. 城镇职工基本医疗保险的医疗服务设施费用。(1)医疗服务设施费用的内容。基本医疗保险医疗服务设施费用主要包括住院床位费及门(急)诊留观床位费。对已包含在住院床位费或门(急)诊留观床位费中的日常生活用品、院内运输用品和水、电等费用,基本医疗保险基金不另行支付,定点医疗机构也不得再向参保人员单独收费。① (2)基本医疗保险支付部分费用的诊疗项目范围。①诊疗设备及医用材料类。第一,振成像装置(MRI)、单光子发射电子计算机扫描装置(SPECT)、彩色多普勒仪、医疗直线加速器等大型医疗设备进行的检查、治疗项目。第二,体外震波碎石与高压氧治疗。第三,心脏起搏器、人工关节、人工晶体、血管支架等体内置换的人工器官、体内置放材料。第四,各省物价部门规定的可单独收费的一次性医用材料。②治疗项目类。第一,血液透析、腹膜透析。第二,肾脏、心脏瓣膜、角膜、皮肤、血管、骨、骨髓移植。第三,心脏激光打孔、抗肿瘤细胞免疫疗法和快中子治疗项目。③各省劳动保障部门规定的价格昂贵的医疗仪器与设备的检查、治疗项目和医用材料。② (3)基本医疗保险基金不予支付的诊疗项目范围。基本医疗保险不予支付费用的诊疗项目范围。①服务项目类。第一,挂号费、院外会诊费、病历工本费等。第二,出诊费、检查治疗加急费、点名手术附加费、优质优价费、自请特别护士等特需医疗服务。②非疾病治疗项目类。第一,各种美容、健美项目以及非功能性整容、矫形手术等。第二,各种减肥、增胖、增高项目。第三,各种健康体检。第四,各种预防、保健性的诊疗项目。第五,各种医疗咨询、医疗鉴定。③诊疗设备及医用材料类。第一,应用正电子发射断层扫描装置(PET)、电子束CT、眼科准分子激光治疗仪等大型医疗设备进行的检查、治疗项目。第二,眼镜、义齿、义眼、义肢、助听器等康复性器具。第三,各种自用的保健、按摩、检查和治疗器械。第四,各省物价部门规定不可单独收费的一次性医用材料。④治疗项目类。第一,各类器官或组织移植的器官源或组织源。第二,除肾脏、心脏瓣膜、角膜、皮肤、血管、骨、骨髓移植外的其他器官或组织移植。第三,近视眼矫形术。第四,气功疗法、音乐疗法、保健性的营养疗法、磁疗等辅助性治疗项目。⑤其他。第一,各种不育(孕)症、性功能障碍的诊疗项目。第二,各种科研性、临床验证性的诊疗项目。③ (4)基本医

---

① 《劳动和社会保障部、国家计委、财政部、卫生部、国家中医药管理局关于确定城镇职工基本医疗保险医疗服务设施范围和支付标准的意见》第2条。
② 《国家基本医疗保险诊疗项目范围》第2条。
③ 《国家基本医疗保险诊疗项目范围》第1条。

疗保险基金不予支付的生活服务项目和服务设施费用。基本医疗保险基金不予支付的生活服务项目和服务设施费用,主要包括:①就(转)诊交通费、急救车费;②空调费、电视费、电话费、婴儿保温箱费、食品保温箱费、电炉费、电冰箱费及损坏公物赔偿费;③陪护费、护工费、洗理费、门诊煎药费;④膳食费;⑤文娱活动费以及其他特需生活服务费用。其他医疗服务设施项目是否纳入基本医疗保险基金支付范围,由各省(自治区、直辖市,下同)劳动保障行政部门规定。①

3. 城镇职工基本医疗保险住院床位费的支付标准。(1)床位费支付标准的确定。基本医疗保险住院床位费支付标准,由各统筹地区劳动保障行政部门按照本省物价部门规定的普通住院病房床位费标准确定。需隔离以及危重病人的住院床位费支付标准,由各统筹地区根据实际情况确定。基本医疗保险门(急)诊留观床位费支付标准按本省物价部门规定的收费标准确定,但不得超过基本医疗保险住院床位费支付标准。②(2)床位费支付标准的告知。定点医疗机构要公开床位收费标准和基本医疗保险床位费支付标准,在安排病房或门(急)诊留观床位时,应将所安排的床位收费标准告知参保人员或家属。参保人员可以根据定点医疗机构的建议,自主选择不同档次的病房或门(急)诊留观床位。由于床位紧张或其他原因,定点医疗机构必须把参保人员安排在超标准病房时,应首先征得参保人员或家属的同意。③(3)床位费的实际支付。参保人员的实际床位费低于基本医疗保险住院床位费支付标准的,以实际床位费按基本医疗保险的规定支付;高于基本医疗保险住院床位费支付标准的,在支付标准以内的费用,按基本医疗保险的规定支付,超出部分由参保人员自付。④

4. 城镇职工基本医疗保险的服务设施范围和支付标准。(1)服务设施范围和支付标准确定。各省劳动保障行政部门要按照《劳动和社会保障部、国家计委、财政部、卫生部、国家中医药管理局关于确定城镇职工基本医疗保险医疗服务设施范围和支付标准的意见》的要求,组织制定基本医疗保险医疗服务设施项

---

① 《劳动和社会保障部、国家计委、财政部、卫生部、国家中医药管理局关于确定城镇职工基本医疗保险医疗服务设施范围和支付标准的意见》第3条。
② 《劳动和社会保障部、国家计委、财政部、卫生部、国家中医药管理局关于确定城镇职工基本医疗保险医疗服务设施范围和支付标准的意见》第4条。
③ 《劳动和社会保障部、国家计委、财政部、卫生部、国家中医药管理局关于确定城镇职工基本医疗保险医疗服务设施范围和支付标准的意见》第5条。
④ 《劳动和社会保障部、国家计委、财政部、卫生部、国家中医药管理局关于确定城镇职工基本医疗保险医疗服务设施范围和支付标准的意见》第6条。

目范围。各统筹地区劳动保障行政部门要根据本省规定的基本医疗保险医疗服务设施项目,确定基本医疗保险基金的支付标准。统筹地区社会保险经办机构要加强对医疗服务设施费用的审核工作,严格按照基本医疗保险医疗服务设施项目范围和支付标准支付费用。①(2)服务设施范围和支付标准的协作。劳动保障部门在组织制定基本医疗保险医疗服务设施范围和支付标准时,要充分征求财政、卫生、物价、中医药管理部门和有关专家的意见。物价部门在组织制定有关基本医疗保险的医疗服务设施项目收费标准时,要充分征求劳动保障、财政、卫生部门的意见。各有关部门要加强联系,密切协作,共同做好基本医疗保险医疗服务设施项目的管理工作。②

三、城镇(乡)居民的基本医疗保险

(一)城镇居民基本医疗保险的试点

1. 城镇居民基本医疗保险试点的目标和原则。(1)试点目标。2007年在有条件的省份选择2至3个城市启动试点,2008年扩大试点,争取2009年试点城市达到80%以上,2010年在全国全面推开,逐步覆盖全体城镇非从业居民。要通过试点,探索和完善城镇居民基本医疗保险的政策体系,形成合理的筹资机制、健全的管理体制和规范的运行机制,逐步建立以大病统筹为主的城镇居民基本医疗保险制度。③(2)试点原则。试点工作要坚持低水平起步,根据经济发展水平和各方面承受能力,合理确定筹资水平和保障标准,重点保障城镇非从业居民的大病医疗需求,逐步提高保障水平;坚持自愿原则,充分尊重群众意愿;明确中央和地方政府的责任,中央确定基本原则和主要政策,地方制定具体办法,对参保居民实行属地管理;坚持统筹协调,做好各类医疗保障制度之间基本政策、标准和管理措施等的衔接。④

2. 城镇居民基本医疗保险试点的参保范围和筹资水平。(1)参保范围。不属于城镇职工基本医疗保险制度覆盖范围的中小学阶段的学生(包括职业高中、

---

① 《劳动和社会保障部、国家计委、财政部、卫生部、国家中医药管理局关于确定城镇职工基本医疗保险医疗服务设施范围和支付标准的意见》第7条。
② 《劳动和社会保障部、国家计委、财政部、卫生部、国家中医药管理局关于确定城镇职工基本医疗保险医疗服务设施范围和支付标准的意见》第8条。
③ 《国务院关于开展城镇居民基本医疗保险试点的指导意见》第1条。
④ 《国务院关于开展城镇居民基本医疗保险试点的指导意见》第2条。

中专、技校学生)、少年儿童和其他非从业城镇居民都可自愿参加城镇居民基本医疗保险。[①] (2)筹资水平。试点城市应根据当地的经济发展水平以及成年人和未成年人等不同人群的基本医疗消费需求,并考虑当地居民家庭和财政的负担能力,恰当确定筹资水平;探索建立筹资水平、缴费年限和待遇水平相挂钩的机制。[②] (3)缴费和补助。城镇居民基本医疗保险以家庭缴费为主,政府给予适当补助。参保居民按规定缴纳基本医疗保险费,享受相应的医疗保险待遇,有条件的用人单位可以对职工家属参保缴费给予补助。国家对个人缴费和单位补助资金制定税收鼓励政策。对试点城市的参保居民,政府每年按不低于人均40元给予补助,其中,中央财政从2007年起每年通过专项转移支付,对中西部地区按人均20元给予补助。在此基础上,对属于低保对象的或重度残疾的学生和儿童参保所需的家庭缴费部分,政府原则上每年再按不低于人均10元给予补助,其中,中央财政对中西部地区按人均5元给予补助;对其他低保对象、丧失劳动能力的重度残疾人、低收入家庭60周岁以上的老年人等困难居民参保所需家庭缴费部分,政府每年再按不低于人均60元给予补助,其中,中央财政对中西部地区按人均30元给予补助。中央财政对东部地区参照新型农村合作医疗的补助办法给予适当补助。财政补助的具体方案由财政部门商劳动保障、民政等部门研究确定,补助经费要纳入各级政府的财政预算。[③] (4)费用支付。城镇居民基本医疗保险基金重点用于参保居民的住院和门诊大病医疗支出,有条件的地区可以逐步试行门诊医疗费用统筹。城镇居民基本医疗保险基金的使用要坚持以收定支、收支平衡、略有结余的原则。要合理制定城镇居民基本医疗保险基金起付标准、支付比例和最高支付限额,完善支付办法,合理控制医疗费用。探索适合困难城镇非从业居民经济承受能力的医疗服务和费用支付办法,减轻他们的医疗费用负担。城镇居民基本医疗保险基金用于支付规定范围内的医疗费用,其他费用可以通过补充医疗保险、商业健康保险、医疗救助和社会慈善捐助等方式解决。[④]

3. 城镇居民基本医疗保险试点的管理和服务。(1)组织管理。对城镇居民基本医疗保险的管理,原则上参照城镇职工基本医疗保险的有关规定执行。各

[①] 《国务院关于开展城镇居民基本医疗保险试点的指导意见》第3条。
[②] 《国务院关于开展城镇居民基本医疗保险试点的指导意见》第4条。
[③] 《国务院关于开展城镇居民基本医疗保险试点的指导意见》第5条。
[④] 《国务院关于开展城镇居民基本医疗保险试点的指导意见》第6条。

地要充分利用现有管理服务体系,改进管理方式,提高管理效率。鼓励有条件的地区结合城镇职工基本医疗保险和新型农村合作医疗管理的实际,进一步整合基本医疗保障管理资源。要探索建立健全由政府机构、参保居民、社会团体、医药服务机构等方面代表参加的医疗保险社会监督组织,加强对城镇居民基本医疗保险管理、服务、运行的监督。建立医疗保险专业技术标准组织和专家咨询组织,完善医疗保险服务管理专业技术标准和业务规范。根据医疗保险事业发展的需要,切实加强医疗保险管理服务机构和队伍建设。建立健全管理制度,完善运行机制,加强医疗保险信息系统建设。① (2)基金管理。要将城镇居民基本医疗保险基金纳入社会保障基金财政专户统一管理,单独列账。试点城市要按照社会保险基金管理等有关规定,严格执行财务制度,加强对基本医疗保险基金的管理和监督,探索建立健全基金的风险防范和调剂机制,确保基金安全。② (3)服务管理。对城镇居民基本医疗保险的医疗服务管理,原则上参照城镇职工基本医疗保险的有关规定执行,具体办法由试点城市劳动保障部门会同发展改革、财政、卫生等部门制定。要综合考虑参保居民的基本医疗需求和基本医疗保险基金的承受能力等因素,合理确定医疗服务的范围。通过订立和履行定点服务协议,规范对定点医疗机构和定点零售药店的管理,明确医疗保险经办机构和定点的医疗机构、零售药店的权利和义务。医疗保险经办机构要简化审批手续,方便居民参保和报销医疗费用;明确医疗费用结算办法,按规定与医疗机构及时结算。加强对医疗费用支出的管理,探索建立医疗保险管理服务的奖惩机制。积极推行医疗费用按病种付费、按总额预付等结算方式,探索协议确定医疗费用标准的办法。③ (4)充分发挥城市社区服务组织等的作用。整合、提升、拓宽城市社区服务组织的功能,加强社区服务平台建设,做好基本医疗保险管理服务工作。大力发展社区卫生服务,将符合条件的社区卫生服务机构纳入医疗保险定点范围;对参保居民到社区卫生服务机构就医发生的医疗费用,要适当提高医疗保险基金的支付比例。④

4. 城镇居民基本医疗保险试点的相关改革。(1)继续完善各项医疗保障制

---

① 《国务院关于开展城镇居民基本医疗保险试点的指导意见》第7条。
② 《国务院关于开展城镇居民基本医疗保险试点的指导意见》第8条。
③ 《国务院关于开展城镇居民基本医疗保险试点的指导意见》第9条。
④ 《国务院关于开展城镇居民基本医疗保险试点的指导意见》第10条。

度。进一步完善城镇职工基本医疗保险制度,采取有效措施将混合所有制、非公有制经济组织从业人员以及灵活就业人员纳入城镇职工基本医疗保险;大力推进进城务工的农民工参加城镇职工基本医疗保险,重点解决大病统筹问题;继续着力解决国有困难企业、关闭破产企业等职工和退休人员的医疗保障问题;鼓励劳动年龄内有劳动能力的城镇居民,以多种方式就业并参加城镇职工基本医疗保险;进一步规范现行城镇职工基本医疗保险的支付政策,强化医疗服务管理。加快实施新型农村合作医疗制度。进一步完善城市和农村医疗救助制度。完善多层次医疗保障体系,搞好各项医疗保障制度的衔接。① (2)协同推进医疗卫生体制和药品生产流通体制改革。根据深化医药卫生体制改革的总体要求,统筹协调医疗卫生、药品生产流通和医疗保障体系的改革和制度衔接,充分发挥医疗保障体系在筹集医疗资金、提高医疗质量和控制医疗费用等方面的作用。进一步转变政府职能,加强区域卫生规划,健全医疗服务体系。建立健全卫生行业标准体系,加强对医疗服务和药品市场的监管。规范医疗服务行为,逐步建立和完善临床操作规范、临床诊疗指南、临床用药规范和出入院标准等技术标准。加快城市社区卫生服务体系建设,充分发挥社区卫生服务和中医药服务在医疗服务中的作用,有条件的地区可探索实行参保居民分级医疗的办法。②

5. 城镇居民基本医疗保险试点的组织领导。(1)建立国务院城镇居民基本医疗保险部际联席会议制度。在国务院领导下,国务院城镇居民基本医疗保险部际联席会议(以下简称部际联席会议)负责组织协调和宏观指导试点工作,研究制定相关政策并督促检查政策的落实情况,总结评估试点工作,协调解决试点工作中出现的问题,并就重大问题向国务院提出报告和建议。③ (2)选择确定试点城市。省级人民政府可根据本地条件选择2至3个试点城市,报部际联席会议审定。试点城市的试点实施方案报部际联席会议办公室备案,由省(区、市)人民政府批准实施。④ (3)制定配套政策和措施。劳动保障部门要会同发展改革、财政、卫生、民政、教育、药品监督和中医药管理等有关部门制定相关配套政策和措施。各部门要根据各自的职责,协同配合,加快推进各项配套改革。动员社会各方面力量,为推进医疗保险制度改革创造良好的环境、提供有力的支持,确保试

---

① 《国务院关于开展城镇居民基本医疗保险试点的指导意见》第11条。
② 《国务院关于开展城镇居民基本医疗保险试点的指导意见》第12条。
③ 《国务院关于开展城镇居民基本医疗保险试点的指导意见》第13条。
④ 《国务院关于开展城镇居民基本医疗保险试点的指导意见》第14条。

点工作的顺利进行。① （4）精心组织实施。地方各级人民政府要充分认识试点工作的重大意义，切实加强组织领导。省级人民政府要根据本指导意见规定的试点目标和任务、基本政策和工作步骤，统筹规划，积极稳妥地推进本行政区域的试点工作。试点城市要在充分调研、周密测算、多方论证的基础上，制订试点实施方案并精心组织实施。已经先行开展基本医疗保险工作的城市，要及时总结经验，完善制度，进一步探索更加符合实际的基本医疗保险的体制和机制。② （5）做好舆论宣传工作。建立城镇居民基本医疗保险制度直接关系广大群众的切身利益，是一项重大的民生工程，政策性很强。各地要坚持正确的舆论导向，加强对试点工作重要意义、基本原则和方针政策的宣传，加强对试点中好的做法和经验的总结推广，使这项惠民政策深入人心，真正得到广大群众和社会各界的理解和支持，使试点工作成为广大群众积极参与的实践。③

（二）城镇居民基本医疗保险医疗服务管理

1. 城镇居民基本医疗保险医疗服务管理的基本要求。（1）建立以大病统筹为主的城镇居民基本医疗保险，是落实以人为本的科学发展观和构建社会主义和谐社会的重要举措。加强和完善医疗服务管理，对保障参保居民合理的医疗权益，规范医疗服务行为，控制医疗费用支出，提高医疗保险基金的使用效率，保证制度的平稳运行，具有重要意义。各级各相关部门要密切配合，在城镇居民基本医疗保险试点工作中，强化城镇居民基本医疗保险医疗服务管理，切实保障广大参保居民的基本医疗需求。④ （2）城镇居民基本医疗保险医疗服务管理包括医疗服务的范围管理、医疗服务的定点管理和医药费用的结算管理。城镇居民基本医疗保险坚持从低水平起步。要根据城镇居民基本医疗保险筹资水平和基金保障能力，考虑城镇居民的经济承受能力，按照重点保障住院和门诊大病、有条件的地区兼顾一般门诊医疗费用的原则，合理确定城镇居民基本医疗保险基金支付的医疗服务范围、水平，以及医疗费用的结算办法及标准。⑤ （3）参照城镇职

---

① 《国务院关于开展城镇居民基本医疗保险试点的指导意见》第15条。
② 《国务院关于开展城镇居民基本医疗保险试点的指导意见》第16条。
③ 《国务院关于开展城镇居民基本医疗保险试点的指导意见》第17条。
④ 《劳动和社会保障部、国家发展和改革委员会、财政部、卫生部、国家食品药品监督管理局、国家中医药管理局关于城镇居民基本医疗保险医疗服务管理的意见》第1条。
⑤ 《劳动和社会保障部、国家发展和改革委员会、财政部、卫生部、国家食品药品监督管理局、国家中医药管理局关于城镇居民基本医疗保险医疗服务管理的意见》第2条。

工基本医疗保险医疗服务管理的有关规定,结合城镇居民的特点,完善基本医疗保险医疗服务管理的相关政策。城镇居民基本医疗保险与新型农村合作医疗实行一体化管理的,也可以参照新型农村合作医疗有关医疗服务管理的规定执行。各地应按照国家有关规定和《劳动和社会保障部、国家发展和改革委员会、财政部、卫生部、国家食品药品监督管理局、国家中医药管理局关于城镇居民基本医疗保险医疗服务管理的意见》精神,因地制宜,积极探索加强城镇居民基本医疗保险医疗服务管理的具体措施。①

2. 城镇居民基本医疗保险医疗服务管理的医疗服务范围。(1)城镇居民基本医疗保险医疗服务范围包括用药、诊疗项目和医疗服务设施范围。城镇居民基本医疗保险医疗服务范围,由相关部门按照有关程序和权限,在城镇职工基本医疗保险医疗服务范围的基础上进行适当调整。具体范围由劳动保障部门会同有关部门按照相关规定,在认真组织专家评审、充分听取有关方面意见的基础上研究确定。② (2)城镇居民基本医疗保险用药范围在国家和省(区、市)《基本医疗保险和工伤保险药品目录》的基础上,进行适当调整、合理确定。要把国家《基本医疗保险和工伤保险药品目录》甲类目录药品全部纳入城镇居民基本医疗保险基金的支付范围。国家根据儿童用药的特点,按照"临床必需、安全有效、价格合理、使用方便、兼顾中西药"的原则,适当增加儿童用药的品种及剂型。③ (3)城镇居民基本医疗保险诊疗项目范围、医疗服务设施范围,原则上执行当地城镇职工基本医疗保险的诊疗项目、医疗服务设施范围。各地也可根据本地实际适当增加孕产妇、婴幼儿必需的诊疗项目和医疗服务设施及中医药诊疗项目和医疗服务设施。新增诊疗项目和医疗服务设施暂由各省(区、市)负责制定。④ (4)各地要完善基本医疗保险用药、诊疗项目和医疗服务设施管理,加强对高价药品、新增诊疗项目、大型医用设备检查及高值医用耗材的准入和使用管理,控

---

① 《劳动和社会保障部、国家发展和改革委员会、财政部、卫生部、国家食品药品监督管理局、国家中医药管理局关于城镇居民基本医疗保险医疗服务管理的意见》第3条。
② 《劳动和社会保障部、国家发展和改革委员会、财政部、卫生部、国家食品药品监督管理局、国家中医药管理局关于城镇居民基本医疗保险医疗服务管理的意见》第4条。
③ 《劳动和社会保障部、国家发展和改革委员会、财政部、卫生部、国家食品药品监督管理局、国家中医药管理局关于城镇居民基本医疗保险医疗服务管理的意见》第5条。
④ 《劳动和社会保障部、国家发展和改革委员会、财政部、卫生部、国家食品药品监督管理局、国家中医药管理局关于城镇居民基本医疗保险医疗服务管理的意见》第6条。

制医疗费用支出,提高城镇居民基本医疗保险基金的使用效率,减轻城镇居民基本医疗保险基金和参保人员的费用负担。①

3. 城镇居民基本医疗保险医疗服务的定点管理。(1)城镇居民基本医疗保险实行定点医疗机构和定点零售药店管理。具体管理办法按照城镇职工基本医疗保险定点医疗机构和定点零售药店管理的有关规定执行。要根据城镇居民的就医特点和需要,进一步细化和完善定点医疗服务协议管理,充分发挥基本医疗保险对医疗服务的约束作用。要根据各项医疗保障制度协调发展的需要,统筹确定各类医疗保障人群医疗服务定点管理的办法和措施。②(2)合理确定定点医疗机构和零售药店的范围和数量,具体由各地劳动保障部门商卫生、中医药行政部门和食品药品监管部门确定。参保居民在定点医疗机构和零售药店就医购药所发生的费用,由医疗保险基金按规定予以支付。各地要根据参保居民的医疗需求,将符合条件的妇产医院、妇幼保健院、儿童医院和社区卫生服务机构等纳入定点范围。③(3)要探索促进参保居民合理利用医疗服务资源的管理机制,引导参保居民充分利用社区卫生服务机构、基层医疗机构提供的医疗服务及中医药服务,探索建立双向转诊机制。对纳入基金支付的门诊大病和实行医疗费用统筹的普通门诊医疗服务项目,要制定有效利用社区和基层医疗服务的就医管理办法和医疗费用结算办法。对参保居民在定点社区卫生服务机构和基层医疗机构就医的费用,可适当提高基金的支付比例。④

4. 城镇居民基本医疗保险医疗服务的费用结算管理。(1)要根据医疗服务范围和筹资水平,建立和完善基本医疗保险费用结算方式,合理确定医疗费用结算标准,并纳入协议管理。对符合规定的医疗费用,要按协议及时结算并足额支付,不符合规定的医疗费用不予支付。⑤(2)积极探索由医疗保险经办机构与定

---

① 《劳动和社会保障部、国家发展和改革委员会、财政部、卫生部、国家食品药品监督管理局、国家中医药管理局关于城镇居民基本医疗保险医疗服务管理的意见》第7条。
② 《劳动和社会保障部、国家发展和改革委员会、财政部、卫生部、国家食品药品监督管理局、国家中医药管理局关于城镇居民基本医疗保险医疗服务管理的意见》第8条。
③ 《劳动和社会保障部、国家发展和改革委员会、财政部、卫生部、国家食品药品监督管理局、国家中医药管理局关于城镇居民基本医疗保险医疗服务管理的意见》第9条。
④ 《劳动和社会保障部、国家发展和改革委员会、财政部、卫生部、国家食品药品监督管理局、国家中医药管理局关于城镇居民基本医疗保险医疗服务管理的意见》第10条。
⑤ 《劳动和社会保障部、国家发展和改革委员会、财政部、卫生部、国家食品药品监督管理局、国家中医药管理局关于城镇居民基本医疗保险医疗服务管理的意见》第11条。

点医疗机构协商确定医疗服务的付费方式及标准。积极探索按病种付费、按总额预付等结算方式,调动定点医疗机构主动参与管理、降低医疗服务成本的积极性。各级各相关部门要在当地政府的统一领导下,积极配合,共同做好城镇居民基本医疗保险的医疗服务管理工作。要通过实践探索,不断总结管理经验,遇有重大问题及时上报。①

(三)城镇居民基本医疗保险的经办管理服务

1. 城镇居民基本医疗保险经办管理服务的基本要求。(1)高度重视,精心组织。城镇居民基本医疗保险经办管理服务工作是社会保险经办机构(以下简称经办机构)的一项新职能。各级劳动保障部门要高度重视,将其作为落实科学发展观、构建社会主义和谐社会的重要任务,精心组织实施,保证制度平稳运行。(2)整合资源,探索创新。要充分利用城镇职工基本医疗保险管理基础,依托街道和社区劳动保障工作平台开展试点工作。在试点中要注意探索建立合理的筹资机制、健全的管理体制和规范的运行机制,加强指导,规范管理。探索建立城乡统筹医疗保障制度的地区,要整合现有的管理资源,加快建立统一、高效的管理平台。(3)把握特点,注重服务。城镇居民基本医疗保险经办管理服务工作要充分体现以人为本的理念,寓管理于服务,以管理促服务,不断强化服务意识,改进服务方式,提高服务质量和水平,简化缴费报销手续,着力推行各种便民利民的服务措施,为居民提供方便、快捷的优质服务。(4)广泛宣传,加强咨询。要充分发挥报纸、电视、广播、网络等媒介的作用,印制简易宣传品,宣传城镇居民基本医疗保险政策,公开参保缴费、就医和医疗费用报销等程序。要依托12333劳动保障咨询热线,为城镇居民提供政策咨询。有条件的城市应在劳动保障网站开设专栏。②

2. 城镇居民基本医疗保险经办管理服务的主要内容。(1)参保登记和缴费。统筹地区经办机构负责统一组织管理城镇居民参保登记和缴费工作。符合参保条件的城镇居民持有效证件及资料,到经办机构服务窗口、社区劳动保障工作平台或经办机构委托的相关单位办理参保手续。对行动不便的老年人、残疾人应

---

① 《劳动和社会保障部、国家发展和改革委员会、财政部、卫生部、国家食品药品监督管理局、国家中医药管理局关于城镇居民基本医疗保险医疗服务管理的意见》第12条。
② 《关于城镇居民基本医疗保险经办管理服务工作的意见》第1条。

开展上门登记参保服务。社区劳动保障工作平台或受经办机构委托的单位对参保人员身份、缴费标准等进行初审,经办机构复核。统筹地区经办机构要积极探索适合城镇居民特点的缴费方式,可与商业银行签订协议,方便参保人员到银行直接缴费或委托代扣缴费。医疗保险费原则上按年收缴,收费单位应出具统一的缴费凭证。(2)信息采集与证件发放。在遵循金保工程信息结构通则和已有数据标准的基础上,经办机构要指导社区劳动保障工作平台按照统一要求采集、录入基础数据,指导协助办理参保手续的相关单位报送有关资料。要做好基础信息的核对工作,并及时维护更新。参保人员信息变更可由社区劳动保障工作平台或受委托的相关单位受理,经办机构统一负责变更处理。省级经办机构要指导统筹地区经办机构,根据城镇居民的参保和缴费信息,制作统一的医疗保险证卡、专用医疗手册等相关证件,相关证件可通过社区劳动保障工作平台或委托的单位及时发给参保人员,保证参保人员就医和医疗费用结算。统筹地区使用IC卡作为证卡的,须遵循全国统一标准发放中华人民共和国社会保障卡。(3)定点就医与协议管理。统筹地区经办机构要按照有关规定,与定点医疗机构和定点零售药店签订服务协议,并及时向社会公布名单及其地址,为参保人员选择定点机构提供便利。要按照有关规定引导参保人员充分利用社区卫生服务和中医药服务。参保人员按规定选择定点医疗机构就医,并按规定办理变更。参保人员在定点医疗机构就医时应按规定出示本人医疗保险证卡、专用医疗手册等有效证件。经办机构与定点医疗机构和定点零售药店签订的定点医药服务协议,应就医疗服务范围、服务质量、结算办法、考核办法、考核指标和奖惩措施等内容作出规定,明确各自的责任、权利和义务。各级经办机构要根据协议,对定点医疗机构、定点零售药店进行监督检查,对定点机构履行协议的情况作出评估。要不断完善定点机构协议管理办法,逐步建立诚信等级评定标准,试行分级管理,对公众应知情的信息实行披露制度,促进定点机构合理诊疗、合理用药、降低费用,提供优质医药服务。(4)医疗费用支付与结算管理。参保人员的住院和门诊大病医疗费用,按规定由个人负担的医疗费用由个人支付,由基金支付的医疗费用,由定点医疗机构、定点零售药店向经办机构申报结算。急诊、转诊、异地就医等在非定点医疗机构发生的医疗费用,可先由参保人员垫付,再向经办机构申请审核报销,申请工作可由社区劳动保障工作平台或受委托的相关单位受理。各级经办机构要探索各种有效的医疗费用结算办法。积极探索推行按病种付费、按总额预付等结算方式;探索协议确定医疗服务费用标准的办法。探索建立筹资水平、缴费年限和待遇水平相挂钩的机制,在保证基本医疗的前提下,合理控制医疗费用,遏制浪费。(5)基金管理。城镇居民基本医疗保险基金实行收支两条线管理,纳入财政专户,单独列账,分别核算。各级经办机构要严格执行社会保险基金财务会计制度,建立完整的城镇居民基本医疗保险基金收入、支出账目,切实做好城镇居民基本医疗保险基金管理工作。各级经办机构要加强城镇居民基本医疗保险基金征缴管理,准确、完整地向同级劳动保障行政部门和上级业务主管部门提供城镇居民参保缴费情况,以便财政补助资金及时足额到位,严禁骗取、套取财政补助资金的行为。基金支出要按照规定的支出项目严格管理。合理控制城镇居民基本医疗保险基金的结余规模,探索建立基金风险防范和调剂机制。各级经办机构要建立健全城镇居民基本医疗保险基金管理和内部控制的规章制度,并严格执行,建立防范违规机制,保证基金安全。要定期向同级劳动保障行政部门和上级业务主管部门报告基金收支情况,涉及基金风险等重大事项要及时报告。建立城镇居民基本医疗保险基金内部审计制度,自觉接受法定部门的外部审计。按规定定期向由政府机构、参保人员、社会团体、医药服务机构等方面代表组成的医疗保险社会监督组织报告城镇居民基本医疗保险基金收支和参保人员享受医疗保险待遇情况的基本信息,并向社会公布,接受社会监督。①

3. 城镇居民基本医疗保险经办管理服务的体系建设。(1)加强经办机构能力建设。各级经办机构要在政府部门的支持下,努力适应城镇居民基本医疗保险事业发展的需要,加强机构建设,充实经办力量,落实管理经费,配置工作设施,开展人员培训。积极探索建立与服务人群和业务量挂钩的人员配备机制和经费保障机制,建立医疗保险经办管理服务的奖惩机制。研究制定医疗保险经办管理服务技术标准,实现经办管理的规范化、信息化、专业化。(2)加强社区劳动保障工作平台建设。要拓展社区的城镇居民基本医疗保险管理服务功能,争取在相关单位支持下及时为社区劳动保障工作平台配备相应人员,保证工作经费。经办机构要加强对社区医疗保险管理人员的培训。社区劳动保障工作平台的工作人员要在经办机构指导下,认真开展城镇居民参保身份和缴费标准初审

---

① 《关于城镇居民基本医疗保险经办管理服务工作的意见》第2条。

以及参保登记、基础信息采集录入和政策宣传等工作。(3)规范经办管理服务规程。省级经办机构要按照国家对城镇居民基本医疗保险经办管理服务的要求,指导统筹地区制定统一的业务规程和管理办法,包括参保登记、保费收缴、就医管理、费用结算与报销等各项经办服务项目的办理流程,参保人员办理事务时需要提供的凭证资料,以及经办机构的审核管理责任等。统筹地区经办机构要通过有效渠道公开办事程序,开通监督电话,建立健全投诉受理机制。(4)加强信息系统建设。各地信息系统建设要遵循金保工程统一规划,并有效发挥其信息网络和基础数据库的作用。根据城镇居民基本医疗保险运行管理的需要,在现有城镇职工基本医疗保险系统基础上,增设城镇居民基本医疗保险管理功能。建立完善连接社区劳动保障工作平台的信息网络,拓展社区劳动保障工作平台系统功能。探索与公安、民政、卫生、医药、残疾人管理等信息系统联网,在社区建立城镇居民公共服务信息共享平台。(5)加强基础数据建设和统计分析工作。各级经办机构要根据城镇居民的特点,建立基础台账,加强基础数据的采集与维护,保障参保人员个人信息安全。建立健全城镇居民基本医疗保险的专业档案管理制度,妥善保存各类档案资料。建立城镇居民基本医疗保险统计报表制度。劳动和社会保障部会同有关部门统一制定报表,各级经办机构应当按照要求及时、完整、准确填报。各级经办机构要根据城镇居民参保、缴费、财政补助、就医流向、医疗费用支出和定点机构管理等信息,开展综合分析工作,建立运行分析和风险预警制度,定期向同级劳动保障行政部门和上级业务主管部门报送分析报告。①

(四)整合城乡居民基本医疗保险

1. 整合城乡居民基本医疗保险的基本原则。(1)统筹规划、协调发展。要把城乡居民医保制度整合纳入全民医保体系发展和深化医改全局,统筹安排,合理规划,突出医保、医疗、医药"三医"联动,加强基本医保、大病保险、医疗救助、疾病应急救助、商业健康保险等衔接,强化制度的系统性、整体性、协同性。(2)立足基本、保障公平。要准确定位,科学设计,立足经济社会发展水平、城乡居民负担和基金承受能力,充分考虑并逐步缩小城乡差距、地区差异,保障城乡居民公平享有基本医保待遇,实现城乡居民医保制度可持续发展。(3)因地制宜、有序

---

① 《关于城镇居民基本医疗保险经办管理服务工作的意见》第3条。

推进。要结合实际,全面分析研判,周密制订实施方案,加强整合前后的衔接,确保工作顺畅接续、有序过渡,确保群众基本医保待遇不受影响,确保医保基金安全和制度运行平稳。(4)创新机制、提升效能。要坚持管办分开,落实政府责任,完善管理运行机制,深入推进支付方式改革,提升医保资金使用效率和经办管理服务效能。充分发挥市场机制作用,调动社会力量参与基本医保经办服务。[①]

2. 整合城乡居民基本医疗保险的整合基本制度政策。(1)统一覆盖范围。城乡居民医保制度覆盖范围包括现有城镇居民医保和新农合所有应参保(合)人员,即覆盖除职工基本医疗保险应参保人员以外的其他所有城乡居民。农民工和灵活就业人员依法参加职工基本医疗保险,有困难的可按照当地规定参加城乡居民医保。各地要完善参保方式,促进应保尽保,避免重复参保。(2)统一筹资政策。坚持多渠道筹资,继续实行个人缴费与政府补助相结合为主的筹资方式,鼓励集体、单位或其他社会经济组织给予扶持或资助。各地要统筹考虑城乡居民医保与大病保险保障需求,按照基金收支平衡的原则,合理确定城乡统一的筹资标准。现有城镇居民医保和新农合个人缴费标准差距较大的地区,可采取差别缴费的办法,利用2~3年时间逐步过渡。整合后的实际人均筹资和个人缴费不得低于现有水平。完善筹资动态调整机制。在精算平衡的基础上,逐步建立与经济社会发展水平、各方承受能力相适应的稳定筹资机制。逐步建立个人缴费标准与城乡居民人均可支配收入相衔接的机制。合理划分政府与个人的筹资责任,在提高政府补助标准的同时,适当提高个人缴费比重。(3)统一保障待遇。遵循保障适度、收支平衡的原则,均衡城乡保障待遇,逐步统一保障范围和支付标准,为参保人员提供公平的基本医疗保障。妥善处理整合前的特殊保障政策,做好过渡与衔接。城乡居民医保基金主要用于支付参保人员发生的住院和门诊医药费用。稳定住院保障水平,政策范围内住院费用支付比例保持在75%左右。进一步完善门诊统筹,逐步提高门诊保障水平。逐步缩小政策范围内支付比例与实际支付比例间的差距。(4)统一医保目录。统一城乡居民医保药品目录和医疗服务项目目录,明确药品和医疗服务支付范围。各省(区、市)要按照国家基本医保用药管理和基本药物制度有关规定,遵循临床必需、安全有效、价格合理、技术适宜、基金可承受的原则,在现有城镇居民医保和新农合目录

---

① 《国务院关于整合城乡居民基本医疗保险制度的意见》第1条第2款。

的基础上,适当考虑参保人员需求变化进行调整,有增有减、有控有扩,做到种类基本齐全、结构总体合理。完善医保目录管理办法,实行分级管理、动态调整。(5)统一定点管理。统一城乡居民医保定点机构管理办法,强化定点服务协议管理,建立健全考核评价机制和动态的准入退出机制。对非公立医疗机构与公立医疗机构实行同等的定点管理政策。原则上由统筹地区管理机构负责定点机构的准入、退出和监管,省级管理机构负责制定定点机构的准入原则和管理办法,并重点加强对统筹区域外的省、市级定点医疗机构的指导与监督。(6)统一基金管理。城乡居民医保执行国家统一的基金财务制度、会计制度和基金预决算管理制度。城乡居民医保基金纳入财政专户,实行"收支两条线"管理。基金独立核算、专户管理,任何单位和个人不得挤占挪用。结合基金预算管理全面推进付费总额控制。基金使用遵循以收定支、收支平衡、略有结余的原则,确保应支付费用及时足额拨付,合理控制基金当年结余率和累计结余率。建立健全基金运行风险预警机制,防范基金风险,提高使用效率。强化基金内部审计和外部监督,坚持基金收支运行情况信息公开和参保人员就医结算信息公示制度,加强社会监督、民主监督和舆论监督。[①]

3. 整合城乡居民基本医疗保险的管理体制。(1)整合经办机构。鼓励有条件的地区理顺医保管理体制,统一基本医保行政管理职能。充分利用现有城镇居民医保、新农合经办资源,整合城乡居民医保经办机构、人员和信息系统,规范经办流程,提供一体化的经办服务。完善经办机构内外部监督制约机制,加强培训和绩效考核。(2)创新经办管理。完善管理运行机制,改进服务手段和管理办法,优化经办流程,提高管理效率和服务水平。鼓励有条件的地区创新经办服务模式,推进管办分开,引入竞争机制,在确保基金安全和有效监管的前提下,以政府购买服务的方式委托具有资质的商业保险机构等社会力量参与基本医保的经办服务,激发经办活力。[②]

4. 整合城乡居民基本医疗保险的服务效能。(1)提高统筹层次。城乡居民医保制度原则上实行市(地)级统筹,各地要围绕统一待遇政策、基金管理、信息系统和就医结算等重点,稳步推进市(地)级统筹。做好医保关系转移接续和异

[①] 《国务院关于整合城乡居民基本医疗保险制度的意见》第2条。
[②] 《国务院关于整合城乡居民基本医疗保险制度的意见》第3条。

地就医结算服务。根据统筹地区内各县(市、区)的经济发展和医疗服务水平,加强基金的分级管理,充分调动县级政府、经办管理机构基金管理的积极性和主动性。鼓励有条件的地区实行省级统筹。(2)完善信息系统。整合现有信息系统,支撑城乡居民医保制度运行和功能拓展。推动城乡居民医保信息系统与定点机构信息系统、医疗救助信息系统的业务协同和信息共享,做好城乡居民医保信息系统与参与经办服务的商业保险机构信息系统必要的信息交换和数据共享。强化信息安全和患者信息隐私保护。(3)完善支付方式。系统推进按人头付费、按病种付费、按床日付费、总额预付等多种付费方式相结合的复合支付方式改革,建立健全医保经办机构与医疗机构及药品供应商的谈判协商机制和风险分担机制,推动形成合理的医保支付标准,引导定点医疗机构规范服务行为,控制医疗费用不合理增长。通过支持参保居民与基层医疗机构及全科医师开展签约服务、制定差别化的支付政策等措施,推进分级诊疗制度建设,逐步形成基层首诊、双向转诊、急慢分治、上下联动的就医新秩序。(4)加强医疗服务监管。完善城乡居民医保服务监管办法,充分运用协议管理,强化对医疗服务的监控作用。各级医保经办机构要利用信息化手段,推进医保智能审核和实时监控,促进合理诊疗、合理用药。卫生计生行政部门要加强医疗服务监管,规范医疗服务行为。①

5. 整合城乡居民基本医疗保险的组织实施。(1)加强组织领导。整合城乡居民医保制度是深化医改的一项重点任务,关系城乡居民切身利益,涉及面广、政策性强。各地各有关部门要按照全面深化改革的战略布局要求,充分认识这项工作的重要意义,加强领导,精心组织,确保整合工作平稳有序推进。各省级医改领导小组要加强统筹协调,及时研究解决整合过程中的问题。(2)明确工作进度和责任分工。各省(区、市)要于2016年6月底前对整合城乡居民医保工作作出规划和部署,明确时间表、路线图,健全工作推进和考核评价机制,严格落实责任制,确保各项政策措施落实到位。各统筹地区要于2016年12月底前出台具体实施方案。综合医改试点省要将整合城乡居民医保作为重点改革内容,加强与医改其他工作的统筹协调,加快推进。各地人力资源社会保障、卫生计生部门要完善相关政策措施,加强城乡居民医保制度整合前后的衔接;财政部门要完善基金财务会计制度,会同相关部门做好基金监管工作;保险监管部门要加强对参

---

① 《国务院关于整合城乡居民基本医疗保险制度的意见》第4条。

与经办服务的商业保险机构的从业资格审查、服务质量和市场行为监管;发展改革部门要将城乡居民医保制度整合纳入国民经济和社会发展规划;编制管理部门要在经办资源和管理体制整合工作中发挥职能作用;医改办要协调相关部门做好跟踪评价、经验总结和推广工作。(3)做好宣传工作。要加强正面宣传和舆论引导,及时准确解读政策,宣传各地经验亮点,妥善回应公众关切,合理引导社会预期,努力营造城乡居民医保制度整合的良好氛围。①

(五)城镇居民基本医疗保险的门诊统筹

1. 城镇居民基本医疗保险门诊统筹的原则。开展门诊统筹应坚持以下原则:立足基本保障,从低水平起步,逐步减轻群众门诊医疗费用负担;实行社会共济,通过基金统筹调剂使用,提高基金保障能力;主要依托社区卫生服务中心(站)等基层医疗卫生机构,方便群众就医,降低医疗成本。②

2. 城镇居民基本医疗保险门诊统筹的费用。(1)费用的分担。开展城镇居民基本医疗保险门诊统筹,要在坚持基本医疗保险政策规定的基础上,充分考虑门诊医疗服务特点和城镇居民对门诊医疗基本保障的迫切需要,进一步完善基本医疗保险的保障范围、筹资、支付等政策和就医、费用结算、业务经办等管理措施,通过统筹共济的方式合理分担参保居民门诊医疗费用。③ (2)费用的列支。根据城镇居民基本医疗保险基金支付能力,在重点保障参保居民住院和门诊大病医疗支出的基础上,逐步将门诊小病医疗费用纳入基金支付范围。城镇居民基本医疗保险基金要坚持收支平衡的原则,门诊统筹所需费用在城镇居民基本医疗保险基金中列支,单独列账。④

3. 城镇居民基本医疗保险门诊统筹的建立。建立门诊统筹可以从慢性病发生较多的老年人起步,也可以从群众反映负担较大的多发病、慢性病做起。门诊统筹可以单独设立起付标准、支付比例和最高支付限额,具体可由各统筹地区根据实际合理确定。门诊统筹支付水平要与当地经济发展和医疗消费水平相适

---

① 《国务院关于整合城乡居民基本医疗保险制度的意见》第5条。
② 《人力资源和社会保障部、财政部、卫生部关于开展城镇居民基本医疗保险门诊统筹的指导意见》第2条。
③ 《人力资源和社会保障部、财政部、卫生部关于开展城镇居民基本医疗保险门诊统筹的指导意见》第1条。
④ 《人力资源和社会保障部、财政部、卫生部关于开展城镇居民基本医疗保险门诊统筹的指导意见》第3条。

应,与当地城镇居民基本医疗保险筹资水平相适应。①

4. 城镇居民基本医疗保险门诊统筹重点联系工作。(1) 主要任务。开展门诊统筹重点联系工作的主要任务是,以重点联系城市为载体,搭建上下联动、相互交流的工作平台,着眼体制机制创新,共同探索适应门诊统筹的政策、管理和运行体系,帮助重点联系城市建立起保障有力、运转协调、机制健全、风险可控的门诊统筹办法,为其他统筹地区开展门诊统筹工作提供经验和参考。② (2) 重点联系城市主要工作。一是制定和调整核心政策。重点在于完善门诊统筹筹资、支付、基层医疗卫生服务平台利用、就医管理等关键制度。二是创新和规范管理措施。重点在于逐步探索解决首诊和双向转诊、门诊统筹结算方式和标准、门诊统筹医疗服务范围设定、门诊统筹协商谈判、定点协议管理和考核管理等难点问题。三是加强运行评估分析。重点在于逐步探索建立比较完善的门诊统筹统计指标体系、运行分析方法、门诊统筹评估体系等。四是提升经办服务能力。重点在于完善医保信息及网络系统建设、规范门诊就医经办服务内容及流程、提高管理服务水平等。③ (3) 重点联系工作机制。一是基本政策措施协商机制。重点联系城市在制定或调整门诊统筹政策、方案、管理办法等时,需事先与部里协商后出台。二是季度通报机制。重点联系城市每季度按要求向部里报告有关运行情况和分析报告,原则上在下季度前15日内上报上季度情况。部里通过简报形式通报重点联系城市运行情况。三是半年度分析机制。每半年召开一次部分重点联系城市参加的分析报告会,分析形势,研究重点难点问题。四是年度总结交流机制。每年召开一次重点联系城市座谈会,总结年度工作,部署下一年工作。④ (4) 组织领导。人力资源和社会保障部成立门诊统筹重点联系工作小组,全面负责组织领导城镇居民基本医疗保险门诊统筹重点联系工作。工作小组由人力资源和社会保障部医疗保险司、社保中心等单位、相关省厅等单位的负责同志组

---

① 《人力资源和社会保障部、财政部、卫生部关于开展城镇居民基本医疗保险门诊统筹的指导意见》第4条。
② 《人力资源和社会保障部关于开展城镇居民基本医疗保险门诊统筹重点联系工作的通知》第1条。
③ 《人力资源和社会保障部关于开展城镇居民基本医疗保险门诊统筹重点联系工作的通知》第2条。
④ 《人力资源和社会保障部关于开展城镇居民基本医疗保险门诊统筹重点联系工作的通知》第3条。

成。重点联系城市设立联络员，负责与工作小组的联系。今后有条件的城市由所在省（区）批准确定后，报部门诊统筹重点联系工作小组进行增补。相关省（区）和重点联系城市要按照本通知要求，高度重视这项工作，认真做好各项组织实施工作，提供必要的政策支持和经费保障，确保重点联系工作落到实处。其他省（区、市）要根据《指导意见》精神，继续加强对各地市开展门诊统筹工作的指导，注重门诊统筹管理服务机制的创新。各地要认真研究工作中出现的新情况、新问题，积极探索解决办法，遇有重要情况应及时报告。①

5. 城镇居民基本医疗保险门诊统筹的有关问题。（1）门诊统筹的重要意义、原则。充分认识门诊统筹的重要意义。普遍开展居民医保门诊统筹是提高医疗保障水平的重要举措，有利于拓宽保障功能，减轻群众门诊医疗费用负担；是完善医疗保险管理机制的重要内容，有利于整体调控卫生资源，提高保障绩效；是落实"保基本、强基层、建机制"要求的重要抓手，有利于支持基层医疗机构建设，促进基本药物制度实施，推动医药卫生体制各项改革协调发展。开展门诊统筹要坚持以下原则：坚持基本保障，重点保障群众负担较重的门诊多发病、慢性病，避免变成福利补偿；坚持社会共济，实现基金调剂使用和待遇公平；坚持依托基层医疗卫生资源，严格控制医疗服务成本，提高基金使用效率。各地要统一思想，落实责任，加强组织实施，确保完成今年普遍开展门诊统筹的工作任务。要按照《关于开展城镇居民基本医疗保险门诊统筹的指导意见》（人社部发〔2009〕66号）的要求，加强管理，创新机制，努力提高门诊统筹保障绩效。要充分发挥医疗保险在医药卫生体制改革中的重要作用，着眼于调结构、建机制，降低医疗服务成本，优化卫生资源配置。②（2）合理确定保障范围和支付政策。门诊统筹所需资金由居民医保基金解决。各地要综合考虑居民医疗需求、费用水平、卫生资源分布等情况，认真测算、合理安排门诊和住院资金。2011年新增财政补助资金，在保证提高住院医疗待遇的基础上，重点用于开展门诊统筹。门诊统筹立足保障参保人员基本医疗需求，主要支付在基层医疗卫生机构发生的符合规定的门诊医疗费用，重点保障群众负担较重的多发病、慢性病。困难地区可以从纳入

---

① 《人力资源和社会保障部关于开展城镇居民基本医疗保险门诊统筹重点联系工作的通知》第4条。

② 《人力资源和社会保障部关于普遍开展城镇居民基本医疗保险门诊统筹有关问题的意见》第1条。

统筹基金支付范围的门诊大病起步逐步拓展门诊保障范围。合理确定门诊统筹支付比例、起付标准(额)和最高支付限额。对在基层医疗卫生机构发生的符合规定的医疗费用,支付比例原则上不低于50%;累计门诊医疗费较高的部分,可以适当提高支付比例。对于在非基层医疗机构发生的门诊医疗费用,未经基层医疗机构转诊的原则上不支付。根据门诊诊疗和药品使用特点,探索分别制定诊疗项目和药品的支付办法。针对门诊发生频率较高的特点,可以采取每次就诊定额自付的办法确定门诊统筹起付额。要根据基金承受能力,综合考虑当地次均门诊费用、居民就诊次数、住院率等因素,合理确定门诊统筹最高支付限额,并随着基金承受能力的增强逐步提高。要结合完善就医机制,统筹考虑门诊、住院支付政策,做好相互之间的衔接,提高基金使用效率。对恶性肿瘤门诊放化疗、尿毒症透析、器官移植术后抗排异治疗、糖尿病患者胰岛素治疗、重性精神病人药物维持治疗等特殊治疗,以及在门诊开展比住院更经济方便的部分手术,要采取措施鼓励患者在门诊就医。各地可以针对这些特殊治疗和手术的特点,单独确定定点医疗机构(不限于基层医疗机构),并参照住院制定相应的管理和支付办法,减轻他们的医疗费用负担。[①] (3)完善医疗服务管理措施。根据门诊保障需要,建立健全适合门诊特点的医疗服务管理和考核体系,加强对门诊就诊率、转诊率、次均费用、费用结构等的考核,规范基层定点医疗机构医疗服务行为。做好与基层医疗服务体系建设、基本药物制度、全科医生制度等其他改革的衔接,做到相互促进。居民医保门诊统筹执行基本医疗保险药品目录,在定点基层医疗机构保证《国家基本医疗保险药品目录》甲类药品(包括基本药物)的使用。对定点基层医疗机构医保甲类药品的配备和使用要提出明确要求,并纳入定点基层医疗机构考核体系。对部分患者门诊基本医疗必需的乙类药品,有条件的地区可以研究探索制订基层医疗机构医生处方外购药品的支付和管理办法。严格执行政府办基层医疗机构基本药物零差率销售政策,降低药品使用成本。将一般诊疗费全额纳入医疗保险支付范围,按规定比例予以支付。建立健全门诊统筹诊疗服务规范和监管措施,加强对定点基层医疗机构服务行为监管,合理控制诊疗服务数量和费用,避免分解就诊、重复收费等不规范诊疗行

[①] 《人力资源和社会保障部关于普遍开展城镇居民基本医疗保险门诊统筹有关问题的意见》第2条。

为的发生。① (4) 创新就医管理和付费机制。创新门诊统筹就医管理和付费机制,管理重点逐步由费用控制向成本控制转变,降低服务成本,提高保障绩效。要充分利用基层医疗机构,引导群众基层就医,促进分级医疗体系形成。发挥医疗保险对卫生资源的调控作用,合理使用门诊和住院资源,降低住院率,从总体上控制医疗费用。积极探索基层首诊和双向转诊就医管理机制。确定首诊基层医疗机构要综合考虑医疗机构服务能力、参保居民意愿、是否与上级医院建立协作关系等因素,一般一年一定,参保人只能选择一家。积极探索双向转诊,明确首诊、转诊医疗机构责任,逐步建立风险控制和费用分担机制。规范基层医疗机构上转病人,促进医院下转病人,推动形成分工合理的就医格局。充分发挥医疗保险团购优势,通过谈判,控制医疗服务成本,减轻患者费用负担。各统筹地区要研究制定门诊统筹团购办法,明确规则、内容、流程等,在人头服务、慢病管理、常用药品、常规诊疗项目等方面探索团购工作。在实施总额预算管理的基础上,探索实行按人头付费等付费方式,建立风险共担的机制,促进医疗机构和医生主动控制费用。要根据不同付费方式的特点,明确监管重点,提高医疗质量,保障参保居民基本医疗权益。② (5) 加强经办管理。加强居民医保基金预算管理,统筹安排门诊和住院资金,提高基金使用效率。在统一进行预算管理的基础上,对门诊和住院医疗费用支出单独列账、分开统计。完善门诊和住院费用支出监测指标体系,建立动态分析制度。完善门诊统筹协议管理。随着门诊统筹付费机制的完善,充实细化协议内容,将门诊统筹政策要求、管理措施、服务质量、考核办法、奖惩机制等落实到定点协议中,通过协议强化医疗服务监管。定期公布定点医疗机构医疗服务费用、质量、群众满意度等情况,充分发挥社会监督作用。加大考核力度,将考核结果与费用结算、奖励处罚挂钩。加强信息系统建设。各统筹地区要加快发行社会保障卡,尽快将网络延伸到全部定点基层医疗机构和街道(乡镇)、社区(村)服务网点,利用信息化手段强化运行监控,方便即时结算。提高医疗保险信息系统建设部署层级,数据至少集中到地市一级。对定点医疗机构信息系统与医保信息系统的衔接提出明确要求,定点医疗机构向医保机构

---

① 《人力资源和社会保障部关于普遍开展城镇居民基本医疗保险门诊统筹有关问题的意见》第3条。

② 《人力资源和社会保障部关于普遍开展城镇居民基本医疗保险门诊统筹有关问题的意见》第4条。

传输就诊结算信息,逐步由定时回传提高到实时回传,内容应包括个人就诊基本信息和各项医疗服务的汇总及明细信息(含自费项目)。①(6)积极稳妥开展门诊统筹工作。各省(区、市)人力资源社会保障厅(局)要高度重视门诊统筹工作,研究制定具体落实措施和工作方案,加强对各统筹地区的工作指导和政策协调。尚未开展居民医保门诊统筹的地区,要抓紧出台相关政策,尽快启动实施;已开展居民医保门诊统筹的地区,要根据本通知要求进一步完善政策、加强管理。门诊统筹重点联系城市要做好重点专题探索工作,破解重点难点问题,实现体制机制创新。有条件的地区可以调整职工医保个人账户使用办法,探索职工门诊保障统筹共济办法。门诊统筹工作政策性强、涉及面广,各级人力资源和社会保障部门要主动加强与发展改革、财政、卫生、民政等部门的沟通协调,促进医改各项工作协同推进。各省(区、市)要充分发挥重点联系城市的作用,及时推广好的经验做法,形成上下互动的合力。②(7)保险门诊统筹的要求。①开展门诊统筹应充分利用社区卫生服务中心(站)等基层医疗卫生机构和中医药服务。将符合条件的基层医疗卫生机构纳入基本医疗保险定点范围。起步阶段,门诊统筹原则上用于在定点基层医疗卫生机构发生的门诊医疗费用,随着分级诊疗和双向转诊制度的建立完善,逐步将支付范围扩大到符合规定的转诊费用。同时,要通过制定优惠的偿付政策,提供方便快捷的服务,鼓励和引导参保居民充分利用基层医疗卫生服务。各级卫生行政部门要合理设置基层医疗卫生机构,促进基层医疗卫生机构与转诊医疗机构的分工合作,探索建立分级诊疗制度及转诊相关管理办法和标准。统筹地区人力资源和社会保障部门要会同卫生行政部门共同探索首诊和转诊的参保人员就医管理办法,促进建立双向转诊制度。③②探索适合门诊统筹费用控制机制和结算管理的方式。根据门诊就医和医疗费用支出特点,积极探索总额预付或按人头付费等费用结算办法。充分发挥医疗保险集团购买的优势,采取定服务机构、定服务项目、定考核指标、定结算标准、定支付办法等方式,探索就医、支付、结算一体化的门诊统筹综合管理办法,有效控制门

---

① 《人力资源和社会保障部关于普遍开展城镇居民基本医疗保险门诊统筹有关问题的意见》第5条。
② 《人力资源和社会保障部关于普遍开展城镇居民基本医疗保险门诊统筹有关问题的意见》第6条。
③ 《人力资源和社会保障部、财政部、卫生部关于开展城镇居民基本医疗保险门诊统筹的指导意见》第5条。

诊医疗费用。① ③加强组织领导。各地要高度重视,科学决策,精心组织实施。切实加强经办能力建设,完善医疗保险信息系统,探索适应门诊统筹管理需要的经办方式,提高管理服务水平。要加强社区劳动保障平台与社区卫生服务机构的协作,促进参保人员健康管理。要认真研究工作中出现的新情况、新问题,积极探索解决办法,遇有重要情况要及时报告。②

（六）城乡居民的大病保险

1. 城乡居民大病保险的法依据。城乡居民大病保险（以下简称大病保险）是基本医疗保障制度的拓展和延伸,是对大病患者发生的高额医疗费用给予进一步保障的一项新的制度性安排。大病保险试点以来,推动了医保、医疗、医药联动改革,促进了政府主导与发挥市场机制作用相结合,提高了基本医疗保障管理水平和运行效率,有力缓解了因病致贫、因病返贫问题。为加快推进大病保险制度建设,筑牢全民基本医疗保障网底,让更多的人民群众受益,经国务院同意,现提出以下意见。③

2. 城乡居民大病保险的基本原则。(1)坚持以人为本、保障大病。建立完善大病保险制度,不断提高大病保障水平和服务可及性,着力维护人民群众健康权益,切实避免人民群众因病致贫、因病返贫。(2)坚持统筹协调、政策联动。加强基本医保、大病保险、医疗救助、疾病应急救助、商业健康保险和慈善救助等制度的衔接,发挥协同互补作用,输出充沛的保障动能,形成保障合力。(3)坚持政府主导、专业承办。强化政府在制定政策、组织协调、监督管理等方面职责的同时,采取商业保险机构承办大病保险的方式,发挥市场机制作用和商业保险机构专业优势,提高大病保险运行效率、服务水平和质量。(4)坚持稳步推进、持续实施。大病保险保障水平要与经济社会发展、医疗消费水平和社会负担能力等相适应。强化社会互助共济,形成政府、个人和保险机构共同分担大病风险的机制。坚持因地制宜、规范运作,实现大病保险稳健运行和可持续发展。④

---

① 《人力资源和社会保障部、财政部、卫生部关于开展城镇居民基本医疗保险门诊统筹的指导意见》第6条。
② 《人力资源和社会保障部、财政部、卫生部关于开展城镇居民基本医疗保险门诊统筹的指导意见》第7条。
③ 《国务院办公厅关于全面实施城乡居民大病保险的意见》序言。
④ 《国务院办公厅关于全面实施城乡居民大病保险的意见》第1条第1款。

3. 城乡居民大病保险的主要目标。2015年年底前,大病保险覆盖所有城镇居民基本医疗保险、新型农村合作医疗(以下统称城乡居民基本医保)参保人群,大病患者看病就医负担有效减轻。到2017年,建立起比较完善的大病保险制度,与医疗救助等制度紧密衔接,共同发挥托底保障功能,有效防止发生家庭灾难性医疗支出,城乡居民医疗保障的公平性得到显著提升。[①]

4. 城乡居民大病保险的保险筹资机制。(1)科学测算筹资标准。各地结合当地经济社会发展水平、患大病发生的高额医疗费用情况、基本医保筹资能力和支付水平,以及大病保险保障水平等因素,科学细致做好资金测算,合理确定大病保险的筹资标准。(2)稳定资金来源。从城乡居民基本医保基金中划出一定比例或额度作为大病保险资金。城乡居民基本医保基金有结余的地区,利用结余筹集大病保险资金;结余不足或没有结余的地区,在年度筹集的基金中予以安排。完善城乡居民基本医保的多渠道筹资机制,保证制度的可持续发展。(3)提高统筹层次。大病保险原则上实行市(地)级统筹,鼓励省级统筹或全省(区、市)统一政策、统一组织实施,提高抗风险能力。[②]

5. 城乡居民大病保险的保险保障水平。(1)全面覆盖城乡居民。大病保险的保障对象为城乡居民基本医保参保人,保障范围与城乡居民基本医保相衔接。参保人患大病发生高额医疗费用,由大病保险对经城乡居民基本医保按规定支付后个人负担的合规医疗费用给予保障。高额医疗费用,可以个人年度累计负担的合规医疗费用超过当地统计部门公布的上一年度城镇居民、农村居民年人均可支配收入作为主要测算依据。根据城乡居民收入变化情况,建立动态调整机制,研究细化大病的科学界定标准,具体由地方政府根据实际情况确定。合规医疗费用的具体范围由各省(区、市)和新疆生产建设兵团结合实际分别确定。(2)逐步提高支付比例。2015年大病保险支付比例应达到50%以上,随着大病保险筹资能力、管理水平不断提高,进一步提高支付比例,更有效地减轻个人医疗费用负担。按照医疗费用高低分段制定大病保险支付比例,医疗费用越高支付比例越高。鼓励地方探索向困难群体适当倾斜的具体办法,努力提高大病保险制度托底保障的精准性。[③]

---

① 《国务院办公厅关于全面实施城乡居民大病保险的意见》第1条第2款。
② 《国务院办公厅关于全面实施城乡居民大病保险的意见》第2条。
③ 《国务院办公厅关于全面实施城乡居民大病保险的意见》第3条。

6. 城乡居民大病保险的各项制度的衔接。强化基本医保、大病保险、医疗救助、疾病应急救助、商业健康保险及慈善救助等制度间的互补联动,明确分工,细化措施,在政策制定、待遇支付、管理服务等方面做好衔接,努力实现大病患者应保尽保。鼓励有条件的地方探索建立覆盖职工、城镇居民和农村居民的有机衔接、政策统一的大病保险制度。推动实现新型农村合作医疗重大疾病保障向大病保险平稳过渡。建立大病信息通报制度,支持商业健康保险信息系统与基本医保、医疗机构信息系统进行必要的信息共享。大病保险承办机构要及时掌握大病患者医疗费用和基本医保支付情况,加强与城乡居民基本医保经办服务的衔接,提供"一站式"即时结算服务,确保群众方便、及时享受大病保险待遇。对经大病保险支付后自付费用仍有困难的患者,民政等部门要及时落实相关救助政策。①

7. 城乡居民大病保险的保险承办服务。(1)支持商业保险机构承办大病保险。地方政府人力资源社会保障、卫生计生、财政、保险监管部门共同制定大病保险的筹资、支付范围、最低支付比例以及就医、结算管理等基本政策,并通过适当方式征求意见。原则上通过政府招标选定商业保险机构承办大病保险业务,在正常招投标不能确定承办机构的情况下,由地方政府明确承办机构的产生办法。对商业保险机构承办大病保险的保费收入,按现行规定免征营业税,免征保险业务监管费;2015年至2018年,试行免征保险保障金。(2)规范大病保险招标投标与合同管理。坚持公开、公平、公正和诚实信用的原则,建立健全招投标机制,规范招投标程序。招标主要包括具体支付比例、盈亏率、配备的承办和管理力量等内容。符合保险监管部门基本准入条件的商业保险机构自愿参加投标。招标人应当与中标的商业保险机构签署保险合同,明确双方责任、权利和义务,合同期限原则上不低于3年。因违反合同约定,或发生其他严重损害参保人权益的情况,可按照约定提前终止或解除合同,并依法追究责任。各地要不断完善合同内容,探索制定全省(区、市)统一的合同范本。(3)建立大病保险收支结余和政策性亏损的动态调整机制。遵循收支平衡、保本微利的原则,合理控制商业保险机构盈利率。商业保险机构因承办大病保险出现超过合同约定的结余,需向城乡居民基本医保基金返还资金;因城乡居民基本医保政策调整等政策性原因

---

① 《国务院办公厅关于全面实施城乡居民大病保险的意见》第4条。

给商业保险机构带来亏损时,由城乡居民基本医保基金和商业保险机构分摊,具体分摊比例应在保险合同中载明。(4)不断提升大病保险管理服务的能力和水平。规范资金管理,商业保险机构承办大病保险获得的保费实行单独核算,确保资金安全和偿付能力。商业保险机构要建立专业队伍,加强专业能力建设,提高管理服务效率,优化服务流程,为参保人提供更加高效便捷的服务。发挥商业保险机构全国网络优势,简化报销手续,推动异地医保即时结算。鼓励商业保险机构在承办好大病保险业务的基础上,提供多样化的健康保险产品。①

8. 城乡居民大病保险的监督管理。(1)加强大病保险运行的监管。相关部门要各负其责,协同配合,强化服务意识,切实保障参保人权益。人力资源社会保障、卫生计生等部门要建立以保障水平和参保人满意度为核心的考核评价指标体系,加强监督检查和考核评估,督促商业保险机构按合同要求提高服务质量和水平。保险监管部门要加强商业保险机构从业资格审查以及偿付能力、服务质量和市场行为监管,依法查处违法违规行为。财政部门要会同相关部门落实利用城乡居民基本医保基金向商业保险机构购买大病保险的财务列支和会计核算办法,强化基金管理。审计部门要按规定进行严格审计。政府相关部门和商业保险机构要切实加强参保人员个人信息安全保障,防止信息外泄和滥用。(2)规范医疗服务行为。卫生计生部门要加强对医疗机构、医疗服务行为和质量的监管。商业保险机构要与人力资源社会保障、卫生计生部门密切配合,协同推进按病种付费等支付方式改革。抓紧制定相关临床路径,强化诊疗规范,规范医疗行为,控制医疗费用。(3)主动接受社会监督。商业保险机构要将签订合同情况以及筹资标准、待遇水平、支付流程、结算效率和大病保险年度收支等情况向社会公开。城乡居民基本医保经办机构承办大病保险的,在基金管理、经办服务、信息披露、社会监督等方面执行城乡居民基本医保现行规定。②

9. 城乡居民大病保险的组织实施。各省(区、市)人民政府和新疆生产建设兵团、各市(地)人民政府要将全面实施大病保险工作列入重要议事日程,进一步健全政府领导、部门协调、社会参与的工作机制,抓紧制定实施方案,细化工作任务和责任部门,明确时间节点和工作要求,确保2015年年底前全面推开。人力资

---

① 《国务院办公厅关于全面实施城乡居民大病保险的意见》第5条。
② 《国务院办公厅关于全面实施城乡居民大病保险的意见》第6条。

源社会保障、卫生计生部门要加强对各地实施大病保险的指导,密切跟踪工作进展,及时研究解决新情况、新问题,总结推广经验做法,不断完善大病保险制度。加强宣传解读,使群众广泛了解大病保险政策、科学理性对待疾病,增强全社会的保险责任意识,为大病保险实施营造良好社会氛围。①

四、其他人员的基本医疗保险(障)

(一)新型农村合作医疗制度

1. 建立新型农村合作医疗的目标和原则。新型农村合作医疗制度是由政府组织、引导、支持,农民自愿参加,个人、集体和政府多方筹资,以大病统筹为主的农民医疗互助共济制度。从2003年起,各省、自治区、直辖市至少要选择2~3个县(市)先行试点,取得经验后逐步推开。到2010年,实现在全国建立基本覆盖农村居民的新型农村合作医疗制度的目标,减轻农民因疾病带来的经济负担,提高农民健康水平。建立新型农村合作医疗制度要遵循以下原则:(1)自愿参加,多方筹资。农民以家庭为单位自愿参加新型农村合作医疗,遵守有关规章制度,按时足额缴纳合作医疗经费;乡(镇)、村集体要给予资金扶持;中央和地方各级财政每年要安排一定专项资金予以支持。(2)以收定支,保障适度。新型农村合作医疗制度要坚持以收定支、收支平衡的原则,既保证这项制度持续有效运行,又使农民能够享有最基本的医疗服务。(3)先行试点,逐步推广。建立新型农村合作医疗制度必须从实际出发,通过试点总结经验,不断完善,稳步发展。要随着农村社会经济的发展和农民收入的增加,逐步提高新型农村合作医疗制度的社会化程度和抗风险能力。②

2. 建立新型农村合作医疗的组织管理。(1)新型农村合作医疗制度一般采取以县(市)为单位进行统筹。条件不具备的地方,在起步阶段也可采取以乡(镇)为单位进行统筹,逐步向县(市)统筹过渡。(2)要按照精简、效能的原则,建立新型农村合作医疗制度管理体制。省、地级人民政府成立由卫生、财政、农业、民政、审计、扶贫等部门组成的农村合作医疗协调小组。各级卫生行政部门内部应设立专门的农村合作医疗管理机构,原则上不增加编制。县级人民政府成立由有关部门和参加合作医疗的农民代表组成的农村合作医疗管理委员会,

---

① 《国务院办公厅关于全面实施城乡居民大病保险的意见》第7条。
② 《关于建立新型农村合作医疗制度的意见》第1条。

负责有关组织、协调、管理和指导工作。委员会下设经办机构,负责具体业务工作,人员由县级人民政府调剂解决。根据需要在乡(镇)可设立派出机构(人员)或委托有关机构管理。经办机构的人员和工作经费列入同级财政预算,不得从农村合作医疗基金中提取。①

3. 建立新型农村合作医疗的筹资标准。新型农村合作医疗制度实行个人缴费、集体扶持和政府资助相结合的筹资机制。(1)农民个人每年的缴费标准不应低于10元,经济条件好的地区可相应提高缴费标准。乡镇企业职工(不含以农民家庭为单位参加新型农村合作医疗的人员)是否参加新型农村合作医疗由县级人民政府确定。(2)有条件的乡村集体经济组织应对本地新型农村合作医疗制度给予适当扶持。扶持新型农村合作医疗的乡村集体经济组织类型、出资标准由县级人民政府确定,但集体出资部分不得向农民摊派。鼓励社会团体和个人资助新型农村合作医疗制度。(3)地方财政每年对参加新型农村合作医疗农民的资助不低于人均10元,具体补助标准和分级负担比例由省级人民政府确定。经济较发达的东部地区,地方各级财政可适当增加投入。从2003年起,中央财政每年通过专项转移支付对中西部地区除市区以外的参加新型农村合作医疗的农民按人均10元安排补助资金。②

4. 建立新型农村合作医疗的资金管理。农村合作医疗基金是由农民自愿缴纳、集体扶持、政府资助的民办公助社会性资金,要按照以收定支、收支平衡和公开、公平、公正的原则进行管理,必须专款专用,专户储存,不得挤占挪用。(1)农村合作医疗基金由农村合作医疗管理委员会及其经办机构进行管理。农村合作医疗经办机构应在管理委员会认定的国有商业银行设立农村合作医疗基金专用账户,确保基金的安全和完整,并建立健全农村合作医疗基金管理的规章制度,按照规定合理筹集、及时审核支付农村合作医疗基金。(2)农村合作医疗基金中农民个人缴费及乡村集体经济组织的扶持资金,原则上按年由农村合作医疗经办机构在乡(镇)设立的派出机构(人员)或委托有关机构收缴,存入农村合作医疗基金专用账户;地方财政支持资金,由地方各级财政部门根据参加新型农村合作医疗的实际人数,划拨到农村合作医疗基金专用账户;中央财政补助中西部地

---

① 《关于建立新型农村合作医疗制度的意见》第2条。
② 《关于建立新型农村合作医疗制度的意见》第3条。

区新型农村合作医疗的专项资金,由财政部根据各地区参加新型农村合作医疗的实际人数和资金到位等情况核定,向省级财政划拨。中央和地方各级财政要确保补助资金及时、全额拨付到农村合作医疗基金专用账户,并通过新型农村合作医疗试点逐步完善补助资金的划拨办法,尽可能简化程序,易于操作。要结合财政国库管理制度改革和完善情况,逐步实现财政直接支付。关于新型农村合作医疗资金具体补助办法,由财政部商有关部门研究制定。(3)农村合作医疗基金主要补助参加新型农村合作医疗农民的大额医疗费用或住院医疗费用。有条件的地方,可实行大额医疗费用补助与小额医疗费用补助结合的办法,既提高抗风险能力又兼顾农民受益面。对参加新型农村合作医疗的农民,年内没有动用农村合作医疗基金的,要安排进行一次常规性体检。各省、自治区、直辖市要制订农村合作医疗报销基本药物目录。各县(市)要根据筹资总额,结合当地实际,科学合理地确定农村合作医疗基金的支付范围、支付标准和额度,确定常规性体检的具体检查项目和方式,防止农村合作医疗基金超支或过多结余。(4)加强对农村合作医疗基金的监管。农村合作医疗经办机构要定期向农村合作医疗管理委员会汇报农村合作医疗基金的收支、使用情况;要采取张榜公布等措施,定期向社会公布农村合作医疗基金的具体收支、使用情况,保证参加合作医疗农民的参与、知情和监督的权利。县级人民政府可根据本地实际,成立由相关政府部门和参加合作医疗的农民代表共同组成的农村合作医疗监督委员会,定期检查、监督农村合作医疗基金使用和管理情况。农村合作医疗管理委员会要定期向监督委员会和同级人民代表大会汇报工作,主动接受监督。审计部门要定期对农村合作医疗基金收支和管理情况进行审计。①

5. 建立新型农村合作医疗的医疗服务管理。加强农村卫生服务网络建设,强化对农村医疗卫生机构的行业管理,积极推进农村医疗卫生体制改革,不断提高医疗卫生服务能力和水平,使农民得到较好的医疗服务。各地区要根据情况,在农村卫生机构中择优选择农村合作医疗的服务机构,并加强监管力度,实行动态管理。要完善并落实各种诊疗规范和管理制度,保证服务质量,提高服务效率,控制医疗费用。②

---

① 《关于建立新型农村合作医疗制度的意见》第4条。
② 《关于建立新型农村合作医疗制度的意见》第5条。

6. 建立新型农村合作医疗的组织实施。(1)省级人民政府要制订新型农村合作医疗制度的管理办法,本着农民参保积极性较高、财政承受能力较强、管理基础较好的原则选择试点县(市),积极、稳妥地开展新型农村合作医疗试点工作。试点工作的重点是探索新型农村合作医疗管理体制、筹资机制和运行机制。县级人民政府要制定具体方案,各级相关部门在同级人民政府统一领导下组织实施。(2)要切实加强对新型农村合作医疗的宣传教育,采取多种形式向农民宣传新型农村合作医疗的重要意义和当地的具体做法,引导农民不断增强自我保健和互助共济意识,动员广大农民自愿、积极参加新型农村合作医疗。农民参加合作医疗所履行的缴费义务,不能视为增加农民负担。建立新型农村合作医疗制度是帮助农民抵御重大疾病风险的有效途径,是推进农村卫生改革与发展的重要举措,政策性强,任务艰巨。各地区、各有关部门要高度重视,加强领导,落实政策措施,抓好试点,总结经验,积极稳妥地做好这项工作。[1]

(二)铁路系统职工的基本医疗保险

1. 铁路系统职工参加基本医疗保险的法定性。(1)铁路系统所有用人单位及其职工都要按照属地管理原则参加统筹地区的基本医疗保险,统一执行所参保统筹地区的基本医疗保险政策。基本医疗保险基金由所参保统筹地区社会保险经办机构统一筹集、使用和管理。铁路系统各机关、事业单位、工厂、高校及其职工,要直接参加所在统筹地区的基本医疗保险;跨地区、生产流动性较大的运输、施工企业及其职工,可以相对集中的方式异地参加统筹地区的基本医疗保险。[2] (2)各运输企业一般以铁路分局(总公司)、直管站段的铁路局为单位,集中参加分局、路局注册所在统筹地区的基本医疗保险;中国铁路工程总公司与中国铁路建筑总公司下属的跨地区、生产流动性较大的施工企业一般以工程处为单位参加工程处机关所在统筹地区的基本医疗保险。[3]

2. 铁路系统职工参加基本医疗保险的管理办法、医疗机构。各有关统筹地区劳动保障部门要在征求以相对集中方式参保的各单位意见基础上,制定异地参保人员的就医管理办法。要充分发挥铁路系统现有医疗资源的作用,方便参

---

[1] 《关于建立新型农村合作医疗制度的意见》第6条。
[2] 《劳动和社会保障部、铁道部关于铁路系统职工参加基本医疗保险有关问题的通知》第1条。
[3] 《劳动和社会保障部、铁道部关于铁路系统职工参加基本医疗保险有关问题的通知》第2条。

保人员就医与管理。符合条件的铁路系统医疗机构均可向所在地劳动保障部门申请定点资格。对取得定点资格的铁路系统医疗机构,允许所在统筹地区所有参保人员选择。①

3. 铁路系统职工参加基本医疗保险的职能分工。各有关省(自治区、直辖市)劳动保障部门要加强对铁路系统跨地区、生产流动性较大企业及其职工相对集中异地参保工作的指导和监督。各有关统筹地区劳动保障部门要结合铁路系统运输、施工单位及其职工的分布和行业特点,完善基本医疗保险费的征缴、医疗费用支付和结算等办法,认真做好组织实施工作。铁路各有关单位要积极配合当地劳动保障部门共同做好这项工作。在实施过程中发现的重大问题,要及时向当地人民政府和上级主管部门反映,采取切实有效的措施,确保这项工作的顺利实施。②

(三)获准出境定居的归侨侨眷职工的基本医疗保险

1. 获准出境定居的归侨侨眷职工及退休人员纳入基本医疗保险的法定性。各地在进行医疗保险制度改革时,要将获准出境定居的归侨侨眷职工及退休人员纳入基本医疗保险范围,为他们办理相关手续。③

2. 获准出境定居的归侨侨眷职工及退休人员的医疗保险待遇。(1)归侨侨眷退休人员的医疗保险待遇。已参加了当地基本医疗保险、获准出境定居的归侨侨眷退休人员入境就医,按当地有关医疗保险规定,享受基本医疗保险待遇。④(2)归侨侨眷离休人员的医疗保险待遇。获准出境定居的归侨侨眷离休人员,回国内就医,按规定享受医疗保险待遇。⑤

3. 获准出境定居的归侨侨眷职工参加医疗保险但未达到退休年龄的个人账户结清。已参加了基本医疗保险但尚未达到退休年龄的归侨侨眷职工,在获准出境定居后,其个人账户可一次结清,退还本人,今后不再享受基本医疗

---

① 《劳动和社会保障部、铁道部关于铁路系统职工参加基本医疗保险有关问题的通知》第3条。
② 《劳动和社会保障部、铁道部关于铁路系统职工参加基本医疗保险有关问题的通知》第4条。
③ 《劳动和社会保障部、国务院侨务办公室关于获准出境定居的归侨侨眷职工医疗保险有关政策问题的通知》第1条。
④ 《劳动和社会保障部、国务院侨务办公室关于获准出境定居的归侨侨眷职工医疗保险有关政策问题的通知》第2条。
⑤ 《劳动和社会保障部、国务院侨务办公室关于获准出境定居的归侨侨眷职工医疗保险有关政策问题的通知》第4条。

保险待遇。①

(四)中央直属企事业单位人员的基本医疗保险

1. 中央直属企事业单位人员基本医疗保险的参加。(1)中央直属企事业单位按属地管理原则参加统筹地区基本医疗保险的法律依据。为贯彻全国城镇职工基本医疗保险制度和医药卫生体制改革工作会议精神,进一步落实《国务院关于建立城镇职工基本医疗保险制度的决定》(国发〔1998〕44号)和《研究中央直属企业参加城镇职工基本医疗保险制度改革有关问题的会议纪要》(国阅〔2001〕37号)有关要求,做好中央直属企事业单位按属地管理原则参加统筹地区基本医疗保险工作,现下发《劳动和社会保障部、中共中央金融工作委员会、中共中央企业工作委员会关于中央直属企事业单位按属地管理原则参加统筹地区基本医疗保险有关问题的通知》。②(2)中央直属企事业单位按属地管理原则参加统筹地区基本医疗保险的改革。加快推进城镇职工基本医疗保险制度改革,是完善社会保障体系的客观要求,是保障职工基本医疗需求、维护职工合法权益的重要措施,是深化国有企业改革和经济结构调整的必要条件,是贯彻江泽民同志"三个代表"重要思想的具体体现。各级劳动保障部门和中央直属企事业单位要认真学习江泽民同志在庆祝中国共产党成立80周年大会上的讲话,按照中央的统一部署和在医疗保险制度改革中实践江泽民同志"三个代表"重要思想的要求,提高对推进医疗保险制度改革的重要性、紧迫性的认识,积极推进和参加医疗保险制度改革工作。③(3)中央直属企事业单位按属地管理原则参加统筹地区基本医疗保险的政策落实。中央直属企事业单位及其职工都要按照属地管理原则统一参加并执行统筹地区的基本医疗保险政策。基本医疗保险基金由所参保统筹地区社会保险经办机构统一筹集、使用和管理。电力、远洋运输等跨地区、生产流动性较大的企业及其职工,可以相对集中的方式异地参加统筹地区的基本医疗保险。中央有关部门和直属企事业单位要按照中央部署,要求并督促下属各单

---

① 《劳动和社会保障部、国务院侨务办公室关于获准出境定居的归侨侨眷职工医疗保险有关政策问题的通知》第3条。

② 《劳动和社会保障部、中共中央金融工作委员会、中共中央企业工作委员会关于中央直属企事业单位按属地管理原则参加统筹地区基本医疗保险有关问题的通知》序言。

③ 《劳动和社会保障部、中共中央金融工作委员会、中共中央企业工作委员会关于中央直属企事业单位按属地管理原则参加统筹地区基本医疗保险有关问题的通知》第1条。

位按属地管理原则参加基本医疗保险。中央各直属企事业单位要加强宣传和思想政治工作,把医疗保险政策讲准,内容讲全,引导职工积极参加基本医疗保险。劳动保障部门和中央直属企事业单位要密切配合,共同做好参加基本医疗保险的有关工作。① (4)中央直属企事业单位按属地管理原则参加统筹地区基本医疗保险的时间及医疗费用。所在地级以上统筹地区已经启动医疗保险制度改革的中央直属企事业单位,原则上应在2001年年底前全部参加当地基本医疗保险;所在地级以上统筹地区尚未启动的,应按当地部署同步参加。中央直属企业单位还要积极探索建立企业补充医疗保险办法,妥善解决职工超出基本医疗保险支付范围之外的医疗费用。② (5)中央直属企事业单位按属地管理原则参加统筹地区基本医疗保险的管理。①各省、自治区、直辖市劳动保障部门要加强与有关部门的协调,帮助解决中央直属企事业单位参加基本医疗保险中存在的问题。统筹地区劳动保障部门要增强服务意识,不断提高医疗保险社会化管理和服务水平。要结合中央直属企事业单位及其职工的分布和行业特点,完善基本医疗保险费的征缴、医疗费用支付和结算等办法,帮助企事业单位克服在参保过程中碰到的困难,认真做好组织实施工作。在实施过程中发现重大问题,要及时向当地人民政府和上级主管部门报告,并采取切实有效的措施予以解决,确保这项工作的顺利实施。③ ②各有关统筹地区劳动保障部门要在征求中央各直属企事业单位意见基础上,制定参保人员的就医管理办法,方便参保人员就医与管理。要认真做好定点医疗机构的资格审查工作,加强医疗服务管理,提高医疗保险管理和服务水平。要充分发挥中央直属企事业单位现有医疗资源的作用,符合条件的企事业医疗机构均可向所在地劳动保障部门申请定点资格。对取得定点资格的企事业医疗机构,允许所在统筹地区所有参保人员选择。④

2. 国家电力公司所属单位职工基本医疗保险的参加。(1)国家电力公司所

---

① 《劳动和社会保障部、中共中央金融工作委员会、中共中央企业工作委员会关于中央直属企事业单位按属地管理原则参加统筹地区基本医疗保险有关问题的通知》第2条。
② 《劳动和社会保障部、中共中央金融工作委员会、中共中央企业工作委员会关于中央直属企事业单位按属地管理原则参加统筹地区基本医疗保险有关问题的通知》第3条。
③ 《劳动和社会保障部、中共中央金融工作委员会、中共中央企业工作委员会关于中央直属企事业单位按属地管理原则参加统筹地区基本医疗保险有关问题的通知》第4条。
④ 《劳动和社会保障部、中共中央金融工作委员会、中共中央企业工作委员会关于中央直属企事业单位按属地管理原则参加统筹地区基本医疗保险有关问题的通知》第5条。

属单位职工参加基本医疗保险的适用。①适用的法律依据。为了贯彻落实《国务院关于建立城镇职工基本医疗保险制度的决定》(国发〔1998〕44号)和劳动保障部、中央金融工委、中央企业工委《关于中央直属企事业单位按属地管理原则参加统筹地区基本医疗保险有关问题的通知》(劳社部函〔2001〕163号),做好国家电力公司所属单位及其职工参加统筹地区基本医疗保险的有关工作。现下发《劳动和社会保障部、国家电力公司关于国家电力公司所属单位职工参加基本医疗保险有关问题的通知》。① ②适用的范围。国家电力公司所有用人单位及其职工和退休人员都要按照属地管理原则参加统筹地区的基本医疗保险,统一执行所参保统筹地区基本医疗保险政策。② (2)国家电力公司所属单位职工参加基本医疗保险的范围。国家电力公司所属具有独立法人资格的发电企业、修造企业、科研设计机构、中高等院校及其职工直接参加所在地级以上(含地级)统筹地区的基本医疗保险。③ (3)国家电力公司所属单位职工参加基本医疗保险的原则。具有独立法人资格的水电、火电、送变电施工企业及其职工,原则上以工程局(公司)为单位参加其法人注册地所在统筹地区的基本医疗保险。如其法人注册地和生活基地不在同一统筹地区,各工程局(公司)可本着实事求是和方便职工就医的原则,与有关统筹地区协商确定参保地区。跨地区、生产流动性大的电网企业原则上参加法人注册地所在统筹地区的基本医疗保险,具体参保地区由各省、自治区、直辖市劳动保障部门征求电力企业意见后确定。④ (4)国家电力公司所属单位职工参加基本医疗保险的医疗机构。要充分发挥企业现有医疗资源的作用,符合条件的电力企业医疗机构均可向所在地劳动保障部门申请作为基本医疗保险定点医疗机构,为所在统筹地区所有参保人员提供医疗服务。⑤ (5)国家电力公司所属单位职工的企业补充医疗保险。国家电力公司所属各单位在属地

---

① 《劳动和社会保障部、国家电力公司关于国家电力公司所属单位职工参加基本医疗保险有关问题的通知》序言。
② 《劳动和社会保障部、国家电力公司关于国家电力公司所属单位职工参加基本医疗保险有关问题的通知》第1条。
③ 《劳动和社会保障部、国家电力公司关于国家电力公司所属单位职工参加基本医疗保险有关问题的通知》第2条。
④ 《劳动和社会保障部、国家电力公司关于国家电力公司所属单位职工参加基本医疗保险有关问题的通知》第3条。
⑤ 《劳动和社会保障部、国家电力公司关于国家电力公司所属单位职工参加基本医疗保险有关问题的通知》第4条。

参加基本医疗保险的基础上,可以建立企业补充医疗保险,具体办法由国家电力公司确定。① (6)国家电力公司所属单位职工参加基本医疗保险的职责分工。各有关省、自治区、直辖市劳动保障部门要加强对水电、火电、送变电施工企业和跨地区、生产流动性大的电网企业及职工相对集中异地参保工作的指导和监督。各有关统筹地区劳动保障部门要结合这些单位及其职工的分布和行业特点,完善基本医疗保险费的征缴、医疗费用支付和结算等办法,认真做好组织实施工作。国家电力公司有关单位要积极配合当地劳动保障部门共同做好这项工作。在实施过程中发现的重大问题,要及时向当地人民政府和上级主管部门反映,采取切实有效的措施,确保这项工作的顺利实施。②

3. 石油石化集团所属企业有偿解除劳动合同人员基本医疗保险的参加。(1)参加医疗保险的法定性。对已在城镇用人单位(包括企业、机关、事业单位、社会团体、民办非企业单位)实现再就业的人员,应按规定在新就业单位属地参加基本医疗保险。③ (2)参加医疗保险的办法。对其他有偿解除劳动合同人员属地参加基本医疗保险问题,各地有规定的,按各地现行规定执行;各地暂无规定的,可以采取由个人交费参加基本养老保险的办法,解决这部分人员的基本医疗待遇问题。中石油、中石化集团所属单位有偿解除劳动合同人员属地参加基本医疗保险,要按上述规定,与所在地劳动保障部门协商确定具体操作办法。④

(五)城镇灵活就业人员的基本医疗保险

1. 城镇灵活就业人员参加基本医疗保险的法律依据。随着我国经济体制改革的进一步深化和产业结构的调整,以非全日制、临时性和弹性工作等灵活形式就业的人员(以下简称灵活就业人员)逐步增加,这部分人的医疗保障问题日益突出。为解决灵活就业人员的医疗保障问题,落实《中共中央国务院关于进一步做好下岗失业人员再就业工作的通知》(中发〔2002〕12号)关于抓紧制定以灵活

---

① 《劳动和社会保障部、国家电力公司关于国家电力公司所属单位职工参加基本医疗保险有关问题的通知》第5条。
② 《劳动和社会保障部、国家电力公司关于国家电力公司所属单位职工参加基本医疗保险有关问题的通知》第6条。
③ 《劳动和社会保障部关于石油石化集团所属企业有偿解除劳动合同人员属地参加基本医疗保险问题的复函》第1条。
④ 《劳动和社会保障部关于石油石化集团所属企业有偿解除劳动合同人员属地参加基本医疗保险问题的复函》第2条。

形式就业的下岗失业人员社会保障配套办法的要求,现下发《劳动和社会保障部办公厅关于城镇灵活就业人员参加基本医疗保险的指导意见》。①

2. 城镇灵活就业人员参加基本医疗保险的意义、制度。(1)灵活就业人员参加基本医疗保险是解决他们医疗保障问题的重要措施,也是促进就业和再就业与完善社会保障体系的本质要求。各级劳动保障部门要从全面实践"三个代表"重要思想的高度出发,重视灵活就业人员的医疗保障问题,积极将灵活就业人员纳入基本医疗保险制度范围。②(2)结合经济发展水平和医疗保险管理能力,在区分灵活就业人员的人群类别、充分调查分析其基本医疗需求的基础上,针对不同类别的人群,制定相应政策和管理办法。③(3)灵活就业人员参加基本医疗保险要坚持权利和义务相对应、缴费水平与待遇水平相挂钩的原则。在参保政策和管理办法上既要与城镇职工基本医疗保险制度相衔接,又要适应灵活就业人员的特点。④

3. 城镇灵活就业人员参加基本医疗保险的参保方式、激励措施和待遇水平。(1)已与用人单位建立明确劳动关系的灵活就业人员,要按照用人单位参加基本医疗保险的方法缴费参保。其他灵活就业人员,要以个人身份缴费参保。⑤(2)可从建立基本医疗保险统筹基金起步,首先解决灵活就业人员住院和门诊大额医疗费用的保障问题,也可为有条件的部分灵活就业人员同时建立个人账户和实行大额医疗补助。⑥(3)灵活就业人员参加基本医疗保险的缴费率原则上按照当地的缴费率确定。从统筹基金起步的地区,可参照当地基本医疗保险建立统筹基金的缴费水平确定。缴费基数可参照当地上一年职工年平均工资核定。灵活就业人员缴纳的医疗保险费纳入统筹地区基本医疗保险基金统一管理。⑦(4)采取措施,促使灵活就业人员连续足额缴费。可根据灵活就业人员的缴费水平和缴费时间,参照当地基本医疗保险的待遇水平,确定相应的医疗保险待遇,并明确医疗保险待遇与缴费年限和连续缴费相挂钩的办

---

① 《劳动和社会保障部办公厅关于城镇灵活就业人员参加基本医疗保险的指导意见》序言。
② 《劳动和社会保障部办公厅关于城镇灵活就业人员参加基本医疗保险的指导意见》第1条。
③ 《劳动和社会保障部办公厅关于城镇灵活就业人员参加基本医疗保险的指导意见》第2条。
④ 《劳动和社会保障部办公厅关于城镇灵活就业人员参加基本医疗保险的指导意见》第3条。
⑤ 《劳动和社会保障部办公厅关于城镇灵活就业人员参加基本医疗保险的指导意见》第4条。
⑥ 《劳动和社会保障部办公厅关于城镇灵活就业人员参加基本医疗保险的指导意见》第5条。
⑦ 《劳动和社会保障部办公厅关于城镇灵活就业人员参加基本医疗保险的指导意见》第6条。

法。对首次参加医疗保险的灵活就业人员,可规定其参加基本医疗保险到开始享受相关医疗保险待遇的期限。要考虑灵活就业人员收入不稳定等特点,明确中断缴费的认定和处理办法。①(5)灵活就业人员按照基本医疗保险的规定选择定点医疗机构和定点药店,严格执行基本医疗保险用药、诊疗项目和医疗服务设施标准的有关规定。要指导和协助参保的灵活就业人员选择定点医疗机构和定点药店。②

4. 城镇灵活就业人员参加基本医疗保险的管理服务工作。(1)针对灵活就业人员就业形式多样、工作地点和时间不固定等特点,完善医疗保险的业务管理办法,制定相应的个人申报登记办法、个人缴费办法和资格审核办法。鼓励灵活就业人员通过劳动保障事务代理机构或社区劳动保障服务机构等实现整体参保。③(2)经办机构要开设专门窗口,方便灵活就业人员个人直接缴费参保和医疗费用的结算。要进一步提高社会化管理服务水平,做到社会保险经办机构与定点医疗机构和定点药店的直接结算,减轻参保灵活就业人员的事务性负担。④(3)做好参保灵活就业人员的医疗保险信息管理工作。进一步完善缴费个人基础档案资料的主要项目,建立完整的个人基础档案资料,做好个人缴费记录。根据灵活就业人员就业形式的变化,及时调整或更改个人信息,做好灵活就业人员的医疗保险关系变更服务。对灵活就业人员的缴费收入、医药费用支出等信息,要单独进行统计分析。⑤

5. 城镇灵活就业人员参加基本医疗保险的职责分工及协同。(1)各级劳动保障部门要努力争取党委和政府的支持,加大宣传力度,为做好灵活就业人员参加基本医疗保险创造良好的氛围。要主动与工商、税务等相关部门沟通,争取支持。⑥(2)各统筹地区劳动保障部门要在认真调查和测算的基础上,制定和完善各类灵活就业人员参加基本医疗保险办法,精心组织实施。要及时分析和研究出现的新问题,不断完善政策和管理措施,确保制度平稳运行。⑦

---

① 《劳动和社会保障部办公厅关于城镇灵活就业人员参加基本医疗保险的指导意见》第7条。
② 《劳动和社会保障部办公厅关于城镇灵活就业人员参加基本医疗保险的指导意见》第8条。
③ 《劳动和社会保障部办公厅关于城镇灵活就业人员参加基本医疗保险的指导意见》第9条。
④ 《劳动和社会保障部办公厅关于城镇灵活就业人员参加基本医疗保险的指导意见》第10条。
⑤ 《劳动和社会保障部办公厅关于城镇灵活就业人员参加基本医疗保险的指导意见》第11条。
⑥ 《劳动和社会保障部办公厅关于城镇灵活就业人员参加基本医疗保险的指导意见》第12条。
⑦ 《劳动和社会保障部办公厅关于城镇灵活就业人员参加基本医疗保险的指导意见》第13条。

(六)破产国有企业退休人员等的基本医疗保障

1. 破产国有企业退休人员等医疗保障的纳入。各地要认真按照中发[2009] 6号和国发[2009]12号文件要求,采取切实有效措施,于2009年年底前将未参保的关闭破产国有企业退休人员纳入当地城镇职工基本医疗保险。同时,统筹解决包括关闭破产集体企业退休人员和困难企业职工等在内的其他各类城镇人员医疗保障问题,切实保障他们的基本医疗需求。①

2. 破产国有企业退休人员等医疗保障的资金。(1)各地要通过多渠道筹资的办法,妥善解决关闭破产国有企业退休人员参加城镇职工基本医疗保险所需资金。在企业实施关闭破产时,要按照《企业破产法》相关规定,通过企业破产财产偿付退休人员参保所需费用。企业破产财产不足偿付的,可以通过未列入破产财产的土地出让所得、财政补助、医疗保险基金结余调剂等多渠道筹资解决。省级政府对困难市、县应给予帮助和支持。地方各级政府安排用于帮助解决关闭破产企业退休人员参保的补助资金,可分年到位。对地方依法破产国有企业退休人员参加城镇职工基本医疗保险,中央财政按照"奖补结合"原则给予一次性补助。今后,各地要严格执行《企业破产法》等法律法规,妥善解决关闭破产企业退休人员参保所需资金,中央财政不再给予补助。②(2)各地要认真落实《国务院办公厅转发国家经贸委等部门关于解决国有困难企业和关闭破产企业职工基本生活问题若干意见的通知》(国办发[2003]2号),将中央和中央下放地方政策性关闭破产国有企业退休人员及其参保所筹集资金纳入属地城镇职工基本医疗保险体系统一管理,不得单独管理、封闭运行。退休人员基本医疗待遇与原所属企业(或企业集团)脱钩,统筹地区应按规定确保退休人员享受当地城镇职工基本医疗保险的相关待遇。中央财政在按国办发[2003]2号文件规定安排补助的基础上,对中央和中央下放地方政策性关闭破产国有企业退休人员参加城镇职工基本医疗保险,给予一次性补助。③

---

① 《人力资源和社会保障部、财政部、国务院国有资产监督管理委员会、监察部关于妥善解决关闭破产国有企业退休人员等医疗保障有关问题的通知》第1条。

② 《人力资源和社会保障部、财政部、国务院国有资产监督管理委员会、监察部关于妥善解决关闭破产国有企业退休人员等医疗保障有关问题的通知》第2条。

③ 《人力资源和社会保障部、财政部、国务院国有资产监督管理委员会、监察部关于妥善解决关闭破产国有企业退休人员等医疗保障有关问题的通知》第3条。

3. 破产国有企业退休人员等医疗保障的实施。(1) 各地要制定具体的实施办法,切实将目前尚未参保的、关闭破产集体企业等其他各类关闭破产企业退休人员和困难企业职工纳入城镇职工基本医疗保险。中央财政对此项工作做得好的地区,通过以奖代补的方式给予一次性补助。对确有困难、难以参加城镇职工基本医疗保险的,经省级人民政府批准纳入城镇居民基本医疗保险,中央财政按照城镇居民基本医疗保险有关规定给予补助。省级人民政府要明确参加城镇居民基本医疗保险企业的具体标准和审批程序,省级人力资源社会保障等部门要认真按照规定严格组织实施,防止有缴费能力的企业逃避参加城镇职工基本医疗保险的缴费责任,损害退休人员和职工权益。到2010年年底前,基本解决所有关闭破产企业退休人员和困难企业职工的参保问题。① (2) 各地要加快城镇职工基本医疗保险和城镇居民基本医疗保险的扩面进度,确保实现到2011年年底城镇职工基本医疗保险、城镇居民基本医疗保险参保率均达到90%以上的目标。要继续贯彻落实《国务院关于建立城镇职工基本医疗保险制度的决定》(国发〔1998〕44号) 及其他相关文件精神,大力推进解决城镇非公有制经济组织从业人员、灵活就业人员、就业困难人员参保问题,将本行政区域内各类机关事业单位和企业单位及其职工全部纳入属地城镇职工基本医疗保险。同时,要按照《人力资源社会保障部、财政部关于全面开展城镇居民基本医疗保险工作的通知》(人社部发〔2009〕35号) 要求,全面推开城镇居民基本医疗保险制度,切实将城镇非就业居民纳入城镇居民基本医疗保险。中央财政将根据各地实际参保率,与各类关闭破产企业退休人员和困难企业职工参保情况一并进行考核,通过以奖代补给予补助。②

4. 破产国有企业退休人员等医疗保障的职责分工。各地要认真履行职责,切实抓好贯彻落实。各省、自治区、直辖市人民政府要切实承担责任,进一步明确政策,制订周密详尽、切实可行的工作方案,切实加大对统筹地区的工作指导力度,确保专款专用和工作目标的实现。为强化工作责任,明确工作要求,人力资源社会保障部、财政部、国务院国资委、监察部将与各省、自治区、直辖市人民

---

① 《人力资源和社会保障部、财政部、国务院国有资产监督管理委员会、监察部关于妥善解决关闭破产国有企业退休人员等医疗保障有关问题的通知》第4条。
② 《人力资源和社会保障部、财政部、国务院国有资产监督管理委员会、监察部关于妥善解决关闭破产国有企业退休人员等医疗保障有关问题的通知》第5条。

政府签订工作目标协议书。各统筹地区人民政府要精心组织，制订具体实施计划，确保按期完成工作任务。地方各级政府要积极调整支出结构，努力通过多渠道方式筹措所需资金，确保资金到位。到2011年年底，东、中、西部省份解决关闭破产国有企业退休人员参保问题地方政府所需筹集资金到位率要分别达到50%、40%和30%。地方各级政府在分配上级和本级财政补助资金时，要对关闭破产企业退休人员和困难企业职工参保任务重、财力困难的地区给予倾斜。各省、自治区、直辖市人民政府要发挥监督和协调作用，督促落实各项政策。中央有关部门将对各地落实本通知的情况适时进行督查。①

（七）退役军人的基本医疗保险

1. 退役军人基本医疗保险的适用。（1）适用法律依据。①为了保障军人退出现役后享有国家规定的医疗保险待遇，维护军人权益，激励军人安心服役，根据《国防法》的有关规定，结合军队实际，制定《中国人民解放军军人退役医疗保险暂行办法》。② ②《中国人民解放军军人退役医疗保险暂行办法》由劳动保障部和中国人民解放军总后勤部负责解释。③ ③《中国人民解放军军人退役医疗保险暂行办法》自2000年1月1日起施行。④ （2）适用范围。《中国人民解放军军人退役医疗保险暂行办法》适用于中国人民武装警察部队。⑤

2. 退役军人基本医疗保险的医疗保险制度。国家实行军人退役医疗保险制度，设立军人退役医疗保险基金，对军人退出现役后的医疗费用给予补助。中国人民解放军根据国家的有关规定，为军人建立退役医疗保险个人账户。⑥

3. 退役军人基本医疗保险的医疗保险基金。（1）军人退役医疗保险基金由国家财政拨款和军人缴纳的退役医疗保险费组成。⑦ （2）军人退役医疗保险基金实行集中统管，任何单位或者个人不得挤占挪用。⑧ （3）军人退役医疗保险基金

---

① 《人力资源和社会保障部、财政部、国务院国有资产监督管理委员会、监察部关于妥善解决关闭破产国有企业退休人员等医疗保障有关问题的通知》第6条。
② 《中国人民解放军军人退役医疗保险暂行办法》第1条。
③ 《中国人民解放军军人退役医疗保险暂行办法》第22条。
④ 《中国人民解放军军人退役医疗保险暂行办法》第23条。
⑤ 《中国人民解放军军人退役医疗保险暂行办法》第21条。
⑥ 《中国人民解放军军人退役医疗保险暂行办法》第2条。
⑦ 《中国人民解放军军人退役医疗保险暂行办法》第6条。
⑧ 《中国人民解放军军人退役医疗保险暂行办法》第16条。

的存储、划拨、运营、预决算管理和会计核算,必须严格执行国家和军队的有关规定。基金利息等收益全部纳入军人退役医疗保险基金。① (4)中国人民解放军各级审计部门按照规定的职责,对军人退役医疗保险基金的收支和管理进行审计监督。②

4. 退役军人基本医疗保险的个人账户。(1)各级后勤(联勤)机关按照职责分工,负责军人退役医疗保险个人账户的建立和基金筹集、管理、支付。③ (2)军人退役医疗保险个人账户资金的利息每年计算一次,计入军人退役医疗保险个人账户。军人退役医疗保险个人账户资金的利率,由中国人民解放军总后勤部根据中国人民银行公布的相应利率确定。④ (3)师职以下现役军官、局级和专业技术四级以下文职干部、士官退出现役时,其退役医疗保险个人账户的资金和利息,由本人所在单位后勤(联勤)机关财务部门结清。⑤ (4)从地方直接招收的军官、文职干部和士官入伍时由地方社会保险经办机构将其基本医疗保险个人账户结余部分转入接收单位后勤(联勤)机关财务部门,计入本人的退役医疗保险个人账户,并逐级上交中国人民解放军总后勤部。⑥ (5)军人牺牲或者病故的,其退役医疗保险个人账户资金可以依法继承。⑦

5. 退役军人基本医疗保险的参加。师职以下现役军官、局级和专业技术四级以下文职干部、士官、义务兵和具有军籍的学员依照本办法参加军人退役医疗保险。⑧

6. 退役军人基本医疗保险的医疗保险管理机构。城镇职工基本医疗保险统筹地区人民政府劳动和社会保障部门负责军人退役后的医疗保险管理工作。⑨

7. 退役军人基本医疗保险的退役医疗保险费缴纳及补助。(1)师职以下现役军官、局级和专业技术四级以下文职干部和士官,每人每月按照本人工资收入1%的数额缴纳退役医疗保险费。国家按照军人缴纳的退役医疗保险费的同等

---

① 《中国人民解放军军人退役医疗保险暂行办法》第17条。
② 《中国人民解放军军人退役医疗保险暂行办法》第18条。
③ 《中国人民解放军军人退役医疗保险暂行办法》第4条。
④ 《中国人民解放军军人退役医疗保险暂行办法》第9条。
⑤ 《中国人民解放军军人退役医疗保险暂行办法》第11条。
⑥ 《中国人民解放军军人退役医疗保险暂行办法》第14条。
⑦ 《中国人民解放军军人退役医疗保险暂行办法》第15条。
⑧ 《中国人民解放军军人退役医疗保险暂行办法》第3条。
⑨ 《中国人民解放军军人退役医疗保险暂行办法》第5条。

数额,给予军人退役医疗补助。① (2)参加军人退役医疗保险的军官、文职干部和士官应当缴纳军人退役医疗保险费,国家按照个人缴纳的军人退役医疗保险费的同等数额给予补助。义务兵和供给制学员不缴纳军人退役医疗保险费,国家按照规定的标准给予军人退役医疗保险补助。② (3)军人缴纳的退役医疗保险费和国家给予的军人退役医疗补助,由其所在单位后勤(联勤)机关财务部门逐月计入本人的退役医疗保险个人账户。③ (4)军官、文职干部晋升为军职或者享受军职待遇的,不再缴纳退役医疗保险费,个人缴纳的退役医疗保险费连同利息一并退还本人。缴纳退役医疗保险费后致残的二等乙级以上革命伤残军人,退还个人缴纳的退役医疗保险费及利息。④ (5)义务兵、供给制学员不缴纳退役医疗保险费,服役期间不建立退役医疗保险个人账户。⑤

8. 退役军人医疗保险的标准。军人退役医疗保险个人缴费标准和国家补助标准,由中国人民解放军总后勤部会同国务院有关部门,按照国家规定的缴费比例、军人工资水平等因素确定。⑥

9. 退役军人基本医疗保险的保险金。(1)义务兵退出现役时,按照上一年度全国城镇职工平均工资收入的1.6%乘以服役年数的计算公式计付军人退役医疗保险金。⑦ (2)军人退出现役后,按照国家规定不参加城镇职工基本医疗保险的,由军人所在单位后勤(联勤)机关财务部门将军人退役医疗保险金发给本人;按照国家规定应当参加城镇职工基本医疗保险的,由军人所在单位后勤(联勤)机关财务部门将军人退役医疗保险金转军人安置地的社会保险经办机构,具体办法由中国人民解放军总后勤部会同劳动保障部(已撤销)等有关部门制定。⑧

10. 退役军人医疗保险的转接。(1)军人入伍前已经参加基本医疗保险的,由地方社会保险经办机构和军队后勤(联勤)机关财务部门办理基本医疗保险关系转移接续手续。⑨ (2)军人退出现役后参加职工基本医疗保险的,由军队后勤

---

① 《中国人民解放军军人退役医疗保险暂行办法》第7条。
② 《军人保险法》第20条。
③ 《中国人民解放军军人退役医疗保险暂行办法》第8条。
④ 《中国人民解放军军人退役医疗保险暂行办法》第10条。
⑤ 《中国人民解放军军人退役医疗保险暂行办法》第12条第1款。
⑥ 《军人保险法》第21条。
⑦ 《中国人民解放军军人退役医疗保险暂行办法》第12条第2款。
⑧ 《中国人民解放军军人退役医疗保险暂行办法》第13条。
⑨ 《军人保险法》第22条。

(联勤)机关财务部门将军人退役医疗保险关系和相应资金转入地方社会保险经办机构,地方社会保险经办机构办理相应的转移接续手续。军人服现役年限视同职工基本医疗保险缴费年限,与入伍前和退出现役后参加职工基本医疗保险的缴费年限合并计算。①

11. 退役军人医疗保险的办理。军人退出现役后参加新型农村合作医疗或者城镇居民基本医疗保险的,按照国家有关规定办理。②

12. 退役军人基本医疗保险的相关法律责任。有下列情形之一的,对直接负责的主管人员和其他直接责任人员,依照国家和军队的有关规定给予处分;涉嫌犯罪的,移交司法机关依法处理;对单位给予通报批评,责令限期改正,并依照国家和军队有关规定给予处罚:(1)出具假证明、伪造公文、证件骗取军人退役医疗保险金的;(2)不按照规定转移和接收军人退役医疗保险个人账户资金的;(3)贪污挪用军人退役医疗保险基金的;(4)虚报冒领、不按照规定计发军人退役医疗保险金的;(5)其他违反本办法,妨害军人退役医疗保险工作的。③

(八)军队机关事业单位职工的医疗保险

1. 军队机关事业单位职工医疗保险的执行。军队机关事业单位在职职工和退休人员的医疗待遇问题,仍按现行规定执行。④

2. 移交地方单位及调离军队职工医疗保险的执行。随军队后勤保障项目移交地方单位和正常调动到地方单位的军队机关事业单位职工,从调离军队之日起,按规定参加所在统筹地区的城镇职工基本医疗保险,缴纳基本医疗保险费享受基本医疗保险待遇。⑤

(九)军人配偶随军未就业期间的医疗保险

1. 军人配偶随军未就业期间医疗保险个人账户的建立。军人所在单位后勤机关为未就业随军配偶建立医疗保险个人账户,医疗保险个人账户资金由个人和国家共同负担。未就业随军配偶按照本人基本生活补贴标准全额1%的比例

---

① 《军人保险法》第23条。
② 《军人保险法》第24条。
③ 《中国人民解放军军人退役医疗保险暂行办法》第19条。
④ 《人事部、劳动和社会保障部、中国人民解放军总后勤部关于军队后勤保障社会化改革中人事和劳动保障工作有关问题的通知》第2条第2款第1项。
⑤ 《人事部、劳动和社会保障部、中国人民解放军总后勤部关于军队后勤保障社会化改革中人事和劳动保障工作有关问题的通知》第2条第2款第2项。

缴费,国家按照其缴纳的同等数额给予个人账户补贴。①

2. 军人配偶随军未就业期间医疗保险个人账户的转出。未就业随军配偶在就业或者军人退出现役随迁后,按照规定应当参加接收地基本医疗保险的,由军人所在单位后勤机关将其医疗保险个人账户资金转入接收地社会保险经办机构,再由接收地社会保险经办机构并入本人基本医疗保险个人账户。按照规定不参加接收地基本医疗保险的,其医疗保险个人账户资金,由军人所在单位后勤机关一次性发给本人。②

五、基本医疗保险关系的转移接续

(一)流动就业人员的基本医疗保障关系转移接续

1. 流动就业人员的基本医疗保障关系转移接续的法律依据及执行。(1)为保证城镇职工基本医疗保险、城镇居民基本医疗保险和新型农村合作医疗参保(合)人员流动就业时能够连续参保,基本医疗保障关系能够顺畅接续,保障参保(合)人员的合法权益,根据《中共中央国务院关于深化医药卫生体制改革的意见》(中发[2009]6号)的要求,制定《流动就业人员基本医疗保障关系转移接续暂行办法》。③ (2)各省、自治区、直辖市要按照《流动就业人员基本医疗保障关系转移接续暂行办法》,并结合当地实际制定流动就业人员基本医疗保障登记管理和转移接续的具体实施办法。④ (3)《流动就业人员基本医疗保障关系转移接续暂行办法》自2010年7月1日起实施。⑤ (4)移交政府安置的军队离休人员和退出现役的二等乙级以上革命伤残军人的医疗待遇,按照国务院、中央军委的有关规定执行。移交政府安置的军队退休干部、士官的医疗待遇政策,由军队有关部门商国务院有关部门另行制定。⑥

2. 流动就业人员参加或重复享受基本医疗待遇的禁止。城乡各类流动就业人员按照现行规定相应参加城镇职工基本医疗保险、城镇居民基本医疗保险或新型农村合作医疗,不得同时参加和重复享受待遇。各地不得以户籍等原因设

---

① 《中国人民解放军军人配偶随军未就业期间社会保险暂行办法》第12条。
② 《中国人民解放军军人配偶随军未就业期间社会保险暂行办法》第13条。
③ 《流动就业人员基本医疗保障关系转移接续暂行办法》第1条。
④ 《流动就业人员基本医疗保障关系转移接续暂行办法》第12条。
⑤ 《流动就业人员基本医疗保障关系转移接续暂行办法》第13条。
⑥ 《中国人民解放军军人退役医疗保险暂行办法》第20条。

置参加障碍。①

3. 农村户籍人员的基本医疗保障关系转移接续。(1)农村户籍人员在城镇单位就业并有稳定劳动关系的,由用人单位按照《社会保险登记管理暂行办法》的规定办理登记手续,参加就业地城镇职工基本医疗保险。其他流动就业的,可自愿选择参加户籍所在地新型农村合作医疗或就业地城镇基本医疗保险,并按照有关规定到户籍所在地新型农村合作医疗经办机构或就业地社会(医疗)保险经办机构办理登记手续。②(2)新型农村合作医疗参合人员参加城镇基本医疗保险后,由就业地社会(医疗)保险经办机构通知户籍所在地新型农村合作医疗经办机构办理转移手续,按当地规定退出新型农村合作医疗,不再享受新型农村合作医疗待遇。③(3)由于劳动关系终止或其他原因中止城镇基本医疗保险关系的农村户籍人员,可凭就业地社会(医疗)保险经办机构出具的参保凭证,向户籍所在地新型农村合作医疗经办机构申请,按当地规定参加新型农村合作医疗。④

4. 城镇参保跨统筹地区流动就业人员的基本医疗保障关系转移接续。(1)城镇基本医疗保险参保人员跨统筹地区流动就业,新就业地有接收单位的,由单位按照《社会保险登记管理暂行办法》的规定办理登记手续,参加新就业地城镇职工基本医疗保险;无接收单位的,个人应在中止原基本医疗保险关系后的3个月内到新就业地社会(医疗)保险经办机构办理登记手续,按当地规定参加城镇职工基本医疗保险或城镇居民基本医疗保险。⑤(2)城镇基本医疗保险参保人员跨统筹地区流动就业并参加新就业地城镇基本医疗保险的,由新就业地社会(医疗)保险经办机构通知原就业地社会(医疗)保险经办机构办理转移手续,不再享受原就业地城镇基本医疗保险待遇。建立个人账户的,个人账户原则上随其医疗保险关系转移划转,个人账户余额(包括个人缴费部分和单位缴费划入部分)通过社会(医疗)保险经办机构转移。⑥(3)参保(合)人员跨制度或跨统筹地区转移基本医疗保障关系的,原户籍所在地或原就业地社会(医疗)保险或新型农村合作医疗经办机构应在其办理中止参保(合)手续时为其出具参保(合)凭证

---

① 《流动就业人员基本医疗保障关系转移接续暂行办法》第2条。
② 《流动就业人员基本医疗保障关系转移接续暂行办法》第3条。
③ 《流动就业人员基本医疗保障关系转移接续暂行办法》第4条。
④ 《流动就业人员基本医疗保障关系转移接续暂行办法》第5条。
⑤ 《流动就业人员基本医疗保障关系转移接续暂行办法》第6条。
⑥ 《流动就业人员基本医疗保障关系转移接续暂行办法》第7条。

(样式见附件),并保留其参保(合)信息,以备核查。新就业地要做好流入人员的参保(合)信息核查以及登记等工作。①(4)参保(合)凭证由人力资源社会保障部会同卫生部统一设计,由各地社会(医疗)保险及新型农村合作医疗经办机构统一印制。参保(合)凭证信息原则上通过社会(医疗)保险及新型农村合作医疗经办机构之间传递,因特殊原因无法传递的,由参保(合)人员自行办理有关手续。②

5. 流动就业人员基本医疗保障关系转移接续的办理及服务。(1)社会(医疗)保险和新型农村合作医疗经办机构要指定窗口或专人,办理流动就业人员的基本医疗保障登记和关系接续等业务。要逐步将身份证号码作为各类人员参加城镇职工基本医疗保险、城镇居民基本医疗保险和新型农村合作医疗的唯一识别码,加强信息系统建设,及时记录更新流动人员参保(合)缴费的信息,保证参保(合)记录的完整性和连续性。③(2)社会(医疗)保险和新型农村合作医疗经办机构要加强沟通和协作,共同做好基本医疗保障关系转移接续管理服务工作,简化手续,规范流程,共享数据,方便参保(合)人员接续基本医疗保障关系和享受待遇。④

(二)流动就业人员基本医疗保险关系转移接续业务经办规程

1. 基本医疗保险关系转移接续业务经办规程的适用。(1)适用的法律。①为统一规范流动就业人员基本医疗保险关系转移接续业务办理流程,根据《流动就业人员基本医疗保障关系转移接续暂行办法》(人社部发〔2009〕191号)和《关于做好进城落户农民参加基本医疗保险和关系转移接续工作的办法》(人社部发〔2015〕80号),制定《流动就业人员基本医疗保险关系转移接续业务经办规程》。⑤ ②《流动就业人员基本医疗保险关系转移接续业务经办规程》从2016年9月1日起实施。原《流动就业人员基本医疗保险关系转移接续业务经办规程(试行)》(人社险中心函〔2010〕58号)同时废止。⑥(2)适用范围。本规程适用

---

① 《流动就业人员基本医疗保障关系转移接续暂行办法》第8条。
② 《流动就业人员基本医疗保障关系转移接续暂行办法》第9条。
③ 《流动就业人员基本医疗保障关系转移接续暂行办法》第10条。
④ 《流动就业人员基本医疗保障关系转移接续暂行办法》第11条。
⑤ 《流动就业人员基本医疗保险关系转移接续业务经办规程》第1条。
⑥ 《流动就业人员基本医疗保险关系转移接续业务经办规程》第12条。

于职工基本医疗保险和城镇(城乡)居民基本医疗保险参保人员(以下简称参保人员)流动就业时跨制度、跨统筹地区转移接续基本医疗保险关系的业务经办。①(3)适用的解释。《流动就业人员基本医疗保险关系转移接续业务经办规程》所称经办机构是指社会(医疗)保险经办机构。《流动就业人员基本医疗保险关系转移接续业务经办规程》所称参保(合)凭证是各统筹地区经办机构按照人力资源社会保障部、国家卫生计生委监制要求填写和打印的凭证。②

2. 基本医疗保险关系转移接续业务经办的流程。(1)跨统筹地区流动前转接手续的办理。参保人员跨统筹地区流动前,参保人员或其所在用人单位到基本医疗保险关系所在地(以下简称转出地)经办机构办理中止参保手续,并按规定提供居民身份证等相关证明材料,申请开具参保(合)凭证。转出地经办机构应核实参保人在本地的缴费年限和缴费情况,核算个人账户资金,生成并出具参保(合)凭证;对有欠费的参保人员,告知欠费情况并提醒其及时补缴。转出地经办机构应保留其参保信息,以备核查。参保人遗失参保(合)凭证,转出地经办机构应予补办。③(2)跨统筹地区流动后转接手续的办理。参保人员跨统筹地区流动就业后,按规定参加转入地基本医疗保险。参保人员或其新就业的用人单位向转入地经办机构提出转移申请并提供参保(合)凭证,填写《基本医疗保险关系转移接续申请表》,并按规定提供居民身份证等相关证明材料。转入地经办机构受理申请后,对符合当地转移接续条件的,应在受理之日起15个工作日内与转出地经办机构联系,生成并发出《基本医疗保险关系转移接续联系函》。④(3)跨统筹地区流动转接手续的完成。①转出地经办机构完成的转接手续。转出地经办机构在收到《联系函》之日起的15个工作日内完成以下转移手续:第一,终止参保人员在本地的基本医疗保险关系。第二,按规定处理个人账户,需办理个人账户余额划转手续的,划转时需标明转移人员姓名和社会保障号。第三,生成并核对《参保人员基本医疗保险类型变更信息表》,并提供给转入地经办机构。第四,转出地经办机构将参保人员有关信息转出后,仍需将该信息保留备份。《联系函》信息不全或有误的,应及时联系转入地经办机构,转入地经办机构应予以配

---

① 《流动就业人员基本医疗保险关系转移接续业务经办规程》第2条。
② 《流动就业人员基本医疗保险关系转移接续业务经办规程》第3条。
③ 《流动就业人员基本医疗保险关系转移接续业务经办规程》第4条。
④ 《流动就业人员基本医疗保险关系转移接续业务经办规程》第5条。

合更正或说明情况。不符合转移条件的,转出地经办机构应通知转入地经办机构。① ②转入地经办机构完成的转接手续。转入地经办机构在收到《信息表》和个人账户余额后的15个工作日内办结以下接续手续:第一,核对《信息表》列具的信息及转移的个人账户金额。第二,将转移的个人账户金额计入参保人员的个人账户。第三,根据《信息表》及用人单位或参保人员提供的材料,补充完善相关信息。第四,将办结情况通知用人单位或参保人员。第五,《信息表》按照社保档案管理规定存档备案。参保(合)凭证、《信息表》或个人账户金额有误的,转入地经办机构应及时联系转出地经办机构,转出地经办机构应予以配合更正或说明情况。②

3. 基本医疗保险关系转移接续业务经办的服务。(1)凭证样张的公布。人力资源社会保障部制定《基本医疗保障参保(合)凭证样张、标准格式和填写要求》,并将凭证样张公布在部网站上,各地经办机构按照标准打印。③ (2)经办机构信息的查询。各统筹地区经办人员可以登录人力资源社会保障部网址(http://www.mohrss.gov.cn)查询全国县级以上经办机构的邮寄地址、联系电话和传真号码,下载各地行政区划代码。经办机构联系方式发生变化,要及时通过系统变更或直报人力资源社会保障部社会保险事业管理中心,确保部网站上公布的县级以上经办机构信息的准确性。④ (3)转接信息、材料的传递。关系转移接续函、表等材料应以纸质方式通过信函邮寄。为便于及时办理手续,经办机构间尚未实现信息系统互联的,可先通过传真方式传送相关材料;已经实现信息系统互联的,可先通过信息系统交换参保人员基本医疗保险关系转移接续的有关信息。⑤

4. 基本医疗保险关系转移接续业务经办的要求。进城落户农民和流动就业人员参加新农合或城镇(城乡)居民等基本医疗保险的信息应连续计入新参保地业务档案,保证参保记录的完整性和连续性。⑥

(三)进城落户农民参加基本医疗保险和关系转移接续

1. 进城落户农民参加基本医疗保险和关系转移接续的法律依据。(1)健全

---

① 《流动就业人员基本医疗保险关系转移接续业务经办规程》第6条。
② 《流动就业人员基本医疗保险关系转移接续业务经办规程》第7条。
③ 《流动就业人员基本医疗保险关系转移接续业务经办规程》第8条。
④ 《流动就业人员基本医疗保险关系转移接续业务经办规程》第9条。
⑤ 《流动就业人员基本医疗保险关系转移接续业务经办规程》第10条。
⑥ 《流动就业人员基本医疗保险关系转移接续业务经办规程》第11条。

进城落户农民参加基本医疗保险和关系转移接续政策,是落实中央全面深化改革任务的重要举措,有利于推动和统筹城乡发展,促进社会正义和谐;有利于全面提升城镇化质量,促进城镇化健康发展;有利于深入健全全民医保,促进基本医疗保障公平可及。为进一步做好进城落户农民参加基本医疗保险和流动就业人员等基本医疗保险关系转移接续工作,切实维护各类参保人员合法权益,依据《中华人民共和国社会保险法》和基本医疗保险制度有关规定,制定《关于做好进城落户农民参加基本医疗保险和关系转移接续工作的办法》。① (2)《关于做好进城落户农民参加基本医疗保险和关系转移接续工作的办法》从2016年1月1日起执行。《流动就业人员基本医疗保障关系转移接续暂行办法》(人社部发〔2009〕191号)与《关于做好进城落户农民参加基本医疗保险和关系转移接续工作的办法》不符的,按《关于做好进城落户农民参加基本医疗保险和关系转移接续工作的办法》执行。②

2. 进城落户农民参加基本医疗保险相关工作要求。进城落户农民是指按照户籍管理制度规定,已将户口由农村迁入城镇的农业转移人口。各级人力资源社会保障部门要积极配合和支持相关部门,做好农业转移人口落户工作,把进城落户农民纳入城镇基本医疗保险制度体系,在农村参加的基本医疗保险规范接入城镇基本医疗保险,确保基本医保待遇连续享受。进城落户农民根据自身实际参加相应的城镇基本医疗保险。在城镇单位就业并有稳定劳动关系的,按规定随所在单位参加职工基本医疗保险(以下简称职工医保);以非全日制、临时性工作等灵活形式就业的,可以灵活就业人员身份按规定参加就业地职工医保,也可以选择参加户籍所在地城镇(城乡)居民基本医疗保险(以下简称居民医保)。其他进城落户农民可按规定在落户地参加居民医保,执行当地统一政策。对参加居民医保的进城落户农民按规定给予参保补助,个人按规定缴费。已参加新型农村合作医疗(以下简称新农合)或居民医保的进城落户农民,实现就业并参加职工医保的,不再享受原参保地新农合或居民医保待遇。要进一步完善相关政策衔接措施,引导进城落户农民及时参保,同时避免重复参保。③

3. 进城落户农民的医保关系转移接续手续。进城落户农民和流动就业人员

---

① 《关于做好进城落户农民参加基本医疗保险和关系转移接续工作的办法》序言。
② 《关于做好进城落户农民参加基本医疗保险和关系转移接续工作的办法》第5条第2款。
③ 《关于做好进城落户农民参加基本医疗保险和关系转移接续工作的办法》第1条。

等参加转入地基本医疗保险后,转入地社会(医疗)保险经办机构应依据参保人申请,通知转出地经办机构办理医保关系转移手续,确保管理服务顺畅衔接,避免待遇重复享受。转出地社会(医疗)保险或新农合经办机构应在参保人办理中止参保(合)手续时为其开具参保(合)凭证。参保(合)凭证是参保人员的重要权益记录,由参保人妥善保管,用于转入地受理医保关系转移申请时,核实参保人身份和转出地社会(医疗)保险经办机构记录的相关信息。①

4. 进城落户农民医保关系转移接续中的有关权益。进城落户农民和流动就业人员等办理基本医疗保险关系转移接续前后,基本医疗保险参保缴费中断不超过3个月且补缴中断期间医疗保险费的,不受待遇享受等待期限制,按参保地规定继续参保缴费并享受相应的待遇。进城落户农民在农村参加新农合等基本医疗保险的参保缴费和权益享受信息等连续记入新参保地业务档案,保证参保记录的完整性和连续性。流动就业人员参加职工医保的缴费年限各地互认,参保人在转出地职工医保记录的缴费年限累计计入转入地职工医保缴费年限记录。参保人转移基本医疗保险关系时,建立个人账户的,个人账户随本人基本医疗保险关系一同转移。个人账户资金原则上通过经办机构进行划转。②

5. 进城落户农民医保关系转移接续的管理服务工作。进一步规范医保关系转移接续业务经办程序。逐步统一各类人员参加基本医疗保险的标识。积极探索推行网上经办、自助服务、手机查询等经办服务模式,引导和帮助用人单位和个人依规主动更新参保信息。加强经办服务管理平台建设,完善和推广社会保险(医疗保险)关系转移接续信息系统,推进标准化建设和数据信息跨地区、跨部门共享,确保跨地区、跨制度参保信息互认和顺畅传递。社会(医疗)保险经办机构和新农合经办机构要加强沟通协作,进一步做好基本医疗保险关系转移接续管理服务工作。③

6. 进城落户农民参加基本医疗保险和关系转移接续的组织实施工作。各地人力资源社会保障部门要结合本地区实际,以进城落户农民为重点,做好参保和关系转移接续工作,细化完善政策措施,优化管理服务流程。卫生计生部门要做好进城落户农民医保关系转移接续经办服务工作。财政部门要继续做好居民医

---

① 《关于做好进城落户农民参加基本医疗保险和关系转移接续工作的办法》第2条。
② 《关于做好进城落户农民参加基本医疗保险和关系转移接续工作的办法》第3条。
③ 《关于做好进城落户农民参加基本医疗保险和关系转移接续工作的办法》第4条。

保和新农合财政补助工作,确保资金及时足额到位。发展改革部门要积极支持配合相关部门,将进城落户农民在农村参加的社会保险规范接入城镇社保体系,支持社保经办平台建设。各相关部门加强统筹协调,做好政策衔接,确保基本医疗保险参保人跨制度、跨地区流动时能够连续参保。①

第四节 工伤保险

工伤保险,是指劳动者在工作中或在规定的特殊情况下,遭受意外伤害或患职业病导致暂时或永久丧失劳动能力以及死亡时,劳动者或其遗属从国家和社会获得物质帮助的一种社会保险制度。为了保障因工作遭受事故伤害或者患职业病的职工获得医疗救治和经济补偿,促进工伤预防和职业康复,分散用人单位的工伤风险,制定《工伤保险条例》。②

一、工伤保险的一般规则

1. 工伤保险的参加主体。(1)职工。中华人民共和国境内的企业、事业单位、社会团体、民办非企业单位、基金会、律师事务所、会计师事务所等组织和有雇工的个体工商户(以下称用人单位)应当依照《工伤保险条例》规定参加工伤保险,为本单位全部职工或者雇工(以下称职工)缴纳工伤保险费。中华人民共和国境内的企业、事业单位、社会团体、民办非企业单位、基金会、律师事务所、会计师事务所等组织的职工和个体工商户的雇工,均有依照《工伤保险条例》的规定享受工伤保险待遇的权利。③ (2)中央企业职工。①中央企业要按照属地管理原则参加工伤保险,按照所在地统筹地区人民政府确定的行业工伤保险费率,参加所在统筹地区的工伤保险社会统筹,按时缴纳工伤保险费。跨地区、流动性大的中央企业,可以采取相对集中的方式异地参加统筹地区的工伤保险。④ ②中央企业要认真贯彻落实国发〔2006〕5号精神,为包括农民工在内的全部职工办理工伤

---

① 《关于做好进城落户农民参加基本医疗保险和关系转移接续工作的办法》第5条第1款。
② 《工伤保险条例》第1条。
③ 《工伤保险条例》第2条。
④ 《劳动和社会保障部、国务院国有资产监督管理委员会关于进一步做好中央企业工伤保险工作有关问题的通知》第1条。

保险手续。对以劳务派遣等形式使用的农民工,也要采用有效办法保障其参加工伤保险权益。对于建筑施工等农民工集中、流动性较大行业的中央企业,要按照《关于做好建筑施工企业农民工参加工伤保险有关工作的通知》(劳社部发〔2006〕44号)等有关文件要求,制定符合行业特点的农民工参保办法,如以建筑施工项目为单位参保,实现施工项目使用的农民工全员参保,切实保障农民工工伤保险权益。①

2. 工伤保险费的参保地。(1)用人单位注册地与生产经营地不在同一统筹地区的,原则上应在注册地参加工伤保险;未在注册地参加工伤保险的职工,可由用人单位在生产经营地为其参加工伤保险。②(2)劳务派遣单位跨地区派遣劳动者,应根据《劳务派遣暂行规定》参加工伤保险。建筑施工企业按项目参保的,应在施工项目所在地参加工伤保险。③

3. 工伤保险费的缴纳。(1)一般企业的工伤保险费缴纳。①用人单位应当按时缴纳工伤保险费。职工个人不缴纳工伤保险费。用人单位缴纳工伤保险费的数额为本单位职工工资总额乘以单位缴费费率之积。对难以按照工资总额缴纳工伤保险费的行业,其缴纳工伤保险费的具体方式,由国务院社会保险行政部门规定。④ 其中,《工伤保险条例》所称"工资总额",是指用人单位直接支付给本单位全部职工的劳动报酬总额。②工伤保险费的征缴按照《社会保险费征缴暂行条例》关于基本养老保险费、基本医疗保险费、失业保险费的征缴规定执行。⑤ (2)部分行业企业工伤保险费缴纳。①《部分行业企业工伤保险费缴纳办法》所称的部分行业企业是指建筑、服务、矿山等行业中难以直接按照工资总额计算缴纳工伤保险费的建筑施工企业、小型服务企业、小型矿山企业等。前款所称小型服务企业、小型矿山企业的划分标准可以参照《中小企业标准暂行规定》(国经贸中小企〔2003〕143号)执行。⑥ ②建筑施工企业可以实行以建筑施工项目为单位,按照项目工程总造价的一定比例,计算缴纳工伤保险费。⑦ ③商贸、餐饮、住

---

① 《劳动和社会保障部、国务院国有资产监督管理委员会关于进一步做好中央企业工伤保险工作有关问题的通知》第2条。
② 《人力资源和社会保障部关于执行〈工伤保险条例〉若干问题的意见(二)》第7条第1款。
③ 《人力资源和社会保障部关于执行〈工伤保险条例〉若干问题的意见(二)》第7条第2款。
④ 《工伤保险条例》第10条。
⑤ 《工伤保险条例》第3条。
⑥ 《部分行业企业工伤保险费缴纳办法》第2条。
⑦ 《部分行业企业工伤保险费缴纳办法》第3条。

宿、美容美发、洗浴以及文体娱乐等小型服务业企业以及有雇工的个体工商户，可以按照营业面积的大小核定应参保人数，按照所在统筹地区上一年度职工月平均工资的一定比例和相应的费率，计算缴纳工伤保险费；也可以按照营业额的一定比例计算缴纳工伤保险费。① ④小型矿山企业可以按照总产量、吨矿工资含量和相应的费率计算缴纳工伤保险费。② ⑤本办法中所列部分行业企业工伤保险费缴纳的具体计算办法，由省级社会保险行政部门根据本地区实际情况确定。③ （3）军人伤亡保险的资金。军人伤亡保险所需资金由国家承担，个人不缴纳保险费。④

4. 工伤保险的费率调整。（1）行业工伤风险类别划分。按照《国民经济行业分类》（GB/T 4754—2011）对行业的划分，根据不同行业的工伤风险程度，由低到高，依次将行业工伤风险类别划分为一类至八类（见《工伤保险行业风险分类表》）。⑤ （2）行业差别费率及其档次确定。不同工伤风险类别的行业执行不同的工伤保险行业基准费率。各行业工伤风险类别对应的全国工伤保险行业基准费率为，一类至八类分别控制在该行业用人单位职工工资总额的0.2%、0.4%、0.7%、0.9%、1.1%、1.3%、1.6%、1.9%左右。通过费率浮动的办法确定每个行业内的费率档次。一类行业分为三个档次，即在基准费率的基础上，可向上浮动至120%、150%，二类至八类行业分为五个档次，即在基准费率的基础上，可分别向上浮动至120%、150%或向下浮动至80%、50%。各统筹地区人力资源社会保障部门要会同财政部门，按照"以支定收、收支平衡"的原则，合理确定本地区工伤保险行业基准费率具体标准，并征求工会组织、用人单位代表的意见，报统筹地区人民政府批准后实施。基准费率的具体标准可根据统筹地区经济产业结构变动、工伤保险费使用等情况适时调整。⑥ （3）单位费率的确定与浮动。统筹地区社会保险经办机构根据用人单位工伤保险费使用、工伤发生率、职业病危害程度等因素，确定其工伤保险费率，并可依据上述因素变化情况，每1至3年确定其在所属行业不同费率档次间是否浮动。对符合浮动条件的用人单位，每次可上

---

① 《部分行业企业工伤保险费缴纳办法》第4条。
② 《部分行业企业工伤保险费缴纳办法》第5条。
③ 《部分行业企业工伤保险费缴纳办法》第6条。
④ 《军人保险法》第12条。
⑤ 《人力资源社会保障部、财政部关于调整工伤保险费率政策的通知》第1条。
⑥ 《人力资源社会保障部、财政部关于调整工伤保险费率政策的通知》第2条。

下浮动一档或两档。统筹地区工伤保险最低费率不低于本地区一类风险行业基准费率。费率浮动的具体办法由统筹地区人力资源社会保障部门商财政部门制定,并征求工会组织、用人单位代表的意见。①(4)费率报备制度。各统筹地区确定的工伤保险行业基准费率具体标准、费率浮动具体办法,应报省级人力资源社会保障部门和财政部门备案并接受指导。省级人力资源社会保障部门、财政部门应每年将各统筹地区工伤保险行业基准费率标准确定和变化以及浮动费率实施情况汇总报人力资源社会保障部、财政部。②

5. 工伤保险的公示。用人单位应当将参加工伤保险的有关情况在本单位内公示。职工发生工伤时,用人单位应当采取措施使工伤职工得到及时救治。③

6. 工伤保险支付的一般规则。(1)职工工伤保险的支付。对工伤职工及其近亲属按照《工伤保险条例》规定取得的工伤保险待遇,免征个人所得税。④ 其中,工伤保险待遇,包括工伤职工按照《工伤保险条例》规定取得的一次性伤残补助金、伤残津贴、一次性工伤医疗补助金、一次性伤残就业补助金、工伤医疗待遇、住院伙食补助费、外地就医交通食宿费用、工伤康复费用、辅助器具费用、生活护理费等,以及职工因工死亡,其近亲属按照《工伤保险条例》规定取得的丧葬补助金、供养亲属抚恤金和一次性工亡补助金等。⑤(2)跨省流动的农民工工伤保险的支付。对跨省流动的农民工,即户籍不在参加工伤保险统筹地区(生产经营地)所在省(自治区、直辖市)的农民工,1至4级伤残长期待遇的支付,可试行一次性支付和长期支付两种方式,供农民工选择。在农民工选择一次性或长期支付方式时,支付其工伤保险待遇的社会保险经办机构应向其说明情况。一次性享受工伤保险长期待遇的,需由农民工本人提出,与用人单位解除或者终止劳动关系,与统筹地区社会保险经办机构签订协议,终止工伤保险关系。1至4级伤残农民工一次性享受工伤保险长期待遇的具体办法和标准由省(自治区、直辖市)劳动保障行政部门制定,报省(自治区、直辖市)人民政府批准。⑥

7. 工伤保险的管职责分工。(1)社会保险行政部门的职责。①国务院社会

---

① 《人力资源社会保障部、财政部关于调整工伤保险费率政策的通知》第3条。
② 《人力资源社会保障部、财政部关于调整工伤保险费率政策的通知》第4条。
③ 《工伤保险条例》第4条第1、3款。
④ 《财政部、国家税务总局关于工伤职工取得的工伤保险待遇有关个人所得税政策的通知》第1条。
⑤ 《财政部、国家税务总局关于工伤职工取得的工伤保险待遇有关个人所得税政策的通知》第2条。
⑥ 《劳动和社会保障部关于农民工参加工伤保险有关问题的通知》第4条。

保险行政部门负责全国的工伤保险工作。县级以上地方各级人民政府社会保险行政部门负责本行政区域内的工伤保险工作。社会保险行政部门按照国务院有关规定设立的社会保险经办机构(以下称经办机构)具体承办工伤保险事务。①②社会保险行政部门等部门制定工伤保险的政策、标准,应当征求工会组织、用人单位代表的意见。②(2)劳动保障部门的职责。①劳动保障部门要做好企业参加工伤保险的组织实施工作,加强对企业参保工作的指导。对尚未参加工伤保险的企业要切实采取有效措施,制订有针对性的扩大覆盖面方案,加大工作力度,加强劳动监察,督促企业尽快参加工伤保险。③②劳动保障部门应加强对取得安全生产许可证企业参加工伤保险情况的监督检查。发现企业中断缴费、瞒报工资总额或者职工人数的,责令其限期改正,并按规定进行相应处罚。不能在规定期限内改正的,劳动保障部门应通知安全生产许可证颁发管理机关,由安全生产许可证颁发管理机关暂扣或者吊销安全生产许可证。④③安全生产许可证颁发管理机关和劳动保障部门要定期互相交流、通报企业取得安全生产许可证和参加工伤保险的情况,针对出现的问题,研究协商解决,促进企业安全生产工作,切实保障企业职工的权益。⑤④《劳动和社会保障部、国家安全生产监督管理总局、国防科学技术工业委员会关于贯彻〈安全生产许可证条例〉做好企业参加工伤保险有关工作的通知》下发前企业参保证明中尚未解决的相关问题,由各地安全生产许可证颁发管理机关与劳动保障部门按照本通知的精神协商处理。⑥(3)社会保险经办机构的职责。企业参保登记后,社会保险经办机构要及时确定企业缴费费率,核定企业缴费基数、职工人数和应缴工伤保险费数额,如实地为企业出具《工伤保险参保证明》。安全生产许可证颁发管理机关在颁发安全生产许可证或办理许可证延期手续前,应认真审查申请单位提供的《工伤保险参保证

---

① 《工伤保险条例》第5条。

② 《工伤保险条例》第6条。

③ 《劳动和社会保障部、国家安全生产监督管理总局、国防科学技术工业委员会关于贯彻〈安全生产许可证条例〉做好企业参加工伤保险有关工作的通知》第2条。

④ 《劳动和社会保障部、国家安全生产监督管理总局、国防科学技术工业委员会关于贯彻〈安全生产许可证条例〉做好企业参加工伤保险有关工作的通知》第4条。

⑤ 《劳动和社会保障部、国家安全生产监督管理总局、国防科学技术工业委员会关于贯彻〈安全生产许可证条例〉做好企业参加工伤保险有关工作的通知》第5条。

⑥ 《劳动和社会保障部、国家安全生产监督管理总局、国防科学技术工业委员会关于贯彻〈安全生产许可证条例〉做好企业参加工伤保险有关工作的通知》第6条。

明》,对不能提供社会保险经办机构出具的有效《工伤保险参保证明》的企业,不得颁发安全生产许可证。对冒用或者使用伪造的《工伤保险参保证明》的企业,不得颁发安全生产许可证,已经颁发的要予以吊销。①

8. 军人的伤亡保险。(1)军人伤亡保险的给付。①军人因战、因公死亡的,按照认定的死亡性质和相应的保险金标准,给付军人死亡保险金。② ②军人因战、因公、因病致残的,按照评定的残疾等级和相应的保险金标准,给付军人残疾保险金。③ (2)军人伤亡保险的执行。军人死亡和残疾的性质认定、残疾等级评定和相应的保险金标准,按照国家和军队有关规定执行。④

二、工伤保险基金

1. 工伤保险基金的构成。工伤保险基金由用人单位缴纳的工伤保险费、工伤保险基金的利息和依法纳入工伤保险基金的其他资金构成。⑤

2. 工伤保险基金的费率。工伤保险费根据以支定收、收支平衡的原则,确定费率。国家根据不同行业的工伤风险程度确定行业的差别费率,并根据工伤保险费使用、工伤发生率等情况在每个行业内确定若干费率档次。行业差别费率及行业内费率档次由国务院社会保险行政部门制定,报国务院批准后公布施行。统筹地区经办机构根据用人单位工伤保险费使用、工伤发生率等情况,适用所属行业内相应的费率档次确定单位缴费费率。⑥

3. 工伤保险基金与国务院社会保险行政部门。国务院社会保险行政部门应当定期了解全国各统筹地区工伤保险基金收支情况,及时提出调整行业差别费率及行业内费率档次的方案,报国务院批准后公布施行。⑦

4. 工伤保险基金的统筹。工伤保险基金逐步实行省级统筹。跨地区、生产流动性较大的行业,可以采取相对集中的方式异地参加统筹地区的工伤保险。具体办法由国务院社会保险行政部门会同有关行业的主管部门制定。⑧

---

① 《劳动和社会保障部、国家安全生产监督管理总局、国防科学技术工业委员会关于贯彻〈安全生产许可证条例〉做好企业参加工伤保险有关工作的通知》第3条。
② 《军人保险法》第7条。
③ 《军人保险法》第8条。
④ 《军人保险法》第9条。
⑤ 《工伤保险条例》第7条。
⑥ 《工伤保险条例》第8条。
⑦ 《工伤保险条例》第9条。
⑧ 《工伤保险条例》第11条。

5. 工伤保险基金的用途。工伤保险基金存入社会保障基金财政专户,用于《条例》规定的工伤保险待遇,劳动能力鉴定,工伤预防的宣传、培训等费用,以及法律、法规规定的用于工伤保险的其他费用的支付。工伤预防费用的提取比例、使用和管理的具体办法,由国务院社会保险行政部门会同国务院财政、卫生行政、安全生产监督管理等部门规定。①

6. 工伤保险基金保留的储备金。工伤保险基金应当留有一定比例的储备金,用于统筹地区重大事故的工伤保险待遇支付;储备金不足支付的,由统筹地区的人民政府垫付。储备金占基金总额的具体比例和储备金的使用办法,由省、自治区、直辖市人民政府规定。②

三、工伤职工劳动能力鉴定管理

1. 工伤职工劳动能力鉴定的界定及重要性。(1)工伤职工劳动能力鉴定的界定。法定机构对劳动者在职业活动中因工负伤或患职业病后,根据国家工伤保险法规规定,在评定伤残等级时通过医学检查对劳动功能障碍程度(伤残程度)和生活自理障碍程度做出的技术性鉴定结论。③ 医疗依赖,是指工伤致残于评定伤残等级技术鉴定后仍不能脱离治疗。④ 生活自理障碍,是指工伤致残者因生活不能自理,需依赖他人护理。⑤(2)工伤职工劳动能力鉴定的重要性。劳动能力鉴定是职工享受相关社保待遇的重要依据,是防范基金风险的重要环节。各地人社部门要切实加强对劳动能力鉴定工作的领导,建立健全劳动能力鉴定机构,配齐配强专门工作人员,规范劳动能力鉴定程序,依法依规开展劳动能力鉴定工作。⑥

2. 工伤职工劳动能力鉴定管理的适用。(1)适用的法律。①为了加强劳动能力鉴定管理,规范劳动能力鉴定程序,根据《社会保险法》、《职业病防治法》和《工伤保险条例》,制定《工伤职工劳动能力鉴定管理办法》。⑦ ②《工伤职工劳动

---

① 《工伤保险条例》第12条第1、2款。
② 《工伤保险条例》第13条。
③ 《劳动能力鉴定 职工工伤与职业病致残等级》第3条第1款。
④ 《劳动能力鉴定 职工工伤与职业病致残等级》第3条第2款。
⑤ 《劳动能力鉴定 职工工伤与职业病致残等级》第3条第3款。
⑥ 《人力资源社会保障部、国家卫生健康委员会、国家医疗保障局关于进一步规范劳动能力鉴定工作的通知》第1条。
⑦ 《工伤职工劳动能力鉴定管理办法》第1条。

能力鉴定管理办法》自2014年4月1日起施行。① ③《工伤职工劳动能力鉴定管理办法》2018年12月14日修订。④劳动能力鉴定相关政策、工作制度和业务流程应当向社会公开。② ⑤各地人社部门在办理未达到法定退休年龄因病或非因工致残完全丧失劳动能力退休时,应当以劳动能力鉴定委员会出具的因病或非因工致残劳动能力鉴定结论为依据。各地人社部门开展因病或非因工致残劳动能力鉴定,原则上应依据《职工非因工伤残或因病丧失劳动能力鉴定标准(试行)》(劳社部发〔2002〕8号)进行。③ ⑥各地人社部门要在《工伤保险条例》和《工伤职工劳动能力鉴定管理办法》基础上,进一步细化劳动能力鉴定工作制度。目前还没有制定因病或非因工致残劳动能力鉴定管理办法的,参照《工伤职工劳动能力鉴定管理办法》执行。④ (2)适用的事项。劳动能力鉴定委员会依据《劳动能力鉴定 职工工伤与职业病致残等级》国家标准,对工伤职工劳动功能障碍程度和生活自理障碍程度组织进行技术性等级鉴定,适用本办法。⑤ (3)适用的人员。未参加工伤保险的公务员和参照公务员法管理的事业单位、社会团体工作人员因工(公)致残的劳动能力鉴定,参照本办法执行。⑥

3. 工伤职工劳动能力鉴定管理的劳动鉴定委员会。(1)劳动鉴定委员会的组成。省、自治区、直辖市劳动能力鉴定委员会和设区的市级(含直辖市的市辖区、县,下同)劳动能力鉴定委员会分别由省、自治区、直辖市和设区的市级人力资源社会保障行政部门、卫生计生行政部门、工会组织、用人单位代表以及社会保险经办机构代表组成。承担劳动能力鉴定委员会日常工作的机构,其设置方式由各地根据实际情况决定。⑦ (2)劳动鉴定委员会的职责。劳动能力鉴定委员会履行下列职责:①选聘医疗卫生专家,组建医疗卫生专家库,对专家进行培训

---

① 《工伤职工劳动能力鉴定管理办法》第33条。
② 《工伤职工劳动能力鉴定管理办法》第6条。
③ 《人力资源社会保障部、国家卫生健康委员会、国家医疗保障局关于进一步规范劳动能力鉴定工作的通知》第2条。
④ 《人力资源社会保障部、国家卫生健康委员会、国家医疗保障局关于进一步规范劳动能力鉴定工作的通知》第3条。
⑤ 《工伤职工劳动能力鉴定管理办法》第2条。
⑥ 《工伤职工劳动能力鉴定管理办法》第31条。
⑦ 《工伤职工劳动能力鉴定管理办法》第3条。
《工伤保险条例》第24条第1款规定:"省、自治区、直辖市劳动能力鉴定委员会和设区的市级劳动能力鉴定委员会分别由省、自治区、直辖市和设区的市级社会保险行政部门、卫生行政部门、工会组织、经办机构代表以及用人单位代表组成。"

和管理;②组织劳动能力鉴定;③根据专家组的鉴定意见作出劳动能力鉴定结论;④建立完整的鉴定数据库,保管鉴定工作档案50年;⑤法律、法规、规章规定的其他职责。① (3)劳动鉴定委员会的职能分工。设区的市级劳动能力鉴定委员会负责本辖区内的劳动能力初次鉴定、复查鉴定。省、自治区、直辖市劳动能力鉴定委员会负责对初次鉴定或者复查鉴定结论不服提出的再次鉴定。②

4. 工伤职工劳动能力的鉴定地。职工受到事故伤害或者患职业病后,在参保地进行工伤认定、劳动能力鉴定,并按照参保地的规定依法享受工伤保险待遇;未参加工伤保险的职工,应当在生产经营地进行工伤认定、劳动能力鉴定,并按照应参保地的规定依法由用人单位支付工伤保险待遇。③

5. 工伤职工劳动能力的鉴定程序。(1)鉴定的申请。①申请鉴定的前提条件。职工发生工伤,经治疗伤情相对稳定后存在残疾、影响劳动能力的,应当进行劳动能力鉴定。④ 劳动能力鉴定是指劳动功能障碍程度和生活自理障碍程度的等级鉴定。劳动功能障碍分为十个伤残等级,最重的为一级,最轻的为十级。生活自理障碍分为三个等级:生活完全不能自理、生活大部分不能自理和生活部分不能自理。劳动能力鉴定标准由国务院社会保险行政部门会同国务院卫生行政部门等部门制定。⑤ ②申请鉴定的方式。劳动能力鉴定由用人单位、工伤职工或者其近亲属向设区的市级劳动能力鉴定委员会提出申请,并提供工伤认定决定和职工工伤医疗的有关资料。⑥ 第一,职工本人及其用人单位申请鉴定。其一,申请初次鉴定。(a)职工发生工伤,经治疗伤情相对稳定后存在残疾、影响劳动能力的,或者停工留薪期满(含劳动能力鉴定委员会确认的延长期限),工伤职工或者其用人单位应当及时向设区的市级劳动能力鉴定委员会提出劳动能力鉴定申请。⑦ (b)《劳动能力鉴定 职工工伤与职业病致残等级》实施后,对依照

---

① 《工伤职工劳动能力鉴定管理办法》第4条。
《工伤保险条例》第24条第2款规定:"劳动能力鉴定委员会建立医疗卫生专家库。列入专家库的医疗卫生专业技术人员应当具备下列条件:(一)具有医疗卫生高级专业技术职务任职资格;(二)掌握劳动能力鉴定的相关知识;(三)具有良好的职业品德。"
② 《工伤职工劳动能力鉴定管理办法》第5条。
③ 《人力资源和社会保障部关于执行〈工伤保险条例〉若干问题的意见(二)》第7条第3款。
④ 《工伤保险条例》第21条。
⑤ 《工伤保险条例》第22条。
⑥ 《工伤保险条例》第23条。
⑦ 《工伤职工劳动能力鉴定管理办法》第7条。

《工伤保险条例》规定提出的初次劳动能力鉴定申请,劳动能力鉴定委员会应当按照新标准进行鉴定。① (c)《劳动能力鉴定 职工工伤与职业病致残等级》实施前,已依照《工伤保险条例》规定提出初次劳动能力鉴定申请但尚未作出鉴定结论的,劳动能力鉴定委员会应当按照新标准进行鉴定。若因标准发生变化导致鉴定级别低于原标准的,按照就高原则作出鉴定结论。② 其二,申请再次鉴定。工伤职工或者其用人单位对初次鉴定结论不服的,可以在收到该鉴定结论之日起15日内向省、自治区、直辖市劳动能力鉴定委员会申请再次鉴定。申请再次鉴定,应当提供劳动能力鉴定申请表,以及工伤职工的居民身份证或者社会保障卡等有效身份证明原件。省、自治区、直辖市劳动能力鉴定委员会作出的劳动能力鉴定结论为最终结论。③ 其三,申请劳动能力复查鉴定。(a)自劳动能力鉴定结论作出之日起1年后,工伤职工、用人单位或者社会保险经办机构认为伤残情况发生变化的,可以向设区的市级劳动能力鉴定委员会申请劳动能力复查鉴定。对复查鉴定结论不服的,可以按照《工伤职工劳动能力鉴定管理办法》第16条规定申请再次鉴定。④ 劳动能力鉴定委员会依照《工伤保险条例》第26条和第28条的规定进行再次鉴定和复查鉴定的期限,依照《工伤保险条例》第25条第2款的规定执行。⑤ (b)《劳动能力鉴定 职工工伤与职业病致残等级》实施前已作出劳动能力鉴定结论,新标准实施后依照《工伤保险条例》规定提出劳动能力复查鉴定或者再次鉴定申请的,劳动能力鉴定委员会应当按照新标准进行鉴定。⑥ (c)按《人力资源社会保障部关于实施修订后劳动能力鉴定标准有关问题处理意见的通知》第3条规定提出劳动能力复查鉴定及对复查鉴定结论不服提出再次鉴定申请,且鉴定级别发生变化的,工伤职工的伤残津贴和生活护理费自作出鉴

---

① 《人力资源社会保障部关于实施修订后劳动能力鉴定标准有关问题处理意见的通知》第1条。
② 《人力资源社会保障部关于实施修订后劳动能力鉴定标准有关问题处理意见的通知》第2条。
③ 《工伤职工劳动能力鉴定管理办法》第16条。
《工伤保险条例》第26条规定:"申请鉴定的单位或者个人对设区的市级劳动能力鉴定委员会作出的鉴定结论不服的,可以在收到该鉴定结论之日起15日内向省、自治区、直辖市劳动能力鉴定委员会提出再次鉴定申请。省、自治区、直辖市劳动能力鉴定委员会作出的劳动能力鉴定结论为最终结论。"
④ 《工伤职工劳动能力鉴定管理办法》第17条。
《工伤保险条例》第28条规定:"自劳动能力鉴定结论作出之日起1年后,工伤职工或者其近亲属、所在单位或者经办机构认为伤残情况发生变化的,可以申请劳动能力复查鉴定。"
⑤ 《工伤保险条例》第29条。
⑥ 《人力资源社会保障部关于实施修订后劳动能力鉴定标准有关问题处理意见的通知》第3条。

定结论的次月起作相应调整,一次性伤残补助金不作调整。一次性伤残就业补助金和一次性工伤医疗补助金的计发标准,按与用人单位解除终止劳动关系前最后一次的鉴定结论确定。① 第二,近亲属代为申请鉴定。工伤职工本人因身体等原因无法提出劳动能力初次鉴定、复查鉴定、再次鉴定申请的,可由其近亲属代为提出。② ③申请鉴定的表格及材料。申请劳动能力鉴定应当填写劳动能力鉴定申请表,并提交下列材料:第一,有效的诊断证明、按照医疗机构病历管理有关规定复印或者复制的检查、检验报告等完整病历材料;第二,工伤职工的居民身份证或者社会保障卡等其他有效身份证明原件。③ ④申请鉴定的审核及鉴定。劳动能力鉴定委员会收到劳动能力鉴定申请后,应当及时对申请人提交的材料进行审核;申请人提供材料不完整的,劳动能力鉴定委员会应当自收到劳动能力鉴定申请之日起5个工作日内一次性书面告知申请人需要补正的全部材料。申请人提供材料完整的,劳动能力鉴定委员会应当及时组织鉴定,并在收到劳动能力鉴定申请之日起60日内作出劳动能力鉴定结论。伤情复杂、涉及医疗卫生专业较多的,作出劳动能力鉴定结论的期限可以延长30日。④ (2)组成专家组。①劳动能力鉴定委员会应当视伤情程度等从医疗卫生专家库中随机抽取3名或者5名与工伤职工伤情相关科别的专家组成专家组进行鉴定。⑤ ②各地劳动能力鉴定委员会要充分发挥卫生健康部门等各成员单位的协同作用,充实劳动能力鉴定专家库,建立专家鉴定考评制度,强化政策、能力培训,加强对劳动能力鉴定专家库的管理和动态调整。对于专家库中医疗卫生专家副主任以上医师人员偏少的地区或科目,可通过卫健部门推荐政治过硬、业务精湛、作风优良、诚实可信的主治医师充实劳动能力鉴定专家队伍。对于一年内多次被再次鉴定改变级别的,应暂停或取消劳动能力鉴定专家资格。对劳动能力鉴定工作中表现突出的鉴定专家,在评定专业技术职称、聘用岗位等同等条件下优先考虑。有条件的地区可通过省级统一随机安排劳动能力鉴定专家跨地市鉴定等方式确保劳动能力鉴定的公平性。⑥

---

① 《人力资源社会保障部关于实施修订后劳动能力鉴定标准有关问题处理意见的通知》第4条。
② 《工伤职工劳动能力鉴定管理办法》第18条。
③ 《工伤职工劳动能力鉴定管理办法》第8条。
④ 《工伤职工劳动能力鉴定管理办法》第9条。
⑤ 《工伤职工劳动能力鉴定管理办法》第10条。
⑥ 《人力资源社会保障部、国家卫生健康委员会、国家医疗保障局关于进一步规范劳动能力鉴定工作的通知》第7条。

(3)组织鉴定(方式)。劳动能力鉴定委员会应当提前通知工伤职工进行鉴定的时间、地点以及应当携带的材料。工伤职工应当按照通知的时间、地点参加现场鉴定。对行动不便的工伤职工,劳动能力鉴定委员会可以组织专家上门进行劳动能力鉴定。组织劳动能力鉴定的工作人员应当对工伤职工的身份进行核实。工伤职工因故不能按时参加鉴定的,经劳动能力鉴定委员会同意,可以调整现场鉴定的时间,作出劳动能力鉴定结论的期限相应顺延。① (4)委托检查和诊断。因鉴定工作需要,专家组提出应当进行有关检查和诊断的,劳动能力鉴定委员会可以委托具备资格的医疗机构协助进行有关的检查和诊断。② (5)提出鉴定意见。①专家组根据工伤职工伤情,结合医疗诊断情况,依据《劳动能力鉴定 职工工伤与职业病致残等级》国家标准提出鉴定意见。参加鉴定的专家都应当签署意见并签名。专家意见不一致时,按照少数服从多数的原则确定专家组的鉴定意见。③《工伤职工劳动能力鉴定管理办法》中的劳动能力鉴定申请表、初次(复查)鉴定结论书、再次鉴定结论书、劳动能力鉴定材料收讫补正告知书等文书基本样式由人力资源社会保障部制定。④ ②设区的市级劳动能力鉴定委员会收到劳动能力鉴定申请后,应当从其建立的医疗卫生专家库中随机抽取3名或者5名相关专家组成专家组,由专家组提出鉴定意见。设区的市级劳动能力鉴定委员会根据专家组的鉴定意见作出工伤职工劳动能力鉴定结论;必要时,可以委托具备资格的医疗机构协助进行有关的诊断。⑤ (6)作出鉴定结论。①设区的市级劳动能力鉴定委员会应当自收到劳动能力鉴定申请之日起60日内作出劳动能力鉴定结论,必要时,作出劳动能力鉴定结论的期限可以延长30日。⑥ ②劳动能力鉴定委员会根据专家组的鉴定意见作出劳动能力鉴定结论。劳动能力鉴定结论书应当载明下列事项:第一,工伤职工及其用人单位的基本信息;第二,伤情介绍,包括伤残部位、器官功能障碍程度、诊断情况等;第三,作出鉴定的依据;第四,鉴定结论。⑦ ③各地人社部门要从流程设计、风险防范等多方面采取措施,加

---

① 《工伤职工劳动能力鉴定管理办法》第11条。
② 《工伤职工劳动能力鉴定管理办法》第12条。
③ 《工伤职工劳动能力鉴定管理办法》第13条。
④ 《工伤职工劳动能力鉴定管理办法》第32条。
⑤ 《工伤保险条例》第25条第1款。
⑥ 《工伤保险条例》第25条第2款第1句。
⑦ 《工伤职工劳动能力鉴定管理办法》第14条。

强劳动能力鉴定现场管理,安全有序地开展现场鉴定。劳动能力鉴定专家应严格按照相关标准的规范要求实施对症检查,准确描述伤病情症状,逐项提出伤病情症状符合或参照劳动能力鉴定标准的具体级别及条款的意见和综合定级意见。劳动能力鉴定委员会应当根据专家组的鉴定意见客观、公正地作出鉴定结论。工伤职工劳动能力鉴定不得超出工伤认定书载明的受伤部位、伤情范围。① (7)鉴定结论的送达及抄送。劳动能力鉴定委员会应当自作出鉴定结论之日起 20 日内将劳动能力鉴定结论及时送达工伤职工及其用人单位,并抄送社会保险经办机构。② (8)鉴定的参照执行。再次鉴定和复查鉴定的程序、期限等按照《工伤职工劳动能力鉴定管理办法》第 9 条至第 15 条的规定执行。③

6. 工伤职工劳动能力鉴定的监督管理。(1)劳动能力鉴定委员会的监管。①专家库的调整及补充。劳动能力鉴定委员会应当每 3 年对专家库进行一次调整和补充,实行动态管理。确有需要的,可以根据实际情况适时调整。④ ②选聘医疗卫生专家的条件及要求。第一,劳动能力鉴定委员会选聘医疗卫生专家,聘期一般为 3 年,可以连续聘任。聘任的专家应当具备下列条件:其一,具有医疗卫生高级专业技术职务任职资格;其二,掌握劳动能力鉴定的相关知识;其三,具有良好的职业品德。⑤ 第二,参加劳动能力鉴定的专家应当按照规定的时间、地点进行现场鉴定,严格执行劳动能力鉴定政策和标准,客观、公正地提出鉴定意见。⑥ 劳动能力鉴定委员会组成人员、劳动能力鉴定工作人员以及参加鉴定的专家与当事人有利害关系的,应当回避。⑦ (2)用人单位、工伤职工或者其近亲属的法定义务。用人单位、工伤职工或者其近亲属应当如实提供鉴定需要的材料,遵守劳动能力鉴定相关规定,按照要求配合劳动能力鉴定工作。工伤职工有下列

---

① 《人力资源社会保障部、国家卫生健康委员会、国家医疗保障局关于进一步规范劳动能力鉴定工作的通知》第 4 条。
② 《工伤职工劳动能力鉴定管理办法》第 15 条。
《工伤保险条例》第 25 条第 2 款第 2 句规定:"劳动能力鉴定结论应当及时送达申请鉴定的单位和个人。"
③ 《工伤职工劳动能力鉴定管理办法》第 19 条。
④ 《工伤职工劳动能力鉴定管理办法》第 20 条。
⑤ 《工伤职工劳动能力鉴定管理办法》第 21 条。
⑥ 《工伤职工劳动能力鉴定管理办法》第 22 条。
⑦ 《工伤职工劳动能力鉴定管理办法》第 25 条。
《工伤保险条例》第 27 条规定:"劳动能力鉴定工作应当客观、公正。劳动能力鉴定委员会组成人员或者参加鉴定的专家与当事人有利害关系的,应当回避。"

情形之一的,当次鉴定终止:①无正当理由不参加现场鉴定的;②拒不参加劳动能力鉴定委员会安排的检查和诊断的。① (3)医疗机构及其医务人员的法定义务。医疗机构及其医务人员应当如实出具与劳动能力鉴定有关的各项诊断证明和病历材料。② (4)其他人对劳动能力鉴定的监管。任何组织或者个人有权对劳动能力鉴定中的违法行为进行举报、投诉。③ (5)强化劳动能力鉴定风险防范。各地人社部门要从组织机构控制、业务运行控制、信息系统控制、监督管理控制、费用支出控制等多方面入手,加强劳动能力鉴定内控管理,提高业务核查、抽检频次与质量,对岗位配置、人员管理、权限设置、业务规程、档案管理、系统建设、安全管理等事项明确标准和要求,建立健全内控管理体系。加强对劳动能力鉴定工作的内部监督和外部监督,提升劳动能力鉴定的公信力。④ (6)加强劳动能力鉴定廉政建设。各地要把纪律挺在前面,切实加强劳动能力鉴定廉政建设,转变工作作风,压实主体责任,加强警示教育,牢固树立廉洁意识、底线意识,坚决杜绝虚假鉴定、人情鉴定。对劳动能力鉴定工作中出现的违规违纪问题要及时进行核查,依法依规严肃处理。要坚持问题导向、目标导向,建立完善相关制度,构建廉政建设长效机制,努力从制度上、程序上防范和杜绝违规违纪问题的发生。⑤ (7)完善劳动能力鉴定档案管理。各地要完善劳动能力鉴定档案管理,实现档案和业务一体化,确保全面、准确、规范。要规范纸质档案管理保存,研究制定电子档案标准,建立电子档案系统。有条件的地区劳动能力鉴定委员会可利用现代医疗技术和多媒体影像设备,加强鉴定现场相关影像资料的采集,作为评定职工工伤伤残等级和因病或非因工致残劳动能力鉴定的重要依据存档备查。⑥ (8)加强劳动能力鉴定信息化建设。各地人社部门要加快推进工伤保险认定鉴定经办信息一体化建设,实现劳动能力鉴定工作流程电子化闭环;通过互联网渠道,实现劳动能力鉴定线上申请和结论查询;探索通过大数据、人工智能等信息

---

① 《工伤职工劳动能力鉴定管理办法》第23条。
② 《工伤职工劳动能力鉴定管理办法》第24条。
③ 《工伤职工劳动能力鉴定管理办法》第26条。
④ 《人力资源社会保障部、国家卫生健康委员会、国家医疗保障局关于进一步规范劳动能力鉴定工作的通知》第5条。
⑤ 《人力资源社会保障部、国家卫生健康委员会、国家医疗保障局关于进一步规范劳动能力鉴定工作的通知》第6条。
⑥ 《人力资源社会保障部、国家卫生健康委员会、国家医疗保障局关于进一步规范劳动能力鉴定工作的通知》第8条。

化技术加强劳动能力鉴定结果核查检验,做到全程可留痕、可监督、可追溯。加强与养老保险等人社内部信息共享,实现业务协同办理。加强与卫生健康委、医保部门、医疗机构的信息共享,鼓励通过医院检查结果互认共享,减少重复检查,方便职工办事,压缩劳动能力鉴定时限;通过与医保定点医疗机构就医信息的比对,核验劳动能力鉴定申请材料的真实性。鼓励地方积极协作开展异地劳动能力鉴定工作,支持有条件的地方对特殊群体、在特定时间探索开展"远程鉴定"。[1]
(9)加强劳动能力鉴定统计工作。各地人社部门要高度重视劳动能力鉴定统计工作,安排专人负责,并切实保证统计数据质量,《因病或非因工致残劳动能力鉴定情况》按年度随《劳动能力鉴定情况》(人社统 W18 表)按时统一报送,对于经核实统计数据发生严重错误的,将进行通报。[2]

7. 工伤职工劳动能力鉴定的法律责任。(1)劳动能力鉴定委员会、工作机构及工作人员的法律责任。劳动能力鉴定委员会和承担劳动能力鉴定委员会日常工作的机构及其工作人员在从事或者组织劳动能力鉴定时,有下列行为之一的,由人力资源社会保障行政部门或者有关部门责令改正,对直接负责的主管人员和其他直接责任人员依法给予相应处分;构成犯罪的,依法追究刑事责任:①未及时审核并书面告知申请人需要补正的全部材料的;②未在规定期限内作出劳动能力鉴定结论的;③未按照规定及时送达劳动能力鉴定结论的;④未按照规定随机抽取相关科别专家进行鉴定的;⑤擅自篡改劳动能力鉴定委员会作出的鉴定结论的;⑥利用职务之便非法收受当事人财物的;⑦有违反法律法规和本办法的其他行为的。[3] (2)鉴定专家的法律责任。从事劳动能力鉴定的专家有下列行为之一的,劳动能力鉴定委员会应当予以解聘;情节严重的,由卫生计生行政部门依法处理:①提供虚假鉴定意见的;②利用职务之便非法收受当事人财物的;③无正当理由不履行职责的;④有违反法律法规和本办法的其他行为的。[4] (3)医疗机构及其医务人员的法律责任。参与工伤救治、检查、诊断等活动的医疗机构及其医务人员有下列情形之一的,由卫生计生行政部门依法处理:①提供

---

[1] 《人力资源社会保障部、国家卫生健康委员会、国家医疗保障局关于进一步规范劳动能力鉴定工作的通知》第 9 条。
[2] 《人力资源社会保障部、国家卫生健康委员会、国家医疗保障局关于进一步规范劳动能力鉴定工作的通知》第 10 条。
[3] 《工伤职工劳动能力鉴定管理办法》第 27 条。
[4] 《工伤职工劳动能力鉴定管理办法》第 28 条。

与病情不符的虚假诊断证明的;②篡改、伪造、隐匿、销毁病历材料的;③无正当理由不履行职责的。① (4)骗取鉴定结论、领取工伤保险待遇的法律责任。以欺诈、伪造证明材料或者其他手段骗取鉴定结论、领取工伤保险待遇的,按照《中华人民共和国社会保险法》第88条的规定,由人力资源社会保障行政部门责令退回骗取的社会保险金,处骗取金额2倍以上5倍以下的罚款。②

四、工伤保险责任的行政确认

(一)工伤保险的工伤认定

1. 工伤认定的界定。工伤认定是劳动行政部门依据法律的授权对职工因事故伤害(或者患职业病)是否属于工伤或者视同工伤给予定性的行政确认行为。

2. 工伤认定的适用。(1)适用的法律。①为规范工伤认定程序,依法进行工伤认定,维护当事人的合法权益,根据《工伤保险条例》的有关规定,制定《工伤认定办法》。③ ②社会保险行政部门进行工伤认定按照《工伤认定办法》执行。④ ③《工伤认定办法》中的《工伤认定申请表》《工伤认定申请受理决定书》《工伤认定申请不予受理决定书》《认定工伤决定书》《不予认定工伤决定书》的样式由国务院社会保险行政部门统一制定。⑤ ④《工伤认定办法》自2011年1月1日起施行。劳动和社会保障部2003年9月23日颁布的《工伤认定办法》同时废止。⑥ (2)适用的人员。①中华人民共和国境内的企业、事业单位、社会团体、民办非企业单位、基金会、律师事务所、会计师事务所等组织和有雇工的个体工商户(以下称用人单位)应当依照《工伤保险条例》规定参加工伤保险,为本单位全部职工或者雇工(以下称职工)缴纳工伤保险费。中华人民共和国境内的企业、事业单位、社会团体、民办非企业单位、基金会、律师事务所、会计师事务所等组织的职工和个体工商户的雇工,均有依照《工伤保险条例》的规定享受工伤保险待遇的权利。⑦ ②用人单位聘用的超过法定退休年龄的务工农民,在工作时间内、因工

---

① 《工伤职工劳动能力鉴定管理办法》第29条。
② 《工伤职工劳动能力鉴定管理办法》第30条。
③ 《工伤认定办法》第1条。
④ 《工伤认定办法》第2条。
⑤ 《工伤认定办法》第26条。
⑥ 《工伤认定办法》第27条。
⑦ 《工伤保险条例》第2条。

作原因伤亡的,应当适用《工伤保险条例》的有关规定进行工伤认定。① (3)适用的原则。工伤认定应当客观公正、简捷方便,认定程序应当向社会公开。②

3. 工伤认定的原因。(1)职工因工作原因受到事故伤害或者患职业病,且经工伤认定的,享受工伤保险待遇;其中,经劳动能力鉴定丧失劳动能力的,享受伤残待遇。工伤认定和劳动能力鉴定应当简捷、方便。③ (2)职工在参加用人单位组织或者受用人单位指派参加其他单位组织的活动中受到事故伤害的,应当视为工作原因,但参加与工作无关的活动除外。④ (3)职工因工作原因驻外,有固定的住所、有明确的作息时间,工伤认定时按照在驻在地当地正常工作的情形处理。⑤

4. 工伤认定的条件。(1)工伤认定须以劳动者与用人单位存在劳动关系为前提。⑥ 根据《劳动法》第9条和《工伤保险条例》第5条、第18条的规定,劳动行政部门在工伤认定程序中,具有认定受到伤害的职工与企业之间是否存在劳动关系的职权。⑦ (2)工伤认定是工伤职工享受工伤待遇的前提和基础,不论工伤职工所在单位是否参加了工伤保险,职工遭受事故伤害或确认为职业病后,都有提出工伤认定申请的权利。⑧

5. 工伤认定的申请。(1)申请的主体。①职工。②职工的近亲属。③职工的旁系近亲属在职工因工伤死亡且无直系亲属时,具有申请工伤认定的资格。⑨

---

① 《最高人民法院行政审判庭关于超过法定退休年龄的进城务工农民在工作时间内因公伤亡的,能否认定工伤的答复》。
② 《工伤认定办法》第3条。
③ 《社会保险法》第36条。
④ 《人力资源和社会保障部关于执行〈工伤保险条例〉若干问题的意见(二)》第4条。
⑤ 《人力资源和社会保障部关于执行〈工伤保险条例〉若干问题的意见(二)》第5条。
⑥ 《重庆市高级人民法院关于审理工伤行政诉讼案件若干问题的暂行规定》第6条第1款第1句。《邯郸市劳动和社会保障局关于进一步规范工伤认定工作程序的通知》第10条规定:"……根据《工伤保险条例》和《工伤认定办法》规定,工伤认定申请人申请工伤认定时,必须依法提交工伤职工与用人单位存在劳动关系(包括事实劳动关系)的证明材料。……申请人申请工伤认定时,凡持有上述能够证明受伤职工和用人单位的存在事实劳动关系的证明即可受理;凡无法提供上述证明的,应该到仲裁委申请裁决劳动关系。对持有这些证明能够证明事实劳动关系,也须在受理后,下达举证通知时让用人单位质证,如果对申请人提供的证明材料有异议,则由申请人再到仲裁委申请劳动仲裁,裁决劳动关系。"西安市也有类似规定。
⑦ 《最高人民法院行政审判庭关于劳动行政部门在工伤认定程序中是否具有劳动关系确认权请示的答复》。
⑧ 《人力资源和社会保障部关于执行〈工伤保险条例〉若干问题的意见(二)》第4条。
⑨ 《最高人民法院办公厅关于印发〈行政审判办案指南(一)〉的通知》第26条第5款。

④用人单位未按规定为职工提出工伤认定申请,受到事故伤害或者患职业病的职工或者其直系亲属、工会组织提出工伤认定申请,职工所在单位是否同意(签字、盖章),不是必经程序。①(2)申请的时限。①职工发生事故伤害或者按照职业病防治法规定被诊断、鉴定为职业病,所在单位应当自事故伤害发生之日或者被诊断、鉴定为职业病之日起30日内,向统筹地区社会保险行政部门提出工伤认定申请。遇有特殊情况,经报社会保险行政部门同意,申请时限可以适当延长。用人单位未按前款规定提出工伤认定申请的,工伤职工或者其近亲属、工会组织在事故伤害发生之日或者被诊断、鉴定为职业病之日起1年内,可以直接向用人单位所在地统筹地区社会保险行政部门提出工伤认定申请。按照《工伤保险条例》第17条第1款规定应当由省级社会保险行政部门进行工伤认定的事项,根据属地原则由用人单位所在地的设区的市级社会保险行政部门办理。用人单位未在《工伤保险条例》第17条第1款规定的时限内提交工伤认定申请,在此期间发生符合本条例规定的工伤待遇等有关费用由该用人单位负担。②《工伤保险条例》第17条第2款规定的有权申请工伤认定的"工会组织"包括职工所在用人单位的工会组织以及符合《中华人民共和国工会法》规定的各级工会组织。③《工伤保险条例》第17条第4款规定"用人单位未在本条第一款规定的时限内提交工伤认定申请的,在此期间发生符合本条例规定的工伤待遇等有关费用由该用人单位负担"。这里用人单位承担工伤待遇等有关费用的期间是指从事故伤害发生之日或职业病确诊之日起到劳动保障行政部门受理工伤认定申请之日止。④②对《工伤保险条例》实施前发生事故伤害或者患职业病的,用人单位或从业人员在《工伤保险条例》实施后提出工伤认定申请的,应适用《工伤保险条例》的规

---

① 《劳动和社会保障部关于实施〈工伤保险条例〉若干问题的意见》第5条。
② 《工伤保险条例》第17条。
《工伤认定办法》第4条规定:"职工发生事故伤害或者按照《职业病防治法》规定被诊断、鉴定为职业病,所在单位应当自事故伤害发生之日或者被诊断、鉴定为职业病之日起30日内,向统筹地区社会保险行政部门提出工伤认定申请。遇有特殊情况,经报社会保险行政部门同意,申请时限可以适当延长。按照前款规定应当向省级社会保险行政部门提出工伤认定申请的,根据属地原则应当向用人单位所在地设区的市级社会保险行政部门提出。"
《工伤认定办法》第5条规定:"用人单位未在规定的时限内提出工伤认定申请的,受伤害职工或者其近亲属、工会组织在事故伤害发生之日或者被诊断、鉴定为职业病之日起1年内,可以直接按照本办法第四条规定提出工伤认定申请。"
③ 《劳动和社会保障部关于实施〈工伤保险条例〉若干问题的意见》第4条。
④ 《劳动和社会保障部关于实施〈工伤保险条例〉若干问题的意见》第6条。

定。根据《工伤保险条例》第 17 条的规定,职工受到事故伤害或者患有职业病的,用人单位应自发生伤害之日起 30 日内、从业人员应当自发生伤害之日起 1 年内提出工伤认定申请。提出工伤认定申请的期限应从该条例施行之日起计算。但是,企业职工因工伤害发生在《企业职工工伤保险试行办法》施行之前,当时有关单位已按照有关政策作出处理的,不属于《工伤保险条例》第 64 条规定的"尚未完成工伤认定的情形"。① ③曾经从事接触职业病危害作业、当时没有发现罹患职业病、离开工作岗位后被诊断或鉴定为职业病的符合下列条件的人员,可以自诊断、鉴定为职业病之日起 1 年内申请工伤认定,社会保险行政部门应当受理:第一,办理退休手续后,未再从事接触职业病危害作业的退休人员;第二,劳动或聘用合同期满后或者本人提出而解除劳动或聘用合同后,未再从事接触职业病危害作业的人员。经工伤认定和劳动能力鉴定,前款第 1 项人员符合领取一次性伤残补助金条件的,按就高原则以本人退休前 12 个月平均月缴费工资或者确诊职业病前 12 个月的月平均养老金为基数计发。前款第 2 项人员被鉴定为 1 级至 10 级伤残、按《工伤保险条例》规定应以本人工资作为基数享受相关待遇的,按本人终止或者解除劳动、聘用合同前 12 个月平均月缴费工资计发。②《工伤保险条例》所称本人工资,是指工伤职工因工作遭受事故伤害或者患职业病前 12 个月平均月缴费工资。本人工资高于统筹地区职工平均工资 300% 的,按照统筹地区职工平均工资的 300% 计算;本人工资低于统筹地区职工平均工资 60% 的,按照统筹地区职工平均工资的 60% 计算。③ ④有下列情形之一的,被延误的时间不计算在工伤认定申请时限内。第一,受不可抗力影响的;第二,职工由于被公安、安全、检察、法院等机关依法采取强制措施等人身自由受到限制不能申请工伤认定的;第三,申请人正式提交了工伤认定申请,但因社会保险机构未登记或者材料遗失等原因造成申请超时限的;第四,当事人就确认劳动关系申请劳动仲裁或提起民事诉讼的;第五,其他符合法律法规规定的情形。④ (3)申请的表格及材料。提出工伤认定申请应当提交下列材料:①工伤认定申请表;②与用人单位存在劳

---

① 《最高人民法院行政审判庭关于〈工伤保险条例〉第六十四条理解和适用问题请示的答复》(2010 年《工伤保险条例》修订原第 64 条相关规定变更为第 67 条)。
② 《人力资源和社会保障部关于执行〈工伤保险条例〉若干问题的意见》第 8 条。
③ 《工伤保险条例》第 64 条。
④ 《人力资源和社会保障部关于执行〈工伤保险条例〉若干问题的意见(二)》第 8 条。

动关系(包括事实劳动关系)的证明材料;③医疗诊断证明或者职业病诊断证明书(或者职业病诊断鉴定书)。工伤认定申请表应当包括事故发生的时间、地点、原因以及职工伤害程度等基本情况。工伤认定申请人提供材料不完整的,社会保险行政部门应当一次性书面告知工伤认定申请人需要补正的全部材料。申请人按照书面告知要求补正材料后,社会保险行政部门应当受理。(4)申请的受理。工伤认定申请人提交的申请材料符合要求,属于社会保险行政部门管辖范围且在受理时限内的,社会保险行政部门应当受理。①(5)申请的审核及决定。社会保险行政部门收到工伤认定申请后,应当在15日内对申请人提交的材料进行审核,材料完整的,作出受理或者不予受理的决定;材料不完整的,应当以书面形式一次性告知申请人需要补正的全部材料。社会保险行政部门收到申请人提交的全部补正材料后,应当在15日内作出受理或者不予受理的决定。社会保险行政部门决定受理的,应当出具《工伤认定申请受理决定书》;决定不予受理的,应当出具《工伤认定申请不予受理决定书》。②

  6. 工伤的认定地。职工受到事故伤害或者患职业病后,在参保地进行工伤认定、劳动能力鉴定,并按照参保地的规定依法享受工伤保险待遇;未参加工伤保险的职工,应当在生产经营地进行工伤认定、劳动能力鉴定,并按照应参保地的规定依法由用人单位支付工伤保险待遇。③

  7. 证据的调查核实。(1)调查核实的主体及其工作人员。①社会保险行政部门受理工伤认定申请后,根据审核需要可以对事故伤害进行调查核实,用人单位、职工、工会组织、医疗机构以及有关部门应当予以协助。职业病诊断和诊断争议的鉴定,依照职业病防治法的有关规定执行。对依法取得职业病诊断证明书或者职业病诊断鉴定书的,社会保险行政部门不再进行调查核实。职工或者其近亲属认为是工伤,用人单位不认为是工伤的,由用人单位承担举证责任。④ ②社会保险行政部门进行调查核实,应当由两名以上工作人员共同进行,并出示执行公务的证件。⑤ ③社会保险行政部门工作人员在工伤认定中,可以进行以下

---

① 《工伤认定办法》第7条。
② 《工伤认定办法》第8条。
③ 《人力资源和社会保障部关于执行〈工伤保险条例〉若干问题的意见(二)》第7条第3款。
④ 《工伤保险条例》第19条。
《工伤认定办法》第9条规定:"社会保险行政部门受理工伤认定申请后,可以根据需要对申请人提供的证据进行调查核实。"
⑤ 《工伤认定办法》第10条。

调查核实工作:第一,根据工作需要,进入有关单位和事故现场;第二,依法查阅与工伤认定有关的资料,询问有关人员并作出调查笔录;第三,记录、录音、录像和复制与工伤认定有关的资料。调查核实工作的证据收集参照行政诉讼证据收集的有关规定执行。① ④社会保险行政部门工作人员进行调查核实时,应当履行下列义务:第一,保守有关单位商业秘密以及个人隐私;第二,为提供情况的有关人员保密。② (2)调查核实的协助。社会保险行政部门工作人员进行调查核实时,有关单位和个人应当予以协助。用人单位、工会组织、医疗机构以及有关部门应当负责安排相关人员配合工作,据实提供情况和证明材料。③ (3)调查核实内容的除外。社会保险行政部门在进行工伤认定时,对申请人提供的符合国家有关规定的职业病诊断证明书或者职业病诊断鉴定书,不再进行调查核实。职业病诊断证明书或者职业病诊断鉴定书不符合国家规定的要求和格式的,社会保险行政部门可以要求出具证据部门重新提供。④ (4)调查核实的委托。社会保险行政部门受理工伤认定申请后,可以根据工作需要,委托其他统筹地区的社会保险行政部门或者相关部门进行调查核实。⑤ (5)调查核实的法律责任。对用人单位违反《条例》第19条的规定,拒不协助社会保险行政部门对事故进行调查核实的,由社会保险行政部门责令改正,处2000元以上2万元以下的罚款。⑥

8. 工伤认定的举证责任。职工或者其近亲属认为是工伤,用人单位不认为是工伤的,由该用人单位承担举证责任。用人单位拒不举证的,社会保险行政部门可以根据受伤害职工提供的证据或者调查取得的证据,依法作出工伤认定决定。⑦

9. 工伤认定的决定。(1)决定的主体。社会保险行政部门应当自受理工伤

---

① 《工伤认定办法》第11条。
② 《工伤认定办法》第15条。
③ 《工伤认定办法》第12条。
《最高人民法院公报》(第1期)规定:"《工伤认定办法》第八条规定,工伤认定程序中的调查核实,可以由劳动保障行政部门根据需要进行。故调查核实不是每个工伤认定程序中必经的程序。在已经终结的工伤认定程序中,劳动保障行政部门如果已经掌握了有关职工受事故伤害的证据,在重新启动的工伤认定程序中可以不再进行调查核实。"
④ 《工伤认定办法》第13条。
⑤ 《工伤认定办法》第14条。
⑥ 《工伤保险条例》第63条。
《工伤认定办法》第25条规定:"用人单位拒不协助社会保险行政部门对事故伤害进行调查核实的,由社会保险行政部门责令改正,处2000元以上2万元以下的罚款。"
⑦ 《工伤认定办法》第17条。

认定申请之日起60日内作出工伤认定决定,出具《认定工伤决定书》或者《不予认定工伤决定书》。① (2)决定的时限。社会保险行政部门对于事实清楚、权利义务明确的工伤认定申请,应当自受理工伤认定申请之日起15日内作出工伤认定决定。② 作出工伤认定决定需要以司法机关或者有关行政主管部门的结论为依据的,在司法机关或者有关行政主管部门尚未作出结论期间,作出工伤认定决定的时限中止。③ (3)决定的具体认定。①应认定工伤的情形。第一,职工有下列情形之一的,应当认定为工伤:其一,在工作时间和工作场所内,因工作原因受到事故伤害的;其二,工作时间前后在工作场所内,从事与工作有关的预备性或者收尾性工作受到事故伤害的;其三,在工作时间和工作场所内,因履行工作职责受到暴力等意外伤害的;其四,患职业病的;其五,因工外出期间,由于工作原因受到伤害或者发生事故下落不明的;其六,在上下班途中,受到非本人主要责任的交通事故或者城市轨道交通、客运轮渡、火车事故伤害的;其七,法律、行政法规规定应当认定为工伤的其他情形。④ 其中,"职工"应当包括用人单位聘用的超过法定退休年龄的人员。⑤ "工作原因"应当包括因履行工作职责、完成工作任务、遵从单位安排等与工作存在直接关系的事项。⑥《工伤保险条例》第14条第1项规定的"工作场所",是指与职工工作职责相关的场所,有多个工作场所的,还包括工作时间内职工来往于多个工作场所之间的合理区域。"因履行工作职责受到暴力等意外伤害"中的因履行工作职责受到暴力伤害是指受到的暴力伤害

---

① 《工伤认定办法》第18条。
《工伤保险条例》第20条第1款规定:"社会保险行政部门应当自受理工伤认定申请之日起60日内作出工伤认定的决定,并书面通知申请工伤认定的职工或者其近亲属和该职工所在单位。"
《关于贯彻执行〈中华人民共和国劳动法〉若干问题的意见》第78条规定:"……劳动者因工负伤的,劳动行政部门根据企业的工伤事故报告和工伤者本人的申请,作出工伤认定,由社会保险基金经办机构或用人单位,发给有关工伤保险待遇。……"
② 《工伤认定办法》第21条。
《工伤保险条例》第20条第2款规定:"社会保险行政部门对受理的事实清楚、权利义务明确的工伤认定申请,应当在15日内作出工伤认定的决定。"
③ 《工伤保险条例》第20条第3款。
④ 《工伤保险条例》第14条。
《最高人民法院行政审判庭关于非固定居所到工作场所之间的路线是否属于"上下班途中"的答复》:"……如邹平庵系下班直接回其在济南的住所途中受到机动车事故伤害,应当适用《工伤保险条例》第十四条第(六)项的规定。"
⑤ 《最高人民法院办公厅关于印发〈行政审判办案指南(一)〉的通知》第26条第1款。
⑥ 《最高人民法院办公厅关于印发〈行政审判办案指南(一)〉的通知》第26条第2款。

与履行工作职责有因果关系。① 《工伤保险条例》第 14 条第 5 项规定的"因工外出期间"的认定,应当考虑职工外出是否属于用人单位指派的因工作外出,遭受的事故伤害是否因工作原因所致。② "上下班途中"既包括职工正常工作的上下班途中,也包括职工加班加点的上下班途中。"受到机动车事故伤害的"既可以是职工驾驶或乘坐的机动车发生事故造成的,也可以是职工因其他机动车事故造成的。③ 《工伤保险条例》第 14 条第 6 项规定的"非本人主要责任"的认定,应当以有关机关出具的法律文书或者人民法院的生效裁决为依据。④ 第二,受伤职工符合《工伤保险条例》第 14 条、第 15 条规定的情形,且不存在第 16 条情形的,应当认定为工伤或视同工伤。⑤ ②应视为工伤的情形。第一,职工有下列情形之一的,视同工伤:其一,在工作时间和工作岗位,突发疾病死亡或者在 48 小时之内经抢救无效死亡的;其二,在抢险救灾等维护国家利益、公共利益活动中受到伤害的;其三,职工原在军队服役,因战、因公负伤致残,已取得革命伤残军人证,到用人单位后旧伤复发的。职工有前款第 1 项、第 2 项情形的,按照本条例的有关规定享受工伤保险待遇;职工有前款第 3 项情形的,按照本条例的有关规定享受除一次性伤残补助金以外的工伤保险待遇。⑥ 其中,"突发疾病"包括各

---

① 《劳动和社会保障部办公厅关于对〈工伤保险条例〉有关条款释义的函》[同时回复"请示中'《工伤保险条例》第十四条第三款'应为'《工伤保险条例》第十四条第(三)项'"]。
② 《人力资源和社会保障部关于执行〈工伤保险条例〉若干问题的意见》第 1 条。
③ 《劳动和社会保障部关于实施〈工伤保险条例〉若干问题的意见》第 2 条。
《最高人民法院办公厅关于印发〈行政审判办案指南(一)〉的通知》第 26 条第 3 款规定:"'上下班途中'应包括职工在合理时间内为上下班而往返于居住地和工作单位之间的合理路径。"
《人力资源和社会保障部关于执行〈工伤保险条例〉若干问题的意见(二)》第 6 条规定:"职工以上下班为目的、在合理时间内往返于工作单位和居住地之间的合理路线,视为上下班途中。"
④ 《人力资源和社会保障部关于执行〈工伤保险条例〉若干问题的意见》第 2 条。
《最高人民法院行政审判庭关于如何适用〈工伤保险条例〉第十四条第(六)项及第十六条第(一)项如何理解的答复》:"根据《工伤保险条例》第十四条第(六)项的规定,职工在上下班途中因违章受到机动车事故伤害的,只要其违章行为没有违反治安管理,应当认定为工伤。"
⑤ 《劳动和社会保障部办公厅关于对工伤认定法律适用问题的复函》。
《最高人民法院行政审判庭关于职工因公外出期间死因不明应否认定工伤的答复》:"……职工因公外出期间死因不明,用人单位或者社会保障部门提供的证据不能排除非工作原因导致死亡的,应当依据《工伤保险条例》第十四条第(五)项和第十九条第二款的规定,认定为工伤。"
⑥ 《工伤保险条例》第 15 条。
《最高人民法院行政审判庭关于非因工作原因对遇险者实施救助导致伤亡的情形是否认定工伤问题的答复》:"非因工作原因对遇险者实施救助导致伤亡的,如未经有关部门认定为见义勇为,似不属于《工伤保险条例》第十五条第一款第(二)项规定的视同工伤情形。……"

类疾病。"48小时"的起算时间,以医疗机构的初次诊断时间作为突发疾病的起算时间。① 第二,符合《工伤保险条例》第15条第1项情形的,职工所在用人单位原则上应自职工死亡之日起5个工作日内向用人单位所在统筹地区社会保险行政部门报告。② ③不能认定工伤的情形。第一,职工因下列情形之一导致本人在工作中伤亡的,不认定为工伤:其一,故意犯罪;其二,醉酒或者吸毒;其三,自残或者自杀;其四,法律、行政法规规定的其他情形。③《工伤保险条例》第16条第1项"故意犯罪"的认定,应当以司法机关的生效法律文书或者结论性意见为依据。④《工伤保险条例》第16条第2项"醉酒或者吸毒"的认定,应当以有关机关出具的法律文书或者人民法院的生效裁决为依据。无法获得上述证据的,可以结合相关证据认定。⑤ 第二,受伤职工虽不存在第16条情形,但也不符合第14条、第15条规定情形的,不予认定为工伤或视同工伤;受伤职工虽符合第14条、第15条规定的情形,但存在第16条情形的,不能认定为工伤或视同为工伤。⑥ (4)决定书的内容。①《认定工伤决定书》的内容。《认定工伤决定书》应当载明下列事项:第一,用人单位全称;第二,职工的姓名、性别、年龄、职业、身份证号码;第三,受伤害部位、事故时间和诊断时间或职业病名称、受伤害经过和核实情况、医疗救治的基本情况和诊断结论;第四,认定工伤或者视同工伤的依据;第五,不服认定决定申请行政复议或者提起行政诉讼的部门和时限;第六,作出认定工伤或者视同工伤决定的时间。②《不予认定工伤决定书》的内容。《不予认定工伤决定书》应当载明下列事项:第一,用人单位全称;第二,职工的姓名、性别、年龄、职业、身份证号码;第三,不予认定工伤或者不视同工伤的依据;第四,不服认定决定申请行政复议或者提起行政诉讼的部门和时限;第五,作出不予认定工伤或者不视同工伤决定的时间。③《认定工伤决定书》和《不予认定工伤决

---

① 《劳动和社会保障部关于实施〈工伤保险条例〉若干问题的意见》第3条。
② 《人力资源和社会保障部关于执行〈工伤保险条例〉若干问题的意见》第6条。
③ 《社会保险法》第37条。
  《工伤保险条例》第16条规定:"职工符合本条例第十四条、第十五条的规定,但是有下列情形之一的,不得认定为工伤或者视同工伤:(一)故意犯罪的;(二)醉酒或者吸毒的;(三)自残或者自杀的。"
  最高人民法院指导案例40号(2014年)裁判要点第3条规定:"职工在从事本职工作中存在过失,不属于《工伤保险条例》第十六条规定的故意犯罪、醉酒或者吸毒、自残或者自杀情形,不影响工伤的认定。"
④ 《人力资源和社会保障部关于执行〈工伤保险条例〉若干问题的意见》第3条。
⑤ 《人力资源和社会保障部关于执行〈工伤保险条例〉若干问题的意见》第4条。
⑥ 《劳动和社会保障部办公厅关于对工伤认定法律适用问题的复函》。

定书》应当加盖社会保险行政部门工伤认定专用印章。① (5)决定的其他依据。社会保险行政部门受理工伤认定申请后,作出工伤认定决定需要以司法机关或者有关行政主管部门的结论为依据的,在司法机关或者有关行政主管部门尚未作出结论期间,作出工伤认定决定的时限中止,并书面通知申请人。② (6)决定的送达。社会保险行政部门应当自工伤认定决定作出之日起20日内,将《认定工伤决定书》或者《不予认定工伤决定书》送达受伤害职工(或者其近亲属)和用人单位,并抄送社会保险经办机构。《认定工伤决定书》和《不予认定工伤决定书》的送达参照民事法律有关送达的规定执行。③

10. 工伤认定的回避。社会保险行政部门工作人员与工伤认定申请人有利害关系的,应当回避。④

11. 工伤认定的中止。(1)社会保险行政部门受理工伤认定申请后,发现劳动关系存在争议且无法确认的,应告知当事人可以向劳动人事争议仲裁委员会申请仲裁。在此期间,作出工伤认定决定的时限中止,并书面通知申请工伤认定的当事人。劳动关系依法确认后,当事人应将有关法律文书送交受理工伤认定申请的社会保险行政部门,该部门自收到生效法律文书之日起恢复工伤认定程序。⑤ (2)用人单位对事实劳动关系无异议或在规定时限内未提供举证材料的,劳动保障行政部门应根据申请人提出的证据依法进行工伤认定。用人单位对与申请人的事实劳动关系有争议的,由用人单位或申请人向所在地劳动争议仲裁委员会申请仲裁,同时办理中止工伤认定程序。⑥ (3)申请工伤认定的"1年期限"可因不归责于申请人的正当事由中止或者中断。⑦

12. 工伤认定的救济。有下列情形之一的,有关单位或者个人可以依法申请行政复议,也可以依法向人民法院提起行政诉讼:(1)申请工伤认定的职工或者其近亲属、该职工所在单位对工伤认定申请不予受理的决定不服的;(2)申请工伤认定的职工或者其近亲属、该职工所在单位对工伤认定结论不服的;(3)用人

---

① 《工伤认定办法》第19条。
② 《工伤认定办法》第20条。
③ 《工伤认定办法》第22条。
④ 《工伤保险条例》第20条第4款。
⑤ 《人力资源和社会保障部关于执行〈工伤保险条例〉若干问题的意见》第5条。
⑥ 《河北省劳动和社会保障厅关于处理工伤争议有关问题的通知》第1条第2款。
⑦ 《最高人民法院办公厅关于印发〈行政审判办案指南(一)〉的通知》第26条第4款。

单位对经办机构确定的单位缴费费率不服的;(4)签订服务协议的医疗机构、辅助器具配置机构认为经办机构未履行有关协议或者规定的;(5)工伤职工或者其近亲属对经办机构核定的工伤保险待遇有异议的。①

13. 工伤认定资料的保存。工伤认定结束后,社会保险行政部门应当将工伤认定的有关资料保存50年。②

14. 工伤的具体认定。(1)按照《企业职工工伤保险试行办法》(劳部发〔1996〕266号)规定,因履行职责遭致人身伤害的,应当认定工伤。对于暂时缺乏证据,无法判定其受伤害原因是因公还是因私的,可先按照疾病和非因工负伤、死亡待遇处理。待伤害原因确定后,再按有关规定进行工伤认定。其中认定为工伤的,其工伤待遇享受期限从受伤害之日起计算。已享受的疾病和非因工负伤、死亡待遇,应从工伤保险待遇中扣除。③ (2)职工受单位指派外出学习期间,在学习单位安排的休息场所休息时受到他人伤害的,应当认定为工伤。④ (3)职工在上下班途中因无证驾驶机动车、驾驶无牌机动车或者饮酒后驾驶机动车发生事故导致伤亡的,不应认定为工伤。⑤ (4)职工因公外出期间死因不明,用人单位或者社会保障部门提供的证据不能排除非工作原因导致死亡的,应当依据《工伤保险条例》第14条第5项和第19条第2款的规定,认定为工伤。⑥ (5)用人单位聘用的超过法定退休年龄的务工农民,在工作时间内、因工作原因伤亡的,应当适用《工伤保险条例》的有关规定进行工伤认定。⑦ (6)生效裁判或者仲裁裁决确认违法发包、转包、分包或者挂靠情形下的工伤职工与具备用工主体资格的单位

---

① 《工伤保险条例》第55条。
《工伤认定办法》第23条规定:"职工或者其近亲属、用人单位对不予受理决定不服或者对工伤认定决定不服的,可以依法申请行政复议或者提起行政诉讼。"
② 《工伤认定办法》第24条。
③ 《劳动和社会保障部办公厅关于职工在工作中遭受他人蓄意伤害是否认定工伤的复函》。
④ 《最高人民法院行政审判庭关于职工外出学习休息期间受到他人伤害应否认定为工伤问题的答复》。
⑤ 《最高人民法院行政审判庭关于职工在上下班途中因无证驾驶机动车导致伤亡的,应否认定为工伤问题的答复》。
《最高人民法院行政审判庭关于职工无照驾驶无证车辆在上班途中受到机动车伤害死亡能否认定工伤请示的答复》规定:"……工伤保险部门对职工无照或者无证驾驶车辆在上班途中受到机动车伤害死亡,不认定为工伤的,不宜认为适用法律、法规错误。"
⑥ 《最高人民法院关于职工因公外出期间死因不明应否认定工伤的答复》。
⑦ 《最高人民法院关于超过法定退休年龄的进城务工农民在工作时间内因公伤亡的,能否认定工伤的答复》。

之间不存在劳动关系，但工伤职工具有《最高人民法院关于审理工伤保险行政案件若干问题的规定》第 3 条规定的情形，且其工伤认定申请符合《工伤保险条例》有关工伤认定条件的，人民法院应予支持。① (7) 责任认定书内容不明确时的工伤认定。公安交管部门未出具交通事故责任认定书或者交通事故责任认定书内容不明确，社会保险行政部门调查核实后，可根据是否存在交通事故、是否依法报案以及交通事故证明书内容等综合判断职工是否对交通事故负主要责任。经前述程序仍无法判断，工伤认定申请人请求社会保险行政部门结合《工伤保险条例》第 19 条第 2 款，并依据该条例第 14 条第 6 项规定认定职工所受交通事故伤害为工伤的，人民法院应予支持。② (8) 职业病诊断鉴定结论所列明的单位对其承担工伤保险责任有异议，但社会保险行政部门依据职业病诊断鉴定结论先行认定职工的职业病为工伤的，人民法院应予支持。职业病诊断鉴定结论所列明的单位或工伤保险基金承担相应工伤保险责任后，有权机关否定相关单位为工伤责任单位的，相关单位或工伤保险基金可以向实际致害单位依法另行主张权利。③

（二）工伤保险的工伤确认

1. 工伤确认行为的界定。工伤认定作为行政确认行为，是社会保险行政部门依职权对职工是否因工作受伤或患病的事实进行确认，该事实不因职工工作单位的变动而改变。职工患职业病的，应当认定为工伤。④

2. 工伤确认前的报告义务。劳动者因工负伤或患职业病，用人单位应按国家和地方政府的规定进行工伤事故报告，或者经职业病论断机构确诊进行职业病报告。用人单位和劳动者有权按规定向当地劳动行政部门报告。如果用人单位瞒报、漏报工作或职业病，工会、劳动者可以向劳动行政部门报告。经劳动行政部门确认后，用人单位或社会保险基金经办机构应补发工伤保险待遇。⑤

3. 患职业病的工伤确认。劳动者患职业病按照 1987 年由卫生部等部门发

---

① 《最高人民法院行政法官专业会议纪要（七）》（工伤保险领域）第 1 条。
② 《最高人民法院行政法官专业会议纪要（七）》（工伤保险领域）第 3 条。
③ 《最高人民法院行政法官专业会议纪要（七）》（工伤保险领域）第 4 条。
④ 中核深圳凯利集团有限公司诉深圳市人力资源和社会保障局工伤认定案，载《最高人民法院公报》2020 年第 12 期。
⑤ 《关于贯彻执行〈中华人民共和国劳动法〉若干问题的意见》第 79 条。

布的《职业病范围和职业病患者处理办法的规定》和所附的"职业病名单"(〔87〕卫防第60号)处理,经职业病诊断机构确诊并发给《职业病诊断证明书》,劳动行政部门据此确认工伤,并通知用人单位或者社会保险基金经办机构发给有关工伤保险待遇。①

4. 工伤确认的效力。审理工伤赔偿案件,适用雇主责任原则和无条件赔偿原则(又称无责任赔偿原则)归责。只要劳动者被劳动保险部门确认为工伤,一无条件享受工伤保险待遇,无论劳动者是否有过错,都不得减轻用人单位的赔偿责任。②

5. 工伤确认的救济。(1)劳动者对劳动行政部门作出的工伤或职业病的确认意见不服,可依法提起行政复议或行政诉讼。③ (2)工伤的确认是一种具体行政行为,有关的争议应通过行政复议和行政诉讼的方式予以解决;对劳动者直接起诉要求人民法院确认工伤的,应裁定不予受理或者驳回起诉。④

五、工伤保险待遇

(一)工伤保险待遇的主体

1. 企业等单位的职工。中华人民共和国境内的企业、事业单位、社会团体、民办非企业单位、基金会、律师事务所、会计师事务所等组织的职工和个体工商户的雇工,均有依照《工伤保险条例》的规定享受工伤保险待遇的权利。⑤

2. 受聘的离退休人员。根据《工伤保险条例》第2条、第61条等有关规定,离退休人员受聘于现工作单位,现工作单位已经为其缴纳了工伤保险费,其在受聘期间因工作受到事故伤害的,应当适用《工伤保险条例》的有关规定处理。⑥

3. 因工死亡的职工供养亲属。(1)确定因工死亡职工供养亲属范围的法律依据。为明确因工死亡职工供养亲属范围,根据《工伤保险条例》第37条第1款第2项的授权,制定《因工死亡职工供养亲属范围规定》。⑦《因工死亡职工供养

---

① 《关于贯彻执行〈中华人民共和国劳动法〉若干问题的意见》第78条。
② 《广州市中级人民法院关于审理劳动争议案件若干问题的意见综述》第13条第1款。
③ 《关于贯彻执行〈中华人民共和国劳动法〉若干问题的意见》第80条。
④ 《重庆市高级人民法院关于当前民事审判若干法律问题的指导意见》第5条第1款。
⑤ 《工伤保险条例》第2条第2款。
⑥ 《最高人民法院行政审判庭关于离退休人员与现工作单位之间是否构成劳动关系以及工作时间内受伤是否适用〈工伤保险条例〉问题的答复》。
⑦ 《因工死亡职工供养亲属范围规定》第1条。

亲属范围规定》所称因工死亡职工供养亲属,是指该职工的配偶、子女、父母、祖父母、外祖父母、孙子女、外孙子女、兄弟姐妹。《因工死亡职工供养亲属范围规定》所称子女,包括婚生子女、非婚生子女、养子女和有抚养关系的继子女,其中,婚生子女、非婚生子女包括遗腹子女;本规定所称父母,包括生父母、养父母和有抚养关系的继父母;本规定所称兄弟姐妹,包括同父母的兄弟姐妹、同父异母或者同母异父的兄弟姐妹、养兄弟姐妹、有抚养关系的继兄弟姐妹。[①]《因工死亡职工供养亲属范围规定》自2004年1月1日起施行。[②] (2)因工死亡职工供养亲属的抚恤金待遇。①享受抚恤金待遇的情形。第一,上条规定的人员,依靠因工死亡职工生前提供主要生活来源,并有下列情形之一的,可按规定申请供养亲属抚恤金:其一,完全丧失劳动能力的;其二,工亡职工配偶男年满60周岁、女年满55周岁的;其三,工亡职工父母男年满60周岁、女年满55周岁的;其四,工亡职工子女未满18周岁的;其五,工亡职工父母均已死亡,其祖父、外祖父年满60周岁,祖母、外祖母年满55周岁的;其六,工亡职工子女已经死亡或完全丧失劳动能力,其孙子女、外孙子女未满18周岁的;其七,工亡职工父母均已死亡或完全丧失劳动能力,其兄弟姐妹未满18周岁的。[③] 第二,领取抚恤金的人员,在被判刑收监执行期间,停止享受抚恤金待遇。刑满释放仍符合领取抚恤金资格的,按规定的标准享受抚恤金。[④] ②享受抚恤金待遇的停止。领取抚恤金人员有下列情形之一的,停止享受抚恤金待遇:第一,年满18周岁且未完全丧失劳动能力的;第二,就业或参军的;第三,工亡职工配偶再婚的;第四,被他人或组织收养的;第五,死亡的。[⑤] ③享受抚恤金待遇的核定。因工死亡职工供养亲属享受抚恤金待遇的资

[①] 《因工死亡职工供养亲属范围规定》第2条。

《北京市高级人民法院、北京市劳动人事争议仲裁委员会关于审理劳动争议案件法律适用问题的解答》第26条规定:"《工伤保险条例》规定的'近亲属'的范围不同于《继承法》的继承人范围。《条例》规定的近亲属应包括配偶、父母、子女、兄弟姐妹、祖父母、外祖父母、孙子女、外孙子女和其他具有扶养、赡养关系的亲属。依据《工伤保险条例》第三十九条规定'供养亲属抚恤金按照职工本人工资的一定比例发给由因工死亡职工生前提供主要生活来源、无劳动能力的亲属'。'供养亲属的具体范围由国务院社会保险行政部门规定',具体认定可按原劳动和社会保障部《因工死亡职工供养亲属范围规定》执行。除供养亲属抚恤金外,其他享受劳动者的工亡赔偿待遇的近亲属范围的顺位可参照《继承法》中法定继承顺位考虑。"

[②] 《因工死亡职工供养亲属范围规定》第7条。
[③] 《因工死亡职工供养亲属范围规定》第3条。
[④] 《因工死亡职工供养亲属范围规定》第5条。
[⑤] 《因工死亡职工供养亲属范围规定》第4条。

格,由统筹地区社会保险经办机构核定。因工死亡职工供养亲属的劳动能力鉴定,由因工死亡职工生前单位所在地设区的市级劳动能力鉴定委员会负责。①

4. 军人伤亡保险的待遇。(1)军人因下列情形之一死亡或者致残的,不享受军人伤亡保险待遇:①故意犯罪的;②醉酒或者吸毒的;③自残或者自杀的;④法律、行政法规和军事法规规定的其他情形。② (2)已经评定残疾等级的因战、因公致残的军人退出现役参加工作后旧伤复发的,依法享受相应的工伤待遇。③

(二)伤残等级和护理依赖程序的评定

1. 工伤评定的主体。患职业病或工伤致残的,由当地劳动鉴定委员会按照劳动部《职工工伤和职业病致残程度鉴定标准》(劳险字〔1992〕6号)评定伤残等级和护理依赖程度。劳动鉴定委员会的伤残等级和护理依赖程度的结论,以医学检查、论断结果为技术依据。④

2. 工伤评定的判断依据。(1)综合判定。依据工伤致残者于评定伤残等级技术鉴定时的器官损伤、功能障碍及其对医疗与日常生活护理的依赖程度,适当考虑由于伤残引起的社会心理因素影响,对伤残程度进行综合判定分级。⑤ (2)器官损伤。器官损伤是工伤的直接后果,但职业病不一定有器官缺损。⑥ (3)功能障碍。工伤后功能障碍的程度与器官缺损的部位及严重程度有关,职业病所致的器官功能障碍与疾病的严重程度相关。对功能障碍的判定,应以评定伤残等级技术鉴定时的医疗检查结果为依据,根据评残对象逐个确定。⑦ (4)医疗依赖。医疗依赖判定分级:①特殊医疗依赖:工伤致残后必须终身接受特殊药物、特殊医疗设备或装置进行治疗;②一般医疗依赖:工伤致残后仍需接受长期或终身药物治疗。⑧ (5)生活自理障碍。生活自理范围主要包括下列五项:①进食:完全不能自主进食,需依赖他人帮助;②翻身:不能自主翻身;③大、小便:不能自主行动,排大小便需要他人帮助;④穿衣、洗漱:不能自己穿衣、洗漱,完全依赖他人帮

---

① 《因工死亡职工供养亲属范围规定》第6条。
② 《军人保险法》第10条。
③ 《军人保险法》第11条。
④ 《关于贯彻执行〈中华人民共和国劳动法〉若干问题的意见》第78条。
⑤ 《劳动能力鉴定 职工工伤与职业病致残等级》第4条第1款第1项。
⑥ 《劳动能力鉴定 职工工伤与职业病致残等级》第4条第1款第2项。
⑦ 《劳动能力鉴定 职工工伤与职业病致残等级》第4条第1款第3项。
⑧ 《劳动能力鉴定 职工工伤与职业病致残等级》第4条第1款第4项。

助;⑤自主行动:不能自主走动。生活自理障碍的程度分三级:①完全生活自理障碍:生活完全不能自理,上述五项均需护理;②大部分生活自理障碍:生活大部不能自理,上述五项中三项或四项需要护理;③部分生活自理障碍:部分生活不能自理,上述五项中一项或两项需要护理。①

3. 工伤评定的定级原则。根据条目划分原则以及工伤致残程度,综合考虑各门类问的平衡,将残情级别分为一至十级。最重为第一级,最轻为第十级。对未列出的个别伤残情况,参照本标准中相应定级原则进行等级评定。② 具体如下:(1)一级的定级原则。器官缺失或功能完全丧失,其他器官不能代偿,存在特殊医疗依赖,或完全或大部分或部分生活自理障碍。③ (2)二级的定级原则。器官严重缺损或畸形,有严重功能障碍或并发症,存在特殊医疗依赖,或大部分或部分生活自理障碍。④ (3)三级的定级原则。器官严重缺损或畸形,有严重功能障碍或并发症,存在特殊医疗依赖,或部分生活自理障碍。⑤ (4)四级的定级原则。器官严重缺损或畸形,有严重功能障碍或并发症,存在特殊医疗依赖,或部分生活自理障碍或无生活自理障碍。⑥ (5)五级的定级原则。器官大部缺损或明显畸形,有较重功能障碍或并发症,存在一般医疗依赖,无生活自理障碍。⑦ (6)六级的定级原则。器官大部缺损或明显畸形,有中等功能障碍或并发症,存在一般医疗依赖,无生活自理障碍。⑧ (7)七级的定级原则。器官大部分缺损或畸形,有轻度功能障碍或并发症,存在一般医疗依赖,无生活自理障碍。⑨ (8)八级的定级原则。器官部分缺损,形态异常,轻度功能障碍,存在一般医疗依赖,无生活自理障碍。⑩ (9)九级的定级原则。器官部分缺损,形态异常,轻度功能障碍,无医疗依赖或者存在一般医疗依赖,无生活自理障碍。⑪ (10)十级的定级原

---

① 《劳动能力鉴定　职工工伤与职业病致残等级》第4条第1款第5项。
② 《劳动能力鉴定　职工工伤与职业病致残等级》第4条第6款。
③ 《劳动能力鉴定　职工工伤与职业病致残等级》第5条第1款第1项。
④ 《劳动能力鉴定　职工工伤与职业病致残等级》第5条第2款第1项。
⑤ 《劳动能力鉴定　职工工伤与职业病致残等级》第5条第3款第1项。
⑥ 《劳动能力鉴定　职工工伤与职业病致残等级》第5条第4款第1项。
⑦ 《劳动能力鉴定　职工工伤与职业病致残等级》第5条第5款第1项。
⑧ 《劳动能力鉴定　职工工伤与职业病致残等级》第5条第6款第1项。
⑨ 《劳动能力鉴定　职工工伤与职业病致残等级》第5条第7款第1项。
⑩ 《劳动能力鉴定　职工工伤与职业病致残等级》第5条第8款第1项。
⑪ 《劳动能力鉴定　职工工伤与职业病致残等级》第5条第9款第1项。

则。器官部分缺损,形态异常,无功能障碍或轻度功能障碍,无医疗依赖或者存在一般医疗依赖,无生活自理障碍。①

4. 工伤评定的救济。劳动者被认定患职业病或因工负伤后,对劳动鉴定委员会作出的伤残等级和护理依赖程度鉴定结论不服,可依法提起行政复议或行政诉讼。对劳动能力鉴定结论所依据的医学检查、诊断结果有异议的,可以要求复查诊断,复查论断按各省、自治区和直辖市劳动鉴定委员会规定的程序进行。②

(三)工伤保险的具体待遇

1. 因工伤残的待遇。(1)被鉴定为一级至四级伤残待遇。职工因工致残被鉴定为一级至四级伤残的。保留劳动关系,退出工作岗位,享受以下待遇:①从工伤保险基金按伤残等级支付一次性伤残补助金,标准为:一级伤残为27个月的本人工资,二级伤残为25个月的本人工资,三级伤残为23个月的本人工资,四级伤残为21个月的本人工资。②从工伤保险基金按月支付伤残津贴,标准为:一级伤残为本人工资的90%,二级伤残为本人工资的85%,三级伤残为本人工资的80%,四级伤残为本人工资的75%。伤残津贴实际金额低于当地最低工资标准的,由工伤保险基金补足差额。③工伤职工达到退休年龄并办理退休手续后,停发伤残津贴,按照国家有关规定享受基本养老保险待遇。基本养老保险待遇低于伤残津贴的,由工伤保险基金补足差额。职工因工致残被鉴定为一级至四级伤残的,由用人单位和职工个人以伤残津贴为基数,缴纳基本医疗保险费。③

(2)被鉴定为五级、六级伤残待遇。职工因工致残被鉴定为五级、六级伤残的,享受以下待遇:①从工伤保险基金按伤残等级支付一次性伤残补助金,标准为:五级伤残为18个月的本人工资,六级伤残为16个月的本人工资;②保留与用人单位的劳动关系,由用人单位安排适当工作。难以安排工作的,由用人单位按月发给伤残津贴,标准为:五级伤残为本人工资的70%,六级伤残为本人工资的60%,并由用人单位按照规定为其缴纳应缴纳的各项社会保险费。伤残津贴实际金额低于当地最低工资标准的,由用人单位补足差额。经工伤职工本人提出,该职工可以与用人单位解除或者终止劳动关系,由工伤保险基金支付一次性工伤医疗

---

① 《劳动能力鉴定 职工工伤与职业病致残等级》第5条第10款第1项。
② 《关于贯彻执行〈中华人民共和国劳动法〉若干问题的意见》第81条。
③ 《工伤保险条例》第35条。

补助金,由用人单位支付一次性伤残就业补助金。一次性工伤医疗补助金和一次性伤残就业补助金的具体标准由省、自治区、直辖市人民政府规定。① 其中,《工伤保险条例》第36条规定的工伤职工旧伤复发,是否需要治疗应由治疗工伤职工的协议医疗机构提出意见,有争议的由劳动能力鉴定委员会确认。② (3)被鉴定为七级至十级伤残待遇。职工因工致残被鉴定为七级至十级伤残的,享受以下待遇:①从工伤保险基金按伤残等级支付一次性伤残补助金,标准为:七级伤残为13个月的本人工资,八级伤残为11个月的本人工资,九级伤残为9个月的本人工资,十级伤残为7个月的本人工资;②劳动、聘用合同期满终止,或者职工本人提出解除劳动、聘用合同的,由工伤保险基金支付一次性工伤医疗补助金,由用人单位支付一次性伤残就业补助金一次性工伤医疗补助金和一次性伤残就业补助金的具体标准由省、自治区、直辖市人民政府规定。③

2. 职工死亡的工伤保险待遇。(1)职工因工死亡,其近亲属按照下列规定从工伤保险基金领取丧葬补助金、供养亲属抚恤金和一次性工亡补助金:④①丧葬补助金为6个月的统筹地区上年度⑤职工月平均工资。②供养亲属抚恤金按照职工本人工资的一定比例发给由因工死亡职工生前提供主要生活来源、无劳动能力的亲属。标准为:配偶每月40%,其他亲属每人每月30%,孤寡老人或者孤儿每人每月在上述标准的基础上增加10%。核定的各供养亲属的抚恤金之和不应高于因工死亡职工生前的工资。供养亲属的具体范围由国务院社会保险行政部门规定。③一次性工亡补助金标准为上一年度全国城镇居民人均可支配收入的20倍。⑥ (2)伤残职工在停工留薪期内因工伤导致死亡的,其近亲属享受《条例》第39条第1款规定的待遇。⑦ (3)一级至四级伤残职工在停工留薪期满后死亡的,其近亲属可以享受《工伤保险条例》第39条第1款第1项、第2项规定的待

---

① 《工伤保险条例》第36条。
② 《劳动和社会保障部关于实施〈工伤保险条例〉若干问题的意见》第7条。
③ 《工伤保险条例》第37条。
④ 《人力资源和社会保障部、民政部、财政部关于事业单位工作人员和离退休人员死亡一次性抚恤金发放办法》。
⑤ 《广东省高级人民法院关于审理劳动争议案件疑难问题的解答》第12条规定:"计算职工工伤保险待遇时,如需要参照'统筹地区上年度职工平均工资''统筹地区上年度职工月平均工资'计算,按工伤职工发生事故时已公布的上年度职工平均工资认定。"
⑥ 《工伤保险条例》第39条第1款。
⑦ 《工伤保险条例》第39条第2款。

遇。① (4)一级至四级工伤职工死亡,其近亲属同时符合领取工伤保险丧葬补助金、供养亲属抚恤金待遇和职工基本养老保险丧葬补助金、抚恤金待遇条件的,由其近亲属选择领取工伤保险或职工基本养老保险其中一种。②

3. 工伤复发的待遇。工伤职工工伤复发,确认需要治疗的,享受本条例第30条(医疗待遇)、第32条(辅助器具)和第33条(工资、护理费)规定的工伤待遇。③

4. 多(再)次工伤的待遇。(1)职工再次发生工伤,据规定应当享受伤残津贴的,按照新认定的伤残等级享受伤残津贴待遇。④ (2)职工在同一用人单位连续工作期间多次发生工伤的,符合《工伤保险条例》第36条(5级、6级伤残的待遇)、第37条(7级、10级伤残的待遇)规定领取相关待遇时,按照其在同一用人单位发生工伤的最高伤残级别,计发一次性伤残就业补助金和一次性工伤医疗补助金。⑤ (3)职工在同一用人单位多次发生工伤,形成多个伤残等级,在与用人单位解除或终止劳动关系时,应按最高伤残等级确定劳动者应当享受的工伤保险待遇。⑥

5. 达到或超过法定退休年龄的人员的工伤保险待遇。达到或超过法定退休年龄的人员发生职业伤害时,按不同情况予以处理:(1)达到或超过法定退休年龄,但未办理退休手续或者未依法享受城镇职工基本养老保险待遇,继续在原用人单位工作期间受到事故伤害或患职业病的,用人单位依法承担工伤保险责任。(2)用人单位招用已经达到、超过法定退休年龄或已经领取城镇职工基本养老保险待遇的人员,在用工期间因工作原因受到事故伤害或患职业病的,如招用单位已按项目参保等方式为其缴纳工伤保险费的,应适用《工伤保险条例》。其他达到或超过法定退休年龄的聘用人员,按劳务关系处理,可由聘用单位参照工伤保险相关待遇妥善处理。⑦

6. 第三人侵权后的工伤保险待遇。因第三人侵权死亡且属于工伤情形的,

---

① 《工伤保险条例》第39条第3款。
② 《人力资源和社会保障部关于执行〈工伤保险条例〉若干问题的意见(二)》第1条。
③ 《工伤保险条例》第38条。
④ 《工伤保险条例》第45条。
⑤ 《人力资源和社会保障部关于执行〈工伤保险条例〉若干问题的意见》第10条。
⑥ 《浙江省高级人民法院民一庭关于审理劳动争议纠纷案件若干疑难问题的解答》第17条。
⑦ 《人力资源和社会保障部关于执行〈工伤保险条例〉若干问题的意见(二)》第2条。

死者亲属在获得民事赔偿后,仍可以根据《工伤保险条例》《关于审理工伤保险行政案件若干问题的规定》等规定主张工伤保险待遇。民事赔偿已经支付医疗费用的,不得主张工伤医疗费用。①

7. 购买商业性人身意外伤害保险后的工作保险待遇。用人单位为职工购买商业性人身意外伤害保险的,不因此免除其为职工购买工伤保险的法定义务。职工获得用人单位为其购买的人身意外伤害保险赔付后,仍然有权向用人单位主张工伤保险待遇。②

(四)工伤保险费的支付③

1. 工伤保险基金支付。(1)工伤保险基金的一般支付。因工伤发生的下列费用,按照国家规定从工伤保险基金中支付:①治疗工伤的医疗费用和康复费用;②住院伙食补助费;③到统筹地区以外就医的交通食宿费;④安装配置伤残辅助器具所需费用;⑤生活不能自理的,经劳动能力鉴定委员会确认的生活护理费;⑥一次性伤残补助金和一至四级伤残职工按月领取的伤残津贴;⑦终止或者解除劳动合同时,应当享受的一次性医疗补助金;⑧因工死亡的,其遗属领取的丧葬补助金、供养亲属抚恤金和因工死亡补助金;⑨劳动能力鉴定费。④ 一次性医疗补助金支付的前提是劳动合同解除或期满终止。在人民法院已支持一次性医疗补助金后,不再支持后续医疗费。但《工伤保险条例》第38条规定的工伤职工工伤复发,确认需要治疗的情形除外,此种情形应根据上述条款由工伤职工享受《工伤保险条例》第30条、第32条、第33条规定的工伤待遇。⑤ (2)工伤保险基金的具体支付。①工伤医疗待遇的支付。第一,职工因工作遭受事故伤害或者患职业病进行治疗,享受工伤医疗待遇。职工治疗工伤应当在签订服务协议

---

① 《最高人民法院关于因第三人侵权而死亡者亲属在获得民事赔偿后是否还可以获得工伤保险补偿的答复》。

② 安民重、兰自姣诉深圳市水湾远洋渔业有限公司工伤保险待遇纠纷案,载《最高人民法院公报》2017年第12期。

③ 《人力资源和社会保障部关于执行〈工伤保险条例〉若干问题的意见》第9条规定:"按照本意见第八条规定被认定为工伤的职业病人员,职业病诊断证明书(或职业病诊断鉴定书)中明确的用人单位,在该职工从业期间依法为其缴纳工伤保险费的,按《条例》的规定,分别由工伤保险基金和用人单位支付工伤保险待遇;未依法为该职工缴纳工伤保险费的,由用人单位按《条例》规定的相关项目和标准支付待遇。"

④ 《社会保险法》第38条。

⑤ 《二〇一七年全市法院民商事审判工作会议纪要(成都)》第14条。

的医疗机构就医,情况紧急时可以先到就近的医疗机构急救。治疗工伤所需费用符合工伤保险诊疗项目目录、工伤保险药品目录、工伤保险住院服务标准的,从工伤保险基金支付。工伤保险诊疗项目目录、工伤保险药品目录、工伤保险住院服务标准,由国务院社会保险行政部门会同国务院卫生行政部门、食品药品监督管理部门等部门规定。职工住院治疗工伤的伙食补助费,以及经医疗机构出具证明,报经办机构同意,工伤职工到统筹地区以外就医所需的交通、食宿费用从工伤保险基金支付,基金支付的具体标准由统筹地区人民政府规定。工伤职工治疗非工伤引发的疾病,不享受工伤医疗待遇,按照基本医疗保险办法处理。工伤职工到签订服务协议的医疗机构进行工伤康复的费用,符合规定的,从工伤保险基金支付。① 第二,社会保险行政部门作出认定为工伤的决定后发生行政复议、行政诉讼的,行政复议和行政诉讼期间不停止支付工伤职工治疗工伤的医疗费用。② ②工伤辅助器具费用的支付。工伤职工因日常生活或者就业需要,经劳动能力鉴定委员会确认,可以安装假肢、矫形器、假眼、假牙和配置轮椅等辅助器具,所需费用按国家规定的标准从工伤保险基金支付。③ ③工伤停工留薪期间待遇的支付。职工因工作遭受事故伤害或者患职业病需要暂停工作接受工伤医疗的,在停工留薪期内,原工资福利待遇不变,由所在单位按月支付。停工留薪期一般不超过 12 个月。伤情严重或者情况特殊,经设区的市级劳动能力鉴定委员会确认,可以适当延长,但延长不得超过 12 个月。工伤职工评定伤残等级后,停发原待遇,按照本章的有关规定享受伤残待遇。工伤职工在停工留薪期满后仍需治疗的,继续享受工伤医疗待遇。④ ④生活护理费的支付。第一,工伤职工已经评定伤残等级并经劳动能力鉴定委员会确认需要生活护理的,从工伤保险基金按月支付生活护理费。生活护理费按照生活完全不能自理、生活大部分不能自理或者生活部分不能自理 3 个不同等级支付,其标准分别为统筹地区上年度职工月平均工资的 50%、40% 或者 30%。⑤ 第二,生活不能自理的工伤职工在停工留薪期需要护理的,由所在单位负责。⑥

---

① 《工伤保险条例》第 30 条。
② 《工伤保险条例》第 31 条。
③ 《工伤保险条例》第 32 条。
④ 《工伤保险条例》第 33 条第 1、2 款。
⑤ 《工伤保险条例》第 34 条。
⑥ 《工伤保险条例》第 33 条第 3 款。

2. 用人单位支付。(1)职工所在用人单位未依法缴纳工伤保险费,发生工伤事故的,由用人单位支付工伤保险待遇。用人单位不支付的,从工伤保险基金中先行支付。从工伤保险基金中先行支付的工伤保险待遇应当由用人单位偿还。用人单位不偿还的,社会保险经办机构可以依照《社会保险法》第63条的规定追偿。① (2)用人单位未依法缴纳工伤保险费,劳动者因第三人侵权造成人身损害并构成工伤,侵权人已经赔偿的,劳动者有权请求用人单位支付除医疗费之外的工伤保险待遇。用人单位先行支付工伤保险待遇的,可以就医疗费用在第三人应承担的赔偿责任范围内向其追偿。② (3)《最高人民法院关于审理工伤保险行政案件若干问题的规定》第3条第1款第4、5项明确的承担工伤保险责任的单位承担赔偿责任或者社会保险经办机构从工伤保险基金支付工伤保险待遇后,有权向相关组织、单位和个人追偿。③ (4)公务员和参照公务员法管理的事业单位、社会团体的工作人员因工作遭受事故伤害或者患职业病的,由所在单位支付费用。具体办法由国务院社会保险行政部门会同国务院财政部门规定。④

3. 工伤保险待遇支付的其他规则。(1)工伤保险待遇的停止。①工伤职工有下列情形之一的,停止享受工伤保险待遇:第一,丧失享受待遇条件的;第二,拒不接受劳动能力鉴定的;第三,拒绝治疗的。⑤ ②依据《工伤保险条例》第42条的规定停止支付工伤保险待遇的,在停止支付待遇的情形消失后,自下月起恢复工伤保险待遇,停止支付的工伤保险待遇不予补发。⑥ (2)工伤保险待遇的停发。工伤职工符合领取基本养老金条件的,停发伤残津贴,享受基本养老保险待遇。基本养老保险待遇低于伤残津贴的,从工伤保险基金中补足差额。⑦ (3)工伤保险待遇的调整。伤残津贴、供养亲属抚恤金、生活护理费由统筹地区社会保险行

---

① 《社会保险法》第41条。
《重庆市高级人民法院关于审理工伤赔偿案件若干问题的意见》第2条第2款规定:"用人单位未给因工伤事故遭受人身损害的劳动者办理工伤保险统筹事宜的,赔偿权利人也应按《工伤保险条例》的规定请求用人单位支付工伤保险待遇。"
② 《第八次全国法院民事商事审判工作会议(民事部分)纪要》第10条。
③ 《最高人民法院关于审理工伤保险行政案件若干问题的规定》第3条第2款。
④ 《工伤保险条例》第65条。
⑤ 《社会保险法》第43条。
《工伤保险条例》第42条规定:"工伤职工有下列情形之一的停止享受工伤保险待遇:(一)丧失享受待遇条件的;(二)拒不接受劳动能力鉴定的;(三)拒绝治疗的。"
⑥ 《人力资源和社会保障部关于执行〈工伤保险条例〉若干问题的意见》第11条。
⑦ 《社会保险法》第40条。

政部门根据职工平均工资和生活费用变化等情况适时调整。调整办法由省、自治区、直辖市人民政府规定。① (4) 职工下落不明的费用支付。职工因工外出期间发生事故或者在抢险救灾中下落不明的,从事故发生当月起3个月内照发工资,从第4个月起停发工资,由工伤保险基金向其供养亲属按月支付供养亲属抚恤金。生活有困难的,可以预支一次性工亡补助金的50%。职工被人民法院宣告死亡的,按照《工伤保险条例》第39条职工因工死亡的规定处理。② (5) 工伤保险待遇支付的禁止。由工伤保险基金支付的各项待遇应按《工伤保险条例》相关规定支付,不得采取将长期待遇改为一次性支付的办法。③

(五)工伤保险辅助器具的配置

1. 工伤保险辅助器具配置管理的适用。(1)适用的法律。①为了规范工伤保险辅助器具配置管理,维护工伤职工的合法权益,根据《工伤保险条例》,制定《工伤保险辅助器具配置管理办法》。④ 配置的辅助器具应当符合相关国家标准或者行业标准。统一规格的产品或者材料等辅助器具在装配前应当由国家授权的产品质量检测机构出具质量检测报告,标注生产厂家、产品品牌、型号、材料、功能、出品日期、使用期和保修期等事项。⑤ ②《工伤保险辅助器具配置管理办法》自2016年4月1日起施行。⑥ ③2018年12月14日修订。⑦ (2)适用的人员及范围。工伤职工因日常生活或者就业需要,经劳动能力鉴定委员会确认,配置假肢、矫形器、假眼、假牙和轮椅等辅助器具的,适用《工伤保险辅助器具配置管理办法》。⑧

2. 工伤保险辅助器具配置管理的机构。(1)主管及经办机构。人力资源社会保障行政部门负责工伤保险辅助器具配置的监督管理工作。民政、卫生计生等行政部门在各自职责范围内负责工伤保险辅助器具配置的有关监督管理工作。社会保险经办机构(以下称经办机构)负责对申请承担工伤保险辅助器具配

---

① 《工伤保险条例》第40条。
② 《工伤保险条例》第41条。
③ 《人力资源和社会保障部关于执行〈工伤保险条例〉若干问题的意见》第13条。
④ 《工伤保险辅助器具配置管理办法》第1条。
⑤ 《工伤保险辅助器具配置管理办法》第20条。
⑥ 《工伤保险辅助器具配置管理办法》第31条。
⑦ 《工伤保险辅助器具配置管理办法》序言。
⑧ 《工伤保险辅助器具配置管理办法》第2条。

置服务的辅助器具装配机构和医疗机构(以下称工伤保险辅助器具配置机构)进行协议管理,并按照规定核付配置费用。① (2)确认机构。设区的市级(含直辖市的市辖区、县)劳动能力鉴定委员会(以下称劳动能力鉴定委员会)负责工伤保险辅助器具配置的确认工作。② (3)办法制定机构。①省、自治区、直辖市人力资源社会保障行政部门负责制定工伤保险辅助器具配置机构评估确定办法。经办机构按照评估确定办法,与工伤保险辅助器具配置机构签订服务协议,并向社会公布签订服务协议的工伤保险辅助器具配置机构(以下称协议机构)名单。③ ②人力资源社会保障部根据社会经济发展水平、工伤职工日常生活和就业需要等,组织制定国家工伤保险辅助器具配置目录,确定配置项目、适用范围、最低使用年限等内容,并适时调整。省、自治区、直辖市人力资源社会保障行政部门可以结合本地区实际,在国家目录确定的配置项目基础上,制定省级工伤保险辅助器具配置目录,适当增加辅助器具配置项目,并确定本地区辅助器具配置最高支付限额等具体标准。④

3. 工伤保险辅助器具配置的确认及配置程序。(1)配置辅助器具的申请。①申请配置。工伤职工认为需要配置辅助器具的,可以向劳动能力鉴定委员会提出辅助器具配置确认申请,并提交下列材料:第一,居民身份证或者社会保障卡等有效身份证明原件;第二,有效的诊断证明、按照医疗机构病历管理有关规定复印或者复制的检查、检验报告等完整病历材料。工伤职工本人因身体等原因无法提出申请的,可由其近亲属或者用人单位代为申请。⑤ ②申请更换。辅助器具达到规定的最低使用年限的,工伤职工可以按照统筹地区人力资源社会保障行政部门的规定申请更换。工伤职工因伤情发生变化,需要更换主要部件或者配置新的辅助器具的,经向劳动能力鉴定委员会重新提出确认申请并经确认后,由工伤保险基金支付配置费用。⑥ (2)配置辅助器具申请的审核及结论。劳动能力鉴定委员会收到辅助器具配置确认申请后,应当及时审核;材料不完整的,应当自收到申请之日起5个工作日内一次性书面告知申请人需要补正的全部

---

① 《工伤保险辅助器具配置管理办法》第3条。
② 《工伤保险辅助器具配置管理办法》第4条。
③ 《工伤保险辅助器具配置管理办法》第5条。
④ 《工伤保险辅助器具配置管理办法》第6条。
⑤ 《工伤保险辅助器具配置管理办法》第7条。
⑥ 《工伤保险辅助器具配置管理办法》第16条。

材料;材料完整的,应当在收到申请之日起60日内作出确认结论。伤情复杂、涉及医疗卫生专业较多的,作出确认结论的期限可以延长30日。①（3）鉴定专家。①鉴定专家的条件。辅助器具配置专家应当具备下列条件之一:第一,具有医疗卫生中高级专业技术职务任职资格;第二,具有假肢师或者矫形器师职业资格;第三,从事辅助器具配置专业技术工作5年以上。辅助器具配置专家应当具有良好的职业品德。② ②鉴定专家的配备及选取。劳动能力鉴定委员会专家库应当配备辅助器具配置专家,从事辅助器具配置确认工作。劳动能力鉴定委员会应当根据配置确认申请材料,从专家库中随机抽取3名或者5名专家组成专家组,对工伤职工本人进行现场配置确认。专家组中至少包括1名辅助器具配置专家、2名与工伤职工伤情相关的专家。③ ③专家的确认意见。专家组根据工伤职工伤情,依据工伤保险辅助器具配置目录有关规定,提出是否予以配置的确认意见。专家意见不一致时,按照少数服从多数的原则确定专家组的意见。④ （4）配置辅助器具的确认结论。①确认结论的作出。确认劳动能力鉴定委员会根据专家组确认意见作出配置辅助器具确认结论。其中,确认予以配置的,应当载明确认配置的理由、依据和辅助器具名称等信息;确认不予配置的,应当说明不予配置的理由。⑤ ②确认结论的送达及抄送。劳动能力鉴定委员会应当自作出确认结论之日起20日内将确认结论送达工伤职工及其用人单位,并抄送经办机构。⑥ （5）配置辅助器具确认后的通知。工伤职工收到予以配置的确认结论后,及时向经办机构进行登记,经办机构向工伤职工出具配置费用核付通知单,并告知下列事项:①工伤职工应当到协议机构进行配置;②确认配置的辅助器具最高支付限额和最低使用年限;③工伤职工配置辅助器具超目录或者超出限额部分的费用,工伤保险基金不予支付。⑦ （6）配置辅助器具的协议（辅助）机构及服务协议。①选择协议机构及其服务。工伤职工可以持配置费用核付通知单,选择协议机构配置辅助器具。协议机构应当根据与经办机构签订的服务协议,为工伤职工

---

① 《工伤保险辅助器具配置管理办法》第8条。
② 《工伤保险辅助器具配置管理办法》第17条。
③ 《工伤保险辅助器具配置管理办法》第9条。
④ 《工伤保险辅助器具配置管理办法》第10条第1款。
⑤ 《工伤保险辅助器具配置管理办法》第10条第2款。
⑥ 《工伤保险辅助器具配置管理办法》第11条。
⑦ 《工伤保险辅助器具配置管理办法》第12条。

提供配置服务,并如实记录工伤职工信息、配置器具产品信息、最高支付限额、最低使用年限以及实际配置费用等配置服务事项。前款规定的配置服务记录经工伤职工签字后,分别由工伤职工和协议机构留存。① ②辅助器具配置服务协议的内容。经办机构与工伤保险辅助器具配置机构签订的服务协议,应当包括下列内容:第一,经办机构与协议机构名称、法定代表人或者主要负责人等基本信息;第二,服务协议期限;第三,配置服务内容;第四,配置费用结算;第五,配置管理要求;第六,违约责任及争议处理;第七,法律、法规规定应当纳入服务协议的其他事项。② ③辅助器具配置机构的条件。工伤保险辅助器具配置机构的具体条件,由省、自治区、直辖市人力资源社会保障行政部门会同民政、卫生计生行政部门规定。③ (7)配置辅助器具费用等的支付。①配置费用的内容及支付。第一,工伤职工配置辅助器具的费用包括安装、维修、训练等费用,按照规定由工伤保险基金支付。④ 第二,协议机构或者工伤职工与经办机构结算配置费用时,应当出具配置服务记录。经办机构核查后,应当按照工伤保险辅助器具配置目录有关规定及时支付费用。⑤ 第三,有下列情形之一的,经办机构不予支付配置费用:其一,未经劳动能力鉴定委员会确认,自行配置辅助器具的;其二,在非协议机构配置辅助器具的;其三,配置辅助器具超目录或者超出限额部分的;其四,违反规定更换辅助器具的。⑥ ②配置费用及其他费用的支付。经经办机构同意,工伤职工到统筹地区以外的协议机构配置辅助器具发生的交通、食宿费用,可以按照统筹地区人力资源社会保障行政部门的规定,由工伤保险基金支付。⑦

4. 工伤保险辅助器具配置的监管。(1)经办机构对服务档案的监管。协议机构应当建立工伤职工配置服务档案,并至少保存至服务期限结束之日起两年。经办机构可以对配置服务档案进行抽查,并作为结算配置费用的依据之一。⑧ (2)经办机构对质量及服务的监管。经办机构应当建立辅助器具配置工作回访

---

① 《工伤保险辅助器具配置管理办法》第13条。
② 《工伤保险辅助器具配置管理办法》第19条。
③ 《工伤保险辅助器具配置管理办法》第18条。
④ 《工伤保险辅助器具配置管理办法》第15条第1款。
⑤ 《工伤保险辅助器具配置管理办法》第14条。
⑥ 《工伤保险辅助器具配置管理办法》第24条。
⑦ 《工伤保险辅助器具配置管理办法》第15条第2款。
⑧ 《工伤保险辅助器具配置管理办法》第21条。

制度,对辅助器具装配的质量和服务进行跟踪检查,并将检查结果作为对协议机构的评价依据。① (3)其他机构的监管。工伤保险辅助器具配置机构违反国家规定的辅助器具配置管理服务标准,侵害工伤职工合法权益的,由民政、卫生计生行政部门在各自监管职责范围内依法处理。②

5. 工伤保险辅助器具配置的法律救济。工伤职工或者其近亲属认为经办机构未依法支付辅助器具配置费用,或者协议机构认为经办机构未履行有关协议的,可以依法申请行政复议或者提起行政诉讼。③

6. 工伤保险辅助器具配置相关法律责任。(1)经办机构及其人员的法律责任。①经办机构在协议机构管理和核付配置费用过程中收受当事人财物的,由人力资源社会保障行政部门责令改正,对直接负责的主管人员和其他直接责任人员依法给予处分;情节严重,构成犯罪的,依法追究刑事责任。④ ②经办机构不按时足额结算配置费用的,由人力资源社会保障行政部门责令改正;协议机构可以解除服务协议。⑤ ③从事工伤保险辅助器具配置确认工作的组织或者个人有下列情形之一的,由人力资源社会保障行政部门责令改正,处2000元以上1万元以下的罚款;情节严重,构成犯罪的,依法追究刑事责任:第一,提供虚假确认意见的;第二,提供虚假诊断证明或者病历的;第三,收受当事人财物的。⑥ (2)协议机构的法律责任。协议机构不按照服务协议提供服务的,经办机构可以解除服务协议,并按照服务协议追究相应责任。⑦ (3)用人单位、工伤职工等的法律责任。①用人单位、工伤职工或者其近亲属骗取工伤保险待遇,辅助器具装配机构、医疗机构骗取工伤保险基金支出的,按照《工伤保险条例》第60条的规定,由人力资源社会保障行政部门责令退还,处骗取金额2倍以上5倍以下的罚款;情节严重,构成犯罪的,依法追究刑事责任。⑧ ②用人单位未依法参加工伤保险,工伤职工需要配置辅助器具的,按照《工伤保险辅助器具配置管理办法》的相关规定执行,并由用人单位支付配置费用。⑨

---

① 《工伤保险辅助器具配置管理办法》第22条。
② 《工伤保险辅助器具配置管理办法》第23条。
③ 《工伤保险辅助器具配置管理办法》第25条。
④ 《工伤保险辅助器具配置管理办法》第26条。
⑤ 《工伤保险辅助器具配置管理办法》第28条第2款。
⑥ 《工伤保险辅助器具配置管理办法》第27条。
⑦ 《工伤保险辅助器具配置管理办法》第28条第1款。
⑧ 《工伤保险辅助器具配置管理办法》第29条。
⑨ 《工伤保险辅助器具配置管理办法》第30条。

（六）工伤保险待遇的执行

1. 劳动者工伤保险待遇的执行。劳动者的工伤待遇在国家尚未颁布新的工伤保险法律、行政法规之前，各类企业仍要执行《劳动保险条例》及相关的政策规定，如果当地政府已实行工伤保险制度改革的，应执行当地新规定；个体经济组织的劳动者的工伤保险参照企业职工的规定执行；国家机关、事业组织、社会团体的劳动者的工伤保险，如果包括在地方人民政府的工伤改革规定范围内的，按地方政府的规定执行。①

2. 事业单位、民间非营利组织工作人员工伤保险待遇的执行。事业单位、民间非营利组织工作人员因工作遭受事故伤害或者患职业病的，其工伤范围、工伤认定、劳动能力鉴定、待遇标准等按照《工伤保险条例》的有关规定执行。②

（七）工伤保险待遇的争议

1. 工伤保险待遇争议的请求。（1）用人单位已依法为因工伤事故遭受人身损害的劳动者办理工伤保险统筹事宜的，赔偿权利人应按《工伤保险条例》的规定，请求工伤保险经办机构及用人单位支付相应的工伤保险待遇。③（2）超过法定退休年龄的农民工因无法享受工伤保险待遇，而主张工伤保险待遇赔偿的，应予支持。④（3）用人单位与劳动者就工伤保险待遇达成的协议在履行完毕后，劳动者以双方约定的给付标准低于法定标准为由，在仲裁时效内要求用人单位按法定标准补足差额部分的，应予支持。⑤（4）非法用工单位的劳动者发生工伤的，既可以依照《工伤保险条例》第66条的规定，请求非法用工单位给予不低于工伤保险待遇标准的一次性赔偿，也可以向非法用工单位主张人身损害赔偿责任。⑥

2. 工伤保险待遇争议的举证。当事人因工伤保险待遇发生争议，举证责任如下分配：(1)劳动者应就存在工伤伤害的事实及工伤认定、伤残等级及鉴定时

---

① 《关于贯彻执行〈中华人民共和国劳动法〉若干问题的意见》第77条。
② 《劳动和社会保障部、人事部、民政部、财政部关于事业单位、民间非营利组织工作人员工伤有关问题的通知》第1条。
③ 《重庆市高级人民法院关于审理工伤赔偿案件若干问题的意见》第2条第1款。
④ 《北京市高级人民法院、北京市劳动争议仲裁委员会关于劳动争议案件法律适用问题研讨会会议纪要（二）》第49条第2款。
⑤ 《北京市高级人民法院、北京市劳动争议仲裁委员会关于劳动争议案件法律适用问题研讨会会议纪要》第30条第2款。
⑥ 《安徽省高级人民法院关于审理劳动争议案件若干问题的指导意见》第19条。

间、停工留薪期、工伤住院治疗起止时间及费用、同意转院治疗的证明及所需交通费和食宿费、应安装康复器具的证明及费用等事实举证;(2)用人单位应就各种实际已发生的工伤损害赔偿费用支付事实举证。①

3. 工伤保险待遇争议的处理依据。职工与用人单位发生工伤待遇方面的争议,按照处理劳动争议的有关规定处理。②

六、工伤保险的诉讼

(一)工伤保险诉讼的请求

1. 工伤保险诉讼请求途径。用人单位依法应当为劳动者办理工伤保险手续而没有办理的,劳动者可以选择依照《最高人民法院〈关于审理人身损害赔偿案件适用法律若干问题的解释〉》第12条第1款的规定,向用人单位主张工伤保险待遇;也可以依照《侵权责任法》(已失效),主张用人单位承担人身损害赔偿责任。③

2. 工伤保险对诉讼请求的处理。(1)根据有无"工伤认定"分别处理。①对工伤职工或者工伤职工的近亲属要求用人单位支付工伤保险待遇的,人民法院应以法定认定部门的工伤认定结论为前提,依据《工伤保险条例》的规定作出处理;劳动者发生工伤事故后,用人单位与劳动者均没有申请工伤事故认定,双方就劳动者的工伤保险待遇达成协议,一方就工伤保险待遇问题诉至法院的,人民法院应当按照工伤保险待遇处理。对劳动者以一般民事侵权赔偿纠纷向人民法院起诉的,用人单位可以以构成工伤事故为由进行抗辩,但应承担相应的举证责任。如果劳动部门没有认定工伤,则可以按照一般民事侵权赔偿予以处理。如果劳动者没有进行劳动能力鉴定,人民法院认为有必要,也可以委托劳动能力鉴定机构进行鉴定;如果劳动者的工伤系第三人侵权所致,根据重庆市高级人民法院《关于审理工伤赔偿案件若干问题的意见》,按照补充求偿的模式予以赔偿。④ ②达到法定退休年龄的人员受聘到用工单位工作期间,因工作原因受到事故伤害或患职业病,经劳动行政部门认定为工伤的,可按照《工伤保险条例》处理;未

---

① 《深圳市中级人民法院关于审理工伤保险待遇案件的裁判指引》第2条。
② 《工伤保险条例》第54条。
③ 《安徽省高级人民法院关于审理劳动争议案件若干问题的指导意见》第18条。
《内蒙古自治区高级人民法院关于印发〈全区法院劳动争议案件审判实务研讨会会议纪要〉的通知》第19条第3款规定:"由于用人单位的原因,导致工伤者一方无法获得工伤保险利益的,应由用人单位承担因人身损害而产生的民事赔偿责任。"
④ 《重庆市高级人民法院关于当前民事审判若干法律问题的指导意见》第5条第2款。

被认定为工伤的,应告知其按照人身损害赔偿相关规定进行处理,如其坚持主张工伤保险待遇的,判决驳回其诉讼请求。① (2)依据"实体法"分别确定。用工单位违反法律、法规规定将承包业务转包给不具备用工主体资格的组织或者自然人,该组织或者自然人聘用的劳动者从事承包业务时因工伤亡的,劳动者请求参照《工伤保险条例》有关规定进行赔偿的,案由应根据劳动者提起诉讼所依据的实体法确定。①若劳动者要求按照《工伤保险条例》由违法分包方承担工伤保险责任的,案由为劳动争议纠纷。此类案件先应有社保部门认定工伤的决定书,劳动者的伤残等级须经劳动能力鉴定委员会进行伤残鉴定,且向法院起诉前须经仲裁前置程序。否则应驳回起诉,并向劳动者释明;②若劳动者请求按照人身损害赔偿司法解释等侵权责任的标准,主张由侵权人赔偿人身损害的,案由则为提供劳务者受害纠纷。此类案件中,伤者的伤残等级适用《道路交通事故伤残评定标准》。②

(二)工伤保险诉讼的受理

1. 工伤保险诉讼的受理。(1)劳动者因为工伤、职业病,请求用人单位依法承担给予工伤保险待遇的争议,经劳动争议仲裁委员会仲裁后,当事人依法起诉的,人民法院应予受理。③ (2)根据《行政诉讼法》第37条和《工伤保险条例》第55条的规定,公民、法人或者其他组织对行政机关作出的工伤认定决定、单位缴费费率决定、认定签订服务协议的医院等机构未履行有关协议或者规定的决定、工伤保险待遇决定四种具体行政行为不服,未经过行政复议,直接提起行政诉讼的,人民法院不予受理;当事人对工伤认定不予受理决定等其他有关具体行政行为不服,直接提起行政诉讼并符合其他起诉条件的,人民法院应当受理。④

---

① 《厦门市中级人民法院、厦门市劳动人事争议仲裁委员会关于审理劳动争议案件若干疑难问题的解答》第5条。

② 《二〇一七年全市法院民商事审判工作会议纪要(成都)》第12条。
《厦门市中级人民法院、厦门市劳动人事争议仲裁委员会关于审理劳动争议案件若干疑难问题的解答》第2条规定:"具备用工主体资格的承包单位违反法律、法规规定,将承包业务转包、分包给不具备用工主体资格的组织或者自然人,该不具备用工主体资格的组织或者自然人招用的人员因工伤亡,社会保险行政部门已认定该人员工伤的,按工伤保险规定处理。受害人直接向人民法院提起诉讼的,应当明确是依据人身损害赔偿规定起诉还是以工伤起诉。以工伤起诉的,人民法院应当告知其先行申请劳动仲裁。受害人依据人身损害赔偿规定起诉的,适用民法总则、侵权责任法和最高人民法院人身损害有关司法解释等规定,按普通民事诉讼程序处理。不具备用工主体资格的组织或者自然人所招用的人员仅以转包、分包事实为由请求确认与具备用工主体资格的承包单位存在劳动关系的,不予支持。"

③ 《最高人民法院关于审理劳动争议案件适用法律若干问题的解释(二)》第6条(已废止,仅供参考)。

④ 《最高人民法院行政审判庭关于如何适用〈工伤保险条例〉第五十三条有关问题的答复》。

2. 工伤保险诉讼受理后的裁定。(1)具备用工主体资格的承包单位违反法律、法规规定,将承包业务转包、分包给不具备用工主体资格的组织或者自然人,该不具备用工主体资格的组织或者自然人所招用的人员以其与承包单位存在劳动关系为由请求承包单位支付工资的,不予支持。该人员不服仲裁裁决向人民法院起诉,变更以劳务关系为由要求承包单位承担支付工资连带责任的,人民法院应当追加不具备用工主体资格的组织或者自然人为共同被告。如果其请求符合《建设领域农民工工资支付管理暂行办法》等相关规定的,可以予以支持。该人员坚持主张劳动关系的,判决驳回其诉讼请求。① (2)用人单位与劳动者均未在《工伤保险条例》第17条规定的时限内申报工伤,劳动行政部门也不再受理双方提出的工伤申请,劳动者主张用人单位支付工伤保险待遇的,不予支持,但应当释明劳动者可以按照《侵权责任法》(已失效)另行提起人身损害赔偿的诉讼请求。② (3)用人单位已依法为因工伤事故遭受人身损害的劳动者办理工伤保险统筹事宜的,赔偿权利人应按《工伤保险条例》的规定,请求工伤保险经办机构及用人单位支付相应的工伤保险待遇。③ 赔偿权利人要求用人单位承担其他民事责任的,人民法院应予以驳回。④

(三)工伤保险诉讼的中止

赔偿权利人对侵权第三人提起民事诉讼,同时又对工伤保险经办机构或用人单位提起诉讼要求支付工伤保险待遇的,人民法院应当中止后一诉讼,并告知工伤保险经办机构或用人单位参加前一诉讼。⑤

(四)工伤保险审理后的裁判

1. 对工伤认定的支持。社会保险行政部门认定下列单位为承担工伤保险责任单位的,人民法院应予支持:(1)职工与两个或两个以上单位建立劳动关系,工

---

① 《厦门市中级人民法院、厦门市劳动人事争议仲裁委员会关于审理劳动争议案件若干疑难问题的解答》第4条。
② 《天津市高级人民法院关于印发〈天津法院劳动争议案件审理指南〉的通知》第40条。
  《内蒙古自治区高级人民法院关于印发〈全区法院劳动争议案件审判实务研讨会会议纪要〉的通知》第19条第2款规定:"当事人未在《企业职工工伤保险试行办法》规定的期限内申请工伤认定即工伤保险待遇,而以工伤劳动争议起诉的,人民法院可按一般人身损害赔偿案件处理。"
③ 《重庆市高级人民法院关于审理工伤赔偿案件若干问题的意见》第2条第1款。
④ 《重庆市高级人民法院关于审理工伤赔偿案件若干问题的意见》第2条第3款。
⑤ 《重庆市高级人民法院关于审理工伤赔偿案件若干问题的意见》第10条。

伤事故发生时,职工为之工作的单位为承担工伤保险责任的单位;(2)劳务派遣单位派遣的职工在用工单位工作期间因工伤亡的,派遣单位为承担工伤保险责任的单位;(3)单位指派到其他单位工作的职工因工伤亡的,指派单位为承担工伤保险责任的单位;(4)用工单位违反法律、法规规定将承包业务转包给不具备用工主体资格的组织或者自然人,该组织或者自然人聘用的职工从事承包业务时因工伤亡的,用工单位为承担工伤保险责任的单位;(5)个人挂靠其他单位对外经营,其聘用的人员因工伤亡的,被挂靠单位为承担工伤保险责任的单位。[①] 其中,工伤认定决定中的用人单位是指中华人民共和国境内的各类企业、事业单位、民办非企业单位、有劳动合同用工情形的国家机关、社会团体等组织和有雇工的个体工商户。[②] 依法从事非全日制工作的职工在两个以上用人单位就业,或者已建立劳动关系又依法受聘于新的用人单位的,职工因工作受到事故伤害时为之工作的单位是工伤认定决定中的用人单位。[③] 用人单位按照劳动合同约定或者经与职工协商一致指派职工到其他用人单位工作受到事故伤害的,指派单位为工伤认定决定中的用人单位。[④] 建筑施工企业、矿山企业等用人单位违反法律规定将工程(业务)或者经营权发包给不具备用工主体资格的组织或自然人,该组织或者自然人聘用的职工因工作受到事故伤害或者患职业病的,具备用工主体资格的发包方为工伤认定决定中的用人单位。[⑤] 个人挂靠其他单位且以挂靠单位的名义对外经营,其聘用的人员因工作受到事故伤害的,挂靠单位为工伤认定决定中的用人单位。[⑥]《最高人民法院关于审理工伤保险行政案件若干问题的规定》第3条第1款第4项中的"用工单位"、"被挂靠单位"与"因工伤亡职工(人员)"之间不是劳动关系或雇佣关系。"用工单位"、"被挂靠单位"仅是承担工伤保险责任的单位。"不具备用工主体资格的组织或者自然人"、"个人"与"因工伤亡职工(人员)"之间不是劳动关系,而是雇佣关系。社会保险行政部门以"用工单位"、"被挂靠单位"与"因工伤亡职工(人员)"之间无劳动关系为由,作出不予受理工伤认定申请或者决定不予认定工伤产生的纠纷,属于行政争议。

---

① 《最高人民法院关于审理工伤保险行政案件若干问题的规定》第3条第1款。
② 《四川省高级人民法院关于审理工伤认定行政案件若干问题的意见》第13条第1款。
③ 《四川省高级人民法院关于审理工伤认定行政案件若干问题的意见》第13条第2款。
④ 《四川省高级人民法院关于审理工伤认定行政案件若干问题的意见》第13条第3款。
⑤ 《四川省高级人民法院关于审理工伤认定行政案件若干问题的意见》第13条第4款。
⑥ 《四川省高级人民法院关于审理工伤认定行政案件若干问题的意见》第13条第5款。

承担工伤保险责任的单位承担赔偿责任或者社会保险经办机构从工伤保险基金支付工伤保险待遇后,向"不具备用工主体资格的组织或者自然人"、"个人"追偿产生的纠纷,不属于劳动争议。①

2. 工伤保险审理后的赔偿。(1)赔偿项的项目和标准。因用人单位的原因,导致劳动者超过工伤认定申请时效无法认定工伤的,劳动者或者其近亲属向人民法院起诉要求用人单位赔偿的,人民法院应予受理。人民法院经审理后,能够认定劳动者符合工伤构成要件的,应当判令用人单位按照《工伤保险条例》规定的工伤保险待遇项目和标准给予赔偿。②(2)赔偿项目数额的确定。劳动者因安全生产事故或患职业病获得工伤保险待遇后,以人身损害赔偿为由请求用人单位承担赔偿责任的,如人身损害赔偿项目与劳动者已获得的工伤保险待遇项目本质上相同,应当在人身损害赔偿项目中扣除相应项目的工伤保险待遇数额。若相应项目的工伤保险待遇数额高于人身损害赔偿项目数额,则不再支持劳动者相应人身损害赔偿项目请求。③

七、工伤保险及相关责任的承担

(一)工伤保险责任及相关责任的种类

1. 工伤保险责任(工伤保险待遇)。(1)用人单位分立、合并、转让的,承继单位应当承担原用人单位的工伤保险责任;原用人单位已经参加工伤保险的,承继单位应当到当地经办机构办理工伤保险变更登记。④(2)用人单位实行承包经营的,工伤保险责任由职工劳动关系所在单位承担。⑤(3)职工被借调期间受到工伤事故伤害的,由原用人单位承担工伤保险责任,但原用人单位与借调单位可以约定补偿办法。⑥(4)企业破产的,在破产清算时依法拨付应当由单位支付的

---

① 《北京市高级人民法院、北京市劳动人事争议仲裁委员会关于审理劳动争议案件法律适用问题的解答》第1条。
② 《江苏省高级人民法院关于在当前宏观经济形势下妥善审理劳动争议案件的指导意见》第二部分第3条第4款。
《四川省高级人民法院民事审判第一庭关于审理劳动争议案件若干疑难问题的解答》第40条规定:"劳动者因工受伤非因自身原因导致工伤认定超过法定时效,劳动者或其近亲属请求用人单位支付工伤保险待遇的,应向劳动者释明。劳动者变更诉讼请求用人单位承担普通人身损害赔偿责任的,人民法院应予以支持。"
③ 《广东省高级人民法院关于审理劳动争议案件疑难问题的解答》第15条。
④ 《工伤保险条例》第43条第1款。
⑤ 《工伤保险条例》第43条第2款。
⑥ 《工伤保险条例》第43条第3款。

工伤保险待遇费用。① (5)对劳动者假冒身份证明投保的处理。用人单位以劳动者假冒身份证明为其投保而遭受社会保险损失的,对法律法规规定由工伤保险基金负担的工伤保险待遇部分,如冒用人发生工伤时已满16周岁,由冒用人承担主要责任,用人单位承担次要责任;如冒用人发生工伤时不满16周岁,由用人单位承担主要责任,由冒用人承担次要责任。对法律法规规定应由用人单位负担的工伤保险待遇部分,劳动者无须进行分担,仍由用人单位全额支付。② (6)用人单位为劳动者缴纳了工伤保险费,双方劳动关系解除或终止后,工伤职工要求用人单位支付因旧伤复发产生的医疗费、住院期间伙食补助费、经批准产生的交通、食宿费及安装、维修、更换康复器具所需费用的,不予支持。用人单位为劳动者缴纳了工伤保险费,双方劳动关系解除或终止后,工伤职工旧伤复发,用人单位应当依照《广东省工伤保险条例》第26条的规定支付停工留薪期工资和护理费。用人单位为劳动者缴纳了工伤保险费,双方劳动关系解除或终止后,工伤职工旧伤复发,导致伤残等级加重的,劳动者要求用人单位按照加重后的伤残等级标准支付应由用人单位负担的工伤保险待遇差额的,应予支持。③ (7)劳动者的工伤保险待遇由用人单位承担的,劳动者依人身保险合同获得的赔偿,用人单位不得主张在工伤保险待遇中扣除。④ (8)职工在两个或两个以上用人单位同时就业的,各用人单位应当分别为职工缴纳工伤保险费。职工发生工伤,由职工受到伤害时其工作的单位依法承担工伤保险责任。⑤

2. 非法用工单位的一次性赔偿责任。(1)一次性赔偿的适用。①适用的法律。第一,根据《工伤保险条例》第66条⑥第1款的授权,制定《非法用工单位伤

---

① 《工伤保险条例》第43条第4款。
② 《深圳市中级人民法院关于审理工伤保险待遇案件的裁判指引》第3条。
③ 《深圳市中级人民法院关于审理工伤保险待遇案件的裁判指引》第16条。
④ 《深圳市中级人民法院关于审理工伤保险待遇案件的裁判指引》第12条。
⑤ 《劳动和社会保障部关于实施〈工伤保险条例〉若干问题的意见》第1条。
⑥ 《工伤保险条例》第66条规定:"无营业执照或者未经依法登记、备案的单位以及被依法吊销营业执照或者撤销登记、备案的单位的职工受到事故伤害或者患职业病的,由该单位向伤残职工或者死亡职工的近亲属给予一次性赔偿,赔偿标准不得低于本条例规定的工伤保险待遇;用人单位不得使用童工,用人单位使用童工造成童工伤残、死亡的,由该单位向童工或者童工的近亲属给予一次性赔偿,赔偿标准不得低于本条例规定的工伤保险待遇。具体办法由国务院社会保险行政部门规定。前款规定的伤残职工或者死亡职工的近亲属就赔偿数额与单位发生争议的,以及前款规定的童工或者童工的近亲属就赔偿数额与单位发生争议的,按照处理劳动争议的有关规定处理。"

亡人员一次性赔偿办法》。① 第二,《非法用工单位伤亡人员一次性赔偿办法》自2011年1月1日起施行。劳动和社会保障部2003年9月23日颁布的《非法用工单位伤亡人员一次性赔偿办法》同时废止。② ②适用的人员。《非法用工单位伤亡人员一次性赔偿办法》所称非法用工单位伤亡人员,是指无营业执照或者未经依法登记、备案的单位以及被依法吊销营业执照或者撤销登记、备案的单位受到事故伤害或者患职业病的职工,或者用人单位使用童工造成的伤残、死亡童工。前款所列单位必须按照本办法的规定向伤残职工或者死亡职工的近亲属、伤残童工或者死亡童工的近亲属给予一次性赔偿。③ (2)非法用工单位伤亡人员的一次性赔偿金。①一次性赔偿金的内容及确定。一次性赔偿包括受到事故伤害或者患职业病的职工或童工在治疗期间的费用和一次性赔偿金。一次性赔偿金数额应当在受到事故伤害或者患职业病的职工或童工死亡或者经劳动能力鉴定后确定。劳动能力鉴定按照属地原则由单位所在地设区的市级劳动能力鉴定委员会办理。劳动能力鉴定费用由伤亡职工或童工所在单位支付。④ ②一次性赔偿金的支付。第一,伤残的支付标准。一次性赔偿金按照以下标准支付:一级伤残的为赔偿基数的16倍,二级伤残的为赔偿基数的14倍,三级伤残的为赔偿基数的12倍,四级伤残的为赔偿基数的10倍,五级伤残的为赔偿基数的8倍,六级伤残的为赔偿基数的6倍,七级伤残的为赔偿基数的4倍,八级伤残的为赔偿基数的3倍,九级伤残的为赔偿基数的2倍,十级伤残的为赔偿基数的1倍。前款所称赔偿基数,是指单位所在工伤保险统筹地区上年度职工年平均工资。⑤ 第二,死亡的支付标准。受到事故伤害或者患职业病造成死亡的,按照上一年度全国城镇居民人均可支配收入的20倍支付一次性赔偿金,并按照上一年度全国城镇居民人均可支配收入的10倍一次性支付丧葬补助等其他赔偿金。⑥ 第三,支付的争议及解决。其一,单位拒不支付一次性赔偿的,伤残职工或者死亡职工的近亲属、伤残童工或者死亡童工的近亲属可以向人力资源和社会保障行政部门举

---

① 《非法用工单位伤亡人员一次性赔偿办法》第1条。
② 《非法用工单位伤亡人员一次性赔偿办法》第9条。
③ 《非法用工单位伤亡人员一次性赔偿办法》第2条。
④ 《非法用工单位伤亡人员一次性赔偿办法》第3条。
⑤ 《非法用工单位伤亡人员一次性赔偿办法》第5条。
⑥ 《非法用工单位伤亡人员一次性赔偿办法》第6条。

报。经查证属实的，人力资源和社会保障行政部门应当责令该单位限期改正。①其二，伤残职工或者死亡职工的近亲属、伤残童工或者死亡童工的近亲属就赔偿数额与单位发生争议的，按照劳动争议处理的有关规定处理。②（3）非法用工单位伤亡人员的其他费用。职工或童工受到事故伤害或者患职业病，在劳动能力鉴定之前进行治疗期间的生活费按照统筹地区上年度职工月平均工资标准确定，医疗费、护理费、住院期间的伙食补助费以及所需的交通费等费用按照《工伤保险条例》规定的标准和范围确定，并全部由伤残职工或童工所在单位支付。③

3. 工伤保险的连带责任。公司法定代表人在组织公司清算过程中，明知公司职工构成工伤并正在进行工伤等级鉴定，却未考虑其工伤等级鉴定后的待遇给付问题，从而给工伤职工的利益造成重大损害的，该行为应认定构成重大过失，应当依法承担赔偿责任。作为清算组成员的其他股东在公司解散清算过程中，未尽到其应尽的查知责任，也应认定存在重大过失，承担连带赔偿责任。④

4. 工伤保险的行政责任。（1）用人单位依照《工伤保险条例》规定应当参加工伤保险而未参加的，由社会保险行政部门责令限期参加，补缴应当缴纳的工伤保险费，并自欠缴之日起，按日加收5‰的滞纳金；逾期仍不缴纳的，处欠缴数额1倍以上3倍以下的罚款。依照《工伤保险条例》规定应当参加工伤保险而未参加工伤保险的用人单位职工发生工伤的，由该用人单位按照《工伤保险条例》规定的工伤保险待遇项目和标准支付费用。用人单位参加工伤保险并补缴应当缴纳的工伤保险费、滞纳金后，由工伤保险基金和用人单位依照《工伤保险条例》的规定支付新发生的费用。⑤《工伤保险条例》第62条规定的"新发生的费用"，是指用人单位参加工伤保险前发生工伤的职工，在参加工伤保险后新发生的费用。

---

① 《非法用工单位伤亡人员一次性赔偿办法》第7条。
② 《非法用工单位伤亡人员一次性赔偿办法》第8条。
③ 《非法用工单位伤亡人员一次性赔偿办法》第4条。
④ 邹汉英诉孙立根、刘珍工伤事故损害赔偿纠纷案，载《最高人民法院公报》2010年第3期。
⑤ 《工伤保险条例》第62条。
《最高人民法院行政审判庭关于国家机关聘用人员工作期间死亡如何适用法律请示的答复》："根据《劳动法》第二条、第七十三条和《工伤保险条例》第六十二条的规定，鹤岗市公安局东山分局东方红派出所临时聘用、未参加工伤保险、不是正式干警的司机王奎在单位突发疾病死亡，应由鹤岗市劳动和社会保障局参照《工伤保险条例》认定是否属于工伤、确定工伤待遇的标准。有关工伤待遇费用由聘用机关支付。"

其中由工伤保险基金支付的费用,按不同情况予以处理:①因工受伤的,支付参保后新发生的工伤医疗费、工伤康复费、住院伙食补助费、统筹地区以外就医交通食宿费、辅助器具配置费、生活护理费、一级至四级伤残职工伤残津贴,以及参保后解除劳动合同时的一次性工伤医疗补助金;②因工死亡的,支付参保后新发生的符合条件的供养亲属抚恤金。① (2)因工伤认定申请人或者用人单位隐瞒有关情况或者提供虚假材料,导致工伤认定决定错误的,社会保险行政部门发现后,应当及时予以更正。②

5. 工伤保险的刑事责任。(1)单位或者个人违反《工伤保险条例》第12条规定挪用工伤保险基金,构成犯罪的,依法追究刑事责任;尚不构成犯罪的,依法给予处分或者纪律处分。被挪用的基金由社会保险行政部门追回,并入工伤保险基金;没收的违法所得依法上缴国库。③ (2)社会保险行政部门工作人员有下列情形之一的,依法给予处分;情节严重,构成犯罪的,依法追究刑事责任:①无正当理由不受理工伤认定申请,或者弄虚作假将不符合工伤条件的人员认定为工伤职工的;②未妥善保管申请工伤认定的证据材料,致使有关证据灭失的;③收受当事人财物的。④ (3)经办机构有下列行为之一的,由社会保险行政部门责令改正,对直接负责的主管人员和其他责任人员依法给予纪律处分;情节严重,构成犯罪的,依法追究刑事责任;造成当事人经济损失的,由经办机构依法承担赔偿责任:①未按规定保存用人单位缴费和职工享受工伤保险待遇情况记录的;②不按规定核定工伤保险待遇的;③收受当事人财物的。⑤ (4)医疗机构、辅助器具配置机构不按服务协议提供服务的,经办机构可以解除服务协议。经办机构不按时足额结算费用的,由社会保险行政部门责令改正;医疗机构、辅助器具配置机构可以解除服务协议。⑥ (5)用人单位、工伤职工或者其近亲属骗取工

---

① 《人力资源和社会保障部关于执行〈工伤保险条例〉若干问题的意见(二)》第3条。
《人力资源和社会保障部关于执行〈工伤保险条例〉若干问题的意见》第12条规定:"《条例》第六十二条第三款规定的'新发生的费用',是指用人单位职工参加工伤保险前发生工伤的,在参加工伤保险后新发生的费用。"
② 《人力资源和社会保障部关于执行〈工伤保险条例〉若干问题的意见(二)》第10条第1款。
③ 《工伤保险条例》第56条。
④ 《工伤保险条例》第57条。
⑤ 《工伤保险条例》第58条。
⑥ 《工伤保险条例》第59条。

伤保险待遇，医疗机构、辅助器具配置机构骗取工伤保险基金支出的，由社会保险行政部门责令退还，处骗取金额2倍以上5倍以下的罚款；情节严重，构成犯罪的，依法追究刑事责任。① (6) 从事劳动能力鉴定的组织或者个人有下列情形之一的，由社会保险行政部门责令改正，处2000元以上1万元以下的罚款；情节严重，构成犯罪的，依法追究刑事责任：①提供虚假鉴定意见的；②提供虚假诊断证明的；③收受当事人财物的。②

(二) 具体案件工伤保险责任的承担

1. 发(分)包工伤保险责任的承担。(1) 承包后违法转包的保险责任承担。具备用工主体资格的承包单位违反法律、法规规定，将承包业务转包、分包给不具备用工主体资格的组织或者自然人，该组织或者自然人招用的劳动者从事承包业务时因工伤亡的，由该具备用工主体资格的承包单位承担用人单位依法应承担的工伤保险责任。③ (2) 发包给不具备用工主体资格的保险责任承担。建筑施工、矿山企业等将工程或者经营权发包给不具备用工主体资格的组织或者自然人，该组织或者自然人招用的劳动者主张确认与上述发包人有劳动关系的，不予支持，没有用工主体资格的组织或者自然人违法招用的劳动者因工负伤或者死亡的，由上述违法发包的建筑施工、矿山企业等与实际招用该劳动者的组织或者自然人按照《工伤保险条例》规定的工伤保险待遇承担连带赔偿责任。④ (3) 违法分包保险责任的承担及追偿。(违法分包中) 在行政部门已认定劳动者所受伤害系工伤的前提下，劳动者应享受《工伤保险条例》中规定的所有的工伤待遇项目，并由用工单位承担工伤保险责任。用工单位承担责任后，有权向相关

---

① 《工伤保险条例》第60条。
② 《工伤保险条例》第61条。
③ 《人力资源和社会保障部关于执行〈工伤保险条例〉若干问题的意见》第7条。
《深圳市中级人民法院关于审理工伤保险待遇案件的裁判指引》第4条第1款规定："用工单位违法将承包业务发包给不具备用工主体资格的组织或自然人，该组织或自然人聘用的职工从事承包业务时因工伤亡的，用工单位承担工伤保险责任。"
④ 《天津市高级人民法院关于印发〈天津法院劳动争议案件审理指南〉的通知》第9条。
《江苏省高级人民法院关于在当前宏观经济形势下妥善审理劳动争议案件的指导意见》第二部分第3条第5款规定，……用人单位将工程（业务）或经营权发包给不具备用工主体资格的组织或自然人，由具备用工主体资格的发包方对该组织或自然人招用的劳动者承担工伤保险责任。用人单位未参加工伤保险的，由用人单位按照《工伤保险条例》规定的工伤保险待遇项目和标准予以赔偿，承包经营者承担连带赔偿责任。

组织、单位和个人追偿。①

2. 挂靠(承包)工伤保险责任的承担。(1)不具备用工主体资格的组织或自然人挂靠具有用工主体资格的单位对外经营,不具备用工主体资格的组织或自然人聘用的人员因工伤亡的,被挂靠单位承担工伤保险责任。前述两款规定的承担工伤保险责任的单位承担赔偿责任后,有权向有关组织、单位和个人追偿。②(2)个人购买的车辆挂靠其他单位且以挂靠单位的名义对外经营的,车辆所有人聘用的司机因工伤亡,请求被挂靠单位、车辆所有人按照工伤的有关规定赔偿的,参照本解答关于不具备用工主体资格的组织或者自然人招用的人员因工伤亡的规定③处理。但挂靠车辆所有人聘用的司机仅以挂靠事实为由主张与挂靠单位之间构成事实劳动关系的,不予支持。④

3. 第三人侵权工伤保险责任的承担。(1)职工因第三人的原因受到伤害,社会保险行政部门以职工或者其近亲属已经对第三人提起民事诉讼或者获得民事赔偿为由,作出不予受理工伤认定申请或者不予认定工伤决定的,人民法院不予支持。⑤(2)职工因第三人的原因受到伤害,社会保险行政部门已经作出工伤认定,职工或者其近亲属未对第三人提起民事诉讼或者尚未获得民事赔偿,起诉要求社会保险经办机构支付工伤保险待遇的,人民法院应予支持。⑥(3)职工因第三人的原因导致工伤,社会保险经办机构以职工或者其近亲属已经对第三人提起民事诉讼为由,拒绝支付工伤保险待遇的,人民法院不予支持,但第三人已经

---

① 《二〇一七年全市法院民商事审判工作会议纪要(成都)》第13条。
② 《深圳市中级人民法院关于审理工伤保险待遇案件的裁判指引》第4条第2、3款。
③ 《厦门市中级人民法院、厦门市劳动人事争议仲裁委员会关于审理劳动争议案件若干疑难问题的解答》第2条(不具备用工主体资格的组织或者自然人招用的人员因工伤亡的应当如何处理?):"具备用工主体资格的承包单位违反法律、法规规定,将承包业务转包、分包给不具备用工主体资格的组织或者自然人,该不具备用工主体资格的组织或者自然人招用的人员因工伤亡,社会保险行政部门已认定该人员工伤的,按工伤保险规定处理。受害人直接向人民法院提起诉讼的,应当明确是依据人身损害赔偿规定起诉还是以工伤起诉。以工伤起诉的,人民法院应当告知其先行申请劳动仲裁。受害人依据人身损害赔偿规定起诉的,适用民法总则、侵权责任法和最高人民法院人身损害有关司法解释等规定,按普通民事诉讼程序处理。不具备用工主体资格的组织或者自然人所招用的人员仅以转包、分包事实为由请求确认与具备用工主体资格的承包单位存在劳动关系的,不予支持。"
④ 《厦门市中级人民法院、厦门市劳动人事争议仲裁委员会关于审理劳动争议案件若干疑难问题的解答》第3条。
⑤ 《最高人民法院关于审理工伤保险行政案件若干问题的规定》第8条第1款。
⑥ 《最高人民法院关于审理工伤保险行政案件若干问题的规定》第8条第2款。

支付的医疗费用除外。① （4）劳动者所在的用人单位参加了工伤保险，因第三人侵权造成人身损害，劳动者获得第三人支付的损害赔偿后，仍有权请求工伤保险基金管理机构支付工伤保险待遇，但就第三人已支付的医疗费、护理费、营养费、交通费、住院伙食补助费、残疾器具辅助费和丧葬费等实际发生的费用，工伤保险基金可以拒绝支付。② （5）劳动者所在的用人单位参加了工伤保险，因第三人侵权造成人身损害的，劳动者获得工伤保险待遇后，仍有权请求侵权人依照法律规定赔偿损失。③ （6）根据《安全生产法》第48条以及最高人民法院《关于审理人身损害赔偿案件适用法律若干问题的解释》第12条的规定，因第三人造成工伤的职工或其近亲属，从第三人处获得民事赔偿后，可以按照《工伤保险条例》第37条的规定，向工伤保险机构申请工伤保险待遇补偿。④

---

① 《最高人民法院关于审理工伤保险行政案件若干问题的规定》第8条第3款。
《浙江省高级人民法院民一庭关于审理劳动争议纠纷案件若干疑难问题的解答》第15条规定："因第三人侵权导致工伤的，采取何种赔偿模式？《社会保险法》实施后，因第三人侵权导致工伤的，仍继续适用浙政发〔2009〕50号通知的规定。职工因劳动关系以外的第三人侵权造成人身损害，同时构成工伤的，依法享受工伤保险待遇。如职工获得侵权赔偿，用人单位承担的工伤保险责任相对应项目中应扣除第三人支付的下列五项费用：医疗费、残疾辅助器具费，工伤职工在停工留薪期间发生的护理费、交通费、住院伙食补助费。"

② 《2015全国民事审判工作会议纪要》第14条。
《深圳市中级人民法院关于审理工伤保险待遇案件的裁判指引》第11条规定："劳动者的工伤系第三人侵权所致劳动者先获得侵权赔偿的，不影响其享受工伤保险待遇，但对于医疗费、丧葬费和辅助器具更换费等不得重复享有。"
《二〇一七年全市法院民商事审判工作会议纪要（成都）》第15条规定："第三人侵权与工伤保险待遇竞合的，劳动者可同时主张侵权赔偿和工伤保险待遇，但工伤保险基金管理机构或用人单位承担工伤保险责任时，不再重复支付第三人已支付的医疗费。工伤保险基金管理机构或用人单位先行支付工伤保险赔偿的，可以在第三人应当承担的赔偿责任范围内向第三人追偿。"

③ 《全国民事审判工作会议纪要》第15条。

④ 《最高人民法院关于因第三人造成工伤的职工或其亲属在获得民事赔偿后是否还可以获得工伤保险补偿问题的答复》。
《最高人民法院行政法官专业会议纪要（七）》（工伤保险领域）第5条规定："根据《中华人民共和国社会保险法》第四十二条、《最高人民法院关于审理工伤保险行政案件若干问题的规定》第八条、《最高人民法院关于因第三人造成工伤的职工或其亲属在获得民事赔偿后是否还可以获得工伤保险补偿问题的答复》（〔2006〕行他字第12号）等规定，因第三人造成工伤的职工或其近亲属，从第三人处获得民事赔偿后，又依据《工伤保险条例》的有关规定，向工伤保险基金申请工伤保险待遇的，人民法院应予支持，但第三人已经支付的工伤医疗费用除外。工伤保险基金依法支付工伤保险待遇后，向第三人代位追偿其已经向职工或其近亲属支付的工伤医疗费用的，人民法院应予支持。"
《重庆市高级人民法院关于审理工伤赔偿案件若干问题的意见》第3条规定："劳动者因第三人侵权造成工伤事故遭受人身损害，用人单位已依法为其办理工伤保险统筹事宜的，赔偿权利人可要求第三人承担民事赔偿责任；也可按《工伤保险条例》的规定请求工伤保险经办机构及用人单位支付相应的工伤保险待遇。赔偿权利人已获得第三人民事赔偿的，工伤保险经办机构及用人单位不再支付工伤保险待遇；

4. 用人单位未依法缴纳工伤保险费的责任承担。(1)用人单位未依法缴纳工伤保险费,劳动者或者其近亲属依法获得工伤保险基金先行支付的工伤保险待遇后,又请求用人单位支付其他工伤保险待遇的,作为劳动争议处理。①(2)用人单位未给因第三人侵权造成工伤事故遭受人身损害的劳动者办理工伤保险统筹事宜的,赔偿权利人可要求第三人承担民事赔偿责任;也可按《工伤保险条例》的规定请求用人单位支付工伤保险待遇。赔偿权利人已获得第三人民事赔偿的,用人单位不再支付工伤保险待遇;但第三人赔偿的总额低于工伤保险待遇的,用人单位应当补足差额部分。②"第三人赔偿的总额"系指已实际执行的金额扣除精神损害赔偿部分后所得的数额。赔偿权利人因第三人逃逸或其确无赔偿能力而未能获得赔偿的,工伤保险经办机构及用人单位也应当依法支付工伤保险待遇。③(3)建筑施工企业未为农民工办理工伤社会保险的,对在建筑施工过程中发生工伤损害的农民工承担工伤保险待遇赔偿。建筑施工企业将工程违法分包或非法转包给没有用工主体资格的单位或人员时,农民工不能享受工伤保险待遇时,建筑施工企业对工伤保险待遇赔偿承担连带赔偿责任。④

但第三人赔偿的总额低于工伤保险的,工伤保险经办机构及用人单位应当补足差额部分。"
《天津市高级人民法院关于印发〈天津法院劳动争议案件审理指南〉的通知》第39条第1款、《第八次全国法院民事商事审判工作会议(民事部分)纪要》第9条规定:被侵权人有权获得工伤保险待遇或者其他社会保险待遇的,侵权人的侵权责任不因受害人获得社会保险而减轻或者免除。根据《社会保险法》第30条和第42条的规定,被侵权人有权请求工伤保险基金或者其他社会保险支付工伤保险待遇或者其他保险待遇。

① 《广东省高级人民法院、广东省劳动人事争议仲裁委员会关于审理劳动人事争议案件若干问题的座谈会纪要》第9条。
《天津市高级人民法院关于印发〈天津法院劳动争议案件审理指南〉的通知》第39条第2款规定:"用人单位未依法缴纳工伤保险费,劳动者因第三人侵权造成人身损害并构成工伤,侵权人已经赔偿的,劳动者有权请求用人单位支付除医疗费之外的工伤保险待遇。用人单位先行支付工伤保险待遇的,可以就医疗费用在第三人应承担的赔偿责任范围内向其追偿。"
② 《重庆市高级人民法院关于审理工伤赔偿案件若干问题的意见》第4条。
③ 《重庆市高级人民法院关于审理工伤赔偿案件若干问题的意见》第5条。
④ 《北京市高级人民法院、北京市劳动争议仲裁委员会关于劳动争议案件法律适用问题研讨会会议纪要(二)》第19条。
《北京市高级人民法院关于印发〈2014年部分劳动争议法律适用疑难问题研讨会会议纪要〉的通知》第4条规定:在建筑施工过程中农民工遭受工伤后,要求确认与建筑施工企业存在劳动关系以便进行工伤认定的,是否认定劳动关系,应根据用工的具体情况来确定。用工符合劳动关系特征的,应认定为劳动关系:(1)具备用工主体资格的发包人将工程发包给同样具备用工主体资格的承包人时,承包人与其招用的劳动者之间形成劳动关系,发包人与该劳动者之间不存在劳动关系。(2)如果承包人将工程层层分包或者转包给不具备用工主体资格的单位或人员时(承包人或者实际施工人)。该承包人与非其所招用劳

5. 达到法定退休年龄的人员受聘期间工伤保险责任的承担。(1)离、退休仍在工作的人员。①应聘期间,离退休专业技术人员继续享受原离退休费和生活福利待遇。离退休专业技术人员受聘工作期间,因工作发生职业伤害的,应由聘用单位参照工伤保险的相关待遇标准妥善处理;因工作发生职业伤害与聘用单位发生争议的,可通过民事诉讼处理;与聘用单位之间因履行聘用合同发生争议的,可通过人事或劳动争议仲裁渠道解决。有条件的聘用单位在符合有关规定的情况下,可为聘请的离退休专业技术人员购买聘期内的人身意外伤害保险。①②根据《工伤保险条例》第2条②、第61条③等有关规定,离退休人员受聘于现工作单位,现工作单位已经为其缴纳了工伤保险费,其在受聘期间因工作受到事故伤害的,应当适用《工伤保险条例》的有关规定处理。④③达到法定退休年龄的人员受聘到用工单位工作期间,因工作原因受到事故伤害或患职业病,经劳动行政部门认定为工伤的,可参照《工伤保险条例》处理;未被认定为工伤的,人民法院应告知其按照人身损害赔偿相关规定进行处理,如其坚持主张工伤保险待遇的,判决驳回其诉讼请求。⑤(2)超过法定退休年龄的农民工。①用人

动者之间不具有劳动关系。(3)根据原劳动和社会保障部2005年《关于确立劳动关系有关事项的通知》第4条规定,在建筑施工、矿山企业等用人单位将工程或业务发包给不具备用工主体资格的组织或自然人时,对该组织或自然人招用的劳动者,由具备用工主体资格的发包方承担用工主体责任。该"用工主体责任"并非确认双方存在劳动关系,而是对劳动者特殊保护的一种替代责任。(4)在劳动过程中,劳动者出现工伤时,上述建筑施工企业等用人单位应承担用工主体责任,在劳动者不能享受工伤保险待遇时,可以主张工伤保险待遇赔偿。建筑施工企业等用人单位与没有用工主体资格的单位或人员(承包人或者实际施工人)对工伤保险待遇赔偿承担连带赔偿责任。

① 《中央组织部、中央宣传部、中央统战部、人事部、科技部、劳动保障部、解放军总政治部、中国科协关于进一步发挥离退休专业技术人员作用的意见》第4条。

② 《工伤保险条例》第2条规定:"中华人民共和国境内的企业、事业单位、社会团体、民办非企业单位、基金会、律师事务所、会计师事务所等组织和有雇工的个体工商户(以下称用人单位)应当依照本条例规定参加工伤保险,为本单位全部职工或者雇工(以下称职工)缴纳工伤保险费。中华人民共和国境内的企业、事业单位、社会团体、民办非企业单位、基金会、律师事务所、会计师事务所等组织的职工和个体工商户的雇工,均有依照本条例的规定享受工伤保险待遇的权利。"

③ 《工伤保险条例》第61条规定:"从事劳动能力鉴定的组织或者个人有下列情形之一的,由社会保险行政部门责令改正,处2000元以上1万元以下的罚款;情节严重,构成犯罪的,依法追究刑事责任:(一)提供虚假鉴定意见的;(二)提供虚假诊断证明的;(三)收受当事人财物的。"

④ 《最高人民法院行政审判庭关于离退休人员与现工作单位之间是否构成劳动关系以及工作时间内受伤是否适用〈工伤保险条例〉问题的答复》。

⑤ 《广东省高级人民法院关于审理劳动争议案件疑难问题的解答》第13条、《厦门市中级人民法院、厦门市劳动人事争议仲裁委员会关于审理劳动争议案件若干疑难问题的解答》第5条。

单位聘用的超过法定退休年龄的务工农民,在工作时间内、因工作原因伤亡的,应当适用《工伤保险条例》的有关规定进行工伤认定。① ②超过法定退休年龄的农民工受到第三人侵权,第三人侵权赔偿并不影响其向用人单位主张给予工伤保险待遇赔偿。②

(三)工伤保险支付赔偿待遇后的权利

1. 工伤保险待遇支付后的追偿权。工伤保险经办机构或用人单位支付赔偿权利人相应的工伤保险待遇后,对侵权第三人进行追偿的,人民法院应当予以支持。工伤保险经办机构或用人单位向第三人追偿的金额以第三人应承担的赔偿金额为限,第三人已给付赔偿权利人的部分应在追偿总额中予以扣减。工伤保险经办机构或用人单位向第三人进行追偿时,人民法院可以通知赔偿权利人参加诉讼。工伤保险经办机构或用人单位向第三人进行追偿的诉讼时效期间为一年,从其支付工伤保险待遇并知道或应知道第三人之日起计算。③

2. 工伤保险待遇支付后的返还权。工伤保险经办机构或用人单位支付工伤保险待遇后,赔偿权利人又从侵权第三人处获得民事赔偿,工伤保险经办机构或用人单位要求其返还获得重复赔偿部分的,人民法院应当予以支持。重复赔偿部分系指民事赔偿总额(不包含精神损害赔偿部分)与工伤保险待遇总额中重叠的部分。工伤保险经办机构或用人单位要求赔偿权利人返还获得重复赔偿部分的,诉讼时效期间为二年,从其知道或应知道赔偿权利人获得重复赔偿之日起计算。④

八、工伤保险的行政监督管理

1. 工伤保险经办机构的职责。(1)经办机构具体承办工伤保险事务,履行下列职责:①根据省、自治区、直辖市人民政府规定,征收工伤保险费;②核查用人单位的工资总额和职工人数,办理工伤保险登记,并负责保存用人单位缴费和职

---

① 《最高人民法院关于超过法定退休年龄的进城务工农民在工作时间内因公伤亡的,能否认定工伤的答复》。
② 《北京市高级人民法院、北京市劳动争议仲裁委员会关于劳动争议案件法律适用问题研讨会会议纪要(二)》第49条第3款
③ 《重庆市高级人民法院关于审理工伤赔偿案件若干问题的意见》第6条。
④ 《重庆市高级人民法院关于审理工伤赔偿案件若干问题的意见》第9条。

工享受工伤保险待遇情况的记录;③进行工伤保险的调查、统计;④按照规定管理工伤保险基金的支出;⑤按照规定核定工伤保险待遇;⑥为工伤职工或者其近亲属免费提供咨询服务。①(2)经办机构与医疗机构、辅助器具配置机构在平等协商的基础上签订服务协议,并公布签订服务协议的医疗机构、辅助器具配置机构的名单。具体办法由国务院社会保险行政部门分别会同国务院卫生行政部门、民政部门等部门制定。②(3)经办机构按照协议和国家有关目录、标准对工伤职工医疗费用、康复费用、辅助器具费用的使用情况进行核查,并按时足额结算费用。③(4)经办机构应当定期公布工伤保险基金的收支情况,及时向社会保险行政部门提出调整费率的建议。④(5)社会保险行政部门、经办机构应当定期听取工伤职工、医疗机构、辅助器具配置机构以及社会各界对改进工伤保险工作的意见。⑤(6)国家建立伤亡事故和职业病统计报告和处理制度。县级以上各级人民政府劳动行政部门、有关部门和用人单位应当依法对劳动者在劳动过程中发生的伤亡事故和劳动者的职业病状况,进行统计、报告和处理。⑥但是,根据现行法律规定,劳动行政部门无权作出强制企业支付工伤职工医疗费用的决定。⑦

2. 工伤保险的监督检查。(1)社会保险行政部门依法对工伤保险费的征缴和工伤保险基金的支付情况进行监督检查。⑧(2)财政部门和审计机关依法对工伤保险基金的收支、管理情况进行监督。任何组织和个人对有关工伤保险的违法行为,有权举报。社会保险行政部门对举报应当及时调查,按照规定处理,并为举报人保密。⑨(3)工会组织依法维护工伤职工的合法权益,对用人单位的工伤保险工作实行监督。⑩

---

① 《工伤保险条例》第46条。
② 《工伤保险条例》第47条。
③ 《工伤保险条例》第48条。
④ 《工伤保险条例》第49条。
⑤ 《工伤保险条例》第50条。
⑥ 《劳动法》第57条。
⑦ 《最高人民法院行政审判庭关于劳动行政部门是否有权作出强制企业支付工伤职工医疗费用的决定的答复》。
⑧ 《工伤保险条例》第51条。
⑨ 《工伤保险条例》第52条。
⑩ 《工伤保险条例》第53条。

第五节　失业保险

失业保险,是指国家通过立法强制实行的,由社会集中建立基金,对因失业而暂时中断生活来源的劳动者提供物质帮助的制度。它是社会保障体系的重要组成部分,是社会保险的主要项目之一。

一、失业保险的一般规则

(一)失业保险的适用

1. 失业保险适用的法律。为了保障失业人员失业期间的基本生活,促进其再就业,制定《失业保险条例》。①

2. 失业保险适用的人员。(1)省、自治区、直辖市人民政府根据当地实际情况,可以决定《失业保险条例》适用于本行政区域内的社会团体及其专职人员、民办非企业单位及其职工、有雇工的城镇个体工商户及其雇工。② (2)私营企业职工参照《国营企业职工待业保险暂行规定》实行失业保险制度。③

(二)失业保险金

1. 失业保险金的标准。失业保险金的标准,由省、自治区、直辖市人民政府确定,不得低于城市居民最低生活保障标准。④

2. 失业保险金的缴纳。(1)失业保险金缴纳的法定性。城镇企业事业单位、城镇企业事业单位职工依照《失业保险条例》的规定,缴纳失业保险费。⑤ 其中,《失业保险条例》第2条所称城镇企业,是指国有企业、城镇集体企业、外商投资

---

① 《失业保险条例》第1条。
② 《失业保险条例》第32条。
③ 《私营企业劳动管理暂行规定》第21条。
④ 《社会保险法》第47条。
《失业保险条例》第18条规定:"失业保险金的标准,按照低于当地最低工资标准、高于城市居民最低生活保障标准的水平,由省、自治区、直辖市人民政府确定。"
⑤ 《失业保险条例》第2条第1款。
《社会保险法》第44条规定:"职工应当参加失业保险,由用人单位和职工按照国家规定共同缴纳失业保险费。"
《失业保险条例》第4条规定:"失业保险费按照国家有关规定征缴。"

企业、城镇私营企业以及其他城镇企业。① （2）失业保险缴纳的费率。①城镇企业事业单位按照本单位工资总额的2%缴纳失业保险费。城镇企业事业单位职工按照本人工资的1%缴纳失业保险费。城镇企业事业单位招用的农民合同制工人本人不缴纳失业保险费。② ②省、自治区、直辖市人民政府根据本行政区域失业人员数量和失业保险基金数额,报经国务院批准,可以适当调整本行政区域失业保险费的费率。③ ③自2019年5月1日起,实施失业保险总费率1%的省份,延长阶段性降低失业保险费率的期限至2020年4月30日。④ （3）失业保险缴纳时间的计算。失业人员领取失业保险金后重新就业的,再次失业时,缴费时间重新计算。失业人员因当期不符合失业保险金领取条件的,原有缴费时间予以保留,重新就业并参保的,缴费时间累计计算。⑤ （4）失业保险缴纳的基数。个体工商户和灵活就业人员参加企业职工基本养老保险,按照调整计算口径后的本地全口径城镇单位就业人员平均工资,核定社保个人缴费基数上下限,允许缴

---

① 《失业保险条例》第2条第3款。
② 《失业保险条例》第6条。
③ 《失业保险条例》第9条。
④ 《人力资源社会保障部、财政部、税务总局、国家医保局关于贯彻落实〈降低社会保险费率综合方案〉的通知》第3条第2款。
《人力资源社会保障部、财政部关于继续阶段性降低社会保险费率的通知》第2条规定:"自2018年5月1日起,按照《人力资源社会保障部 财政部关于阶段性降低失业保险费率的通知》(人社部发〔2017〕14号)实施失业保险总费率1%的省(区、市),延长阶段性降低费率的期限至2019年4月30日。具体方案由各省(区、市)研究确定。"第3条规定:"自2018年5月1日起,在保持八类费率总体稳定的基础上,工伤保险基金累计结余可支付月数在18(含)至23个月的统筹地区,可以现行费率为基础下调20%;累计结余可支付月数在24个月(含)以上的统筹地区,可以现行费率为基础下调50%。降低费率的期限暂执行到2019年4月30日。下调费率期间,统筹地区工伤保险基金累计结余达到合理支付月数范围的,停止下调。具体方案由各省(区、市)研究确定。"
《人力资源社会保障部、财政部关于阶段性降低失业保险费率有关问题的通知》第2条规定:"失业保险总费率已降至1%的省份仍按照《人力资源社会保障部 财政部关于阶段性降低社会保险费率的通知》(人社部发〔2016〕36号)执行。"第3条规定:"各地降低失业保险费率,要充分考虑失业保险待遇按时足额发放、提高待遇标准、促进失业人员再就业、落实失业保险稳岗补贴政策等因素对基金支付能力的影响,结合实际,认真测算,研究制定具体方案,经省级人民政府批准后执行,并报人力资源社会保障部和财政部备案。"
《人力资源社会保障部、财政部关于阶段性降低社会保险费率的通知》第2条规定:"从2016年5月1日起,失业保险总费率在2015年已降低1个百分点基础上可以阶段性降至1%—1.5%,其中个人费率不超过0.5%,降低费率的期限暂按两年执行。具体方案由各省(区、市)确定。"第3条规定:"各地要继续贯彻落实国务院2015年关于降低工伤保险平均费率0.25个百分点和生育保险费率0.5个百分点的决定和有关政策规定,确保政策实施到位。生育保险和基本医疗保险合并实施工作,待国务院制定出台相关规定后统一组织实施。"
⑤ 《实施〈中华人民共和国社会保险法〉若干规定》第14条。

费人在60%至300%之间选择适当的缴费基数,以减轻其缴费负担、促进参保缴费。① (5)失业保险的个人缴费记录。①建立失业保险个人缴费记录的意义。为规范城镇企业事业单位及其职工参加失业保险和履行缴费义务的行为及经办机构的管理服务程序,准确审定失业人员申领失业保险金资格、确定待遇期限,根据《社会保险费征缴暂行条例》(国务院令第259号)及《社会保险费申报缴纳管理暂行办法》(劳动保障部令第2号)的规定,各地应当在认真做好失业保险单位缴费记录的同时,普遍建立失业保险个人缴费记录(以下简称个人缴费记录)。现发布《劳动和社会保障部关于建立失业保险个人缴费记录的通知》。② ②建立个人缴费记录的实施范围及基本原则。个人缴费记录的对象为依法参加失业保险的缴费单位职工。个人缴费记录要简明、准确、安全、完整,便于操作、查询。有条件的地区,可采取适当方式与养老、医疗等社会保险实现信息资源共享。③ ③建立个人缴费记录的实施单位及记录依据。个人缴费记录由劳动保障行政部门设立的经办失业保险业务的社会保险经办机构负责建立。失业保险费由税务机关征收的地区,经办机构应积极向税务机关索取缴费凭证等相关资料。建立个人缴费记录的主要依据是缴费单位提供的经审核的社会保险费申报表、代扣代缴明细表、缴费凭证、单位职工名册及经办机构规定的其他资料。④ ④个人缴费记录的基本内容。个人缴费记录的基本内容应包括职工个人基本信息和缴费信息两部分。职工个人基本信息的内容包括:单位编号、单位名称、单位类型、姓名、性别、出生年月、社会保障号码(或公民身份证号码)、户口所在地、用工形式、参加失业保险时间等。缴费信息的内容包括:职工个人缴费起始时间、职工个人与单位缴费情况等,是否记载个人缴费金额,各地可根据实际需要和技术条件自行决定。对农民合同制工人,只记录单位缴费情况。缴费情况应每年度汇总一次。⑤ ⑤个人缴费记录的变更及转移。缴费单位及其职工情况发生变化时,经办机构应根据经审核的社会保险费申报表、代扣代缴明细表和其他资料,对个人缴费记录及时作出调整。缴费单位成建制跨统筹地区转移、缴费个人跨统筹地区

---

① 《人力资源社会保障部、财政部、税务总局、国家医保局关于贯彻落实〈降低社会保险费率综合方案〉的通知》第3条第5款。
② 《劳动和社会保障部关于建立失业保险个人缴费记录的通知》序言。
③ 《劳动和社会保障部关于建立失业保险个人缴费记录的通知》第1条。
④ 《劳动和社会保障部关于建立失业保险个人缴费记录的通知》第2条。
⑤ 《劳动和社会保障部关于建立失业保险个人缴费记录的通知》第3条。

流动时,个人缴费记录随同转移。转出地经办机构应为其办理相应的转迁手续,转入地经办机构应及时为其接续失业保险关系。① ⑥个人缴费记录的管理。要规范和加强个人缴费记录管理,确保个人缴费记录内容清楚、准确,保存完整、安全。有条件的地区,应尽快建立起计算机管理的个人缴费记录,并按规定将数据备份。暂不具备条件的地区,可从实际出发,先采用手工方式建立个人缴费记录。经办机构应做好个人缴费记录与申领失业保险金审核发放的衔接工作,以个人缴费记录为重要依据,确定失业人员领取失业保险金资格及待遇期限。缴费单位职工失业后按规定享受失业保险待遇的情况,可在个人缴费记录中予以反映。缴费单位职工办理退休手续、出国定居或在职期间死亡的,其个人缴费记录保留两年后予以注销。管理个人缴费记录的经办机构负责查询服务,对缴费单位职工提出查询本人缴费情况的,应及时提供优质服务。② ⑦建立失业保险个人缴费记录的组织实施。各地劳动保障部门应根据本地区实际情况,研究制订实施方案,提供必要条件,尽快推开,并切实做好组织实施工作。建立个人缴费记录不得向缴费单位及其职工收取费用,所需经费可报请当地财政部门予以支持。已经建立个人缴费记录的地区,应及时总结经验,进一步加强管理和规范。尚未建立的地区,应抓紧时间积极准备,推动此项工作的开展。③

3. 失业保险金的申领发放。(1)失业保险金的申领发放的适用。①适用法律。第一,为保证失业人员及时获得失业保险金及其他失业保险待遇,根据《失业保险条例》,制定《失业保险金申领发放办法》。④ 第二,《失业保险金申领发放办法》自 2001 年 1 月 1 日起施行。⑤ 第三,经 2018 年 12 月 14 日、2019 年 12 月 9 日两次修订。⑥ ②适用范围。参加失业保险的城镇企业事业单位职工以及按照省级人民政府规定参加失业保险的其他单位人员失业后(以下统称失业人员),申请领取失业保险金、享受其他失业保险待遇适用本办法;按照规定应参加而尚未参加失业保险的不适用《失业保险金申领发放办法》。⑦ (2)失业

---

① 《劳动和社会保障部关于建立失业保险个人缴费记录的通知》第 4 条。
② 《劳动和社会保障部关于建立失业保险个人缴费记录的通知》第 5 条。
③ 《劳动和社会保障部关于建立失业保险个人缴费记录的通知》第 6 条。
④ 《失业保险金申领发放办法》第 1 条。
⑤ 《失业保险金申领发放办法》第 30 条。
⑥ 《失业保险金申领发放办法》序言。
⑦ 《失业保险金申领发放办法》第 2 条。

保险金的申领发放的经办机构。①劳动保障行政部门设立的经办失业保险业务的社会保险经办机构(以下简称经办机构)按照本办法规定受理失业人员领取失业保险金的申请,审核确认领取资格,核定领取失业保险金、享受其他失业保险待遇的期限及标准,负责发放失业保险金并提供其他失业保险待遇。① ②经办机构应当通过准备书面资料、开设服务窗口、设立咨询电话等方式,为失业人员、用人单位和社会公众提供咨询服务。② ③经办机构应按规定负责失业保险金申领、发放的统计工作。③ (3)失业保险金的申领。①申领失业保险金的条件。第一,失业人员符合《失业保险条例》第14条④规定条件的,可以申请领取失业保险金,享受其他失业保险待遇。⑤ 第二,失业人员符合《社会保险法》第45条⑥规定条件的,可以申请领取失业保险金并享受其他失业保险待遇。其中,非因本人意愿中断就业包括下列情形:其一,依照《劳动合同法》第44条第1项、第4项、第5项规定⑦终止劳动合同的;其二,由用人单位依照《劳动合同法》第39条⑧、第

---

① 《失业保险金申领发放办法》第3条。
② 《失业保险金申领发放办法》第19条。
③ 《失业保险金申领发放办法》第20条。
④ 《失业保险条例》第14条规定:"具备下列条件的失业人员,可以领取失业保险金:(一)按照规定参加失业保险,所在单位和本人已按照规定履行缴费义务满一年的;(二)非因本人意愿中断就业的;(三)已办理失业登记,并有求职要求的。失业人员在领取失业保险金期间,按照规定同时享受其他失业保险待遇。"
⑤ 《失业保险金申领发放办法》第4条第1句。
《劳动和社会保障部办公厅关于对刑满释放或者解除劳动教养人员能否享受失业保险待遇问题的复函》:"在职人员因被判刑收监执行或者被劳动教养,而被用人单位解除劳动合同的,可以在其刑满、假释、劳动教养期满或解除劳动教养后,申请领取失业保险金。失业保险金自办理失业登记之日起计算。失业人员在领取失业保险金期间因被判刑收监执行或者被劳动教养而停止领取失业保险金的,可以在其刑满、假释、劳动期满或解除劳动教养后恢复领取失业保险金。失业人员在领取失业保险金期间,按照规定同时享受其他失业保险待遇。失业保险金及其他失业保险待遇标准按现行规定执行。"
⑥ 《社会保险法》第45条规定:"失业人员符合下列条件的,从失业保险基金中领取失业保险金:(一)失业前用人单位和本人已经缴纳失业保险费满一年的;(二)非因本人意愿中断就业的;(三)已经进行失业登记,并有求职要求的。"
⑦ 《劳动合同法》第44条规定:"有下列情形之一的,劳动合同终止:(一)劳动合同期满的;……(四)用人单位依法宣告破产的;(五)用人单位被吊销营业执照、责令关闭、撤销或者用人单位决定提前解散的……"
⑧ 《劳动合同法》第39条规定:"劳动者有下列情形之一的,用人单位可以解除劳动合同:(一)在试用期间被证明不符合录用条件的;(二)严重违反用人单位的规章制度的;(三)严重失职,营私舞弊,给用人单位造成重大损害的;(四)劳动者同时与其他用人单位建立劳动关系,对完成本单位的工作任务造成严重影响,或者经用人单位提出,拒不改正的;(五)因本法第二十六条第一款第一项规定的情形致使劳动合同无效的;(六)被依法追究刑事责任的。"

40条①、第41条②规定解除劳动合同的;其三,用人单位依照《劳动合同法》第36条③规定向劳动者提出解除劳动合同并与劳动者协商一致解除劳动合同的;其四,由用人单位提出解除聘用合同或者被用人单位辞退、除名、开除的;其五,劳动者本人依照《劳动合同法》第38条④规定解除劳动合同的;其六,法律、法规、规章规定的其他情形。⑤ ②上报申领失业保险金人员的名单。失业人员失业前所在单位,应将失业人员的名单自终止或者解除劳动合同之日起7日内报受理其失业保险业务的经办机构备案,并按要求提供终止或解除劳动合同证明等有关材料。⑥ ③向经办机构申领失业保险金。失业人员应在终止或者解除劳动合同之日起60日内到受理其单位失业保险业务的经办机构申领失业保险金。⑦ ④填写申领表格、出示证明材料。失业人员申领失业保险金应填写《失业保险金申领表》,并出示下列证明材料:第一,本人身份证明;第二,所在单位出具的终止或者解除劳动合同的证明;第三,失业登记;第四,省级劳动保障行政部门规定的其他材料。⑧

---

① 《劳动合同法》第40条规定:"有下列情形之一的,用人单位提前三十日以书面形式通知劳动者本人或者额外支付劳动者一个月工资后,可以解除劳动合同:(一)劳动者患病或者非因工负伤,在规定的医疗期满后不能从事原工作,也不能从事由用人单位另行安排的工作的;(二)劳动者不能胜任工作,经过培训或者调整工作岗位,仍不能胜任工作的;(三)劳动合同订立时所依据的客观情况发生重大变化,致使劳动合同无法履行,经用人单位与劳动者协商,未能就变更劳动合同内容达成协议的。"

② 《劳动合同法》第41条规定:"有下列情形之一,需要裁减人员二十人以上或者裁减不足二十人但占企业职工总数百分之十以上的,用人单位提前三十日向工会或者全体职工说明情况,听取工会或者职工的意见后,裁减人员方案经向劳动行政部门报告,可以裁减人员:(一)依照企业破产法规定进行重整的;(二)生产经营发生严重困难的;(三)企业转产、重大技术革新或者经营方式调整,经变更劳动合同后,仍需裁减人员的;(四)其他因劳动合同订立时所依据的客观经济情况发生重大变化,致使劳动合同无法履行的。裁减人员时,应当优先留用下列人员:(一)与本单位订立较长期限的固定期限劳动合同的;(二)与本单位订立无固定期限劳动合同的;(三)家庭无其他就业人员,有需要扶养的老人或者未成年人的。用人单位依照本条第一款规定裁减人员,在六个月内重新招用人员的,应当通知被裁减的人员,并在同等条件下优先招用被裁减的人员。"

③ 《劳动合同法》第36条规定:"用人单位与劳动者协商一致,可以解除劳动合同。"

④ 《劳动合同法》第38条规定:"用人单位有下列情形之一的,劳动者可以解除劳动合同:(一)未按照劳动合同约定提供劳动保护或者劳动条件的;(二)未及时足额支付劳动报酬的;(三)未依法为劳动者缴纳社会保险费的;(四)用人单位的规章制度违反法律、法规的规定,损害劳动者权益的;(五)因本法第二十六条第一款规定的情形致使劳动合同无效的;(六)法律、行政法规规定劳动者可以解除劳动合同的其他情形。用人单位以暴力、威胁或者非法限制人身自由的手段强迫劳动者劳动的,或者用人单位违章指挥、强令冒险作业危及劳动者人身安全的,劳动者可以立即解除劳动合同,不需事先告知用人单位。"

⑤ 《实施〈中华人民共和国社会保险法〉若干规定》第13条、《失业保险金申领发放办法》第4条。

⑥ 《失业保险金申领发放办法》第5条。

⑦ 《失业保险金申领发放办法》第6条。

⑧ 《失业保险金申领发放办法》第7条。

其中,《失业保险金申领表》的样式,由劳动和社会保障部统一制定。① (4)对申领者的资格进行审核认定。经办机构自受理失业人员领取失业保险金申请之日起10日内,对申领者的资格进行审核认定,并将结果及有关事项告知本人。经审核合格者,从其办理失业登记之日起计发失业保险金。② (5)核定领取失业保险金的期限。经办机构根据失业人员累计缴费时间核定其领取失业保险金的期限。失业人员累计缴费时间按照下列原则确定:①实行个人缴纳失业保险费前,按国家规定计算的工龄视同缴费时间,与《失业保险条例》发布后缴纳失业保险费的时间合并计算。②失业人员在领取失业保险金期间重新就业后再次失业的,缴费时间重新计算,其领取失业保险金的期限可以与前次失业应领取而尚未领取的失业保险金的期限合并计算,但是最长不得超过24个月。失业人员在领取失业保险金期间重新就业后不满一年再次失业的,可以继续申领其前次失业应领取而尚未领取的失业保险金。③ (6)失业保险待遇标准的执行。失业保险金以及医疗补助金、丧葬补助金、抚恤金、职业培训和职业介绍补贴等失业保险待遇的标准按照各省、自治区、直辖市人民政府的有关规定执行。④ (7)失业保险金的领取。①用人单位应当及时为失业人员出具终止或者解除劳动关系的证明,并将失业人员的名单自终止或者解除劳动关系之日起15日内告知社会保险经办机构。失业人员应当持本单位为其出具的终止或者解除劳动关系的证明,及时到指定的公共就业服务机构办理失业登记。失业人员凭失业登记证明和个人身份证明,到社会保险经办机构办理领取失业保险金的手续。失业保险金领取期限自办理失业登记之日起计算。⑤ ②失业人员领取失业保险金,应由本人按月到经办机构领取,同时应向经办机构如实说明求职和接受职业指导、职业培训情

---

① 《失业保险金申领发放办法》第29条。
② 《失业保险金申领发放办法》第14条。
③ 《失业保险金申领发放办法》第15条。
④ 《失业保险金申领发放办法》第16条。
⑤ 《社会保险法》第50条。
《失业保险条例》第16条规定:"城镇企业事业单位应当及时为失业人员出具终止或者解除劳动关系的证明,告知其按照规定享受失业保险待遇的权利,并将失业人员的名单自终止或者解除劳动关系之日起7日内报社会保险经办机构备案。城镇企业事业单位职工失业后,应当持本单位为其出具的终止或者解除劳动关系的证明,及时到指定的社会保险经办机构办理失业登记。失业保险金自办理失业登记之日起计算。失业保险金由社会保险经办机构按月发放。社会保险经办机构为失业人员开具领取失业保险金的单证,失业人员凭单证到指定银行领取失业保险金。"

况。① ③失业保险金应按月发放,由经办机构开具单证,失业人员凭单证到指定银行领取。② ④失业人员失业前用人单位和本人累计缴费满1年不足5年的,领取失业保险金的期限最长为12个月;累计缴费限满5年不足10年的,领取失业保险金的期限最长为18个月;累计缴费10年以上的,领取失业保险金的期限最长为24个月。重新就业后,再次失业的,缴费时间重新计算,领取失业保险金的期限与前次失业应当领取而尚未领取的失业保险金的期限合并计算,最长不超过24个月。③ ⑤失业人员在领取失业保险金期间有下列情形之一的,停止领取失业保险金,并同时停止享受其他失业保险待遇:第一,重新就业的;第二,应征服兵役的;第三,移居境外的;第四,享受基本养老保险待遇的;第五,被判刑收监执行或者被劳动教养的;第六,无正当理由,拒不接受当地人民政府指定的部门或者机构介绍的工作的;第七,有法律、行政法规规定的其他情形。④ ⑥失业人员在领取失业保险金期间,发生《条例》第15条规定情形之一的,不得继续领取失业保险金和享受其他失业保险待遇。⑤ (8)失业保险金期间其他待遇的领取。①申请医疗补助金。失业人员在领取失业保险金期间患病就医的,可以按照规定向经办机构申请领取医疗补助金。⑥ ②领取一次性丧葬补助金、抚恤金。失业

---

① 《失业保险金申领发放办法》第8条。
② 《失业保险金申领发放办法》第17条。
③ 《社会保险法》第46条。
《黑龙江省人力资源和社会保障厅关于实行新的失业保险待遇期限计算办法的通知》:"……《黑龙江省失业保险条例》第二十六条规定:失业人员失业前所在单位和本人按照规定累计缴费时间每满1年,领取2个月的失业保险金,但最长不得超过24个月。按照下位法必须与上位法保持一致的原则,根据《社会保险法》第四十六条的规定,现就失业保险待遇期限计算办法明确如下:失业人员应当领取失业保险金的期限,依据其失业前用人单位和本人按照规定累计缴费时间计算:累计缴费满1年不足5年的,每满1年领3个月的失业保险金;累计缴费5年不足10年的,第5年领取14个月的失业保险金,自第6年起计算,每满1年增加1个月的失业保险金;累计缴费10年以上的,第10年领取20个月的失业保险金,自第11年起计算,每满1年增加2个月的失业保险金,但最长不超过24个月。……"
④ 《失业保险条例》第15条。
《社会保险法》第51条规定:"失业人员在领取失业保险金期间有下列情形之一的,停止领取失业保险金,并同时停止享受其他失业保险待遇:(一)重新就业的;(二)应征服兵役的;(三)移居境外的;(四)享受基本养老保险待遇的;(五)无正当理由,拒不接受当地人民政府指定部门或者机构介绍的适当工作或者提供的培训的。"
《失业保险金申领发放办法》第18条规定:"对领取失业保险金期限即将届满的失业人员,经办机构应提前一个月告知本人。失业人员在领取失业保险金期间,发生《条例》第十五条规定情形之一的,经办机构有权即行停止其失业保险金发放,并同时停止其享受其他失业保险待遇。"
⑤ 《失业保险金申领发放办法》第13条。
⑥ 《失业保险金申领发放办法》第9条。

人员在领取失业保险金期间死亡的,其家属可持失业人员死亡证明、领取人身份证明、与失业人员的关系证明,按规定向经办机构领取一次性丧葬补助金和其供养配偶、直系亲属的抚恤金。失业人员当月尚未领取的失业保险金可由其家属一并领取。① ③享受优惠政策。失业人员在领取失业保险金期间,应积极求职,接受职业指导和职业培训。失业人员在领取失业保险金期间求职时,可以按规定享受就业服务减免费用等优惠政策。② ④申请城市居民最低生活保障待遇。失业人员在领取失业保险金期间或期满后,符合享受当地城市居民最低生活保障条件的,可以按照规定申请享受城市居民最低生活保障待遇。③

4. 失业保险金的其他规则。(1)失业保险金发放和待遇办法的协商。对失业人员失业前所在单位与本人户籍不在同一统筹地区的,其失业保险金的发放和其他失业保险待遇的提供由两地劳动保障行政部门进行协商,明确具体办法。协商未能取得一致的,由上一级劳动保障行政部门确定。④ (2)申领人员的法律责任。经办机构发现不符合条件,或以涂改、伪造有关材料等非法手段骗取失业保险金和其他失业保险待遇的,应责令其退还;对情节严重的,经办机构可以提请劳动保障行政部门对其进行处罚。⑤

(三)失业保险基金

1. 失业保险基金的构成。失业保险基金由下列各项构成:(1)城镇企业事业单位、城镇企业事业单位职工缴纳的失业保险费;(2)失业保险基金的利息;(3)财政补贴;(4)依法纳入失业保障基金的其他资金。⑥

2. 失业保险基金的支出。(1)失业保险基金用于下列支出:①失业保险金;②领取失业保险金期间的医疗补助金;③领取失业保险金期间死亡的失业人员的丧葬补助金和其供养的配偶、直系亲属的抚恤金;④领取失业保险金期间接受职业培训、职业介绍的补贴,补贴的办法和标准由省、自治区、直辖市人民政府规定;⑤国务院规定或者批准的与失业保险有关的其他费用。⑦ (2)失业人员在领

---

① 《失业保险金申领发放办法》第 10 条。
② 《失业保险金申领发放办法》第 11 条。
③ 《失业保险金申领发放办法》第 12 条。
④ 《失业保险金申领发放办法》第 21 条。
⑤ 《失业保险金申领发放办法》第 25 条。
⑥ 《失业保险条例》第 5 条。
⑦ 《失业保险条例》第 10 条。

取失业保险金期间,应当积极求职,接受职业介绍和职业培训。失业人员接受职业介绍、职业培训的补贴由失业保险基金按照规定支付。① (3) 不得擅自扩大失业基金开支项目,确保基金的安全与完整。已经超出规定使用失业保险基金的地区,要及时进行纠正。②

3. 失业保险基金的统筹。失业保险基金在直辖市和设区的市实行全市统筹;其他地区的统筹层次由省、自治区人民政府规定。③

4. 失业保险基金的调剂金。省、自治区可以建立失业保险调剂金。失业保险调剂金以统筹地区依法应当征收的失业保险费为基数,按照省、自治区人民政府规定的比例筹集。统筹地区的失业保险基金不敷使用时,由失业保险调剂金调剂、地方财政补贴。失业保险调剂金的筹集、调剂使用以及地方财政补贴的具体办法,由省、自治区人民政府规定。④

5. 失业保险基金的监管。(1)失业保险基金必须存入财政部门在国有商业银行开设的社会保障基金财政专户,实行收支两条线管理,由财政部门依法进行监督。存入银行和按照国家规定购买国债的失业保险基金,分别按照城乡居民同期存款利率和国债利息计息。失业保险基金的利息并入失业保险基金。失业保险基金专款专用,不得挪作他用,不得用于平衡财政收支。⑤ (2) 社会保险经办机构具体承办失业保险工作,履行下列职责:①负责失业人员的登记、调查、统计;②按照规定负责失业保险基金的管理;③按照规定核定失业保险待遇,开具失业人员在指定银行领取失业保险金和其他补助金的单证;④拨付失业人员职业培训、职业介绍补贴费用;⑤为失业人员提供免费咨询服务;⑥国家规定由其履行的其他职责。⑥ (3) 财政部门和审计部门依法对失业保险基金的收支、管理情况进行监督。⑦ (4) 失业保险基金收支的预算、决算,由统筹地区社会保险经办机构编制,经同级劳动保障行政部门复核、同级财政部门审核,报同级人民政府

---

① 《实施〈中华人民共和国社会保险法〉若干规定》第15条。
② 《劳动和社会保障部办公厅关于不得擅自扩大失业保险开支项目的通知》。
③ 《失业保险条例》第7条。
④ 《失业保险条例》第8条。
⑤ 《失业保险条例》第11条。
⑥ 《失业保险条例》第25条。
⑦ 《失业保险条例》第26条。

审批。①

6. 失业保险财务制度的执行。失业保险基金的财务制度和会计制度按照国家有关规定执行。②

7. 失业保险基金的法律责任。任何单位、个人挪用失业保险基金的,追回挪用的失业保险基金;有违法所得的,没收违法所得,并入失业保险基金;构成犯罪的,依法追究刑事责任;尚不构成犯罪的,对直接负责的主管人员和其他直接责任人员依法给予行政处分。③ 其中,"依法"是指《刑法》和《惩治贪污贿赂罪的补充规定》等。④

(四)失业保险的稳岗补贴

1. 稳岗补贴实施。(1)实施的条件。失业保险统筹地区实施稳岗补贴应同时具备以下条件:上年失业保险基金滚存结余具备一年以上支付能力;失业保险基金使用管理规范。企业申请稳岗补贴应同时具备以下条件:依法参加失业保险并缴纳失业保险费;上年度未裁员或裁员率低于统筹地区城镇登记失业率。⑤ (2)实施项目及标准。稳岗补贴主要支出项目和最高补贴标准按照人社部发〔2014〕76号文件规定执行。各类企业享受稳岗补贴的具体标准由各省(区、市)人力资源社会保障部门和财政部门研究确定,并报省级人民政府批准。⑥

2. 稳岗补贴的申请、审核及拨付。符合享受稳岗补贴条件的企业向统筹地区人力资源社会保障部门提出申请,人力资源社会保障部门对其依法参保缴费情况、裁员情况进行审核,确定补贴名单和补贴数额,并公开相关信息,接受社会监督;财政部门根据人力资源社会保障部门审定的名单和补贴数额,及时拨付补

---

① 《失业保险条例》第12条。
② 《失业保险条例》第13条。
③ 《失业保险条例》第31条。
《劳动法》第104条规定:"国家工作人员和社会保险基金经办机构的工作人员挪用社会保险基金,构成犯罪的,依法追究刑事责任。"
《最高人民检察院关于贪污养老、医疗等社会保险基金能否适用〈最高人民法院、最高人民检察院关于办理贪污贿赂刑事案件适用法律若干问题的解释〉第一条第二款第一项规定的批复》:"……养老、医疗、工伤、失业、生育等社会保险基金可以认定为《最高人民法院、最高人民检察院关于办理贪污贿赂刑事案件适用法律若干问题的解释》第一条第二款第一项规定的'特定款物'。根据刑法和有关司法解释规定,贪污罪和挪用公款罪中的'特定款物'的范围有所不同,实践中应注意区分,依法适用。"
④ 《关于〈劳动法〉若干条文的说明》第104条。
⑤ 《关于进一步做好失业保险支持企业稳定岗位工作有关问题的通知》第1条。
⑥ 《关于进一步做好失业保险支持企业稳定岗位工作有关问题的通知》第2条。

贴资金。①

3. 稳岗补贴的使用。稳岗补贴资金可统筹使用当期失业保险基金收入和滚存结余基金,并适时调整基金收支、结余预算。②

4. 稳岗补贴的监督及检查。各省级人力资源社会保障部门要加强对统筹地区稳岗补贴政策落实情况的监督检查,及时汇总填报《失业保险稳岗补贴发放情况表》,并于每季度第一个月10日前将本地区上季度失业保险稳岗补贴发放情况表报送我司(人社失业司),2015年前三季度情况表请于10月10日前报送。对兼并重组企业、化解产能过剩企业、淘汰落后产能企业稳岗补贴情况需要单独统计,各地在企业稳岗补贴申报表中可设置三类企业选项,由企业自行填写。如一户企业同时涉及一项以上产业结构调整情况,只按照其中一项填写。稳岗补贴政策关系企业和职工切身利益,关系就业和社会稳定,各级人力资源社会保障部门要进一步加大政策宣传力度,使符合条件的企业都能够知晓并享受政策,鼓励、支持、引导企业稳定就业岗位。扩大失业保险稳岗补贴范围的具体实施办法出台后要及时报送我司(人社失业司)。③

(五)失业保险的待遇

1. 享受失业保险待遇的依据。城镇企业事业单位失业人员依照《失业保险条例》的规定,享受失业保险待遇。④

2. 享受失业保险待遇的最低保障条件。失业人员符合城市居民最低生活保障条件的,按照规定享受城市居民最低生活保障待遇。⑤

3. 失业人员在领取失业保险金期间享受基本医疗保险待遇。(1)失业人员在领取失业保险金期间、参加职工基本医疗保险,享受基本医疗保险待遇。失业人员应当缴纳的基本医疗保险费从失业保险基金中支付,个人不缴纳基本医疗保险费。⑥ (2)失业人员在领取失业保险金期间患病就医的,可以按照规定向社会保险经办机构申请领取医疗补助金。医疗补助金的标准由省、自治区直辖市

---

① 《关于进一步做好失业保险支持企业稳定岗位工作有关问题的通知》第3条。
② 《关于进一步做好失业保险支持企业稳定岗位工作有关问题的通知》第4条。
③ 《关于进一步做好失业保险支持企业稳定岗位工作有关问题的通知》第5条。
④ 《失业保险条例》第2条第2款。
⑤ 《失业保险条例》第23条。
⑥ 《社会保险法》第48条。

人民政府规定。① (3) 对于被裁减而失业的人员,参加失业保险的,可到当地劳动就业服务机构登记,申领失业救济金。②

4. 失业人员在领取失业保险金期间死亡的处理。失业人员在领取失业保险金期间死亡的,参照当地对在职职工死亡的规定,向其遗属发给一次性丧葬补助金和抚恤金。所需资金从失业保险基金中支付。个人死亡同时符合领取基本养老保险丧葬补助金、工伤保险丧葬补助金和失业保险丧葬补助金条件的,其遗属只能选择领取其中的一项。③

5. 失业保险待遇的行政复议。失业人员因享受失业保险待遇与经办机构发生争议的,可以向主管该经办机构的劳动保障行政部门申请行政复议。④

6. 农民合同制工人申领的一次性生活补助。单位招用的农民合同制工人连续工作满1年,本单位并已缴纳失业保险费,劳动合同期满未续订或者提前解除劳动合同的,由社会保险经办机构根据其工作时间长短,对其支付一次性生活补助。补助的办法和标准由省、自治区、直辖市人民政府规定。⑤

(六) 失业保险关系

1. 失业保险关系的转移。(1) 职工跨统筹地区关系就业的,其失业保险关系随本人转移,缴费年限累计计算。⑥ (2) 失业人员跨统筹地区转移的,凭失业保险关系迁出地经办机构出具的证明材料到迁入地经办机构领取失业保险金。⑦ (3) 城镇企业事业单位成建制跨统筹地区转移或职工在职期间跨统筹地区转换工作单位的,失业保险关系应随之转迁。其中,跨省、自治区、直辖市的,其在转出前单位和职工个人缴纳的失业保险费不转移;在省、自治区内跨统筹地区的,是否转移失业保险费由省劳动保障行政部门确定。转出地失业保险经办机构应

---

① 《失业保险条例》第19条。
② 《企业经济性裁减人员规定》第6条。
③ 《社会保险法》第49条。
《失业保险条例》第20条规定:"失业人员在领取失业保险金期间死亡的,参照当地对在职职工的规定,对其家属一次性发给丧葬补助金和抚恤金。"
④ 《失业保险金申领发放办法》第27条。
⑤ 《失业保险条例》第21条。
《失业保险金申领发放办法》第28条规定:"符合《条例》规定的劳动合同期满未续订或者提前解除劳动合同的农民合同制工人申领一次性生活补助,按各省、自治区、直辖市办法执行。"
⑥ 《社会保险法》第52条。
⑦ 《失业保险金申领发放办法》第24条。

为转出单位或职工开具失业保险关系转迁证明。转出单位或职工应在开具证明后 60 日内到转入地经办机构办理失业保险关系接续手续,并自在转出地停止缴纳失业保险费的当月起,按转入地经办机构核定的缴费基数缴纳失业保险费。转出前后的缴费时间合并计算。转入地经办机构应及时办理有关手续,并提供相应服务。①

2. 失业保险关系的转迁。(1)城镇企业事业单位成建制的转迁。城镇企业事业单位成建制跨统筹地区转移,失业人员跨统筹地区流动的,失业保险关系随之转迁。② (2)失业人员跨省、自治区、直辖市转迁的划转。①失业人员失业保险关系跨省、自治区、直辖市转迁的,失业保险费用应随失业保险关系相应划转。需划转的失业保险费用包括失业保险金、医疗补助金和职业培训、职业介绍补贴。其中,医疗补助金和职业培训、职业介绍补贴按失业人员应享受的失业保险金总额的一半计算。③ ②失业人员失业保险关系在省、自治区范围内跨统筹地区转迁,失业保险费用的处理由省级劳动保障行政部门规定。④

3. 保险关系的转划。(1)根据《失业保险条例》(国务院令 258 号)、《社会保险费征缴暂行条例》(国务院令第 259 号)和《劳动保障部令第 1 号》的有关规定,失业保险实行属地管理。在上海市行政区域内的所有城镇企业事业单位及其职工(包括非上海户籍职工)都应参加上海市的失业保险统筹,并按规定缴纳失业保险费。⑤ (2)非上海户籍职工失业后,符合享受失业保险待遇条件的,按照上海市的有关规定确定其享受期限和待遇标准。由上海市经办失业保险业务的社会保险经办机构将其失业保险关系转至本人户籍所在地,享受失业保险待遇所需资金随失业保险关系一并划转,同时,应告知失业人员到户籍所在地申领失业保险金。⑥ (3)需划转的失业保险待遇包括失业保险金、医疗补助金和职业培训、职业介绍补贴。医疗补助金和职业培训、职业介绍补贴按其应享受失业保险金总

---

① 《劳动和社会保障部办公厅关于单位成建制跨统筹地区转移和职工在职期间跨统筹地区转换工作单位时失业保险关系转迁有关问题的通知》。
② 《失业保险条例》第 22 条。
③ 《失业保险金申领发放办法》第 22 条。
④ 《失业保险金申领发放办法》第 23 条。
⑤ 《劳动和社会保障部办公厅关于对非上海户籍失业人员失业保险关系转移问题的复函》第 1 条。
⑥ 《劳动和社会保障部办公厅关于对非上海户籍失业人员失业保险关系转移问题的复函》第 2 条。

额的 1/2 计算。① (4) 非上海户籍失业人员的失业保险待遇由其户籍所在地负责发放,并提供相应的再就业服务。②

(七) 失业保险的法律责任

1. 骗取失业保险金和其他失业保险待遇的处罚。不符合享受失业保险待遇条件,骗取失业保险金和其他失业保险待遇的,由社会保险经办机构责令退还;情节严重的,由劳动保障行政部门处骗取金额 1 倍以上 3 倍以下的罚款。③

2. 经办机构工作人员的法律责任。经办机构工作人员违反本办法规定的,由经办机构或主管该经办机构的劳动保障行政部门责令其改正;情节严重的,依法给予行政处分;给失业人员造成损失的,依法赔偿。④

3. 失业保险的赔偿。(1) 劳动者以用人单位未为其办理社会保险手续,且社会保险经办机构不能补办导致其无法享受社会保险待遇为由,要求用人单位赔偿损失而发生争议的,人民法院应予受理。⑤ (2) 劳动者以用人单位未为其办理失业保险登记,且社会保险经办机构不能补办导致其无法享受失业保险待遇为由,要求用人单位依照《社会保险法》第 46 条和《黑龙江省失业保险条例》规定赔偿损失的,应区分下列情况予以处理:①劳动者要求用人单位以其应当享受的失业保险金为标准给予一次性赔偿的,应予支持。②劳动者要求用人单位赔偿其应当享受的除失业保险金外的其他失业保险待遇的,应以其实际遭受的损失为依据确定赔偿数额。⑥

二、失业保险业务的经办流程

(一) 失业保险经办业务流程的适用

1. 失业保险经办业务流程适用的法律。(1) 为加强失业保险业务管理,进一步优化失业保险经办业务流程,根据《失业保险条例》及有关法规规章,制定《优

---

① 《劳动和社会保障部办公厅关于对非上海户籍失业人员失业保险关系转移问题的复函》第 3 条。
② 《劳动和社会保障部办公厅关于对非上海户籍失业人员失业保险关系转移问题的复函》第 4 条。
③ 《失业保险条例》第 28 条。
④ 《失业保险金申领发放办法》第 26 条。
⑤ 《最高人民法院关于审理劳动争议案件适用法律若干问题的解释(三)》第 1 条(已废止,仅供参考)。
⑥ 《黑龙江省人力资源和社会保障厅关于印发关于审理劳动人事争议案件若干问题的处理意见(三)的通知》第 2 条。

化失业保险经办业务流程指南》。①（2）各地可参考本指南优化本地区业务流程。②

2. 失业保险经办业务流程适用的机构。劳动保障部门经办失业保险业务的机构（以下简称经办机构）适用本指南。③其中，失业保险经办业务分为失业保险登记管理、失业保险费征收、缴费记录、待遇审核与支付、财务管理、稽核监督等。④

（二）失业保险登记管理

1. 失业保险登记管理的内容。失业保险登记管理包括参保登记、变更登记、注销登记和登记证件管理等。由税务机关征收失业保险费的地区，经办机构应当按月向税务机关提供参保单位失业保险参保登记、变更登记及注销登记情况。⑤

2. 参保登记。（1）参保登记的申请。经办机构为依法申报参加失业保险的单位办理参加失业保险登记手续，要求其填写《社会保险登记表》，并出示以下证件和资料：①营业执照、批准成立证件或其他核准执业证件；②国家质量技术监督部门颁发的组织机构统一代码证书；③经办机构规定的其他有关证件和资料。已经参加养老、医疗等社会保险的，参保单位只提交社会保险登记证，填写《社会保险登记表》及《参加失业保险人员情况表》。⑥（2）参保登记的受理、审核。经办机构对参保单位填报的《社会保险登记表》、《参加失业保险人员情况表》及相关证件和资料即时受理，并自受理之日起10个工作日内审核完毕。审核通过的，经办机构应为参保单位及其职工个人建立基本信息，并将有关资料归档。已参加养老、医疗等社会保险的，在其社会保险登记证上标注失业保险项目。首次参加社会保险的，发给社会保险登记证。未通过审核的，经办机构应向申报单位说明原因。⑦

3. 变更登记。（1）变更登记的事由。参保单位在以下社会保险登记事项之

---

① 《优化失业保险经办业务流程指南》第1章第1条。
② 《优化失业保险经办业务流程指南》第8章第4条。
③ 《优化失业保险经办业务流程指南》第1章第2条。
④ 《优化失业保险经办业务流程指南》第1章第3条。
⑤ 《优化失业保险经办业务流程指南》第2章序言。
⑥ 《优化失业保险经办业务流程指南》第2章第1节第1条。
⑦ 《优化失业保险经办业务流程指南》第2章第1节第2条。

一发生变更时,应依法向原经办机构申请办理变更登记:①单位名称;②住所或地址;③法定代表人或负责人;④单位类型;⑤组织机构统一代码;⑥主管部门;⑦隶属关系;⑧开户银行账号;⑨经办机构规定的其他事项。① (2)变更登记的申请。申请变更登记单位应按规定提供以下相关证件和资料:①变更社会保险登记申请书;②工商变更登记表和工商执照或有关机关批准或宣布变更证明;③社会保险登记证;④经办机构规定的其他资料。② (3)变更登记的审核。申请变更登记单位提交资料齐全的,经办机构发给《社会保险变更登记表》,并由申请变更登记单位依法如实填写,经办机构进行审核后,归入参保单位社会保险登记档案。社会保险变更登记的内容涉及社会保险登记证件的内容需作变更的,经办机构收回原社会保险登记证,并按更改后的内容重新核发社会保险登记证。③

4. 注销登记。(1)注销登记的事由。参保单位发生以下情形之一时,经办机构为其办理注销登记手续:①参保单位发生解散、破产、撤销、合并以及其他情形,依法终止缴费义务;②参保单位营业执照注销或被吊销;③单位因住所变动或生产、经营地址变动而涉及改变登记机构;④国家法律、法规规定的其他情形。④ (2)注销登记的办理。参保单位在办理注销社会保险登记前,应当结清应缴纳的失业保险费、滞纳金和罚款,并填写《社会保险注销登记表》,提交相关法律文书或其他有关注销文件。经办机构予以核准,办理社会保险注销登记手续,并缴销社会保险登记证件。⑤ (3)注销登记的信息标注及封存。经办机构办理注销登记手续后,在信息系统内进行标注,并封存其参保信息及有关档案资料。⑥ 经办机构应按有关规定对档案资料进行分类整理,确定密级,妥善保管,并做好电子文档的备份工作。⑦

5. 登记证件管理。(1)登记证件管理制度。经办机构对已核发的社会保险登记证件,实行定期验证和换证制度,按规定为参保单位办理验证或换证手续。⑧

---

① 《优化失业保险经办业务流程指南》第2章第2节第1条。
② 《优化失业保险经办业务流程指南》第2章第2节第2条。
③ 《优化失业保险经办业务流程指南》第2章第2节第3条。
④ 《优化失业保险经办业务流程指南》第2章第3节第1条。
⑤ 《优化失业保险经办业务流程指南》第2章第3节第2条。
⑥ 《优化失业保险经办业务流程指南》第2章第3节第3条。
⑦ 《优化失业保险经办业务流程指南》第8章第2条。
⑧ 《优化失业保险经办业务流程指南》第2章第4节序言。

（2）失业保险登记的验证。①验证填报的表格及提供的资料。经办机构定期进行失业保险登记验证，参保单位应在规定时间内填报《社会保险验证登记表》，并提供以下证件和资料：第一，社会保险登记证；第二，营业执照、批准成立证件或其他核准执业证件；第三，组织机构统一代码证书；第四，经办机构规定的其他证件和资料。① 参保单位和个人填写的原始表格，需经办机构有关人员签字或签章，并注明经办日期；经办机构内部或相互之间传递信息的表格，在转出、转入时须认真复核，确保无误，有关人员均需签字盖章。② ②证件和资料审核的内容。经办机构对参保单位提供的证件和资料进行审核，审核的主要内容包括：第一，办理社会保险登记、变更登记、上年度验证等情况；第二，参保人数增减变化情况；第三，申报缴费工资、缴纳失业保险费情况；第四，经办机构规定的其他内容。③ ③验证的信息标注、加注核验标记或印章。审核通过的，经办机构在信息系统内进行标注，并在社会保险登记证上加注核验标记或印章，期满时予以换证。社会保险登记证由参保单位保管。④ （3）社会保险登记证件的补办。参保单位如果遗失社会保险登记证件，应及时向原办理社会保险登记的经办机构报告，并按规定申请补办。经办机构应及时受理，并按相关规定程序补发社会保险登记证。⑤

6. 票据的管理。经办机构要加强和规范票据管理，按照规定进行票据的印刷、填写、整理、保管、销毁等工作。⑥

（三）失业保险费征收

1. 失业保险费征收的内容及其他。失业保险费征收包括缴费申报受理、缴费核定、费用征收与收缴欠费等。失业保险费由税务机关征收的地区，经办机构应与税务机关建立信息沟通机制，并将税务机关提供的缴费信息及时记录。⑦

2. 失业保险费的申报、受理。（1）缴费的申报。参保单位按规定定期办理缴费申报，经办机构予以受理。参保单位需填报《社会保险费申报表》，并提供失业

---

① 《优化失业保险经办业务流程指南》第2章第4节第1条。
② 《优化失业保险经办业务流程指南》第8章第1条。
③ 《优化失业保险经办业务流程指南》第2章第4节第2条。
④ 《优化失业保险经办业务流程指南》第2章第4节第3条。
⑤ 《优化失业保险经办业务流程指南》第2章第4节第4条。
⑥ 《优化失业保险经办业务流程指南》第8章第3条。
⑦ 《优化失业保险经办业务流程指南》第3章序言。

保险费代扣代缴明细表、劳动工资统计月(年)报表及经办机构规定的其他相关资料。① (2)人员变动的申报。参保单位人员发生变化时,应按规定及时到经办机构进行人员变动缴费申报,填报《参保单位职工人数增减情况申报表》,并提供相关证明和资料,办理缴费申报手续,经办机构予以受理。② (3)社会保险缴费申报的联动机制。实行社会保险费统一征收的地区,应当建立各项社会保险缴费申报的联动机制。经办机构在受理参保单位申报缴纳基本养老保险费、基本医疗保险费的同时,应当要求其必须申报缴纳失业保险费,并为其办理失业保险费缴费申报手续。未实行社会保险费统一征收的地区,应积极创造条件,逐步实现统一征收,以提高工作效率,简化缴费申报手续,减少缴费申报环节。③

3. 失业保险费的缴费核定。(1)参保单位的缴费核定。①参保单位失业保险费申报的审核。经办机构审核参保单位填报的《社会保险费申报表》及有关资料,确定单位缴费金额和个人缴费金额。在审核缴费基数时,可根据参保单位性质与其申报基本养老保险、基本医疗保险的缴费基数相对照。审核通过后,在《社会保险费申报表》相应栏目内盖章,并由经办机构留存。④ ②参保人员变动缴费申报的核定。办理参保人员增减变动缴费申报的,经办机构根据参保单位申报参保人员变动情况,核定其当期缴费基数和应征数额,同时办理其他相关手续,并为新增参保人员记录相关信息。⑤ ③制作核定汇表。经办机构根据缴费核定结果,形成《失业保险缴费核定汇总表》,并以此作为征收失业保险费的依据。⑥ ④向税务机关提供计划表。由税务机关征收失业保险费的地区,经办机构应将参保单位申报缴费的审核结果制成《失业保险费核定征收计划表》提供给税务机关。⑦ (2)未按规定申报的参保单位缴费数额的确定。对未按规定申报的参保单位,经办机构暂按其上年(月)缴费数额的110%确定应缴数额;没有上年(月)缴费数额的,经办机构可暂按该单位的经营状况、职工人数等有关情况确定应缴数额。参保单位补办申报手续并按核定数额缴纳失业保险费后,经办机构再按规

---

① 《优化失业保险经办业务流程指南》第3章第1节第1条。
② 《优化失业保险经办业务流程指南》第3章第1节第2条。
③ 《优化失业保险经办业务流程指南》第3章第1节第3条。
④ 《优化失业保险经办业务流程指南》第3章第2节第1条。
⑤ 《优化失业保险经办业务流程指南》第3章第2节第3条。
⑥ 《优化失业保险经办业务流程指南》第3章第2节第4条。
⑦ 《优化失业保险经办业务流程指南》第3章第2节第5条。

定进行结算。①

4. 失业保险费的费用征收。(1) 费用征收中经办机构的职责。经办机构应以《失业保险缴费核定汇总表》作为征收失业保险费的依据。采取委托收款方式的,开具委托收款书,送"收入户存款"开户银行;采取其他方式征收的,以支票或其他方式实施收款。经办机构依据实际到账情况入账,开具基金专用收款凭证,并及时记录单位和个人缴费情况。②(2)对中断或终止缴费的人员的费用征收。对中断或终止缴费的人员,经办机构应记录中断或终止缴费的日期、原因等信息,并办理相关手续。③(3)费用征收的信息沟通机制。由税务机关征收失业保险费的地区,经办机构要与税务机关建立信息沟通机制。经办机构按月向税务机关提供核定的参保单位和参保个人的应缴费数额及其他相关情况,并根据税务机关提供失业保险费的到账信息,做入账处理。④

5. 失业保险费的收缴欠费。(1)收缴欠费的催缴通知及处理。参保单位办理申报后未及时缴纳失业保险费的,经办机构应向其发出《失业保险费催缴通知书》,通知其在规定时间内补缴欠费。对拒不执行的,提请劳动保障行政部门要求参保单位限期改正;对逾期仍不缴纳的,除要求补缴欠缴数额外,从欠缴之日起,按规定加收滞纳金。收缴的滞纳金并入失业保险基金。⑤(2)收缴欠费的补缴协议。对因筹资困难,无法一次足额缴清欠费的企业,经办机构与其签定补缴协议。如欠费企业发生被兼并、分立等情况时,按下列方法签订补缴协议:①欠费企业被兼并的,与兼并方签订补缴协议;②欠费企业分立的,与分立各方分别签订补缴协议;③欠费企业被拍卖、出售或实行租赁的,应在拍卖、出售、租赁协议或合同中明确补缴欠费的办法,并签订补缴协议。⑥(3)破产企业的收缴欠费。破产的企业,其欠费按有关规定,在资产变现收入中予以清偿;无法完全清偿欠费的部分,经经办机构提出,劳动保障部门审核,财政部门复核,报当地人民政府批准后可以核销。⑦(4)收缴欠费的调整。①失业保险费由税务机关征收的地

---

① 《优化失业保险经办业务流程指南》第3章第2节第2条。
② 《优化失业保险经办业务流程指南》第3章第1节第1条。
③ 《优化失业保险经办业务流程指南》第3章第2节第2条。
④ 《优化失业保险经办业务流程指南》第3章第3节第3条。
⑤ 《优化失业保险经办业务流程指南》第3章第4节第1条。
⑥ 《优化失业保险经办业务流程指南》第3章第4节第2条。
⑦ 《优化失业保险经办业务流程指南》第3章第4节第3条。

区,经办机构根据税务机关提供的参保单位失业保险费欠费变动情况,及时调整其欠费数据信息。① ②经办机构根据税务机关提供的补缴欠费到账信息和劳动保障行政部门提供的核销处理信息,编制参保单位缴费台账,调整参保单位或个人欠费信息。②

(四)失业保险的缴费记录

1. 失业保险的缴费记录的内容。缴费记录包括建立记录、转出记录、转入记录、停保和续保记录及缴费记录查询等。③

2. 失业保险记录的建立。(1)缴费信息的建立、记录。①经办机构负责建立参保单位及其职工个人基本信息及缴费信息。实行社会保险费统一征收的地区,经办机构应对参保单位及其职工个人缴纳的社会保险费根据规定的各险种费率按比例进行分账,并根据失业保险费的缴纳情况进行详细、完整的记录。④ ②失业保险费由税务机关征收的地区,经办机构根据税务机关提供的参保单位及其职工个人缴费信息为其建立缴费记录。经办机构应与税务机关建立定期对账制度。⑤ (2)缴费记录的主要内容。①参保单位记录的主要内容包括:单位编码、单位类型、单位名称、法定代表人或负责人、单位性质、组织机构统一代码、主管部门、所属行业、所属地区、开户银行账号、职工人数、工资总额、参保时间、缴费起始时间、缴费终止时间、单位应缴金额、个人应缴金额、单位实缴金额、个人实缴金额、单位欠费金额、单位欠费时间、个人欠费金额、个人欠费时间等。②个人缴费记录的基本内容包括:单位编码、单位类型、单位名称、姓名、性别、出生年月、社会保障号码(或居民身份证号码)、民族、户口所在地、用工形式、参加失业保险时间、个人缴费起始时间、缴费终止时间、缴费年限(视同缴费年限、累计缴费年限)、个人应缴金额、个人实缴金额、个人欠费金额、个人欠费时间等。⑥

3. 失业保险记录的转出。(1)失业保险关系转迁的经办机构。参保单位成建制跨统筹地区转移或职工个人在职期间跨统筹地区转换工作单位的,经办机

---

① 《优化失业保险经办业务流程指南》第3章第4节第4条。
② 《优化失业保险经办业务流程指南》第3章第4节第5条。
③ 《优化失业保险经办业务流程指南》第4章序言。
④ 《优化失业保险经办业务流程指南》第4章第1节第1条。
⑤ 《优化失业保险经办业务流程指南》第4章第1节第2条。
⑥ 《优化失业保险经办业务流程指南》第4章第1节第3条。

构负责为其办理失业保险关系转迁手续。① (2)转出地经办机构出具的证明及信息资料。①参保单位成建制跨统筹地区转移的证明及信息资料。参保单位成建制跨统筹地区转移的,转出地经办机构向转入地经办机构出具《参保单位失业保险关系转迁证明》,并提供转迁参保单位及其职工个人的相关信息资料。② ②参保职工个人在职期间跨统筹地区转换工作单位的证明及信息资料。参保职工个人在职期间跨统筹地区转换工作单位的,转出地经办机构向转入地经办机构出具《参保人员失业保险关系转迁证明》,并提供转迁职工个人相关信息资料。③

4. 失业保险记录的转入。(1)失业保险关系接续的经办机构。经办机构应及时为转入的参保单位及其职工个人接续失业保险关系。④ (2)转入地经办机构缴费记录的建立。转入地经办机构根据转入的参保单位的相关信息为该单位及其职工个人建立缴费记录。⑤ (3)转入地经办机构提供的证明及信息。①城镇企业事业单位成建制跨统筹地区转移的证明及信息。城镇企业事业单位成建制跨统筹地区转移的,转入地经办机构根据转入单位提供的《参保单位失业保险关系转迁证明》、单位基本信息及缴费信息资料记录转入参保单位及其职工个人的基本信息和缴费情况。⑥ ②参保职工个人在职期间跨统筹地区转换工作单位的证明及信息。参保职工个人在职期间跨统筹地区转换工作单位的,转入地经办机构根据转入职工个人提供的《参保人员失业保险关系转迁证明》、个人基本信息及缴费信息资料,记录转入职工个人的基本信息和缴费情况。⑦ ③职工由机关进入企业或事业单位工作缴费记录的建立。职工由机关进入企业或事业单位工作的,从工资发放之月起,所在参保单位应为其申报缴纳失业保险费。经办机构应按规定为职工个人核定视同缴费年限,建立缴费记录。⑧

5. 失业保险的停保和续保记录。(1)个人缴费记录注销或封存的事由。参保人员因出国(境)定居、退休、死亡等原因中断或终止缴费,经办机构根据变动

---

① 《优化失业保险经办业务流程指南》第4章第2节第1条。
② 《优化失业保险经办业务流程指南》第4章第2节第2条。
③ 《优化失业保险经办业务流程指南》第4章第2节第3条。
④ 《优化失业保险经办业务流程指南》第4章第3节序言。
⑤ 《优化失业保险经办业务流程指南》第4章第3节第1条。
⑥ 《优化失业保险经办业务流程指南》第4章第3节第2条。
⑦ 《优化失业保险经办业务流程指南》第4章第3节第3条。
⑧ 《优化失业保险经办业务流程指南》第4章第3节第4条。

信息,及时确认个人缴费记录,并将个人缴费记录予以注销或封存。① (2)参保人员的续缴及缴费记录。参保人员中断缴费后又续缴的,经办机构根据其所在单位提供的参保人员增加信息,并在确认以前其个人缴费记录信息后,继续进行个人缴费记录。②

6. 失业保险缴费记录的查询。(1)失业保险缴费记录查询的渠道及异议。经办机构通过设立服务窗口、咨询电话等方式负责向参保单位及其职工个人提供缴费情况的查询服务。参保单位或职工个人对查询结果提出异议的,应根据参保单位和职工个人提供的有关资料予以复核,如需调整的,报经办机构负责人批准后予以修改,并保留调整前的记录。同时,将复核结果通知查询单位或职工个人。③ (2)失业保险缴费记录的公布、反馈及监督。经办机构应于缴费年度初向社会公布上一年度参保单位的缴费情况。经办机构应至少每年一次将个人缴费记录信息反馈给职工个人,以接受参保人员监督。④

(五)失业保险待遇的审核与支付

1. 失业保险待遇的审核与支付的内容。待遇审核与支付包括失业保险金等待遇审核与支付、职业培训和职业介绍补贴审核与支付、农民合同制工人一次性生活补助审核与支付、失业人员失业保险关系转迁后的待遇审核与支付,以及待遇支付记录等。⑤

2. 失业保险金等待遇的具体审核与支付。(1)失业保险金审核与支付。①失业人员失业前所在单位,应将失业人员的名单自终止或解除劳动合同之日起7日内报经办机构备案,并按要求提供有关终止或解除劳动合同、参加失业保险及缴费情况等材料。②失业人员应在终止或解除劳动合同之日起60日内到经办机构按规定办理申领失业保险金手续。失业人员申领失业保险金应填写《失业保险金申领表》,并出示以下证明材料:第一,本人身份证明;第二,所在单位出具的终止或解除劳动合同的证明;第三,失业登记及求职证明;第四,经办机构规定的其他材料。③经办机构自受理失业人员领取失业保险金申请之日起10日

---

① 《优化失业保险经办业务流程指南》第4章第4节第1条。
② 《优化失业保险经办业务流程指南》第4章第4节第2条。
③ 《优化失业保险经办业务流程指南》第4章第5节第1条。
④ 《优化失业保险经办业务流程指南》第4章第5节第2条。
⑤ 《优化失业保险经办业务流程指南》第5章序言。

内,对申领者的资格进行审核认定。对审核符合领取失业保险金条件的,按规定计算申领者领取失业保险金的数额和期限,在《失业保险金申领表》上填写审核意见和核定金额,并建立失业保险金领取台账,同时将审核结果告知失业人员,发给领取失业保险待遇证件。对审核不符合领取失业保险金条件的,也应告知失业人员,并说明原因。④失业保险金应按月发放,由经办机构开具单证,失业人员凭单证到指定银行领取。失业人员领取失业保险金,经办机构应要求本人按月办理领取手续,同时向经办机构如实说明求职和接受职业指导和职业培训情况。对领取失业保险金期限即将届满的失业人员,经办机构应提前一个月告知本人。失业人员在领取失业保险金期间,发生《失业保险条例》第15条规定情形之一的,经办机构有权即行停止发放失业保险金、支付其他失业保险待遇。①(2)医疗补助金审核与支付。失业人员在领取失业保险金期间,可以按照规定向经办机构申领医疗补助金。经办机构对失业人员按规定提供的相关资料进行审核,确认享受医疗补助金的资格及医疗补助金数额,并按规定计发。②(3)丧葬补助金和抚恤金审核与支付。①对失业人员在领取失业保险金期间死亡的,参照当地对在职职工的规定,对其家属发放一次性丧葬补助金和抚恤金。②经办机构对死亡失业人员的家属提出享受丧葬补助金和抚恤金的申请予以办理,并要求其出示下列相关材料:第一,失业人员死亡证明;第二,失业人员身份证明;第三,与失业人员的关系证明;第四,经办机构规定的其他材料。③经办机构对上述材料审核无误后按规定确定补助标准,并据此开具补助金和抚恤金单证,一次性计发。③

3. 职业培训和职业介绍补贴审核与支付。(1)培训机构的职业培训补贴。劳动保障部门认定的再就业培训或创业培训定点机构按相关规定对失业人员开展职业培训后,由培训机构提出申请,并提供培训方案、教学计划、失业证件复印件、培训合格失业人员花名册等相关材料。经办机构进行审核后,按规定向培训机构拨付职业培训补贴。④(2)职业介绍机构的职业培训补贴。劳动保障部门认定的职业介绍机构按相关规定对失业人员开展免费职业介绍后,由职业介绍机构提出申请,并提供失业人员求职登记记录、失业证件复印件、用人单位劳动合

---

① 《优化失业保险经办业务流程指南》第5章第1节第1条。
② 《优化失业保险经办业务流程指南》第5章第1节第2条。
③ 《优化失业保险经办业务流程指南》第5章第1节第3条。
④ 《优化失业保险经办业务流程指南》第5章第2节第1条。

同复印件、介绍就业人员花名册等相关材料。经办机构进行审核后,按规定向职业介绍机构拨付职业介绍补贴。①(3)失业人员的职业培训补贴。失业人员在领取失业保险金期间参加职业培训的,可以按规定申领职业培训补贴。失业人员应提供经经办机构批准的本人参加职业培训的申请报告、培训机构颁发的结(毕)业证明和本人支付培训费用的有效票据。经办机构进行审核后,按规定计算应予报销的数额,予以报销。②

4. 农民合同制工人一次性生活补助审核与支付。(1)一次性生活补助的申领核定表、证件及资料。参保单位招用的农民合同制工人终止或解除劳动关系后申领一次性生活补助时,经办机构应要求其填写一次性生活补助金申领核定表,并提供以下证件和资料:①本人居民身份证件;②与参保单位签定的劳动合同;③参保单位出具的终止或解除劳动合同证明;④经办机构规定的其他证件和资料。③(2)一次性生活补助的审核、确认及支付。经办机构根据提供的资料,以及参保单位缴费情况记录进行审核。经确认后,按规定支付一次性生活补助。④

5. 失业人员失业保险关系转迁后的待遇审核与支付。(1)失业保险关系转迁手续的办理。领取失业保险金的失业人员跨统筹地区流动的,转出地经办机构审核通过后,应及时为其办理失业保险关系转迁手续,开具《失业人员失业保险关系转迁证明》及其他相关证明材料交失业人员本人。其中,失业人员跨省、自治区、直辖市流动的,转出地经办机构还应按规定将失业保险金、医疗补助金和职业培训、职业介绍补贴等失业保险费用随失业保险关系相应划转。失业人员失业保险关系在省、自治区范围内跨统筹地区流动的,失业保险费用的处理由省级劳动保障行政部门规定。⑤(2)办理失业保险关系转迁的审核及待遇支付。转入地经办机构对失业人员提供的《失业人员失业保险关系转迁证明》等其他相关证明材料进行审核,并按规定支付失业保险待遇。⑥

6. 待遇支付记录。经办机构在支付失业保险金、医疗补助金、丧葬补助金和

---

① 《优化失业保险经办业务流程指南》第5章第2节第2条。
② 《优化失业保险经办业务流程指南》第5章第2节第3条。
③ 《优化失业保险经办业务流程指南》第5章第3节第1条。
④ 《优化失业保险经办业务流程指南》第5章第3节第2条。
⑤ 《优化失业保险经办业务流程指南》第5章第4节第1条。
⑥ 《优化失业保险经办业务流程指南》第5章第4节第2条。

抚恤金、职业培训和职业介绍补贴,以及一次性生活补助后,应将支付的相关信息作相应记录。①

(六)失业保险待遇的财务管理

1. 失业保险待遇财务管理的制度、内容及经办机构。失业保险基金实行收支两条线管理,会计核算采用收付实现制。财务管理包括收入、支出、会计核算、预算、决算等。经办机构应定期与税务机关、财政部门和银行对账。对账有差异的,须逐笔查清原因,予以调节,做到账账、账款、账实相符。②

2. 账务管理的收入。(1)各类收入的确认及记录。经办机构对失业保险基金收入、上级补助收入、下级上解收入、转移收入等到账信息予以确认,并按规定进行相应记录。③ (2)收入户存款的转入。经办机构应按规定将收入户存款于每月月末全部转入财政专户。④ (3)失业保险费(费用)到账情况的记录。对参保单位或职工个人在本省(自治区、直辖市)范围内成建制跨统筹地区转移或转换工作单位、按规定需要转移失业保险费的,对失业人员在领取失业保险金期间跨省(自治区、直辖市)流动的,经办机构根据失业保险费(费用)到账情况进行相应记录。⑤

3. 财务管理的支出。(1)用款申请书的报送及拨入支出户资金到账情况的确认。经办机构根据失业保险基金支出计划,按月填写用款申请书,并注明支出项目,加盖本单位用款专用章,在规定时间内报送同级财政部门审核,并确认财政专户拨入支出户资金的到账情况。⑥ (2)失业保险待遇支出资料的复核及款项的拨付。经办机构对失业保险待遇支出核定汇总表等资料进行复核,复核无误后,将款项从支出户予以拨付。⑦ (3)失业保险费(费用)的支付。参保单位或职工个人在本省(自治区、直辖市)范围内成建制跨统筹地区转移或转换工作单位、按规定需要转移失业保险费的,失业人员跨省(自治区、直辖市)流动的,经办机构根据《参保单位失业保险关系转迁证明》、《失业人员失业保险关系转迁证明》

---

① 《优化失业保险经办业务流程指南》第5章第5节序言。
② 《优化失业保险经办业务流程指南》第6章序言。
③ 《优化失业保险经办业务流程指南》第6章第1节第1条。
④ 《优化失业保险经办业务流程指南》第6章第1节第2条。
⑤ 《优化失业保险经办业务流程指南》第6章第1节第3条。
⑥ 《优化失业保险经办业务流程指南》第6章第2节第1条。
⑦ 《优化失业保险经办业务流程指南》第6章第2节第2条。

及相关材料,与转入地经办机构确认开户行、账号、机构名称后,从支出户支付有关失业保险费(费用)。① (4)各类支出等款项的拨付。对转移支出、补助下级支出、上解上级支出等款项,经办机构根据有关规定或计划从支出户拨付。②

4. 财务管理的会计核算。(1)填制收入记账凭证。经办机构根据基金收入情况,及时填制收入记账凭证。①经办机构征收的失业保险费收入,根据银行出具的原始凭证、失业保险基金专用收款收据、《失业保险缴费核定汇总表》等,填制记账凭证。税务机关征收的失业保险费收入,以财政部门出具的财政专户缴拨凭证或税务机关出具的税收通用缴款书或税收完税凭证等作为原始凭证,并根据税务机关提供的失业保险费实缴清单,填制记账凭证。②"收入户存款""支出户存款""财政专户存款""债券投资"形成的利息,根据银行出具的原始凭证和财政部门出具的财政专户缴拨凭证及加盖专用印章的原始凭证复印件,填制记账凭证。③划入财政专户的财政补贴收入,根据财政部门出具的财政专户缴拨凭证及加盖专用印章的原始凭证复印件,填制记账凭证。④划入收入户或财政专户的转移收入,根据银行出具的原始凭证或财政部门出具的财政专户缴拨凭证等,填制记账凭证,同时登记备查。⑤上级补助收入和下级上解收入,根据银行出具的原始凭证或财政部门出具的财政专户缴拨凭证等,填制记账凭证。⑥滞纳金等其他收入,根据银行出具的原始凭证或财政部门出具的财政专户缴拨凭证等,填制记账凭证。③ (2)填制支出记账凭证。对发生的每笔基金支出,经办机构应按规定及时填制支出记账凭证。①失业保险金、医疗补助金、丧葬抚恤补助、职业培训和职业介绍补贴、其他费用等项支出,根据转账支票存根和银行出具的原始凭证及相关发放资料等,填制记账凭证。基本生活保障补助支出,以财政部门出具的财政专户缴拨凭证填制记账凭证。②转移支出,根据银行出具的原始凭证和《参保单位失业保险关系转迁证明》《失业人员失业保险关系转迁证明》等,填制记账凭证。③补助下级支出和上解上级支出,以银行出具的原始凭证或财政部门出具的财政专户缴拨凭证等,填制记账凭证。④经财政部门核准开支的其他非失业保险待遇性质的支出(如临时借款利息等)在"其他支出"科目核算,从支出户或财政专户划转。经办机构以银行出具的原始凭证或财政部

---

① 《优化失业保险经办业务流程指南》第6章第2节第3条。
② 《优化失业保险经办业务流程指南》第6章第2节第4条。
③ 《优化失业保险经办业务流程指南》第6章第3节第1条。

门出具的财政专户缴拨凭证等,填制记账凭证。①(3)填制记账凭证。按规定用结余基金购买的国家债券或转存定期存款,经办机构以财政部门出具的财政专户缴拨凭证和加盖专用印章的原始凭证复印件填制记账凭证。②(4)登记日记账、汇总记账凭证等。经办机构根据收付款凭证登记"现金日记账"、"收入户存款日记账"、"支出户存款日记账"和"财政专户存款日记账"。按科目分类汇总记账凭证,制作科目汇总表,登记总分类账。③(5)核对记账、调整存款额。经办机构应定期将"收入户存款日记账"、"支出户存款日记账"与"银行对账单"核对,将"财政专户存款日记账"与财政部门对账单核对。每月终了,收入户存款账面结余、支出户存款账面结余与银行对账单余额之间如有差额,财政专户失业保险基金存款账面结余与财政部门对账单余额之间如有差额,经办机构应按月编制银行收入户存款、银行支出户存款、财政专户存款余额调节表,调节相符。④(6)编制会计报表。经办机构根据总分类账、明细分类账等,定期编制会计报表。⑤

5. 财务管理的预算。(1)编制下年度基金预算草案及报批。年度终了前,经办机构根据本年度基金预算执行情况和下年度基金收支预测,编制下年度基金预算草案,按程序报批。⑥(2)定期报告预算执行情况。经办机构根据批准的预算,填制预算报表,并根据基金收支情况,定期报告预算执行情况。⑦(3)编制预算调整方案及报批。因特殊情况需要调整预算时,经办机构应编制预算调整方案,按程序报批。⑧

6. 财务管理的决算。(1)年终结账。经办机构根据决算编制工作要求,于年度终了前核对各项收支,清理往来款项,同开户银行、财政专户、国库对账,并进行年终结账。⑨(2)形成年度基金财务报告及报批。年度终了后,经办机构根据决算编制工作要求,编制资产负债表、基金收支表、有关附表以及财务情况说明

---

① 《优化失业保险经办业务流程指南》第6章第3节第2条。
② 《优化失业保险经办业务流程指南》第6章第3节第3条。
③ 《优化失业保险经办业务流程指南》第6章第3节第4条。
④ 《优化失业保险经办业务流程指南》第6章第3节第5条。
⑤ 《优化失业保险经办业务流程指南》第6章第3节第6条。
⑥ 《优化失业保险经办业务流程指南》第6章第4节第1条。
⑦ 《优化失业保险经办业务流程指南》第6章第4节第2条。
⑧ 《优化失业保险经办业务流程指南》第6章第4节第3条。
⑨ 《优化失业保险经办业务流程指南》第6章第5节第1条。

书,对重要指标进行财务分析,形成年度基金财务报告,并按程序报批。①

(七)失业保险待遇的稽核监督

1. 失业保险待遇的稽核。(1)确定被稽核单位的方式。经办机构按照年度工作计划采取以下方式确定被稽核单位:①根据参保单位的参保缴费信息异常情况确定;②根据对参保单位参保缴费情况的举报确定;③从数据库中随机抽取;④根据有关规定确定;⑤根据其他有关情况确定。②(2)经办机构稽核的内容。经办机构向被稽核单位发出《社会保险稽核通知书》,进行实地稽核或书面稽核。稽核内容包括:①核查参保单位申报的缴费人数、缴费基数是否符合国家规定;②核查参保单位及其职工个人是否按时足额缴纳失业保险费;③核查欠缴失业保险费的参保单位及其职工个人是否足额补缴欠费;④国家规定的或者劳动保障行政部门交办的其他稽核事项。③(3)填写记录表及记录相关问题。经办机构根据稽核情况填写《社会保险稽核工作记录表》,全面记录稽核中发现的问题及所涉及的凭证等资料。④(4)稽核结束及告知。对于经稽核未发现违反法规行为的被稽核单位,经办机构应当在稽核结束后5个工作日内书面告知其稽核结果。⑤(5)被稽核单位的整改及处罚。①发现被稽核单位在参加失业保险、缴纳失业保险费方面,存在违反法规行为,经办机构要据实填写《社会保险稽核整改意见书》,并在稽核结束后10个工作日内送达被稽核单位限期予以改正。⑥ ②对被稽核单位在规定时间内不按照《社会保险稽核整改意见书》予以整改、也未提出复查申请的,经办机构下达《失业保险费催缴通知书》。对拒不执行的,填制《社会保险稽核提请行政处罚建议书》,送请劳动保障行政部门予以处罚。⑦(6)经办机构的核查及处理。经办机构应当对失业人员享受失业保险待遇情况进行核查,发现失业人员丧失享受待遇资格后继续享受待遇或以其他形式骗取待遇的,经办机构应当立即停止待遇的支付并责令退还;拒不退还的,由劳动保

---

① 《优化失业保险经办业务流程指南》第6章第5节第2条。
② 《优化失业保险经办业务流程指南》第7章第1节第1条。
③ 《优化失业保险经办业务流程指南》第7章第1节第2条。
④ 《优化失业保险经办业务流程指南》第7章第1节第3条。
⑤ 《优化失业保险经办业务流程指南》第7章第1节第4条。
⑥ 《优化失业保险经办业务流程指南》第7章第1节第5条。
⑦ 《优化失业保险经办业务流程指南》第7章第1节第6条。

障行政部门依法处理。①

2. 内部监督。(1)内审对象的确定及报批。稽核监督单位依据拟订的工作计划、群众举报等确定内审对象,按程序报批。② (2)内审的内容。工作计划批准后组织实施。内审内容主要包括:①抽查参保单位申报缴费的有关原始资料,验证对参保单位申报缴费人数、缴费基数的审核是否真实;②抽查参保单位及个人缴费情况,验证是否按核定基数征收、个人缴费记录是否准确;③抽查对失业人员享受失业保险待遇资格审核的有关材料,验证审核是否按规定办理;④抽查失业人员享受失业保险待遇有关材料,验证是否按规定支付待遇;⑤抽查失业保险基金收入、支出账目凭证,验证基金收入、支出是否符合规定;⑥依据有关规定,需内部监督的其他内容。③ (3)内审的整改。经办机构对检查中发现的问题进行整改。④

三、失业保险的其他规则

(一)失业保险对参保职工的职业技能提升补贴

1. 职业技能提升补贴的申领条件。同时符合以下条件的企业职工,可申领技能提升补贴:(1)依法参加失业保险,累计缴纳失业保险费36个月(含36个月)以上的。(2)自2017年1月1日起取得初级(五级)、中级(四级)、高级(三级)职业资格证书或职业技能等级证书的。⑤

2. 职业技能提升补贴的审核程序。(1)职工应在职业资格证书或职业技能等级证书核发之日起12个月内,到本人失业保险参保地失业保险经办机构,申领技能提升补贴。(2)失业保险经办机构通过职业资格证书或职业技能等级证书联网查询、与失业保险参保信息比对等方式进行审核。(3)失业保险经办机构按照规定程序对申请审核通过后,应直接将补贴资金发放至申请人本人的个人银行账户或社会保障卡。技能提升补贴申请、审核的具体程序和操作办法,由各省级人力资源社会保障部门、财政部门根据本地实际,本着方便、快捷、安全、审慎

---

① 《优化失业保险经办业务流程指南》第7章第1节第7条。
② 《优化失业保险经办业务流程指南》第7章第2节第1条。
③ 《优化失业保险经办业务流程指南》第7章第2节第2条。
④ 《优化失业保险经办业务流程指南》第7章第2节第3条。
⑤ 《人力资源社会保障部、财政部关于失业保险支持参保职工提升职业技能有关问题的通知》第1条。

的原则制定,并主动向社会公开。①

3. 职业技能提升补贴的标准。技能提升补贴的标准由省级人力资源社会保障部门、财政部门根据本地失业保险基金运行情况、职业技能培训、鉴定收费标准等因素综合确定,并适时调整。补贴标准应根据取得职业资格证书或职业技能等级证书有所区别。职工取得初级(五级)职业资格证书或职业技能等级证书的,补贴标准一般不超过1000元;职工取得中级(四级)职业资格证书或职业技能等级证书的,补贴标准一般不超过1500元;职工取得高级(三级)职业资格证书或职业技能等级证书的,补贴标准一般不超过2000元。各省(自治区、直辖市)可根据本地产业发展方向和人力资源市场需求,研究制定本地区紧缺急需的职业(工种)目录。技能提升补贴标准可向地区紧缺急需职业(工种)予以倾斜。同一职业(工种)同一等级只能申请并享受一次技能提升补贴。②

4. 职业技能提升补贴的支出。依法参加失业保险3年以上、当年取得职业资格证书或职业技能等级证书的企业职工,可申请参保职工技能提升补贴,所需资金按规定从失业保险基金中列支。③

5. 职业技能提升补贴的资金使用。在失业保险基金科目中设立技能提升补贴科目,所需资金从失业保险基金技能提升补贴科目中列支。各省(自治区、直辖市)要将技能提升补贴支出纳入失业保险基金预算管理,规范运作,切实保证基金有效使用和安全运行。要重点关注基金支付能力相对较弱的统筹地区,发挥省级调剂金的作用,确保每个地区符合条件的职工都能享受到政策。④

6. 职业技能提升补贴的工作要求。(1)加强组织领导。失业保险基金用于参保职工技能提升补贴,有利于引导职工提高职业技能水平和职业转换能力,从源头上减少失业、稳定就业;有利于弘扬工匠精神,推动我国由人力资源大国向人力资源强国迈进,为我国产业转型升级提供强有力的人才支撑。各级人力资

---

① 《人力资源社会保障部、财政部关于失业保险支持参保职工提升职业技能有关问题的通知》第2条。
② 《国务院关于做好当前和今后一段时期就业创业工作的意见》第17条第3句。
③ 《人力资源社会保障部、财政部关于失业保险支持参保职工提升职业技能有关问题的通知》第3条。
④ 《人力资源社会保障部、财政部关于失业保险支持参保职工提升职业技能有关问题的通知》第4条。

源社会保障部门、财政部门要高度重视,将其作为失业保险预防失业、稳定就业的重要举措,精心组织、狠抓落实。要尽快制定实施办法,在 6 月 30 日前报人力资源社会保障部、财政部备案。(2)提高审核效率。以"规范、安全、便捷"为原则,整合利用现有资源,将受理、审核、发放、监督等工作纳入信息化管理,简化申报材料,优化审核流程,强化信息共享,完善服务标准,创新服务模式,提高经办服务质量。有条件的地区,可以运用电子政务手段,探索实行技能提升补贴网络在线申请、审核。(3)强化监督管理。职业技能鉴定机构要严格鉴定标准,严把证书发放质量。失业保险经办机构要建立与职业技能鉴定机构的信息共享、沟通协调机制,通过信息比对有效甄别证书的真实性,严防冒领、骗取补贴。制订补贴资金的审核、公示、拨付、监督等制度,严格财务管理和资金监管,防范廉洁风险。公示补贴发放情况,畅通投诉举报渠道,发挥社会监督作用。对违法违规行为,按规定追究相关责任。(4)加大宣传力度。设计编印通俗易懂的宣传材料,深入企业、街道、社区,开展形式多样的政策解读和集中宣传活动;在失业保险经办机构、职业技能鉴定机构、人力资源市场等场所,悬挂、张贴、发放宣传材料;运用广播电视、报纸期刊、微博微信等渠道宣传申领条件、申请办法、受理部门、办理时限。通过广泛宣传,使参保职工了解政策内容,熟悉办理程序,知晓办事场所,更方便更快捷地享受政策。①

(二)国有企业下岗职工基本生活保障失业保险和城市居民最低生活保障制度衔接

1. 国有企业下岗职工基本生活保障资金和城市居民最低生活保障所需资金。各级财政部门要会同劳动保障、民政部门规范三条保障线资金申请和筹集工作的运作程序。对于国有企业下岗职工基本生活保障资金中应由财政承担的部分,要及时安排到位;应由企业和社会承担的部分,要督促其认真落实,确有困难的,由同级财政严格审查后予以保证。地方财政确有困难的,中央财政将通过转移支付的方式给予一定的支持。对国有企业下岗职工基本生活保障资金应由财政承担部分和城市居民最低生活保障所需资金,每年年底前由劳动保障、民政

---

① 《人力资源社会保障部、财政部关于失业保险支持参保职工提升职业技能有关问题的通知》第 5 条。

部门分别提出下一年度用款计划,报同级财政部门审核后列入财政预算,按规定程序拨付。①

2. 各种保障(险)金的标准。各地劳动保障、民政、财政部门要结合当地实际,按照互相衔接、拉开距离、分清层次、整体配套的原则,科学制定国有企业下岗职工基本生活保障标准、失业保险金标准和城市居民最低生活保障标准。失业保险金标准要低于基本生活保障标准,城市居民最低生活保障标准要低于失业保险金标准。②

3. 国有企业下岗职工失业金的发放。国有企业下岗职工在再就业中心期满未实现再就业的,与企业解除劳动合同。原企业要及时为其出具相关证明,告知按照规定享受失业保险待遇的权利,并将失业人员名单自终止或解除劳动合同之日起7日内报失业保险经办机构。下岗职工应持相关证明,及时到指定的失业保险经办机构办理失业登记。失业保险经办机构对符合条件的失业人员,要按时足额发放失业保险金。③

4. 城市居民最低生活保障金的申请。(1)失业人员享受失业保险待遇期满仍未实现再就业,需要申请城市居民最低生活保障金的,由失业保险经办机构提供有关证明,并将享受失业保险待遇期满人员名单提前1个月通报民政部门。民政部门要对此类人员进行专门登记,对符合条件者及时给予救济。④ (2)下岗职工、失业人员、企业离退休人员和在职职工,在领取基本生活费、失业保险金、养老金、职工工资期间,家庭人均收入低于当地最低生活保障标准的,可以申请城市居民最低生活保障金。各地劳动保障部门要定期将本地国有企业下岗职工基本生活费、失业保险金、离退休人员养老金的发放情况通报同级民政部门。民政部门要将本地职工家庭享受城市居民最低生活保障的情况,以及因未按时足以工资(最低工资)、基本生活费、失业保险金或养老金而造成家庭人均收入低于当

---

① 《劳动和社会保障部、民政部、财政部关于做好国有企业下岗职工基本生活保障失业保险和城市居民最低生活保障制度衔接工作的通知》第1条第3款。
② 《劳动和社会保障部、民政部、财政部关于做好国有企业下岗职工基本生活保障失业保险和城市居民最低生活保障制度衔接工作的通知》第2条第1款。
③ 《劳动和社会保障部、民政部、财政部关于做好国有企业下岗职工基本生活保障失业保险和城市居民最低生活保障制度衔接工作的通知》第2条第2款。
④ 《劳动和社会保障部、民政部、财政部关于做好国有企业下岗职工基本生活保障失业保险和城市居民最低生活保障制度衔接工作的通知》第2条第3款。

地城市居民最低生活保障标准的情况,及时反馈给劳动保障和财政部门。①

5. 国有企业下岗职工基本生活保障失业保险和城市居民最低生活保障制度的执行。对按省级人民政府规定建立了再就业中心的城镇集体企业下岗职工,实施基本生活保障、失业保险和城市居民最低生活保障时,参照上述办法执行。没有建立再就业服务中心的城镇集体的下岗职工,需要申请城市居民最低生活保障金的,由企业出具相关证明,向当地民政部门或职工所在街道办事处提出申请。②

6. 基本生活保障资金财政专户及基本生活保障资金财政专户的纳入及管理。国有企业下岗职工基本生活保障资金要纳入财政专户,实行专项管理,专款专用,严禁挤占、挪用,严禁用于再就业服务中心管理费开支,保证资金真正用于国有企业下岗职工基本生活保障工作;失业保险基金要纳入单独的社会保障基金财政专户,实行收支两条线管理,保证基金专款专用;城市居民最低生活保障资金要纳入财政社会救济专项资金支出科目,专账管理,专款专用。各级劳动保障、民政和财政部门要认真贯彻执行党中央、国务院及有关部门制定的财政、财务法规,建立健全财务规章制度,切实加强国有企业下岗职工基本生活保障、失业保险和城市居民最低生活保障资金的管理和监督检查工作。发现问题要立即纠正,及时解决,对违规违纪问题要追究有关单位和当事人的责任,情节严重的,要移交司法机关处理。③

(三)事业单位职工的失业保险

1. 事业单位失业保险的申报及缴费。事业单位应当按照两个《条例》和所在地区的有关规定,在单位所在地进行社会保险登记,按时申报并足额缴纳失业保险费。各主管部门应当督促所属事业单位做好相关工作。④

2. 事业单位失业保险的失业保险费。事业单位缴纳失业保险费所需资金在其支出预算中列支。此项基金收支要在失业保险基金收支中单独反映,并在保

---

① 《劳动和社会保障部、民政部、财政部关于做好国有企业下岗职工基本生活保障失业保险和城市居民最低生活保障制度衔接工作的通知》第2条第5款。
② 《劳动和社会保障部、民政部、财政部关于做好国有企业下岗职工基本生活保障失业保险和城市居民最低生活保障制度衔接工作的通知》第2条第4款。
③ 《劳动和社会保障部、民政部、财政部关于做好国有企业下岗职工基本生活保障失业保险和城市居民最低生活保障制度衔接工作的通知》第3条。
④ 《劳动和社会保障部、财政部、人事部关于事业单位参加失业保险有关问题的通知》第1条。

证事业单位失业人员失业保险待遇的前提下统筹使用。①

3. 事业单位职工的失业保险待遇。事业单位职工失业后,应到当地经办失业保险业务的社会保险经办机构办理失业登记,对符合享受失业保险待遇条件的,由经办机构按规定支付失业保险待遇。②

4. 事业单位职工的失业保险关系及缴费年限。在国家关于事业单位养老保险制度改革办法出台之前,事业单位职工失业期间的养老关系予以保留(失业期间不计算缴费年限或工作年限),再就业后,按照其新的工作单位的养老办法接续。新的工作单位已经实行养老保险社会统筹的,本人应随之参加,其在原单位的工作年限视同缴费年限;新的工作单位实行其他养老办法的,按该单位办法办理。③

5. 事业单位失业保险的指导及管理。各级劳动保障、人事行政部门要加强对事业单位参加失业保险工作的指导。尚未将失业保险职能集中起来的地方,要尽快实行统一管理,并统一政策、统一运作。④

(四)银行系统单位职工的失业保险

1. 银行系统单位职工失业保险的参加。(1)中国人民银行及其分支机构,不纳入失业保险实施范围。中国人民银行所属的各类企业事业单位及其职工,应按规定参加单位所在地的失业保险。⑤ (2)各商业银行及其职工,均应参加单位所在地的失业保险。⑥ (3)各国家政策性银行及其职工,均应参加单位所在地的失业保险。⑦

2. 银行系统单位职工失业保险的缴费及待遇。参加失业保险的银行系统单位及其职工,应当认真履行规定的缴费义务。其职工失业后,按规定享受失业保险待遇。⑧

3. 银行系统单位职工失业保险的宣传及指导。各级劳动保障部门及其经办失业保险业务的社会保险经办机构,应对银行系统的有关单位做好相关法律、法

---

① 《劳动和社会保障部、财政部、人事部关于事业单位参加失业保险有关问题的通知》第2条。
② 《劳动和社会保障部、财政部、人事部关于事业单位参加失业保险有关问题的通知》第3条。
③ 《劳动和社会保障部、财政部、人事部关于事业单位参加失业保险有关问题的通知》第4条。
④ 《劳动和社会保障部、财政部、人事部关于事业单位参加失业保险有关问题的通知》第5条。
⑤ 《劳动和社会保障部、财政部关于银行系统单位参加失业保险有关问题的通知》第1条。
⑥ 《劳动和社会保障部、财政部关于银行系统单位参加失业保险有关问题的通知》第2条。
⑦ 《劳动和社会保障部、财政部关于银行系统单位参加失业保险有关问题的通知》第3条。
⑧ 《劳动和社会保障部、财政部关于银行系统单位参加失业保险有关问题的通知》第4条。

规和政策的宣传工作,加强指导,使银行系统各单位按规定参加失业保险。①

(五)退役军人的失业保险

1. 退役军人失业保险的法律依据。(1)为贯彻落实《社会保险法》和《军人保险法》,维护退役军人失业保险权益,现就军人退出现役后失业保险下发《人力资源社会保障部、财政部、总参谋部等关于退役军人失业保险有关问题的通知》。② (2)《人力资源社会保障部、财政部、总参谋部等关于退役军人失业保险有关问题的通知》自2013年8月1日起执行。本通知执行前已退出现役的军人,其失业保险按原有规定执行。③ (3)《人力资源社会保障部、财政部、总参谋部等关于退役军人失业保险有关问题的通知》由人力资源社会保障部、总后勤部负责解释。④

2. 退役军人失业保险的缴费年限。(1)计划分配的军队转业干部和复员的军队干部,以及安排工作和自主就业的退役士兵(以下简称退役军人)参加失业保险的,其服现役年限视同失业保险缴费年限。军人服现役年限按实际服役时间计算到月。⑤ (2)根据《关于自主择业的军队转业干部安置管理若干问题的意见》(〔2001〕国转联8号),自主择业的军队转业干部在城镇企业事业等用人单位就业后,应当依法参加失业保险并缴纳失业保险费,其服现役年限不再视同失业保险缴费年限,失业保险缴费年限从其在当地实际缴纳失业保险费之日起累计计算。⑥ (3)军人退出现役后参加失业保险的,其服现役年限视同失业保险缴费年限,与入伍前和退出现役后参加失业保险的缴费年限合并计算。⑦

3. 退役军人失业保险的转移。(1)退役军人离开部队时,由所在团级以上单位后勤(联勤、保障)机关财务部门,根据其实际服役时间开具《军人服现役年限视同失业保险缴费年限证明》(以下简称《缴费年限证明》)并交给本人。⑧ (2)退役军人在城镇企业事业等用人单位就业的,由所在单位或者本人持《缴费年限证明》及军官(文职干部)转业(复员)证,或者士官(义务兵)退出现役证,到当地失

---

① 《劳动和社会保障部、财政部关于银行系统单位参加失业保险有关问题的通知》第5条。
② 《人力资源社会保障部、财政部、总参谋部等关于退役军人失业保险有关问题的通知》序言。
③ 《人力资源社会保障部、财政部、总参谋部等关于退役军人失业保险有关问题的通知》第7条。
④ 《人力资源社会保障部、财政部、总参谋部等关于退役军人失业保险有关问题的通知》第8条。
⑤ 《人力资源社会保障部、财政部、总参谋部等关于退役军人失业保险有关问题的通知》第1条。
⑥ 《人力资源社会保障部、财政部、总参谋部等关于退役军人失业保险有关问题的通知》第5条。
⑦ 《军人保险法》第49条。
⑧ 《人力资源社会保障部、财政部、总参谋部等关于退役军人失业保险有关问题的通知》第2条。

业保险经办机构办理失业保险参保缴费手续。失业保险经办机构将视同缴费年限记入失业保险个人缴费记录,与入伍前和退出现役后参加失业保险的缴费年限合并计算。① (3)军人入伍前已参加失业保险的,其失业保险关系不转移到军队,由原参保地失业保险经办机构保存其全部缴费记录。军人退出现役后继续参加失业保险的,按规定办理失业保险关系转移接续手续。②

4. 退役军人失业保险的待遇。退役军人参保缴费满1年后失业的,按规定享受失业保险待遇。③

(六)军队机关事业单位职工的失业保险

1. 军队机关事业单位职工失业保险的界定及其待遇。军队机关事业单位职工,从2000年7月1日起,按国家规定参加当地失业保险,缴纳失业保险费,享受失业保险待遇。对职工参加失业保险之前的连续工龄视为缴费年限,不再补缴失业保险费。④ 其中,"军队机关事业单位职工"是指军队机关事业单位中无军籍的所有职工。即:列入军队队列编制员额的职工和不列入军队队列编制员额的职工、工人(含合同制)以及聘用的其他职工(不含离退休人员)。⑤

2. 军队机关事业单位职工失业保险的办理。(1)军队机关事业单位参加失业保险,应按照规定如实提供职工人数、缴费工资基数等情况。失业保险经办机构应按照军队机关事业单位提供的参保人员名单和缴费工资等情况,为缴费单位和缴费个人办理参保手续、建立缴费记录。军队机关事业单位中的参保人员失业时,对符合条件的失业人员,要按时足额发放失业保险金,并提供相应的服务。⑥ (2)军队机关事业单位职工参加当地社会保险,要严格遵守国家和军队的保密规定,在办理社会保险申报登记时应适当简化,凡涉及单位编制、人力实力、银行账户等情况,可免予提供。⑦

---

① 《人力资源社会保障部、财政部、总参谋部等关于退役军人失业保险有关问题的通知》第3条。
② 《人力资源社会保障部、财政部、总参谋部等关于退役军人失业保险有关问题的通知》第4条。
③ 《人力资源社会保障部、财政部、总参谋部等关于退役军人失业保险有关问题的通知》第6条。
④ 《人事部、劳动和社会保障部、中国人民解放军总后勤部关于军队后勤保障社会化改革中人事和劳动保障工作有关问题的通知》第2条第3款第1项。
⑤ 《劳动和社会保障部办公厅、人事部办公厅、解放军总后勤部司令部关于对军队机关事业单位职工参加失业保险有关问题的复函》第1条。
⑥ 《劳动和社会保障部办公厅、人事部办公厅、解放军总后勤部司令部关于对军队机关事业单位职工参加失业保险有关问题的复函》第2条。
⑦ 《人事部、劳动和社会保障部、中国人民解放军总后勤部关于军队后勤保障社会化改革中人事和劳动保障工作有关问题的通知》第2条第4款第1项。

3. 军队机关事业单位职工失业保险的转移。随军队后勤保障项目移交地方单位和正常调动到地方单位的军队职工,从调离军队之日起,由接收单位负责接续职工的失业保险关系,缴纳失业保险费。①

4. 军队机关事业单位职工失业保险的缴费。军队机关事业单位职工参加地方社会保险后,实行属地化管理,单位和个人缴费基数、缴费比例和标准等,按当地政府的规定执行。个人缴费部分按月在发放职工工资时扣缴,单位缴费部分由用人单位按规定缴纳,所需资金从职工工资渠道列支。②

第六节　生育保险

生育保险是国家通过立法,在职业妇女因生育子女而暂时中断劳动时由国家和社会及时给予生活保障和物质帮助的一项社会保险制度。

一、生育保险及费用

1. 生育保险的法律适用及重要性。(1)适用的法律。①《社会保险法》。②各地可根据本通知精神,结合当地实际制定具体办法。妥善解决城镇职工计划生育手术费用问题,涉及广大职工的切身利益,各级劳动保障、计划生育、财政、卫生等部门要密切配合,认真抓好落实。③ (2)适用的重要性。建立生育保险制度,是我国社会主义市场经济发展和全面建设小康社会的必然要求,对促进经济和社会协调发展、保障妇女平等就业、促进企业公平竞争、维护妇女合法权益等方面具有重要作用。各级劳动保障部门要将建立和完善生育保险制度作为完善社会保障体系的一项重要任务,纳入当地劳动保障事业发展规划,逐步建立和完善与本地区经济发展相适应的生育保险制度。没有出台生育保险办法的地区,要积极创造条件,尽快建立生育保险制度。已经出台生育保险办法的地区,

---

① 《人事部、劳动和社会保障部、中国人民解放军总后勤部关于军队后勤保障社会化改革中人事和劳动保障工作有关问题的通知》第2条第3款第2项。

② 《人事部、劳动和社会保障部、中国人民解放军总后勤部关于军队后勤保障社会化改革中人事和劳动保障工作有关问题的通知》第2条第4款第3项第1段。

③ 《劳动和社会保障部、国家计划生育委员会、财政部、卫生部关于妥善解决城镇职工计划生育手术费用问题的通知》第5条。

要逐步完善政策措施,确保生育保险制度稳健运行和可持续发展。①

2. 生育保险费用的缴纳。(1)职工应当参加生育保险,由用人单位按照国家规定缴纳生育保险费,职工不缴纳生育保险费。② (2)生育保险根据"以支定收,收支基本平衡"的原则筹集资金,由企业按照其工资总额的一定比例向社会保险经办机构缴纳生育保险费,建立生育保险基金。生育保险费的提取比例由当地人民政府根据计划内生育人数和生育津贴、生育医疗费等项费用确定,并可根据费用支出情况适时调整,但最高不得超过工资总额的1%。企业缴纳的生育保险费作为期间费用处理。列入企业管理费用。职工个人不缴纳生育保险费。③ (3)企业缴纳的生育保险费,由社会保险经办机构委托企业的开户银行以"委托银行收款(无付款期)"的结算方式按月扣缴。社会保险经办机构应当为企业和职工建立缴费记录。④ (4)生育保险费的征缴按照国务院《社会保险费征缴暂行条例》和《北京市社会保险费征缴若干规定》的规定执行。⑤

3. 生育保险费用的支付。(1)用人单位已经缴纳生育保险费的,其职工享受生育保险待遇;职工未就业配偶按照国家规定享受生育医疗费用待遇。所需资金从生育保险基金中支付。⑥ (2)女职工生育的检查费、接生费、手术费、住院费和药费由生育保险基金支付。超出规定的医疗服务费和药费(含自费药品和营养药品的药费)由职工个人负担。⑦ (3)生育保险基金支付标准需要调整时,由

---

① 《劳动和社会保障部办公厅关于进一步加强生育保险工作的指导意见》第1条。
② 《社会保险法》第53条。
③ 《企业职工生育保险试行办法》第4条。
《北京市企业职工生育保险规定》第7条规定:"生育保险费由企业按月缴纳。职工个人不缴纳生育保险费。企业按照其缴费总基数的0.8%缴纳生育保险费。企业缴费总基数为本企业符合条件的职工缴费基数之和。职工缴费基数按照本人上一年月平均工资计算;低于上一年本市职工月平均工资60%的,按照上一年本市职工月平均工资的60%计算;高于上一年本市职工月平均工资3倍以上的,按照上一年本市职工月平均工资的3倍计算;本人上一年月平均工资无法确定的,按照上一年本市职工月平均工资计算。"
《北京市企业职工生育保险规定》第8条规定:"生育保险费缴费标准需要调整时,由市劳动保障行政部门会同市财政部门提出调整方案,报市人民政府批准后公布施行。"
④ 《北京市企业职工生育保险规定》第9条。
⑤ 《北京市企业职工生育保险规定》第10条。
⑥ 《社会保险法》第54条第1款。
⑦ 《企业职工生育保险试行办法》第6条第1款。
《北京市企业职工生育保险规定》第12条规定:"生育保险基金支付范围包括:(一)生育津贴;(二)生育医疗费用;(三)计划生育手术医疗费用;(四)国家和本市规定的其他费用。"

市劳动保障行政部门会同市财政部门提出调整方案,报市人民政府批准后公布施行。① 其中,计划生育手术费的支付依据如下规则:①已经建立地方企业职工生育保险的地区,参保单位职工的计划生育手术费用可列入生育保险基金支付范围。没有建立企业职工生育保险的地区,在建立城镇职工基本医疗保险制度时,可以将符合基本医疗保险有关规定的参保单位职工计划生育手术费用纳入基本医疗保险统筹基金支付范围。没有参加生育保险和基本医疗保险的单位,职工计划生育手术费用仍由原渠道解决。② ②参保职工在基本医疗保险定点医疗机构和经计划生育行政管理部门、劳动保障部门认可的计划生育服务机构实施计划生育手术,其费用可以由相应的社会保险基金支付。③ ③经有关部门鉴定,属于职工计划生育手术并发症的治疗费用,由基本医疗保险基金支付,属于按照有关规定开支以外的必需费用,由用人单位解决。因计划生育手术造成的医疗事故,按照有关医疗事故处理的规定执行。④

4. 生育保险的执行。私营企业女职工生育,按《女职工劳动保护规定》及有关规定执行。⑤

5. 生育保险的职责分工。(1)市劳动保障行政部门负责全市生育保险工作。区、县劳动保障行政部门负责本行政区域内的生育保险工作。市和区、县劳动保障行政部门设立的社会保险经办机构具体承办生育保险事务。⑥ (2)经办生育保险的社会保险经办机构要理顺管理职能,落实经费和人员,完善管理措施,加强基础建设,提高管理服务能力。要认真做好生育保险参保登记、保险费征缴和基

---

① 《北京市企业职工生育保险规定》第13条。
② 《劳动和社会保障部、国家计划生育委员会、财政部、卫生部关于妥善解决城镇职工计划生育手术费用问题的通知》第2条。
《人力资源社会保障部、财政部、国家卫生计生委关于做好当前生育保险工作的意见》第4条规定:"各地要结合全民参保计划实施,进一步扩大生育保险覆盖面,加大征缴力度,与基本医疗保险同步推进统筹层次提升。加强生育保险定点协议管理,切实保障参保人员生育医疗权益,促进生育医疗服务行为规范。将生育医疗费用纳入医保支付方式改革范围,实行住院分娩医疗费用按病种、产前检查按人头付费,实现经办机构与定点医疗机构费用直接结算。充分利用医保智能监控系统,强化监控和审核,控制生育医疗费用不合理增长。"
③ 《劳动和社会保障部、国家计划生育委员会、财政部、卫生部关于妥善解决城镇职工计划生育手术费用问题的通知》第3条。
④ 《劳动和社会保障部、国家计划生育委员会、财政部、卫生部关于妥善解决城镇职工计划生育手术费用问题的通知》第4条。
⑤ 《私营企业劳动管理暂行规定》第24条。
⑥ 《北京市企业职工生育保险规定》第3条。

金管理工作,加强医疗服务协议管理和生育保险津贴的社会化管理服务工作,简化经办流程,提高办事效率,为参保职工提供快捷、便利的服务。①

二、生育保险待遇

1. 生育保险待遇的适用。(1)适用的主体。《企业职工生育保险试行办法》适用于城镇企业及其职工。②《企业职工生育保险试行办法》是为了维护企业女职工的合法权益,保障她们在生育期间得到必要的经济补偿和医疗保健,均衡企业间生育保险费用的负担,根据有关法律、法规规定制定的。③ (2)适用的原则。生育保险按属地原则组织。生育保险费用实行社会统筹。④ (3)适用的授权。省、自治区、直辖市人民政府劳动行政部门可以按照《企业职工生育保险试行办法》的规定,结合本地区实际情况制定实施办法。⑤

2. 生育保险待遇的内容。生育保险待遇包括生育医疗费用和生育津贴。⑥(1)生育医疗费用。①生育医疗费用包括下列各项:第一,生育的医疗费用;第二,计划生育的医疗费用;第三,法律、法规规定的其他项目费用。⑦ 其中,生育医疗费用包括女职工因怀孕、生育发生的医疗检查费、接生费、手术费、住院费和药品费。计划生育手术医疗费用包括职工因计划生育实施放置(取出)宫内节育器、流产术、引产术、绝育及复通手术所发生的医疗费用。生育、计划生育手术医疗费用符合本市基本医疗保险药品目录、诊疗项目和医学疗服务设施项目规定的,由生育保险基金支付。⑧ 职工计划生育手术费用是指职工因实行计划生育需要,实施放置(取出)宫内节育器、流产术、引产术、绝育及复通手术所发生的医疗费用。⑨ ②女职工生育或者流产的医疗费用,按照生育保险规定的项目和标准,对已经参加生育保险的,由生育保险基金支付;对未参加生育保险的,由用人单

---

① 《劳动和社会保障部办公厅关于进一步加强生育保险工作的指导意见》第5条。
② 《企业职工生育保险试行办法》第2条。
③ 《企业职工生育保险试行办法》第1条(本编释对该条的语序做了调整)。
④ 《企业职工生育保险试行办法》第3条。
⑤ 《企业职工生育保险试行办法》第15条。
⑥ 《社会保险法》第54条第2款。
⑦ 《社会保险法》第55条。
⑧ 《北京市企业职工生育保险规定》第16条。
⑨ 《劳动和社会保障部、国家计划生育委员会、财政部、卫生部关于妥善解决城镇职工计划生育手术费用问题的通知》第1条。

位支付。① （2）生育津贴。①生育津贴按照女职工本人生育当月的缴费基数除以30再乘以产假天数计算。生育津贴为女职工产假期间的工资,生育津贴低于本人工资标准的,差额部分由企业补足。② ②职工有下列情形之一的,可以按照国家规定享受生育津贴:第一,女职工生育享受产假;第二,享受计划生育手术休假;第三,法律、法规规定的其他情形。③ ③女职工产假期间的生育津贴,对已经参加生育保险的,按照用人单位上年度职工月平均工资的标准由生育保险基金支付;对未参加生育保险的,按照女职工产假前工资的标准由用人单位支付。④ ④各地要按照国务院《女职工劳动保护规定》明确的产假期限和当地职工工资水平,合理确定生育津贴标准并及时支付,逐步实现直接向生育职工发放生育津贴,保障女职工生育期间的基本生活。暂不具备条件的地区,可以先实行生育医疗费用社会统筹,生育津贴由用人单位负担的办法,以保障生育职工的合法权益。生育保险筹资水平按照以支定收、收支基本平衡的原则合理确定,并及时调整。⑤ ⑤保胎休息和病假超过6个月后领取疾病救济费的女职工,按计划生育时可以从生育之日起停发疾病救济费,改发产假工资,并享受其他生育待遇。产假期满后仍需病休的,从产假期满之日起,继续发给疾病救济费。⑥ 保胎休息的女职工,产假期满后仍需病休的,其病假时间应与生育前的病假和保胎休息的时间合并计算。⑦ ⑥女职工生育或流产后,由本人或所在企业持当地计划生育部门签发的计划生育证明,婴儿出生、死亡或流产证明,到当地社会保险经办机构办理手续,领取生育津贴和报销生育医疗费。⑧ ⑦生育妇女按照县级以上人民政府根据国家有关规定制定的生育保险办法,取得的生育津贴、生育医疗费或其他属于

---

① 《女职工劳动保护特别规定》第8条第2款。
② 《北京市企业职工生育保险规定》第15条。
③ 《社会保险法》第56条第1款。
④ 《女职工劳动保护特别规定》第8条第1款。
《社会保险法》第56条第2款规定:"生育津贴按照职工所在用人单位上年度职工月平均工资计发。"
⑤ 《劳动和社会保障部办公厅关于进一步加强生育保险工作的指导意见》第3条。
《企业职工生育保险试行办法》第5条规定:"女职工生育按照法律、法规的规定享受产假。产假期间的生育津贴按照本企业上年度职工月平均工资计发,由生育保险基金支付。"
⑥ 《国家劳动总局保险福利司关于女职工保胎休息和病假超过六个月后生育时的待遇问题给上海市劳动局的复函》第2条。
⑦ 《国家劳动总局保险福利司关于女职工保胎休息和病假超过六个月后生育时的待遇问题给上海市劳动局的复函》第3条。
⑧ 《企业职工生育保险试行办法》第7条。

生育保险性质的津贴、补贴,免征个人所得税。①

3. 享受生育待遇的条件。(1)符合济政字〔2007〕64号文件第2项规定:①符合国家计划生育政策生育或者实施计划生育手术;②女职工生育时,已按照规定参加生育保险并连续足额缴费1年以上;③职工实行计划生育手术时,所在单位已按照规定参加生育保险并为其缴费。(2)2016年6月1日(含6月1日)以后生育的女职工,以及符合享受补助金待遇的男职工。②

4. 生育保险待遇的内容及标准。(1)生育医疗费用。女职工生育或者引、流产的医疗费,实行定额包干,由生育保险基金按以下标准支付:①怀孕不满4个月流产的300元;②顺产或怀孕满4个月以上引、流产的2200元;③阴式手术产的2700元;④剖宫产的4600元。(2)生育补助金。男职工的配偶生育前6个月以上无工作单位,且生育时符合济政字〔2007〕64号文件第三项第三款规定的,按照生育医疗费用标准的50%享受生育补助金。男职工的配偶领取失业保险金期间的生育医疗待遇按失业保险的相关规定执行,不再执行前款享受50%生育补助金的规定。(3)生育并发症住院床位费据实报销(原30元/天,现40元/天)。机关事业单位参照企业生育医疗费用标准执行。③

三、生育保险基金

1. 生育保险基金的构成。生育保险基金由下列各项构成:(1)企业缴纳的生育保险费;(2)基金的利息;(3)滞纳金;(4)依法纳入生育保险基金的其他资金。④

2. 生育保险基金的主管。(1)生育保险基金由劳动部门所属的社会保险经办机构负责收缴、支付和管理。生育保险基金应存入社会保险经办机构在银行开设的生育保险基金专户。银行应按照城乡居民个人储蓄同期存款利率计息,所得利息转入生育保险基金。⑤(2)社会保险经办机构可从生育保险基金中提取管理费,用于本机构经办生育保险工作所需的人员经费、办公费及其他业务经费。管理费标准,各地根据社会保险经办机构人员设置情况,由劳动部门提出,

---

① 《财政部、国家税务总局关于生育津贴和生育医疗费有关个人所得税政策的通知》第1条。
② 《济南市人力资源和社会保障局关于提高企业职工生育保险待遇等有关问题的通知》第2条。
③ 《济南市人力资源和社会保障局关于提高企业职工生育保险待遇等有关问题的通知》第3条。
④ 《北京市企业职工生育保险规定》第6条。
⑤ 《企业职工生育保险试行办法》第8条。

经财政部门核定后,报当地人民政府批准。管理费提取比例最高不得超过生育保险基金的2%。生育保险基金及管理费不征税、费。① (3)生育保险基金的筹集和使用,实行财务预、决算制度,由社会保险经办机构作出年度报告,并接受同级财政、审计监督。② 市(县)社会保险监督机构定期监督生育保险基金管理工作。③

3. 生育保险基金的费率。生育保险基金合理结存量为相当于6至9个月待遇支付额。各地要根据上一年基金收支和结余情况,以及国家规定的待遇项目和标准进行测算,在确保生育保险待遇落实到位的前提下,通过调整费率,将统筹地区生育保险基金累计结余控制在合理水平。生育保险基金累计结余超过9个月的统筹地区,应将生育保险基金费率调整到用人单位职工工资总额的0.5%以内,具体费率应按照"以支定收、收支平衡"的原则,根据近年来生育保险基金的收支和结余情况确定。各地要加强对生育保险基金的监测和管理。降低生育保险费率的统筹地区要按程序调整生育保险基金预算,按月进行基金监测。基金累计结余低于3个月支付额度的,要制定预警方案,并向统筹地区政府和省级人力资源社会保障、财政部门报告。要通过提高统筹层次,加强基金和医疗服务管理,规范生育保险待遇,力求基金平衡。在生育保险基金累计结余不足支付时,统筹地区要采取加强支出管理、临时补贴、调整费率等方式确保基金收支平衡,确保参保职工按规定享受生育保险待遇。④

4. 使用生育保险基金的就医地点。职工生育、实施计划生育手术应当按照本市基本医疗保险就医的规定到具有助产、计划生育手术资质的基本医疗保险定点医疗机构(以下简称定点医疗机构)就医。职工就医应当出示《北京市医疗保险手册》;需住院治疗的,在办理住院手续时应当同时出示《北京市生育服务证》,并由定点医疗机构留存复印件。⑤

5. 生育保险基金的支付。(1)女职工生育出院后,因生育引起疾病的医疗

---

① 《企业职工生育保险试行办法》第9条。
② 《企业职工生育保险试行办法》第10条。
③ 《企业职工生育保险试行办法》第11条。
④ 《人力资源社会保障部、财政部关于适当降低生育保险费率的通知》第2条。
《人力资源社会保障部、财政部、国家卫生计生委关于做好当前生育保险工作的意见》第2条第1款规定:"各地要结合全面两孩政策实施,完善生育保险监测指标。充分利用医疗保险信息网络系统,加强生育保险基金运行分析,参照基本医疗保险基金管理要求,全面建立生育保险基金风险预警机制,将基金累计结存控制在6-9个月支付额度的合理水平。"
⑤ 《北京市企业职工生育保险规定》第18条。

费,由生育保险基金支付;其他疾病的医疗费,按照医疗保险待遇的规定办理。女职工产假期满后,因病需要休息治疗的,按照有关病假待遇和医疗保险待遇规定办理。① (2) 生育保险基金支付生育、计划生育手术医疗费用的结算办法,由市劳动保障行政部门制定。②

6. 生育保险基金支付的排除情形。下列生育、计划生育手术医疗费用生育保险基金不予支付:(1) 不符合国家或者本市计划生育规定的;(2) 不符合本市基本医疗保险就医规定的;(3) 不符合本市基本医疗保险药品目录、诊疗项目和医疗服务设施项目规定的;(4) 在国外或者我国香港、澳门特别行政区以及台湾地区发生的医疗费用;(5) 因医疗事故发生的医疗费用;(6) 治疗生育合并症的费用;(7) 按照国家或者本市规定应当由个人负担的费用。③

7. 生育保险基金手续的办理。(1) 申领生育津贴以及报销产前检查、计划生育手术门诊医疗费用,由企业负责到其参加生育保险的社会保险经办机构办理手续。办理手续时,企业应当提交职工的《北京市医疗保险手册》、《北京市生育服务证》以及定点医疗机构出具的婴儿出生、死亡或者流产证明、计划生育手术证明和收费凭证等。④ (2) 生育、计划生育手术住院医疗费用,由定点医疗机构向企业参加生育保险的社会保险经办机构办理结算手续。⑤ (3) 社会保险经办机构在收到企业申领生育津贴以及报销产前检查、计划生育手术门诊医疗费用,或者定点医疗机构结算生育、计划生育手术住院医疗费用的申请后,对于符合条件的,应当在 20 日内审核结算完毕;对于不符合条件的,应当在 20 日内书面告知申请人。⑥

8. 生育保险基金的监督及协助。财政、审计部门依法对生育保险基金的收支、管理情况进行监督。卫生、药品监督、价格、计划生育等部门在各自职责范围内,协助劳动保障行政部门做好生育保险工作。⑦

四、生育保险和职工基本医疗保险的合并

1. 生育保险和职工基本医疗保险合并试点的地区。根据实际情况和有关工

---

① 《企业职工生育保险试行办法》第 6 条第 2 款。
② 《北京市企业职工生育保险规定》第 17 条。
③ 《北京市企业职工生育保险规定》第 19 条。
④ 《北京市企业职工生育保险规定》第 20 条。
⑤ 《北京市企业职工生育保险规定》第 21 条。
⑥ 《北京市企业职工生育保险规定》第 22 条。
⑦ 《北京市企业职工生育保险规定》第 4 条。

作基础,在河北省邯郸市、山西省晋中市、辽宁省沈阳市、江苏省泰州市、安徽省合肥市、山东省威海市、河南省郑州市、湖南省岳阳市、广东省珠海市、重庆市、四川省内江市、云南省昆明市开展两项保险合并实施试点。未纳入试点地区不得自行开展试点工作。①

2. 生育保险和职工基本医疗保险合并试点的内容。(1)统一参保登记。参加职工基本医疗保险的在职职工同步参加生育保险。实施过程中要完善参保范围,结合全民参保登记计划摸清底数,促进实现应保尽保。(2)统一基金征缴和管理。生育保险基金并入职工基本医疗保险基金,统一征缴。试点期间,可按照用人单位参加生育保险和职工基本医疗保险的缴费比例之和确定新的用人单位职工基本医疗保险费率,个人不缴纳生育保险费。同时,根据职工基本医疗保险基金支出情况和生育待遇的需求,按照收支平衡的原则,建立职工基本医疗保险费率确定和调整机制。职工基本医疗保险基金严格执行社会保险基金财务制度,两项保险合并实施的统筹地区,不再单列生育保险基金收入,在职工基本医疗保险统筹基金待遇支出中设置生育待遇支出项目。探索建立健全基金风险预警机制,坚持基金收支运行情况公开,加强内部控制,强化基金行政监督和社会监督,确保基金安全运行。(3)统一医疗服务管理②。两项保险合并实施后实行统一定点医疗服务管理。医疗保险经办机构与定点医疗机构签订相关医疗服务

---

① 《生育保险和职工基本医疗保险合并实施试点方案》第2条。
《劳动和社会保障部办公厅关于进一步加强生育保险工作的指导意见》第2条规定:"各地要充分利用医疗保险的工作基础,以生育津贴社会化发放和生育医疗费用实行社会统筹为目标,加快推进生育保险制度建设。要充分利用医疗保险的医疗服务管理措施和手段,积极探索与医疗保险统一管理的生育保险医疗服务管理模式。各地要按照《中国妇女发展纲要(2001—2010年)》提出的2010年城镇职工生育保险覆盖面达到90%的目标要求,制定发展规划,积极扩大参保范围。"

② 《劳动和社会保障部办公厅关于进一步加强生育保险工作的指导意见》第4条规定:"生育保险实行医疗机构协议管理,签订协议的医疗机构范围要考虑基本医疗保险定点医疗机构和妇产医院、妇幼保健院等医疗机构。社会保险经办机构在对这些医疗机构的保险管理、服务质量、信息管理等服务能力评价的基础上,选择适合生育保险要求的医疗机构签订生育保险医疗服务协议,明确双方的权利和义务。参保职工在生育保险协议医疗机构因生育所发生符合规定的医疗费用,由生育保险基金支付。生育保险医疗费用支付的范围原则上按照基本医疗保险药品目录、诊疗项目和医疗服务设施标准执行,具体支付办法由各地根据实际情况制定。要积极探索生育医疗费用的结算办法,逐步实现社会保险经办机构与协议管理医疗机构直接结算。要加强对医疗服务费用的监督检查,控制不合理的支出,探索制定科学规范的生育医疗费用结算办法。在协议中明确监督检查措施和考核办法。要根据协议及时结算医疗费用,对不合理的医疗费用不予支付,对严重违反协议的医疗机构可以终止协议。采取向生育职工定额支付生育保险待遇的地区,应根据本地区职工工资水平、生育医疗费用实际支出等情况,合理确定待遇支付标准,并建立调整机制。"

协议时,要将生育医疗服务有关要求和指标增加到协议内容中,并充分利用协议管理,强化对生育医疗服务的监控。执行职工基本医疗保险、工伤保险、生育保险药品目录以及基本医疗保险诊疗项目和医疗服务设施范围。生育医疗费用原则上实行医疗保险经办机构与定点医疗机构直接结算。(4)统一经办和信息服务。两项保险合并实施后,要统一经办管理,规范经办流程。生育保险经办管理统一由职工基本医疗保险经办机构负责,工作经费列入同级财政预算。充分利用医疗保险信息系统平台,实行信息系统一体化运行。原有生育保险医疗费结算平台可暂时保留,待条件成熟后并入医疗保险结算平台。完善统计信息系统,确保及时准确反映生育待遇享受人员、基金运行、待遇支付等方面情况。(5)职工生育期间的生育保险待遇不变。生育保险待遇包括《社会保险法》规定的生育医疗费用和生育津贴,所需资金从职工基本医疗保险基金中支付。生育津贴支付期限按照《女职工劳动保护特别规定》等法律法规规定的产假期限执行。①

3. 生育保险和职工基本医疗保险合并的事项。(1)统一参保登记。参加职工基本医疗保险的在职职工同步参加生育保险。实施过程中要完善参保范围,结合全民参保登记计划摸清底数,促进实现应保尽保。②(2)统一基金征缴和管理。生育保险基金并入职工基本医疗保险基金,统一征缴,统筹层次一致。按照用人单位参加生育保险和职工基本医疗保险的缴费比例之和确定新的用人单位职工基本医疗保险费率,个人不缴纳生育保险费。同时,根据职工基本医疗保险基金支出情况和生育待遇的需求,按照收支平衡的原则,建立费率确定和调整机制。职工基本医疗保险基金严格执行社会保险基金财务制度,不再单列生育保险基金收入,在职工基本医疗保险统筹基金待遇支出中设置生育待遇支出项目。探索建立健全基金风险预警机制,坚持基金运行情况公开,加强内部控制,强化基金行政监督和社会监督,确保基金安全运行。③(3)统一医疗服务管理。两项

---

① 《生育保险和职工基本医疗保险合并实施试点方案》第3条。
《人力资源社会保障部、财政部、国家卫生计生委关于做好当前生育保险工作的意见》第3条规定:"各地要按照'尽力而为、量力而行'的原则,从实际出发,从保障基本权益做起,合理引导预期。要综合考虑生育保险基金运行和用人单位缴费等情况,规范生育津贴支付期限和计发标准等政策,确保基金可持续运行和待遇享受相对公平。确保《女职工劳动保护特别规定》法定产假期限内的生育津贴支付,探索多渠道解决生育奖励假待遇问题。"
② 《国务院办公厅关于全面推进生育保险和职工基本医疗保险合并实施的意见》第2条第1款。
③ 《国务院办公厅关于全面推进生育保险和职工基本医疗保险合并实施的意见》第2条第2款。

保险合并实施后实行统一定点医疗服务管理。医疗保险经办机构与定点医疗机构签订相关医疗服务协议时,要将生育医疗服务有关要求和指标增加到协议内容中,并充分利用协议管理,强化对生育医疗服务的监控。执行基本医疗保险、工伤保险、生育保险药品目录以及基本医疗保险诊疗项目和医疗服务设施范围。促进生育医疗服务行为规范。将生育医疗费用纳入医保支付方式改革范围,推动住院分娩等医疗费用按病种、产前检查按人头等方式付费。生育医疗费用原则上实行医疗保险经办机构与定点医疗机构直接结算。充分利用医保智能监控系统,强化监控和审核,控制生育医疗费用不合理增长。① (4)统一经办和信息服务。两项保险合并实施后,要统一经办管理,规范经办流程。经办管理统一由基本医疗保险经办机构负责,经费列入同级财政预算。充分利用医疗保险信息系统平台,实行信息系统一体化运行。原有生育保险医疗费用结算平台可暂时保留,待条件成熟后并入医疗保险结算平台。完善统计信息系统,确保及时全面准确反映生育保险基金运行、待遇享受人员、待遇支付等方面情况。② (5)确保职工生育期间的生育保险待遇不变。生育保险待遇包括《社会保险法》规定的生育医疗费用和生育津贴,所需资金从职工基本医疗保险基金中支付。生育津贴支付期限按照《女职工劳动保护特别规定》等法律法规规定的产假期限执行。③ (6)确保制度可持续。各地要通过整合两项保险基金增强基金统筹共济能力;研判当前和今后人口形势对生育保险支出的影响,增强风险防范意识和制度保障能力;按照"尽力而为、量力而行"的原则,坚持从实际出发,从保障基本权益做起,合理引导预期;跟踪分析合并实施后基金运行情况和支出结构,完善生育保险监测指标;根据生育保险支出需求,建立费率动态调整机制,防范风险转嫁,实现制度可持续发展。④

4. 生育保险和职工基本医疗保险合并试点的保障措施。(1)加强组织领导。两项保险合并实施是党中央、国务院作出的一项重要部署,也是推动建立更加公平更可持续社会保障制度的重要内容。试点城市所在省份要高度重视,加强领导,密切配合,推动试点工作有序进行。人力资源社会保障部、财政部、国家卫生

---

① 《国务院办公厅关于全面推进生育保险和职工基本医疗保险合并实施的意见》第2条第3款。
② 《国务院办公厅关于全面推进生育保险和职工基本医疗保险合并实施的意见》第2条第4款。
③ 《国务院办公厅关于全面推进生育保险和职工基本医疗保险合并实施的意见》第2条第5款。
④ 《国务院办公厅关于全面推进生育保险和职工基本医疗保险合并实施的意见》第2条第6款。

计生委要会同有关方面加强对试点地区的工作指导,及时研究解决试点中的困难和问题。试点省份和有关部门要加强沟通协调,共同推进相关工作。(2)精心组织实施。试点城市要高度重视两项保险合并实施工作,按照《生育保险和职工基本医疗保险合并实施试点方案》确定的主要目标、试点措施等要求,根据当地生育保险和职工基本医疗保险参保人群差异、基金支付能力、待遇保障水平等因素进行综合分析和研究,周密设计试点实施方案,确保参保人员相关待遇不降低、基金收支平衡,保证平稳过渡。2017年6月底前各试点城市要制定试点实施方案并组织实施。(3)加强政策宣传。试点城市要坚持正确的舆论导向,准确解读相关政策,大力宣传两项保险合并实施的重要意义,让社会公众充分了解合并实施不会影响参保人员享受相关待遇,且有利于提高基金共济能力、减轻用人单位事务性负担、提高管理效率,为推动两项保险合并实施创造良好的社会氛围。(4)做好总结评估。各试点城市要及时总结经验,试点过程中发现的重要问题和有效做法请及时报送人力资源社会保障部、财政部、国家卫生计生委,为全面推开两项保险合并实施工作奠定基础。人力资源社会保障部、财政部、国家卫生计生委要对试点期间各项改革措施执行情况、实施效果、群众满意程度等内容进行全面总结评估,并向国务院报告。[1]

五、生育保险的法律责任

1. 企业的法律责任。(1)企业未办理生育保险基金的法律责任。企业未按照本规定参加生育保险的,职工生育保险待遇由企业按照《北京市企业职工生育保险规定》的标准支付。企业欠缴生育保险费的,欠缴期间职工生育保险待遇由企业按照本规定的标准支付。[2] (2)企业办理生育保险基金瞒报的法律责任。企业向社会保险经办机构申报应缴纳的生育保险费数额时,瞒报工资额或者参保职工人数的,由劳动保障行政部门责令改正,并处瞒报工资额1倍以上3倍以下罚款。[3] (3)企业必须按期缴纳生育保险费。对逾期不缴纳的,按日加收2‰的滞纳金。滞纳金转入生育保险基金。滞纳金计入营业外支出,纳税时进行调整。[4] (4)企业虚报、冒领生育津贴或生育医疗费的,社会保险经办机构应追回全

---

[1] 《生育保险和职工基本医疗保险合并实施试点方案》第4条。
[2] 《北京市企业职工生育保险规定》第23条。
[3] 《北京市企业职工生育保险规定》第24条。
[4] 《企业职工生育保险试行办法》第12条。

部虚报、冒领金额,并由劳动行政部门给予处罚。(5)企业欠付或拒付职工生育津贴、生育医疗费的,由劳动行政部门责令企业限期支付;对职工造成损害的,企业应承担赔偿责任。①

2. 职工的法律责任。骗取生育保险待遇或者骗取生育保险基金支出的,由劳动保障行政部门责令退还,并处骗取金额1倍以上3倍以下罚款。②

3. 办机构的工作人员的法律责任。劳动行政部门或社会保险经办机构的工作人员滥用职权、玩忽职守、徇私舞弊,贪污、挪用生育保险基金,构成犯罪的,依法追究刑事责任;不构成犯罪的,给予行政处分。③

4. 定点医疗机构的法律责任。定点医疗机构有下列行为之一,造成生育保险基金损失的,应当赔偿损失,劳动保障行政部门对其可以处5000元以上2万元以下罚款;情节严重的,取消其基本医疗保险定点医疗机构资格:(1)将未参加生育保险人员医疗费用列入生育保险基金支付的;(2)将不属于生育保险支付的费用列入生育保险基金支付的;(3)出具虚假证明或虚假收费凭证的;(4)违反医疗、药品、价格等管理规定的。④

六、其他人员的生育保险

（一）城镇居民的生育医疗费用

1. 城镇居民住院分娩医疗费用的支付。各地要将城镇居民基本医疗保险参保人员住院分娩发生的符合规定的医疗费用纳入城镇居民基本医疗保险基金支付范围。开展门诊统筹的地区,可将参保居民符合规定的产前检查费用纳入基金支付范围。⑤

2. 城镇居民生育医疗的要求。(1)医疗服务的要求。城镇居民生育医疗服务管理,原则上参照城镇居民基本医疗保险有关规定执行。要综合考虑城镇居民生育的基本医疗需求和基金承受能力,合理确定医疗服务范围和标准。要完善医疗费结算办法,探索适合生育保障特点的结算方式,为参保人员提供方便快

---

① 《企业职工生育保险试行办法》第13条。
② 《北京市企业职工生育保险规定》第26条。
③ 《企业职工生育保险试行办法》第14条。
④ 《北京市企业职工生育保险规定》第25条。
⑤ 《人力资源和社会保障部办公厅关于妥善解决城镇居民生育医疗费用的通知》第1条。

捷的服务,控制医疗费用不合理支出。① (2)生育医疗费用的要求。各地要从实际出发,统筹考虑城镇居民基本医疗保险和城镇职工生育保险制度的衔接,积极探索保障城镇居民生育相关费用的具体措施,妥善解决城镇居民生育医疗费用问题。②

(二)军队职工的生育保险

随军队后勤保障项目委托地方单位管理的职工,或采取承包形式由承包方管理的职工,其社会保险的单位缴费部分,由受托或承包单位(个人)负责缴纳。③

---

① 《人力资源和社会保障部办公厅关于妥善解决城镇居民生育医疗费用的通知》第2条。
② 《人力资源和社会保障部办公厅关于妥善解决城镇居民生育医疗费用的通知》第3条。
③ 《人事部、劳动和社会保障部、中国人民解放军总后勤部关于军队后勤保障社会化改革中人事和劳动保障工作有关问题的通知》第2条第4款第3项第2段。

第七章 社会保障

社会保障是指国家和社会通过立法对国民收入进行再分配,对社会成员特别是生活有困难的人员的基本生活权利给予保障的社会安全制度。

本章节中除涉及建立劳动关系人员的社会保障外,还包括其他人员。同时,社会保障不局限于"生活有困难的人员"。

第一节 最低生活保障

最低生活保障是一种社会保障制度类型,指国家对家庭人均收入低于当地政府公告的最低生活标准的人口给予一定现金资助,以保证该家庭成员基本生活所需的社会保障制度。

一、最低生活保障的一般规则

1. 最低生活保障的重要性。最低生活保障事关困难群众衣食冷暖,事关社会和谐稳定和公平正义,是贯彻落实科学发展观的重要举措,是维护困难群众基本生活权益的基础性制度安排。近年来,随着各项相关配套政策的陆续出台,最低生活保障制度在惠民生、解民忧、保稳定、促和谐等方面作出了突出贡献,有效保障了困难群众的基本生活。但一些地区还不同程度存在对最低生活保障工作重视不够、责任不落实、管理不规范、监管不到位、工作保障不力、工作机制不健全等问题。为切实加强和改进最低生活保障工作,现下发《国务院关于进一步加强和改进最低生活保障工作的意见》。①

2. 最低生活保障工作的总体要求和基本原则。(1)总体要求。最低生活保障工作要以科学发展观为指导,以保障和改善民生为主题,以强化责任为主线,

---

① 《国务院关于进一步加强和改进最低生活保障工作的意见》序言。

坚持保基本、可持续、重公正、求实效的方针,进一步完善法规政策,健全工作机制,严格规范管理,加强能力建设,努力构建标准科学、对象准确、待遇公正、进出有序的最低生活保障工作格局,不断提高最低生活保障制度的科学性和执行力,切实维护困难群众基本生活权益。(2)基本原则。①坚持应保尽保。把保障困难群众基本生活放到更加突出的位置,落实政府责任,加大政府投入,加强部门协作,强化监督问责,确保把所有符合条件的困难群众全部纳入最低生活保障范围。②坚持公平公正。健全最低生活保障法规制度,完善程序规定,畅通城乡居民的参与渠道,加大政策信息公开力度,做到审批过程公开透明,审批结果公平公正。③坚持动态管理。采取最低生活保障对象定期报告和管理审批机关分类复核相结合等方法,加强对最低生活保障对象的日常管理和服务,切实做到保障对象有进有出、补助水平有升有降。④坚持统筹兼顾。统筹城乡、区域和经济社会发展,做到最低生活保障标准与经济社会发展水平相适应,最低生活保障制度与其他社会保障制度相衔接,有效保障困难群众基本生活。①

3. 最低生活保障工作的政策措施。(1)完善最低生活保障对象认定条件。户籍状况、家庭收入和家庭财产是认定最低生活保障对象的三个基本条件。各地要根据当地情况,制定并向社会公布享受最低生活保障待遇的具体条件,形成完善的最低生活保障对象认定标准体系。同时,要明确核算和评估最低生活保障申请人家庭收入和家庭财产的具体办法,并对赡养、抚养、扶养义务人履行相关法定义务提出具体要求。科学制定最低生活保障标准,健全救助标准与物价上涨挂钩的联动机制,综合运用基本生活费用支出法、恩格尔系数法、消费支出比例法等测算方法,动态、适时调整最低生活保障标准,最低生活保障标准应低于最低工资标准;省级人民政府可根据区域经济社会发展情况,研究制定本行政区域内相对统一的区域标准,逐步缩小城乡差距、区域差距。(2)规范最低生活保障审核审批程序。①规范申请程序。凡认为符合条件的城乡居民都有权直接向其户籍所在地的乡镇人民政府(街道办事处)提出最低生活保障申请;乡镇人民政府(街道办事处)无正当理由,不得拒绝受理。受最低生活保障申请人委托,村(居)民委员会可以代为提交申请。申请最低生活保障要以家庭为单位,按规定提交相关材料,书面声明家庭收入和财产状况,并由申请人签字确认。②规范

---

① 《国务院关于进一步加强和改进最低生活保障工作的意见》第1条。

审核程序。乡镇人民政府(街道办事处)是审核最低生活保障申请的责任主体,在村(居)民委员会协助下,应当对最低生活保障申请家庭逐一入户调查,详细核查申请材料以及各项声明事项的真实性和完整性,并由调查人员和申请人签字确认。③规范民主评议。入户调查结束后,乡镇人民政府(街道办事处)应当组织村(居)民代表或者社区评议小组对申请人声明的家庭收入、财产状况以及入户调查结果的真实性进行评议。各地要健全完善最低生活保障民主评议办法,规范评议程序、评议方式、评议内容和参加人员。④规范审批程序。县级人民政府民政部门是最低生活保障审批的责任主体,在作出审批决定前,应当全面审查乡镇人民政府(街道办事处)上报的调查材料和审核意见(含民主评议结果),并按照不低于30%的比例入户抽查。有条件的地方,县级人民政府民政部门可邀请乡镇人民政府(街道办事处)、村(居)民委员会参与审批,促进审批过程的公开透明。严禁不经调查直接将任何群体或个人纳入最低生活保障范围。⑤规范公示程序。各地要严格执行最低生活保障审核审批公示制度,规范公示内容、公示形式和公示时限等。社区要设置统一的固定公示栏;乡镇人民政府(街道办事处)要及时公示入户调查、民主评议和审核结果,并确保公示的真实性和准确性;县级人民政府民政部门应当就最低生活保障对象的家庭成员、收入情况、保障金额等在其居住地长期公示,逐步完善面向公众的最低生活保障对象信息查询机制,并完善异议复核制度。公示中要注意保护最低生活保障对象的个人隐私,严禁公开与享受最低生活保障待遇无关的信息。⑥规范发放程序。各地要全面推行最低生活保障金社会化发放,按照财政国库管理制度将最低生活保障金直接支付到保障家庭账户,确保最低生活保障金足额、及时发放到位。(3)建立申请家庭经济状况核对机制。在强化入户调查、邻里访问、信函索证等调查手段基础上,加快建立跨部门、多层次、信息共享的救助申请家庭经济状况核对机制,健全完善工作机构和信息核对平台,确保最低生活保障等社会救助对象准确、高效、公正认定。经救助申请人及其家庭成员授权,公安、人力资源社会保障、住房城乡建设、金融、保险、工商、税务、住房公积金等部门和机构应当根据有关规定和最低生活保障等社会救助对象认定工作需要,及时向民政部门提供户籍、机动车、就业、保险、住房、存款、证券、个体工商户、纳税、公积金等方面的信息。民政部要会同有关部门研究制定具体的信息查询办法,并负责跨省(区、市)的信息查询工作。到"十二五"末,全国要基本建立救助申请家庭经济状况核对机制。

(4)加强最低生活保障对象动态管理。对已经纳入最低生活保障范围的救助对象,要采取多种方式加强管理服务,定期跟踪保障对象家庭变化情况,形成最低生活保障对象有进有出、补助水平有升有降的动态管理机制。各地要建立最低生活保障家庭人口、收入和财产状况定期报告制度,并根据报告情况分类、定期开展核查,将不再符合条件的及时退出保障范围。对于无生活来源、无劳动能力又无法定赡养、抚养、扶养义务人的"三无人员",可每年核查一次;对于短期内收入变化不大的家庭,可每半年核查一次;对于收入来源不固定、成员有劳动能力和劳动条件的最低生活保障家庭,原则上实行城市按月、农村按季核查。(5)健全最低生活保障工作监管机制。地方各级人民政府要将最低生活保障政策落实情况作为督查督办的重点内容,定期组织开展专项检查;民政部、财政部要会同有关部门对全国最低生活保障工作进行重点抽查。财政、审计、监察部门要加强对最低生活保障资金管理使用情况的监督检查,防止挤占、挪用、套取等违纪违法现象发生。建立最低生活保障经办人员和村(居)民委员会干部近亲属享受最低生活保障备案制度,县级人民政府民政部门要对备案的最低生活保障对象严格核查管理。充分发挥舆论监督的重要作用,对于媒体发现揭露的问题,应及时查处并公布处理结果。要通过政府购买服务等方式,鼓励社会组织参与、评估、监督最低生活保障工作,财政部门要通过完善相关政策给予支持。(6)建立健全投诉举报核查制度。各地要公开最低生活保障监督咨询电话,畅通投诉举报渠道,健全投诉举报核查制度。有条件的地方要以省为单位设置统一的举报投诉电话。要切实加强最低生活保障来信来访工作,推行专人负责、首问负责等制度。各级人民政府、县级以上人民政府民政部门应当自受理最低生活保障信访事项之日起 60 日内办结;信访人对信访事项处理意见不服的,可以自收到书面答复之日起 30 日内请求原办理行政机关的上一级行政机关复查,收到复查请求的行政机关应当自收到复查请求之日起 30 日内提出复查意见,并予以书面答复;信访人对复查意见不服的,可以自收到书面答复之日起 30 日内向复查机关的上一级行政机关请求复核,收到复核请求的行政机关应当自收到复核请求之日起 30 日内提出复核意见;信访人对复核意见不服,仍以同一事实和理由提出信访请求的,不再受理,民政等部门要积极向信访人做好政策解释工作。民政部或者省级人民政府民政部门对最低生活保障重大信访事项或社会影响恶劣的违规违纪事件,可会同信访等相关部门直接督办。(7)加强最低生活保障与其他社会救助制度的有效衔接。①加快推进低收入家庭认定工作,为医疗救助、教育救助、住房保障等社会救助政策向低收入家庭拓展提供支撑;全面建立临时救助制度,有效解决低收入群众的突发性、临时性基本生活困难;做好最低生活保障与养老、医疗等社会保险制度的衔接工作。对最低生活保障家庭中的老年人、未成年人、重度残疾人、重病患者等重点救助对象,要采取多种措施提高其救助水平。鼓励机关、企事业单位、社会组织和个人积极开展扶贫帮困活动,形成慈善事业与社会救助的有效衔接。②完善城市最低生活保障与就业联动、农村最低生活保障与扶贫开发衔接机制,鼓励积极就业,加大对有劳动能力最低生活保障对象的就业扶持力度。劳动年龄内、有劳动能力、失业的城市困难群众,在申请最低生活保障时,应当先到当地公共就业服务机构办理失业登记;公共就业服务机构应当向登记失业的最低生活保障对象提供及时的就业服务和重点帮助;对实现就业的最低生活保障对象,在核算其家庭收入时,可以扣减必要的就业成本。①

4. 最低生活保障工作的政策措施落实。(1)加强能力建设。省级人民政府要切实加强最低生活保障工作能力建设,统筹研究制定按照保障对象数量等因素配备相应工作人员的具体办法和措施。地方各级人民政府要结合本地实际和全面落实最低生活保障制度的要求,科学整合县(市、区)、乡镇人民政府(街道办事处)管理机构及人力资源,充实加强基层最低生活保障工作力量,确保事有人管、责有人负。加强最低生活保障工作人员业务培训,保障工作场所、条件和待遇,不断提高最低生活保障管理服务水平。加快推进信息化建设,全面部署全国最低生活保障信息管理系统。(2)加强经费保障。省级财政要优化和调整支出结构,切实加大最低生活保障资金投入。中央财政最低生活保障补助资金重点向保障任务重、财政困难地区倾斜,在分配最低生活保障补助资金时,财政部要会同民政部研究"以奖代补"的办法和措施,对工作绩效突出地区给予奖励,引导各地进一步完善制度,加强管理。要切实保障基层工作经费,最低生活保障工作所需经费要纳入地方各级财政预算。基层最低生活保障工作经费不足的地区,省市级财政给予适当补助。(3)加强政策宣传。以党和政府对最低生活保障工作的有关要求以及认定条件、审核审批、补差发放、动态管理等政策规定为重点,深入开展最低生活保障政策宣传。利用广播、电视、网络等媒体和宣传栏、宣传

---

① 《国务院关于进一步加强和改进最低生活保障工作的意见》第2条。

册、明白纸等群众喜闻乐见的方式,不断提高最低生活保障信息公开的针对性、时效性和完整性。充分发挥新闻媒体的舆论引导作用,大力宣传最低生活保障在保障民生、维护稳定、促进和谐等方面的重要作用,引导公众关注、参与、支持最低生活保障工作,在全社会营造良好的舆论氛围。①

5. 最低生活保障工作的组织领导及管理责任。(1)加强组织领导。进一步完善政府领导、民政牵头、部门配合、社会参与的社会救助工作机制。建立由民政部牵头的社会救助部际联席会议制度,统筹做好最低生活保障与医疗、教育、住房等其他社会救助政策以及促进就业政策的协调发展和有效衔接,研究解决救助申请家庭经济状况核对等信息共享问题,督导推进社会救助体系建设。地方各级人民政府要将最低生活保障工作纳入重要议事日程,纳入经济社会发展总体规划,纳入科学发展考评体系,建立健全相应的社会救助协调工作机制,组织相关部门协力做好社会救助制度完善、政策落实和监督管理等各项工作。(2)落实管理责任。最低生活保障工作实行地方各级人民政府负责制,政府主要负责人对本行政区域最低生活保障工作负总责。县级以上地方各级人民政府要切实担负起最低生活保障政策制定、资金投入、工作保障和监督管理责任,乡镇人民政府(街道办事处)要切实履行最低生活保障申请受理、调查、评议和公示等审核职责,充分发挥包村干部的作用。各地要将最低生活保障政策落实情况纳入地方各级人民政府绩效考核,考核结果作为政府领导班子和相关领导干部综合考核评价的重要内容,作为干部选拔任用、管理监督的重要依据。民政部要会同财政部等部门研究建立最低生活保障工作绩效评价指标体系和评价办法,并组织开展对各省(区、市)最低生活保障工作的年度绩效评价。(3)强化责任追究。对因工作重视不够、管理不力、发生重大问题、造成严重社会影响的地方政府和部门负责人,以及在最低生活保障审核审批过程中滥用职权、玩忽职守、徇私舞弊、失职渎职的工作人员,要依纪依法追究责任。同时,各地要加大对骗取最低生活保障待遇人员查处力度,除追回骗取的最低生活保障金外,还要依法给予行政处罚;涉嫌犯罪的,移送司法机关处理。对无理取闹、采用威胁手段强行索要最低生活保障待遇的,公安机关要给予批评教育直至相关处罚。对于出具虚假证明材料的单位和个人,各地除按有关法律法规规定处理外,还应将有关信

---

① 《国务院关于进一步加强和改进最低生活保障工作的意见》第3条。

息记入征信系统。①

二、最低生活保障的审核确认

1. 最低生活保障审核确认的法律依据。(1)为规范最低生活保障审核确认工作,根据《社会救助暂行办法》、《中共中央办公厅、国务院办公厅印发〈关于改革完善社会救助制度的意见〉的通知》及国家相关规定,制定《最低生活保障审核确认办法》。② (2)省(自治区、直辖市)人民政府民政部门可以根据《最低生活保障审核确认办法》,结合本地实际,制定实施细则,并报民政部备案。③ (3)《最低生活保障审核确认办法》由民政部负责解释。④ (4)《最低生活保障审核确认办法》自2021年7月1日起施行,2012年12月12日民政部印发的《最低生活保障审核审批办法(试行)》(民发〔2012〕220号)同时废止。⑤

2. 最低生活保障审核确认的职责分工。(1)县级以上地方人民政府民政部门应当加强本辖区内最低生活保障审核确认工作的规范管理和相关服务,促进最低生活保障工作公开、公平、公正。⑥ (2)县级人民政府民政部门负责最低生活保障的审核确认工作,乡镇人民政府(街道办事处)负责最低生活保障的受理、初审工作。村(居)民委员会协助做好相关工作。有条件的地方可按程序将最低生活保障审核确认权限下放至乡镇人民政府(街道办事处),县级民政部门加强监督指导。⑦

3. 最低生活保障的申请和受理。(1)最低生活保障的申请。①共同生活的家庭成员的申请。第一,申请人的确定。申请最低生活保障以家庭为单位,由申请家庭确定一名共同生活的家庭成员作为申请人,向户籍所在地乡镇人民政府(街道办事处)提出书面申请;实施网上申请受理的地方,可以通过互联网提出申请。⑧ 第二,申请地的确定。共同生活的家庭成员户籍所在地不在同一省(自治区、直辖市)的,可以由其中一个户籍所在地与经常居住地一致的家庭成员向其

---

① 《国务院关于进一步加强和改进最低生活保障工作的意见》第4条。
② 《最低生活保障审核确认办法》第1条。
③ 《最低生活保障审核确认办法》第40条。
④ 《最低生活保障审核确认办法》第41条。
⑤ 《最低生活保障审核确认办法》第42条。
⑥ 《最低生活保障审核确认办法》第3条。
⑦ 《最低生活保障审核确认办法》第2条。
⑧ 《最低生活保障审核确认办法》第4条。

户籍所在地提出申请;共同生活的家庭成员户籍所在地与经常居住地均不一致的,可由任一家庭成员向其户籍所在地提出申请。最低生活保障审核确认、资金发放等工作由申请受理地县级人民政府民政部门和乡镇人民政府(街道办事处)负责,其他有关县级人民政府民政部门和乡镇人民政府(街道办事处)应当配合做好相关工作。共同生活的家庭成员户籍所在地在同一省(自治区、直辖市)但不在同一县(市、区、旗)的,最低生活保障的申请受理、审核确认等工作按照各省(自治区、直辖市)有关规定执行。有条件的地区可以有序推进持有居住证人员在居住地申办最低生活保障。① ②委托申请。共同生活的家庭成员申请有困难的,可以委托村(居)民委员会或者其他人代为提出申请。委托申请的,应当办理相应委托手续。乡镇人民政府(街道办事处)、村(居)民委员会在工作中发现困难家庭可能符合条件,但是未申请最低生活保障的,应当主动告知其共同生活的家庭成员相关政策。② 其中,共同生活的家庭成员包括:第一,配偶;第二,未成年子女;第三,已成年但不能独立生活的子女,包括在校接受全日制本科及以下学历教育的子女;第四,其他具有法定赡养、扶养、抚养义务关系并长期共同居住的人员。下列人员不计入共同生活的家庭成员:第一,连续3年以上(含3年)脱离家庭独立生活的宗教教职人员;第二,在监狱内服刑、在戒毒所强制隔离戒毒或者宣告失踪人员;第三,省级人民政府民政部门根据本条原则和有关程序认定的其他人员。③ ③单独申请。符合下列情形之一的人员,可以单独提出申请:第一,最低生活保障边缘家庭中持有中华人民共和国残疾人证的一级、二级重度残疾人和三级智力残疾人、三级精神残疾人;第二,最低生活保障边缘家庭中患有当地有关部门认定的重特大疾病的人员;第三,脱离家庭、在宗教场所居住3年以上(含3年)的生活困难的宗教教职人员;第四,县级以上人民政府民政部门规定的其他特殊困难人员。最低生活保障边缘家庭一般指不符合最低生活保障条件,家庭人均收入低于当地最低生活保障标准1.5倍,且财产状况符合相关规定的家庭。④ ④共同生活家庭成员申请义务。申请最低生活保障,共同生活的家庭成员应当履行以下义务:第一,按规定提交相关申请材料;第二,承诺所提供的信息真

---

① 《最低生活保障审核确认办法》第5条。
② 《最低生活保障审核确认办法》第6条。
③ 《最低生活保障审核确认办法》第7条。
④ 《最低生活保障审核确认办法》第8条。

实、完整;第三,履行授权核对其家庭经济状况的相关手续;第四,积极配合开展家庭经济状况调查。①(2)最低生活保障的受理。①材料审查。乡镇人民政府(街道办事处)应当对提交的材料进行审查,材料齐备的,予以受理;材料不齐备的,应当一次性告知补齐所有规定材料;可以通过国家或地方政务服务平台查询获取的相关材料,不再要求重复提交。②②登记备案。对于已经受理的最低生活保障家庭申请,共同生活家庭成员与最低生活保障经办人员或者村(居)民委员会成员有近亲属关系的,乡镇人民政府(街道办事处)应当单独登记备案。③

4. 最低生活保障的家庭经济状况调查。(1)家庭经济状况调查的界定。家庭经济状况指共同生活家庭成员拥有的全部家庭收入和家庭财产。④ 其中,家庭收入指共同生活的家庭成员在规定期限内获得的全部现金及实物收入。主要包括:①工资性收入。工资性收入指就业人员通过各种途径得到的全部劳动报酬和各种福利并扣除必要的就业成本,包括因任职或者受雇而取得的工资、薪金、奖金、劳动分红、津贴、补贴以及与任职或者受雇有关的其他所得等。②经营净收入。经营净收入指从事生产经营及有偿服务活动所获得全部经营收入扣除经营费用、生产性固定资产折旧和生产税之后得到的收入。包括从事种植、养殖、采集及加工等农林牧渔业的生产收入,从事工业、建筑业、手工业、交通运输业、批发和零售贸易业、餐饮业、文教卫生业和社会服务业等经营及有偿服务活动的收入等。③财产净收入。财产净收入指出让动产和不动产,或将动产和不动产交由其他机构、单位或个人使用并扣除相关费用之后得到的收入,包括储蓄存款利息、有价证券红利、储蓄性保险投资以及其他股息和红利等收入,集体财产收入分红和其他动产收入,以及转租承包土地经营权、出租或者出让房产以及其他不动产收入等。④转移净收入。转移净收入指转移性收入扣减转移性支出之后的收入。其中,转移性收入指国家、机关企事业单位、社会组织对居民的各种经常性转移支付和居民之间的经常性收入转移,包括赡养(抚养、扶养)费、离退休金、失业保险金、遗属补助金、赔偿收入、接受捐赠(赠送)收入等;转移性支出指居民对国家、企事业单位、社会组织、居民的经常性转移支出,包括缴纳的税款、

---

① 《最低生活保障审核确认办法》第9条。
② 《最低生活保障审核确认办法》第10条。
③ 《最低生活保障审核确认办法》第11条。
④ 《最低生活保障审核确认办法》第12条。

各项社会保障支出、赡养支出以及其他经常性转移支出等。⑤其他应当计入家庭收入的项目。下列收入不计入家庭收入：①国家规定的优待抚恤金、计划生育奖励与扶助金、奖学金、见义勇为等奖励性补助；②政府发放的各类社会救助款物；③"十四五"期间，中央确定的城乡居民基本养老保险基础养老金；④设区的市级以上地方人民政府规定的其他收入。对于共同生活的家庭成员因残疾、患重病等增加的刚性支出、必要的就业成本等，在核算家庭收入时可按规定适当扣减。① 家庭财产指共同生活的家庭成员拥有的全部动产和不动产。动产主要包括银行存款、证券、基金、商业保险、债权、互联网金融资产以及车辆等。不动产主要包括房屋、林木等定着物。对于维持家庭生产生活的必需财产，可以在认定家庭财产状况时予以豁免。② （2）家庭经济状况调查工作。①家庭经济状况调查的启动。乡镇人民政府（街道办事处）应当自受理最低生活保障申请之日起3个工作日内，启动家庭经济状况调查工作。调查可以通过入户调查、邻里访问、信函索证或者提请县级人民政府民政部门开展家庭经济状况信息核对等方式进行。共同生活家庭成员经常居住地与户籍所在地不一致的，经常居住地县级人民政府民政部门和乡镇人民政府（街道办事处）应当配合开展家庭经济状况调查、动态管理等相关工作。③ ②家庭经济状况的调查核实。乡镇人民政府（街道办事处）可以在村（居）民委员会协助下，通过下列方式对申请家庭的经济状况和实际生活情况予以调查核实。每组调查人员不得少于2人。第一，入户调查。调查人员到申请家庭中了解家庭收入、财产情况和吃、穿、住、用等实际生活情况。入户调查结束后，调查人员应当填写入户调查表，并由调查人员和在场的共同生活家庭成员分别签字。第二，邻里访问。调查人员到申请家庭所在村（居）民委员会和社区，走访了解其家庭收入、财产和实际生活状况。第三，信函索证。调查人员以信函等方式向相关单位和部门索取有关佐证材料。第四，其他调查方式。发生重大突发事件时，前款规定的入户调查、邻里访问程序可以采取电话、视频等非接触方式进行。④ ③家庭经济状况调查的核对及评估。县级人民政府民政部门应当在收到乡镇人民政府（街道办事处）对家庭经济状况进行信息核对

---

① 《最低生活保障审核确认办法》第13条。
② 《最低生活保障审核确认办法》第14条。
③ 《最低生活保障审核确认办法》第15条。
④ 《最低生活保障审核确认办法》第16条。

提请后3个工作日内,启动信息核对程序,根据工作需要,依法依规查询共同生活家庭成员的户籍、纳税记录、社会保险缴纳、不动产登记、市场主体登记、住房公积金缴纳、车船登记,以及银行存款、商业保险、证券、互联网金融资产等信息。县级人民政府民政部门可以根据当地实际情况,通过家庭用水、用电、燃气、通信等日常生活费用支出,以及是否存在高收费学校就读(含入托、出国留学)、出国旅游等情况,对家庭经济状况进行辅助评估。① 经家庭经济状况信息核对,不符合条件的最低生活保障申请,乡镇人民政府(街道办事处)应当及时告知申请人。申请人有异议的,应当提供相关佐证材料;乡镇人民政府(街道办事处)应当组织开展复查。②

5. 家庭经济状况的审核确认。(1)家庭经济状况调查的初审意见及其报送。乡镇人民政府(街道办事处)应当根据家庭经济状况调查核实情况,提出初审意见,并在申请家庭所在村、社区进行公示。公示期为7天。公示期满无异议的,乡镇人民政府(街道办事处)应当及时将申请材料、家庭经济状况调查核实结果、初审意见等相关材料报送县级人民政府民政部门。公示有异议的,乡镇人民政府(街道办事处)应当对申请家庭的经济状况重新组织调查或者开展民主评议。调查或者民主评议结束后,乡镇人民政府(街道办事处)应当重新提出初审意见,连同申请材料、家庭经济状况调查核实结果等相关材料报送县级人民政府民政部门。③ (2)家庭经济状况调查的审核确认意见。①县级人民政府民政部门应当自收到乡镇人民政府(街道办事处)上报的申请材料、家庭经济状况调查核实结果和初审意见等材料后10个工作日内,提出审核确认意见。对单独登记备案或者在审核确认阶段接到投诉、举报的最低生活保障申请,县级人民政府民政部门应当入户调查。④ ②最低生活保障审核确认工作应当自受理之日起30个工作日之内完成;特殊情况下,可以延长至45个工作日。⑤ (3)最低生活保障金。①最低生活保障金的发放。第一,县级人民政府民政部门经审核,对符合条件的申请予以确认同意,同时确定救助金额,发放最低生活保障证或确认通知书,并从作出

---

① 《最低生活保障审核确认办法》第17条。
② 《最低生活保障审核确认办法》第18条。
③ 《最低生活保障审核确认办法》第19条。
④ 《最低生活保障审核确认办法》第20条。
⑤ 《最低生活保障审核确认办法》第22条。

确认同意决定之日下月起发放最低生活保障金。对不符合条件的申请不予确认同意,并应当在作出决定3个工作日内,通过乡镇人民政府(街道办事处)书面告知申请人并说明理由。① 第二,最低生活保障金原则上实行社会化发放,通过银行、信用社等代理金融机构,按月支付到最低生活保障家庭的账户。② ②最低生活保障金的计算。最低生活保障金可以按照审核确定的申请家庭人均收入与当地最低生活保障标准的实际差额计算;也可以根据申请家庭困难程度和人员情况,采取分档方式计算。③ (4)家庭经济状况审核确认的其他规则。①信息公布。县级人民政府民政部门应当在最低生活保障家庭所在村、社区公布最低生活保障申请人姓名、家庭成员数量、保障金额等信息。信息公布应当依法保护个人隐私,不得公开无关信息。④ ②最低生活保障金的银行存折或银行卡保管的协议及备案。乡镇人民政府(街道办事处)或者村(居)民委会相关工作人员代为保管用于领取最低生活保障金的银行存折或银行卡的,应当与最低生活保障家庭成员签订书面协议并报县级人民政府民政部门备案。⑤ ③必要的生活保障。对获得最低生活保障后生活仍有困难的老年人、未成年人、重度残疾人和重病患者,县级以上地方人民政府应当采取必要措施给予生活保障。⑥ ④最低生活保障纳入的禁止。未经申请受理、家庭经济状况调查、审核确认等程序,不得将任何家庭或者个人直接纳入最低生活保障范围。⑦

  6. 最低生活保障审核确认的管理和监督。(1)最低生活保障家庭及成员的法定义务。①应配合审核确认工作。共同生活的家庭成员无正当理由拒不配合最低生活保障审核确认工作的,县级人民政府民政部门和乡镇人民政府(街道办事处)可以终止审核确认程序。⑧ ②家庭状况变化的告知义务。最低生活保障家庭的人口状况、收入状况和财产状况发生变化的,应当及时告知乡镇人民政府(街道办事处)。⑨ ③积极就业的义务。第一,鼓励具备就业能力的最低生活保障

---

① 《最低生活保障审核确认办法》第21条。
② 《最低生活保障审核确认办法》第25条。
③ 《最低生活保障审核确认办法》第23条。
④ 《最低生活保障审核确认办法》第24条。
⑤ 《最低生活保障审核确认办法》第26条。
⑥ 《最低生活保障审核确认办法》第27条。
⑦ 《最低生活保障审核确认办法》第28条。
⑧ 《最低生活保障审核确认办法》第29条。
⑨ 《最低生活保障审核确认办法》第30条。

家庭成员积极就业。对就业后家庭人均收入超过当地最低生活保障标准的最低生活保障家庭,县级人民政府民政部门可以给予一定时间的渐退期。① 第二,最低生活保障家庭中有就业能力但未就业的成员,应当接受人力资源社会保障等有关部门介绍的工作;无正当理由,连续3次拒绝接受介绍的与其健康状况、劳动能力等相适应的工作的,县级人民政府民政部门应当决定减发或者停发其本人的最低生活保障金。② (2)人民政府等的法定义务。①核查义务。第一,定期核查。乡镇人民政府(街道办事处)应当对最低生活保障家庭的经济状况定期核查,并根据核查情况及时报县级人民政府民政部门办理最低生活保障金增发、减发、停发手续。对短期内经济状况变化不大的最低生活保障家庭,乡镇人民政府(街道办事处)每年核查一次;对收入来源不固定、家庭成员有劳动能力的最低生活保障家庭,每半年核查一次。核查期内最低生活保障家庭的经济状况没有明显变化的,不再调整最低生活保障金额度。发生重大突发事件时,前款规定的核查期限可以适当延长。③ 第二,最低生活保障举报的核查。县级以上地方人民政府民政部门和乡镇人民政府(街道办事处)对接到的实名举报,应当逐一核查,并及时向举报人反馈核查处理结果。④ ②符合法律程序义务。县级人民政府民政部门作出增发、减发、停发最低生活保障金决定,应当符合法定事由和规定程序;决定减发、停发最低生活保障金的,应当告知最低生活保障家庭成员并说明理由。⑤ ③监督检查义务。第一,县级以上人民政府民政部门应当加强对最低生活保障审核确认工作的监督检查,完善相关的监督检查制度。⑥ 第二,县级以上地方人民政府民政部门和乡镇人民政府(街道办事处)应当公开社会救助服务热线,受理咨询、举报和投诉,接受社会和群众对最低生活保障审核确认工作的监督。⑦ (3)最低生活保障的家庭成员的救济权。申请或者已经获得最低生活保障的家庭成员对于民政部门作出的具体行政行为不服的,可以依法申请行政复议

---

① 《最低生活保障审核确认办法》第33条。
② 《最低生活保障审核确认办法》第34条。
③ 《最低生活保障审核确认办法》第31条。
④ 《最低生活保障审核确认办法》第37条。
⑤ 《最低生活保障审核确认办法》第32条。
⑥ 《最低生活保障审核确认办法》第35条。
⑦ 《最低生活保障审核确认办法》第36条。

或者提起行政诉讼。① (4)从事最低生活保障工作人员的法律责任。从事最低生活保障工作的人员存在滥用职权、玩忽职守、徇私舞弊、失职渎职等行为的,应当依法依规追究相关责任。对秉持公心、履职尽责但因客观原因出现失误偏差且能够及时纠正的,依法依规免于问责。②

三、城市居民的最低生活保障

1. 城市居民最低生活保障的适用。(1)适用的法律。①为了规范城市居民最低生活保障制度,保障城市居民基本生活,制定《城市居民最低生活保障条例》。③ ②省、自治区、直辖市人民政府可以根据本条例,结合本行政区域城市居民最低生活保障工作的实际情况,规定实施的办法和步骤。④ ③《城市居民最低生活保障条例》自1999年10月1日起施行。⑤ (2)适用的人员。持有非农业户口的城市居民,凡共同生活的家庭成员人均收入低于当地城市居民最低生活保障标准的,均有从当地人民政府获得基本生活物质帮助的权利。前述收入,是指共同生活的家庭成员的全部货币收入和实物收入,包括法定赡养人、扶养人或者抚养人应当给付的赡养费、扶养费或者抚养费,不包括优抚对象按照国家规定享受的抚恤金、补助金。⑥ (3)适用原则。城市居民最低生活保障制度遵循保障城市居民基本生活的原则,坚持国家保障与社会帮扶相结合、鼓励劳动自救的方针。⑦

2. 城市居民最低生活保障的职责分工。城市居民最低生活保障制度实行地方各级人民政府负责制。县级以上地方各级人民政府民政部门具体负责本行政区域内城市居民最低生活保障的管理工作;财政部门按照规定落实城市居民最低生活保障资金;统计、物价、审计、劳动保障和人事等部门分工负责,在各自的职责范围内负责城市居民最低生活保障的有关工作。县级人民政府民政部门以及街道办事处和镇人民政府(以下统称管理审批机关)负责城市居民最低生活保障的具体管理审批工作。居民委员会根据管理审批机关的委托,可以承担城市

---

① 《最低生活保障审核确认办法》第38条。
② 《最低生活保障审核确认办法》第39条。
③ 《城市居民最低生活保障条例》第1条。
④ 《城市居民最低生活保障条例》第16条。
⑤ 《城市居民最低生活保障条例》第17条。
⑥ 《城市居民最低生活保障条例》第2条。
⑦ 《城市居民最低生活保障条例》第3条。

居民最低生活保障的日常管理、服务工作。国务院民政部门负责全国城市居民最低生活保障的管理工作。①

3. 城市居民最低生活保障的资金。(1)城市居民最低生活保障所需资金,由地方人民政府列入财政预算,纳入社会救济专项资金支出项目,专项管理,专款专用。国家鼓励社会组织和个人为城市居民最低生活保障提供捐赠、资助;所提供的捐赠资助,全部纳入当地城市居民最低生活保障资金。② (2)财政部门、审计部门依法监督城市居民最低生活保障资金的使用情况。③

4. 城市居民最低生活保障的标准。城市居民最低生活保障标准,按照当地维持城市居民基本生活所必需的衣、食、住费用,并适当考虑水电燃煤(燃气)费用以及未成年人的义务教育费用确定。直辖市、设区的市的城市居民最低生活保障标准,由市人民政府民政部门会同财政、统计、物价等部门制定,报本级人民政府批准并公布执行;县(县级市)的城市居民最低生活保障标准,由县(县级市)人民政府民政部门会同财政、统计、物价等部门制定,报本级人民政府批准并报上一级人民政府备案后公布执行。城市居民最低生活保障标准需要提高时,依照前两款的规定重新核定。④

5. 城市居民最低生活保障的申请。申请享受城市居民最低生活保障待遇,由户主向户籍所在地的街道办事处或者镇人民政府提出书面申请,并出具有关证明材料,填写《城市居民最低生活保障待遇审批表》。城市居民最低生活保障待遇,由其所在地的街道办事处或者镇人民政府初审,并将有关材料和初审意见报送县级人民政府民政部门审批。管理审批机关为审批城市居民最低生活保障待遇的需要,可以通过入户调查、邻里访问以及信函索证等方式对申请人的家庭经济状况和实际生活水平进行调查核实。申请人及有关单位、组织或者个人应当接受调查,如实提供有关情况。⑤

6. 城市居民最低生活保障的审查及批准。县级人民政府民政部门经审查,对符合享受城市居民最低生活保障待遇条件的家庭,应当区分下列不同情况批

---

① 《城市居民最低生活保障条例》第4条。
② 《城市居民最低生活保障条例》第5条。
③ 《城市居民最低生活保障条例》第12条。
④ 《城市居民最低生活保障条例》第6条。
⑤ 《城市居民最低生活保障条例》第7条。

准其享受城市居民最低生活保障待遇:(1)对无生活来源、无劳动能力又无法定赡养人、扶养人或者抚养人的城市居民,批准其按照当地城市居民最低生活保障标准全额享受;(2)对尚有一定收入的城市居民,批准其按照家庭人均收入低于当地城市居民最低生活保障标准的差额享受。县级人民政府民政部门经审查,对不符合享受城市居民最低生活保障待遇条件的,应当书面通知申请人,并说明理由。管理审批机关应当自接到申请人提出申请之日起的30日内办结审批手续。城市居民最低生活保障待遇由管理审批机关以货币形式按月发放;必要时,也可以给付实物。①

7. 城市居民最低生活保障的待遇。(1)待遇的公布。对经批准享受城市居民最低生活保障待遇的城市居民,由管理审批机关采取适当形式以户为单位予以公布,接受群众监督。任何人对不符合法定条件而享受城市居民最低生活保障待遇的,都有权向管理审批机关提出意见;管理审批机关经核查,对情况属实的,应当予以纠正。② (2)待遇的执行及核查。享受城市居民最低生活保障待遇的城市居民家庭人均收入情况发生变化的,应当及时通过居民委员会告知管理审批机关,办理停发、减发或者增发城市居民最低生活保障待遇的手续。管理审批机关应当对享受城市居民最低生活保障待遇的城市居民的家庭收入情况定期进行核查。在就业年龄内有劳动能力但尚未就业的城市居民,在享受城市居民最低生活保障待遇期间,应当参加其所在的居民委员会组织的公益性社区服务劳动。③ (3)必要的扶持和照顾。地方各级人民政府及其有关部门,应当对享受城市居民最低生活保障待遇的城市居民在就业、从事个体经营等方面给予必要的扶持和照顾。④

8. 城市居民最低生活保障相关法律责任。(1)最低生活保障管理审批工作的人员的法律责任。从事城市居民最低生活保障管理审批工作的人员有下列行为之一的,给予批评教育,依法给予行政处分;构成犯罪的,依法追究刑事责任:①对符合享受城市居民最低生活保障待遇条件的家庭拒不签署同意享受城市居民最低生活保障待遇意见的,或者对不符合享受城市居民最低生活保障待遇条

---

① 《城市居民最低生活保障条例》第8条。
② 《城市居民最低生活保障条例》第9条。
③ 《城市居民最低生活保障条例》第10条。
④ 《城市居民最低生活保障条例》第11条。

件的家庭故意签署同意享受城市居民最低生活保障待遇意见的;②玩忽职守、徇私舞弊,或者贪污、挪用、扣压、拖欠城市居民最低生活保障款物的。① (2)享受最低生活保障待遇的城市居民的法律责任。享受城市居民最低生活保障待遇的城市居民有下列行为之一的,由县级人民政府民政部门给予批评教育或者警告,追回其冒领的城市居民最低生活保障款物;情节恶劣的,处冒领金额1倍以上3倍以下的罚款:①采取虚报、隐瞒、伪造等手段,骗取享受城市居民最低生活保障待遇的;②在享受城市居民最低生活保障待遇期间家庭收入情况好转,不按规定告知管理审批机关,继续享受城市居民最低生活保障待遇的。②

9. 城市居民最低生活保障的法律救济。城市居民对县级人民政府民政部门作出的不批准享受城市居民最低生活保障待遇或者减发、停发城市居民最低生活保障款物的决定或者给予的行政处罚不服的,可以依法申请行政复议;对复议决定仍不服的,可以依法提起行政诉讼。③

四、农村的最低生活保障

1. 建立农村最低生活保障制度的重要意义。(1)为贯彻落实党的十六届六中全会精神,切实解决农村贫困人口的生活困难,国务院决定,2007年在全国建立农村最低生活保障制度。④ (2)改革开放以来,我国经济持续快速健康发展,党和政府高度重视"三农"工作,不断加大扶贫开发和社会救助工作力度,农村贫困人口数量大幅减少。但是,仍有部分贫困人口尚未解决温饱问题,需要政府给予必要的救助,以保障其基本生活,并帮助其中有劳动能力的人积极劳动脱贫致富。党的十六大以来,部分地区根据中央部署,积极探索建立农村最低生活保障制度,为全面解决农村贫困人口的基本生活问题打下了良好基础。在全国建立农村最低生活保障制度,是践行"三个代表"重要思想、落实科学发展观和构建社会主义和谐社会的必然要求,是解决农村贫困人口温饱问题的重要举措,也是建立覆盖城乡的社会保障体系的重要内容。做好这一工作,对于促进农村经济社会发展,逐步缩小城乡差距,维护社会公平具有重要意义。各地区、各部门要充分认识建立农村最低生活保障制度的重要性,将其作为社会主义新农村建设的

---

① 《城市居民最低生活保障条例》第13条。
② 《城市居民最低生活保障条例》第14条。
③ 《城市居民最低生活保障条例》第15条。
④ 《国务院关于在全国建立农村最低生活保障制度的通知》序言。

一项重要任务,高度重视,扎实推进。①

2. 建立农村最低生活保障制度的目标和总体要求。建立农村最低生活保障制度的目标是:通过在全国范围建立农村最低生活保障制度,将符合条件的农村贫困人口全部纳入保障范围,稳定、持久、有效地解决全国农村贫困人口的温饱问题。建立农村最低生活保障制度,实行地方人民政府负责制,按属地进行管理。各地要从当地农村经济社会发展水平和财力状况的实际出发,合理确定保障标准和对象范围。同时,要做到制度完善、程序明确、操作规范、方法简便,保证公开、公平、公正。要实行动态管理,做到保障对象有进有出,补助水平有升有降。要与扶贫开发、促进就业以及其他农村社会保障政策、生活性补助措施相衔接,坚持政府救济与家庭赡养扶养、社会互助、个人自立相结合,鼓励和支持有劳动能力的贫困人口生产自救,脱贫致富。②

3. 确定农村最低生活保障标准和对象范围。农村最低生活保障标准由县级以上地方人民政府按照能够维持当地农村居民全年基本生活所必需的吃饭、穿衣、用水、用电等费用确定,并报上一级地方人民政府备案后公布执行。农村最低生活保障标准要随着当地生活必需品价格变化和人民生活水平提高适时进行调整。农村最低生活保障对象是家庭年人均纯收入低于当地最低生活保障标准的农村居民,主要是因病残、年老体弱、丧失劳动能力以及生存条件恶劣等原因造成生活常年困难的农村居民。③

4. 农村最低生活保障管理。农村最低生活保障的管理既要严格规范,又要从农村实际出发,采取简便易行的方法。(1)申请、审核和审批。申请农村最低生活保障,一般由户主本人向户籍所在地的乡(镇)人民政府提出申请;村民委员会受乡(镇)人民政府委托,也可受理申请。受乡(镇)人民政府委托,在村党组织的领导下,村民委员会对申请人开展家庭经济状况调查、组织村民会议或村民代表会议民主评议后提出初步意见,报乡(镇)人民政府;乡(镇)人民政府审核后,报县级人民政府民政部门审批。乡(镇)人民政府和县级人民政府民政部门要核查申请人的家庭收入,了解其家庭财产、劳动力状况和实际生活水平,并结合村民民主评议,提出审核、审批意见。在核算申请人家庭收入时,申请人家庭按国

---

① 《国务院关于在全国建立农村最低生活保障制度的通知》第1条。
② 《国务院关于在全国建立农村最低生活保障制度的通知》第2条。
③ 《国务院关于在全国建立农村最低生活保障制度的通知》第3条。

家规定所获得的优待抚恤金、计划生育奖励与扶助金以及教育、见义勇为等方面的奖励性补助,一般不计入家庭收入,具体核算办法由地方人民政府确定。(2)民主公示。村民委员会、乡(镇)人民政府以及县级人民政府民政部门要及时向社会公布有关信息,接受群众监督。公示的内容重点为:最低生活保障对象的申请情况和对最低生活保障对象的民主评议意见,审核、审批意见,实际补助水平等情况。对公示没有异议的,要按程序及时落实申请人的最低生活保障待遇;对公示有异议的,要进行调查核实,认真处理。(3)资金发放。最低生活保障金原则上按照申请人家庭年人均纯收入与保障标准的差额发放,也可以在核查申请人家庭收入的基础上,按照其家庭的困难程度和类别,分档发放。要加快推行国库集中支付方式,通过代理金融机构直接、及时地将最低生活保障金支付到最低生活保障对象账户。(4)动态管理。乡(镇)人民政府和县级人民政府民政部门要采取多种形式,定期或不定期调查了解农村困难群众的生活状况,及时将符合条件的困难群众纳入保障范围;并根据其家庭经济状况的变化,及时按程序办理停发、减发或增发最低生活保障金的手续。保障对象和补助水平变动情况都要及时向社会公示。[①]

5. 农村最低生活保障资金的落实。农村最低生活保障资金的筹集以地方为主,地方各级人民政府要将农村最低生活保障资金列入财政预算,省级人民政府要加大投入。地方各级人民政府民政部门要根据保障对象人数等提出资金需求,经同级财政部门审核后列入预算。中央财政对财政困难地区给予适当补助。地方各级人民政府及其相关部门要统筹考虑农村各项社会救助制度,合理安排农村最低生活保障资金,提高资金使用效益。同时,鼓励和引导社会力量为农村最低生活保障提供捐赠和资助。农村最低生活保障资金实行专项管理,专账核算,专款专用,严禁挤占挪用。[②]

6. 农村最低生活保障制度的顺利的领导实施。在全国建立农村最低生活保障制度,是一项重大而又复杂的系统性工作。地方各级人民政府要高度重视,将其纳入政府工作的重要议事日程,加强领导,明确责任,统筹协调,抓好落实。要精心设计制度方案,周密组织实施。各省、自治区、直辖市人民政府制订和修订

[①] 《国务院关于在全国建立农村最低生活保障制度的通知》第4条。
[②] 《国务院关于在全国建立农村最低生活保障制度的通知》第5条。

的方案,要报民政部、财政部备案。已建立农村最低生活保障制度的,要进一步完善制度,规范操作,努力提高管理水平;尚未建立农村最低生活保障制度的,要抓紧建章立制,在今年内把最低生活保障制度建立起来并组织实施。要加大政策宣传力度,利用广播、电视、报刊、互联网等媒体,做好宣传普及工作,使农村最低生活保障政策进村入户、家喻户晓。要加强协调与配合,各级民政部门要发挥职能部门作用,建立健全各项规章制度,推进信息化建设,不断提高规范化、制度化、科学化管理水平;财政部门要落实资金,加强对资金使用和管理的监督;扶贫部门要密切配合、搞好衔接,在最低生活保障制度实施后,仍要坚持开发式扶贫的方针,扶持有劳动能力的贫困人口脱贫致富。要做好新型农村合作医疗和农村医疗救助工作,防止因病致贫或返贫。要加强监督检查,县级以上地方人民政府及其相关部门要定期组织检查或抽查,对违法违纪行为及时纠正处理,对工作成绩突出的予以表彰,并定期向上一级人民政府及其相关部门报告工作进展情况。各省、自治区、直辖市人民政府要于每年年底前,将农村最低生活保障制度实施情况报告国务院。农村最低生活保障工作涉及面广、政策性强、工作量大,地方各级人民政府在推进农村综合改革,加强农村公共服务能力建设的过程中,要统筹考虑建立农村最低生活保障制度的需要,科学整合县乡管理机构及人力资源,合理安排工作人员和工作经费,切实加强工作力量,提供必要的工作条件,逐步实现低保信息化管理,努力提高管理和服务质量,确保农村最低生活保障制度顺利实施和不断完善。①

第二节　住房公积金

住房公积金,是指国家机关、国有企业、城镇集体企业、外商投资企业、城镇私营企业及其他城镇企业、事业单位、民办非企业单位、社会团体及其在职职工缴存的长期住房储金。

---

① 《国务院关于在全国建立农村最低生活保障制度的通知》第6条。

一、住房公积金的一般规则

(一)《住房公积金管理条例》

1.《住房公积金管理条例》的制定目的。为了加强对住房公积金的管理,维护住房公积金所有者的合法权益,促进城镇住房建设,提高城镇居民的居住水平,制定《住房公积金管理条例》。[1]

2.《住房公积金管理条例》的适用范围。《住房公积金管理条例》适用于中华人民共和国境内住房公积金的缴存、提取、使用、管理和监督。《住房公积金管理条例》所称住房公积金,是指国家机关、国有企业、城镇集体企业、外商投资企业、城镇私营企业及其他城镇企业、事业单位、民办非企业单位、社会团体(以下统称单位)及其在职职工缴存的长期住房储金。[2]

(二)住房公积金

1. 住房公积金的所有人。职工个人缴存的住房公积金和职工所在单位为职工缴存的住房公积金,属于职工个人所有。[3]

2. 住房公积金的管理原则。住房公积金的管理实行住房公积金管理委员会决策、住房公积金管理中心运作、银行专户存储、财政监督的原则。[4]

3. 住房公积金的使用。住房公积金应当用于职工购买、建造、翻建、大修自住住房,任何单位和个人不得挪作他用。[5]

4. 住房公积金的存贷利率。住房公积金的存、贷利率由中国人民银行提出,经征求国务院建设行政主管部门的意见后,报国务院批准。[6]

5. 住房公积金的管理、核算办法。住房公积金财务管理和会计核算的办法,由国务院财政部门商国务院建设行政主管部门制定。[7]

6. 住房公积金的贷款。(1)贷款的申请。①职工购买、建造、翻建和大修自住住房需申请个人住房贷款的,受委托银行应当首先提供住房公积金贷款。管

---

[1] 《住房公积金管理条例》第1条。
[2] 《住房公积金管理条例》第2条。
[3] 《住房公积金管理条例》第3条。
[4] 《住房公积金管理条例》第4条。
[5] 《住房公积金管理条例》第5条。
[6] 《住房公积金管理条例》第6条。
[7] 《住房公积金管理条例》第45条。

理中心或者受委托银行要一次性告知职工需要提交的文件和资料,职工按要求提交文件资料后,应当在 15 个工作日内办完贷款手续。15 日内未办完手续的,经管理中心负责人批准,可以延长 5 个工作日,并应当将延长期限的理由告知申请人。职工还清贷款前,不得再次申请住房公积金贷款。① ②职工在缴存住房公积金所在地以外的设区城市购买自住住房的,可以向住房所在地管理中心申请住房公积金贷款,缴存住房公积金所在地管理中心要积极协助提供职工缴存住房公积金证明,协助调查还款能力和个人信用等情况。② ③进城务工人员、城镇个体工商户和自由职业人员购买自住住房时,可按规定申请住房公积金贷款。③ (2)贷款的审查(核)。管理中心和受委托银行应按照委托贷款协议的规定,严格审核借款人身份、还款能力和个人信用,以及购建住房的合法性和真实性,加强对抵押物和保证人担保能力审查。要逐笔审批贷款,逐笔委托银行办理贷款手续。④ (3)贷款资金的划入。贷款资金应当划入售房单位(售房人)或者建房、修房承担方在银行开设的账户内,不得直接划入借款人账户或者支付现金给借款人。⑤ (4)贷款的代办。借款人委托他人或中介机构代办手续的,应当签订书面委托书。管理中心要建立借款人面谈制度,核实有关情况,指导借款人在借款合同、担保合同等有关文件上当面签字。⑥ (5)贷款最高额度的确定。各地要根据当地经济适用住房或者普通商品住房平均价格和居民家庭平均住房水平,拟订住房公积金贷款最高额度。职工个人贷款具体额度的确定,要综合考虑购建住房价格、借款人还款能力及其住房公积金账户存储余额等因素。⑦ (6)贷款的使用。职工使用个人住房贷款(包括商业性贷款和住房公积金贷款)的,职工本人及其配偶可按规定提取住房公积金账户内的余额,用于偿还贷款本息。每次提取额不得超过当期应还款付息额,提前还款的提取额不得超过住房公积金贷款余额。⑧

---

① 《建设部、财政部、中国人民银行〈关于住房公积金管理若干具体问题〉的指导意见》第 13 条。
② 《建设部、财政部、中国人民银行〈关于住房公积金管理若干具体问题〉的指导意见》第 20 条第 1 款。
③ 《建设部、财政部、中国人民银行〈关于住房公积金管理若干具体问题〉的指导意见》第 14 条。
④ 《建设部、财政部、中国人民银行〈关于住房公积金管理若干具体问题〉的指导意见》第 15 条。
⑤ 《建设部、财政部、中国人民银行〈关于住房公积金管理若干具体问题〉的指导意见》第 16 条。
⑥ 《建设部、财政部、中国人民银行〈关于住房公积金管理若干具体问题〉的指导意见》第 17 条。
⑦ 《建设部、财政部、中国人民银行〈关于住房公积金管理若干具体问题〉的指导意见》第 18 条。
⑧ 《建设部、财政部、中国人民银行〈关于住房公积金管理若干具体问题〉的指导意见》第 19 条。

二、住房公积金的主管机构及其职责

（一）住房公积金的机构

1. 住房公积金的决策机构。直辖市和省、自治区人民政府所在地的市以及其他设区的市（地、州、盟），应当设立住房公积金管理委员会，作为住房公积金管理的决策机构。住房公积金管理委员会的成员中，人民政府负责人和建设、财政、人民银行等有关部门负责人以及有关专家占1/3，工会代表和职工代表占1/3，单位代表占1/3。住房公积金管理委员会主任应当由具有社会公信力的人士担任。①

2. 住房公积金的管理运作机构。直辖市和省、自治区人民政府所在地的市以及其他设区的市（地、州、盟）应当按照精简、效能的原则，设立一个住房公积金管理中心，负责住房公积金的管理运作。县（市）不设立住房公积金管理中心。前款规定的住房公积金管理中心可以在有条件的县（市）设立分支机构。住房公积金管理中心与其分支机构应当实行统一的规章制度，进行统一核算。住房公积金管理中心是直属城市人民政府的不以营利为目的的独立的事业单位。②

（二）住房公积金机构的职能

1. 住房公积金决策机构的职能。（1）住房公积金管理委员会在住房公积金管理方面履行下列职责：①依据有关法律、法规和政策，制定和调整住房公积金的具体管理措施，并监督实施；②根据《住房公积金管理条例》第18条的规定，拟订住房公积金的具体缴存比例；③确定住房公积金的最高贷款额度；④审批住房公积金归集、使用计划；⑤审议住房公积金增值收益分配方案；⑥审批住房公积金归集、使用计划执行情况的报告。③（2）住房公积金管理委员会应当按照中国人民银行的有关规定，指定受委托办理住房公积金金融业务的商业银行（以下简称受委托银行）。④

2. 住房公积金管理运作机构的职能。（1）住房公积金管理中心履行下列职责：①编制、执行住房公积金的归集、使用计划；②负责记载职工住房公积金的缴

---

① 《住房公积金管理条例》第8条。
② 《住房公积金管理条例》第10条。
③ 《住房公积金管理条例》第9条。
④ 《住房公积金管理条例》第12条。

存、提取、使用等情况;③负责住房公积金的核算;④审批住房公积金的提取、使用;⑤负责住房公积金的保值和归还;⑥编制住房公积金归集、使用计划执行情况的报告;⑦承办住房公积金管理委员会决定的其他事项。① (2)住房公积金管理中心应当委托受委托银行办理住房公积金贷款、结算等金融业务和住房公积金账户的设立、缴存、归还等手续。住房公积金管理中心应当与受委托银行签订委托合同。②

三、住房公积金的缴存

(一)住房公积金缴存的账户

1. 住房公积金缴存账户的设立。住房公积金管理中心应当在受委托银行设立住房公积金专户。单位应当向住房公积金管理中心办理住房公积金缴存登记,并为本单位职工办理住房公积金账户设立手续。每个职工只能有一个住房公积金账户。住房公积金管理中心应当建立职工住房公积金明细账,记载职工个人住房公积金的缴存、提取等情况。③

2. 住房公积金账户缴存的代扣代缴。职工个人缴存的住房公积金,由所在单位每月从其工资中代扣代缴。单位应当于每月发放职工工资之日起5日内将单位缴存的和为职工代缴的住房公积金汇缴到住房公积金专户内,由受委托银行计入职工住房公积金账户。④

3. 存入住房公积金账户后的利息。住房公积金自存入职工住房公积金账户之日起按照国家规定的利率计息。⑤

4. 存入住房公积金账户后的有效凭证。住房公积金管理中心应当为缴存住房公积金的职工发放缴存住房公积金的有效凭证。⑥

5. 住房公积金账户(变更登记)的转移。(1)职工调动工作,原工作单位不按规定为职工办理住房公积金变更登记和账户转移手续的,职工可以向管理中

---

① 《住房公积金管理条例》第11条。
② 《住房公积金管理条例》第12条。
《住房和城乡建设部、财政部、中国人民银行、中国银行业监督管理委员会关于加强和改进住房公积金服务工作的通知》。
③ 《住房公积金管理条例》第13条。
④ 《住房公积金管理条例》第19条。
⑤ 《住房公积金管理条例》第21条。
⑥ 《住房公积金管理条例》第22条。

心投诉，或者凭有效证明材料，直接向管理中心申请办理账户转移手续。① （2）职工调动工作到另一设区城市的，调入单位为职工办理住房公积金账户设立手续后，新工作地的管理中心应当向原工作地管理中心出具新账户证明及个人要求转账的申请。原工作地管理中心向调出单位核实后，办理变更登记和账户转移手续；原账户已经封存的，可直接办理转移手续。账户转移原则上采取转账方式，不能转账的，也可以电汇或者信汇到新工作地的管理中心。调入单位未建立住房公积金制度的，原工作地管理中心可将职工账户暂时封存。②

（二）住房公积金缴存的月工资基数

缴存住房公积金的月工资基数，原则上不应超过职工工作地所在设区城市统计部门公布的上一年度职工月平均工资的2倍或3倍。具体标准由各地根据实际情况确定。职工月平均工资应按国家统计局规定列入工资总额统计的项目计算。③

（三）住房公积金缴存的登记

1. 新设立单位的住房公积金缴存登记。新设立的单位应当自设立之日起30日内向住房公积金管理中心办理住房公积金缴存登记，并自登记之日起20日内，为本单位职工办理住房公积金账户设立手续。单位合并、分立、撤销、解散或者破产的，应当自发生上述情况之日起30日内由原单位或者清算组织向住房公积金管理中心办理变更登记或者注销登记，并自办妥变更登记或者注销登记之日起20日内，为本单位职工办理住房公积金账户转移或者封存手续。④

2. 单位录用职工的住房公积金缴存的登记。单位录用职工的，应当自录用之日起30日内向住房公积金管理中心办理缴存登记，并办理职工住房公积金账户的设立或者转移手续。单位与职工终止劳动关系的，单位应当自劳动关系终止之日起30日内向住房公积金管理中心办理变更登记，并办理职工住房公积金账户转移或者封存手续。⑤

3.《住房公积金管理条例》实施前住房公积金缴存的登记。《住房公积金管

---

① 《建设部、财政部、中国人民银行〈关于住房公积金管理若干具体问题〉的指导意见》第11条。
② 《建设部、财政部、中国人民银行〈关于住房公积金管理若干具体问题〉的指导意见》第12条。
③ 《建设部、财政部、中国人民银行〈关于住房公积金管理若干具体问题〉的指导意见》第3条。
④ 《住房公积金管理条例》第14条。
⑤ 《住房公积金管理条例》第15条。

理条例》施行前尚未办理住房公积金缴存登记和职工住房公积金账户设立手续的单位,应当自《住房公积金管理条例》施行之日起60日内到住房公积金管理中心办理缴存登记,并到受委托银行办理职工住房公积金账户设立手续。①

(四)住房公积金缴存的比例

1. 住房公积金月缴存额的比例。(1)职工住房公积金的月缴存额为职工本人上一年度月平均工资乘以职工住房公积金缴存比例。单位为职工缴存的住房公积金的月缴存额为职工本人上一年度月平均工资乘以单位住房公积金缴存比例。②(2)国家机关、国有企业、城镇集体企业、外商投资企业、城镇私营企业及其他城镇企业、事业单位、民办非企业单位、社会团体(以下统称单位)及其在职职工,应当按《住房公积金管理条例》的规定缴存住房公积金。有条件的地方,城镇单位聘用进城务工人员,单位和职工可缴存住房公积金;城镇个体工商户、自由职业人员可申请缴存住房公积金,月缴存额的工资基数按照缴存人上一年度月平均纳税收入计算。③(3)各地要按照《住房公积金管理条例》规定,建立健全单位降低缴存比例或者缓缴住房公积金的审批制度,明确具体条件、需要提供的文件和办理程序。未经本单位职工代表大会或者工会讨论通过的,住房公积金管理委员会和住房公积金管理中心不得同意降低缴存比例或者缓缴。④

2. 新参加工作(新调入)职工住房公积金的月缴存额比例。新参加工作的职工从参加工作的第二个月开始缴存住房公积金,月缴存额为职工本人当月工资乘以职工住房公积金缴存比例。单位新调入的职工从调入单位发放工资之日起缴存住房公积金,月缴存额为职工本人当月工资乘以职工住房公积金缴存比例。⑤

3. 住房公积金月缴存额比例的限定。职工和单位住房公积金的缴存比例均不得低于职工上一年度月平均工资的5%;有条件的城市,可以适当提高缴存比例。具体缴存比例由住房公积金管理委员会拟订,经本级人民政府审核后,报

---

① 《住房公积金管理条例》第46条。
② 《住房公积金管理条例》第16条。
③ 《建设部、财政部、中国人民银行〈关于住房公积金管理若干具体问题〉的指导意见》第1条。
④ 《建设部、财政部、中国人民银行〈关于住房公积金管理若干具体问题〉的指导意见》第4条。
⑤ 《住房公积金管理条例》第17条。

省、自治区、直辖市人民政府批准。①

4. 单位住房公积金月缴存额比例的调整。单位应当按时、足额缴存住房公积金,不得逾期缴存或者少缴。对缴存住房公积金确有困难的单位,经本单位职工代表大会或者工会讨论通过,并经住房公积金管理中心审核,报住房公积金管理委员会批准后,可以降低缴存比例或者缓缴;待单位经济效益好转后,再提高缴存比例或者补缴缓缴。②

(五)住房公积金的补缴

1. 住房公积金补缴的情形及列明。单位发生合并、分立、撤消、破产、解散或者改制等情形的,应当为职工补缴以前欠缴(包括未缴和少缴)的住房公积金。单位合并、分立和改制时无力补缴住房公积金的,应当明确住房公积金缴存责任主体,才能办理合并、分立和改制等有关事项。新设立的单位,应当按照规定及时办理住房公积金缴存手续。③

2. 住房公积金补缴的数额。单位补缴住房公积金(包括单位自行补缴和人民法院强制补缴)的数额,可根据实际采取不同方式确定:单位从未缴存住房公积金的,原则上应当补缴自《住房公积金管理条例》发布之月起欠缴职工的住房公积金。单位未按照规定的职工范围和标准缴存住房公积金的,应当为职工补缴。单位不提供职工工资情况或者职工对提供的工资情况有异议的,管理中心可依据当地劳动部门、司法部门核定的工资,或所在设区城市统计部门公布的上年职工平均工资计算。④

四、住房公积金的列支、提取和使用

(一)住房公积金缴存的列支

单位为职工缴存的住房公积金,按照下列规定列支:(1)机关在预算中列支;(2)事业单位由财政部门核定收支后,在预算或者费用中列支;(3)企业在成本中列支。⑤

---

① 《住房公积金管理条例》第18条。
② 《住房公积金管理条例》第20条。
③ 《建设部、财政部、中国人民银行〈关于住房公积金管理若干具体问题〉的指导意见》第5条。
④ 《建设部、财政部、中国人民银行〈关于住房公积金管理若干具体问题〉的指导意见》第6条。
⑤ 《住房公积金管理条例》第23条。

(二)住房公积金的提取

1. 住房公积金提取的情形。(1)职工有下列情形之一的,可以提取职工住房公积金账户内的存储余额:①购买、建造、翻建、大修自住住房的;②离休、退休的;③完全丧失劳动能力,并与单位终止劳动关系的;④出境定居的;⑤偿还购房贷款本息的;⑥房租超出家庭工资收入的规定比例的。依照上述第1、2、4项规定,提取职工住房公积金的,应当同时注销职工住房公积金账户。职工死亡或者被宣告死亡的,职工的继承人、受遗赠人可以提取职工住房公积金账户内的存储余额;无继承人也无受遗赠人的,职工住房公积金账户内的存储余额纳入住房公积金的增值收益。① 其中,职工购买、建造、翻建、大修自住住房,未申请个人住房公积金贷款的,原则上职工本人及其配偶在购建和大修住房1年内,可以凭有效证明材料,一次或者分次提取住房公积金账户内的存储余额。夫妻双方累计提取总额不能超过实际发生的住房支出。② (2)进城务工人员、城镇个体工商户、自由职业人员购买自住住房或者在户口所在地购建自住住房的,可以凭购房合同、用地证明及其他有效证明材料,提取本人及其配偶住房公积金账户内的存储余额。③ (3)职工享受城镇最低生活保障;与单位终止劳动关系未再就业、部分或者全部丧失劳动能力以及遇到其他突发事件,造成家庭生活严重困难的,提供有效证明材料,经管理中心审核,可以提取本人住房公积金账户内的存储余额。④

2. 住房公积金提取的申请。职工提取住房公积金账户内的存储余额的,所在单位应当予以核实,并出具提取证明。职工应当持提取证明向住房公积金管理中心申请提取住房公积金。住房公积金管理中心应当自受理申请之日起3日内作出准予提取或者不准提取的决定,并通知申请人;准予提取的,由受委托银行办理支付手续。⑤

---

① 《住房公积金管理条例》第24条。
② 《建设部、财政部、中国人民银行〈关于住房公积金管理若干具体问题〉的指导意见》第8条。
③ 《建设部、财政部、中国人民银行〈关于住房公积金管理若干具体问题〉的指导意见》第9条。
④ 《建设部、财政部、中国人民银行〈关于住房公积金管理若干具体问题〉的指导意见》第10条。
⑤ 《住房公积金管理条例》第25条。
《建设部、财政部、中国人民银行〈关于住房公积金管理若干具体问题〉的指导意见》第7条规定:"职工符合规定情形,申请提取本人住房公积金账户内存储余额的,所在单位核实后,应出具提取证明。单位不为职工出具住房公积金提取证明的,职工可以凭规定的有效证明材料,直接到管理中心或者受委托银行申请提取住房公积金。"

(三)住房公积金的使用

1. 使用住房公积金的贷款。(1)贷款的申请。缴存住房公积金的职工,在购买、建造、翻建、大修自住住房时,可以向住房公积金管理中心申请住房公积金贷款。住房公积金管理中心应当自受理申请之日起 15 日内作出准予贷款或者不准贷款的决定,并通知申请人;准予贷款的,由受委托银行办理贷款手续。住房公积金贷款的风险,由住房公积金管理中心承担。① (2)贷款的担保。申请人申请住房公积金贷款的,应当提供担保。②

2. 使用住房公积金购买国债。住房公积金管理中心在保证住房公积金提取和贷款的前提下,经住房公积金管理委员会批准,可以将住房公积金用于购买国债。住房公积金管理中心不得向他人提供担保。③

3. 住房公积金增值收益的使用。住房公积金的增值收益应当存入住房公积金管理中心在受委托银行开立的住房公积金增值收益专户,用于建立住房公积金贷款风险准备金、住房公积金管理中心的管理费用和建设城市廉租住房的补充资金。④ 住房公积金管理中心的管理费用,由住房公积金管理中心按照规定的标准编制全年预算支出总额,报本级人民政府财政部门批准后,从住房公积金增值收益中上交本级财政,由本级财政拨付。住房公积金管理中心的管理费用标准,由省、自治区、直辖市人民政府建设行政主管部门会同同级财政部门按照略高于国家规定的事业单位费用标准制定。⑤

五、住房公积金的统计

(一)住房公积金统计管理的一般规则

1. 住房公积金统计管理的界定。住房公积金统计是指对住房公积金管理和业务运行的基本情况进行统计调查、统计分析,提供统计信息,实行信息交流与共享,进行统计管理和监督活动的总称。⑥

2. 住房公积金统计管理的法律依据。(1)为加强住房公积金统计管理,规范

---

① 《住房公积金管理条例》第 26 条。
② 《住房公积金管理条例》第 27 条。
③ 《住房公积金管理条例》第 28 条。
④ 《住房公积金管理条例》第 29 条。
⑤ 《住房公积金管理条例》第 30 条。
⑥ 《住房公积金统计管理办法》第 2 条。

统计行为,提高统计质量,有效组织实施住房公积金统计工作,发挥统计在住房公积金管理工作中的重要作用,根据《统计法》《统计法实施条例》《住房公积金管理条例》等有关法律、法规,制定《住房公积金统计管理办法》。① (2)《住房公积金统计管理办法》适用于住房和城乡建设部、省(自治区)住房和城乡建设厅和设区城市住房公积金管理中心组织实施的住房公积金统计工作。② (3)《住房公积金统计管理办法》由住房和城乡建设部负责解释。③ (4)《住房公积金统计管理办法》自2021年9月6日起施行。2015年9月17日印发的《住房公积金统计管理办法》同时废止。④

3. 住房公积金统计管理的实施。住房公积金统计工作实行统一管理、分级负责。住房和城乡建设部负责全国住房公积金统计工作。省(自治区)住房和城乡建设厅负责本行政区域住房公积金统计工作。设区城市住房公积金管理中心负责组织实施本行政区域住房公积金统计工作。⑤

4. 住房公积金统计管理的原则。住房公积金统计工作遵循真实、准确、完整、及时的原则。⑥

(二)住房公积金统计管理的机构职责和统计人员

1. 住房公积金统计管理的机构。(1)住房和城乡建设部、省(自治区)住房和城乡建设厅、设区城市住房公积金管理中心应当明确承担住房公积金统计工作职责的部门,设置统计岗位,指定统计工作负责人,保障统计工作经费。⑦ (2)住房和城乡建设部履行以下住房公积金统计职责:①建立住房公积金统计工作制度,组织、协调、管理和监督全国住房公积金统计工作。②建立全国住房公积金统计指标体系和统计报表制度。③提出住房公积金统计数据质量控制要求。④采集、审核、汇总、管理全国住房公积金统计资料,开展统计分析和预测,提供统计信息和咨询。⑤编制、公布全国住房公积金年度报告等统计资料。⑥推进现代化信息技术在住房公积金统计工作中的应用,建立并管理全国

---

① 《住房公积金统计管理办法》第1条。
② 《住房公积金统计管理办法》第3条。
③ 《住房公积金统计管理办法》第29条。
④ 《住房公积金统计管理办法》第30条。
⑤ 《住房公积金统计管理办法》第4条。
⑥ 《住房公积金统计管理办法》第5条。
⑦ 《住房公积金统计管理办法》第6条。

住房公积金统计信息系统。⑦组织全国住房公积金统计业务培训。①（3）省（自治区）住房和城乡建设厅履行以下住房公积金统计职责：①执行全国住房公积金统计工作制度，落实住房公积金统计数据质量控制要求，组织、协调、管理和监督本行政区域住房公积金统计工作。②采集、审核、汇总、报送、管理本行政区域住房公积金统计资料，开展统计分析和预测，提供统计信息和咨询。③编制、公布本行政区域住房公积金年度报告等统计资料。④组织开展本行政区域住房公积金统计业务培训。②（4）设区城市住房公积金管理中心履行以下住房公积金统计职责：①执行全国住房公积金统计工作制度，组织实施住房公积金统计工作。②采集、汇总、报送住房公积金决策和管理机构设置、人员状况、政策规定、业务运行等统计资料。③编制、公布本行政区域住房公积金年度报告等统计资料。③（5）设区城市住房公积金管理中心应当加强统计基础工作，为履行法定的统计资料报送提供人员和工作保障。④

2. 住房公积金统计管理的人员。（1）设区城市住房公积金管理中心主要负责人是住房公积金统计工作第一责任人，按照住房公积金统计数据质量控制要求，对统计资料的真实性、准确性、完整性和及时性负责。住房和城乡建设部、省（自治区）住房和城乡建设厅住房公积金监管部门对统计工作负有审查、监督责任。⑤（2）住房公积金统计人员应当优先从具备相关专业的人员中选调，上岗前必须参加岗前培训。统计人员发生变化时，应做好工作交接。⑥（3）住房公积金统计人员应当坚持实事求是，恪守职业道德，对其负责采集、审核、汇总、录入的统计资料和报送的统计资料的一致性负责。⑦（4）住房公积金统计人员进行统计调查时，有权就与统计有关的问题询问有关人员，要求如实提供有关情况和资料。⑧

（三）住房公积金统计管理的统计调查内容

1. 住房公积金统计内容。住房公积金统计内容包括住房公积金政策规定、

---

① 《住房公积金统计管理办法》第7条。
② 《住房公积金统计管理办法》第8条。
③ 《住房公积金统计管理办法》第9条。
④ 《住房公积金统计管理办法》第10条。
⑤ 《住房公积金统计管理办法》第11条。
⑥ 《住房公积金统计管理办法》第12条。
⑦ 《住房公积金统计管理办法》第13条。
⑧ 《住房公积金统计管理办法》第14条。

业务运行、机构设置和人员状况、住房公积金管理中心资产和费用支出等。①

2. 住房公积金统计调查内容。住房公积金政策规定统计调查包括国家、省（自治区）、设区城市有关住房公积金缴存、提取、贷款、核算、受托银行等政策规定和实际执行情况。②

3. 住房公积金业务运行统计内容。住房公积金业务运行统计包括住房公积金缴存、提取、贷款、服务、增值收益分配、风险资产、结余资金存款结构和存款银行。③

4. 机构设置和人员状况统计内容。机构设置和人员状况统计包括住房公积金管理委员会人员组成、住房公积金管理中心机构及人员编制、住房公积金监管机构及人员编制等情况。④ 其中，住房公积金管理中心资产和费用支出统计是指经同级财政部门批准的住房公积金管理中心资产和费用支出。⑤

（四）住房公积金统计管理的统计信息报送和管理

1. 住房公积金统计信息的报送。（1）住房公积金统计信息通过住房公积金统计信息系统逐级报送，按照分级负责原则进行审核管理。住房公积金统计信息系统迁移至全国住房公积金监管服务平台后，统计人员通过该平台统计报表模块报送。⑥（2）设区城市住房公积金管理中心应当将经本单位主要负责人审定后的统计资料按时报送省（自治区）住房和城乡建设厅。⑦（3）住房公积金统计报表分为月报、季报、年报等，应按规定时限报送，如遇法定节假日可顺延。①设区城市住房公积金管理中心应在每月10日前将上月月报报省（自治区）住房和城乡建设厅。省（自治区）住房和城乡建设厅审核汇总后，应在每月15日前报住房和城乡建设部。②设区城市住房公积金管理中心应在每季度首月10日前将上季度季报报省（自治区）住房和城乡建设厅。省（自治区）住房和城乡建设厅审核汇总后，应在每季度首月15日前报住房和城乡建设部。③设区城市住房公积金管理中心应在每年3月15日前将上年年报报省（自治区）住房和城乡建设厅。

---

① 《住房公积金统计管理办法》第15条。
② 《住房公积金统计管理办法》第16条。
③ 《住房公积金统计管理办法》第17条。
④ 《住房公积金统计管理办法》第18条。
⑤ 《住房公积金统计管理办法》第19条。
⑥ 《住房公积金统计管理办法》第20条。
⑦ 《住房公积金统计管理办法》第22条。

省(自治区)住房和城乡建设厅审核汇总后,应在每年3月20日前报住房和城乡建设部。④直辖市、新疆生产建设兵团住房公积金管理中心按照省(自治区)住房和城乡建设厅上报时限,直接报送住房和城乡建设部。①

2. 住房公积金统计信息的审核(查)、管理。(1)省(自治区)住房和城乡建设厅审核确认本行政区域内住房公积金统计信息系统用户,对用户进行备案管理,协助住房和城乡建设部分配系统权限和系统密钥。②(2)省(自治区)住房和城乡建设厅应当对本行政区域住房公积金管理中心报送的统计资料进行审查,确认无误后,按时报送住房和城乡建设部。③

3. 住房公积金统计信息的分析。省(自治区)住房和城乡建设厅和设区城市住房公积金管理中心应做好对统计结果的分析与运用工作。④

4. 住房公积金统计信息的立案存档、备份。设区城市住房公积金管理中心对统计资料逐年分类整理,依法立卷存档。对电子资料进行备份。⑤

5. 住房公积金统计信息的保密。涉及国家秘密和缴存职工个人信息的统计资料应当保密。⑥

6. 住房公积金统计信息的责任。有虚假填报、迟报住房公积金统计资料等情形的,依法依纪追究责任。⑦

六、住房公积金的服务

(一)住房公积金的缴存服务

1. 缴存登记。(1)登记办理期限。新设立的单位,应自设立之日起30日内办理住房公积金缴存登记。(2)登记办理场所。管理中心指定的窗口。(3)登记办理要件。①单位住房公积金缴存登记表;②组织机构代码证副本原件及复印件;③党政机关、事业单位、社会团体或民办非企业单位出具单位设立批准文件或法人证书副本原件及复印件;企业出具营业执照副本原件及复印件;④管理中

---

① 《住房公积金统计管理办法》第25条。
② 《住房公积金统计管理办法》第21条。
③ 《住房公积金统计管理办法》第23条。
④ 《住房公积金统计管理办法》第24条。
⑤ 《住房公积金统计管理办法》第26条。
⑥ 《住房公积金统计管理办法》第27条。
⑦ 《住房公积金统计管理办法》第28条。

心要求提供的其他材料。(4)登记办理流程。单位提供要件材料—管理中心审核—办理缴存登记。(5)登记办理时限。手续齐全情况下,不超过5个工作日。①

2. 个人账户设立。(1)个人账户设立的期限。单位设立或新录用职工,应自办理缴存登记之日起20日内办理职工账户设立手续。(2)个人账户设立的办理场所。管理中心和受委托银行指定的窗口。(3)个人账户设立的办理要件。①个人住房公积金明细账户设立登记表;②设立住房公积金账户的职工身份证复印件;③管理中心要求提供的其他材料。(4)个人账户设立的办理流程。单位提供要件材料—管理中心审核—去受委托银行开立个人账户。(5)个人账户设立的办理时限。手续齐全情况下,不超过3个工作日。②

3. 变更登记。(1)变更登记的期限。单位或职工个人基本信息发生变动,应提供相关证明,自发生变更之日起30日内到管理中心办理变更登记。(2)变更登记的办理场所。管理中心指定的窗口。(3)变更登记的办理要件。①单位办理信息变更登记所需材料:第一,单位住房公积金缴存信息变更登记表;第二,单位缴存登记事项变更的证明资料及复印件;第三,管理中心要求提供的其他材料。②职工办理信息变更登记所需材料:第一,职工住房公积金缴存信息变更登记表;第二,职工身份证原件及复印件;第三,管理中心要求提供的其他材料。(4)变更登记的办理流程。单位或职工提供要件材料—管理中心审核—办理变更登记。(5)变更登记的办理时限。手续齐全情况下,当场办理。③

4. 注销登记。(1)注销登记的办理期限。单位因合并、分立、撤销、破产或者解散而终止的,应自发生之日起30日内办理注销登记。(2)注销登记的办理场所。管理中心指定的窗口。(3)注销登记的办理要件。①单位注销住房公积金缴存登记申请表;②上级单位或主管部门批准撤销、解散或破产的文件,人民法院裁定破产清算的文件,工商部门责令关闭的文件和注销工商登记等文件及复印件;③管理中心要求提供的其他材料。(4)注销登记的办理流程。单位提供要件材料—管理中心审核—办理注销登记。(5)注销登记的办理时限。手续齐全情况下,当场办理。④

---

① 《住房公积金服务指引(试行)》第1条第1款。
② 《住房公积金服务指引(试行)》第1条第2款。
③ 《住房公积金服务指引(试行)》第1条第3款。
④ 《住房公积金服务指引(试行)》第1条第4款。

5. 账户转移。(1)账户转移的办理情形及种类。单位调整或职工工作发生变动,单位应为职工办理住房公积金转移手续。转移包括同城转移和异地转移。(2)账户转移的办理场所。管理中心和受委托银行指定的窗口。(3)账户转移的办理要件。①住房公积金转移申请书或异地转移申请书;②管理中心要求提供的其他材料。(4)账户转移的办理流程。①同城转移:单位或职工提供要件材料—管理中心审核—受委托银行办理同城转移手续。②异地转移:职工提供要件材料—转入地向转出地管理中心出具新账户证明及异地转移联系函—转出地管理中心转账或电汇—转入地管理中心登记个人明细账。(5)账户转移的办理时限。手续齐全情况下,同城转移不超过3个工作日,异地转移不超过15个工作日。①

6. 账户封存与启封。(1)账户封存与启封的办理情形。单位破产、撤销或解散;职工与单位终止劳动关系,或与单位保留劳动关系但停止或暂停发放工资,暂时中断缴存住房公积金,且不符合销户提取条件的,单位应到管理中心和受委托银行为职工办理住房公积金封存手续;与原单位终止劳动关系,且无接收单位的职工,其住房公积金明细账户应实行集中封存管理。职工需要恢复缴存住房公积金时,应办理住房公积金启封手续。(2)账户封存与启封的办理场所。管理中心和受委托银行指定的窗口。(3)账户封存与启封的办理要件。①住房公积金汇缴变更清册;②管理中心要求提供的其他材料。(4)账户封存与启封的办理流程。单位提供要件材料—管理中心审核—受委托银行办理封存或启封手续。(5)账户封存与启封的办理时限。手续齐全情况下,不超过3个工作日。②

7. 住房公积金汇、补缴。(1)住房公积金汇、补缴的办理期限。单位应于每月发放工资之日起5个工作日内或按与管理中心约定的日期,办理住房公积金汇缴手续。单位欠缴住房公积金的,或缓缴住房公积金到期的,应及时补缴住房公积金。(2)住房公积金汇、补缴的办理场所。管理中心或受委托银行指定的窗口,或者委托受委托银行从单位账户扣划汇缴。(3)住房公积金汇、补缴的办理要件。①住房公积金汇补缴书;②付款票据(支票、进账单或汇票等);③管理中心要求提供的其他材料。(4)住房公积金汇、补缴的办理流程。①到服务网点窗

---

① 《住房公积金服务指引(试行)》第1条第5款。
② 《住房公积金服务指引(试行)》第1条第6款。

口汇(补)缴：单位提供要件材料—管理中心或受委托银行审核—到受委托银行办理缴款手续—管理中心登记个人明细账。②委托银行扣划汇缴：单位提供要件材料—与管理中心、单位开户银行签订委托扣划协议—受委托银行于约定划款日划款—管理中心登记个人明细账。(5)住房公积金汇、补缴的办理时限。手续齐全情况下，不超过5个工作日。①

8. 缴存基数调整。(1)缴存基数调整的次数及标准。住房公积金缴存基数按照职工本人上一年度月平均工资每年调整一次，缴存基数原则上不应超过职工工作地所在设区城市统计部门公布的上一年度职工月平均工资的2倍或3倍。每年调整时间由管理中心提前对外公告。(2)缴存基数调整的办理场所。管理中心指定的窗口，有条件的也可通过网络上传资料办理缴存基数调整业务。(3)缴存基数调整的办理要件。①住房公积金调整清册；②调整住房公积金缴存比例申请表；③管理中心要求提供的其他材料。(4)缴存基数调整的办理流程。单位提供要件材料—管理中心审核—办理缴存基数调整手续。(5)缴存基数调整的办理时限。手续齐全情况下，不超过5个工作日。②

9. 降低缴存比例和缓缴。(1)降低缴存比例和缓缴的审批。缴存住房公积金确有困难的单位，经本单位职工代表大会或者工会讨论通过，并经管理中心审核，报住房公积金管理委员会批准后，可以降低缴存比例或者缓缴。待单位经济效益好转后，再提高缴存比例或补缴缓缴。(2)降低缴存比例和缓缴的办理场所。管理中心指定的窗口。(3)降低缴存比例和缓缴的办理要件。①经单位职工代表大会、工会或全体职工讨论通过的单位降低住房公积金缴存比例(或缓缴住房公积金)审批表；②缴存住房公积金确有困难的证明资料；③管理中心要求提供的其他材料。(4)降低缴存比例和缓缴的办理流程。单位提供要件材料—管理中心审核—管委会审批或由管委会授权管理中心审批—管理中心办理降低缴存比例或缓缴手续—通知单位执行。(5)降低缴存比例和缓缴的办理时限。手续齐全情况下，有管委会授权的，不超过15个工作日；没有管委会授权的，为管委会批准后5个工作日。③

---

① 《住房公积金服务指引(试行)》第1条第7款。
② 《住房公积金服务指引(试行)》第1条第8款。
③ 《住房公积金服务指引(试行)》第1条第9款。

(二)住房公积金的提取服务①

1. 提取住房公积金的情形。职工有下列情形之一的,可申请提取住房公积金。(1)购买、建造、翻建、大修自住住房的;(2)偿还购建自住住房贷款本息的;(3)租赁自住住房,房租超出家庭工资收入一定比例的;(4)离休、退休的;(5)出境定居的;(6)职工死亡、被宣告死亡的;(7)享受城镇最低生活保障的;(8)完全或部分丧失劳动能力,并与单位终止劳动关系的;(9)管委会依据相关法规规定的其他情形。

2. 提取住房公积金的办理场所。管理中心或受委托银行指定的窗口,有条件的,经审核可直接转入职工的住房公积金联名卡或银行存折。

3. 提取住房公积金的办理要件。职工符合规定提取条件的,应提供本人身份证、相应证明材料及复印件等。由代办人办理的,提供委托书及代办人身份证。相应的证明材料应包括:(1)购买新建商品住房的,提供房屋所有权证或经房地产行政主管部门备案的购房合同和付款凭证;(2)购买二手房的,提供经房地产行政主管部门备案的购房协议或房屋所有权证、契税完税凭证;(3)建造、翻建住房的,提供规划部门建房、翻建批准文件、支付费用凭证;(4)大修自住住房的,提供有资质机构出具的房屋安全鉴定证明、房屋权属证明、工程预决算及支付费用凭证;(5)偿还住房贷款本息的,提供经房地产行政主管部门备案的购房合同、借款合同、银行出具的还款证明;(6)租赁自住住房的,提供经房管部门登记备案的房屋租赁合同、房租发票、家庭收入证明;(7)离休、退休的,提供本人离、退休证明或劳动人事部门出具的相关证明;(8)出境定居的,提供户籍注销证明或出境定居的证明;(9)死亡、被宣告死亡的,由其合法继承人或受遗赠人提供缴存人死亡证明或被宣告死亡证明、继承人或受遗赠人身份证、继承权或受遗赠权证明、公证书;(10)享受最低生活保障的,提供民政部门发放的最低生活保障证明;(11)完全或部分丧失劳动能力,并与单位终止劳动关系的,提供人力资源和社会保障部门出具的劳动能力鉴定证明、单位解除劳动合同证明或失业证明;(12)管委会依据相关法规规定的其他情形和材料。

4. 提取住房公积金的办理流程。职工提供要件材料—管理中心审核—受委托银行支付住房公积金。

---

① 《住房公积金服务指引(试行)》第2条。

5. 提取住房公积金的办理时限。手续齐全情况下,当场办理。需核查事项,自受理提取申请之日起3个工作日内告知结果。提取申请人对管理中心审核意见有异议的,可申请复核。复核申请在5个工作日内给予答复。

(三)住房公积金的贷款服务

1. 住房公积金的贷款办理。(1)住房公积金贷款的申请情形。职工在购买、建造、翻建、大修自住住房时,可申请个人住房公积金贷款。(2)住房公积金贷款的办理场所。管理中心和受委托银行指定的窗口。(3)住房公积金贷款的办理要件。①个人住房公积金借款申请表。②身份证、军官证等有效身份证明和户口簿、暂住证等有效居留证明。③婚姻状况证明。④经房地产行政主管部门备案的购买自住住房的合同(协议);建造、翻建自住住房的规划部门批准文件、工程概预算;大修自住住房的房屋权属证明、房屋安全鉴定证明、工程概预算。⑤已支付总价款规定比例的首付款凭证或者契税完税凭证和二手房估价报告。⑥管理中心要求提供的其他证明或材料。(4)住房公积金贷款的办理流程。职工提供要件材料—管理中心审核—签订合同—办理贷款担保抵押—受委托银行发放贷款。(5)住房公积金贷款的办理时限。贷款申请资料齐全,审核时限不超过10个工作日;符合贷款发放条件的,抵押登记后放款时限不超过5个工作日。①

2. 住房公积金的提前还贷。(1)住房公积金提前还贷的方式。借款人可提前归还个人住房公积金贷款。提前还款可采取提前一次性归还全部贷款本息或提前归还部分贷款本金的方式。(2)住房公积金提前还贷的办理场所。管理中心或受委托银行指定的窗口。(3)住房公积金提前还贷的办理要件。①提前还贷申请表;②借款人身份证件;③管理中心要求提供的其他材料。(4)住房公积金提前还贷的办理流程。①一次性归还本息:借款人提供要件材料—管理中心或受委托银行审批—到管理中心或受委托银行办理结清手续。②提前部分还贷:借款人提供要件材料—确定提前还贷金额、剩余贷款的还款计算方式、提前还款日—管理中心审批—与管理中心或受委托银行签订变更合同—办理还款手续。(5)住房公积金提前还贷的办理时限。不超过5个工作日。②

---

① 《住房公积金服务指引(试行)》第3条第1款。
② 《住房公积金服务指引(试行)》第3条第2款。

（四）住房公积金的信息查询[1]

1. 住房公积金的查询渠道。办理场所的柜台、客户服务热线（号码）、网上客户服务中心（域名）、自助查询终端等。柜台和自动查询终端查询服务应提供近3年的职工或单位的明细账信息，电话及网络查询服务应提供当年缴存、提取、结息及余额信息。

2. 住房公积金的查询内容。单位和职工可查询住房公积金账户信息及缴存、提取、贷款明细。

3. 住房公积金的查询要件。（1）通过柜台查询的，职工应出示身份证或住房公积金缴存凭证；单位经办人员应出示住房公积金缴存登记证和本人身份证等证件。（2）通过电话、自助查询终端或网络查询的，职工应输入本人身份证号或本人住房公积金明细账号及密码，单位经办人员应输入单位缴存登记号及密码。

4. 住房公积金的查询时限。通过柜台、电话、自助查询终端申请查询的，应当场予以答复；通过网络查询的，应在5个工作日内予以答复；申请查询超过3年住房公积金信息的，应在受理申请后10个工作日内予以答复。单位或职工对查询结果有异议的，可向管理中心申请复核，复核结果应在15个工作日内反馈申请人。

（五）住房公积金的政策咨询[2]

1. 住房公积金的政策咨询渠道。办理场所的柜台或咨询台、客户服务热线（号码）、网上客户服务中心（域名）等。

2. 住房公积金政策咨询的答复时限。柜台、咨询台及电话咨询当即答复，疑难问题或网上回复时限不超过5个工作日。

（六）住房公积金的投诉建议[3]

1. 住房公积金的投诉渠道。办理场所的柜台、意见箱和意见簿、投诉热线（号码）、网上客户服务中心（域名）等。

2. 住房公积金的反馈时限。管理中心收到投诉建议后，在第一时间与投诉

---

[1] 《住房公积金服务指引（试行）》第4条。
[2] 《住房公积金服务指引（试行）》第5条。
[3] 《住房公积金服务指引（试行）》第6条。

人沟通,15个工作日内将办理结果反馈投诉人。

(七)住房公积金的有关要求

文中办理时限为最低标准要求,各地应采取有效措施,积极缩短办理时限。各地在公布服务指南的同时,应一并公布如下内容:(1)当地住房公积金服务热线号码、服务时间;(2)当地管理中心、分中心、管理部服务网点地址、服务时间、联系电话;(3)受委托银行服务网点地址、服务时间、联系电话;(4)管理中心投诉电话、受理时间;(5)管理中心的服务项目均不收费,其他与住房公积金业务相关的收费项目,应公布收费标准、收费依据和收费单位。

七、住房公积金的监督

1. 住房公积金监督的机关。(1)国务院的监督机关。国务院建设行政主管部门会同国务院财政部门、中国人民银行拟定住房公积金政策,并监督执行。省、自治区人民政府建设行政主管部门会同同级财政部门以及中国人民银行分支机构,负责本行政区域内住房公积金管理法规、政策执行情况的监督。① (2)地方人民政府的监督机关。地方有关人民政府财政部门应当加强对本行政区域内住房公积金归集、提取和使用情况的监督,并向本级人民政府的住房公积金管理委员会通报。住房公积金管理中心在编制住房公积金归集、使用计划时,应当征求财政部门的意见。住房公积金管理委员会在审批住房公积金归集、使用计划和计划执行情况的报告时,必须有财政部门参加。②

2. 住房公积金监督的内容。(1)年度预算、决算和财务报告的监督。住房公积金管理中心编制的住房公积金年度预算、决算,应当经财政部门审核后,提交住房公积金管理委员会审议。住房公积金管理中心应当每年定期向财政部门和住房公积金管理委员会报送财务报告,并将财务报告向社会公布。③ (2)审计部门的审计监督。住房公积金管理中心应当依法接受审计部门的审计监督。④

3. 住房公积金监督中的督促。(1)对单位应履行义务的督促。住房公积金管理中心和职工有权督促单位按时履行下列义务:①住房公积金的缴存登记或

---

① 《住房公积金管理条例》第7条。
② 《住房公积金管理条例》第31条。
③ 《住房公积金管理条例》第32条。
④ 《住房公积金管理条例》第33条。

者变更、注销登记;②住房公积金账户的设立、转移或者封存;③足额缴存住房公积金。① (2)对受委托银行的督促。住房公积金管理中心应当督促受委托银行及时办理委托合同约定的业务。受委托银行应当按照委托合同的约定,定期向住房公积金管理中心提供有关的业务资料。②

4. 职工、单位对住房公积金的监督。职工、单位有权查询本人、本单位住房公积金的缴存、提取情况,住房公积金管理中心、受委托银行不得拒绝。职工、单位对住房公积金账户内的存储余额有异议的,可以申请受委托银行复核;对复核结果有异议的,可以申请住房公积金管理中心重新复核。受委托银行、住房公积金管理中心应当自收到申请之日起5日内给予书面答复。职工有权揭发、检举、控告挪用住房公积金的行为。③

八、住房公积金的罚则

(一)对用人单位的罚则

1. 不办理登记或不设立住房公积金账户的罚则。违反《住房公积金管理条例》的规定,单位不办理住房公积金缴存登记或者不为本单位职工办理住房公积金账户设立手续的,由住房公积金管理中心责令限期办理;逾期不办理的,处1万元以上5万元以下的罚款。④

2. 逾期不缴或者少缴住房公积金的罚责。违反《住房公积金管理条例》的规定,单位逾期不缴或者少缴住房公积金的,由住房公积金管理中心责令限期缴存;逾期仍不缴存的,可以申请人民法院强制执行。⑤

(二)对住房公积金管理委员会的罚则

住房公积金管理委员会违反《住房公积金管理条例》规定审批住房公积金使用计划的,由国务院建设行政主管部门会同国务院财政部门或者由省、自治区人民政府建设行政主管部门会同同级财政部门,依据管理职权责令限期改正。⑥

---

① 《住房公积金管理条例》第34条。
② 《住房公积金管理条例》第35条。
③ 《住房公积金管理条例》第36条。
④ 《住房公积金管理条例》第37条。
⑤ 《住房公积金管理条例》第38条。
⑥ 《住房公积金管理条例》第39条。

(三) 对住房公积金管理中心的罚则

1. 违反《住房公积金管理条例》的罚则。(1) 对违法行为的罚责。住房公积金管理中心违反《住房公积金管理条例》规定,有下列行为之一的,由国务院建设行政主管部门或者省、自治区人民政府建设行政主管部门依据管理职权,责令限期改正;对负有责任的主管人员和其他直接责任人员,依法给予行政处分:①未按照规定设立住房公积金专户的;②未按照规定审批职工提取、使用住房公积金的;③未按照规定使用住房公积金增值收益的;④委托住房公积金管理委员会指定的银行以外的机构办理住房公积金金融业务的;⑤未建立职工住房公积金明细账的;⑥未为缴存住房公积金的职工发放缴存住房公积金的有效凭证的;⑦未按照规定用住房公积金购买国债的。① (2) 违反《住房公积金管理条例》规定,住房公积金管理中心向他人提供担保的,对直接负责的主管人员和其他直接责任人员依法给予行政处分。②

2. 对违反财政法规的罚责。住房公积金管理中心违反财政法规的,由财政部门依法给予行政处罚。③

(四) 对人民政府负责人等人员的罚则

1. 违反《住房公积金管理条例》的罚则。违反《住房公积金管理条例》规定,挪用住房公积金的,由国务院建设行政主管部门或者省、自治区人民政府建设行政主管部门依据管理职权,追回挪用的住房公积金,没收违法所得;对挪用或者批准挪用住房公积金的人民政府负责人和政府有关部门负责人以及住房公积金管理中心负有责任的主管人员和其他直接责任人员,依照刑法关于挪用公款罪或者其他罪的规定,依法追究刑事责任;尚不够刑事处罚的,给予降级或者撤职的行政处分。④

2. 严重行为的罚责。国家机关工作人员在住房公积金监督管理工作中滥用职权、玩忽职守、徇私舞弊,构成犯罪的,依法追究刑事责任;尚不构成犯罪的,依法给予行政处分。⑤

---

① 《住房公积金管理条例》第40条。
② 《住房公积金管理条例》第43条。
③ 《住房公积金管理条例》第42条。
④ 《住房公积金管理条例》第41条。
⑤ 《住房公积金管理条例》第44条。

第三节 职工年金

职工(企业)年金是一种补充性养老金制度,是指企业及其职工在依法参加基本养老保险的基础上,自主建立的补充养老保险制度。

一、企业的职工年金

(一)企业年金的一般规则

1. 企业年金适用的法律依据。(1)为建立多层次的养老保险制度,推动企业年金发展,更好地保障职工退休后的生活,根据《劳动法》、《劳动合同法》、《社会保险法》、《信托法》和国务院有关规定,制定《企业年金办法》。①《企业年金办法》所称企业年金,是指企业及其职工在依法参加基本养老保险的基础上,自主建立的补充养老保险制度。国家鼓励企业建立企业年金。建立企业年金,应当按照《企业年金办法》执行。② (2)参加企业职工基本养老保险的其他用人单位及其职工建立补充养老保险的,参照《企业年金办法》执行。③ (3)《企业年金办法》自 2018 年 2 月 1 日起施行。原劳动和社会保障部 2004 年 1 月 6 日发布的《企业年金试行办法》同时废止。《企业年金办法》施行之日已经生效的企业年金方案,与《企业年金办法》规定不一致的,应当在《企业年金办法》施行之日起 1 年内变更。④

2. 企业年金的建立。(1)已经依法参加企业职工基本养老保险并履行缴费义务的社会组织,可以建立企业年金。其中工作人员较少的社会组织可以参加企业年金集合计划。⑤ (2)社会组织建立企业年金,应当由社会组织与本单位工会或职工代表通过集体协商确定,并制定企业年金方案。企业年金方案草案应当提交职工大会或职工代表大会讨论通过,并由集体协商双方首席代表签字后,

---

① 《企业年金办法》第 1 条。
② 《企业年金办法》第 2 条。
③ 《企业年金办法》第 31 条。
④ 《企业年金办法》第 32 条。
⑤ 《人力资源社会保障部、民政部关于鼓励社会团体、基金会和民办非企业单位建立企业年金有关问题的通知》第 1 条。

形成拟报备的企业年金方案。①

3. 企业年金的缴纳。（1）企业年金所需费用由企业和职工个人共同缴纳。企业年金基金实行完全积累，为每个参加企业年金的职工建立个人账户，按照国家有关规定投资运营。企业年金基金投资运营收益并入企业年金基金。②（2）社会组织建立企业年金所需费用由社会组织和工作人员共同缴纳。社会组织缴费每年不超过本单位上年度工作人员工资总额的 1/12，列支渠道按国家有关规定执行。社会组织缴费和工作人员个人缴费合计一般不超过本单位上年度工作人员工资总额的 1/6，工作人员个人缴费可以由社会组织从工作人员个人工资中代扣。③（3）社会组织的企业年金方案应规定社会组织缴费计入工作人员企业年金个人账户的比例，可以综合考虑工作人员个人贡献、年龄等因素确定不同的计入比例，但差距不宜过大。④

4. 企业年金的税收。企业年金有关税收和财务管理，按照国家有关规定执行。⑤个人达到国家规定的退休年龄，领取的企业年金、职业年金，符合《财政部 人力资源社会保障部 国家税务总局关于企业年金 职业年金个人所得税有关问题的通知》（财税〔2013〕103 号）规定的，不并入综合所得，全额单独计算应纳税款。其中按月领取的，适用月度税率表计算纳税；按季领取的，平均分摊计入各月，按每月领取额适用月度税率表计算纳税；按年领取的，适用综合所得税率表计算纳税。个人因出境定居而一次性领取的年金个人账户资金，或个人死亡后，其指定的受益人或法定继承人一次性领取的年金个人账户余额，适用综合所得税率表计算纳税。对个人除上述特殊原因外一次性领取年金个人账户资金或余额的，适用月度税率表计算纳税。⑥

5. 企业年金的受托人。企业和职工建立企业年金，应当确定企业年金受托人，由企业代表委托人与受托人签订受托管理合同。受托人可以是符合国家规

---

① 《人力资源社会保障部、民政部关于鼓励社会团体、基金会和民办非企业单位建立企业年金有关问题的通知》第 2 条。
② 《企业年金办法》第 3 条。
③ 《人力资源社会保障部、民政部关于鼓励社会团体、基金会和民办非企业单位建立企业年金有关问题的通知》第 3 条。
④ 《人力资源社会保障部、民政部关于鼓励社会团体、基金会和民办非企业单位建立企业年金有关问题的通知》第 4 条。
⑤ 《企业年金办法》第 4 条。
⑥ 《关于个人所得税法修改后有关优惠政策衔接问题的通知》第 4 条。

定的法人受托机构,也可以是企业按照国家有关规定成立的企业年金理事会。①

6. 企业年金的纳入。为规范管理,《人力资源社会保障部、民政部关于鼓励社会团体、基金会和民办非企业单位建立企业年金有关问题的通知》发布前已经建立补充养老保险的社会组织,可按照《人力资源社会保障部、民政部关于鼓励社会团体、基金会和民办非企业单位建立企业年金有关问题的通知》要求,对原有计划进行调整,逐步将原补充养老保险存量资金纳入企业年金管理。②

7. 企业年金的备案。(1)方案的备案。社会组织的企业年金方案应当报送所在地区县级以上地方人力资源社会保障行政部门备案。全国性社会组织的企业年金方案,报送人力资源社会保障部备案。社会组织参加企业年金集合计划可以由集合计划受托人报人力资源社会保障行政部门备案。③ (2)合同的备案。社会组织的企业年金基金,应当按照《企业年金基金管理办法》的规定,签订受托管理合同和委托管理合同,委托具有企业年金基金管理资格的机构,实行市场化投资运营。受托管理合同和委托管理合同,应当按有关规定报人力资源社会保障行政部门备案。④ (3)各级人力资源社会保障行政部门要做好社会组织企业年金方案及管理合同备案工作,并负责对社会组织加入企业年金计划后的实施情况进行监督检查。各级民政部门可将企业年金实施情况作为社会组织评估工作的考量指标之一。⑤

(二)企业年金方案的建立、变更和终止

1. 企业年金的建立。(1)建立的前提。企业和职工建立企业年金,应当依法参加基本养老保险并履行缴费义务,企业具有相应的经济负担能力。⑥ (2)建立的程序。建立企业年金,企业应当与职工一方通过集体协商确定,并制定企业年金方案。企业年金方案应当提交职工代表大会或者全体职工讨论通过。⑦

---

① 《企业年金办法》第5条。
② 《人力资源社会保障部、民政部关于鼓励社会团体、基金会和民办非企业单位建立企业年金有关问题的通知》第7条。
③ 《人力资源社会保障部、民政部关于鼓励社会团体、基金会和民办非企业单位建立企业年金有关问题的通知》第5条。
④ 《人力资源社会保障部、民政部关于鼓励社会团体、基金会和民办非企业单位建立企业年金有关问题的通知》第6条。
⑤ 《人力资源社会保障部、民政部关于鼓励社会团体、基金会和民办非企业单位建立企业年金有关问题的通知》第8条。
⑥ 《企业年金办法》第6条。
⑦ 《企业年金办法》第7条。

2. 企业年金方案的内容。企业年金方案应当包括以下内容:(1)参加人员;(2)资金筹集与分配的比例和办法;(3)账户管理;(4)权益归属;(5)基金管理;(6)待遇计发和支付方式;(7)方案的变更和终止;(8)组织管理和监督方式;(9)双方约定的其他事项。企业年金方案适用于企业试用期满的职工。①

3. 企业年金方案的报送。企业应当将企业年金方案报送所在地县级以上人民政府人力资源社会保障行政部门。中央所属企业的企业年金方案报送人力资源社会保障部。跨省企业的企业年金方案报送其总部所在地省级人民政府人力资源社会保障行政部门。省内跨地区企业的企业年金方案报送其总部所在地设区的市级以上人民政府人力资源社会保障行政部门。②

4. 企业年金方案的生效。人力资源社会保障行政部门自收到企业年金方案文本之日起15日内未提出异议的,企业年金方案即行生效。③

5. 企业年金方案的变更。企业与职工一方可以根据本企业情况,按照国家政策规定,经协商一致,变更企业年金方案。变更后的企业年金方案应当经职工代表大会或者全体职工讨论通过,并重新报送人力资源社会保障行政部门。④

6. 企业年金方案的终止。有下列情形之一的,企业年金方案终止:(1)企业因依法解散、被依法撤销或者被依法宣告破产等原因,致使企业年金方案无法履行的;(2)因不可抗力等原因致使企业年金方案无法履行的;(3)企业年金方案约定的其他终止条件出现的。⑤

7. 企业年金方案变更、终止后的企业义务。企业应当在企业年金方案变更或者终止后10日内报告人力资源社会保障行政部门,并通知受托人。企业应当在企业年金方案终止后,按国家有关规定对企业年金基金进行清算,并按照本办法第四章相关规定处理。⑥

8. 企业年金方案争议的解决。因订立或者履行企业年金方案发生争议的,按照国家有关集体合同的规定执行。因履行企业年金基金管理合同发生争议

---

① 《企业年金办法》第8条。
② 《企业年金办法》第9条。
③ 《企业年金办法》第10条。
④ 《企业年金办法》第11条。
⑤ 《企业年金办法》第12条。
⑥ 《企业年金办法》第13条。

的,当事人可以依法申请仲裁或者提起诉讼。①

(三)企业年金的账户管理

1. 企业年金个人账户的计入。(1)按比例计入。企业缴费应当按照企业年金方案确定的比例和办法计入职工企业年金个人账户,职工个人缴费计入本人企业年金个人账户。② (2)计入的最高额与平均额的差距。企业应当合理确定本单位当期缴费计入职工企业年金个人账户的最高额与平均额的差距。企业当期缴费计入职工企业年金个人账户的最高额与平均额不得超过5倍。③

2. 企业年金个人账户金额的归属。(1)职工企业年金个人账户中个人缴费及其投资收益自始归属于职工个人。职工企业年金个人账户中企业缴费及其投资收益,企业可以与职工一方约定其自始归属于职工个人,也可以约定随着职工在本企业工作年限的增加逐步归属于职工个人,完全归属于职工个人的期限最长不超过8年。④ (2)有下列情形之一的,职工企业年金个人账户中企业缴费及其投资收益完全归属于职工个人:①职工达到法定退休年龄、完全丧失劳动能力或者死亡的;②《企业年金办法》第12条规定的企业年金方案终止情形之一的;③非因职工过错企业解除劳动合同的,或者因企业违反法律规定职工解除劳动合同的;④劳动合同期满,由于企业原因不再续订劳动合同的;⑤企业年金方案约定的其他情形。⑤

3. 企业年金企业账户的计入。企业年金暂时未分配至职工企业年金个人账户的企业缴费及其投资收益,以及职工企业年金个人账户中未归属于职工个人的企业缴费及其投资收益,计入企业年金企业账户。企业年金企业账户中的企业缴费及其投资收益应当按照企业年金方案确定的比例和办法计入职工企业年金个人账户。⑥

4. 原企业年金个人账户的转入、管理。(1)职工变动工作单位时,新就业单位已经建立企业年金或者职业年金的,原企业年金个人账户权益应当随同转入

---

① 《企业年金办法》第30条。
② 《企业年金办法》第17条。
③ 《企业年金办法》第18条。
④ 《企业年金办法》第19条。
⑤ 《企业年金办法》第20条。
⑥ 《企业年金办法》第21条。

新就业单位企业年金或者职业年金。职工新就业单位没有建立企业年金或者职业年金的,或者职工升学、参军、失业期间,原企业年金个人账户可以暂时由原管理机构继续管理,也可以由法人受托机构发起的集合计划设置的保留账户暂时管理;原受托人是企业年金理事会的,由企业与职工协商选择法人受托机构管理。① (2)企业年金方案终止后,职工原企业年金个人账户由法人受托机构发起的集合计划设置的保留账户暂时管理;原受托人是企业年金理事会的,由企业与职工一方协商选择法人受托机构管理。②

(四)企业年金的领取

1. 企业年金领取的条件。符合下列条件之一的,可以领取企业年金:(1)职工在达到国家规定的退休年龄或者完全丧失劳动能力时,可以从本人企业年金个人账户中按月、分次或者一次性领取企业年金,也可以将本人企业年金个人账户资金全部或者部分购买商业养老保险产品,依据保险合同领取待遇并享受相应的继承权;(2)出国(境)定居人员的企业年金个人账户资金,可以根据本人要求一次性支付给本人;(3)职工或者退休人员死亡后,其企业年金个人账户余额可以继承。③

2. 企业年金领取的除外。未达到上述企业年金领取条件之一的,不得从企业年金个人账户中提前提取资金。④

(五)企业年金的管理监督

1. 企业年金管理的受托人。(1)企业成立企业年金理事会作为受托人的,企业年金理事会应当由企业和职工代表组成,也可以聘请企业以外的专业人员参加,其中职工代表应不少于1/3。企业年金理事会除管理本企业的企业年金事务之外,不得从事其他任何形式的营业性活动。⑤ (2)受托人应当委托具有企业年金管理资格的账户管理人、投资管理人和托管人,负责企业年金基金的账户管理、投资运营和托管。⑥

---

① 《企业年金办法》第22条。
② 《企业年金办法》第23条。
③ 《企业年金办法》第24条。
④ 《企业年金办法》第25条。
⑤ 《企业年金办法》第26条。
⑥ 《企业年金办法》第27条。

2. 企业年金基金的管理。企业年金基金应当与委托人、受托人、账户管理人、投资管理人、托管人和其他为企业年金基金管理提供服务的自然人、法人或者其他组织的自有资产或者其他资产分开管理，不得挪作其他用途。企业年金基金管理应当执行国家有关规定。①

3. 企业年金的监督检查主体。县级以上人民政府人力资源社会保障行政部门负责对本办法的执行情况进行监督检查。对违反本办法的，由人力资源社会保障行政部门予以警告，责令改正。②

二、企业年金基金

（一）企业年金基金的组成、计划、缴费及账户

1. 企业年金基金的组成。企业年金基金由下列各项组成：（1）企业缴费；（2）职工个人缴费；（3）企业年金基金投资运营收益。③

2. 建立及参加的企业年金计划。（1）建立计划的法定性。一个企业年金方案的委托人只能建立一个企业年金单一计划或者参加一个企业年金集合计划。委托人加入集合计划满3年后，方可根据受托管理合同规定选择退出集合计划。④ 企业年金单一计划指受托人将单个委托人交付的企业年金基金，单独进行受托管理的企业年金计划。企业年金集合计划指同一受托人将多个委托人交付的企业年金基金，集中进行受托管理的企业年金计划。⑤ （2）集合计划。法人受托机构设立集合计划，应当制定集合计划受托管理合同，为每个集合计划确定账户管理人、托管人各1名，投资管理人至少3名；并分别与其签订委托管理合同。集合计划受托人应当将制定的集合计划受托管理合同、签订的委托管理合同以及该集合计划的投资组合说明书报人力资源社会保障部备案。⑥ （3）单一计划。①企业年金单一计划变更的情形。发生下列情形之一的，企业年金单一计划变更：第一，企业年金计划受托人、账户管理人、托管人或者投资管理人变更；第二，企业年金基金管理合同主要内容变更；第三，企业年金计划名称变更；第四，国家

---

① 《企业年金办法》第28条。
② 《企业年金办法》第29条。
③ 《企业年金办法》第14条。
④ 《企业年金基金管理办法》第66条。
⑤ 《企业年金基金管理办法》第64条。
⑥ 《企业年金基金管理办法》第65条。

规定的其他情形。发生前款规定情形时,受托人应当将相关企业年金基金管理合同重新报人力资源社会保障行政部门备案。① ②企业年金单一计划终止后的清算。第一,企业年金单一计划终止时,受托人应当组织清算组对企业年金基金财产进行清算。清算费用从企业年金基金财产中扣除。清算组由企业代表、职工代表、受托人、账户管理人、托管人、投资管理人以及由受托人聘请的会计师事务所、律师事务所等组成。清算组应当自清算工作完成后3个月内,向人力资源社会保障行政部门和受益人提交经会计师事务所审计以及律师事务所出具法律意见书的清算报告。人力资源社会保障行政部门应当注销该企业年金计划。② 第二,会计师事务所和律师事务所提供企业年金中介服务应当严格遵守相关职业准则和行业规范。③

3. 企业年金的缴费。(1)缴费比例。企业缴费每年不超过本企业职工工资总额的8%。企业和职工个人缴费合计不超过本企业职工工资总额的12%。具体所需费用,由企业和职工一方协商确定。职工个人缴费由企业从职工个人工资中代扣代缴。④ (2)中止缴费。实行企业年金后,企业如遇到经营亏损、重组并购等当期不能继续缴费的情况,经与职工一方协商,可以中止缴费。不能继续缴费的情况消失后,企业和职工恢复缴费,并可以根据本企业实际情况,按照中止缴费时的企业年金方案予以补缴。补缴的年限和金额不得超过实际中止缴费的年限和金额。⑤

4. 企业年金基金的账户。(1)企业年金账户的转移。职工离开本企业转入新的企业年金计划时,委托人根据有关合同规定应向受托人提交个人账户转移申请,受托人确认后通知账户管理人。账户管理人计算个人账户权益,生成个人账户转移报告,发送委托人和受托人确认。受托人确认后向托管人下达资金转移指令,并通知账户管理人。托管人按资金转移指令办理资金划转手续,并将资金划转结果通知受托人和账户管理人。账户管理人应办理个人账户转移手续,并通知受托人。受托人将资金划转结果通知委托人。⑥ (2)受益人年金账户的转

---

① 《企业年金基金管理办法》第67条。
② 《企业年金基金管理办法》第68条。
③ 《企业年金基金管理办法》第86条。
④ 《企业年金办法》第15条。
⑤ 《企业年金办法》第16条。
⑥ 《企业年金基金管理运作流程》第20条。

入。①受益人工作单位发生变化,新工作单位已经建立企业年金计划的,其企业年金个人账户权益应当转入新工作单位的企业年金计划管理。新工作单位没有建立企业年金计划的,其企业年金个人账户权益可以在原法人受托机构发起的集合计划设置的保留账户统一管理;原受托人是企业年金理事会的,由企业与职工协商选择法人受托机构管理。① ②企业年金单一计划终止时,受益人企业年金个人账户权益应当转入原法人受托机构发起的集合计划设置的保留账户统一管理;原受托人是企业年金理事会的,由企业与职工协商选择法人受托机构管理。②

(二)企业年金基金的管理

1. 企业年金基金管理的一般规则。(1)企业年金基金管理的适用。①适用的法律依据。第一,为维护企业年金各方当事人的合法权益,规范企业年金基金管理,根据劳动法、信托法、合同法、证券投资基金法等法律和国务院有关规定,制定《企业年金基金管理办法》。③ 第二,为加强企业年金基金管理,规范企业年金基金运作程序,根据《企业年金试行办法》、《企业年金基金管理试行办法》和有关法律法规,制定《企业年金基金管理运作流程》。④ 第三,人力资源社会保障部负责制定企业年金基金管理的有关政策。人力资源社会保障行政部门对企业年金基金管理进行监管。⑤ 第四,企业年金基金管理,国务院另有规定的,从其规定。⑥ 第五,《企业年金基金管理办法》自2011年5月1日起施行。劳动和社会保障部、中国银行业监督管理委员会、中国证券监督管理委员会、中国保险监督管理委员会于2004年2月23日发布的《企业年金基金管理试行办法》(劳动保障部令第23号)同时废止。⑦ ②适用范围。第一,企业年金基金的受托管理、账户管理、托管、投资管理以及监督管理适用《企业年金基金管理办法》。《企业年金基金管理办法》所称企业年金基金,是指根据依法制定的企业年金计划筹集的资金及其投资运营收益形成的企业补充养老保险基金。⑧ 第二,本流程适用于企

---

① 《企业年金基金管理办法》第69条。
② 《企业年金基金管理办法》第70条。
③ 《企业年金基金管理办法》第1条。
④ 《企业年金基金管理运作流程》第1条。
⑤ 《企业年金基金管理办法》第13条。
⑥ 《企业年金基金管理办法》第87条。
⑦ 《企业年金基金管理办法》第88条。
⑧ 《企业年金基金管理办法》第2条。

业年金计划的委托人及从事企业年金基金管理的受托人、账户管理人、托管人和投资管理人。《企业年金基金管理运作流程》所称受托管理合同是指委托人与受托人签订的合同,账户管理合同是指受托人与账户管理人签订的合同,托管合同是指受托人与托管人签订的合同,投资管理合同是指受托人与投资管理人签订的合同。① (2)企业年金基金管理的合同。①合同的签订。建立企业年金计划的企业及其职工作为委托人,与企业年金理事会或者法人受托机构(以下简称受托人)签订受托管理合同。受托人与企业年金基金账户管理机构(以下简称账户管理人)、企业年金基金托管机构(以下简称托管人)和企业年金基金投资管理机构(以下简称投资管理人)分别签订委托管理合同。② ②合同的备案。受托人应当将受托管理合同和委托管理合同报人力资源社会保障行政部门备案。③ ③合同的履行。委托人应按受托管理合同规定,将企业年金计划信息、企业账户信息和个人账户信息提交受托人,受托人确认后提交账户管理人。委托人也可按受托管理合同规定,将企业账户信息和个人账户信息提交受托人委托的账户管理人,账户管理人对提交信息的真实性、合法性和完整性进行审核,审核无误后通知受托人。④ (3)企业年金基金管理的企业年金计划。①一个企业年金计划应当仅有一个受托人、一个账户管理人和一个托管人,可以根据资产规模大小选择适量的投资管理人。⑤ ②同一企业年金计划中,受托人与托管人、托管人与投资管理人不得为同一人;建立企业年金计划的企业成立企业年金理事会作为受托人的,该企业与托管人不得为同一人;受托人与托管人、托管人与投资管理人、投资管理人与其他投资管理人的总经理和企业年金从业人员,不得相互兼任。同一企业年金计划中,法人受托机构具备账户管理或者投资管理业务资格的,可以兼任账户管理人或者投资管理人。⑥ (4)企业年金基金管理的法人受托机构。法人受托机构兼任投资管理人时,应当建立风险控制制度,确保各项业务管理之间的独立性;设立独立的受托业务和投资业务部门,办公区域、运营管理流程和业务制度应当严格分离;直接负责的高级管理人员、受托业务和投资业务部门的工作人员

---

① 《企业年金基金管理运作流程》第2条。
② 《企业年金基金管理办法》第3条。
③ 《企业年金基金管理办法》第4条。
④ 《企业年金基金管理运作流程》第3条。
⑤ 《企业年金基金管理办法》第5条。
⑥ 《企业年金基金管理办法》第6条。

不得相互兼任。同一企业年金计划中,法人受托机构对待各投资管理人应当执行统一的标准和流程,体现公开、公平、公正原则。① (5)企业年金基金管理的企业年金。①企业年金基金的缴费。企业年金基金缴费必须归集到受托财产托管账户,并在45日内划入投资资产托管账户。企业年金基金财产独立于委托人、受托人、账户管理人、托管人、投资管理人和其他为企业年金基金管理提供服务的自然人、法人或者其他组织的固有财产及其管理的其他财产。企业年金基金财产的管理、运用或其他情形取得的财产和收益,应当归入基金财产。② ②企业年金基金的财产。第一,委托人、受托人、账户管理人、托管人、投资管理人和其他为企业年金基金管理提供服务的自然人、法人或者其他组织,因依法解散、被依法撤销或者被依法宣告破产等原因进行终止清算的,企业年金基金财产不属于其清算财产。③ 第二,企业年金基金财产的债权,不得与委托人、受托人、账户管理人、托管人、投资管理人和其他为企业年金基金管理提供服务的自然人、法人或者其他组织固有财产的债务相互抵销。不同企业年金计划的企业年金基金的债权债务,不得相互抵销。④ 第三,非因企业年金基金财产本身承担的债务,不得对基金财产强制执行。⑤ (6)企业年金基金管理提供服务主体的义务。受托人、账户管理人、托管人、投资管理人和其他为企业年金基金管理提供服务的自然人、法人或者其他组织必须恪尽职守,履行诚实、信用、谨慎、勤勉的义务。⑥

2. 企业年金基金管理的当事人。(1)受托人。①受托人的选择。建立企业年金计划的企业,应当通过职工大会或者职工代表大会讨论确定,选择法人受托机构作为受托人,或者成立企业年金理事会作为受托人。⑦《企业年金基金管理办法》所称受托人,是指受托管理企业年金基金的符合国家规定的养老金管理公司等法人受托机构(以下简称法人受托机构)或者企业年金理事会。⑧ ②受托人的职责。第一,受托人应当履行下列职责:其一,选择、监督、更换账户管理人、托

---

① 《企业年金基金管理办法》第7条。
② 《企业年金基金管理办法》第8条。
③ 《企业年金基金管理办法》第9条。
④ 《企业年金基金管理办法》第10条。
⑤ 《企业年金基金管理办法》第11条。
⑥ 《企业年金基金管理办法》第12条。
⑦ 《企业年金基金管理办法》第15条。
⑧ 《企业年金基金管理办法》第14条。

管人、投资管理人。其二,制定企业年金基金战略资产配置策略。其三,根据合同对企业年金基金管理进行监督。其四,根据合同收取企业和职工缴费,向受益人支付企业年金待遇,并在合同中约定具体的履行方式。其五,接受委托人查询,定期向委托人提交企业年金基金管理和财务会计报告。发生重大事件时,及时向委托人和有关监管部门报告;定期向有关监管部门提交开展企业年金基金受托管理业务情况的报告。其六,按照国家规定保存与企业年金基金管理有关的记录自合同终止之日起至少15年。其七,国家规定和合同约定的其他职责。①《企业年金基金管理办法》所称受益人,是指参加企业年金计划并享有受益权的企业职工。② 第二,受托人职责终止的,委托人应当在45日内委任新的受托人。受托人职责终止的,应当妥善保管企业年金基金受托管理资料,在45日内办理完毕受托管理业务移交手续,新受托人应当接收并行使相应职责。③ ③受托人的义务。第一,受托人应将企业年金基金的投资分配指令通知托管人和投资管理人。托管人应对受托人投资分配指令的真实性、合法性和完整性进行审核,及时将受托财产托管账户资金划入相应投资组合的资金账户,并将资金到账情况通知受托人和投资管理人。④ 第二,受托人调整投资管理人的投资额度时,应提前将调整方案通知托管人和投资管理人。托管人接到受托人划款指令后,应对指令的真实性、合法性和完整性进行审核,审核无误后及时划拨资金,并将资金划拨情况通知受托人和投资管理人。⑤ (2)企业年金理事会。①企业年金理事会的人员。第一,人员组成。企业年金理事会由企业代表和职工代表等人员组成,也可以聘请企业以外的专业人员参加,其中职工代表不少于1/3。理事会应当配备一定数量的专职工作人员。⑥ 第二,人员产生。企业年金理事会中的职工代表和企业以外的专业人员由职工大会、职工代表大会或者其他形式民主选举产生。企业代表由企业方聘任。理事任期由企业年金理事会章程规定,但每届任期不得超过3年。理事任期届满,连选可以连任。⑦ 第三,理事的责任。理事应当对企

---

① 《企业年金基金管理办法》第23条。
② 《企业年金基金管理办法》第24条。
③ 《企业年金基金管理办法》第26条。
④ 《企业年金基金管理运作流程》第11条。
⑤ 《企业年金基金管理运作流程》第12条。
⑥ 《企业年金基金管理办法》第16条。
⑦ 《企业年金基金管理办法》第17条。

业年金理事会的决议承担责任。理事会的决议违反法律、行政法规、本办法规定或者理事会章程,致使企业年金基金财产遭受损失的,理事应当承担赔偿责任。但经证明在表决时曾表明异议并记载于会议记录的,该理事可以免除责任。企业年金理事会对外签订合同,应当由全体理事签字。[①] ②企业年金理事会应具备的条件。企业年金理事会理事应当具备下列条件:第一,具有完全民事行为能力;第二,诚实守信,无犯罪记录;第三,具有从事法律、金融、会计、社会保障或者其他履行企业年金理事会理事职责所必需的专业知识;第四,具有决策能力;第五,无个人所负数额较大的债务到期未清偿情形。[②] ③企业年金理事会的职责。企业年金理事会依法独立管理本企业的企业年金基金事务,不受企业方的干预,不得从事任何形式的营业性活动,不得从企业年金基金财产中提取管理费用。[③] ④企业年金理事会的会议。企业年金理事会会议,应当由理事本人出席;理事因故不能出席,可以书面委托其他理事代为出席,委托书中应当载明授权范围。理事会作出决议,应当经全体理事2/3以上通过。理事会应当对会议所议事项的决定形成会议记录,出席会议的理事应当在会议记录上签名。[④] (3)法人受托机构。①法人受托机构应具备的条件。法人受托机构应当具备下列条件:第一,经国家金融监管部门批准,在中国境内注册的独立法人;第二,具有完善的法人治理结构;第三,取得企业年金基金从业资格的专职人员达到规定人数;第四,具有符合要求的营业场所、安全防范设施和与企业年金基金受托管理业务有关的其他设施;第五,具有完善的内部稽核监控制度和风险控制制度;第六,近3年没有重大违法违规行为;第七,国家规定的其他条件。[⑤] ②法人受托机构职责终止的情形。有下列情形之一的,法人受托机构职责终止:第一,违反与委托人合同约定的;第二,利用企业年金基金财产为其谋取利益,或者为他人谋取不正当利益的;第三,依法解散、被依法撤销、被依法宣告破产或者被依法接管的;第四,被依法取消企业年金基金受托管理业务资格的;第五,委托人有证据认为更换受托人符合受益人利益的;第六,有关监管部门有充分理由和依据认为更换受托人符

[①] 《企业年金基金管理办法》第21条。
[②] 《企业年金基金管理办法》第18条。
[③] 《企业年金基金管理办法》第19条。
[④] 《企业年金基金管理办法》第20条。
[⑤] 《企业年金基金管理办法》第22条。

合受益人利益的;第七,国家规定和合同约定的其他情形。企业年金理事会有前述第2项规定情形的,企业年金理事会职责终止,由委托人选择法人受托机构担任受托人。企业年金理事会有第1、3至7项规定情形之一的,应当按照国家规定重新组成,或者由委托人选择法人受托机构担任受托人。① (4)账户管理人。《企业年金基金管理办法》所称账户管理人,是指接受受托人委托管理企业年金基金账户的专业机构。② ①账户管理人应具备的条件。账户管理人应当具备下列条件:第一,经国家有关部门批准,在中国境内注册的独立法人;第二,具有完善的法人治理结构;第三,取得企业年金基金从业资格的专职人员达到规定人数;第四,具有相应的企业年金基金账户信息管理系统;第五,具有符合要求的营业场所、安全防范设施和与企业年金基金账户管理业务有关的其他设施;第六,具有完善的内部稽核监控制度和风险控制制度;第七,近3年没有重大违法违规行为;第八,国家规定的其他条件。③ ②账户管理人应的职责。第一,职责的内容。账户管理人应当履行下列职责:其一,建立企业年金基金企业账户和个人账户;其二,记录企业、职工缴费以及企业年金基金投资收益;其三,定期与托管人核对缴费数据以及企业年金基金账户财产变化状况,及时将核对结果提交受托人;其四,计算企业年金待遇;其五,向企业和受益人提供企业年金基金企业账户和个人账户信息查询服务;向受益人提供年度权益报告;其六,定期向受托人提交账户管理数据等信息以及企业年金基金账户管理报告;定期向有关监管部门提交开展企业年金基金账户管理业务情况的报告;其七,按照国家规定保存企业年金基金账户管理档案自合同终止之日起至少15年;其八,国家规定和合同约定的其他职责。④ 第二,职责终止的情形。有下列情形之一的,账户管理人职责终止:其一,违反与受托人合同约定的;其二,利用企业年金基金财产为其谋取利益,或者为他人谋取不正当利益的;其三,依法解散、被依法撤销、被依法宣告破产或者被依法接管的;其四,被依法取消企业年金基金账户管理业务资格的;其五,受托人有证据认为更换账户管理人符合受益人利益的;其六,有关监管部门有充分理由和依据认为更换账户管理人符合受益人利益的;其七,国家规定和合

---

① 《企业年金基金管理办法》第25条。
② 《企业年金基金管理办法》第27条。
③ 《企业年金基金管理办法》第28条。
④ 《企业年金基金管理办法》第29条。

同约定的其他情形。① 第三,职责终止后确定新的账户管理人。账户管理人职责终止的,受托人应当在45日内确定新的账户管理人。账户管理人职责终止的,应当妥善保管企业年金基金账户管理资料,在45日内办理完毕账户管理业务移交手续,新账户管理人应当接收并行使相应职责。② ③账户管理人的义务。第一,账户管理人应为企业年金基金建立独立的企业账户和个人账户,并及时记录企业年金计划信息、企业账户信息和个人账户信息。③ 第二,企业年金计划信息、企业账户信息或个人账户信息变更时,委托人应按受托管理合同规定,将变更信息提交受托人,受托人确认后提交账户管理人。企业账户信息或个人账户信息变更时,委托人也可按受托管理合同规定,将变更信息提交受托人委托的账户管理人,账户管理人对变更信息的真实性、合法性和完整性进行审核,审核无误后通知受托人。账户管理人应按变更信息调整账户记录。④ 第三,账户管理人应按账户管理合同规定,在企业年金计划规定缴费日前,根据企业年金计划及委托人提供的缴费信息,生成缴费账单,提交委托人和受托人确认。受托人应向托管人发送缴费收账通知。⑤ 第四,账户管理人应当采用份额计量方式进行账户管理,根据企业年金基金单位净值,按周或者按日足额记入企业年金基金企业账户和个人账户。⑥ 第五,职工离开本企业,不能转入新企业年金计划的,账户管理人可将其转入保留账户并进行单独管理。⑦ 第六,账户管理人应按《企业年金基金管理试行办法》及账户管理合同的规定,分配企业年金基金的投资收益。采取金额计量方式时,账户管理人应按托管人提供的收益分配日的企业年金基金财产净值和净值增长率及企业账户与个人账户期初余额,计算本期投资收益,并足额记入企业账户和个人账户。采取份额计量方式时,账户管理人应记录托管人提供的收益分配日的企业年金基金份额净值。⑧ (5)托管人。①托管人的界定。《企业年金基金管理办法》所称托管人,是指接受受托人委托保管企业年金基金财产的商业银行。⑨

---

① 《企业年金基金管理办法》第30条。
② 《企业年金基金管理办法》第31条。
③ 《企业年金基金管理运作流程》第4条。
④ 《企业年金基金管理运作流程》第5条。
⑤ 《企业年金基金管理运作流程》第6条。
⑥ 《企业年金基金管理办法》第54条。
⑦ 《企业年金基金管理运作流程》第21条。
⑧ 《企业年金基金管理运作流程》第17条。
⑨ 《企业年金基金管理办法》第32条。

②托管人应具备的条件。托管人应当具备下列条件:第一,经国家金融监管部门批准,在中国境内注册的独立法人;第二,具有完善的法人治理结构;第三,设有专门的资产托管部门;第四,取得企业年金基金从业资格的专职人员达到规定人数;第五,具有保管企业年金基金财产的条件;第六,具有安全高效的清算、交割系统;第七,具有符合要求的营业场所、安全防范设施和与企业年金基金托管业务有关的其他设施;第八,具有完善的内部稽核监控制度和风险控制制度;第九,近3年没有重大违法违规行为;第十,国家规定的其他条件。① ③托管人的职责。第一,应履行的职责。托管人应当履行下列职责:其一,安全保管企业年金基金财产;其二,以企业年金基金名义开设基金财产的资金账户和证券账户等;其三,对所托管的不同企业年金基金财产分别设置账户,确保基金财产的完整和独立;其四,根据受托人指令,向投资管理人分配企业年金基金财产;其五,及时办理清算、交割事宜;其六,负责企业年金基金会计核算和估值,复核、审查和确认投资管理人计算的基金财产净值;其七,根据受托人指令,向受益人发放企业年金待遇;其八,定期与账户管理人、投资管理人核对有关数据;其九,按照规定监督投资管理人的投资运作,并定期向受托人报告投资监督情况;其十,定期向受托人提交企业年金基金托管和财务会计报告;定期向有关监管部门提交开展企业年金基金托管业务情况的报告;还包括:"按照国家规定保存企业年金基金托管业务活动记录、账册、报表和其他相关资料自合同终止之日起至少15年""国家规定和合同约定的其他职责"。② 第二,职责终止的情形。有下列情形之一的,托管人职责终止:其一,违反与受托人合同约定的;其二,利用企业年金基金财产为其谋取利益,或者为他人谋取不正当利益的;其三,依法解散、被依法撤销、被依法宣告破产或者被依法接管的;其四,被依法取消企业年金基金托管业务资格的;其五,受托人有证据认为更换托管人符合受益人利益的;其六,有关监管部门有充分理由和依据认为更换托管人符合受益人利益的;其七,国家规定和合同约定的其他情形。③ 第三,职责终止后确定的新托管人。托管人职责终止的,受托人应当在45日内确定新的托管人。托管人职责终止的,应当妥善保管企业年金基金托管资料,在45日内办理完毕托管业务移交手续,新托管人应当接收并行使相

---

① 《企业年金基金管理办法》第33条。
② 《企业年金基金管理办法》第34条。
③ 《企业年金基金管理办法》第36条。

应职责。① ④托管人的义务。第一，托管人应为托管的每个企业年金计划分别开设受托财产托管账户，用于企业年金基金的归集和支付。委托人应在计划规定缴费日，将企业缴费和个人缴费划入托管人开设的受托财产托管账户，并通知受托人和账户管理人。② 第二，托管人应按缴费收账通知核对实收缴费金额。核对一致时，托管人将缴费资金到账情况通知受托人和账户管理人，账户管理人将缴费信息记入企业账户和个人账户。核对不一致，实收缴费金额多于缴费收账通知的应收缴费时，托管人应通知受托人，根据受托人指令进行超额缴费处理，并将处理结果通知受托人和账户管理人；实收缴费金额少于缴费收账通知的应收缴费时，托管人应通知受托人，受托人通知委托人补缴。③ 第三，托管人应为托管的企业年金基金分别开设资金账户和证券账户，并负责所托管企业年金基金的资金清算与交收。托管人应为所托管企业年金基金的投资管理人分别开设投资管理风险准备金账户，专项用于弥补企业年金基金的投资亏损。④ 第四，受托人、托管人和投资管理人应就指令下达、确认和执行等程序达成一致。受托人和投资管理人应将发送指令的人员和权限通知托管人。⑤ 第五，托管人应按照《企业年金基金管理试行办法》、托管合同及有关法律法规，对企业年金基金投资范围、投资比例、会计核算与估值、费用计提与支付以及收益分配等事项进行监督。因证券市场波动、上市公司合并等客观因素造成的投资管理不符合《企业年金基金管理试行办法》规定比例或投资管理合同约定比例的，托管人应及时通知投资管理人并报告受托人，投资管理人应在合理期限内进行调整。⑥ 第六，托管人接到受托人下达的费用支付指令、投资管理人下达的交易指令后，应对指令的真实性、合法性和完整性进行审核，审核无误后予以执行。⑦ 第七，托管人发现投资管理人依据交易程序尚未成立的投资指令违反法律、行政法规、其他有关规定或者合同约定的，应当拒绝执行，立即通知投资管理人，并及时向受托人和有关监管部门报告。托管人发现投资管理人依据交易程序已经成立的投资指令违反法

---

① 《企业年金基金管理办法》第37条。
② 《企业年金基金管理运作流程》第7条。
③ 《企业年金基金管理运作流程》第8条。
④ 《企业年金基金管理运作流程》第9条。
⑤ 《企业年金基金管理运作流程》第10条。
⑥ 《企业年金基金管理运作流程》第16条。
⑦ 《企业年金基金管理运作流程》第18条。

律、行政法规、其他有关规定或者合同约定的,应当立即通知投资管理人,并及时向受托人和有关监管部门报告。① ⑤托管人行为的禁止。禁止托管人有下列行为:第一,托管的企业年金基金财产与其固有财产混合管理;第二,托管的企业年金基金财产与托管的其他财产混合管理;第三,托管的不同企业年金计划、不同企业年金投资组合的企业年金基金财产混合管理;第四,侵占、挪用托管的企业年金基金财产;第五,国家规定和合同约定禁止的其他行为。②

3. 企业年金基金的管理规则。(1)企业年金计划的审计。发生以下情形之一的,受托人应当聘请会计师事务所对企业年金计划进行审计。审计费用从企业年金基金财产中扣除。①企业年金计划连续运作满3个会计年度时;②企业年金计划管理人职责终止时;③国家规定的其他情形。账户管理人、托管人、投资管理人应当自上述情况发生之日起配合会计师事务所对企业年金计划进行审计。受托人应当自上述情况发生之日起的50日内向委托人以及人力资源社会保障行政部门提交审计报告。③ (2)管理费。①管理费的提取。第一,受托人年度提取。受托人年度提取的管理费不高于受托管理企业年金基金财产净值的0.2%。④ 第二,托管人的年度提取。托管人年度提取的管理费不高于托管企业年金基金财产净值的0.2%。⑤ 第三,投资管理人的年度提取。投资管理人年度提取的管理费不高于投资管理企业年金基金财产净值的1.2%。⑥ ②管理费的缴纳。账户管理人的管理费按照每户每月不超过5元人民币的限额,由建立企业年金计划的企业另行缴纳。保留账户和退休人员账户的账户管理费可以按照合同约定由受益人自行承担,从受益人个人账户中扣除。⑦ ③管理费的调整。根据企业年金基金管理情况,人力资源社会保障部会同中国银监会、中国证监会和中国保监会,适时对有关管理费进行调整。⑧ (3)企业年金基金投资管理风险准备金。①风险准备金的提取。投资管理人从当期收取的管理费中,提取20%作为企业

---

① 《企业年金基金管理办法》第35条。
② 《企业年金基金管理办法》第38条。
③ 《企业年金基金管理办法》第71条。
④ 《企业年金基金管理办法》第55条。
⑤ 《企业年金基金管理办法》第57条。
⑥ 《企业年金基金管理办法》第58条。
⑦ 《企业年金基金管理办法》第56条。
⑧ 《企业年金基金管理办法》第59条。

年金基金投资管理风险准备金,专项用于弥补合同终止时所管理投资组合的企业年金基金当期委托投资资产的投资亏损。[1] ②风险准备金的弥补。当合同终止时,如所管理投资组合的企业年金基金财产净值低于当期委托投资资产的,投资管理人应当用风险准备金弥补该时点的当期委托投资资产亏损,直至该投资组合风险准备金弥补完毕;如所管理投资组合的企业年金基金当期委托投资资产没有发生投资亏损或者风险准备金弥补后有剩余的,风险准备金划归投资管理人所有。[2] ③风险准备金的存放。企业年金基金投资管理风险准备金应当存放于投资管理人在托管人处开立的专用存款账户,余额达到投资管理人所管理投资组合基金财产净值的10%时可以不再提取。托管人不得对投资管理风险准备金账户收取费用。[3] ④风险准备金的管理、投资。风险准备金由投资管理人进行管理,可以投资于银行存款、国债等高流动性、低风险金融产品。风险准备金产生的投资收益,应当纳入风险准备金管理。[4] (4)企业年金基金管理季度的报告。①受托人向委托人提供的报告。受托人应当在每季度结束后30日内向委托人提交企业年金基金管理季度报告;并应当在年度结束后60日内向委托人提交企业年金基金管理和财务会计年度报告。[5] ②账户管理人向受托人提供的报告。账户管理人应当在每季度结束后15日内向受托人提交企业年金基金账户管理季度报告;并应当在年度结束后45日内向受托人提交企业年金基金账户管理年度报告。[6] ③托管人向受托人提供的报告。托管人应当在每季度结束后15日内向受托人提交企业年金基金托管和财务会计季度报告;并应当在年度结束后45日内向受托人提交企业年金基金托管和财务会计年度报告。[7] ④投资管理人向受托人提供的报告。投资管理人应当在每季度结束后15日内向受托人提交经托管人确认财务管理数据的企业年金基金投资组合季度报告;并应当在年度结束后45日内向受托人提交经托管人确认财务管理数据的企业年金基金投资管理年度

---

[1] 《企业年金基金管理办法》第60条。
[2] 《企业年金基金管理办法》第61条。
[3] 《企业年金基金管理办法》第62条。
[4] 《企业年金基金管理办法》第63条。
[5] 《企业年金基金管理办法》第72条。
[6] 《企业年金基金管理办法》第73条。
[7] 《企业年金基金管理办法》第74条。

报告。① ⑤向人力资源社会保险部提供的报告。法人受托机构、账户管理人、托管人和投资管理人发生下列情形之一的,应当及时向人力资源社会保障部报告;账户管理人、托管人和投资管理人应当同时抄报受托人。第一,减资、合并、分立、依法解散、被依法撤销、决定申请破产或者被申请破产的;第二,涉及重大诉讼或者仲裁的;第三,董事长、总经理、直接负责企业年金业务的高级管理人员发生变动的;第四,国家规定的其他情形。② ⑥按规定提供的报告。受托人、账户管理人、托管人和投资管理人应当按照规定报告企业年金基金管理情况,并对所报告内容的真实性、完整性负责。③

4. 企业年金基金管理的法律责任。(1)行政法律责任。①法人受托机构、中央企业集团公司成立的企业年金理事会、账户管理人、托管人、投资管理人违反《企业年金基金管理办法》规定或者企业年金基金管理费、信息披露相关规定的,由人力资源社会保障部责令改正。其他企业(包括中央企业子公司)成立的企业年金理事会,违反本办法规定或者企业年金基金管理费、信息披露相关规定的,由管理合同备案所在地的省、自治区、直辖市或者计划单列市人力资源社会保障行政部门责令改正。④ ②人力资源社会保障部将法人受托机构、账户管理人、托管人、投资管理人违法行为、处理结果以及改正情况予以记录,同时抄送业务监管部门。在企业年金基金管理资格有效期内,有3次以上违法记录或者一次以上经责令改正而不改正的,在其资格到期之后5年内,不再受理其开展企业年金基金管理业务的申请。⑤ (2)刑事法律责任。受托人、账户管理人、托管人、投资管理人发生违法违规行为可能影响企业年金基金财产安全的,或者经责令改正而不改正的,由人力资源社会保障部暂停其接收新的企业年金基金管理业务。给企业年金基金财产或者受益人利益造成损害的,依法承担赔偿责任;构成犯罪的,依法追究刑事责任。⑥

(三)企业年金基金的投资

1. 企业年金基金的投资管理人。(1)投资管理人的界定。《企业年金基金

---

① 《企业年金基金管理办法》第75条。
② 《企业年金基金管理办法》第76条。
③ 《企业年金基金管理办法》第77条。
④ 《企业年金基金管理办法》第83条。
⑤ 《企业年金基金管理办法》第85条。
⑥ 《企业年金基金管理办法》第84条。

管理办法》所称投资管理人,是指接受受托人委托投资管理企业年金基金财产的专业机构。① (2)投资管理人应当具备的条件。投资管理人应当具备下列条件:①经国家金融监管部门批准,在中国境内注册,具有受托投资管理、基金管理或者资产管理资格的独立法人;②具有完善的法人治理结构;③取得企业年金基金从业资格的专职人员达到规定人数;④具有符合要求的营业场所、安全防范设施和与企业年金基金投资管理业务有关的其他设施;⑤具有完善的内部稽核监控制度和风险控制制度;⑥近3年没有重大违法违规行为;⑦国家规定的其他条件。② (3)投资管理人的职责。①投资管理人应当履行的职责。投资管理人应当履行下列职责:第一,对企业年金基金财产进行投资。第二,及时与托管人核对企业年金基金会计核算和估值结果。第三,建立企业年金基金投资管理风险准备金。第四,定期向受托人提交企业年金基金投资管理报告;定期向有关监管部门提交开展企业年金基金投资管理业务情况的报告。第五,根据国家规定保存企业年金基金财产会计凭证、会计账簿、年度财务会计报告和投资记录自合同终止之日起至少15年。第六,国家规定和合同约定的其他职责。③ ②职责终止的情形。有下列情形之一的,投资管理人职责终止:第一,违反与受托人合同约定的;第二,利用企业年金基金财产为其谋取利益,或者为他人谋取不正当利益的;第三,依法解散、被依法撤销、被依法宣告破产或者被依法接管的;第四,被依法取消企业年金基金投资管理业务资格的;第五,受托人有证据认为更换投资管理人符合受益人利益的;第六,有关监管部门有充分理由和依据认为更换投资管理人符合受益人利益的;第七,国家规定和合同约定的其他情形。④ ③职责终止后确定的新投资管理人。投资管理人职责终止的,受托人应当在45日内确定新的投资管理人。投资管理人职责终止的,应当妥善保管企业年金基金投资管理资料,在45日内办理完毕投资管理业务移交手续,新投资管理人应当接收并行使相应职责。⑤ (4)投资管理人(托管人)的义务。①托管人和投资管理人应分别及时从证券交易所和中国证券登记结算公司等机构获得企业年金基金证券交易结算数据。托管人和投资管理人核对无误后,托管人及时与中国证券登记结算公

---

① 《企业年金基金管理办法》第39条。
② 《企业年金基金管理办法》第40条。
③ 《企业年金基金管理办法》第41条。
④ 《企业年金基金管理办法》第43条。
⑤ 《企业年金基金管理办法》第44条。

司办理企业年金基金的资金清算与交收。托管人和投资管理人按照全国银行间债券市场有关规定,办理企业年金基金投资银行间债券市场的债券买卖、回购业务和资金清算等事宜。① ②托管人和投资管理人应分别为企业年金基金投资组合独立建账、独立核算,并参照《证券投资基金会计核算办法》等规定,分别完成企业年金基金投资组合的会计核算与估值。托管人应复核、审查投资管理人计算的投资组合净值。托管人负责企业年金基金的会计核算,每个工作日对企业年金基金进行估值,并按托管合同规定,及时将企业年金基金财产净值、净值增长率或份额净值等会计核算结果发送受托人和账户管理人。② ③托管人和投资管理人应分别及时编制和核对企业年金基金投资组合的资产负债表、损益表、净值变动表及附注等会计报表,并由托管人报送受托人。托管人应及时编制企业年金基金财产的资产负债表、损益表、净值变动表及附注等会计报表,并报送受托人。投资管理人应定期出具企业年金基金投资组合的投资业绩和风险评估等投资管理报告,并报送受托人。③ ④有下列情形之一的,投资管理人应当及时向受托人报告:第一,企业年金基金单位净值大幅度波动的;第二,可能使企业年金基金财产受到重大影响的有关事项;第三,国家规定和合同约定的其他情形。④

(5) 投资管理人行为的禁止。禁止投资管理人有下列行为:①将其固有财产或者他人财产混同于企业年金基金财产;②不公平对待企业年金基金财产与其管理的其他财产;③不公平对待其管理的不同企业年金基金财产;④侵占、挪用企业年金基金财产;⑤承诺、变相承诺保本或者保证收益;⑥利用所管理的其他资产为企业年金计划委托人、受益人或者相关管理人谋取不正当利益;⑦国家规定和合同约定禁止的其他行为。⑤

2. 企业年金基金投资的规则。(1) 基金投资管理的原则。企业年金基金投资管理应当遵循谨慎、分散风险的原则,充分考虑企业年金基金财产的安全性、收益性和流动性,实行专业化管理。⑥ (2) 基金投资的财产。①财产范围。企业年金基金财产限于境内投资,投资范围包括银行存款、国债、中央银行票据、债券

---

① 《企业年金基金管理运作流程》第13条。
② 《企业年金基金管理运作流程》第14条。
③ 《企业年金基金管理运作流程》第15条。
④ 《企业年金基金管理办法》第42条。
⑤ 《企业年金基金管理办法》第45条。
⑥ 《企业年金基金管理办法》第46条。

回购、万能保险产品、投资连结保险产品、证券投资基金、股票,以及信用等级在投资级以上的金融债、企业(公司)债、可转换债(含分离交易可转换债)、短期融资券和中期票据等金融产品。① ②财产管理。每个投资组合的企业年金基金财产应当由一个投资管理人管理,企业年金基金财产以投资组合为单位按照公允价值计算应当符合下列规定:第一,投资银行活期存款、中央银行票据、债券回购等流动性产品以及货币市场基金的比例,不得低于投资组合企业年金基金财产净值的5%;清算备付金、证券清算款以及一级市场证券申购资金视为流动性资产;投资债券正回购的比例不得高于投资组合企业年金基金财产净值的40%。第二,投资银行定期存款、协议存款、国债、金融债、企业(公司)债、短期融资券、中期票据、万能保险产品等固定收益类产品以及可转换债(含分离交易可转换债)、债券基金、投资连结保险产品(股票投资比例不高于30%)的比例,不得高于投资组合企业年金基金财产净值的95%。第三,投资股票等权益类产品以及股票基金、混合基金、投资连结保险产品(股票投资比例高于或者等于30%)的比例,不得高于投资组合企业年金基金财产净值的30%。其中,企业年金基金不得直接投资于权证,但因投资股票、分离交易可转换债等投资品种而衍生获得的权证,应当在权证上市交易之日起10个交易日内卖出。② (3)投资范围和比例的调整。①根据金融市场变化和投资运作情况,人力资源社会保障部会同中国银监会、中国证监会和中国保监会,适时对投资范围和比例进行调整。③ ②因证券市场波动、上市公司合并、基金规模变动等投资管理人之外的因素致使企业年金基金投资不符合《企业年金基金管理办法》第48条、第50条规定的比例或者合同约定的投资比例的,投资管理人应当在可上市交易之日起10个交易日内调整完毕。④ (4)财产的投资。①单个投资组合的企业年金基金财产,投资于一家企业所发行的股票,单期发行的同一品种短期融资券、中期票据、金融债、企业(公司)债、可转换债(含分离交易可转换债),单只证券投资基金,单个万能保险产品或者投资连结保险产品,分别不得超过该企业上述证券发行量、该基金份额或者该保险产品资产管理规模的5%;按照公允价值计算,也不得超过该投资组合企业

---

① 《企业年金基金管理办法》第47条。
② 《企业年金基金管理办法》第48条。
③ 《企业年金基金管理办法》第49条。
④ 《企业年金基金管理办法》第52条。

年金基金财产净值的10%。单个投资组合的企业年金基金财产,投资于经备案的符合投资比例规定的单只养老金产品,不得超过该投资组合企业年金基金财产净值的30%,不受上述10%规定的限制。① ②投资管理人管理的企业年金基金财产投资于自己管理的金融产品须经受托人同意。② ③企业年金基金证券交易以现货和国务院规定的其他方式进行,不得用于向他人贷款和提供担保。投资管理人不得从事使企业年金基金财产承担无限责任的投资。③

(四)企业年金基金的监督检查

1. 开展企业年金基金管理相关业务的申请。法人受托机构、账户管理人、托管人、投资管理人开展企业年金基金管理相关业务,应当向人力资源社会保障部提出申请。法人受托机构、账户管理人、投资管理人向人力资源社会保障部提出申请前应当先经其业务监管部门同意,托管人向人力资源社会保障部提出申请前应当先向其业务监管部门备案。④

2. 开展企业年金基金管理相关业务的评审。人力资源社会保障部收到法人受托机构、账户管理人、托管人、投资管理人的申请后,应当组织专家评审委员会,按照规定进行审慎评审。经评审符合条件的,由人力资源社会保障部会同有关部门确认公告;经评审不符合条件的,应当书面通知申请人。专家评审委员会由有关部门代表和社会专业人士组成。每次参加评审的专家应当从专家评审委员会中随机抽取产生。⑤

3. 开展企业年金基金管理相关业务的监管。(1)监管的主体。受托人、账户管理人、托管人、投资管理人开展企业年金基金管理相关业务,应当接受人力资源社会保障行政部门的监管。法人受托机构、账户管理人、托管人和投资管理人的业务监管部门按照各自职责对其经营活动进行监督。⑥ (2)监管的措施。①人力资源社会保障部依法履行监督管理职责,可以采取以下措施:第一、查询、记录、复制与被调查事项有关的企业年金基金管理合同、财务会计报告等资料;第

---

① 《企业年金基金管理办法》第50条。
② 《企业年金基金管理办法》第51条。
③ 《企业年金基金管理办法》第53条。
④ 《企业年金基金管理办法》第78条。
⑤ 《企业年金基金管理办法》第79条。
⑥ 《企业年金基金管理办法》第80条。

二,询问与调查事项有关的单位和个人,要求其对有关问题作出说明、提供有关证明材料;第三,国家规定的其他措施。委托人、受托人、账户管理人、托管人、投资管理人和其他为企业年金基金管理提供服务的自然人、法人或者其他组织,应当积极配合检查,如实提供有关资料,不得拒绝、阻挠或者逃避检查,不得谎报、隐匿或者销毁相关证据材料。① ②人力资源社会保障部依法进行调查或者检查时,应当至少由两人共同进行,并出示证件,承担下列义务:第一,依法履行职责,秉公执法,不得利用职务之便谋取私利;第二,保守在调查或者检查时知悉的商业秘密;第三,为举报人员保密。②

(五)企业年金待遇的申请

职工退休、死亡、出境定居需要支付企业年金待遇时,委托人应向受托人提交申请,受托人通知账户管理人。账户管理人计算个人账户权益,生成个人账户权益支付表,发送委托人和受托人确认。受托人确认后向托管人下达待遇支付指令,并通知账户管理人。托管人按待遇支付指令办理资金划转手续,并将资金划转结果通知受托人和账户管理人。账户管理人应扣减个人账户权益,当个人账户权益余额为零时,办理个人账户销户手续并通知受托人。受托人将资金划转结果通知委托人。③

三、机关事业单位的职业年金

(一)机关事业单位职业年金规则

1. 机关事业单位职业年金的适用。(1)适用的法律依据。①为建立多层次养老保险体系,保障机关事业单位工作人员退休后的生活水平,促进人力资源合理流动,根据《国务院关于机关事业单位工作人员养老保险制度改革的决定》(国发〔2015〕2号)等相关规定,制定《机关事业单位职业年金办法》。④《机关事业单位职业年金办法》所称职业年金,是指机关事业单位及其工作人员在参加机关事业单位基本养老保险的基础上,建立的补充养老保险制度。⑤ ②《机关事业单位职业年金办法》自2014年10月1日起实施。已有规定与《机关事业单位职业

---

① 《企业年金基金管理办法》第81条。
② 《企业年金基金管理办法》第82条。
③ 《企业年金基金管理运作流程》第19条。
④ 《机关事业单位职业年金办法》第1条。
⑤ 《机关事业单位职业年金办法》第2条。

年金办法》不一致的,按照《机关事业单位职业年金办法》执行。① ③《机关事业单位职业年金办法》由人力资源社会保障部、财政部负责解释。② (2)适用范围。《机关事业单位职业年金办法》适用的单位和工作人员范围与参加机关事业单位基本养老保险的范围一致。③

2. 机关事业单位职业年金费用的缴纳。职业年金所需费用由单位和工作人员个人共同承担。单位缴纳职业年金费用的比例为本单位工资总额的8%,个人缴费比例为本人缴费工资的4%,由单位代扣。单位和个人缴费基数与机关事业单位工作人员基本养老保险缴费基数一致。根据经济社会发展状况,国家适时调整单位和个人职业年金缴费的比例。④

3. 机关事业单位职业年金的管理。(1)基金及其管理。①基金的组成。职业年金基金由下列各项组成:第一,单位缴费;第二,个人缴费;第三,职业年金基金投资运营收益;第四,国家规定的其他收入。⑤ ②基金的管理。第一,职业年金基金采用个人账户方式管理。个人缴费实行实账积累。对财政全额供款的单位,单位缴费根据单位提供的信息采取记账方式,每年按照国家统一公布的记账利率计算利息,工作人员退休前,本人职业年金账户的累计储存额由同级财政拨付资金记实;对非财政全额供款的单位,单位缴费实行实账积累。实账积累形成的职业年金基金,实行市场化投资运营,按实际收益计息。职业年金基金投资管理应当遵循谨慎、分散风险的原则,保证职业年金基金的安全性、收益性和流动性。职业年金基金的具体投资管理办法由人力资源社会保障部、财政部会同有关部门另行制定。⑥ 第二,职业年金基金应当委托具有资格的投资运营机构作为投资管理人,负责职业年金基金的投资运营;应当选择具有资格的商业银行作为托管人,负责托管职业年金基金。委托关系确定后,应当签订书面合同。⑦ 第三,职业年金基金必须与投资管理人和托管人的自有资产或其他资产分开管理,保

---

① 《机关事业单位职业年金办法》第16条。
② 《机关事业单位职业年金办法》第17条。
③ 《机关事业单位职业年金办法》第3条。
④ 《机关事业单位职业年金办法》第4条。
⑤ 《机关事业单位职业年金办法》第5条。
⑥ 《机关事业单位职业年金办法》第6条。
⑦ 《机关事业单位职业年金办法》第12条。

证职业年金财产独立性,不得挪作其他用途。① (2)经办机构的管理。职业年金的经办管理工作,由各级社会保险经办机构负责。②

4. 机关事业单位职业年金的个人账户。(1)职业年金个人账户的计入。单位缴费按照个人缴费基数的8%计入本人职业年金个人账户;个人缴费直接计入本人职业年金个人账户。职业年金基金投资运营收益,按规定计入职业年金个人账户。③ (2)职业年金个人账户的转移。工作人员变动工作单位时,职业年金个人账户资金可以随同转移。工作人员升学、参军、失业期间或新就业单位没有实行职业年金或企业年金制度的,其职业年金个人账户由原管理机构继续管理运营。新就业单位已建立职业年金或企业年金制度的,原职业年金个人账户资金随同转移。④

5. 机关事业单位职业年金的领取。符合下列条件之一的可以领取职业年金:(1)工作人员在达到国家规定的退休条件并依法办理退休手续后,由本人选择按月领取职业年金待遇的方式。可一次性用于购买商业养老保险产品,依据保险契约领取待遇并享受相应的继承权;可选择按照本人退休时对应的计发月数计发职业年金月待遇标准,发完为止,同时职业年金个人账户余额享有继承权。本人选择任一领取方式后不再更改。(2)出国(境)定居人员的职业年金个人账户资金,可根据本人要求一次性支付给本人。(3)工作人员在职期间死亡的,其职业年金个人账户余额可以继承。未达到上述职业年金领取条件之一的,不得从个人账户中提前提取资金。⑤

6. 机关事业单位职业年金的有关的税收。职业年金有关税收政策,按照国家有关法律法规和政策的相关规定执行。⑥

7. 机关事业单位职业年金的监督检查。县级以上各级人民政府人力资源社会保障行政部门、财政部门负责对本办法的执行情况进行监督检查。对违反《机关事业单位职业年金办法》规定的,由人力资源社会保障行政部门和财政部门予以警告,责令改正。⑦

---

① 《机关事业单位职业年金办法》第13条。
② 《机关事业单位职业年金办法》第11条。
③ 《机关事业单位职业年金办法》第7条。
④ 《机关事业单位职业年金办法》第8条。
⑤ 《机关事业单位职业年金办法》第9条。
⑥ 《机关事业单位职业年金办法》第10条。
⑦ 《机关事业单位职业年金办法》第14条。

8. 机关事业单位职业年金争议的解决。因执行《机关事业单位职业年金办法》发生争议的,工作人员可按照国家有关法律、法规提请仲裁或者申诉。①

(二)事业单位职业年金转移接续

详见本书第六章社会保险第二节养老保险相关内容。

(三)职业年金基金管理

1. 职业年金基金管理的一般规则。(1)职业年金基金管理的法律依据。①为规范职业年金基金管理,维护各方当事人的合法权益,根据信托法、合同法、证券投资基金法、《国务院关于机关事业单位工作人员养老保险制度改革的决定》(国发〔2015〕2号)、《国务院办公厅关于印发机关事业单位职业年金办法的通知》(国办发〔2015〕18号)等法律及有关规定,制定《职业年金基金管理暂行办法》。②《职业年金基金管理暂行办法》所称职业年金基金,是指依法建立的职业年金计划筹集的资金及其投资运营收益形成的机关事业单位补充养老保险基金。职业年金基金的委托管理、账户管理、受托管理、托管、投资管理以及监督管理适用《职业年金基金管理暂行办法》。③《职业年金基金管理暂行办法》所称受益人是指参加职业年金计划的机关事业单位工作人员。委托人是指参加职业年金计划的机关事业单位及其工作人员。代理人是指代理委托人集中行使委托职责并负责职业年金基金账户管理业务的中央国家机关养老保险管理中心及省级社会保险经办机构。受托人是指受托管理职业年金基金财产的法人受托机构,托管人是指接受受托人委托保管职业年金基金财产的商业银行,投资管理人是指接受受托人委托投资管理职业年金基金财产的专业机构。职业年金基金受托、托管和投资管理机构在具有相应企业年金基金管理资格的机构中选择。④ ②《职业年金基金管理暂行办法》由人力资源社会保障部、财政部解释。⑤ ③《职业年金基金管理暂行办法》自印发之日起施行。⑥ (2)职业年金基金管理的方式。职业年金基金采取集中委托投资运营的方式管理,其中,中央在京国家机关

---

① 《机关事业单位职业年金办法》第15条。
② 《职业年金基金管理暂行办法》第1条。
③ 《职业年金基金管理暂行办法》第2条。
④ 《职业年金基金管理暂行办法》第3条。
⑤ 《职业年金基金管理暂行办法》第52条。
⑥ 《职业年金基金管理暂行办法》第53条。

及所属事业单位职业年金基金由中央国家机关养老保险管理中心集中行使委托职责,各地机关事业单位职业年金基金由省级社会保险经办机构集中行使委托职责。代理人可以建立一个或多个职业年金计划,按计划估值和计算收益率,建立多个职业年金计划的,也可以实行统一收益率。一个职业年金计划应当只有一个受托人、一个托管人,可以根据资产规模大小选择适量的投资管理人。职业年金计划的基金财产,可以由投资管理人设立投资组合或由受托人直接投资养老金产品进行投资管理。① (3)职业年金基金管理的合同。职业年金计划的代理人代理委托人与受托人签订职业年金计划受托管理合同,受托人与托管人、投资管理人分别签订职业年金计划委托管理合同。职业年金计划受托和委托管理合同由受托人报人力资源社会保障部或者省、自治区、直辖市人力资源社会保障行政部门备案,人力资源社会保障行政部门于收到符合规定的备案材料之日起15个工作日内,出具职业年金计划确认函,给予职业年金计划登记号。职业年金计划名称、登记号及投资组合代码,按规定编制。② (4)职业年金基金管理的评选委员会。成立中央及省级职业年金基金管理机构评选委员会(以下简称评选委员会),负责通过招标形式选择、更换受托人。评选委员会人数为7人、9人或11人,由人力资源社会保障部门、财政部门等方面人员组成,基金规模较大的机关事业单位和地区可派代表参加。评选委员会办公室设在中央国家机关养老保险管理中心及省级社会保险经办机构,承担相关事务工作。评选委员会成员名单报人力资源社会保障部、财政部备案。③ (5)职业年金基金管理的禁止。同一职业年金计划中,受托人与托管人、托管人与投资管理人不得为同一机构;受托人与托管人、托管人与投资管理人、投资管理人与其他投资管理人的高级管理人员和职业年金从业人员,不得相互兼任。受托人兼任投资管理人时,应当建立风险控制制度,确保业务管理之间的独立性;设立独立的受托业务和投资业务部门,办公区域、运营管理流程和业务制度应当严格分离;直接负责的高级管理人员、受托业务和投资业务部门的从业人员不得相互兼任。同一职业年金计划中,受托人对待各投资管理人应当执行统一的标准和流程,体现公开、公平、

---

① 《职业年金基金管理暂行办法》第4条。
② 《职业年金基金管理暂行办法》第5条。
③ 《职业年金基金管理暂行办法》第6条。

公正原则。① (6) 职业年金基金管理的职业年金基金财产。①职业年金基金财产独立于机关事业单位、各级社会保险经办机构、受托人、托管人、投资管理人和其他为职业年金基金管理提供服务的自然人、法人或者其他组织的固有财产及其管理的其他财产。职业年金基金财产的管理、运用或者其他情形取得的财产和收益,应当归入基金财产。② ②机关事业单位、各级社会保险经办机构、受托人、托管人、投资管理人和其他为职业年金基金管理提供服务的法人或者其他组织,因机构调整、依法解散、被依法撤销或者被依法宣告破产等原因进行终止清算的,职业年金基金财产不属于其清算财产。③ ③职业年金基金财产的债权,不得与机关事业单位、各级社会保险经办机构、受托人、托管人、投资管理人和其他为职业年金基金管理提供服务的自然人、法人或者其他组织固有财产的债务相互抵销。不同职业年金计划基金财产的债权债务,不得相互抵销。非因职业年金基金财产本身承担的债务,不得对基金财产强制执行。④ (7) 职业年金基金管理的监管主体。人力资源社会保障行政部门、财政部门对职业年金基金管理情况进行监管。⑤

2. 职业年金基金的管理职责。(1) 机关事业单位应当履行的职责。建立职业年金的机关事业单位应当履行下列职责:①向管理其基本养老保险的社会保险经办机构申报职业年金缴费。②机关事业单位职业年金缴费按期划入管理其基本养老保险的社会保险经办机构按有关规定设立的职业年金基金归集账户,省以下社会保险经办机构职业年金基金归集账户资金及时归集至省级社会保险经办机构职业年金基金归集账户,确保资金完整、安全和独立。职业年金基金归集账户设立和管理办法另行制定。③根据有关规定,在本单位工作人员出现退休、出国(境)定居、死亡等情况时,向管理其基本养老保险的社会保险经办机构提出待遇支付申请,并协助发放职业年金待遇;在本单位工作人员变动工作单位时,向管理其基本养老保险的社会保险经办机构提出账户转移申请,并协助办理职业年金账户转移;在本单位工作人员出现上述情况或其他有关情况时,向同级

---

① 《职业年金基金管理暂行办法》第 7 条。
② 《职业年金基金管理暂行办法》第 8 条。
③ 《职业年金基金管理暂行办法》第 9 条。
④ 《职业年金基金管理暂行办法》第 10 条。
⑤ 《职业年金基金管理暂行办法》第 11 条。

财政提出拨付资金记实申请。① （2）代理人应当履行的职责及义务。①职责的内容。代理人应当履行下列职责:第一,代理委托人与受托人签订职业年金计划受托管理合同。第二,设立独立的职业年金基金归集账户,归集职业年金缴费,账实匹配一致后按照职业年金计划受托管理合同约定及时将职业年金基金归集账户资金划入职业年金基金受托财产托管账户,确保资金完整、安全和独立。第三,负责对归集账户进行会计核算。第四,负责职业年金基金账户管理,记录单位和个人缴费以及基金投资收益等账户财产变化情况。第五,计算职业年金待遇,办理账户转移等相关事宜。第六,定期向受托人提供职业年金基金账户管理相关信息,向机关事业单位披露职业年金管理信息,向受益人提供个人账户信息查询服务。第七,定期向有关监管部门提交职业年金计划管理报告和职业年金基金账户管理报告,发生重大事件时及时向建立职业年金的机关事业单位和有关监管部门报告。第八,监督职业年金计划管理情况,建立职业年金计划风险控制机制。第九,按照国家规定保存职业年金基金委托管理、账户管理等业务活动记录、账册、报表和其他相关资料。第十,国家规定和合同约定的其他职责。② ②代理人行为的禁止。代理人不得有下列行为:第一,将职业年金基金财产混同于其他财产。第二,侵占、挪用职业年金基金财产。第三,利用所管理的职业年金基金财产为机关事业单位、受益人、代理人、受托人、托管人、投资管理人,以及归集账户开户银行和其他自然人、法人或者其他组织谋取不正当利益。第四,国家规定和合同约定禁止的其他行为。③ （3）受托人应当履行的职责及义务。①职责的内容。受托人应当履行下列职责:第一,选择、监督、更换职业年金计划托管人和投资管理人。第二,与托管人和投资管理人签订职业年金计划委托管理合同。第三,制定职业年金基金战略资产配置策略,提出大类资产投资比例和风险控制要求。第四,基金财产到达受托财产托管账户 25 个工作日内划入投资资产托管账户。向投资管理人分配职业年金基金财产,也可根据职业年金计划受托管理合同约定将基金财产投资于一个或者多个养老金产品。第五,及时与托管人核对受托财产托管账户的会计核算信息和职业年金基金资产净值等数据。第六,根据代理人的通知,向托管人发出职业年金收账指令、待遇支付指

---

① 《职业年金基金管理暂行办法》第 12 条。
② 《职业年金基金管理暂行办法》第 13 条。
③ 《职业年金基金管理暂行办法》第 14 条。

令及其他相关信息。第七,建立职业年金计划投资风险控制及定期考核评估制度,严格控制投资风险。第八,接受代理人查询,定期向代理人提交基金资产净值等数据信息以及职业年金计划受托管理报告。第九,定期向有关监管部门提交职业年金基金受托管理报告,发生重大事件时及时向代理人和有关监管部门报告。第十,根据合同约定监督职业年金基金管理情况。还包括:"按照国家规定保存职业年金基金受托管理业务活动记录、账册、报表和其他相关资料""国家规定和合同约定的其他职责"。① ②受托人行为的禁止。受托人不得有下列行为:第一,将职业年金基金财产混同于其固有财产或者他人财产。第二,不公平对待职业年金基金财产与其管理的其他财产。第三,不公平对待其管理的不同职业年金基金财产。第四,不公平对待各投资管理人。第五,侵占、挪用职业年金基金财产。第六,利用所管理的职业年金基金财产为机关事业单位、受益人、代理人、受托人、托管人、投资管理人,或者其他自然人、法人以及其他组织谋取不正当利益。第七,国家规定和合同约定禁止的其他行为。② (4)托管人应当履行的职责及义务。①职责的内容。托管人应当履行下列职责:第一,安全保管职业年金基金财产。第二,以职业年金基金名义开设基金财产的资金账户和证券账户等。第三,对所托管的不同职业年金基金财产分别设置账户,确保基金财产的完整和独立。第四,根据受托人指令,向投资管理人划拨职业年金基金财产,或者将职业年金基金财产划拨给一个或者多个养老金产品。第五,及时办理清算、交割事宜。第六,负责职业年金计划和各投资组合的基金会计核算和估值,复核、审查和确认基金资产净值,并按期向受托人提交基金资产净值、基金估值等必要的信息。第七,根据受托人指令,向受益人发放职业年金待遇。第八,定期与受托人、投资管理人核对有关数据。第九,按照规定监督投资管理人的投资运作,并定期向受托人报告投资监督情况。第十,定期向受托人提交职业年金计划托管报告,定期向有关监管部门提交职业年金基金托管报告,发生重大事件时及时向受托人和有关监管部门报告。还包括:"按照国家规定保存职业年金基金托管业务活动记录、账册、报表和其他相关资料。""国家规定和合同约定的其他职责。"③②托管人的义务。托管人发现投资管理人依据交易程序尚未成立的投

---

① 《职业年金基金管理暂行办法》第15条。
② 《职业年金基金管理暂行办法》第16条。
③ 《职业年金基金管理暂行办法》第17条。

资指令违反法律、行政法规、其他有关规定或者合同约定的,应当拒绝执行,立即通知投资管理人,并及时向受托人和有关监管部门报告。托管人发现投资管理人依据交易程序已经成立的投资指令违反法律、行政法规、其他有关规定或者合同约定的,应当立即通知投资管理人,并及时向受托人和有关监管部门报告。①③托管人行为的禁止。托管人不得有下列行为:第一,将托管的职业年金基金财产与其固有财产混合管理。第二,将托管的职业年金基金财产与托管的其他财产混合管理。第三,将托管的不同职业年金计划、不同职业年金投资组合的职业年金基金财产混合管理。第四,侵占、挪用托管的职业年金基金财产。第五,利用所管理的职业年金基金财产为机关事业单位、受益人、代理人、受托人、托管人、投资管理人,或者其他自然人、法人以及其他组织谋取不正当利益。第六,国家规定和合同约定禁止的其他行为。②(5)投资管理人应当履行的职责及义务。①职责的内容。投资管理人应当履行下列职责:第一,对职业年金基金财产进行投资。第二,及时与托管人核对投资管理的职业年金基金会计核算和估值数据。第三,建立职业年金基金投资管理风险准备金。第四,建立投资组合风险控制及定期评估制度,严格控制组合投资风险。第五,定期向受托人提交职业年金计划投资组合管理报告,定期向有关监管部门提交职业年金基金投资管理报告,发生重大事件时及时向受托人和有关监管部门报告。第六,按照国家规定保存职业年金基金投资管理业务活动记录、账册、报表和其他相关资料。第七,国家规定和合同约定的其他职责。③②投资管理人的义务。有下列情形之一的,投资管理人应当及时向受托人报告:第一,职业年金基金单位净值大幅度波动的。第二,可能使职业年金基金财产受到重大影响的有关事项。第三,国家规定和合同约定的其他情形。④③投资管理人行为的禁止。投资管理人不得有下列行为:第一,将职业年金基金财产混同于其固有财产或者他人财产。第二,不公平对待职业年金基金财产与其管理的其他财产。第三,不公平对待其管理的不同职业年金基金财产。第四,侵占、挪用职业年金基金财产。第五,承诺、变相承诺保本或者保证收益。第六,利用所管理的职业年金基金财产为机关事业单位、受益人、

---

① 《职业年金基金管理暂行办法》第18条。
② 《职业年金基金管理暂行办法》第19条。
③ 《职业年金基金管理暂行办法》第20条。
④ 《职业年金基金管理暂行办法》第21条。

代理人、受托人、托管人、投资管理人,或者其他自然人、法人以及其他组织谋取不正当利益。第七,国家规定和合同约定禁止的其他行为。① ④职责终止的情形。有下列情形之一的,受托人、托管人或者投资管理人职责终止:第一,严重违反职业年金计划受托或委托管理合同。第二,利用职业年金基金财产为其谋取不正当利益,或者为他人谋取不正当利益。第三,依法解散、被依法撤销、被依法宣告破产或者被依法接管。第四,被依法取消企业年金基金管理资格。第五,代理人有证据认为更换受托人符合受益人利益,并经评选委员会批准。第六,受托人有证据认为更换托管人或者投资管理人符合受益人利益。第七,有关监管部门有充分理由和依据认为更换受托人、托管人或者投资管理人符合受益人利益。第八,国家规定和合同约定的其他情形。受托人职责终止的,评选委员会应当及时选定新的受托人;托管人或者投资管理人职责终止的,受托人应当及时选定新的托管人或者投资管理人。原受托人、托管人、投资管理人应当妥善保管职业年金基金相关资料,并在受托人、托管人或者投资管理人变更生效之日起35个工作日内办理完毕业务移交手续,新受托人、托管人、投资管理人应当及时接收并履行相应职责。②

  3. 职业年金基金的基金投资。(1)职业年金基金投资的原则。职业年金基金投资管理应当遵循谨慎、分散风险的原则,充分考虑职业年金基金财产的安全性、收益性和流动性,实行专业化管理。③ (2)职业年金基金投资的范围。职业年金基金财产限于境内投资,投资范围包括:银行存款,中央银行票据;国债,债券回购,信用等级在投资级以上的金融债、企业(公司)债、可转换债(含分离交易可转换债)、短期融资券和中期票据;商业银行理财产品,信托产品,基础设施债权投资计划,特定资产管理计划;证券投资基金,股票,股指期货,养老金产品等金融产品。其中,投资商业银行理财产品、信托产品、基础设施债权投资计划、特定资产管理计划、股指期货及养老金产品,在国家有关部门另行规定之前,按照《关于扩大企业年金基金投资范围的通知》(人社部发〔2013〕23号)、《关于企业年金养老金产品有关问题的通知》(人社部发〔2013〕24号)等有关规定执行。④

---

  ① 《职业年金基金管理暂行办法》第22条。
  ② 《职业年金基金管理暂行办法》第23条。
  ③ 《职业年金基金管理暂行办法》第24条。
  ④ 《职业年金基金管理暂行办法》第25条。

(3)职业年金基金投资财产"按照公允价值计算"的条件。①以投资组合为单位按照公允价值计算的条件。每个投资组合的职业年金基金财产应当由一个投资管理人管理,职业年金基金财产以投资组合为单位按照公允价值计算应当符合下列规定:第一,投资银行活期存款、中央银行票据、1年期以内(含1年)的银行定期存款、债券回购、货币市场基金、货币型养老金产品的比例,合计不得低于投资组合委托投资资产净值的5%。清算备付金、证券清算款以及一级市场证券申购资金视为流动性资产。第二,投资1年期以上的银行定期存款、协议存款、国债、金融债、企业(公司)债、可转换债(含分离交易可转换债)、短期融资券、中期票据、商业银行理财产品、信托产品、基础设施债权投资计划、特定资产管理计划、债券基金、固定收益型养老金产品、混合型养老金产品的比例,合计不得高于投资组合委托投资资产净值的135%。债券正回购的资金余额在每个交易日均不得高于投资组合基金资产净值的40%。第三,投资股票、股票基金、混合基金、股票型养老金产品的比例,合计不得高于投资组合委托投资资产净值的30%。职业年金基金不得直接投资于权证,但因投资股票、分离交易可转换债等投资品种而衍生获得的权证,应当在权证上市交易之日起10个交易日内卖出。第四,投资商业银行理财产品、信托产品、基础设施债权投资计划、特定资产管理计划,以及商业银行理财产品型、信托产品型、基础设施债权投资计划型、特定资产管理计划型养老金产品的比例,合计不得高于投资组合委托投资资产净值的30%。其中,投资信托产品以及信托产品型养老金产品的比例,合计不得高于投资组合委托投资资产净值的10%。投资商业银行理财产品、信托产品、基础设施债权投资计划、特定资产管理计划或商业银行理财产品型、信托产品型、基础设施债权投资计划型、特定资产管理计划型养老金产品的专门投资组合,可以不受此30%和10%规定的限制。专门投资组合应当有80%以上的非现金资产投资于投资方向确定的内容。① ②单个投资组合职业年金基金财产按照公允价值计算的条件。单个投资组合的职业年金基金财产,按照公允价值计算应当符合下列规定:第一,投资一家企业所发行的股票,单期发行的同一品种短期融资券、中期票据、金融债、企业(公司)债、可转换债(含分离交易可转换债)、单只证券投资基金,分别不得超过上述证券发行量、该基金份额的5%,其中基金产品份额数以最近一次

---

① 《职业年金基金管理暂行办法》第26条。

公告或者发行人正式说明为准,也不得超过该投资组合委托投资资产净值的10%。第二,投资单期商业银行理财产品、信托产品、基础设施债权投资计划或者特定资产管理计划,分别不得超过该期商业银行理财产品、信托产品、基础设施债权投资计划或者特定资产管理计划资产管理规模的20%。投资商业银行理财产品、信托产品、基础设施债权投资计划或者特定资产管理计划的专门投资组合,可以不受此规定的限制。① ③单个计划的职业年金基金财产按照公允价值计算的条件。单个计划的职业年金基金财产按照公允价值计算应当符合下列规定:第一,投资股票型养老金产品的比例,不得高于职业年金基金资产净值的30%。第二,投资商业银行理财产品、信托产品、基础设施债权投资计划、特定资产管理计划和商业银行理财产品型、信托产品型、基础设施债权投资计划型、特定资产管理计划型养老金产品的专门投资组合,以及商业银行理财产品型、信托产品型、基础设施债权投资计划型、特定资产管理计划型养老金产品的比例,合计不得高于职业年金基金资产净值的30%。其中,投资信托产品、信托产品型养老金产品的专门投资组合,以及信托型养老金产品的比例,合计不得高于职业年金基金资产净值的10%。② (4)职业年金基金投资的限定。①投资管理人管理的职业年金基金财产投资于自己管理的金融产品须经受托人同意。③ ②除股指期货交易外,职业年金基金证券交易以现货和国家规定的其他方式进行。职业年金基金不得用于向他人贷款和提供担保。投资管理人不得从事使职业年金基金财产承担无限责任的投资。④ (5)职业年金基金投资范围和比例的调整。①投资管理人的调整。因证券市场波动、上市公司合并、基金规模变动等投资管理人之外的因素致使职业年金基金投资不符合《职业年金基金管理暂行办法》第26条、第27条、第28条规定的比例或者合同约定的投资比例的,投资管理人应当在可上市交易之日起10个交易日内调整完毕。⑤ ②有关监管部门的调整。根据金融市场变化和投资运作情况,有关监管部门适时对投资范围和比例进行调整。⑥

4. 职业年金基金的收益分配及费用。(1)职业年金基金的职业年金账户记

---

① 《职业年金基金管理暂行办法》第27条。
② 《职业年金基金管理暂行办法》第28条。
③ 《职业年金基金管理暂行办法》第29条。
④ 《职业年金基金管理暂行办法》第32条。
⑤ 《职业年金基金管理暂行办法》第30条。
⑥ 《职业年金基金管理暂行办法》第31条。

入。代理人应当采用份额计量方式进行账户管理,根据职业年金基金单位净值,按月足额记入受益人职业年金账户。①(2)职业年金基金的年度管理费提取。受托人年度提取的管理费不高于受托管理职业年金基金资产净值的0.2%;托管人年度提取的管理费不高于托管职业年金基金资产净值的0.2%;投资管理人年度提取的管理费综合考虑投资收益等情况确定,不高于投资管理职业年金基金资产净值的1.2%。根据职业年金基金管理情况,有关监管部门适时对管理费进行调整。②(3)职业年金基金的投资管理风险准备金。投资管理人从当期收取的管理费中,提取20%作为职业年金基金投资管理风险准备金,专项用于弥补合同到期时所管理投资组合的职业年金基金当期委托投资资产的投资亏损。余额达到投资管理人所管理投资组合基金资产净值的10%时可以不再提取。当合同到期时,如所管理投资组合的职业年金基金资产净值低于当期委托投资资产,投资管理人应当用风险准备金弥补该时点的当期委托投资资产亏损,直至该投资组合风险准备金弥补完毕;如所管理投资组合的职业年金基金当期委托投资资产没有发生投资亏损或者风险准备金弥补后有剩余,风险准备金划归投资管理人所有。职业年金基金投资管理风险准备金应当存放于投资管理人在托管人处开立的专用存款账户。托管人不得对风险准备金账户收取费用。风险准备金由投资管理人进行管理,可以投资于银行存款、国债等高流动性、低风险金融产品。风险准备金产生的投资收益,归入风险准备金。③

5. 职业年金基金管理的计划管理及信息披露。(1)职业年金计划变更的情形。发生下列情形之一的,职业年金计划变更:①职业年金计划受托人、托管人或者投资管理人变更。②职业年金计划受托或委托管理合同主要内容变更。③国家规定的其他情形。发生前款规定情形时,受托人应当将相关职业年金计划受托或委托管理合同重新报人力资源社会保障行政部门备案。职业年金计划变更,原计划登记号不变。④(2)职业年金计划终止时的清算。①职业年金计划终止时,代理人与受托人应当共同组织清算组对职业年金基金财产进行清算。清算费用可从职业年金基金财产中列支。清算组由代理人、受托人、托管

---

① 《职业年金基金管理暂行办法》第33条。
② 《职业年金基金管理暂行办法》第34条。
③ 《职业年金基金管理暂行办法》第35条。
④ 《职业年金基金管理暂行办法》第36条。

人、投资管理人以及由代理人与受托人共同聘请的会计师事务所、律师事务所等组成。清算组应当自计划终止后3个月内完成清算工作,并向有关监管部门提交经会计师事务所审计以及律师事务所出具法律意见书的清算报告。代理人与受托人、托管人、投资管理人应当继续履行管理职责至职业年金计划财产移交完成。人力资源社会保障行政部门在接到清算报告后,应当注销该职业年金计划。① ②会计师事务所和律师事务所提供职业年金中介服务应当严格遵守法律法规和相关职业准则、行业规范。② (3)职业年金计划进行审计的情形。发生下列情形之一的,代理人与受托人应当共同聘请具有证券期货相关业务资格的会计师事务所对职业年金计划进行审计。审计费用可从职业年金基金财产中列支。①职业年金计划连续运作满3个会计年度。②职业年金计划受托人、托管人或者投资管理人职责终止。③国家规定的其他情形。代理人、受托人、托管人、投资管理人应当配合会计师事务所对职业年金计划进行审计。受托人应当自上述情况发生之日起的50个工作日内向有关监管部门提交审计报告。③ (4)年度(季度)结束后提供的信息或报告。①代理人提供的信息或报告。代理人应当在年度结束后45个工作日内,向机关事业单位披露职业年金管理信息,向受益人提供职业年金个人账户权益信息。代理人应当在季度结束后35个工作日内、年度结束后45个工作日内,向本级监管部门提交职业年金计划管理报告。代理人应当在季度结束后15个工作日内、年度结束后25个工作日内,向有关监管部门提交职业年金基金账户管理报告。④ ②受托人提供的报告。受托人应当在季度结束后25个工作日内、年度结束后35个工作日内,向代理人提交职业年金计划受托管理报告。受托人应当在季度结束后15个工作日内、年度结束后25个工作日内,向有关监管部门提交职业年金基金受托管理报告。⑤ ③托管人提供的报告。托管人应当在季度结束后15个工作日内、年度结束后25个工作日内,向受托人提交职业年金计划托管报告。托管人应当在季度结束后15个工作日内、年度结束后25个工作日内,向有关监管部门提交职业年金基金托管报告。⑥ ④投资管

---

① 《职业年金基金管理暂行办法》第37条。
② 《职业年金基金管理暂行办法》第51条。
③ 《职业年金基金管理暂行办法》第38条。
④ 《职业年金基金管理暂行办法》第39条。
⑤ 《职业年金基金管理暂行办法》第40条。
⑥ 《职业年金基金管理暂行办法》第41条。

理人提供的报告。投资管理人应当在季度结束后 15 个工作日内、年度结束后 25 个工作日内，向受托人提交经托管人确认财务管理数据的职业年金计划投资组合管理报告。投资管理人应当在季度结束后 15 个工作日内、年度结束后 25 个工作日内，向有关监管部门提交职业年金基金投资管理报告。① ⑤代理人、受托人、托管人和投资管理人共同提供的报告。第一，提供报告的情形。受托人、托管人和投资管理人发生下列情形之一的，应当及时向代理人和有关监管部门报告；托管人和投资管理人应当同时抄报受托人。其一，减资、合并、分立、依法解散、被依法撤销、决定申请破产或者被申请破产的。其二，涉及重大诉讼或者仲裁的。其三，董事长、总经理或直接负责职业年金业务的高级管理人员发生变动的。其四，国家规定的其他情形。② 第二，提供报告的要求。代理人、受托人、托管人和投资管理人应当按照规定报告职业年金基金管理情况，并对所报告内容的真实性、准确性、完整性负责。③

6. 职业年金基金的监督检查。（1）职业年金基金的监管部门。①监管部门有权采取的监督措施。有关监管部门依法履行监督管理职责，可以采取以下措施：第一，查询、记录、复制与被调查事项有关的职业年金计划受托和委托管理合同、财务会计报告等资料。第二，询问与被调查事项有关的单位和个人，要求其对有关问题做出说明、提供有关证明材料。第三，国家规定的其他措施。机关事业单位、各级社会保险经办机构、受托人、托管人、投资管理人，以及归集账户开户银行和其他为职业年金基金管理提供服务的自然人、法人或者其他组织，应当积极配合检查，如实提供有关资料，不得拒绝、阻挠或者逃避检查，不得谎报、隐匿或者销毁相关材料。④ ②监管部门应承担的义务。有关监管部门依法进行调查或者检查时，应当至少由两人共同进行，出示证件，并承担下列义务：第一，依法履行职责，秉公执法，不得利用职务之便谋取私利。第二，保守在调查或者检查时知悉的商业秘密。第三，为举报人保密。⑤ （2）职业年金基金监管的法律责任。①行政责任。第一，各级社会保险经办机构、受托人、托管人、投资管理人以

---

① 《职业年金基金管理暂行办法》第 42 条。
② 《职业年金基金管理暂行办法》第 43 条。
③ 《职业年金基金管理暂行办法》第 44 条。
④ 《职业年金基金管理暂行办法》第 45 条。
⑤ 《职业年金基金管理暂行办法》第 46 条。

及归集账户开户银行违反《职业年金基金管理暂行办法》规定的,由有关监管部门责令改正。① 第二,有关监管部门将受托人、托管人、投资管理人以及归集账户开户银行违法违规行为、处理结果以及改正情况予以记录,同时抄送业务主管部门。② 第三,各省、自治区、直辖市人力资源社会保障行政部门、财政部门对本地区职业年金基金管理情况进行监督,发现违法违规问题报人力资源社会保障部、财政部。③ ②刑事责任。受托人、托管人、投资管理人发生违法违规行为可能影响职业年金基金财产安全的,或者经责令改正而不改正的,由人力资源社会保障部暂停其接收新的职业年金基金管理业务。各级社会保险经办机构、受托人、托管人、投资管理人以及归集账户开户银行发生违法违规行为给职业年金基金财产或者受益人利益造成损害的,依法承担赔偿责任,其中各级社会保险经办机构的赔偿责任由同级财政承担;构成犯罪的,依法追究刑事责任。④

(四)职业年金基金归集账户管理

1. 职业年金基金归集账户管理的法律依据。(1)为规范职业年金基金归集账户的设立和管理,保障职业年金基金财产安全,根据《国务院办公厅关于印发机关事业单位职业年金办法的通知》(国办发〔2015〕18号)、《人力资源社会保障部 财政部关于印发职业年金基金管理暂行办法的通知》(人社部发〔2016〕92号)等有关规定,制定《职业年金基金归集账户管理暂行办法》。⑤ (2)《职业年金基金归集账户管理暂行办法》自印发之日起执行。⑥

2. 职业年金基金的归集账户。(1)归集账户及其要求。职业年金基金归集财产托管账户(以下简称归集账户)是指归集账户托管银行(以下简称托管银行)受社会保险经办机构(以下简称社保经办机构)委托,以职业年金基金归集财产名义开立的、专门用于归集和划转职业年金基金财产的专用存款账户。归集账户应单独开设,不得与社会保险基金收入户、支出户、财政专户、税务机关征收社会保险费账户和各级社保经办机构单位账户等其他任何账户共用。归集账户财

---

① 《职业年金基金管理暂行办法》第47条。
② 《职业年金基金管理暂行办法》第49条。
③ 《职业年金基金管理暂行办法》第50条。
④ 《职业年金基金管理暂行办法》第48条。
⑤ 《职业年金基金归集账户管理暂行办法》第1条。
⑥ 《职业年金基金归集账户管理暂行办法》第16条。

产属于职业年金基金财产,独立于机关事业单位、各级社保经办机构和托管银行的固有财产及其管理的其他财产。机关事业单位、各级社保经办机构和托管银行,因机构调整、依法解散、被依法撤销或者被依法宣告破产等原因进行终止清算的,归集账户财产不属于其清算财产。若有关部门对归集账户进行冻结或扣划,托管银行有义务出示证据证明归集账户财产及其账户性质,各级社保经办机构应予以协助,保全归集账户财产安全。① (2)归集账户的主要用途。归集账户的主要用途是:暂存单位和个人缴费收入、转移收入、利息收入以及其他收入,划转归集账户财产。单位和个人缴费收入是指机关事业单位和个人依据有关规定分别缴纳的职业年金缴费。转移收入是指参保对象跨统筹地区和跨不同养老保险制度流动而划入的职业年金基金收入。利息收入是指职业年金基金在归集账户中取得的银行存款利息。其他收入是指以上收入之外的归集账户收入。划转归集账户财产是指省级以下归集账户向省级归集账户划转,中央及省级归集账户向职业年金基金受托财产托管账户划转,以及出现短溢缴等情况的资金划转。除归集账户银行存款外,任何地区、部门、单位和个人不得动用归集账户财产进行任何形式的直接或间接投资。②

3. 职业年金基金归集的社保经办机构、托管银行。(1)社保经办机构的权力。①选择、更换托管银行。第一,各级社保经办机构应按照公开、公平、公正的原则,从具有企业年金基金托管资格或证券投资基金托管资格的银行中选择、更换托管银行。社保经办机构应与托管银行签订《××(地区名)职业年金基金归集账户托管协议》。③ 第二,中央国家机关养老保险管理中心选择或更换托管银行时,应将《托管协议》报人力资源社会保障部和财政部备案。省级及省级以下社保经办机构选择或更换托管银行时,应将《托管协议》报同级人力资源社会保障行政部门和财政部门备案,同时抄报省级人力资源社会保障行政部门和财政部门。④ ②开立归集账户。第一,开立归集账户的种类。建立一个职业年金计划或建立多个职业年金计划、实行统一收益率的,各级社保经办机构委托托管银行分别开立一个归集账户,账户名称为"××(托管银行简称)××(地区名)职业

---

① 《职业年金基金归集账户管理暂行办法》第2条。
② 《职业年金基金归集账户管理暂行办法》第3条。
③ 《职业年金基金归集账户管理暂行办法》第4条。
④ 《职业年金基金归集账户管理暂行办法》第10条。

年金基金归集财产"。建立多个职业年金计划并按计划估值、不实行统一收益率的,各级社保经办机构委托托管银行按计划分别开立一个归集账户,账户名称为"××(托管银行简称)××(地区名)××计划职业年金基金归集财产"。[1]第二,开立归集账户需提供的文件。托管银行开立归集账户,应按照相关要求齐备下列文件:其一,托管银行营业执照正本。其二,托管银行基本存款账户开户许可证。其三,托管银行"企业年金基金管理机构"或"证券投资基金管理机构"资格的证明文件。其四,社保经办机构与托管银行签订的《托管协议》。其五,社保经办机构委托托管银行开立职业年金基金归集账户的委托书。[2] ③变更、撤销归集账户。归集账户名称等发生变化时,托管银行应根据社保经办机构委托,及时办理归集账户的变更和撤销。[3] (2)社保经办机构、托管银行的职责。①社保经办机构的职责。各级社保经办机构应当履行下列职责:第一,根据《托管协议》,委托托管银行开立归集账户。第二,向托管银行发送参保单位缴费信息。第三,向托管银行下达资金划款指令。第四,核对收款信息,并完成账务处理。第五,及时、准确记录参保单位和个人的缴费信息。第六,安全保管相关业务活动记录、账册、报表和其他资料。第七,国家规定和《托管协议》约定的其他职责。[4]②托管银行的职责。托管银行应当履行下列职责:第一,安全保管归集账户财产。第二,根据《托管协议》,受社保经办机构委托,开立归集账户。第三,接收职业年金缴费。第四,执行社保经办机构下达的符合《托管协议》约定的划款指令,对不符合约定的划款指令,托管银行应拒绝执行,并及时向同级人力资源社会保障行政部门报告。第五,向社保经办机构反馈收款、划款等信息。第六,定期向社保经办机构提供归集账户余额及明细信息等。第七,安全保管相关业务活动记录、账册、报表和其他资料。第八,国家规定和《托管协议》约定的其他职责。[5] (3)对社保经办机构、托管银行的要求。①建立核对机制。各级社保经办机构与托管银行应建立核对机制,按照《托管协议》约定,履行各自职责,确保归集账户记录完整、及时、准确。[6]②加强信息化建设。各级社保经办机构与托管银行应

---

[1] 《职业年金基金归集账户管理暂行办法》第7条。
[2] 《职业年金基金归集账户管理暂行办法》第8条。
[3] 《职业年金基金归集账户管理暂行办法》第9条。
[4] 《职业年金基金归集账户管理暂行办法》第5条。
[5] 《职业年金基金归集账户管理暂行办法》第6条。
[6] 《职业年金基金归集账户管理暂行办法》第13条。

加强信息化建设,运用技术手段,提升管理效率。① ③严格监管。各级社保经办机构与托管银行应严格按照《职业年金基金管理暂行办法》规定管理归集账户,建立健全内部管理制度,接受相关部门的监督检查。未按照《职业年金基金管理暂行办法》开立归集账户的社保经办机构,应在2017年年底前按《职业年金基金归集账户管理暂行办法》进行规范,并将已归集的职业年金基金财产转入归集账户。人力资源社会保障行政部门和财政部门负责对归集账户的使用和管理情况进行监督检查,发现问题及时纠正,同时向上级人力资源社会保障行政部门和财政部门报告。②

4. 职业年金基金归集的职业年金基金财产。(1)职业年金基金财产的划入。代理人每月按照受托管理合同约定,向托管银行下达指令,将账实匹配一致后的职业年金基金财产全额划入职业年金基金受托财产托管账户,匹配不一致的职业年金缴费原路径全额退回至参保单位。省级以下社保经办机构应按月向托管银行下达指令,将账实匹配一致后的职业年金基金财产全额划入省级归集账户,匹配不一致的职业年金缴费原路径全额退回至参保单位。各级归集账户不得发生与职业年金基金归集无关的其他支付业务,不得支取现金,不得购买和使用支票、汇票、本票等转账凭证。③ (2)职业年金基金财产的利息。归集账户利息收入作为职业年金基金财产投资收益,每季度结息后划转。中央及省级归集账户利息,直接划入职业年金基金受托财产托管账户。省级以下归集账户利息,先划入省级归集账户,再划入职业年金基金受托财产托管账户。④

(五)职业年金的计划备案和编码规则

1. 职业年金计划备案。(1)备案地及备案材料。职业年金计划备案地为人力资源社会保障行政部门,其中,中央国家机关事业单位职业年金计划备案地为人力资源社会保障部社会保险基金监管局,各省、自治区、直辖市职业年金计划备案地为所在省、自治区、直辖市人力资源社会保障行政部门社会保险基金监管机构。职业年金计划备案材料主要包括:①职业年金计划备案申请函。受托人或代理人根据不同申请类型按要求报送相应备案申请函。②职业年金计划管

---

① 《职业年金基金归集账户管理暂行办法》第14条。
② 《职业年金基金归集账户管理暂行办法》第15条。
③ 《职业年金基金归集账户管理暂行办法》第11条。
④ 《职业年金基金归集账户管理暂行办法》第12条。

合同。包括受托人与代理人签订的受托管理合同、受托人与托管人及投资管理人签订的委托管理合同、根据人力资源社会保障行政部门审核意见签订的补充协议的正本、电子文本(含合同正文 Word 版及合同原件 PDF 扫描版)等材料。受托人兼任投资管理人的,有关委托管理合同的内容可包括在受托管理合同中。③合同条款差异说明。指不同于《职业年金计划合同指引》条款的内容说明。④相关授权文件。职业年金基金管理机构的省级分行或省级分公司签订职业年金计划管理合同的,要报送该管理机构同意其开展年金业务的授权文件;合同签署人与管理机构法定代表人不一致的,要报送法定代表人签署的有效授权书;其他需要授权情况的授权文件。⑤其他相关材料。① (2)职业年金计划建立备案。新建职业年金计划并确定计划管理人后,由受托人向相关人力资源社会保障行政部门报送备案申请函(见《关于××省×号职业年金计划管理合同备案的函》)、管理合同等相关材料,履行备案程序。人力资源社会保障行政部门应及时审核,反馈审核意见,并于收到符合规定的备案材料之日起 15 个工作日内出具计划确认函(见《关于确认××省×号职业年金计划的函》)。② (3)职业年金计划变更备案。①计划管理人变更。职业年金计划受托人变更,或受托人与其他管理人同时变更的,由新任受托人向相关人力资源社会保障行政部门报送备案申请函[见《关于申请××省×号职业年金计划受托人(或受托人及其他管理人)变更及管理合同备案的函》]、管理合同等相关材料,履行备案程序。人力资源社会保障行政部门应及时审核,反馈审核意见,并于收到符合规定的备案材料之日起 15 个工作日内出具确认函[见《关于确认××省×号职业年金计划受托人(或受托人及其他管理人)变更的函》]。职业年金计划受托人不变,托管人或投资管理人变更的,由受托人向相关人力资源社会保障行政部门报送备案申请函(见《关于申请××省×号职业年金计划××管理人变更及管理合同备案的函》)、管理合同等相关材料,履行备案程序。人力资源社会保障行政部门应及时审核,反馈审核意见,并于收到符合规定的备案材料之日起 15 个工作日内出具确认函(见《关于确认××省×号职业年金计划××管理人变更的函》)。②合同主要内容变更。职

---

① 《人力资源社会保障部办公厅关于职业年金计划备案和编码规则等有关问题的通知》第 1 条第 1 款。
② 《人力资源社会保障部办公厅关于职业年金计划备案和编码规则等有关问题的通知》第 1 条第 2 款。

业年金计划管理合同主要内容变更是指在合同有效期内,出现证券投资组合增减、管理费率调整、计划名称变更等合同主要条款变更的情况。由受托人向相关人力资源社会保障行政部门报送备案申请函(见《关于申请××省×号职业年金计划增加证券投资组合的函》,以新增证券投资组合为例)、管理合同、变更差异说明等相关材料,履行备案程序。人力资源社会保障行政部门应及时审核,反馈审核意见,根据不同情况于收到符合规定的备案材料之日起15个工作日内出具确认函(见《关于确认××省×号职业年金计划增加证券投资组合的函》,以新增证券投资组合为例)。① (4)职业年金计划合同到期顺延或续签备案。职业年金计划管理合同到期顺延或续签的,受托人应及时到相关人力资源社会保障行政部门履行备案程序。原有管理合同到期,管理人及合同条款均无变更的,受托人应将备案申请函(见《关于××省×号职业年金计划管理合同顺延情况说明的函》)报送相关人力资源社会保障行政部门,人力资源社会保障行政部门于收到符合规定的备案材料之日起15个工作日内出具确认函(见《关于确认××省×号职业年金计划管理合同顺延的函》)。原有管理合同到期,管理人不变更,但合同条款有变更的,受托人应将备案申请函(见《关于申请××省×号职业年金计划管理合同续签的函》)、管理合同或有关变更条款的说明等相关材料报送人力资源社会保障行政部门。人力资源社会保障行政部门应及时审核,反馈审核意见,并于收到符合规定的备案材料之日起15个工作日内出具确认函(见《关于确认××省×号职业年金计划管理合同续签的函》)。② (5)职业年金计划终止备案。职业年金计划终止并完成清算工作后,职业年金计划代理人代表清算组向人力资源社会保障行政部门报送备案申请函(见《关于申请××省×号职业年金计划注销的函》)等相关材料,履行备案程序。人力资源社会保障行政部门审核后,出具计划注销确认函(见《关于确认××省×号职业年金计划注销的函》)。③

2. 职业年金编码规则。(1)计划名称。职业年金计划名称由职业年金计划代理人负责编制。职业年金计划名称编制方法为"××+序列号+职业年金计

---

① 《人力资源社会保障部办公厅关于职业年金计划备案和编码规则等有关问题的通知》第1条第3款。

② 《人力资源社会保障部办公厅关于职业年金计划备案和编码规则等有关问题的通知》第1条第4款。

③ 《人力资源社会保障部办公厅关于职业年金计划备案和编码规则等有关问题的通知》第1条第5款。

划"。其中：××为"在京中央国家机关及所属事业单位"或"×省（自治区、直辖市）"；序列号为大写数字（壹、贰、叁……），根据职业年金计划管理合同报备的顺序确定。职业年金计划名称不能随意变更，不得重复使用，已终止运作的职业年金计划名称不再使用。① (2) 计划登记号。职业年金计划登记号由人力资源社会保障行政部门负责编制。职业年金计划登记号为12位代码，编制方法为"备案地代码+ZY+4位数年份+2位序列号"。备案地代码参照《职业年金基金数据交换规范》中的备案地代码执行（见《职业年金计划备案地代码表》）。职业年金计划登记号不能随意变更，不得重复使用，已注销的职业年金计划登记号不再使用。② (3) 投资组合代码。职业年金基金管理机构在取得计划确认函且开始正式投资运作之前，应编制投资组合代码。投资管理人负责编制投资组合代码，受托人负责编制受托直投养老金产品组合代码。投资组合代码长度为8位，投资管理人投资组合代码编制方法为"3位投资管理人机构代码+Z+4位序列号"，受托人直投养老金产品组合代码编制方法为"3位受托人机构代码+Z+4位序列号"。投资管理人、受托人机构代码参照《职业年金基金数据交换规范》中年金基金管理机构代码执行（见《代理人、职业年金基金管理机构代码表》）。投资管理人和受托人应保证其负责编制的投资组合代码的唯一性，已终止运作的投资组合代码不再使用。③ (4) 统一计划名称及代码。一个地区建立多个职业年金计划且实行统一收益率的，统一计划名称为"在京中央国家机关及所属事业单位职业年金统一计划"或"××省（自治区、直辖市）职业年金统一计划"，统一计划代码长度为8位，由代理人按照"备案地代码+ZY+00"规则记录。④

3. 职业年金的计划备案和编码规则的有关要求。(1) 人力资源社会保障行政部门要认真履行监管职责，切实做好职业年金计划备案审核工作，按规定编制职业年金计划登记号，建立备案审核台账，加强档案管理，监督职业年金计划建

---

① 《人力资源社会保障部办公厅关于职业年金计划备案和编码规则等有关问题的通知》第2条第1款。
② 《人力资源社会保障部办公厅关于职业年金计划备案和编码规则等有关问题的通知》第2条第2款。
③ 《人力资源社会保障部办公厅关于职业年金计划备案和编码规则等有关问题的通知》第2条第3款。
④ 《人力资源社会保障部办公厅关于职业年金计划备案和编码规则等有关问题的通知》第2条第4款。

立和合同履行情况,指导职业年金计划规范管理。(2)中央国家机关养老保险管理中心及各省、自治区、直辖市社会保险经办机构要认真履行职业年金计划代理人职责,依规建立职业年金计划,做好职业年金计划名称编制和与职业年金计划备案有关的各项工作,推动职业年金计划备案管理规范化、制度化。(3)受托人要按规定认真做好职业年金计划备案申请工作,加强对职业年金计划的管理和对其他管理人的监督,做好管理人变更时的衔接和合同到期顺延或续签等工作,按规定编制受托人直投养老金产品组合代码。托管人在职业年金财产移交过程中要严格按照规定和受托人指令要求,做好职业年金基金财产保管和移交工作,切实维护职业年金基金财产安全。投资管理人要按规定编制投资管理人投资组合代码,建立和加强投资风险控制机制,切实防范职业年金基金财产移交风险。①

四、其他人员的职业年金及职业年金补助(待遇)

(一)军人的职业年金补助

1. 军人职业年金补助的计算。军人职业年金补助由军人所在单位财务部门在军人退出现役时一次算清记实。军人职业年金补助的计算办法为:军官、文职干部和士官,按《关于军人职业年金转移接续有关问题的通知》施行后服现役期间各年度月缴费工资12%的总和计算;义务兵和供给制学员,按本人退出现役当年下士月缴费工资起点标准的12%乘以《关于军人职业年金转移接续有关问题的通知》施行后服现役月数计算。其中,8%作为单位缴费,4%作为个人缴费。根据国家相关政策,军队适时调整军人职业年金单位和个人缴费的比例。② 军人职业年金补助资金按照国家规定的利率计息,在军人退出现役时一次算清记实。③

2. 军人职业年金补助的月缴费。军人职业年金补助的月缴费工资,军官、文职干部和士官为本人月工资数额乘以养老保险缴费工资调整系数;义务兵和供给制学员为本人退出现役时当年下士月工资起点标准乘以养老保险缴费工资调整系数。养老保险缴费工资调整系数确定为1.136。计算军人职业年金补助的月工资项目包括:基本工资、军人职业津贴、工作性津贴、生活性补贴、艰苦边远

---

① 《人力资源社会保障部办公厅关于职业年金计划备案和编码规则等有关问题的通知》第3条。
② 《关于军人职业年金转移接续有关问题的通知》第3条。
③ 《关于军人职业年金转移接续有关问题的通知》第5条。

地区津贴、驻西藏部队特殊津贴、高山海岛津贴、地区附加津贴和奖励工资。①

3. 军人职业年金补助的发放。(1)军人退出现役参加基本养老保险的,国家给予军人职业年金补助。军人服现役期间单位和个人应当缴纳的职业年金费用由中央财政承担,所需经费由总后勤部列年度军费预算安排。②(2)军人服现役期间死亡的,由所在单位财务部门将其《关于军人职业年金转移接续有关问题的通知》施行后服现役期间应当计算的军人职业年金补助及利息一次算清,发给其合法继承人。③

4. 军人职业年金补助的转接。(1)转接的主体。军队各级后勤(联勤、保障)机关财务部门(以下简称财务部门),负责军人职业年金补助的计算、审核、划转工作。各级人民政府人力资源社会保障部门负责军人职业年金补助的接收工作。各级人民政府财政部门按职责做好军人职业年金转移接续的相关工作。④(2)分配到机关事业单位的职业年金转接。计划分配到机关事业单位工作的军队转业干部和退役士兵,由军人所在单位财务部门依据军人退役命令,安置地军队转业干部安置工作部门或者退役士兵安置工作主管部门的报到通知,以及军队团级以上单位司令机关军务部门或者政治机关干部部门的审核认定意见,开具《军人职业年金缴费凭证》,将军人职业年金补助资金通过银行汇至退役军人安置地负责机关事业单位养老保险的县级以上社会保险经办机构职业年金银行账户,并将《军人职业年金缴费凭证》和银行受理回执一并交给本人。军人所在单位财务部门同时向退役军人安置地负责机关事业单位养老保险的县级以上社会保险经办机构邮寄《军人职业年金缴费凭证》。军人退出现役到接收安置单位报到后,将《军人职业年金缴费凭证》和银行受理回执交给接收安置单位,由接收安置单位负责办理军人职业年金转移接续手续。县级以上社会保险经办机构应将经办机关事业单位养老保险的社会保险经办机构的通信地址、职业年金银行账户信息等,上报人力资源社会保障部,并及时报告信息变更情况。人力资源社会保障部社会保险事业管理中心与总后勤部军人保险基金管理中心建立社会保险经办机构信息交换机制;总后勤部军人保险基金管理中心负责将相关信息分

---

① 《关于军人职业年金转移接续有关问题的通知》第4条。
② 《关于军人职业年金转移接续有关问题的通知》第1条。
③ 《关于军人职业年金转移接续有关问题的通知》第11条。
④ 《关于军人职业年金转移接续有关问题的通知》第2条。

发军队各级财务部门。①（3）分配到企业的职业年金转接。计划分配到企业工作的军队转业干部和军队复员干部，以及由人民政府安排到企业工作和自主就业的退役士兵，由军人所在单位财务部门依据军人退役命令、安置地军队转业干部安置工作部门的报到通知，开具《军人职业年金缴费凭证》，将军人职业年金补助资金交给本人。军人退出现役后，用人单位建立企业年金的，本人应将《军人职业年金缴费凭证》和军人职业年金补助资金交给用人单位，由用人单位负责办理相关转移接续手续。②（4）入伍前已参加年金人员的职业年金转接。军人入伍前已经参加机关事业单位职业年金或者企业年金的，其个人账户资金不转移到军队，由原年金管理机构继续管理运营。军人退出现役后参加机关事业单位职业年金或者企业年金的，按照国家规定办理原职业年金或者企业年金个人账户的转移接续手续。③（5）职业年金补助接转的代码。军人所在单位财务部门在开具转移凭证时，军人服现役期间的行政区划代码统一填写为"910000"，转入地社会保险经办机构据此做好人员身份标识。④（6）职业年金补助接转的适用。中国人民武装警察职业年金转移接续有关问题执行本通知。⑤《关于军人职业年金转移接续有关问题的通知》自 2014 年 10 月 1 日起施行。⑥《关于军人职业年金转移接续有关问题的通知》由人力资源社会保障部、总后勤部负责解释。⑦

（二）自主择业人员的职业年金补助

军官、文职干部退出现役自主择业，由安置地政府逐月发给退役金，退出现役时不给予军人职业年金补助。自主择业的军队转业干部被党和国家机关、人民团体或者财政拨款的事业单位选用为正式工作人员的，从下月起停发退役金，按照国家规定参加机关事业单位养老保险。《关于军人职业年金转移接续有关问题的通知》施行后在军队服现役期间的职业年金补助，由军队转业干部安置工作部门根据《军队自主择业转业干部缴费工资基数表》（见后财〔2015〕1726 号《关于军人退役基本养老保险关系转移接续有关问题的通知》），以其在军队服现

---

① 《关于军人职业年金转移接续有关问题的通知》第 6 条。
② 《关于军人职业年金转移接续有关问题的通知》第 7 条。
③ 《关于军人职业年金转移接续有关问题的通知》第 8 条。
④ 《关于军人职业年金转移接续有关问题的通知》第 13 条。
⑤ 《关于军人职业年金转移接续有关问题的通知》第 14 条。
⑥ 《关于军人职业年金转移接续有关问题的通知》第 15 条。
⑦ 《关于军人职业年金转移接续有关问题的通知》第 16 条。

役期间各年度月缴费工资之和为基数,通过退役金拨付渠道申请12%的职业年金补助,拨付至其单位所在地社会保险经办机构。所需经费由中央财政解决。①

（三）退休人员的职业年金补助及职业年金待遇

1. 退出现役采取退休方式安置人员职业年金补助及职业年金待遇的支付。军人退出现役采取退休方式安置的,实行退休金保障制度,退出现役时不给予军人职业年金补助。1至4级残疾军人退出现役采取国家供养方式安置的,其生活保障按照国家规定执行,退出现役时不给予军人职业年金补助。军人退出现役采取退休、供养方式安置,入伍前已参加机关事业单位职业年金或者企业年金的,达到法定退休年龄时,经本人申请,由原参保地社会保险经办机构依据军人所在团级以上单位出具的《军人退休（供养）证明》,按照有关规定支付年金待遇。②

2. 退出现役后退休人员职业年金补助及职业年金待遇的享受。军人退出现役后达到国家规定的退休条件并依法办理退休手续后,按照国家规定参加职业年金或者企业年金的可享受相应的待遇。③

第四节　社会救助

社会救助,是指国家和社会对由于各种原因而陷入生存困境的公民,给予财物接济和生活扶助,以保障其最低生活需要的制度。社会救助作为社会保障体系的一个组成部分,具有不同于社会保险的保障目标。社会保险的目标是防劳动风险,而社会救助的目标则是缓解生活困难。

一、社会救助的规则

1. 社会救助的一般规则。（1）社会救助适用的法律。①为了加强社会救助,保障公民的基本生活,促进社会公平,维护社会和谐稳定,根据宪法,制定《社会救助暂行办法》。④ ②《社会救助暂行办法》自2014年5月1日起施行。⑤ ③2019

---

① 《关于军人职业年金转移接续有关问题的通知》第9条。
② 《关于军人职业年金转移接续有关问题的通知》第10条。
③ 《关于军人职业年金转移接续有关问题的通知》第12条。
④ 《社会救助暂行办法》第1条。
⑤ 《社会救助暂行办法》第70条。

年3月2日进行修订。(2)社会救助制度及原则。社会救助制度坚持托底线、救急难、可持续,与其他社会保障制度相衔接,社会救助水平与经济社会发展水平相适应。社会救助工作应当遵循公开、公平、公正、及时的原则。① (3)社会救助的职责分工。①国务院民政部门统筹全国社会救助体系建设。国务院民政、应急管理、卫生健康、教育、住房城乡建设、人力资源社会保障、医疗保障等部门,按照各自职责负责相应的社会救助管理工作。县级以上地方人民政府民政、应急管理、卫生健康、教育、住房城乡建设、人力资源社会保障、医疗保障等部门,按照各自职责负责本行政区域内相应的社会救助管理工作。前两款所列行政部门统称社会救助管理部门。② ②乡镇人民政府、街道办事处负责有关社会救助的申请受理、调查审核,具体工作由社会救助经办机构或者经办人员承担。村民委员会、居民委员会协助做好有关社会救助工作。③ ③县级以上人民政府应当将社会救助纳入国民经济和社会发展规划,建立健全政府领导、民政部门牵头、有关部门配合、社会力量参与的社会救助工作协调机制,完善社会救助资金、物资保障机制,将政府安排的社会救助资金和社会救助工作经费纳入财政预算。社会救助资金实行专项管理,分账核算,专款专用,任何单位或者个人不得挤占挪用。社会救助资金的支付,按照财政国库管理的有关规定执行。④ ④县级以上人民政府应当按照国家统一规划建立社会救助管理信息系统,实现社会救助信息互联互通、资源共享。⑤ (4)社会救助的表彰、奖励。对在社会救助工作中作出显著成绩的单位、个人,按照国家有关规定给予表彰、奖励。⑥

2. 社会救助的最低生活保障。(1)给予最低生活保障的条件。国家对共同生活的家庭成员人均收入低于当地最低生活保障标准,且符合当地最低生活保障家庭财产状况规定的家庭,给予最低生活保障。⑦ (2)最低生活保障的标准。最低生活保障标准,由省、自治区、直辖市或者设区的市级人民政府按照当地居民生活必需的费用确定、公布,并根据当地经济社会发展水平和物价变动情况适

---

① 《社会救助暂行办法》第2条。
② 《社会救助暂行办法》第3条。
③ 《社会救助暂行办法》第4条。
④ 《社会救助暂行办法》第5条。
⑤ 《社会救助暂行办法》第6条。
⑥ 《社会救助暂行办法》第8条。
⑦ 《社会救助暂行办法》第9条。

时调整。最低生活保障家庭收入状况、财产状况的认定办法,由省、自治区、直辖市或者设区的市级人民政府按照国家有关规定制定。①(3)最低生活保障的申办。申请最低生活保障,按照下列程序办理:①由共同生活的家庭成员向户籍所在地的乡镇人民政府、街道办事处提出书面申请;家庭成员申请有困难的,可以委托村民委员会、居民委员会代为提出申请。②乡镇人民政府、街道办事处应当通过入户调查、邻里访问、信函索证、群众评议、信息核查等方式,对申请人的家庭收入状况、财产状况进行调查核实,提出初审意见,在申请人所在村、社区公示后报县级人民政府民政部门审批。③县级人民政府民政部门经审查,对符合条件的申请予以批准,并在申请人所在村、社区公布;对不符合条件的申请不予批准,并书面向申请人说明理由。②(4)最低生活保障金。①最低生活保障金的发放。对批准获得最低生活保障的家庭,县级人民政府民政部门按照共同生活的家庭成员人均收入低于当地最低生活保障标准的差额,按月发给最低生活保障金。对获得最低生活保障后生活仍有困难的老年人、未成年人、重度残疾人和重病患者,县级以上地方人民政府应当采取必要措施给予生活保障。③ ②家庭状况变化及最低生活保障金的调整。最低生活保障家庭的人口状况、收入状况、财产状况发生变化的,应当及时告知乡镇人民政府、街道办事处。县级人民政府民政部门以及乡镇人民政府、街道办事处应当对获得最低生活保障家庭的人口状况、收入状况、财产状况定期核查。最低生活保障家庭的人口状况、收入状况、财产状况发生变化的,县级人民政府民政部门应当及时决定增发、减发或者停发最低生活保障金;决定停发最低生活保障金的,应当书面说明理由。④

3. 社会救助的特困人员供养。(1)特困人员供养的条件。国家对无劳动能力、无生活来源且无法定赡养、抚养、扶养义务人,或者其法定赡养、抚养、扶养义务人无赡养、抚养、扶养能力的老年人、残疾人以及未满16周岁的未成年人,给予特困人员供养。⑤ (2)特困人员供养的内容、原则及与其他制度的衔接。特困人员供养的内容包括:①提供基本生活条件;②对生活不能自理的给予照料;③提

---

① 《社会救助暂行办法》第10条。
② 《社会救助暂行办法》第11条。
③ 《社会救助暂行办法》第12条。
④ 《社会救助暂行办法》第13条。
⑤ 《社会救助暂行办法》第14条。

供疾病治疗;④办理丧葬事宜。特困人员供养标准,由省、自治区、直辖市或者设区的市级人民政府确定、公布。特困人员供养应当与城乡居民基本养老保险、基本医疗保障、最低生活保障、孤儿基本生活保障等制度相衔接。① (3)特困人员供养的形式。①申请的供养。申请特困人员供养,由本人向户籍所在地的乡镇人民政府、街道办事处提出书面申请;本人申请有困难的,可以委托村民委员会、居民委员会代为提出申请。特困人员供养的审批程序适用《社会救助暂行办法》第11条规定。② ②主动依法办理的供养。乡镇人民政府、街道办事处应当及时了解掌握居民的生活情况,发现符合特困供养条件的人员,应当主动为其依法办理供养。③ (4)特困人员供养的终止。特困供养人员不再符合供养条件的,村民委员会、居民委员会或者供养服务机构应当告知乡镇人民政府、街道办事处,由乡镇人民政府、街道办事处审核并报县级人民政府民政部门核准后,终止供养并予以公示。④ (5)特困人员供养的方式。特困供养人员可以在当地的供养服务机构集中供养,也可以在家分散供养。特困供养人员可以自行选择供养形式。⑤

4.受灾人员救助。(1)受灾人员救助的制度及管理。国家建立健全自然灾害救助制度,对基本生活受到自然灾害严重影响的人员,提供生活救助。自然灾害救助实行属地管理,分级负责。⑥ (2)受灾人员救助的内容。①设立自然灾害救助物资储备库。设区的市级以上人民政府和自然灾害多发、易发地区的县级人民政府应当根据自然灾害特点、居民人口数量和分布等情况,设立自然灾害救助物资储备库,保障自然灾害发生后救助物资的紧急供应。⑦ ②提供应急救助。自然灾害发生后,县级以上人民政府或者人民政府的自然灾害救助应急综合协调机构应当根据情况紧急疏散、转移、安置受灾人员,及时为受灾人员提供必要的食品、饮用水、衣被、取暖、临时住所、医疗防疫等应急救助。⑧ ③评估、核定并发布自然灾害损失情况。灾情稳定后,受灾地区县级以上人民政府应当评估、核

---

① 《社会救助暂行办法》第15条。
② 《社会救助暂行办法》第16条。
③ 《社会救助暂行办法》第17条。
④ 《社会救助暂行办法》第18条。
⑤ 《社会救助暂行办法》第19条。
⑥ 《社会救助暂行办法》第20条。
⑦ 《社会救助暂行办法》第21条。
⑧ 《社会救助暂行办法》第22条。

定并发布自然灾害损失情况。① ④组织过渡性安置。受灾地区人民政府应当在确保安全的前提下,对住房损毁严重的受灾人员进行过渡性安置。② ⑤组织住房恢复重建。自然灾害危险消除后,受灾地区人民政府应急管理等部门应当及时核实本行政区域内居民住房恢复重建补助对象,并给予资金、物资等救助。③ ⑥提供基本生活救助。自然灾害发生后,受灾地区人民政府应当为因当年冬寒或者次年春荒遇到生活困难的受灾人员提供基本生活救助。④

5. 医疗救助。(1)医疗救助制度、机制的建立。①国家建立健全医疗救助制度,保障医疗救助对象获得基本医疗卫生服务。⑤ ②县级以上人民政府应当建立健全医疗救助与基本医疗保险、大病保险相衔接的医疗费用结算机制,为医疗救助对象提供便捷服务。⑥ ③国家建立疾病应急救助制度,对需要急救但身份不明或者无力支付急救费用的急重危伤病患者给予救助。符合规定的急救费用由疾病应急救助基金支付。疾病应急救助制度应当与其他医疗保障制度相衔接。⑦ (2)医疗救助的申请。①申请的人员。下列人员可以申请相关医疗救助:第一,最低生活保障家庭成员;第二,特困供养人员;第三,县级以上人民政府规定的其他特殊困难人员。⑧ ②申请的流程。申请医疗救助的,应当向乡镇人民政府、街道办事处提出,经审核、公示后,由县级人民政府医疗保障部门审批。最低生活保障家庭成员和特困供养人员的医疗救助,由县级人民政府医疗保障部门直接办理。⑨ (3)医疗救助的方式及标准。医疗救助采取下列方式:①对救助对象参加城镇居民基本医疗保险或者新型农村合作医疗的个人缴费部分,给予补贴;②对救助对象经基本医疗保险、大病保险和其他补充医疗保险支付后,个人及其家庭难以承担的符合规定的基本医疗自负费用,给予补助。医疗救助标准,由县级以上人民政府按照经济社会发展水平和医疗救助资金情况确定、公布。⑩

---

① 《社会救助暂行办法》第23条。
② 《社会救助暂行办法》第24条。
③ 《社会救助暂行办法》第25条。
④ 《社会救助暂行办法》第26条。
⑤ 《社会救助暂行办法》第27条。
⑥ 《社会救助暂行办法》第31条。
⑦ 《社会救助暂行办法》第32条。
⑧ 《社会救助暂行办法》第28条。
⑨ 《社会救助暂行办法》第30条。
⑩ 《社会救助暂行办法》第29条。

6. 教育救助。(1)教育救助的对象。国家对在义务教育阶段就学的最低生活保障家庭成员、特困供养人员,给予教育救助。对在高中教育(含中等职业教育)、普通高等教育阶段就学的最低生活保障家庭成员、特困供养人员,以及不能入学接受义务教育的残疾儿童,根据实际情况给予适当教育救助。① (2)教育救助的方式。教育救助根据不同教育阶段需求,采取减免相关费用、发放助学金、给予生活补助、安排勤工助学等方式实施,保障教育救助对象基本学习、生活需求。② (3)教育救助的标准。教育救助标准,由省、自治区、直辖市人民政府根据经济社会发展水平和教育救助对象的基本学习、生活需求确定、公布。③ (4)教育救助的流程。申请教育救助,应当按照国家有关规定向就读学校提出,按规定程序审核、确认后,由学校按照国家有关规定实施。④

7. 住房救助。(1)住房救助的对象。国家对符合规定标准的住房困难的最低生活保障家庭、分散供养的特困人员,给予住房救助。⑤ (2)住房救助的方式。住房救助通过配租公共租赁住房、发放住房租赁补贴、农村危房改造等方式实施。⑥ 各级人民政府按照国家规定通过财政投入、用地供应等措施为实施住房救助提供保障。⑦ (3)住房救助的标准。住房困难标准和救助标准,由县级以上地方人民政府根据本行政区域经济社会发展水平、住房价格水平等因素确定、公布。⑧ (4)住房救助的流程。城镇家庭申请住房救助的,应当经由乡镇人民政府、街道办事处或者直接向县级人民政府住房保障部门提出,经县级人民政府民政部门审核家庭收入、财产状况和县级人民政府住房保障部门审核家庭住房状况并公示后,对符合申请条件的申请人,由县级人民政府住房保障部门优先给予保障。农村家庭申请住房救助的,按照县级以上人民政府有关规定执行。⑨

8. 就业救助。(1)就业救助的办法。①国家对最低生活保障家庭中有劳动能力并处于失业状态的成员,通过贷款贴息、社会保险补贴、岗位补贴、培训补

---

① 《社会救助暂行办法》第33条。
② 《社会救助暂行办法》第34条。
③ 《社会救助暂行办法》第35条。
④ 《社会救助暂行办法》第36条。
⑤ 《社会救助暂行办法》第37条。
⑥ 《社会救助暂行办法》第38条。
⑦ 《社会救助暂行办法》第41条。
⑧ 《社会救助暂行办法》第39条。
⑨ 《社会救助暂行办法》第40条。

贴、费用减免、公益性岗位安置等办法,给予就业救助。① ②最低生活保障家庭有劳动能力的成员均处于失业状态的,县级以上地方人民政府应当采取有针对性的措施,确保该家庭至少有一人就业。② (2)就业救助的申请。申请就业救助的,应当向住所地街道、社区公共就业服务机构提出,公共就业服务机构核实后予以登记,并免费提供就业岗位信息、职业介绍、职业指导等就业服务。③ (3)有劳动能力但未就业人员的惩治。最低生活保障家庭中有劳动能力但未就业的成员,应当接受人力资源社会保障等有关部门介绍的工作;无正当理由,连续3次拒绝接受介绍的与其健康状况、劳动能力等相适应的工作的,县级人民政府民政部门应当决定减发或者停发其本人的最低生活保障金。④ (4)吸纳就业救助对象用人单位的补贴及优惠。吸纳就业救助对象的用人单位,按照国家有关规定享受社会保险补贴、税收优惠、小额担保贷款等就业扶持政策。⑤

9. 临时救助。(1)临时救助的对象。国家对因火灾、交通事故等意外事件,家庭成员突发重大疾病等原因,导致基本生活暂时出现严重困难的家庭,或者因生活必需支出突然增加超出家庭承受能力,导致基本生活暂时出现严重困难的最低生活保障家庭,以及遭遇其他特殊困难的家庭,给予临时救助。⑥ (2)临时救助的申请。申请临时救助的,应当向乡镇人民政府、街道办事处提出,经审核、公示后,由县级人民政府民政部门审批;救助金额较小的,县级人民政府民政部门可以委托乡镇人民政府、街道办事处审批。情况紧急的,可以按照规定简化审批手续。⑦ (3)临时救助的具体事项及标准。临时救助的具体事项、标准,由县级以上地方人民政府确定、公布。⑧ (4)临时救助的方法。①国家对生活无着的流浪、乞讨人员提供临时食宿、急病救治、协助返回等救助。⑨ ②公安机关和其他有关行政机关的工作人员在执行公务时发现流浪、乞讨人员的,应当告知其向救助管理机构求助。对其中的残疾人、未成年人、老年人和行动不便的其他人员,应当

---

① 《社会救助暂行办法》第42条。
② 《社会救助暂行办法》第43条。
③ 《社会救助暂行办法》第44条。
④ 《社会救助暂行办法》第45条。
⑤ 《社会救助暂行办法》第46条。
⑥ 《社会救助暂行办法》第47条。
⑦ 《社会救助暂行办法》第48条。
⑧ 《社会救助暂行办法》第49条。
⑨ 《社会救助暂行办法》第50条。

引导、护送到救助管理机构;对突发急病人员,应当立即通知急救机构进行救治。①

10. 社会救助的社会力量参与。(1)社会力量参与社会救助的政策。国家鼓励、支持社会力量参与社会救助。②(2)社会力量参与的方式。①国家鼓励单位和个人等社会力量通过捐赠、设立帮扶项目、创办服务机构、提供志愿服务等方式,参与社会救助。③②县级以上地方人民政府可以将社会救助中的具体服务事项通过委托、承包、采购等方式,向社会力量购买服务。④(3)社会力量参与的政策。社会力量参与社会救助,按照国家有关规定享受财政补贴、税收优惠、费用减免等政策。⑤(4)社会力量参与的专业服务。县级以上地方人民政府应当发挥社会工作服务机构和社会工作者作用,为社会救助对象提供社会融入、能力提升、心理疏导等专业服务。⑥(5)社会力量参与的管理部门。社会救助管理部门及相关机构应当建立社会力量参与社会救助的机制和渠道,提供社会救助项目、需求信息,为社会力量参与社会救助创造条件、提供便利。⑦

11. 社会救助的监督管理。(1)监督管理的部门。县级以上人民政府及其社会救助管理部门应当加强对社会救助工作的监督检查,完善相关监督管理制度。⑧(2)监督管理的措施。①申请或者已获得社会救助的家庭,应当按照规定如实申报家庭收入状况、财产状况。县级以上人民政府民政部门根据申请或者已获得社会救助家庭的请求、委托,可以通过户籍管理、税务、社会保险、不动产登记、工商登记、住房公积金管理、车船管理等单位和银行、保险、证券等金融机构,代为查询、核对其家庭收入状况、财产状况;有关单位和金融机构应当予以配合。县级以上人民政府民政部门应当建立申请和已获得社会救助家庭经济状况信息核对平台,为审核认定社会救助对象提供依据。⑨②县级以上人民政府社会救助管理部门和乡镇人民政府、街道办事处在履行社会救助职责过程中,可以查

---

① 《社会救助暂行办法》第51条。
② 《社会救助暂行办法》第7条。
③ 《社会救助暂行办法》第52条。
④ 《社会救助暂行办法》第54条。
⑤ 《社会救助暂行办法》第53条。
⑥ 《社会救助暂行办法》第55条。
⑦ 《社会救助暂行办法》第56条。
⑧ 《社会救助暂行办法》第57条。
⑨ 《社会救助暂行办法》第58条。

阅、记录、复制与社会救助事项有关的资料,询问与社会救助事项有关的单位、个人,要求其对相关情况作出说明,提供相关证明材料。有关单位、个人应当如实提供。① (3)社会救助部门等的法定职责。①及时办理或者转交其他社会救助。申请社会救助,应当按照《社会救助暂行办法》的规定提出;申请人难以确定社会救助管理部门的,可以先向社会救助经办机构或者县级人民政府民政部门求助。社会救助经办机构或者县级人民政府民政部门接到求助后,应当及时办理或者转交其他社会救助管理部门办理。乡镇人民政府、街道办事处应当建立统一受理社会救助申请的窗口,及时受理、转办申请事项。② ②公民个人信息的保密。履行社会救助职责的工作人员对在社会救助工作中知悉的公民个人信息,除按照规定应当公示的信息外,应当予以保密。③ ③社会救助法律等的宣传。县级以上人民政府及其社会救助管理部门应当通过报刊、广播、电视、互联网等媒体,宣传社会救助法律、法规和政策。县级人民政府及其社会救助管理部门应当通过公共查阅室、资料索取点、信息公告栏等便于公众知晓的途径,及时公开社会救助资金、物资的管理和使用等情况,接受社会监督。④ (4)社会救助的监督。①对履行社会救助职责的工作人员的监督。履行社会救助职责的工作人员行使职权,应当接受社会监督。任何单位、个人有权对履行社会救助职责的工作人员在社会救助工作中的违法行为进行举报、投诉。受理举报、投诉的机关应当及时核实、处理。⑤ ②对社会救助资金、物资的监督。县级以上人民政府财政部门、审计机关依法对社会救助资金、物资的筹集、分配、管理和使用实施监督。⑥ (5)社会救助的救济。申请或者已获得社会救助的家庭或者人员,对社会救助管理部门作出的具体行政行为不服的,可以依法申请行政复议或者提起行政诉讼。⑦

12. 社会救助的法律责任。(1)主管人员和责任人员的法律责任。违反《社会救助暂行办法》规定,有下列情形之一的,由上级行政机关或者监察机关责令改正;对直接负责的主管人员和其他直接责任人员依法给予处分:①对符合申请

---

① 《社会救助暂行办法》第59条。
② 《社会救助暂行办法》第60条。
③ 《社会救助暂行办法》第61条。
④ 《社会救助暂行办法》第62条。
⑤ 《社会救助暂行办法》第63条。
⑥ 《社会救助暂行办法》第64条。
⑦ 《社会救助暂行办法》第65条。

条件的救助申请不予受理的;②对符合救助条件的救助申请不予批准的;③对不符合救助条件的救助申请予以批准的;④泄露在工作中知悉的公民个人信息,造成后果的;⑤丢失、篡改接受社会救助款物、服务记录等数据的;⑥不按照规定发放社会救助资金、物资或者提供相关服务的;⑦在履行社会救助职责过程中有其他滥用职权、玩忽职守、徇私舞弊行为的。① (2)截留、挤占、挪用、私分社会救助资金、物资的法律责任。违反《社会救助暂行办法》规定,截留、挤占、挪用、私分社会救助资金、物资的,由有关部门责令追回;有违法所得的,没收违法所得;对直接负责的主管人员和其他直接责任人员依法给予处分。② (3)骗取社会救助资金、物资或者服务的法律责任。采取虚报、隐瞒、伪造等手段,骗取社会救助资金、物资或者服务的,由有关部门决定停止社会救助,责令退回非法获取的救助资金、物资,可以处非法获取的救助款额或者物资价值1倍以上3倍以下的罚款;构成违反治安管理行为的,依法给予治安管理处罚。③ (4)刑事责任。违反《社会救助暂行办法》规定,构成犯罪的,依法追究刑事责任。④

二、城市生活无着流浪乞讨人员的救助

1.流浪乞讨人员救助的法律依据。(1)《城市生活无着的流浪乞讨人员救助管理办法》。①为了对在城市生活无着的流浪、乞讨人员(以下简称流浪乞讨人员)实行救助,保障其基本生活权益,完善社会救助制度,制定《城市生活无着的流浪乞讨人员救助管理办法》。⑤《城市生活无着的流浪乞讨人员救助管理办法》规定的"城市生活无着的流浪乞讨人员"是指因自身无力解决食宿,无亲友投靠,又不享受城市最低生活保障或者农村五保供养,正在城市流浪乞讨度日的人员。虽有流浪乞讨行为,但不具备前款规定情形的,不属于救助对象。⑥ ②《城市生活无着的流浪乞讨人员救助管理办法》自2003年8月1日起施行。1982年5月12日国务院发布的《城市流浪乞讨人员收容遣送办法》同时废止。⑦ ③《城市生活无着的流浪乞讨人员救助管理办法》的实施细则由国务院民政部门制定。⑧

---

① 《社会救助暂行办法》第66条。
② 《社会救助暂行办法》第67条。
③ 《社会救助暂行办法》第68条。
④ 《社会救助暂行办法》第69条。
⑤ 《城市生活无着的流浪乞讨人员救助管理办法》第1条。
⑥ 《城市生活无着的流浪乞讨人员救助管理办法实施细则》第2条。
⑦ 《城市生活无着的流浪乞讨人员救助管理办法》第18条。
⑧ 《城市生活无着的流浪乞讨人员救助管理办法》第17条。

(2)《城市生活无着的流浪乞讨人员救助管理办法实施细则》。①根据《城市生活无着的流浪乞讨人员救助管理办法》的规定,制定《城市生活无着的流浪乞讨人员救助管理办法实施细则》。① ②《城市生活无着的流浪乞讨人员救助管理办法实施细则》自 2003 年 8 月 1 日起施行。②

2. 流浪乞讨人员救助职能部门的职责。(1)制定救助站受助人员的相关制度。省、自治区、直辖市人民政府民政部门应当制定救助站受助人员的作息、卫生、学习等制度。受助人员应当遵守救助站的规章制度。③ (2)设立流浪乞讨人员救助站。县级以上城市人民政府应当根据需要设立流浪乞讨人员救助站。救助站对流浪乞讨人员的救助是一项临时性社会救助措施。④ (3)采取积极及时的救助措施。县级以上城市人民政府应当采取积极措施及时救助流浪乞讨人员,并应当将救助工作所需经费列入财政预算,予以保障。国家鼓励、支持社会组织和个人救助流浪乞讨人员。⑤ (4)做好救助等工作。县级以上人民政府民政部门负责流浪乞讨人员的救助工作,并对救助站进行指导、监督。⑥ (5)受助人员的接回。①对受助人员中的残疾人、未成年人或者其他行动不便的人,救助站应当通知其亲属或者所在单位接回;亲属或者所在单位拒不接回的,省内的由流入地人民政府民政部门通知流出地人民政府民政部门接回,送其亲属或者所在单位;跨省的由流入地省级人民政府民政部门通知流出地省级人民政府民政部门接回,送其亲属或者所在单位。⑦ ②对无法查明其亲属或者所在单位,但可以查明其户口所在地、住所地的受助残疾人、未成年人及其他行动不便的人,省内的由流入地人民政府民政部门通知流出地人民政府民政部门接回,送户口所在地、住所地安置;跨省的由流入地省级人民政府民政部门通知流出地省级人民政府民政部门接回,送户口所在地、住所地安置。⑧ (6)受助人员的安置。①对因年老、年幼或者残疾无法认知自己行为、无表达能力,因而无法查明其亲属或者所在单位,

---

① 《城市生活无着的流浪乞讨人员救助管理办法实施细则》第 1 条。
② 《城市生活无着的流浪乞讨人员救助管理办法实施细则》第 24 条。
③ 《城市生活无着的流浪乞讨人员救助管理办法实施细则》第 7 条。
④ 《城市生活无着的流浪乞讨人员救助管理办法》第 2 条。
⑤ 《城市生活无着的流浪乞讨人员救助管理办法》第 3 条。
⑥ 《城市生活无着的流浪乞讨人员救助管理办法》第 4 条第 1 款。
⑦ 《城市生活无着的流浪乞讨人员救助管理办法实施细则》第 13 条。
⑧ 《城市生活无着的流浪乞讨人员救助管理办法实施细则》第 14 条。

也无法查明其户口所在地或者住所地的,由救助站上级民政主管部门提出安置方案,报同级人民政府给予安置。① ②受助人员户口所在地、住所地的乡级、县级人民政府应当帮助返回的受助人员解决生产、生活困难,避免其再次外出流浪乞讨;对遗弃残疾人、未成年人、老年人的近亲属或者其他监护人,责令其履行抚养、赡养义务;对确实无家可归的残疾人、未成年人、老年人应当给予安置。②(7)其他救助职责。受助人员住所地的县级人民政府应当采取措施,帮助受助人员解决生产、生活困难,教育遗弃残疾人、未成年人、老年人的近亲属或者其他监护人履行抚养、赡养义务。③

3. 流浪乞讨人员救助相关部门的职责。(1)县级以上地方人民政府民政部门应当加强对救助站的领导和监督管理,履行以下职责:①监督救助站落实救助措施和规章制度;②指导检查救助工作情况;③对救助站工作人员进行教育、培训;④调查、处理救助站及其工作人员违法违纪问题;⑤帮助救助站解决困难,提供工作条件。④(2)公安、卫生、交通、铁道、城管等部门应当在各自的职责范围内做好相关工作。⑤(3)公安机关和其他有关行政机关的工作人员在执行职务时发现流浪乞讨人员的,应当告知其向救助站求助;对其中的残疾人、未成年人、老年人和行动不便的其他人员,还应当引导、护送到救助站。⑥

4. 救助站的救助职责及其他事项。(1)救助站救助职责的法定性。①向救助站求助的流浪乞讨人员,应当如实提供本人的姓名等基本情况并将随身携带物品在救助站登记,向救助站提出求助需求。救助站对属于救助对象的求助人员,应当及时提供救助,不得拒绝;对不属于救助对象的求助人员,应当说明不予救助的理由。⑦ "如实提供本人情况"包括:第一,姓名、年龄、性别、居民身份证或

---

① 《城市生活无着的流浪乞讨人员救助管理办法实施细则》第15条。
② 《城市生活无着的流浪乞讨人员救助管理办法实施细则》第18条。
③ 《城市生活无着的流浪乞讨人员救助管理办法》第12条。
④ 《城市生活无着的流浪乞讨人员救助管理办法实施细则》第22条。
⑤ 《城市生活无着的流浪乞讨人员救助管理办法》第4条第2款。
⑥ 《城市生活无着的流浪乞讨人员救助管理办法》第5条。
⑦ 《城市生活无着的流浪乞讨人员救助管理办法》第6条。
《城市生活无着的流浪乞讨人员救助管理办法实施细则》第4条(救助站应当向求助的流浪乞讨人员告知救助对象的范围和实施救助的内容,询问与求助需求有关的情况,并对其个人情况予以登记)、第5条(救助站对属于救助对象的,应当及时安排救助;不属于救助对象的,不予救助并告知其理由。对因年老、年幼、残疾等原因无法提供个人情况的,救助站应当先提供救助,再查明情况。对拒不如实提供个人情况的,不予救助)。

者能够证明身份的其他证件、本人户口所在地、住所地;第二,是否享受城市最低生活保障或者农村五保供养;第三,流浪乞讨的原因、时间、经过;第四,近亲属和其他关系密切亲戚的姓名、住址、联系方式;第五,随身物品的情况。① ②救助站应当根据受助人员提供的有关情况,及时与受助人员的家属以及受助人员常住户口所在地或者住所地的乡(镇)人民政府、城市街道办事处、该地的公安、民政部门取得联系,核实情况。救助站发现受助人员故意提供虚假个人情况的,应当终止救助。② (2)救助站救助的内容。救助站应当根据受助人员的需要提供下列救助:①提供符合食品卫生要求的食物;②提供符合基本条件的住处;③对在站内突发急病的,及时送医院救治;④帮助与其亲属或者所在单位联系;⑤对没有交通费返回其住所地或者所在单位的,提供乘车凭证。③ 救助站为受助人员提供的食物和住处,应当能够满足受助人员的基本健康和安全需要。受助人员食宿定额定量的标准,由省级人民政府民政部门商财政部门具体规定。④ 受助人员在站内突发急病的,救助站应当及时送医疗机构治疗。救助站发现受助人员在站内患传染病或者为疑似传染病病人的,救助站应当送当地具有传染病收治条件的医疗机构治疗,并向当地疾病预防控制机构报告,采取必要的消毒隔离措施。⑤ 受助人员返回常住户口所在地、住所地或者所在单位时没有交通费的,由救助站发给乘车(船)凭证,铁道、公路、水运等运输单位验证后准予搭乘相应的公共交通工具。救助站应当将有关情况通知受助人员的亲属及前往地的有关组织、所在单位。⑥ (3)救助站救助的要求。①救助站应当建立健全岗位责任制、安全责任制、工作人员行为规范等规章制度,实行规范化管理。救助站应当将受助人员入站、离站、获得救助等情况如实记载,制作档案妥善保管。⑦ ②救助站为受助人员提供的住处,应当按性别分室住宿,女性受助人员应当由女性工作人员管理。⑧ ③救助站应当保障受助人员在站内的人身安全和随身携带物品的安全,维护站

---

① 《城市生活无着的流浪乞讨人员救助管理办法实施细则》第3条。
② 《城市生活无着的流浪乞讨人员救助管理办法实施细则》第10条。
③ 《城市生活无着的流浪乞讨人员救助管理办法》第7条。
④ 《城市生活无着的流浪乞讨人员救助管理办法》第8条。
⑤ 《城市生活无着的流浪乞讨人员救助管理办法实施细则》第9条。
⑥ 《城市生活无着的流浪乞讨人员救助管理办法实施细则》第11条。
⑦ 《城市生活无着的流浪乞讨人员救助管理办法实施细则》第20条。
⑧ 《城市生活无着的流浪乞讨人员救助管理办法》第8条。

内秩序。① ④救助站不得向受助人员、其亲属或者所在单位收取费用,不得以任何借口组织受助人员从事生产劳动。② ⑤救助站应当劝导受助人员返回其住所地或者所在单位,不得限制受助人员离开救助站。救助站对受助的残疾人、未成年人、老年人应当给予照顾;对查明住址的,及时通知其亲属或者所在单位领回;对无家可归的,由其户籍所在地人民政府妥善安置。③ ⑥救助站应当建立、健全站内管理的各项制度,实行规范化管理。④ (4)救助站救助的其他规则。①救助的期限。救助站应当根据受助人员的情况确定救助期限,一般不超过10天;因特殊情况需要延长的,报上级民政主管部门备案。⑤ ②救助的放弃。受助人员自愿放弃救助离开救助站的,应当事先告知,救助站不得限制。未成年人及其他无民事行为能力人和限制民事行为能力人离开救助站,须经救助站同意。受助人员擅自离开救助站的,视同放弃救助,救助站应当终止救助。⑥ ③救助的终止。救助站已经实施救助或者救助期满,受助人员应当离开救助站。对无正当理由不愿离站的受助人员,救助站应当终止救助。⑦

5. 流浪乞讨人员救助的法律责任。(1)受助人员的法律责任。①受助人员不得携带危险物品进入救助站,随身携带的物品,除生活必需品外,由救助站保管,待该受助人员离站时归还。⑧ ②受助人员在救助站期间应当遵纪守法,不得辱骂、殴打救助站工作人员或者其他受助人员,不得破坏救助设施,不得毁坏、盗窃公私财物,不得无理取闹、扰乱救助工作秩序。对受助人员的违法行为,救助站工作人员应当及时制止;受助人员违规违纪情节严重的,或者发现受助人员有犯罪嫌疑的,应当及时报请公安机关依法处理。⑨ (2)救助站及其工作人员的法律责任。①县级以上人民政府民政部门应当加强对救助站工作人员的教育、培训和监督。救助站工作人员应当自觉遵守国家的法律法规、政策和有关规章制度,不准拘禁或者变相拘禁受助人员;不准打骂、体罚、虐待受助人员或者唆使他

---

① 《城市生活无着的流浪乞讨人员救助管理办法》第9条。
② 《城市生活无着的流浪乞讨人员救助管理办法》第10条。
③ 《城市生活无着的流浪乞讨人员救助管理办法》第11条。
④ 《城市生活无着的流浪乞讨人员救助管理办法》第13条。
⑤ 《城市生活无着的流浪乞讨人员救助管理办法实施细则》第12条。
⑥ 《城市生活无着的流浪乞讨人员救助管理办法实施细则》第16条。
⑦ 《城市生活无着的流浪乞讨人员救助管理办法实施细则》第17条。
⑧ 《城市生活无着的流浪乞讨人员救助管理办法实施细则》第6条。
⑨ 《城市生活无着的流浪乞讨人员救助管理办法实施细则》第19条。

人打骂、体罚、虐待受助人员;不准敲诈、勒索、侵吞受助人员的财物;不准克扣受助人员的生活供应品;不准扣压受助人员的证件、申诉控告材料;不准任用受助人员担任管理工作;不准使用受助人员为工作人员干私活;不准调戏妇女。违反前述规定,构成犯罪的,依法追究刑事责任;尚不构成犯罪的,依法给予纪律处分。① ②救助站不履行救助职责的,求助人员可以向当地民政部门举报;民政部门经查证属实的,应当责令救助站及时提供救助,并对直接责任人员依法给予纪律处分。② ③受助人员应当遵守法律法规。受助人员违反法律法规的,应当依法处理。受助人员应当遵守救助站的各项规章制度。③ 救助站及其工作人员应当严格遵守《城市生活无着的流浪乞讨人员救助管理办法》第10条、第14条第2款规定。对违反规定的,由该救助站的上级民政主管部门责令改正;情节较重的,对直接负责的主管人员和其他直接责任人给予纪律处分;构成犯罪的,依法追究刑事责任。④ (3)上级民政主管人员的法律责任。救助站的上级民政主管部门不及时受理救助对象举报,不及时责令救助站履行职责,或者对应当安置的受助人员不报请当地人民政府予以安置的,对直接负责的主管人员和其他直接责任人员依法给予行政处分。⑤

第五节 军人及退役军人的权益保障

军人及退役军人的权益保障是针对军人及退役军人的基本权益的保障。

一、军人地位和权益的保障

1. 军人地位和权益保障的一般规则。(1)保障的适用。①适用的法律。第一,为了保障军人地位和合法权益,激励军人履行职责使命,让军人成为全社会尊崇的职业,促进国防和军队现代化建设,根据宪法,制定《军人地位和权益保障法》。⑥《军人地位和权益保障法》所称军人,是指在中国人民解放军服现役的军

---

① 《城市生活无着的流浪乞讨人员救助管理办法》第14条。
② 《城市生活无着的流浪乞讨人员救助管理办法》第15条。
③ 《城市生活无着的流浪乞讨人员救助管理办法》第16条。
④ 《城市生活无着的流浪乞讨人员救助管理办法实施细则》第21条。
⑤ 《城市生活无着的流浪乞讨人员救助管理办法实施细则》第23条。
⑥ 《军人地位和权益保障法》第1条。

官、军士、义务兵等人员。① 第二,《军人地位和权益保障法》自 2021 年 8 月 1 日起施行。② 第三,省、自治区、直辖市可以结合本地实际情况,根据《军人地位和权益保障法》制定保障军人地位和权益的具体办法。③ ②适用的人员。中国人民武装警察部队服现役的警官、警士和义务兵等人员,适用《军人地位和权益保障法》。④ (2)军人地位和权益保障的法定性。①一般性规则。军人是全社会尊崇的职业。国家和社会尊重、优待军人,保障军人享有与其职业特点、担负职责使命和所做贡献相称的地位和权益,经常开展各种形式的拥军优属活动。一切国家机关和武装力量、各政党和群团组织、企业事业单位、社会组织和其他组织都有依法保障军人地位和权益的责任,全体公民都应当依法维护军人合法权益。⑤ ②具体规则。第一,中央和国家有关机关、县级以上地方人民政府及其有关部门、军队各级机关,应当将军人地位和权益保障工作情况作为拥军优属、拥政爱民等工作评比和有关单位负责人以及工作人员考核评价的重要内容。⑥ 第二,国家鼓励和引导群团组织、企业事业单位、社会组织、个人等社会力量依法通过捐赠、志愿服务等方式为军人权益保障提供支持,符合规定条件的,依法享受税收优惠等政策。⑦ 第三,每年 8 月 1 日为中国人民解放军建军节。各级人民政府和军队单位应当在建军节组织开展庆祝、纪念等活动。⑧ 第四,对在军人地位和权益保障工作中做出突出贡献的单位和个人,按照国家有关规定给予表彰、奖励。⑨ (3)军人地位和权益保障的原则。军人地位和权益保障工作,坚持中国共产党的领导,以服务军队战斗力建设为根本目的,遵循权利与义务相统一、物质保障与精神激励相结合、保障水平与国民经济和社会发展相适应的原则。⑩ (4)军人地位和权益保障的职责分工。中央军事委员会政治工作部门、国务院退役军人工作主管部门以及中央和国家有关机关、中央军事委员会有关部门按照职责分工

---

① 《军人地位和权益保障法》第 2 条。
② 《军人地位和权益保障法》第 71 条。
③ 《军人地位和权益保障法》第 70 条。
④ 《军人地位和权益保障法》第 69 条。
⑤ 《军人地位和权益保障法》第 4 条。
⑥ 《军人地位和权益保障法》第 8 条。
⑦ 《军人地位和权益保障法》第 9 条。
⑧ 《军人地位和权益保障法》第 10 条。
⑨ 《军人地位和权益保障法》第 11 条。
⑩ 《军人地位和权益保障法》第 5 条。

做好军人地位和权益保障工作。县级以上地方各级人民政府负责本行政区域内有关军人地位和权益保障工作。军队团级以上单位政治工作部门负责本单位的军人地位和权益保障工作。省军区(卫戍区、警备区)、军分区(警备区)和县、自治县、市、市辖区的人民武装部,负责所在行政区域人民政府与军队单位之间军人地位和权益保障方面的联系协调工作,并根据需要建立工作协调机制。乡镇人民政府、街道办事处、基层群众性自治组织应当按照职责做好军人地位和权益保障工作。① (5)军人地位和权益保障的经费。军人地位和权益保障所需经费,由中央和地方按照事权和支出责任相适应的原则列入预算。②

2. 军人地位和权益保障中的军人地位。(1)军人的职责及使命。①军人肩负捍卫国家主权、安全、发展利益和保卫人民的和平劳动的神圣职责和崇高使命。③ ②军人是中国共产党领导的国家武装力量基本成员,必须忠于祖国,忠于中国共产党,听党指挥,坚决服从命令,认真履行巩固中国共产党的领导和社会主义制度的重要职责使命。④ ③军人是人民子弟兵,应当热爱人民,全心全意为人民服务,保卫人民生命财产安全,当遇到人民群众生命财产受到严重威胁时,挺身而出、积极救助。⑤ ④军人是捍卫国家主权、统一、领土完整的坚强力量,应当具备巩固国防、抵抗侵略、保卫祖国所需的战斗精神和能力素质,按照实战要求始终保持戒备状态,苦练杀敌本领,不怕牺牲,能打胜仗,坚决完成任务。⑥ ⑤军人是中国特色社会主义现代化建设的重要力量,应当积极投身全面建设社会主义现代化国家的事业,依法参加突发事件的应急救援和处置工作。⑦ (2)军人享有的权利。①军人享有宪法和法律规定的政治权利,依法参加国家权力机关组成人员选举,依法参加管理国家事务、管理经济和文化事业、管理社会事务。⑧ ②军队实行官兵一致,军人之间在政治和人格上一律平等,应当互相尊重、平等对待。军队建立健全军人代表会议、军人委员会等民主制度,保障军人知情

---

① 《军人地位和权益保障法》第6条。
② 《军人地位和权益保障法》第7条。
③ 《军人地位和权益保障法》第3条。
④ 《军人地位和权益保障法》第12条。
⑤ 《军人地位和权益保障法》第13条。
⑥ 《军人地位和权益保障法》第14条。
⑦ 《军人地位和权益保障法》第15条。
⑧ 《军人地位和权益保障法》第16条。

权、参与权、建议权和监督权。① (3) 军人的义务。军人必须模范遵守宪法和法律,认真履行宪法和法律规定的公民义务,严格遵守军事法规、军队纪律,作风优良,带头践行社会主义核心价值观。② (4) 军人的保障。①国家为军人履行职责提供保障,军人依法履行职责的行为受法律保护。军人因执行任务给公民、法人或者其他组织的合法权益造成损害的,按照有关规定由国家予以赔偿或者补偿。公民、法人和其他组织应当为军人依法履行职责提供必要的支持和协助。③ ②军人因履行职责享有的特定权益、承担的特定义务,由本法和有关法律法规规定。④

3. 军人地位和权益保障中的荣誉维护。(1) 军人荣誉维护的意义。军人荣誉是国家、社会对军人献身国防和军队建设、社会主义现代化建设的褒扬和激励,是鼓舞军人士气、提升军队战斗力的精神力量。国家维护军人荣誉,激励军人崇尚和珍惜荣誉。⑤ (2) 军人荣誉维护的方式。①对军人荣誉的培树。第一,军队加强爱国主义、集体主义、革命英雄主义教育,强化军人的荣誉意识,培育有灵魂、有本事、有血性、有品德的新时代革命军人,锻造具有铁一般信仰、铁一般信念、铁一般纪律、铁一般担当的过硬部队。⑥ 第二,国家采取多种形式的宣传教育、奖励激励和保障措施,培育军人的职业使命感、自豪感和荣誉感,激发军人建功立业、报效国家的积极性、主动性、创造性。⑦ ②对军人荣誉的授予及表彰。第一,军人经军队单位批准可以接受地方人民政府、群团组织和社会组织等授予的荣誉,以及国际组织和其他国家、军队等授予的荣誉。⑧ 第二,国家建立健全军人荣誉体系,通过授予勋章、荣誉称号和记功、嘉奖、表彰、颁发纪念章等方式,对做出突出成绩和贡献的军人给予功勋荣誉表彰,褒扬军人为国家和人民做出的奉献和牺牲。⑨ 第三,获得功勋荣誉表彰的军人享受相应礼遇和待遇。军人执行作战任务获得功勋荣誉表彰的,按照高于平时的原则享受礼遇和待遇。获得功勋荣誉表彰和执行作战任务的军人的姓名和功绩,按照规定载入功勋簿、荣誉册、

---

① 《军人地位和权益保障法》第17条。
② 《军人地位和权益保障法》第18条。
③ 《军人地位和权益保障法》第19条。
④ 《军人地位和权益保障法》第20条。
⑤ 《军人地位和权益保障法》第21条。
⑥ 《军人地位和权益保障法》第22条。
⑦ 《军人地位和权益保障法》第23条。
⑧ 《军人地位和权益保障法》第26条。
⑨ 《军人地位和权益保障法》第25条。

地方志等史志。① ③对军人先进典型和英勇事迹的宣传。第一,全社会应当学习中国人民解放军光荣历史,宣传军人功绩和牺牲奉献精神,营造维护军人荣誉的良好氛围。各级各类学校设置的国防教育课程中,应当包括中国人民解放军光荣历史、军人英雄模范事迹等内容。② 第二,中央和国家有关机关、地方和军队各级有关机关,以及广播、电视、报刊、互联网等媒体,应当积极宣传军人的先进典型和英勇事迹。③ ④对军人礼遇及待遇。第一,国家和社会尊崇、铭记为国家、人民、民族牺牲的军人,尊敬、礼遇其遗属。国家建立英雄烈士纪念设施供公众瞻仰,悼念缅怀英雄烈士,开展纪念和教育活动。国家推进军人公墓建设。军人去世后,符合规定条件的可以安葬在军人公墓。④ 第二,国家建立军人礼遇仪式制度。在公民入伍、军人退出现役等时机,应当举行相应仪式;在烈士和因公牺牲军人安葬等场合,应当举行悼念仪式。各级人民政府应当在重大节日和纪念日组织开展走访慰问军队单位、军人家庭和烈士、因公牺牲军人、病故军人的遗属等活动,在举行重要庆典、纪念活动时邀请军人、军人家属和烈士、因公牺牲军人、病故军人的遗属代表参加。⑤ 第三,地方人民政府应当为军人和烈士、因公牺牲军人、病故军人的遗属的家庭悬挂光荣牌。军人获得功勋荣誉表彰,由当地人民政府有关部门和军事机关给其家庭送喜报,并组织做好宣传工作。⑥《军人地位和权益保障法》所称军人家属,是指军人的配偶、父母(扶养人)、未成年子女、不能独立生活的成年子女。《军人地位和权益保障法》所称烈士、因公牺牲军人、病故军人的遗属,是指烈士、因公牺牲军人、病故军人的配偶、父母(扶养人)、子女,以及由其承担抚养义务的兄弟姐妹。⑦ ⑤军人荣誉的法律保护。第一,军人的荣誉和名誉受法律保护。军人获得的荣誉由其终身享有,非因法定事由、非经法定程序不得撤销。任何组织和个人不得以任何方式诋毁、贬损军人的荣誉,侮辱、诽谤军人的名誉,不得故意毁损、玷污军人的荣誉标识。⑧ 第二,侵害军人荣

---

① 《军人地位和权益保障法》第 27 条。
② 《军人地位和权益保障法》第 24 条。
③ 《军人地位和权益保障法》第 28 条。
④ 《军人地位和权益保障法》第 29 条。
⑤ 《军人地位和权益保障法》第 30 条。
⑥ 《军人地位和权益保障法》第 31 条。
⑦ 《军人地位和权益保障法》第 68 条。
⑧ 《军人地位和权益保障法》第 32 条。

誉、名誉和其他相关合法权益,严重影响军人有效履行职责使命,致使社会公共利益受到损害的,人民检察院可以根据民事诉讼法、行政诉讼法的相关规定提起公益诉讼。①

4. 军人地位和权益保障中的待遇保障。(1)军人的待遇制度。①军人待遇保障制度。国家建立军人待遇保障制度,保证军人履行职责使命,保障军人及其家庭的生活水平。对执行作战任务和重大非战争军事行动任务的军人,以及在艰苦边远地区、特殊岗位工作的军人,待遇保障从优。② ②军人工资待遇制度。国家建立相对独立、特色鲜明、具有比较优势的军人工资待遇制度。军官和军士实行工资制度,义务兵实行供给制生活待遇制度。军人享受个人所得税优惠政策。国家建立军人工资待遇正常增长机制。军人工资待遇的结构、标准及其调整办法,由中央军事委员会规定。③ (2)军人的待遇。①军人住房待遇。国家采取军队保障、政府保障与市场配置相结合,实物保障与货币补贴相结合的方式,保障军人住房待遇。军人符合规定条件的,享受军队公寓住房或者安置住房保障。国家建立健全军人住房公积金制度和住房补贴制度。军人符合规定条件购买住房的,国家给予优惠政策支持。④ ②免费医疗等待遇。国家保障军人按照规定享受免费医疗和疾病预防、疗养、康复等待遇。军人在地方医疗机构就医所需费用,符合规定条件的,由军队保障。⑤ ③军人的保险待遇。国家实行体现军人职业特点、与社会保险制度相衔接的军人保险制度,适时补充军人保险项目,保障军人的保险待遇。国家鼓励和支持商业保险机构为军人及其家庭成员提供专属保险产品。⑥ (3)军人的权利及权益。①休假、探亲假等权利。军人享有年休假、探亲假等休息休假的权利。对确因工作需要未休假或者未休满假的,给予经济补偿。军人配偶、子女与军人两地分居的,可以前往军人所在部队探亲。军人配偶前往部队探亲的,其所在单位应当按照规定安排假期并保障相应的薪酬待遇,不得因其享受探亲假期而辞退、解聘或者解除劳动关系。符合规定条件的军人配偶、未成年子女和不能独立生活的成年子女的探亲路费,由军人所在部

---

① 《军人地位和权益保障法》第 62 条。
② 《军人地位和权益保障法》第 33 条。
③ 《军人地位和权益保障法》第 34 条。
④ 《军人地位和权益保障法》第 35 条。
⑤ 《军人地位和权益保障法》第 36 条。
⑥ 《军人地位和权益保障法》第 37 条。

队保障。① ②军人的受教育权利。国家建立健全军人教育培训体系,保障军人的受教育权利,组织和支持军人参加专业和文化学习培训,提高军人履行职责的能力和退出现役后的就业创业能力。② ③军人亲属随军落户的权利。军官和符合规定条件的军士,其配偶、未成年子女和不能独立生活的成年子女可以办理随军落户;符合规定条件的军人父母可以按照规定办理随子女落户。夫妻双方均为军人的,其子女可以选择父母中的一方随军落户。军人服现役所在地发生变动的,已随军的家属可以随迁落户,或者选择将户口迁至军人、军人配偶原户籍所在地或者军人父母、军人配偶父母户籍所在地。地方人民政府有关部门、军队有关单位应当及时高效地为军人家属随军落户办理相关手续。③ ④军人、军人家属的户籍管理和相关权益。国家保障军人、军人家属的户籍管理和相关权益。公民入伍时保留户籍。符合规定条件的军人,可以享受服现役所在地户籍人口在教育、养老、医疗、住房保障等方面的相关权益。军人户籍管理和相关权益保障办法,由国务院和中央军事委员会规定。④ (4)军人特别保护。①女军人权益的特别保护。女军人的合法权益受法律保护。军队应当根据女军人的特点,合理安排女军人的工作任务和休息休假,在生育、健康等方面为女军人提供特别保护。⑤ ②军人的婚姻的特别保护。国家对军人的婚姻给予特别保护,禁止任何破坏军人婚姻的行为。⑥ (5)军人的安置和相应优待保障。国家对依法退出现役的军人,依照退役军人保障法律法规的有关规定,给予妥善安置和相应优待保障。⑦

5. 军人地位和权益保障中的抚恤优待。(1)抚恤优待的人员及其他。国家和社会尊重军人、军人家庭为国防和军队建设做出的奉献和牺牲,优待军人、军人家属,抚恤优待烈士、因公牺牲军人、病故军人的遗属,保障残疾军人的生活。国家建立抚恤优待保障体系,合理确定抚恤优待标准,逐步提高抚恤优待水平。⑧ (2)军人享受优待保障的条件。军人家属凭有关部门制发的证件享受法律法规

---

① 《军人地位和权益保障法》第38条。
② 《军人地位和权益保障法》第39条。
③ 《军人地位和权益保障法》第42条。
④ 《军人地位和权益保障法》第43条。
⑤ 《军人地位和权益保障法》第40条。
⑥ 《军人地位和权益保障法》第41条。
⑦ 《军人地位和权益保障法》第44条。
⑧ 《军人地位和权益保障法》第45条。

规定的优待保障。具体办法由国务院和中央军事委员会有关部门制定。① (3)军人享受优待保障的部门。各级人民政府应当保障抚恤优待对象享受公民普惠待遇,同时享受相应的抚恤优待待遇。② (4)抚恤优待制度。①军人死亡抚恤制度。国家实行军人死亡抚恤制度。军人死亡后被评定为烈士的,国家向烈士遗属颁发烈士证书,保障烈士遗属享受规定的烈士褒扬金、抚恤金和其他待遇。军人因公牺牲、病故的,国家向其遗属颁发证书,保障其遗属享受规定的抚恤金和其他待遇。③ ②军人残疾抚恤制度。国家实行军人残疾抚恤制度。军人因战、因公、因病致残的,按照国家有关规定评定残疾等级并颁发证件,享受残疾抚恤金和其他待遇,符合规定条件的以安排工作、供养、退休等方式妥善安置。④ (5)军人家属和烈士、因公牺牲军人、病故军人的遗属的优待内容。①住房优待。国家对军人家属和烈士、因公牺牲军人、病故军人的遗属予以住房优待。军人家属和烈士、因公牺牲军人、病故军人的遗属,符合规定条件申请保障性住房的,或者居住农村且住房困难的,由当地人民政府优先解决。烈士、因公牺牲军人、病故军人的遗属符合前款规定情形的,当地人民政府给予优待。⑤ ②医疗优待。公立医疗机构应当为军人就医提供优待服务。军人家属和烈士、因公牺牲军人、病故军人的遗属,在军队医疗机构和公立医疗机构就医享受医疗优待。国家鼓励民营医疗机构为军人、军人家属和烈士、因公牺牲军人、病故军人的遗属就医提供优待服务。国家和社会对残疾军人的医疗依法给予特别保障。⑥ ③供养、医疗、疗养及养老的优先、优惠待遇。军人家属和烈士、因公牺牲军人、病故军人的遗属,符合规定条件申请在国家兴办的光荣院、优抚医院集中供养、住院治疗、短期疗养的,享受优先、优惠待遇;申请到公办养老机构养老的,同等条件下优先安排。⑦ ④参观游览及乘坐交通工具的优先、优惠服务。军人、军人家属和烈士、因公牺牲军人、病故军人的遗属,享受参观游览公园、博物馆、纪念馆、展览馆、名胜古迹以及文化和旅游等方面的优先、优惠服务。军人免费乘坐市内公共汽车、电车、

---

① 《军人地位和权益保障法》第46条。
② 《军人地位和权益保障法》第47条。
③ 《军人地位和权益保障法》第48条。
④ 《军人地位和权益保障法》第49条。
⑤ 《军人地位和权益保障法》第50条。
⑥ 《军人地位和权益保障法》第51条。
⑦ 《军人地位和权益保障法》第56条。

轮渡和轨道交通工具。军人和烈士、因公牺牲军人、病故军人的遗属,以及与其随同出行的家属,乘坐境内运行的火车、轮船、长途公共汽车以及民航班机享受优先购票、优先乘车(船、机)等服务,残疾军人享受票价优惠。[①] ⑤申诉及控告权。军人、军人家属和烈士、因公牺牲军人、病故军人遗属的合法权益受到侵害的,有权向有关国家机关和军队单位提出申诉、控告。负责受理的国家机关和军队单位,应当依法及时处理,不得推诿、拖延。依法向人民法院提起诉讼的,人民法院应当优先立案、审理和执行,人民检察院可以支持起诉。[②] ⑥优先的法律援助及司法救助。军人、军人家属和烈士、因公牺牲军人、病故军人的遗属维护合法权益遇到困难的,法律援助机构应当依法优先提供法律援助,司法机关应当依法优先提供司法救助。[③] (6)军人配偶的抚恤优待。①就业安置。国家依法保障军人配偶就业安置权益。机关、群团组织、企业事业单位、社会组织和其他组织,应当依法履行接收军人配偶就业安置的义务。军人配偶随军前在机关或者事业单位工作的,由安置地人民政府按照有关规定安排到相应的工作单位;在其他单位工作或者无工作单位的,由安置地人民政府提供就业指导和就业培训,优先协助就业。烈士、因公牺牲军人的遗属和符合规定条件的军人配偶,当地人民政府应当优先安排就业。[④] ②优先就业。国家鼓励有用工需求的用人单位优先安排随军家属就业。国有企业在新招录职工时,应当按照用工需求的适当比例聘用随军家属;有条件的民营企业在新招录职工时,可以按照用工需求的适当比例聘用随军家属。[⑤] ③优惠政策支持。国家鼓励和扶持军人配偶自主就业、自主创业。军人配偶从事个体经营的,按照国家有关优惠政策给予支持。[⑥] (7)军人子女的抚恤优待。国家对军人子女予以教育优待。地方各级人民政府及其有关部门应当为军人子女提供当地优质教育资源,创造接受良好教育的条件。军人子女入读公办义务教育阶段学校和普惠性幼儿园,可以在本人、父母、祖父母、外祖父母或者其他法定监护人户籍所在地,或者父母居住地、部队驻地入学,享受当地军人子女教育优待政策。军人子女报考普通高中、中等职业学校,同等条件下

---

① 《军人地位和权益保障法》第57条。
② 《军人地位和权益保障法》第60条。
③ 《军人地位和权益保障法》第61条。
④ 《军人地位和权益保障法》第52条。
⑤ 《军人地位和权益保障法》第53条。
⑥ 《军人地位和权益保障法》第54条。

优先录取；烈士、因公牺牲军人的子女和符合规定条件的军人子女,按照当地军人子女教育优待政策享受录取等方面的优待。因公牺牲军人的子女和符合规定条件的军人子女报考高等学校,按照国家有关规定优先录取；烈士子女享受加分等优待。烈士子女和符合规定条件的军人子女按照规定享受奖学金、助学金和有关费用免除等学生资助政策。国家鼓励和扶持具备条件的民办学校,为军人子女和烈士、因公牺牲军人的子女提供教育优待。① (8)军人家庭的抚恤优待。①救助及慰问。地方人民政府和军队单位对因自然灾害、意外事故、重大疾病等原因,基本生活出现严重困难的军人家庭,应当给予救助和慰问。② ②必要帮扶。地方人民政府和军队单位对在未成年子女入学入托、老年人养老等方面遇到困难的军人家庭,应当给予必要的帮扶。国家鼓励和支持企业事业单位、社会组织和其他组织以及个人为困难军人家庭提供援助服务。③

6.军人地位和权益保障的法律责任。(1)国家机关及其工作人员、军队单位及其工作人员的法律责任。国家机关及其工作人员、军队单位及其工作人员违反本法规定,在军人地位和权益保障工作中滥用职权、玩忽职守、徇私舞弊的,由其所在单位、主管部门或者上级机关责令改正；对负有责任的领导人员和直接责任人员,依法给予处分。④ (2)群团组织、企业事业单位、社会组织和其他组织的法律责任。群团组织、企业事业单位、社会组织和其他组织违反本法规定,不履行优待义务的,由有关部门责令改正；对直接负责的主管人员和其他直接责任人员,依法给予处分。⑤ (3)诋毁、贬损军人荣誉,侮辱、诽谤军人名誉等的法律责任。违反《军人地位和权益保障法》规定,通过大众传播媒介或者其他方式,诋毁、贬损军人荣誉,侮辱、诽谤军人名誉,或者故意毁损、玷污军人的荣誉标识的,由公安、文化和旅游、新闻出版、电影、广播电视、网信或者其他有关主管部门依据各自的职权责令改正,并依法予以处理；造成精神损害的,受害人有权请求精神损害赔偿。⑥ (4)骗取军人荣誉、待遇或者抚恤优待的法律责任。冒领或者以欺诈、伪造证明材料等手段骗取《军人地位和权益保障法》规定的相关荣誉、待遇

---

① 《军人地位和权益保障法》第55条。
② 《军人地位和权益保障法》第58条。
③ 《军人地位和权益保障法》第59条。
④ 《军人地位和权益保障法》第63条。
⑤ 《军人地位和权益保障法》第64条。
⑥ 《军人地位和权益保障法》第65条。

或者抚恤优待的,由有关部门予以取消,依法给予没收违法所得等行政处罚。①
(5)侵害军人的合法权益的法律责任。违反《军人地位和权益保障法》规定,侵害军人的合法权益,造成财产损失或者其他损害的,依法承担民事责任。违反《军人地位和权益保障法》规定,构成违反治安管理行为的,依法给予治安管理处罚;构成犯罪的,依法追究刑事责任。②

二、退役军人的保障

1. 退役军人保障的一般规则。(1)退役军人保障的适用。①适用的法律。第一,为了加强退役军人保障工作,维护退役军人合法权益,让军人成为全社会尊崇的职业,根据宪法,制定《退役军人保障法》。③ 第二,《退役军人保障法》自2021年1月1日起施行。④ 第三,参试退役军人参照《退役军人保障法》有关参战退役军人的规定执行。参战退役军人、参试退役军人的范围和认定标准、认定程序,由中央军事委员会有关部门会同国务院退役军人工作主管部门等部门规定。⑤ 第四,军官离职休养和军级以上职务军官退休后,按照国务院和中央军事委员会的有关规定安置管理。《退役军人保障法》施行前已经按照自主择业方式安置的退役军人的待遇保障,按照国务院和中央军事委员会的有关规定执行。⑥ ②适用的人员。第一,《退役军人保障法》所称退役军人,是指从中国人民解放军依法退出现役的军官、军士和义务兵等人员。⑦ 第二,中国人民武装警察部队依法退出现役的警官、警士和义务兵等人员,适用《退役军人保障法》。⑧ 第三,《退役军人保障法》有关军官的规定适用于文职干部。军队院校学员依法退出现役的,参照《退役军人保障法》有关规定执行。⑨ (2)退役军人保障的措施。①加强退役军人保障体系建设。退役军人为国防和军队建设做出了重要贡献,是社会主义现代化建设的重要力量。尊重、关爱退役军人是全社会的共同责任。国家

---

① 《军人地位和权益保障法》第66条。
② 《军人地位和权益保障法》第67条。
③ 《退役军人保障法》第1条。
④ 《退役军人保障法》第85条。
⑤ 《退役军人保障法》第83条。
⑥ 《退役军人保障法》第84条。
⑦ 《退役军人保障法》第2条。
⑧ 《退役军人保障法》第81条。
⑨ 《退役军人保障法》第82条。

关心、优待退役军人,加强退役军人保障体系建设,保障退役军人依法享有相应的权益。① ②遵循退役军人的保障原则。退役军人保障工作坚持中国共产党的领导,坚持为经济社会发展服务、为国防和军队建设服务的方针,遵循以人为本、分类保障、服务优先、依法管理的原则。② ③保证退役军人的待遇。退役军人保障应当与经济发展相协调,与社会进步相适应。退役军人安置工作应当公开、公平、公正。退役军人的政治、生活等待遇与其服现役期间所做贡献挂钩。国家建立参战退役军人特别优待机制。③ ④为退役军人提供支持和帮助。国家鼓励和引导企业、社会组织、个人等社会力量依法通过捐赠、设立基金、志愿服务等方式为退役军人提供支持和帮助。④ ⑤加强对退役军人的要求。退役军人应当继续发扬人民军队优良传统,模范遵守宪法和法律法规,保守军事秘密,践行社会主义核心价值观,积极参加社会主义现代化建设。⑤ (3)退役军人保障的主管部门。①国务院退役军人工作主管部门负责全国的退役军人保障工作。县级以上地方人民政府退役军人工作主管部门负责本行政区域的退役军人保障工作。中央和国家有关机关、中央军事委员会有关部门、地方各级有关机关应当在各自职责范围内做好退役军人保障工作。军队各级负责退役军人有关工作的部门与县级以上人民政府退役军人工作主管部门应当密切配合,做好退役军人保障工作。⑥ ②国家加强退役军人保障工作信息化建设,为退役军人建档立卡,实现有关部门之间信息共享,为提高退役军人保障能力提供支持。国务院退役军人工作主管部门应当与中央和国家有关机关、中央军事委员会有关部门密切配合,统筹做好信息数据系统的建设、维护、应用和信息安全管理等工作。⑦ (4)退役军人保障的经费。退役军人保障工作所需经费由中央和地方财政共同负担。退役安置、教育培训、抚恤优待资金主要由中央财政负担。⑧ (5)退役军人保障的表彰及奖励。对在退役军人保障工作中做出突出贡献的单位和个人,按照国家有关规

---

① 《退役军人保障法》第3条。
② 《退役军人保障法》第4条。
③ 《退役军人保障法》第5条。
④ 《退役军人保障法》第10条。
⑤ 《退役军人保障法》第6条。
⑥ 《退役军人保障法》第7条。
⑦ 《退役军人保障法》第8条。
⑧ 《退役军人保障法》第9条。

定给予表彰、奖励。①

2. 退役军人的移交接收。(1)年度移交接收计划的制定。国务院退役军人工作主管部门、中央军事委员会政治工作部门、中央和国家有关机关应当制定全国退役军人的年度移交接收计划。②(2)移交接收退役军人的部门。退役军人原所在部队应当将退役军人移交安置地人民政府退役军人工作主管部门,安置地人民政府退役军人工作主管部门负责接收退役军人。退役军人的安置地,按照国家有关规定确定。③(3)移交接收退役军人的事项。①退役军人的报到。退役军人应当在规定时间内,持军队出具的退役证明到安置地人民政府退役军人工作主管部门报到。④②退役军人优待证的发放。安置地人民政府退役军人工作主管部门在接收退役军人时,向退役军人发放退役军人优待证。退役军人优待证全国统一制发、统一编号,管理使用办法由国务院退役军人工作主管部门会同有关部门制定。⑤③人事档案的移交。军人所在部队在军人退役时,应当及时将其人事档案移交安置地人民政府退役军人工作主管部门。安置地人民政府退役军人工作主管部门应当按照国家人事档案管理有关规定,接收、保管并向有关单位移交退役军人人事档案。⑥④户口登记的办理。安置地人民政府公安机关应当按照国家有关规定,及时为退役军人办理户口登记,同级退役军人工作主管部门应当予以协助。⑦⑤社会保险关系及相应资金的转移。退役军人原所在部队应当按照有关法律法规规定,及时将退役军人及随军未就业配偶的养老、医疗等社会保险关系和相应资金,转入安置地社会保险经办机构。安置地人民政府退役军人工作主管部门应当与社会保险经办机构、军队有关部门密切配合,依法做好有关社会保险关系和相应资金转移接续工作。⑧⑥移交接收过程中问题的处理。退役军人移交接收过程中,发生与其服现役有关的问题,由原所在部队负责处理;发生与其安置有关的问题,由安置地人民政府负责处理;发生其他移交接

---

① 《退役军人保障法》第11条。
② 《退役军人保障法》第12条。
③ 《退役军人保障法》第13条。
④ 《退役军人保障法》第14条。
⑤ 《退役军人保障法》第15条。
⑥ 《退役军人保障法》第16条。
⑦ 《退役军人保障法》第17条。
⑧ 《退役军人保障法》第18条。

收方面问题的,由安置地人民政府负责处理,原所在部队予以配合。退役军人原所在部队撤销或者转隶、合并的,由原所在部队的上级单位或者转隶、合并后的单位按照前款规定处理。①

3. 退役军人的退役安置。(1)退役安置的要求。地方各级人民政府应当按照移交接收计划,做好退役军人安置工作,完成退役军人安置任务。机关、群团组织、企业事业单位和社会组织应当依法接收安置退役军人,退役军人应当接受安置。② (2)退役安置的方式。①军官的安置方式。对退役的军官,国家采取退休、转业、逐月领取退役金、复员等方式妥善安置。以退休方式移交人民政府安置的,由安置地人民政府按照国家保障与社会化服务相结合的方式,做好服务管理工作,保障其待遇。以转业方式安置的,由安置地人民政府根据其德才条件以及服现役期间的职务、等级、所做贡献、专长等和工作需要安排工作岗位,确定相应的职务职级。服现役满规定年限,以逐月领取退役金方式安置的,按照国家有关规定逐月领取退役金。以复员方式安置的,按照国家有关规定领取复员费。③ ②军士的安置方式。对退役的军士,国家采取逐月领取退役金、自主就业、安排工作、退休、供养等方式妥善安置。服现役满规定年限,以逐月领取退役金方式安置的,按照国家有关规定逐月领取退役金。服现役不满规定年限,以自主就业方式安置的,领取一次性退役金。以安排工作方式安置的,由安置地人民政府根据其服现役期间所做贡献、专长等安排工作岗位。以退休方式安置的,由安置地人民政府按照国家保障与社会化服务相结合的方式,做好服务管理工作,保障其待遇。以供养方式安置的,由国家供养终身。④ ③义务兵的安置方式。对退役的义务兵,国家采取自主就业、安排工作、供养等方式妥善安置。以自主就业方式安置的,领取一次性退役金。以安排工作方式安置的,由安置地人民政府根据其服现役期间所做贡献、专长等安排工作岗位。以供养方式安置的,由国家供养终身。⑤ (3)退役安置等的适用条件。退休、转业、逐月领取退役金、复员、自主就业、安排工作、供养等安置方式的适用条件,按照相关法律法规执行。⑥ (4)退役

---

① 《退役军人保障法》第19条。
② 《退役军人保障法》第20条。
③ 《退役军人保障法》第21条。
④ 《退役军人保障法》第22条。
⑤ 《退役军人保障法》第23条。
⑥ 《退役军人保障法》第24条。

安置的待遇保障。①编制等的保障。机关、群团组织、事业单位接收安置转业军官、安排工作的军士和义务兵的,应当按照国家有关规定给予编制保障。国有企业接收安置转业军官、安排工作的军士和义务兵的,应当按照国家规定与其签订劳动合同,保障相应待遇。前述规定的用人单位依法裁减人员时,应当优先留用接收安置的转业和安排工作的退役军人。① ②优先安置。转业军官、安排工作的军士和义务兵,由机关、群团组织、事业单位和国有企业接收安置。对下列退役军人,优先安置:第一,参战退役军人;第二,担任作战部队师、旅、团、营级单位主官的转业军官;第三,属于烈士子女、功臣模范的退役军人;第四,长期在艰苦边远地区或者特殊岗位服现役的退役军人。② ③优先保障。各级人民政府加强拥军优属工作,为军人和家属排忧解难。符合条件的军官和军士退出现役时,其配偶和子女可以按照国家有关规定随调随迁。随调配偶在机关或者事业单位工作,符合有关法律法规规定的,安置地人民政府负责安排到相应的工作单位;随调配偶在其他单位工作或者无工作单位的,安置地人民政府应当提供就业指导,协助实现就业。随迁子女需要转学、入学的,安置地人民政府教育行政部门应当予以及时办理。对下列退役军人的随迁子女,优先保障:第一,参战退役军人;第二,属于烈士子女、功臣模范的退役军人;第三,长期在艰苦边远地区或者特殊岗位服现役的退役军人;第四,其他符合条件的退役军人。③ ④退役金的停发。以逐月领取退役金方式安置的退役军官和军士,被录用为公务员或者聘用为事业单位工作人员的,自被录用、聘用下月起停发退役金,其待遇按照公务员、事业单位工作人员管理相关法律法规执行。④ (5)伤病残退役军人的移交安置。国家建立伤病残退役军人指令性移交安置、收治休养制度。军队有关部门应当及时将伤病残退役军人移交安置地人民政府安置。安置地人民政府应当妥善解决伤病残退役军人的住房、医疗、康复、护理和生活困难。⑤ (6)军人退役安置的具体办法。军人退役安置的具体办法由国务院、中央军事委员会制定。⑥

4. 退役军人的教育培训。(1)退役军人教育培训的意义。退役军人的教育

---

① 《退役军人保障法》第26条。
② 《退役军人保障法》第25条。
③ 《退役军人保障法》第29条。
④ 《退役军人保障法》第27条。
⑤ 《退役军人保障法》第28条。
⑥ 《退役军人保障法》第30条。

培训应当以提高就业质量为导向,紧密围绕社会需求,为退役军人提供有特色、精细化、针对性强的培训服务。国家采取措施加强对退役军人的教育培训,帮助退役军人完善知识结构,提高思想政治水平、职业技能水平和综合职业素养,提升就业创业能力。① (2)退役军人教育培训的内容。①教育培训的体系及机制。国家建立学历教育和职业技能培训并行并举的退役军人教育培训体系,建立退役军人教育培训协调机制,统筹规划退役军人教育培训工作。② ②军人退役前的培训。军人退役前,所在部队在保证完成军事任务的前提下,可以根据部队特点和条件提供职业技能储备培训,组织参加高等教育自学考试和各类高等学校举办的高等学历继续教育,以及知识拓展、技能培训等非学历继续教育。部队所在地县级以上地方人民政府退役军人工作主管部门应当为现役军人所在部队开展教育培训提供支持和协助。③ ③退役军人的学历教育。第一,退役军人在接受学历教育时,按照国家有关规定享受学费和助学金资助等国家教育资助政策。高等学校根据国家统筹安排,可以通过单列计划、单独招生等方式招考退役军人。④ 第二,现役军人入伍前已被普通高等学校录取或者是正在普通高等学校就学的学生,服现役期间保留入学资格或者学籍,退役后两年内允许入学或者复学,可以按照国家有关规定转入本校其他专业学习。达到报考研究生条件的,按照国家有关规定享受优惠政策。⑤ ④退役军人的职业技能培训。第一,国家依托和支持普通高等学校、职业院校(含技工院校)、专业培训机构等教育资源,为退役军人提供职业技能培训。退役军人未达到法定退休年龄需要就业创业的,可以享受职业技能培训补贴等相应扶持政策。军人退出现役,安置地人民政府应当根据就业需求组织其免费参加职业教育、技能培训,经考试考核合格的,发给相应的学历证书、职业资格证书或者职业技能等级证书并推荐就业。⑥ 第二,省级人民政府退役军人工作主管部门会同有关部门加强动态管理,定期对为退役军人提供职业技能培训的普通高等学校、职业院校(含技工院校)、专业培训机构的培训质量进行检查和考核,提高职业技能培训质量和水平。⑦

---

① 《退役军人保障法》第31条。
② 《退役军人保障法》第32条。
③ 《退役军人保障法》第33条。
④ 《退役军人保障法》第34条。
⑤ 《退役军人保障法》第35条。
⑥ 《退役军人保障法》第36条。
⑦ 《退役军人保障法》第37条。

5. 退役军人的就业创业。(1)退役军人就业创业的职责分工。①国家采取政府推动、市场引导、社会支持相结合的方式,鼓励和扶持退役军人就业创业。① ②各级人民政府应当加强对退役军人就业创业的指导和服务。县级以上地方人民政府退役军人工作主管部门应当加强对退役军人就业创业的宣传、组织、协调等工作,会同有关部门采取退役军人专场招聘会等形式,开展就业推荐、职业指导,帮助退役军人就业。② (2)退役军人就业创业的政策待遇。①优惠政策。第一,就业优惠。其一,免费服务及优惠服务等。公共人力资源服务机构应当免费为退役军人提供职业介绍、创业指导等服务。国家鼓励经营性人力资源服务机构和社会组织为退役军人就业创业提供免费或者优惠服务。退役军人未能及时就业的,在人力资源和社会保障部门办理求职登记后,可以按照规定享受失业保险待遇。③ 其二,残疾人就业优惠。服现役期间因战、因公、因病致残被评定残疾等级和退役后补评或者重新评定残疾等级的残疾退役军人,有劳动能力和就业意愿的,优先享受国家规定的残疾人就业优惠政策。④ 第二,融资及税收优惠。其一,退役军人创办小微企业,可以按照国家有关规定申请创业担保贷款,并享受贷款贴息等融资优惠政策。退役军人从事个体经营,依法享受税收优惠政策。⑤ 其二,用人单位招用退役军人符合国家规定的,依法享受税收优惠等政策。⑥ ②优先政策。第一,优先招录、招聘及复职复工。机关、群团组织、事业单位和国有企业在招录或者招聘人员时,对退役军人的年龄和学历条件可以适当放宽,同等条件下优先招录、招聘退役军人。退役的军士和义务兵服现役经历视为基层工作经历。退役的军士和义务兵入伍前是机关、群团组织、事业单位或者国有企业人员的,退役后可以选择复职复工。⑦ 第二,设置职位及优先选用。其一,各地应当设置一定数量的基层公务员职位,面向服现役满5年的高校毕业生退役军人招考。服现役满5年的高校毕业生退役军人可以报考面向服务基层项目人员定向考录的职位,同服务基层项目人员共享公务员定向考录计划。各地

---

① 《退役军人保障法》第38条。
② 《退役军人保障法》第39条。
③ 《退役军人保障法》第41条。
④ 《退役军人保障法》第40条。
⑤ 《退役军人保障法》第46条。
⑥ 《退役军人保障法》第47条。
⑦ 《退役军人保障法》第42条。

应当注重从优秀退役军人中选聘党的基层组织、社区和村专职工作人员。军队文职人员岗位、国防教育机构岗位等,应当优先选用符合条件的退役军人。国家鼓励退役军人参加稳边固边等边疆建设工作。[1] 其二,县级以上地方人民政府投资建设或者与社会共建的创业孵化基地和创业园区,应当优先为退役军人创业提供服务。有条件的地区可以建立退役军人创业孵化基地和创业园区,为退役军人提供经营场地、投资融资等方面的优惠服务。[2] (3)退役军人就业创业的工龄。退役军人服现役年限计算为工龄,退役后与所在单位工作年限累计计算。[3]

6. 退役军人的抚恤优待。(1)退役军人抚恤优待的原则及标准。①各级人民政府应当坚持普惠与优待叠加的原则,在保障退役军人享受普惠性政策和公共服务基础上,结合服现役期间所做贡献和各地实际情况给予优待。对参战退役军人,应当提高优待标准。[4] ②国家逐步消除退役军人抚恤优待制度城乡差异、缩小地区差异,建立统筹平衡的抚恤优待量化标准体系。[5] (2)退役军人抚恤优待的内容。①社会保险。退役军人依法参加养老、医疗、工伤、失业、生育等社会保险,并享受相应待遇。退役军人服现役年限与入伍前、退役后参加职工基本养老保险、职工基本医疗保险、失业保险的缴费年限依法合并计算。[6] ②住房安置。退役军人符合安置住房优待条件的,实行市场购买与军地集中统建相结合,由安置地人民政府统筹规划、科学实施。[7] ③就医服务。军队医疗机构、公立医疗机构应当为退役军人就医提供优待服务,并对参战退役军人、残疾退役军人给予优惠。[8] ④享受优待。退役军人凭退役军人优待证等有效证件享受公共交通、文化和旅游等优待,具体办法由省级人民政府制定。[9] ⑤孤老等人员收治及供养。县级以上人民政府加强优抚医院、光荣院建设,充分利用现有医疗和养老服务资源,收治或者集中供养孤老、生活不能自理的退役军人。各类社会福利机构应当优先接收老年退役军人和残疾退役军人。[10] ⑥帮扶援助。国家建立退役军

---

[1] 《退役军人保障法》第43条。
[2] 《退役军人保障法》第45条。
[3] 《退役军人保障法》第44条。
[4] 《退役军人保障法》第48条。
[5] 《退役军人保障法》第49条。
[6] 《退役军人保障法》第50条。
[7] 《退役军人保障法》第51条。
[8] 《退役军人保障法》第52条。
[9] 《退役军人保障法》第53条。
[10] 《退役军人保障法》第54条。

人帮扶援助机制,在养老、医疗、住房等方面,对生活困难的退役军人按照国家有关规定给予帮扶援助。① ⑦残疾退役军人的抚恤。残疾退役军人依法享受抚恤。残疾退役军人按照残疾等级享受残疾抚恤金,标准由国务院退役军人工作主管部门会同国务院财政部门综合考虑国家经济社会发展水平、消费物价水平、全国城镇单位就业人员工资水平、国家财力情况等因素确定。残疾抚恤金由县级人民政府退役军人工作主管部门发放。②

7. 退役军人的褒扬激励。(1)退役军人褒扬激励的机制。国家建立退役军人荣誉激励机制,对在社会主义现代化建设中做出突出贡献的退役军人予以表彰、奖励。退役军人服现役期间获得表彰、奖励的,退役后按照国家有关规定享受相应待遇。③ (2)退役军人褒扬激励的内容。①迎接仪式。退役军人安置地人民政府在接收退役军人时,应当举行迎接仪式。迎接仪式由安置地人民政府退役军人工作主管部门负责实施。④ ②悬挂光荣牌及走访。地方人民政府应当为退役军人家庭悬挂光荣牌,定期开展走访慰问活动。⑤ ③重大庆典的参加。国家、地方和军队举行重大庆典活动时,应当邀请退役军人代表参加。被邀请的退役军人参加重大庆典活动时,可以穿着退役时的制式服装,佩戴服现役期间和退役后荣获的勋章、奖章、纪念章等徽章。⑥ ④协助开展爱国主义教育和国防教育。国家注重发挥退役军人在爱国主义教育和国防教育活动中的积极作用。机关、群团组织、企业事业单位和社会组织可以邀请退役军人协助开展爱国主义教育和国防教育。县级以上人民政府教育行政部门可以邀请退役军人参加学校国防教育培训,学校可以聘请退役军人参与学生军事训练。⑦ ⑤先进事迹的宣传。县级以上人民政府退役军人工作主管部门应当加强对退役军人先进事迹的宣传,通过制作公益广告、创作主题文艺作品等方式,弘扬爱国主义精神、革命英雄主义精神和退役军人敬业奉献精神。⑧ ⑥编辑录入地方志。县级以上地方人民政

---

① 《退役军人保障法》第55条。
② 《退役军人保障法》第56条。
③ 《退役军人保障法》第57条。
④ 《退役军人保障法》第58条。
⑤ 《退役军人保障法》第59条。
⑥ 《退役军人保障法》第60条。
⑦ 《退役军人保障法》第61条。
⑧ 《退役军人保障法》第62条。

府负责地方志工作的机构应当将本行政区域内下列退役军人的名录和事迹,编辑录入地方志:第一,参战退役军人;第二,荣获二等功以上奖励的退役军人;第三,获得省部级或者战区级以上表彰的退役军人;第四,其他符合条件的退役军人。① ⑦烈士纪念设施及公墓建设。国家统筹规划烈士纪念设施建设,通过组织开展英雄烈士祭扫纪念活动等多种形式,弘扬英雄烈士精神。退役军人工作主管部门负责烈士纪念设施的修缮、保护和管理。国家推进军人公墓建设。符合条件的退役军人去世后,可以安葬在军人公墓。②

8. 退役军人的服务管理。(1)退役军人的服务保障。①国家的服务保障。国家加强退役军人服务机构建设,建立健全退役军人服务体系。县级以上人民政府设立退役军人服务中心,乡镇、街道、农村和城市社区设立退役军人服务站点,提升退役军人服务保障能力。③ ②县级以上人民政府的服务保障。第一,县级以上人民政府退役军人工作主管部门应当建立健全退役军人权益保障机制,畅通诉求表达渠道,为退役军人维护其合法权益提供支持和帮助。退役军人的合法权益受到侵害,应当依法解决。公共法律服务有关机构应当依法为退役军人提供法律援助等必要的帮助。④ 第二,县级以上人民政府退役军人工作主管部门应当依法指导、督促有关部门和单位做好退役安置、教育培训、就业创业、抚恤优待、褒扬激励、拥军优属等工作,监督检查退役军人保障相关法律法规和政策措施落实情况,推进解决退役军人保障工作中存在的问题。⑤ 第三,国家实行退役军人保障工作责任制和考核评价制度。县级以上人民政府应当将退役军人保障工作完成情况,纳入对本级人民政府负责退役军人有关工作的部门及其负责人、下级人民政府及其负责人的考核评价内容。对退役军人保障政策落实不到位、工作推进不力的地区和单位,由省级以上人民政府退役军人工作主管部门会同有关部门约谈该地区人民政府主要负责人或者该单位主要负责人。⑥ ③退役军人工作主管部门的服务保障。退役军人工作主管部门及其工作人员履行职

---

① 《退役军人保障法》第63条。
② 《退役军人保障法》第64条。
③ 《退役军人保障法》第65条。
④ 《退役军人保障法》第70条。
⑤ 《退役军人保障法》第71条。
⑥ 《退役军人保障法》第72条。

责,应当自觉接受社会监督。① ④退役军人服务机构的服务保障。第一,退役军人服务中心、服务站点等退役军人服务机构应当加强与退役军人联系沟通,做好退役军人就业创业扶持、优抚帮扶、走访慰问、权益维护等服务保障工作。② 第二,县级以上人民政府退役军人工作主管部门应当通过广播、电视、报刊、网络等多种渠道宣传与退役军人相关的法律法规和政策制度。③ 第三,对退役军人保障工作中违反《退役军人保障法》行为的检举、控告,有关机关和部门应当依法及时处理,并将处理结果告知检举人、控告人。④ （2）退役军人的管理。①县级以上人民政府退役军人工作主管部门应当加强退役军人思想政治教育工作,及时掌握退役军人的思想情况和工作生活状况,指导接收安置单位和其他组织做好退役军人的思想政治工作和有关保障工作。接收安置单位和其他组织应当结合退役军人工作和生活状况,做好退役军人思想政治工作和有关保障工作。⑤ ②县级以上人民政府退役军人工作主管部门、接收安置单位和其他组织应当加强对退役军人的保密教育和管理。⑥

9. 退役军人保障的法律责任。（1）退役军人工作主管部门及其工作人员的法律责任。退役军人工作主管部门及其工作人员有下列行为之一的,由其上级主管部门责令改正,对直接负责的主管人员和其他直接责任人员依法给予处分:①未按照规定确定退役军人安置待遇的;②在退役军人安置工作中出具虚假文件的;③为不符合条件的人员发放退役军人优待证的;④挪用、截留、私分退役军人保障工作经费的;⑤违反规定确定抚恤优待对象、标准、数额或者给予退役军人相关待遇的;⑥在退役军人保障工作中利用职务之便为自己或者他人谋取私利的;⑦在退役军人保障工作中失职渎职的;⑧有其他违反法律法规行为的。⑦ （2）其他负责退役军人有关工作的部门及其工作人员的法律责任。其他负责退役军人有关工作的部门及其工作人员违反《退役军人保障法》有关规定的,由其

---

① 《退役军人保障法》第73条。
② 《退役军人保障法》第66条。
③ 《退役军人保障法》第69条。
④ 《退役军人保障法》第74条。
⑤ 《退役军人保障法》第67条。
⑥ 《退役军人保障法》第68条。
⑦ 《退役军人保障法》第75条。

上级主管部门责令改正,对直接负责的主管人员和其他直接责任人员依法给予处分。① (3) 拒绝或者无故拖延执行退役军人安置任务人员的法律责任。违反《退役军人保障法》规定,拒绝或者无故拖延执行退役军人安置任务的,由安置地人民政府退役军人工作主管部门责令限期改正;逾期不改正的,予以通报批评。对该单位主要负责人和直接责任人员,由有关部门依法给予处分。② (4) 退役军人的法律责任。①弄虚作假骗取退役相关待遇的法律责任。退役军人弄虚作假骗取退役相关待遇的,由县级以上地方人民政府退役军人工作主管部门取消相关待遇,追缴非法所得,并由其所在单位或者有关部门依法给予处分。③ ②违法犯罪的法律责任。退役军人违法犯罪的,由省级人民政府退役军人工作主管部门按照国家有关规定中止、降低或者取消其退役相关待遇,报国务院退役军人工作主管部门备案。退役军人对省级人民政府退役军人工作主管部门作出的中止、降低或者取消其退役相关待遇的决定不服的,可以依法申请行政复议或者提起行政诉讼。④ (5) 其他的法律责任。违反《退役军人保障法》规定,构成违反治安管理行为的,依法给予治安管理处罚;构成犯罪的,依法追究刑事责任。⑤

三、退役士兵的安置

1. 退役士兵安置的适用。(1) 适用的法律。①为了规范退役士兵安置工作,保障退役士兵的合法权益,根据《兵役法》,制定《退役士兵安置条例》。⑥《退役士兵安置条例》所称退役士兵,是指依照《中国人民解放军现役士兵服役条例》的规定退出现役的义务兵和士官。⑦ ②《退役士兵安置条例》自2011年11月1日起施行。1987年12月12日国务院发布的《退伍义务兵安置条例》,1999年12月13日国务院、中央军委下发的《中国人民解放军士官退出现役安置暂行办法》同时废止。《退役士兵安置条例》施行以前入伍、施行以后退出现役的士兵,执行《退役士兵安置条例》,本人自愿的,也可以按照入伍时国家有关退役士兵安置的

---

① 《退役军人保障法》第76条。
② 《退役军人保障法》第77条。
③ 《退役军人保障法》第78条。
④ 《退役军人保障法》第79条。
⑤ 《退役军人保障法》第80条。
⑥ 《退役士兵安置条例》第1条。
⑦ 《退役士兵安置条例》第2条。

规定执行。① (2)适用的范围。①中国人民解放军。②《退役士兵安置条例》适用于中国人民武装警察部队。②

2. 退役士兵安置的制度、经费及要求。(1)安置的制度及经费。国家建立以扶持就业为主,自主就业、安排工作、退休、供养等多种方式相结合的退役士兵安置制度,妥善安置退役士兵。退役士兵安置所需经费,由中央和地方各级人民政府共同负担。③ (2)安置的要求。①对社会及接收单位的要求及奖励。第一,全社会应当尊重、优待退役士兵,支持退役士兵安置工作。国家机关、社会团体、企业事业单位,都有接收安置退役士兵的义务,在招收录用工作人员或者聘用职工时,同等条件下应当优先招收录用退役士兵。退役士兵报考公务员、应聘事业单位职位的,在军队服现役经历视为基层工作经历。接收安置退役士兵的单位,按照国家规定享受优惠政策。④ 第二,对在退役士兵安置工作中作出突出贡献的单位和个人,按照国家有关规定给予表彰、奖励。⑤ ②对主管部门的要求。国务院退役士兵安置工作主管部门负责全国的退役士兵安置工作。县级以上地方人民政府退役士兵安置工作主管部门负责本行政区域的退役士兵安置工作。人民政府有关部门和军队有关部门应当在各自职责范围内做好退役士兵安置工作。⑥ ③对士兵的要求。退役士兵应当遵守有关退役士兵安置的法律法规,服从人民政府的安置。⑦

3. 退役士兵安置的移交和接收。(1)移交和接收计划的制订。国务院退役士兵安置工作主管部门和中国人民解放军总参谋部应当制定全国退役士兵的年度移交、接收计划。⑧ (2)移交和接收的机构。退役士兵所在部队应当依照《退役士兵安置条例》的规定,将退役士兵移交安置地县级以上人民政府退役士兵安置工作主管部门。安置地县级以上人民政府退役士兵安置工作主管部门负责接收退役士兵。⑨ (3)移交和接收的报到。自主就业的退役士兵应当自被批准退出

---

① 《退役士兵安置条例》第53条。
② 《退役士兵安置条例》第52条。
③ 《退役士兵安置条例》第3条。
④ 《退役士兵安置条例》第4条。
⑤ 《退役士兵安置条例》第7条。
⑥ 《退役士兵安置条例》第5条。
⑦ 《退役士兵安置条例》第6条。
⑧ 《退役士兵安置条例》第8条。
⑨ 《退役士兵安置条例》第9条。

现役之日起 30 日内,持退出现役证件、介绍信到安置地县级人民政府退役士兵安置工作主管部门报到。安排工作的退役士兵应当在规定的时间内,持接收安置通知书、退出现役证件和介绍信到规定的安置地人民政府退役士兵安置工作主管部门报到。退休、供养的退役士兵应当到规定的安置地人民政府退役士兵安置工作主管部门报到。① (4)移交和接收的档案移交及落户。①退役士兵所在部队应当按照国家档案管理的有关规定,在士兵退役时将其档案及时移交安置地县级以上人民政府退役士兵安置工作主管部门。退役士兵安置工作主管部门应当于退役士兵报到时为其开具落户介绍信。公安机关凭退役士兵安置工作主管部门开具的落户介绍信,为退役士兵办理户口登记。② ②自主就业和安排工作的退役士兵的档案,由安置地退役士兵安置工作主管部门按照国家档案管理有关规定办理。退休、供养的退役士兵的档案,由安置地退役士兵安置工作主管部门移交服务管理单位。③ (5)移交和接收的问题处理。退役士兵发生与服役有关的问题,由其原部队负责处理;发生与安置有关的问题,由安置地人民政府负责处理。④

4. 退役士兵的安置。(1)安置的一般规则。①安置地的确定。第一,户口所在地的安置。退役士兵安置地为退役士兵入伍时的户口所在地。但是,入伍时是普通高等学校在校学生的退役士兵,退出现役后不复学的,其安置地为入学前的户口所在地。⑤ 第二,易地安置。退役士兵有下列情形之一的,可以易地安置:其一,服现役期间父母户口所在地变更的,可以在父母现户口所在地安置;其二,符合军队有关现役士兵结婚规定且结婚满 2 年的,可以在配偶或者配偶父母户口所在地安置;其三,因其他特殊情况,由部队师(旅)级单位出具证明,经省级以上人民政府退役士兵安置工作主管部门批准易地安置的。易地安置的退役士兵享受与安置地退役士兵同等安置待遇。⑥ 第三,特殊申请的安置。退役士兵有下列情形之一的,根据本人申请,可以由省级以上人民政府退役士兵安置工作主管部门按照有利于退役士兵生活的原则确定其安置地:其一,因战致残的;其二,服现

---

① 《退役士兵安置条例》第 13 条。
② 《退役士兵安置条例》第 14 条。
③ 《退役士兵安置条例》第 15 条。
④ 《退役士兵安置条例》第 16 条。
⑤ 《退役士兵安置条例》第 10 条。
⑥ 《退役士兵安置条例》第 11 条。

役期间平时荣获二等功以上奖励或者战时荣获三等功以上奖励的;其三,是烈士子女的;其四,父母双亡的。① ②安置待遇的放弃。退役士兵无正当理由不按照规定时间报到超过30天的,视为放弃安置待遇。② (2)自主就业。①自主就业的人员。义务兵和服现役不满12年的士官退出现役的,由人民政府扶持自主就业。③ ②自主就业的待遇。第一,发给一次性退役金及一次性经济补助。其一,对自主就业的退役士兵,由部队发给一次性退役金,一次性退役金由中央财政专项安排;地方人民政府可以根据当地实际情况给予经济补助,经济补助标准及发放办法由省、自治区、直辖市人民政府规定。④ 其二,国家根据国民经济发展水平、全国职工年平均工资收入和军人职业特殊性等因素确定退役金标准,并适时调整。国务院退役士兵安置工作主管部门、军队有关部门会同国务院财政部门负责确定和调整退役金标准的具体工作。自主就业的退役士兵根据服现役年限领取一次性退役金。服现役年限不满6个月的按照6个月计算,超过6个月不满1年的按照1年计算。获得荣誉称号或者立功的退役士兵,由部队按照下列比例增发一次性退役金:(a)获得中央军事委员会、军队军区级单位授予荣誉称号,或者荣获一等功的,增发15%;(b)荣获二等功的,增发10%;(c)荣获三等功的,增发5%。多次获得荣誉称号或者立功的退役士兵,由部队按照其中最高等级奖励的增发比例,增发一次性退役金。⑤ 其三,一次性退役金和一次性经济补助按照国家规定免征个人所得税。⑥ 第二,选择复职复工。自主就业的退役士兵入伍前是国家机关、社会团体、企业事业单位工作人员或者职工的,退出现役后可以选择复职复工,其工资、福利和其他待遇不得低于本单位同等条件人员的平均水平。⑦ 第三,农村土地的"使用权"。自主就业的退役士兵入伍前通过家庭承包方式承包的农村土地,承包期内不得违法收回或者强制流转;通过招标、拍卖、公开协商等非家庭承包方式承包的农村土地,承包期内其家庭成员可以继续承包;承包的农村土地被依法征收、征用或者占用的,与其他农村集体经济组织成员享有

---

① 《退役士兵安置条例》第12条。
② 《退役士兵安置条例》第17条。
③ 《退役士兵安置条例》第18条。
④ 《退役士兵安置条例》第19条第1款。
⑤ 《退役士兵安置条例》第20条。
⑥ 《退役士兵安置条例》第19条第2款。
⑦ 《退役士兵安置条例》第25条。

同等权利。自主就业的退役士兵回入伍时户口所在地落户，属于农村集体经济组织成员但没有承包农村土地的，可以申请承包农村土地，村民委员会或者村民小组应当优先解决。① 第四，享受就业优惠(待)政策。其一，有劳动能力的残疾退役士兵，优先享受国家规定的残疾人就业优惠政策。② 其二，自主就业的退役士兵进入中等职业学校学习、报考成人高等学校或者普通高等学校的，按照国家有关规定享受优待。入伍前已被普通高等学校录取并保留入学资格或者正在普通高等学校就学的退役士兵，退出现役后 2 年内允许入学或者复学，并按照国家有关规定享受奖学金、助学金和减免学费等优待，家庭经济困难的，按照国家有关规定给予资助；入学后或者复学期间可以免修公共体育、军事技能和军事理论等课程，直接获得学分；入学或者复学后参加国防生选拔、参加国家组织的农村基层服务项目人选选拔，以及毕业后参加军官人选选拔的，优先录取。③ ③自主就业的指导及扶持。第一，各级人民政府应当加强对退役士兵自主就业的指导和服务。县级以上地方人民政府应当采取组织职业介绍、就业推荐、专场招聘会等方式，扶持退役士兵自主就业。④ 第二，县级以上地方人民政府退役士兵安置工作主管部门应当组织自主就业的退役士兵参加职业教育和技能培训，经考试考核合格的，发给相应的学历证书、职业资格证书并推荐就业。退役士兵退役 1 年内参加职业教育和技能培训的，费用由县级以上人民政府承担；退役士兵退役 1 年以上参加职业教育和技能培训的，按照国家相关政策执行。自主就业退役士兵的职业教育和技能培训经费列入县级以上人民政府财政预算。⑤ 第三，各级人民政府举办的公共就业人才服务机构，应当免费为退役士兵提供档案管理、职业介绍和职业指导服务。国家鼓励其他人力资源服务机构为自主就业的退役士兵提供免费服务。⑥ 第四，对从事个体经营的退役士兵，按照国家规定给予税收优惠，给予小额担保贷款扶持，从事微利项目的给予财政贴息。除国家限制行业外，自其在国家市场监督管理⑦部门首次注册登记之日起 3 年内，免收管理类、登

---

① 《退役士兵安置条例》第 26 条。
② 《退役士兵安置条例》第 27 条。
③ 《退役士兵安置条例》第 28 条。
④ 《退役士兵安置条例》第 19 条第 3 款。
⑤ 《退役士兵安置条例》第 21 条。
⑥ 《退役士兵安置条例》第 22 条。
⑦ 原文为"工商行政管理"。

记类和证照类的行政事业性收费。① 第五,国家鼓励用人单位招收录用或者聘用自主就业的退役士兵,用人单位招收录用或者聘用自主就业退役士兵符合规定条件的,依法享受税收等优惠。② (3)安排工作。①安排工作的条件。退役士兵符合下列条件之一的,由人民政府安排工作:第一,士官服现役满 12 年的;第二,服现役期间平时荣获二等功以上奖励或者战时荣获三等功以上奖励的;第三,因战致残被评定为 5 级至 8 级残疾等级的;第四,是烈士子女的。符合前述条件的退役士兵在艰苦地区和特殊岗位服现役的,优先安排工作;因精神障碍基本丧失工作能力的,予以妥善安置。符合安排工作条件的退役士兵,退役时自愿选择自主就业的,依照《退役士兵安置条例》第三章第一节的规定办理。③ ②安排工作的流程。第一,安置计划的制订。国务院退役士兵安置工作主管部门和中国人民解放军总参谋部应当制订下达全国需由人民政府安排工作退役士兵的年度安置计划。④ 第二,安置任务的下达。中央国家机关及其管理的在京企业事业单位接收安排退役士兵工作任务,由国务院退役士兵安置工作主管部门下达。中央国家机关京外直属机构、中央国家机关管理的京外企业事业单位接收安排退役士兵工作任务,由所在地县级以上地方人民政府按照属地管理的原则下达。⑤ 第三,统筹安排。县级以上地方人民政府,应当根据符合安排工作条件的退役士兵人数和用人单位的实际情况,下达安排退役士兵工作的任务,并依法向社会公开。对安排退役士兵工作任务较重的县(市),可以由上一级人民政府在本行政区域内统筹安排。⑥ ③安排工作的要求。第一,对政府的要求。其一,安置地县级以上地方人民政府应当按照属地管理的原则,对符合安排工作条件的退役士兵进行安置,保障其第一次就业。⑦ 其二,安置地人民政府应当在接收退役士兵的 6 个月内,完成本年度安排退役士兵工作的任务。退役士兵待安排工作期间,安置地人民政府应当按照不低于当地最低生活水平的标准,按月发给生活补助

---

① 《退役士兵安置条例》第 23 条。
② 《退役士兵安置条例》第 24 条。
③ 《退役士兵安置条例》第 29 条。
④ 《退役士兵安置条例》第 30 条。
⑤ 《退役士兵安置条例》第 31 条。
⑥ 《退役士兵安置条例》第 32 条。
⑦ 《退役士兵安置条例》第 33 条。

费。① 第二,对安置单位的要求。其一,国家机关、事业单位、国有以及国有控股和国有资本占主导地位的企业招收录用或者聘用人员的,应当在同等条件下优先招收录用或者聘用退役士兵。② 其二,承担安排退役士兵工作任务的单位应当按时完成所在地人民政府下达的安排退役士兵工作任务,在退役士兵安置工作主管部门开出介绍信1个月内安排退役士兵上岗,并与退役士兵依法签订期限不少于3年的劳动合同或者聘用合同。合同存续期内单位依法关闭、破产、改制的,退役士兵与所在单位其他人员一同执行国家的有关规定。接收退役士兵的单位裁减人员的,应当优先留用退役士兵。③ ④安排工作的待遇。第一,由人民政府安排工作的退役士兵,服现役年限和符合《退役士兵安置条例》规定的待安排工作时间计算为工龄,享受所在单位同等条件人员的工资、福利待遇。④ 第二,非因退役士兵本人原因,接收单位未按照规定安排退役士兵上岗的,应当从所在地人民政府退役士兵安置工作主管部门开出介绍信的当月起,按照不低于本单位同等条件人员平均工资80%的标准逐月发给退役士兵生活费至其上岗为止。⑤ 第三,对安排工作的残疾退役士兵,所在单位不得因其残疾与其解除劳动关系或者人事关系。安排工作的因战、因公致残退役士兵,享受与所在单位工伤人员同等的生活福利和医疗待遇。⑥ 第四,符合安排工作条件的退役士兵无正当理由拒不服从安置地人民政府安排工作的,视为放弃安排工作待遇;在待安排工作期间被依法追究刑事责任的,取消其安排工作待遇。⑦

5. 退役士兵的退休与供养。(1)退休安置的条件。中级以上士官符合下列条件之一的,作退休安置:①年满55周岁的;②服现役满30年的;③因战、因公致残被评定为1级至6级残疾等级的;④经军队医院证明和军级以上单位卫生部门审核确认因病基本丧失工作能力的。退休的退役士官,其生活、住房、医疗等保障,按照国家有关规定执行。中级以上士官因战致残被评定为五级至六级残疾等级,本人自愿放弃退休安置选择由人民政府安排工作的,可以依照《退役士兵

---

① 《退役士兵安置条例》第35条。
② 《退役士兵安置条例》第34条。
③ 《退役士兵安置条例》第36条。
④ 《退役士兵安置条例》第37条。
⑤ 《退役士兵安置条例》第38条。
⑥ 《退役士兵安置条例》第39条。
⑦ 《退役士兵安置条例》第40条。

安置条例》第三章第二节的规定办理。①（2）国家供养终身的条件、方式及待遇。①被评定为1级至4级残疾等级的义务兵和初级士官退出现役的,由国家供养终身。国家供养的残疾退役士兵,其生活、住房、医疗等保障,按照国家有关规定执行。②②国家供养分为集中供养和分散供养。分散供养的残疾退役士兵购(建)房所需经费的标准,按照安置地县(市)经济适用住房平均价格和60平方米的建筑面积确定;没有经济适用住房的地区按照普通商品住房价格确定。购(建)房所需经费由中央财政专项安排,不足部分由地方财政解决。购(建)房屋产权归分散供养的残疾退役士兵所有。分散供养的残疾退役士兵自行解决住房的,按照上述标准将购(建)房费用发给本人。③③因战、因公致残被评定为1级至4级残疾等级的中级以上士官,本人自愿放弃退休安置的,可以选择由国家供养。④

6. 退役士兵保险关系的接续。（1）退役士兵工龄的累计计算。退役士兵服现役年限计算为工龄,与所在单位工作年限累计计算,享受国家和所在单位规定的与工龄有关的相应待遇。⑤（2）退役士兵保险关系转移的办理。军队的军人保险管理部门与地方的社会保险经办机构,应当按照国家有关规定为退役士兵办理保险关系转移接续手续。对自主就业的退役士兵,凭退役士兵安置工作主管部门出具的介绍信,由社会保险经办机构按照国家有关规定办理保险关系接续手续。对安排工作的退役士兵,由接收单位按照国家有关规定办理保险关系接续手续。⑥（3）退役士兵的基本养老保险及其关系接续。退役士兵到城镇企业就业或者在城镇从事个体经营、以灵活方式就业的,按照国家有关规定参加职工基本养老保险,服现役年限视同职工基本养老保险缴费年限,并与实际缴费年限合并计算。退役士兵回农村的,按照国家有关规定参加新型农村社会养老保险。退役士兵在服现役期间建立的军人退役养老保险与其退役后参加基本养老保险的关系接续,由军队的军人保险管理部门和安置地社会保险经办机构按照国家有关规定办理。退役士兵服现役年限视同职工基本养老保险缴费年限的养老保

---

① 《退役士兵安置条例》第41条。
② 《退役士兵安置条例》第42条第1款、第2款。
③ 《退役士兵安置条例》第42条第3款、第4款。
④ 《退役士兵安置条例》第43条。
⑤ 《退役士兵安置条例》第44条。
⑥ 《退役士兵安置条例》第45条。

险待遇计发办法，按照国家有关规定执行。① （4）退役士兵的基本医疗保险及其转入。退役士兵到各类用人单位工作的，应当随所在单位参加职工基本医疗保险；以灵活方式就业或者暂未实现就业的，可以参加职工基本医疗保险、城镇居民基本医疗保险或者新型农村合作医疗。退役士兵参加基本医疗保险的，其军人退役医疗保险金，按照国家有关规定转入退役士兵安置地的社会保险经办机构。实行工龄视同参加基本医疗保险缴费年限规定的地区，退役士兵的服现役年限视同参保缴费年限。② （5）退役士兵的失业保险。退役士兵就业应当随所在单位参加失业保险，其服现役年限视同失业保险缴费年限，并与实际缴费年限合并计算。参加失业保险的退役士兵失业，并符合《失业保险条例》规定条件的，按照规定享受失业保险待遇和相应的促进再就业服务。③

7. 退役士兵安置的法律责任。（1）工作主管部门及其工作人员的法律责任。退役士兵安置工作主管部门及其工作人员、参与退役士兵安置工作的单位及其工作人员有下列行为之一的，由其上级主管部门责令改正，对相关责任人员依法给予处分；相关责任人员构成犯罪的，依法追究刑事责任：①违反规定审批退役士兵安置待遇的；②在审批退役士兵安置工作中出具虚假鉴定、证明的；③在退役士兵安置工作中利用职权谋取私利的。④ （2）接收安置退役士兵的单位的法律责任。接收安置退役士兵的单位违反本条例的规定，有下列情形之一的，由当地人民政府退役士兵安置工作主管部门责令限期改正；逾期不改的，对国家机关、社会团体、事业单位主要负责人和直接责任人员依法给予处分，对企业按照涉及退役士兵人数乘以当地上年度城镇职工平均工资10倍的金额处以罚款，并对接收单位及其主要负责人予以通报批评：①拒绝或者无故拖延执行人民政府下达的安排退役士兵工作任务的；②未依法与退役士兵签订劳动合同、聘用合同的；③与残疾退役士兵解除劳动关系或者人事关系的。⑤ （3）退役士兵的法律责任。退役士兵弄虚作假骗取安置待遇的，由安置地人民政府退役士兵安置工作主管部门取消相关安置待遇。⑥

---

① 《退役士兵安置条例》第46条。
② 《退役士兵安置条例》第47条。
③ 《退役士兵安置条例》第48条。
④ 《退役士兵安置条例》第49条。
⑤ 《退役士兵安置条例》第50条。
⑥ 《退役士兵安置条例》第51条。

第六节 伤残抚恤

伤残抚恤是国家和社会保障革命伤残人员(包括伤残革命军人、伤残人民警察、伤残国家机关工作人员、伤残民兵民工)基本生活的优抚制度。

一、因战因公伤残人员的伤残抚恤

1. 伤残抚恤管理的一般规则。(1)伤残抚恤管理的适用。①适用的法律。第一,为了规范和加强退役军人事务部门管理的伤残抚恤工作,根据《军人抚恤优待条例》等法规,制定《伤残抚恤管理办法》。① 第二,《伤残抚恤管理办法》自2007年8月1日起施行。② 第三,2013年7月5日、2019年12月16日进行了修订。第四,省级人民政府退役军人事务部门可以根据本地实际情况,制定具体工作细则。③ ②适用的人员。第一,《伤残抚恤管理办法》适用于符合下列情况的中国公民:其一,在服役期间因战因公致残退出现役的军人,在服役期间因病评定了残疾等级退出现役的残疾军人;其二,因战因公负伤时为行政编制的人民警察;其三,因参战、参加军事演习、军事训练和执行军事勤务致残的预备役人员、民兵、民工以及其他人员;其四,为维护社会治安同违法犯罪分子进行斗争致残的人员;其五,为抢救和保护国家财产、人民生命财产致残的人员;其六,法律、行政法规规定应当由退役军人事务部门负责伤残抚恤的其他人员。上述所列第(三)、第(四)、第(五)项人员根据《工伤保险条例》应当认定视同工伤的,不再办理因战、因公伤残抚恤。④ 第二,《伤残抚恤管理办法》适用于中国人民武装警察部队。⑤ 第三,因战因公致残的深化国防和军队改革期间部队现役干部转改的文职人员,因参加军事训练、非战争军事行动和作战支援保障任务致残的其他文职人员,因战因公致残消防救援人员、因病致残评定了残疾等级的消防救援人员,退出军队或国家综合性消防救援队伍后的伤残抚恤管理参照退出现役的残疾军

---

① 《伤残抚恤管理办法》第1条。
② 《伤残抚恤管理办法》第34条。
③ 《伤残抚恤管理办法》第33条。
④ 《伤残抚恤管理办法》第2条。
⑤ 《伤残抚恤管理办法》第30条。

人有关规定执行。① 第四，未列入行政编制的人民警察，参照《伤残抚恤管理办法》评定伤残等级，其伤残抚恤金由所在单位按规定发放。② (2)因战因公致残的认定。《伤残抚恤管理办法》第2条所列人员符合《军人抚恤优待条例》及有关政策中因战因公致残规定的，可以认定因战因公致残；个人对导致伤残的事件和行为负有过错责任的，以及其他不符合因战因公致残情形的，不得认定为因战因公致残。③ (3)伤残抚恤工作的原则。伤残抚恤工作应当遵循公开、公平、公正的原则。县级人民政府退役军人事务部门应当公布有关评残程序和抚恤金标准。④

2. 残疾等级评定。(1)评定残疾等级的内容。评定残疾等级包括新办评定残疾等级、补办评定残疾等级、调整残疾等级。新办评定残疾等级是指对《伤残抚恤管理办法》第2条第1款第1项以外的人员认定因战因公残疾性质，评定残疾等级。补办评定残疾等级是指对现役军人因战因公致残未能及时评定残疾等级，在退出现役后依据《军人抚恤优待条例》的规定，认定因战因公残疾性质、评定残疾等级。调整残疾等级是指对已经评定残疾等级，因原致残部位残疾情况变化与原评定的残疾等级明显不符的人员调整残疾等级级别，对达不到最低评残标准的可以取消其残疾等级。⑤ (2)评定残疾等级的申请。①申请时限。属于新办评定残疾等级的，申请人应当在因战因公负伤或者被诊断、鉴定为职业病3年内提出申请；属于调整残疾等级的，应当在上一次评定残疾等级1年后提出申请。⑥ ②申请的方式及审查。申请人(精神病患者由其利害关系人帮助申请，下同)申请评定残疾等级，应当向所在单位提出书面申请。申请人所在单位应及时审查评定残疾等级申请，出具书面意见并加盖单位公章，连同相关材料一并报送户籍地县级人民政府退役军人事务部门审查。没有工作单位的或者以原致残部位申请评定残疾等级的，可以直接向户籍地县级人民政府退役军人事务部门提出申请。⑦ ③申请的材料及核对。申请人申请评定残疾等级，应当提供以下真实确切材料：书面申请，身份证或者居民户口簿复印件，退役军人证(退役军人登记

---

① 《伤残抚恤管理办法》第31条。
② 《伤残抚恤管理办法》第32条。
③ 《伤残抚恤管理办法》第3条。
④ 《伤残抚恤管理办法》第4条。
⑤ 《伤残抚恤管理办法》第5条第1款、第2款。
⑥ 《伤残抚恤管理办法》第5条第3款。
⑦ 《伤残抚恤管理办法》第6条。

表)、人民警察证等证件复印件,本人近期二寸免冠彩色照片。申请新办评定残疾等级,应当提交致残经过证明和医疗诊断证明。致残经过证明应包括相关职能部门提供的执行公务证明,交通事故责任认定书、调解协议书、民事判决书、医疗事故鉴定书等证明材料;抢救和保护国家财产、人民生命财产致残或者为维护社会治安同犯罪分子斗争致残证明;统一组织参战、参加军事演习、军事训练和执行军事勤务的证明材料。医疗诊断证明应包括加盖出具单位相关印章的门诊病历原件、住院病历复印件及相关检查报告。申请补办评定残疾等级,应当提交因战因公致残档案记载或者原始医疗证明。档案记载是指本人档案中所在部队作出的涉及本人负伤原始情况、治疗情况及善后处理情况等确切书面记载。职业病致残需提供有直接从事该职业病相关工作经历的记载。医疗事故致残需提供军队后勤卫生机关出具的医疗事故鉴定结论。原始医疗证明是指原所在部队体系医院出具的能说明致残原因、残疾情况的病情诊断书、出院小结或者门诊病历原件、加盖出具单位相关印章的住院病历复印件。申请调整残疾等级,应当提交近6个月内在二级甲等以上医院的就诊病历及医院检查报告、诊断结论等。[①]

④申请处理的部门职责分工。第一,县级人民政府退役军人事务部门的职责。县级人民政府退役军人事务部门对报送的有关材料进行核对,对材料不全或者材料不符合法定形式的应当告知申请人补充材料。县级人民政府退役军人事务部门经审查认为申请人符合因战因公负伤条件的,在报经设区的市级人民政府以上退役军人事务部门审核同意后,应当填写《残疾等级评定审批表》,并在受理之日起20个工作日内,签发《受理通知书》,通知本人到设区的市级人民政府以上退役军人事务部门指定的医疗卫生机构,对属于因战因公导致的残疾情况进行鉴定,由医疗卫生专家小组根据《军人残疾等级评定标准》,出具残疾等级医学鉴定意见。职业病的残疾情况鉴定由省级人民政府退役军人事务部门指定的承担职业病诊断的医疗卫生机构作出;精神病的残疾情况鉴定由省级人民政府退役军人事务部门指定的二级以上精神病专科医院作出。县级人民政府退役军人事务部门依据医疗卫生专家小组出具的残疾等级医学鉴定意见对申请人拟定残疾等级,在《残疾等级评定审批表》上签署意见,加盖印章,连同其他申请材料,于收到医疗卫生专家小组签署意见之日起20个工作日内,一并报送设区的市级人

---

① 《伤残抚恤管理办法》第7条。

民政府退役军人事务部门。县级人民政府退役军人事务部门对《伤残抚恤管理办法》第 2 条第 1 款第 1 项人员,经审查认为不符合因战因公负伤条件的,或者经医疗卫生专家小组鉴定达不到补评或者调整残疾等级标准的,应当根据《军人抚恤优待条例》相关规定逐级上报省级人民政府退役军人事务部门。对《伤残抚恤管理办法》第 2 条第 1 款第 1 项以外的人员,经审查认为不符合因战因公负伤条件的,或者经医疗卫生专家小组鉴定达不到新评或者调整残疾等级标准的,应当填写《残疾等级评定结果告知书》,连同申请人提供的材料,退还申请人或者所在单位。① 第二,设区的市级人民政府退役军人事务部门的职责。设区的市级人民政府退役军人事务部门对报送的材料审查后,在《残疾等级评定审批表》上签署意见,并加盖印章。对符合条件的,于收到材料之日起 20 个工作日内,将上述材料报送省级人民政府退役军人事务部门。对不符合条件的,属于《伤残抚恤管理办法》第 2 条第 1 款第 1 项人员,根据《军人抚恤优待条例》相关规定上报省级人民政府退役军人事务部门;属于《伤残抚恤管理办法》第 2 条第 1 款第 1 项以外的人员,填写《残疾等级评定结果告知书》,连同申请人提供的材料,逐级退还申请人或者其所在单位。② 第三,省级人民政府退役军人事务部门的职责。省级人民政府退役军人事务部门对报送的材料初审后,认为符合条件的,逐级通知县级人民政府退役军人事务部门对申请人的评残情况进行公示。公示内容应当包括致残的时间、地点、原因、残疾情况(涉及隐私或者不宜公开的不公示)、拟订的残疾等级以及县级退役军人事务部门联系方式。公示应当在申请人工作单位所在地或者居住地进行,时间不少于 7 个工作日。县级人民政府退役军人事务部门应当对公示中反馈的意见进行核实并签署意见,逐级上报省级人民政府退役军人事务部门,对调整等级的应当将本人持有的伤残人员证一并上报。省级人民政府退役军人事务部门应当对公示的意见进行审核,在《残疾等级评定审批表》上签署审批意见,加盖印章。对符合条件的,办理伤残人员证(调整等级的,在证件变更栏处填写新等级),于公示结束之日起 60 个工作日内逐级发给申请人或者其所在单位。对不符合条件的,填写《残疾等级评定结果告知书》,连同申请人提供的材料,于收到材料之日或者公示结束之日起 60 个工作日内逐级退还申请人

---

① 《伤残抚恤管理办法》第 8 条。
② 《伤残抚恤管理办法》第 9 条。

或者其所在单位。① (3) 评定残疾等级的重新鉴定。申请人或者退役军人事务部门对医疗卫生专家小组作出的残疾等级医学鉴定意见有异议的,可以到省级人民政府退役军人事务部门指定的医疗卫生机构重新进行鉴定。省级人民政府退役军人事务部门可以成立医疗卫生专家小组,对残疾情况与应当评定的残疾等级提出评定意见。②

3. 伤残证件和档案管理。(1) 伤残证件的发放及其种类。①发放。伤残人员以军人、人民警察或者其他人员不同身份多次致残的,退役军人事务部门按上述顺序只发给一种证件,并在伤残证件变更栏上注明再次致残的时间和性质,以及合并评残后的等级和性质。致残部位不能合并评残的,可以先对各部位分别评残。等级不同的,以重者定级;两项(含)以上等级相同的,只能晋升一级。多次致残的伤残性质不同的,以等级重者定性。等级相同的,按因战、因公、因病的顺序定性。③ ②发放的种类。伤残证件的发放种类:第一,退役军人在服役期间因战因公因病致残的,发给《中华人民共和国残疾军人证》;第二,人民警察因战因公致残的,发给《中华人民共和国伤残人民警察证》;第三,退出国家综合性消防救援队伍的人员在职期间因战因公因病致残的,发给《中华人民共和国残疾消防救援人员证》;第四,因参战、参加军事演习、军事训练和执行军事勤务致残的预备役人员、民兵、民工以及其他人员,发给《中华人民共和国伤残预备役人员、伤残民兵民工证》;第五,其他人员因公致残的,发给《中华人民共和国因公伤残人员证》。④ (2) 伤残证件的制作及有效期。伤残证件由国务院退役军人事务部门统一制作。证件的有效期:15 周岁以下为 5 年,16~25 周岁为 10 年,26~45 周岁为 20 年,46 周岁以上为长期。⑤ (3) 伤残证件的换发及补发。伤残证件有效期满或者损毁、遗失的,证件持有人应当到县级人民政府退役军人事务部门申请换发证件或者补发证件。伤残证件遗失的须本人登报声明作废。县级人民政府退役军人事务部门经审查认为符合条件的,填写《伤残人员换证补证审批表》,连同照片逐级上报省级人民政府退役军人事务部门。省级人民政府退役军人事

---

① 《伤残抚恤管理办法》第 10 条。
② 《伤残抚恤管理办法》第 11 条。
③ 《伤残抚恤管理办法》第 12 条。
④ 《伤残抚恤管理办法》第 13 条。
⑤ 《伤残抚恤管理办法》第 14 条。

务部门将新办理的伤残证件逐级通过县级人民政府退役军人事务部门发给申请人。各级退役军人事务部门应当在 20 个工作日内完成本级需要办理的事项。[1]
(4)伤残证件内容的变更。伤残人员前往我国香港特别行政区、澳门特别行政区、台湾地区定居或者其他国家和地区定居前,应当向户籍地(或者原户籍地)县级人民政府退役军人事务部门提出申请,由户籍地(或者原户籍地)县级人民政府退役军人事务部门在变更栏内注明变更内容。对需要换发新证的,"身份证号"处填写定居地的居住证件号码。"户籍地"为国内抚恤关系所在地。[2] (5)伤残证件的注销。伤残人员死亡的,其家属或者利害关系人应及时告知伤残人员户籍地县级人民政府退役军人事务部门,县级人民政府退役军人事务部门应当注销其伤残证件,并逐级上报省级人民政府退役军人事务部门备案。[3] (6)伤残证件等的登记及送达。退役军人事务部门对申报和审批的各种材料、伤残证件应当有登记手续。送达的材料或者证件,均须挂号邮寄或者由申请人签收。[4] (7)伤残人员资料档案的保存。县级人民政府退役军人事务部门应当建立伤残人员资料档案,一人一档,长期保存。[5]

4. 伤残抚恤关系转移。(1)残疾军人退役或者向政府移交的抚恤关系转移。残疾军人退役或者向政府移交,必须自军队办理了退役手续或者移交手续后 60 日内,向户籍迁入地的县级人民政府退役军人事务部门申请转入抚恤关系。退役军人事务部门必须进行审查、登记、备案。审查的材料有:《户口登记簿》、《残疾军人证》、军队相关部门监制的《军人残疾等级评定表》、《换领〈中华人民共和国残疾军人证〉申报审批表》、退役证件或者移交政府安置的相关证明。县级人民政府退役军人事务部门应当对残疾军人残疾情况及有关材料进行审查,必要时可以复查鉴定残疾情况。认为符合条件的,将《残疾军人证》及有关材料逐级报送省级人民政府退役军人事务部门。省级人民政府退役军人事务部门审查无误的,在《残疾军人证》变更栏内填写新的户籍地、重新编号,并加盖印章,将《残疾军人证》逐级通过县级人民政府退役军人事务部门发还申请人。各级退役军

---

[1] 《伤残抚恤管理办法》第 15 条。
[2] 《伤残抚恤管理办法》第 16 条。
[3] 《伤残抚恤管理办法》第 17 条。
[4] 《伤残抚恤管理办法》第 18 条。
[5] 《伤残抚恤管理办法》第 19 条。

人事务部门应当在20个工作日内完成本级需要办理的事项。如复查、鉴定残疾情况的可以适当延长工作日。《军人残疾等级评定表》或者《换领〈中华人民共和国残疾军人证〉申报审批表》记载的残疾情况与残疾等级明显不符的,县级退役军人事务部门应当暂缓登记,逐级上报省级人民政府退役军人事务部门通知原审批机关更正,或者按复查鉴定的残疾情况重新评定残疾等级。伪造、变造《残疾军人证》和评残材料的,县级人民政府退役军人事务部门收回《残疾军人证》不予登记,并移交当地公安机关处理。① (2) 伤残人员跨省迁移户籍的抚恤关系转移。伤残人员跨省迁移户籍时,应同步转移伤残抚恤关系,迁出地的县级人民政府退役军人事务部门根据伤残人员申请及其伤残证件和迁入地户口簿,将伤残档案、迁入地户口簿复印件以及《伤残人员关系转移证明》,发送迁入地县级人民政府退役军人事务部门,并同时将此信息逐级上报本省级人民政府退役军人事务部门。迁入地县级人民政府退役军人事务部门在收到上述材料和申请人提供的伤残证件后,逐级上报省级人民政府退役军人事务部门。省级人民政府退役军人事务部门在向迁出地省级人民政府退役军人事务部门核实无误后,在伤残证件变更栏内填写新的户籍地、重新编号,并加盖印章,逐级通过县级人民政府退役军人事务部门发还申请人。各级退役军人事务部门应当在20个工作日内完成本级需要办理的事项。迁出地退役军人事务部门邮寄伤残档案时,应当将伤残证件及其军队或者地方相关的评残审批表或者换证表复印备查。② (3) 本省、自治区、直辖市范围内迁移的抚恤关系转移。伤残人员本省、自治区、直辖市范围内迁移的有关手续,由省、自治区、直辖市人民政府退役军人事务部门规定。③

5. 抚恤金发放。(1) 抚恤金发放的方式。①直接发放。伤残人员从被批准残疾等级评定后的下一个月起,由户籍地县级人民政府退役军人事务部门按照规定予以抚恤。伤残人员抚恤关系转移的,其当年的抚恤金由部队或者迁出地的退役军人事务部门负责发给,从下一年起由迁入地退役军人事务部门按当地标准发给。由于申请人原因造成抚恤金断发的,不再补发。④ ②委托代领或存入其指定的金融机构账户。在境内异地(指非户籍地)居住的伤残人员或者前往我

---

① 《伤残抚恤管理办法》第20条。
② 《伤残抚恤管理办法》第21条。
③ 《伤残抚恤管理办法》第22条。
④ 《伤残抚恤管理办法》第23条。

国香港特别行政区、澳门特别行政区、台湾地区定居或者其他国家和地区定居的伤残人员，经向其户籍地(或者原户籍地)县级人民政府退役军人事务部门申请并办理相关手续后，其伤残抚恤金可以委托他人代领，也可以委托其户籍地(或者原户籍地)县级人民政府退役军人事务部门存入其指定的金融机构账户，所需费用由本人负担。① (2)抚恤金发放的资格确认。伤残人员本人(或者其家属)每年应当与其户籍地(或者原户籍地)的县级人民政府退役军人事务部门联系一次，通过见面、人脸识别等方式确认伤残人员领取待遇资格。当年未联系和确认的，县级人民政府退役军人事务部门应当经过公告或者通知本人或者其家属及时联系、确认。② (3)对伤残抚恤的处理。①伤残抚恤金和相关待遇的停发。经过公告或者通知本人或者其家属后60日内仍未联系、确认的，从下一个月起停发伤残抚恤金和相关待遇。伤残人员(或者其家属)与其户籍地(或者原户籍地)退役军人事务部门重新确认伤残人员领取待遇资格后，从下一个月起恢复发放伤残抚恤金和享受相关待遇，停发的抚恤金不予补发。③ 伤残人员变更国籍、被取消残疾等级或者死亡的，从变更国籍、被取消残疾等级或者死亡后的下一个月起停发伤残抚恤金和相关待遇，其伤残人员证件自然失效。④ ②抚恤、优待的停止。有下列行为之一的，由县级人民政府退役军人事务部门给予警告，停止其享受的抚恤、优待，追回非法所得；构成犯罪的，依法追究刑事责任：第一，伪造残情的；第二，冒领抚恤金的；第三，骗取医药费等费用的；第四，出具假证明，伪造证件、印章骗取抚恤金和相关待遇的。⑤ ③抚恤、优待的中止。第一，县级人民政府退役军人事务部门依据人民法院生效的法律文书、公安机关发布的通缉令或者国家有关规定，对具有中止抚恤、优待情形的伤残人员，决定中止抚恤、优待，并通知本人或者其家属、利害关系人。⑥ 第二，中止抚恤的伤残人员在刑满释放并恢复政治权利、取消通缉或者符合国家有关规定后，经本人(精神病患者由其利害关系人)申请，并经县级退役军人事务部门审查符合条件的，从审核确认的下一个月起恢复抚恤和相关待遇，原停发的抚恤金不予补发。办理恢复抚恤手续应

---

① 《伤残抚恤管理办法》第24条。
② 《伤残抚恤管理办法》第25条第1款第1句、第2句前半句。
③ 《伤残抚恤管理办法》第25条第1款第2句后半句、第2款。
④ 《伤残抚恤管理办法》第26条。
⑤ 《伤残抚恤管理办法》第27条。
⑥ 《伤残抚恤管理办法》第28条。

当提供下列材料:本人申请、户口登记簿、司法机关的相关证明。需要重新办证的,按照证件丢失规定办理。①

二、军人抚恤优待

1. 军人抚恤优待的一般规则。(1)军人抚恤优待的适用。①适用的法律。第一,为了保障国家对军人的抚恤优待,激励军人保卫祖国、建设祖国的献身精神,加强国防和军队建设,根据《国防法》、《兵役法》等有关法律,制定《军人抚恤优待条例》。② 第二,《军人抚恤优待条例》自 2004 年 10 月 1 日起施行。1988 年 7 月 18 日国务院发布的《军人抚恤优待条例》同时废止。③ 第三,2011 年 7 月 29 日、2019 年 3 月 2 日进行了修订。②适用的人员。第一,中国人民解放军现役军人(以下简称现役军人)、服现役或者退出现役的残疾军人以及复员军人、退伍军人、烈士遗属、因公牺牲军人遗属、病故军人遗属、现役军人家属,是本条例规定的抚恤优待对象,依照本条例的规定享受抚恤优待。④《军人抚恤优待条例》所称的复员军人,是指在 1954 年 10 月 31 日之前入伍、后经批准从部队复员的人员;带病回乡退伍军人,是指在服现役期间患病,尚未达到评定残疾等级条件并有军队医院证明,从部队退伍的人员。⑤ 第二,《军人抚恤优待条例》适用于中国人民武装警察部队。⑥ 第三,军队离休、退休干部和退休士官的抚恤优待,依照《军人抚恤优待条例》有关现役军人抚恤优待的规定执行。因参战伤亡的民兵、民工的抚恤,因参加军事演习、军事训练和执行军事勤务伤亡的预备役人员、民兵、民工以及其他人员的抚恤,参照《军人抚恤优待条例》的有关规定办理。⑦ (2)军人抚恤优待的政策。①军人的抚恤优待,实行国家和社会相结合的方针,保障军人的抚恤优待与国民经济和社会发展相适应,保障抚恤优待对象的生活不低于当地的平均生活水平。全社会应当关怀、尊重抚恤优待对象,开展各种形式的拥军优属活动。国家鼓励社会组织和个人对军人抚恤优待事业提供捐助。⑧ ②国家和

---

① 《伤残抚恤管理办法》第 29 条。
② 《军人抚恤优待条例》第 1 条。
③ 《军人抚恤优待条例》第 54 条。
④ 《军人抚恤优待条例》第 2 条。
⑤ 《军人抚恤优待条例》第 53 条。
⑥ 《军人抚恤优待条例》第 51 条。
⑦ 《军人抚恤优待条例》第 52 条。
⑧ 《军人抚恤优待条例》第 3 条。

社会应当重视和加强军人抚恤优待工作。军人抚恤优待所需经费由国务院和地方各级人民政府分级负担。中央和地方财政安排的军人抚恤优待经费,专款专用,并接受财政、审计部门的监督。① (3)军人抚恤优待的部门职责分工。①国务院退役军人事务部门主管全国的军人抚恤优待工作;县级以上地方人民政府退役军人事务部门主管本行政区域内的军人抚恤优待工作。国家机关、社会团体、企业事业单位应当依法履行各自的军人抚恤优待责任和义务。② ②各级人民政府对在军人抚恤优待工作中作出显著成绩的单位和个人,给予表彰和奖励。③

2. 军人的死亡抚恤。(1)享受军人死亡抚恤待遇的人员。现役军人死亡被批准为烈士、被确认为因公牺牲或者病故的,其遗属依照《军人抚恤优待条例》的规定享受抚恤。④ (2)军人死亡抚恤的"确认"情形。①批准为烈士的情形。现役军人死亡,符合下列情形之一的,批准为烈士:第一,对敌作战死亡,或者对敌作战负伤在医疗终结前因伤死亡的;第二,因执行任务遭敌人或者犯罪分子杀害,或者被俘、被捕后不屈遭敌人杀害或者被折磨致死的;第三,为抢救和保护国家财产、人民生命财产或者执行反恐怖任务和处置突发事件死亡的;第四,因执行军事演习、战备航行飞行、空降和导弹发射训练、试航试飞任务以及参加武器装备科研试验死亡的;第五,在执行外交任务或者国家派遣的对外援助、维持国际和平任务中牺牲的;第六,其他死难情节特别突出,堪为楷模的。现役军人在执行对敌作战、边海防执勤或者抢险救灾任务中失踪,经法定程序宣告死亡的,按照烈士对待。批准烈士,属于因战死亡的,由军队团级以上单位政治机关批准;属于非因战死亡的,由军队军级以上单位政治机关批准;属于《军人抚恤优待条例》第8条第1款第6项规定情形的,由中国人民解放军总政治部批准。⑤ ②确认为因公牺牲的情形。现役军人死亡,符合下列情形之一的,确认为因公牺牲:第一,在执行任务中或者在上下班途中,由于意外事件死亡的;第二,被认定为因战、因公致残后因旧伤复发死亡的;第三,因患职业病死亡的;第四,在执行任务中或者在工作岗位上因病猝然死亡,或者因医疗事故死亡的;第五,其他因

---

① 《军人抚恤优待条例》第4条。
② 《军人抚恤优待条例》第5条。
③ 《军人抚恤优待条例》第6条。
④ 《军人抚恤优待条例》第7条。
⑤ 《军人抚恤优待条例》第8条。

公死亡的。现役军人在执行对敌作战、边海防执勤或者抢险救灾以外的其他任务中失踪,经法定程序宣告死亡的,按照因公牺牲对待。现役军人因公牺牲,由军队团级以上单位政治机关确认;属于本条第1款第5项规定情形的,由军队军级以上单位政治机关确认。① ③确认为病故的情形。现役军人除《军人抚恤优待条例》第9条第1款第3项、第4项规定情形以外,因其他疾病死亡的,确认为病故。现役军人非执行任务死亡或者失踪,经法定程序宣告死亡的,按照病故对待。现役军人病故,由军队团级以上单位政治机关确认。② (3)死亡抚恤的待遇。①发给证明书。对烈士遗属、因公牺牲军人遗属、病故军人遗属,由县级人民政府退役军人事务部门分别发给《中华人民共和国烈士证明书》《中华人民共和国军人因公牺牲证明书》《中华人民共和国军人病故证明书》。③ ②发给烈士遗属烈士褒扬金。现役军人死亡被批准为烈士的,依照《烈士褒扬条例》的规定发给烈士遗属烈士褒扬金。④ ③发给抚恤金。第一,发给一次性抚恤金。其一,现役军人死亡,根据其死亡性质和死亡时的月工资标准,由县级人民政府退役军人事务部门发给其遗属一次性抚恤金,标准是:烈士和因公牺牲的,为上一年度全国城镇居民人均可支配收入的20倍加本人40个月的工资;病故的,为上一年度全国城镇居民人均可支配收入的2倍加本人40个月的工资。月工资或者津贴低于排职少尉军官工资标准的,按照排职少尉军官工资标准计算。获得荣誉称号或者立功的烈士、因公牺牲军人、病故军人,其遗属在应当享受的一次性抚恤金的基础上,由县级人民政府退役军人事务部门按照下列比例增发一次性抚恤金:(a)获得中央军事委员会授予荣誉称号的,增发35%;(b)获得军队军区级单位授予荣誉称号的,增发30%;(c)立一等功的,增发25%;(d)立二等功的,增发15%;(e)立三等功的,增发5%。多次获得荣誉称号或者立功的烈士、因公牺牲军人、病故军人,其遗属由县级人民政府退役军人事务部门按照其中最高等级奖励的增发比例,增发一次性抚恤金。⑤ 其二,一次性抚恤金发给烈士、因公牺牲军人、病故军人的父母(抚养人)、配偶、子女;没有父母(抚养人)、配偶、子女的,发

---

① 《军人抚恤优待条例》第9条。
② 《军人抚恤优待条例》第10条。
③ 《军人抚恤优待条例》第11条。
④ 《军人抚恤优待条例》第12条。
⑤ 《军人抚恤优待条例》第13条。

给未满18周岁的兄弟姐妹和已满18周岁但无生活费来源且由该军人生前供养的兄弟姐妹。① 第二，发给一次性特别抚恤金。对生前作出特殊贡献的烈士、因公牺牲军人、病故军人，除按照《军人抚恤优待条例》规定发给其遗属一次性抚恤金外，军队可以按照有关规定发给其遗属一次性特别抚恤金。② 第三，发给定期抚恤金。其一，对符合下列条件之一的烈士遗属、因公牺牲军人遗属、病故军人遗属，发给定期抚恤金：(a)父母(抚养人)、配偶无劳动能力、无生活费来源，或者收入水平低于当地居民平均生活水平的；(b)子女未满18周岁或者已满18周岁但因上学或者残疾无生活费来源的；(c)兄弟姐妹未满18周岁或者已满18周岁但因上学无生活费来源且由该军人生前供养的。对符合享受定期抚恤金条件的遗属，由县级人民政府退役军人事务部门发给《定期抚恤金领取证》。③ 其二，享受定期抚恤金的烈士遗属、因公牺牲军人遗属、病故军人遗属死亡的，增发6个月其原享受的定期抚恤金，作为丧葬补助费，同时注销其领取定期抚恤金的证件。④ 其三，定期抚恤金标准应当参照全国城乡居民家庭人均收入水平确定。定期抚恤金的标准及其调整办法，由国务院退役军人事务部门会同国务院财政部门规定。⑤ 第四，增发抚恤金或者补助。县级以上地方人民政府对依靠定期抚恤金生活仍有困难的烈士遗属、因公牺牲军人遗属、病故军人遗属，可以增发抚恤金或者采取其他方式予以补助，保障其生活不低于当地的平均生活水平。⑥ (4)死亡抚恤待遇的终止。现役军人失踪，经法定程序宣告死亡的，在其被批准为烈士、确认为因公牺牲或者病故后，又经法定程序撤销对其死亡宣告的，由原批准或者确认机关取消其烈士、因公牺牲军人或者病故军人资格，并由发证机关收回有关证件，终止其家属原享受的抚恤待遇。⑦

3. 军人的残疾抚恤。(1)军人残疾的认定。现役军人残疾被认定为因战致残、因公致残或者因病致残的，依照《军人抚恤优待条例》的规定享受抚恤。因第8条第1款规定的情形之一导致残疾的，认定为因战致残；因第9条第1款规定

---

① 《军人抚恤优待条例》第15条。
② 《军人抚恤优待条例》第14条。
③ 《军人抚恤优待条例》第16条。
④ 《军人抚恤优待条例》第19条。
⑤ 《军人抚恤优待条例》第17条。
⑥ 《军人抚恤优待条例》第18条。
⑦ 《军人抚恤优待条例》第20条。

的情形之一导致残疾的,认定为因公致残;义务兵和初级士官因第9条第1款第3项、第4项规定情形以外的疾病导致残疾的,认定为因病致残。①(2)军人残疾的等级及评定。①残疾的等级,根据劳动功能障碍程度和生活自理障碍程度确定,由重到轻分为1级至10级。残疾等级的具体评定标准由国务院退役军人事务部门、人力资源社会保障部门、卫生部门会同军队有关部门规定。② ②现役军人因战、因公致残,医疗终结后符合评定残疾等级条件的,应当评定残疾等级。义务兵和初级士官因病致残符合评定残疾等级条件,本人(精神病患者由其利害关系人)提出申请的,也应当评定残疾等级。因战、因公致残,残疾等级被评定为1级至10级的,享受抚恤;因病致残,残疾等级被评定为1级至6级的,享受抚恤。③ ③因战、因公、因病致残性质的认定和残疾等级的评定权限是:第一,义务兵和初级士官的残疾,由军队军级以上单位卫生部门认定和评定;第二,现役军官、文职干部和中级以上士官的残疾,由军队军区级以上单位卫生部门认定和评定;第三,退出现役的军人和移交政府安置的军队离休、退休干部需要认定残疾性质和评定残疾等级的,由省级人民政府退役军人事务部门认定和评定。评定残疾等级,应当依据医疗卫生专家小组出具的残疾等级医学鉴定意见。残疾军人由认定残疾性质和评定残疾等级的机关发给《中华人民共和国残疾军人证》。④ (3)退出现役后或者医疗终结满3年后的评定申请。①现役军人因战、因公致残,未及时评定残疾等级,退出现役后或者医疗终结满3年后,本人(精神病患者由其利害关系人)申请补办评定残疾等级,有档案记载或者有原始医疗证明的,可以评定残疾等级。现役军人被评定残疾等级后,在服现役期间或者退出现役后残疾情况发生严重恶化,原定残疾等级与残疾情况明显不符,本人(精神病患者由其利害关系人)申请调整残疾等级的,可以重新评定残疾等级。⑤ ②退出现役的残疾军人,按照残疾等级享受残疾抚恤金。残疾抚恤金由县级人民政府退役军人事务部门发给。因工作需要继续服现役的残疾军人,经军队军级以上单位批准,由所在部队按照规定发给残疾抚恤金。⑥ (4)军人残疾的抚恤金标准。

---

① 《军人抚恤优待条例》第21条。
② 《军人抚恤优待条例》第22条。
③ 《军人抚恤优待条例》第23条。
④ 《军人抚恤优待条例》第24条。
⑤ 《军人抚恤优待条例》第25条。
⑥ 《军人抚恤优待条例》第26条。

残疾军人的抚恤金标准应当参照全国职工平均工资水平确定。残疾抚恤金的标准以及1级至10级残疾军人享受残疾抚恤金的具体办法,由国务院退役军人事务部门会同国务院财政部门规定。县级以上地方人民政府对依靠残疾抚恤金生活仍有困难的残疾军人,可以增发残疾抚恤金或者采取其他方式予以补助,保障其生活不低于当地的平均生活水平。① (5)军人残疾的一次性抚恤金。退出现役的因战、因公致残的残疾军人因旧伤复发死亡的,由县级人民政府退役军人事务部门按照因公牺牲军人的抚恤金标准发给其遗属一次性抚恤金,其遗属享受因公牺牲军人遗属抚恤待遇。退出现役的因战、因公、因病致残的残疾军人因病死亡的,对其遗属增发12个月的残疾抚恤金,作为丧葬补助费;其中,因战、因公致残的1级至4级残疾军人因病死亡的,其遗属享受病故军人遗属抚恤待遇。② (6)残疾军人的供养。退出现役的1级至4级残疾军人,由国家供养终身;其中,对需要长年医疗或者独身一人不便分散安置的,经省级人民政府退役军人事务部门批准,可以集中供养。③ (7)残疾军人的护理费。对分散安置的1级至4级残疾军人发给护理费,护理费的标准为:①因战、因公一级和二级残疾的,为当地职工月平均工资的50%;②因战、因公三级和四级残疾的,为当地职工月平均工资的40%;③因病一级至四级残疾的,为当地职工月平均工资的30%。退出现役的残疾军人的护理费,由县级以上地方人民政府退役军人事务部门发给;未退出现役的残疾军人的护理费,经军队军级以上单位批准,由所在部队发给。④ (8)残疾军人的辅助器械。残疾军人需要配制假肢、代步三轮车等辅助器械,正在服现役的,由军队军级以上单位负责解决;退出现役的,由省级人民政府退役军人事务部门负责解决。⑤

4. 军人的优待。(1)烈士遗属的优待。烈士遗属依照《烈士褒扬条例》的规定享受优待。⑥ (2)义务兵和初级士官的优抚。义务兵服现役期间,其家庭由当地人民政府发给优待金或者给予其他优待,优待标准不低于当地平均生活水平。义务兵和初级士官入伍前是国家机关、社会团体、企业事业单位职工(含合同制

---

① 《军人抚恤优待条例》第27条。
② 《军人抚恤优待条例》第28条。
③ 《军人抚恤优待条例》第29条。
④ 《军人抚恤优待条例》第30条。
⑤ 《军人抚恤优待条例》第31条。
⑥ 《军人抚恤优待条例》第32条。

人员)的,退出现役后,允许复工复职,并享受不低于本单位同岗位(工种)、同工龄职工的各项待遇;服现役期间,其家属继续享受该单位职工家属的有关福利待遇。义务兵和初级士官入伍前的承包地(山、林)等,应当保留;服现役期间,除依照国家有关规定和承包合同的约定缴纳有关税费外,免除其他负担。义务兵从部队发出的平信,免费邮递。① (3)残疾军人的优待。①医疗费用。国家对1级至6级残疾军人的医疗费用按照规定予以保障,由所在医疗保险统筹地区社会保险经办机构单独列账管理。具体办法由国务院退役军人事务部门会同国务院人力资源社会保障部门、财政部门规定。7级至10级残疾军人旧伤复发的医疗费用,已经参加工伤保险的,由工伤保险基金支付,未参加工伤保险,有工作的由工作单位解决,没有工作的由当地县级以上地方人民政府负责解决;7级至10级残疾军人旧伤复发以外的医疗费用,未参加医疗保险且本人支付有困难的,由当地县级以上地方人民政府酌情给予补助。残疾军人、复员军人、带病回乡退伍军人以及因公牺牲军人遗属、病故军人遗属享受医疗优惠待遇。具体办法由省、自治区、直辖市人民政府规定。中央财政对抚恤优待对象人数较多的困难地区给予适当补助,用于帮助解决抚恤优待对象的医疗费用困难问题。② ②生活福利和医疗待遇。在国家机关、社会团体、企业事业单位工作的残疾军人,享受与所在单位工伤人员同等的生活福利和医疗待遇。所在单位不得因其残疾将其辞退、解聘或者解除劳动关系。③ (4)现役军人的优待。①交通工具票价的优待。现役军人凭有效证件、残疾军人凭《中华人民共和国残疾军人证》优先购票乘坐境内运行的火车、轮船、长途公共汽车以及民航班机;残疾军人享受减收正常票价50%的优待。现役军人凭有效证件乘坐市内公共汽车、电车和轨道交通工具享受优待,具体办法由有关城市人民政府规定。残疾军人凭《中华人民共和国残疾军人证》免费乘坐市内公共汽车、电车和轨道交通工具。④ ②参观游览的优待。现役军人、残疾军人凭有效证件参观游览公园、博物馆、名胜古迹享受优待,具体办法由公园、博物馆、名胜古迹管理单位所在地的县级以上地方人民政府规定。⑤

---

① 《军人抚恤优待条例》第33条。
② 《军人抚恤优待条例》第34条。
③ 《军人抚恤优待条例》第35条。
④ 《军人抚恤优待条例》第36条。
⑤ 《军人抚恤优待条例》第37条。

(5)军人亲属的优待。①优先批准服现役。因公牺牲军人、病故军人的子女、兄弟姐妹,本人自愿应征并且符合征兵条件的,优先批准服现役。① ②家属安置的优待。第一,经军队师(旅)级以上单位政治机关批准随军的现役军官家属、文职干部家属、士官家属,由驻军所在地的公安机关办理落户手续。随军前是国家机关、社会团体、企业事业单位职工的,驻军所在地人民政府人力资源社会保障部门应当接收和妥善安置;随军前没有工作单位的,驻军所在地人民政府应当根据本人的实际情况作出相应安置;对自谋职业的,按照国家有关规定减免有关费用。② 第二,驻边疆国境的县(市)、沙漠区、国家确定的边远地区中的三类地区和军队确定的特、一、二类岛屿部队的现役军官、文职干部、士官,其符合随军条件无法随军的家属,所在地人民政府应当妥善安置,保障其生活不低于当地的平均生活水平。③ 第三,随军的烈士遗属、因公牺牲军人遗属和病故军人遗属移交地方人民政府安置的,享受《军人抚恤优待条例》和当地人民政府规定的抚恤优待。④ (6)退役军人的优待。①定期定量补助。复员军人生活困难的,按照规定的条件,由当地人民政府退役军人事务部门给予定期定量补助,逐步改善其生活条件。⑤ ②优先录取。义务兵和初级士官退出现役后,报考国家公务员、高等学校和中等职业学校,在与其他考生同等条件下优先录取。残疾军人、因公牺牲军人子女、1级至4级残疾军人的子女,驻边疆国境的县(市)、沙漠区、国家确定的边远地区中的三类地区和军队确定的特、一、二类岛屿部队现役军人的子女报考普通高中、中等职业学校、高等学校,在录取时按照国家有关规定给予优待;接受学历教育的,在同等条件下优先享受国家规定的各项助学政策。现役军人子女的入学、入托,在同等条件下优先接收。具体办法由国务院退役军人事务部门会同国务院教育部门规定。⑥ (7)相关人员共同享受的优待。①承租、购买住房的优待。残疾军人、复员军人、带病回乡退伍军人、因公牺牲军人遗属、病故军人遗属承租、购买住房依照有关规定享受优先、优惠待遇。居住农村的抚恤优待对象住房有困难的,由地方人民政府帮助解决。具体办法由省、自治区、直辖市人民

---

① 《军人抚恤优待条例》第38条。
② 《军人抚恤优待条例》第41条。
③ 《军人抚恤优待条例》第42条。
④ 《军人抚恤优待条例》第43条。
⑤ 《军人抚恤优待条例》第44条。
⑥ 《军人抚恤优待条例》第39条。

政府规定。① ②优先接收的优待。国家兴办优抚医院、光荣院,治疗或者集中供养孤老和生活不能自理的抚恤优待对象。各类社会福利机构应当优先接收抚恤优待对象。② (8)抚恤优待资格的取消。抚恤优待对象被判处有期徒刑、剥夺政治权利或者被通缉期间,中止其抚恤优待;被判处死刑、无期徒刑的,取消其抚恤优待资格。③

5. 军人抚恤优待的法律责任。(1)军人抚恤优待管理单位及其工作人员等的法律责任。①军人抚恤优待管理单位及其工作人员挪用、截留、私分军人抚恤优待经费,构成犯罪的,依法追究相关责任人员的刑事责任;尚不构成犯罪的,对相关责任人员依法给予行政处分或者纪律处分。被挪用、截留、私分的军人抚恤优待经费,由上一级人民政府退役军人事务部门、军队有关部门责令追回。④ ②军人抚恤优待管理单位及其工作人员、参与军人抚恤优待工作的单位及工作人员有下列行为之一的,由其上级主管部门责令改正;情节严重,构成犯罪的,依法追究相关责任人员的刑事责任;尚不构成犯罪的,对相关责任人员依法给予行政处分或者纪律处分:第一,违反规定审批军人抚恤待遇的;第二,在审批军人抚恤待遇工作中出具虚假诊断、鉴定、证明的;第三,不按规定的标准、数额、对象审批或者发放抚恤金、补助金、优待金的;第四,在军人抚恤优待工作中利用职权谋取私利的。⑤ (2)有军人优待义务的单位不履行优待义务的法律责任。负有军人优待义务的单位不履行优待义务的,由县级人民政府退役军人事务部门责令限期履行义务;逾期仍未履行的,处以2000元以上1万元以下罚款。对直接负责的主管人员和其他直接责任人员依法给予行政处分、纪律处分。因不履行优待义务使抚恤优待对象受到损失的,应当依法承担赔偿责任。⑥ (3)抚恤优待对象的法律责任。抚恤优待对象有下列行为之一的,由县级人民政府退役军人事务部门给予警告,限期退回非法所得;情节严重的,停止其享受的抚恤、优待;构成犯罪的,依法追究刑事责任:①冒领抚恤金、优待金、补助金的;②虚报病情骗取医药费的;③出具假证明,伪造证件、印章骗取抚恤金、优待金、补助金的。⑦

---

① 《军人抚恤优待条例》第40条。
② 《军人抚恤优待条例》第45条。
③ 《军人抚恤优待条例》第50条。
④ 《军人抚恤优待条例》第46条。
⑤ 《军人抚恤优待条例》第47条。
⑥ 《军人抚恤优待条例》第48条。
⑦ 《军人抚恤优待条例》第49条。

第七节　农村的五保供养

农村五保供养,是指依照《农村五保供养工作条例》规定,在吃、穿、住、医、葬方面给予村民的生活照顾和物质帮助。

一、农村五保供养

1. 农村五保供养的一般规则。(1)适用的法律。①为了做好农村五保供养工作,保障农村五保供养对象的正常生活,促进农村社会保障制度的发展,制定《农村五保供养工作条例》。①《农村五保供养工作条例》所称农村五保供养,是指依照本条例规定,在吃、穿、住、医、葬方面给予村民的生活照顾和物质帮助。②②《农村五保供养工作条例》自2006年3月1日起施行。1994年1月23日国务院发布的《农村五保供养工作条例》同时废止。③ (2)主管部门的职责分工。国务院民政部门主管全国的农村五保供养工作;县级以上地方各级人民政府民政部门主管本行政区域内的农村五保供养工作。乡、民族乡、镇人民政府管理本行政区域内的农村五保供养工作。村民委员会协助乡、民族乡、镇人民政府开展农村五保供养工作。④ (3)国家的倡导及表彰。①国家鼓励社会组织和个人为农村五保供养对象和农村五保供养工作提供捐助和服务。⑤ ②国家对在农村五保供养工作中做出显著成绩的单位和个人,给予表彰和奖励。⑥

2. 农村五保供养的对象。(1)享受农村五保供养待遇的人员。老年、残疾或者未满16周岁的村民,无劳动能力、无生活来源又无法定赡养、抚养、扶养义务人,或者其法定赡养、抚养、扶养义务人无赡养、抚养、扶养能力的,享受农村五保供养待遇。⑦ (2)享受农村五保供养待遇的申请。享受农村五保供养待遇,应当由村民本人向村民委员会提出申请;因年幼或者智力残疾无法表达意愿的,由村

---

① 《农村五保供养工作条例》第1条。
② 《农村五保供养工作条例》第2条。
③ 《农村五保供养工作条例》第26条。
④ 《农村五保供养工作条例》第3条。
⑤ 《农村五保供养工作条例》第4条。
⑥ 《农村五保供养工作条例》第5条。
⑦ 《农村五保供养工作条例》第6条。

民小组或者其他村民代为提出申请。经村民委员会民主评议,对符合《农村五保供养工作条例》第 6 条规定条件的,在本村范围内公告;无重大异议的,由村民委员会将评议意见和有关材料报送乡、民族乡、镇人民政府审核。乡、民族乡、镇人民政府应当自收到评议意见之日起 20 日内提出审核意见,并将审核意见和有关材料报送县级人民政府民政部门审批。县级人民政府民政部门应当自收到审核意见和有关材料之日起 20 日内作出审批决定。对批准给予农村五保供养待遇的,发给《农村五保供养证书》;对不符合条件不予批准的,应当书面说明理由。乡、民族乡、镇人民政府应当对申请人的家庭状况和经济条件进行调查核实;必要时,县级人民政府民政部门可以进行复核。申请人、有关组织或者个人应当配合、接受调查,如实提供有关情况。① 《农村五保供养证书》由国务院民政部门规定式样,由省、自治区、直辖市人民政府民政部门监制。② (3)农村五保供养待遇的核销。农村五保供养对象不再符合《农村五保供养工作条例》第 6 条规定条件的,村民委员会或者敬老院等农村五保供养服务机构(以下简称农村五保供养服务机构)应当向乡、民族乡、镇人民政府报告,由乡、民族乡、镇人民政府审核并报县级人民政府民政部门核准后,核销其《农村五保供养证书》。农村五保供养对象死亡,丧葬事宜办理完毕后,村民委员会或者农村五保供养服务机构应当向乡、民族乡、镇人民政府报告,由乡、民族乡、镇人民政府报县级人民政府民政部门核准后,核销其《农村五保供养证书》。③

3. 享受农村五保供养的内容。(1)农村五保供养的具体供养内容。农村五保供养包括下列供养内容:①供给粮油、副食品和生活用燃料;②供给服装、被褥等生活用品和零用钱;③提供符合基本居住条件的住房;④提供疾病治疗,对生活不能自理的给予照料;⑤办理丧葬事宜。农村五保供养对象未满 16 周岁或者已满 16 周岁仍在接受义务教育的,应当保障他们依法接受义务教育所需费用。农村五保供养对象的疾病治疗,应当与当地农村合作医疗和农村医疗救助制度相衔接。④ (2)农村五保供养的标准。农村五保供养标准不得低于当地村民的平均生活水平,并根据当地村民平均生活水平的提高适时调整。农村五保供养标

---

① 《农村五保供养工作条例》第 7 条。
② 《农村五保供养工作条例》第 25 条。
③ 《农村五保供养工作条例》第 8 条。
④ 《农村五保供养工作条例》第 9 条。

准，可以由省、自治区、直辖市人民政府制定，在本行政区域内公布执行，也可以由设区的市级或者县级人民政府制定，报所在的省、自治区、直辖市人民政府备案后公布执行。国务院民政部门、国务院财政部门应当加强对农村五保供养标准制定工作的指导。① （3）农村五保供养的资金。农村五保供养资金，在地方人民政府财政预算中安排。有农村集体经营等收入的地方，可以从农村集体经营等收入中安排资金，用于补助和改善农村五保供养对象的生活。农村五保供养对象将承包土地交由他人代耕的，其收益归该农村五保供养对象所有。具体办法由省、自治区、直辖市人民政府规定。中央财政对财政困难地区的农村五保供养，在资金上给予适当补助。农村五保供养资金，应当专门用于农村五保供养对象的生活，任何组织或者个人不得贪污、挪用、截留或者私分。②

4. 农村五保供养的形式。（1）农村五保供养的具体形式。①农村五保供养对象可以在当地的农村五保供养服务机构集中供养，也可以在家分散供养。农村五保供养对象可以自行选择供养形式。③ 集中供养的农村五保供养对象，由农村五保供养服务机构提供供养服务；分散供养的农村五保供养对象，可以由村民委员会提供照料，也可以由农村五保供养服务机构提供有关供养服务。④ ②各级人民政府应当把农村五保供养服务机构建设纳入经济社会发展规划。县级人民政府和乡、民族乡、镇人民政府应当为农村五保供养服务机构提供必要的设备、管理资金，并配备必要的工作人员。⑤ （2）农村五保供养的服务机构。①农村五保供养服务机构应当建立健全内部民主管理和服务管理制度。农村五保供养服务机构工作人员应当经过必要的培训。⑥ ②农村五保供养服务机构可以开展以改善农村五保供养对象生活条件为目的的农副业生产。地方各级人民政府及其有关部门应当对农村五保供养服务机构开展农副业生产给予必要的扶持。⑦ （3）农村五保供养的供养服务协议。乡、民族乡、镇人民政府应当与村民委员会或者农村五保供养服务机构签订供养服务协议，保证农村五保供养对象享受符

---

① 《农村五保供养工作条例》第10条。
② 《农村五保供养工作条例》第11条。
③ 《农村五保供养工作条例》第12条。
④ 《农村五保供养工作条例》第13条。
⑤ 《农村五保供养工作条例》第14条。
⑥ 《农村五保供养工作条例》第15条。
⑦ 《农村五保供养工作条例》第16条。

合要求的供养。村民委员会可以委托村民对分散供养的农村五保供养对象提供照料。①

5. 农村五保供养的监督管理。(1)县级以上人民政府的监管。县级以上人民政府应当依法加强对农村五保供养工作的监督管理。县级以上地方各级人民政府民政部门和乡、民族乡、镇人民政府应当制定农村五保供养工作的管理制度,并负责督促实施。②(2)财政部门及审计机关的监管。财政部门应当按时足额拨付农村五保供养资金,确保资金到位,并加强对资金使用情况的监督管理。审计机关应当依法加强对农村五保供养资金使用情况的审计。③(3)地方人民政府及其有关部门的监管。农村五保供养服务机构应当遵守治安、消防、卫生、财务会计等方面的法律、法规和国家有关规定,向农村五保供养对象提供符合要求的供养服务,并接受地方人民政府及其有关部门的监督管理。④(4)社会的监管。农村五保供养待遇的申请条件、程序、民主评议情况以及农村五保供养的标准和资金使用情况等,应当向社会公告,接受社会监督。⑤

6. 农村五保供养的法律责任。(1)行政机关及其工作人员的法律责任。违反《农村五保供养工作条例》规定,有关行政机关及其工作人员有下列行为之一的,对直接负责的主管人员以及其他直接责任人员依法给予行政处分;构成犯罪的,依法追究刑事责任:①对符合农村五保供养条件的村民不予批准享受农村五保供养待遇的,或者对不符合农村五保供养条件的村民批准其享受农村五保供养待遇的;②贪污、挪用、截留、私分农村五保供养款物的;③有其他滥用职权、玩忽职守、徇私舞弊行为的。⑥(2)村民委员会组成人员的法律责任。违反《农村五保供养工作条例》规定,村民委员会组成人员贪污、挪用、截留农村五保供养款物的,依法予以罢免;构成犯罪的,依法追究刑事责任。违反《农村五保供养工作条例》规定,农村五保供养服务机构工作人员私分、挪用、截留农村五保供养款物的,予以辞退;构成犯罪的,依法追究刑事责任。⑦(3)村民委员会或者农村五保

---

① 《农村五保供养工作条例》第17条。
② 《农村五保供养工作条例》第18条。
③ 《农村五保供养工作条例》第19条。
④ 《农村五保供养工作条例》第21条。
⑤ 《农村五保供养工作条例》第20条。
⑥ 《农村五保供养工作条例》第22条。
⑦ 《农村五保供养工作条例》第23条。

供养服务机构的法律责任。违反《农村五保供养工作条例》规定,村民委员会或者农村五保供养服务机构对农村五保供养对象提供的供养服务不符合要求的,由乡、民族乡、镇人民政府责令限期改正;逾期不改正的,乡、民族乡、镇人民政府有权终止供养服务协议;造成损失的,依法承担赔偿责任。①

二、农村五保供养的服务机构管理

1. 农村五保供养服务机构管理的一般规则。(1)适用的法律。①为了加强农村五保供养服务机构管理,提高供养服务能力和水平,保障农村五保供养对象的正常生活,根据《农村五保供养工作条例》和国家有关规定,制定《农村五保供养服务机构管理办法》。②《农村五保供养服务机构管理办法》所称农村五保供养服务机构,是指县级人民政府民政部门或者乡、民族乡、镇人民政府(以下简称主办机关)举办的,为农村五保供养对象提供供养服务的公益性机构。符合条件的农村五保供养服务机构,应当依法办理事业单位法人登记。③ ②鼓励其他社会福利机构为农村五保供养对象提供供养服务,相关管理和服务参照《农村五保供养服务机构管理办法》执行。④ ③《农村五保供养服务机构管理办法》自2011年1月1日起施行。1997年3月18日民政部发布的《农村敬老院管理暂行办法》同时废止。⑤ (2)主管部门的职责分工。县级以上人民政府民政部门负责本行政区域内的农村五保供养服务机构管理工作。乡、民族乡、镇人民政府管理其举办的农村五保供养服务机构,并接受县级人民政府民政部门的业务指导。⑥ (3)供养服务机构。①等级评定。农村五保供养服务机构实行等级评定,具体评定办法另行规定。⑦ ②表彰及奖励。县级以上人民政府民政部门对在农村五保供养服务机构建设、管理和服务工作中作出显著成绩的单位和个人,给予表彰和奖励。⑧

2. 农村五保供养服务机构的规划及建设。(1)供养服务机构的建设。①编制专项规划。县级以上人民政府民政部门应当根据本级人民政府经济社会发展

---

① 《农村五保供养工作条例》第24条。
② 《农村五保供养服务机构管理办法》第1条。
③ 《农村五保供养服务机构管理办法》第2条。
④ 《农村五保供养服务机构管理办法》第38条。
⑤ 《农村五保供养服务机构管理办法》第39条。
⑥ 《农村五保供养服务机构管理办法》第3条。
⑦ 《农村五保供养服务机构管理办法》第4条。
⑧ 《农村五保供养服务机构管理办法》第5条。

规划,会同有关部门编制农村五保供养服务机构建设专项规划,并组织实施。①②建设供养服务机构。农村人口规模较大、农村五保供养对象较多的乡、民族乡、镇,应当建设能够满足当地农村五保供养对象集中供养需要的农村五保供养服务机构。县级人民政府民政部门根据实际需要,可以建设能够满足若干乡、民族乡、镇农村五保供养对象集中供养需要的农村五保供养服务机构。②(2)供养服务机构的条件。①建筑条件。农村五保供养服务机构建设应当符合国家有关的建筑设计规范和标准,坚持改建、扩建、新建相结合,充分利用闲置的设施。农村五保供养服务机构的建设规模原则上不少于40张床位。③②住房条件。农村五保供养服务机构应当为每名农村五保供养对象提供使用面积不少于6平方米的居住用房。农村五保供养服务机构应当建有厨房、餐厅、活动室、浴室、卫生间、办公室等辅助用房。④③基本生活设施及设备场地。农村五保供养服务机构应当配置基本生活设施,配备必要的膳食制作、医疗保健、文体娱乐、供暖降温、办公管理等设备。有条件的农村五保供养服务机构应当具备开展农副业生产所必需的场地和设施。⑤

3. 农村五保供养服务机构的服务对象。(1)农村五保的供养。①对自愿选择集中供养的农村五保供养对象,经县级人民政府民政部门安排,有供养能力的农村五保供养服务机构不得拒绝接收。农村五保供养服务机构应当优先供养生活不能自理的农村五保供养对象。⑥②接收患有精神病、传染病农村五保供养对象的农村五保供养服务机构应当具备相应的治疗护理能力。⑦③乡、民族乡、镇人民政府应当与农村五保供养服务机构签订供养服务协议,委托其为农村五保供养对象提供供养服务。协议范本由县级人民政府民政部门制定,并报上一级民政部门备案。⑧ (2)社会养老服务。农村五保供养服务机构在满足当地农村五保供养对象集中供养需要的基础上,可以开展社会养老服务。开展社会养老服

---

① 《农村五保供养服务机构管理办法》第6条。
② 《农村五保供养服务机构管理办法》第7条。
③ 《农村五保供养服务机构管理办法》第8条。
④ 《农村五保供养服务机构管理办法》第9条。
⑤ 《农村五保供养服务机构管理办法》第10条。
⑥ 《农村五保供养服务机构管理办法》第11条。
⑦ 《农村五保供养服务机构管理办法》第12条。
⑧ 《农村五保供养服务机构管理办法》第13条。

务的农村五保供养服务机构应当与服务对象或者其赡养人签订协议,约定双方的权利和义务。农村五保供养服务机构不得因开展社会养老服务降低对农村五保供养对象的集中供养条件和服务水平。[1] (3)五保供养对象及社会养老服务对象的要求。农村五保供养对象和社会养老服务对象应当遵守农村五保供养服务机构的规章制度,爱护公共财物,文明礼貌,团结互助。[2]

4. 农村五保供养服务机构的服务内容及要求。(1)集中供养的服务。①农村五保供养的服务、费用及基本型辅助器具。农村五保供养服务机构应当向农村五保供养对象提供下列服务:第一,提供符合食品卫生要求、适合农村五保供养对象需要的膳食;第二,提供服装、被褥等生活用品和零用钱;第三,提供符合居住条件的住房;第四,提供日常诊疗服务,对生活不能自理的给予护理照料;第五,妥善办理丧葬事宜。集中供养的农村五保供养对象未满16周岁或者已满16周岁仍在接受义务教育的,农村五保供养服务机构应当依法保证其接受并完成义务教育,保障所需费用。有条件的农村五保供养服务机构应当为集中供养的重度残疾五保供养对象适配基本型辅助器具。[3] ②供养水平。农村五保供养服务机构的实际供养水平不得低于当地公布的农村五保集中供养标准。[4] ③供养服务的具体内容。第一,供养服务。农村五保供养服务机构提供的供养服务,应当符合有关法律法规和规章的规定,符合国家的标准规范,尊重少数民族习惯。[5] 第二,日常诊疗服务及医疗待遇。农村五保供养服务机构应当协同驻地乡镇卫生院或者其他医疗机构为农村五保供养对象提供日常诊疗服务。经卫生行政部门许可,有条件的农村五保供养服务机构可以设立医务室,为农村五保供养对象提供日常诊疗服务。农村五保供养服务机构应当协助有关部门保障农村五保供养对象享受农村合作医疗和农村医疗救助待遇。[6] 第三,亲情化服务。农村五保供养服务机构应当提供亲情化服务,组织文化娱乐、体育健身等活动,丰富农村五保供养对象的精神生活。[7] (2)分散供养的服务。农村五保供养服务机构可以

---

[1] 《农村五保供养服务机构管理办法》第14条。
[2] 《农村五保供养服务机构管理办法》第15条。
[3] 《农村五保供养服务机构管理办法》第16条。
[4] 《农村五保供养服务机构管理办法》第17条。
[5] 《农村五保供养服务机构管理办法》第18条。
[6] 《农村五保供养服务机构管理办法》第19条。
[7] 《农村五保供养服务机构管理办法》第20条。

向分散供养的农村五保供养对象提供服务,具体服务方式由县级人民政府民政部门规定。①

5. 农村五保供养服务机构的内部管理。(1)建立规章制度并公布。农村五保供养服务机构应当建立健全财务管理、档案管理、环境卫生、安全保卫等规章制度,并向农村五保供养对象公开。②(2)实行院长负责制及岗位责任制。农村五保供养服务机构实行院长负责制,主办机关应当定期对院长履行职责的情况进行考核。农村五保供养服务机构应当根据实际需要科学设定岗位,明确岗位要求和工作流程,实行岗位责任制。③(3)设立院务管理委员会。农村五保供养服务机构应当设立院务管理委员会,实行院务公开。院务管理委员会由主办机关代表、农村五保供养对象代表和工作人员代表组成,其中农村五保供养对象代表应当达到1/2以上。院务管理委员会由农村五保供养服务机构全体人员民主选举产生,履行以下职责:①监督本机构各项规章制度的执行情况;②监督本机构财务收支和管理情况;③监督院长和工作人员的工作;④调解农村五保供养对象之间的矛盾纠纷;⑤组织协调农村五保供养对象开展自我服务和自我管理;⑥其他院务管理职责。④(4)农副业生产的收入及资产的管理。①农村五保供养服务机构可以采取多种形式开展农副业生产,其收入应当用于改善农村五保供养对象的生活,任何单位和个人不得侵占、挪用。农村五保供养服务机构可以鼓励农村五保供养对象参加有益身心健康和力所能及的生产活动,并给予适当报酬。⑤②农村五保供养服务机构管理和使用的资产,任何单位和个人不得侵占,需要办理登记的应当依据有关规定办理登记手续。⑥

6. 农村五保供养服务机构的工作人员。(1)工作人员的种类。①聘用的供养服务机构负责人。农村五保供养服务机构负责人由主办机关聘任,其他工作人员由农村五保供养服务机构聘用。⑦②配备的工作人员。农村五保供养服务机构应当根据服务对象的数量和需求,配备工作人员。有条件的农村五保供

---

① 《农村五保供养服务机构管理办法》第21条。
② 《农村五保供养服务机构管理办法》第22条。
③ 《农村五保供养服务机构管理办法》第23条。
④ 《农村五保供养服务机构管理办法》第24条。
⑤ 《农村五保供养服务机构管理办法》第25条。
⑥ 《农村五保供养服务机构管理办法》第26条。
⑦ 《农村五保供养服务机构管理办法》第28条。

服务机构应当配备专业社会工作者。①（2）聘用合同及者劳动合同的订立。农村五保供养服务机构或者其主办机关应当与工作人员订立聘用合同或者劳动合同。农村五保供养服务机构或者其主办机关应当保障工作人员的工资待遇不低于当地最低工资标准，并为其办理相应的养老、医疗、工伤等社会保险。②（3）工作人员的培训及考核。县级人民政府民政部门应当对农村五保供养服务机构工作人员进行业务培训，考核合格的，准予上岗服务。③

7. 农村五保供养服务机构的经费保障。（1）建设资金和管理资金。农村五保供养服务机构的建设资金和管理资金应当按照财政预算管理程序申报，经审核后从财政预算中安排。管理资金是指维持农村五保供养服务机构正常运转必需支出的各项费用，主要包括工作人员工资、办公经费、设备设施购置维护经费和水电燃料费等。④（2）集中供养资金。农村五保供养对象的集中供养资金应当按照当地人民政府公布的集中供养标准，纳入县乡财政专项保障，并按时拨付到农村五保供养服务机构。农村五保供养服务机构应当将集中供养资金全部用于为农村五保供养对象提供供养服务，不得挪作他用。⑤（3）其他资金。①福利彩票公益金。县级以上人民政府民政部门应当每年从本级福利彩票公益金中安排一定数量，用于支持农村五保供养服务机构建设和维护。⑥②捐赠。鼓励机关、企业、事业单位、社会组织、个人向农村五保供养服务机构提供捐赠，帮助改善农村五保供养对象的生活条件。⑦

8. 农村五保供养服务机构等的法律责任。（1）农村五保供养服务机构的法律责任。农村五保供养服务机构有下列行为之一的，由县级人民政府民政部门或者乡、民族乡、镇人民政府责令限期改正；逾期不改正的，县级人民政府民政部门或者乡、民族乡、镇人民政府应当终止供养服务协议；造成损失的，依法承担赔偿责任：①歧视、虐待农村五保供养对象的；②未尽到管理和服务义务致使农村五保供养对象合法权益遭受侵害的；③侵占农村五保供养对象财产的；④其他违

---

① 《农村五保供养服务机构管理办法》第27条。
② 《农村五保供养服务机构管理办法》第29条。
③ 《农村五保供养服务机构管理办法》第30条。
④ 《农村五保供养服务机构管理办法》第31条。
⑤ 《农村五保供养服务机构管理办法》第32条。
⑥ 《农村五保供养服务机构管理办法》第33条。
⑦ 《农村五保供养服务机构管理办法》第34条。

反规定的行为。① (2)农村五保供养服务机构工作人员的法律责任。农村五保供养服务机构工作人员有下列行为之一的,予以批评教育;情节严重的,予以辞退;造成损失的,依法承担赔偿责任;构成犯罪的,依法追究刑事责任:①私分、挪用、截留农村五保供养款物的;②私分、挪用农副业生产经营收入的;③辱骂、殴打、虐待农村五保供养对象的;④盗窃、侵占农村五保供养对象或者农村五保供养服务机构财产的;⑤其他违反规定的行为。② (3)农村五保供养对象的法律责任。农村五保供养对象有下列行为之一的,予以批评教育;情节严重的,停止集中供养;构成犯罪的,依法追究刑事责任:①违反农村五保供养服务机构的规定,扰乱正常生活秩序的;②打架、斗殴,造成他人身体伤害的;③损毁、盗窃、侵占农村五保供养服务机构或者其他农村五保供养对象财产的;④其他违反规定的行为。③

第八节 人力资源社会保障的行政复议

人力资源社会保障的行政复议,是指公民、法人或者其他组织认为劳动和社会保障具体行政行为侵犯了其合法权益而提出行政复议申请的法律制度。

一、人力资源社会保障行政复议的一般规则

1. 人力资源社会保障的行政复议适用的法律。(1)公民、法人或者其他组织认为人力资源社会保障部门作出的具体行政行为侵犯其合法权益,向人力资源社会保障行政部门申请行政复议,人力资源社会保障行政部门及其法制工作机构开展行政复议相关工作,适用《人力资源社会保障行政复议办法》。④ (2)行政复议机关可以使用行政复议专用章。在人力资源社会保障行政复议活动中,行政复议专用章和行政复议机关印章具有同等效力。⑤ (3)《人力资源社会保障行

---

① 《农村五保供养服务机构管理办法》第35条。
② 《农村五保供养服务机构管理办法》第36条。
③ 《农村五保供养服务机构管理办法》第37条。
④ 《人力资源社会保障行政复议办法》第2条。
《人力资源社会保障行政复议办法》第1条规定:"为了规范人力资源社会保障行政复议工作,根据《中华人民共和国行政复议法》(以下简称行政复议法)和《中华人民共和国行政复议法实施条例》(以下简称行政复议法实施条例),制定本办法。"
⑤ 《人力资源社会保障行政复议办法》第57条。

政复议办法》未规定事项,依照行政复议法、行政复议法实施条例规定执行。[1](4)《人力资源社会保障行政复议办法》自发布之日起施行。劳动和社会保障部1999年11月23日发布的《劳动和社会保障行政复议办法》(劳动和社会保障部令第5号)同时废止。[2]

2. 人力资源社会保障行政复议的主管机关及人员。(1)行政复议机关。①各级人力资源社会保障行政部门是人力资源社会保障行政复议机关(以下简称行政复议机关),应当认真履行行政复议职责,遵循合法、公正、公开、及时、便民的原则,坚持有错必纠,保障法律、法规和人力资源社会保障规章的正确实施。行政复议机关应当依照有关规定配备专职行政复议人员,为行政复议工作提供财政保障。[3]《人力资源社会保障行政复议办法》所称人力资源社会保障部门包括人力资源社会保障行政部门、社会保险经办机构、公共就业服务机构等具有行政职能的机构。[4] ②行政复议机关负责法制工作的机构具体办理行政复议事项,履行下列职责:第一,处理行政复议申请;第二,向有关组织和人员调查取证,查阅文件和资料,组织行政复议听证;第三,依照《行政复议法实施条例》第9条的规定,办理第三人参加行政复议事项;第四,依照《行政复议法实施条例》第41条的规定,决定行政复议中止、恢复行政复议审理事项;第五,依照《行政复议法实施条例》第42条的规定,拟订行政复议终止决定;第六,审查申请行政复议的具体行政行为是否合法与适当,提出处理建议,拟订行政复议决定,主持行政复议调解,审查和准许行政复议和解协议;第七,处理或者转送对《行政复议法》第7条所列有关规定的审查申请;第八,依照《行政复议法》第29条的规定,办理行政赔偿等事项;第九,依照《行政复议法实施条例》第37条的规定,办理鉴定事项;第十,按照职责权限,督促行政复议申请的受理和行政复议决定的履行;还包括"对人力资源社会保障部门及其工作人员违反《行政复议法》《行政复议法实施条例》和《人力资源社会保障行政复议办法》规定的行为依照规定的权限和程序提出处理建议""研究行政复议过程中发现的问题,及时向有关机关和部门提出建议,重大问题及时向行政复议机关报告""办理因不服行政复议决定提起行政诉

---

[1] 《人力资源社会保障行政复议办法》第58条。
[2] 《人力资源社会保障行政复议办法》第59条。
[3] 《人力资源社会保障行政复议办法》第3条。
[4] 《人力资源社会保障行政复议办法》第55条。

讼的行政应诉事项""办理或者组织办理未经行政复议直接提起行政诉讼的行政应诉事项""办理行政复议、行政应诉案件统计和重大行政复议决定备案事项""组织培训""法律、法规规定的其他职责"。① ③人力资源社会保障行政复议活动所需经费、办公用房以及交通、通信、摄像、录音等设备由各级人力资源社会保障部门予以保障。② (2) 行政复议人员。①专职行政复议人员应当具备与履行行政复议职责相适应的品行、专业知识和业务能力,并取得相应资格。各级人力资源社会保障部门应当保障行政复议人员参加培训的权利,应当为行政复议人员参加法律类资格考试提供必要的帮助。③ ②行政复议人员享有下列权利:第一,依法履行行政复议职责的行为受法律保护;第二,获得履行行政复议职责相应的物质条件;第三,对行政复议工作提出建议;第四,参加培训;第五,法律、法规和规章规定的其他权利。行政复议人员应当履行下列义务:第一,严格遵守宪法和法律;第二,以事实为根据,以法律为准绳审理行政复议案件;第三,忠于职守,尽职尽责,清正廉洁,秉公执法;第四,依法保障行政复议参加人的合法权益;第五,保守国家秘密、商业秘密和个人隐私;第六,维护国家利益、社会公共利益,维护公民、法人或者其他组织的合法权益;第七,法律、法规和规章规定的其他义务。④

二、人力资源社会保障行政复议的适用范围

1. 可以依法申请行政复议的情形。有下列情形之一的,公民、法人或者其他组织可以依法申请行政复议:(1) 对人力资源社会保障部门作出的警告、罚款、没收违法所得、依法予以关闭、吊销许可证等行政处罚决定不服的;(2) 对人力资源社会保障部门作出的行政处理决定不服的;(3) 对人力资源社会保障部门作出的行政许可、行政审批不服的;(4) 对人力资源社会保障部门作出的行政确认不服的;(5) 认为人力资源社会保障部门不履行法定职责的;(6) 认为人力资源社会保障部门违法收费或者违法要求履行义务的;(7) 认为人力资源社会保障部门作出的其他具体行政行为侵犯其合法权益的。⑤

2. 不能申请行政复议的事项。公民、法人或者其他组织对下列事项,不能申

---

① 《人力资源社会保障行政复议办法》第4条。
② 《人力资源社会保障行政复议办法》第56条。
③ 《人力资源社会保障行政复议办法》第5条。
④ 《人力资源社会保障行政复议办法》第6条。
⑤ 《人力资源社会保障行政复议办法》第7条。

请行政复议:(1)人力资源社会保障部门作出的行政处分或者其他人事处理决定;(2)劳动者与用人单位之间发生的劳动人事争议;(3)劳动能力鉴定委员会的行为;(4)劳动人事争议仲裁委员会的仲裁、调解等行为;(5)已就同一事项向其他有权受理的行政机关申请行政复议的;(6)向人民法院提起行政诉讼,人民法院已经依法受理的;(7)法律、行政法规规定的其他情形。①

三、人力资源社会保障行政复议的申请

1. 行政复议的申请人。(1)依照《人力资源社会保障行政复议办法》规定申请行政复议的公民、法人或者其他组织为人力资源社会保障行政复议申请人。②(2)同一行政复议案件申请人超过5人的,推选1至5名代表参加行政复议,并提交全体行政复议申请人签字的授权委托书以及全体行政复议申请人的身份证复印件。③ (3)依照《行政复议法实施条例》第9条的规定,公民、法人或者其他组织申请作为第三人参加行政复议,应当提交《第三人参加行政复议申请书》,该申请书应当列明其参加行政复议的事实和理由。申请作为第三人参加行政复议的,应当对其与被审查的具体行政行为有利害关系负举证责任。行政复议机构通知或者同意第三人参加行政复议的,应当制作《第三人参加行政复议通知书》,送达第三人,并注明参加行政复议的日期。④ (4)申请人、第三人可以委托1至2名代理人参加行政复议。申请人、第三人委托代理人参加行政复议的,应当向行政复议机构提交授权委托书。授权委托书应当载明下列事项:①委托人姓名或者名称,委托人为法人或者其他组织的,还应当载明法定代表人或者主要负责人的姓名、职务;②代理人姓名、性别、职业、住所以及邮政编码;③委托事项、权限和期限;④委托日期以及委托人签字或者盖章。申请人、第三人解除或者变更委托的,应当书面报告行政复议机构。⑤

2. 行政复议的被申请人。(1)公民、法人或者其他组织对人力资源社会保障部门作出的具体行政行为不服,依照本办法规定申请行政复议的,作出该具体行

---

① 《人力资源社会保障行政复议办法》第8条。
② 《人力资源社会保障行政复议办法》第9条。
③ 《人力资源社会保障行政复议办法》第10条。
④ 《人力资源社会保障行政复议办法》第11条。
⑤ 《人力资源社会保障行政复议办法》第12条。

政行为的人力资源社会保障部门为被申请人。①（2）对县级以上人力资源社会保障行政部门的具体行政行为不服的，可以向上一级人力资源社会保障行政部门申请复议，也可以向该人力资源社会保障行政部门的本级人民政府申请行政复议。对人力资源社会保障部作出的具体行政行为不服的，向人力资源社会保障部申请行政复议。②（3）对人力资源社会保障行政部门按照国务院规定设立的社会保险经办机构（以下简称社会保险经办机构）依照法律、法规规定作出的具体行政行为不服，可以向直接管理该社会保险经办机构的人力资源社会保障行政部门申请行政复议。③（4）对依法受委托的属于事业组织的公共就业服务机构、职业技能考核鉴定机构以及街道、乡镇人力资源社会保障工作机构等作出的具体行政行为不服的，可以向委托其行使行政管理职能的人力资源社会保障行政部门的上一级人力资源社会保障行政部门申请复议，也可以向该人力资源社会保障行政部门的本级人民政府申请行政复议。委托的人力资源社会保障行政部门为被申请人。④（5）对人力资源社会保障部门和政府其他部门以共同名义作出的具体行政行为不服的，可以向其共同的上一级行政部门申请复议。共同作出具体行政行为的人力资源社会保障部门为共同被申请人之一。⑤（6）人力资源社会保障部门设立的派出机构、内设机构或者其他组织，未经法律、法规授权，对外以自己名义作出具体行政行为的，该人力资源社会保障部门为被申请人。⑥

3. 行政复议的申请期限。（1）公民、法人或者其他组织认为人力资源社会保障部门作出的具体行政行为侵犯其合法权益的，可以自知道该具体行政行为之日起 60 日内提出行政复议申请。前款规定的行政复议申请期限依照下列规定计算：①当场作出具体行政行为的，自具体行政行为作出之日起计算；②载明具体行政行为的法律文书直接送达的，自受送达人签收之日起计算；③载明具体行政行为的法律文书依法留置送达的，自送达人和见证人在送达回证上签注的留置送达之日起计算；④载明具体行政行为的法律文书邮寄送达的，自受送达人在邮件签收单上签收之日起计算；没有邮件签收单的，自受送达人在送达回执上签名

---

① 《人力资源社会保障行政复议办法》第 13 条。
② 《人力资源社会保障行政复议办法》第 14 条。
③ 《人力资源社会保障行政复议办法》第 15 条。
④ 《人力资源社会保障行政复议办法》第 16 条。
⑤ 《人力资源社会保障行政复议办法》第 17 条。
⑥ 《人力资源社会保障行政复议办法》第 18 条。

之日起计算;⑤具体行政行为依法通过公告形式告知受送达人的,自公告规定的期限届满之日起计算;⑥被申请人作出具体行政行为时未告知公民、法人或者其他组织,事后补充告知的,自该公民、法人或者其他组织收到补充告知的通知之日起计算;⑦被申请人有证据材料能够证明公民、法人或者其他组织知道该具体行政行为的,自证据材料证明其知道具体行政行为之日起计算。人力资源社会保障部门作出具体行政行为,依法应当向有关公民、法人或者其他组织送达法律文书而未送达的,视为该公民、法人或者其他组织不知道该具体行政行为。申请人因不可抗力或者其他正当理由耽误法定申请期限的,申请期限自原因消除之日起继续计算。①(2)人力资源社会保障部门对公民、法人或者其他组织作出具体行政行为,应当告知其申请行政复议的权利、行政复议机关和行政复议申请期限。②

4. 行政复议申请的提出。(1)申请人书面申请行政复议的,可以采取当面递交、邮寄或者传真等方式递交行政复议申请书。有条件的行政复议机构可以接受以电子邮件形式提出的行政复议申请。对采取传真、电子邮件方式提出的行政复议申请,行政复议机构应当告知申请人补充提交证明其身份以及确认申请书真实性的相关书面材料。③(2)申请人书面申请行政复议的,应当在行政复议申请书中载明下列事项:①申请人基本情况:申请人是公民的,包括姓名、性别、年龄、身份证号码、工作单位、住所、邮政编码;申请人是法人或者其他组织的,包括名称、住所、邮政编码和法定代表人或者主要负责人的姓名、职务;②被申请人的名称;③申请行政复议的具体行政行为、行政复议请求、申请行政复议的主要事实和理由;④申请人签名或者盖章;⑤日期。申请人口头申请行政复议的,行政复议机构应当依照前款规定内容,当场制作行政复议申请笔录交申请人核对或者向申请人宣读,并由申请人签字确认。④(3)有下列情形之一的,申请人应当提供相应的证明材料:①认为被申请人不履行法定职责的,提供曾经申请被申请人履行法定职责的证明材料;②申请行政复议时一并提出行政赔偿申请的,提供受具体行政行为侵害而造成损害的证明材料;③属于《人力资源社会保障行政复

---

① 《人力资源社会保障行政复议办法》第19条。
② 《人力资源社会保障行政复议办法》第20条。
③ 《人力资源社会保障行政复议办法》第21条。
④ 《人力资源社会保障行政复议办法》第22条。

议办法》第19条第4款情形的,提供发生不可抗力或者有其他正当理由的证明材料;④需要申请人提供证据材料的其他情形。①(4)申请人提出行政复议申请时错列被申请人的,行政复议机构应当告知申请人变更被申请人。申请人变更被申请人的期间,不计入行政复议审理期限。②(5)依照《行政复议法》第7条的规定,申请人认为具体行政行为所依据的规定不合法的,可以在对具体行政行为申请行政复议的同时一并提出对该规定的审查申请;申请人在对具体行政行为提出行政复议申请时尚不知道该具体行政行为所依据的规定的,可以在行政复议机关作出行政复议决定前向行政复议机关提出对该规定的审查申请。③

四、人力资源社会保障行政复议的受理

1. 受理的审查及处理。(1)受理后的审查。行政复议机构收到行政复议申请后,应当在5日内进行审查,按照下列情况分别作出处理:①对符合《行政复议法实施条例》第28条规定条件的,依法予以受理,制作《行政复议受理通知书》和《行政复议提出答复通知书》,送达申请人和被申请人;②对符合《人力资源社会保障行政复议办法》第7条规定的行政复议范围,但不属于本机关受理范围的,应当书面告知申请人向有关行政复议机关提出;③对不符合法定受理条件的,应当作出不予受理决定,制作《行政复议不予受理决定书》,送达申请人,该决定书中应当说明不予受理的理由和依据。对不符合前款规定的行政复议申请,行政复议机构应当将有关处理情况告知申请人。④(2)具体行政行为依据合法性的审查。行政复议机关在审查申请人一并提出的作出具体行政行为所依据的规定的合法性时,应当根据具体情况,分别作出下列处理:①如果该规定是由本行政机关制定的,应当在30日内对该规定依法作出处理结论;②如果该规定是由其他人力资源社会保障行政部门制定的,应当在7日内按照法定程序转送制定该规定的人力资源社会保障行政部门,请其在60日内依法处理;③如果该规定是由人民政府制定的,应当在7日内按照法定程序转送有权处理的国家机关依法处理。对该规定进行审查期间,中止对具体行政行为的审查;审查结束后,行政复议机关再

---

① 《人力资源社会保障行政复议办法》第23条。
② 《人力资源社会保障行政复议办法》第24条。
③ 《人力资源社会保障行政复议办法》第25条。
④ 《人力资源社会保障行政复议办法》第26条。

继续对具体行政行为的审查。① (3) 审查办法。行政复议原则上采取书面审查的办法，但是申请人提出要求或者行政复议机构认为有必要的，可以向有关组织和人员调查情况，听取申请人、被申请人和第三人的意见。②

2. 受理的转送。人力资源社会保障行政部门的其他工作机构收到复议申请的，应当及时转送行政复议机构。除不符合行政复议法定条件或者不属于本机关受理的行政复议申请外，行政复议申请自行政复议机构收到之日起即为受理。③

3. 受理的补正。依照《行政复议法实施条例》第29条的规定，行政复议申请材料不齐全或者表述不清楚的，行政复议机构可以向申请人发出补正通知，一次性告知申请人需要补正的事项。补正通知应当载明下列事项：(1) 行政复议申请书中需要修改、补充的具体内容；(2) 需要补正的证明材料；(3) 合理的补正期限；(4) 逾期未补正的法律后果。补正期限从申请人收到补正通知之日起计算。无正当理由逾期不补正的，视为申请人放弃行政复议申请。申请人应当在补正期限内向行政复议机构提交需要补正的材料。补正申请材料所用时间不计入行政复议审理期限。④

4. 督促责令受理。申请人依法提出行政复议申请，行政复议机关无正当理由不予受理的，上一级人力资源社会保障行政部门可以根据申请人的申请或者依职权先行督促其受理；经督促仍不受理的，应当责令其限期受理，并且制作《责令受理行政复议申请通知书》；必要时，上一级人力资源社会保障行政部门也可以直接受理。上一级人力资源社会保障行政部门经审查认为行政复议申请不符合法定受理条件的，应当告知申请人。⑤

5. 法定的受理。劳动者与用人单位因工伤保险待遇发生争议，向劳动人事争议仲裁委员会申请仲裁期间，又对人力资源社会保障行政部门作出的工伤认定结论不服向行政复议机关申请行政复议的，如果符合法定条件，应当予以受理。⑥

---

① 《人力资源社会保障行政复议办法》第48条。
② 《人力资源社会保障行政复议办法》第31条。
③ 《人力资源社会保障行政复议办法》第27条。
④ 《人力资源社会保障行政复议办法》第28条。
⑤ 《人力资源社会保障行政复议办法》第29条。
⑥ 《人力资源社会保障行政复议办法》第30条。

6. 文书的送达及提交。行政复议机构应当自行政复议申请受理之日起7日内,将行政复议申请书副本或者行政复议申请笔录复印件发送被申请人。被申请人应当自收到申请书副本或者申请笔录复印件之日起10日内,提交行政复议答复书,并提交当初作出具体行政行为的证据、依据和其他有关材料。行政复议答复书应当载明下列事项,并加盖被申请人印章:(1)被申请人的名称、地址、法定代表人的姓名、职务;(2)作出具体行政行为的事实和有关证据材料;(3)作出具体行政行为依据的法律、法规、规章和规范性文件的具体条款和内容;(4)对申请人行政复议请求的意见和理由;(5)日期。被申请人应当对其提交的证据材料分类编号,对证据材料的来源、证明对象和内容作简要说明。因不可抗力或者其他正当理由,被申请人不能在法定期限内提出书面答复、提交当初作出具体行政行为的证据、依据和其他有关材料的,可以向行政复议机关提出延期答复和举证的书面申请。①

五、人力资源社会保障行政复议审理的相关措施

1. 人力资源社会保障行政复议审理的调查核实证据。有下列情形之一的,行政复议机构可以实地调查核实证据:(1)申请人或者被申请人对于案件事实的陈述有争议的;(2)被申请人提供的证据材料之间相互矛盾的;(3)第三人提出新的证据材料,足以推翻被申请人认定的事实的;(4)行政复议机构认为确有必要的其他情形。调查取证时,行政复议人员不得少于2人,并应当向当事人或者有关人员出示证件。②

2. 人力资源社会保障行政复议审理的组织听证。对重大、复杂的案件,申请人提出要求或者行政复议机构认为必要时,可以采取听证的方式审理。有下列情形之一的,属于重大、复杂的案件:(1)涉及人数众多或者群体利益的案件;(2)具有涉外因素的案件;(3)社会影响较大的案件;(4)案件事实和法律关系复杂的案件;(5)行政复议机构认为其他重大、复杂的案件。③

3. 人力资源社会保障行政复议审理中的和解。公民、法人或者其他组织对人力资源社会保障部门行使法律、法规规定的自由裁量权作出的具体行政行为

---

① 《人力资源社会保障行政复议办法》第32条。
② 《人力资源社会保障行政复议办法》第33条。
③ 《人力资源社会保障行政复议办法》第34条。

不服申请行政复议,在行政复议机关作出行政复议决定之前,申请人和被申请人可以在自愿、合法基础上达成和解。申请人和被申请人达成和解的,应当向行政复议机构提交书面和解协议。书面和解协议应当载明行政复议请求、事实、理由和达成和解的结果,并且由申请人和被申请人签字或者盖章。行政复议机构应当对申请人和被申请人提交的和解协议进行审查。和解确属申请人和被申请人的真实意思表示,和解内容不违反法律、法规的强制性规定,不损害国家利益、社会公共利益和他人合法权益的,行政复议机构应当准许和解,并终止行政复议案件的审理。①

4. 人力资源社会保障行政复议审理中的调解。(1)调解的情形。有下列情形之一的,行政复议机关可以按照自愿、合法的原则进行调解:①公民、法人或者其他组织对人力资源社会保障部门行使法律、法规规定的自由裁量权作出的具体行政行为不服申请行政复议的;②当事人之间的行政赔偿或者行政补偿纠纷;③其他适于调解的。②(2)调解的要求。行政复议机关进行调解应当符合下列要求:①在查明案件事实的基础上进行;②充分尊重申请人和被申请人的意愿;③遵循公正、合理原则;④调解结果应当符合有关法律、法规的规定;⑤调解结果不得损害国家利益、社会公共利益或者他人合法权益。③(3)调解协议。申请人和被申请人经调解达成协议的,行政复议机关应当制作《行政复议调解书》。《行政复议调解书》应当载明下列内容:①申请人姓名、性别、年龄、住所(法人或者其他组织的名称、地址、法定代表人或者主要负责人的姓名、职务);②被申请人的名称;③申请人申请行政复议的请求、事实和理由;④被申请人答复的事实、理由、证据和依据;⑤进行调解的基本情况;⑥调解结果;⑦日期。《行政复议调解书》应当加盖行政复议机关印章。《行政复议调解书》经申请人、被申请人签字或者盖章,即具有法律效力。调解未达成协议或者调解书生效前一方反悔的,行政复议机关应当及时作出行政复议决定。④

5. 人力资源社会保障行政复议审理的制发通知书。(1)依照《行政复议法实施条例》第41条的规定,行政复议机构中止、恢复行政复议案件的审理,应当

---

① 《人力资源社会保障行政复议办法》第35条。
② 《人力资源社会保障行政复议办法》第45条。
③ 《人力资源社会保障行政复议办法》第46条。
④ 《人力资源社会保障行政复议办法》第47条。

分别制发《行政复议中止通知书》和《行政复议恢复审理通知书》,并通知申请人、被申请人和第三人。① (2)依照《行政复议法实施条例》第42条的规定,行政复议机关终止行政复议的,应当制发《行政复议终止通知书》,并通知申请人、被申请人和第三人。②

六、人力资源社会保障行政复议的决定及其他

1. 人力资源社会保障行政复议的决定。(1)决定的内容。①依照《行政复议法》第28条第1款第1项规定,具体行政行为认定事实清楚,证据确凿,适用依据正确,程序合法,内容适当的,行政复议机关应当决定维持。③ ②依照《行政复议法》第28条第1款第2项规定,被申请人不履行法定职责的,行政复议机关应当决定其在一定期限内履行法定职责。④ ③具体行政行为有《行政复议法》第28条第1款第3项规定情形之一的,行政复议机关应当决定撤销、变更该具体行政行为或者确认该具体行政行为违法;决定撤销该具体行政行为或者确认该具体行政行为违法的,可以责令被申请人在一定期限内重新作出具体行政行为。⑤ ④被申请人未依照《行政复议法》第23条的规定提出书面答复、提交当初作出具体行政行为的证据、依据和其他有关材料的,视为该具体行政行为没有证据、依据,行政复议机关应当决定撤销该具体行政行为。⑥ ⑤具体行政行为有《行政复议法实施条例》第47条规定情形之一的,行政复议机关可以作出变更决定。⑦ ⑥行政复议机关对决定撤销、变更具体行政行为或者确认具体行政行为违法并且申请人提出行政赔偿请求的下列具体行政行为,应当在行政复议决定中同时作出被申请人依法给予赔偿的决定:第一,被申请人违法实施罚款、没收违法所得、依法予以关闭、吊销许可证等行政处罚的;第二,被申请人造成申请人财产损失的其他违法行为。⑧ (2)决定书。①决定书的制定。第一,依照《行政复议法实施条例》第48条第1款的规定,行政复议机关决定驳回行政复议申请的,

---

① 《人力资源社会保障行政复议办法》第36条。
② 《人力资源社会保障行政复议办法》第37条。
③ 《人力资源社会保障行政复议办法》第38条。
④ 《人力资源社会保障行政复议办法》第39条。
⑤ 《人力资源社会保障行政复议办法》第40条。
⑥ 《人力资源社会保障行政复议办法》第41条。
⑦ 《人力资源社会保障行政复议办法》第42条。
⑧ 《人力资源社会保障行政复议办法》第49条。

应当制发《驳回行政复议申请决定书》，并通知申请人、被申请人和第三人。① 第二，行政复议机关作出行政复议决定，应当制作《行政复议决定书》，载明下列事项：其一，申请人的姓名、性别、年龄、住所（法人或者其他组织的名称、地址、法定代表人或者主要负责人的姓名、职务）；其二，被申请人的名称、住所；其三，申请人的行政复议请求和理由；其四，第三人的意见；其五，被申请人答复意见；其六，行政复议机关认定的事实、理由、适用的法律、法规、规章以及其他规范性文件；其七，复议决定；其八，申请人不服行政复议决定向人民法院起诉的期限；其九，日期。《行政复议决定书》应当加盖行政复议机关印章。② ②决定书的送达。行政复议机关应当根据《中华人民共和国民事诉讼法》的规定，采用直接送达、邮寄送达或者委托送达等方式，将行政复议决定送达申请人、被申请人和第三人。③ (3)决定的上报及备案。下级行政复议机关应当及时将重大行政复议决定报上级行政复议机关备案。④

2. 人力资源社会保障行政复议的其他规则。(1)人力资源社会保障行政复议的执行及救济。行政复议机关依照《行政复议法》第 28 条的规定责令被申请人重新作出具体行政行为的，被申请人应当在法律、法规、规章规定的期限内重新作出具体行政行为；法律、法规、规章未规定期限的，重新作出具体行政行为的期限为 60 日。公民、法人或者其他组织对被申请人重新作出的具体行政行为不服，可以依法申请行政复议或者提起行政诉讼。⑤ (2)人力资源社会保障行政复议的案卷。①案卷的保存及归档。案件审查结束后，办案人员应当及时将案卷进行整理归档。案卷保存期不少于 10 年，国家另有规定的从其规定。保存期满后的案卷，应当按照国家有关档案管理的规定处理。案卷归档材料应当包括：第一，行政复议申请的处理：其一，行政复议申请书或者行政复议申请笔录、申请人提交的证据材料；其二，授权委托书、申请人身份证复印件、法定代表人或者主要负责人身份证明书；其三，行政复议补正通知书；其四，行政复议受理通知书和行政复议提出答复通知书；其五，行政复议不予受理决定书；其六，行政复议告知

---

① 《人力资源社会保障行政复议办法》第 43 条。
② 《人力资源社会保障行政复议办法》第 50 条。
③ 《人力资源社会保障行政复议办法》第 51 条。
④ 《人力资源社会保障行政复议办法》第 52 条。
⑤ 《人力资源社会保障行政复议办法》第 44 条。

书;其七,行政复议答复书、被申请人提交的证据材料;其八,第三人参加行政复议申请书、第三人参加行政复议通知书;其九,责令限期受理行政复议申请通知书。第二,案件审理:其一,行政复议调查笔录;其二,行政复议听证记录;其三,行政复议中止通知书、行政复议恢复审理通知书;其四,行政复议和解协议;其五,行政复议延期处理通知书;其六,撤回行政复议申请书;其七,规范性文件转送函。第三,处理结果:其一,行政复议决定书;其二,行政复议调解书;其三,行政复议终止书;其四,驳回行政复议申请决定书。第四,其他:其一,行政复议文书送达回证;其二,行政复议意见书;其三,行政复议建议书;其四,其他。① ②案卷装订、归档的要求。案卷装订、归档应当达到下列要求:第一,案卷装订整齐;第二,案卷目录用钢笔或者签字笔填写,字迹工整;第三,案卷材料不得涂改;第四,卷内材料每页下方应当居中标注页码。②

---

① 《人力资源社会保障行政复议办法》第53条。
② 《人力资源社会保障行政复议办法》第54条。

第八章 劳动监察

劳动监察是指法定专门机关代表国家对劳动法的遵守情况依法进行检查、纠举、处罚等一系列活动。

第一节 劳动保障监察的一般规则

一、劳动保障监察的适用

1. 劳动保障监察适用的法律。(1)《劳动保障监察条例》。①为了贯彻实施劳动和社会保障(以下称劳动保障)法律、法规和规章,规范劳动保障监察工作,维护劳动者的合法权益,根据《劳动法》和有关法律,制定《劳动保障监察条例》。① ②《劳动保障监察条例》自 2004 年 12 月 1 日起施行。② (2)《劳动和社会保障部关于实施〈劳动保障监察条例〉若干规定》。①为了实施《劳动保障监察条例》,规范劳动保障监察行为,制定《劳动和社会保障部关于实施〈劳动保障监察条例〉若干规定》。③ ②《劳动和社会保障部关于实施〈劳动保障监察条例〉若干规定》自 2005 年 2 月 1 日起施行。原《劳动监察规定》(劳部发〔1993〕167 号)、《劳动监察程序规定》(劳部发〔1995〕457 号)、《处理举报劳动违法行为规定》(劳动部令第 5 号,1996 年 12 月 17 日)同时废止。④

2. 劳动保障监察适用的事项。(1)《劳动保障监察条例》适用的事项。①对企业和个体工商户(以下称用人单位)进行劳动保障监察,适用《劳动保障监察条例》。对职业介绍机构、职业技能培训机构和职业技能考核鉴定机构进行劳动保

---

① 《劳动保障监察条例》第 1 条。
② 《劳动保障监察条例》第 36 条。
③ 《劳动和社会保障部关于实施〈劳动保障监察条例〉若干规定》第 1 条。
④ 《劳动和社会保障部关于实施〈劳动保障监察条例〉若干规定》第 48 条。

障监察,依照《劳动保障监察条例》执行。① ②国家机关、事业单位、社会团体执行劳动保障法律、法规和规章的情况,由劳动保障行政部门根据其职责,依照《劳动保障监察条例》实施劳动保障监察。② ③对无营业执照或者已被依法吊销营业执照,有劳动用工行为的,由劳动保障行政部门依照《劳动保障监察条例》实施劳动保障监察,并及时通报国家市场监督管理③部门予以查处取缔。④ ④劳动安全卫生的监督检查,由卫生部门、安全生产监督管理部门、特种设备安全监督管理部门等有关部门依照有关法律、行政法规的规定执行。⑤ ⑤属于《劳动保障监察条例》规定的劳动保障监察事项,法律、其他行政法规对处罚另有规定的,从其规定。⑥ (2)《劳动和社会保障部关于实施〈劳动保障监察条例〉若干规定》适用事项。①劳动保障行政部门及所属劳动保障监察机构对企业和个体工商户(以下称用人单位)遵守劳动保障法律、法规和规章(以下简称劳动保障法律)的情况进行监察,适用《劳动和社会保障部关于实施〈劳动保障监察条例〉若干规定》;对职业介绍机构、职业技能培训机构和职业技能考核鉴定机构进行劳动保障监察,依照《劳动和社会保障部关于实施〈劳动保障监察条例〉若干规定》执行;对国家机关、事业单位、社会团体执行劳动保障法律情况进行劳动保障监察,根据劳动保障行政部门的职责,依照《劳动和社会保障部关于实施〈劳动保障监察条例〉若干规定》执行。⑦ ②对无营业执照或者已被依法吊销营业执照,有劳动用工行为的,由劳动保障行政部门依照《劳动和社会保障部关于实施〈劳动保障监察条例〉若干规定》实施劳动保障监察。⑧

二、劳动保障监察的职责分工及义务

1. 国务院劳动保障行政部门的职责。国务院劳动保障行政部门主管全国的劳动保障监察工作。⑨

---

① 《劳动保障监察条例》第2条。
② 《劳动保障监察条例》第34条。
③ 原文为"工商行政管理"。
④ 《劳动保障监察条例》第33条。
⑤ 《劳动保障监察条例》第35条。
⑥ 《劳动保障监察条例》第32条。
⑦ 《劳动和社会保障部关于实施〈劳动保障监察条例〉若干规定》第2条。
⑧ 《劳动和社会保障部关于实施〈劳动保障监察条例〉若干规定》第47条。
⑨ 《劳动保障监察条例》第3条第1款第1句。

2. 劳动保障行政部门的监督职责及法定义务。(1)监督职责。劳动保障行政部门实施劳动保障监察,履行下列职责:①宣传劳动保障法律、法规和规章,督促用人单位贯彻执行;②检查用人单位遵守劳动保障法律、法规和规章的情况;③受理对违反劳动保障法律、法规或者规章的行为的举报、投诉;④依法纠正和查处违反劳动保障法律、法规或者规章的行为。① (2)法定义务。①劳动保障行政部门认为用人单位有违反劳动保障法律、法规或者规章的行为,需要进行调查处理的,应当及时立案。② ②对因违反劳动保障法律、法规或者规章的行为引起的群体性事件,劳动保障行政部门应当根据应急预案,迅速会同有关部门处理。③ ③劳动保障行政部门对违反劳动保障法律、法规或者规章的行为作出行政处罚或者行政处理决定前,应当听取用人单位的陈述、申辩;作出行政处罚或者行政处理决定,应当告知用人单位依法享有申请行政复议或者提起行政诉讼的权利。④ ④违反劳动保障法律、法规或者规章的行为在2年内未被劳动保障行政部门发现,也未被举报、投诉的,劳动保障行政部门不再查处。前款规定的期限,自违反劳动保障法律、法规或者规章的行为发生之日起计算;违反劳动保障法律、法规或者规章的行为有连续或者继续状态的,自行为终了之日起计算。⑤ ⑤劳动保障行政部门应当建立用人单位劳动保障守法诚信档案。用人单位有重大违反劳动保障法律、法规或者规章的行为的,由有关的劳动保障行政部门向社会公布。⑥

3. 县级以上地方各级人民政府劳动保障行政部门的职责。(1)县级以上地方各级人民政府劳动保障行政部门主管本行政区域内的劳动保障监察工作。县级以上各级人民政府有关部门根据各自职责,支持、协助劳动保障行政部门的劳

---

① 《劳动保障监察条例》第10条。
② 《劳动保障监察条例》第14条第2款。
③ 《劳动保障监察条例》第14条第4款。
④ 《劳动保障监察条例》第19条。
⑤ 《劳动保障监察条例》第20条。
《最高人民法院行政法官专业会议纪要(七)(工伤保险领域)》第6条规定:"劳动保障行政部门依据《劳动保障监察条例》第二十条规定,以企业未依法缴纳社会保险费行为在2年内未被发现,也未被举报、投诉为由不再查处的,人民法院不予支持;当事人请求履行上述查处职责,且能够提供相应材料初步证明企业存在未依法缴纳社会保险费用的,人民法院应当判决责令有关劳动保障行政部门履行相应职责"。
⑥ 《劳动保障监察条例》第22条。

动保障监察工作。① (2)县级以上劳动保障行政部门设立的劳动保障监察行政机构和劳动保障行政部门依法委托实施劳动保障监察的组织(以下统称劳动保障监察机构)具体负责劳动保障监察管理工作。② (3)劳动保障行政部门应当设立举报、投诉信箱,公开举报、投诉电话,依法查处举报和投诉反映的违反劳动保障法律的行为。③

4. 各级工会的职责。各级工会依法维护劳动者的合法权益,对用人单位遵守劳动保障法律、法规和规章的情况进行监督。④

三、劳动保障监察的事项

劳动保障行政部门对下列事项实施劳动保障监察:(1)用人单位制定内部劳动保障规章制度的情况;(2)用人单位与劳动者订立劳动合同的情况;(3)用人单位遵守禁止使用童工规定的情况;(4)用人单位遵守女职工和未成年工特殊劳动保护规定的情况;(5)用人单位遵守工作时间和休息休假规定的情况;(6)用人单位支付劳动者工资和执行最低工资标准的情况;(7)用人单位参加各项社会保险和缴纳社会保险费的情况;(8)职业介绍机构、职业技能培训机构和职业技能考核鉴定机构遵守国家有关职业介绍、职业技能培训和职业技能考核鉴定的规定的情况;(9)法律、法规规定的其他劳动保障监察事项。⑤

四、劳动保障监察的要求

1. 对县级以上地方各级人民政府的要求。县级以上地方各级人民政府应当加强劳动保障监察工作。劳动保障监察所需经费列入本级财政预算。⑥

2. 对实施劳动保障主体的要求。(1)劳动保障行政部门在劳动保障监察工作中应当注意听取工会组织的意见和建议。⑦ (2)劳动保障行政部门和受委托实施劳动保障监察的组织中的劳动保障监察员应当经过相应的考核或者考试录

---

① 《劳动保障监察条例》第3条第1款第2句、第2款。
② 《劳动和社会保障部关于实施〈劳动保障监察条例〉若干规定》第5条。
③ 《劳动和社会保障部关于实施〈劳动保障监察条例〉若干规定》第9条。
④ 《劳动保障监察条例》第7条第1款。
⑤ 《劳动保障监察条例》第11条。
⑥ 《劳动保障监察条例》第5条。
⑦ 《劳动保障监察条例》第7条第2款。

用。① (3)劳动保障监察证件由国务院劳动保障行政部门监制。② (4)劳动保障行政部门或者受委托实施劳动保障监察的组织应当设立举报、投诉信箱和电话。③

3. 对劳动保障监察员的要求。(1)劳动保障监察员依法履行劳动保障监察职责,受法律保护。④ (2)劳动保障监察员应当忠于职守,秉公执法,勤政廉洁,保守秘密。⑤

4. 对用人单位的要求。用人单位应当遵守劳动保障法律、法规和规章,接受并配合劳动保障监察。⑥

五、劳动保障监察的原则

劳动保障监察遵循公正、公开、高效、便民的原则。实施劳动保障行政处罚坚持以事实为依据,以法律为准绳,坚持教育与处罚相结合,接受社会监督。⑦

六、劳动保障监察的管辖

1. 管辖的部门。对用人单位的劳动保障监察,由用人单位用工所在地的县级或者设区的市级劳动保障行政部门管辖。⑧

2. 指定管辖。上级劳动保障行政部门根据工作需要,可以调查处理下级劳动保障行政部门管辖的案件。劳动保障行政部门对劳动保障监察管辖发生争议的,报请共同的上一级劳动保障行政部门指定管辖。⑨

---

① 《劳动保障监察条例》第4条第2款。
② 《劳动保障监察条例》第4条第3款。
③ 《劳动保障监察条例》第14条第3款。
④ 《劳动保障监察条例》第12条第1款。
⑤ 《劳动保障监察条例》第12条第2款。
⑥ 《劳动保障监察条例》第6条。
⑦ 《劳动和社会保障部关于实施〈劳动保障监察条例〉若干规定》第3条。
《劳动保障监察条例》第8条规定:"劳动保障监察遵循公正、公开、高效、便民的原则。实施劳动保障监察,坚持教育与处罚相结合,接受社会监督。"
⑧ 《劳动保障监察条例》第13条第1款。
《山东省高级人民法院关于区劳动和社会保障局是否具有劳动保障监察职权的请示》规定:"……《山东省劳动和社会保障监察条例》的规定与国务院《劳动保障监察条例》的规定并不冲突,区劳动保障部门有劳动监察权。主要理由:一是国务院《劳动保障监察条例》虽然只规定县、设区的市劳动保障行政部门有劳动监察权,但并未明确否定区级劳动保障行政部门行使劳动监察权,区和县系平级的行政单位,可以扩大解释国务院《劳动保障监察条例》规定的'县',将其包括县和区。二是实践中,不仅区劳动保障部门行使劳动监察权,而且省级劳动保障行政部门也在行使劳动监察权,系地方性法规授权,人民法院不宜否认他们的行政执法权。……"
⑨ 《劳动保障监察条例》第13条第2款。

3. 管辖的办法。省、自治区、直辖市人民政府可以对劳动保障监察的管辖制定具体办法。①

七、劳动保障监察的方式

1. 直接实施监察。

2. 委托实施监察。县级、设区的市级人民政府劳动保障行政部门可以委托符合监察执法条件的组织实施劳动保障监察。②

八、劳动保障监察的实施

1. 实施的形式。劳动保障监察以日常巡视检查、审查用人单位按照要求报送的书面材料以及接受举报投诉等形式进行。③

2. 制订年度计划和中长期规划。劳动保障行政部门对用人单位及其劳动场所的日常巡视检查,应当制订年度计划和中长期规划,确定重点检查范围,并按照现场检查的规定进行。④

3. 进行审查、纠正及查处。劳动保障行政部门对用人单位按照要求报送的有关遵守劳动保障法律情况的书面材料应进行审查,并对审查中发现的问题及时予以纠正和查处。⑤

4. 组织专项检查。劳动保障行政部门可以针对劳动保障法律实施中存在的重点问题集中组织专项检查活动,必要时,可以联合有关部门或组织共同进行。⑥

九、劳动保障监察的回避

劳动保障监察实行回避制度。⑦

十、劳动保障监察的举报、投诉及处理

任何组织或者个人对违反劳动保障法律、法规或者规章的行为,有权向劳动保障行政部门举报。劳动者认为用人单位侵犯其劳动保障合法权益的,有权向

---

① 《劳动保障监察条例》第13条第3款。
② 《劳动保障监察条例》第4条第1款。
③ 《劳动保障监察条例》第14条第1款。
④ 《劳动和社会保障部关于实施〈劳动保障监察条例〉若干规定》第6条。
⑤ 《劳动和社会保障部关于实施〈劳动保障监察条例〉若干规定》第7条。
⑥ 《劳动和社会保障部关于实施〈劳动保障监察条例〉若干规定》第8条。
⑦ 《劳动和社会保障部关于实施〈劳动保障监察条例〉若干规定》第4条。

劳动保障行政部门投诉。劳动保障行政部门应当为举报人保密；对举报属实，为查处重大违反劳动保障法律、法规或者规章的行为提供主要线索和证据的举报人，给予奖励。①

第二节　劳动监察的人员及其管理

一、劳动(保障)监察员

1. 劳动(保障)监察的人员。(1)劳动监察员是县级以上各级人民政府劳动行政部门执行劳动监督检查公务的人员。②(2)县级以上各级人民政府劳动行政部门根据工作需要配备专职劳动监察员和兼职劳动监察员。专职劳动监察员是劳动行政部门专门从事劳动监察工作的人员，兼职劳动监察员是劳动行政部门非专门从事劳动监察工作的人员。兼职监察员，主要负责与其业务有关的单项监察，须对用人单位处罚时，应会同专职监察员进行。③

2. 劳动(保障)监察员的任职条件。劳动监察员应当具备以下任职条件：(1)认真贯彻执行国家法律、法规和政策；(2)熟悉劳动业务，熟练掌握和运用劳动法律、法规知识；(3)坚持原则，作风正派，勤政廉洁；(4)在劳动行政部门从事劳动行政业务工作3年以上，并经国务院劳动行政部门或省级劳动行政部门劳动监察专业培训合格。④

3. 劳动(保障)监察员的权力及义务。(1)劳动(保障)监察员的权力。劳动监察人员执行公务，有权进入用人单位了解遵守劳动法律、法规的情况，查阅必要的资料，并对劳动场所进行检查。⑤(2)劳动(保障)监察员的义务。①劳动监察员必须坚持严肃执法、文明执法原则，做到有法必依、执法必严、违法必究。⑥

---

① 《劳动保障监察条例》第9条。
《劳动保障监察条例》第12条第3款规定："任何组织或者个人对劳动保障监察员的违法违纪行为，有权向劳动保障行政部门或者有关机关检举、控告。"
② 《劳动监察员管理办法》第3条。
③ 《劳动监察员管理办法》第5条。
④ 《劳动监察员管理办法》第7条。
⑤ 《劳动监察员管理办法》第6条第1句。
⑥ 《劳动监察员管理办法》第4条。

②劳动保障监察员进行调查、检查,不得少于 2 人,并应当佩戴劳动保障监察标志,出示劳动保障监察证件。① ③劳动保障监察员对用人单位遵守劳动保障法律情况进行监察时,应当遵循以下规定:第一,进入用人单位时,应佩戴劳动保障监察执法标志,出示劳动保障监察证件,并说明身份;第二,就调查事项制作笔录,应由劳动保障监察员和被调查人(或其委托代理人)签名或盖章。被调查人拒不签名、盖章的,应注明拒签情况。② ④劳动保障监察员进行调查、检查时,承担下列义务:第一,依法履行职责,秉公执法;第二,保守在履行职责过程中获知的商业秘密;第三,为举报人保密。③

4. 劳动(保障)监察员的回避。(1)回避情形。劳动保障监察员在实施劳动保障监察时,有下列情形之一的,应当回避:①本人是用人单位法定代表人或主要负责人的近亲属的;②本人或其近亲属与承办查处的案件事项有直接利害关系的;③因其他原因可能影响案件公正处理的。④ (2)回避的申请。当事人认为劳动保障监察员符合《劳动和社会保障部关于实施〈劳动保障监察条例〉若干规定》第 23 条规定应当回避的,有权向劳动保障行政部门申请,要求其回避。当事人申请劳动保障监察员回避,应当采用书面形式。⑤ (3)回避的决定。回避决定应在收到申请之日起 3 个工作日内作出。作出回避决定前,承办人员不得停止对案件的调查处理。对回避申请的决定,应当告知申请人。承办人员的回避,由劳动保障监察机构负责人决定;劳动保障监察机构负责人的回避,由劳动保障行政部门负责人决定。⑥

二、劳动监察员的管理

1. 管理的法律依据。(1)为加强劳动监察员管理工作,规范劳动监察行为,

---

① 《劳动保障监察条例》第 16 条第 1 款。
《劳动和社会保障部关于实施〈劳动保障监察条例〉若干规定》第 20 条规定:"劳动保障监察员进行调查、检查不得少于两人。劳动保障监察机构应指定其中 1 名为主办劳动保障监察员。"
《劳动监察员管理办法》第 6 条第 2 句规定:"劳动监察人员执行公务,必须出示中华人民共和国劳动监察证件,秉公执法,并遵守有关规定。"
② 《劳动和社会保障部关于实施〈劳动保障监察条例〉若干规定》第 21 条。
③ 《劳动和社会保障部关于实施〈劳动保障监察条例〉若干规定》第 22 条。
④ 《劳动和社会保障部关于实施〈劳动保障监察条例〉若干规定》第 23 条。
《劳动保障监察条例》第 16 条第 2 款规定:"劳动保障监察员办理的劳动保障监察事项与本人或者其近亲属有直接利害关系的,应当回避。"
⑤ 《劳动和社会保障部关于实施〈劳动保障监察条例〉若干规定》第 24 条。
⑥ 《劳动和社会保障部关于实施〈劳动保障监察条例〉若干规定》第 25 条。

提高劳动监察工作质量,保障劳动法律、法规的贯彻实施,根据《中华人民共和国劳动法》有关监督检查人员的规定,制定《劳动监察员管理办法》。① (2)《劳动监察员管理办法》自1995年1月1日起实行。②

2. 管理的部门。县级以上各级人民政府劳动行政部门应按照《劳动监察员管理办法》规定对劳动监察员进行管理和监督。劳动安全卫生监察员管理工作,按照现行规定执行。③

3. 管理的内容。(1)劳动监察员的任命。劳动监察员的任命程序:劳动行政部门专职劳动监察员的任命,由劳动监察机构负责提出任命建议并填写中华人民共和国劳动监察员审批表,经同级人事管理机构审核,报劳动行政部门领导批准;兼职劳动监察员的任命,由有关业务工作机构按规定推荐人选,并填写中华人民共和国劳动监察员审批表,经同级劳动监察机构和人事管理机构进行审核,报劳动行政部门领导批准。经批准任命的劳动监察员由劳动监察机构办理颁发中华人民共和国劳动监察证件手续。劳动监察员任命后,地方各级劳动行政部门按照规定填写《中华人民共和国劳动监察证件统计表》,逐级上报省级劳动行政部门,由省级劳动行政部门汇总并报国务院劳动行政部门备案。④ (2)劳动监察员的监察证件。①中华人民共和国劳动监察证件由国务院劳动行政部门统一监制。⑤ ②劳动监察员遗失劳动监察证件应立即向发证单位报告。发证单位应在报上登载启事声明作废。对遗失证件者,经发证机关审核后,予以补发。劳动监察员调离原工作岗位,或不再直接承担劳动监察任务时,由任命机关免去任职,监察机构负责收回其监察证件,并交回发证机关注销。⑥ ③劳动监察员实行每3年进行1次考核验证制度。对经考核合格的换发新证,并按《劳动监察员管理办法》第8条第2款规定填写报送《中华人民共和国劳动监察证件统计表》。持证人未按规定考核验证或经考核不能胜任劳动监察工作的,注销其中华人民共和国劳动监察证件。⑦ (3)劳动监察员的培训。各级劳动行政部门应建立劳动

---

① 《劳动监察员管理办法》第1条。
② 《劳动监察员管理办法》第16条。
③ 《劳动监察员管理办法》第2条。
④ 《劳动监察员管理办法》第9条。
⑤ 《劳动监察员管理办法》第10条。
⑥ 《劳动监察员管理办法》第11条。
⑦ 《劳动监察员管理办法》第12条。

监察员培训制度,制订培训计划,按岗位技能要求,组织进行职业技能、专业理论知识等方面的培训,不断提高监察人员的政治素质和业务素质。① (4) 劳动监察员的奖励。劳动行政部门对模范执法、成绩优异的劳动监察员应当按照《公务员法》给予奖励。② (5) 劳动监察员的监督。加强对劳动监察员的监督。对越权或非公务场合使用劳动监察证件,或利用职权谋取私利、违法乱纪的劳动监察人员,应给予批评教育;情节严重的,由任命机关撤销任命、收缴其劳动监察证件,并给予处分;触犯刑律的,由司法机关依法追究刑事责任。③

第三节　劳动保障监察的案件

一、劳动保障监察案件的处理

1. 劳动保障监察案件的启动、受理及立案。(1)劳动保障监察的举报。①举报的主体。任何组织或个人对违反劳动保障法律的行为,有权向劳动保障行政部门举报。④ ②举报的查处及其保护。劳动保障行政部门对举报人反映的违反劳动保障法律的行为应当依法予以查处,并为举报人保密;对举报属实,为查处重大违反劳动保障法律的行为提供主要线索和证据的举报人,给予奖励。⑤ (2)劳动保障监察的投诉。①投诉的主体。劳动者对用人单位违反劳动保障法律、侵犯其合法权益的行为,有权向劳动保障行政部门投诉。对因同一事由引起的集体投诉,投诉人可推荐代表投诉。⑥ ②投诉的形式。投诉应当由投诉人向劳动保障行政部门递交投诉文书。书写投诉文书确有困难的,可以口头投诉,由劳动保障监察机构进行笔录,并由投诉人签字。⑦ ③投诉应载明的事项。投诉文书应当载明下列事项:第一,投诉人的姓名、性别、年龄、职业、工作单位、住所和联系方式,被投诉用人单位的名称、住所、法定代表人或者主要负责人的姓名、职

---

① 《劳动监察员管理办法》第13条。
② 《劳动监察员管理办法》第14条。
③ 《劳动监察员管理办法》第15条。
④ 《劳动和社会保障部关于实施〈劳动保障监察条例〉若干规定》第10条。
⑤ 《劳动和社会保障部关于实施〈劳动保障监察条例〉若干规定》第11条。
⑥ 《劳动和社会保障部关于实施〈劳动保障监察条例〉若干规定》第12条。
⑦ 《劳动和社会保障部关于实施〈劳动保障监察条例〉若干规定》第13条。

务;第二,劳动保障合法权益受到侵害的事实和投诉请求事项。① ④投诉的告知情形。有下列情形之一的投诉,劳动保障行政部门应当告知投诉人依照劳动争议处理或者诉讼程序办理:第一,应当通过劳动争议处理程序解决的;第二,已经按照劳动争议处理程序申请调解、仲裁的;第三,已经提起劳动争议诉讼的。② ⑤投诉的受理及决定。对符合下列条件的投诉,劳动保障行政部门应当在接到投诉之日起5个工作日内依法受理,并于受理之日立案查处:第一,违反劳动保障法律的行为发生在2年内的;第二,有明确的被投诉用人单位,且投诉人的合法权益受到侵害是被投诉用人单位违反劳动保障法律的行为所造成的;第三,属于劳动保障监察职权范围并由受理投诉的劳动保障行政部门管辖。对不符合第1款第一项规定的投诉,劳动保障行政部门应当在接到投诉之日起5个工作日内决定不予受理,并书面通知投诉人。对不符合第1款第二项规定的投诉,劳动保障监察机构应当告知投诉人补正投诉材料。对不符合第1款第三项规定的投诉,即对不属于劳动保障监察职权范围的投诉,劳动保障监察机构应当告诉投诉人;对属于劳动保障监察职权范围但不属于受理投诉的劳动保障行政部门管辖的投诉,应当告知投诉人向有关劳动保障行政部门提出。③ (3)劳动保障行政部门发现。劳动保障行政部门通过日常巡视检查、书面审查、举报等发现用人单位有违反劳动保障法律的行为,需要进行调查处理的,应当及时立案查处。立案应当填写立案审批表,报劳动保障监察机构负责人审查批准。劳动保障监察机构负责人批准之日即为立案之日。④ (4)争议的处理。①损害争议依照国家有关劳动争议处理。下列因用人单位违反劳动保障法律行为对劳动者造成损害,劳动者与用人单位就赔偿发生争议的,依照国家有关劳动争议处理的规定处理:第一,因用人单位制定的劳动规章制度违反法律、法规规定,对劳动者造成损害的;第二,因用人单位违反对女职工和未成年工的保护规定,对女职工和未成年工造成损害的;第三,因用人单位原因订立无效合同,对劳动者造成损害的;第四,因用人单位违法解除劳动合同或者故意拖延不订立劳动合同,对劳动者造成损害的;第五,法律、法规和规章规定的其他因用人单位违反劳动保障法律的行为,对劳动

---

① 《劳动和社会保障部关于实施〈劳动保障监察条例〉若干规定》第14条。
② 《劳动和社会保障部关于实施〈劳动保障监察条例〉若干规定》第15条。
③ 《劳动和社会保障部关于实施〈劳动保障监察条例〉若干规定》第18条。
④ 《劳动和社会保障部关于实施〈劳动保障监察条例〉若干规定》第19条。

者造成损害的。① 用人单位制定的劳动规章制度违反法律、法规规定的,由劳动行政部门给予警告,责令改正;对劳动者造成损害的,应当承担赔偿责任。② 这里的"法律、法规"主要是指劳动法律、行政法规、地方法规和国家技术标准等。③ ②保险争议按照社会保险行政争议处理。劳动者或者用人单位与社会保险经办机构发生的社会保险行政争议,按照《社会保险行政争议处理办法》处理。④

2. 劳动保障监察案件的调查及检查。(1)调查检查的内容。劳动保障行政部门实施劳动保障监察,有权采取下列措施:①进入用人单位的劳动场所进行检查;②就调查、检查事项询问有关人员;③要求用人单位提供与调查、检查事项相关的文件资料,必要时可以发出调查询问书;④采取记录、录音、录像、照像和复制等方式收集有关的情况和资料;⑤对事实确凿、可以当场处理的违反劳动保障法律、法规或规章的行为当场予以纠正;⑥可以委托注册会计师事务所对用人单位工资支付、缴纳社会保险费的情况进行审计;⑦法律、法规规定可以由劳动保障行政部门采取的其他调查、检查措施。⑤ (2)调查检查的登记保存措施。①登记保存的情形。劳动保障行政部门调查、检查时,有下列情形之一的可以采取证据登记保存措施:第一,当事人可能对证据采取伪造、变造、毁灭行为的;第二,当事人采取措施不当可能导致证据灭失的;第三,不采取证据登记保存措施以后难

---

① 《劳动和社会保障部关于实施〈劳动保障监察条例〉若干规定》第16条。
② 《劳动法》第89条。
《中国银监会行政处罚办法》第6条规定:"行政处罚的种类包括:(一)警告;(二)罚款;(三)没收违法所得;(四)责令停业整顿;(五)吊销金融许可证;(六)取消董(理)事、高级管理人员一定期限直至终身的任职资格;(七)禁止一定期限直至终身从事银行业工作;(八)法律、行政法规规定的其他行政处罚。第(一)项、第(二)项、第(三)项既可适用于对机构的处罚,也可适用于对个人的处罚。禁止从事银行业工作是指实施违法、违规行为的责任人员不得参与、从事银行业金融机构经营管理与业务等相关活动,不得与银行业金融机构发生劳动或劳务关系。"
③ 《关于〈劳动法〉若干条文的说明》第89条第2款。
④ 《劳动和社会保障部关于实施〈劳动保障监察条例〉若干规定》第17条。
⑤ 《劳动和社会保障部关于实施〈劳动保障监察条例〉若干规定》第26条。
《劳动保障监察条例》第15条规定:"劳动保障行政部门实施劳动保障监察,有权采取下列调查、检查措施:(一)进入用人单位的劳动场所进行检查;(二)就调查、检查事项询问有关人员;(三)要求用人单位提供与调查、检查事项相关的文件资料,并作出解释和说明,必要时可以发出调查询问书;(四)采取记录、录音、录像、照相或者复制等方式收集有关情况和资料;(五)委托会计师事务所对用人单位工资支付、缴纳社会保险费的情况进行审计;(六)法律、法规规定可以由劳动保障行政部门采取的其他调查、检查措施。劳动保障行政部门对事实清楚、证据确凿、可以当场处理的违反劳动保障法律、法规或者规章的行为有权当场予以纠正。"

以取得的;第四,其他可能导致证据灭失的情形。① ②登记保存的程序。采取证据登记保存措施应当按照下列程序进行:第一,劳动保障监察机构根据《劳动和社会保障部关于实施〈劳动保障监察条例〉若干规定》第27条的规定,提出证据登记保存申请,报劳动保障行政部门负责人批准。第二,劳动保障监察员将证据登记保存通知书及证据登记清单交付当事人,由当事人签收。当事人拒不签名或者盖章的,由劳动保障监察员注明情况。第三,采取证据登记保存措施后,劳动保障行政部门应当在7日内及时作出处理决定,期限届满后应当解除证据登记保存措施。在证据登记保存期内,当事人或者有关人员不得销毁或者转移证据;劳动保障监察机构及劳动保障监察员可以随时调取证据。② ③委托异地劳动保障行政部门协助调查。劳动保障行政部门在实施劳动保障监察中涉及异地调查取证的,可以委托当地劳动保障行政部门协助调查。受委托方的协助调查应在双方商定的时间内完成。③ (3)调查的时限。劳动保障行政部门对违反劳动保障法律的行为的调查,应当自立案之日起60个工作日内完成;情况复杂的,经劳动保障行政部门负责人批准,可以延长30个工作日。④ (4)调查、检查结果的处理。劳动保障行政部门对违反劳动保障法律、法规或者规章的行为,根据调查、检查的结果,作出以下处理:①对依法应当受到行政处罚的,依法作出行政处罚决定;②对应当改正未改正的,依法责令改正或者作出相应的行政处理决定;③对情节轻微且已改正的,撤销立案。发现违法案件不属于劳动保障监察事项的,应当及时移送有关部门处理;涉嫌犯罪的,应当依法移送司法机关。⑤

3. 劳动保障监察案件的处理。(1)劳动保障监察案件处理的方式。①当场处理。第一,当场处理的事项及决定。对用人单位存在的违反劳动保障法律的行为事实确凿并有法定处罚(处理)依据的,可以当场作出限期整改指令或依法当场作出行政处罚决定。当场作出限期整改指令或行政处罚决定的,劳动保障

---

① 《劳动和社会保障部关于实施〈劳动保障监察条例〉若干规定》第27条。
② 《劳动和社会保障部关于实施〈劳动保障监察条例〉若干规定》第28条。
③ 《劳动和社会保障部关于实施〈劳动保障监察条例〉若干规定》第29条。
④ 《劳动和社会保障部关于实施〈劳动保障监察条例〉若干规定》第30条。
《劳动保障监察条例》第17条规定:"劳动保障行政部门对违反劳动保障法律、法规或者规章的行为的调查,应当自立案之日起60个工作日内完成;对情况复杂的,经劳动保障行政部门负责人批准,可以延长30个工作日。"
⑤ 《劳动保障监察条例》第18条。

监察员应当填写预定格式、编有号码的限期整改指令书或行政处罚决定书,当场交付当事人。① 第二,当场处以警告或罚款处罚的程序。当场处以警告或罚款处罚的,应当按照下列程序进行:其一,口头告知当事人违法行为的基本事实、拟作出的行政处罚、依据及其依法享有的权利;其二,听取当事人的陈述和申辩;其三,填写预定格式的处罚决定书;其四,当场处罚决定书应当由劳动保障监察员签名或者盖章;其五,将处罚决定书当场交付当事人,由当事人签收。劳动保障监察员应当在2日内将当场限期整改指令和行政处罚决定书存档联交所属劳动保障行政部门存档。② ②提出处理建议。对不能当场作出处理的违法案件,劳动保障监察员经调查取证,应当提出初步处理建议,并填写案件处理报批表。案件处理报批表应写明被处理单位名称、案由、违反劳动保障法律行为事实、被处理单位的陈述、处理依据、建议处理意见。③ (2)劳动保障监察案件处理的告知。对违反劳动保障法律的行为作出行政处罚或者行政处理决定前,应当告知用人单位,听取其陈述和申辩;法律、法规规定应当依法听证的,应当告知用人单位有权依法要求举行听证;用人单位要求听证的,劳动保障行政部门应当组织听证。④ (3)劳动保障监察案件处理的决定。①决定的内容。第一,决定行政处罚、责令改正及行政处理、撤销立案。其一,劳动保障行政部门对违反劳动保障法律的行为,根据调查、检查的结果,作出以下处理:(a)对依法应当受到行政处罚的,依法作出行政处罚决定;(b)对应当改正未改正的,依法责令改正或者作出相应的行政处理决定;(c)对情节轻微,且已改正的,撤销立案。⑤ 其二,经调查、检查,劳动保障行政部门认定违法事实不能成立的,也应当撤销立案。⑥ 第二,决定依法移送。发现违法案件不属于劳动保障监察事项的,应当及时移送有关部门处理;涉嫌犯罪的,应当依法移送司法机关。⑦ ②决定的时限。劳动保障行政部门立案调查完成,应在15个工作日内作出行政处罚(行政处理或者责令改正)或者撤销立

---

① 《劳动和社会保障部关于实施〈劳动保障监察条例〉若干规定》第31条。
② 《劳动和社会保障部关于实施〈劳动保障监察条例〉若干规定》第32条。
③ 《劳动和社会保障部关于实施〈劳动保障监察条例〉若干规定》第33条。
④ 《劳动和社会保障部关于实施〈劳动保障监察条例〉若干规定》第34条。
⑤ 《劳动和社会保障部关于实施〈劳动保障监察条例〉若干规定》第35条第1款。
⑥ 《劳动和社会保障部关于实施〈劳动保障监察条例〉若干规定》第35条第2款。
⑦ 《劳动和社会保障部关于实施〈劳动保障监察条例〉若干规定》第35条第3款。

案决定;特殊情况,经劳动保障行政部门负责人批准可以延长。① ③处理的决定书。劳动保障监察行政处罚(处理)决定书应载明下列事项:第一,被处罚(处理)单位名称、法定代表人、单位地址;第二,劳动保障行政部门认定的违法事实和主要证据;第三,劳动保障行政处罚(处理)的种类和依据;第四,处罚(处理)决定的履行方式和期限;第五,不服行政处罚(处理)决定,申请行政复议或者提起行政诉讼的途径和期限;第六,作出处罚(处理)决定的行政机关名称和作出处罚(处理)决定的日期。劳动保障行政处罚(处理)决定书应当加盖劳动保障行政部门印章。② ④决定书的交付及送达。劳动保障监察限期整改指令书、劳动保障行政处理决定书、劳动保障行政处罚决定书应当在宣告后当场交付当事人;当事人不在场的,劳动保障行政部门应当在7日内依照《民事诉讼法》的有关规定,将劳动保障监察限期整改指令书、劳动保障行政处理决定书、劳动保障行政处罚决定书送达当事人。③ (4)劳动保障监察案件处理后的相关规范。①当事人的履行及其救济。第一,当事人的履行。其一,劳动保障行政处理或处罚决定依法作出后,当事人应当在决定规定的期限内予以履行。④ 其二,当事人确有经济困难,需要延期或者分期缴纳罚款的,经当事人申请和劳动保障行政部门批准,可以暂缓或者分期缴纳。⑤ 其三,除依法当场收缴的罚款外,作出罚款决定的劳动保障行政部门及其劳动保障监察员不得自行收缴罚款。当事人应当自收到行政处罚决定书之日起15日内,到指定银行缴纳罚款。⑥ 其四,当事人对劳动保障行政部门作出的行政处罚决定、责令支付劳动者工资报酬、赔偿金或者征缴社会保险费等行政处理决定逾期不履行的,劳动保障行政部门可以申请人民法院强制执行,或者依法强制执行。⑦ 第二,当事人的救济。当事人对劳动保障行政处理或行政处罚决定不服申请行政复议或者提起行政诉讼的,行政处理或行政处罚决定不停止执行。法律另有规定的除外。⑧ ②保障行政部门的义务。第一,建立档案。劳

---

① 《劳动和社会保障部关于实施〈劳动保障监察条例〉若干规定》第37条。
② 《劳动和社会保障部关于实施〈劳动保障监察条例〉若干规定》第36条。
③ 《劳动和社会保障部关于实施〈劳动保障监察条例〉若干规定》第38条。
④ 《劳动和社会保障部关于实施〈劳动保障监察条例〉若干规定》第41条。
⑤ 《劳动和社会保障部关于实施〈劳动保障监察条例〉若干规定》第43条。
⑥ 《劳动和社会保障部关于实施〈劳动保障监察条例〉若干规定》第45条。
⑦ 《劳动和社会保障部关于实施〈劳动保障监察条例〉若干规定》第44条。
⑧ 《劳动和社会保障部关于实施〈劳动保障监察条例〉若干规定》第42条。

保障监察案件结案后应建立档案。档案资料应当至少保存3年。① 第二,决定的纠正及告知。作出行政处罚、行政处理决定的劳动保障行政部门发现决定不适当的,应当予以纠正并及时告知当事人。② 第三,承办案件的统计及上报。地方各级劳动保障行政部门应当按照劳动保障部有关规定对承办的案件进行统计并填表上报。地方各级劳动保障行政部门制作的行政处罚决定书,应当在10个工作日内报送上一级劳动保障行政部门备案。③

二、跨地区劳动保障监察案件的协查

1. 跨地区劳动保障监察案件协查的适用。(1)适用的法律。①为规范跨地区劳动保障监察案件协查工作,提高劳动保障监察案件办理工作质量和效率,根据《关于实施〈劳动保障监察条例〉若干规定》(劳动保障部部令第25号),制定《跨地区劳动保障监察案件协查办法》。④ 跨地区劳动保障监察案件协查,是指各级人力资源社会保障行政部门在实施劳动保障监察过程中,发现劳动保障监察案件需要跨省、自治区、直辖市(以下简称跨地区)调查的,可以委托案件相关地人力资源社会保障行政部门协助调查并反馈协查结果的工作。⑤ ②《跨地区劳动保障监察案件协查办法》自发布之日起施行。⑥ ③各省级人力资源社会保障行政部门应根据本办法建立本行政区域内跨地区劳动保障监察案件协查工作制度。⑦ (2)适用的原则。跨地区劳动保障监察案件协查工作应遵循合法、公正、高效的原则。⑧ (3)适用的事项。《跨地区劳动保障监察案件协查办法》适用于地方各级人力资源社会保障行政部门对跨地区劳动保障监察案件的协查。⑨

2. 跨地区劳动保障监察案件协查的职责分工。(1)人力资源社会保障部负责指导跨地区劳动保障监察案件协查工作。各省级人力资源社会保障行政部门负责对跨地区劳动保障监察案件协查工作的组织实施。⑩ (2)跨地区劳动保障监

---

① 《劳动和社会保障部关于实施〈劳动保障监察条例〉若干规定》第40条。
② 《劳动和社会保障部关于实施〈劳动保障监察条例〉若干规定》第39条。
③ 《劳动和社会保障部关于实施〈劳动保障监察条例〉若干规定》第46条。
④ 《跨地区劳动保障监察案件协查办法》第1条。
⑤ 《跨地区劳动保障监察案件协查办法》第2条。
⑥ 《跨地区劳动保障监察案件协查办法》第19条。
⑦ 《跨地区劳动保障监察案件协查办法》第18条。
⑧ 《跨地区劳动保障监察案件协查办法》第3条。
⑨ 《跨地区劳动保障监察案件协查办法》第4条。
⑩ 《跨地区劳动保障监察案件协查办法》第5条。

察案件的查处以用人单位用工所在地人力资源社会保障行政部门为主,案件相关地人力资源社会保障行政部门协助调查。① (3)跨地区劳动保障监察案件协查的具体实施,由用人单位用工所在地省级人力资源社会保障行政部门的劳动保障监察机构(以下简称委托方)向案件相关地有关省级人力资源社会保障行政部门的劳动保障监察机构(以下简称受托方)发出委托查请求。各地可根据协查工作需要,与案件相关地省级人力资源社会保障行政部门的劳动保障监察机构协商进一步明确委托和受托主体。②

3. 跨地区劳动保障监察案件协查的启动情形。劳动保障监察案件有下列情形之一且需要相关地区协助的,委托方可以启动委托协查工作:(1)本地区发生劳动保障监察案件的用人单位注册地、主要营业地或者主要办事机构所在地在其他地区的;(2)本地区发生劳动保障监察案件的违法行为涉及其他地区的;(3)本地区在查处劳动保障监察案件过程中需要相关地区协助的。③

4. 跨地区劳动保障监察案件协查的工作范围。委托协查的工作范围包括:(1)协助调查工作;(2)协助核实证据材料;(3)协助送达文书;(4)协助督促整改;(5)其他事项。④

5. 跨地区劳动保障监察案件协查的形式。委托协查以书面形式进行,由委托方发出委托协查函,同时提供已掌握的违法线索情况。委托协查函的内容包括:涉案单位基本情况、协查范围、涉嫌违法事实、协助调查事项及内容等。⑤

6. 跨地区劳动保障监察案件协查的委托方。(1)委托方应指定专人负责与受托方联系,及时沟通信息,确保协查信息的真实、有效。⑥ (2)委托方收到协查回函结果后,如需再次发出委托协查请求,应提供新发现的违法事实及相关证据材料。⑦ (3)委托方协查案件的归档资料应包括委托协查函、协查回函(样式附后)(略)及受托方寄送的相关材料等。⑧

---

① 《跨地区劳动保障监察案件协查办法》第6条。
② 《跨地区劳动保障监察案件协查办法》第7条。
③ 《跨地区劳动保障监察案件协查办法》第8条。
④ 《跨地区劳动保障监察案件协查办法》第9条。
⑤ 《跨地区劳动保障监察案件协查办法》第10条。
⑥ 《跨地区劳动保障监察案件协查办法》第11条。
⑦ 《跨地区劳动保障监察案件协查办法》第12条。
⑧ 《跨地区劳动保障监察案件协查办法》第13条。

7. 跨地区劳动保障监察案件协查的受托方。(1)受托方收到委托协查函后,按照协查请求和《跨地区劳动保障监察案件协查办法》规定开展协查工作。受托方应指定专人负责协查工作的组织协调,根据需要可以通过信函、电话、传真、电邮等方式及时沟通情况。① (2)受托方按照委托协查相关要求及时发送协查回函。一般情况下,回函时间自收到委托协查函之日起不超过20个工作日。对案情特别重大和紧急的委托协查,回函时间自收到委托协查函之日起不超过10个工作日。特殊情况不能如期回函的,应及时向委托方说明原因。② (3)受托方在协查中发现被调查对象存在管辖范围内的违法行为,应按照有关规定及时立案查处。③ (4)委托方、受托方如以传真、电邮等形式发送相关函件,应在发送后的1个工作日内将委托协查函原件或协查回函原件及相关材料寄送对方。④

第四节 劳动保障监察的法律责任

一、用人单位的法律责任

1. 行政责任(行政处罚)。(1)责令改正。①用人单位违反《工会法》,有下列行为之一的,由劳动保障行政部门责令改正:第一,阻挠劳动者依法参加和组织工会,或者阻挠上级工会帮助、指导劳动者筹建工会的;第二,无正当理由调动依法履行职责的工会工作人员的工作岗位,进行打击报复的;第三,劳动者因参加工会活动而被解除劳动合同的;第四,工会工作人员因依法履行职责被解除劳动合同的。⑤ ②用人单位与劳动者建立劳动关系不依法订立劳动合同的,由劳动保障行政部门责令改正。⑥ (2)责令改正并处罚款。①用人单位有下列行为之一的,由劳动保障行政部门责令改正,按照受侵害的劳动者每人1000元以上5000元以下的标准计算,处以罚款:第一,安排女职工从事矿山井下劳动、国家规定的

---

① 《跨地区劳动保障监察案件协查办法》第14条。
② 《跨地区劳动保障监察案件协查办法》第15条。
③ 《跨地区劳动保障监察案件协查办法》第16条。
④ 《跨地区劳动保障监察案件协查办法》第17条。
⑤ 《劳动保障监察条例》第29条。
⑥ 《劳动保障监察条例》第24条。

第四级体力劳动强度的劳动或者其他禁忌从事的劳动的;第二,安排女职工在经期从事高处、低温、冷水作业或者国家规定的第三级体力劳动强度的劳动的;第三,安排女职工在怀孕期间从事国家规定的第三级体力劳动强度的劳动或者孕期禁忌从事的劳动的;第四,安排怀孕7个月以上的女职工夜班劳动或者延长其工作时间的;第五,女职工生育享受产假少于90天的;第六,安排女职工在哺乳未满1周岁的婴儿期间从事国家规定的第三级体力劳动强度的劳动或者哺乳期禁忌从事的其他劳动,以及延长其工作时间或者安排其夜班劳动的;第七,安排未成年工从事矿山井下、有毒有害、国家规定的第四级体力劳动强度的劳动或者其他禁忌从事的劳动的;第八,未对未成年工定期进行健康检查的。① ②用人单位向社会保险经办机构申报应缴纳的社会保险费数额时,瞒报工资总额或者职工人数的,由劳动保障行政部门责令改正,并处瞒报工资数额1倍以上3倍以下的罚款。骗取社会保险待遇或者骗取社会保险基金支出的,由劳动保障行政部门责令退还,并处骗取金额1倍以上3倍以下的罚款;构成犯罪的,依法追究刑事责任。② (3)警告、责令限期改正并处罚款。用人单位违反劳动保障法律、法规或者规章延长劳动者工作时间的,由劳动保障行政部门给予警告,责令限期改正,并可以按照受侵害的劳动者每人100元以上500元以下的标准计算,处以罚款。③

2. 民事法律责任(经济补偿及赔偿)。(1)用人单位有下列行为之一的,由劳动保障行政部门分别责令限期支付劳动者的工资报酬、劳动者工资低于当地最低工资标准的差额或者解除劳动合同的经济补偿;逾期不支付的,责令用人单位按照应付金额50%以上1倍以下的标准计算,向劳动者加付赔偿金:①克扣或者无故拖欠劳动者工资报酬的;②支付劳动者的工资低于当地最低工资标准的;③解除劳动合同未依法给予劳动者经济补偿的。④ (2)用人单位违反劳动保障法律、法规或者规章,对劳动者造成损害的,依法承担赔偿责任。劳动者与用人单位就赔偿发生争议的,依照国家有关劳动争议处理的规定处理。对应当通过劳动争议处理程序解决的事项或者已经按照劳动争议处理程序申请调解、仲裁或

---

① 《劳动保障监察条例》第23条。
② 《劳动保障监察条例》第27条。
③ 《劳动保障监察条例》第25条。
《劳动法》第90条规定:"用人单位违反本法规定,延长劳动者工作时间的,由劳动行政部门给予警告,责令改正,并可以处以罚款。"
④ 《劳动保障监察条例》第26条。

者已经提起诉讼的事项,劳动保障行政部门应当告知投诉人依照劳动争议处理或者诉讼的程序办理。①

二、职业介绍机构、职业技能培训机构或者职业技能考核鉴定机构的法律责任

职业介绍机构、职业技能培训机构或者职业技能考核鉴定机构违反国家有关职业介绍、职业技能培训或者职业技能考核鉴定的规定的,由劳动保障行政部门责令改正,没收违法所得,并处1万元以上5万元以下的罚款;情节严重的,吊销许可证。未经劳动保障行政部门许可,从事职业介绍、职业技能培训或者职业技能考核鉴定的组织或者个人,由劳动保障行政部门、国家市场监督管理②部门依照国家有关无照经营查处取缔的规定查处取缔。③

三、实施违法行为主体的法律责任

有下列行为之一的,由劳动保障行政部门责令改正;对有第1项、第2项或者第3项规定的行为的,处2000元以上2万元以下的罚款:①无理抗拒、阻挠劳动保障行政部门依照《劳动保障监察条例》的规定实施劳动保障监察的;②不按照劳动保障行政部门的要求报送书面材料,隐瞒事实真相,出具伪证或者隐匿、毁灭证据的;③经劳动保障行政部门责令改正拒不改正,或者拒不履行劳动保障行政部门的行政处理决定的;④打击报复举报人、投诉人的。违反前款规定,构成违反治安管理行为的,由公安机关依法给予治安管理处罚;构成犯罪的,依法追究刑事责任。④

四、劳动保障监察员的法律责任

劳动保障监察员滥用职权、玩忽职守、徇私舞弊或者泄露在履行职责过程中

---

① 《劳动保障监察条例》第21条。
② 原文为"工商行政管理"。
③ 《劳动保障监察条例》第28条。
④ 《劳动保障监察条例》第30条。
《劳动和社会保障部办公厅关于转发国务院法制办公室秘书行政司对解决有关劳动保障监察行政处罚问题的意见的通知》第2条规定:"正确使用法律规定。用人单位同时具有不按照劳动保障行政部门的要求报送书面材料,隐瞒事实真相,出具伪证或者隐匿、毁灭证据的情形的,劳动保障行政部门责令其改正,按照《条例》第三十条第一款第(二)项的规定,处以罚款。用人单位有上述三种情形之一的,劳动保障行政部门可以依法责令其改正;对拒不改正的,劳动保障行政部门可以依照第三十条第一款第(三)项的规定,处以罚款。"

知悉的商业秘密的,依法给予行政处分;构成犯罪的,依法追究刑事责任。劳动保障行政部门和劳动保障监察员违法行使职权,侵犯用人单位或者劳动者的合法权益的,依法承担赔偿责任。①

五、劳动行政部门及其工作人员的法律责任

1. 民事及行政责任。劳动行政部门和其他有关主管部门及其工作人员玩忽职守、不履行法定职责,或者违法行使职权,给劳动者或者用人单位造成损害的,应当承担赔偿责任;对直接负责的主管人员和其他直接责任人员,依法给予行政处分(构成犯罪的,依法追究刑事责任)。②

2. 刑事责任。劳动行政部门或者有关部门的工作人员滥用职权、玩忽职守、徇私舞弊,构成犯罪的,依法追究刑事责任;不构成犯罪的,给予行政处分。

第五节 劳动保障监察的其他规则

一、企业劳动保障守法诚信等级评价

1. 企业劳动保障守法诚信等级评价的适用。(1)适用的法律。①为增强劳动保障监察的针对性和效率,实行企业分类监管,督促企业遵守劳动保障法律规定,履行守法诚信义务,根据《劳动保障监察条例》有关规定,制定《企业劳动保障守法诚信等级评价办法》。③ 企业劳动保障守法诚信等级评价是根据企业遵守劳动保障法律、法规和规章的情况,对企业进行劳动保障守法诚信等级评价的行为。④ ②《企业劳动保障守法诚信等级评价办法》自2017年1月1日起施行。⑤ ③省级人力资源社会保障行政部门可根据《企业劳动保障守法诚信等级评价办法》和本地实际,制定实施办法。⑥ (2)适用的事项。对其他劳动保障监察对象开展劳动保障守法诚信等级评价工作,依照《企业劳动保障守法诚信等级评价办

---

① 《劳动保障监察条例》第31条。
② 《劳动合同法》第95条。
③ 《企业劳动保障守法诚信等级评价办法》第1条。
④ 《企业劳动保障守法诚信等级评价办法》第2条。
⑤ 《企业劳动保障守法诚信等级评价办法》第18条。
⑥ 《企业劳动保障守法诚信等级评价办法》第17条。

法》执行。① (3) 适用的原则。开展企业劳动保障守法诚信等级评价,应当根据事实,遵循依法、公正原则。②

2. 企业劳动保障守法诚信等级评价的主管部门。县级以上地方人力资源社会保障行政部门按照劳动保障监察管辖范围负责企业劳动保障守法诚信等级评价工作,由劳动保障监察机构负责组织实施,每年开展一次评价。③

3. 企业劳动保障守法诚信等级评价的"依据"。(1) 企业上一年度信用记录。企业劳动保障守法诚信等级评价主要依据日常巡视检查、书面材料审查、举报投诉查处以及专项检查等劳动保障监察和其他有关工作中取得的企业上一年度信用记录进行。开展企业劳动保障守法诚信等级评价应注意听取当地政府有关部门及工会组织的意见和建议。④ (2) 企业的有关情况。人力资源社会保障行政部门根据下列情况对企业劳动保障守法诚信等级进行评价:①制定内部劳动保障规章制度的情况;②与劳动者订立劳动合同的情况;③遵守劳务派遣规定的情况;④遵守禁止使用童工规定的情况;⑤遵守女职工和未成年工特殊劳动保护规定的情况;⑥遵守工作时间和休息休假规定的情况;⑦支付劳动者工资和执行最低工资标准的情况;⑧参加各项社会保险和缴纳社会保险费的情况;⑨其他遵守劳动保障法律、法规和规章的情况。⑤

4. 企业劳动保障守法诚信等级的评价。(1) 评价等级划分。企业劳动保障守法诚信等级划分为 A、B、C 三级:①企业遵守劳动保障法律、法规和规章,未因劳动保障违法行为被查处的,评为 A 级。②企业因劳动保障违法行为被查处,但不属于 C 级所列情形的,评为 B 级。③企业存在下列情形之一的,评为 C 级。第一,因劳动保障违法行为被查处三次以上(含三次)的;第二,因劳动保障违法行为引发群体性事件、极端事件或造成严重不良社会影响的;第三,因使用童工、强迫劳动等严重劳动保障违法行为被查处的;第四,拒不履行劳动保障监察限期整改指令、行政处理决定或者行政处罚决定的;第五,无理抗拒、阻挠人力资源社会保障行政部门实施劳动保障监察的;第六,因劳动保障违法行为被追究刑事责任的。⑥

---

① 《企业劳动保障守法诚信等级评价办法》第 16 条。
② 《企业劳动保障守法诚信等级评价办法》第 3 条。
③ 《企业劳动保障守法诚信等级评价办法》第 4 条。
④ 《企业劳动保障守法诚信等级评价办法》第 5 条。
⑤ 《企业劳动保障守法诚信等级评价办法》第 6 条。
⑥ 《企业劳动保障守法诚信等级评价办法》第 7 条。

(2)评价的结果。①评价结果的告知。作出劳动保障守法诚信等级评价的人力资源社会保障行政部门可以适当方式将评价结果告知企业。① ②评价结果的归档。劳动保障守法诚信等级评价结果应归入企业劳动保障守法诚信档案,至少保留3年。②

5. 企业劳动保障守法诚信等级评价后的监管。(1)人力资源社会保障行政部门根据企业劳动保障守法诚信等级评价情况,对劳动保障监察管辖范围内的企业实行分类监管。对于被评为A级的企业,适当减少劳动保障监察日常巡视检查频次。对于被评为B级的企业,适当增加劳动保障监察日常巡视检查频次。对于被评为C级的企业,列入劳动保障监察重点对象,强化劳动保障监察日常巡视检查。③ (2)对于被评为C级的企业,人力资源社会保障行政部门应对其主要负责人、直接责任人进行约谈,敦促其遵守劳动保障法律、法规和规章。④ (3)企业劳动保障守法诚信等级评价结果确定后,发生劳动保障违法行为需要降级的,作出评价的人力资源社会保障行政部门应当重新评价,及时调整其劳动保障守法诚信等级。⑤

6. 企业劳动保障守法诚信等级评价的相关措施。(1)建立信用信息交换共享机制。人力资源社会保障行政部门应当与工商、金融、住房城乡建设、税务等部门和工会组织建立信用信息交换共享机制,对企业实行守信联合激励和失信联合惩戒。⑥ (2)加强劳动保障监察管理信息系统建设。人力资源社会保障行政部门应当加强劳动保障监察管理信息系统建设,充分利用信息技术和手段,整合信息资源,提高企业劳动保障守法诚信等级评价工作效率。

7. 企业劳动保障守法诚信等级评价中工作人员的法律责任。人力资源社会保障行政部门工作人员在企业劳动保障守法诚信等级评价工作中滥用职权、玩忽职守、徇私舞弊的,按照有关规定给予处分。⑦

二、重大劳动保障违法行为社会公布办法

1. 重大劳动保障违法行为社会公布的适用。(1)适用的法律。①为加强对

---

① 《企业劳动保障守法诚信等级评价办法》第8条。
② 《企业劳动保障守法诚信等级评价办法》第9条。
③ 《企业劳动保障守法诚信等级评价办法》第10条。
④ 《企业劳动保障守法诚信等级评价办法》第11条。
⑤ 《企业劳动保障守法诚信等级评价办法》第12条。
⑥ 《企业劳动保障守法诚信等级评价办法》第13条。
⑦ 《企业劳动保障守法诚信等级评价办法》第15条。

重大劳动保障违法行为的惩戒,强化社会舆论监督,促进用人单位遵守劳动保障法律、法规和规章,根据《劳动保障监察条例》《企业信息公示暂行条例》等有关规定,制定《重大劳动保障违法行为社会公布办法》。① ②自2017年1月1日起施行。② (2)适用的事项。人力资源社会保障行政部门依法向社会公布用人单位重大劳动保障违法行为,适用《企业劳动保障守法诚信等级评价办法》。③ (3)适用的原则。人力资源社会保障行政部门向社会公布重大劳动保障违法行为,应当遵循依法依规、公平公正、客观真实的原则。④

2. 重大劳动保障违法行为社会公布的职责分工。人力资源社会保障部负责指导监督全国重大劳动保障违法行为社会公布工作,并向社会公布在全国有重大影响的劳动保障违法行为。省、自治区、直辖市人力资源社会保障行政部门负责指导监督本行政区域重大劳动保障违法行为社会公布工作,并向社会公布在本行政区域有重大影响的劳动保障违法行为。地市级、县级人力资源社会保障行政部门依据行政执法管辖权限,负责本辖区的重大劳动保障违法行为社会公布工作。⑤

3. 重大劳动保障违法行为社会公布的范围及列明事项。(1)公布的范围。人力资源社会保障行政部门对下列已经依法查处并作出处理决定的重大劳动保障违法行为,应当向社会公布:①克扣、无故拖欠劳动者劳动报酬,数额较大的;拒不支付劳动报酬,依法移送司法机关追究刑事责任的;②不依法参加社会保险或者不依法缴纳社会保险费,情节严重的;③违反工作时间和休息休假规定,情节严重的;④违反女职工和未成年工特殊劳动保护规定,情节严重的;⑤违反禁止使用童工规定的;⑥因劳动保障违法行为造成严重不良社会影响的;⑦其他重大劳动保障违法行为。⑥ (2)应列明的事项。向社会公布重大劳动保障违法行为,应当列明下列事项:①违法主体全称、统一社会信用代码(或者注册号)及地址;②法定代表人或者负责人姓名;③主要违法事实;④相关处理情况。涉及国

---

① 《重大劳动保障违法行为社会公布办法》第1条。
② 《重大劳动保障违法行为社会公布办法》第13条。
③ 《重大劳动保障违法行为社会公布办法》第2条。
④ 《重大劳动保障违法行为社会公布办法》第3条。
⑤ 《重大劳动保障违法行为社会公布办法》第4条。
⑥ 《重大劳动保障违法行为社会公布办法》第5条。

家秘密、商业秘密以及个人隐私的信息不得公布。①

4. 重大劳动保障违法行为社会公布的方式。重大劳动保障违法行为应当在人力资源社会保障行政部门门户网站公布,并在本行政区域主要报刊、电视等媒体予以公布。②

5. 重大劳动保障违法行为社会公布的次数。地市级、县级人力资源社会保障行政部门对本辖区发生的重大劳动保障违法行为每季度向社会公布 1 次。人力资源社会保障部和省级人力资源社会保障行政部门每半年向社会公布 1 次重大劳动保障违法行为。根据工作需要,对重大劳动保障违法行为可随时公布。③

6. 重大劳动保障违法行为社会公布前的报告。县级以上地方人力资源社会保障行政部门在向社会公布重大劳动保障违法行为之前,应当将公布的信息报告上一级人力资源社会保障行政部门。④

7. 重大劳动保障违法行为社会公布后的守法诚信记入。人力资源社会保障行政部门应当将重大劳动保障违法行为及其社会公布情况记入用人单位劳动保障守法诚信档案,纳入人力资源社会保障信用体系,并与其他部门和社会组织依法依规实施信息共享和联合惩戒。⑤

8. 重大劳动保障违法行为社会公布的异议及处理。用人单位对社会公布内容有异议的,由负责查处的人力资源社会保障行政部门自收到申请之日起 15 个工作日内予以复核和处理,并通知用人单位。重大劳动保障违法行为处理决定被依法变更或者撤销的,负责查处的人力资源社会保障行政部门应当自变更或者撤销之日起 10 个工作日内,对社会公布内容予以更正。⑥

9. 重大劳动保障违法行为社会公布的工作人员法律责任。人力资源社会保障行政部门工作人员在重大劳动保障违法行为社会公布中滥用职权、玩忽职守、徇私舞弊的,依法予以处理。⑦

---

① 《重大劳动保障违法行为社会公布办法》第 6 条。
② 《重大劳动保障违法行为社会公布办法》第 7 条。
③ 《重大劳动保障违法行为社会公布办法》第 8 条。
④ 《重大劳动保障违法行为社会公布办法》第 9 条。
⑤ 《重大劳动保障违法行为社会公布办法》第 10 条。
⑥ 《重大劳动保障违法行为社会公布办法》第 11 条。
⑦ 《重大劳动保障违法行为社会公布办法》第 12 条。

第九章 劳动争议的解决

劳动争议,是指劳动关系的当事人之间因执行劳动法律法规和履行劳动合同而发生的纠纷,即劳动者与所在单位之间因劳动关系中的权利义务而发生的纠纷。劳动争议的处理主要是指其解决方式。劳动争议解决的方式通常为:和解、调解、仲裁和诉讼。

第一节 劳动争议

一、劳动争议的范围

1. 法律规定的劳动争议。法律规定的劳动争议。中华人民共和国境内的用人单位与劳动者发生的下列劳动争议,适用《劳动争议调解仲裁法》:(1)因确认劳动关系发生的争议;(2)因订立、履行、变更、解除和终止劳动合同发生的争议;(3)因除名、辞退和辞职、离职发生的争议;(4)因工作时间、休息休假、社会保险、福利、培训以及劳动保护发生的争议;(5)因劳动报酬、工伤医疗费、经济补偿或者赔偿金等发生的争议;(6)法律、法规规定的其他劳动争议。①

2. 因"处分"发生的劳动争议。用人单位与劳动者之间因处分发生争议的,是否作为劳动争议案件应区分情况:单位处分虽涉及经济扣罚等内容,但属于特定性、阶段性的,不涉及劳动合同的解除、变更的,单位有权对劳动者进行管理,不宜作为劳动争议案件;用人单位作出的处分涉及劳动合同的变更或解除的,或者经济扣罚影响劳动者基本生活的,则因此类处分引起的争议可作为劳动争议案件。②

---

① 《劳动争议调解仲裁法》第2条。
② 《上海市高级人民法院民一庭关于审理劳动争议案件若干问题的解答》第5条。

3. 因缴纳农村养老保险费发生的劳动争议。本市农村户籍劳动者与用人单位之间因缴纳农村养老保险费发生争议的,应作为劳动争议案件。①

4. 因投资或以技术入股发生的劳动争议。劳动者投资或以技术入股的用人单位与劳动者发生争议,如双方订立劳动合同或存在事实劳动关系,且争议的内容属于与劳动权利义务有关的,应作为劳动争议案件处理。②

二、劳动争议的除外

下列纠纷不属于劳动争议:①劳动者请求社会保险经办机构发放社会保险金的纠纷;②劳动者与用人单位因住房制度改革产生的公有住房转让纠纷;③劳动者对劳动能力鉴定委员会的伤残等级鉴定结论或者对职业病诊断鉴定委员会的职业病诊断鉴定结论的异议纠纷;④家庭或者个人与家政服务人员之间的纠纷;⑤个体工匠与帮工、学徒之间的纠纷;⑥农村承包经营户与受雇人之间的纠纷。③

三、劳动争议适用的法律

逐步统一裁审法律适用标准。各地仲裁委员会和人民法院要严格按照法律规定处理劳动人事争议。对于法律规定不明确等原因造成裁审法律适用标准不一致的突出问题,由人力资源社会保障部与最高人民法院按照《立法法》有关规定,通过制定司法解释或指导意见等形式明确统一的法律适用标准。省、自治区、直辖市人力资源社会保障部门与高级人民法院要结合裁审工作实际,加强对法律适用问题的调查研究,及时提出意见建议。④

第二节 劳动争议解决的方式

一、劳动争议解决的一般规则

1. 劳动争议解决的原则。(1)解决劳动争议,应当根据合法、公正、及时处理

---

① 《上海市高级人民法院民一庭关于审理劳动争议案件若干问题的解答》第4条。
② 《山东省高级人民法院关于审理劳动争议案件若干问题的意见》第7条。
③ 《最高人民法院关于审理劳动争议案件适用法律问题的解释(一)》第2条。
④ 《人力资源社会保障部、最高人民法院关于加强劳动人事争议仲裁与诉讼衔接机制建设的意见》第2条2项。

的原则,依法维护劳动争议当事人的合法权益。① (2)处理劳动争议,应当遵循下列原则:①着重调解,及时处理;②在查清事实的基础上,依法处理;③当事人在适用法律上一律平等。

2. 劳动争议解决的方式。劳动争议发生后,当事人应当协商解决;不愿协商或者协商不成的,可以向本企业劳动争议调解委员会申请调解;调解不成的,可以向劳动争议仲裁委员会申请仲裁。当事人也可以直接向劳动争议仲裁委员会申请仲裁。对仲裁裁决不服的,可以向人民法院起诉。

3. 劳动争议解决的衔接机制。建立健全诉讼与非诉讼相衔接的矛盾纠纷解决机制的主要任务是:充分发挥审判权的规范、引导和监督作用,完善诉讼与仲裁、行政调处、人民调解、商事调解、行业调解以及其他非诉讼纠纷解决方式之间的衔接机制,推动各种纠纷解决机制的组织和程序制度建设,促使非诉讼纠纷解决方式更加便捷、灵活、高效,为矛盾纠纷解决机制的繁荣发展提供司法保障。②

4. 劳动合同争议解决适用的法律。劳动合同,适用劳动者工作地法律;难以确定劳动者工作地的,适用用人单位主营业地法律。劳务派遣,可以适用劳务派出地法律。③ 劳动者与用人单位因订立、履行、变更、解除或者终止劳动合同发生争议的,依照《劳动争议调解仲裁法》的规定处理。④

二、劳动争议的和解

1. 劳动争议和解的界定。劳动争议和解,是指当事人在自愿互谅的基础上,就已经发生的争议进行协商并达成协议,自行解决争议的一种方式。

2. 劳动争议协商(调解)的适用。(1)适用的法律。①为规范企业劳动争议协商(调解)行为,促进劳动关系和谐稳定,根据《劳动争议调解仲裁法》,制定《企业劳动争议协商调解规定》。⑤ ②自2012年1月1日起施行。⑥ (2)适用的事项。①企业劳动争议协商(调解),适用《企业劳动争议协商调解规定》。⑦

---

① 《劳动法》第78条。
② 《最高人民法院关于建立健全诉讼与非诉讼相衔接的矛盾纠纷解决机制的若干意见》第2条。
③ 《涉外民事关系法律适用法》第43条。
④ 《劳动合同法实施条例》第37条。
⑤ 《企业劳动争议协商调解规定》第1条。
⑥ 《企业劳动争议协商调解规定》第37条。
⑦ 《企业劳动争议协商调解规定》第2条。

②民办非企业单位、社会团体开展劳动争议协商、调解工作参照《企业劳动争议协商调解规定》执行。① （3）适用的原则。协商、调解劳动争议,应当根据事实和有关法律法规的规定,遵循平等、自愿、合法、公正、及时的原则。②

3. 劳动争议和解的方式。（1）自行和解。①发生劳动争议,一方当事人可以通过与另一方当事人约见、面谈等方式协商解决。③ ②劳动者可以委托其他组织或者个人作为其代表进行协商。④ （2）共同和解。发生劳动争议,劳动者可以与用人单位协商,也可以请工会或者第三方共同与用人单位协商,达成和解协议。⑤

4. 劳动争议和解（协商）的回应及期限。一方当事人提出协商要求后,另一方当事人应当积极做出口头或者书面回应。5日内不作出回应的,视为不愿协商。协商的期限由当事人书面约定,在约定的期限内没有达成一致的,视为协商不成。当事人可以书面约定延长期限。⑥

5. 劳动争议和解协议有达成及证据效力。协商达成一致,应当签订书面和解协议。和解协议对双方当事人具有约束力,当事人应当履行。经仲裁庭审查,和解协议程序和内容合法有效的,仲裁庭可以将其作为证据使用。但是,当事人为达成和解的目的作出妥协所涉及的对争议事实的认可,不得在其后的仲裁中作为对其不利的证据。⑦

6. 劳动争议和解（协商、调解）中双方的权利及义务。（1）企业的义务。①企业应当依法执行职工大会、职工代表大会、厂务公开等民主管理制度,建立集体协商、集体合同制度,维护劳动关系和谐稳定。⑧ ②企业应当建立劳资双方沟通对话机制,畅通劳动者利益诉求表达渠道。⑨ ③企业应当加强对劳动者的人文关怀,关心劳动者的诉求,关注劳动者的心理健康,引导劳动者理性维权,预防

---

① 《企业劳动争议协商调解规定》第36条。
② 《企业劳动争议协商调解规定》第6条。
③ 《企业劳动争议协商调解规定》第8条。
④ 《企业劳动争议协商调解规定》第9条第2款。
⑤ 《劳动争议调解仲裁法》第4条。
《企业劳动争议协商调解规定》第9条第1款规定:"劳动者可以要求所在企业工会参与或者协助其与企业进行协商。工会也可以主动参与劳动争议的协商处理,维护劳动者合法权益。"
⑥ 《企业劳动争议协商调解规定》第10条。
⑦ 《企业劳动争议协商调解规定》第11条。
⑧ 《企业劳动争议协商调解规定》第3条。
⑨ 《企业劳动争议协商调解规定》第4条第1款。

劳动争议发生。① ④企业应当支持调解委员会开展调解工作，提供办公场所，保障工作经费。② (2) 劳动者的权利。①劳动者认为企业在履行劳动合同、集体合同，执行劳动保障法律、法规和企业劳动规章制度等方面存在问题的，可以向企业劳动争议调解委员会（以下简称调解委员会）提出。调解委员会应当及时核实情况，协调企业进行整改或者向劳动者做出说明。③ ②劳动者也可以通过调解委员会向企业提出其他合理诉求。调解委员会应当及时向企业转达，并向劳动者反馈情况。④

三、劳动争议的调解

（一）劳动争议调解的一般规则

1. 劳动争议调解的界定。劳动争议调解，是指在企业与员工之间，由于社会保险、薪资、福利待遇、劳动关系等发生争议时，由第三方（如专业性的人才机构、争议调解中心等）进行的和解性咨询，通过劳动争议调解达到法律咨询、和解方式等的说明。

2. 劳动争议调解的适用原则。(1) 解决劳动争议，应当根据事实，遵循合法、公正、及时、着重调解的原则，依法保护当事人的合法权益。⑤ (2) 仲裁委员会处理争议案件，应当坚持调解优先，引导当事人通过协商、调解方式解决争议，给予必要的法律释明以及风险提示。⑥

3. 劳动争议调解中的行政机关。(1) 人力资源和社会保障行政部门应当指导企业开展劳动争议预防调解工作，具体履行下列职责：①指导企业遵守劳动保障法律、法规和政策；②督促企业建立劳动争议预防预警机制；③协调工会、企业代表组织建立企业重大集体性劳动争议应急调解协调机制，共同推动企业劳动争议预防调解工作；④检查辖区内调解委员会的组织建设、制度建设和队伍建设情况。⑦ (2) 行政机关依法对民事纠纷进行调处后达成的有民事权利义务内容的

---

① 《企业劳动争议协商调解规定》第5条。
② 《企业劳动争议协商调解规定》第33条。
③ 《企业劳动争议协商调解规定》第4条第2款。
④ 《企业劳动争议协商调解规定》第4条第3款。
⑤ 《劳动争议调解仲裁法》第3条。
⑥ 《劳动人事争议仲裁办案规则》第68条。
⑦ 《企业劳动争议协商调解规定》第7条。

调解协议或者作出的其他不属于可诉具体行政行为的处理,经双方当事人签字或者盖章后,具有民事合同性质,法律另有规定的除外。①

(二)调解委员会的调解

1.调解委员会。(1)调解委员会的设立。①大中型企业应当依法设立调解委员会,并配备专职或者兼职工作人员。有分公司、分店、分厂的企业,可以根据需要在分支机构设立调解委员会。总部调解委员会指导分支机构调解委员会开展劳动争议预防调解工作。调解委员会可以根据需要在车间、工段、班组设立调解小组。② ②小微型企业可以设立调解委员会,也可以由劳动者和企业共同推举人员,开展调解工作。③ (2)调解委员会由劳动者代表和企业代表组成,人数由双方协商确定,双方人数应当对等。劳动者代表由工会委员会成员担任或者由全体劳动者推举产生,企业代表由企业负责人指定。调解委员会主任由工会委员会成员或者双方推举的人员担任。④ (3)调解委员会调解的原则。调解委员会调解劳动争议一般不公开进行。但是,双方当事人要求公开调解的除外。⑤ (4)调解委员会的职责。①调解委员会履行下列职责:第一,宣传劳动保障法律、法规和政策;第二,对本企业发生的劳动争议进行调解;第三,监督和解协议、调解协议的履行;第四,聘任、解聘和管理调解员;第五,参与协调履行劳动合同、集体合同、执行企业劳动规章制度等方面出现的问题;第六,参与研究涉及劳动者切身利益的重大方案;第七,协助企业建立劳动争议预防预警机制。⑥ ②调解委员会应当建立健全调解登记、调解记录、督促履行、档案管理、业务培训、统计报告、工作考评等制度。⑦ ③调解员在调解过程中存在严重失职或者违法违纪行为,侵害当事人合法权益的,调解委员会应当予以解聘。⑧ (5)未成立调解委员会的法律责任。企业未按照《企业劳动争议协商调解规定》成立调解委员会,劳动争议或

---

① 《最高人民法院关于建立健全诉讼与非诉讼相衔接的矛盾纠纷解决机制的若干意见》第8条第2款。
② 《企业劳动争议协商调解规定》第13条。
③ 《企业劳动争议协商调解规定》第14条。
④ 《企业劳动争议协商调解规定》第15条。
⑤ 《企业劳动争议协商调解规定》第24条。
⑥ 《企业劳动争议协商调解规定》第16条。
⑦ 《企业劳动争议协商调解规定》第32条。
⑧ 《企业劳动争议协商调解规定》第35条。

者群体性事件频发,影响劳动关系和谐,造成重大社会影响的,由县级以上人力资源和社会保障行政部门予以通报;违反法律法规规定的,依法予以处理。①

2. 调解员。(1)调解员的职责。调解员履行下列职责:①关注本企业劳动关系状况,及时向调解委员会报告;②接受调解委员会指派,调解劳动争议案件;③监督和解协议、调解协议的履行;④完成调解委员会交办的其他工作。②(2)调解员的规范。调解员应当公道正派、联系群众、热心调解工作,具有一定劳动保障法律政策知识和沟通协调能力。调解员由调解委员会聘任的本企业工作人员担任,调解委员会成员均为调解员。③(3)调解员的聘用期限。调解员的聘期至少为1年,可以续聘。调解员不能履行调解职责时,调解委员会应当及时调整。④(4)调解员的待遇。调解员依法履行调解职责,需要占用生产或者工作时间的,企业应当予以支持,并按照正常出勤对待。⑤

3. 劳动争议调解的程序规则。(1)调解启动的方式。①调解的申请。第一,调解申请的提出及内容。其一,发生劳动争议,当事人不愿协商、协商不成或者达成和解协议后,一方当事人在约定的期限内不履行和解协议的,可以依法向调解委员会或者乡镇、街道劳动就业社会保障服务所(中心)等其他依法设立的调解组织申请调解,也可以依法向劳动人事争议仲裁委员会(以下简称仲裁委员会)申请仲裁。⑥ 其二,发生劳动争议,当事人可以口头或者书面形式向调解委员会提出调解申请。申请内容应当包括申请人基本情况、调解请求、事实与理由。口头申请的,调解委员会应当当场记录。⑦ 第二,调解申请的受理。调解委员会接到调解申请后,对属于劳动争议受理范围且双方当事人同意调解的,应当在3个工作日内受理。对不属于劳动争议受理范围或者一方当事人不同意调解的,应当做好记录,并书面通知申请人。⑧ ②主动调解。发生劳动争议,当事人没有提出调解申请,调解委员会可以在征得双方当事人同意后主动调解。⑨ (2)调解

---

① 《企业劳动争议协商调解规定》第34条。
② 《企业劳动争议协商调解规定》第17条。
③ 《企业劳动争议协商调解规定》第18条。
④ 《企业劳动争议协商调解规定》第19条。
⑤ 《企业劳动争议协商调解规定》第20条。
⑥ 《企业劳动争议协商调解规定》第12条。
⑦ 《企业劳动争议协商调解规定》第21条。
⑧ 《企业劳动争议协商调解规定》第22条。
⑨ 《企业劳动争议协商调解规定》第23条。

委员会指定调解员或者调解小组。调解委员会根据案件情况指定调解员或者调解小组进行调解,在征得当事人同意后,也可以邀请有关单位和个人协助调解。调解员应当全面听取双方当事人的陈述,采取灵活多样的方式方法,开展耐心、细致的说服疏导工作,帮助当事人自愿达成调解协议。① (3) 制作调解协议。①调解协议的制作。经调解达成调解协议的,由调解委员会制作调解协议书。调解协议书应当写明双方当事人基本情况、调解请求事项、调解的结果和协议履行期限、履行方式等。调解协议书由双方当事人签名或者盖章,经调解员签名并加盖调解委员会印章后生效。调解协议书一式三份,双方当事人和调解委员会各执一份。② ②调解协议的效力。第一,当事人在劳动争议调解委员会主持下达成的具有劳动权利义务内容的调解协议,具有劳动合同的约束力,可以作为人民法院裁判的根据。③ 第二,经商事调解组织、行业调解组织或者其他具有调解职能的组织调解后达成的具有民事权利义务内容的调解协议,经双方当事人签字或者盖章后,具有民事合同性质。④ 第三,经《劳动争议调解仲裁法》规定的调解组织调解达成的劳动争议调解协议,由双方当事人签名或者盖章,经调解员签名并加盖调解组织印章后生效,对双方当事人具有合同约束力,当事人应当履行。⑤

4. 劳动争议调解的结案。调解委员会调解劳动争议,应当自受理调解申请之日起 15 日内结束。但是,双方当事人同意延期的可以延长。在前款规定期限内未达成调解协议的,视为调解不成。⑥

5. 劳动争议调解不成等的签字及告知。当事人不愿调解、调解不成或者达

---

① 《企业劳动争议协商调解规定》第 25 条。
② 《企业劳动争议协商调解规定》第 26 条。
③ 《最高人民法院关于审理劳动争议案件适用法律若干问题的解释(二)》第 17 条第 1 款(该解释已废止,仅供参考)。
④ 《最高人民法院关于建立健全诉讼与非诉讼相衔接的矛盾纠纷解决机制的若干意见》第 10 条第 2 句。
⑤ 《最高人民法院关于建立健全诉讼与非诉讼相衔接的矛盾纠纷解决机制的若干意见》第 11 条第 1 句。
《中华人民共和国劳动法》第 80 条第 2 款规定:"劳动争议经调解达成协议的,当事人应当履行。"
《企业劳动争议协商调解规定》第 27 条第 1 款规定:"生效的调解协议对双方当事人具有约束力,当事人应当履行。"
⑥ 《企业劳动争议协商调解规定》第 29 条。
《邮电企业劳动合同管理暂行规定》第 39 条规定:"企业劳动争议调解委员会受理劳动争议,应当在自受理之日起三十日内结案,到期未结案的,视作调解不成。"

成调解协议后,一方当事人在约定的期限内不履行调解协议的,调解委员会应当做好记录,由双方当事人签名或者盖章,并书面告知当事人可以向仲裁委员会申请仲裁。①

(三)仲裁组织的调解

1. 仲裁组织的调解的种类。①申请仲裁时的调解。对未经调解、当事人直接申请仲裁的争议,仲裁委员会可以向当事人发出调解建议书,引导其到调解组织进行调解。当事人同意先行调解的,应当暂缓受理;当事人不同意先行调解的,应当依法受理。② ②开庭审理前的调解。开庭之前,经双方当事人同意,仲裁庭可以委托调解组织或者其他具有调解能力的组织、个人进行调解。自当事人同意之日起10日内未达成调解协议的,应当开庭审理。③ ③开庭审理中的调解。仲裁庭审理争议案件时,应当进行调解。必要时可以邀请有关单位、组织或者个人参与调解。④

2. 劳动争议的调解协议。(1)仲裁调解达成协议的,仲裁庭应当制作调解书。调解书应当写明仲裁请求和当事人协议的结果。调解书由仲裁员签名,加盖仲裁委员会印章,送达双方当事人。调解书经双方当事人签收后,发生法律效力。调解不成或者调解书送达前,一方当事人反悔的,仲裁庭应当及时作出裁决。⑤ (2)当事人就部分仲裁请求达成调解协议的,仲裁庭可以就该部分先行出具调解书。⑥ (3)没有仲裁协议的当事人申请仲裁委员会对民事纠纷进行调解的,由该仲裁委员会专门设立的调解组织按照公平中立的调解规则进行调解后达成的有民事权利义务内容的调解协议,经双方当事人签字或者盖章后,具有民事合同性质。⑦

---

① 《企业劳动争议协商调解规定》第30条。
② 《劳动人事争议仲裁办案规则》第69条。
③ 《劳动人事争议仲裁办案规则》第70条。
④ 《劳动人事争议仲裁办案规则》第71条。
⑤ 《劳动人事争议仲裁办案规则》第72条。
《最高人民法院印发〈关于建立健全诉讼与非诉讼相衔接的矛盾纠纷解决机制的若干意见〉的通知》第11条规定:"经《中华人民共和国劳动争议调解仲裁法》规定的调解组织调解达成的劳动争议调解协议,由双方当事人签名或者盖章,经调解员签名并加盖调解组织印章后生效,对双方当事人具有合同约束力,当事人应当履行。双方当事人可以不经仲裁程序,根据本意见关于司法确认的规定直接向人民法院申请确认调解协议效力。人民法院不予确认的,当事人可以向劳动争议仲裁委员会申请仲裁。"
⑥ 《劳动人事争议仲裁办案规则》第73条。
⑦ 《最高人民法院关于建立健全诉讼与非诉讼相衔接的矛盾纠纷解决机制的若干意见》第9条。

（四）人民法院的调解

1. 人民法院调解的原则。人民法院审理民事案件,应当根据自愿和合法的原则进行调解;调解不成的,应当及时判决。① 中级人民法院可以组织双方当事人调解。达成调解协议的,可以制作调解书。一方当事人逾期不履行调解协议的,另一方可以申请人民法院强制执行。②

2. 人民法院调解的委派。(1)立案前的委派。对属于人民法院受理民事诉讼的范围和受诉人民法院管辖的案件,人民法院在收到起诉状或者口头起诉之后、正式立案之前,可以依职权或者经当事人申请后,委派行政机关、人民调解组织、商事调解组织、行业调解组织或者其他具有调解职能的组织进行调解。当事人不同意调解或者在商定、指定时间内不能达成调解协议的,人民法院应当依法及时立案。③ (2)立案后的委派。经双方当事人同意,或者人民法院认为确有必要的,人民法院可以在立案后将民事案件委托行政机关、人民调解组织、商事调解组织、行业调解组织或者其他具有调解职能的组织协助进行调解。当事人可以协商选定有关机关或者组织,也可商请人民法院确定。调解结束后,有关机关或者组织应当将调解结果告知人民法院。达成调解协议的,当事人可以申请撤诉、申请司法确认,或者由人民法院经过审查后制作调解书。调解不成的,人民法院应当及时审判。④

3. 人民法院的共同调解。对于已经立案的民事案件,人民法院可以按照有关规定邀请符合条件的组织或者人员与审判组织共同进行调解。调解应当在人民法院的法庭或者其他办公场所进行,经当事人同意也可以在法院以外的场所进行。达成调解协议的,可以允许当事人撤诉,或者由人民法院经过审查后制作调解书。调解不成的,人民法院应当及时审判。开庭前从事调解的法官原则上不参与同一案件的开庭审理,当事人同意的除外。⑤

4. 人民法院调解中的调解员。(1)有条件的地方人民法院可以按照一定标

---

① 《民事诉讼法》第9条。
② 《最高人民法院关于审理劳动争议案件适用法律若干问题的解释(四)》第3条第2款(该解释已废止,仅供参考)。
③ 《最高人民法院关于建立健全诉讼与非诉讼相衔接的矛盾纠纷解决机制的若干意见》第14条。
④ 《最高人民法院关于建立健全诉讼与非诉讼相衔接的矛盾纠纷解决机制的若干意见》第15条。
⑤ 《最高人民法院关于建立健全诉讼与非诉讼相衔接的矛盾纠纷解决机制的若干意见》第16条。

准建立调解组织名册和调解员名册,以便于引导当事人选择合适的调解组织或者调解员调解纠纷。人民法院可以根据具体情况及时调整调解组织名册和调解员名册。① (2)调解员应当遵守调解员职业道德准则。人民法院在办理相关案件过程中发现调解员与参与调解的案件有利害关系,可能影响其保持中立、公平调解的,或者调解员有其他违反职业道德准则的行为的,应当告知调解员回避、更换调解员、终止调解或者采取其他适当措施。除非当事人另有约定,人民法院不允许调解员在参与调解后又在就同一纠纷或者相关纠纷进行的诉讼程序中作为一方当事人的代理人。② (3)地方各级人民法院应当根据实际情况,制定关于调解员条件、职业道德、调解费用、诉讼费用负担、调解管理、调解指导、衔接方式等规范。高级人民法院制定的相关工作规范应当报最高人民法院备案。基层人民法院和中级人民法院制定的相关工作规范应当报高级人民法院备案。③ (4)在调解过程中当事人有隐瞒重要事实、提供虚假情况或者故意拖延时间等行为的,调解员可以给予警告或者终止调解,并将有关情况报告委派或委托人民法院。当事人的行为给其他当事人或者案外人造成损失的,应当承担相应的法律责任。④ (5)调解过程不公开,但双方当事人要求或者同意公开调解的除外。从事调解的机关、组织、调解员,以及负责调解事务管理的法院工作人员,不得披露调解过程的有关情况,不得在就相关案件进行的诉讼中作证,当事人不得在审判程序中将调解过程中制作的笔录、当事人为达成调解协议而作出的让步或者承诺、调解员或者当事人发表的任何意见或者建议等作为证据提出,但下列情形除外:①双方当事人均同意的;②法律有明确规定的;③为保护国家利益、社会公共利益、案外人合法权益,人民法院认为确有必要的。⑤

5. 人民法院对调解的"管理"。①人民法院要大力支持、依法监督人民调解组织的调解工作,在审理涉及人民调解协议的民事案件时,应当适用有关法律规定。⑥ ②人民法院鼓励和支持行业协会、社会组织、企事业单位等建立健全调解

---

① 《最高人民法院关于建立健全诉讼与非诉讼相衔接的矛盾纠纷解决机制的若干意见》第 26 条。
② 《最高人民法院关于建立健全诉讼与非诉讼相衔接的矛盾纠纷解决机制的若干意见》第 27 条。
③ 《最高人民法院关于建立健全诉讼与非诉讼相衔接的矛盾纠纷解决机制的若干意见》第 30 条。
④ 《最高人民法院关于建立健全诉讼与非诉讼相衔接的矛盾纠纷解决机制的若干意见》第 18 条。
⑤ 《最高人民法院关于建立健全诉讼与非诉讼相衔接的矛盾纠纷解决机制的若干意见》第 19 条。
⑥ 《最高人民法院关于建立健全诉讼与非诉讼相衔接的矛盾纠纷解决机制的若干意见》第 7 条。

相关纠纷的职能和机制。① ③各级人民法院应当加强与其他国家机关、社会组织、企事业单位和相关组织的联系,鼓励各种非诉讼纠纷解决机制的创新,通过适当方式参与各种非诉讼纠纷解决机制的建设,理顺诉讼与非诉讼相衔接过程中出现的各种关系,积极推动各种非诉讼纠纷解决机制的建立和完善。② ④根据工作需要,人民法院指定院内有关单位或者人员负责管理协调与调解组织、调解员的沟通联络、培训指导等工作。③

(五)人民调解委员及有关组织的调解

1. 人民调解委员会的调解。(1)人民调解委员会调解的申请。发生劳动争议,当事人不愿协商、协商不成或者达成和解协议后不履行的,可以向调解组织申请调解;不愿调解、调解不成或者达成调解协议后不履行的,可以向劳动争议仲裁委员会申请仲裁;对仲裁裁决不服的,除本法另有规定的外,可以向人民法院提起诉讼。④ (2)人民调解委员会调解的司法确认。当事人在人民调解委员会主持下仅就给付义务达成的调解协议,双方认为有必要的,可以共同向人民调解委员会所在地的基层人民法院申请司法确认。⑤

2. 有关组织的调解。有关组织调解案件时,在不违反法律、行政法规强制性规定的前提下,可以参考行业惯例、村规民约、社区公约和当地善良风俗等行为规范,引导当事人达成调解协议。⑥

(六)调解协议的仲裁审查

1. 调解协议仲裁审查的申请。经调解组织调解达成调解协议的,双方当事人可以自调解协议生效之日起15日内,共同向有管辖权的仲裁委员会提出仲裁审查申请。当事人申请审查调解协议,应当向仲裁委员会提交仲裁审查申请书、

---

① 《最高人民法院关于建立健全诉讼与非诉讼相衔接的矛盾纠纷解决机制的若干意见》第10条第1句。
② 《最高人民法院关于建立健全诉讼与非诉讼相衔接的矛盾纠纷解决机制的若干意见》第29条。
③ 《最高人民法院关于建立健全诉讼与非诉讼相衔接的矛盾纠纷解决机制的若干意见》第28条。
④ 《劳动争议调解仲裁法》第5条。
《劳动法》第79条规定:"劳动争议发生后,当事人可以向本单位劳动争议调解委员会申请调解;调解不成,当事人一方要求仲裁的,可以向劳动争议仲裁委员会申请仲裁。当事人一方也可以直接向劳动争议仲裁委员会申请仲裁。对仲裁裁决不服的,可以向人民法院提起诉讼。"
⑤ 《最高人民法院关于审理劳动争议案件适用法律若干问题的解释(四)》第4条(该解释已废止,仅供参考)。
⑥ 《最高人民法院关于建立健全诉讼与非诉讼相衔接的矛盾纠纷解决机制的若干意见》第17条。

调解协议和身份证明、资格证明以及其他与调解协议相关的证明材料,并提供双方当事人的送达地址、电话号码等联系方式。①

2. 调解协议仲裁审查的受理。仲裁委员会收到当事人仲裁审查申请,应当及时决定是否受理。决定受理的,应当出具受理通知书。有下列情形之一的,仲裁委员会不予受理:(1)不属于仲裁委员会受理争议范围的;(2)不属于本仲裁委员会管辖的;(3)超出规定的仲裁审查申请期间的;(4)确认劳动关系的;(5)调解协议已经人民法院司法确认的。②

3. 调解协议仲裁审查的延长及撤回。仲裁委员会审查调解协议,应当自受理仲裁审查申请之日起5日内结束。因特殊情况需要延期的,经仲裁委员会主任或者其委托的仲裁院负责人批准,可以延长5日。调解书送达前,一方或者双方当事人撤回仲裁审查申请的,仲裁委员会应当准许。③

4. 调解协议仲裁审查的调解书。(1)仲裁委员会受理仲裁审查申请后,应当指定仲裁员对调解协议进行审查。仲裁委员会经审查认为调解协议的形式和内容合法有效的,应当制作调解书。调解书的内容应当与调解协议的内容相一致。调解书经双方当事人签收后,发生法律效力。④（2)调解协议具有下列情形之一的,仲裁委员会不予制作调解书:①违反法律、行政法规强制性规定的;②损害国家利益、社会公共利益或者公民、法人、其他组织合法权益的;③当事人提供证据材料有弄虚作假嫌疑的;④违反自愿原则的;⑤内容不明确的;⑥其他不能制作调解书的情形。仲裁委员会决定不予制作调解书的,应当书面通知当事人。⑤

5. 调解协议仲裁审查的终止。当事人撤回仲裁审查申请或者仲裁委员会决定不予制作调解书的,应当终止仲裁审查。⑥

(七)调解书的申请执行

1. 调解书等逾期不履行的申请执行。当事人对发生法律效力的调解书、裁决书,应当依照规定的期限履行。一方当事人逾期不履行的,另一方当事人可以

---

① 《劳动人事争议仲裁办案规则》第74条。
② 《劳动人事争议仲裁办案规则》第75条。
③ 《劳动人事争议仲裁办案规则》第76条。
④ 《劳动人事争议仲裁办案规则》第77条。
⑤ 《劳动人事争议仲裁办案规则》第78条。
⑥ 《劳动人事争议仲裁办案规则》第79条。

依照《民事诉讼法》的有关规定向人民法院申请执行。受理申请的人民法院应当依法执行。①

2. 公证后的申请执行。经行政机关、人民调解组织、商事调解组织、行业调解组织或者其他具有调解职能的组织对民事纠纷调解后达成的具有给付内容的协议，当事人可以按照《公证法》的规定申请公证机关依法赋予强制执行效力。债务人不履行或者不适当履行具有强制执行效力的公证文书的，债权人可以依法向有管辖权的人民法院申请执行。②

四、劳动争议的仲裁

劳动争议仲裁，是指劳动争议仲裁委员会根据当事人的申请，依法对劳动争议在事实上作出判断、在权利义务上作出裁决的一种法律制度。

（一）劳动（人事）争议仲裁组织

1. 劳动（人事）争议仲裁组织的一般规则。（1）劳动（人事）争议处理的法律依据。①为公正及时处理劳动人事争议（以下简称争议），根据《劳动争议调解仲裁法》和《公务员法》、《事业单位人事管理条例》、《中国人民解放军文职人员条例》等有关法律、法规，制定《劳动人事争议仲裁组织规则》。③ ②自2017年7月1日起施行。2010年1月20日人力资源社会保障部公布的《劳动人事争议仲裁组织规则》（人力资源和社会保障部令第5号）同时废止。④（2）劳动人事争议处理的职责分工。①劳动人事争议仲裁委员会（以下简称仲裁委员会）由人民政府依法设立，专门处理争议案件。⑤ ②人力资源社会保障行政部门负责指导本行政区域的争议调解仲裁工作，组织协调处理跨地区、有影响的重大争议，负责仲裁员的管理、培训等工作。⑥

2. 劳动（人事）争议的仲裁委员会及其办事机构。（1）仲裁委员会的设立。仲裁委员会按照统筹规划、合理布局和适应实际需要的原则设立，由省、自治区、

---

① 《劳动争议调解仲裁法》第51条。
② 《最高人民法院关于建立健全诉讼与非诉讼相衔接的矛盾纠纷解决机制的若干意见》第12条。
③ 《劳动人事争议仲裁组织规则》第1条。
④ 《劳动人事争议仲裁组织规则》第38条。
⑤ 《劳动人事争议仲裁组织规则》第2条。
⑥ 《劳动人事争议仲裁组织规则》第3条。

直辖市人民政府依法决定。① (2)仲裁委员会的组成。①职工争议仲裁委员会的组成。劳动争议仲裁委员会由劳动行政部门代表、同级工会代表、用人单位方面的代表组成。劳动争议仲裁委员会主任由劳动行政部门代表担任。② 其中，"用人单位方面的代表"，是指政府指定的经营综合管理部门或者有关社会团体的代表。③ ②人事争议仲裁委员会的组成。仲裁委员会由干部主管部门代表、人力资源社会保障等相关行政部门代表、军队文职人员工作管理部门代表、工会代表和用人单位方面代表等组成。仲裁委员会组成人员应当是单数。④ (3)仲裁委员会的职责。①一般职责。仲裁委员会依法履行下列职责：第一，聘任、解聘专职或者兼职仲裁员；第二，受理争议案件；第三，讨论重大或者疑难的争议案件；第四，监督本仲裁委员会的仲裁活动；第五，制定本仲裁委员会的工作规则；第六，其他依法应当履行的职责。⑤ ②对仲裁员考评及培训职责。第一，仲裁委员会应当制定仲裁员工作绩效考核标准，重点考核办案质量和效率、工作作风、遵纪守法情况等。考核结果分为优秀、合格、不合格。⑥ 第二，人力资源社会保障行政部门负责每年对本行政区域内的仲裁员进行政治思想、职业道德、业务能力和作风建设培训。仲裁员每年脱产培训的时间累计不少于40学时。⑦ 第三，仲裁委员会应当加强仲裁员作风建设，培育和弘扬具有行业特色的仲裁文化。⑧ 第四，人力资源社会保障部负责组织制定仲裁员培训大纲，开发培训教材，建立师资库和考试题库。⑨ 第五，建立仲裁员职业保障机制，拓展仲裁员职业发展空间。⑩ ③仲裁监督职责。仲裁委员会应当建立仲裁监督制度，对申请受理、办案程序、处理结果、仲裁工作人员行为等进行监督。⑪ (4)仲裁委员会的人员。①仲裁委员会设主任1名，副主任和委员若干名。仲裁委员会主任由政府负责人或者人力资源社会保

---

① 《劳动人事争议仲裁组织规则》第4条。
② 《劳动法》第81条。
③ 《关于〈劳动法〉若干条文的说明》第81条第2款。
④ 《劳动人事争议仲裁组织规则》第5条。
⑤ 《劳动人事争议仲裁组织规则》第7条。
⑥ 《劳动人事争议仲裁组织规则》第25条。
⑦ 《劳动人事争议仲裁组织规则》第28条。
⑧ 《劳动人事争议仲裁组织规则》第29条。
⑨ 《劳动人事争议仲裁组织规则》第30条。
⑩ 《劳动人事争议仲裁组织规则》第31条。
⑪ 《劳动人事争议仲裁组织规则》第32条。

障行政部门主要负责人担任。① ②仲裁委员会应当根据工作需要,合理配备专职仲裁员和办案辅助人员。专职仲裁员数量不得少于3名,办案辅助人员不得少于1名。② ③仲裁委员会组成单位可以派兼职仲裁员常驻仲裁院,参与争议调解仲裁活动。③ (5)仲裁委员会的会议。仲裁委员会应当每年至少召开2次全体会议,研究本仲裁委员会职责履行情况和重要工作事项。仲裁委员会主任或者1/3以上的仲裁委员会组成人员提议召开仲裁委员会会议的,应当召开。仲裁委员会的决定实行少数服从多数原则。④ (6)仲裁委员会的办事机构。仲裁委员会下设实体化的办事机构,具体承担争议调解仲裁等日常工作。办事机构称为劳动人事争议仲裁院(以下简称仲裁院),设在人力资源社会保障行政部门。仲裁院对仲裁委员会负责并报告工作。⑤ (7)仲裁委员会的经费。仲裁委员会的经费依法由财政予以保障。仲裁经费包括人员经费、公用经费、仲裁专项经费等。仲裁院可以通过政府购买服务等方式聘用记录人员、安保人员等办案辅助人员。⑥

3. 劳动(人事)争议的仲裁庭。(1)仲裁庭的制度及分类。仲裁委员会处理争议案件实行仲裁庭制度,实行一案一庭制。仲裁委员会可以根据案件处理实际需要设立派驻仲裁庭、巡回仲裁庭、流动仲裁庭,就近就地处理争议案件。⑦ (2)仲裁庭的组成。①处理下列争议案件应当由3名仲裁员组成仲裁庭,设首席仲裁员:第一,10人以上并有共同请求的争议案件;第二,履行集体合同发生的争议案件;第三,有重大影响或者疑难复杂的争议案件;第四,仲裁委员会认为应当由3名仲裁员组庭处理的其他争议案件。简单争议案件可以由1名仲裁员独任仲裁。⑧ ②记录人员负责案件庭审记录等相关工作。记录人员不得由

---

① 《劳动人事争议仲裁组织规则》第6条。
② 《劳动人事争议仲裁组织规则》第22条第2款。
③ 《劳动人事争议仲裁组织规则》第11条。
④ 《劳动人事争议仲裁组织规则》第8条。
⑤ 《劳动人事争议仲裁组织规则》第9条。
《劳动人事争议仲裁办案规则》第4条规定:"仲裁委员会下设实体化的办事机构,称为劳动人事争议仲裁院(以下简称仲裁院)。"
⑥ 《劳动人事争议仲裁组织规则》第10条。
⑦ 《劳动人事争议仲裁组织规则》第12条。
⑧ 《劳动人事争议仲裁组织规则》第13条。

本庭仲裁员兼任。① ③仲裁庭组成不符合规定的,仲裁委员会应当予以撤销并重新组庭。②

4. 劳动(人事)争议的仲裁场所。仲裁委员会应当有专门的仲裁场所。仲裁场所应当悬挂仲裁徽章,张贴仲裁庭纪律及注意事项等,并配备仲裁庭专业设备、档案储存设备、安全监控设备和安检设施等。③

5. 劳动(人事)争议的仲裁员。(1)仲裁员的界定及分类。仲裁员是由仲裁委员会聘任、依法调解和仲裁争议案件的专业工作人员。仲裁员分为专职仲裁员和兼职仲裁员。专职仲裁员和兼职仲裁员在调解仲裁活动中享有同等权利,履行同等义务。兼职仲裁员进行仲裁活动,所在单位应当予以支持。④ (2)仲裁员的聘任。①仲裁委员会应当依法聘任一定数量的专职仲裁员,也可以根据办案工作需要,依法从干部主管部门、人力资源社会保障行政部门、军队文职人员工作管理部门、工会、企业组织等相关机构的人员以及专家学者、律师中聘任兼职仲裁员。⑤ ②仲裁委员会聘任仲裁员时,应当从符合调解《仲裁法》第 20 条规定的仲裁员条件的人员中选聘。被聘任为仲裁员的,由人力资源社会保障部统一免费发放仲裁员证和仲裁徽章。⑥ ③仲裁员聘期一般为 5 年。仲裁委员会负责仲裁员考核,考核结果作为解聘和续聘仲裁员的依据。⑦ (3)仲裁员的聘前培训。人力资源社会保障行政部门负责对拟聘任的仲裁员进行聘前培训。拟聘为省、自治区、直辖市仲裁委员会仲裁员及副省级市仲裁委员会仲裁员的,参加人力资源社会保障部组织的聘前培训;拟聘为地(市)、县(区)仲裁委员会仲裁员的,参加省、自治区、直辖市人力资源社会保障行政部门组织的仲裁员聘前培训。⑧ (4)仲裁员的权利。仲裁员享有以下权利:①履行职责应当具有的职权和工作条件;②处理争议案件不受干涉;③人身、财产安全受到保护;④参加聘前培

---

① 《劳动人事争议仲裁组织规则》第 14 条。
② 《劳动人事争议仲裁组织规则》第 15 条。
③ 《劳动人事争议仲裁组织规则》第 16 条。
④ 《劳动人事争议仲裁组织规则》第 18 条。
⑤ 《劳动人事争议仲裁组织规则》第 19 条。
⑥ 《劳动人事争议仲裁组织规则》第 22 条。
⑦ 《劳动人事争议仲裁组织规则》第 24 条。
⑧ 《劳动人事争议仲裁组织规则》第 27 条。

训和在职培训;⑤法律、法规规定的其他权利。① (5)仲裁员的义务。仲裁员应当履行以下义务:①依法处理争议案件;②维护国家利益和公共利益,保护当事人合法权益;③严格执行廉政规定,恪守职业道德;④自觉接受监督;⑤法律、法规规定的其他义务。② 仲裁工作人员在仲裁活动中应当统一着装,佩戴仲裁徽章。③ (6)仲裁员名册的公告及备案。仲裁委员会应当设仲裁员名册,并予以公告。省、自治区、直辖市人力资源社会保障行政部门应当将本行政区域内仲裁委员会聘任的仲裁员名单报送人力资源社会保障部备案。④ (7)仲裁员的解聘。①解聘的情形。仲裁员有下列情形之一的,仲裁委员会应当予以解聘:第一,聘期届满不再续聘的;第二,在聘期内因工作岗位变动或者其他原因不再履行仲裁员职责的;第三,年度考核不合格的;第四,因违纪、违法犯罪不能继续履行仲裁员职责的;第五,其他应当解聘的情形。⑤ ②解聘等的处理。仲裁委员会对被解聘、辞职以及其他原因不再聘任的仲裁员,应当及时收回仲裁员证和仲裁徽章,并予以公告。⑥ (8)仲裁员行为的禁止及其法律责任。①行为的禁止。仲裁员不得有下列行为:第一,徇私枉法,偏袒一方当事人;第二,滥用职权,侵犯当事人合法权益;第三,利用职权为自己或他人谋取私利;第四,隐瞒证据或者伪造证据;第五,私自会见当事人及其代理人,接受当事人及其代理人的请客送礼;第六,故意拖延办案、玩忽职守;第七,泄露案件涉及的国家秘密、商业秘密和个人隐私或者擅自透露案件处理情况;第八,在受聘期间担任所在仲裁委员会受理案件的代理人;第九,其他违法违纪的行为。⑦ ②法律责任。仲裁员有《劳动人事争议仲裁组织规则》第33条规定情形的,仲裁委员会视情节轻重,给予批评教育、解聘等处理;被解聘的,5年内不得再次被聘为仲裁员。仲裁员所在单位根据国家有关规定对其给予处分;构成犯罪的,依法追究刑事责任。⑧ (9)办案辅助人员行为的禁止及法律责任。记录人员等办案辅助人员应当认真履行职责,严守

---

① 《劳动人事争议仲裁组织规则》第20条。
② 《劳动人事争议仲裁组织规则》第21条。
③ 《劳动人事争议仲裁组织规则》第17条。
④ 《劳动人事争议仲裁组织规则》第23条。
⑤ 《劳动人事争议仲裁组织规则》第26条。
⑥ 《劳动人事争议仲裁组织规则》第37条。
⑦ 《劳动人事争议仲裁组织规则》第33条。
⑧ 《劳动人事争议仲裁组织规则》第34条。

工作纪律,不得有玩忽职守、偏袒一方当事人、泄露案件涉及的国家秘密、商业秘密和个人隐私或者擅自透露案件处理情况等行为。办案辅助人员违反前款规定的,应当按照有关法律法规和《劳动人事争议仲裁组织规则》第 34 条的规定处理。①

(二)劳动争议仲裁的申请

1. 劳动争议仲裁申请的当事人。(1)当事人及共同当事人。①发生劳动争议的劳动者和用人单位为劳动争议仲裁案件的双方当事人。② ②劳务派遣单位或者用工单位与劳动者发生劳动争议的,劳务派遣单位和用工单位为共同当事人。③ ③发生争议的用人单位未办理营业执照、被吊销营业执照、营业执照到期继续经营、被责令关闭、被撤销以及用人单位解散、歇业,不能承担相关责任的,应当将用人单位和其出资人、开办单位或者主管部门作为共同当事人。④ ④劳动者与个人承包经营者发生争议,依法向仲裁委员会申请仲裁的,应当将发包的组织和个人承包经营者作为共同当事人。⑤ (2)当事人的代表。发生劳动争议的劳动者一方在 10 人以上,并有共同请求的,可以推举代表参加调解、仲裁或者诉讼活动。⑥

2. 劳动争议仲裁申请的代理人。当事人在仲裁阶段办理委托代理手续时,可同时明确诉讼和执行阶段的委托代理人及委托权限。对当事人已明确诉讼和执行阶段委托代理人及委托权限的,仲裁机构可依据当事人申请提供有关授权委托材料。⑦

3. 劳动争议仲裁申请的范围。(1)中华人民共和国境内的用人单位与劳动者发生的下列劳动争议,适用《劳动争议调解仲裁法》:①因确认劳动关系发生的争议;②因订立、履行、变更、解除和终止劳动合同发生的争议;③因除名、辞退和辞职、离职发生的争议;④因工作时间、休息休假、社会保险、福利、培训以及劳动

---

① 《劳动人事争议仲裁组织规则》第 35 条。
② 《劳动争议调解仲裁法》第 22 条第 1 款。
③ 《劳动争议调解仲裁法》第 22 条第 2 款。
④ 《劳动人事争议仲裁办案规则》第 6 条。
⑤ 《劳动人事争议仲裁办案规则》第 7 条。
⑥ 《劳动争议调解仲裁法》第 7 条。
⑦ 《广东省高级人民法院、广东省劳动人事争议仲裁委员会关于印发〈广东省高级人民法院、广东省劳动人事争议仲裁委员会关于劳动人事争议仲裁与诉讼衔接若干意见〉的通知》第 25 条。

保护发生的争议;⑤因劳动报酬、工伤医疗费、经济补偿或者赔偿金等发生的争议;⑥法律、法规规定的其他劳动争议。① (2)《劳动人事争议仲裁办案规则》②适用下列争议的仲裁:①企业、个体经济组织、民办非企业单位等组织与劳动者之间,以及机关、事业单位、社会团体与其建立劳动关系的劳动者之间,因确认劳动关系,订立、履行、变更、解除和终止劳动合同,工作时间、休息休假、社会保险、福利、培训以及劳动保护,劳动报酬、工伤医疗费、经济补偿或者赔偿金等发生的争议;②实施公务员法的机关与聘任制公务员之间、参照公务员法管理的机关(单位)与聘任工作人员之间因履行聘任合同发生的争议;③事业单位与其建立人事关系的工作人员之间因终止人事关系以及履行聘用合同发生的争议;④社会团体与其建立人事关系的工作人员之间因终止人事关系以及履行聘用合同发生的争议;⑤军队文职人员用人单位与聘用制文职人员之间因履行聘用合同发生的争议;⑥法律、法规规定由劳动人事争议仲裁委员会(以下简称仲裁委员会)处理的其他争议。③ (3)双方当事人可以不经仲裁程序,根据《最高人民法院关于建立健全诉讼与非诉讼相衔接的矛盾纠纷解决机制的若干意见》关于司法确认的规定直接向人民法院申请确认调解协议效力。人民法院不予确认的,当事人可以向劳动争议仲裁委员会申请仲裁。④

4. 劳动争议仲裁申请的提出。(1)申请提出的时限。提出仲裁要求的一方应当自劳动争议发生之日起60日内向劳动争议仲裁委员会提出书面申请。⑤ 其中,劳动争议发生之日,是指当事人知道或者应当知道其权利被侵害之日。⑥ (2)审查调解协议的提出。①双方当事人的提出。双方当事人可以自调解

---

① 《劳动争议调解仲裁法》第2条。
《劳动和社会保障部关于确立劳动关系有关事项的通知》第5条规定:"劳动者与用人单位就是否存在劳动关系引发争议的,可以向有管辖权的劳动争议仲裁委员会申请仲裁。"
② 《劳动人事争议仲裁办案规则》第1条规定:"为公正及时处理劳动人事争议(以下简称争议),规范仲裁办案程序,根据《中华人民共和国劳动争议调解仲裁法》(以下简称调解仲裁法)以及《中华人民共和国公务员法》(以下简称公务员法)、《事业单位人事管理条例》、《中国人民解放军文职人员条例》和有关法律、法规、国务院有关规定,制定本规则。"
劳动人事争议仲裁办案规则》规定的"3日""5日""10日"指工作日,"15日""45日"指自然日。
③ 《劳动人事争议仲裁办案规则》第2条。
④ 《最高人民法院关于建立健全诉讼与非诉讼相衔接的矛盾纠纷解决机制的若干意见》第11条第2句。
⑤ 《劳动法》第82条第1句。
⑥ 《关于〈劳动法〉若干条文的说明》第82条。

协议生效之日起 15 日内共同向仲裁委员会提出仲裁审查申请。仲裁委员会受理后,应当对调解协议进行审查,并根据《劳动人事争议仲裁办案规则》第 54 条规定,对程序和内容合法有效的调解协议,出具调解书。① ②一方当事人的提出。双方当事人未按前条规定提出仲裁审查申请,一方当事人在约定的期限内不履行调解协议的,另一方当事人可以依法申请仲裁。②

5. 劳动争议仲裁申请的时效。(1)时效的期间。①《劳动人事争议仲裁办案规则》第 2 条第 1、3、4、5 项③规定的争议,申请仲裁的时效期间为 1 年。仲裁时效期间从当事人知道或者应当知道其权利被侵害之日起计算。④ ②《劳动人事争议仲裁办案规则》第 2 条第 2 项⑤规定的争议,申请仲裁的时效期间适用《公务员法》⑥有关规定。⑦ ③劳动人事关系存续期间因拖欠劳动报酬发生争议的,劳动者申请仲裁不受《劳动人事争议仲裁办案规则》第 26 条第 1 款规定的仲裁时效期间的限制;但是,劳动人事关系终止的,应当自劳动人事关系终止之日起 1 年

---

① 《企业劳动争议协商调解规定》第 27 条第 2 款。
② 《企业劳动争议协商调解规定》第 28 条第 1 款。
③ 《劳动人事争议仲裁办案规则》第 2 条第 1、3、4、5 项规定:"本规则适用下列争议的仲裁:(1)企业、个体经济组织、民办非企业单位等组织与劳动者之间,以及机关、事业单位、社会团体与其建立劳动关系的劳动者之间,因确认劳动关系,订立、履行、变更、解除和终止劳动合同,工作时间、休息休假、社会保险、福利、培训以及劳动保护,劳动报酬、工伤医疗费、经济补偿或者赔偿金等发生的争议……(3)事业单位与其建立人事关系的工作人员之间因终止人事关系以及履行聘用合同发生的争议;(4)社会团体与其建立人事关系的工作人员之间因终止人事关系以及履行聘用合同发生的争议;(5)军队文职人员用人单位与聘用制文职人员之间因履行聘用合同发生的争议;……"
④ 《劳动人事争议仲裁办案规则》第 26 条第 1 款。
《劳动争议调解仲裁法》第 27 条第 1 款规定:"劳动争议申请仲裁的时效期间为 1 年。仲裁时效期间从当事人知道或者应当知道其权利被侵害之日起计算。"
⑤ 《劳动人事争议仲裁办案规则》第 2 条第 2 项规定:"本规则适用下列争议的仲裁:……(2)实施公务员法的机关与聘任制公务员之间、参照公务员法管理的机关(单位)与聘任工作人员之间因履行聘任合同发生的争议;……"
⑥ 《公务员法》第 95 条规定:"公务员对涉及本人的下列人事处理不服的,可以自知道该人事处理之日起 30 日内向原处理机关申请复核;对复核结果不服的,可以自接到复核决定之日起 15 日内,按照规定向同级公务员主管部门或者作出该人事处理的机关的上一级机关提出申诉,也可以不经复核,自知道该人事处理之日起 30 日内直接提出申诉……(2)辞退或者取消录用;……(6)申请辞职、提前退休未予批准;(7)不按照规定确定或者扣减工资、福利、保险待遇;(8)法律、法规规定可以申诉的其他情形。对省级以下机关作出的申诉处理决定不服的,可以向作出处理决定的上一级机关提出再申诉。受理公务员申诉的机关应当组成公务员申诉公正委员会,负责受理和审理公务员的申诉案件。公务员对监察机关作出的涉及本人的处理决定不服向监察机关申请复审、复核的,按照有关规定办理。"
⑦ 《劳动人事争议仲裁办案规则》第 26 条第 2 款。

内提出。① （2）时效的中断。①在申请仲裁的时效期间内，有下列情形之一的，仲裁时效中断：第一，一方当事人通过协商、申请调解等方式向对方当事人主张权利的；第二，一方当事人通过向有关部门投诉，向仲裁委员会申请仲裁，向人民法院起诉或者申请支付令等方式请求权利救济的；第三，对方当事人同意履行义务的。从中断时起，仲裁时效期间重新计算。② ②有下列情形之一的，按照《劳动人事争议仲裁办案规则》第10条的规定属于仲裁时效中断，从中断时起，仲裁时效期间重新计算：第一，一方当事人提出协商要求后，另一方当事人不同意协商或者在5日内不做出回应的；第二，在约定的协商期限内，一方或者双方当事人不同意继续协商的；第三，在约定的协商期限内未达成一致的；第四，达成和解协议后，一方或者双方当事人在约定的期限内不履行和解协议的；第五，一方当事人提出调解申请后，另一方当事人不同意调解的；第六，调解委员会受理调解申请后，在《企业劳动争议协商调解规定》第29条规定的期限内一方或者双方当事人不同意调解的；第七，在《企业劳动争议协商调解规定》第29条规定的期限内未达成调解协议的；第八，达成调解协议后，一方当事人在约定期限内不履行调解协议。③ ③《劳动争议调解仲裁法》第27条第1款规定的仲裁时效，因当事人一方向对方当事人主张权利，或者向有关部门请求权利救济，或者对方当事人同意履行义务而中断。从中断时起，仲裁时效期间重新计算。④ （3）时效的中止。①因不可抗力或者有其他正当理由，当事人不能在《劳动争议调解仲裁法》第1款规定的仲裁时效原因期间申请仲裁的，仲裁时效中止。从中止时效的原因消

---

① 《劳动人事争议仲裁办案规则》第26条第3款。
《劳动争议调解仲裁法》第27条第4款规定："劳动关系存续期间因拖欠劳动报酬发生争议的，劳动者申请仲裁不受本条第一款规定的仲裁时效期间的限制；但是，劳动关系终止的，应当自劳动关系终止之日起一年内提出。"
《上海市高级人民法院民一庭关于审理劳动争议案件若干问题的解答》第7条规定，用人单位明示拒绝支付劳动报酬，或承诺履行支付劳动报酬的期限已届满，或劳动者追索劳动报酬被拒绝的，一般可以视为争议已发生、劳动者应在《劳动法》规定的60天期限内申请劳动仲裁。如果用人单位未明示拒绝支付劳动报酬，或承认欠付劳动报酬，但未明确偿付期日的，争议发生时间可从劳动者追索之日起算。鉴于劳动部《工资支付暂行规定》明确规定，用人单位必须书面记录支付劳动者工资的数额、时间、领取者的姓名以及签字，并保存2年以上备查，故劳动者在劳动报酬发生争议之日起60日内申请劳动仲裁，其实体追索劳动报酬的时效以2年为限。追索2年以上的劳动报酬，则以用人单位没有异议为限。

② 《劳动人事争议仲裁办案规则》第27条。
③ 《企业劳动争议协商调解规定》第31条。
④ 《中华人民共和国劳动争议调解仲裁法》第27条第2款。

除之日起,仲裁时效期间继续计算。劳动关系存续期间因拖欠劳动报酬发生争议的,劳动者申请仲裁不受《劳动争议调解仲裁法》第27条第1款规定的仲裁时效期间的限制;但是,劳动关系终止的,应当自劳动关系终止之日起1年内提出。① ②当事人能够证明在申请仲裁期间内因不可抗力或者其他客观原因无法申请仲裁的,人民法院应当认定申请仲裁期间中止,从中止的原因消灭之次日起,申请仲裁期间连续计算。② ③劳动争议当事人向企业劳动争议调解委员会申请调解,从当事人提出申请之日起,仲裁申诉时效中止,企业劳动争议调解委员会应当在30日内结束调解,即中止期间最长不得超过30日。结束调解之日起,当事人的申诉时效继续计算。调解超过30日的,申诉时效从30日之后的第一天继续计算。③ ④劳动争议仲裁委员会的办事机构对未予受理的仲裁申请,应逐件向仲裁委员会报告并说明情况,仲裁委员会认为应当受理的,应及时通知当事人。当事人从申请至受理的期间应视为时效中止。④ ⑤劳动争议发生后,一方要求工会、单位劳动争议调解委员会帮助解决争议,或个人因患重大疾病影响行使权利的,可以作为未能及时提起劳动争议仲裁的"正当理由",但上述事由消失后,当事人仍应在1年⑤内主张权利。⑥

(三)劳动争议仲裁的管辖

1. 劳动争议仲裁的管辖机关。(1)劳动者与用人单位就是否存在劳动关系引发争议的,可以向有管辖权的劳动争议仲裁委员会申请仲裁。⑦ (2)劳动合同履行地为劳动者实际工作场所地,用人单位所在地为用人单位注册、登记地或者主要办事机构所在地。用人单位未经注册、登记的,其出资人、开办单位或者主管部门所在地为用人单位所在地。双方当事人分别向劳动合同履行地和用人单

---

① 《劳动争议调解仲裁法》第27条第3、4款。
《劳动人事争议仲裁办案规则》第28条规定:"因不可抗力,或者有无民事行为能力或者限制民事行为能力劳动者的法定代理人未确定等其他正当理由,当事人不能在规定的仲裁时效期间申请仲裁的,仲裁时效中止。从中止时效的原因消除之日起,仲裁时效期间继续计算。"

② 《最高人民法院关于审理劳动争议案件适用法律若干问题的解释(二)》第12条(该解释已废止,仅供参考)。

③ 《关于贯彻执行〈中华人民共和国劳动法〉若干问题的意见》第89条。

④ 《关于贯彻执行〈中华人民共和国劳动法〉若干问题的意见》第90条。

⑤ 原文为"60天"。

⑥ 《上海市高级人民法院民一庭关于审理劳动争议案件若干问题的解答》第19条。

⑦ 《劳动和社会保障部关于确立劳动关系有关事项的通知》第5条。

位所在地的仲裁委员会申请仲裁的,由劳动合同履行地的仲裁委员会管辖。有多个劳动合同履行地的,由最先受理的仲裁委员会管辖。劳动合同履行地不明确的,由用人单位所在地的仲裁委员会管辖。案件受理后,劳动合同履行地或者用人单位所在地发生变化的,不改变争议仲裁的管辖。①

2. 劳动争议仲裁的管辖移送。仲裁委员会发现已受理案件不属于其管辖范围的,应当移送至有管辖权的仲裁委员会,并书面通知当事人。对上述移送案件,受移送的仲裁委员会应当依法受理。受移送的仲裁委员会认为移送的案件按照规定不属于其管辖,或者仲裁委员会之间因管辖争议协商不成的,应当报请共同的上一级仲裁委员会主管部门指定管辖。②

3. 劳动争议仲裁的管辖异议。当事人提出管辖异议的,应当在答辩期满前书面提出。仲裁委员会应当审查当事人提出的管辖异议,异议成立的,将案件移送至有管辖权的仲裁委员会并书面通知当事人;异议不成立的,应当书面决定驳回。当事人逾期提出的,不影响仲裁程序的进行。③

(四)劳动争议仲裁的受理、审查

1. 劳动争议仲裁的受理。(1)劳动争议仲裁受理的条件。①用人单位与劳动者发生劳动争议无论是否订立劳动合同,只要存在事实劳动关系,并符合劳动法的适用范围和《企业劳动争议处理条例》的受案范围,劳动争议仲裁委员会均应受理。④ ②国家机关、事业组织、社会团体与本单位工人以及其他与之建立劳动合同关系的劳动者之间,个体工商户与帮工、学徒之间,以及军队、武警部队的事业组织和企业与其无军籍的职工之间发生的劳动争议,只要符合劳动争议的受案范围,劳动争议仲裁委员会应予受理。⑤ ③根据《商业银行法》的规定,商业银行为企业法人。商业银行与职工适用《劳动法》《企业劳动争议处理条例》等劳动法律、法规和规章。商业银行与其职工发生的争议属于劳动争议的受案范围的,劳动争议仲裁委员会应予受理。⑥ ④劳动合同鉴证是劳动行政部门审查、证

---

① 《劳动人事争议仲裁办案规则》第8条。
② 《劳动人事争议仲裁办案规则》第9条。
③ 《劳动人事争议仲裁办案规则》第10条。
④ 《关于贯彻执行〈中华人民共和国劳动法〉若干问题的意见》第82条。
⑤ 《关于贯彻执行〈中华人民共和国劳动法〉若干问题的意见》第84条。
⑥ 《关于贯彻执行〈中华人民共和国劳动法〉若干问题的意见》第86条。

明劳动合同的真实性、合法性的一项行政监督措施,尤其在劳动合同制度全面实施的初期有其必要性。劳动行政部门鼓励并提倡用人单位和劳动者进行劳动合同鉴证。劳动争议仲裁委员会不能以劳动合同未经鉴证为由不受理相关的劳动争议案件。① ⑤军队、武警部队的用人单位(含机关、事业组织、企业)与本单位无军籍职工发生劳动争议,各级劳动争议仲裁委员会应按照《劳动法》和《企业劳动争议处理条例》的规定予以受理。用人单位的上级主管部门应予以协助。② (2)劳动争议仲裁受理的具体案件。①军队、武警部队的用人单位(含机关、事业组织、企业)与本单位无军籍职工发生劳动争议,各级劳动争议仲裁委员会应按照《劳动法》和《企业劳动争议处理条例》的规定予以受理。③ ②中央组织部、劳动人事部1982年9月印发的《关于确定建国前参加革命工作时间的规定》(中组发〔1982〕11号)对确定建国前干部参加革命工作时间认定程序、职权范围等方面有明确的规定。因此,因确定新中国成立前参加革命工作时间的争议,不属于劳动争议仲裁委员会的受理范围。④

2. 劳动争议仲裁的审查。(1)调解协议的审查及裁决。仲裁委员会受理仲裁申请后,应当对调解协议进行审查,调解协议合法有效且不损害公共利益或者第三人合法利益的,在没有新证据出现的情况下,仲裁委员会可以依据调解协议作出仲裁裁决。⑤ (2)中止审查。劳动人事争议仲裁机构裁决案件时,因裁决内容同时涉及终局裁决和非终局裁决而分别制作裁决书的,当事人依法分别向中级人民法院申请撤销仲裁裁决和向基层人民法院起诉的,如非终局裁决是终局裁决前提的,中级人民法院应当中止审查,待当事人非终局裁决的案件作出生效裁判后再恢复审查。⑥ (3)审理中的财产保全。仲裁委员会对在仲裁阶段可能因用人单位转移、藏匿财产等行为致使裁决难以执行的,应告知劳动者通过仲裁机构向人民法院申请保全。劳动者申请保全的,仲裁委员会应及时向人民法院转

---

① 《关于贯彻执行〈中华人民共和国劳动法〉若干问题的意见》第83条。
② 《关于军队、武警部队的用人单位与无军籍职工发生劳动争议如何受理的通知》。
《关于军队后勤保障社会化改革中人事和劳动保障工作有关问题的通知》第1条第9款规定:"军队用人单位与职工发生劳动争议,按原劳动部、总后勤部《关于军队、武警部队用人单位与无军籍职工发生劳动争议如何受理的通知》(劳部发〔1995〕252号)文件执行。"
③ 《关于军队、武警部队的用人单位与无军籍职工发生劳动争议如何受理的通知》。
④ 《关于劳动争议仲裁机构能否受理退休干部要求更改参加革命工作时间问题的复函》。
⑤ 《企业劳动争议协商调解规定》第28条第2款。
⑥ 《天津市高级人民法院关于印发〈天津法院劳动争议案件审理指南〉的通知》第42条。

交申请书及仲裁案件受理通知书等相关材料。人民法院裁定采取保全措施或者裁定驳回申请的,应将裁定书送达申请人,并通知仲裁委员会。①

(五)劳动争议仲裁的开庭审理

1. 劳动争议仲裁开庭审理的方式。(1)公开审理。通常情况下公开进行审理。(2)不公开审理。在仲裁活动中涉及国家秘密或者军事秘密的,按照国家或者军队有关保密规定执行。当事人协议不公开或者涉及商业秘密和个人隐私的,经相关当事人书面申请,仲裁委员会应当不公开审理。②

2. 劳动争议仲裁开庭审理前的通知。(1)仲裁委员会应当在受理仲裁申请之日起5日内组成仲裁庭并将仲裁庭的组成情况书面通知当事人。③ (2)仲裁庭应当在开庭5日前,将开庭日期、地点书面通知双方当事人。当事人有正当理由的,可以在开庭3日前请求延期开庭。是否延期,由仲裁委员会根据实际情况决定。④

3. 劳动争议仲裁开庭审理的鉴定。当事人申请鉴定的,鉴定费由申请鉴定方先行垫付,案件处理终结后,由鉴定结果对其不利方负担。鉴定结果不明确的,由申请鉴定方负担。⑤

4. 劳动争议仲裁开庭审理的庭审。(1)开庭审理前,记录人员应当查明当事人和其他仲裁参与人是否到庭,宣布仲裁庭纪律。开庭审理时,由仲裁员宣布开庭、案由和仲裁员、记录人员名单,核对当事人,告知当事人有关的权利义务,询问当事人是否提出回避申请。开庭审理中,仲裁员应当听取申请人的陈述和被申请人的答辩,主持庭审调查、质证和辩论、征询当事人最后意见,并进

---

① 《人力资源社会保障部 最高人民法院关于加强劳动人事争议仲裁与诉讼衔接机制建设的意见》第3条第2款。

《广东省高级人民法院、广东省劳动人事争议仲裁委员会关于印发〈广东省高级人民法院、广东省劳动人事争议仲裁委员会关于劳动人事争议仲裁与诉讼衔接若干意见〉的通知》第22条规定:"仲裁过程中,用人单位可能出现逃匿、转移财产等情形的,劳动者应当通过仲裁机构向人民法院申请财产保全,仲裁机构在接到劳动者提交的申请后48小时内向被申请人住所地或被申请保全的财产所在地的基层人民法院移交保全申请书、财产线索清单、用人单位情况说明等相关材料。人民法院裁定采取保全措施或者裁定驳回申请的,应当将裁定书送达当事人,并通知仲裁机构。人民法院经审查认为劳动者经济确有困难,或有证据证明用人单位存在欠薪逃匿可能的,可以减轻或免除劳动者提供担保的义务,及时采取保全措施。"

② 《劳动人事争议仲裁办案规则》第25条。
③ 《劳动人事争议仲裁办案规则》第37条。
④ 《劳动人事争议仲裁办案规则》第38条。
⑤ 《劳动人事争议仲裁办案规则》第40条。

行调解。① (2)仲裁委员会在处理劳动争议时,有权向有关单位查阅与案件有关的档案、资料和其他证明材料,并有权向知情人调查,有关单位和个人不得拒绝。仲裁委员会之间可以委托调查。仲裁委员会及其工作人员对调查劳动争议案件中涉及的秘密和个人隐私应当保密。(3)申请人收到书面开庭通知,无正当理由拒不到庭或者未经仲裁庭同意中途退庭的,可以按撤回仲裁申请处理;申请人重新申请仲裁的,仲裁委员会不予受理。被申请人收到书面开庭通知,无正当理由拒不到庭或者未经仲裁庭同意中途退庭的,仲裁庭可以继续开庭审理,并缺席裁决。②

5. 劳动争议仲裁开庭审理的笔录。仲裁庭应当将开庭情况记入笔录。当事人或者其他仲裁参与人认为对自己陈述的记录有遗漏或者差错的,有权当庭申请补正。仲裁庭认为申请无理由或者无必要的,可以不予补正,但是应当记录该申请。仲裁员、记录人员、当事人和其他仲裁参与人应当在庭审笔录上签名或者盖章。当事人或者其他仲裁参与人拒绝在庭审笔录上签名或者盖章的,仲裁庭应当记明情况附卷。③

6. 劳动争议仲裁开庭审理变更、增加仲裁请求。申请人在举证期限届满前可以提出增加或者变更仲裁请求;仲裁庭对申请人增加或者变更的仲裁请求审查后认为应当受理的,应当通知被申请人并给予答辩期,被申请人明确表示放弃答辩期的除外。申请人在举证期限届满后提出增加或者变更仲裁请求的,应当另行申请仲裁。④

7. 劳动争议仲裁开庭审理的中止。有下列情形之一的,经仲裁委员会主任或者其委托的仲裁院负责人批准,可以中止案件审理,并书面通知当事人:(1)劳动者一方当事人死亡,需要等待继承人表明是否参加仲裁的;(2)劳动者一方当事人丧失民事行为能力,尚未确定法定代理人参加仲裁的;(3)用人单位终止,尚未确定权利义务承继者的;(4)一方当事人因不可抗拒的事由,不能参加仲裁的;(5)案件审理需要以其他案件的审理结果为依据,且其他案件尚未审结的;(6)案件处理需要等待工伤认定、伤残等级鉴定以及其他鉴定结论的;(7)其他应当中止仲裁审理的情形。中止审理的情形消除后,仲裁庭应当恢复审理。⑤

---

① 《劳动人事争议仲裁办案规则》第41条。
② 《劳动人事争议仲裁办案规则》第39条。
③ 《劳动人事争议仲裁办案规则》第42条。
④ 《劳动人事争议仲裁办案规则》第44条。
⑤ 《劳动人事争议仲裁办案规则》第47条。

8. 劳动争议仲裁开庭审理的终止。当事人因仲裁庭逾期未作出仲裁裁决而向人民法院提起诉讼并立案受理的,仲裁委员会应当决定该案件终止审理;当事人未就该争议事项向人民法院提起诉讼的,仲裁委员会应当继续处理。①

9. 劳动争议仲裁开庭审理的期限。(1)期限的限定。①仲裁期间包括法定期间和仲裁委员会指定期间。仲裁期间的计算,《劳动人事争议仲裁办案规则》未规定的,仲裁委员会可以参照民事诉讼关于期间计算的有关规定执行。② ②仲裁裁决一般应在收到仲裁申请的60日内作出。对仲裁裁决无异议的,当事人必须履行。③ (2)期限的计算。有下列情形的,仲裁期限按照下列规定计算:①仲裁庭追加当事人或者第三人的,仲裁期限从决定追加之日起重新计算;②申请人需要补正材料的,仲裁委员会收到仲裁申请的时间从材料补正之日起重新计算;③增加、变更仲裁请求的,仲裁期限从受理增加、变更仲裁请求之日起重新计算;④仲裁申请和反申请合并处理的,仲裁期限从受理反申请之日起重新计算;⑤案件移送管辖的,仲裁期限从接受移送之日起重新计算;⑥中止审理期间、公告送达期间不计入仲裁期限内;⑦法律、法规规定应当另行计算的其他情形。④

10. 劳动争议仲裁开庭审理的纪律。仲裁参与人和其他人应当遵守仲裁庭纪律,不得有下列行为:(1)未经准许进行录音、录像、摄影;(2)未经准许以移动通信等方式现场传播庭审活动;(3)其他扰乱仲裁庭秩序、妨害审理活动进行的行为。仲裁参与人或者其他人有前款规定的情形之一的,仲裁庭可以训诫、责令退出仲裁庭,也可以暂扣进行录音、录像、摄影、传播庭审活动的器材,并责令其删除有关内容。拒不删除的,可以采取必要手段强制删除,并将上述事实记入庭审笔录。⑤

(六)劳动争议仲裁的裁决

1. 劳动争议仲裁裁决制度。仲裁实行一裁终局的制度。⑥

---

① 《劳动人事争议仲裁办案规则》第48条。
② 《劳动人事争议仲裁办案规则》第19条。
③ 《劳动法》第82条第2、3句。
《劳动人事争议仲裁办案规则》第45条规定:"仲裁庭裁决案件,应当自仲裁委员会受理仲裁申请之日起四十五日内结束。案情复杂需要延期的,经仲裁委员会主任或者其委托的仲裁院负责人书面批准,可以延期并书面通知当事人,但延长期限不得超过十五日。"
④ 《劳动人事争议仲裁办案规则》第46条。
⑤ 《劳动人事争议仲裁办案规则》第43条。
⑥ 《仲裁法》第9条第1款第1句。

2. 劳动争议仲裁裁决的种类。(1) 先行裁决。①仲裁庭裁决案件时,其中一部分事实已经清楚的,可以就该部分先行裁决。当事人对先行裁决不服的,可以按照调解仲裁法有关规定处理。① ②仲裁委员会依法裁决先予执行的,应向有执行权的人民法院移送先予执行裁决书、裁决书的送达回证或其他送达证明材料;接受移送的人民法院应按照《民事诉讼法》和《劳动争议调解仲裁法》相关规定执行。人民法院要加强对仲裁委员会裁决书、调解书的执行工作,加大对涉及劳动报酬、工伤保险待遇争议特别是集体劳动人事争议等案件的执行力度。② (2) 终局裁决 (见本节的终局裁决)。

3. 劳动争议仲裁裁决的作出。裁决应当按照多数仲裁员的意见作出,少数仲裁员的不同意见应当记入笔录。仲裁庭不能形成多数意见时,裁决应当按照首席仲裁员的意见作出。③

4. 劳动争议仲裁裁决的裁决书。(1) 裁决书的制作。①裁决书应当载明仲裁请求、争议事实、裁决理由、裁决结果、当事人权利和裁决日期。裁决书由仲裁员签名,加盖仲裁委员会印章。对裁决持不同意见的仲裁员,可以签名,也可以不签名。④ ②对裁决书中的文字、计算错误或者仲裁庭已经裁决但在裁决书中遗漏的事项,仲裁庭应当及时制作决定书予以补正并送达当事人。⑤ ③仲裁庭裁决案件时,裁决内容同时涉及终局裁决和非终局裁决的,应当分别制作裁决书,并告知当事人相应的救济权利。⑥ ④对同一份裁决书中分别列明终局裁决事项和

---

① 《劳动人事争议仲裁办案规则》第49条。
② 《人力资源社会保障部 最高人民法院关于加强劳动人事争议仲裁与诉讼衔接机制建设的意见》第3条第3款。
③ 《劳动人事争议仲裁办案规则》第52条。
④ 《劳动人事争议仲裁办案规则》第53条。
⑤ 《劳动人事争议仲裁办案规则》第54条。
⑥ 《劳动人事争议仲裁办案规则》第50条第4款。

《劳动人事争议仲裁办案规则》第50条规定:"仲裁庭裁决案件时,申请人根据调解仲裁法第四十七条第(一)项规定,追索劳动报酬、工伤医疗费、经济补偿或者赔偿金,如果仲裁裁决涉及数项,对单项裁决数额不超过当地月最低工资标准十二个月金额的事项,应当适用终局裁决。前款经济补偿包括《中华人民共和国劳动合同法》(以下简称劳动合同法)规定的竞业限制期限内给予的经济补偿、解除或者终止劳动合同的经济补偿等;赔偿金包括劳动合同法规定的未签订书面劳动合同第二倍工资、违法约定试用期的赔偿金、违法解除或者终止劳动合同的赔偿金等。根据调解仲裁法第四十七条第(二)项的规定,因执行国家的劳动标准在工作时间、休息休假、社会保险等方面发生的争议,应当适用终局裁决。仲裁庭裁决案件时,裁决内容同时涉及终局裁决和非终局裁决的,应当分别制作裁决书,并告知当事人相应的救济权利。"

非终局裁决的处理。申请人的仲裁请求同时涉及终局裁决事项和非终局裁决事项，仲裁机构在同一份裁决书中分别列明终局裁决事项和非终局裁决事项，并分别告知权利救济途径，视为已分别制作仲裁裁决书。① (2) 裁决书的效力。①生效。当事人不服劳动争议仲裁裁决向人民法院起诉后又申请撤诉，经人民法院审查准予撤诉的，原仲裁裁决自人民法院裁定送达当事人之日起发生法律效力。② ②法律效力恢复。第一，当事人因超过起诉期间而被人民法院裁定驳回起诉的，原仲裁裁决自起诉期间届满之次日起恢复法律效力。③ 第二，仲裁裁决被中级人民法院裁定撤销后，劳动者与用人单位均可以依据《劳动争议调解仲裁法》第49条第3款的规定向人民法院提起诉讼。中级人民法院裁定驳回用人单位撤销申请的，仲裁裁决仍然有效。④ ③不发生法律效力。因仲裁裁决确定的主体资格错误或仲裁裁决事项不属于劳动争议，被人民法院驳回起诉的，原仲裁裁决不发生法律效力。⑤ (3) 裁决书的送达。仲裁委员会送达仲裁文书必须有送达回证，由受送达人在送达回证上记明收到日期，并签名或者盖章。受送达人在送达回证上的签收日期为送达日期。因企业停业等原因导致无法送达且劳动者一方在10人以上的，或者受送达人拒绝签收仲裁文书的，通过在受送达人住所留置、张贴仲裁文书，并采用拍照、录像等方式记录的，自留置、张贴之日起经过3日即视为送达，不受本条第一款的限制。仲裁文书的送达方式，本规则未规定的，仲裁委员会可以参照民事诉讼关于送达方式的有关规定执行。⑥

5. 劳动争议仲裁的材料特管理。(1) 案件处理终结后，仲裁委员会应当将处理过程中形成的全部材料立卷归档。⑦ (2) 仲裁案卷分正卷和副卷装订。正卷包括：仲裁申请书、受理（不予受理）通知书、答辩书、当事人及其他仲裁参加人的身

---

① 《广东省高级人民法院、广东省劳动人事争议仲裁委员会关于印发〈广东省高级人民法院、广东省劳动人事争议仲裁委员会关于劳动争议仲裁与诉讼衔接若干意见〉的通知》第23条。
② 《最高人民法院关于人民法院对经劳动争议仲裁裁决的纠纷准予撤诉或驳回起诉后劳动争议仲裁裁决从何时起生效的解释》第1条。
③ 《最高人民法院关于人民法院对经劳动争议仲裁裁决的纠纷准予撤诉或驳回起诉后劳动争议仲裁裁决从何时起生效的解释》第2条。
④ 《南京市中级人民法院、南京市劳动争议仲裁委员会关于印发〈关于劳动争议案件仲裁与审判若干问题的指导意见〉的通知》第10条第2款第2、3句。
⑤ 《最高人民法院关于人民法院对经劳动争议仲裁裁决的纠纷准予撤诉或驳回起诉后劳动争议仲裁裁决从何时起生效的解释》第3条。
⑥ 《劳动人事争议仲裁办案规则》第20条。
⑦ 《劳动人事争议仲裁办案规则》第21条。

份证明材料、授权委托书、调查证据、勘验笔录、当事人提供的证据材料、委托鉴定材料、开庭通知、庭审笔录、延期通知书、撤回仲裁申请书、调解书、裁决书、决定书、案件移送函、送达回证等。副卷包括：立案审批表、延期审理审批表、中止审理审批表、调查提纲、阅卷笔录、会议笔录、评议记录、结案审批表等。① (3)仲裁委员会应当建立案卷查阅制度。对案卷正卷材料，应当允许当事人及其代理人依法查阅、复制。② (4)仲裁裁决结案的案卷，保存期不少于10年；仲裁调解和其他方式结案的案卷，保存期不少于5年；国家另有规定的，从其规定。保存期满后的案卷，应当按照国家有关档案管理的规定处理。③

6. 向人民法院申请撤销裁决。(1)撤销的情形。用人单位有证据证明《劳动争议调解仲裁法》第47条规定的仲裁裁决有下列情形之一，可以自收到仲裁裁决书之日起30日内向劳动争议仲裁委员会所在地的中级人民法院申请撤销裁决：①适用法律、法规确有错误的；②劳动争议仲裁委员会无管辖权的；③违反法定程序的；④裁决所根据的证据是伪造的；⑤对方当事人隐瞒了足以影响公正裁决的证据的；⑥仲裁员在仲裁该案时有索贿受贿、徇私舞弊、枉法裁决行为的。人民法院经组成合议庭审查核实裁决有上述情形之一的，应当裁定撤销。仲裁裁决被人民法院裁定撤销的，当事人可以自收到裁定书之日起15日内就该劳动争议事项向人民法院提起诉讼。④ (2)撤销的告知。仲裁裁决应为终局裁决但劳动争议仲裁委员会对此未作认定的，用人单位一方起诉的，应不予受理，告知其向有管辖权的中级人民法院申请撤销。⑤ (3)撤销的审理。中级人民法院审理用人单位申请撤销终局裁决的案件，应当组成合议庭开庭审理。经过阅卷、调查和询问当事人，对没有新的事实、证据或者理由，合议庭认为不需要开庭审理的，可以不开庭审理。中级人民法院可以组织双方当事人调解。达成调解协议的，可以制作调解书。一方当事人逾期不履行调解协议的，另一方可以申请人民法院

---

① 《劳动人事争议仲裁办案规则》第22条。
② 《劳动人事争议仲裁办案规则》第23条。
③ 《劳动人事争议仲裁办案规则》第24条。
④ 《劳动争议调解仲裁法》第49条。
《湖南省高级人民法院关于审理劳动争议案件若干问题的指导意见》第9条(后半句)规定："仲裁裁决不具终局性而劳动争议仲裁委员会予以认定用人单位申请撤销的，应依据《劳动争议调解仲裁法》第四十九条第一款(一)项之规定予以支持。"
⑤ 《湖南省高级人民法院关于审理劳动争议案件若干问题的指导意见》第9条(前半句)。

强制执行。①

7. 劳动争议仲裁裁决引起的救济。(1) 劳动者对《劳动争议调解仲裁法》第47条规定的仲裁裁决不服的,可以自收到仲裁裁决书之日起15日内向人民法院提起诉讼。② (2) 当事人对裁决不服向人民法院提起诉讼的,按照调解仲裁法有关规定处理。③ (3) 裁决被人民法院依法裁定撤销或者不予执行的,当事人就该纠纷可以根据双方重新达成的仲裁协议申请仲裁,也可以向人民法院起诉。④

(七) 劳动争议仲裁的终局裁决

1. 劳动争议仲裁终局裁决的适用情形。(1) 仲裁庭裁决案件时,申请人根据《劳动争议调解仲裁法》第47条第1项⑤规定,追索劳动报酬、工伤医疗费、经济补偿或者赔偿金,如果仲裁裁决涉及数项,对单项裁决数额不超过当地月最低工资标准12个月金额的事项,应当适用终局裁决。前款经济补偿包括《劳动合同法》规定的竞业限制期限内给予的经济补偿、解除或者终止劳动合同的经济补偿等;赔偿金包括劳动合同法规定的未签订书面劳动合同2倍工资、违法约定试用期的赔偿金、违法解除或者终止劳动合同的赔偿金等。根据《劳动争议调解仲裁法》第47条第2项的规定,因执行国家的劳动标准在工作时间、休息休假、社会保险等方面发生的争议,应当适用终局裁决。仲裁庭裁决案件时,裁决内容同时涉及终局裁决和非终局裁决的,应当分别制作裁决书,并告知当事人相应的救济权利。⑥ 其中,

---

① 《最高人民法院关于审理劳动争议案件适用法律若干问题的解释(四)》第3条(已废止,仅供参考)。
② 《劳动争议调解仲裁法》第48条。
③ 《劳动人事争议仲裁办案规则》第55条。
④ 《仲裁法》第9条第2款。
⑤ 《劳动争议调解仲裁法》第47条第1项规定:"下列劳动争议,除本法另有规定的外,仲裁裁决为终决,裁决书自作出之日起发生法律效力:(一)追索劳动报酬、工伤医疗费、经济偿或者赔偿金不超过当地月最低工资标准十二个月金额的争议……"
⑥ 《劳动人事争议仲裁办案规则》第50条。
《湖南省高级人民法院关于审理劳动争议案件若干问题的指导意见》第8条规定:"劳动者追索劳动报酬、工伤医疗费、经济补偿或者赔偿金的案件,劳动争议仲裁委员会裁决用人单位给付单个劳动者的分项金额不超过当地月最低工资标准12倍部分的裁决为终局裁决。当地月最低工资标准是指用人单位所在设区的市或自治州人民政府公布的本地区最低工资标准。"
《上海市高级人民法院关于审理劳动争议若干问题的解答》第3条第3款规定:"我们认为,如双方当事人对竞业限制期限内给付经济补偿事实没有异议,仅对是否已支付或支付金额大小有争议的,从快速解决纠纷的角度出发,该经济补偿如在'一裁终局'标的额范围内的,可通过'一裁终局'的途径解决。如案情比较复杂,涉及商业秘密、保密义务等内容的审查以及是否应当支付经济补偿发生争议的,通过'一裁终局'方式处理不利查明案件事实的,该经济补偿争议不宜通过'一裁终局'途径解决。"

"经济补偿"包括《劳动合同法》规定的竞业限制期限内给予的经济补偿、解除或者终止劳动合同的经济补偿等;赔偿金包括劳动合同法规定的未签订书面劳动合同2倍工资、违法约定试用期的赔偿金、违法解除或者终止劳动合同的赔偿金等。[①]《劳动争议调解仲裁法》第47条第1款第1项所指"当地月最低工资标准12个月金额"系指仲裁委员会最终裁决的数额,且不包括仲裁审理期间内新增加的费用。[②] 对于"2倍工资"中超出双方约定的劳动报酬的部分,是因用人单位未按法律规定与劳动者签订书面劳动合同而应承担的法定责任,可按赔偿金看待,属于"一裁终局"的处理范围。[③]《劳动争议调解仲裁法》第47条第2项的规定主要是针对执行劳动制度如工作时间安排、休息休假天数等不涉及具体金额的情形。如因工作时间、休息休假发生的争议涉及具体金额给付的,如加班工资、带薪休假工资等,则应按《上海市高级人民法院关于审理劳动争议若干问题的解答》第3条第1点[④]的规定,即根据具体加班工资、带薪休假工资等的数额是否超过本市月最低工资标准12个月金额来确定是否属于"一裁终局"的范围。[⑤] (2)《劳动合同法》第40条规定,劳动者有患病、非因工负伤、不能胜任工作等情况下,用人单位提前30日以书面形式通知劳动者本人或者额外支付劳动者1个月工资后,可以解除劳动合同。从法条本意理解,替代通知期工资系用人单位未

---

① 《劳动人事争议仲裁办案规则》第50条第2款。
② 《南京市中级人民法院、南京市劳动争议仲裁委员会关于印发〈关于劳动争议案件仲裁与审判若干问题的指导意见〉的通知》第12条。
《上海市高级人民法院关于审理劳动争议案件若干问题的解答》第3条第1款规定:"《最高人民法院关于审理劳动争议案件适用法律若干问题的解释(三)》和最高院民一庭负责人的相关说明对'一裁终局'标的额的认定标准作了明确,即'追索劳动报酬、工伤医疗费、经济补偿或者赔偿金,如果仲裁裁决涉及数项,每项确定的数额均不超过当地月最低工资标准12个月金额的,应当按照终局裁决处理。劳动者申请的数额与仲裁机构裁决的数额不一致的,应以劳动人事争议仲裁委员会作出最终裁决的数额作为标准,判断是否超过当地月最低工资标准12个月金额。'故沪高法[2008]181号《关于劳动争议纠纷若干程序问题的意见》第2条关于'一裁终局标的额标准的把握'的规定予以废止。"
③ 《上海市高级人民法院关于审理劳动争议案件若干问题的解答》第3条第2款。
④ 《上海市高级人民法院关于审理劳动争议案件若干问题的解答》第3条第1款规定:"《最高人民法院关于审理劳动争议案件适用法律若干问题的解释(三)》和最高院民一庭负责人的相关说明对'一裁终局'标的额的认定标准作了明确,即'追索劳动报酬、工伤医疗费、经济补偿或者赔偿金,如果仲裁裁决涉及数项,每项确定的数额均不超过当地月最低工资标准12个月金额的,应当按照终局裁决处理。劳动者申请的数额与仲裁机构裁决的数额不一致的,应以劳动人事争议仲裁委员会作出最终裁决的数额作为标准,判断是否超过当地月最低工资标准12个月金额。'故沪高法(2008)181号《关于劳动争议纠纷若干程序问题的意见》第2条关于'一裁终局标的额标准的把握'的规定予以废止。"
⑤ 《上海市高级人民法院关于审理劳动争议若干问题的解答》第3条第6款。

提前 30 日通知劳动者解除劳动合同而给予的替代给付,故替代通知期工资系劳动者享有的期限利益,具有经济补偿的性质,属于"一裁终局"的处理范围。①

(3)《劳动合同法》第 85 条对逾期支付劳动报酬、加班费、经济补偿等的法律责任已做了新的规定,应按《劳动合同法》第 85 条规定执行。该条规定的加付赔偿金,系赔偿金性质,属于《劳动争议调解仲裁法》第 47 条"一裁终局"的处理范围。②

2. 终局裁定的申请条件。《劳动争议调解仲裁法》第 47 条规定的一裁终局裁决的主体条件仅限于劳动争议案件的申请人是劳动者的情形。对于申请人是用人单位的或者用人单位提出反申请的,不适用一裁终局的规定。③

3. 终局裁决的除外。如双方当事人对给付经济补偿事实没有异议,仅对是否已支付或支付金额大小有争议的,从快速解决纠纷的角度出发,该经济补偿如在"一裁终局"标的额范围内的,可通过"一裁终局"的途径解决。如案情比较复杂,涉及商业秘密、保密义务等内容的审查以及是否应当支付经济补偿发生争议的,通过"一裁终局"方式处理不利查明案件事实,该经济补偿争议不宜通过"一裁终局"途径解决。④

4. 劳动争议诉讼终局裁决的裁决书。仲裁庭裁决案件时,裁决内容同时涉及终局裁决和非终局裁决的,应当分别制作裁决书,并告知当事人相应的救济权利。⑤

5. 终局裁决的经济补偿。《劳动人事争议仲裁办案规则》第 50 条第 1 款适用终局裁决经济补偿包括《劳动合同法》规定的竞业限制期限内给予的经济补偿、解除或者终止劳动合同的经济补偿等。⑥

6. 裁决先予执行。仲裁庭对追索劳动报酬、工伤医疗费、经济补偿或者赔偿金的案件,根据当事人的申请,可以裁决先予执行,移送人民法院执行。仲裁庭裁决先予执行的,应当符合下列条件:①当事人之间权利义务关系明确;②不先

---

① 《上海市高级人民法院关于劳动争议若干问题的解答》第 3 条第 4 款。
② 《上海市高级人民法院关于劳动争议若干问题的解答》第 3 条第 5 款。
③ 《南京市中级人民法院、南京市劳动争议仲裁委员会关于印发〈关于劳动争议案件仲裁与审判若干问题的指导意见〉的通知》第 10 条第 1 款。
④ 《上海市高级人民法院关于审理劳动争议案件若干问题的解答》第 3 条第 3 款。
⑤ 《劳动人事争议仲裁办案规则》第 50 条第 4 款。
⑥ 《劳动人事争议仲裁办案规则》第 50 条第 2 款(前半句)。

予执行将严重影响申请人的生活。劳动者申请先予执行的,可以不提供担保。①

7. 终局裁决的重新仲裁。仲裁一裁终局制度,是指仲裁决定一经作出即发生法律效力,当事人没有提请再次裁决的权利,但这并不排除原仲裁机构发现自己作出的裁决有错误进行重新裁决的情况。劳动争议仲裁委员会发现自己作出的仲裁决定书有错误而进行重新仲裁,符合实事求是的原则,不违背一裁终局制度,不应视为违反法定程序。②

(八)劳动争议仲裁的其他规则

1. 劳动争议仲裁的原则。(1)仲裁委员会处理争议案件,应当遵循合法、公正的原则,先行调解,及时裁决。③ (2)劳动者一方在 10 人以上并有共同请求的争议,或者因履行集体合同发生的劳动争议,仲裁委员会应当优先立案,优先审理。④

2. 劳动争议仲裁的回避。(1)回避的申请。当事人申请回避,应当在案件开庭审理前提出,并说明理由。回避事由在案件开庭审理后知晓的,也可以在庭审辩论终结前提出。当事人在庭审辩论终结后提出回避申请的,不影响仲裁程序的进行。仲裁委员会应当在回避申请提出的 3 日内,以口头或者书面形式作出决定。以口头形式作出的,应当记入笔录。⑤ (2)回避的决定。仲裁员、记录人员是否回避,由仲裁委员会主任或者其委托的仲裁院负责人决定。仲裁委员会主任担任案件仲裁员是否回避,由仲裁委员会决定。在回避决定作出前,被申请回避的人员应当暂停参与该案处理,但因案件需要采取紧急措施的除外。⑥

3. 劳动争议仲裁的证据。(1)当事人提供证据。①发生劳动争议,当事人对自己提出的主张,有责任提供证据。与争议事项有关的证据属于用人单位掌握管理的,用人单位应当提供;用人单位不提供的,应当承担不利后果。⑦ ②承担举

---

① 《劳动人事争议仲裁办案规则》第 51 条。
② 《最高人民法院关于劳动争议仲裁委员会的复议仲裁决定书可否作为执行依据问题的批复》。
③ 《劳动人事争议仲裁办案规则》第 3 条。
④ 《劳动人事争议仲裁办案规则》第 5 条。
⑤ 《劳动人事争议仲裁办案规则》第 11 条。
⑥ 《劳动人事争议仲裁办案规则》第 12 条。
⑦ 《劳动争议调解仲裁法》第 6 条。
《劳动人事争议仲裁办案规则》第 13 条规定:"当事人对自己提出的主张有责任提供证据。与争议事项有关的证据属于用人单位掌握管理的,用人单位应当提供;用人单位不提供的,应当承担不利后果。"

证责任的当事人应当在仲裁委员会指定的期限内提供有关证据。当事人在该期限内提供证据确有困难的，可以向仲裁委员会申请延长期限，仲裁委员会根据当事人的申请适当延长。当事人逾期提供证据的，仲裁委员会应当责令其说明理由；拒不说明理由或者理由不成立的，仲裁委员会可以根据不同情形不予采纳该证据，或者采纳该证据但予以训诫。① （2）仲裁机构调取证据。①仲裁机构可以根据案件审理需要，申请基层人民法院签发调查令，由仲裁机构向有关单位和个人调查取证。调查取证的事项包括银行代发工资情况及相关单位、个人保存的证据材料等。人民法院可以根据案件审理需要，要求仲裁机构就仲裁阶段的案件处理情况作出说明，或委托仲裁机构向劳动监察、社会保险经办机构等调取、核实相关材料。② ②当事人因客观原因不能自行收集的证据，仲裁委员会可以根据当事人的申请，参照民事诉讼有关规定予以收集；仲裁委员会认为有必要的，也可以决定参照民事诉讼有关规定予以收集。③ ③仲裁委员会依法调查取证时，有关单位和个人应当协助配合。仲裁委员会调查取证时，不得少于2人，并应当向被调查对象出示工作证件和仲裁委员会出具的介绍信。④ （3）证据规则。争议处理中涉及证据形式、证据提交、证据交换、证据质证、证据认定等事项，《劳动人事争议仲裁办案规则》未规定的，可以参照民事诉讼证据规则的有关规定执行。⑤ （4）举证责任的承担。法律没有具体规定、按照《劳动人事争议仲裁办案规则》第13条规定无法确定举证责任承担的，仲裁庭可以根据公平原则和诚实信用原则，综合当事人举证能力等因素确定举证责任的承担。⑥

4. 劳动争议仲裁的费用。劳动争议仲裁不收费。劳动争议仲裁委员会的经费由财政予以保障。⑦

5. 劳动争议仲裁的简易处理。（1）争议案件符合下列情形之一的，可以简易处理：①事实清楚、权利义务关系明确、争议不大的；②标的额不超过本省、自治

---

① 《劳动人事争议仲裁办案规则》第15条。
② 《广东省高级人民法院、广东省劳动人事争议仲裁委员会关于印发〈广东省高级人民法院、广东省劳动人事争议仲裁委员会关于劳动人事争议仲裁与诉讼衔接若干意见〉的通知》第24条。
③ 《劳动人事争议仲裁办案规则》第16条。
④ 《劳动人事争议仲裁办案规则》第17条。
⑤ 《劳动人事争议仲裁办案规则》第18条。
⑥ 《劳动人事争议仲裁办案规则》第14条。
⑦ 《劳动争议调解仲裁法》第53条。

区、直辖市上年度职工年平均工资的;③双方当事人同意简易处理的。仲裁委员会决定简易处理的,可以指定一名仲裁员独任仲裁,并应当告知当事人。①(2)争议案件有下列情形之一的,不得简易处理:①涉及国家利益、社会公共利益的;②有重大社会影响的;③被申请人下落不明的;④仲裁委员会认为不宜简易处理的。②(3)简易处理的案件,经与被申请人协商同意,仲裁庭可以缩短或者取消答辩期。③(4)简易处理的案件,仲裁庭可以用电话、短信、传真、电子邮件等简便方式送达仲裁文书,但送达调解书、裁决书除外。以简便方式送达的开庭通知,未经当事人确认或者没有其他证据证明当事人已经收到的,仲裁庭不得按撤回仲裁申请处理或者缺席裁决。④(5)简易处理的案件,仲裁庭可以根据案件情况确定举证期限、开庭日期、审理程序、文书制作等事项,但应当保障当事人陈述意见的权利。⑤(6)仲裁庭在审理过程中,发现案件不宜简易处理的,应当在仲裁期限届满前决定转为按照一般程序处理,并告知当事人。案件转为按照一般程序处理的,仲裁期限自仲裁委员会受理仲裁申请之日起计算,双方当事人已经确认的事实,可以不再进行举证、质证。⑥(7)要加强劳动争议仲裁机构和仲裁员队伍建设,切实解决用人单位与农民工因履行劳动合同发生的争议。要加强劳动争议调解工作,及时化解纠纷。对申诉到劳动争议仲裁机构的劳动争议,要在条件允许的情况下依法采取简易程序,做到快立案、快审案、快结案。对涉及用人单位拖欠工资、工伤待遇的争议要优先受理、裁决。对生活困难的农民工,减免应由农民工本人负担的仲裁费用,切实解决农民工申诉难的问题。⑦

6. 劳动争议仲裁的集体劳动人事争议处理。(1)处理劳动者一方在10人以上并有共同请求的争议案件,或者因履行集体合同发生的劳动争议案件,适用本节规定。符合《劳动人事争议仲裁办案规则》第56条第1款规定情形之一的集体劳动人事争议案件,可以简易处理,不受本节规定的限制。⑧(2)发生劳动者一

---

① 《劳动人事争议仲裁办案规则》第56条。
② 《劳动人事争议仲裁办案规则》第57条。
③ 《劳动人事争议仲裁办案规则》第58条。
④ 《劳动人事争议仲裁办案规则》第59条。
⑤ 《劳动人事争议仲裁办案规则》第60条。
⑥ 《劳动人事争议仲裁办案规则》第61条。
⑦ 《关于加强建设等行业农民工劳动合同管理的通知》第5条第2款。
⑧ 《劳动人事争议仲裁办案规则》第62条。

方在 10 人以上并有共同请求的争议的,劳动者可以推举 3 至 5 名代表参加仲裁活动。代表人参加仲裁的行为对其所代表的当事人发生效力,但代表人变更、放弃仲裁请求或者承认对方当事人的仲裁请求,进行和解,必须经被代表的当事人同意。因履行集体合同发生的劳动争议,经协商解决不成的,工会可以依法申请仲裁;尚未建立工会的,由上级工会指导劳动者推举产生的代表依法申请仲裁。①
(3)仲裁委员会应当自收到当事人集体劳动人事争议仲裁申请之日起 5 日内作出受理或者不予受理的决定。决定受理的,应当自受理之日起 5 日内将仲裁庭组成人员、答辩期限、举证期限、开庭日期和地点等事项一次性通知当事人。②
(4)仲裁委员会处理集体劳动人事争议案件,应当由 3 名仲裁员组成仲裁庭,设首席仲裁员。仲裁委员会处理因履行集体合同发生的劳动争议,应当按照三方原则组成仲裁庭处理。③ (5)仲裁庭处理集体劳动人事争议,开庭前应当引导当事人自行协商,或者先行调解。仲裁庭处理集体劳动人事争议案件,可以邀请法律工作者、律师、专家学者等第三方共同参与调解。协商或者调解未能达成协议的,仲裁庭应当及时裁决。④ (6)仲裁庭开庭场所可以设在发生争议的用人单位或者其他便于及时处理争议的地点。⑤

五、劳动争议的诉讼

(一)劳动争议诉讼的适用

1. 劳动争议诉讼的界定。劳动争议的诉讼,是指劳动争议当事人不服劳动人事争议仲裁委员会的裁决,在规定的期限内向人民法院起诉,人民法院依法受理后,依法对劳动争议案件进行审理的活动。

2. 劳动争议诉讼适用的法律《最高人民法院关于审理劳动争议案件适用法律问题的解释(一)》的适用。(1)为正确审理劳动争议案件,根据《民法典》《劳动法》《劳动合同法》《劳动争议调解仲裁法》《民事诉讼法》等相关法律规定,结合审判实践,制定《最高人民法院关于审理劳动争议案件适用法律问题的解释(一)》。⑥

---

① 《劳动人事争议仲裁办案规则》第 63 条。
② 《劳动人事争议仲裁办案规则》第 64 条。
③ 《劳动人事争议仲裁办案规则》第 65 条。
④ 《劳动人事争议仲裁办案规则》第 66 条。
⑤ 《劳动人事争议仲裁办案规则》第 67 条。
⑥ 《最高人民法院关于审理劳动争议案件适用法律问题的解释(一)》序言。

(2) 自 2021 年 1 月 1 日起施行。①

3. 劳动争议诉讼的管辖。(1) 一般规定。劳动争议案件由用人单位所在地或者劳动合同履行地的基层人民法院管辖。劳动合同履行地不明确的，由用人单位所在地的基层人民法院管辖。法律另有规定的，依照其规定。②(2) 协议管辖。当事人可以在书面调解协议中选择当事人住所地、调解协议履行地、调解协议签订地、标的物所在地基层人民法院管辖，但不得违反法律对专属管辖的规定。当事人没有约定的，除《民事诉讼法》第 33 条（专属管辖）③规定的情形外，由当事人住所地或者调解协议履行地的基层人民法院管辖。经人民法院委派或委托有关机关或者组织调解达成的调解协议的申请确认案件，由委派或委托人民法院管辖。④(3) 申请支付令的管辖。对于具有合同效力和给付内容的调解协议，债权人可以根据《民事诉讼法》和相关司法解释的规定向有管辖权的基层人民法院申请支付令。申请书应当写明请求给付金钱或者有价证券的数量和所根据的事实、证据，并附调解协议原件。因支付拖欠劳动报酬、工伤医疗费、经济补偿或者赔偿金事项达成调解协议，用人单位在协议约定期限内不履行的，劳动者可以持调解协议书依法向人民法院申请支付令。⑤(4) 申请司法确认的管辖。当事人在人民调解委员会主持下仅就给付义务达成的调解协议，双方认为有必要的，可以共同向人民调解委员会所在地的基层人民法院申请司法确认。⑥

4. 劳动争议诉讼的费用。(1) 劳动争议案件每件交纳 10 元。⑦(2) 破产程序中有关债务人的民事诉讼案件，按照财产案件标准交纳诉讼费，但劳动争议案件除外。⑧(3) 当事人不服劳动争议仲裁委员会的裁决，向人民法院起诉的，人民法院应当对仲裁费的负担作出处理，处理原则可参照人民法院诉讼费的分担办法确定。⑨

---

① 《最高人民法院关于审理劳动争议案件适用法律问题的解释（一）》第 54 条。
② 《最高人民法院关于审理劳动争议案件适用法律问题的解释（一）》第 3 条。
③ 原文为第 34 条。
④ 《最高人民法院关于建立健全诉讼与非诉讼相衔接的矛盾纠纷解决机制的若干意见》第 21 条。
⑤ 《最高人民法院关于建立健全诉讼与非诉讼相衔接的矛盾纠纷解决机制的若干意见》第 13 条。
⑥ 《最高人民法院关于审理劳动争议案件适用法律问题的解释（一）》第 52 条。
⑦ 《诉讼费用交纳办法》第 13 条第 4 款。
⑧ 《最高人民法院关于适用〈中华人民共和国民事诉讼法〉的解释》第 200 条。
⑨ 《上海市高级人民法院民一庭关于审理劳动争议案件若干问题的解答》第 20 条。

(二)劳动争议诉讼的申请及受理

1. 劳动争议诉讼的申请。(1)申请支付令。①申请支付令的情形。第一,用人单位拖欠或者未足额支付劳动报酬的,劳动者可以依法向当地人民法院申请支付令,人民法院应当依法发出支付令。① 第二,因支付拖欠劳动报酬、工伤医疗费、经济补偿或者赔偿金事项达成调解协议,用人单位在协议约定期限内不履行的,劳动者可以持调解协议书依法向人民法院申请支付令。人民法院应当依法发出支付令。② ②对于具有合同效力和给付内容的调解协议,债权人可以根据《民事诉讼法》和相关司法解释的规定向有管辖权的基层人民法院申请支付令。申请书应当写明请求给付金钱或者有价证券的数量和所根据的事实、证据,并附调解协议原件。③ (2)申请司法确认。①人民调解协议司法确认的法律依据。第一,为了规范经人民调解委员会调解达成的民事调解协议的司法确认程序,进一步建立健全诉讼与非诉讼相衔接的矛盾纠纷解决机制,依照《民事诉讼法》和《人民调解法》的规定,结合审判实际,制定《最高人民法院关于人民调解协议司法确认程序的若干规定》。④ 第二,经人民法院建立的调解员名册中的调解员调解达成协议后,当事人申请司法确认的,参照《最高人民法院关于人民调解协议司法确认程序的若干规定》办理。人民法院立案后委托他人调解达成的协议的司法确认,按照《最高人民法院关于人民法院民事调解工作若干问题的规定》(法释〔2004〕12号)的有关规定办理。⑤ ②人民调解协议司法确认的管辖。当事人申请确认调解协议的,由主持调解的人民调解委员会所在地基层人民法院或者它派出的法庭管辖。人民法院在立案前委派人民调解委员会调解并达成调解协议,当事人申请司法确认的,由委派的人民法院管辖。⑥ ③人民调解协议司法确认的程序规则。其一,共同向人民法院申请。(a)当事人应当共同向有管辖权的人民法院以书面形式或者口头形式提出确认申请。一方当事人提出申请,另一

---

① 《劳动合同法》第30条第2款。
② 《劳动争议调解仲裁法》第16条、《最高人民法院印发〈关于建立健全诉讼与非诉讼相衔接的矛盾纠纷解决机制的若干意见〉的通知》第13条第2款。
③ 《最高人民法院印发〈关于建立健全诉讼与非诉讼相衔接的矛盾纠纷解决机制的若干意见〉的通知》第13条第1款。
④ 《最高人民法院关于人民调解协议司法确认程序的若干规定》序言。
⑤ 《最高人民法院关于人民调解协议司法确认程序的若干规定》第13条。
⑥ 《最高人民法院关于人民调解协议司法确认程序的若干规定》第2条。

方表示同意的,视为共同提出申请。① (b) 当事人在人民调解委员会主持下仅就给付义务达成的调解协议,双方认为有必要的,可以共同向人民调解委员会所在地的基层人民法院申请司法确认。② 其二,申请的材料。(a) 当事人提出申请时,应当向人民法院提交调解协议书、承诺书。人民法院在收到申请后应当及时审查,材料齐备的,及时向当事人送达受理通知书。双方当事人签署的承诺书应当明确载明以下内容:第一,双方当事人出于解决纠纷的目的自愿达成协议,没有恶意串通、规避法律的行为;第二,如果因为该协议内容而给他人造成损害的,愿意承担相应的民事责任和其他法律责任。③ (b) 当事人申请确认调解协议,应当向人民法院提交司法确认申请书、调解协议和身份证明、资格证明,以及与调解协议相关的财产权利证明等证明材料,并提供双方当事人的送达地址、电话号码等联系方式。委托他人代为申请的,必须向人民法院提交由委托人签名或者盖章的授权委托书。④ ④受理及不予受理司法确认的决定。人民法院收到当事人司法确认申请,应当在3日内决定是否受理。人民法院决定受理的,应当编立"调确字"案号,并及时向当事人送达受理通知书。双方当事人同时到法院申请司法确认的,人民法院可以当即受理并作出是否确认的决定。有下列情形之一的,人民法院不予受理:第一,不属于人民法院受理民事案件的范围或者不属于接受申请的人民法院管辖的;第二,确认身份关系的;第三,确认收养关系的;第四,确认婚姻关系的。⑤ ⑤司法确认的审查。人民法院受理司法确认申请后,应当指定一名审判人员对调解协议进行审查。人民法院在必要时可以通知双方当

---

① 《最高人民法院关于建立健全诉讼与非诉讼相衔接的矛盾纠纷解决机制的若干意见》第22条第1句。
《最高人民法院关于人民调解协议司法确认程序的若干规定》第1条规定:"当事人根据《中华人民共和国人民调解法》第三十三条的规定共同向人民法院申请确认调解协议的,人民法院应当依法受理。"
② 《最高人民法院关于审理劳动争议案件适用法律若干问题的解释(四)》第4条(已失效)。
《最高人民法院关于建立健全诉讼与非诉讼相衔接的矛盾纠纷解决机制的若干意见》第20条规定:"经行政机关、人民调解组织、商事调解组织、行业调解组织或者其他具有调解职能的组织调解达成的具有民事合同性质的协议,经调解组织和调解员签字盖章后,当事人可以申请有管辖权的人民法院确认其效力。当事人请求履行调解协议、请求变更、撤销调解协议或者请求确认调解协议无效的,可以向人民法院提起诉讼。"
③ 《最高人民法院关于建立健全诉讼与非诉讼相衔接的矛盾纠纷解决机制的若干意见》第22条第2、3句。
④ 《最高人民法院关于人民调解协议司法确认程序的若干规定》第3条。
⑤ 《最高人民法院关于人民调解协议司法确认程序的若干规定》第4条。

事人同时到场,当面询问当事人。当事人应当向人民法院如实陈述申请确认的调解协议的有关情况,保证提交的证明材料真实、合法。人民法院在审查中,认为当事人的陈述或者提供的证明材料不充分、不完备或者有疑义,可以要求当事人补充陈述或者补充证明材料。当事人无正当理由未按时补充或者拒不接受询问的,可以按撤回司法确认申请处理。① ⑥司法确认的审理。人民法院审理申请确认调解协议案件,参照适用《民事诉讼法》有关简易程序的规定。案件由审判员一人独任审理,双方当事人应当同时到庭。人民法院应当面询问双方当事人是否理解所达成协议的内容,是否接受因此而产生的后果,是否愿意由人民法院通过司法确认程序赋予该协议强制执行的效力。② ⑦司法确认的期限。人民法院应当自受理司法确认申请之日起15日内作出是否确认的决定。因特殊情况需要延长的,经本院院长批准,可以延长10日。③ ⑧司法确认的撤回。在人民法院作出是否确认的决定前,一方或者双方当事人撤回司法确认申请的,人民法院应当准许。④ ⑨司法确定决定书的制定。人民法院经审查认为调解协议符合确认条件的,应当作出确认决定书;决定不予确认调解协议效力的,应当作出不予确认决定书。⑤ 其中,有下列情形之一的,人民法院不予确认调解协议效力:第一,违反法律、行政法规强制性规定的;第二,侵害国家利益、社会公共利益的;第三,侵害案外人合法权益的;第四,涉及是否追究当事人刑事责任的;第五,内容不明确,无法确认和执行的;第六,调解组织、调解员强迫调解或者有其他严重违反职业道德准则的行为的;第七,其他情形不应当确认的。当事人在违背真实意思的情况下签订调解协议,或者调解组织、调解员与案件有利害关系、调解显失公正的,人民法院对调解协议效力不予确认,但当事人明知存在上述情形,仍坚持申请确认的除外。⑥ (3)人民调解协议司法确认的其他规则。①申请确认

---

① 《最高人民法院关于人民调解协议司法确认程序的若干规定》第6条。
② 《最高人民法院关于建立健全诉讼与非诉讼相衔接的矛盾纠纷解决机制的若干意见》第23条。
③ 《最高人民法院关于人民调解协议司法确认程序的若干规定》第5条第1款。
④ 《最高人民法院关于人民调解协议司法确认程序的若干规定》第5条第2款。
⑤ 《最高人民法院关于人民调解协议司法确认程序的若干规定》第8条。
⑥ 《最高人民法院关于建立健全诉讼与非诉讼相衔接的矛盾纠纷解决机制的若干意见》第24条。
《最高人民法院关于人民调解协议司法确认程序的若干规定》第7条规定:"具有下列情形之一的,人民法院不予确认调解协议效力:(一)违反法律、行政法规强制性规定的;(二)侵害国家利益、社会公共利益的;(三)侵害案外人合法权益的;(四)损害社会公序良俗的;(五)内容不明确,无法确认的;(六)其他不能进行司法确认的情形。"

决定的强制执行。人民法院依法审查后,决定是否确认调解协议的效力。确认调解协议效力的决定送达双方当事人后发生法律效力,一方当事人拒绝履行的,另一方当事人可以依法申请人民法院强制执行。① ②申请撤销确认决定。案外人认为经人民法院确认的调解协议侵害其合法权益的,可以自知道或者应当知道权益被侵害之日起一年内,向作出确认决定的人民法院申请撤销确认决定。② ③确认的费用。人民法院办理人民调解协议司法确认案件,不收取费用。③ ④确认的通报。人民法院可以将调解协议不予确认的情况定期或者不定期通报同级司法行政机关和相关人民调解委员会。④ (4)提起诉讼。劳动争议仲裁申请人不服劳动争议仲裁委员会作出的撤销案件通知或者不予受理案件通知,可以自收到上述通知书之日起15日内向人民法院提起诉讼。⑤ (5)申请撤销仲裁裁决。①申请撤销仲裁裁决的定性。用人单位依据调解《仲裁法》第49条规定向中级人民法院申请撤销仲裁裁决,中级人民法院作出的驳回申请或者撤销仲裁裁决的裁定为终审裁定。⑥ ②申请仲裁裁决撤销及告知。用人单位对既有终局裁决

---

① 《最高人民法院关于建立健全诉讼与非诉讼相衔接的矛盾纠纷解决机制的若干意见》第25条。
《最高人民法院关于人民调解协议司法确认程序的若干规定》第9条规定:"人民法院依法作出确认决定后,一方当事人拒绝履行或者未全部履行的,对方当事人可以向作出确认决定的人民法院申请强制执行。"
② 《最高人民法院关于人民调解协议司法确认程序的若干规定》第10条。
③ 《最高人民法院关于人民调解协议司法确认程序的若干规定》第11条。
④ 《最高人民法院关于人民调解协议司法确认程序的若干规定》第12条。
⑤ 《湖南省高级人民法院关于审理劳动争议案件若干问题的指导意见》第7条第1款。
⑥ 《最高人民法院关于审理劳动争议案件适用法律问题的解释(一)》第22条。
《南京市中级人民法院、南京市劳动争议仲裁委员会关于印发〈关于劳动争议案件仲裁与审判若干问题的指导意见〉的通知》第11条规定:"劳动者就终局裁决已向基层人民法院起诉,而用人单位依据《劳动争议调解仲裁法》第四十九条的规定向中级人民法院申请撤销仲裁裁决的。中级人民法院应不予受理;已经受理的,应裁定终结诉讼。但基层人民法院审理案件时,对用人单位的抗辩应一并处理。劳动者起诉后撤诉或因超过起诉期间被驳回起诉的,用人单位自收到裁定书之日起三十日内可以向劳动争议仲裁委员会所在地的中级人民法院申请撤销仲裁裁决。"
《广东省高级人民法院、广东省劳动争议仲裁委员会关于适用〈劳动争议调解仲裁法〉、〈劳动合同法〉若干问题的指导意见》第13条规定:"……因终局裁决案件引发的撤销裁决之诉与劳动者起诉的协调问题,《意见》进一步理顺了两种诉讼程序,防止基层人民法院和中级人民法院同时对实质相同的一个案件进行审理。《意见》第十规定,劳动者就终局裁决向基层人民法院起诉,而用人单位依据《劳动争议调解仲裁法》第四十九条的规定向中级人民法院申请撤销仲裁裁决的,中级人民法院应不予受理。已经受理的,应裁定终结诉讼。劳动者起诉后撤诉或因超过起诉期间被驳回起诉的,用人单位自收到裁定书之日起三十日内可以向劳动争议仲裁委员会所在地的中级人民法院申请撤销仲裁裁决。"

事项,又有非终局裁决事项的仲裁裁决申请撤销,中级人民法院受理的,应当裁定驳回申请,并告知用人单位依照《劳动争议调解仲裁法》的规定向基层人民法院提起诉讼。① ③申请撤销仲裁裁决的审查核实。第一,中级人民法院受理用人单位撤销仲裁裁决的申请后,或基层人民法院受理劳动者对于终局裁决不服的案件后,均应分别审查是否存在不服终局裁决或撤销终局裁决的诉讼,以避免级别管辖上的冲突。② 第二,中级人民法院审理用人单位申请撤销终局裁决的案件,当事人对终局裁决所涉争议的部分事项达成协议的,人民法院可对达成协议的部分事项出具调解书;对协议未涉及的裁决事项仍应进行审查核实,并依法作出驳回申请或撤销裁决的裁定。③ ④申请撤销(回)仲裁裁决的效力。第一,中止执行。劳动人事争议仲裁委员会作出终局裁决,劳动者向人民法院申请执行,用人单位向劳动人事争议仲裁委员会所在地的中级人民法院申请撤销的,人民法院应当裁定中止执行。④ 第二,恢复或终结执行。用人单位撤回撤销终局裁决申请或者其申请被驳回的,人民法院应当裁定恢复执行。仲裁裁决被撤销的,人民法院应当裁定终结执行。⑤ 第三,不予执行。用人单位向人民法院申请撤销仲裁裁决被驳回后,又在执行程序中以相同理由提出不予执行抗辩的,人民法院不予支持。⑥

2. 劳动争议诉讼的参加人。(1)当事人。①当事人的确定。第一,劳动者在用人单位与其他平等主体之间的承包经营期间,与发包方和承包方双方或者一方发生劳动争议,依法提起诉讼的,应当将承包方和发包方作为当事人。⑦ 第二,只有劳动者可以依据《劳动争议调解仲裁法》第48条⑧的规定向人民法院起诉,

---

① 《安徽省高级人民法院关于审理劳动争议案件若干问题的指导意见》第29条。
② 《安徽省高级人民法院关于审理劳动争议案件若干问题的指导意见》第27条。
③ 《安徽省高级人民法院关于审理劳动争议案件若干问题的指导意见》第28条。
④ 《最高人民法院关于审理劳动争议案件适用法律若干问题的解释(三)》第18条第1款(该解释已废止,仅供参考)。
⑤ 《最高人民法院关于审理劳动争议案件适用法律若干问题的解释(三)》第18条第2款(该解释已废止,仅供参考)。
⑥ 《最高人民法院关于审理劳动争议案件适用法律若干问题的解释(三)》第18条第3款(该解释已废止,仅供参考)。
⑦ 《最高人民法院关于审理劳动争议案件适用法律问题的解释(一)》第28条。
⑧ 《劳动争议调解仲裁法》第48条规定:"劳动者对本法第四十七条规定的仲裁裁决不服的,可以自收到仲裁裁决书之日起十五日内向人民法院提起诉讼。"

而申请撤销仲裁裁决的主体仅限于用人单位。① 第三,劳动者与起有字号的个体工商户产生的劳动争议诉讼,人民法院应当以营业执照上登记的字号为当事人,但应同时注明该字号业主的自然情况。② 第四,劳动者与未办理营业执照、营业执照被吊销或者营业期限届满仍继续经营的用人单位发生争议的,应当将用人单位或其出资人列为当事人。③ 第五,未办理营业执照、营业执照被吊销或者营业期限届满仍继续经营的用人单位,以挂靠等方式借用他人营业执照经营的,应当将用人单位和营业执照出借方列为当事人。④ 第六,劳动者因履行劳动力派遣合同产生劳动争议而起诉,以派遣单位为被告;争议内容涉及接受单位的,以派遣单位和接受单位为共同被告。⑤ 第七,用人单位与其他单位合并的,合并前发生的劳动争议,由合并后的单位为当事人;用人单位分立为若干单位的,其分立前发生的劳动争议,由分立后的实际用人单位为当事人。用人单位分立为若干单位后,具体承受劳动权利义务的单位不明确的,分立后的单位均为当事人。⑥ 第八,劳动争议当事人不服劳动争议仲裁委员会的仲裁决定,向人民法院起诉,争议的双方仍然是企业与职工。双方当事人在适用法律上和诉讼地位上是平等的。此类案件不是行政案件。人民法院在审理时,应以争议的双方为诉讼当事人,不应把劳动争议仲裁委员会列为被告或第三人。⑦ 第九,境外公司在沪设立办事处机构的,该机构已经合法办理了登记手续,并按照相关法律规定通过对外服务机构招用劳动者,劳动者就相关劳动权利义务与该办事处产生纠纷的,可以该办事机构作为劳动争议的当事人;该办事机构未按照相关法律规定通过对外

---

① 《南京市中级人民法院、南京市劳动争议仲裁委员会关于印发〈关于劳动争议案件仲裁与审判若干问题的指导意见〉的通知》第10条第2款第1句。
② 《最高人民法院关于审理劳动争议案件适用法律若干问题的解释(二)》第9条(该解释已废止,仅供参考)。
③ 《最高人民法院关于审理劳动争议案件适用法律问题的解释(一)》第29条、《最高人民法院关于审理劳动争议案件适用法律若干问题的解释(三)》第4条(该解释已废止,仅供参考)。
④ 《最高人民法院关于审理劳动争议案件适用法律问题的解释(一)》第30条。
⑤ 《最高人民法院关于审理劳动争议案件适用法律若干问题的解释(二)》第10条(该解释已废止,仅供参考)。
⑥ 《最高人民法院关于审理劳动争议案件适用法律问题的解释(一)》第26条。《上海市高级人民法院民一庭关于审理劳动争议案件若干问题的解答》第21条规定:"用人单位被其他单位兼并或分立后,由兼并单位或分立后的单位继续履行原用人单位与劳动者的劳动合同,列兼并单位或分立后的单位为当事人;用人单位主体资格未变更或丧失,只是投资方发生变化的,用人单位仍应继续履行劳动合同。"
⑦ 《最高人民法院关于审理劳动争议案件诉讼当事人问题的批复》第2条。

服务机构招用劳动者,劳动者就报酬支付等问题与该办事处产生纠纷的,作为民事纠纷处理,该办事机构可以作为民事诉讼的当事人。① ②当事人的追加。当事人不服劳动争议仲裁机构作出的仲裁裁决,依法提起诉讼,人民法院审查认为仲裁裁决遗漏了必须共同参加仲裁的当事人的,应当依法追加遗漏的人为诉讼当事人。被追加的当事人应当承担责任的,人民法院应当一并处理。② ③共同被告的确定。原用人单位以新的用人单位和劳动者共同侵权为由提起诉讼的,新的用人单位和劳动者列为共同被告。③ (2)第三人。①用人单位招用尚未解除劳动合同的劳动者,原用人单位与劳动者发生的劳动争议,可以列新的用人单位为第三人。④ ②原用人单位以新的用人单位侵权为由提起诉讼的,可以列劳动者为第三人。⑤ (3)代理人。①根据《民事诉讼法》第61条第2款第3项的规定,有关社会团体推荐公民是该社会团体的负责人或者与该社会团体有合法劳动人事关系的工作人员。②根据《民事诉讼法》第58条的规定,与当事人有合法劳动人事关系的职工,可以当事人工作人员的名义作为诉讼代理人。

3. 劳动争议诉讼的受理。(1)对"劳动裁决"诉讼的受理。①劳动争议的裁决。第一,劳动者与用人单位之间发生的下列纠纷,属于劳动争议,当事人不服劳动争议仲裁机构作出的裁决,依法提起诉讼的,人民法院应予受理:其一,劳动者与用人单位在履行劳动合同过程中发生的纠纷;其二,劳动者与用人单位之间没有订立书面劳动合同,但已形成劳动关系后发生的纠纷;其三,劳动者与用人单位因劳动关系是否已经解除或者终止,以及应否支付解除或者终止劳动关系经济补偿金发生的纠纷;其四,劳动者与用人单位解除或者终止劳动关系后,请求用人单位返还其收取的劳动合同定金、保证金、抵押金、抵押物发生的纠纷,或者办理劳动者的人事档案、社会保险关系等移转手续发生的纠纷;其五,劳动者以用人单位未为其办理社会保险手续,且社会保险经办机构不能补办导致其无法享受社会保险待遇为由,要求用人单位赔偿损失发生的纠纷;其六,劳动者退休后,与尚未参加社会保险统筹的原用人单位因追索养老金、医疗费、工伤保险

---

① 《上海市高级人民法院关于适用〈劳动合同法〉若干问题的意见》第22条。
② 《最高人民法院关于审理劳动争议案件适用法律问题的解释(一)》第31条。
③ 《最高人民法院关于审理劳动争议案件适用法律问题的解释(一)》第27条第3款。
④ 《最高人民法院关于审理劳动争议案件适用法律问题的解释(一)》第27条第1款。
⑤ 《最高人民法院关于审理劳动争议案件适用法律问题的解释(一)》第27条第2款。

待遇和其他社会保险待遇而发生的纠纷;其七,劳动者因为工伤、职业病,请求用人单位依法给予工伤保险待遇发生的纠纷;其八,劳动者依据《劳动合同法》第85条规定,要求用人单位支付加付赔偿金发生的纠纷;其九,因企业自主进行改制发生的纠纷。① 第二,用人单位和劳动者因劳动关系是否已经解除或者终止,以及应否支付解除或终止劳动关系经济补偿金产生的争议,经劳动争议仲裁委员会仲裁后,当事人依法起诉的,人民法院应予受理。② 第三,当事人仅就劳动争议仲裁裁决的部分事项提起诉讼的,人民法院受理案件后应向当事人释明劳动争议仲裁裁决的其他部分也已不发生法律效力。③ ②终局裁决。劳动者对《劳动争议调解仲裁法》第47条④规定的仲裁裁决不服的,可以自收到仲裁裁决书之日起15日内向人民法院提起诉讼。⑤ ③不予受理裁决。劳动争议仲裁委员会以当事人申请仲裁的事项不属于劳动争议为由,作出不予受理的书面裁决、决定或者通知,当事人不服,依法向人民法院起诉的,人民法院应当分别情况予以处理:第一,属于劳动争议案件的,应当受理;第二,虽不属于劳动争议案件,但属于人民

---

① 《最高人民法院关于审理劳动争议案件适用法律问题的解释(一)》第1条。
《劳动争议调解仲裁法》第2条规定:"中华人民共和国境内的用人单位与劳动者发生的下列劳动争议,适用本法:(一)因确认劳动关系发生的争议;(二)因订立、履行、变更、解除和终止劳动合同发生的争议;(三)因除名、辞退和辞职、离职发生的争议;(四)因工作时间、休息休假、社会保险、福利、培训以及劳动保护发生的争议;(五)因劳动报酬、工伤医疗费、经济补偿或者赔偿金等发生的争议;(六)法律、法规规定的其他劳动争议。"
《上海市高级人民法院民一庭关于审理劳动争议案件若干问题的解答》第6条(后半句)规定:"劳动者以用人单位存在过错导致本人社会保险待遇减少、丧失为由,要求用人单位赔偿损失的,人民法院应当作为劳动争议案件受理。"
《山东省高级人民法院关于审理劳动争议案件若干问题的意见》第5条规定:"用人单位与劳动者应当通过订立书面劳动合同建立劳动关系。用人单位与劳动者之间虽未订立书面劳动合同,但双方实际行使了劳动权利,履行了劳动义务,形成了事实劳动关系,双方发生劳动争议,经劳动争议仲裁委员会决定不予受理,当事人不服,在收到仲裁决定书15日内向人民法院起诉的,人民法院应予受理。"
《重庆市劳动局关于劳动争议受理问题的通知》第3条第3句规定:"对事实劳动关系当事人之间发生的争议,劳动仲裁委员会应按《条例》第2条规定予以受理,并按形成事实劳动关系的责任大小和有关政策法规的规定处理。"
② 《最高人民法院关于审理劳动争议案件适用法律若干问题的解释(二)》第4条(该解释已废止,仅供参考)。
③ 《湖南省高级人民法院关于审理劳动争议案件若干问题的指导意见》第14条。
④ 《劳动争议调解仲裁法》第47条规定:"下列劳动争议,除本法另有规定的外,仲裁裁决为终局裁决,裁决书自作出之日起发生法律效力:(一)追索劳动报酬、工伤医疗费、经济补偿或者赔偿金,不超过当地月最低工资标准十二个月金额的争议;(二)因执行国家的劳动标准在工作时间、休息休假、社会保险等方面发生的争议。"
⑤ 《劳动争议调解仲裁法》第48条(与劳动争议的调解仲裁中终局裁决内容重复)。

法院主管的其他案件,应当依法受理。① ④重新作出的裁决。劳动争议仲裁机构为纠正原仲裁裁决错误重新作出裁决,当事人不服依法提起诉讼的,人民法院应当受理。② (2)对"仲裁机构逾期未作出受理决定或仲裁裁决"诉讼的受理。劳动争议仲裁机构逾期未作出受理决定或仲裁裁决,当事人直接提起诉讼的,人民法院应予受理,但申请仲裁的案件存在下列事由的除外:①移送管辖的;②正在送达或者送达延误的;③等待另案诉讼结果、评残结论的;④正在等待劳动争议仲裁机构开庭的;⑤启动鉴定程序或者委托其他部门调查取证的;⑥其他正当事由。当事人以劳动争议仲裁机构逾期未作出仲裁裁决为由提起诉讼的,应当提交该仲裁机构出具的受理通知书或者其他已接受仲裁申请的凭证、证明。③ (3)对申请支付令的受理。劳动者依据《劳动合同法》第30条第2款和调解《仲裁法》第16条规定向人民法院申请支付令,符合《民事诉讼法》第17章督促程序规定的,人民法院应予受理。依据《劳动合同法》第30条第2款规定申请支付令被人民法院裁定终结督促程序后,劳动者就劳动争议事项直接提起诉讼的,人民法院应当告知其先向劳动争议仲裁机构申请仲裁。依据调解《仲裁法》第16条规定申请支付令被人民法院裁定终结督促程序后,劳动者依据调解协议直接提起诉讼的,人民法院应予受理。④ (4)申请强制执行的受理。用人单位不履行"当事人不服劳动争议仲裁机构作出的预先支付劳动者劳动报酬、工伤医疗费、经济补偿或者赔偿金"裁决中的给付义务,劳动者依法申请强制执行的,人民法院应予受理。⑤ (5)给付义务(拖欠工资)诉讼的受理。①劳动者以用人单位的工资欠条为证据直接提起诉讼,诉讼请求不涉及劳动关系其他争议的,视为拖欠劳动报酬争议,人民法院按照普通民事纠纷受理。⑥ ②当事人在调解仲裁法第10

---

① 《最高人民法院关于审理劳动争议案件适用法律若干问题的解释(一)》第2条(该解释已废止,仅供参考)。

② 《最高人民法院关于审理劳动争议案件适用法律问题的解释(一)》第8条、《最高人民法院关于审理劳动争议案件适用法律若干问题的解释(一)》第5条(该解释已废止,仅供参考)。

③ 《最高人民法院关于审理劳动争议案件适用法律问题的解释(一)》第12条。
《湖南省高级人民法院关于审理劳动争议案件若干问题的指导意见》第7条第2款规定:"当事人以劳动争议仲裁委员会逾期未作出仲裁裁决为由向人民法院提起诉讼,经审查确实不存在鉴定、延误送达、移送管辖及等待工伤复议、诉讼、评残结论等中止事由,且属于劳动争议案件受理范围的,可予受理,并及时通知劳动争议仲裁委员会终结有关案件的仲裁。"

④ 《最高人民法院关于审理劳动争议案件适用法律问题的解释(一)》第13条。

⑤ 《最高人民法院关于审理劳动争议案件适用法律问题的解释(一)》第10条第2款。

⑥ 《最高人民法院关于审理劳动争议案件适用法律问题的解释(一)》第15条。

条规定的调解组织主持下达成的具有劳动权利义务内容的调解协议,具有劳动合同的约束力,可以作为人民法院裁判的根据。当事人在调解《仲裁法》第10条规定的调解组织主持下仅就劳动报酬争议达成调解协议,用人单位不履行调解协议确定的给付义务,劳动者直接提起诉讼的,人民法院可以按照普通民事纠纷受理。① (6)暂且由人民法院管辖的受理。①未领取就业证的国(境)外自然人,与用人单位之间形成劳动关系,因发生劳动争议,目前暂时可由人民法院直接受理的规定。② ②国(境)外法人或其他组织擅自招用劳动者在本市就业,发生劳动权利义务争议,争议符合民诉法规定的民事案件受理条件的,目前可作为一般民事案件受理,以国(境)外法人或其他组织为当事人。③

4. 劳动争议诉讼的不予受理。(1)劳动争议诉讼的不予受理。①劳动者违反竞业限制义务的同时,也侵犯了用人单位的商业秘密,用人单位追究劳动者违约责任的,应作为劳动争议案件处理;用人单位以劳动者侵犯商业秘密为由请求承担侵权责任的,不属于人民法院劳动争议案件受理范围。④ ②劳动者对本人是否符合提前退休条件、从事的工作是否属于特殊工种发生争议的,应当向劳动行政部门申请解决,人民法院不应作为劳动争议案件受理。⑤ ③劳动者依据调解《仲裁法》第48条规定向基层人民法院提起诉讼,用人单位依据调解《仲裁法》第49条规定向劳动争议仲裁机构所在地的中级人民法院申请撤销仲裁裁决的,中级人民法院应当不予受理;已经受理的,应当裁定驳回申请。被人民法院驳回起诉或者劳动者撤诉的,用人单位可以自收到裁定书之日起30日内,向劳动争议仲裁机构所在地的中级人民法院申请撤销仲裁裁决。⑥ (2)"不服仲裁裁决"诉讼的不予受理。①劳动人事争议仲裁委员会作出的调解书已经发生法律效力,一方当事人反悔提起诉讼的,人民法院不予受理;已经受理的,裁定驳回起诉。⑦

---

① 《最高人民法院关于审理劳动争议案件适用法律问题的解释(一)》第51条。
② 《上海市高级人民法院民一庭关于审理劳动争议案件若干问题的解答》第1条规定:"国(境)外自然人的非法就业当然不能受到劳动法的保护。但国(境)外自然人在我国非法就业发生的劳动权利业务争议,又确属于平等主体之间民事权利义务争议,如符合民诉法规定的起诉条件,可作为一般民事案件,由人民法院受理。"
③ 《上海市高级人民法院民一庭关于审理劳动争议案件若干问题的解答》第2条。
④ 《安徽省高级人民法院关于审理劳动争议案件若干问题的指导意见》第15条(与竞业限制内容重复)。
⑤ 《上海市高级人民法院民一庭关于审理劳动争议案件若干问题的解答》第6条(前半句)。
⑥ 《最高人民法院关于审理劳动争议案件适用法律问题的解释(一)》第21条。
⑦ 《最高人民法院关于审理劳动争议案件适用法律问题的解释(一)》第11条。

②当事人不服劳动争议仲裁机构作出的预先支付劳动者劳动报酬、工伤医疗费、经济补偿或者赔偿金的裁决,依法提起诉讼的,人民法院不予受理。① ③仲裁裁决应为终局裁决,但劳动争议仲裁委员会对此未作认定的,用人单位一方起诉的,应不予受理,告知其向有管辖权的中级人民法院申请撤销。② ④劳动者向劳动人事争议仲裁机构申请劳动人事争议仲裁,仲裁机构按照撤诉处理的,劳动者向人民法院起诉,人民法院不予受理。已经受理的,应当裁定驳回起诉,劳动者再次申请劳动人事争议仲裁,仲裁机构作出不予受理通知后,劳动者向人民法院起诉的,人民法院应当受理。③ ⑤裁决作出后,当事人就同一纠纷再申请仲裁或者向人民法院起诉的,仲裁委员会或者人民法院不予受理。④ ⑥劳动争议仲裁机构以申请仲裁的主体不适格为由,作出不予受理的书面裁决、决定或者通知,当事人不服依法提起诉讼,经审查确属主体不适格的,人民法院不予受理;已经受理的,裁定驳回起诉。⑤ ⑦仲裁裁决不存在劳动关系的情况下,当事人以双方存在劳动关系为由提起诉讼,经审查发现双方之间存在劳务关系或其他法律关系,经释明后当事人不变更诉讼请求的,只要符合《民事诉讼法》第122条⑥的规定,应予受理并判决驳回当事人的诉讼请求。⑦ ⑧劳动争议仲裁机构仲裁的事项不属于人民法院受理的案件范围,当事人不服依法提起诉讼的,人民法院不予受理;已经受理的,裁定驳回起诉。⑧ (3)"安置"的不予受理。依据《兵役法》、国

---

① 《最高人民法院关于审理劳动争议案件适用法律问题的解释(一)》第10条第1款。
② 《湖南省高级人民法院关于审理劳动争议案件若干问题的指导意见》第9条(前半句)。
③ 《天津市高级人民法院关于印发〈天津法院劳动争议案件审理指南〉的通知》第41条。
④ 《仲裁法》第9条第1款第2句。
⑤ 《最高人民法院关于审理劳动争议案件适用法律问题的解释(一)》第7条。
⑥ 《民事诉讼法》第122条规定:"起诉必须符合下列条件:(1)原告是与本案有直接利害关系的公民、法人和其他组织;(2)有明确的被告;(3)有具体的诉讼请求和事实、理由;(4)属于人民法院受理民事诉讼的范围和受诉人民法院管辖。"
⑦ 《北京市高级人民法院、北京市劳动人事争议仲裁委员会关于审理劳动争议案件法律适用问题的解答》第4条。
⑧ 《最高人民法院关于审理劳动争议案件适用法律问题的解释(一)》第9条。
《北京市高级人民法院、北京市劳动人事争议仲裁委员会关于审理劳动争议案件法律适用问题的解答》第23条规定(与养老保险的待遇待遇内容重复):"由于劳动者符合办理退休的条件,只是因其中的一家或几家用人单位未为其缴纳养老保险影响了其养老金水平,不属于无法享受养老保险待遇的情形,不符合民事诉讼法第一百一十九条第四项的规定,应裁定驳回劳动者的起诉。"
《民事诉讼法》第122条规定:"起诉必须符合下列条件……(四)属于人民法院受理民事诉讼的范围和受诉人民法院管辖。"

务院《退伍义务兵安置条例》的规定,安置单位与退伍义务兵就安置问题建立的关系是安置与被安置的关系,不是《劳动法》第17条规定的在"平等自愿、协商一致"基础上建立的劳动关系,双方发生的争议是安置争议,不是《劳动法》调整的劳动争议……按照《最高人民法院关于审理劳动争议案件适用法律若干问题的解释》第1条的规定……安置争议,不符合人民法院受理劳动争议案件的条件……但被临时安排工作期间的工资及保险福利待遇问题而发生争议,属于事实劳动关系,符合上述司法解释第1条第(2)项之规定,劳动争议仲裁委员会作裁决后,当事人依法诉至人民法院的,人民法院应当作为劳动争议案件受理。①

5. 劳动争议诉讼的处理。(1)对不予受理的处理。①对"无管辖权"不予受理的处理。劳动争议仲裁机构以无管辖权为由对劳动争议案件不予受理,当事人提起诉讼的,人民法院按照以下情形分别处理:第一,经审查认为该劳动争议仲裁机构对案件确无管辖权的,应当告知当事人向有管辖权的劳动争议仲裁机构申请仲裁;第二,经审查认为该劳动争议仲裁机构有管辖权的,应当告知当事人申请仲裁,并将审查意见书面通知该劳动争议仲裁机构;劳动争议仲裁机构仍不受理,当事人就该劳动争议事项提起诉讼的,人民法院应予受理。② ②对不属于劳动争议不予受理的处理。劳动争议仲裁机构以当事人申请仲裁的事项不属于劳动争议为由,作出不予受理的书面裁决、决定或者通知,当事人不服依法提起诉讼的,人民法院应当分别情况予以处理:第一,属于劳动争议案件的,应当受理;第二,虽不属于劳动争议案件,但属于人民法院主管的其他案件,应当依法受理。③ ③对未经仲裁不予受理的处理。对未经仲裁程序直接起诉到人民法院的劳动人事争议案件,人民法院应裁定不予受理;对已受理的,应驳回起诉,并告知当事人向有管辖权的仲裁委员会申请仲裁。当事人因仲裁委员会逾期未作出仲裁裁决而向人民法院提起诉讼且人民法院立案受理的,人民法院应及时将该案的受理情况告知仲裁委员会,仲裁委员会应及时决定该案件终止审理。④ (2)对

---

① 《最高人民法院关于安徽省高级人民法院关于李向阳等十人与亳州市烟草专卖局劳动争议纠纷一案的请示的复函》。
② 《最高人民法院关于审理劳动争议案件适用法律问题的解释(一)》第5条。
③ 《最高人民法院关于审理劳动争议案件适用法律问题的解释(一)》第6条。
④ 《人力资源和社会保障部、最高人民法院关于加强劳动人事争议仲裁与诉讼衔接机制建设的意见》第3条第1款。

劳动争议诉讼处理。①对劳动诉讼与侵权诉讼竞合的处理。依法应当参加工伤保险统筹的用人单位的劳动者，因工伤事故遭受人身损害，劳动者或者其近亲属向人民法院起诉请求用人单位承担民事赔偿责任的，告知其按《工伤保险条例》的规定处理。因用人单位以外的第三人侵权造成劳动者人身损害，赔偿权利人请求第三人承担民事赔偿责任的，人民法院应予支持。① ②对继续履行劳动合同的处理。用人单位违法解除或终止劳动合同，劳动者要求继续履行劳动合同的，在诉讼中发现确实无法继续履行劳动合同的，驳回劳动者的诉讼请求，告知其可另行向用人单位主张违法解除劳动合同赔偿金等。② ③对于同一劳动争议案件向不同级别法院起诉的处理。劳动者就终局裁决向基层人民法院起诉，用人单位也向中级人民法院申请撤销仲裁裁决的，中级人民法院应不予受理，告知用人单位将其诉讼请求向受理劳动者起诉案件的基层人民法院提出，已经受理的，裁定终结诉讼。基层人民法院审理案件时，对用人单位的抗辩一并处理。劳动者起诉后撤销或因超过起诉期间被驳回起诉的，用人单位自收到裁定书之日起30日内可以向劳动争议仲裁委员会所在地的中级人民法院申请撤销仲裁裁决。中级人民法院在受理用人单位撤销仲裁裁决的申请后，或者基层人民法院在受理劳动者对于终局裁决不服的案件后，应分别审查是否同时存在劳动者不服终局裁决的起诉或者撤销仲裁之诉，以便两级法院沟通协调。③ ④不属于工伤赔偿案件的调整范围法律关系的处理。对劳动者违反劳动规章或操作规程的处罚与工伤赔偿是两种不同的法律关系，不属于工伤赔偿案件的调整范围，不得在工伤赔偿案件中一并处理。④ ⑤不作为劳动争议案件的处理。劳动者与用人单位解除或终止劳动关系时，因返还单位或个人财物的争议时，劳动者或用人单位占有对方财物的行为与劳动权利义务相牵连的，应作为劳动争议案件；劳动者或用人单位占有对方财物的行为，与劳动权利义务没有关系或属于非法占用或临时占有，因此发生争议的，不作为劳动争议案件。⑤ （3）对劳动仲裁的处理。①对仲裁程

---

① 《最高人民法院关于审理人身损害赔偿案件适用法律若干问题的解释》第3条。
② 《北京市高级人民法院、北京市劳动人事争议仲裁委员会关于审理劳动争议案件法律适用问题的解答》第8条第3款（与劳动合同终止内容重复）。
③ 《湖南省高级人民法院关于审理劳动争议案件若干问题的指导意见》第10条。
④ 《广州市中级人民法院关于印发〈广州市中级人民法院关于审理劳动争议案件若干问题的意见综述〉的通知》第13条第3款。
⑤ 《上海市高级人民法院民一庭关于审理劳动争议案件若干问题的解答》第3条。

序遗漏部分仲裁事项的处理。人民法院审理劳动争议案件时,发现仲裁程序遗漏了部分当事人或仲裁裁决遗漏了部分仲裁事项的,不应要求劳动争议仲裁申请人重新申请劳动争议仲裁,应直接按照民事诉讼法及相关司法解释的规定进行处理。① ②对仲裁机构不予受理提起诉讼的处理。劳动人事争议仲裁委员会以无管辖权为由对劳动争议案件不予受理,当事人提起诉讼的,人民法院按照以下情形分别处理:第一,经审查认为该劳动人事争议仲裁委员会对案件确无管辖权的,应当告知当事人向有管辖权的劳动人事争议仲裁委员会申请仲裁;第二,经审查认为该劳动人事争议仲裁委员会有管辖权的,应当告知当事人申请仲裁,并将审查意见书面通知该劳动人事争议仲裁委员会,劳动人事争议仲裁委员会仍不受理,当事人就该劳动争议事项提起诉讼的,应予受理。② ③对仲裁裁决书未载明裁决类型提起诉讼的处理。仲裁裁决的类型以仲裁裁决书确定为准。仲裁裁决书未载明该裁决为终局裁决或非终局裁决,用人单位不服该仲裁裁决向基层人民法院提起诉讼的,应当按照以下情形分别处理:第一,经审查认为该仲裁裁决为非终局裁决的,基层人民法院应予受理;第二,经审查认为该仲裁裁决为终局裁决的,基层人民法院不予受理,但应告知用人单位可以自收到不予受理裁定书之日起30日内向劳动人事争议仲裁委员会所在地的中级人民法院申请撤销该仲裁裁决;已经受理的,裁定驳回起诉。③ ④不服仲裁裁决诉讼的处理。仲裁裁决的类型以仲裁裁决书确定为准。仲裁裁决书未载明该裁决为终局裁决或者非终局裁决,用人单位不服该仲裁裁决向基层人民法院提起诉讼的,应当按照以下情形分别处理:第一,经审查认为该仲裁裁决为非终局裁决的,基层人民法院应予受理;第二,经审查认为该仲裁裁决为终局裁决的,基层人民法院不予受理,但应告知用人单位可以自收到不予受理裁定书之日起30日内向劳动争议仲裁机构所在地的中级人民法院申请撤销该仲裁裁决;已经受理的,裁定驳回起诉。④ (4)对工伤认定、劳动能力鉴定申请的处理。诉讼中当事人申请由法定机关鉴定机构或其他鉴定机构进行工伤认定、劳动能力(伤残等级)鉴定申请的,应当驳回申请;人民法院也不得自行决定和委托包括司法机关鉴定机构在内的其

---

① 《湖南省高级人民法院关于审理劳动争议案件若干问题的指导意见》第15条。
② 《最高人民法院关于审理劳动争议案件适用法律若干问题的解释(四)》第1条(已失效)。
③ 《最高人民法院关于审理劳动争议案件适用法律若干问题的解释(四)》第2条(已失效)。
④ 《最高人民法院关于审理劳动争议案件适用法律问题的解释(一)》第18条。

他机构进行上述鉴定;确需进行劳动能力鉴定的,应当委托劳动能力鉴定委员会进行。① (5)对未经仲裁程序直接起诉的处理。对未经仲裁程序直接起诉到人民法院的劳动人事争议案件,人民法院应裁定不予受理;对已受理的,应驳回起诉,并告知当事人向有管辖权的仲裁委员会申请仲裁。当事人因仲裁委员会逾期未作出仲裁裁决而向人民法院提起诉讼且人民法院立案受理的,人民法院应及时将该案的受理情况告知仲裁委员会,仲裁委员会应及时决定该案件终止审理。②

(三)劳动争议诉讼的审理

1. "确定劳动争议发生之日"的审理。人民法院审理劳动争议案件,对下列情形,视为《劳动法》第82条规定的"劳动争议发生之日":(1)在劳动关系存续期间产生的支付工资争议,用人单位能够证明已经书面通知劳动者拒付工资的,书面通知送达之日为劳动争议发生之日。用人单位不能证明的,劳动者主张权利之日为劳动争议发生之日。(2)因解除或者终止劳动关系产生的争议,用人单位不能证明劳动者收到解除或者终止劳动关系书面通知时间的,劳动者主张权利之日为劳动争议发生之日。

2. 增加诉讼请求的审理。人民法院受理劳动争议案件后,当事人增加诉讼请求的,如该诉讼请求与讼争的劳动争议具有不可分性,应当合并审理;如属独立的劳动争议,应当告知当事人向劳动争议仲裁委员会申请仲裁。③

3. 撤销仲裁裁决的审理。人民法院应参照申请撤销一般仲裁案件的程序审理申请撤销劳动争议仲裁裁决的案件。审理该类案件可以向作出原仲裁裁决的仲裁委员会调阅仲裁案卷。作出撤销仲裁裁决裁定的,应将裁定书及时送达给作出仲裁裁决的仲裁机构。④

4. 对民事争议的一并审理。(1)为有效化解行政管理活动中发生的各类矛盾纠纷,人民法院鼓励和支持行政机关依当事人申请或者依职权进行调解、裁决

---

① 《内蒙古自治区高级人民法院关于印发〈全区法院劳动争议案件审判实务研讨会会议纪要〉的通知》第19条第1款。

② 《人力资源社会保障部、最高人民法院关于加强劳动人事争议仲裁与诉讼衔接机制建设的意见》第3条第1款。

③ 《最高人民法院关于审理劳动争议案件适用法律问题的解释(一)》第14条。

④ 《湖南省高级人民法院关于审理劳动争议案件若干问题的指导意见》第11条。

或者依法作出其他处理。调解、裁决或者依法作出的其他处理具有法律效力。当事人不服行政机关对平等主体之间民事争议所作的调解、裁决或者其他处理,以对方当事人为被告就原争议向人民法院起诉的,由人民法院作为民事案件受理。法律或司法解释明确规定作为行政案件受理的,人民法院在对行政行为进行审查时,可对其中的民事争议一并审理,并在作出行政判决的同时,依法对当事人之间的民事争议一并作出民事判决。① (2)劳动者与用人单位均不服劳动争议仲裁机构的同一裁决,向同一人民法院起诉的,人民法院应当并案审理,双方当事人互为原告和被告,对双方的诉讼请求,人民法院应当一并作出裁决。在诉讼过程中,一方当事人撤诉的,人民法院应当根据另一方当事人的诉讼请求继续审理。双方当事人就同一仲裁裁决分别向有管辖权的人民法院起诉的,后受理的人民法院应当将案件移送给先受理的人民法院。②

5. 劳动争议诉讼审理的其他规则。(1)劳动争议诉讼的证据。①对证据的认定。第一,当事人对仲裁裁决认定的事实无异议的,人民法院可直接采信。当事人在仲裁阶段承认的对己方不利的事实或认可的证据,人民法院可以予以确认,但当事人反悔并有相反证据足以推翻的除外。对当事人服裁部分,人民法院可在说理部分直接确认,并形成相应判项。③ 第二,根据最高人民法院《关于行政诉讼证据若干问题的规定》第59条,劳动保障行政部门受理工伤认定申请后,依照法定程序要求用人单位在规定时间内提供相关证据,用人单位无正当理由拒不向行政机关提供证据,事后在行政诉讼程序中向人民法院提供的,人民法院可不予采纳。④ ②举证责任。第一,在劳动争议纠纷案件中,因用人单位作出开除、除名、辞退、解除劳动合同、减少劳动报酬、计算劳动者工作年限等决定而发生劳动争议的,由用人单位负举证责任。⑤ 第二,劳动者主张加班费的,应当就加班事实的存在承担举证责任。但劳动者有证据证明用人单位掌握加班事实存在的证

---

① 《最高人民法院关于建立健全诉讼与非诉讼相衔接的矛盾纠纷解决机制的若干意见》第8条第1款。
② 《最高人民法院关于审理劳动争议案件适用法律问题的解释(一)》第4条。
《湖南省高级人民法院关于审理劳动争议案件若干问题的指导意见》第13条规定:"当事人双方均不服仲裁裁决向人民法院起诉的,如不构成反诉,应互为原、被告,分别立案,合并审理,分案作出处理。"
③ 《广东省高级人民法院、广东省劳动人事争议仲裁委员会关于印发〈广东省高级人民法院、广东省劳动人事争议仲裁委员会关于劳动人事争议仲裁与诉讼衔接若干意见〉的通知》第26条。
④ 《最高人民法院公报》2005年第8期。
⑤ 《最高人民法院关于审理劳动争议案件适用法律问题的解释(一)》第44条。

据,用人单位不提供的,由用人单位承担不利后果。① (2) 劳动争议诉讼的保全。在诉讼过程中,劳动者向人民法院申请采取财产保全措施,人民法院经审查认为申请人经济确有困难,或者有证据证明用人单位存在欠薪逃匿可能的,应当减轻或者免除劳动者提供担保的义务,及时采取保全措施。人民法院作出的财产保全裁定中,应当告知当事人在劳动争议仲裁机构的裁决书或者在人民法院的裁判文书生效后3个月内申请强制执行。逾期不申请的,人民法院应当裁定解除保全措施。② 认真贯彻执行《仲裁法》和相关司法解释,在仲裁协议效力、证据规则、仲裁程序、裁决依据、撤销裁决审查标准、不予执行裁决审查标准等方面,尊重和体现仲裁制度的特有规律,最大限度地发挥仲裁制度在纠纷解决方面的作用。对于仲裁过程中申请证据保全、财产保全的,人民法院应当依法及时办理。③

(四) 劳动争议诉讼的裁决及执行

1. 劳动争议诉讼裁决的种类。(1) 终局裁决。仲裁裁决书未载明该裁决为终局裁决或者非终局裁决,劳动者依据调解《仲裁法》第47条第1项规定,追索劳动报酬、工伤医疗费、经济补偿或者赔偿金,如果仲裁裁决涉及数项,每项确定的数额均不超过当地月最低工资标准12个月金额的,应当按照终局裁决处理。④ (2) 非终局的裁决。劳动争议仲裁机构作出的同一仲裁裁决同时包含终局裁决事项和非终局裁决事项,当事人不服该仲裁裁决向人民法院提起诉讼的,应当按照非终局裁决处理。⑤ (3) 先予执行的裁定。人民法院对下列案件,根据当事人的申请,可以裁定先予执行:①追索赡养费、扶养费、抚育费、抚恤金、医疗费用的;②追索劳动报酬的;③因情况紧急需要先予执行的。⑥ (4) 不予执行的裁定。当事人申请人民法院执行劳动争议仲裁机构作出的发生法律效力的裁决书、调解书,被申请人提出证据证明劳动争议仲裁裁决书、调解书有下列情形之一,并

---

① 《最高人民法院关于审理劳动争议案件适用法律问题的解释(一)》第42条。
② 《最高人民法院关于审理劳动争议案件适用法律问题的解释(一)》第49条。
③ 《最高人民法院关于建立健全诉讼与非诉讼相衔接的矛盾纠纷解决机制的若干意见》第4条。
④ 《最高人民法院关于审理劳动争议案件适用法律问题的解释(一)》第19条。
⑤ 《最高人民法院关于审理劳动争议案件适用法律问题的解释(一)》第20条。
⑥ 《民事诉讼法》第109条。

经审查核实的,人民法院可以根据《民事诉讼法》第237条①的规定,裁定不予执行:①裁决的事项不属于劳动争议仲裁范围,或者劳动争议仲裁机构无权仲裁的;②适用法律、法规确有错误的;③违反法定程序的;④裁决所根据的证据是伪造的;⑤对方当事人隐瞒了足以影响公正裁决的证据的;⑥仲裁员在仲裁该案时有索贿受贿、徇私舞弊、枉法裁决行为的;⑦人民法院认定执行该劳动争议仲裁裁决违背社会公共利益的。人民法院在不予执行的裁定书中,应当告知当事人在收到裁定书之次日起30日内,可以就该劳动争议事项向人民法院提起诉讼。② (5)中止执行及终结执行的裁定。劳动争议仲裁机构作出终局裁决,劳动者向人民法院申请执行,用人单位向劳动争议仲裁机构所在地的中级人民法院申请撤销的,人民法院应当裁定中止执行。用人单位撤回撤销终局裁决申请或者其申请被驳回的,人民法院应当裁定恢复执行。仲裁裁决被撤销的,人民法院应当裁定终结执行。用人单位向人民法院申请撤销仲裁裁决被驳回后,又在执行程序中以相同理由提出不予执行抗辩的,人民法院不予支持。③

2. 劳动争议裁定应予以支持的情形。(1)"终止劳动合同的"。劳动合同期满后,劳动者仍在原用人单位工作,原用人单位未表示异议的,视为双方同意以原条件继续履行劳动合同。一方提出终止劳动关系的,人民法院应予支持。根据《劳动合同法》第14条的规定,用人单位应当与劳动者签订无固定期限劳动合同而未签订的,人民法院可以视为双方之间存在无固定期限劳动合同关系,并以原劳动合同确定双方的权利义务关系。④ (2)"撤销劳动合同的"。劳动者与用人单位就解除或者终止劳动合同办理相关手续、支付工资报酬、加班费、经济补偿或者赔偿金等达成的协议,不违反法律、行政法规的强制性规定,且不存在欺

---

① 《民事诉讼法》第248条规定:"……受申请的人民法院应当执行。被申请人提出证据证明仲裁裁决有下列情形之一的,经人民法院组成合议庭审查核实,裁定不予执行:(一)当事人在合同中没有订有仲裁条款或者事后没有达成书面仲裁协议的;(二)裁决的事项不属于仲裁协议的范围或者仲裁机构无权仲裁的;(三)仲裁庭的组成或者仲裁的程序违反法定程序的;(四)裁决所根据的证据是伪造的;(五)对方当事人向仲裁机构隐瞒了足以影响公正裁决的证据的;(六)仲裁员在仲裁该案时有贪污受贿、徇私舞弊、枉法裁决行为的。人民法院认定执行该裁决违背社会公共利益的,裁定不予执行。裁定书应当送达双方当事人和仲裁机构。仲裁裁决被人民法院裁定不予执行的,当事人可以根据双方达成的书面仲裁协议重新申请仲裁,也可以向人民法院起诉。"
② 《最高人民法院关于审理劳动争议案件适用法律问题的解释(一)》第24条。
③ 《最高人民法院关于审理劳动争议案件适用法律问题的解释(一)》第25条。
④ 《最高人民法院关于审理劳动争议案件适用法律问题的解释(一)》第34条。

诈、胁迫或者乘人之危情形的,应当认定有效。前款协议存在重大误解或者显失公平情形,当事人请求撤销的,人民法院应予支持。① (3)"解除竞业限制约定的"。当事人在劳动合同或者保密协议中约定了竞业限制和经济补偿,劳动合同解除或者终止后,因用人单位的原因导致 3 个月未支付经济补偿,劳动者请求解除竞业限制约定的,人民法院应予支持。② (4)"继续履行竞业限制义务的"。劳动者违反竞业限制约定,向用人单位支付违约金后,用人单位要求劳动者按照约定继续履行竞业限制义务的,人民法院应予支持。③ (5)"工作年限合并计算的"。劳动者非因本人原因从原用人单位被安排到新用人单位工作,原用人单位未支付经济补偿,劳动者依据《劳动合同法》第 38 条规定与新用人单位解除劳动合同,或者新用人单位向劳动者提出解除、终止劳动合同,在计算支付经济补偿或赔偿金的工作年限时,劳动者请求把在原用人单位的工作年限合并计算为新用人单位工作年限的,人民法院应予支持。用人单位符合下列情形之一的,应当认定属于"劳动者非因本人原因从原用人单位被安排到新用人单位工作":①劳动者仍在原工作场所、工作岗位工作,劳动合同主体由原用人单位变更为新用人单位;②用人单位以组织委派或任命形式对劳动者进行工作调动;③因用人单位合并、分立等原因导致劳动者工作调动;④用人单位及其关联企业与劳动者轮流订立劳动合同;⑤其他合理情形。④ (6)"支付劳动报酬、经济补偿及赔偿的"。①支付经济补偿。第一,《劳动合同法》施行后,因用人单位经营期限届满不再继续经营导致劳动合同不能继续履行,劳动者请求用人单位支付经济补偿的,人民法院应予支持。⑤ 第二,在竞业限制期限内,用人单位请求解除竞业限制协议的,人民法院应予支持。在解除竞业限制协议时,劳动者请求用人单位额外支付劳动者 3 个月的竞业限制经济补偿的,人民法院应予支持。⑥ 第三,当事人在劳动合同或者保密协议中约定了竞业限制,但未约定解除或者终止劳动合同后给予劳动者经济补偿,劳动者履行了竞业限制义务,要求用人单位按照劳动者在劳动合同解除或者终止前 12 个月平均工资的 30% 按月支付经济补偿的,人民法院应

---

① 《最高人民法院关于审理劳动争议案件适用法律问题的解释(一)》第 35 条。
② 《最高人民法院关于审理劳动争议案件适用法律问题的解释(一)》第 38 条。
③ 《最高人民法院关于审理劳动争议案件适用法律问题的解释(一)》第 40 条。
④ 《最高人民法院关于审理劳动争议案件适用法律问题的解释(一)》第 46 条。
⑤ 《最高人民法院关于审理劳动争议案件适用法律问题的解释(一)》第 48 条。
⑥ 《最高人民法院关于审理劳动争议案件适用法律问题的解释(一)》第 39 条。

予支持。前款规定的月平均工资的30%低于劳动合同履行地最低工资标准的,按照劳动合同履行地最低工资标准支付。① 第四,当事人在劳动合同或者保密协议中约定了竞业限制和经济补偿,当事人解除劳动合同时,除另有约定外,用人单位要求劳动者履行竞业限制义务,或者劳动者履行了竞业限制义务后要求用人单位支付经济补偿的,人民法院应予支持。② ②支付赔偿金。建立了工会组织的用人单位解除劳动合同符合《劳动合同法》第39条、第40条规定,但未按照《劳动合同法》第43条规定事先通知工会,劳动者以用人单位违法解除劳动合同为由请求用人单位支付赔偿金的,人民法院应予支持,但起诉前用人单位已经补正有关程序的除外。③ ③支付劳动报酬、经济补偿及赔偿。劳动合同被确认为无效,劳动者已付出劳动的,用人单位应当按照《劳动合同法》第28条、第46条、第47条的规定向劳动者支付劳动报酬和经济补偿。由于用人单位原因订立无效劳动合同,给劳动者造成损害的,用人单位应当赔偿劳动者因合同无效所造成的经济损失。④ 用人单位有下列情形之一,迫使劳动者提出解除劳动合同的,用人单位应当支付劳动者的劳动报酬和经济补偿,并可支付赔偿金:第一,以暴力、威胁或者非法限制人身自由的手段强迫劳动的;第二,未按照劳动合同约定支付劳动报酬或者提供劳动条件的;第三,克扣或者无故拖欠劳动者工资的;第四,拒不支付劳动者延长工作时间工资报酬的;第五,低于当地最低工资标准支付劳动者工资的。⑤ (7)"请求优先适用合同约定的"。用人单位根据《劳动合同法》第4条规定,通过民主程序制定的规章制度,不违反国家法律、行政法规及政策规定,并已向劳动者公示的,可以作为确定双方权利义务的依据。用人单位制定的内部规章制度与集体合同或者劳动合同约定的内容不一致,劳动者请求优先适用合同约定的,人民法院应予支持。⑥ (8)"判决撤销'劳动合同的解除'的"。用人单位对劳动者作出的开除、除名、辞退等处理,或者因其他原因解除劳动合同确有错误的,人民法院可以依法判决予以撤销。⑦ (9)"给付数额的变更的"。对于追

---

① 《最高人民法院关于审理劳动争议案件适用法律问题的解释(一)》第36条。
② 《最高人民法院关于审理劳动争议案件适用法律问题的解释(一)》第37条。
③ 《最高人民法院关于审理劳动争议案件适用法律问题的解释(一)》第47条。
④ 《最高人民法院关于审理劳动争议案件适用法律问题的解释(一)》第41条。
⑤ 《最高人民法院关于审理劳动争议案件适用法律问题的解释(一)》第45条。
⑥ 《最高人民法院关于审理劳动争议案件适用法律问题的解释(一)》第50条。
⑦ 《最高人民法院关于审理劳动争议案件适用法律问题的解释(一)》第53条第1款。

索劳动报酬、养老金、医疗费以及工伤保险待遇、经济补偿金、培训费及其他相关费用等案件,给付数额不当的,人民法院可以予以变更。①

3. 劳动争议裁定应不予以支持的情形。(1)用人单位与劳动者协商一致变更劳动合同,虽未采用书面形式,但已经实际履行了口头变更的劳动合同超过1个月,变更后的劳动合同内容不违反法律、行政法规且不违背公序良俗,当事人以未采用书面形式为由主张劳动合同变更无效的,人民法院不予支持。② (2)外国人、无国籍人未依法取得就业证件即与中华人民共和国境内的用人单位签订劳动合同,当事人请求确认与用人单位存在劳动关系的,人民法院不予支持。③

4. 民事诉讼对于仲裁裁决效力的影响。(1)劳动争议仲裁机构作出仲裁裁决后,当事人对裁决中的部分事项不服,依法提起诉讼的,劳动争议仲裁裁决不发生法律效力。④ (2)劳动争议仲裁机构对多个劳动者的劳动争议作出仲裁裁决后,部分劳动者对仲裁裁决不服,依法提起诉讼的,仲裁裁决对提起诉讼的劳动者不发生法律效力;对未提起诉讼的部分劳动者,发生法律效力,如其申请执行的,人民法院应当受理。⑤

5. 劳动争议诉讼的执行。(1)申请执行机关。对仲裁裁决的申请执行。对依法设立的仲裁机构的裁决,一方当事人不履行的,对方当事人可以向有管辖权的人民法院申请执行。⑥ (2)申请强制执行。当事人对发生法律效力的调解书、裁决书,应当依照规定的期限履行。一方当事人逾期不履行的,另一方当事人可以依照民事诉讼法的有关规定向人民法院申请执行。受理申请的人民法院应当依法执行。⑦ (3)申请执行的处理。对仲裁裁决主文或仲裁调解书裁中的文字、计算错误以及仲裁机构已经认定但在裁决主文中遗漏的事项,可以补正活说明的,人民法院应当告知仲裁机构补正或说明,或向仲裁机构调卷查明。仲裁机构

---

① 《最高人民法院关于审理劳动争议案件适用法律问题的解释(一)》第53条第2款。
② 《最高人民法院关于审理劳动争议案件适用法律问题的解释(一)》第43条。
③ 《最高人民法院关于审理劳动争议案件适用法律问题的解释(一)》第33条第1款。
④ 《最高人民法院关于审理劳动争议案件适用法律问题的解释(一)》第16条。
⑤ 《最高人民法院关于审理劳动争议案件适用法律问题的解释(一)》第17条。
⑥ 《民事诉讼法》第248条第1款。
⑦ 《劳动争议调解仲裁法》第51条。

《劳动法》第83条规定:"劳动争议当事人对仲裁裁决不服的,可以自收到仲裁裁决书之日起十五日内向人民法院提起诉讼。一方当事人在法定期限内不起诉又不履行仲裁裁决的,另一方当事人可以申请人民法院强制执行。"

不补正也不说明,且人民法院调卷后执行内容仍然不明确无法执行的,可以裁定驳回执行申请。如仲裁机构通过监督程序对案件重新作出处理,原裁决书或调解书已经执行的,被执行人依据生效的法律文书可向人民法院申请执行回转。仲裁裁决被人民法院裁定不予执行的,当事人可以向人民法院起诉。生效仲裁裁决书或调解书,申请人应向被执行人住所地或被执行财产所在地基层人民法院申请执行。①

(五)劳动争议诉讼的其他规则

1. 劳动争议诉讼的小额诉讼程序。(1)劳动争议小额诉讼程序的适用范围。人民法院对下列符合适用小额诉讼程序标的限额的劳动争议案件,可适用小额诉讼程序审理:①劳动者对《劳动争议调解仲裁法》第47条②规定的仲裁裁决不服提起诉讼,且劳动关系清楚的;②劳动者与用人单位在劳动报酬、工伤医疗费、经济补偿或者赔偿金的给付数额或给付时间上存在争议的。③(2)小额诉讼程序的审结。人民法院适用小额诉讼的程序审理案件,可以一次开庭审结并且当庭宣判。④(3)小额诉讼案件的审结期限。小额诉讼案件应当在立案之日起两个月内审结。有特殊情况需要延长的,经本院院长批准,可以延长1个月。⑤(4)小额诉讼程序转化为简易程序、普通程序。人民法院在审理过程中,发现案件不宜适用小额诉讼程序的,应当适用简易程序的其他规定审理或者裁定转为普通程序。当事人认为案件不符合适用小额诉讼程序条件的,可以向人民法院提出异议。人民法院经审查,异议成立的,应当适用简易程序的其他规定审理或者裁定转为普通程序;异议不成立的,裁定驳回。⑥

2. "工会经费和财产及其工作人员"争议的诉讼。(1)诉讼的法律依据。为正确审理涉及工会经费和财产、工会工作人员权利的民事案件,维护工会和职工

---

① 《广东省高级人民法院、广东省劳动人事争议仲裁委员会关于印发〈广东省高级人民法院、广东省劳动人事争议仲裁委员会关于劳动人事争议仲裁与诉讼衔接若干意见〉的通知》第21条。

② 《劳动争议调解仲裁法》第47条规定:"下列劳动争议,除本法另有规定的外,仲裁裁决为终局裁决,裁决书自作出之日起发生法律效力:(一)追索劳动报酬、工伤医疗费、经济补偿或者赔偿金,不超过当地月最低工资标准十二个月金额的争议;(二)因执行国家的劳动标准在工作时间、休息休假、社会保险等方面发生的争议。"

③ 《安徽省高级人民法院关于审理劳动争议案件若干问题的指导意见》第30条。

④ 《民事诉讼法》第167条。

⑤ 《民事诉讼法》第168条。

⑥ 《民事诉讼法》第169条。

的合法权益,根据《民法典》、《工会法》和《民事诉讼法》等法律的规定,现制定《最高人民法院关于在民事审判工作中适用〈中华人民共和国工会法〉若干问题的解释》。[①] (2)诉讼主体的认定及责任承担。人民法院审理涉及工会组织的有关案件时,应当认定依照《工会法》建立的工会组织的社团法人资格。具有法人资格的工会组织依法独立享有民事权利,承担民事义务。建立工会的企业、事业单位、机关与所建工会以及工会投资兴办的企业,根据法律和司法解释的规定,应当分别承担各自的民事责任。[②] (3)工会经费和财产诉讼的规则。①支付令的申请及管辖法院。基层工会或者上级工会依照《工会法》第43条规定向人民法院申请支付令的,由被申请人所在地的基层人民法院管辖。[③] ②征询被申请人及经费支付。人民法院根据《工会法》第43条的规定受理工会提出的拨缴工会经费的支付令申请后,应当先行征询被申请人的意见。被申请人仅对应拨缴经费数额有异议的,人民法院应当就无异议部分的工会经费数额发出支付令。人民法院在审理涉及工会经费的案件中,需要按照《工会法》第42条第1款第2项规定的"全部职工""工资总额"确定拨缴数额的,"全部职工""工资总额"的计算,应当按照国家有关部门规定的标准执行。[④] ③支付令的申请费。工会组织就工会经费的拨缴向人民法院申请支付令的,应当按照《诉讼费用交纳办法》第14条的规定交纳申请费;督促程序终结后,工会组织另行起诉,按照《诉讼费用交纳办法》第13条规定的财产案件受理费标准交纳诉讼费用。[⑤] ④诉讼时效。对于企业、事业单位无正当理由拖延或者拒不拨缴工会经费的,工会组织向人民法院请求保护其权利的诉讼时效期间,适用《民法典》第188条的规定。[⑥] ⑤诉讼的受理及参加人。根据《工会法》第43条和《民事诉讼法》的有关规定,上级工会向人民法院申请支付令或者提起诉讼,要求企业、事业单位拨缴工会经费的,人民法院应当受理。基层工会要求参加诉讼的,人民法院可以准许其作为共同申请人或者共同原告参加诉讼。[⑦] (4)工会工作人员争议的诉讼的规则。①工作人员劳

[①] 《最高人民法院关于在民事审判工作中适用〈中华人民共和国工会法〉若干问题的解释》序言。
[②] 《最高人民法院关于在民事审判工作中适用〈中华人民共和国工会法〉若干问题的解释》第1条。
[③] 《最高人民法院关于在民事审判工作中适用〈中华人民共和国工会法〉若干问题的解释》第3条。
[④] 《最高人民法院关于在民事审判工作中适用〈中华人民共和国工会法〉若干问题的解释》第4条。
[⑤] 《最高人民法院关于在民事审判工作中适用〈中华人民共和国工会法〉若干问题的解释》第8条。
[⑥] 《最高人民法院关于在民事审判工作中适用〈中华人民共和国工会法〉若干问题的解释》第7条。
[⑦] 《最高人民法院关于在民事审判工作中适用〈中华人民共和国工会法〉若干问题的解释》第5条。

动合同期限的确定。根据《工会法》第18条的规定,人民法院审理劳动争议案件,涉及确定基层工会专职主席、副主席或者委员延长的劳动合同期限的,应当自上述人员工会职务任职期限届满之日起计算,延长的期限等于其工会职务任职的期间。《工会法》第18条规定的"个人严重过失",是指具有《劳动法》第25条第2项、第3项或者第4项规定的情形。① ②裁判用人单位恢复工作或给予赔偿。根据《工会法》第52条的规定,人民法院审理涉及职工和工会工作人员因参加工会活动或者履行《工会法》规定的职责而被解除劳动合同的劳动争议案件,可以根据当事人的请求裁判用人单位恢复其工作,并补发被解除劳动合同期间应得的报酬;或者根据当事人的请求裁判用人单位给予本人年收入2倍的赔偿,并根据《劳动合同法》第46条、第47条的规定给予解除劳动合同时的经济补偿。②

3. 劳动人事争议仲裁与诉讼衔接。(1)裁审程序的衔接。①逐步统一裁审受理范围。各地劳动人事争议仲裁委员会(以下简称仲裁委员会)和人民法院要按照《劳动争议调解仲裁法》等法律规定,逐步统一社会保险争议、人事争议等争议的受理范围。仲裁委员会要改进完善劳动人事争议受理立案制度,依法做到有案必立,有条件的可探索实行立案登记制,切实发挥仲裁前置的功能作用。③ ②逐步统一裁审法律适用标准。各地仲裁委员会和人民法院要严格按照法律规定处理劳动人事争议。对于法律规定不明确等原因造成裁审法律适用标准不一致的突出问题,由人力资源社会保障部与最高人民法院按照《立法法》有关规定,通过制定司法解释或指导意见等形式明确统一的法律适用标准。省、自治区、直辖市人力资源社会保障部门与高级人民法院要结合裁审工作实际,加强对法律适用问题的调查研究,及时提出意见建议。④ (2)裁审工作机制的衔接。①建立联席会议制度。各地人力资源社会保障部门和人民法院要定期或不定期召开联席会议,共同研究分析劳动人事争议处理形势,互相通报工作情况,沟通协调争议仲裁与诉讼中的受理范围、程序衔接、法律适用标准等问题,推进裁审工作有

---

① 《最高人民法院关于在民事审判工作中适用〈中华人民共和国工会法〉若干问题的解释》第2条。
② 《最高人民法院关于在民事审判工作中适用〈中华人民共和国工会法〉若干问题的解释》第6条。
③ 《人力资源社会保障部 最高人民法院关于加强劳动人事争议仲裁与诉讼衔接机制建设的意见》第2条第1款。
④ 《人力资源社会保障部 最高人民法院关于加强劳动人事争议仲裁与诉讼衔接机制建设的意见》第2条第2款。

效衔接。① ②建立信息共享制度。各地人力资源社会保障部门和人民法院要加强劳动人事争议处理工作信息和统计数据的交流,实现信息互通和数据共享。人力资源社会保障部门要加强争议案件处理情况追踪,做好裁审对比情况统计分析,不断改进争议仲裁工作,人民法院要积极支持和配合。要建立健全案卷借阅制度,做好案卷借阅管理工作。有条件的地区,可以实行电子案卷借阅或通过信息平台共享电子案卷,并做好信息安全和保密工作。② ③建立疑难复杂案件办案指导制度。各地仲裁委员会和人民法院要加强对疑难复杂、重大劳动人事争议案件的研讨和交流,开展类案分析,联合筛选并发布典型案例,充分发挥典型案例在统一裁审法律适用标准、规范裁审自由裁量尺度、服务争议当事人等方面的指导作用。③ ④建立联合培训制度。各地人力资源社会保障部门和人民法院要通过举办师资培训、远程在线培训、庭审观摩等方式,联合开展业务培训,增强办案人员的素质和能力,促进提高裁审衔接水平。④

六、劳动争议的行政处罚

(一)劳动争议行政处罚的一般规则

1. 劳动争议行政处罚的界定。行政处罚,是指劳动监察部门依法对违反劳动法律、行政法规和国家劳动政策而尚未构成犯罪行为的劳动关系主体施加的一种制裁措施。劳动行政处罚直接剥夺违法行为人的财产权和活动自由权,所以它是一种严厉的、具体的劳动行政执法行为,是保证劳动法律、行政法规和国家劳动政策顺利实施的一种有力的惩戒性措施,是搞好劳动监督检查的主要手段。

2. 劳动争议行政处罚适用的主要法律。(1)违反《劳动法》规定侵害劳动者合法权益,其他法律、行政法规已规定处罚的,依照该法律、行政法规的规定处

---

① 《人力资源社会保障部 最高人民法院关于加强劳动人事争议仲裁与诉讼衔接机制建设的意见》第4条第1款。
② 《人力资源社会保障部 最高人民法院关于加强劳动人事争议仲裁与诉讼衔接机制建设的意见》第4条第2款。
③ 《人力资源社会保障部 最高人民法院关于加强劳动人事争议仲裁与诉讼衔接机制建设的意见》第4条第3款。
④ 《人力资源社会保障部 最高人民法院关于加强劳动人事争议仲裁与诉讼衔接机制建设的意见》第4条第4款。

罚。① (2) 劳动部《违反〈中华人民共和国劳动法〉行政处罚办法》(劳部发〔1994〕532号)对行政处罚行为、处罚标准未作规定,而其他劳动行政规章和地方政府规章作了规定的,按有关规定执行。②

3. 县以上劳动行政部门对劳动事务的监管。(1)国务院劳动行政部门负责全国劳动合同制度实施的监督管理。县级以上地方人民政府劳动行政部门负责本行政区域内劳动合同制度实施的监督管理。县级以上各级人民政府劳动行政部门在劳动合同制度实施的监督管理工作中,应当听取工会、企业方面代表以及有关行业主管部门的意见。③ 其中,劳动工作包括劳动就业。劳动合同和集体合同、工时和休息休假、工资、劳动安全卫生、女职工和未成年工特殊保护、职业培训、社会保险和福利、劳动争议处理、劳动监督检查以及依照法律责任追究违法后果等,与国务院批准的劳动部"三定"方案是一致的。④ (2)县级以上地方人民政府劳动行政部门依法对下列实施劳动合同制度的情况进行监督检查:①用人单位制定直接涉及劳动者切身利益的规章制度及其执行的情况;②用人单位与劳动者订立和解除劳动合同的情况;③劳务派遣单位和用工单位遵守劳务派遣有关规定的情况;④用人单位遵守国家关于劳动者工作时间和休息休假规定的情况;⑤用人单位支付劳动合同约定的劳动报酬和执行最低工资标准的情况;⑥用人单位参加各项社会保险和缴纳社会保险费的情况;⑦法律、法规规定的其他劳动监察事项。⑤ (3)县级以上地方人民政府劳动行政部门实施监督检查时,

---

① 《劳动法》第105条。
② 《关于贯彻执行〈中华人民共和国劳动法〉若干问题的意见》第96条。
③ 《劳动合同法》第73条。
《关于〈劳动法〉若干条文的说明》第9条第3款规定:"本条第1款,以法律形式明确了国务院劳动行政部门的地位和职位。第二款明确了县级以上各级地方劳动行政部门的地位和职责。"
④ 《关于〈劳动法〉若干条文的说明》第9条第4款。
⑤ 《劳动合同法》第74条。
《劳动法》第101条规定:"用人单位无理阻挠劳动行政部门、有关部门及其工作人员行使监督检查权,打击报复举报人员的,由劳动行政部门或者有关部门处以罚款;构成犯罪的,对责任人员依法追究刑事责任。"
《关于〈劳动法〉若干条文的说明》第101条规定:"本案中的'依法'是指人民法院依据《中华人民共和国刑法》第146条、第157条的规定,追究责任人员的刑事责任。"
《关于贯彻执行〈中华人民共和国劳动法〉若干问题的意见》第92条规定,"无理阻挠"行为包括:(1)阻止劳动监督检查人员进入用人单位内(包括进入劳动现场)进行监督检查的;(2)隐瞒事实真象,出具伪证,或者隐匿、毁灭证据的;(3)拒绝提供有关资料的;(4)拒绝在规定的时间和地点就劳动行政部门所提问题作出解释和说明的;(5)法律法规和规章规定的其他情况。

有权查阅与劳动合同、集体合同有关的材料,有权对劳动场所进行实地检查,用人单位和劳动者都应当如实提供有关情况和材料。劳动行政部门的工作人员进行监督检查,应当出示证件,依法行使职权,文明执法。[①] (4) 对违反劳动合同法和本条例的行为的投诉、举报,县级以上地方人民政府劳动行政部门依照《劳动保障监察条例》的规定处理。[②] (5) 县级以上人民政府建设、卫生、安全生产监督管理等有关主管部门在各自职责范围内,对用人单位执行劳动合同制度的情况进行监督管理。[③] (6) 县级以上人民政府劳动行政部门会同工会和企业方面代表,建立健全协调劳动关系三方机制,共同研究解决有关劳动关系的重大问题。[④] (7) 县级以上各级人民政府劳动行政部门监督检查人员执行公务,有权进入用人单位了解执行劳动法律、法规的情况,查阅必要的资料,并对劳动场所进行检查。县级以上各级人民政府劳动行政部门监督检查人员执行公务,必须出示证件,秉公执法并遵守有关规定。[⑤] (8) 县级以上各级人民政府有关部门在各自职责范围内,对用人单位遵守劳动法律、法规的情况进行监督。[⑥] (9) 劳动监察是《劳动法》授予劳动行政部门的职责,劳动争议仲裁是《劳动法》授予各级劳动争议仲裁委员会的职能。用人单位或行业部门不能设立劳动监察机构和劳动争议仲裁委员会,也不能设立劳动行政部门劳动监察机构的派出机构和劳动争议仲裁委员会的派出机构。[⑦] (10) 劳动保障行政部门管理失业保险工作,履行下列职责:①贯彻实施失业保险法律、法规;②指导社会保险经办机构的工作;③对失业保险费的征收和失业保险待遇的支付进行监督检查。[⑧] (11) 县级以上人民政府

[①]《劳动合同法》第75条。

[②]《劳动合同法实施条例》第36条。

[③]《劳动合同法》第76条。

《私营企业劳动管理暂行规定》第26条规定:"私营企业必须执行国家有关劳动安全与卫生的法规、标准,采取劳动保护措施,改善劳动条件,建立安全生产规章制度,保证安全生产和职工健康,并接受劳动行政部门的监察和工会组织的监督。"

[④]《劳动合同法》第5条。

《劳动争议调解仲裁法》第8条规定:"县级以上人民政府劳动行政部门会同工会和企业方面代表建立协调劳动关系三方机制,共同研究解决劳动争议的重大问题。"

[⑤]《劳动法》第86条。

[⑥]《劳动法》第87条。

[⑦]《关于贯彻执行〈中华人民共和国劳动法〉若干问题的意见》第88条。

[⑧]《失业保险条例》第24条。

《失业保险条例》第3条规定:"国务院劳动保障行政部门主管全国的失业保险工作。县级以上地方各级人民政府劳动保障行政部门主管本行政区域内的失业保险工作。劳动保障行政部门按照国务院规定设立的经办失业保险业务的社会保险经办机构依照本条例的规定,具体承办失业保险工作。"

人力资源社会保障行政部门、安全生产监督管理部门按照各自职责负责对用人单位遵守本规定的情况进行监督检查。工会、妇女组织依法对用人单位遵守本规定的情况进行监督。①

4. 劳动争议行政处罚的检举、控告。(1)工会的检举、控告。①各级工会依法维护劳动者的合法权益,对用人单位遵守劳动法律、法规的情况进行监督。任何组织和个人对于违反劳动法律、法规的行为有权检举和控告。② ②企业、事业单位违反劳动法律、法规规定,有下列侵犯职工劳动权益情形,工会应当代表职工与企业、事业单位交涉,要求企业、事业单位采取措施予以改正;企业、事业单位应当予以研究处理,并向工会作出答复;企业、事业单位拒不改正的,工会可以请求当地人民政府依法作出处理:第一,克扣职工工资的;第二,不提供劳动安全卫生条件的;第三,随意延长劳动时间的;第四,侵犯女职工和未成年工特殊权益的;第五,其他严重侵犯职工劳动权益的。③ 其中,用人单位违反《劳动法》对女职工和未成年工的保护规定,侵害其合法权益的,由劳动行政部门责令改正,处以罚款;对女职工或者未成年工造成损害的,应当承担赔偿责任。④ (2)职工的检举、控告。用人单位违反《女职工劳动保护特别规定》,侵害女职工合法权益的,女职工可以依法投诉、举报、申诉,依法向劳动人事争议调解仲裁机构申请调解仲裁,对仲裁裁决不服的,依法向人民法院提起诉讼。⑤ (3)其他组织或者个人的检举、控告。任何组织或者个人对违反《劳动合同法》的行为都有权举报,县级以上人民政府劳动行政部门应当及时核实、处理,并对举报有功人员给予奖励。⑥

5. 行政处罚的种类。行政处罚的种类:(1)警告、通报批评;(2)罚款、没收违法所得、没收非法财物;(3)暂扣许可证件、降低资质等级、吊销许可证件;(4)限制开展生产经营活动、责令停产停业、责令关闭、限制从业;(5)行政拘留;(6)法律、行政法规规定的其他行政处罚。⑦

---

① 《女职工劳动保护特别规定》第12条。
② 《劳动法》第88条。
③ 《工会法》第23条。
④ 《劳动法》第95条。
⑤ 《女职工劳动保护特别规定》第14条。
⑥ 《劳动合同法》第79条。
⑦ 《行政处罚法》第9条。

(二)行政处罚的执行

对违反《劳动法》的用人单位,劳动行政部门有权依据劳动法律、法规和规章的规定予以处理,用人单位对劳动行政部门作出的行政处罚决定不服,在法定期限内不提起诉讼或不申请复议又不执行行政处罚决定的,劳动行政部门可以根据《行政诉讼法》第95条①申请人民法院强制执行。劳动行政部门依法申请人民法院强制执行时,应当提交申请执行书,据以执行的法律文书和其他必须提交的材料。②

第三节 劳动争议解决中的费用

劳动争议解决中的费用,主要包括经济补偿金、赔偿金、违约金、"2倍工资"和其他费用。

一、经济补偿金

经济补偿金是在劳动合同解除或终止后,用人单位依法一次性支付给劳动者的经济上的补助。

(一)经济补偿金适用的情形

1. 解除劳动合同的经济补偿金。(1)劳动者解除劳动合同的经济补偿金。①劳动者依照《劳动合同法》第38条③规定解除劳动合同的,用人单位应当向劳动者支付经济补偿。④ ②停工限产超过合理期限或约定期限,劳动者根据《劳

---

① 《行政诉讼法》第95条(原文为第66条)规定:"公民、法人或者其他组织拒绝履行判决、裁定、调解书的,行政机关或者第三人可以向第一审人民法院申请强制执行,或者由行政机关依法强制执行。"

② 《关于贯彻执行〈中华人民共和国劳动法〉若干问题的意见》第97条。

③ 《劳动合同法》第38条规定:"用人单位有下列情形之一的,劳动者可以解除劳动合同:(一)未按照劳动合同约定提供劳动保护或者劳动条件的;(二)未及时足额支付劳动报酬的;(三)未依法为劳动者缴纳社会保险费的;(四)用人单位的规章制度违反法律、法规的规定,损害劳动者权益的;(五)因本法第二十六条第一款规定的情形致使劳动合同无效的;(六)法律、行政法规规定劳动者可以解除劳动合同的其他情形。用人单位以暴力、威胁或者非法限制人身自由的手段强迫劳动者劳动的,或者用人单位违章指挥、强令冒险作业危及劳动者人身安全的,劳动者可以立即解除劳动合同,不需事先告知用人单位。"

④ 《劳动合同法》第46条第1项。

合同法》第 38 条第 1 款第 1 项的规定提出解除劳动合同并主张经济补偿的,应予支持。① ③用人单位有下列情形之一,迫使劳动者提出解除劳动合同的,用人单位应当支付劳动者的劳动报酬和经济补偿,并可支付赔偿金:第一,以暴力、威胁或者非法限制人身自由的手段强迫劳动的;第二,未按照劳动合同约定支付劳动报酬或者提供劳动条件的;第三,克扣或者无故拖欠劳动者工资的;第四,拒不支付劳动者延长工作时间工资报酬的;第五,低于当地最低工资标准支付劳动者工资。② ④军队后勤保障改革富余职工中的劳动合同制职工,与原工作单位签订的劳动合同期满终止,或合同期未满按有关规定解除劳动合同的,按原劳动部《关于印发〈违反和解除劳动合同的经济补偿办法〉的通知》(劳部发〔1994〕481号)的有关规定给予一次性经济补偿,其档案关系移交户口所在地区县有关部门。③ (2)用人单位解除劳动合同的经济补偿金。①有下列情形之一的,用人单位应当向劳动者支付经济补偿:劳动者依照《劳动合同法》第 38 条④规定解除劳动合同的;用人单位依照《劳动合同法》第 36 条⑤规定向劳动者提出解除劳动合同并与劳动者协商一致解除劳动合同的;用人单位依照《劳动合同法》第 40 条规定解除劳动合同的;用人单位依照《劳动合同法》第 41 条第 1 款⑥规定解除劳动合同的;依法律、行政法规规定的其他情形,用人单位应当向劳动者支付经

---

① 《广东省高级人民法院、广东省劳动人事争议仲裁委员会关于印发〈广东省高级人民法院、广东省劳动人事争议仲裁委员会关于劳动人事争议仲裁与诉讼衔接若干意见〉的通知》第 5 条第 3 句。

② 《最高人民法院关于审理劳动争议案件适用法律若干问题的解释(一)》第 45 条。

③ 《关于军队后勤保障社会化改革中人事和劳动保障工作有关问题的通知》第 1 条第 6 款。

④ 《劳动合同法》第 38 条规定:"用人单位有下列情形之一的,劳动者可以解除劳动合同:(一)未按照劳动合同约定提供劳动保护或者劳动条件的;(二)未及时足额支付劳动报酬的;(三)未依法为劳动者缴纳社会保险费的;(四)用人单位的规章制度违反法律、法规的规定,损害劳动者权益的;(五)因本法第二十六条第一款规定的情形致使劳动合同无效的;(六)法律、行政法规规定劳动者可以解除劳动合同的其他情形。用人单位以暴力、威胁或者非法限制人身自由的手段强迫劳动者劳动的,或者用人单位违章指挥、强令冒险作业危及劳动者人身安全的,劳动者可以立即解除劳动合同,不需事先告知用人单位。"

⑤ 《劳动合同法》第 36 条规定:"用人单位与劳动者协商一致,可以解除劳动合同。"

⑥ 《劳动合同法》第 41 条第 1 款规定:"有下列情形之一,需要裁减人员二十人以上或者裁减不足二十人但占企业职工总数百分之十以上的,用人单位提前三十日向工会或者全体职工说明情况,听取工会或者职工的意见后,裁减人员方案经向劳动行政部门报告,可以裁减人员:(一)依照企业破产法规定进行重整的;(二)生产经营发生严重困难的;(三)企业转产、重大技术革新或者经营方式调整,经变更劳动合同后,仍需裁减人员的;(四)其他因劳动合同订立时所依据的客观经济情况发生重大变化,致使劳动合同无法履行的……"

济补偿。① 其中"协商一致解除劳动关系的补偿金"还包括：第一，用人单位依照《劳动合同法》第36条规定向劳动者提出解除劳动合同并与劳动者协商一致解除劳动合同的，用人单位应当向劳动者支付经济补偿。② 第二，劳动者与用人单位均无法证明劳动者的离职原因，可视为用人单位提出且经双方协商一致解除劳动合同，用人单位应依照《劳动合同法》第47条之规定向劳动者支付经济补偿。③ 第三，劳动合同期限届满，因用人单位的原因未办理终止劳动合同手续，劳动者与用人单位仍存在劳动关系的，视为续延劳动合同，用人单位应当与劳动者续订劳动合同。当事人就劳动合同期限协商不一致的，其续订的劳动合同期限从签字之日起不得少于1年；劳动者在用人单位连续工作满10年以上，劳动者要求续订无固定期限劳动合同的，用人单位应当与其续订无固定期限劳动合同。用人单位经与劳动者协商一致，可以解除劳动关系，并向劳动者支付经济补偿金；劳动者要求解除劳动关系的，劳动关系即行解除，用人单位可以不支付经济补偿金。④ "依据国家有关规定"是指国家法律、法规和劳动部制定的规章及其他规范性文件。⑤ ②对未提出自谋职业申请或虽提出申请但未实现自谋职业，及实行劳动合同制以后参加工作的职工，企业在与其解除劳动合同时，应按规定支付经济补偿金，符合法定条件的按规定享受失业保险待遇。⑥ ③劳动合同期满后，劳动者继续为用人单位提供劳动，用人单位未表示异议，但当事人未续订书面劳动合同的，当事人应及时补订书面劳动合同。如果用人单位已尽到诚实信用义

---

① 《劳动合同法》第46条(部分内容)。
《关于贯彻执行〈中华人民共和国劳动法〉若干问题的意见》第36条规定："用人单位依照劳动法第二十四条、第二十六条、第二十七条的规定解除劳动合同，应当按照劳动法和劳动部《违反和解除劳动合同的经济补偿办法》(劳部发〔1994〕481号)支付劳动者经济补偿金。"
《最高人民法院关于审理企业破产案件若干问题的规定》第56条规定："因企业破产解除劳动合同，劳动者依法或者根据劳动合同对企业享有的补偿金请求权，参照企业破产法第三十七条第二款第(一)项规定的顺序清偿。"

② 《劳动合同法》第46条第2项。
③ 《四川省高级人民法院民事审判第一庭关于印发〈关于审理劳动争议案件若干疑难问题的解答〉的通知》第26条第2款。
④ 《北京市劳动合同规定》第45条。
⑤ 《关于〈劳动法〉若干条文的说明》第28条第3款规定："目前除《国营企业实行劳动合同制暂行规定》对新招工人解除劳动合同给予经济补偿，《中华人民共和国中外合资经营企业劳动管理规定》第四条规定，企业应对被解雇的职工予以经济补偿外，其他劳动法律、法规、规章尚无此规定。需制定新的经济补偿办法。《履行和解除劳动合同的经济补偿办法》正在制定中，将于明年1月1日前颁布。"
⑥ 《关于破产企业职工自谋职业领取一次性安置费后能否享受失业保险待遇问题的复函》第2条。

务,而劳动者不与用人单位订立书面劳动合同的,用人单位可以书面通知劳动者终止劳动关系,并依照《劳动合同法》第47条①规定支付经济补偿;如劳动者拒绝订立书面劳动合同并拒绝继续履行的,视为劳动者单方终止劳动合同,用人单位应当支付劳动者已实际工作期限的相应报酬,但无须支付经济补偿金。②(3)未依法缴纳社保费解除劳动合同的经济补偿金。①依法缴纳社会保险是《劳动法》规定的用人单位与劳动者的法定义务,即便是因劳动者要求用人单位不为其缴纳社会保险,劳动者按照《劳动合同法》第38条的规定主张经济补偿的,仍应予支持。③②劳动者以用人单位未建立社会保险关系、无正当理由停缴社会保险费,或者社会保险费缴费基数不符合法律规定为由解除劳动合同,并请求用人单位支付经济补偿金,用人单位对此有过错的,属于《劳动合同法》第38条第1款第3项规定的情形,应予支持。④

2. 终止劳动合同的经济补偿金。(1)依照《劳动合同法》第44条第4项、第五项⑤规定终止劳动合同的,用人单位应当向劳动者支付经济补偿。⑥(2)以完成一定工作任务为期限的劳动合同因任务完成而终止的,用人单位应当依照《劳动合同法》第47条的规定向劳动者支付经济补偿。⑦(3)用人单位自用工之日起超过1个月不满1年未与劳动者订立书面劳动合同的,应当依照《劳动合同法》

---

① 《劳动合同法》第47条规定:"经济补偿按劳动者在本单位工作的年限,每满一年支付一个月工资的标准向劳动者支付。六个月以上不满一年的,按一年计算;不满六个月的,向劳动者支付半个月工资的经济补偿。劳动者月工资高于用人单位所在直辖市、设区的市级人民政府公布的本地区上年度职工月平均工资三倍的,向其支付经济补偿的标准按职工月平均工资三倍的数额支付,向其支付经济补偿的年限最高不超过十二年。本条所称月工资是指劳动者在劳动合同解除或者终止前十二个月的平均工资。"

② 《上海市高级人民法院关于适用〈劳动合同法〉若干问题的意见》第2条第2款。
《上海市高级人民法院民一庭关于审理劳动争议案件若干问题的解答》第13条规定,劳动合同期满后,劳动者仍在原用人单位工作,原用人单位未拒绝的,应视为双方形成不定期劳动合同,一方提出解除劳动关系的,人民法院可以支持,但要求解约方应当提前30天书面通知对方。用人单位提出解除,劳动者要求用人单位支付经济补偿金的,人民法院应予支持。

③ 《北京市高级人民法院、北京市劳动人事争议仲裁委员会关于审理劳动争议案件法律适用问题的解答》第25条。

④ 《天津市高级人民法院关于印发〈天津法院劳动争议案件审理指南〉的通知》第27条第1款。

⑤ 《劳动合同法》第44条规定:"有下列情形之一的,劳动合同终止:……(四)用人单位被依法宣告破产的;(五)用人单位被吊销营业执照、责令关闭、撤销或者用人单位决定提前解散的……"

⑥ 《劳动合同法》第46条第6项。

⑦ 《劳动合同法实施条例》第22条。

第82条的规定向劳动者每月支付2倍的工资,并与劳动者补订书面劳动合同;劳动者不与用人单位订立书面劳动合同的,用人单位应当书面通知劳动者终止劳动关系,并依照《劳动合同法》第47条的规定支付经济补偿。前款规定的用人单位向劳动者每月支付2倍工资的起算时间为用工之日起满一个月的次日,截止时间为补订书面劳动合同的前2日。①

3. 解除、终止劳务派遣合同的经济补偿。(1)劳务派遣单位或者被派遣劳动者解除、终止劳务派遣合同的经济补偿。①劳务派遣单位或者被派遣劳动者依法解除、终止劳动合同的经济补偿,依照《劳动合同法》第46条②、第47条③的规定执行。④ ②劳务派遣单位因《劳动合同法》第46条或者《劳务派遣暂行规定》第15条⑤、第16条⑥规定的情形,与被派遣劳动者解除或者终止劳动合同的,应当依法向被派遣劳动者支付经济补偿。⑦ (2)解除、终止事实劳动关系的经济补偿金。法律和行政法规对终止或解除事实劳动关系应否给付经济补偿金的问题一直未有明确。参照劳社部发[2005]12号《关于确立劳动关系有关事项的通

---

① 《劳动合同法实施条例》第6条。
② 《劳动合同法》第46条规定:"有下列情形之一的,用人单位应当向劳动者支付经济补偿:(一)劳动者依照本法第三十八条规定解除劳动合同的;(二)用人单位依照本法第三十六条规定向劳动者提出解除劳动合同并与劳动者协商一致解除劳动合同的;(三)用人单位依照本法第四十条规定解除劳动合同的;(四)用人单位依照本法第四十一条第一款规定解除劳动合同的;(五)除用人单位维持或者提高劳动合同约定条件续订劳动合同,劳动者不同意续订的情形外,依照本法第四十四条第一项规定终止固定期限劳动合同的;(六)依照本法第四十四条第四项、第五项规定终止劳动合同的;(七)法律、行政法规规定的其他情形。"
③ 《劳动合同法》第47条规定:"经济补偿按劳动者在本单位工作的年限,每满一年支付一个月工资的标准向劳动者支付。六个月以上不满一年的,按一年计算;不满六个月的,向劳动者支付半个月工资的经济补偿。劳动者月工资高于用人单位所在直辖市、设区的市级人民政府公布的本地区上年度职工月平均工资三倍的,向其支付经济补偿的标准按职工月平均工资三倍的数额支付,向其支付经济补偿的年限最高不超过十二年。本条所称月工资是指劳动者在劳动合同解除或者终止前十二个月的平均工资。"
④ 《劳动合同法实施条例》第31条。
⑤ 《劳务派遣暂行规定》第15条规定:"被派遣劳动者因本规定第十二条规定被用工单位退回,劳务派遣单位重新派遣时维持或者提高劳动合同约定条件,被派遣劳动者不同意的,劳务派遣单位可以解除劳动合同。被派遣劳动者因规定第十二条规定被用工单位退回,劳务派遣单位重新派遣时降低劳动合同约定条件,被派遣劳动者不同意的,劳务派遣单位不得解除劳动合同。但被派遣劳动者提出解除劳动合同的除外。"
⑥ 《劳务派遣暂行规定》第16条规定:"劳务派遣单位被依法宣告破产、吊销营业执照、责令关闭、撤销、决定提前解散或者经营期限届满不再继续经营的,劳动合同终止。用工单位应当与劳务派遣单位协商妥善安置被派遣劳动者。"
⑦ 《劳务派遣暂行规定》第17条。

知》第3条第2款的规定,用人单位提出终止劳动关系的,应当按照劳动者在本单位工作年限每满1年支付1个月工资的经济补偿金。用人单位依据《劳动法》第25条第(2)、(3)、(4)项①的理由而提出终止或解除事实劳动关系的除外。另外,劳动者依据《劳动法》第32条第(2)、(3)项②的理由而提出终止或解除事实劳动关系的也应给付经济补偿金。③

(二)经济补偿适用的例外情形

1."用人单位依法解除劳动合同的"。(1)用人单位依据《劳动法》第25条④解除劳动合同,可以不支付劳动者经济补偿金。⑤(2)劳动者在劳动合同期限内,由于主管部门调动或转移工作单位而被解除劳动合同,未造成失业的,用人单位可以不支付经济补偿金。⑥

2."劳动者'解除'劳动合同的"。(1)劳动者依据《劳动法》第31条⑦解除劳动合同,用人单位可以不支付劳动者经济补偿金。⑧(2)劳动者以其他理由辞职后,又以用人单位存在《劳动合同法》第38条⑨所列情形迫使其辞职为由,要求用

---

① 《劳动法》第25条规定:"劳动者有下列情形之一的,用人单位可以解除劳动合同……(二)严重违反劳动纪律或者用人单位规章制度的;(三)严重失职,营私舞弊,对用人单位利益造成重大损害的;(四)被依法追究刑事责任的。"

② 《劳动法》第32条规定:"有下列情形之一的,劳动者可以随时通知用人单位解除劳动合同……(二)用人单位以暴力、威胁或者非法限制人身自由的手段强迫劳动的;(三)用人单位未按照劳动合同约定支付劳动报酬或者提供劳动条件的。"

③ 《佛山市中级人民法院关于审理劳动争议案件的若干意见》第7条。

④ 《劳动法》第25条规定:"劳动者有下列情形之一的,用人单位可以解除劳动合同:(一)在试用期间被证明不符合录用条件的;(二)严重违反劳动纪律或者用人单位规章制度的;(三)严重失职,营私舞弊,对用人单位利益造成重大损害的;(四)被依法追究刑事责任的。"

⑤ 《关于贯彻执行〈中华人民共和国劳动法〉若干问题的意见》第39条。

⑥ 《关于实行劳动合同制度若干问题的通知》第21条。

⑦ 《劳动法》第31条规定:"劳动者解除劳动合同,应当提前三十日以书面形式通知用人单位。"

⑧ 《四川省贯彻执行〈中华人民共和国劳动法〉若干问题的实施意见》第19条。

⑨ 《劳动合同法》第38条规定:"用人单位有下列情形之一的,劳动者可以解除劳动合同:(一)未按照劳动合同约定提供劳动保护或者劳动条件的;(二)未及时足额支付劳动报酬的;(三)未依法为劳动者缴纳社会保险费的;(四)用人单位的规章制度违反法律、法规的规定,损害劳动者权益的;(五)因本法第二十六条第一款规定的情形致使劳动合同无效的;(六)法律、行政法规规定劳动者可以解除劳动合同的其他情形。用人单位以暴力、威胁或者非法限制人身自由的手段强迫劳动者劳动的,或者用人单位违章指挥、强令冒险作业危及劳动者人身安全的,劳动者可以立即解除劳动合同,不需事先告知用人单位。"

人单位支付经济补偿金或赔偿金的,一般不予支持。① (3)劳动者按照《劳动法》第24条②的规定,主动提出解除劳动合同的,用人单位可以不支付经济补偿金。③ (4)劳动者依据《劳动法》第32条第1项④解除劳动合同,用人单位可以不支付经济补偿金,但应按照劳动者的实际工作天数支付工资。⑤ (5)用人单位未及时足额发放工资,但在劳动者提出解除劳动关系前已经足额发放的,劳动者以用人单位未及时足额支付工资为由提出解除劳动合同,并要求用人单位支付解除劳动合同的经济补偿金,不予支持。⑥

3."劳动关系终止的"。(1)非全日制用工双方当事人任何一方都可以随时通知对方终止用工。终止用工,用人单位不向劳动者支付经济补偿。⑦ (2)劳动合同期满或者当事人约定的劳动合同终止条件出现,劳动合同即行终止,用人单位可以不支付劳动者经济补偿金。国家另有规定的,可以从其规定。⑧ (3)自用工之日起1个月内,经用人单位书面通知后,劳动者不与用人单位订立书面劳动合同的,用人单位应当书面通知劳动者终止劳动关系,无须向劳动者支付经济补

---

① 《四川省高级人民法院民事审判第一庭关于印发〈关于审理劳动争议案件若干疑难问题的解答〉的通知》第26条第1款。
《广东省高级人民法院、广东省劳动人事争议仲裁委员会关于审理劳动人事争议案件的座谈会纪要》第28条规定:"劳动者以其他理由提出辞职,后又以用人单位存在《劳动合同法》第三十八条规定情形迫使其辞职为由,请求用人单位支付经济补偿的,不予支持。"
② 《劳动法》第24条规定:"经劳动合同当事人协商一致,劳动合同可以解除。"
③ 《关于实行劳动合同制度若干问题的通知》第20条。
④ 《劳动法》第32条规定:"有下列情形之一的,劳动者可以随时通知用人单位解除劳动合同:(一)在试用期内的……"
⑤ 《关于贯彻执行〈中华人民共和国劳动法〉若干问题的意见》第40条。
《邮电企业劳动合同管理暂行规定》第42条规定:"职工依据本规定第二十三条第(二)、(三)项规定解除劳动合同的,邮电企业应按照本规定第四十一条规定的补偿标准支付经济补偿金。其他由职工个人提出解除劳动合同的,邮电企业不支付职工经济补偿金。"
《邮电企业劳动合同管理暂行规定》第23条规定:"有下列情形之一的,职工可以随时通知邮电企业解除劳动合同:(一)在试用期内的;(二)邮电企业以暴力、威胁或者非法限制人身自由的手段强迫劳动的;(三)邮电企业未按劳动合同约定支付劳动报酬或者提供劳动条件的;(四)职工依法服兵役的。"
《邮电企业劳动合同管理暂行规定》第41条规定:"按照第十六条、第十九条、第二十条解除劳动合同的,邮电企业应根据职工在本企业工作年限,每满一年发给相当于一个月工资的经济补偿金,其中第十九条第(二)项最多不超过十二个月。工作时间不满一年的按一年的标准发给经济补偿金。"
⑥ 《厦门市中级人民法院〈关于审理劳动争议案件若干疑难问题的解答〉》第12条。
⑦ 《劳动合同法》第71条。
⑧ 《关于贯彻执行〈中华人民共和国劳动法〉若干问题的意见》第38条。

偿,但是应当依法向劳动者支付其实际工作时间的劳动报酬。① (4)用人单位与达到法定退休年龄的劳动者终止劳动合同,已经享受职工基本养老保险待遇或领取退休金的劳动者主张用人单位支付经济补偿金的,人民法院不予支持。② (5)用人单位招用已达法定退休年龄或已办理退休手续的人员时,在法律、行政法规未有明确规定之前,宜将该类用工关系按劳动关系处理。但对于劳动关系解除或终止时的经济补偿问题,可参照劳动部办公厅《对〈关于实行劳动合同制度若干问题的请示〉的复函》的规定处理,即对于已享受养老保险待遇的退休人员,除非其与用人单位已就劳动关系解除或终止时的经济补偿问题作出特别规定,否则双方在劳动关系解除或终止时不适用《劳动法》第 28 条有关经济补偿的规定。③

4. "变更劳动合同的"。根据《民法典》第 67 条(原文为《民法通则》第 44 条第 2 款)④的规定,用人单位发生分立或合并后,分立或合并后的用人单位可依据其实际情况与原用人单位的劳动者遵循平等自愿、协商一致的原则变更、解除或重新签订劳动合同。在此种情况下的重新签订劳动合同视为原劳动合同的变更,用人单位变更劳动合同,劳动者不能依据《劳动法》第 28 条要求经济补偿。⑤

5. "企业改制改组的"。对企业改制改组中已经向职工支付经济补偿金的,职工被改制改组后企业重新录用的,在解除劳动合同支付经济补偿金时,职工在改制前单位的工作年限可以不计算为改制后单位的工作年限。⑥

6. "有社会保险争议的"。(1)劳动者主张社会保险费缴费计算不符合法律规定,应当提供社会保险征缴部门或者劳动监察部门出具的限期补缴通知书或者限期整改指令书等证据予以证明。劳动者未举证证明的,对其主张不予支持;

---

① 《劳动合同法实施条例》第 5 条。
② 《安徽省高级人民法院关于审理劳动争议案件若干问题的指导意见》第 2 条。
③ 《广东省高级人民法院关于已退休人员与用人单位之间的用工关系是否应按劳动关系处理及相关问题的批复》第 1 条(与劳动关系认定内容重复)。
④ 《民法典》第 67 条规定:"法人合并的,其权利和义务由合并后的法人享有和承担。法人分立的,其权利和义务由分立后的法人享有连带债权,承担连带债务,但是债权人和债务人另有约定的除外。"
⑤ 《关于贯彻执行〈中华人民共和国劳动法〉若干问题的意见》第 37 条。
⑥ 《关于复转军人军龄及有关人员工龄是否作为计算职工经济补偿金年限的答复意见》第 2 条(部分内容)。(《对〈关于终止或解除劳动合同计发经济补偿金有关问题的请示〉的复函》第 4 条规定:"因用人单位的合并、兼并、合资、单位改变性质,法人改变名称等原因而改变工作单位的,其改变前的工作时间可以计算为在本单位的工作时间,由于成建制调动、组织调动等原因而改变工作单位的,是否计算为在本单位的工作时间,在行业直属企业间成建制调动或组织调动等,由行业主管部门作出规定,其他调动,由各省、自治区、直辖市作出规定。")

劳动者已举证证明且用人单位未在限期内改正的,应当支持劳动者的主张。上述两款规定的情形中,推定用人单位有过错,但用人单位举证证明无过错的除外。① (2)用人单位已为劳动者建立社保账户且险种齐全,但存在缴纳年限不足、缴费基数低等问题的,劳动者的社保权益可通过用人单位补缴或社保管理部门强制征缴的方式实现,在此情形下,劳动者以此为由主张解除劳动合同经济补偿的,一般不予支持。② (3)劳动者以用人单位在《劳动合同法》实施前未按当地规定的险种缴纳社会保险费为由,请求解除劳动合同并要求用人单位支付经济补偿金的,不予支持。③

(三)经济补偿的支付

1. 经济补偿金支付的标准。(1)《劳动合同法》第47条规定的经济补偿的月工资按照劳动者应得工资计算,包括计时工资或者计件工资以及奖金、津贴和补贴等货币性收入。劳动者在劳动合同解除或者终止前12个月的平均工资低于当地最低工资标准的,按照当地最低工资标准计算。劳动者工作不满12个月的,按照实际工作的月数计算平均工资。④ (2)用人单位依据《违反和解除劳动合同的经济补偿办法》第6条⑤、第8条⑥、第9条⑦解除劳动合同时,劳动者的月平均

---

① 《天津市高级人民法院关于印发〈天津法院劳动争议案件审理指南〉的通知》第27条第2、3款。

② 《北京市高级人民法院、北京市劳动人事争议仲裁委员会关于审理劳动争议案件法律适用问题的解答》第24条第2款。

③ 《广东省高级人民法院、广东省劳动争议仲裁委员会关于适用〈劳动争议调解仲裁法〉、〈劳动合同法〉若干问题的指导意见》第24条第1款。

《广东省高级人民法院、广东省劳动争议仲裁委员会关于适用〈劳动争议调解仲裁法〉、〈劳动合同法〉若干问题的指导意见》第24条第2款第2句规定:"劳动者以用人单位未足额缴纳或欠缴社会保险费为由请求解除劳动合同并要求用人单位支付经济补偿金的,不予支持。"

④ 《劳动合同法实施条例》第27条。

⑤ 《违反和解除劳动合同的经济补偿办法》第6条规定:"劳动者患病或者非因工负伤,经劳动鉴定委员会确认不能从事原工作、也不能从事用人单位另行安排的工作而解除劳动合同的,用人单位应按其在本单位的工作年限,每满一年发给相当于一个月工资的经济补偿金,同时还应发给不低于六个月工资的医疗补助费。患重病和绝症的还应增加医疗补助费,患重病的增加部分不低于医疗补助费的百分之五十,患绝症的增加部分不低于医疗补助费的百分之一百。"

⑥ 《违反和解除劳动合同的经济补偿办法》第8条规定:"劳动合同订立时所依据的客观情况发生重大变化,致使原劳动合同无法履行,经当事人协商不能就变更劳动合同达成协议,由用人单位解除劳动合同的,用人单位按劳动者在本单位工作的年限,工作时间每满一年发给相当于一个月工资的经济补偿金。"

⑦ 《违反和解除劳动合同的经济补偿办法》第9条规定:"用人单位濒临破产进行法定整顿期间或者生产经营状况发生严重困难,必须裁减人员的,用人单位按被裁减人员在本单位工作的年限支付经济补偿金。在本单位工作的时间每满一年,发给相当于一个月工资的经济补偿金。"

工资低于企业月平均工资的,按企业月平均工资的标准支付。①

2. 经济补偿金支付的数额。(1)经济补偿按劳动者在本单位工作的年限,每满1年支付1个月工资的标准向劳动者支付。6个月以上不满1年的,按1年计算;不满6个月的,向劳动者支付半个月工资的经济补偿。劳动者月工资高于用人单位所在直辖市、设区的市级人民政府公布的本地区上年度职工月平均工资3倍的,向其支付经济补偿的标准按职工月平均工资3倍的数额支付,向其支付经济补偿的年限最高不超过12年。月工资是指劳动者在劳动合同解除或者终止前12个月的平均工资。② (2)根据《劳动合同法》第97条③的规定,《劳动合同法》施行之日存续的劳动合同,在《劳动合同法》施行后解除或终止的,其经济补偿金的具体计算方法如下:①《劳动合同法》与2008年1月1日之前施行的相关法律法规的规定(以下简称以前规定)均规定应当支付经济补偿金的情形,且劳动者的月平均工资不高于上年度本市职工平均工资3倍的,经济补偿金的计算基数按劳动者在劳动合同解除或终止前10个月的月平均工资确定。④ ②《劳动合同法》规定应当支付经济补偿金的情形,且不属于以前规定中"经济补偿金总额不超过劳动者12个月的工资收入"情形的,经济补偿年限自用工之日起计算。《劳动合同法》规定应当支付经济补偿金的情形,但属于以前规定中"经济补偿金总额不超过劳动者12个月的工资收入"情形的,劳动者在《劳动合同法》施行前的经济补偿年限按照以前规定计算;劳动者在《劳动合同法》施行后的工作年限在计算

---

① 《违反和解除劳动合同的经济补偿办法》第11条第2款。
② 《劳动合同法》第47条。
《违反和解除劳动合同的经济补偿办法》第11条第1款规定:"本办法中经济补偿金的工资计算标准是指企业正常生产情况下劳动者解除合同前十二个月的月平均工资。"
《关于确立劳动关系有关事项的通知》第3条第2款规定:"用人单位提出终止劳动关系的,应当按照劳动者在本单位工作年限每满一年支付一个月工资的经济补偿金。"
《邮电企业劳动合同管理暂行规定》第41条规定:"按照第十六条、第十九条、第二十条解除劳动合同的,邮电企业应根据职工在本企业工作年限,每满一年发给相当于一个月工资的经济补偿金,其中第十九条第(二)项最多不超过十二个月。工作时间不满一年的按一年的标准发给经济补偿金。"该规定第44条规定:"计算经济补偿金和医疗补助费的工资标准,是指企业正常生产情况下,职工本人解除劳动合同前十二个月的平均工资。"
③ 《劳动合同法》第97条规定:"……本法施行之日存续的劳动合同在本法施行后解除或者终止,依照本法第四十六条规定应当支付经济补偿的,经济补偿年限自本法施行之日起计算;本法施行前按照当时有关规定,用人单位应当向劳动者支付经济补偿的,按照当时有关规定执行。"
④ 《上海市高级人民法院关于适用〈劳动合同法〉若干问题的意见》第21条第1项。

经济补偿年限时并入计算。① (3) 符合《劳动合同法》规定3倍封顶的情形,实施封顶计算经济补偿年限自《劳动合同法》施行之日起计算,《劳动合同》施行之前的工作年限仍按以前规定的标准计算经济补偿金。②

二、赔偿金和赔偿责任

（一）赔偿金适用的情形

1. 赔偿金的界定。赔偿金,是指用人单位或者员工因违反法律规定或者违反合同约定,造成对方经济损失而向对方支付的赔偿,赔偿金具有惩罚性,是一种惩罚性赔偿。

2. 用人单位支付赔偿金的情形。(1) 未依法通知工会解除劳动合同的赔偿金。①建立了工会组织的用人单位解除劳动合同符合《劳动合同法》第39条③、第40条④规定,但未按照《劳动合同法》第43条⑤规定事先通知工会,劳动者以用人单位违法解除劳动合同为由请求用人单位支付赔偿金的,人民法院应予支持,但起诉前用人单位已经补正有关程序的除外。②用人单位单方解除劳动合同,未履行《劳动合同法》第41条、43条规定的向工会或者全体职工说明情况、听取工会或职工的意见等程序性义务的,应认定其解除劳动合同的行为违法,劳动者请求用人单位继续履行劳动合同或支付赔偿金的,应予支持。用人单位解除劳动合同本身符合法律规定,仅存在未提前30日书面通知劳动者的程序性瑕疵,劳动者以用人单位违法解除劳动合同为由请求用人单位继续履行劳动合同或支付

---

① 《上海市高级人民法院关于适用〈劳动合同法〉若干问题的意见》第21条第2项。

② 《上海市高级人民法院关于适用〈劳动合同法〉若干问题的意见》第21条第3项。

③ 《劳动合同法》第39条规定:"劳动者有下列情形之一的,用人单位可以解除劳动合同:(一)在试用期间被证明不符合录用条件的;(二)严重违反用人单位的规章制度的;(三)严重失职,营私舞弊,给用人单位造成重大损害的;(四)劳动者同时与其他用人单位建立劳动关系,对完成本单位的工作任务造成严重影响,或者经用人单位提出,拒不改正的;(五)因本法第二十六条第一款第一项规定的情形致使劳动合同无效的;(六)被依法追究刑事责任的。"

④ 《劳动合同法》第40条规定:"有下列情形之一的,用人单位提前三十日以书面形式通知劳动者本人或者额外支付劳动者一个月工资后,可以解除劳动合同:(一)劳动者患病或者非因工负伤,在规定的医疗期满后不能从事原工作,也不能从事由用人单位另行安排的工作的;(二)劳动者不能胜任工作,经过培训或者调整工作岗位,仍不能胜任工作的;(三)劳动合同订立时所依据的客观情况发生重大变化,致使劳动合同无法履行,经用人单位与劳动者协商,未能就变更劳动合同内容达成协议的。"

⑤ 《劳动合同法》第43条规定:"用人单位单方解除劳动合同,应当事先将理由通知工会。用人单位违反法律、行政法规规定或者劳动合同约定的,工会有权要求用人单位纠正。用人单位应当研究工会的意见,并将处理结果书面通知工会。"

赔偿金的,不予支持。① (2)违法解除或终止劳动合同的赔偿金。①用人单位违反《劳动合同法》规定解除或者终止劳动合同,劳动者要求继续履行劳动合同的,用人单位应当继续履行;劳动者不要求继续履行劳动合同或者劳动合同已经不能继续履行的,用人单位应当依照《劳动合同法》第87条规定支付赔偿金。② ②劳务派遣单位违法解除或者终止被派遣劳动者的劳动合同的,依照《劳动合同法》第48条③的规定执行。④ ③在劳动者不符合《劳动合同法》第39条和第40条第1项、第2项规定情形时,用人单位在二次固定期限劳动合同到期后直接发出终止劳动合同(关系)通知,不符合《劳动合同法》第14条第2款第3项⑤之规定,应认定为违法终止劳动合同(关系)。劳动者主张用人单位支付违法终止劳动合同的赔偿金,应予支持。⑥ (3)违法约定试用期的赔偿金。①用人单位违反本法规定与劳动者约定试用期的,由劳动行政部门责令改正;违法约定的试用期已经履行的,由用人单位以劳动者试用期满月工资为标准,按已经履行的超过法定试用期的期间向劳动者支付赔偿金。⑦ ②劳务派遣单位违反《劳务派遣暂行规定》第6条⑧规定的,按照《劳动合同法》第83条规定执行。⑨ (4)终局裁决赔偿金。《劳动人事争议仲裁办案规则》第50条第1款适用终局裁决赔偿金包括劳动合同法规定的未签订书面劳动合同第2倍工资、违法约定试用期的赔偿金、违法解除或者终止劳动合同的赔偿金等。⑩ (5)侵害劳动者合法权益的赔偿金。用人单

---

① 《江苏省高级人民法院、江苏省劳动人事争议仲裁委员会关于印发〈关于审理劳动争议案件的指导意见〉的通知》第17条。
② 《劳动合同法》第48条。
《劳动合同法》第90条规定:"劳动者违反本法规定解除劳动合同……给用人单位造成损失的,应当承担赔偿责任。"
③ 《劳动合同法》第48条规定:"用人单位违反本法规定解除或者终止劳动合同,劳动者要求继续履行劳动合同的,用人单位应当继续履行;劳动者不要求继续履行劳动合同或者劳动合同已经不能继续履行的,用人单位应当依照本法第八十七条规定支付赔偿金。"
④ 《劳动合同法实施条例》第32条。
⑤ 《劳动合同法》第14条第2款第3项规定:"连续订立二次固定期限劳动合同,且劳动者没有本法第三十九条和第四十条第一项、第二项规定的情形,续订劳动合同的。"
⑥ 《北京市高级人民法院、北京市劳动人事争议仲裁委员会关于审理劳动争议案件法律适用问题的解答》第16条。
⑦ 《劳动合同法》第83条。
⑧ 《劳务派遣暂行规定》第6条规定:"劳务派遣单位可以依法与被派遣劳动者约定试用期。劳务派遣单位与同一被派遣劳动者只能约定一次试用期。"
⑨ 《劳务派遣暂行规定》第23条。
⑩ 《劳动人事争议仲裁办案规则》第50条第2款。

位有下列侵害劳动者合法权益情形之一的,由劳动行政部门责令支付劳动者的工资报酬、经济补偿,并可以责令支付赔偿金:①克扣或者无故拖欠劳动者工资的;②拒不支付劳动者延长工作时间工资报酬的;③低于当地最低工资标准支付劳动者工资的;④解除劳动合同后,未依照本法规定给予劳动者经济补偿的。①

3. 劳动者支付赔偿金的情形。(1)劳动者未依法解除劳动合同的赔偿金。①按照《劳动法》第31条②的规定劳动者提前30日以书面形式通知用人单位,既是解除劳动合同的程序,也是解除劳动合同的条件。劳动者提前30日以书面形式通知用人单位,解除劳动合同,无须征得用人单位的同意。超过30日,劳动者向用人单位提出办理解除劳动合同的手续,用人单位应予以办理。但由于劳动者违反劳动合同有关约定而给用人单位造成经济损失的,应依据有关法律、法规、规章的规定和劳动合同的约定,由劳动者承担赔偿责任。③ ②劳动者违反规定或劳动合同中的约定解除劳动合同,对用人单位造成损失的,劳动者应赔偿用人单位下列损失:第一,用人单位招收录用其所支付的费用;第二,用人单位为其支付的培训费用,双方另有约定的按约定办理;第三,对生产、经营和工作造成的直接经济损失;第四,劳动合同约定的其他赔偿费用。④ (2)劳动者重大过失的赔偿金。①劳动者在劳动关系存续期间履行职务因重大过失造成用人单位直接经

---

① 《劳动法》第91条。
② 《劳动法》第31条规定:"劳动者解除劳动合同,应当提前三十日以书面形式通知用人单位。"
③ 《劳动部办公厅关于劳动者解除劳动合同有关问题的复函》(部分内容)。
《劳动部关于实行劳动合同制度若干问题的通知》第18条规定:"职工解除劳动合同,应当严格按照《劳动法》的规定,提前三十日以书面形式向用人单位提出。职工自动离职属于违法解除劳动合同,应当按照《违反〈劳动法〉有关劳动合同规定的赔偿办法》承担赔偿责任。"
《关于贯彻执行〈中华人民共和国劳动法〉若干问题的意见》第32条规定:"按照劳动法第三十一条的规定,劳动者解除劳动合同,应当提前三十日以书面形式通知用人单位。超过三十日,劳动者可以向用人单位提出办理解除劳动合同手续,用人单位予以办理。如果劳动者违法解除劳动合同给原用人单位造成经济损失,应当承担赔偿责任。"
《国家铁路劳动用工管理办法》第58条规定:"铁路职工、临时工违反《劳动法》规定或约定的解除劳动合同条款,给用人单位造成损失的;未按照《劳动法》规定,提前三十日以书面形式向用人单位提出,自动离职的,按劳动部《违反〈劳动法〉有关劳动合同规定的赔偿办法》(劳部发〔1995〕223号)规定,赔偿用人单位损失。"
④ 《劳动部关于发布〈违反《劳动法》有关劳动合同规定的赔偿办法〉的通知》第4条。
《北京市劳动合同规定》第49条规定:"劳动者违反本规定或者劳动合同约定解除劳动合同,对用人单位造成损失的,应当赔偿下列损失:(一)用人单位为录用劳动者直接支付的费用;(二)用人单位为劳动者支付的培训费用;(三)对生产、经营和工作造成的直接经济损失。"

济损失,用人单位依据劳动合同的约定或者规章制度要求劳动者赔偿的,可以支持。人民法院和劳动争议仲裁机构应当对劳动合同的约定或者规章制度进行合法性、合理性审查。劳动者应承担赔偿数额根据劳动者的过错程度等具体情况酌情确定,且不得把属于用人单位应承担的经营风险扩大由劳动者承担。① ②因劳动者存在《北京市劳动合同规定》第30条第2项、第3项②规定的情形,被用人单位解除合同,且给用人单位造成损失的,应当承担赔偿责任。③

(二)赔偿金的种类

1. "用人单位未提前30日通知"的赔偿金。(1)用人单位违反《北京市劳动合同规定》第40条④规定,终止劳动合同未提前30日通知劳动者的,以劳动者上月日平均工资为标准,每延迟1日支付劳动者1日工资的赔偿金。⑤(2)用人单位单方解除劳动合同,未履行《劳动合同法》第41条⑥、43条⑦规定的向工会或者全体职工说明情况、听取工会或职工的意见等程序性义务的,应认定其解除劳动合同的行为违法,劳动者请求用人单位继续履行劳动合同或支付赔偿金的,应予支持。用人单位解除劳动合同本身符合法律规定,仅存在未提前30日书面通知劳动者的程序性瑕疵,劳动者以用人单位违法解除劳动合同为由请求用人单位

---

① 《厦门市中级人民法院〈关于审理劳动争议案件若干疑难问题的解答〉》第9条。
② 《北京市劳动合同规定》第30条规定:"……(二)严重违反劳动纪律或者用人单位规章制度,按照用人单位规定或者劳动合同约定可以解除合同的。但用人单位的规章制度与法律、法规、规章相抵触的除外;(三)严重失职、营私舞弊,对用人单位利益造成重大损害的……"
③ 《北京市劳动合同规定》第50条。
④ 《北京市劳动合同规定》第40条规定:"劳动合同期限届满前,用人单位应当提前30日将终止或者续订劳动合同意向以书面形式通知劳动者,经协商办理终止或者续订劳动合同手续。"
⑤ 《北京市劳动合同规定》第47条。
⑥ 《劳动合同法》第41条规定:"有下列情形之一,需要裁减人员二十人以上或者裁减不足二十人但占企业职工总数百分之十以上的,用人单位提前三十日向工会或者全体职工说明情况,听取工会或者职工的意见后,裁减人员方案经向劳动行政部门报告,可以裁减人员:(一)依照企业破产法规定进行重整的;(二)生产经营发生严重困难的;(三)企业转产、重大技术革新或者经营方式调整,经变更劳动合同后,仍需裁减人员的;(四)其他因劳动合同订立时所依据的客观经济情况发生重大变化,致使劳动合同无法履行的。裁减人员时,应当优先留用下列人员:(一)与本单位订立较长期限的固定期限劳动合同的;(二)与本单位订立无固定期限劳动合同的;(三)家庭无其他就业人员,有需要扶养的老人或者未成年人的。用人单位依照本条第一款规定裁减人员,在六个月内重新招用人员的,应当通知被裁减的人员,并在同等条件下优先招用被裁减的人员。"
⑦ 《劳动合同法》第43条规定:"用人单位单方解除劳动合同,应当事先将理由通知工会。用人单位违反法律、行政法规规定或者劳动合同约定的,工会有权要求用人单位纠正。用人单位应当研究工会的意见,并将处理结果书面通知工会。"

继续履行劳动合同或支付赔偿金的,不予支持。①

2."用人单位违反工资发放规则"的赔偿金。(1)超过发薪日期的赔偿金。私营企业有权依照国家法律和有关政策确定企业的工资制度和工资形式。企业应当每月按期发放工资。超过当月规定发薪日期的,从第6日起每天按拖欠职工本人工资额的1%赔偿职工损失。②(2)违反最低工资发放标准的赔偿金。①用人单位违反最低工资标准发放工资的责任。用人单位违反《最低工资规定》第11条规定的,由劳动保障行政部门责令其限期改正;违反《最低工资规定》第12条规定的,由劳动保障行政部门责令其限期补发所欠劳动者工资,并可责令其按所欠工资的1至5倍支付劳动者赔偿金。③②企业支付劳动者工资低于最低工资标准的,劳动者有权要求补足,并可以按下列标准请求企业支付赔偿金:第一,欠付6日以上(不含6日)1个月以内的,支付所欠最低工资部分20%的赔偿金;第二,连续欠付1个月以上3个月以内的,支付所欠最低工资部分50%的赔偿金;第三,欠付3个月以上的,支付所欠最低工资部分100%的赔偿金。④(3)未依法支付加班费的赔偿金。用人单位安排加班不支付加班费的,由劳动行政部门责令限期支付加班费;劳动报酬低于当地最低工资标准的,应当支付其差额部分;逾期不支付的,责令用人单位按应付金额50%以上100%以下的标准向劳动者加

---

① 《江苏省高级人民法院、江苏省劳动人事争议仲裁委员会关于印发〈关于审理劳动人事争议案件的指导意见〉的通知》第17条。

② 《关于私营企业劳动管理暂行规定》第16条。

③ 《最低工资规定》第13条。
《关于贯彻执行〈中华人民共和国劳动法〉若干问题的意见》第94条规定:"劳动部、外经贸部《外商投资企业劳动管理规定》(劳部发〔1994〕246号)与劳动部《违反〈中华人民共和国劳动法〉行政处罚办法》(劳部发〔1994〕532号)在企业低于当地最低工资标准支付职工工资应付赔偿金的标准、延长工作时间的罚款标准、阻止劳动监察人员行使监督检查权的罚款标准等方面规定不一致,按照同等效力的法律规范新法优于旧法执行的原则,应执行劳动部劳部发〔1994〕532号规章。"该意见第95条规定:"劳动部《企业最低工资规定》(劳部发〔1993〕333号)与劳动部《违反〈中华人民共和国劳动法〉行政处罚办法》(劳部发〔1994〕532号)在拖欠或低于国家最低工资标准支付工资的赔偿金标准方面规定不一致,应按劳动部劳部发〔1994〕532号规章执行。"

④ 《北京市最低工资规定》第11条。
《安徽省最低工资规定》第14条规定:"用人单位支付劳动者的工资低于当地最低工资标准的,由县级以上人民政府人力资源社会保障部门责令限期支付低于最低工资标准的差额部分。超过限期支付的,责令用人单位按下列标准向劳动者加付赔偿金:(一)超过限期10日以内的,赔偿金数额为应付金额的50%;(二)超过限期10日以上不满20日的,赔偿金数额为应付金额的70%;(三)超过限期20日的,赔偿金数额为应付金额的100%。用人单位拒不依照前款规定支付最低工资标准的差额、加付赔偿金的,由作出责令支付决定的人力资源社会保障部门,按每拒付1名职工罚款2000元的标准给予行政处罚。"

付赔偿金。① 其中,"依法"和"劳动法律、法规"均指现行的劳动法律、行政法规和地方方法规。②

3. "用人单位解除或者终止劳动合同"的赔偿金。(1)用人单位违反劳动合同法的规定解除或者终止劳动合同,依照《劳动合同法》第87条的规定支付了赔偿金的,不再支付经济补偿。赔偿金的计算年限自用工之日起计算。③ (2)用人单位违反《劳动合同法》解除或者终止劳动合同的,应当依照《劳动合同法》第47条④规定的经济补偿标准的2倍向劳动者支付赔偿金。⑤ (3)根据《劳动合同法实施条例》第25条⑥的规定,用人单位违反《劳动合同法》的规定解除或终止劳动合同,依法支付劳动者赔偿金(不再支付经济补偿),赔偿金的计算年限自用工之日起计算。如劳动者在劳动合同被违法解除或终止前12个月的月平均工资高于上年度本市职工月平均工资3倍的,根据《劳动合同法》第87条规定,应当按照第47条第2款⑦规定的经济补偿标准计算。⑧

4. "劳动合同中约定"的赔偿金。用人单位用于劳动者职业技能培训费用的支付和劳动者违约时培训费的赔偿可以在劳动合同中约定,但约定劳动者违约时负担的培训费和赔偿金的标准不得违反劳动部《违反〈劳动法〉有关劳动合同规定的赔偿办法》等有关规定。⑨

---

① 《劳动合同法》第85条。
② 《关于〈劳动法〉若干条文的说明》第85条规定:"……对本条的理解:劳动部门依据《劳动法》行使监督检查权。依照《劳动法》、《矿山安全法》以及其他劳动法规、规章和地方性法规,对用人单位的执法情况进行检查,并处理违法行为。"
③ 《劳动合同法实施条例》第25条。
④ 《劳动合同法》第47条规定:"经济补偿按劳动者在本单位工作的年限,每满一年支付一个月工资的标准向劳动者支付。六个月以上不满一年的,按一年计算;不满六个月的,向劳动者支付半个月工资的经济补偿。劳动者月工资高于用人单位所在直辖市、设区的市级人民政府公布的本地区上年度职工月平均工资三倍的,向其支付经济补偿的标准按职工月平均工资三倍的数额支付,向其支付经济补偿的年限最高不超过十二年。本条所称月工资是指劳动者在劳动合同解除或者终止前十二个月的平均工资。"
⑤ 《劳动合同法》第87条。
⑥ 《劳动合同法实施条例》第25条规定:"用人单位违反劳动合同法的规定解除或者终止劳动合同,依照劳动合同法第八十七条的规定支付了赔偿金的,不再支付经济补偿。赔偿金的计算年限自用工之日起计算。"
⑦ 《劳动合同法》第47条第2款规定:"劳动者月工资高于用人单位所在直辖市、设区的市级人民政府公布的本地区上年度职工月平均工资三倍的,向其支付经济补偿的标准按职工月平均工资三倍的数额支付,向其支付经济补偿的年限最高不超过十二年。"
⑧ 《上海市高级人民法院关于适用〈劳动合同法〉若干问题的意见》第21条第4项。
⑨ 《关于贯彻执行〈中华人民共和国劳动法〉若干问题的意见》第23条。

5. 事实劳动关系的赔偿金。对于事实劳动关系,任何一方均可随时提出终止或解除,应提前30日。否则应按相差的天数,以解除劳动关系前1个月劳动者的日平均工资为标准支付赔偿金给对方。①

6. "2倍收入"的赔偿金。违反《工会法》规定,有下列情形之一的,由劳动行政部门责令恢复其工作,并补发被解除劳动合同期间应得的报酬,或者责令给予本人年收入2倍的赔偿:(1)职工因参加工会活动而被解除劳动合同的;(2)工会工作人员因履行本法规定的职责而被解除劳动合同的。②

7. 加付赔偿金。用人单位有下列情形之一的,由劳动行政部门责令限期支付劳动报酬、加班费或者经济补偿;劳动报酬低于当地最低工资标准的,应当支付其差额部分;逾期不支付的,责令用人单位按应付金额50%以上100%以下的标准向劳动者加付赔偿金:(1)未按照劳动合同的约定或者国家规定及时足额支付劳动者劳动报酬的;(2)低于当地最低工资标准支付劳动者工资的;(3)安排加班不支付加班费的;(4)解除或者终止劳动合同,未依照《劳动合同法》规定向劳动者支付经济补偿的。③

(三)赔偿责任

1. 用人单位的赔偿责任。(1)用人单位违法招用的连带赔偿责任。①用人单位招用尚未解除劳动合同的劳动者,对原用人单位造成经济损失的,除该劳动者承担直接赔偿责任外,该用人单位应当承担连带赔偿责任。其连带赔偿的份额应不低于对原用人单位造成经济损失总额的70%。向原用人单位赔偿下列损失:第一,对生产、经营和工作造成的直接经济损失;第二,因获取商业秘密给原用人单位造成的经济损失。赔偿本条第二项规定的损失,按《反不正当竞争法》第20条的规定执行。④ 其中,《违反〈劳动法〉有关劳动合同规定的赔偿办法》第6条规定的"用人单位招用尚未解除劳动合同的劳动者,对原用人单位造成经济

---

① 《佛山市中级人民法院关于审理劳动争议案件的若干意见》第6条。
② 《中华人民共和国工会法》第53条。
③ 《劳动合同法》第85条。
④ 《违反〈劳动法〉有关劳动合同规定的赔偿办法》第6条。
《劳动合同法》第91条规定:"用人单位招用与其他用人单位尚未解除或者终止劳动合同的劳动者,给其他用人单位造成损失的,应当承担连带赔偿责任。"
《劳动法》第99条规定:"用人单位招用尚未解除劳动合同的劳动者,对原用人单位造成经济损失的,该用人单位应当依法承担连带赔偿责任。"

损失的,该用人单位应当承担连带赔偿责任",是对用人单位承担连带赔偿责任的规定,与劳动者提前30日提出解除劳动合同没有关系。① ②个人承包经营违反《劳动合同法》招用劳动者,给劳动者造成损害的,发包的组织与个人承包经营者承担连带赔偿责任。② (2)用人单位对劳动者造成损害的赔偿责任。①用人单位有下列情形之一,对劳动者造成损害的,应赔偿劳动者损失:第一,用人单位故意拖延不订立劳动合同,即招用后故意不按规定订立劳动合同以及劳动合同到期后故意不及时续订劳动合同的;第二,由于用人单位的原因订立无效劳动合同,或订立部分无效劳动合同的;第三,用人单位违反规定或劳动合同的约定侵害女职工或未成年工合法权益的;第四,用人单位违反规定或劳动合同的约定解除劳动合同的。③ ②《违反〈劳动法〉有关劳动合同规定的赔偿办法》第2条规定的赔偿,按下列规定执行:第一,造成劳动者工资收入损失的,按劳动者本人应得工资收入支付给劳动者,并加付应得工资收入25%的赔偿费用;第二,造成劳动者劳动保护待遇损失的,应按国家规定补足劳动者的劳动保护津贴和用品;第三,造成劳动者工伤、医疗待遇损失的,除按国家规定为劳动者提供工伤、医疗待遇外,还应支付劳动者相当于医疗费用25%的赔偿费用;第四,造成女职工和未成年工身体健康损害的,除按国家规定提供治疗期间的医疗待遇外,还应支付相当于其医疗费用25%的赔偿费用;第五,劳动合同约定的其他赔偿费用。④ 其中,"劳动者本人应得工资收入",是指因用人单位违反国家法律法规或劳动合同的约定,解除劳动合同造成劳动者不能提供正常劳动而损失的工资收入。⑤ ③对不具备合法经营资格的用人单位的违法犯罪行为,依法追究法律责任;劳动者已经付出劳动的,该单位或者其出资人应当依照《劳动合同法》有关规定向劳动

---

① 《劳动部办公厅关于劳动者解除劳动合同有关问题的复函》(与双重劳动关系认定内容重复)。
② 《劳动合同法》第94条。
③ 《违反〈劳动法〉有关劳动合同规定的赔偿办法》第2条。
《违反〈劳动法〉有关劳动合同规定的赔偿办法》第1条规定:"为明确违反《劳动法》有关劳动合同规定的赔偿责任,维护劳动合同双方当事人的合法权益,根据《中华人民共和国劳动法》的有关规定,制定本办法。"
《劳动法》第97条规定:"由于用人单位的原因订立的无效合同,对劳动者造成损害的,应当承担赔偿责任。"
④ 《违反〈劳动法〉有关劳动合同规定的赔偿办法》第3条。
⑤ 《劳动和社会保障部办公厅关于用人单位违反劳动合同规定有关赔偿问题的复函》。

者支付劳动报酬、经济补偿、赔偿金;给劳动者造成损害的,应当承担赔偿责任。①④用人单位违反《劳动法》规定的条件解除劳动合同或者故意拖延不订立劳动合同的,由劳动行政部门责令改正;对劳动者造成损害的,应当承担赔偿责任。②⑤用人单位直接涉及劳动者切身利益的规章制度违反法律、法规规定的,由劳动行政部门责令改正,给予警告;给劳动者造成损害的,应当承担赔偿责任。③⑥用人单位违反《女职工劳动保护特别规定》,侵害女职工合法权益,造成女职工损害的,依法给予赔偿;用人单位及其直接负责的主管人员和其他直接责任人员构成犯罪的,依法追究刑事责任。④

2. 劳动者的赔偿责任。(1)赔偿责任。①劳动者违反《劳动合同法》规定,违反劳动合同中约定的保密义务或者竞业限制,给用人单位造成损失的,应当承担赔偿责任。⑤②劳动者违反规定或劳动合同的约定解除劳动合同,对用人单位造成损失的,劳动者应赔偿用人单位下列损失:第一,用人单位招收录用其所支付的费用;第二,用人单位为其支付的培训费用,双方另有约定的按约定办理;第三,对生产、经营和工作造成的直接经济损失;第四,劳动合同约定的其他赔偿费用。⑥③劳动者违反劳动法规定或劳动合同的约定解除劳动合同(如擅自离职),给用人单位造成经济损失的,应当根据《劳动法》第102条和劳动部《违反〈劳动

---

① 《劳动合同法》第93条。

② 《劳动法》第98条。

《关于贯彻执行〈中华人民共和国劳动法〉若干问题的意见》第17条规定:"用人单位与劳动者之间形成了事实劳动关系,而用人单位故意拖延不订立劳动合同,劳动行政部门应予以纠正。用人单位因此给劳动者造成损害的,应按劳动部《违反〈劳动法〉有关劳动合同规定的赔偿办法》(劳部发〔1995〕223号)的规定进行赔偿。"

③ 《劳动合同法》第80条。

④ 《女职工劳动保护特别规定》第15条。

⑤ 《劳动合同法》第90条。

《劳动法》第102条规定:"劳动者违反本法规定的条件解除劳动合同或者违反劳动合同中约定的保密事项,对用人单位造成经济损失的,应当依法承担赔偿责任。"

《违反〈劳动法〉有关劳动合同规定的赔偿办法》第5条规定:"劳动者违反劳动合同中约定的保密事项,对用人单位造成经济损失的,按《反不正当竞争法》第二十条的规定支付用人单位赔偿费用。"

《山东省高级人民法院关于印发〈全省民事审判工作会议纪要〉的通知》第八部分第4条规定:"劳动合同法规定除有服务期和竞业限制约定的以外,用人单位不得与劳动者约定由劳动者承担违反劳动合同的违约金……除劳动合同法规定的应由劳动者承担约定违约金的特殊情形外,如果劳动者违反诚实信用原则,在劳动合同约定期限届满前单方解除劳动合同或者违法行使辞职权,给用人单位造成损失的,用人单位可以依据《劳动合同法》第90条的规定向劳动者主张赔偿直接经济损失。"

⑥ 《违反〈劳动法〉有关劳动合同规定的赔偿办法》第4条。

法〉有关劳动合同规定的赔偿办法》(劳部发〔1995〕223号)的规定,承担赔偿责任。① (2)连带赔偿责任。用人单位招用尚未解除劳动合同的劳动者,对原用人单位造成经济损失的,该用人单位应当依法承担连带赔偿责任。② (3)工资损失赔偿责任。①用人单位违法解除或终止劳动合同,劳动者请求撤销用人单位的解除决定、继续履行劳动合同,并请求用人单位赔偿仲裁、诉讼期间工资损失的,应予支持。劳动者不要求继续履行劳动合同的,可以解除双方的劳动合同,由用人单位支付违法解除劳动合同的赔偿金,赔偿金的计算年限应包括《劳动合同法》实施前劳动者在用人单位的工作年限。③ ②用人用单位违法解除劳动合同,劳动者要求继续履行合同并主张用人单位支付赔偿金更及因违法解除劳动合同,而导致的工资损失的,应当区分以下情况分别处理:第一,劳动合同具备继续履行条件的,应当判决双方继续履行劳动合同,同时还应当判决用人单位向劳动者支付自违法解除劳动合同之日起至判决生效之日止的工资损失;第二,劳动合同不能继续履行的,应当根据《劳动合同法》第87条的规定判决用人单位向劳动者支付赔偿金,但不宜再判决用人单位支付自违法解除劳动合同之日起至劳动合同到期终止之日止(劳动合同剩余期限)的工资损失;第三,劳动合同虽然具备继续履行条件,但已在劳动仲裁或者法院审理期间届满的,不应当再判决继续履行劳动合同,而应当判决用人单位向劳动者支付自违法解除劳动合同之日起至劳动合同届满之日止的工资损失。同时,还应当判令用人单位向劳动者支付合同到期终止的经济补偿金,不宜再判决用人单位向劳动者支付赔偿金。其中,"工资损失",是指用人单位违法解除劳动合同之日前劳动者12个月的月平均应得工资,劳动者在该用人单位工作不满12个月的,按照实际工作月数计算月平均工资。该工资数额高于本市公布的上年度职工月平均工资3倍的,应当按照职工月平均工资3倍的数额确定。上述工资数额无法查明的,以劳动者所在行业平均工资为准。④

---

① 《关于贯彻执行〈中华人民共和国劳动法〉若干问题的意见》第33条。
② 《劳动法》第99条。
③ 《江苏省高级人民法院、江苏省劳动人事争议仲裁委员会关于审理劳动人事争议案件的指导意见(二)》第16条。
④ 《上海市高级人民法院民一庭关于审理劳动争议案件若干问题的解答》第18条规定,用人单位违法解除劳动合同,劳动者有权要求用人单位赔偿自解除劳动合同之日起至劳动关系恢复时止本人的劳动报酬、补缴社会保险费。但用人单位能够证明劳动者在此期间已在他处工作取得报酬的,所得收入应从用人单位支付的劳动报酬中扣除。
④ 《天津市高级人民法院关于印发〈天津法院劳动争议案件审理指南〉的通知》第28条。

3. 赔偿责任依据的法律。因赔偿引起争议的,按照国家有关劳动争议处理的规定办理。①

三、"2 倍工资"

(一)适用"2 倍工资"的情形

1. "超过 1 个月不满 1 年"未订立劳动合同的"2 倍工资"。①用人单位自用工之日起超过 1 个月不满 1 年未与劳动者订立书面劳动合同的,应当向劳动者每月支付 2 倍的工资。② ②劳动合同的订立和履行,应当遵循诚实信用原则。劳动者已经实际为用人单位工作,用人单位超过 1 个月未与劳动者订立书面合同的,是否需要双倍支付劳动者的工资,应当考虑用人单位是否履行诚实磋商的义务以及是否存在劳动者拒绝订立等情况。如果用人单位已尽到诚信义务,而因不可抗力、意外情况或者劳动者拒绝签订等用人单位以外的原因,造成未订立书面劳动合同的,不属于《劳动合同法实施条例》第 6 条所称的用人单位"未与劳动者订立书面劳动合同"的情况;因用人单位原因造成未订立书面劳动合同的,用人单位应当依法向劳动者支付相应的双倍工资;但因劳动者拒绝订立书面劳动合同并拒绝继续履行的,视为劳动者单方终止劳动合同。劳动合同期满后,劳动者继续为用人单位提供劳动,用人单位未表示异议,但当事人未续订书面劳动合同的,当事人应及时补订书面劳动合同。如果用人单位已尽到诚实信用义务,因劳动者原因未与用人单位订立书面劳动合同的,用人单位可以书面通知劳动者终止劳动关系,并依照《劳动合同法》第 47 条规定支付经济补偿;如劳动者拒绝订立书面劳动合同并拒绝继续履行的,视为劳动者单方终止劳动合同,用人单位应当支付劳动者已实际工作期限的相应报酬,但无须支付经济补偿金。③ ③用人单位未与劳动者订立书面劳动合同的,用人单位实际给付的"2 倍工资"差额不超过 11 个月。④

---

① 《违反〈劳动法〉有关劳动合同规定的赔偿办法》第 7 条。
② 《劳动合同法》第 82 条第 1 款。
《劳动合同法实施条例》第 6 条第 2 款规定:"前款规定的用人单位向劳动者每月支付两倍工资的起算时间为用工之日起满一个月的次日,截止时间为补订书面劳动合同的前一日。"
③ 《上海市高级人民法院关于适用〈劳动合同法〉若干问题的意见》第 2 条。
④ 《四川省高级人民法院民事审判第一庭关于印发〈关于审理劳动争议案件若干疑难问题的解答〉的通知》第 31 条第 2 款第 1 句。

2. "自用工之日起满 1 年"未订立劳动合同的"2 倍工资"。用人单位自用工之日起满 1 年未与劳动者订立书面劳动合同的,自用工之日起满 1 个月的次日至满 1 年的前一日应当依照《劳动合同法》第 82 条的规定向劳动者每月支付 2 倍的工资,并视为自用工之日起满 1 年的当日已经与劳动者订立无固定期限劳动合同,应当立即与劳动者补订书面劳动合同。①

3. 劳动合同期满后未与劳动者订立书面劳动合同的"2 倍工资"。劳动合同期满,劳动者有《劳动合同法》第 42 条②规定情形的,在劳动合同自动延续期间,用人单位与劳动者保持劳动关系;当延续期满后,且未在 1 个月内与劳动者续订书面劳动合同,用人单位应依照《劳动合同法》第 82 条规定,向劳动者每月支付 2 倍工资,并与劳动者补订书面劳动合同;劳动者不与用人单位订立书面劳动合同的,用人单位应当书面通知劳动者终止劳动关系,并依照《劳动合同法》第 47 条的规定支付经济补偿。③

4. 未补签到实际用工之日的"2 倍工资"。用人单位与劳动者虽然补签劳动合同,但未补签到实际用工之日的,对于补签固定期限劳动合同的,劳动者主张

---

① 《劳动合同法实施条例》第 7 条。

《浙江省高级人民法院民一庭关于审理劳动争议纠纷案件若干疑难问题的解答》第 7 条规定:"签订书面劳动合同系用人单位的法定义务,用人单位应该规范用工。劳动合同期满后,劳动者继续在用人单位工作,用人单位超过一个月不满一年未与劳动者订立书面劳动合同,劳动者请求用人单位支付二倍工资的,应予支持。用人单位超过一年未与劳动者订立书面劳动合同的,视为双方已订立无固定期限劳动合同。"

《江苏省高级人民法院、江苏省劳动人事争议仲裁委员会关于审理劳动人事争议案件的指导意见(二)》第 3 条规定:"劳动合同期满后,劳动者继续在用人单位工作,用人单位超过一个月不满一年未与劳动者订立书面劳动合同,劳动者请求用人单位每月支付二倍工资的,应予支持。用人单位超过一年未与劳动者订立书面劳动合同的,视为双方已订立无固定期限劳动合同。"

《湖南省高级人民法院关于审理劳动争议案件若干问题的指导意见》第 22 条规定:"劳动者依据《劳动合同法》第十四条第三款、第八十二条第一款的规定,以用人单位自用工之日起满一年未与其签订书面劳动合同为由,请求确认其与用人单位自用工之日起满一年时已订立无固定期限劳动合同、由用人单位支付二倍工资的,应予支持,但用人单位能举证证明未签订书面劳动合同系劳动者一方原因引起的除外。"

② 《劳动合同法》第 42 条规定:"劳动者有下列情形之一的,用人单位不得依照本法第四十条、第四十一条的规定解除劳动合同:(一)从事接触职业病危害作业的劳动者未进行离岗前职业健康检查,或者疑似职业病病人在诊断或者医学观察期间的;(二)在本单位患职业病或者因工负伤并被确认丧失或者部分丧失劳动能力的;(三)患病或者非因工负伤,在规定的医疗期内的;(四)女职工在孕期、产期、哺乳期的;(五)在本单位连续工作满十五年,且距法定退休年龄不足五年的;(六)法律、行政法规规定的其他情形。"

③ 《新疆维吾尔自治区人力资源和社会保障厅关于印发〈关于进一步规范劳动合同管理有关问题的指导意见〉的通知》第 4 条。

实际用工之日至补签前一日扣除1个月订立书面劳动合同宽限期的"2倍工资"差额,应予支持。对于补签无固定期限劳动合同的,劳动者主张自应当签订无固定期限劳动合同之日至补签无固定期限劳动合同的前日的"2倍工资"差额,应予支持。①

5. 不与劳动者订立无固定期限劳动合同的"2倍工资"。用人单位违反《劳动合同法》规定不与劳动者订立无固定期限劳动合同的,自应当订立无固定期限劳动合同之日起向劳动者每月支付2倍的工资。②

(二)适用"2倍工资"的除外情形

1. "不可归于用人单位原因未签订书面劳动合同的"。(1)签订书面劳动合同系用人单位的法定义务,但确系不可归责于用人单位的原因导致未签订书面劳动合同,劳动者因此主张2倍工资的,可不予支持。下列情形一般可认定为"不可归责于用人单位的原因":用人单位有充分证据证明劳动者利用主管人事等职权故意不签订劳动合同的;工伤职工在停工留薪期内的,女职工在产假期内或哺乳假内的,职工患病或非因工负伤在病假期内的,因其他客观原因导致用人单位无法及时与劳动者签订劳动合同的。用人单位人事管理部门负责人或主管人员依据《劳动合同法》第82条规定向用人单位主张未签劳动合同"2倍工资",如用人单位能够证明订立劳动合同属于该人事管理部门负责人或主管人员工作职责的,不予支持。人事管理部门负责人或主管人员有证据证明向用人单位提出签订劳动合同,而用人单位予以拒绝的除外。③ (2)如确有证据证明,劳动者以获取不当利益为目的,通过找替身代签等手段,致用人单位未与其本人签订真实的书面劳动合同,上述行为既违反了《劳动合同法》第3条关于诚实信用的原则,也不符合《劳动合同法》第82条第1款关于支付"2倍工资"请求权成立的构成要件之一:须用人单位主观上未与劳动者签订书面劳动合同,故对其请求用人单位支付"2倍工资"差额的诉请应不予支持。④ (3)对于一些企业经理、人事主管等负责企业人力资源管理的高管,通过隐匿书面劳动合同等不良手段,使用人单

---

① 《四川省高级人民法院民事审判第一庭关于印发〈关于审理劳动争议案件若干疑难问题的解答〉的通知》第31条第3款。
② 《劳动合同法》第82条第2款。
③ 《厦门市中级人民法院〈关于审理劳动争议案件若干疑难问题的解答〉》第8条。
④ 《上海市高级人民法院关于劳动争议若干问题的解答》第1条第4款。

位无法提供已签订过的书面劳动合同,企业高管以此为由主张"2 倍工资"差额的,用人单位虽无法提供书面劳动合同的原件,但有其他证据证明双方已签订了书面劳动合同的,不属于《劳动合同法》第 82 条第 1 款关于用人单位未与劳动者订立书面劳动合同的情形,对其提出要求用人单位支付"2 倍工资"差额的诉请不予支持。①

2. 主张未订立劳动合同"2 倍工资"差额的。劳动者与用人单位实际建立了全日制劳动关系,但双方订立的是非全日制劳动合同。在劳动者已经与用人单位订立合同的情况下,劳动者主张未订立劳动合同"2 倍工资"差额不予支持。在审理中注意全日制劳动关系与非全日制劳动关系的区分,充分保障劳动者实际权利。②

(三)"2 倍工资"的计算基数

1. 通常的"2 倍工资"计算基数。计算"2 倍工资"的工资标准时,因基本工资、岗位工资、职务工资、工龄工资、级别工资等按月支付的工资组成项目具有连续性、稳定性特征,金额相对固定,属于劳动者正常劳动的应得工资,应作为未订立劳动合同"2 倍工资"差额的计算基数,不固定发放的提成工资、奖金等一般不作为未订立劳动合同"2 倍工资"差额的计算基数。③

2. 约定的"2 倍工资"计算基数。劳动关系双方对月工资有约定的,双倍工资的计算基数应按照双方约定的正常工作时间月工资来确定。双方对月工资没有约定或约定不明的,应按《劳动合同法》第 18 条规定来确定正常工作时间的月工资,并以确定的工资数额作为双倍工资的计算基数。如按《劳动合同法》第 18 条规定仍无法确定正常工作时间工资数额的,可按劳动者实际获得的月收入扣除加班工资、非常规性奖金、福利性、风险性等项目后的正常工作时间月工资确定。如月工资未明确各构成项目的,由用人单位对工资构成项目进行举证,用人单位不能举证或证据不足的,双倍工资的计算基数按照劳动者实际获得的月收

---

① 《上海市高级人民法院关于劳动争议若干问题的解答》第 1 条第 5 款。
② 《北京市高级人民法院、北京市劳动人事争议仲裁委员会关于审理劳动争议案件法律适用问题的解答》第 15 条。
③ 《北京市高级人民法院、北京市劳动人事争议仲裁委员会关于审理劳动争议案件法律适用问题的解答》第 21 条第 3 款。

入确定。按上述原则确定的双倍工资基数均不得低于本市月最低工资标准。①

（四）"2 倍工资"的诉讼时效

1. "2 倍工资"中"工资报酬"的诉讼时效。"2 倍工资"中属于劳动者正常工作时间劳动报酬的部分，适用《劳动争议调解仲裁法》27 条第 4 款②的规定，即劳动关系存续期间因拖欠劳动报酬发生争议的，劳动者申请仲裁不受《北京市高级人民法院关于印发〈2014 年部分劳动争议法律适用疑难问题研讨会会议纪要〉的通知》第 3 条第 1 款规定的仲裁时效期间的限制；但是，劳动关系终止的，应当自劳动关系终止之日起 1 年内提出。③

2. "2 倍工资"中"加付 1 倍工资"诉讼时效。（1）《劳动合同法》第 82 条所称的"2 倍工资"中加付的 1 倍工资④并不属于劳动报酬，劳动者申请仲裁的时效为 1 年。用人单位自用工之日起超过 1 个月未与劳动者订立书面劳动合同，劳动者要求用人单位支付"2 倍工资"的，仲裁时效应从用人单位与其补订劳动合同之日或者视为双方已订立无固定期限劳动合同之日起计算。⑤（2）用人单位自用工之

---

① 《上海市高级人民法院关于审理劳动争议案件若干问题的解答》第 1 条第 3 款。
② 《劳动争议调解仲裁法》第 27 条第 4 款规定："劳动关系存续期间因拖欠劳动报酬发生争议的，劳动者申请仲裁不受本条第一款规定的仲裁时效期间的限制；但是，劳动关系终止的，应当自劳动关系终止之日起一年内提出。"
③ 《北京市高级人民法院关于印发〈2014 年部分劳动争议法律适用疑难问题研讨会会议纪要〉的通知》第 3 条。
《上海市高级人民法院关于审理劳动争议案件若干问题的解答》第 1 条第 2 款规定："双倍工资中属于双方约定的劳动报酬的部分，劳动者申请仲裁的时效应适用《劳动争议调解仲裁法》第 27 条第 2 至第 4 款的规定……"
《劳动争议调解仲裁法》第 27 条第 2 款至第 4 款规定："前款规定的仲裁时效，因当事人一方向对方当事人主张权利，或者向有关部门请求权利救济，或者对方当事人同意履行义务而中断。从中断时起，仲裁时效期间重新计算。因不可抗力或者有其他正当理由，当事人不能在本条第一款规定的仲裁时效期间申请仲裁的，仲裁时效中止。从中止时效的原因消除之日起，仲裁时效期间继续计算。劳动关系存续期间因拖欠劳动报酬发生争议的，劳动者申请仲裁不受本条第一款规定的仲裁时效期间的限制；但是，劳动关系终止的，应当自劳动关系终止之日起一年内提出。"
④ 《北京市高级人民法院关于印发〈2014 年部分劳动争议法律适用疑难问题研讨会会议纪要〉的通知》第 3 条规定：增加一倍的工资属于惩罚性赔偿的部分，不属于劳动报酬，适用《劳动争议调解仲裁法》27 条第 1 款的规定，即 1 年的仲裁时效。
《天津市高级人民法院关于印发〈天津法院劳动争议案件审理指南〉的通知》第 15 条规定："劳动者要求订立无固定期限劳动合同，用人单位违反《中华人民共和国劳动合同法》第十四条的规定不与劳动者订立无固定期限劳动合同，用人单位自应当订立无固定期限劳动合同之日至补签无固定期限劳动合同的前一日，向劳动者每月支付二倍工资。本规定的二倍工资性质不属于劳动报酬，应当按照《中华人民共和国劳动争议调解仲裁法》第二十七条第一款的规定按月计算仲裁时效。"
⑤ 《浙江省高级人民法院民一庭关于审理劳动争议纠纷案件若干疑难问题的解答》第 4 条。

日起超过 1 个月未与劳动者订立书面劳动合同,劳动者要求用人单位支付加付的 1 倍工资的,按日分别计算仲裁时效。①

3. 未签劳动合同"2 倍工资"的诉讼时效。"2 倍工资"适用时效的计算方法为:在劳动者主张"2 倍工资"时,因未签劳动合同行为处于持续状态,故时效可从其主张权利之日起向前计算 1 年,"2 倍工资"按未订立劳动合同所对应时间用人单位应当正常支付的工资为标准计算。"2 倍工资"仲裁时效按天起算,仲裁时效抗辩应由用人单位提出。②

4. 双方约定其他法定责任"2 倍工资"的诉讼时效。而对双方约定的劳动报酬以外属于法定责任的部分,劳动者申请仲裁的时效应适应《劳动争议调解仲裁法》第 27 条第 1 款至第 3 款③的规定,即从未签订书面劳动合同的第二个月起按月分别计算仲裁时效。④

(五)未支付"2 倍工资"的法律责任

用人单位依照劳动合同法的规定应当向劳动者每月支付 2 倍的工资或者应当向劳动者支付赔偿金而未支付的,劳动行政部门应当责令用人单位支付。⑤

四、其他费用

(一)违约金

1. 违约金适用的情形。(1)用人单位为劳动者提供专项培训费用,对其进行专业技术培训的,可以与该劳动者订立协议,约定服务期。劳动者违反服务期约定的,应当按照约定向用人单位支付违约金。违约金的数额不得超过用人单位提供的培训费用。用人单位要求劳动者支付的违约金不得超过服务期尚未履行部分所应分摊的培训费用。用人单位与劳动者约定服务期的,不影响按照正常

---

① 《厦门市中级人民法院〈关于审理劳动争议案件若干疑难问题的解答〉》第 7 条。
② 《北京市高级人民法院关于印发〈2014 年部分劳动争议法律适用疑难问题研讨会会议纪要〉的通知》第 3 条。
③ 《劳动争议调解仲裁法》第 27 条第 1 款至第 3 款规定:"劳动争议申请仲裁的时效期间为一年。仲裁时效期间从当事人知道或者应当知道其权利被侵害之日起计算。前款规定的仲裁时效,因当事人一方向对方当事人主张权利,或者向有关部门请求权利救济,或者对方当事人同意履行义务而中断。从中断时起,仲裁时效期间重新计算。因不可抗力或者有其他正当理由,当事人不能在本条第一款规定的仲裁时效期间申请仲裁的,仲裁时效中止。从中止时效的原因消除之日起,仲裁时效期间继续计算。"
④ 《上海市高级人民法院关于审理劳动争议案件若干问题的解答》第 1 条第 2 款。
⑤ 《劳动合同法实施条例》第 34 条。

的工资调整机制提高劳动者在服务期期间的劳动报酬。① (2)用人单位与劳动者可以在劳动合同中约定保守用人单位的商业秘密和与知识产权相关的保密事项。对负有保密义务的劳动者,用人单位可以在劳动合同或者保密协议中与劳动者约定竞业限制条款,并约定在解除或者终止劳动合同后,在竞业限制期限内按月给予劳动者经济补偿。劳动者违反竞业限制约定的,应当按照约定向用人单位支付违约金。②

2. 违约金适用的除外。除《劳动合同法》第22条和第23条规定的情形外,用人单位不得与劳动者约定由劳动者承担违约金。③

(二)一次性工伤医疗补助金和伤残就业补助金

用人单位依法终止工伤职工的劳动合同,除依法支付经济补偿外,还应当按工伤保险的规定支付一次性工伤医疗补助金和伤残就业补助金,主要是指以下情形:(1)劳动合同期满的;(2)用人单位被依法宣告破产的;(3)用人单位被吊销营业执照、责令关闭、撤销或者用人单位决定提前解散的;(4)自用工之日起1年内,劳动者不愿意订立书面劳动合同的。④

(三)滞纳金

用人单位无故不缴纳社会保险费的,由劳动行政部门责令其限期缴纳;逾期不缴的,可以加收滞纳金。⑤

---

① 《劳动合同法》第22条。
② 《劳动合同法》第23条。
③ 《劳动合同法》第25条。
《山东省高级人民法院关于印发全省民事审判工作会议纪要的通知》第八部分第4条第1句规定:"劳动合同法规定除有服务期和竞业限制约定的以外,用人单位不得与劳动者约定由劳动者承担违反劳动合同的违约金。"
④ 《上海市高级人民法院关于适用〈劳动合同法〉若干问题的意见》第15条。
《劳动合同法实施条例》第23条规定:"用人单位依法终止工伤职工的劳动合同的,除依照劳动合同法第四十七条的规定支付经济补偿外,还应当依照国家有关工伤保险的规定支付一次性工伤医疗补助金和伤残就业补助金。"
《劳动合同法》第47条规定:"经济补偿按劳动者在本单位工作的年限,每满一年支付一个月工资的标准向劳动者支付。六个月以上不满一年的,按一年计算;不满六个月的,向劳动者支付半个月工资的经济补偿。劳动者月工资高于用人单位所在直辖市、设区的市级人民政府公布的本地区上年度职工月平均工资三倍的,向其支付经济补偿的标准按职工月平均工资三倍的数额支付,向其支付经济补偿的年限最高不超过十二年。本条所称月工资是指劳动者在劳动合同解除或者终止前十二个月的平均工资。"
⑤ 《劳动法》第100条。

(四)一次性生活补助费

在原固定工实行劳动合同制度的过程中,企业富余职工辞职,经企业同意可以不与企业签订劳动合同的,企业应根据《国有企业富余职工安置规定》发给劳动者一次性生活补助费。①

(五)失业救济金

1. 失业救济金的领取。职工在接近退休年龄(按有关规定一般为5年以内)时因劳动合同到期终止劳动合同的,如果符合退休、退职条件,可以办理退休、退职手续;不符合退休、退职条件的,在终止劳动合同后按规定领取失业救济金。享受失业救济金的期限届满后仍未就业,符合社会救济条件的,可以按规定领取社会救济金,达到退休年龄时办理退休手续,领取养老保险金。②

2. 失业救济金停发、减发的禁止。劳动合同解除后,用人单位对符合规定的劳动者应支付经济补偿金。不能因劳动者领取了失业救济金而拒付或克扣经济补偿金,失业保险机构也不得以劳动者领取了经济补偿金为由,停发或减发失业救济金。③

(六)医疗期内的工资、费用

1. 医疗期内的工资。(1)病假工资。①企业职工在医疗期内,其病假工资、疾病救济费和医疗待遇按照有关规定执行。④ ②私营企业职工患病或非因工负伤,企业应按其工作时间长短给予3~6个月的医疗期。在医疗期间发给不低于本人原工资60%的病假工资。⑤ (2)治疗期间工资。私营企业职工因工负伤或患职业病,治疗期间工资照发,所需医疗费用由企业支付。医疗终结,经市(县)医务劳动鉴定委员会鉴定,确认为残废的,由企业发给残废金。职工因工死亡或患职业病死亡,由企业发给丧葬费和供养直系亲属抚恤费。残废金、丧葬费和供

---

① 《关于贯彻执行〈中华人民共和国劳动法〉若干问题的意见》第41条。
② 《关于贯彻执行〈中华人民共和国劳动法〉若干问题的意见》第42条。
《劳动部关于实行劳动合同制度若干问题的通知》第16条规定:"职工劳动合同期限届满,终止劳动合同后符合退休条件的,可以办理退休手续,领取养老保险金;不符合退休条件的,应当到就业服务机构进行失业登记,按规定领取失业救济金。"
③ 《关于贯彻执行〈中华人民共和国劳动法〉若干问题的意见》第43条(与经济补偿金的内容重复)。
④ 《企业职工患病或非因工负伤医疗期规定》第5条。
⑤ 《私营企业劳动管理暂行规定》第23条。

养直系亲属抚恤费的标准,按照《劳动保险条例》和有关规定执行。①

2. 医疗补助费。(1)劳动者患病或者非因工负伤,合同期满终止劳动合同的,用人单位应当支付不低于6个月工资的医疗补助费;对患重病或绝症的,还应适当增加医疗补助费。② (2)依据"劳动者患病或者非因工负伤,医疗期满后不能从事原工作,也不能从事由用人单位另行安排的工作或者不符合国家和北京市从事有关行业、工种岗位规定,用人单位无法另行安排工作的"的规定解除劳动合同的,还应当依照国家及北京市有关规定支付医疗补助费。③

(七)辞职费

私营企业因破产或歇业而解除劳动合同,经营者按工作每满1年(超过半年不满1年的按1年计算)发给职工1个月标准工资的辞退费,同时还应对合同期未满的职工发给合同期内的失业补偿费,其标准为:合同期未满的时间,每相差1年发给相当于本人标准工资1个月的补偿费。补偿费合计最高不超过12个月本人标准工资。④

(八)职工福利基金

私营企业经营者应从利润中提取适当的职工福利基金,为职工举办集体福利事业。⑤

---

① 《私营企业劳动管理暂行规定》第22条。
② 《劳动部关于实行劳动合同制度若干问题的通知》第22条。
③ 《北京市劳动合同规定》第38条第1款后半句。
④ 《私营企业劳动管理暂行规定》第15条。
⑤ 《私营企业劳动管理暂行规定》第25条。

第十章 劳动关系的其他制度

第一节 非全日制用工

非全日制用工,是指以小时计酬为主,劳动者在同一用人单位一般平均每日工作时间不超过4小时,每周工作时间累计不超过24小时的用工形式。①

一、非全日制用工的劳动合同

1. 非全日制用工劳动合同的订立。(1)从事非全日制工作的劳动者,可以与一个或一个以上用人单位建立劳动关系。用人单位与非全日制劳动者建立劳动关系,应当订立劳动合同。劳动合同一般以书面形式订立。劳动合同期限在1个月以下的,经双方协商同意,可以订立口头劳动合同。但劳动者提出订立书面劳动合同的,应当以书面形式订立。②(2)劳动者通过依法成立的劳务派遣组织为其他单位、家庭或个人提供非全日制劳动的,由劳务派遣组织与非全日制劳动者签订劳动合同。③

2. 非全日制用工劳动合同的内容。(1)非全日制劳动合同的内容由双方协商确定,应当包括工作时间和期限、工作内容、劳动报酬、劳动保护和劳动条件5

---

① 《劳动合同法》第68条、《江苏省劳动合同条例》第41条第1款。
《劳动和社会保障部关于非全日制用工若干问题的意见》第1条第1款规定:"非全日制用工是指以小时计酬、劳动者在同一用人单位平均每日工作时间不超过5小时累计每周工作时间不超过30小时的用工形式。"

② 《劳动和社会保障部关于非全日制用工若干问题的意见》第1条第2款。
《劳动合同法》第69条规定:"非全日制用工双方当事人可以订立口头协议。从事非全日制用工的劳动者可以与一个或者一个以上用人单位订立劳动合同;但是,后订立的劳动合同不得影响先订立的劳动合同的履行。"

③ 《劳动和社会保障部关于非全日制用工若干问题的意见》第2条。

项必备条款,但不得约定试用期。① (2)劳动报酬不得低于最低工资标准及时限。非全日制用工小时计酬标准不得低于用人单位所在地人民政府规定的最低小时工资标准。非全日制用工劳动报酬结算支付周期最长不得超过15日。②

3. 非全日制用工劳动合同的履行。劳动者与用人单位实际建立了全日制劳动关系,但双方订立的是非全日制劳动合同,劳动者已经与用人单位订立合同的情况下,劳动者主张未订立劳动合同2倍工资差额不予支持。在审理中注意全日制劳动关系与非全日制劳动关系的区分,充分保障劳动者实际权利。③

二、非全日制用工与劳动保障部门

1. 非全日制用工手续的备案。用人单位招用劳动者从事非全日制工作,应当在录用后到当地劳动保障行政部门办理录用备案手续。④

2. 非全日制用工档案的代管。从事非全日制工作的劳动者档案可由本人户口所在地劳动保障部门的公共职业介绍机构代管。⑤

3. 非全日制用工的政策制定及服务。非全日制用工是劳动用工制度的一种重要形式,是灵活就业的主要方式。各级劳动保障部门要高度重视,从有利于维护非全日制劳动者的权益、有利于促进灵活就业、有利于规范非全日制用工的劳动关系出发,结合本地实际,制定相应的政策措施。要在劳动关系建立、工资支付、劳动争议处理等方面为非全日制用工提供政策指导和服务。⑥

4. 对违法非全日制用工的查处。各级劳动保障部门要切实加强劳动保障监察执法工作,对用人单位不按照《劳动和社会保障部关于非全日制用工若干问题的意见》要求订立劳动合同、低于最低小时工资标准支付工资以及拖欠克扣工资

---

① 《劳动和社会保障部关于非全日制用工若干问题的意见》第3条。
《劳动合同法》第70条规定:"非全日制用工双方当事人不得约定试用期。"
《安徽省劳动和社会保障厅关于印发〈安徽省非全日制用工试行办法〉的通知》第5条规定:"非全日制劳动合同的内容由双方协商确定,应当包括工作时间和期限、工作内容、劳动报酬、社会保险、劳动保护、劳动条件六项必备条款,但不得约定试用期。"
② 《劳动合同法》第72条。
③ 《北京市高级人民法院、北京市劳动人事争议仲裁委员会关于审理劳动争议案件法律适用问题的解答》第15条(与劳动合同订立中未订立劳动合同的内容重复)。
④ 《劳动和社会保障部关于非全日制用工若干问题的意见》第5条。
⑤ 《劳动和社会保障部关于非全日制用工若干问题的意见》第6条。
⑥ 《劳动和社会保障部关于非全日制用工若干问题的意见》第15条。

三、非全日制用工合同的终止

1. 非全日制劳动合同终止的方式。非全日制劳动合同的终止条件,按照双方的约定办理。劳动合同中,当事人未约定终止劳动合同提前通知期的,任何一方均可以随时通知对方终止劳动合同;双方约定了违约责任的,按照约定承担赔偿责任。②

2. 非全日制劳动合同的终止的经济补偿。(非全日制)终止用工,用人单位不向劳动者支付经济补偿。③

四、非全日制用工的工资

1. 非全日制用工工资的支付。用人单位应当按时足额支付非全日制劳动者的工资。用人单位支付非全日制劳动者的小时工资不得低于当地政府颁布的小时最低工资标准。④

2. 非全日制用工的最低工资。非全日制用工的小时最低工资标准由省、自治区、直辖市规定,并报劳动保障部备案。确定和调整小时最低工资标准应当综合参考以下因素:当地政府颁布的月最低工资标准;单位应缴纳的基本养老保险费和基本医疗保险费(当地政府颁布的月最低工资标准未包含个人缴纳社会保险费因素的,还应考虑个人应缴纳的社会保险费);非全日制劳动者在工作稳定性、劳动条件和劳动强度、福利等方面与全日制就业人员之间的差异。小时最低工资标准的测算方法为:小时最低工资标准 = [(月最低工资标准 20.92 ÷ 8) × (1 + 单位应当缴纳的基本养老保险费和基本医疗保险费比例之和)] × (1 + 浮动系数)。⑤

---

① 《劳动和社会保障部关于非全日制用工若干问题的意见》第 16 条。
② 《劳动和社会保障部关于非全日制用工若干问题的意见》第 4 条。
《劳动合同法》第 71 条(第 1 句)规定:"非全日制用工双方当事人任何一方都可以随时通知对方终止用工。"
③ 《劳动合同法》第 71 条(第 2 句)。
④ 《劳动和社会保障部关于非全日制用工若干问题的意见》第 7 条。
⑤ 《劳动和社会保障部关于非全日制用工若干问题的意见》第 8 条。
《安徽省劳动和社会保障厅关于印发〈安徽省非全日制用工试行办法〉的通知》第 9 条规定:"非全日制用工的小时最低工资标准。由省劳动保障厅制定,报经省人民政府同意后公布。非全日制小时最低工资标准主要根据当地月最低工资标准除以法定标准工作时间的折算数额,同时综合考虑:用人单位应缴纳的基本养老保险费和基本医疗保险费;非全日制劳动者在工作稳定性、劳动条件、劳动强度、福利等方面与全日制劳动者之间的差异等因素。"

3. 非全日制用工的工资结算方式。非全日制用工的工资支付方式可以按小时、日、周或月为单位结算,具体结算方式由用人单位和劳动者协商确定,但支付周期最长不得超过 1 个月。①

五、非全日制用工的社会保险

1. 非全日制用工的工伤保险。(1)从事非全日制用工的职工与两个或者两个以上用人单位同时建立劳动关系的,用人单位应当分别为其缴纳工伤保险费;职工发生工伤,由受到伤害时职工工作的用人单位依法承担工伤保险责任。②(2)用人单位应当按照国家有关规定为建立劳动关系的非全日制劳动者缴纳工伤保险费。从事非全日制工作的劳动者发生工伤,依法享受工伤保险待遇;被鉴定为伤残 5~10 级的,经劳动者与用人单位协商一致,可以一次性结算伤残待遇及有关费用。③

2. 非全日制用工的养老保险。从事非全日制工作的劳动者应当参加基本养老养老保险,原则上参照个体工商户的参保办法执行。对于已参加过基本养老保险和建立个人账户的人员,前后缴费年限合并计算,跨统筹地区转移的,应办理基本养老保险关系和个人账户的转移、接续手续。符合退休条件时,按国家规定计发基本养老金。④

3. 非全日制用工的医疗保险。从事非全日制工作的劳动者可以以个人身份参加基本医疗保险,并按照待遇水平与缴费水平相挂钩的原则,享受相应的

---

① 《安徽省劳动和社会保障厅关于印发〈安徽省非全日制用工试行办法〉的通知》第 10 条。
《劳动和社会保障部关于非全日制用工若干问题的意见》第 9 条规定:"非全日制用工的工资支付可以按小时、日、周或月为单位结算。"

② 《贵州省工伤保险条例》第 25 条。

③ 《劳动和社会保障部关于非全日制用工若干问题的意见》第 12 条。
《安徽省劳动和社会保障厅关于印发〈安徽省非全日制用工试行办法〉的通知》第 13 条规定:"用人单位应当按照国家、省有关规定为非全日制劳动者缴纳工伤保险费。已参加工伤保险的非全日制劳动者发生工伤,依法享受工伤保险待遇;未参加工伤保险的用人单位的非全日制劳动者发生工伤,由该用人单位按照工伤保险的待遇项目和标准支付费用,被鉴定为伤残 5—10 级的,经工伤职工本人提出,可以与用人单位一次性结算伤残待遇及有关费用。"

④ 《劳动和社会保障部关于非全日制用工若干问题的意见》第 10 条。
《安徽省劳动和社会保障厅关于印发〈安徽省非全日制用工试行办法〉的通知》第 11 条规定:"从事非全日制工作的劳动者应当参加基本养老保险,并按照个体工商户参保缴费办法执行。劳动者在从事非全日制工作以前,已参加基本养老保险的,前后缴费年限合并计算。跨统筹地区转移的,应办理基本养老保险关系和个人帐户转移、接续手续。达到法定退休年龄时,按国家规定计发基本养老金。"

基本医疗保险待遇。参加基本医疗保险的具体办法由各地劳动保障部门研究制定。①

4. 非全日制用工的参保服务。(1)各级社会保险经办机构要为非全日制劳动者参保缴费提供便利条件,开设专门窗口,可以采取按月、季或半年缴费的办法,及时为非全日制劳动者办理社会保险关系及个人账户的接续和转移手续;按规定发放社会保险缴费对帐单,及时支付各项社会保险待遇,维护他们的社会保障权益。②(2)各级公共职业介绍机构要积极为从事非全日制工作的劳动者提供档案保管、社会保险代理等服务,推动这项工作顺利开展。③

六、非全日制用工的争议

1. 非全日制用工争议的适用。从事非全日制工作的劳动者与用人单位因履行劳动合同引发的劳动争议,按照国家劳动争议处理规定执行。④

2. 非全日制用工争议适用的除外。(1)非全日制用工不适用带薪年休假、加班加点、医疗期等规定。用人单位和劳动者另有约定的除外。⑤(2)劳动者直接向其他家庭或个人提供非全日制劳动的,当事人双方发生的争议不适用劳动争议处理规定。⑥

3. 非全日制用工关系的举证。用人单位与劳动者未订立书面劳动合同,用人单位主张双方为非全日制用工关系的,应由用人单位对其主张负举证责任。用人单位与劳动者已订立了书面非全日制劳动合同,劳动者主张双方为全日制用工关系的,应由劳动者对其主张负举证责任,但与争议事项有关的证据属于用人单位掌握管理,用人单位不提供的除外。⑦

---

① 《劳动和社会保障部关于非全日制用工若干问题的意见》第11条。
《安徽省劳动和社会保障厅关于印发〈安徽省非全日制用工试行办法〉的通知》第12条规定:"从事非全日制工作的劳动者如符合所在统筹地区规定的参保范围的,可以按规定以个人身份参加基本医疗保险,具体办法由统筹地区劳动保障行政部门研究制定。"
② 《劳动和社会保障部关于非全日制用工若干问题的意见》第17条。
③ 《劳动和社会保障部关于非全日制用工若干问题的意见》第18条。
④ 《劳动和社会保障部关于非全日制用工若干问题的意见》第13条、《安徽省劳动和社会保障厅关于印发〈安徽省非全日制用工试行办法〉的通知》第17条。
⑤ 《江苏省劳动合同条例》第41条第2款。
⑥ 《劳动和社会保障部关于非全日制用工若干问题的意见》第14条。
⑦ 《江苏省高级人民法院、江苏省劳动人事争议仲裁委员会关于审理劳动人事争议案件的指导意见(二)》第9条。

第二节 劳务派遣

劳务派遣,是指由劳务派遣机构与派遣劳工订立劳动合同,把劳动者派向其他用工单位,再由其用工单位向派遣机构支付一笔服务费用的一种用工形式。

一、劳务派遣的一般规则

（一）劳务派遣协议

1. 劳务派遣协议的内容。（1）劳务派遣单位派遣劳动者应当与接受以劳务派遣形式用工的单位(以下称用工单位)订立劳务派遣协议。① （2）劳务派遣协议应当载明下列内容:①派遣的工作岗位名称和岗位性质;②工作地点;③派遣人员数量和派遣期限;④按照同工同酬原则确定的劳动报酬数额和支付方式;⑤社会保险费的数额和支付方式;⑥工作时间和休息休假事项;⑦被派遣劳动者工伤、生育或者患病期间的相关待遇;⑧劳动安全卫生以及培训事项;⑨经济补偿等费用;⑩劳务派遣协议期限;⑪劳务派遣服务费的支付方式和标准;⑫违反劳务派遣协议的责任;⑬法律法规、规章规定应当纳入劳务派遣协议的其他事项等内容。②

2. 劳务派遣协议内容的告知。劳务派遣单位应当将劳务派遣协议的内容告知被派遣劳动者。③

（二）劳务派遣的劳动合同

1. 劳务派遣劳动合同的订立。（1）劳务派遣单位应当依法与被派遣劳动者订立2年以上的固定期限书面劳动合同。④ （2）劳务派遣单位不得以非全日制用工形式招用被派遣劳动者。⑤

---

① 《劳动合同法》第59条第1款规定:"……劳务派遣协议应当约定派遣岗位和人员数量、派遣期限、劳动报酬和社会保险费的数额与支付方式以及违反协议的责任。"
《劳动合同法》第66条第1款规定:"劳动合同用工是我国的企业基本用工形式。劳务派遣用工是补充形式,只能在临时性、辅助性或者替代性的工作岗位上实施。"
② 《劳务派遣暂行规定》第7条。
③ 《劳动合同法》第60条第1款。
④ 《劳务派遣暂行规定》第5条。
⑤ 《劳动合同法实施条例》第30条。

2. 劳务派遣劳动合同的内容。(1)劳务派遣单位是《劳动合同法》所称用人单位,应当履行用人单位对劳动者的义务。劳务派遣单位与被派遣劳动者订立的劳动合同,除应当载明《劳务派遣暂行规定》第17条①规定的事项外,还应当载明被派遣劳动者的用工单位以及派遣期限、工作岗位等情况。② (2)劳务派遣单位可以依法与被派遣劳动者约定试用期。劳务派遣单位与同一被派遣劳动者只能约定一次试用期。③ (3)劳务派遣单位与被派遣劳动者订立的劳动合同和与用工单位订立的劳务派遣协议,载明或者约定的向被派遣劳动者支付的劳动报酬应当符合《劳动合同法》第63条第1款规定。④ (4)用工单位应当根据工作岗位的实际需要与劳务派遣岗位确定派遣期限,不得将连续用工期限分割订立数个短期劳务派遣协议。⑤

3. 劳务派遣劳动合同的履行。(1)劳动报酬等的支付。①劳务派遣单位应当与被派遣劳动者订立2年以上的固定期限劳动合同,按月支付劳动报酬;被派遣劳动者在无工作期间,劳务派遣单位应当按照所在地人民政府规定的最低工资标准,向其按月支付报酬。⑥ ②根据《劳动合同法》第62条的规定,加班费、绩效奖金应由用工单位负责支付。在劳务派遣争议纠纷案件中,涉及追索劳动报酬,如不能明确区分基本工资与加班费,劳动者请求由用工单位与劳务派遣单位连带支付劳动报酬的,予以支持。⑦ ③劳务派遣单位不得克扣用工单位按照劳务派遣协议支付给被派遣劳动者的劳动报酬。⑧ ④劳务派遣单位跨地区派遣劳动者的,被派遣劳动者享有的劳动报酬和劳动条件,按照用工单位所在地的标准

---

① 《劳务派遣暂行规定》第17条规定:"劳务派遣单位因劳动合同法第四十六条或者本规定第十五条、第十六条规定的情形,与被派遣劳动者解除或者终止劳动合同的,应当依法向被派遣劳动者支付经济补偿。"

② 《劳动合同法》第58条第1款。
《劳动合同法》第57条规定:"经营劳务派遣业务应当具备下列条件:(一)注册资本不得少于人民币二百万元;(二)有与开展业务相适应的固定的经营场所和设施;(三)有符合法律、行政法规规定的劳务派遣管理制度;(四)法律、行政法规规定的其他条件。经营劳务派遣业务,应当向劳动行政部门依法申请行政许可;经许可的,依法办理相应的公司登记。未经许可,任何单位和个人不得经营劳务派遣业务。"

③ 《劳务派遣暂行规定》第6条。

④ 《劳动合同法》第63条第2款。

⑤ 《劳动合同法》第59条第2款。

⑥ 《劳动合同法》第58条。

⑦ 《广东省高级人民法院关于审理劳动争议案件疑难问题的解答》第6条。

⑧ 《劳动合同法》第60条第2款。

执行。[1] ⑤被派遣劳动者享有与用工单位的劳动者同工同酬的权利。用工单位应当按照同工同酬原则,对被派遣劳动者与本单位同类岗位的劳动者实行相同的劳动报酬分配办法。用工单位无同类岗位劳动者的,参照用工单位所在地相同或者相近岗位劳动者的劳动报酬确定。[2] (2)工作岗位的设置。①用工单位只能在临时性、辅助性或者替代性的工作岗位上使用被派遣劳动者。[3] 但是,外国企业常驻代表机构和外国金融机构驻华代表机构等使用被派遣劳动者的,以及船员用人单位以劳务派遣形式使用国际远洋海员的,不受临时性、辅助性、替代性岗位和劳务派遣用工比例的限制。[4] 其中,临时性工作岗位是指存续时间不超过6个月的岗位;辅助性工作岗位是指为主营业务岗位提供服务的非主营业务岗位;替代性工作岗位是指用工单位的劳动者因脱产学习、休假等原因无法工作的一定期间内,可以由其他劳动者替代工作的岗位。[5] ②用工单位决定使用被派遣劳动者的辅助性岗位,应当经职工代表大会或者全体职工讨论,提出方案和意见、与工会或者职工代表平等协商确定,并在用工单位内公示。[6]

4. 劳务派遣劳动合同的解除。(1)劳动者解除劳务派遣劳动合同。①被派遣劳动者可以依照《劳动合同法》第36条、第38条的规定与劳务派遣单位解除劳动合同。[7] ②被派遣劳动者提前30日以书面形式通知劳务派遣单位,可以解除劳动合同。被派遣劳动者在试用期内提前3日通知劳务派遣单位,可以解除劳动合同。劳务派遣单位应当将被派遣劳动者通知解除劳动合同的情况及时告知用工单位。[8] (2)劳务派遣单位解除劳务派遣劳动合同。①被派遣劳动者有《劳动合同法》第39条[9]和

---

[1] 《劳动合同法》第61条。
[2] 《劳动合同法》第63条第1款。
[3] 《劳务派遣暂行规定》第3条第1款。
[4] 《劳务派遣暂行规定》第25条。
[5] 《劳动合同法》第66条第2款、《劳务派遣暂行规定》第3条第2款。
[6] 《劳务派遣暂行规定》第3条第3款。
[7] 《劳动合同法》第65条第1款。
[8] 《劳务派遣暂行规定》第14条。
[9] 《劳动合同法》第39条规定:"劳动者有下列情形之一的,用人单位可以解除劳动合同:(一)在试用期间被证明不符合录用条件的;(二)严重违反用人单位的规章制度的;(三)严重失职,营私舞弊,给用人单位造成重大损害的;(四)劳动者同时与其他用人单位建立劳动关系,对完成本单位的工作任务造成严重影响,或者经用人单位提出,拒不改正的;(五)因本法第二十六条第一款第一项规定的情形致使劳动合同无效的;(六)被依法追究刑事责任的。"

第40条第1项、第2项①规定情形的,用工单位可以将劳动者退回劳务派遣单位,劳务派遣单位依照《劳动合同法》有关规定,可以与劳动者解除劳动合同。② ②被派遣劳动者因《劳务派遣暂行规定》第12条③规定被用工单位退回,劳务派遣单位重新派遣时维持或者提高劳动合同约定条件,被派遣劳动者不同意的,劳务派遣单位可以解除劳动合同。④ ③被派遣劳动者因《劳务派遣暂行规定》第12条规定被用工单位退回,劳务派遣单位重新派遣时降低劳动合同约定条件,被派遣劳动者不同意的,劳务派遣单位不得解除劳动合同。但被派遣劳动者提出解除劳动合同的除外。⑤ ④劳务派遣单位因《劳动合同法》第46条或者《劳务派遣暂行规定》第15条⑥、第16条⑦规定的情形,与被派遣劳动者解除或者终止劳动合同,应当依法向被派遣劳动者支付经济补偿。⑧ ⑤劳务派遣单位或者被派遣劳动者依法解除、终止劳动合同的经济补偿,依照《劳动合同法》第46条⑨、

---

① 《劳动合同法》第40条规定:"有下列情形之一的,用人单位提前三十日以书面形式通知劳动者本人或者额外支付劳动者一个月工资后,可以解除劳动合同:(一)劳动者患病或者非因工负伤,在规定的医疗期满后不能从事原工作,也不能从事由用人单位另行安排的工作的;(二)劳动者不能胜任工作,经过培训或者调整工作岗位,仍不能胜任工作的……"

② 《劳动合同法》第65条第2款。

③ 《劳务派遣暂行规定》第12条规定:"有下列情形之一的,用工单位可以将被派遣劳动者退回劳务派遣单位:(一)用工单位有劳动合同法第四十条第三项、第四十一条规定情形的;(二)用工单位被依法宣告破产、吊销营业执照、责令关闭、撤销、决定提前解散或者经营期限届满不再继续经营的;(三)劳务派遣协议期满终止的。被派遣劳动者退回后在无工作期间,劳务派遣单位应当按照不低于所在地人民政府规定的最低工资标准,向其按月支付报酬。"

④ 《劳务派遣暂行规定》第15条第1款。

⑤ 《劳务派遣暂行规定》第15条第2款。

⑥ 《劳务派遣暂行规定》第15条规定:"被派遣劳动者因本规定第十二条规定被用工单位退回,劳务派遣单位重新派遣时维持或者提高劳动合同约定条件,被派遣劳动者不同意的,劳务派遣单位可以解除劳动合同。被派遣劳动者因本规定第十二条规定被用工单位退回,劳务派遣单位重新派遣时降低劳动合同约定条件,被派遣劳动者不同意的,劳务派遣单位不得解除劳动合同。但被派遣劳动者提出解除劳动合同的除外。"

⑦ 《劳务派遣暂行规定》第16条规定:"劳务派遣单位被依法宣告破产、吊销营业执照、责令关闭、撤销、决定提前解散或经营期限届满不再继续经营的,劳动合同终止。用工单位应当与劳务派遣单位协商妥善安置被派遣劳动者。"

⑧ 《劳务派遣暂行规定》第17条。

⑨ 《劳动合同法》第46条规定:"有下列情形之一的,用人单位应当向劳动者支付经济补偿:(一)劳动者依照本法第三十八条规定解除劳动合同的;(二)用人单位依照本法第三十六条规定向劳动者提出解除劳动合同并与劳动者协商一致解除劳动合同的;(三)用人单位依照本法第四十条规定解除劳动合同的;(四)用人单位依照本法第四十一条第一款规定解除劳动合同的;(五)除用人单位维持或者提高劳动合同约定条件续订劳动合同,劳动者不同意续订的情形外,依照本法第四十四条第一项规定终止固定期限劳动合同的;(六)依照本法第四十四条第四项、第五项规定终止劳动合同的;(七)法律、行政法规规定的其他情形。"

第47条①的规定执行。②（3）双方协商解除劳务派遣合同。劳务派遣单位行政许可有效期未延续或者《劳务派遣经营许可证》被撤销、吊销的,已经与被派遣劳动者依法订立的劳动合同应当履行至期限届满。双方经协商一致,可以解除劳动合同。③

5. 劳务派遣劳动合同的终止。劳务派遣单位被依法宣告破产、吊销营业执照、责令关闭、撤销、决定提前解散或者经营期限届满不再继续经营的,劳动合同终止。用工单位应当与劳务派遣单位协商妥善安置被派遣劳动者。④

(三)劳务派遣的当事人

1. 劳务派遣的劳动者。(1)劳动者的权利。①有权维护自身合法权益。被派遣劳动者有权在劳务派遣单位或者用工单位依法参加或者组织工会,维护自身的合法权益。⑤ ②被派遣劳动者在用工单位因工作遭受事故伤害的,劳务派遣单位应当依法申请工伤认定,用工单位应当协助工伤认定的调查核实工作。劳务派遣单位承担工伤保险责任,但可以与用工单位约定补偿办法。被派遣劳动者在申请进行职业病诊断、鉴定时,用工单位应当负责处理职业病诊断、鉴定事宜,并如实提供职业病诊断、鉴定所需的劳动者职业史和职业危害接触史、工作场所职业病危害因素检测结果等资料,劳务派遣单位应当提供被派遣劳动者职业病诊断、鉴定所需的其他材料。⑥ (2)劳动者(职工)的待遇。①休假待遇。劳务派遣单位的职工符合《企业职工带薪年休假实施办法》第3条⑦规定条件的,享受年休假。被派遣职工在劳动合同期限内无工作期间由劳务派遣单位依法支付劳动报酬的天数多于其全年应当享受的年休假天数的,不享受当年的年休假;少于其全年应当享受的年休假天数的,劳务派遣单位、用工单位应当协商安排补足

---

① 《劳动合同法》第47条规定:"经济补偿按劳动者在本单位工作的年限,每满一年支付一个月工资的标准向劳动者支付。六个月以上不满一年的,按一年计算;不满六个月的,向劳动者支付半个月工资的经济补偿。劳动者月工资高于用人单位所在直辖市、设区的市级人民政府公布的本地区上年度职工月平均工资三倍的,向其支付经济补偿的标准按职工月平均工资三倍的数额支付,向其支付经济补偿的年限最高不超过十二年。本条所称月工资是指劳动者在劳动合同解除或者终止前十二个月的平均工资。"
② 《劳动合同法实施条例》第31条。
③ 《劳务派遣暂行规定》第11条。
④ 《劳务派遣暂行规定》第16条。
⑤ 《劳动合同法》第64条。
⑥ 《劳务派遣暂行规定》第10条。
⑦ 《企业职工带薪年休假实施办法》第3条规定:"职工连续工作满12个月以上的,享受带薪年休假(以下简称年休假)。"

被派遣职工年休假天数。① ②经济补偿待遇。劳务派遣单位或者被派遣劳动者依法解除、终止劳动合同的经济补偿,依照《劳动合同法》第46条②、第47条③的规定执行。④ ③保险待遇。第一,劳务派遣单位跨地区派遣劳动者的,应当在用工单位所在地为被派遣劳动者参加社会保险,按照用工单位所在地的规定缴纳社会保险费,被派遣劳动者按照国家规定享受社会保险待遇。⑤ 第二,劳务派遣单位在用工单位所在地设立分支机构的,由分支机构为被派遣劳动者办理参保手续,缴纳社会保险费。劳务派遣单位未在用工单位所在地设立分支机构的,由用工单位代劳务派遣单位为被派遣劳动者办理参保手续,缴纳社会保险费。⑥ 第三,被派遣劳动者在用工单位工作期间因工伤亡的,劳动派遣单位应承担工伤保险责任。但劳动派遣单位与用工单位之间就派遣劳动者工伤保险责任承担有特别约定的,从其约定。⑦

2. 劳务派遣的用工单位。(1)用工单位应当严格控制劳务派遣用工数量,使用的被派遣劳动者数量不得超过其用工总量的10%。其中,用工总量是指用工单位订立劳动合同人数与使用的被派遣劳动者人数之和。计算劳务派遣用工比例的用工单位是指依照劳动合同法和劳动合同法实施条例可以与劳动者订立劳动合同的用人单位。⑧ (2)用工单位在《劳务派遣暂行规定》施行前使用被派遣劳动者数量超过其用工总量10%的,应当制定调整用工方案,于《劳务派遣暂行

---

① 《企业职工带薪年休假实施办法》第14条。
② 《劳动合同法》第46条规定:"有下列情形之一的,用人单位应当向劳动者支付经济补偿:(一)劳动者依照本法第三十八条规定解除劳动合同的;(二)用人单位依照本法第三十六条规定向劳动者提出解除劳动合同并与劳动者协商一致解除劳动合同的;(三)用人单位依照本法第四十条规定解除劳动合同的;(四)用人单位依照本法第四十一条第一款规定解除劳动合同的;(五)除用人单位维持或者提高劳动合同约定条件续订劳动合同,劳动者不同意续订的情形外,依照本法第四十四条第一项规定终止固定期限劳动合同的;(六)依照本法第四十四条第四项、第五项规定终止劳动合同的;(七)法律、行政法规规定的其他情形。"
③ 《劳动合同法》第47条规定:"经济补偿按劳动者在本单位工作的年限,每满一年支付一个月工资的标准向劳动者支付。六个月以上不满一年的,按一年计算;不满六个月的,向劳动者支付半个月工资的经济补偿。劳动者月工资高于用人单位所在直辖市、设区的市级人民政府公布的本地区上年度职工月平均工资三倍的,向其支付经济补偿的标准按职工月平均工资三倍的数额支付,向其支付经济补偿的年限最高不超过十二年。本条所称月工资是指劳动者在劳动合同解除或者终止前十二个月的平均工资。"
④ 《劳动合同法实施条例》第31条。
⑤ 《劳务派遣暂行规定》第18条。
⑥ 《劳务派遣暂行规定》第19条。
⑦ 《安徽省高级人民法院〈关于审理劳动争议案件若干问题的指导意见〉》第16条。
⑧ 《劳务派遣暂行规定》第4条。

规定》施行之日起2年内降至规定比例。但是,《全国人民代表大会常务委员会关于修改〈中华人民共和国劳动合同法〉的决定》公布前已依法订立的劳动合同和劳务派遣协议期限届满日期在《劳务派遣暂行规定》施行之日起2年后的,可以依法继续履行至期限届满。用工单位应当将制定的调整用工方案报当地人力资源社会保障行政部门备案。用工单位未将《劳务派遣暂行规定》施行前使用的被派遣劳动者数量降至符合规定比例之前,不得新用被派遣劳动者。① (3)用工单位应当履行下列义务:①执行国家劳动标准,提供相应的劳动条件和劳动保护;②告知被派遣劳动者的工作要求和劳动报酬;③支付加班费、绩效奖金,提供与工作岗位相关的福利待遇;④对在岗被派遣劳动者进行工作岗位所必需的培训;⑤连续用工的,实行正常的工资调整机制。用工单位不得将被派遣劳动者再派遣到其他用人单位。② (4)用工单位应当严格控制劳务派遣用工数量,不得超过其用工总量的一定比例。具体比例由国务院劳动行政部门规定。③ (5)劳务派遣单位和用工单位不得向被派遣劳动者收取费用。④ (6)用人单位不得设立劳务派遣单位向本单位或者所属单位派遣劳动者。⑤ 其中,用人单位或者其所属单位出资或者合伙设立的劳务派遣单位,向本单位或者所属单位派遣劳动者的,属于《劳动合同法》第67条规定的不得设立的劳务派遣单位。⑥ (7)劳务派遣单位不得以非全日制用工形式招用被派遣劳动者。⑦ (8)用工单位应当按照《劳动合同法》第62条⑧规定。向被派遣劳动者提供与工作岗位相关的福利待遇,不得歧视被派遣劳动者。⑨

3. 劳务派遣的劳务派遣单位。劳务派遣单位应当对被派遣劳动者履行下列

---

① 《劳务派遣暂行规定》第28条。
② 《劳动合同法》第62条。
《劳动合同法实施条例》第29条规定:"用工单位应当履行劳动合同法第六十二条规定的义务,维护被派遣劳动者的合法权益。"
③ 《劳动合同法》第66条第3款。
④ 《劳动合同法》第60条第3款。
⑤ 《劳动合同法》第67条。
⑥ 《劳动合同法实施条例》第28条。
⑦ 《劳动合同法实施条例》第30条。
⑧ 《劳动合同法》第62条规定:"用工单位应当履行下列义务:(一)执行国家劳动标准,提供相应的劳动条件和劳动保护;(二)告知被派遣劳动者的工作要求和劳动报酬;(三)支付加班费、绩效奖金,提供与工作岗位相关的福利待遇;(四)对在岗被派遣劳动者进行工作岗位所必需的培训;(五)连续用工的,实行正常的工资调整机制。用工单位不得将被派遣劳动者再派遣到其他用人单位。"
⑨ 《劳务派遣暂行规定》第9条。

义务:(1)如实告知被派遣劳动者《劳动合同法》第8条规定的事项、应遵守的规章制度以及劳务派遣协议的内容;(2)建立培训制度,对被派遣劳动者进行上岗知识、安全教育培训;(3)按照国家规定和劳务派遣协议约定,依法支付被派遣劳动者的劳动报酬和相关待遇;(4)按照国家规定和劳务派遣协议约定,依法为被派遣劳动者缴纳社会保险费,并办理社会保险相关手续;(5)督促用工单位依法为被派遣劳动者提供劳动保护和劳动安全卫生条件;(6)依法出具解除或者终止劳动合同的证明;(7)协助处理被派遣劳动者与用工单位的纠纷;(8)法律、法规和规章规定的其他事项。① (9)有下列情形之一的,用工单位可以将被派遣劳动者退回劳务派遣单位:①用工单位有《劳动合同法》第40条第3项②、第41条③规定情形的;②用工单位被依法宣告破产、吊销营业执照、责令关闭、撤销、决定提前解散或者经营期限届满不再继续经营的;③劳务派遣协议期满终止的。被派遣劳动者退回后在无工作期间,劳务派遣单位应当按照不低于所在地人民政府规定的最低工资标准,向其按月支付报酬。④ (10)被派遣劳动者有《劳动合同法》第42条⑤规定情形的,在派遣期限届满前,用工单位不得依据《劳务派遣暂行规定》第12条第款第1项规定将被派遣劳动者退回劳务派遣单位;派遣期限届满

---

① 《劳务派遣暂行规定》第8条。
② 《劳动合同法》第40条规定:"有下列情形之一的,用人单位提前三十日以书面形式通知劳动者本人或者额外支付劳动者一个月工资后,可以解除劳动合同:……(三)劳动合同订立时所依据的客观情况发生重大变化,致使劳动合同无法履行,经用人单位与劳动者协商,未能就变更劳动合同内容达成协议的。"
③ 《劳动合同法》第41条规定:"有下列情形之一,需要裁减人员二十人以上或者裁减不足二十人但占企业职工总数百分之十以上的,用人单位提前三十日向工会或者全体职工说明情况,听取工会或者职工的意见后,裁减人员方案经向劳动行政部门报告,可以裁减人员:(一)依照企业破产法规定进行重整的;(二)生产经营发生严重困难的;(三)企业转产、重大技术革新或者经营方式调整,经变更劳动合同后,仍需裁减人员的;(四)其他因劳动合同订立时所依据的客观经济情况发生重大变化,致使劳动合同无法履行的。裁减人员时,应当优先留用下列人员:(一)与本单位订立较长期限的固定期限劳动合同的;(二)与本单位订立无固定期限劳动合同的;(三)家庭无其他就业人员,有需要扶养的老人或者未成年人的。用人单位依照本条第一款规定裁减人员,在六个月内重新招用人员的,应当通知被裁减的人员,并在同等条件下优先招用被裁减的人员。"
④ 《劳务派遣暂行规定》第12条。
⑤ 《劳动合同法》第42条规定:"劳动者有下列情形之一的,用人单位不得依照本法第四十条、第四十一条的规定解除劳动合同:(一)从事接触职业病危害作业的劳动者未进行离岗前职业健康检查,或者疑似职业病病人在诊断或者医学观察期间的;(二)在本单位患职业病或者因工负伤并被确认丧失或者部分丧失劳动能力的;(三)患病或者非因工负伤,在规定的医疗期内的;(四)女职工在孕期、产期、哺乳期的;(五)在本单位连续工作满十五年,且距法定退休年龄不足五年的;(六)法律、行政法规规定的其他情形。"

的,应当延续至相应情形消失时方可退回。①

(四)劳务派遣的法律责任

1. 劳务派遣单位的法律责任。(1)劳务派遣单位违反《劳务派遣暂行规定》解除或者终止被派遣劳动者劳动合同的,按照《劳动合同法》第 48 条②、第 87 条③规定执行。④ (2)劳务派遣单位、用工单位违反《劳动合同法》和《劳动合同法实施条例》有关劳务派遣规定的,按照《劳动合同法》第 92 条规定执行。⑤ 劳务派遣单位违反《劳务派遣暂行规定》第 6 条⑥规定的,按照《劳动合同法》第 83 条⑦规定执行。⑧ (3)用工单位违反劳动合同法和《劳动合同法实施条例》有关劳务派遣规定的,由劳动行政部门和其他有关主管部门责令改正;情节严重的,以每位被派遣劳动者 1000 元以上 5000 元以下的标准处以罚款;给被派遣劳动者造成损害的,劳务派遣单位和用工单位承担连带赔偿责任。⑨

2. 用工单位的法律责任。(1)用工单位违反《劳务派遣暂行规定》第 3 条第 3 款⑩规定的,由人力资源社会保障行政部门责令改正、给予警告;给被派遣劳动者造成损害的,依法承担赔偿责任。⑪ (2)用工单位违反本规定退回被派遣劳动

---

① 《劳务派遣暂行规定》第 13 条。
② 《劳动合同法》第 48 条规定:"用人单位违反本法规定解除或者终止劳动合同,劳动者要求继续履行劳动合同的,用人单位应当继续履行;劳动者不要求继续履行劳动合同或者劳动合同已经不能继续履行的,用人单位应当依照本法第八十七条规定支付赔偿金。"
③ 《劳动合同法》第 87 条规定:"用人单位违反本法规定解除或者终止劳动合同的,应当依照本法第四十七条规定的经济补偿标准的二倍向劳动者支付赔偿金。"
④ 《劳务派遣暂行规定》第 21 条。
《劳动合同法实施条例》第 32 条规定:"劳务派遣单位违法解除或者终止被派遣劳动者的劳动合同的,依照劳动合同法第四十八条的规定执行。"
⑤ 《劳务派遣暂行规定》第 20 条。
⑥ 《劳务派遣暂行规定》第 6 条规定:"劳务派遣单位可以依法与被派遣劳动者约定试用期。劳务派遣单位与同一被派遣劳动者只能约定一次试用期。"
⑦ 《劳动合同法》第 83 条规定:"用人单位违反本法规定与劳动者约定试用期的,由劳动行政部门责令改正;违法约定的试用期已经履行的,由用人单位以劳动者试用期满月工资为标准,按已经履行的超过法定试用期的期间向劳动者支付赔偿金。"
⑧ 《劳务派遣暂行规定》第 23 条。
⑨ 《劳动合同法实施条例》第 35 条。
⑩ 《劳务派遣暂行规定》第 3 条规定:"……用工单位决定使用被派遣劳动者的辅助性岗位,应当经职工代表大会或者全体职工讨论,提出方案和意见,与工会或者职工代表平等协商确定,并在用工单位内公示。"
⑪ 《劳务派遣暂行规定》第 22 条。

者的,按照《劳动合同法》第 92 条第 2 款规定执行。①

3. 劳务派遣单位和用工单位连带、补充的法律责任。(1)违反《劳动合同法》规定,未经许可,擅自经营劳务派遣业务的,由劳动行政部门责令停止违法行为,没收违法所得并处违法所得 1 倍以上 5 倍以下的罚款;没有违法所得的,可以处 5 万元以下的罚款。劳务派遣单位、用工单位违反《劳动合同法》有关劳务派遣规定的,由劳动行政部门责令限期改正;逾期不改正的,以每人 5000 元以上 10,000 元以下的标准处以罚款,对劳务派遣单位,吊销其劳务派遣业务经营许可证。用工单位给被派遣劳动者造成损害的,劳务派遣单位与用工单位承担连带赔偿责任。② (2)用人单位的工作人员因执行工作任务造成他人损害的,由用人单位承担侵权责任。劳务派遣期间,被派遣的工作人员因执行工作任务造成他人损害的,由接受劳务派遣的用工单位承担侵权责任;劳务派遣单位有过错的,承担相应的补充责任。③ (3)用人单位与劳动者约定将劳动者在一定时间内输出到其他单位,期满后劳动者回到原单位的,原用人单位仍应对劳动者承担劳动法上的义务。用人单位与输入单位就对劳动者共同承担的义务达成协议并征得劳动者同意的,用人单位和输入单位应当共同对劳动者承担劳动法上的义务。④

(五)劳务派遣的其他规则

1. 劳务派遣用工形式的认定。(1)用人单位以承揽、外包等名义,按劳务派遣用工形式使用劳动者的,按照《劳务派遣暂行规定》处理。⑤ (2)用人单位将本单位劳动者派往境外工作或者派往家庭、自然人处提供劳动的,不属于《劳务派遣暂行规定》所称劳务派遣。⑥

2. 劳务派遣争议的"当事人"。(1)争议的共同当事人。劳务派遣单位或者用工单位与劳动者发生劳动争议的,劳务派遣单位和用工单位为共同当事人。⑦ (2)争议的共同被告。在劳务派遣期间,被派遣的工作人员因执行工作任务造成他人损害的,以接受劳务派遣的用工单位为当事人。当事人主张劳务派遣单位

---

① 《劳务派遣暂行规定》第 24 条。
② 《劳动合同法》第 92 条。
③ 《民法典》第 1191 条。
④ 《上海市高级人民法院民一庭关于审理劳动争议案件若干问题的解答》第 9 条第 1 款。
⑤ 《劳务派遣暂行规定》第 27 条。
⑥ 《劳务派遣暂行规定》第 26 条。
⑦ 《劳动争议调解仲裁法》第 22 条第 2 款。

承担责任的,该劳务派遣单位为共同被告。① (3)争议的相对人。劳动者在输出期间,与实际用人单位约定特别的劳动权利义务,双方为该约定发生争议时,可将实际用人单位和劳动者作为当事人。②

二、劳务派遣行政许可实施

(一)劳务派遣行政许可的一般规则

1. 劳务派遣行政许可的适用。(1)适用的法律。①为了规范劳务派遣,根据《劳动合同法》《行政许可法》等法律,制定《劳务派遣行政许可实施办法》。③ ②自2013年7月1日起施行。④ ③劳务派遣单位在2012年12月28日至2013年6月30日之间订立的劳动合同和劳务派遣协议,2013年7月1日后应当按照《全国人大常委会关于修改〈中华人民共和国劳动合同法〉的决定》执行。《劳务派遣行政许可实施办法》施行前经营劳务派遣业务的单位,应当按照《劳务派遣行政许可实施办法》取得劳务派遣行政许可后,方可经营新的劳务派遣业务;《劳务派遣行政许可实施办法》施行后未取得劳务派遣行政许可的,不得经营新的劳务派遣业务。⑤ (2)适用的事项。劳务派遣行政许可的申请受理、审查批准以及相关的监督检查等,适用《劳务派遣行政许可实施办法》。⑥ (3)适用的原则。人力资源社会保障行政部门实施劳务派遣行政许可,应当遵循权责统一、公开公正、优质高效的原则。⑦

2. 劳务派遣行政许可的职责分工。(1)人力资源社会保障部负责对全国的劳务派遣行政许可工作进行监督指导。县级以上地方人力资源社会保障行政部门按照省、自治区、直辖市人力资源社会保障行政部门确定的许可管辖分工,负责实施本行政区域内劳务派遣行政许可工作以及相关的监督检查。⑧ (2)人力资源社会保障行政部门应当在本行政机关办公场所、网站上公布劳务派遣行政许可的依据、程序、期限、条件和需要提交的全部材料目录以及监督电话,并在本行

---

① 《最高人民法院关于适用〈中华人民共和国民事诉讼法〉的解释》第58条。
② 《上海市高级人民法院民一庭关于审理劳动争议案件若干问题的解答》第9条第2款。
③ 《劳务派遣行政许可实施办法》第1条。
④ 《劳务派遣行政许可实施办法》第35条。
⑤ 《劳务派遣行政许可实施办法》第34条。
⑥ 《劳务派遣行政许可实施办法》第2条。
⑦ 《劳务派遣行政许可实施办法》第4条。
⑧ 《劳务派遣行政许可实施办法》第3条。

政机关网站和至少一种全地区性报纸上向社会公布获得许可的劳务派遣单位名单及其许可变更、延续、撤销、吊销、注销等情况。①

(二)劳务派遣行政许可申请的规则

1. 劳务派遣行政许可的申请。(1)申请的提出。经营劳务派遣业务,应当向所在地有许可管辖权的人力资源社会保障行政部门(以下称许可机关)依法申请行政许可。未经许可,任何单位和个人不得经营劳务派遣业务。② 劳务派遣单位设立子公司经营劳务派遣业务的,应当由子公司向所在地许可机关申请行政许可;劳务派遣单位设立分公司经营劳务派遣业务的,应当书面报告许可机关,并由分公司向所在地人力资源社会保障行政部门备案。③ (2)申请的条件。申请经营劳务派遣业务应当具备下列条件:①注册资本不得少于人民币200万元;②有与开展业务相适应的固定的经营场所和设施;③有符合法律、行政法规规定的劳务派遣管理制度;④法律、行政法规规定的其他条件。④ (3)申请的材料。申请经营劳务派遣业务的,申请人应当向许可机关提交下列材料:①劳务派遣经营许可申请书;②营业执照或者《企业名称预先核准通知书》;③公司章程以及验资机构出具的验资报告或者财务审计报告;④经营场所的使用证明以及与开展业务相适应的办公设施设备、信息管理系统等清单;⑤法定代表人的身份证明;⑥劳务派遣管理制度,包括劳动合同、劳动报酬、社会保险、工作时间、休息休假、劳动纪律等与劳动者切身利益相关的规章制度文本;拟与用工单位签订的劳务派遣协议样本。⑤ (4)申请的处理。许可机关收到申请材料后,应当根据下列情况分别作出处理:①申请材料存在可以当场更正的错误的,应当允许申请人当场更正;②申请材料不齐全或者不符合法定形式的,应当当场或者在5个工作日内一次告知申请人需要补正的全部内容,逾期不告知的,自收到申请材料之日起即为受理;③申请材料齐全、符合法定形式,或者申请人按照要求提交了全部补正申请材料的,应当受理行政许可申请。⑥ (5)出具决定书。许可机关对申请人提出的申请决定受理的,应当出具《受理决定书》;决定不予受理的,应当出具《不予受理

---

① 《劳务派遣行政许可实施办法》第5条。
② 《劳务派遣行政许可实施办法》第6条。
③ 《劳务派遣行政许可实施办法》第21条。
④ 《劳务派遣行政许可实施办法》第7条。
⑤ 《劳务派遣行政许可实施办法》第8条。
⑥ 《劳务派遣行政许可实施办法》第9条。

决定书》,说明不予受理的理由,并告知申请人享有依法申请行政复议或者提起行政诉讼的权利。① (6)申请材料进行审查、核实及核查。许可机关决定受理申请的,应当对申请人提交的申请材料进行审查。根据法定条件和程序,需要对申请材料的实质内容进行核实的,许可机关应当指派 2 名以上工作人员进行核查。② (7)行政许可的决定。①决定的期限。许可机关应当自受理之日起 20 个工作日内作出是否准予行政许可的决定。20 个工作日内不能作出决定的,经本行政机关负责人批准,可以延长 10 个工作日,并应当将延长期限的理由告知申请人。③ ②制作决定书。申请人的申请符合法定条件的,许可机关应当依法作出准予行政许可的书面决定。申请人的申请不符合法定条件的,许可机关应当依法作出不予行政许可的书面决定,说明不予行政许可的理由,并告知申请人享有依法申请行政复议或者提起行政诉讼的权利。④ (8)领取经营许可证。自作(准予行政许可的书面)出决定之日起 5 个工作日内通知申请人领取《劳务派遣经营许可证》。⑤ 其中,《劳务派遣经营许可证》应当载明单位名称、住所、法定代表人、注册资本、许可经营事项、有效期限、编号、发证机关以及发证日期等事项。《劳务派遣经营许可证》分为正本、副本。正本、副本具有同等法律效力。《劳务派遣经营许可证》有效期为 3 年。《劳务派遣经营许可证》由人力资源社会保障部统一制定样式,由省、自治区、直辖市人力资源社会保障行政部门负责印制、免费发放和管理。⑥ (9)保管及使用经营许可证。劳务派遣单位取得《劳务派遣经营许可证》后,应当妥善保管,不得涂改、倒卖、出租、出借或者以其他形式非法转让。⑦

2. 劳务派遣行政许可的变更申请。(1)劳务派遣单位名称、住所、法定代表人或者注册资本等改变的,应当向许可机关提出变更申请。符合法定条件的,许可机关应当自收到变更申请之日起 10 个工作日内依法办理变更手续,并换发新的《劳务派遣经营许可证》或者在原《劳务派遣经营许可证》上予以注明;不符合

---

① 《劳务派遣行政许可实施办法》第 10 条。
② 《劳务派遣行政许可实施办法》第 11 条。
③ 《劳务派遣行政许可实施办法》第 12 条。
④ 《劳务派遣行政许可实施办法》第 13 条。
⑤ 《劳务派遣行政许可实施办法》第 13 条。
⑥ 《劳务派遣行政许可实施办法》第 14 条。
⑦ 《劳务派遣行政许可实施办法》第 15 条。

法定条件的,许可机关应当自收到变更申请之日起10个工作日内作出不予变更的书面决定,并说明理由。① (2)劳务派遣单位分立、合并后继续存续,其名称、住所、法定代表人或者注册资本等改变的,应当按照《劳务派遣行政许可实施办法》第16条规定执行。劳务派遣单位分立、合并后设立新公司的,应当按照本办法重新申请劳务派遣行政许可。②

3. 劳务派遣行政许可的延续申请。(1)劳务派遣单位需要延续行政许可有效期的,应当在有效期届满60日前向许可机关提出延续行政许可的书面申请,并提交3年以来的基本经营情况;劳务派遣单位逾期提出延续行政许可的书面申请的,按照新申请经营劳务派遣行政许可办理。③ (2)许可机关应当根据劳务派遣单位的延续申请,在该行政许可有效期届满前作出是否准予延续的决定;逾期未作决定的,视为准予延续。准予延续行政许可的,应当换发新的《劳务派遣经营许可证》。④ (3)劳务派遣单位有下列情形之一的,许可机关应当自收到延续申请之日起10个工作日内作出不予延续书面决定,并说明理由:①逾期不提交劳务派遣经营情况报告或者提交虚假劳务派遣经营情况报告,经责令改正,拒不改正的;②违反劳动保障法律法规,在一个行政许可期限内受到2次以上行政处罚的。⑤

(三)劳务派遣行政许可的监督检查

1. 劳务派遣行政许可监督检的流程。(1)劳务派遣单位提交上一年度劳务派遣经营情况报告。劳务派遣单位应当于每年3月31日前向许可机关提交上一年度劳务派遣经营情况报告,如实报告下列事项:①经营情况以及上年度财务审计报告;②被派遣劳动者人数以及订立劳动合同、参加工会的情况;③向被派遣劳动者支付劳动报酬的情况;④被派遣劳动者参加社会保险、缴纳社会保险费的情况;⑤被派遣劳动者派往的用工单位、派遣数量、派遣期限、用工岗位的情况;⑥与用工单位订立的劳务派遣协议情况以及用工单位履行法定义务的情况;⑦设立子公司、分公司等情况。劳务派遣单位设立的子公司或者分公司,应

---

① 《劳务派遣行政许可实施办法》第16条。
② 《劳务派遣行政许可实施办法》第17条。
③ 《劳务派遣行政许可实施办法》第18条。
④ 《劳务派遣行政许可实施办法》第19条。
⑤ 《劳务派遣行政许可实施办法》第20条。

当向办理许可或者备案手续的人力资源社会保障行政部门提交上一年度劳务派遣经营情况报告。①（2）许可机关进行核验、监督及载入企业信用记录。许可机关应当对劳务派遣单位提交的年度经营情况报告进行核验,依法对劳务派遣单位进行监督,并将核验结果和监督情况载入企业信用记录。②

2. 劳务派遣行政许可监督检的行政决定。（1）撤销劳务派遣行政许可。①有下列情形之一的,许可机关或者其上级行政机关,可以撤销劳务派遣行政许可:第一,许可机关工作人员滥用职权、玩忽职守,给不符合条件的申请人发放《劳务派遣经营许可证》的;第二,超越法定职权发放《劳务派遣经营许可证》的;第三,违反法定程序发放《劳务派遣经营许可证》的;第四,依法可以撤销行政许可的其他情形。③ ②劳务派遣单位以欺骗、贿赂等不正当手段和隐瞒真实情况或者提交虚假材料取得行政许可的,许可机关应当予以撤销。被撤销行政许可的劳务派遣单位在1年内不得再次申请劳务派遣行政许可。④（2）许可机关不予受理、不予行政许可。申请人隐瞒真实情况或者提交虚假材料申请行政许可的,许可机关不予受理、不予行政许可。⑤（3）注销劳务派遣行政许可。①法定注销。有下列情形之一的,许可机关应当依法办理劳务派遣行政许可注销手续:第一,《劳务派遣经营许可证》有效期届满,劳务派遣单位未申请延续的,或者延续申请未被批准的;第二,劳务派遣单位依法终止的;第三,劳务派遣行政许可依法被撤销,或者《劳务派遣经营许可证》依法被吊销的;第四,法律、法规规定的应当注销行政许可的其他情形。⑥ ②申请注销。劳务派遣单位向许可机关申请注销劳务派遣行政许可的,应当提交已经依法处理与被派遣劳动者的劳动关系及其社会保险权益等材料,许可机关应当在核实有关情况后办理注销手续。⑦（4）对行政决定的救济。当事人对许可机关作出的有关劳务派遣行政许可的行政决定不服的,可以依法申请行政复议或者提起行政诉讼。⑧

---

① 《劳务派遣行政许可实施办法》第22条。
② 《劳务派遣行政许可实施办法》第23条。
③ 《劳务派遣行政许可实施办法》第24条。
④ 《劳务派遣行政许可实施办法》第25条第2款。
⑤ 《劳务派遣行政许可实施办法》第25条第1款。
⑥ 《劳务派遣行政许可实施办法》第26条。
⑦ 《劳务派遣行政许可实施办法》第27条。
⑧ 《劳务派遣行政许可实施办法》第28条。

3. 对违法违规行为的举报。任何组织和个人有权对实施劳务派遣行政许可中的违法违规行为进行举报,人力资源社会保障行政部门应当及时核实、处理。①

(四)劳务派遣行政许可的法律责任

1. 人力资源社会保障行政部门的法律责任。人力资源社会保障行政部门有下列情形之一的,由其上级行政机关或者监察机关责令改正,对直接负责的主管人员和其他直接责任人员依法给予处分;构成犯罪的,依法追究刑事责任:(1)向不符合法定条件的申请人发放《劳务派遣经营许可证》,或者超越法定职权发放《劳务派遣经营许可证》的;(2)对符合法定条件的申请人不予行政许可或者不在法定期限内作出准予行政许可决定的;(3)在办理行政许可、实施监督检查工作中,玩忽职守、徇私舞弊、索取或者收受他人财物或者谋取其他利益的;(4)不依法履行监督职责或者监督不力,造成严重后果的。许可机关违法实施行政许可,给当事人的合法权益造成损害的,应当依照《国家赔偿法》的规定给予赔偿。②

2. 擅自经营劳务派遣业务的法律责任。任何单位和个人违反《劳动合同法》的规定,未经许可,擅自经营劳务派遣业务的,由人力资源社会保障行政部门责令停止违法行为,没收违法所得,并处违法所得1倍以上5倍以下的罚款;没有违法所得的,可以处5万元以下的罚款。③

3. 劳务派遣单位的法律责任。(1)劳务派遣单位违反《劳动合同法》有关劳务派遣规定的,由人力资源社会保障行政部门责令限期改正;逾期不改正的,以每人5000元以上1万元以下的标准处以罚款,并吊销其《劳务派遣经营许可证》。④(2)劳务派遣单位有下列情形之一的,由人力资源社会保障行政部门处1万元以下的罚款;情节严重的,处1万元以上3万元以下的罚款:①涂改、倒卖、出租、出借《劳务派遣经营许可证》,或者以其他形式非法转让《劳务派遣经营许可证》的;②隐瞒真实情况或者提交虚假材料取得劳务派遣行政许可的;③以欺骗、贿赂等不正当手段取得劳务派遣行政许可的。⑤

---

① 《劳务派遣行政许可实施办法》第29条。
② 《劳务派遣行政许可实施办法》第30条。
③ 《劳务派遣行政许可实施办法》第31条。
④ 《劳务派遣行政许可实施办法》第32条。
⑤ 《劳务派遣行政许可实施办法》第33条。

第三节　劳动用工备案制度

一、劳动用工备案制度的意义

建立劳动用工备案制度,是社会主义市场经济条件下政府劳动保障行政部门履行社会管理和市场监管职能,加强对用人单位劳动用工宏观管理的重要措施,是规范劳动用工秩序,全面实施劳动合同制度,维护劳动者和用人单位双方合法权益的重要手段。做好这项工作,对促进劳动关系和谐,保持社会稳定具有十分重要的意义。各级劳动保障行政部门要从规范社会主义市场经济秩序、全面贯彻落实科学发展观和构建社会主义和谐社会的高度,充分认识建立劳动用工备案制度的重要性和紧迫性,采取有力措施,切实推动这项制度全面建立和实施。①

二、规范劳动用工备案的内容和要求

1. 劳动用工备案的信息内容。用人单位进行劳动用工备案的信息应当包括:用人单位名称、法定代表人、经济类型、组织机构代码、招用职工的人数、姓名、性别、公民身份号码,与职工签订劳动合同的起止时间,终止或解除劳动合同的人数、职工姓名、时间等。各省、自治区、直辖市劳动保障行政部门可根据实际需要适当增加备案信息。②

2. 劳动用工备案的时限。用人单位新招用职工或与职工续订劳动合同的,应自招用或续订劳动合同之日起 30 日内进行劳动用工备案。用人单位与职工终止或解除劳动合同的,应在终止或解除劳动合同后 7 日内进行劳动用工备案。用人单位名称、法定代表人、经济类型、组织机构代码发生变更后,应在 30 日内办理劳动用工备案变更手续。用人单位注销后,应在 7 日内办理劳动用工备案注销手续。③

3. 劳动用工备案的地点。用人单位登记注册地与实际经营地不一致的,在

---

① 《劳动和社会保障部关于建立劳动用工备案制度的通知》第 1 条。
② 《劳动和社会保障部关于建立劳动用工备案制度的通知》第 3 条第 1 款。
③ 《劳动和社会保障部关于建立劳动用工备案制度的通知》第 3 条第 2 款。

实际经营地的劳动保障行政部门进行劳动用工备案。①

三、大力推进劳动用工备案制度的实施

1. 加强劳动用工备案的分工、协调。各级劳动保障行政部门要高度重视建立劳动用工备案制度,加强统一领导,指定机构、配备专门人员负责劳动用工备案工作。劳动工资、就业、失业、统计和劳动保障监察等相关机构要加强协调配合,搞好劳动保障部门内部各项涉及劳动用工备案、登记工作的相互衔接,实现资源共享,避免相同内容重复备案。要在组织力量搞好调查摸底,掌握本地区用人单位户数及现有劳动用工情况的基础上,按照相关数据信息全面、准确、规范、统一的要求,为每个用人单位建立劳动用工台账,逐步建立和完善劳动用工信息数据库,实现对用人单位劳动用工及劳动合同制度实施情况的动态管理。②

2. 劳动用工备案的服务。搞好劳动用工备案服务。健全劳动用工备案工作制度,完善工作流程和操作程序,采取直接备案、邮寄备案和网络备案等方式,方便用人单位办理劳动用工备案手续。具备条件的地区要尽可能实行网络备案方式,充分利用互联网等现代化手段,提供有关劳动用工备案制式表格的下载服务,公布劳动用工备案工作流程。③

3. 劳动用工备案的监管、改正。加强对劳动用工备案情况的监督检查。采取提前通告、跟踪催办和监督检查等办法,督促用人单位及时进行劳动用工备案。要建立职工查询举报渠道,方便职工及时查询用人单位是否进行了劳动用工备案、备案的内容是否真实。对不履行备案义务、备案内容不真实、不依法签订劳动合同的用人单位,责令其限期改正,对拒不改正的,依法给予相应处罚。要充分发挥媒体的宣传和监督作用,大力宣传劳动用工备案制度的重要性和必要性,不断增强用人单位进行劳动用工备案的主动性,对不按规定进行劳动用工备案、侵害职工合法权益的典型事例要予以曝光。④

4. 劳动用工备案的分析、决策。充分发挥劳动用工备案信息在政府宏观管理和市场监管中的作用。定期对辖区内劳动用工备案信息进行综合分析,全面掌握用人单位劳动用工的存量、变量以及劳动合同签订等情况,为制定劳动保障

---

① 《劳动和社会保障部关于建立劳动用工备案制度的通知》第3条第3款。
② 《劳动和社会保障部关于建立劳动用工备案制度的通知》第4条第1款。
③ 《劳动和社会保障部关于建立劳动用工备案制度的通知》第4条第2款。
④ 《劳动和社会保障部关于建立劳动用工备案制度的通知》第4条第3款。

政策提供决策依据。特别是要通过劳动用工备案动态掌握用人单位劳动合同签订的情况,及时督促用人单位与职工签订劳动合同,维护职工与用人单位双方的合法权益。①

5. 劳动用工备案的操作办法。各省、自治区、直辖市劳动保障行政部门要按照通知要求,制定本地区开展劳动用工备案的具体操作办法。②

---

① 《劳动和社会保障部关于建立劳动用工备案制度的通知》第4条第4款。
② 《劳动和社会保障部关于建立劳动用工备案制度的通知》第4条第5款。

后　　记

又合一卷，举目已满眼秋黄。

回想2021年仲夏，在完成《民事诉讼法规则编释》文稿送审之后，闲得无事，偶然买了一本《劳动纠纷证据运用与裁判指导》。在阅读、整理和汇总的过程中，突发奇想，弄一个有关劳动关系的册子，于是就欣然起笔。

也许是天作之美，也许是机缘巧合，第一次结稿于2021年10月10日，此时距我退休正好一年整。这一年是我在辽宁大东律师事务所工作的第一年，看到了老律师的那种沉稳，看到了新律师的那种热情，看到了当事人的那种期盼，也看到了诉讼背后的诸多故事。我，迈开了从部队到社会工作第一步，也开启了对法律深层次认识的新篇章。

过十几天该过年了，我终于完成了手稿的第一次修订。正当中年的我，对于法律刚刚有了一点粗浅的认识，也萌生了我可能从教的想法。那将是怎样的一个世界：青青的草、绿绿的水、蓝蓝的天和那熙暖的阳光，一群孩子与一个老人，一个阶梯教室，足够充纳对法律的品评，对古典的悦赏，对人生的标记，一切都那么自然、清新、向上且充满生生的活力。

2022年初春，无意间向周洁编辑问询劳动关系相关法规一事。不几日，她便寄我一册《中华人民共和国劳动和社会保障法律法规全书》，我如获至宝，几个月全心地浸入那种甘甜与滋养之中。不觉又过半年，我完成了第二次修订稿，遂寄与人分享那种欢快。

终于在一年之后的8月，于漫花飘零的日子，含着一身的轻凉，终于完成终稿，寄于出版社。

之后，我将深入致力于法律的实践，致力于法律的服务，致力于将书本上的文字和我的认知，在梳理纷繁复杂的法律事实中，完成一个合适的对接，进行一个学理上的升华，以便再完善我的法理基础，再进入一个新的境界。

也许，终生默默无闻；也许，一世名不见经传。但那种对法律的热爱，对知识的渴求,对社会的小担当,将指引我更加自律,一如既往地看书、一如既往地写字、一如既往地充点生活,以便把人生活得更宽实、更厚重,不负父母给我这次活的机会。

真的,为有李东、齐生兴、唐衍河和于昌海这样的挚友们而幸运。几度困苦、徘徊、迷茫,总有他们的身影,或一杯粗茶、一杯老酒,或几句闲谈、几份笑语,顿然,我心底青绿涌起,满身轻快。

言语到此,我多了几点愧疚。我不太会生活,少了与朋友开怀畅饮那种激情,少了去商场、超市的那种游逛,少了细细品面的那种悠闲,但我喜欢一个人去看《玉猪龙》,去赏《赤壁怀古》,去标《鬼谷子》,去听《阿依达》。我不太会交往,尤其是与家人,少了陪伴、少了奉养、少了呵护,更少聊些闲事,但我,不耻于口胃的欢愉,只求立其身、笃其志、扬其德。故,我喜欢清静,喜欢冥想,喜欢探求,更喜欢自我的不断跃新。

我,一个肯于并敢于做一个"竭力前行"的人。

倪新枝

于辽宁大东律师事务所

2024 年 4 月 29 日